# 변호사시험

# 공법

선택형 진도별

9개년 기출문제해설

PREFACE

# 머리말

2017년을 끝으로 사법시험이 폐지된 이후, 법학교육의 실질화 및 법조인의 다양화를 위해 로스쿨제도가 도입되었고, 로스쿨 수료자만을 응시대상으로 규정한 변호사시험법에 따라 시행된 변호사시험이 올해로 9회째를 맞이하였다.

기존의 수험가에서 출간되는 변호사시험 기출문제와 법전협 모의고사문제를 엮은 기출문제집은, 해가 지날수록 늘어나는 학습분량으로 인해 수험생의 부담을 가중시켰고, 결국 가장 중요한 실제 변호사시험 기출문제도 제대로 풀어 보지 못하고 시험장에 들어가는 경우마저 생겨나고 있다. 이에 우리 시대법학연구소는 변호사시험 수험생들의 학습량에 대한 부담을 줄일 수 있도록, 헌법과 행정법 기출문제만으로 구성된 「2021년 변호사시험 9개년 선택형 기출문제해설 공법」을 출간하게 되었다.

대부분의 객관식 시험에서 기출문제의 중요성은 두말할 필요가 없지만, 변호사시험 선택형은 기출문제의 분석과 학습이 더욱 중요하다. 그 이유는, 변호사시험의 경우 출제영역은 넓지만, 중요한 부분을 꼭 출제하고 싶은 출제자의 심리와 타당한 난이도 조정의 필요상 기출지문이 반복출제되는 경향이 두드러지기 때문이다.

「2021 변호사시험 9개년 선택형 기출문제해설 공법」은 다음과 같은 점에 중점을 두고 작업하였다.

첫째, 정확하면서도 적당한 해설분량을 제시하는 데 공을 들였다. 판례의 경우에도 해설만으로 문제를 이해할 수 있되 너무 장황하지 않도록 분량을 조절하였고, 문제에 대응되는 핵심적인 부분에는 밑줄을 그어 학습에 편의를 두었다.

둘째, 모든 지문에 빠짐없이 해설을 달아 다른 교재를 보아야 하는 수고로움을 덜도록 하였다.

셋째, 출제 이후 변경된 부분까지 고려하여 현시점에서 가장 정확한 해설이 되도록, 최신 개정 법령과 변경된 판례를 반영하였다.

부족한 부분은 개정판을 통해 꾸준히 보완해 나갈 것을 약속드리며, 본 교재가 변호사시험을 준비하는 수험생 여러분에게 합격을 위한 좋은 안내서가 되기를 기원한다.

**시대법학연구소**

FEATURES

# 이 책의 구성과 특징

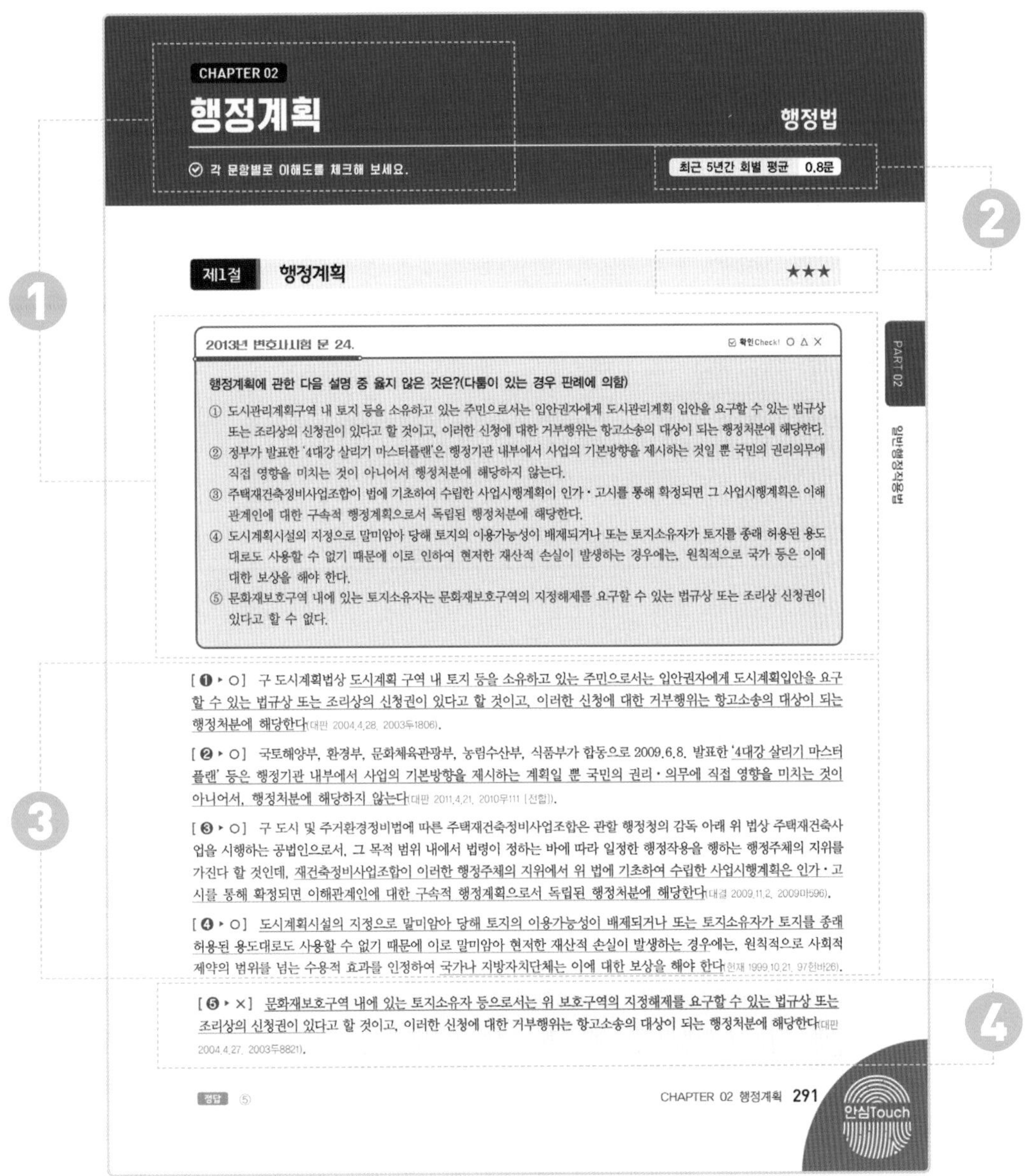

CHAPTER 02

행정계획

행정법

각 문항별로 이해도를 체크해 보세요.

최근 5년간 회별 평균 0.8문

제1절 행정계획 ★★★

PART 02 일반행정작용법

2013년 변호사시험 문 24. 확인Check! O △ X

행정계획에 관한 다음 설명 중 옳지 않은 것은?(다툼이 있는 경우 판례에 의함)

① 도시관리계획구역 내 토지 등을 소유하고 있는 주민으로서는 입안권자에게 도시관리계획 입안을 요구할 수 있는 법규상 또는 조리상의 신청권이 있다고 할 것이고, 이러한 신청에 대한 거부행위는 항고소송의 대상이 되는 행정처분에 해당한다.
② 정부가 발표한 '4대강 살리기 마스터플랜'은 행정기관 내부에서 사업의 기본방향을 제시하는 것일 뿐 국민의 권리의무에 직접 영향을 미치는 것이 아니어서 행정처분에 해당하지 않는다.
③ 주택재건축정비사업조합이 법에 기초하여 수립한 사업시행계획이 인가・고시를 통해 확정되면 그 사업시행계획은 이해관계인에 대한 구속적 행정계획으로서 독립된 행정처분에 해당한다.
④ 도시계획시설의 지정으로 말미암아 당해 토지의 이용가능성이 배제되거나 또는 토지소유자가 토지를 종래 허용된 용도대로도 사용할 수 없기 때문에 이로 인하여 현저한 재산적 손실이 발생하는 경우에는, 원칙적으로 국가 등은 이에 대한 보상을 해야 한다.
⑤ 문화재보호구역 내에 있는 토지소유자는 문화재보호구역의 지정해제를 요구할 수 있는 법규상 또는 조리상 신청권이 있다고 할 수 없다.

[❶ ▸ O] 구 도시계획법상 도시계획 구역 내 토지 등을 소유하고 있는 주민으로서는 입안권자에게 도시계획입안을 요구할 수 있는 법규상 또는 조리상의 신청권이 있다고 할 것이고, 이러한 신청에 대한 거부행위는 항고소송의 대상이 되는 행정처분에 해당한다(대판 2004.4.28. 2003두1806).

[❷ ▸ O] 국토해양부, 환경부, 문화체육관광부, 농림수산부, 식품부가 합동으로 2009.6.8. 발표한 '4대강 살리기 마스터플랜' 등은 행정기관 내부에서 사업의 기본방향을 제시하는 계획일 뿐 국민의 권리・의무에 직접 영향을 미치는 것이 아니어서, 행정처분에 해당하지 않는다(대판 2011.4.21. 2010무111 [전합]).

[❸ ▸ O] 구 도시 및 주거환경정비법에 따른 주택재건축정비사업조합은 관할 행정청의 감독 아래 위 법상 주택재건축사업을 시행하는 공법인으로서, 그 목적 범위 내에서 법령이 정하는 바에 따라 일정한 행정작용을 행하는 행정주체의 지위를 가진다 할 것인데, 재건축정비사업조합이 이러한 행정주체의 지위에서 위 법에 기초하여 수립한 사업시행계획은 인가・고시를 통해 확정되면 이해관계인에 대한 구속적 행정계획으로서 독립된 행정처분에 해당한다(대결 2009.11.2. 2009마596).

[❹ ▸ O] 도시계획시설의 지정으로 말미암아 당해 토지의 이용가능성이 배제되거나 또는 토지소유자가 토지를 종래 허용된 용도대로도 사용할 수 없기 때문에 이로 말미암아 현저한 재산적 손실이 발생하는 경우에는, 원칙적으로 사회적 제약의 범위를 넘는 수용적 효과를 인정하여 국가나 지방자치단체는 이에 대한 보상을 해야 한다(헌재 1999.10.21. 97헌바26).

[❺ ▸ X] 문화재보호구역 내에 있는 토지소유자 등으로서는 위 보호구역의 지정해제를 요구할 수 있는 법규상 또는 조리상의 신청권이 있다고 할 것이고, 이러한 신청에 대한 거부행위는 항고소송의 대상이 되는 행정처분에 해당한다(대판 2004.4.27. 2003두8821).

정답 ⑤

CHAPTER 02 행정계획 291

안심Touch

❶ 현재까지 출제된 모든 기출문제를 진도별로 구성하여 도서에 대한 접근성과 학습의 효율성을 높였다.

❷ 각 장별 출제빈도와 각 절별 출제문제수(☆=1문, ★=2문)를 표시하여 학습에 앞서 중요도를 확인할 수 있도록 하였다.

❸ 최신 개정법령과 관련 판례를 완벽하게 반영하여 모든 지문에 상세한 해설을 수록하였다.

❹ 정답해설 및 주요해설을 먹색으로 강조하여 반복학습에 도움이 되도록 하였다.

# 최근 5개년 출제경향 분석표

## 헌 법

| 20 15 10 5 | 구분 | 2020 | 2019 | 2018 | 2017 | 2016 | 계 | 출제 비율 | 회별 출제 |
|---|---|---|---|---|---|---|---|---|---|
| | **PART 01 헌법총론** | | | | | | | | |
| 1% | CHAPTER 01 헌법과 헌법학 | – | 1 | 1 | – | – | 2 | 1% | 0.4 |
| 9.5% | CHAPTER 02 대한민국 헌법총설 | 3 | 5 | 4 | 3 | 4 | 19 | 9.5% | 3.8 |
| | **PART 02 기본권론** | | | | | | | | |
| 1% | CHAPTER 01 기본권총론 | 1 | 1 | – | – | – | 2 | 1% | 0.4 |
| 2.5% | CHAPTER 02 인간의 존엄과 가치 · 행복추구권 · 평등권 | 1 | 1 | – | 1 | 2 | 5 | 2.5% | 1 |
| 6% | CHAPTER 03 자유권적 기본권 | 2 | 4 | 3 | 2 | 1 | 12 | 6% | 2.4 |
| 2% | CHAPTER 04 경제적 기본권 | 1 | – | 1 | 1 | 1 | 4 | 2% | 0.8 |
| 1% | CHAPTER 05 정치적 기본권 | – | 1 | – | 1 | – | 2 | 1% | 0.4 |
| 1% | CHAPTER 06 청구권적 기본권 | – | – | 1 | – | 1 | 2 | 1% | 0.4 |
| 2.5% | CHAPTER 07 사회적 기본권 | 2 | – | 1 | 1 | 1 | 5 | 2.5% | 1 |
| | CHAPTER 08 국민의 기본적 의무 | – | – | – | – | – | – | – | – |
| | **PART 03 통치구조론** | | | | | | | | |
| | CHAPTER 01 통치구조의 구성원리 | – | – | – | – | – | – | – | – |
| 4% | CHAPTER 02 국 회 | 2 | 1 | 1 | 3 | 1 | 8 | 4% | 1.6 |
| 4.5% | CHAPTER 03 대통령과 정부 | 2 | 1 | 2 | 1 | 3 | 9 | 4.5% | 1.8 |
| 2.5% | CHAPTER 04 법 원 | 1 | 1 | 1 | 1 | 1 | 5 | 2.5% | 1 |
| 12% | CHAPTER 05 헌법재판소 | 5 | 4 | 5 | 5 | 5 | 24 | 12% | 4.8 |

## 행정법

| 20 15 10 5 | 구분 | 2020 | 2019 | 2018 | 2017 | 2016 | 계 | 출제 비율 | 회별 출제 |
|---|---|---|---|---|---|---|---|---|---|
| | **PART 01 행정법통론** | | | | | | | | |
| | CHAPTER 01 행 정 | – | – | – | – | – | – | – | – |
| 3% | CHAPTER 02 행정법 | 1 | 1 | 2 | 2 | – | 6 | 3% | 1.2 |
| 3.5% | CHAPTER 03 행정상 법률관계 | 2 | 1 | 1 | 1 | 2 | 7 | 3.5% | 1.4 |
| | **PART 02 일반행정작용법** | | | | | | | | |
| 2.5% | CHAPTER 01 행정입법 | 1 | 2 | – | 1 | 1 | 5 | 2.5% | 1 |
| 2% | CHAPTER 02 행정계획 | 1 | 1 | – | 1 | 1 | 4 | 2% | 0.8 |
| 9.5% | CHAPTER 03 행정행위 | 4 | 2 | 4 | 5 | 4 | 19 | 9.5% | 3.8 |
| 1% | CHAPTER 04 그 밖의 행정의 행위형식 | 1 | – | – | 1 | – | 2 | 1% | 0.4 |
| | **PART 03 행정과정의 규율** | | | | | | | | |
| 2% | CHAPTER 01 행정절차 | 2 | – | 1 | – | 1 | 4 | 2% | 0.8 |
| 1% | CHAPTER 02 행정정보 공개와 개인정보 보호 | – | – | 1 | – | 1 | 2 | 1% | 0.4 |
| | **PART 04 행정의 실효성 확보수단** | | | | | | | | |
| 1% | CHAPTER 01 행정상 강제집행 | – | 1 | – | – | 1 | 2 | 1% | 0.4 |
| | CHAPTER 02 행정상 즉시강제와 행정조사 | – | – | – | – | – | – | – | – |
| 1% | CHAPTER 03 행정벌 | – | – | 1 | 1 | – | 2 | 1% | 0.4 |
| | CHAPTER 04 행정의 새로운 실효성 확보수단 | – | – | – | – | – | – | – | – |
| | **PART 05 행정상 손해전보** | | | | | | | | |
| 2.5% | CHAPTER 01 국가배상 | 1 | – | 2 | 1 | 1 | 5 | 2.5% | 1 |
| 1.5% | CHAPTER 02 행정상 손실보상 | 1 | 1 | – | 1 | – | 3 | 1.5% | 0.6 |
| | CHAPTER 03 행정상 손해전보제도의 보완 | – | – | – | – | – | – | – | – |
| 0.5% | CHAPTER 04 손해전보를 위한 그 밖의 제도 | – | – | – | – | 1 | 1 | 0.5% | 0.2 |
| | **PART 06 행정쟁송** | | | | | | | | |
| 1.5% | CHAPTER 01 행정심판 | 1 | – | 1 | 1 | – | 3 | 1.5% | 0.6 |
| 12% | CHAPTER 02 행정소송 | 3 | 9 | 5 | 3 | 4 | 24 | 12% | 4.8 |
| | **PART 07 행정조직법 및 특별행정작용법** | | | | | | | | |
| 5% | CHAPTER 01 행정조직법 | 1 | 2 | 2 | 3 | 2 | 10 | 5% | 2 |
| 1% | CHAPTER 02 특별행정작용법 | 1 | – | – | – | 1 | 2 | 1% | 0.4 |

# 이 책의 차례

## 헌 법

### PART 01 헌법총론



### PART 02 기본권론

# 이 책의 차례



## 행정법

CONTENTS

# 이 책의 차례

변/호/사/시/험

# 공 법

헌법 + 행정법

# 헌 법

PART 01 헌법총론

PART 02 기본권론

PART 03 통치구조론

## 최근 5개년 출제경향

| 구 분 | 2020 | 2019 | 2018 | 2017 | 2016 | 계 | 출제 비율 | 회별 출제 |
|---|---|---|---|---|---|---|---|---|
| **PART 01 헌법총론** | | | | | | | | |
| CHAPTER 01 헌법과 헌법학 | – | 1 | 1 | – | – | 2 | 1% | 0.4 |
| CHAPTER 02 대한민국 헌법총설 | 3 | 5 | 4 | 3 | 4 | 19 | 9.5% | 3.8 |
| **PART 02 기본권론** | | | | | | | | |
| CHAPTER 01 기본권총론 | 1 | 1 | – | – | – | 2 | 1% | 0.4 |
| CHAPTER 02 인간의 존엄과 가치 · 행복추구권 · 평등권 | 1 | 1 | – | 1 | 2 | 5 | 2.5% | 1 |
| CHAPTER 03 자유권적 기본권 | 2 | 4 | 3 | 2 | 1 | 12 | 6% | 2.4 |
| CHAPTER 04 경제적 기본권 | 1 | – | 1 | 1 | 1 | 4 | 2% | 0.8 |
| CHAPTER 05 정치적 기본권 | – | 1 | – | 1 | – | 2 | 1% | 0.4 |
| CHAPTER 06 청구권적 기본권 | – | – | 1 | – | 1 | 2 | 1% | 0.4 |
| CHAPTER 07 사회적 기본권 | 2 | – | 1 | 1 | 1 | 5 | 2.5% | 1 |
| CHAPTER 08 국민의 기본적 의무 | – | – | – | – | – | – | – | – |
| **PART 03 통치구조론** | | | | | | | | |
| CHAPTER 01 통치구조의 구성원리 | – | – | – | – | – | – | – | – |
| CHAPTER 02 국 회 | 2 | 1 | 1 | 3 | 1 | 8 | 4% | 1.6 |
| CHAPTER 03 대통령과 정부 | 2 | 1 | 2 | 1 | 3 | 9 | 4.5% | 1.8 |
| CHAPTER 04 법 원 | 1 | 1 | 1 | 1 | 1 | 5 | 2.5% | 1 |
| CHAPTER 05 헌법재판소 | 5 | 4 | 5 | 5 | 5 | 24 | 12% | 4.8 |

PART 01

# 헌법총론

## CHAPTER 01 헌법과 헌법학



## CHAPTER 02 대한민국 헌법총설

CHAPTER 01

# 헌법과 헌법학



✓ 각 문항별로 이해도를 체크해 보세요.

최근 5년간 회별 평균 0.4문

## 제1절 헌법의 의의와 특질

## 제2절 헌법의 해석 ★☆

**2019년 변호사시험 문 2.**

☑ 확인Check! ○ △ ×

**헌법해석에 관한 설명 중 옳지 않은 것은?(다툼이 있는 경우 판례에 의함)**

① 제헌헌법 이래 신체의 자유 보장규정에서 '구금'이라는 용어를 사용해 오다가 현행헌법 개정 시에 이를 '구속'으로 바꾸었는데, '국민의 신체와 생명에 대한 보호를 강화'하는 것이 현행헌법의 주요 개정이유임을 고려하면, '구금'을 '구속'으로 바꾼 것은 헌법에 규정된 신체의 자유의 보장범위를 구금된 사람뿐 아니라 구인된 사람에게까지 넓히기 위한 것으로 해석하는 것이 타당하다.

② 헌법 제8조 제1항은 정당설립의 자유, 정당조직의 자유, 정당활동의 자유를 포괄하는 정당의 자유를 보장하는 규정이어서, 이와 같은 정당의 자유는 단체로서 정당이 가지는 기본권이고, 국민이 개인적으로 가지는 기본권이 될 수는 없다.

③ 헌법 제16조 후문은 주거에 대한 압수나 수색을 할 때 영장주의에 대한 예외를 명문화하고 있지 않지만, 신체의 자유와 비교할 때 주거의 자유에 대해서도 일정한 요건하에서는 그 예외를 인정할 필요가 있다는 점 등을 고려하면, 헌법 제16조의 영장주의에 대해서도 그 예외를 인정하되, 그 장소에 범죄혐의 등을 입증할 자료나 피의자가 존재할 개연성이 소명되고, 사전에 영장을 발부받기 어려운 긴급한 사정이 있는 경우에만 제한적으로 허용될 수 있다고 보는 것이 타당하다.

④ 헌법 제32조 제6항의 "국가유공자·상이군경 및 전몰군경의 유가족은 법률이 정하는 바에 의하여 우선적으로 근로의 기회를 부여받는다"라는 규정은 엄격하게 해석할 필요가 있고, 이러한 관점에서 위 조항의 대상자는 조문의 문리해석대로 '국가유공자', '상이군경' 그리고 '전몰군경의 유가족'이라고 봄이 상당하다.

⑤ 헌법 제21조 제2항의 집회에 대한 허가금지조항은 처음으로 1960년 개정헌법에서 규정되었으며, 1972년 개정헌법에서 삭제되었다가 현행헌법에서 다시 규정된 것으로, 집회의 허용 여부를 행정권의 일방적·사전적 판단에 맡기는 집회에 대한 허가제를 절대적으로 금지하겠다는 헌법개정권력자인 국민들의 헌법가치적 합의이며 헌법적 결단이라고 보아야 할 것이다.

[❶ ▸ O] 우리 헌법은 제헌헌법 이래 신체의 자유를 보장하는 규정을 두었는데, 원래 '구금'이라는 용어를 사용해 오다가 현행헌법 개정 시에 이를 '구속'이라는 용어로 바꾸었다. 현행헌법 개정 시에 종전의 '구금'을 '구속'으로 바꾼 이유를 정확히 확인할 수 있는 자료를 찾기는 어렵다. 다만, '국민의 신체와 생명에 대한 보호를 강화'하는 것이 현행 헌법의 주요 개정이유임을 고려하면, 현행헌법이 종래의 '구금'을 '구속'으로 바꾼 것은 헌법 제12조에 규정된 신체의 자유의 보장범위를 구금된 사람뿐 아니라 구인된 사람에게까지 넓히기 위한 것으로 해석하는 것이 타당하다(헌재 2018.5.31. 2014헌마346).



② 정답

[❷ ▸ ×] 헌법 제8조 제1항은 정당설립의 자유, 정당조직의 자유, 정당활동의 자유 등을 포괄하는 정당의 자유를 보장하고 있다. 이러한 정당의 자유는 국민이 개인적으로 갖는 기본권일 뿐만 아니라, 단체로서의 정당이 가지는 기본권이기도 하다(헌재 2004.12.16. 2004헌마456).

[❸ ▸ ○] 헌법 제16조 후문은 "주거에 대한 압수나 수색을 할 때에는 검사의 신청에 의하여 법관이 발부한 영장을 제시하여야 한다"라고 규정하고 있을 뿐 영장주의에 대한 예외를 명문화하고 있지 않다. 그러나 헌법 제16조에서 영장주의에 대한 예외를 마련하지 아니하였다고 하여, 주거에 대한 압수나 수색에 있어 영장주의가 예외 없이 반드시 관철되어야 함을 의미하는 것은 아닌 점, 인간의 존엄성 실현과 인격의 자유로운 발현을 위한 핵심적 자유영역에 속하는 기본권인 신체의 자유에 대해서도 헌법 제12조 제3항에서 영장주의의 예외를 인정하고 있는데, 이러한 신체의 자유에 비하여 주거의 자유는 그 기본권 제한의 여지가 크므로, 형사사법 및 공권력작용의 기능적 효율성을 함께 고려하여 본다면, 헌법 제16조의 영장주의에 대해서도 일정한 요건하에서 그 예외를 인정할 필요가 있는 점, 주거공간에 대한 압수·수색은 그 장소에 혐의사실 입증에 기여할 자료나 피의자가 존재할 개연성이 충분히 소명되어야 그 필요성을 인정할 수 있는 점, 헌법 제12조 제3항 단서에서 현행범인 체포나 긴급체포의 경우에 사전영장원칙의 예외를 둔 것은 그 체포의 긴급성에 비추어 사전에 압수·수색·검증영장을 발부받을 것을 기대하기 어렵기 때문이며, 또한 체포영장 발부 이후 혐의사실 입증에 기여할 자료나 피의자가 존재할 개연성이 충분히 소명되어 압수·수색영장을 발부받은 경우에도 그 자료나 피의자가 계속 그 장소에 존재하지 않는 한 그 집행의 실효성을 기대할 수 없게 되므로, 체포영장이 발부된 경우에도 영장 없이 그 장소에 대한 압수·수색을 하여야 할 긴급한 상황은 충분히 발생할 수 있는 점, 헌법 제16조가 주거의 자유와 관련하여 영장주의를 선언하고 있는 이상, 그 예외는 매우 엄격한 요건하에서만 인정되어야 하는 점 등을 종합하면, 헌법 제16조의 영장주의에 대해서도 그 예외를 인정하되, 이는 ① 그 장소에 범죄혐의 등을 입증할 자료나 피의자가 존재할 개연성이 소명되고, ② 사전에 영장을 발부받기 어려운 긴급한 사정이 있는 경우에만 제한적으로 허용될 수 있다고 보는 것이 타당하다(헌재 2018.4.26. 2015헌바370).

[❹ ▸ ○] 종전 결정에서 헌법재판소는 헌법 제32조 제6항의 "국가유공자·상이군경 및 전몰군경의 유가족은 법률이 정하는 바에 의하여 우선적으로 근로의 기회를 부여받는다"는 규정을 넓게 해석하여, 이 조항이 국가유공자 본인뿐만 아니라 가족들에 대한 취업보호제도(가산점)의 근거가 될 수 있다고 보았다. 그러나 오늘날 가산점의 대상이 되는 국가유공자와 그 가족의 수가 과거에 비하여 비약적으로 증가하고 있는 현실과, 취업보호대상자에서 가족이 차지하는 비율, 공무원 시험의 경쟁이 갈수록 치열해지는 상황을 고려할 때, 위 조항의 폭넓은 해석은 필연적으로 일반응시자의 공무담임의 기회를 제약하게 되는 결과가 될 수 있으므로 위 조항은 엄격하게 해석할 필요가 있다. 이러한 관점에서 위 조항의 대상자는 조문의 문리해석대로 '국가유공자', '상이군경' 그리고 '전몰군경의 유가족'이라고 봄이 상당하다(헌재 2006.2.23. 2004헌마675).

[❺ ▸ ○] 헌법 연혁적으로 살펴보건대, 집회에 대한 허가금지조항은 처음으로 1960.6.15. 개정헌법 제28조 제2항 단서에서 규정되었으며, 1962.12.26. 개정헌법 제18조 제2항 본문에서 그대로 유지되었으나 1972.12.27. 개정헌법에서 삭제되었다가 1987.10.29. 개정된 현행헌법에서 다시 규정된 것이다. 위와 같은 이 사건 헌법규정의 연혁적 변천과정, 그중에서도 특히 1972년 소위 유신헌법에서 삭제되었던 언론·출판에 대한 허가나 검열의 금지와 함께 집회에 대한 허가제금지규정을 다시 부활시킨 역사적 배경 내지 정치·사회·문화적 상황 등을 종합하여 보면, 이 사건 헌법규정은, 언론·출판의 자유와 더불어 집회의 자유가 형식적·장식적 기본권으로 후퇴하였던 과거의 헌정사에 대한 반성적 고려에서, 집회의 자유가 실질적으로 보장되지 않는 한 자유민주주의적 헌정질서가 발전·정착되기는 어렵다는 역사적 경험을 토대로, 그동안 삭제되었던 언론·출판에 대한 허가나 검열 금지와 함께 집회에 대한 허가제 금지를 다시금 살려내어, 집회의 허용 여부를 행정권의 일방적·사전적 판단에 맡기는 집회에 대한 허가제는 집회에 대한 검열제와 마찬가지이므로 이를 절대적으로 금지하겠다는 헌법개정권력자인 국민들의 헌법가치적 합의이며 헌법적 결단이라고 보아야 할 것이다(헌재 2009.9.24. 2008헌가25).

**2018년 변호사시험 문 1.** ☑ 확인Check! ○ △ ✕

**헌법해석에 관한 설명 중 옳은 것을 모두 고른 것은?(다툼이 있는 경우 판례에 의함)**

ㄱ. 헌법의 제 규정 가운데는 헌법의 근본가치를 보다 추상적으로 선언한 것도 있고 이를 보다 구체적으로 표현한 것도 있으므로, 헌법의 어느 특정 규정이 다른 규정의 효력을 전면 부인할 수 있는 정도로 개별적 헌법규정 상호 간의 효력상의 차등을 인정할 수 있다.

ㄴ. 헌법의 기본원리는 헌법의 이념적 기초인 동시에 헌법을 지배하는 지도원리로서 입법이나 정책결정의 방향을 제시하며 공무원을 비롯한 모든 국민과 국가기관이 헌법을 존중하고 수호하도록 하는 지침이 되며, 구체적 기본권을 도출하는 근거로 될 수 있다.

ㄷ. 헌법해석상 특정인에게 구체적인 기본권이 생겨 이를 보장하기 위한 국가의 행위의무 내지 보호의무가 발생하였음이 명백함에도 불구하고 입법자가 아무런 입법조치를 취하지 아니한 경우에는 입법자에게 입법의무가 인정된다.

ㄹ. 헌법해석은 헌법이 담고 추구하는 이상과 이념에 따른 역사적·사회적 요구를 올바르게 수용하여 헌법적 방향을 제시하는 헌법의 창조적 기능을 수행하여 국민적 요구와 의식에 알맞은 실질적 국민주권의 실현을 보장하는 것이어야 한다.

ㅁ. 국민의 기본권의 강화·확대라는 헌법의 역사성, 헌법재판소의 헌법해석은 헌법이 내포하고 있는 특정한 가치를 탐색·확인하고 이를 규범적으로 관철하는 작업인 점 등에 비추어, 헌법재판소가 행하는 구체적 규범통제의 심사기준은 원칙적으로 헌법재판을 할 당시에 규범적 효력을 가지는 헌법이다.

① ㄱ, ㄴ  ② ㄱ, ㄹ, ㅁ  ③ ㄴ, ㄷ, ㅁ
④ ㄷ, ㄹ, ㅁ  ⑤ ㄴ, ㄷ, ㄹ, ㅁ

[ㄱ ▸ X] 헌법은 전문과 각 개별조항이 서로 밀접한 관련을 맺으면서 하나의 통일된 가치체계를 이루고 있는 것으로서, 헌법의 제 규정 가운데는 헌법의 근본가치를 보다 추상적으로 선언한 것도 있으므로 이념적·논리적으로는 헌법규범 상호 간의 우열을 인정할 수 있는 것이 사실이다. 그러나 이때 인정되는 헌법규범 상호 간의 우열은 추상적 가치규범의 구체화에 따른 것으로서 헌법의 통일적 해석에 있어서는 유용할 것이지만, 그것이 헌법의 어느 특정 규정이 다른 규정의 효력을 전면적으로 부인할 수 있을 정도의 개별적 헌법규정 상호 간에 효력상의 차등을 의미하는 것이라고는 볼 수 없다(헌재 1996.6.13. 94헌마118).

[ㄴ ▸ X] 헌법의 기본원리는 헌법의 이념적 기초인 동시에 헌법을 지배하는 지도원리로서 입법이나 정책결정의 방향을 제시하며 공무원을 비롯한 모든 국민·국가기관이 헌법을 존중하고 수호하도록 하는 지침이 되며, 구체적 기본권을 도출하는 근거로 될 수는 없으나 기본권의 해석 및 기본권제한입법의 합헌성 심사에 있어 해석기준의 하나로서 작용한다(헌재 1996.4.25. 92헌바47).

[ㄷ ▸ O] 입법부작위에 대한 헌법재판소의 재판관할권은 극히 한정적으로 인정할 수밖에 없다고 할 것인바, 생각컨대 헌법에서 기본권 보장을 위해 법령에 명시적인 입법위임을 하였음에도 입법자가 이를 이행하지 않을 때, 그리고 헌법해석상 특정인에게 구체적인 기본권이 생겨 이를 보장하기 위한 국가의 행위의무 내지 보호의무가 발생하였음이 명백함에도 불구하고 입법자가 전혀 아무런 입법조치를 취하고 있지 않은 경우가 여기에 해당될 것이며, 이때에는 입법부작위가 헌법소원의 대상이 된다고 봄이 상당할 것이다(헌재 1989.3.17. 88헌마1).

[ㄹ ▸ O] 헌법의 해석은 헌법이 담고 추구하는 이상과 이념에 따른 역사적, 사회적 요구를 올바르게 수용하여 헌법적 방향을 제시하는 헌법의 창조적 기능을 수행하여 국민적 요구와 의식에 알맞은 실질적 국민주권의 실현을 보장하는 것이어야 한다(헌재 1989.9.8. 88헌가6).



④ 정답

[ㅁ ▸ O] 유신헌법 일부 조항과 긴급조치 등이 기본권을 지나치게 침해하고 자유민주적 기본질서를 훼손하였다는 반성에 따른 헌법개정사, 국민의 기본권의 강화·확대라는 헌법의 역사성, 헌법재판소의 헌법해석은 헌법이 내포하고 있는 특정한 가치를 탐색·확인하고 이를 규범적으로 관철하는 작업인 점에 비추어, 헌법재판소가 행하는 구체적 규범통제의 심사기준은 원칙적으로 헌법재판을 할 당시에 규범적 효력을 가지는 현행헌법이다(헌재 2013.3.21. 2010헌바70 등).



**2014년 변호사시험 문 2.**

☑ 확인 Check! ○ △ X

**합헌적 법률해석에 관한 설명 중 헌법재판소 또는 대법원의 판례와 합치되지 않는 것은?**

① 어떤 법률의 개념이 다의적이고 그 어의의 테두리 안에서 여러 가지 해석이 가능할 때, 헌법을 최고법규로 하는 통일적인 법질서의 형성을 위하여 헌법에 합치되는 해석, 즉 합헌적인 해석을 택하여야 하며, 이에 의하여 위헌적인 결과가 될 해석은 배제하면서 합헌적이고 긍정적인 면은 살려야 한다는 것이 헌법의 일반법리이다.

② 구 사회보호법 제5조 제1항("보호대상자가 다음 각 호의 1에 해당하는 때에는 10년의 보호감호에 처한다. 다만, 보호대상자가 50세 이상인 때에는 7년의 보호감호에 처한다")은 그 요건에 해당하는 경우에는 법원으로 하여금 감호청구의 이유 유무, 즉 재범의 위험성 유무를 불문하고 반드시 감호의 선고를 하도록 한 것임이 위 조항의 문의임은 물론 입법권자의 의지임을 알 수 있으므로 위 조항에 대한 합헌적 해석은 문의의 한계를 벗어난 것이다.

③ 임원과 과점주주에게 연대책임을 부과하는 구 상호신용금고법 제37조의3이 부실경영에 책임이 없는 임원과 과점주주에 대해서까지 책임을 묻는 것으로 해석될 경우에는 위헌이다. 하지만 동 조항을 단순위헌으로 선언할 경우 임원과 과점주주가 금고의 채무에 대하여 단지 상법상의 책임만을 지는 결과가 발생하고 이로써 예금주인 금고의 채권자의 이익이 충분히 보호될 수 없기 때문에 헌법재판소는 합헌적 법률해석에 따라 '부실경영의 책임이 없는 임원'과 '금고의 경영에 영향력을 행사하여 부실의 결과를 초래한 자 이외의 과점주주'에 대해서도 연대채무를 부담하게 하는 범위 내에서 헌법에 위반된다고 한정위헌결정을 내렸다.

④ 구 군인사법 제48조 제4항 후단의 '무죄의 선고를 받은 때'의 의미와 관련하여, 형식상 무죄판결뿐 아니라 공소기각재판을 받았다 하더라도 그와 같은 공소기각의 사유가 없었더라면 무죄가 선고될 현저한 사유가 있는 이른바 내용상 무죄재판의 경우도 이에 포함된다고 해석하는 것은 법률의 문의적 한계를 벗어난 것으로서 합헌적 법률해석에 부합하지 아니한다.

⑤ 대법원의 판례에 따르면, 한정위헌결정에 의하여 법률이나 법률조항이 폐지되는 것이 아니라 그 문언이 전혀 달라지지 않은 채 그대로 존속하고 있는 것이므로 이는 법률 또는 법률조항의 의미, 내용과 그 적용범위를 정하는 법률해석이라 할 수 있으며, 헌법재판소의 견해를 일응 표명한 것에 불과하여 법원에 전속되어 있는 법령의 해석·적용권한에 대하여 어떠한 영향을 미치거나 기속력을 가질 수 없다.

[❶ ▸ O] 어떤 법률의 개념이 다의적이고 그 어의의 테두리 안에서 여러 가지 해석이 가능할 때, 헌법을 최고법규로 하는 통일적인 법질서의 형성을 위하여 헌법에 합치되는 해석 즉 합헌적인 해석을 택하여야 하며, 이에 의하여 위헌적인 결과가 될 해석은 배제하면서 합헌적이고 긍정적인 면은 살려야 한다는 것이 헌법의 일반법리이다(헌재 1990.4.2. 89헌가113 등).

[❷ ▸ O] 법 제5조 제1항은 재범의 위험성을 보호감호의 명문의 요건으로 하지 않는 보호감호를 규정하고 있고, 법 제20조 제1항 다만 이하 부분은 법원에게 법 제5조 제1항 각 호의 요건에 해당하는 한 보호감호를 선고하도록 규정하고 있다. 이에 반하여, 법 제5조 제2항은 재범의 위험성을 보호감호의 법정요건으로 명문화하고 있고, 법 제20조 제1항 본문에서는 이유 없다고 인정할 때에는 판결로써 청구기각을 선고하여야 한다고 규정하고 있을 뿐이다. 따라서 법 제5조 제1항의 요건에 해당되는 경우에는 법원으로 하여금 감호청구의 이유 유무, 즉 재범의 위험성의 유무를 불문하고 반드시 감호의 선고를 하도록 강제한 것임이 위 법률의 조항의 문의임은 물론 입법권자의 의지임을 알 수 있으므로 위 조항에 대한 합헌적 해석은 문의의 한계를 벗어난 것이라 할 것이다(헌재 1989.7.14. 88헌가5 등).

정답 ④

[❸ ▸ O] 임원과 과점주주에게 연대책임을 부과하는 것 자체가 위헌이 아니라 부실경영에 기여한 바가 없는 임원과 과점주주에게도 연대책임을 지도록 하는 것이 위헌이라는 점에서 연대책임을 지는 임원과 과점주주의 범위를 적절하게 제한함으로써 그 위헌성이 제거될 수 있을 뿐만 아니라, 위 상호신용금고법 제37조의3을 단순위헌으로 선언할 경우 임원과 과점주주가 금고의 채무에 대하여 단지 상법상의 책임만을 지는 결과가 발생하고 이로써 예금주인 금고의 채권자의 이익이 충분히 보호될 수 없기 때문에, 가급적이면 위 법규정의 효력을 유지하는 쪽으로 이를 해석하는 것이 바람직하다. 따라서 이 사건 법률조항은 '부실경영의 책임이 없는 임원'과 '금고의 경영에 영향력을 행사하여 부실의 결과를 초래한 자 이외의 과점주주'에 대해서도 연대채무를 부담하게 하는 범위 내에서 헌법에 위반된다(헌재 2002.8.29. 2000헌가5 등).

[❹ ▸ X] 군인사법 제48조 제4항 후단의 '무죄의 선고를 받은 때'의 의미와 관련하여, 형식상 무죄판결뿐 아니라 공소기각재판을 받았다 하더라도 그와 같은 공소기각의 사유가 없었더라면 무죄가 선고될 현저한 사유가 있는 이른바 내용상 무죄재판의 경우도 이에 포함된다고 확대해석함이 법률의 문의적 한계 내의 합헌적 법률해석에 부합한다(대판 2004.8.20. 2004다22377).

[❺ ▸ O] 한정위헌결정의 기속력에 대해 대법원은 기속력을 부정하고, 헌법재판소는 기속력을 긍정한다.

판례

한정위헌결정의 경우에는 헌법재판소의 결정에 불구하고 법률이나 법률조항은 그 문언이 전혀 달라지지 않은 채 그냥 존속하고 있는 것이므로 이와 같이 법률이나 법률조항의 문언이 변경되지 아니한 이상 이러한 한정위헌결정은 법률 또는 법률조항의 의미, 내용과 그 적용범위를 정하는 법률해석이라고 이해하지 않을 수 없다. 그런데 구체적 사건에 있어서 당해 법률 또는 법률조항의 의미・내용과 적용범위가 어떠한 것인지를 정하는 권한 곧 법령의 해석・적용권한은 바로 사법권의 본질적 내용을 이루는 것으로서, 전적으로 대법원을 최고법원으로 하는 법원에 전속한다. 그러므로 한정위헌결정에 표현되어 있는 헌법재판소의 법률해석에 관한 견해는 법률의 의미・내용과 그 적용범위에 관한 헌법재판소의 견해를 일응 표명한 데 불과하여 이와 같이 법원에 전속되어 있는 법령의 해석・적용권한에 대하여 어떠한 영향을 미치거나 기속력도 가질 수 없다(대판 1996.4.9. 95누11405).

## 제3절 헌법의 제정・개정・변천 ☆

**2012년 변호사시험 문 11.** ☑ 확인Check! O △ X

**헌법의 개정에 관한 설명 중 옳지 않은 것은?**

① 헌법의 개정이란 헌법이 정한 절차에 따라, 헌법의 기본적 동일성을 파괴하지 않고, 의식적으로 헌법의 조항을 수정하거나 삭제 또는 새로운 조항을 추가하는 것을 말한다.
② 실질적 의미의 헌법이 아니더라도 성문헌법에 규정되어 있는 사항을 개정하려면 헌법개정절차에 따라야 한다.
③ 헌법개정안은 국회 재적의원 과반수 또는 대통령의 발의로 제안되고, 공고의 절차를 거쳐, 국회가 의결한 후 30일 이내에 국민투표에 회부하며, 국회의원선거권자 과반수의 찬성을 얻어 헌법 개정이 확정되면, 대통령은 즉시 이를 공포하여야 한다.
④ 대통령의 임기 연장 또는 중임 변경을 위한 헌법 개정은 그 헌법개정제안 당시의 대통령에 대하여는 효력이 없다.
⑤ 헌법의 개정에 한계가 있는지 여부에 관하여 학설상 대립이 있지만 현실적으로 그 한계를 무시한 개헌이 이루어지는 경우, 헌법재판소 판례에 따르면 위헌법률심판이나 헌법소원 어느 절차에 의하여도 그 헌법규정에 대한 위헌심사가 가능하지 않다.



③ 정답

[❶ ▸ O] 헌법의 개정이라 함은 헌법에 규정된 개정절차에 따라 기존의 헌법과 기본적 동일성을 유지하면서 헌법의 조문이나 문구를 의식적으로 수정·삭제·추가함으로써 헌법전의 내용에 변경을 가하는 행위를 말한다.

[❷ ▸ O] 일반적으로 헌법의 개정은 형식적 의미의 헌법·성문헌법과 관련된 개념이다. 따라서 성문헌법에 규정되어 있는 사항을 개정하려면 실질적 의미의 헌법 여부를 불문하고 헌법개정절차에 따라야 한다.

[❸ ▸ ×] 헌법개정안에 대한 국민투표는 국회의원선거권자 과반수의 투표와 투표자 과반수의 찬성을 얻어야 한다.

**법령**

헌법 제128조 ① 헌법개정은 국회 재적의원 과반수 또는 대통령의 발의로 제안된다.

헌법 제129조 제안된 헌법개정안은 대통령이 20일 이상의 기간 이를 공고하여야 한다.

헌법 제130조 ① 국회는 헌법개정안이 공고된 날로부터 60일 이내에 의결하여야 하며, 국회의 의결은 재적의원 3분의 2 이상의 찬성을 얻어야 한다.

② 헌법개정안은 국회가 의결한 후 30일 이내에 국민투표에 붙여 국회의원선거권자 과반수의 투표와 투표자 과반수의 찬성을 얻어야 한다.

③ 헌법개정안이 제2항의 찬성을 얻은 때에는 헌법 개정은 확정되며, 대통령은 즉시 이를 공포하여야 한다.

[❹ ▸ O] 대통령의 임기 연장 또는 중임 변경을 위한 헌법 개정은 그 헌법개정제안 당시의 대통령에 대하여는 효력이 없다(헌법 제128조 제2항).

[❺ ▸ O] 헌법 제111조 제1항 제1호 및 헌법재판소법 제41조 제1항은 위헌법률심판의 대상에 관하여, 헌법 제111조 제1항 제5호 및 헌법재판소법 제68조 제2항, 제41조 제1항은 헌법소원심판의 대상에 관하여 그것이 법률임을 명문으로 규정하고 있으며, 여기서 위헌심사의 대상이 되는 법률이 국회의 의결을 거친 이른바 형식적 의미의 법률을 의미하는 것에 아무런 의문이 있을 수 없으므로, 헌법의 개별규정 자체는 헌법소원에 의한 위헌심사의 대상이 아니다(헌재 1995.12.28. 95헌바3 등).

## 제4절 헌법의 수호

CHAPTER 02

# 대한민국 헌법총설

헌 법

각 문항별로 이해도를 체크해 보세요.

최근 5년간 회별 평균 3.8문

## 제1절 대한민국 헌정사 ★★★

2020년 변호사시험 문 16. 확인 Check! ○ △ ×

**헌법의 역사에 관한 설명 중 옳지 않은 것은?**

① 1948년 제헌헌법은 근로자의 단결, 단체교섭과 단체행동의 자유를 법률의 범위 내에서 보장하도록 하였으며, 노령, 질병 기타 근로능력의 상실로 인하여 생활 유지의 능력이 없는 자는 법률의 정하는 바에 의하여 국가의 보호를 받도록 하였다.

② 1960년 헌법(제3차 개정헌법)은 대법원장과 대법관을 법관의 자격이 있는 자로 조직되는 선거인단이 선거하고 대통령이 이를 확인하며, 그 외의 법관은 대법관회의의 결의에 따라 대법원장이 임명하도록 하였다.

③ 1972년 헌법(제7차 개정헌법)은 대통령의 임기를 5년으로 하고, 통일주체국민회의에서 대통령을 토론 없이 기명투표로 선거하도록 하였으며, 통일주체국민회의에서 재적대의원 과반수의 찬성을 얻은 자를 대통령당선자로 하도록 규정하였다.

④ 1980년 헌법(제8차 개정헌법)은 국가의 사회 보장·사회복지 증진 노력의무, 중소기업의 사업활동 보호·육성, 소비자 보호운동의 보장 등을 규정하였다.

⑤ 현행헌법은 국가가 여자의 복지와 권익의 향상을 위하여 노력하고, 재해를 예방하고 그 위험으로부터 국민을 보호하기 위하여 노력하도록 규정하고 있다.

[❶ ▸ ○] 제헌헌법 제18조 제1항, 제19조 참조

법령

제헌헌법 제18조 ① 근로자의 단결, 단체교섭과 단체행동의 자유는 법률의 범위 내에서 보장된다.

제헌헌법 제19조 노령, 질병 기타 근로능력의 상실로 인하여 생활 유지의 능력이 없는 자는 법률의 정하는 바에 의하여 국가의 보호를 받는다.

[❷ ▸ ○] 1960년 헌법(제3차 개정헌법) 제78조 제1항·제3항 참조

법령

1960년 헌법(제3차 개정헌법) 제78조 ① 대법원장과 대법관은 법관의 자격이 있는 자로써 조직되는 선거인단이 이를 선거하고 대통령이 확인한다.

③ 제1항 이외의 법관은 대법관회의의 결의에 따라 대법원장이 임명한다.

[❸ ▸ ×] 1972년 헌법(제7차 개정헌법) 제39조 제1항·제2항, 제47조 참조



③ 정답

법령 1972년 헌법(제7차 개정헌법) 제39조 ① 대통령은 통일주체국민회의에서 토론 없이 무기명투표로 선거한다.
② 통일주체국민회의에서 재적대의원 과반수의 찬성을 얻은 자를 대통령당선자로 한다.
1972년 헌법(제7차 개정헌법) 제47조 대통령의 임기는 6년으로 한다.

[ ❹ ▸ O ] 1980년 헌법(제8차 개정헌법) 제32조 제2항, 제124조 제2항 및 제125조 참조

법령 1980년 헌법(제8차 개정헌법) 제32조 ② 국가는 사회 보장·사회복지의 증진에 노력할 의무를 진다.
1980년 헌법(제8차 개정헌법) 제124조 ② 국가는 중소기업의 사업활동을 보호·육성하여야 한다.
1980년 헌법(제8차 개정헌법) 제125조 국가는 건전한 소비행위를 계도하고 생산품의 품질 향상을 촉구하기 위한 소비자보호운동을 법률이 정하는 바에 의하여 보장한다.

[ ❺ ▸ O ] 현행헌법 제34조 제3항·제6항 참조

법령 현행헌법 제34조 ③ 국가는 여자의 복지와 권익의 향상을 위하여 노력하여야 한다.
⑥ 국가는 재해를 예방하고 그 위험으로부터 국민을 보호하기 위하여 노력하여야 한다.

**2019년 변호사시험 문 7.** ☑ 확인Check! ○ △ ×

**헌법의 역사에 관한 설명 중 옳지 않은 것은?**

① 1948년 제헌헌법은 대통령과 부통령을 국회에서 각각 선거하도록 하고 1차에 한하여 중임하도록 하였으며, 국무총리는 대통령이 임명하고 국회의 승인을 얻도록 규정하였다.
② 1960년 개정헌법(제3차 개헌)은 헌법재판소제도를 도입하여 법률의 위헌 여부 심사, 헌법에 관한 최종적 해석, 국가기관 간의 권한쟁의, 정당의 해산, 탄핵재판, 대통령·대법원장과 대법관의 선거에 관한 소송을 관장하도록 규정하였다.
③ 1962년 개정헌법(제5차 개헌)은 대통령 직선제를 규정하는 동시에 국무총리·국무위원해임건의제도를 두어, 국무총리·국무위원에 대한 국회의 해임건의가 있을 때에는 대통령은 특별한 사유가 없는 한 이에 응하도록 규정하였다.
④ 1972년 개정헌법(제7차 개헌)은 대통령이 제안한 헌법개정안은 국민투표로 확정되며, 국회의원이 제안한 헌법개정안은 국회의 의결을 거쳐 통일주체국민회의의 의결로 확정되도록 헌법개정절차를 이원화하여 규정하였다.
⑤ 1980년 개정헌법(제8차 개헌)은 임기 7년의 대통령을 국회에서 무기명투표로 선거하도록 하고 1차에 한하여 중임을 허용하였으며, 위헌법률심판과 탄핵심판을 담당하는 헌법위원회를 규정하였다.

[ ❶ ▸ O ] 제헌헌법 제53조 제1항, 제55조 제1항 및 제69조 제1항 참조

법령 제헌헌법 제53조 ① 대통령과 부통령은 국회에서 무기명투표로써 각각 선거한다.
제헌헌법 제55조 ① 대통령과 부통령의 임기는 4년으로 한다. 단, 재선에 의하여 1차 중임할 수 있다.
제헌헌법 제69조 ① 국무총리는 대통령이 임명하고 국회의 승인을 얻어야 한다. 국회의원총선거 후 신국회가 개회되었을 때에는 국무총리 임명에 대한 승인을 다시 얻어야 한다.

정답 ⑤

[❷ ▸ O] 1960년 개정헌법(제3차 개헌) 제83조의3 참조

**1960년 개정헌법(제3차 개헌) 제83조의3** 헌법재판소는 다음 각 호의 사항을 관장한다.
1. 법률의 위헌 여부 심사
2. 헌법에 관한 최종적 해석
3. 국가기관 간의 권한쟁의
4. 정당의 해산
5. 탄핵재판
6. 대통령, 대법원장과 대법관의 선거에 관한 소송

[❸ ▸ O] 1962년 개정헌법(제5차 개헌) 제64조 제1항, 제59조 제1항 · 제3항 참조

**1962년 개정헌법(제5차 개헌) 제64조** ① 대통령은 국민의 보통 · 평등 · 직접 · 비밀선거에 의하여 선출한다. 다만, 대통령이 궐위된 경우에 잔임기간이 2년 미만인 때에는 국회에서 선거한다.

**1962년 개정헌법(제5차 개헌) 제59조** ① 국회는 국무총리 또는 국무위원의 해임을 대통령에게 건의할 수 있다.

③ 제1항과 제2항에 의한 건의가 있을 때에는 대통령은 특별한 사유가 없는 한 이에 응하여야 한다.

[❹ ▸ O] 1972년 개정헌법(제7차 개헌) 제124조 제2항 참조

**1972년 개정헌법(제7차 개헌) 제124조** ② 대통령이 제안한 헌법개정안은 국민투표로 확정되며, 국회의원이 제안한 헌법개정안은 국회의 의결을 거쳐 통일주체국민회의의 의결로 확정된다.

[❺ ▸ ×] 1980년 개정헌법(제8차 개헌) 제39조 제1항, 제45조 및 제112조 제1항 참조

**1980년 개정헌법(제8차 개헌) 제39조** ① 대통령은 대통령선거인단에서 무기명투표로 선거한다.

**1980년 개정헌법(제8차 개헌) 제45조** 대통령의 임기는 7년으로 하며, 중임할 수 없다.

**1980년 개정헌법(제8차 개헌) 제112조** ① 헌법위원회는 다음 사항을 심판한다.
1. 법원의 제청에 의한 법률의 위헌 여부
2. 탄 핵
3. 정당의 해산

**2019년 변호사시험 문 3.** ☑ 확인 Check! ○ △ ×

**다음 중 옳은 것(○)과 옳지 않은 것(×)을 올바르게 조합한 것은?(다툼이 있는 경우 판례에 의함)**

ㄱ. 헌법 제69조는 단순히 대통령의 취임선서의무만을 규정한 것이 아니라, 헌법 제66조 제2항 및 제3항에 규정된 대통령의 헌법적 책무를 구체화하고 강조하는 실체적 내용을 지닌 규정이다.

ㄴ. 1952년 개정헌법(제1차 개헌)의 주요 개정내용은 주권의 제약·영토 변경을 위한 개헌에 대한 국민투표제와 국무위원에 대한 개별적 불신임제의 도입, 자유경제체제로의 경제체제 전환 등이다.

ㄷ. 정당 운영에 필요한 자금에 대한 국가보조는 정당의 공적 기능의 중요성을 감안하여 정당의 정치자금 조달을 보완하는 데에 의의가 있으므로, 본래 국민의 자발적 정치조직인 정당에 대한 과도한 국가보조는 국민의 지지를 얻고자 하는 노력이 실패한 정당이 스스로 책임져야 할 위험부담을 국가가 상쇄하는 것으로서 정당 간 자유로운 경쟁을 저해할 수 있다.

ㄹ. 우리나라의 헌법은 제헌헌법 이래 그간 각 헌법의 개정절차조항 자체가 여러 번 개정된 적이 있으며, 형식적으로도 전문을 포함한 전면개정도 이루어졌던 점을 볼 때, 우리 헌법의 각 개별규정 가운데 무엇이 헌법제정규정이고 무엇이 헌법개정규정인지를 구분하는 것은 가능하다.

ㅁ. 개인의 신뢰이익에 대한 보호가치는 법령에 따른 개인의 행위가 국가에 의하여 일정 방향으로 유인된 신뢰의 행사인지, 아니면 단지 법률이 부여한 기회를 활용한 것으로서 원칙적으로 사적 위험부담의 범위에 속하는 것인지 여부에 따라 달라진다.

① ㄱ(○) ㄴ(○) ㄷ(×) ㄹ(×) ㅁ(○)
② ㄱ(×) ㄴ(○) ㄷ(○) ㄹ(○) ㅁ(×)
③ ㄱ(○) ㄴ(×) ㄷ(○) ㄹ(×) ㅁ(○)
④ ㄱ(○) ㄴ(×) ㄷ(○) ㄹ(×) ㅁ(×)
⑤ ㄱ(×) ㄴ(○) ㄷ(×) ㄹ(○) ㅁ(×)

[ㄱ ▸ ○] 헌법은 제66조 제2항에서 대통령에게 '국가의 독립·영토의 보전·국가의 계속성과 헌법을 수호할 책무'를 부과하고, 같은 조 제3항에서 '조국의 평화적 통일을 위한 성실한 의무'를 지우면서, 제69조에서 이에 상응하는 내용의 취임선서를 하도록 규정하고 있다. 헌법 제69조는 단순히 대통령의 취임선서의무만을 규정한 것이 아니라, 헌법 제66조 제2항 및 제3항에 규정된 대통령의 헌법적 책무를 구체화하고 강조하는 실체적 내용을 지닌 규정이다(헌재 2004.5.14. 2004헌나1).

[ㄴ ▸ ×] 1954년 개정헌법(제2차 개헌)의 주요 내용이다. 1952년 개정헌법(제1차 개헌)의 주요 내용은 대통령과 부통령의 직선제, 국회의 양원제, 국회의 국무원불신임제, 국무위원 임명에 대한 국무총리의 제청권 등이다.

[ㄷ ▸ ○] 헌법 제8조 제3항은 "정당은 법률이 정하는 바에 의하여 국가의 보호를 받으며, 국가는 법률이 정하는 바에 의하여 정당 운영에 필요한 자금을 보조할 수 있다"고 규정하고 있고, 이에 따라 정치자금법에서 정당운영자금에 대한 국가보조를 규정하고 있다. 그러나 국가보조는 정당의 공적 기능의 중요성을 감안하여 정당의 정치자금 조달을 보완하는 데에 그 의의가 있으므로, 본래 국민의 자발적 정치조직인 정당에 대한 과도한 국가보조는 정당의 국민의존성을 떨어뜨리고 정당과 국민을 멀어지게 할 우려가 있다. 이는 국민과 국가를 잇는 중개자로서의 정당의 기능, 즉 공당으로서의 기능을 약화시킴으로써 정당을 국민과 유리된 정치인들만의 단체, 즉 사당으로 전락시킬 위험이 있다. 뿐만 아니라 과도한 국가보조는 국민의 지지를 얻고자 하는 노력이 실패한 정당이 스스로 책임져야 할 위험부담을 국가가 상쇄하는 것으로서 정당 간 자유로운 경쟁을 저해할 수 있다(헌재 2015.12.23. 2013헌바168).

[ㄹ ▸ ×] 우리나라의 헌법은 제헌헌법이 초대국회에 의하여 제정된 반면 그 후의 제5차, 제7차, 제8차 및 현행의 제9차 헌법 개정에 있어서는 국민투표를 거친 바 있고, 그간 각 헌법의 개정절차조항 자체가 여러 번 개정된 적이 있으며, 형식적으로도 부분개정이 아니라 전문까지를 포함한 전면개정이 이루어졌던 점과 우리의 현행헌법이 독일기본법 제79조 제3항과 같은 헌법 개정의 한계에 관한 규정을 두고 있지 아니하고, 독일기본법 제79조 제1항 제1문과 같이 헌법의 개정을 법률의

정답 ③

형식으로 하도록 규정하고 있지도 아니한 점 등을 감안할 때, 우리 헌법의 각 개별규정 가운데 무엇이 헌법제정규정이고 무엇이 헌법개정규정인지를 구분하는 것이 가능하지 아니할 뿐 아니라, 각 개별규정에 그 효력상의 차이를 인정하여야 할 형식적인 이유를 찾을 수 없다(헌재 1995.12.28. 95헌바3).

[ㅁ▸O] 개인의 신뢰이익에 대한 보호가치는 ① 법령에 따른 개인의 행위가 국가에 의하여 일정 방향으로 유인된 신뢰의 행사인지, ② 아니면 단지 법률이 부여한 기회를 활용한 것으로서 원칙적으로 사적 위험부담의 범위에 속하는 것인지 여부에 따라 달라진다. 만일 법률에 따른 개인의 행위가 단지 법률이 반사적으로 부여하는 기회의 활용을 넘어서 국가에 의하여 일정 방향으로 유인된 것이라면 특별히 보호가치가 있는 신뢰이익이 인정될 수 있고, 원칙적으로 개인의 신뢰보호가 국가의 법률개정이익에 우선된다고 볼 여지가 있다(헌재 2002.11.28. 2002헌바45).

**2015년 변호사시험 문 15.** ☑ 확인 Check! O △ X

**1948년 제헌헌법부터 현행헌법에 이르기까지의 헌법사에 관한 기술 중 옳은 것(O)과 옳지 않은 것(×)을 올바르게 조합한 것은?**

ㄱ. 1960년 제3차 개정헌법은 처음으로 정당에 대한 보호조항을 두었다.
ㄴ. 1962년 제5차 개정헌법은 법률에 대한 최종적 위헌심사권을 대법원에 부여하였다.
ㄷ. 대한민국임시정부의 법통 계승은 현행헌법 전문에 처음으로 명문화되었다.
ㄹ. 제헌헌법은 대통령간선제를 채택하였다.
ㅁ. 국회의 국정감사권은 제헌헌법에서부터 규정되어 오다가 1962년 제5차 개정헌법에서 폐지되었으나 현행헌법에서 다시 규정되었다.

① ㄱ(O) ㄴ(O) ㄷ(×) ㄹ(×) ㅁ(O)
② ㄱ(×) ㄴ(O) ㄷ(O) ㄹ(O) ㅁ(×)
③ ㄱ(O) ㄴ(O) ㄷ(O) ㄹ(O) ㅁ(×)
④ ㄱ(×) ㄴ(×) ㄷ(O) ㄹ(O) ㅁ(O)
⑤ ㄱ(O) ㄴ(×) ㄷ(×) ㄹ(O) ㅁ(×)

[ㄱ▸O] 1960년 제3차 개정헌법은 제13조에서 "정당은 법률의 정하는 바에 의하여 국가의 보호를 받는다"고 규정하여 정당제도를 헌법적으로 수용하였다.

[ㄴ▸O] 1962년 제5차 개정헌법은 헌법재판소를 폐지하고, 법원에 위헌법률심사권을 부여하였다.

[ㄷ▸O] 헌법 전문에는 '우리 대한국민은 3·1운동으로 건립된 대한민국임시정부의 법통과 불의에 항거한 4·19민주이념을 계승하고'라고 규정되어 있다. 3·1운동은 제헌헌법 때부터 계속 헌법 전문에 명시되어 있었으나, 대한민국임시정부의 법통 계승은 현행헌법 전문에 처음으로 명문화되었다.

[ㄹ▸O] 대통령과 부통령은 국회에서 무기명투표로써 각각 선거한다(제헌헌법 제53조 제1항).

[ㅁ▸×] 국정감사권은 제헌헌법에서부터 규정되어 오다가 1972년 제7차 개정헌법에서 폐지되었으나, 현행헌법에서 다시 규정되었다.



③ 정답

2014년 변호사시험 문 1. ☑ 확인Check! ○ △ ×

**대한민국헌법의 역사에 관한 설명 중 옳지 않은 것은?**

① 1948년 제헌헌법은 '경제'의 장과 '재정'의 장을 별도로 둠으로써 경제와 재정의 의미를 강조하였으며, 개인의 경제활동의 자유를 우선적으로 보장하되, 모든 국민에게 생활의 기본적 수요를 충족할 수 있게 하는 사회정의의 실현과 국민경제의 발전을 위해 국가의 보충적 관여를 허용하고 있었다.

② 1960년 제2공화국 헌법은 대법원장과 대법관을 선거하도록 규정하고 있었다. 다만, 선거인단은 일반국민의 참여를 배제하고 법관의 자격을 가진 자로 구성하였으며, 선거의 결과를 대통령이 확인하도록 하였다.

③ 1962년 제3공화국 헌법은 정당기속을 강하게 인정하고 있었다. 특히 국회의원이 임기 중에 당적을 이탈하거나 변경한 때 또는 소속 정당이 해산되었을 때에는 의원직을 상실하도록 명시하고 있었다. 다만, 합당이나 제명으로 인하여 소속이 달라지는 경우에는 예외로 하였다.

④ 1972년 제4공화국 헌법의 통일주체국민회의는 토론 없이 무기명투표로써 대통령을 선거하는 권한을 가지고 있었으며, 그 밖에 국회의원 정수의 3분의 1에 해당하는 수의 국회의원을 선거할 수 있는 권한도 보유하고 있었다.

⑤ 1980년 제5공화국 헌법은 통일주체국민회의를 폐지하였으며, 행복추구권, 사생활의 비밀과 자유, 무죄추정의 원칙, 환경권, 적정임금의 보장 등을 헌법상의 기본권으로 새로이 규정하였다.

[❶ ▸ ×] 1948년 제헌헌법은 제6장에 '경제'의 장을, 제7장에 '재정'의 장을 별도로 두었으나, 제84조에서 "대한민국의 경제질서는 모든 국민에게 생활의 기본적 수요를 충족할 수 있게 하는 사회정의의 실현과 균형 있는 국민경제의 발전을 기함을 기본으로 삼는다. 각인의 경제상 자유는 이 한계 내에서 보장된다"고 하여 통제경제를 바탕으로 하는 경제질서를 규정하였다.

[❷ ▸ ○] 대법원장과 대법관은 법관의 자격이 있는 자로써 조직되는 선거인단이 이를 선거하고 대통령이 확인한다(1960년 제2공화국 헌법 제78조 제1항).

[❸ ▸ ○] 1962년 헌법은 극단적인 정당국가를 지향하였는데, 정당의 추천이 없으면 대통령·국회의원에의 출마가 금지되고, 국회의원이 임기 중 당적을 이탈하거나 변경하면 의원직이 상실되도록 규정하였다.

법령

1962년 제3공화국 헌법 제36조 ③ 국회의원 후보가 되려 하는 자는 소속 정당의 추천을 받아야 한다.

1962년 제3공화국 헌법 제38조 국회의원은 임기 중 당적을 이탈하거나 변경한 때 또는 소속 정당이 해산된 때에는 그 자격이 상실된다. 다만, 합당 또는 제명으로 소속이 달라지는 경우에는 예외로 한다.

1962년 제3공화국 헌법 제64조 ③ 대통령 후보가 되려 하는 자는 소속 정당의 추천을 받아야 한다.

[❹ ▸ ○] 1972년 제4공화국 헌법 제39조 제1항, 제40조 제1항 참조

법령

1972년 제4공화국 헌법 제39조 ① 대통령은 통일주체국민회의에서 토론 없이 무기명투표로 선거한다.

1972년 제4공화국 헌법 제40조 ① 통일주체국민회의는 국회의원 정수의 3분의 1에 해당하는 수의 국회의원을 선거한다.

[❺ ▸ ○] 1980년 제5공화국 헌법은 통일주체국민회의를 폐지하고, 행복추구권, 형사피고인의 무죄추정, 연좌제 금지, 사생활의 비밀과 자유, 환경권, 적정임금, 소비자 보호 및 국정조사권조항을 신설하였다.

정답 ①

### 2012년 변호사시험 문 1.

☑ 확인 Check! ○ △ ×

**대한민국헌법의 역사에 관한 설명 중 옳지 않은 것은?(단, 헌법 명칭은 공포된 해를 기준으로 함)**

① 지방의회는, 1952년 최초로 구성되었으나 1961년 군사정권에 의해서 해산되었고, 조국통일 시까지 지방의회 구성을 유예하는 1972년 헌법 부칙, 재정자립도를 감안하여 순차적으로 구성하되 그 시기는 법률로 정한다는 1980년 헌법 부칙에 의하여 구성되지 못하다가, 동 부칙규정이 폐지된 현행헌법에 근거하여 1991년 다시 구성되었다.

② 정당에 관한 명문의 조항을 둔 것은 1960년 헌법부터이고, 1962년 헌법은 정당의 추천을 받아야만 대통령선거와 국회의원선거에 입후보할 수 있도록 제한하여 정당제민주주의를 추구하였다.

③ 대통령의 선출방식은 1948년 헌법의 간선제, 1952년 헌법의 직선제, 1960년 헌법의 간선제, 1962년 헌법의 직선제, 1972년 헌법의 간선제, 1980년 헌법의 직선제, 1987년 헌법의 직선제로 변화되어 왔다.

④ 비상계엄하의 군사재판을 일정한 경우에 단심으로 할 수 있다고 규정한 헌법 제110조 제4항 본문은 1962년 헌법에서 최초로 명문화되었으며, 동 조항 단서의 "사형을 선고한 경우에는 그러하지 아니하다"는 규정은 1987년 헌법에 신설되었다.

⑤ 1972년 소위 유신헌법에서 삭제되었던 언론·출판에 대한 허가·검열금지규정과 함께 집회에 대한 허가제금지규정을 부활시킨 역사적 배경은, 언론·출판의 자유와 더불어 집회의 자유가 형식적·장식적 기본권으로 후퇴하였던 과거의 헌정사에 대한 반성적 고려에서, 집회의 자유가 실질적으로 보장되지 않는 한 자유민주주의적 헌정질서가 발전·정착되기 어렵다는 역사적 경험을 토대로 한 헌법개정권력자인 국민들의 헌법가치적 합의이며 헌법적 결단에 기초한 것이다.

[❶ ▸ ○] 아래 표 참조

지방자치의 연혁

| | |
|---|---|
| 제헌헌법 | 지방자치에 관한 규정을 두었으나, 그 시행이 지연되다가 1952년에 비로소 지방의회를 구성 |
| 제2공화국 헌법 | 읍·면의 의회를 구성하고, 시장 등의 선거를 실시하여 명실상부한 지방자치제도를 시행 |
| 제3공화국 헌법 | 헌법 부칙에 지방의회의 구성시기를 법률로 정하도록 하였으나, 법률을 제정하지 않음 |
| 제4공화국 헌법 | 헌법 부칙에 지방의회는 조국통일이 이루어질 때까지 구성하지 아니한다고 규정 |
| 제5공화국 헌법 | 헌법 부칙에 지방의회를 재정자립도를 감안하여 순차적 구성하되 그 시기는 법률로 정하도록 하였으나, 법률을 제정하지 않음 |
| 현행헌법 | 지방의회 유예 관련 부칙규정이 폐지되고, 1991년에 지방의회 구성하였으며, 1995년에 지방자치단체장의 선거를 실시 |

[❷ ▸ ○] 1948년 헌법은 국회법에 정당에 관한 규정을 두었고, 1960년 헌법부터 헌법에 정당에 관한 명문의 조항을 두었다. 1962년 헌법은 극단적인 정당국가를 지향하였는데, 정당의 추천이 없으면 대통령·국회의원에의 출마가 금지되었다.

[❸ ▸ ×] 1980년 헌법은 대통령선거방식을 선거인단에 의한 간선제로 규정하였다.

법령 1980년 헌법(제8차 개헌) 제39조 ① 대통령은 대통령선거인단에서 무기명투표로 선거한다.

[❹ ▸ ○] 헌법 제110조 제4항 본문의 군사법원의 비상계엄 시 단심규정은 1962년 헌법에, 단서의 사형선고 시 단심예외 규정은 현행헌법인 1987년 헌법에 신설되었다.

[❺ ▸ ○] 1972년 소위 유신헌법에서 삭제되었던 언론·출판에 대한 허가나 검열의 금지와 함께 집회에 대한 허가제금지 규정을 다시 부활시킨 역사적 배경 내지 정치·사회·문화적 상황 등을 종합하여 보면, 이 사건 헌법규정은, 언론·출판의 자유와 더불어 집회의 자유가 형식적·장식적 기본권으로 후퇴하였던 과거의 헌정사에 대한 반성적 고려에서, 집회의



③ 정답

자유가 실질적으로 보장되지 않는 한 자유민주주의적 헌정질서가 발전·정착되기는 어렵다는 역사적 경험을 토대로, 그동안 삭제되었던 언론·출판에 대한 허가나 검열 금지와 함께 집회에 대한 허가제 금지를 다시금 살려내어, 집회의 허용 여부를 행정권의 일방적·사전적 판단에 맡기는 집회에 대한 허가제는 집회에 대한 검열제와 마찬가지이므로 이를 절대적으로 금지하겠다는 헌법개정권력자인 국민들의 헌법가치적 합의이며 헌법적 결단이라고 보아야 할 것이다(헌재 2009.9.24. 2008헌가25).

## 제2절 대한민국의 국가형태와 구성요소 ☆

**2012년 변호사시험 문 9.** 확인 Check! ○ △ ×

**남북한의 법적 관계에 관한 설명 중 옳지 않은 것은?(다툼이 있는 경우 판례에 의함)**

① 통일부장관이 북한주민 등과의 접촉을 원하는 자로부터 승인신청을 받아 구체적인 내용을 검토하여 승인 여부를 결정하는 절차를 규정한 「남북교류협력에 관한 법률」은 평화통일을 선언한 헌법 전문과 헌법 제4조에 위배되지 않는다.

② 남·북한이 유엔(UN)에 동시가입하였다고 하더라도, 이는 '유엔헌장'이라는 다변조약(多邊條約)에의 가입을 의미하는 것으로서 유엔헌장 제4조 제1항의 해석상 신규가맹국이 유엔(UN)이라는 국제기구에 의하여 국가로 승인받는 효과가 발생하는 것은 별론으로 하고, 그것만으로 곧 다른 가맹국과의 관계에 있어서도 당연히 상호 간에 국가승인이 있었다고 볼 수 없다는 것이 현실 국제정치상의 관례이다.

③ 국가보안법 제7조 제1항의 '국가의 존립·안전이나 자유민주적 기본질서를 위태롭게 한다는 정을 알면서'라는 구성요건은, 그 소정의 행위가 국가의 존립·안전이나 자유민주적 기본질서에 해악을 끼칠 명백한 위험성이 있는 경우에만 적용되어야 한다.

④ 헌법재판소는 남북당국자 간에 이루어진 합의인 「남북 사이의 화해와 불가침 및 교류협력에 관한 합의서」는 일종의 조약으로서 국회의 동의를 얻어야 한다고 판시하였다.

⑤ 「남북관계 발전에 관한 법률」에 따르면, 대통령은 정부와 북한당국 간에 문서의 형식으로 체결된 합의(남북합의서)를 비준하기에 앞서 국무회의의 심의를 거쳐야 하고, 국회는 국가나 국민에게 중대한 재정적 부담을 지우는 남북합의서 또는 입법사항에 관한 남북합의서의 체결·비준에 대한 동의권을 가진다.

[❶ ▸ ○] 북한주민과의 접촉이 그 과정에서 불필요한 마찰과 오해를 유발하여 긴장이 조성되거나, 무절제한 경쟁적 접촉으로 남북한 간의 원만한 협력관계에 나쁜 영향을 미칠 수도 있으며, 북한의 정치적 목적에 이용되거나 국가의 안전보장이나 자유민주적 기본질서에 부정적인 영향을 미치는 통로로 이용될 가능성도 완전히 배제할 수 없으므로 통일부장관이 북한주민 등과의 접촉을 원하는 자로부터 승인신청을 받아 구체적인 내용을 검토하여 승인 여부를 결정하는 절차는 현 단계에서는 불가피하므로 남북교류 협력에 관한 법률 제9조 제3항은 평화통일을 선언한 헌법 전문, 헌법 제4조, 헌법 제66조 제3항 및 기타 헌법상의 통일조항에 위배된다고 볼 수 없다(헌재 2000.7.20. 98헌바63).

[❷ ▸ ○] 남·북한이 유엔(UN)에 동시가입하였다고 하더라도, 이는 '유엔헌장'이라는 다변조약(多邊條約)에의 가입을 의미하는 것으로서 유엔헌장 제4조 제1항의 해석상 신규가맹국이 '유엔(UN)'이라는 국제기구에 의하여 국가로 승인받는 효과가 발생하는 것은 별론으로 하고, 그것만으로 곧 다른 가맹국과의 관계에 있어서도 당연히 상호 간에 국가승인이 있었다고는 볼 수 없다는 것이 현실 국제정치상의 관례이고 국제법상의 통설적인 입장이다(헌재 1997.1.16. 92헌바6).

[❸ ▸ ○] 구 국가보안법 제7조 제1항·제3항·제5항 및 제8조 제1항은, 각 소정의 행위가 국가의 존립·안전이나 자유민주적 기본질서에 해악을 끼칠 명백한 위험이 있는 경우에 적용된다고 할 것이므로, 그러한 해석하에 헌법에 위반되지 아니한다(헌재 1997.1.16. 92헌바6 등).

정답 ④

[❹ ▸ ×] 1992.2.19. 발효된 '남북 사이의 화해와 불가침 및 교류협력에 관한 합의서'는 일종의 공동성명 또는 신사협정에 준하는 성격을 가짐에 불과하여 법률이 아님은 물론 국내법과 동일한 효력이 있는 조약이나 이에 준하는 것으로 볼 수 없다(헌재 2000.7.20. 선고 98헌바63).

[❺ ▸ ○] 남북관계 발전에 관한 법률 제21조 제2항・제3항 참조

법령 남북합의서의 체결・비준(남북관계 발전에 관한 법률 제21조) ② 대통령은 남북합의서를 비준하기에 앞서 국무회의의 심의를 거쳐야 한다.

③ 국회는 국가나 국민에게 중대한 재정적 부담을 지우는 남북합의서 또는 입법사항에 관한 남북합의서의 체결・비준에 대한 동의권을 가진다.

## 제3절 헌법 전문과 헌법의 기본원리

★★★★★☆

**2017년 변호사시험 문 4.**

☑ 확인Check! ○ △ ×

**헌법 전문에 관한 설명 중 옳지 않은 것은?(다툼이 있는 경우 판례에 의함, 헌법 명칭은 공포된 해를 기준으로 함)**

① 1972년 제7차 개정헌법의 전문에서는 3・1운동의 숭고한 독립정신과 4・19의거 및 5・16혁명의 이념을 계승한다고 규정하였으나, 1980년 제8차 개정헌법의 전문에서는 3・1운동의 숭고한 독립정신을 계승한다고 규정하였다.

② '헌법 전문에 기재된 3・1정신'은 우리나라 헌법의 연혁적・이념적 기초로서 헌법이나 법률해석에서의 해석기준으로 작용한다고 할 수 있지만, 그에 기하여 곧바로 국민의 개별적 기본권성을 도출해 낼 수는 없다.

③ 헌법은 전문에서 3・1운동으로 건립된 대한민국임시정부의 법통의 계승을 천명하고 있다는 점에서 지금의 정부는 일제강점기에 일본군위안부로 강제동원되어 인간의 존엄과 가치가 말살된 상태에서 장기간 비극적인 삶을 영위하였던 피해자들의 훼손된 인간의 존엄과 가치를 회복시켜야 할 의무를 부담한다.

④ 헌법 전문은 1962년 제5차 개정헌법에서 처음으로 개정되었다.

⑤ 3・1운동으로 건립된 대한민국임시정부의 법통을 계승한다는 헌법 전문으로부터 조국의 자주독립을 위하여 공헌한 독립유공자와 그 유족에 대하여 응분의 예우를 하여야 할 헌법적 의무가 도출되는 것은 아니다.

[❶ ▸ ○] 1980년 헌법 전문에는 4・19의거 및 5・16혁명의 이념이라는 단어가 삭제되었다.

법령 1972년 헌법 전문 : 유구한 역사와 전통에 빛나는 우리 대한국민은 3・1운동의 숭고한 독립정신과 4・19의거 및 5・16혁명의 이념을 계승하고 …

1980년 헌법 전문 : … 우리 대한국민은 3・1운동의 숭고한 독립정신을 계승하고 …

[❷ ▸ ○] '헌법 전문에 기재된 3.1정신'은 우리나라 헌법의 연혁적・이념적 기초로서 헌법이나 법률해석에서의 해석기준으로 작용한다고 할 수 있지만, 그에 기하여 곧바로 국민의 개별적 기본권성을 도출해 낼 수는 없다고 할 것이므로, 헌법소원의 대상인 '헌법상 보장된 기본권'에 해당하지 아니한다(헌재 2001.3.21. 99헌마139).



⑤ 정답

[❸ ▸ O] 우리 헌법은 전문에서 '3·1운동으로 건립된 대한민국임시정부의 법통'의 계승을 천명하고 있는바, 비록 우리 헌법이 제정되기 전의 일이라 할지라도 국가가 국민의 안전과 생명을 보호하여야 할 가장 기본적인 의무를 수행하지 못한 일제강점기에 일본군위안부로 강제동원되어 인간의 존엄과 가치가 말살된 상태에서 장기간 비극적인 삶을 영위하였던 피해자들의 훼손된 인간의 존엄과 가치를 회복시켜야 할 의무는 대한민국임시정부의 법통을 계승한 지금의 정부가 국민에 대하여 부담하는 가장 근본적인 보호의무에 속한다고 할 것이다(헌재 2011.8.30. 2006헌마788).

[❹ ▸ O] 헌법 전문은 1962년 제5차 개정헌법에서 처음으로 개정된 이후 제7차·제8차·제9차 개정헌법에서도 개정되었다.

[❺ ▸ X] 헌법은 국가유공자 인정에 관하여 명문규정을 두고 있지 않으나 전문(前文)에서 '3.1운동으로 건립된 대한민국임시정부의 법통을 계승'한다고 선언하고 있다. 이는 대한민국이 일제에 항거한 독립운동가의 공헌과 희생을 바탕으로 이룩된 것임을 선언한 것이고, 그렇다면 국가는 일제로부터 조국의 자주독립을 위하여 공헌한 독립유공자와 그 유족에 대하여는 응분의 예우를 하여야 할 헌법적 의무를 지닌다(헌재 2005.6.30. 2004헌마859).

PART 01 헌법총론

**2016년 변호사시험 문 18.** ☑ 확인Check! O △ X

**헌법상 기본원리에 관한 설명 중 옳은 것은?(다툼이 있는 경우 판례에 의함)**

① "책임 없는 자에게 형벌을 부과할 수 없다"는 형벌에 관한 책임주의는 형사법의 기본원리로서, 헌법상 법치국가의 원리에 내재하는 원리인 동시에 헌법 제10조의 취지로부터 도출되는 원리이고, 법인의 경우도 자연인과 마찬가지로 책임주의원칙이 적용된다.
② 헌법 제34조 제5항의 '신체장애자'에 대한 국가보호의무조항은 사회국가원리를 구체화한 것이므로, 이 조항으로부터 장애인을 위하여 저상버스를 도입해야 한다는 구체적 내용의 의무가 도출된다.
③ 사회환경이나 경제여건의 변화에 따른 필요성에 의하여 법률이 신축적으로 변할 수 있고, 변경된 새로운 법질서와 기존의 법질서 사이에 이해관계의 상충이 불가피하더라도 국민이 가지는 모든 기대 내지 신뢰는 헌법상 권리로서 보호되어야 한다.
④ 헌법의 기본원리는 헌법의 이념적 기초인 동시에 헌법을 지배하는 지도원리로서 구체적 기본권을 도출하는 근거가 될 뿐만 아니라 기본권의 해석 및 기본권제한입법의 합헌성 심사에 있어 해석기준의 하나로서 작용한다.
⑤ 문화국가원리와 밀접불가분의 관계를 맺게 되는 국가의 문화정책은 국가의 문화국가 실현에 관한 적극적인 역할을 감안할 때, 문화풍토의 조성이 아니라 특정 문화 그 자체의 산출에 초점을 두어야 한다.

[❶ ▸ O] 형벌은 범죄에 대한 제재로서 그 본질은 법질서에 의해 부정적으로 평가된 행위에 대한 비난이다. 만약 법질서가 부정적으로 평가한 결과가 발생하였다고 하더라도 그러한 결과의 발생이 어느 누구의 잘못에 의한 것도 아니라면, 부정적인 결과가 발생하였다는 이유만으로 누군가에게 형벌을 가할 수 없다. 이와 같이 "책임 없는 자에게 형벌을 부과할 수 없다"는 형벌에 관한 책임주의는 형사법의 기본원리로서, 헌법상 법치국가의 원리에 내재하는 원리인 동시에 헌법 제10조의 취지로부터 도출되는 원리이고, 법인의 경우도 자연인과 마찬가지로 책임주의원칙이 적용된다(헌재 2012.10.25. 2012헌가18).

[❷ ▸ X] 국가에게 헌법 제34조에 의하여 장애인의 복지를 위하여 노력을 해야 할 의무가 있다는 것은, 장애인도 인간다운 생활을 누릴 수 있는 정의로운 사회질서를 형성해야 할 국가의 일반적인 의무를 뜻하는 것이지, 장애인을 위하여 저상버스를 도입해야 한다는 구체적 내용의 의무가 헌법으로부터 나오는 것은 아니다(헌재 2002.12.18. 2002헌마52).

[❸ ▸ X] 일반적으로 국민이 어떤 법률이나 제도가 장래에도 그대로 존속될 것이라는 합리적인 신뢰를 바탕으로 하여 일정한 법적 지위를 형성한 경우, 국가는 그와 같은 법적 지위와 관련된 법규나 제도의 개폐에 있어서 법치국가의 원칙에

정답 ①

따라 국민의 신뢰를 최대한 보호하여 법적 안정성을 도모하여야 한다. 따라서 법률의 제정이나 개정 시 구법질서에 대한 당사자의 신뢰가 합리적이고도 정당하며 법률의 제정이나 개정으로 야기되는 당사자의 손해가 극심하여 새로운 입법으로 달성하고자 하는 공익적 목적이 그러한 당사자의 신뢰의 파괴를 정당화할 수 없다면, 그러한 새로운 입법은 허용될 수 없다. 그런데 사회환경이나 경제여건의 변화에 따른 필요성에 의하여 법률은 신축적으로 변할 수밖에 없고, 변경된 새로운 법질서와 기존의 법질서 사이에는 이해관계의 상충이 불가피하다. 따라서 국민이 가지는 모든 기대 내지 신뢰가 헌법상 권리로서 보호될 것은 아니고, 신뢰의 근거 및 종류, 상실되는 이익의 중요성, 침해의 방법 등에 비추어 당해 법규・제도의 존속에 대한 개인의 신뢰가 합리적이어서 권리로서 보호할 필요성이 인정되어야 한다(헌재 2009.9.24. 2007헌마872).

[❹ ▸ ×] 헌법의 기본원리는 헌법의 이념적 기초인 동시에 헌법을 지배하는 지도원리로서 입법이나 정책결정의 방향을 제시하며 공무원을 비롯한 모든 국민・국가기관이 헌법을 존중하고 수호하도록 하는 지침이 되며, 구체적 기본권을 도출하는 근거로 될 수는 없으나 기본권의 해석 및 기본권제한입법의 합헌성 심사에 있어 해석기준의 하나로서 작용한다(헌재 1996.4.25. 92헌바47).

[❺ ▸ ×] 문화국가원리는 국가의 문화국가 실현에 관한 과제 또는 책임을 통하여 실현되는바, 국가의 문화정책과 밀접불가분의 관계를 맺고 있다. 과거 국가절대주의사상의 국가관이 지배하던 시대에는 국가의 적극적인 문화간섭정책이 당연한 것으로 여겨졌다. 그러나 오늘날에 와서는 국가가 어떤 문화현상에 대하여도 이를 선호하거나, 우대하는 경향을 보이지 않는 불편부당의 원칙이 가장 바람직한 정책으로 평가받고 있다. 오늘날 문화국가에서의 문화정책은 그 초점이 문화 그 자체에 있는 것이 아니라 문화가 생겨날 수 있는 문화풍토를 조성하는 데 두어야 한다(헌재 2004.5.27. 2003헌가1).

**2019년 변호사시험 문 8.** ☑ 확인Check! ○ △ ×

**신뢰보호원칙의 적용에 관한 설명 중 옳은 것(○)과 옳지 않은 것(×)을 올바르게 조합한 것은?(다툼이 있는 경우 판례에 의함)**

ㄱ. 정부가 1976년부터 자도소주구입제도를 시행한 것을 고려할 때, 주류판매업자로 하여금 매월 소주류 총구입액의 100분의 50 이상을 당해 주류판매업자의 판매장이 소재하는 지역과 같은 지역에 소재하는 제조장으로부터 구입하도록 명하는 자도소주구입명령제도에 대한 소주제조업자의 강한 신뢰보호이익이 인정되지만, 이러한 신뢰 보호도 '능력경쟁의 실현'이라는 보다 우월한 공익에 직면하여 종래의 법적 상태의 존속을 요구할 수는 없다.

ㄴ. 종전의 법령에 따라 「학교보건법」의 학교환경위생정화구역(이하 "정화구역"이라 함) 내에서 노래연습장영업을 적법하게 하였는데, 시행령의 변경으로 이미 설치되어 있던 노래연습장시설을 5년 이내에 폐쇄 또는 이전하도록 하는 것은 시행령 개정 이전부터 정화구역 내에서 노래연습장영업을 적법하게 한 국민들의 신뢰를 해치는 것으로 이와 같은 시행령 조항은 법적 안정성과 신뢰보호원칙에 위배된다.

ㄷ. 1953년부터 시행된 "교사의 신규채용에 있어서는 국립 또는 공립 교육대학・사범대학의 졸업자를 우선하여 채용하여야 한다"라는 「교육공무원법」 조항에 대한 헌법재판소의 위헌결정에도 불구하고 헌법재판소의 위헌결정 당시의 국・공립 사범대학 등의 재학생과 졸업자의 신뢰는 보호되어야 하므로, 입법자가 위헌법률에 기초한 이들의 신뢰이익을 보호하기 위한 법률을 제정하지 않은 부작위는 헌법에 위배된다.

ㄹ. 무기징역의 집행 중에 있는 자의 가석방요건을 종전의 '10년 이상'에서 '20년 이상' 형 집행 경과로 강화하면서 「형법」 개정 당시에 이미 10년 이상 수용 중인 사람에게도 적용하도록 하는 「형법」 부칙규정은 법 개정 당시에 무기징역의 집행 중에 있는 자의 가석방요건에 대한 정당한 신뢰이익을 침해하여 위헌이다.

① ㄱ(○) ㄴ(×) ㄷ(○) ㄹ(○)
② ㄱ(×) ㄴ(○) ㄷ(×) ㄹ(×)
③ ㄱ(○) ㄴ(×) ㄷ(×) ㄹ(×)
④ ㄱ(×) ㄴ(○) ㄷ(○) ㄹ(○)
⑤ ㄱ(×) ㄴ(×) ㄷ(×) ㄹ(○)



③ 정답

[ㄱ ▸ O] 이 사건의 경우 국가가 장기간에 걸쳐 추진된 주정배정제도, 1도1사원칙에 의한 통폐합정책 및 자도소주구입명령제도를 통하여 신뢰의 근거를 제공하고 국가가 의도하는 일정한 방향으로 소주제조업자의 의사결정을 유도하려고 계획하였으므로, 자도소주구입명령제도에 대한 소주제조업자의 강한 신뢰보호이익이 인정된다. 그러나 이러한 신뢰 보호도 법률 개정을 통한 '능력경쟁의 실현'이라는 보다 우월한 공익에 직면하여 종래의 법적 상태의 존속을 요구할 수는 없다 할 것이고 다만 개인의 신뢰는 적절한 경과규정을 통하여 고려되기를 요구할 수 있는 데 지나지 않는다 할 것이다(헌재 1996.12.26. 96헌가18).

[ㄴ ▸ X] 이 사건 시행령 조항은, 위와 같은 청소년 학생의 보호라는 공익상의 필요에 의하여 학교환경위생정화구역 안에서의 노래연습장의 시설・영업을 금지하고서 이미 설치된 노래연습장시설을 폐쇄 또는 이전하도록 하면서 경제적 손실을 최소화할 수 있도록 1998.12.31.까지 약 5년간의 유예기간을 주는 한편 1994.8.31.까지 교육감 등의 인정을 받아 계속 영업을 할 수 있도록 경과조치를 하여, 청구인들의 법적 안정성과 신뢰 보호를 위하여 상당한 배려를 하고 있으므로, 법적 안정성과 신뢰보호의 원칙에 어긋난다고 할 수 없다(헌재 1999.7.22. 98헌마480 등).

[ㄷ ▸ X] 우리 헌법재판소법 제47조 제2항은 장래효의 원칙을 규정함으로써 위헌법률이 당연히 무효인 것이 아니라 위헌결정으로 장래 효력을 상실하도록 되어 있어 헌법재판소에 의한 위헌확인 시까지는 유효한 신뢰의 근거로 작용할 수 있다. 그러나 이러한 신뢰이익은 위헌적 법률의 존속에 관한 것에 불과하여 위헌적인 상태를 제거해야 할 법치국가적 공익과 비교형량해 보면 공익이 신뢰이익에 대하여 원칙적인 우위를 차지하기 때문에 합헌적인 법률에 기초한 신뢰이익과 동일한 정도의 보호, 즉 '헌법에서 유래하는 국가의 보호의무'까지는 요청할 수는 없다. 즉 미임용자들이, 위헌적 법률에 기초한 신뢰이익이 보호되지 않는다는 이유를 들어 교육공무원의 공개전형을 통한 선발을 규정한 현행 교육공무원법을 위헌이라고 하거나, 위헌적 법률에 기초한 신뢰이익을 보장하기 위한 법률을 제정하지 않은 부작위를 위헌이라고 주장할 수는 없는 것이다(헌재 2006.3.30. 2005헌마598).

[ㄹ ▸ X] 형법 제72조 제1항에 규정된 '형집행기간의 경과'라는 요건을 갖추었다고 하더라도 그것만으로 수형자가 교정당국에 대하여 가석방을 요구할 권리를 취득하거나 교정당국이 가석방을 할 법률상 의무를 부담하는 것이 아니다. 그러한 점에서 무기징역형을 10년 이상 집행받으면 가석방 적격심사대상자가 될 수 있었던 구 형법 제72조 제1항에 대한 청구인의 신뢰를 헌법상 권리로 보호할 필요성이 있다고 보기 어렵다. … 10년 이상 무기징역형을 집행받은 청구인이 가석방 적격심사대상자가 될 수 있다고 신뢰하였다고 하더라도, 입법자는 여러 사정을 고려하여 가석방제도에 대한 새로운 규율을 할 수 있으므로, 이 사건 부칙조항이 청구인의 신뢰를 전혀 예상하지 못한 방법으로 침해한 것이라고 볼 수 없다(헌재 2013.8.29. 2011헌마408).

**2020년 변호사시험 문 12.** ☑ 확인Check! ○ △ ×

甲은 2006.10.부터 2007.4.까지 3회에 걸쳐 8억원의 조세를 포탈하였다는 범죄사실로 2015.6.11. 공소제기되었다. 甲은 2015.9.11. "징역 2년 및 벌금 120억원에 처하고, 벌금을 납입하지 아니하는 경우 1,200만원을 1일로 환산한 기간노역장에 유치한다"는 내용의 판결을 선고받아 그대로 확정되었다. 한편 2014.5.14. 「형법」이 개정되어 제70조 제2항이 신설되었으며, 동 조항(이하 "노역장유치조항"이라 함)은 같은 날 시행되었다. 다음 사례에 관한 설명 중 옳지 않은 것은?(다툼이 있는 경우 판례에 의함)

구 「형법」(1953.9.18. 법률 제293호로 제정되고, 2014.5.14. 법률 제12575호로 개정되기 전의 것) 제70조(노역장유치)
벌금 또는 과료를 선고할 때에는 납입하지 아니하는 경우의 유치기간을 정하여 동시에 선고하여야 한다.

「형법」(2014.5.14. 법률 제12575호로 개정된 것) 제70조(노역장유치)
① 벌금 또는 과료를 선고할 때에는 납입하지 아니하는 경우의 유치기간을 정하여 동시에 선고하여야 한다.
② 선고하는 벌금이 1억원 이상 5억원 미만인 경우에는 300일 이상, 5억원 이상 50억원 미만인 경우에는 500일 이상, 50억원 이상인 경우에는 1,000일 이상의 유치기간을 정하여야 한다.

「형법」 부칙(2014.5.14. 법률 제12575호) 제2조(적용례 및 경과조치)
① 제70조 제2항의 개정규정은 이 법 시행 후 최초로 공소가 제기되는 경우부터 적용한다.

① 노역장유치조항은 경제적 능력의 유무와 상관없이 모든 벌금미납자에게 적용되고, 벌금의 납입능력에 따른 노역장 유치 가능성의 차이는 위 조항이 예정하고 있는 차별이 아니라 벌금형이라는 재산형이 가지고 있는 본질적인 성격에서 비롯된 것이므로, 위 조항에 근거하여 甲을 노역장에 유치하는 것은 경제적 능력 유무에 따른 차별이라고 볼 수 없다.
② 甲을 노역장에 유치하는 것은 그 실질이 신체의 자유를 박탈하는 것으로서 징역형과 유사한 형벌적 성격을 가지고 있으므로 형벌불소급원칙의 적용대상이 된다.
③ 甲에 대해 1억원 이상의 벌금을 선고하는 경우 노역장유치기간의 하한을 법률에 정해 두게 되면 벌금의 납입을 심리적으로 강제할 수 있고 1일 환형유치금액 사이의 지나친 차이를 좁혀 형평성을 도모할 수 있으므로, 노역장유치조항은 입법목적 달성에 적절한 수단이다.
④ 노역장 유치는 벌금을 납입하지 않는 경우를 대비한 것으로 벌금을 납입한 때에는 집행될 여지가 없고, 노역장 유치로 벌금형이 대체되는 점 등을 고려하면, 甲이 입게 되는 불이익이 노역장유치조항으로 달성하고자 하는 공익에 비하여 크다고 할 수 없다.
⑤ 甲에 대해 위 「형법」 부칙조항에 의하여 노역장유치조항을 적용할 수 있으며, 이는 형벌불소급원칙에 위반되지 않는다.

[❶ ▸ O] 청구인들은 노역장유치조항이 벌금을 납입할 자력이 있는 자와 없는 자를 차별한다고 주장하나, 이 조항은 경제적 능력의 유무와 상관없이 모든 벌금미납자에게 적용되고, 벌금의 납입능력에 따른 노역장 유치가능성의 차이는 이 조항이 예정하고 있는 차별이 아니라 벌금형이라는 재산형이 가지고 있는 본질적인 성격에서 비롯된 것일 뿐이므로, 노역장유치조항이 경제적 능력이 있는 자와 없는 자를 차별한다고 볼 수 없다(헌재 2017.10.26. 2015헌바239 등).

[❷ ▸ O] 형벌불소급원칙에서 의미하는 '처벌'은 형법에 규정되어 있는 형식적 의미의 형벌유형에 국한되지 않으며, 범죄행위에 따른 제재의 내용이나 실제적 효과가 형벌적 성격이 강하여 신체의 자유를 박탈하거나 이에 준하는 정도로 신체의 자유를 제한하는 경우에는 형벌불소급원칙이 적용되어야 한다. 노역장 유치는 그 실질이 신체의 자유를 박탈하는 것으로서 징역형과 유사한 형벌적 성격을 가지고 있으므로 형벌불소급원칙의 적용대상이 된다(헌재 2017.10.26. 2015헌바239 등).

[❸ ▸ O] 노역장유치조항은 노역장 유치가 고액벌금의 납입을 회피하는 수단으로 이용되는 것을 막고 1일 환형유치금액에 대한 형평성을 제고하기 위한 것으로, 이러한 입법목적은 정당하다. 1억원 이상의 벌금을 선고하는 경우 노역장유치기간의

하한을 법률에 정해 두게 되면, 벌금의 납입을 심리적으로 강제할 수 있고 1일 환형유치금액 사이의 지나친 차이를 좁혀 형평성을 도모할 수 있으므로, 노역장유치조항은 입법목적 달성에 적절한 수단이다(헌재 2017.10.26. 2015헌바239 등).

[❹ ▸ O] 노역장유치조항은 고액벌금형을 단기의 노역장 유치로 무력화시키지 못하도록 하고, 1일 환형유치금액 사이에 지나친 차이가 발생하지 않게 함으로써 노역장유치제도의 공정성과 형평성을 제고하기 위한 것으로, 이러한 공익은 매우 중대하다. 반면, 그로 인하여 청구인들이 입게 되는 불이익은 선고된 벌금을 납입하지 아니한 경우에 일정 기간 이상 노역장에 유치되어 신체의 자유를 제한받게 되는 것이다. 노역장 유치는 벌금을 납입하지 않는 경우를 대비한 것으로 벌금을 납입한 때에는 집행될 여지가 없고, 노역장 유치로 벌금형이 대체되는 점 등을 고려하면, 청구인들이 입게 되는 불이익이 노역장유치조항으로 달성하고자 하는 공익에 비하여 크다고 할 수 없다(헌재 2017.10.26. 2015헌바239 등).

[❺ ▸ X] 노역장유치조항은 1억원 이상의 벌금형을 선고받는 자에 대하여 유치기간의 하한을 중하게 변경시킨 것이므로, 이 조항 시행 전에 행한 범죄행위에 대해서는 범죄행위 당시에 존재하였던 법률을 적용하여야 한다. 그런데 부칙조항은 노역장유치조항의 시행 전에 행해진 범죄행위에 대해서도 공소제기의 시기가 노역장유치조항의 시행 이후이면 이를 적용하도록 하고 있으므로, 이는 범죄행위 당시보다 불이익한 법률을 소급적용하도록 하는 것으로서 헌법상 형벌불소급원칙에 위반된다(헌재 2017.10.26. 2015헌바239 등).

PART 01 헌법총론

**2018년 변호사시험 문 19.** ☑ 확인 Check! O △ X

**적법절차원칙에 관한 설명 중 옳지 않은 것은?(다툼이 있는 경우 판례에 의함)**

① 법원의 구속집행정지결정에 대하여 검사가 즉시항고할 수 있도록 한 「형사소송법」 조항은 법원의 구속집행정지결정을 무의미하게 할 수 있는 권한을 검사에게 부여한 것이라는 점에서 적법절차원칙에 위배되지만, 영장주의에 위배되는 것은 아니다.

② 심급제도에 대한 입법재량의 범위와 범죄인인도심사의 법적 성격, 그리고 「범죄인 인도법」에서의 심사절차에 관한 규정 등을 종합할 때, 범죄인인도심사를 서울고등법원의 단심제로 정하고 있는 것은 적법절차원칙에서 요구되는 합리성과 정당성을 결여한 것이라고 볼 수 없다.

③ 상당한 의무이행기한을 부여하지 아니한 대집행계고처분 후에 대집행영장으로써 대집행의 시기를 늦추었다 하더라도 그러한 대집행계고처분은 대집행의 적법절차에 위배한 것으로 위법한 처분이다.

④ 「건축법」상 공사중지명령의 경우, 이에 대한 사전통지와 의견 제출의 기회를 통해 많은 액수의 손실보상금을 기대하여 공사를 강행할 우려가 있다는 사정만으로, 이 처분이 '당해 처분의 성질상 의견 청취가 현저히 곤란하거나 명백히 불필요하다고 인정될 만한 상당한 이유가 있는 경우'에 해당한다고 볼 수 없다.

⑤ 전투경찰순경의 인신구금을 내용으로 하는 영창처분에 대하여 영장주의가 적용될 여지는 없으나, 적법절차원칙은 준수되어야 한다.

[❶ ▸ X] 법원이 피고인의 구속 또는 그 유지 여부의 필요성에 관하여 한 재판의 효력이 검사나 다른 기관의 이견이나 불복이 있다 하여 좌우되거나 제한받는다면 이는 영장주의에 위반된다고 할 것인바, 구속집행정지결정에 대한 검사의 즉시항고를 인정하는 이 사건 법률조항은 검사의 불복을 그 피고인에 대한 구속 집행을 정지할 필요가 있다는 법원의 판단보다 우선시킬 뿐만 아니라, 사실상 법원의 구속집행정지결정을 무의미하게 할 수 있는 권한을 검사에게 부여한 것이라는 점에서 헌법 제12조 제3항의 영장주의원칙에 위배된다. 또한 헌법 제12조 제3항의 영장주의는 헌법 제12조 제1항의 적법절차원칙의 특별규정이므로, 헌법상 영장주의원칙에 위배되는 이 사건 법률조항은 헌법 제12조 제1항의 적법절차원칙에도 위배된다(헌재 2012.6.27. 2011헌가36).

정답 ①

[❷ ▸ O] 심급제도에 대한 입법재량의 범위와 범죄인인도심사의 법적 성격, 그리고 범죄인 인도법에서의 심사절차에 관한 규정 등을 종합할 때, 이 사건 법률조항이 범죄인인도심사를 서울고등법원의 단심제로 하고 있다고 해서 적법절차원칙에서 요구되는 합리성과 정당성을 결여한 것이라 볼 수 없다(헌재 2003.1.30. 2001헌바95).

[❸ ▸ O] 행정청인 피고가 의무이행기한이 1988.5.24.까지로 된 이 사건 대집행계고서를 5.19.에 원고에게 발송하여 원고가 그 이행종기인 5.24.에 이를 수령하였다면, 설사 피고가 대집행영장으로써 대집행의 시기를 1988.5.27. 15：00로 늦추었다 하더라도 위 대집행계고처분은 상당한 이행기한을 정하여 한 것이 아니어서 대집행의 적법절차에 위배한 것으로 위법한 처분이라고 할 것이다(대판 1990.9.14. 90누2048).

[❹ ▸ O] 처분(건축법상의 공사중지명령)에 대한 사전통지를 하고 의견 제출의 기회를 준다면 많은 액수의 손실보상금을 기대하여 공사를 강행할 우려가 있다는 사정만으로 이 사건 처분이 '당해 처분의 성질상 의견 청취가 현저히 곤란하거나 명백히 불필요하다고 인정될 만한 상당한 이유가 있는 경우'에 해당한다고 볼 수 없기 때문에 이 사건 처분은 위법하다(대판 2004.5.28. 2004두1254).

[❺ ▸ O] 청구인은 이 사건 영창조항이 헌법상 영장주의에 위배된다는 주장도 하나, 헌법 제12조 제3항에서 규정하고 있는 영장주의란 형사절차와 관련하여 체포·구속·압수·수색의 강제처분을 할 때 신분이 보장되는 법관이 발부한 영장에 의하지 않으면 안 된다는 원칙으로, 형사절차가 아닌 징계절차에도 그대로 적용된다고 볼 수 없다. 따라서 이 사건 영창조항이 헌법상 영장주의에 위반되는지 여부는 더 나아가 판단하지 아니한다. 헌법 제12조 제1항은 "… 법률과 적법한 절차에 의하지 아니하고는 처벌·보안처분 또는 강제노역을 받지 아니한다"라고 규정하여 적법절차원칙을 선언하고 있는데, 이 원칙은 형사소송절차에 국한되지 않고 모든 국가작용 전반에 대하여 적용된다고 할 것이므로, 전투경찰순경의 인신구금을 그 내용으로 하는 영창처분에 있어서도 헌법상 적법절차원칙이 준수될 것이 요청된다(헌재 2016.3.31. 2013헌바190).

**2015년 변호사시험 문 3.** ☑ 확인Check! ○ △ ×

신뢰보호원칙에 관한 설명 중 옳은 것을 모두 고른 것은?(다툼이 있는 경우 판례에 의함)

ㄱ. 법률에 따른 개인의 행위가 단지 법률이 반사적으로 부여하는 기회의 활용을 넘어서 국가에 의하여 일정 방향으로 유인된 것이라면 특별히 보호가치가 있는 신뢰이익이 인정될 수 있고, 이러한 경우 원칙적으로 개인의 신뢰 보호가 국가의 법률개정이익에 우선된다고 볼 여지가 있다.

ㄴ. 신뢰보호원칙은 법률이나 그 하위법규뿐만 아니라 국가 관리의 입시제도와 같이 국·공립대학의 입시전형을 구속하여 국민의 권리에 직접 영향을 미치는 제도운영지침의 개폐에도 적용되는 것이다.

ㄷ. 헌법재판소는 수급권자 자신이 종전에 지급받던 평균임금을 기초로 산정된 장해보상연금을 수령하고 있던 수급권자에게, 실제의 평균임금이 노동부장관이 고시한 한도금액 이상일 경우 그 한도금액을 실제임금으로 의제하는 내용으로 신설된 최고보상제도를, 2년 6개월의 유예기간 후 적용하는 「산업재해보상보험법」 부칙조항이 신뢰보호원칙에 위배된다고 판시하였다.

ㄹ. 헌법재판소는 기존에 자유업종이었던 인터넷컴퓨터게임시설제공업에 대하여 등록제를 도입하면서 1년 이상의 유예기간을 둔 「게임산업진흥에 관한 법률」 조항은 신뢰보호원칙에 위배되지 않는다고 판시하였다.

① ㄱ, ㄴ ② ㄷ, ㄹ ③ ㄱ, ㄴ, ㄷ
④ ㄱ, ㄴ, ㄹ ⑤ ㄱ, ㄴ, ㄷ, ㄹ



⑤ 정답

[ㄱ▸O] 개인의 신뢰이익에 대한 보호가치는 ① 법령에 따른 개인의 행위가 국가에 의하여 일정 방향으로 유인된 신뢰의 행사인지, ② 아니면 단지 법률이 부여한 기회를 활용한 것으로서 원칙적으로 사적 위험부담의 범위에 속하는 것인지 여부에 따라 달라진다. 만일 법률에 따른 개인의 행위가 단지 법률이 반사적으로 부여하는 기회의 활용을 넘어서 국가에 의하여 일정 방향으로 유인된 것이라면 특별히 보호가치가 있는 신뢰이익이 인정될 수 있고, 원칙적으로 개인의 신뢰 보호가 국가의 법률개정이익에 우선된다고 볼 여지가 있다(헌재 2002.11.28. 2002헌바45).

[ㄴ▸O] 헌법상의 법치국가원리의 파생원칙인 신뢰보호의 원칙은 국민이 법률적 규율이나 제도가 장래에도 지속할 것이라는 합리적인 신뢰를 바탕으로 이에 적응하여 개인의 법적 지위를 형성해 왔을 때에는 국가로 하여금 그와 같은 국민의 신뢰를 되도록 보호할 것을 요구한다. 따라서 법규나 제도의 존속에 대한 개개인의 신뢰가 그 법규나 제도의 개정으로 침해되는 경우에 상실된 신뢰의 근거 및 종류와 신뢰이익의 상실로 인한 손해의 정도 등과 개정규정이 공헌하는 공공복리의 중요성을 비교교량하여 현존상태의 지속에 대한 신뢰가 우선되어야 한다고 인정될 때에는 규범정립자는 지속적 또는 과도적으로 그 신뢰 보호에 필요한 조치를 취하여야 할 의무가 있다. 이 원칙은 법률이나 그 하위법규뿐만 아니라 국가 관리의 입시제도와 같이 국·공립대학의 입시전형을 구속하여 국민의 권리에 직접 영향을 미치는 제도운영지침의 개폐에도 적용되는 것이다(헌재 1997.7.16. 97헌마38).

[ㄷ▸O] 장해급여제도는 본질적으로 소득재분배를 위한 제도가 아니고, 손해배상 내지 손실보상적 급부인 점에 그 본질이 있는 것으로, 산업재해보상보험이 갖는 두 가지 성격 중 사회보장적 급부로서의 성격은 상대적으로 약하고 재산권적인 보호의 필요성은 보다 강하다고 볼 수 있어 다른 사회보험수급권에 비하여 보다 엄격한 보호가 필요하다. 장해급여제도에 사회보장수급권으로서의 성격도 있는 이상 소득재분배의 도모나 새로운 산재보상사업의 확대를 위한 자금 마련의 목적으로 최고보상제를 도입하는 것 자체는 입법자의 결단으로서 형성적 재량권의 범위 내에 있다고 보더라도, 그러한 입법자의 결단은 최고보상제도 시행 이후에 산재를 입는 근로자들부터 적용될 수 있을 뿐, 제도 시행 이전에 이미 재해를 입고 산재보상수급권이 확정적으로 발생한 청구인들에 대하여 그 수급권의 내용을 일시에 급격히 변경하여 가면서까지 적용할 수 있는 것은 아니라고 보아야 할 것이다. 따라서 심판대상조항은 신뢰보호의 원칙에 위배하여 청구인들의 재산권을 침해하는 것으로서 헌법에 위반된다(헌재 2009.5.28. 2005헌바20).

[ㄹ▸O] 청구인들에게 주어진 2007.4.20.부터 2008.5.17.까지 1년 이상의 유예기간은 법 개정으로 인한 상황 변화에 적절히 대처하기에 지나치게 짧은 것이라고 할 수 없다. 따라서 게임산업진흥법은 부칙의 경과규정을 통하여 종전부터 PC방영업을 영위하여 온 청구인들을 비롯한 인터넷컴퓨터게임시설제공업자의 신뢰이익을 충분히 고려하고 있으므로, 이 사건 법률조항이 신뢰보호의 원칙에 위배된다고 할 수 없다(헌재 2009.9.24. 2009헌바28).

**2018년 변호사시험 문 3.** ☑ 확인 Check! ○ △ ×

소급입법에 관한 설명 중 옳은 것(○)과 옳지 않은 것(×)을 올바르게 조합한 것은?(다툼이 있는 경우 판례에 의함)

ㄱ. 친일재산을 그 취득·증여 등 원인행위 시에 국가의 소유로 하도록 규정한 「친일반민족행위자 재산의 국가귀속에 관한 특별법」 조항은 진정소급입법에 해당하며, 친일반민족행위자의 재산권을 일률적·소급적으로 박탈하는 것을 정당화할 수 있는 특단의 사정이 존재한다고 볼 수 없으므로 소급입법금지원칙에 위배된다.

ㄴ. 위치추적전자장치 부착의 목적과 의도는 단순히 재범의 방지뿐만 아니라 중대한 범죄를 저지른 자에 대하여 그 책임에 상응하는 강력한 처벌을 가하고 일반국민에 대하여 일반예방적 효과를 위한 강력한 경고를 하려는 것이므로, 구 「특정 범죄자에 대한 위치추적전자장치 부착 등에 관한 법률」 시행 이전에 범죄를 저지른 자에 대해서도 소급하여 전자장치 부착을 명할 수 있도록 하는 동법 부칙조항은 헌법 제13조 제1항의 형벌불소급의 원칙에 위배된다.

ㄷ. 법 시행일 이후에 이행기가 도래하는 퇴직연금에 대하여 소득과 연계하여 그 일부의 지급을 정지할 수 있도록 한 「공무원연금법」 조항을 이미 확정적으로 연금수급권을 취득한 자에게도 적용하도록 한 것은, 이미 종료된 과거의 사실관계 또는 법률관계에 새로운 법률이 소급적으로 적용되어 과거를 법적으로 새로이 평가하는 진정소급입법에 해당한다.

ㄹ. 보안처분이라 하더라도 형벌적 성격이 강하여 신체의 자유를 박탈하거나 박탈에 준하는 정도로 신체의 자유를 제한하는 경우에는 소급입법금지원칙이 적용된다.

① ㄱ(○) ㄴ(×) ㄷ(○) ㄹ(×)
② ㄱ(×) ㄴ(×) ㄷ(○) ㄹ(○)
③ ㄱ(×) ㄴ(×) ㄷ(×) ㄹ(○)
④ ㄱ(○) ㄴ(○) ㄷ(○) ㄹ(×)
⑤ ㄱ(×) ㄴ(×) ㄷ(×) ㄹ(×)

[ㄱ ▸ ×] 친일재산을 그 취득·증여 등 원인행위 시에 국가의 소유로 하도록 규정한 친일재산귀속법 제3조 제1항 본문은 진정소급입법에 해당하지만, 진정소급입법이라 할지라도 예외적으로 국민이 소급입법을 예상할 수 있었던 경우와 같이 소급입법이 정당화되는 경우에는 허용될 수 있다. 친일재산의 취득경위에 내포된 민족배반적 성격, 대한민국임시정부의 법통 계승을 선언한 헌법 전문 등에 비추어 친일반민족행위자 측으로서는 친일재산의 소급적 박탈을 충분히 예상할 수 있었고, 친일재산환수문제는 그 시대적 배경에 비추어 역사적으로 매우 이례적인 공동체적 과업이므로 이러한 소급입법의 합헌성을 인정한다고 하더라도 이를 계기로 진정소급입법이 빈번하게 발생할 것이라는 우려는 충분히 불식될 수 있다. 따라서 이 사건 귀속조항은 진정소급입법에 해당하나 헌법 제13조 제2항에 반하지 않는다(헌재 2011.3.31. 2008헌바141).

[ㄴ ▸ ×] 전자장치부착명령은 전통적 의미의 형벌이 아닐 뿐 아니라, 성폭력범죄자의 성행 교정과 재범 방지를 도모하고 국민을 성폭력범죄로부터 보호한다고 하는 공익을 목적으로 하며, 의무적 노동의 부과나 여가시간의 박탈을 내용으로 하지 않고 전자장치의 부착을 통해서 피부착자의 행동 자체를 통제하는 것도 아니라는 점에서 처벌적인 효과를 나타낸다고 보기 어렵다. 또한 부착명령에 따른 피부착자의 기본권 침해를 최소화하기 위하여 피부착자에 관한 수신자료의 이용을 엄격하게 제한하고, 재범의 위험성이 없다고 인정되는 경우에는 부착명령을 가해제할 수 있도록 하고 있다. 그러므로 이 사건 부착명령은 형벌과 구별되는 비형벌적 보안처분으로서 소급효금지원칙이 적용되지 아니한다. 따라서 이 사건 부칙조항에 따른 전자장치 부착명령은 비형벌적 보안처분으로서 소급효금지원칙이 적용되지 아니하므로 전자장치부착법 시행 당시 대상자에 포함되지 않았던 사람들까지 부착명령의 대상자로 포함시켰다고 하여 소급효금지원칙에 위배되는 것은 아니다(헌재 2012.12.27. 2010헌가82 등).



③ 정답

[ㄷ ▸ ×] 이 사건 심판대상조항은 이미 발생하여 이행기에 도달한 퇴직연금수급권의 내용을 변경함이 없이 이 사건 심판대상조항 시행 이후의 법률관계, 다시 말해 장래 이행기가 도래하는 퇴직연금수급권의 내용을 변경함에 불과하므로, 이미 종료된 과거의 사실관계 또는 법률관계에 새로운 법률이 소급적으로 적용되어 과거를 법적으로 새로이 평가하는 진정소급입법에는 해당하지 아니한다(헌재 2008.2.28. 2005헌마872 등).

[ㄹ ▸ O] 보안처분이라 하더라도 형벌적 성격이 강하여 신체의 자유를 박탈하거나 박탈에 준하는 정도로 신체의 자유를 제한하는 경우에는 소급효금지원칙을 적용하는 것이 법치주의 및 죄형법정주의에 부합한다(헌재 2012.12.27. 2010헌가82 등).



**2013년 변호사시험 문 1.** ☑ 확인Check! O △ ×

**법치국가의 원리 등에 관한 설명 중 옳지 않은 것은?(다툼이 있는 경우 판례에 의함)**

① 검사에 대한 징계사유 중 하나인 '검사로서의 체면이나 위신을 손상하는 행위를 하였을 때'의 의미는 그 포섭범위가 지나치게 광범위하므로 명확성의 원칙에 반하여 헌법에 위배된다.
② 단순히 법인이 고용한 종업원 등이 업무에 관하여 범죄행위를 하였다는 이유만으로 법인에 대하여 형사처벌을 과하는 것은 헌법상 법치국가원리 및 죄형법정주의로부터 도출되는 책임주의원칙에 반하여 헌법에 위배된다.
③ 법률유보원칙은 단순히 행정작용이 법률에 근거를 두기만 하면 충분한 것이 아니라, 국가공동체와 그 구성원에게 기본적이고도 중요한 의미를 갖는 영역, 특히 국민의 기본권 실현과 관련된 영역에 있어서는 국민의 대표자인 입법자가 그 본질적 사항에 대해서 스스로 결정하여야 한다는 요구까지 내포하고 있다.
④ 1년 이상의 유예기간을 두고 기존에 자유업종이었던 인터넷컴퓨터게임시설제공업에 대하여 등록제를 도입하고 등록하지 않으면 영업을 할 수 없도록 하는 것은 신뢰보호의 원칙에 위배된다고 할 수 없다.
⑤ 신법이 피적용자에게 유리한 경우에는 이른바 시혜적인 소급입법이 가능하지만, 그러한 소급입법을 할 것인가의 여부는 그 일차적인 판단이 입법기관에 맡겨져 있으므로 입법자는 입법목적, 사회실정이나 국민의 법감정, 법률의 개정이유나 경위 등을 참작하여 시혜적 소급입법을 할 것인가 여부를 결정할 수 있고 그 판단은 존중되어야 하며, 그 결정이 합리적 재량의 범위를 벗어나 현저하게 불합리하고 불공정한 것이 아닌 한 헌법에 위반된다고 할 수 없다.

[❶ ▸ ×] 구 검사징계법 제2조 제3호의 '검사로서의 체면이나 위신을 손상하는 행위'의 의미는, 공직자로서의 검사의 구체적 언행과 그에 대한 검찰 내부의 평가 및 사회 일반의 여론, 그리고 검사의 언행이 사회에 미친 파장 등을 종합적으로 고려하여 구체적인 상황에 따라 건전한 사회통념에 의하여 판단할 수 있으므로 명확성원칙에 위배되지 아니한다(헌재 2011.12.29. 2009헌바282).

[❷ ▸ O] 이 사건 법률조항은 종업원 등의 범죄행위에 관하여 비난할 근거가 되는 법인의 의사결정 및 행위구조, 즉 종업원 등이 저지른 행위의 결과에 대한 법인의 독자적인 책임에 관하여 전혀 규정하지 않은 채, 단순히 법인이 고용한 종업원 등이 업무에 관하여 범죄행위를 하였다는 이유만으로 법인에 대하여 형사처벌을 과하고 있는바, 이는 다른 사람의 범죄에 대하여 그 책임 유무를 묻지 않고 형벌을 부과하는 것으로서, 헌법상 법치국가의 원리 및 죄형법정주의로부터 도출되는 책임주의원칙에 반한다(헌재 2011.10.25. 2010헌가80).

[❸ ▸ O] 헌법은 법치주의를 그 기본원리의 하나로 하고 있으며, 법치주의는 행정작용에 국회가 제정한 형식적 법률의 근거가 요청된다는 법률 유보를 그 핵심적 내용의 하나로 하고 있다. 그런데 오늘날 법률유보원칙은 단순히 행정작용이 법률에 근거를 두기만 하면 충분한 것이 아니라, 국가공동체와 그 구성원에게 기본적이고도 중요한 의미를 갖는 영역, 특히 국민의 기본권 실현에 관련된 영역에 있어서는 행정에 맡길 것이 아니라 국민의 대표자인 입법자 스스로 그 본질적 사항에 대하여 결정하여야 한다는 요구까지 내포하는 것으로 이해하여야 한다(이른바 의회유보원칙)(헌재 1999.5.27. 98헌바70).

정답 ①

[❹ ▸ O] 청구인들에게 주어진 2007.4.20.부터 2008.5.17.까지 1년 이상의 유예기간은 법 개정으로 인한 상황 변화에 적절히 대처하기에 지나치게 짧은 것이라고 할 수 없다. 따라서 게임산업진흥법은 부칙의 경과규정을 통하여 종전부터 PC방영업을 영위하여 온 청구인들을 비롯한 인터넷컴퓨터게임시설제공업자의 신뢰이익을 충분히 고려하고 있으므로, 이 사건 법률조항이 신뢰보호의 원칙에 위배된다고 할 수 없다(헌재 2009.9.24. 2009헌바28).

[❺ ▸ O] 신법이 피적용자에게 유리한 경우에는 이른바 시혜적인 소급입법이 가능하지만, 그러한 소급입법을 할 것인가의 여부는 그 일차적인 판단이 입법기관에 맡겨져 있으므로 입법자는 입법목적, 사회실정이나 국민의 법감정, 법률의 개정이유나 경위 등을 참작하여 시혜적 소급입법을 할 것인가 여부를 결정할 수 있고, 그 판단은 존중되어야 하며, 그 결정이 합리적 재량의 범위를 벗어나 현저하게 불합리하고 불공정한 것이 아닌 한 헌법에 위반된다고 할 수는 없다(헌재 2012.8.23. 2011헌바169).

**2012년 변호사시험 문 3.** ☑ 확인 Check! O △ X

**신뢰보호의 원칙에 관한 설명 중 옳지 않은 것은?(다툼이 있는 경우 판례에 의함)**

① 구 세무사법상 일정한 경력 이상의 국세 관련 공무원들에 대한 자동적 세무사자격부여제도는, 그것이 40년 동안 유지되어 왔다고 하더라도, 특정한 공무원들에 대한 특혜에 불과하여 이에 대한 신뢰는 헌법적으로 보호할 가치가 있는 신뢰에 해당하지 않으므로, 신법 시행일 후 1년까지 구법상의 자격요건을 갖추게 되는 경력공무원에게만 구법 규정을 적용하여 세무사자격이 부여되도록 한 세무사법 부칙조항은 그때까지 동 자격요건을 갖추지 못하는 다른 세무공무원들의 신뢰이익을 침해하는 것이 아니다.

② 국가는 조세·재정정책을 탄력적·합리적으로 운용할 필요성이 있기 때문에, 납세의무자로서는 구법질서에 의거하여 적극적인 신뢰행위를 하였다든가 하는 사정이 없는 한 원칙적으로 세율 등 현재의 세법이 과세기간 중에 변함없이 유지되리라고 신뢰하고 기대할 수는 없다.

③ 부진정소급효의 입법은 원칙적으로 허용되는 것이지만, 소급효를 요구하는 공익상의 사유와 신뢰 보호의 요청 사이의 비교형량과정에서, 신뢰 보호의 관점이 입법자의 형성권에 제한을 가하게 된다.

④ 신뢰보호의 원칙은 법치국가의 원칙으로부터 도출되는 것으로, 그 위반 여부는, 침해받은 이익의 보호가치, 침해의 중한 정도, 신뢰가 손상된 정도, 신뢰 침해의 방법, 새로운 입법을 통해 실현하고자 하는 공익적 목적을 종합적으로 비교·형량하여 판단하여야 한다.

⑤ 의료기관시설의 일부를 변경하여 약국을 개설하는 것을 금지하는 조항을 신설하면서, 이에 해당하는 기존 약국영업을 개정법 시행일로부터 1년까지만 허용하고 유예기간 경과 후에는 약국을 폐쇄하도록 한 약사법 부칙조항은, 개정법 시행 이전부터 의료기관시설의 일부를 변경한 장소에서 약국을 운영해 온 기존 약국개설등록자의 신뢰이익을 침해하는 것이 아니다.

[❶ ▸ X] 청구인들의 세무사자격 부여에 대한 신뢰는 보호할 필요성이 있는 합리적이고도 정당한 신뢰라 할 것이고, 개정법 제3조 등의 개정으로 말미암아 청구인들이 입게 된 불이익의 정도, 즉 신뢰이익의 침해 정도는 중대하다고 아니할 수 없는 반면, 청구인들의 신뢰이익을 침해함으로써 일반응시자와의 형평을 제고한다는 공익은 위와 같은 신뢰이익 제한을 헌법적으로 정당화할 만한 사유라고 보기 어렵다. 그러므로 기존 국세 관련 경력공무원 중 일부에게만 구법 규정을 적용하여 세무사자격이 부여되도록 규정한 위 세무사법 부칙 제3항은 충분한 공익적 목적이 인정되지 아니함에도 청구인들의 기대가치 내지 신뢰이익을 과도하게 침해한 것으로서 헌법에 위반된다(헌재 2001.9.27. 2000헌마152).

[❷ ▸ O] 조세법의 영역에 있어서는 국가가 조세·재정정책을 탄력적·합리적으로 운용할 필요성이 매우 큰 만큼, 조세에 대한 법규·제도는 신축적으로 변할 수밖에 없다는 점에서 납세의무자로서는 구법질서에 의거한 신뢰를 바탕으로 적극적으로 새로운 법률관계를 형성하였다든지 하는 특별한 사정이 없는 한 원칙적으로 세율 등 현재의 세법이 변함없이 유지되리라고 기대하거나 신뢰할 수는 없다(헌재 2011.7.28. 2009헌바311).

① 정답

[❸ ▸ O] 새로운 입법으로 이미 종료된 사실관계에 작용케 하는 진정소급입법은 헌법적으로 허용되지 않는 것이 원칙이며 특단의 사정이 있는 경우에만 예외적으로 허용될 수 있는 반면, 현재 진행 중인 사실관계에 작용케 하는 부진정소급입법은 원칙적으로 허용되지만 소급효를 요구하는 공익상의 사유와 신뢰 보호의 요청 사이의 교량과정에서 신뢰 보호의 관점이 입법자의 형성권에 제한을 가하게 된다(현재 1998.11.26. 97헌바58).

[❹ ▸ O] 헌법상 법치국가의 원칙으로부터 신뢰 보호의 원리가 도출된다. 법률의 개정 시 구법질서에 대한 당사자의 신뢰가 합리적이고도 정당하며 법률의 개정으로 야기되는 당사자의 손해가 극심하여 새로운 입법으로 달성하고자 하는 공익적 목적이 그러한 당사자의 신뢰의 파괴를 정당화할 수 없다면 그러한 새 입법은 신뢰보호의 원칙상 허용될 수 없다. 이러한 신뢰보호원칙의 위배 여부를 판단하기 위하여는 한면으로는 침해받은 이익의 보호가치, 침해의 중한 정도, 신뢰가 손상된 정도, 신뢰 침해의 방법 등과 다른 한 면으로는 새 입법을 통해 실현하고자 하는 공익적 목적을 종합적으로 비교·형량하여야 한다(현재 1995.6.29. 94헌바39).

[❺ ▸ O] 의료기관과 약국 간의 담합 방지를 통해서 의약분업을 효율적으로 시행하여 국민보건을 향상함으로써 공공복리를 증진시켜야 할 사유는 기존 약국개설자인 청구인들의 신뢰이익 제한을 정당화하며, 청구인들이 운영해 온 약국영업기간이 1년 정도밖에 되지 않아서 비교적 짧다는 점, 약국 개설에 투자한 비용도 많지 않다는 점, 의약분업제도의 실시 이후 발생할 수 있는 문제점을 해소하기 위한 법률 개정이 있을 수 있다는 것을 예측할 수 있었다는 점, 약사법 부칙 제2조 제1항에 의하여 청구인들에게 주어진 1년의 유예기간이 법 개정으로 인한 상황 변화에 대처하기에 짧지 않다는 점 등을 고려할 때, 청구인들이 가지는 신뢰이익과 그 침해는 크지 않은 반면에, 법 시행 이전에 이미 개설하여 운영 중인 약국을 폐쇄해야 할 공적인 필요성이 매우 크고 입법목적의 달성을 통해서 얻게 되는 국민보건의 향상이라는 공적 이익이 막중하므로, 이 사건 법률조항들이 청구인들의 기존 약국을 폐쇄토록 규정한 것은 비례의 원칙이나 신뢰보호의 원칙에 위반되지 않으므로 청구인들의 직업행사의 자유를 침해하지 않는다(현재 2003.10.30. 2001헌마700 등).

**2012년 변호사시험 문 28.** ☑ 확인Check! ○ △ ×

**다음 사례에서 甲의 권리 구제에 관한 설명 중 옳지 않은 것은?(다툼이 있는 경우 판례에 의함)**

> 법률의 위임을 받아 특정 국가자격시험의 응시자격을 구체적으로 정하고 있는 시행령이 2011.3.7.자로 개정되었다. 이를 통해 '관련 과목의 이수'로 정해져 있던 국가자격시험의 응시자격요건이 '관련 학과의 학위 취득'으로 변경되었다. 개정시행령은 부칙에 경과규정을 두어 그 시행일을 2011.3.7.로 하되 2010학년도 이전에 관련 학과 이외의 학과에 입학한 자에 대해서는 종전의 규정에 의하도록 정하였다. 2011.3.2. 관련 학과가 아닌 다른 학과에 입학한 甲은 장래 위 국가자격시험의 응시를 목표로 하고 있었으나, 위 시행령 개정으로 응시자격이 없어졌다는 사실에 고민하고 있다.

① 법령을 개정해야 할 공익상의 필요가 있더라도, 개정시행령상의 응시자격규정이 구 시행령에 의한 응시자격이 장래에도 그대로 존속할 것이라는 합리적이고 정당한 甲의 신뢰를 과도하게 침해하는 경우에는 개정시행령상의 자격규정은 신뢰보호원칙에 위반된다.
② 개정시행령의 부칙이 2010학년도 이전에 관련 학과 이외의 학과에 입학한 자와 2011학년도에 관련 학과 이외의 학과에 입학한 자를 합리적 사유 없이 차별하는 것이라면 평등원칙에 반한다.
③ 사후에 甲이 관련 과목의 이수라는 종전의 자격요건을 충족한 상태에서 응시원서를 제출하였는데 시험관리행정청에서 그 접수를 거부한다면 접수거부처분에 대한 취소소송을 제기할 수 있고, 그 재판에서 개정시행령의 위헌·위법을 다툴 수 있다.
④ 甲이 관련 학과가 아닌 다른 학과에 입학한 후 위 시행령이 개정되었으므로 개정시행령을 甲에게 적용하는 것은 진정소급효를 발생시키는 경우에 해당되어 위법하다.
⑤ 개정시행령의 응시자격 관련 규정과 경과규정을 정한 부칙규정은 직접 국가자격시험의 응시자격을 제한하는 법률효과를 발생시켜 국민의 평등권, 직업선택의 자유 등에 제한을 가하므로 헌법소원의 대상이 되는 '공권력의 행사'에 해당한다.

정답 ④

[❶ ▸ O] 법령의 개정에 있어서 신뢰보호원칙이 적용되어야 하는 이유는 어떤 법령이 장래에도 그대로 존속할 것이라는 합리적이고 정당한 신뢰를 바탕으로 국민이 그 법령에 상응하는 구체적 행위로 나아가 일정한 법적 지위나 생활관계를 형성하여 왔음에도 국가가 이를 전혀 보호하지 않는다면, 법질서에 대한 국민의 신뢰는 무너지고 현재의 행위에 대한 장래의 법적 효과를 예견할 수 없게 되어 법적 안정성이 크게 저해되기 때문이라 할 것이고, 이러한 신뢰 보호는 절대적이거나 어느 생활영역에서나 균일한 것은 아니고 개개의 사안마다 관련된 자유나 권리, 이익 등에 따라 보호의 정도와 방법이 다를 수 있으며, 새로운 법령을 통하여 실현하고자 하는 공익적 목적이 우월한 때에는 이를 고려하여 제한될 수 있다고 할 것이므로, 이 경우 신뢰보호원칙의 위배 여부를 판단하기 위해서는 한편으로는 침해받은 이익의 보호가치, 침해의 중한 정도, 신뢰가 손상된 정도, 신뢰침해의 방법 등과 다른 한편으로는 새 법령을 통해 실현하고자 하는 공익적 목적을 종합적으로 비교·형량하여야 할 것이다. 비록 한약사제도를 신설한 이 사건 법률 제3조의2 제2항의 입법취지와 한약사 분야에서의 보건의료인 양성체계에 맞게 한약사 국가시험의 응시자격을 즉시 정비할 공익적 필요가 있다는 점을 고려하더라도, 개정시행령 제3조의2에서 정해진 한약학과 졸업이라는 새로운 한약사 국가시험의 응시자격요건을 그 시행령 시행 전에 입학한 원고들에게 적용하는 것은 원고들의 위와 같은 신뢰를 과도하게 침해하는 것으로서 신뢰보호의 원칙에 위반된다고 할 것이다(대판 2007.10.29. 2005두4649 [전합]).

[❷ ▸ O] 원고들과 같이 1997학년도에 입학한 자들과 1996학년도 이전에 입학한 자들은 개정 전 시행령 제3조의2에서 정해진 한약사 국가시험 응시자격을 신뢰하고 대학에 입학하였다는 점에서 같다고 할 것인데, 1996학년도 이전에 입학한 자들과는 달리 원고들에게는 개정시행령 제3조의2가 적용된다면 한약사 국가시험 응시자격을 취득하기 위해서는 다른 대학교의 한약학과에 재입학하거나 편입학할 수밖에 없는 큰 부담을 지게 되는 점, 앞에서 본 바와 같이 개정시행령 제3조의2를 원고들에게 적용하는 경우 그 침해받는 신뢰의 이익이 공익에 비하여 현저히 크다는 점 등을 감안하면, 비록 1996학년도 이전에 입학한 자들이 원고들에 비하여 대학에서 1년 이상 수학하였고, 보건복지부의 앞서 본 각 발표가 있었다고 하더라도 그와 같은 점만을 근거로 원고들과 1996학년도 이전에 입학한 자들을 차별하는 것은 합리적이라고 볼 수 없으므로, 개정시행령 제3조의2를 원고들에게 적용하는 것은 평등의 원칙에도 위반된다 할 것이다(대판 2007.10.29. 2005두4649 [전합]).

[❸ ▸ O] 접수 거부의 처분성이 인정되므로 거부처분취소소송을 제기할 수 있고, 법원은 명령·규칙 또는 처분이 헌법이나 법률에 위반되는 여부가 재판의 전제가 된 경우 이를 심사할 수 있으므로, 甲은 취소소송에서 개정시행령의 위헌·위법을 다툴 수 있다.

판례 원고들은 2003.10.15. 제5회 한약사 국가시험의 응시원서를 제출하였으나, 피고는 같은 날 이 사건 법률 제3조의2 제2항, 개정시행령 제3조의2 및 부칙조항의 규정에 의하여 원고들이 한약사 국가시험에 응시할 자격이 없다는 이유로 원고들의 응시원서 접수를 거부하는 이 사건 처분을 한 사실을 알 수 있다(대판 2007.10.29. 2005두4649 [전합]).

[❹ ▸ X] 새로운 법령 시행 이전에 이미 완성된 사실관계·법률관계에 새로운 법령을 적용하는 것을 진정소급효라 하는데, 사례에서 甲은 아직 관련 과목의 이수를 마친 상태가 아니므로, 부진정소급효를 발생시키는 경우에 해당한다.

[❺ ▸ O] 개정시행령의 응시자격 관련 규정과 경과규정을 정한 부칙규정이 권리제한효과를 가져오는 경우, 헌법소원의 대상이 되는 공권력 행사에 해당될 수 있다.

판례 헌법재판소법 제68조 제1항이 규정하고 있는 헌법소원심판의 대상으로서의 '공권력'이란 입법·사법·행정 등 모든 공권력을 말하는 것이므로 입법부에서 제정한 법률, 행정부에서 제정한 시행령이나 시행규칙 및 사법부에서 제정한 규칙 등은 그것들이 별도의 집행행위를 기다리지 않고 직접 기본권을 침해하는 것일 때에는 모두 헌법소원심판의 대상이 될 수 있는 것이다(헌재 1990.10.15. 89헌마178).

## 2014년 변호사시험 문 5.

☑ 확인Check! ○ △ ×

**甲은 국세에 관한 행정사무에 종사하고 있는 기간이 12년이며, 그중 5급 이상 공무원으로 근무한 기간이 3년이 되었는바, 구 세무사법(1999.12.31. 법률 제6080호로 개정되기 전의 것, 이하 "구법"이라 한다) 제3조 제2호에 따르면 국세에 관한 행정사무 종사경력이 10년 이상이고, 일반직 5급 이상 공무원으로서 5년 이상 재직한 경력이 있는 경우(이하 이를 "자격부여요건"이라 한다)에는 당연히 세무사자격이 부여되었다. 그런데 개정된 세무사법(1999.12.31. 법률 제6080호로 개정된 것, 이하 "개정법"이라 한다) 제3조는 위 제2호를 삭제하였고, 개정법 부칙 제3항은 2000.12.31. 현재 종전의 제3조 제2호의 규정에 해당하는 자에 대하여만 구법 규정을 적용하도록 규정하였다. 그에 따라 2000.12.31. 현재 구법 규정상의 자격부여요건을 갖추지 못한 甲은 구법 규정이 적용될 수 없어 세무사자격시험을 거치지 않고도 세무사자격이 부여되는 지위를 상실하였다. 다음 설명 중 옳지 않은 것은?(다툼이 있는 경우 판례에 의함)**

① 어떤 직업분야에 자격제도를 시행함에 있어서 자격요건의 구체적인 내용은 업무의 내용과 제반 여건 등을 종합적으로 고려하여 입법자가 결정할 사항이며, 다만 그것이 재량의 범위를 넘어서 명백히 불합리한 경우에만 비로소 위헌의 문제가 생긴다.

② 국세 관련 경력공무원에 대한 세무사자격부여제도를 폐지한 것은 경력공무원에 대한 특혜시비를 완화하면서 아울러 일반응시자들과의 형평을 도모하려는 공익적인 목적을 갖는 것으로서 그 목적의 정당성은 인정된다 할 것이다.

③ 구법상의 자격부여요건을 갖춘 세무공무원경력자는 국세업무 전반에 걸친 폭넓은 이해와 세무법률관계에 관한 실무적·이론적 지식을 갖추고 있으며, 이들이 갖추고 있는 능력과 지식은 행정실무적 능력뿐 아니라 법률제도에 대한 기본적인 소양이나 세법에 대한 이론적인 지식이 필요한 세무사업무의 수행에 적합하다는 점에서 세무사자격을 부여하는 데에 합리적인 이유가 있으므로 이를 고려하지 않고 국세 관련 경력공무원에 대하여 세무사자격을 부여하지 않도록 개정된 세무사법 제3조는 과잉금지원칙에 위배되어 甲의 직업선택의 자유를 침해한다.

④ 甲의 세무사자격 부여에 대한 신뢰는 보호할 필요성이 있는 합리적이고도 정당한 신뢰라 할 것이고, 개정법 제3조 등의 개정으로 말미암아 甲이 입게 된 불이익의 정도, 즉 신뢰이익의 침해 정도는 중대하다고 아니할 수 없는 반면, 甲의 신뢰이익을 침해함으로써 일반응시자와의 형평을 제고한다는 공익은 위와 같은 신뢰이익 제한을 헌법적으로 정당화할만한 사유라고 보기 어렵다.

⑤ 2000.12.31. 현재 자격부여요건을 충족한 자와 그렇지 못한 甲 사이에는 단지 근무기간에 있어서의 양적인 차이만 존재할 뿐 본질적인 차이는 없고, 세무사자격부여제도의 폐지와 관련된 조항의 시행일만을 2001.1.1.로 늦추어 1년의 유예기간을 두고 있는 것 자체가 합리적 근거 없는 자의적 조치이므로, 위 부칙조항은 합리적인 이유 없이, 자의적으로 설정된 기준을 토대로 위 부칙조항의 적용대상자와 甲을 차별취급하는 것으로서 평등의 원칙에 위반된다.

[❶ ▸ ○] 입법부가 어떤 직업분야에 자격제도를 시행함에 있어서 그 업무에 대하여 설정할 자격요건의 구체적인 내용은 업무의 내용과 제반 여건 등을 종합적으로 고려하여 입법자가 결정할 사항이다. 따라서 자격요건의 설정에 대한 판단·선택은 헌법재판소가 가늠하기보다는 입법자에게 맡겨두는 것이 옳으며, 그러한 범위 내에서 입법자에게 입법형성권이 인정된다. 다만 그것이 재량의 범위를 넘어 명백히 불합리한 경우에만 비로소 위헌의 문제가 생길 수 있다(헌재 2001.9.27. 2000헌마152).

[❷ ▸ ○] 이 사건 법률조항에 의하여 국세 관련 경력공무원에 대한 세무사자격부여제도를 폐지한 것은 경력공무원에 대한 특혜시비를 완화하면서 아울러 일반응시자들과의 형평을 도모하려는 공익적인 목적을 갖는 것으로서 그 목적의 정당성은 인정된다 할 것이다(헌재 2001.9.27. 2000헌마152).

[❸ ▸ ×] 경력공무원이라 하여 반드시 세무사로서 필요한 전문적 지식이나 자질에 대한 객관적인 검증절차를 거친 것은 아니므로 그들도 일반응시자와 마찬가지로 세무사자격시험을 통한 통상의 검증절차를 거치도록 하고, 다만 그 경력을 감안하여 시험과목의 일부면제제도를 채택한 입법자의 판단이 그 내용이나 방법에 있어서 반드시 합리성을 결여한 것이라고 보기도 어렵다. 그렇다면 이 사건 법률조항이 국세 관련 경력공무원에게 세무사자격을 부여하지 않는 것이 반드시 재량의 범위를 넘어 명백히 불합리하다고 할 수는 없으므로, 이 사건 법률조항은 청구인들의 직업선택의 자유를 침해하는 것이 아니다(헌재 2001.9.27. 2000헌마152).

정답 ③

[ ❹ ▸ O ] 청구인들의 세무사자격 부여에 대한 신뢰는 보호할 필요성이 있는 합리적이고도 정당한 신뢰라 할 것이고, 개정법 제3조 등의 개정으로 말미암아 청구인들이 입게 된 불이익의 정도, 즉 신뢰이익의 침해 정도는 중대하다고 아니할 수 없는 반면, 청구인들의 신뢰이익을 침해함으로써 일반응시자와의 형평을 제고한다는 공익은 위와 같은 신뢰이익 제한을 헌법적으로 정당화할 만한 사유라고 보기 어렵다. 그러므로 기존 국세 관련 경력공무원 중 일부에게만 구법 규정을 적용하여 세무사자격이 부여되도록 규정한 위 세무사법 부칙 제3항은 충분한 공익적 목적이 인정되지 아니함에도 청구인들의 기대가치 내지 신뢰이익을 과도하게 침해한 것으로서 헌법에 위반된다(헌재 2001.9.27. 2000헌마152).

[ ❺ ▸ O ] 2000.12.31. 현재 자격부여요건을 충족한 자와 그렇지 못한 청구인들 사이에는 단지 근무기간에 있어서의 양적인 차이만 존재할 뿐, 본질적인 차이는 없고, 세무사자격부여제도의 폐지와 관련된 조항의 시행일만을 2001.1.1.로 늦추어 1년의 유예기간을 두고 있는 것 자체가 합리적 근거 없는 자의적 조치이므로, 위 부칙조항은 합리적인 이유 없이, 자의적으로 설정된 기준을 토대로 위 부칙조항의 적용대상자와 청구인들을 차별취급하는 것으로서 평등의 원칙에도 위반된다(헌재 2001.9.27. 2000헌마152).

## 제4절 대한민국 헌법의 기본질서 ★★☆

### 제1항 자유민주적 기본질서

**2013년 변호사시험 문 5.** ☑ 확인 Check! ○ △ ✕

**자유민주적 기본질서와 정당제도에 관한 설명 중 옳지 않은 것은?(다툼이 있는 경우 판례에 의함)**

① 자유민주적 기본질서는 모든 폭력적 지배와 자의적 지배, 즉 반국가단체의 일인독재 내지 일당독재를 배제하고 다수의 의사에 의한 국민의 자치, 자유·평등의 기본원칙에 의한 법치주의적 통치질서를 의미한다.

② 경찰청장이 퇴직일로부터 2년 이내에는 정당의 발기인이 되거나 당원이 될 수 없도록 하는 것은 헌법의 정당 설립 및 가입의 자유를 침해한다.

③ 정치자금법상 국고보조금 배분에 있어서 교섭단체 구성 여부에 따라 차등을 두는 것은 다수의석을 가지고 있는 원내정당을 우대하고자 하는 것으로 합리적 이유가 있다.

④ 초·중등학교 교원의 정치활동은 교육수혜자인 학생의 입장에서는 수업권의 침해로 받아들여질 수 있다는 점에서 현시점에서는 국민의 교육기본권을 더욱 보장함으로써 얻을 수 있는 공익을 우선시해야 하므로 초·중등학교 교원의 정당가입 금지는 정당화된다.

⑤ 현대의 민주주의가 종래의 순수한 대의제 민주주의에서 정당국가적 민주주의의 경향으로 변화하고 있음을 부인할 수 없다고 하더라도, 대의제 민주주의원리에 기초한 자유위임은 최소한 국회 운영과 관련되는 한 정당과 교섭단체의 지시에 국민대표기관인 국회의원이 기속되는 것을 배제하는 근거가 된다.

[ ❶ ▸ O ] 자유민주적 기본질서에 위해를 준다 함은 모든 폭력적 지배와 자의적 지배 즉 반국가단체의 일인독재 내지 일당독재를 배제하고 다수의 의사에 의한 국민의 자치, 자유·평등의 기본원칙에 의한 법치주의적 통치질서의 유지를 어렵게 만드는 것이고, 이를 보다 구체적으로 말하면 기본적 인권의 존중, 권력분립, 의회제도, 복수정당제도, 선거제도, 사유재산과 시장경제를 골간으로 한 경제질서 및 사법권의 독립 등 우리의 내부체제를 파괴·변혁시키려는 것으로 풀이할 수 있을 것이다(헌재 1990.4.2. 89헌가113).



⑤ 정답

[❷ ▸ O] 정당설립의 자유를 제한하는 법률의 경우에는 입법수단이 입법목적을 달성할 수 있다는 것을 어느 정도 확실하게 예측될 수 있어야 한다. 경찰청장이 퇴임 후 공직선거에 입후보하는 경우 당적 취득 금지의 형태로써 정당의 추천을 배제하고자 하는 이 사건 법률조항이 어느 정도로 입법목적인 '경찰청장 직무의 정치적 중립성'을 확보할 수 있을지 그 실효성이 의문시된다. 따라서 이 사건 법률조항은 정당의 자유를 제한함에 있어서 갖추어야 할 적합성의 엄격한 요건을 충족시키지 못한 것으로 판단되므로 이 사건 법률조항은 정당 성립 및 가입의 자유를 침해하는 조항이다(헌재 1999.12.23. 99헌마135).

[❸ ▸ O] 입법자는 정당에 대한 보조금의 배분기준을 정함에 있어 입법정책적인 재량권을 가지므로, 그 내용이 현재의 각 정당들 사이의 경쟁상태를 현저하게 변경시킬 정도가 아니면 합리성을 인정할 수 있다. 정당의 공적 기능의 수행에 있어 교섭단체의 구성 여부에 따라 차이가 나타날 수밖에 없고, 이 사건 법률조항이 교섭단체의 구성 여부만을 보조금 배분의 유일한 기준으로 삼은 것이 아니라 정당의 의석수비율과 득표수비율도 함께 고려함으로써 현행의 보조금배분비율이 정당이 선거에서 얻은 결과를 반영한 득표수비율과 큰 차이를 보이지 않고 있는 점 등을 고려하면, 교섭단체를 구성할 정도의 다수정당과 그에 미치지 못하는 소수정당 사이에 나타나는 차등지급의 정도는 정당 간의 경쟁상태를 현저하게 변경시킬 정도로 합리성을 결여한 차별이라고 보기 어렵다(헌재 2006.7.27. 2004헌마655).

[❹ ▸ O] 이 사건 법률조항이 청구인들과 같은 초·중등학교 교원의 정당 가입 및 선거운동의 자유를 금지함으로써 정치적 기본권을 제한하는 측면이 있는 것은 사실이나, 공무원의 정치적 중립성 등을 규정한 헌법 제7조 제1항·제2항, 교육의 정치적 중립성을 규정한 헌법 제31조 제4항의 규정취지에 비추어 보면, 감수성과 모방성 그리고 수용성이 왕성한 초·중등학교 학생들에게 교원이 미치는 영향은 매우 크고, 교원의 활동은 근무시간 내외를 불문하고 학생들의 인격 및 기본생활습관 형성 등에 중요한 영향을 끼치는 잠재적 교육과정의 일부분인 점을 고려하고, 교원의 정치활동은 교육수혜자인 학생의 입장에서는 수업권의 침해로 받아들여질 수 있다는 점에서 현시점에서는 국민의 교육기본권을 더욱 보장함으로써 얻을 수 있는 공익을 우선시해야 할 것이라는 점 등을 종합적으로 감안할 때, 초·중등학교 교육공무원의 정당 가입 및 선거운동의 자유를 제한하는 것은 헌법적으로 정당화될 수 있다(헌재 2004.3.25. 2001헌마710).

[❺ ▸ ×] 현대의 민주주의가 종래의 순수한 대의제 민주주의에서 정당국가적 민주주의의 경향으로 변화하고 있음은 주지하는 바와 같다. 다만, 국회의원의 국민대표성보다는 오늘날 복수정당제하에서 실제적으로 정당에 의하여 국회가 운영되고 있는 점을 강조하려는 견해와, 반대로 대의제 민주주의원리를 중시하고 정당국가적 현실은 기본적으로 국회의원의 전체국민대표성을 침해하지 않는 범위 내에서 인정하려는 입장이 서로 맞서고 있다. 국회의원의 원내활동을 기본적으로 각자에 맡기는 자유위임은 자유로운 토론과 의사 형성을 가능하게 함으로써 당내민주주의를 구현하고 정당의 독재화 또는 과두화를 막아 주는 순기능을 갖는다. 그러나 자유위임은 의회 내에서의 정치의사 형성에 정당의 협력을 배척하는 것이 아니며, 의원이 정당과 교섭단체의 지시에 기속되는 것을 배제하는 근거가 되는 것도 아니다. 또한 국회의원의 국민대표성을 중시하는 입장에서도 특정 정당에 소속된 국회의원이 정당기속 내지는 교섭단체의 결정(소위 '당론')에 위반하는 정치활동을 한 이유로 제재를 받는 경우, 국회의원 신분을 상실하게 할 수는 없으나 '정당 내부의 사실상의 강제' 또는 소속 '정당으로부터의 제명'은 가능하다고 보고 있다. 그렇다면, 당론과 다른 견해를 가진 소속 국회의원을 당해 교섭단체의 필요에 따라 다른 상임위원회로의 전임(사·보임)하는 조치는 특별한 사정이 없는 한 헌법상 용인될 수 있는 '정당 내부의 사실상 강제'의 범위 내에 해당한다고 할 것이다(헌재 2003.10.30. 2002헌라1).

## 제2항 경제적 기본질서

**2019년 변호사시험 문 11.** ☑ 확인Check! ○ △ ×

헌법상의 경제질서에 관한 설명 중 옳은 것(○)과 옳지 않은 것(×)을 올바르게 조합한 것은?(다툼이 있는 경우 판례에 의함)

ㄱ. 헌법 제119조 이하의 경제에 관한 장은 국가가 경제정책을 통하여 달성하여야 할 공익을 구체화하고, 동시에 헌법 제37조 제2항의 기본권 제한을 위한 일반적 법률 유보에서의 공공복리를 구체화하고 있다.

ㄴ. 고의나 과실로 타인에게 손해를 가한 경우에만 그 손해에 대한 배상책임을 가해자가 부담한다는 과실책임원칙은 헌법 제119조 제1항의 자유시장경제질서에서 파생된 것이다.

ㄷ. 허가받지 않은 지역의 의료기관이 더 가까운 경우에도 허가받은 지역의 의료기관으로 환자를 이송할 수밖에 없도록 강제하고 있는 「응급의료에 관한 법률」 조항은 응급환자이송업체 사이의 자유경쟁을 막아 헌법상 경제질서에 위배된다.

ㄹ. 헌법 제119조 제1항에 비추어 보더라도, 개인의 사적 거래에 대한 공법적 규제는 되도록 사전적·일반적 규제보다는 사후적·구체적 규제방식을 택하여 국민의 거래자유를 최대한 보장하여야 할 것이다.

① ㄱ(○) ㄴ(○) ㄷ(×) ㄹ(○)
② ㄱ(×) ㄴ(○) ㄷ(○) ㄹ(×)
③ ㄱ(○) ㄴ(×) ㄷ(○) ㄹ(○)
④ ㄱ(○) ㄴ(×) ㄷ(×) ㄹ(×)
⑤ ㄱ(×) ㄴ(○) ㄷ(×) ㄹ(○)

**[ㄱ ▸ ○]** 우리 헌법은 헌법 제119조 이하의 경제에 관한 장에서 '균형 있는 국민경제의 성장과 안정, 적정한 소득의 분배, 시장의 지배와 경제력남용의 방지, 경제주체 간의 조화를 통한 경제의 민주화, 균형 있는 지역경제의 육성, 중소기업의 보호육성, 소비자보호 등'의 경제영역에서의 국가목표를 명시적으로 규정함으로써 국가가 경제정책을 통하여 달성하여야 할 '공익'을 구체화하고, 동시에 헌법 제37조 제2항의 기본권 제한을 위한 일반법률 유보에서의 '공공복리'를 구체화하고 있다(헌재 1996.12.26. 96헌가18).

**[ㄴ ▸ ○]** 고의나 과실로 타인에게 손해를 가한 경우에만 그 손해에 대한 배상책임을 가해자가 부담한다는 과실책임원칙은 헌법 제119조 제1항의 자유시장경제질서에서 파생된 것으로 오늘날 민사책임의 기본원리이다(헌재 2015.3.26 2014헌바202).

**[ㄷ ▸ ×]** 청구인 회사는 영업의 자유와 일반적 행동의 자유도 침해되고 헌법상 경제질서에도 위배된다고 주장하지만, 심판대상조항과 가장 밀접한 관계에 있는 직업수행의 자유 침해 여부를 판단하는 이상 이 부분 주장에 대해서는 별도로 판단하지 아니한다. 심판대상조항은 이송업자의 영업범위를 허가받은 지역 안으로 한정하여 구급차 등이 신속하게 출동할 수 있도록 하고, 차고지가 위치한 허가지역에서 상시 구급차 등이 정비될 수 있도록 하는 한편, 지역사정에 밝은 이송업자가 해당 지역에서 이송을 담당하게 함으로써, 응급의료의 질을 높임과 동시에 응급이송자원이 지역 간에 적절하게 분배·관리될 수 있도록 하여 국민건강을 증진하고 지역주민의 편의를 도모하기 위한 것이다. 이러한 입법목적은 정당하고, 수단의 적합성도 인정된다. 이송업 허가는 광역자치단체 단위로 이루어지는데 광역자치단체의 인구와 면적을 감안할 때, 그리고 여러 지역의 허가를 받아 영업을 하는 것도 가능하다는 점에서 심판대상조항은 침해의 최소성을 충족한다. 국민의 생명과 건강에 직결되는 응급이송체계를 적정하게 확립한다는 공익의 중요성에 비추어 영업지역의 제한에 따라 침해되는 이송업자의 사익이 크다고 보기는 어려우므로 법익의 균형성도 인정된다. 따라서 심판대상조항은 과잉금지원칙을 위반하여 직업수행의 자유를 침해한다고 볼 수 없다(헌재 2018.2.22. 2016헌바100).

**[ㄹ ▸ ○]** "대한민국의 경제질서는 개인과 기업의 경제상의 자유와 창의를 존중함을 기본으로 한다"고 규정한 헌법 제119조 제1항에 비추어 보더라도, 개인의 사적 거래에 대한 공법적 규제는 되도록 사전적·일반적 규제보다는, 사후적·구체적 규제방식을 택하여 국민의 거래자유를 최대한 보장하여야 할 것이다(헌재 2012.8.23. 2010헌가65).



① 정답

**2020년 변호사시험 문 21.** ☑ 확인 Check! ○ △ ×

**헌법상 경제질서에 관한 설명 중 옳은 것은?(다툼이 있는 경우 판례에 의함)**

① 헌법 제121조는 전근대적인 법률관계인 소작제도를 금지하고, 부재지주로 인하여 야기되는 농지 이용의 비효율성을 제거하기 위한 경자유전의 원칙을 천명하고 있으므로 농지의 위탁경영은 허용되지 않는다.

② 국가에 대하여 경제에 관한 규제와 조정을 할 수 있도록 규정한 헌법 제119조 제2항이 보유세 부과 그 자체를 금지하는 취지로 보이지 아니하므로 주택 등에 보유세인 종합부동산세를 부과하는 그 자체를 헌법 제119조에 위반된다고 보기 어렵다.

③ 헌법 제119조 제2항에 규정된 '경제주체 간의 조화를 통한 경제민주화'의 이념은 경제영역에서 정의로운 사회질서를 형성하기 위하여 추구할 수 있는 국가목표이기는 하지만 개인의 기본권을 제한하는 국가행위를 정당화하는 헌법규범이 될 수 없다.

④ 「자동차운수사업법」상의 운송수입금전액관리제로 인하여 사기업은 그 본연의 목적을 포기할 것을 강요받을 뿐만 아니라, 기업경영과 관련하여 국가의 광범위한 감독과 통제 및 관리를 받게 되므로, 위 전액관리제는 헌법 제126조의 '사영기업을 국유 또는 공유로 이전'하는 것에 해당한다.

⑤ 현행헌법이 보장하는 소비자보호운동이란 '공정한 가격으로 양질의 상품 또는 용역을 적절한 유통구조를 통해 적절한 시기에 안전하게 구입하거나 사용할 소비자의 제반 권익을 증진할 목적으로 이루어지는 구체적 활동'을 의미하므로, 소비자권익의 증진을 위한 단체를 조직하고 이를 통하여 활동하는 형태에 이르지 않으면 소비자보호운동에 포함되지 않는다.

[❶ ▸ ×] 농지의 위탁경영은 법률이 정하는 바에 의하여 인정된다.

**법령** **헌법 제121조** ① 국가는 농지에 관하여 경자유전의 원칙이 달성될 수 있도록 노력하여야 하며, 농지의 소작제도는 금지된다.
② 농업생산성의 제고와 농지의 합리적인 이용을 위하거나 불가피한 사정으로 발생하는 농지의 임대차와 위탁경영은 법률이 정하는 바에 의하여 인정된다.

[❷ ▸ ○] 국가에 대하여 경제에 관한 규제와 조정을 할 수 있도록 규정한 헌법 제119조 제2항이 보유세 부과 그 자체를 금지하는 취지로 보이지 아니하므로 주택 등에 보유세인 종합부동산세를 부과하는 그 자체를 헌법 제119조에 위반된다고 보기 어렵다(헌재 2008.11.13. 2006헌바112 등).

[❸ ▸ ×] 헌법 제119조 제2항에 규정된 '경제주체 간의 조화를 통한 경제민주화'의 이념은 경제영역에서 정의로운 사회질서를 형성하기 위하여 추구할 수 있는 국가목표로서 개인의 기본권을 제한하는 국가행위를 정당화하는 헌법규범이다(헌재 2003.11.27. 2001헌바35).

[❹ ▸ ×] 이 사건 법률조항들이 규정하는 운송수입금전액관리제로 인하여 청구인들이 기업경영에 있어서 영리 추구라고 하는 사기업 본연의 목적을 포기할 것을 강요받거나 전적으로 사회·경제정책적 목표를 달성하는 방향으로 기업활동의 목표를 전환해야 하는 것도 아니고, 그 기업경영과 관련하여 국가의 광범위한 감독과 통제 또는 관리를 받게 되는 것도 아니며, 더구나 청구인들 소유의 기업에 대한 재산권이 박탈되거나 통제를 받게 되어 그 기업이 사회의 공동재산의 형태로 변형된 것도 아니므로, 이 사건 법률조항들이 헌법 제126조에 위반된다고 볼 수 없다(헌재 1998.10.29. 97헌마345).

[❺ ▸ ×] 현행헌법이 보장하는 소비자보호운동이란 '공정한 가격으로 양질의 상품 또는 용역을 적절한 유통구조를 통해 적절한 시기에 안전하게 구입하거나 사용할 소비자의 제반 권익을 증진할 목적으로 이루어지는 구체적 활동'을 의미하고, 단체를 조직하고 이를 통하여 활동하는 형태, 즉 근로자의 단결권이나 단체행동권에 유사한 활동뿐만 아니라, 하나 또는 그 이상의 소비자가 동일한 목표로 함께 의사를 합치하여 벌이는 운동이면 모두 이에 포함된다 할 것이다(헌재 2011.12.29. 2010헌바54 등).

정답 ②

## 제3항 평화주의적 국제질서

**2016년 변호사시험 문 16.** ☑ 확인Check! ○ △ ×

**다음 설명 중 옳은 것은?(다툼이 있는 경우 판례에 의함)**

① 한미연합군사훈련을 하기로 한 결정은 대통령의 국군통수권 행사 및 한반도를 둘러싼 국제정치관계 등 관련 제반 상황을 종합적으로 고려한 고도의 정치적 결단의 결과로서 통치행위에 해당하여 사법심사의 대상이 되지 않는다.

② 국제통화기금협정상 각 회원국의 재판권으로부터 국제통화기금 임직원의 공적인 행위를 면제하도록 하는 조항은 성질상 국내에 바로 적용될 수 있는 법규범이 아니어서 위헌법률심판의 대상이 되지 않는다.

③ 대통령은 조약을 체결·비준할 권한을 가지며, 국회는 상호 원조 또는 안전 보장에 관한 조약, 중요한 국제조직에 관한 조약, 우호통상항해조약, 주권의 제약에 관한 조약, 강화조약, 국가나 국민에게 중대한 재정적 부담을 지우는 조약 또는 입법사항에 관한 조약의 체결·비준에 대한 동의권을 가진다.

④ 외국에 국군을 파견하는 결정과 같이 성격상 외교 및 국방에 관련된 고도의 정치적 결단이 요구되는 사안에 대한 국민의 대의기관의 결정은, 비록 헌법과 법률이 정한 절차를 지켰음이 명백하더라도, 헌법이 침략적 전쟁을 부인하는 이상 사법심사가 자제되어야 할 대상이 되지 않는다.

⑤ 「대한민국과 일본국 간의 어업에 관한 협정」은 국민의 권리·의무관계가 아닌 국가 간의 권리·의무관계를 내용으로 하는 조약에 해당되므로 그 체결행위는 헌법소원심판의 대상이 되는 공권력 행사에 해당되지 않는다.

[❶ ▸ ×] 한미연합군사훈련은 1978. 한미연합사령부의 창설 및 1979.2.15. 한미연합연습양해각서의 체결 이후 연례적으로 실시되어 왔고, 특히 이 사건 연습은 대표적인 한미연합군사훈련으로서, 피청구인이 2007.3.경에 한 이 사건 연습결정이 새삼 국방에 관련되는 고도의 정치적 결단에 해당하여 사법심사를 자제하여야 하는 통치행위에 해당된다고 보기 어렵다(헌재 2009.5.28. 2007헌마369).

[❷ ▸ ×] 사건 조항[국제통화기금협정 제9조(지위, 면제 및 특권) 제3항(사법절차의 면제) 및 제8항(직원 및 피용자의 면제와 특권), 전문기구의 특권과 면제에 관한 협약 제4절, 제19절(a)]은 각 국회의 동의를 얻어 체결된 것으로서, 헌법 제6조 제1항에 따라 국내법적, 법률적 효력을 가지는 바, 가입국의 재판권 면제에 관한 것이므로 성질상 국내에 바로 적용될 수 있는 법규범으로서 위헌법률심판의 대상이 된다(헌재 2001.9.27. 2000헌바20).

[❸ ▸ ○] 헌법 제73조, 제60조 제1항 참조

법령

**헌법 제73조** 대통령은 조약을 체결·비준하고, 외교사절을 신임·접수 또는 파견하며, 선전포고와 강화를 한다.

**헌법 제60조** ① 국회는 상호 원조 또는 안전 보장에 관한 조약, 중요한 국제조직에 관한 조약, 우호통상항해조약, 주권의 제약에 관한 조약, 강화조약, 국가나 국민에게 중대한 재정적 부담을 지우는 조약 또는 입법사항에 관한 조약의 체결·비준에 대한 동의권을 가진다.

[❹ ▸ ×] 외국에의 국군의 파견결정은 파견군인의 생명과 신체의 안전뿐만 아니라 국제사회에서의 우리나라의 지위와 역할, 동맹국과의 관계, 국가안보문제 등 궁극적으로 국민 내지 국익에 영향을 미치는 복잡하고도 중요한 문제로서 국내 및 국제정치관계 등 제반 상황을 고려하여 미래를 예측하고 목표를 설정하는 등 고도의 정치적 결단이 요구되는 사안이다. 따라서 그와 같은 결정은 그 문제에 대해 정치적 책임을 질 수 있는 국민의 대의기관이 관계분야의 전문가들과 광범위하고 심도 있는 논의를 거쳐 신중히 결정하는 것이 바람직하며 우리 헌법도 그 권한을 국민으로부터 직접 선출되고 국민에게 직접 책임을 지는 대통령에게 부여하고 그 권한 행사에 신중을 기하도록 하기 위해 국회로 하여금 파병에 대한 동의 여부를



③ 정답

결정할 수 있도록 하고 있는바, 현행헌법이 채택하고 있는 대의민주제 통치구조하에서 대의기관인 대통령과 국회의 그와 같은 고도의 정치적 결단은 가급적 존중되어야 한다(헌재 2004.4.29. 2003헌마814).

[❺ ▸ ×] 대한민국과 일본국 간의 어업에 관한 협정은 우리나라 정부가 일본 정부와의 사이에서 어업에 관해 체결・공포한 조약(조약 제1477호)으로서 헌법 제6조 제1항에 의하여 국내법과 같은 효력을 가지므로, 그 체결행위는 고권적 행위로서 '공권력의 행사'에 해당한다(헌재 2001.3.21. 99헌마139).



**2015년 변호사시험 문 1.** ☑ 확인 Check! ○ △ ×

**조약과 국제법규에 관한 헌법재판소 결정에 부합하는 것을 모두 고른 것은?**

ㄱ. 강제노동의 폐지에 관한 국제노동기구(ILO)의 제105호 조약은 일반적으로 승인된 국제법규성이 인정된다.
ㄴ. 국제연합(UN)의 '인권에 관한 세계선언' 및 국제연합교육과학문화기구와 국제노동기구가 채택한 '교원의 지위에 관한 권고'는 일반적으로 승인된 국제법규성이 인정되므로 국내법적 효력이 인정된다.
ㄷ. 국제노동기구 산하 '결사의 자유위원회'의 권고는 국내법과 같은 효력이 있거나 일반적으로 승인된 국제법규라고 볼 수 없다.
ㄹ. 마라케쉬협정은 적법하게 체결되어 공포된 조약이므로 국내법과 같은 효력을 갖는 것이어서, 마라케쉬협정에 의하여 관세법위반자의 처벌이 가중된다고 하더라도 이를 들어 법률에 의하지 아니한 형사처벌이라고 할 수 없다.

① ㄱ, ㄴ ② ㄱ, ㄹ ③ ㄴ, ㄷ
④ ㄴ, ㄹ ⑤ ㄷ, ㄹ

[ㄱ ▸ ×] 강제노동의 폐지에 관한 국제노동기구(ILO)의 제105호 조약은 우리나라가 비준한 바가 없고, 헌법 제6조 제1항에서 말하는 일반적으로 승인된 국제법규로서 헌법적 효력을 갖는 것이라고 볼 만한 근거도 없으므로 이 사건 심판대상 규정의 위헌성 심사의 척도가 될 수 없다(헌재 1998.7.16. 97헌바23).

[ㄴ ▸ ×] 국제연합의 '인권에 관한 세계선언'에 관하여 보면, 이는 그 전문에 나타나 있듯이 '인권 및 기본적 자유의 보편적인 존중과 준수의 촉진을 위하여 … 사회의 각 개인과 사회 각 기관이 국제연합 가맹국 자신의 국민 사이에 또 가맹국 관할하의 지역에 있는 인민들 사이에 기본적인 인권과 자유의 존중을 지도교육함으로써 촉진하고 또한 그러한 보편적, 효과적인 승인과 준수를 국내적・국제적인 점진적 조치에 따라 확보할 것을 노력하도록, 모든 국민과 모든 나라가 달성하여야 할 공통의 기준'으로 선언하는 의미는 있으나 그 선언내용인 각 조항이 바로 보편적인 법적 구속력을 가지거나 국제법적 효력을 갖는 것으로 볼 것은 아니다. … 국제연합교육과학문화기구와 국제노동기구가 채택한 '교원의 지위에 관한 권고'는 그 전문에서 교육의 형태와 조직을 결정하는 법규와 관습이 나라에 따라 심히 다양성을 띠고 있어 나라마다 교원에게 적용되는 인사제도가 한결같지 아니함을 시인하고 있듯이 우리 사회의 교육적 전통과 현실, 그리고 국민의 법감정과의 조화를 이룩하면서 국민적 합의에 의하여 우리 현실에 적합한 교육제도를 단계적으로 실시・발전시켜 나갈 것을 그 취지로 하는 교육제도의 법정주의와 반드시 배치되는 것이 아니고, 또한 직접적으로 국내법적인 효력을 가지는 것이라고도 할 수 없다(헌재 1991.7.22. 89헌가106).

[ㄷ ▸ O] 국제노동기구 산하 '결사의 자유위원회'의 권고는 국내법과 같은 효력이 있거나 일반적으로 승인된 국제법규라고 볼 수 없고, 앞서 검토한 바와 같이 이 사건 노조법 조항들이 국제노동기구의 관련 협약 및 권고와 충돌하지 않는 이유와 마찬가지로 개정노조법에서 노조전임자가 사용자로부터 급여를 지급받는 것을 금지함과 동시에 그 절충안으로 근로시간면제제도를 도입한 이상 이 사건 노조법 조항들이 결사의 자유위원회의 권고내용과 배치된다고 보기도 어렵다(헌재 2014.5.29. 2010헌마606).

정답 ⑤

[ㄹ ▸ O] 마라케쉬협정도 적법하게 체결되어 공포된 조약이므로 국내법과 같은 효력을 갖는 것이어서 그로 인하여 새로운 범죄를 구성하거나 범죄자에 대한 처벌이 가중된다고 하더라도 이것은 국내법에 의하여 형사처벌을 가중한 것과 같은 효력을 갖게 되는 것이다. 따라서 마라케쉬협정에 의하여 관세법위반자의 처벌이 가중된다고 하더라도 이를 들어 법률에 의하지 아니한 형사처벌이라거나 행위 시의 법률에 의하지 아니한 형사처벌이라고 할 수 없다(헌재 1998.11.26. 97헌바65).

## 제5절 헌법의 기본제도 ★★★★★★

### 제1항 정당제도

**2018년 변호사시험 문 4.** ☑ 확인Check! O △ X

**정당제도에 관한 설명 중 옳은 것(O)과 옳지 않은 것(×)을 올바르게 조합한 것은?(다툼이 있는 경우 판례에 의함)**

ㄱ. 정당이 그 소속 국회의원을 제명하기 위해서는 당헌이 정하는 절차를 거치는 외에 그 소속 국회의원 전원의 2분의 1 이상의 찬성이 있어야 한다.
ㄴ. 외국인인 사립대학의 교원은 정당의 발기인이나 당원이 될 수 있다.
ㄷ. 헌법재판소는 정당해산심판의 청구를 받은 때에는 직권 또는 청구인의 신청에 의하여 종국결정의 선고 시까지 피청구인의 활동을 정지하는 결정을 할 수 있다.
ㄹ. 정당의 등록요건으로 '5 이상의 시·도당과 각 시·도당 1천인 이상의 당원'을 요구하는 것은 국민의 정당설립의 자유에 어느 정도 제한을 가하지만, 이러한 제한은 '상당한 기간 또는 계속해서', '상당한 지역에서' 국민의 정치적 의사형성과정에 참여해야 한다는 정당의 개념표지를 구현하기 위한 합리적인 제한이다.
ㅁ. 임기 만료에 의한 국회의원선거에 참여하여 의석을 얻지 못하고 유효투표총수의 100분의 2 이상을 득표하지 못한 때 정당의 등록을 취소하도록 규정한 것은 과잉금지원칙에 위반되어 정당설립의 자유를 침해하는 것이다.

① ㄱ(O) ㄴ(×) ㄷ(×) ㄹ(O) ㅁ(×)
② ㄱ(×) ㄴ(×) ㄷ(O) ㄹ(O) ㅁ(O)
③ ㄱ(O) ㄴ(×) ㄷ(O) ㄹ(O) ㅁ(O)
④ ㄱ(×) ㄴ(O) ㄷ(×) ㄹ(×) ㅁ(O)
⑤ ㄱ(×) ㄴ(×) ㄷ(O) ㄹ(×) ㅁ(×)

[ㄱ ▸ O] 정당이 그 소속 국회의원을 제명하기 위해서는 당헌이 정하는 절차를 거치는 외에 그 소속 국회의원 전원의 2분의 1 이상의 찬성이 있어야 한다(정당법 제33조).

[ㄴ ▸ X] 대한민국 국민이 아닌 자는 당원이 될 수 없다(정당법 제22조 제2항).

[ㄷ ▸ O] 헌법재판소는 정당해산심판의 청구를 받은 때에는 직권 또는 청구인의 신청에 의하여 종국결정의 선고 시까지 피청구인의 활동을 정지하는 결정을 할 수 있다(헌법재판소법 제57조).

[ㄹ ▸ O] 이 사건 법률조항이 비록 정당으로 등록되기에 필요한 요건으로서 5개 이상의 시·도당 및 각 시·도당마다 1,000명 이상의 당원을 갖출 것을 요구하고 있기 때문에 국민의 정당설립의 자유에 어느 정도 제한을 가하는 점이 있는 것은 사실이나, 이러한 제한은 '상당한 기간 또는 계속해서', '상당한 지역에서' 국민의 정치적 의사형성과정에 참여해야 한다는 헌법상 정당의 개념표지를 구현하기 위한 합리적인 제한이라고 할 것이므로, 그러한 제한은 헌법적으로 정당화된다고 할 것이다(헌재 2006.3.30. 2004헌마246).



③ 정답

[ ㅁ ▸ O] 실질적으로 국민의 정치적 의사 형성에 참여할 의사나 능력이 없는 정당을 정치적 의사형성과정에서 배제함으로써 정당제 민주주의 발전에 기여하고자 하는 한도에서 정당등록취소조항의 입법목적의 정당성과 수단의 적합성을 인정할 수 있다. 그러나 정당등록의 취소는 정당의 존속 자체를 박탈하여 모든 형태의 정당활동을 불가능하게 하므로, 그에 대한 입법은 필요최소한의 범위에서 엄격한 기준에 따라 이루어져야 한다. 그런데 일정 기간 동안 공직선거에 참여할 기회를 수회 부여하고 그 결과에 따라 등록 취소 여부를 결정하는 등 덜 기본권 제한적인 방법을 상정할 수 있고, 정당법에서 법정의 등록요건을 갖추지 못하게 된 정당이나 일정 기간 국회의원선거 등에 참여하지 아니한 정당의 등록을 취소하도록 하는 등 현재의 법체계 아래에서도 입법목적을 실현할 수 있는 다른 장치가 마련되어 있으므로, 정당등록취소조항은 침해의 최소성요건을 갖추지 못하였다. 나아가, 정당등록취소조항은 어느 정당이 대통령선거나 지방자치선거에서 아무리 좋은 성과를 올리더라도 국회의원선거에서 일정 수준의 지지를 얻는 데 실패하면 등록이 취소될 수밖에 없어 불합리하고, 신생・군소정당으로 하여금 국회의원선거에의 참여 자체를 포기하게 할 우려도 있어 법익의 균형성요건도 갖추지 못하였다. 따라서 국회의원선거에 참여하여 의석을 얻지 못하고 유효투표총수의 100분의 2 이상을 득표하지 못한 정당에 대해 그 등록을 취소하도록 한 정당등록취소조항은 과잉금지원칙에 위반되어 청구인들의 정당설립의 자유를 침해한다(헌재 2014.1.28. 2012헌마431 등).

PART 01

헌법총론

**2014년 변호사시험 문 4.**

☑ 확인 Check! ○ △ ×

**정당법에서는 정당의 등록요건으로 제17조에서 "정당은 5 이상의 시・도당을 가져야 한다"라고 규정하고, 제18조 제1항에서는 "시・도당은 1천인 이상의 당원을 가져야 한다"라고 규정하고 있다. 미등록정당인 甲은 정당법상의 이러한 요건들을 충족하는 것이 거의 불가능하므로, 위 정당법 제17조 및 제18조 제1항의 규정으로 인해 헌법 제8조 제1항의 정당설립의 자유 등이 침해되고 있다고 주장한다. 다음 설명 중 옳지 않은 것을 모두 고른 것은?(다툼이 있는 경우 판례에 의함)**

ㄱ. 정당은 오늘날 대중민주주의에 있어서 국민의 정치의사 형성의 담당자이며 매개자이자 민주주의에 있어서 필수불가결한 요소이기 때문에, 정당의 자유로운 설립과 활동은 민주주의 실현의 전제조건이라고 할 수 있다.
ㄴ. 민주적 의사형성과정의 개방성을 보장하기 위하여 정당설립의 자유를 최대한으로 보호하려는 헌법 제8조의 정신에 비추어, 정당의 설립 및 가입을 금지하는 법률조항은 이를 정당화하는 사유의 중대성에 있어서 적어도 '민주적 기본질서에 대한 위반'에 버금가는 것이어야 한다.
ㄷ. 헌법재판소 판례에 따르면, 헌법 및 정당법상 정당의 개념적 징표로서는 ㉠ 국가와 자유민주주의 또는 헌법질서를 긍정할 것, ㉡ 공익의 실현에 노력할 것, ㉢ 선거에 참여할 것, ㉣ 정강이나 정책을 가질 것, ㉤ 국민의 정치적 의사 형성에 참여할 것, ㉥ 구성원들이 당원이 될 수 있는 자격을 구비할 것을 들 수 있다. 따라서 독일의 경우와는 달리 '상당한 기간 또는 계속해서', '상당한 지역에서'라는 개념표지는 요구되지 않는다.
ㄹ. 정당법 제17조에서 정당의 등록요건으로 5 이상의 시・도당을 가져야 한다고 규정한 것은 '정당설립의 자유'라는 기본권에 대한 제한임이 분명하다. 하지만 지역적 연고에 지나치게 의존하는 정당정치풍토의 문제점과 전국정당으로서 국민의 정치적 의사 형성에 참여하는 데 필요한 조직을 갖추어야 한다는 헌법 제8조 제2항의 취지에 비추어 볼 때 입법자의 판단이 자의적이라고 볼 수 없다.
ㅁ. 각 시・도당 내에 1천인 이상의 당원을 획일적으로 요구하고 있는 정당법 제18조 제1항은 국민의 정당설립의 자유에 어느 정도 제한을 가하고 있으나, 그러한 제한은 국민의 정치적 의사형성과정에 참여해야 한다는 정당의 개념표지를 구현하기 위한 합리적인 제한이라고 할 것이므로 헌법적으로 정당화된다고 할 것이다.

① ㄱ, ㄷ　　② ㄴ　　③ ㄷ
④ ㄹ　　⑤ ㄹ, ㅁ

정답 ③

[ㄱ ▸ O] 정당은 국민과 국가의 중개자로서 정치적 도관(導管)의 기능을 수행하여 주체적・능동적으로 국민의 다원적 정치의사를 유도・통합함으로써 국가정책의 결정에 직접 영향을 미칠 수 있는 규모의 정치적 의사를 형성하고 있다. 이와 같이, 정당은 오늘날 대중민주주의에 있어서 국민의 정치의사 형성의 담당자이며 매개자이자 민주주의에 있어서 필수불가결한 요소이기 때문에, 정당의 자유로운 설립과 활동은 민주주의 실현의 전제조건이라고 할 수 있다(헌재 2004.3.25. 2001헌마710).

[ㄴ ▸ O] 민주적 의사형성과정의 개방성을 보장하기 위하여 정당설립의 자유를 최대한으로 보호하려는 헌법 제8조의 정신에 비추어, 정당의 설립 및 가입을 금지하는 법률조항은 이를 정당화하는 사유의 중대성에 있어서 적어도 민주적 기본질서에 대한 위반에 버금가는 것이어야 한다(헌재 1999.12.23. 99헌마135).

[ㄷ ▸ X] 우리 헌법 및 정당법상 정당의 개념적 징표로서는 ① 국가와 자유민주주의 또는 헌법질서를 긍정할 것, ② 공익의 실현에 노력할 것, ③ 선거에 참여할 것, ④ 정강이나 정책을 가질 것, ⑤ 국민의 정치적 의사 형성에 참여할 것, ⑥ 계속적이고 공고한 조직을 구비할 것, ⑦ 구성원들이 당원이 될 수 있는 자격을 구비할 것 등을 들 수 있다. 즉, 정당은 정당법 제2조에 의한 정당의 개념표지 외에 예컨대 독일의 정당법(제2조)이 규정하고 있는 바와 같이 '상당한 기간 또는 계속해서', '상당한 지역에서' 국민의 정치적 의사 형성에 참여해야 한다는 개념표지가 요청된다고 할 것이다(헌재 2006.3.30. 2004헌마246).

[ㄹ ▸ O] 지역적 연고에 지나치게 의존하는 정당정치풍토가 우리의 정치현실에서 자주 문제시되고 있다는 점에서 볼 때, 단지 특정 지역의 정치적 의사만을 반영하려는 지역정당을 배제하려는 취지가 헌법적 정당성에 어긋난 입법목적이라고 단정하기는 어렵다. 따라서 이 사건 법률조항의 입법목적은 정당한 것이라고 할 것이다. 한편 이 사건 법률조항은 헌법 제8조 제2항이 규정하고 있는바 '국민의 정치적 의사 형성에 참여하는 데 필요한 조직' 요건을 구체화함에 있어서 5개 이상의 시・도당 및 각 시・도당마다 1,000명 이상의 당원을 갖추도록 규정하고 있는바, 이와 같이 전국정당으로서의 기능 및 위상을 충실히 하기 위해서 5개의 시・도당을 구성하는 것이 필요하다고 본 입법자의 판단이 자의적이라고 볼 수 없다(헌재 2006.3.30. 2004헌마246).

[ㅁ ▸ O] 이 사건 법률조항이 비록 정당으로 등록되기에 필요한 요건으로서 5개 이상의 시・도당 및 각 시・도당마다 1,000명 이상의 당원을 갖출 것을 요구하고 있기 때문에 국민의 정당설립의 자유에 어느 정도 제한을 가하는 점이 있는 것은 사실이나, 이러한 제한은 '상당한 기간 또는 계속해서', '상당한 지역에서' 국민의 정치적 의사형성과정에 참여해야 한다는 정당의 개념표지를 구현하기 위한 합리적인 제한이라고 할 것이므로, 그러한 제한은 헌법적으로 정당화된다고 할 것이다(헌재 2006.3.30. 2004헌마246).

## 제2항 선거제도

**2013년 변호사시험 문 9.** ☑ 확인Check! ○ △ ×

**선거제도 등에 관한 설명 중 옳은 것을 모두 고른 것은?(다툼이 있는 경우 판례에 의함)**

ㄱ. 공직선거법상 부재자투표 개시시간을 오전 10시부터로 정한 것은 일과시간 이전에 투표소에 가서 투표할 수 없게 하므로 부재자투표자의 선거권을 침해한다.
ㄴ. 시·도의원지역선거구를 획정할 때 인구 외에 행정구역·지세·교통 등 여러 가지 조건을 고려하여야 하며, 시·도선거구 평균인구수로부터 상하 60%의 편차를 넘는 선거구 획정은 그 지역 선거권자의 평등권과 선거권을 침해한다.
ㄷ. 해상에 장기기거하는 선원이 모사전송(팩스)시스템을 이용하여 선상에서 투표를 할 수 있는 방안이 마련된다면, 전송과정에서 투표의 내용이 직·간접적으로 노출되어 비밀선거원칙에 위배되므로 헌법에 위반된다.
ㄹ. 지방자치단체의 자치사무처리에 주민들이 직접 참여하는 주민투표권은 국민주권에서 도출되는 헌법상 기본권이기 때문에 이를 침해당한 경우 헌법소원심판을 청구할 수 있다.
ㅁ. 임기 만료 전 180일 이내에 비례대표국회의원에 궐원이 생긴 때 정당의 비례대표국회의원 후보자명부에 의한 의석 승계를 허용하지 않는 것은 정당에 비례대표국회의원 의석을 할당받도록 한 선거권자들의 정치적 의사 표현을 무시하고 왜곡하는 결과를 낳을 수 있고 대의제 민주주의원리에 부합하지 않는다.

① ㄱ, ㄷ, ㄹ ② ㄴ, ㄷ, ㅁ ③ ㄱ, ㄴ, ㅁ
④ ㄱ, ㄴ, ㄹ ⑤ ㄷ, ㄹ, ㅁ

[ㄱ▸O] 이 사건 투표시간조항이 투표개시시간을 일과시간 이내인 오전 10시부터로 정한 것은 투표시간을 줄인 만큼 투표 관리의 효율성을 도모하고 행정부담을 줄이는 데 있고, 그 밖에 부재자투표의 인계·발송절차의 지연위험 등과는 관련이 없다. 이에 반해 일과시간에 학업이나 직장업무를 하여야 하는 부재자투표자는 이 사건 투표시간조항 중 투표개시시간 부분으로 인하여 일과시간 이전에 투표소에 가서 투표할 수 없게 되어 사실상 선거권을 행사할 수 없게 되는 중대한 제한을 받는다. 따라서 이 사건 투표시간조항 중 투표개시시간 부분은 수단의 적정성, 법익균형성을 갖추지 못하므로 과잉금지원칙에 위배하여 청구인의 선거권과 평등권을 침해하는 것이다(헌재 2012.2.23. 2010헌마601).

비교 '투표종료시간을 오후 4시까지'로 정한 것은 투표 당일 부재자투표의 인계·발송절차를 밟을 수 있도록 함으로써 부재자투표의 인계·발송절차가 지연되는 것을 막고 투표 관리의 효율성을 제고하고 투표함의 관리위험을 경감하기 위한 것이고, 이 사건 투표시간조항이 투표종료시간을 오후 4시까지로 정한다고 하더라도 투표개시시간을 일과시간 이전으로 변경한다면, 부재자투표의 인계·발송절차가 지연될 위험 등이 발생하지 않으면서도 일과시간에 학업·직장업무를 하여야 하는 부재자투표자가 현실적으로 선거권을 행사하는 데 큰 어려움이 발생하지 않을 것이다. 따라서 이 사건 투표시간조항 중 투표종료시간 부분은 수단의 적정성, 법익균형성을 갖추고 있으므로 청구인의 선거권이나 평등권을 침해하지 않는다(헌재 2012.2.23. 2010헌마601).

[ㄴ▸O] 출제 당시에는 시·도의원지역구 획정에서 인구편차허용기준이 60%였으나, 판례 변경에 따라 50%로 변경되었다. 하지만 변경판례에 의하여도 인구편차가 상하 60%를 넘게 되면 선거권자의 평등권과 선거권을 침해하게 되므로, 여전히 옳은 지문이라고 볼 수는 있다.

정답 ③

판례 시・도의원은 주로 지역적 사안을 다루는 지방의회의 특성상 지역대표성도 겸하고 있고, 우리나라는 도시와 농어촌 간의 인구격차가 크고 각 분야에 있어서의 개발불균형이 현저하다는 특수한 사정이 존재하므로, 시・도의원지역구 획정에 있어서는 행정구역 내지 지역대표성 등 2차적 요소도 인구비례의 원칙에 못지않게 함께 고려해야 할 필요성이 크다. 인구편차 상하 50%를 기준으로 하는 방안은 투표가치의 비율이 인구비례를 기준으로 볼 때의 등가의 한계인 2 : 1의 비율에 그 50%를 가산한 3 : 1 미만이 되어야 한다는 것으로서 인구편차 상하 $33\frac{1}{3}$%를 기준으로 하는 방안보다 2차적 요소를 폭넓게 고려할 수 있고, 인구편차 상하 60%의 기준에서 곧바로 인구편차 상하 $33\frac{1}{3}$%의 기준을 채택하는 경우 시・도의원지역구를 조정함에 있어 예기치 않은 어려움에 봉착할 가능성이 매우 크므로, 현시점에서는 시・도의원지역구 획정에서 허용되는 인구편차기준을 인구편차 상하 50%(인구비례 3 : 1)로 변경하는 것이 타당하다(헌재 2018.6.28. 2014헌마189).

[ㄷ ▸ X] 모사전송시스템이나 기타 전자통신장비를 이용한 선상투표 결과 그 내용이 일부 노출될 우려가 있다 하더라도, 그러한 부정적인 요소보다는 국외의 구역을 항해하는 선박에 장기기거하는 대한민국 선원들의 선거권 행사를 보장한다고 하는 긍정적인 측면에 더욱 관심을 기울여야 할 것이다. 이러한 점을 고려할 때, 모사전송시스템을 이용한 선상투표와 같은 제도는 국외를 항해하는 대한민국 선원들의 선거권을 충실히 보장하기 위한 입법수단으로 충분히 수용될 수 있고, 입법자는 비밀선거원칙을 이유로 이를 거부할 수 없다 할 것이다(헌재 2007.6.28. 2005헌마772).

[ㄹ ▸ X] 자치사무의 처리에 주민들이 직접 참여하는 것을 의미하는 주민투표권을 헌법상 보장되는 기본권이라고 하거나 헌법 제37조 제1항의 '헌법에 열거되지 아니한 권리'의 하나로 보기는 어렵다. 지방자치법은 주민에게 주민투표권(제13조의2), 조례의 제정 및 개폐청구권(제13조의3), 감사청구권(제13조의4) 등을 부여함으로써 주민이 지방자치사무에 직접 참여할 수 있는 길을 일부 열어 놓고 있지만 이러한 제도는 어디까지나 입법에 의하여 채택된 것일 뿐 헌법에 의하여 이러한 제도의 도입이 보장되고 있는 것은 아니다. 그렇다면 주민투표권은 법률이 보장하는 권리일 뿐이지 헌법이 보장하는 기본권 또는 헌법상 제도적으로 보장되는 주관적 공권으로 볼 수 없다. 따라서 이 사건 심판청구는 청구인의 주장 자체로 보아 기본권의 침해가능성이 인정될 수 없는 경우이어서 부적법하다(헌재 2005.12.22. 2004헌마530).

[ㅁ ▸ O] 현행 비례대표선거제하에서 선거에 참여한 선거권자들의 정치적 의사표명에 의하여 직접 결정되는 것은, 어떠한 비례대표국회의원 후보자가 비례대표국회의원으로 선출되느냐의 문제라기보다는 비례대표국회의원 의석을 할당받을 정당에 배분되는 비례대표국회의원의 의석수라고 할 수 있다. 그런데 심판대상조항은 임기만료일 전 180일 이내에 비례대표국회의원에 궐원이 생긴 때에는 정당의 비례대표국회의원 후보자명부에 의한 의석 승계를 인정하지 아니함으로써 결과적으로 그 정당에 비례대표국회의원 의석을 할당받도록 한 선거권자들의 정치적 의사표명을 무시하고 왜곡하는 결과가 된다. 따라서 심판대상조항은 선거권자의 의사를 무시하고 왜곡하는 결과를 낳을 수 있고, 의회의 정상적인 기능수행에 장애가 될 수 있다는 점에서 헌법의 기본원리인 대의제 민주주의원리에 부합되지 않는다고 할 것이다(헌재 2009.6.25. 2008헌마413).

**2015년 변호사시험 문 2.** ☑ 확인Check! ○ △ ×

**선거 또는 투표에 관한 헌법재판소 결정에 부합하지 않는 것은?**

① 시각장애선거인을 위한 점자형 선거공보의 작성 여부를 후보자의 임의사항으로 규정하고 그 면수를 책자형 선거공보의 면수 이내로 한정한 「공직선거법」 조항은 시각장애인의 선거권과 평등권을 침해한다.

② 대한민국 국외의 구역을 항해하는 선박에 장기기거하는 선원들이 선거권을 행사할 수 있는 방법을 마련하지 않은 「공직선거법」 조항은 위와 같은 선원들의 선거권을 침해한다.

③ 대통령선거 경선후보자가 당내 경선후보자로 등록을 하고 당내 경선과정에서 탈퇴함으로써 후원회를 둘 수 있는 자격을 상실한 때에는 후원회로부터 후원받은 후원금 전액을 국고에 귀속하도록 하는 것은 경선에 참여하여 낙선한 대통령선거 경선후보자와의 관계에서 합리적인 이유가 있는 차별이라고 하기 어렵다.

④ 주민투표권 행사를 위한 요건으로 그 지방자치단체의 관할 구역에 주민등록이 되어 있을 것을 요구함으로써 국내거소신고만 할 수 있고 주민등록을 할 수 없는 국내거주 재외국민에 대하여 주민투표권을 인정하지 않은 「주민투표법」 조항은 위와 같은 국내거주 재외국민의 평등권을 침해한다.

⑤ 유기징역 또는 유기금고의 선고를 받고 그 집행유예기간 중인 자에 대하여 전면적・획일적으로 선거권을 제한한 「공직선거법」 조항은 위와 같이 집행유예기간 중인 자의 선거권을 침해하고 보통선거원칙에 위반된다.

[❶ ▸ ×] 시각장애인은 의무적으로 시행되는 여러 선거방송을 통하여 선거에 관한 정보를 충분히 얻을 수 있다. 인터넷을 이용한 음성정보전송방식의 선거운동이 특별한 제한 없이 허용되고 있고, 음성을 이용한 인터넷정보 검색이 가능하며, 인터넷상의 문자정보를 음성으로 전환하는 기술이 빠르게 발전하고 있는 현실에 비추어 보면, 선거공보는 다양한 선거정보제공수단 중 하나에 불과하다. 시각장애인 중 상당수는 점자를 해독하지 못한다는 사정까지 감안하면 책자형 선거공보와 달리 점자형 선거공보의 작성을 의무사항으로 하는 것은 후보자의 선거운동의 자유에 대한 지나친 간섭이 될 수 있다. 따라서 심판대상조항이 점자형 선거공보의 작성 여부를 후보자의 임의사항으로 규정하고 그 면수를 책자형 선거공보의 면수 이내로 한정하고 있더라도, 시각장애인의 선거권과 평등권을 침해한다고 볼 수 없다(헌재 2014.5.29. 2012헌마913).

[❷ ▸ ○] 이 사건 법률조항이 대한민국 국외의 구역을 항해하는 선박에서 장기기거하는 선원들이 선거권을 행사할 수 있도록 하는 효과적이고 기술적인 방법이 존재함에도 불구하고, 선거의 공정성이나 선거기술상의 이유만을 들어 선거권 행사를 위한 아무런 법적 장치도 마련하지 않고 있는 것은 그들의 선거권을 침해하는 것이고, 그러한 입법목적은 일반국민들의 선거권 행사를 부인하는 데 필요한 '불가피한 예외적인 사유'에 해당한다고 볼 수 없다(헌재 2007.6.28. 2005헌마772).

[❸ ▸ ○] 대통령선거 경선후보자가 후보자가 될 의사를 갖고 당내 경선후보자로 등록을 하고 선거운동을 한 경우라고 한다면, 비록 경선에 참여하지 아니하고 포기하였다고 하여도 대의민주주의의 실현에 중요한 의미를 가지는 정치과정이라는 점을 부인할 수 없다. 따라서 경선을 포기한 대통령선거 경선후보자에 대하여도 정치자금의 적정한 제공이라는 입법목적을 실현할 필요가 있는 것이며, 이들에 대하여 후원회로부터 지원받은 후원금 총액을 회수함으로써 경선에 참여한 대통령선거 경선후보자와 차별하는 이 사건 법률조항의 차별은 합리적인 이유가 있는 차별이라고 하기 어렵다(헌재 2009.12.29. 2007헌마1412).

[❹ ▸ ○] 이 사건 법률조항 부분은 주민등록만을 요건으로 주민투표권의 행사 여부가 결정되도록 함으로써 '주민등록을 할 수 없는 국내거주 재외국민'을 '주민등록이 된 국민인 주민'에 비해 차별하고 있고, 나아가 '주민투표권이 인정되는 외국인'과의 관계에서도 차별을 행하고 있는바, 그와 같은 차별에 아무런 합리적 근거도 인정될 수 없으므로 국내거주 재외국민의 헌법상 기본권인 평등권을 침해하는 것으로 위헌이다(헌재 2007.6.28. 2004헌마643).

정답 ①

[❺ ▸ O] 심판대상조항은 집행유예자와 수형자에 대하여 전면적·획일적으로 선거권을 제한하고 있다. 심판대상조항의 입법목적에 비추어 보더라도, 구체적인 범죄의 종류나 내용 및 불법성의 정도 등과 관계없이 일률적으로 선거권을 제한하여야 할 필요성이 있다고 보기는 어렵다. 범죄자가 저지른 범죄의 경중을 전혀 고려하지 않고 수형자와 집행유예자 모두의 선거권을 제한하는 것은 침해의 최소성원칙에 어긋난다. 특히 집행유예자는 집행유예선고가 실효되거나 취소되지 않는 한 교정시설에 구금되지 않고 일반인과 동일한 사회생활을 하고 있으므로, 그들의 선거권을 제한해야 할 필요성이 크지 않다. 따라서 심판대상조항은 청구인들의 선거권을 침해하고, 보통선거원칙에 위반하여 집행유예자와 수형자를 차별취급하는 것이므로 평등원칙에도 어긋난다(헌재 2014.1.28. 2012헌마409).

**2016년 변호사시험 문 12.** ☑ 확인 Check! ○ △ ×

**선거제도 및 선거권에 관한 설명 중 옳지 않은 것은?(다툼이 있는 경우 판례에 의함)**

① 선거구 획정에 있어서 인구편차 상하 $33\frac{1}{3}$%, 인구비례 2 : 1의 기준을 넘어 인구편차를 완화하는 것은 지나친 투표가치의 불평등을 야기하는 것으로, 이는 대의민주주의의 관점에서 바람직하지 아니하고, 국회를 구성함에 있어 국회의원의 지역대표성이 고려되어야 한다고 할지라도 이것이 국민주권주의의 출발점인 투표가치의 평등보다 우선시될 수는 없다.
② 일부 개표소에서 동시계표 투표함 수에 비하여 상대적으로 적은 수의 개표참관인이 선정될 수 있다는 사정만으로 실질적인 개표감시가 이루어지지 않는다거나 개표절차 및 계표방법에 관한 입법자의 선택이 현저히 불합리하거나 불공정하여 선거권이 침해되었다고 볼 수는 없다.
③ 지역농협은 사법인에서 볼 수 없는 공법인적 특성을 많이 가지고 있으므로, 지역농협의 조합장선거에서 조합장을 선출하거나 조합장으로 선출될 권리, 조합장선거에서 선거운동을 하는 것도 헌법에 의하여 보호되는 선거권의 범위에 포함된다.
④ 선거공영제의 내용은 우리의 선거문화와 풍토, 정치문화 및 국가의 재정상황과 국민의 법감정 등 여러 가지 요소를 종합적으로 고려하여 입법자가 정책적으로 결정할 사항으로서 넓은 입법형성권이 인정되는 영역이다.
⑤ 헌법 제118조 제1항 및 제2항은 지방의회의 설치와 지방의회의원선거를 규정함으로써 주민들이 지방의회의원을 선출할 수 있는 선거권 및 주민들이 지방의회의원이라는 선출직 공무원에 취임할 수 있는 공무담임권을 기본권으로 보호하고 있다.

[❶ ▸ O] 인구편차 상하 $33\frac{1}{3}$%를 넘어 인구편차를 완화하는 것은 지나친 투표가치의 불평등을 야기하는 것으로, 이는 대의민주주의의 관점에서 바람직하지 아니하고, 국회를 구성함에 있어 국회의원의 지역대표성이 고려되어야 한다고 할지라도 이것이 국민주권주의의 출발점인 투표가치의 평등보다 우선시될 수는 없다(헌재 2014.10.30. 2012헌마190 등).

[❷ ▸ O] 개표부정에 대하여 가장 큰 이해관계를 가진 정당 및 후보자들은 공직선거법이 허용하는 범위 내에서 스스로 개표참관인을 선정·신고함으로써 개표절차를 감시할 수 있고, 그 외에도 개표사무원을 중립적인 자들로 위촉하고, 개표관람을 실시하는 등 개표의 공정성을 확보하기 위해 다양한 조치들이 시행되고 있는 점에 비추어, 동시계표 투표함 수에 대한 제한을 두지 아니한 것은 입법자의 합리적 재량의 범위 안에 있는 것으로 인정되고, 일부 개표소에서 동시계표 투표함 수에 비하여 상대적으로 적은 수의 개표참관인이 선정될 수 있다는 사정만으로 입법자의 선택이 현저히 불합리하거나 불공정하여 청구인들의 선거권이 침해되었다고 볼 수 없다(헌재 2013.8.29. 2012헌마326).

[❸ ▸ ×] 지역농협은 조합원의 경제적·사회적·문화적 지위의 향상을 목적으로 하는 농업인의 자주적 협동조직으로, 조합원자격을 가진 20인 이상이 발기인이 되어 설립하고(제15조), 조합원의 출자로 자금을 조달하며(제21조), 지역농협의 결성이나 가입이 강제되지 아니하고, 조합원의 임의탈퇴 및 해산이 허용되며(제28조·제29조), 조합장은 조합원들이 직접 선출하거나 총회에서 선출하도록 하고 있으므로(제45조), 기본적으로 사법인적 성격을 지니고 있다 할 것이다. 이처럼 사법적인 성격을 지니는 농협의 조합장선거에서 조합장을 선출하거나 조합장으로 선출될 권리, 조합장선거에서 선거운동을 하는 것은 헌법에 의하여 보호되는 선거권의 범위에 포함되지 않는다(헌재 2012.2.23. 2011헌바154).



③ 정답

[❹ ▸ O] 선거공영제는 선거 자체가 국가의 공적 업무를 수행할 국민의 대표자를 선출하는 행위이므로 이에 소요되는 비용은 원칙적으로 국가가 부담하는 것이 바람직하다는 점과 선거경비를 개인에게 모두 부담시키는 것은 경제적으로 넉넉하지 못한 자의 입후보를 어렵거나 불가능하게 하여 국민의 공무담임권을 부당하게 제한하는 결과를 초래할 수 있다는 점을 고려하여, 선거의 관리·운영에 필요한 비용을 후보자 개인에게 부담시키지 않고 국민 모두의 공평부담으로 하고자 하는 원칙이다. 한편 선거공영제의 내용은 우리의 선거문화와 풍토, 정치문화 및 국가의 재정상황과 국민의 법감정 등 여러 가지 요소를 종합적으로 고려하여 입법자가 정책적으로 결정할 사항으로서 넓은 입법형성권이 인정되는 영역이라고 할 것이다(헌재 2011.4.28. 2010헌바232).

[❺ ▸ O] 헌법 제118조 제1항 및 제2항은 지방의회의 설치와 지방의회의원선거를 규정함으로써 주민들이 지방의회의원을 선출할 수 있는 선거권 및 주민들이 지방의회의원이라는 선출직 공무원에 취임할 수 있는 공무담임권을 기본권으로 보호하고 있다(헌재 2013.2.28. 2012헌마131).



## 제3항 공무원제도

**2016년 변호사시험 문 14.** ☑ 확인 Check! O △ X

**공무원제도 및 공무담임권에 관한 설명 중 옳지 않은 것은?(다툼이 있는 경우 판례에 의함)**

① 원칙적으로 공직자 선발에 있어 해당 공직이 요구하는 직무수행능력과 무관한 요소인 성별·종교·사회적 신분·출신지역 등을 이유로 하는 차별은 허용되지 않는다고 할 것이므로, 우리 헌법의 기본원리인 사회국가원리도 능력주의원칙에 대한 예외로 작용할 수 없다.

② 부사관으로 최초로 임용되는 사람의 최고연령을 27세로 정한 법률조항은 부사관이라는 공직 취임의 기회를 제한하고 있으나, 군조직의 특수성, 군조직 내에서 부사관의 상대적 지위 및 역할 등을 고려할 때 공무담임권을 침해한다고 볼 수 없다.

③ 지방자치단체의 장이 공소제기된 후 구금상태에 있는 경우 일시적으로 부단체장이 그 권한을 대행하도록 규정한 법률조항은 해당 지방자치단체장의 공무담임권을 침해한다고 볼 수 없다.

④ 향토예비군 지휘관이 금고 이상 형의 선고유예를 받은 경우에는 그 직에서 당연해임되도록 규정하고 있는 법률조항은, 범죄의 종류와 내용을 가리지 않고 모두 당연퇴직사유로 정함으로써 공무담임권을 침해한다.

⑤ 공무원의 기부금 모집을 금지하고 있는 법률조항은 선거의 공정성을 확보하고 공무원의 정치적 중립성을 보장하기 위한 것이므로, 정치적 의사표현의 자유를 침해하지 않는다.

[❶ ▸ X] 공직자 선발에 관하여 능력주의에 바탕한 선발기준을 마련하지 아니하고 해당 공직이 요구하는 직무수행능력과 무관한 요소, 예컨대 성별·종교·사회적 신분·출신지역 등을 기준으로 삼는 것은 국민의 공직취임권을 침해하는 것이 된다. 다만, 헌법의 기본원리나 특정 조항에 비추어 능력주의원칙에 대한 예외를 인정할 수 있는 경우가 있다. 그러한 헌법원리로는 우리 헌법의 기본원리인 사회국가원리를 들 수 있고, 헌법조항으로는 헌법 제32조 제4항 내지 제6항, 헌법 제34조 제2항 내지 제5항 등을 들 수 있다. 이와 같은 헌법적 요청이 있는 경우에는 합리적 범위 안에서 능력주의가 제한될 수 있다(헌재 1999.12.23. 98헌마363).

[❷ ▸ O] 군인사법 제15조 제1항 중 부사관으로 최초로 임용되는 사람의 최고연령을 27세로 정한 부분이 과잉금지의 원칙을 위반하여 청구인들의 공무담임권을 침해한다고 볼 수 없다(헌재 2014.9.25. 2011헌마414).

정답 ①

[❸ ▸ O] 지방자치단체의 장이 '공소제기된 후 구금상태에 있는 경우' 부단체장이 그 권한을 대행하도록 규정한 지방자치법 제111조 제1항 제2호는 자치단체장인 청구인의 공무담임권을 제한함에 있어 과잉금지원칙에 위반되지 않고, 무죄추정의 원칙에도 위반되지 않는다(헌재 2011.4.28. 2010헌마474).

[❹ ▸ O] 향토예비군 지휘관이 금고 이상의 형의 선고유예를 받은 경우에는 그 직에서 당연해임하도록 규정하고 있는 이 사건 법률조항은 금고 이상의 선고유예의 판결을 받은 모든 범죄를 포괄하여 규정하고 있을 뿐 아니라, 심지어 오늘날 누구에게나 위험이 상존하는 교통사고 관련 범죄 등 과실범의 경우마저 당연해임의 사유에서 제외하지 않고 있으므로 최소침해성의 원칙에 반한다. 오늘날 사회구조의 변화로 인하여 '모든 범죄로부터 순결한 공직자집단'이라는 신뢰를 요구하는 것은 지나치게 공익만을 우선한 것이며, 오늘날 사회국가원리에 입각한 공직제도의 중요성이 강조되면서 개개 공무원의 공무담임권 보장의 중요성이 더욱 큰 의미를 가지고 있다. 일단 공무원으로 채용된 공무원을 퇴직시키는 것은 공무원이 장기간 쌓은 지위를 박탈해 버리는 것이므로 같은 입법목적을 위한 것이라고 하여도 당연퇴직 또는 당연해임사유를 임용결격사유와 동일하게 취급하는 것은 타당하다고 할 수 없다. 따라서 이 사건 법률조항은 과잉금지원칙에 위배하여 공무담임권을 침해하는 조항이라고 할 것이다(헌재 2005.12.22. 2004헌마947).

[❺ ▸ O] 공무원의 투표권유운동 및 기부금 모집을 금지하고 있는 국가공무원법 조항들은 공무원의 정치적 중립성에 정면으로 반하는 행위를 금지함으로써 선거의 공정성과 형평성을 확보하고 공무원의 정치적 중립성을 보장하기 위한 것인바, 그 입법목적이 정당할 뿐 아니라 방법이 적절하고, 공무원이 국가사무를 담당하며 국민의 이익을 위하여 존재하는 이상 그 직급이나 직렬 등에 상관없이 공무원의 정치운동을 금지하는 것이 부득이하고 불가피하며, 법익균형성도 갖추었다고 할 것이므로, 과잉금지원칙을 위배하여 선거운동의 자유 및 정치적 의사표현의 자유를 침해한다고 볼 수 없다(헌재 2012.7.26. 2009헌바298).

## 제4항 지방자치제도

**2013년 변호사시험 문 4.** ☑ 확인 Check! ○ △ ×

**지방자치제도에 관한 설명 중 옳지 않은 것은?(다툼이 있는 경우 판례에 의함)**

① 지방자치단체의 구역은 주민, 자치권과 함께 지방자치단체의 구성요소로서 자치권을 행사할 수 있는 장소적 범위를 말하며, 자치권이 미치는 관할 구역의 범위에는 육지는 물론 바다도 포함된다.

② 지방자치단체의 장이 공소제기된 후 구금상태에 있는 경우 부단체장이 그 권한을 대행하도록 한 지방자치법 조항은 유죄판결이나 그 확정을 기다리지 아니한 채 바로 단체장의 직무를 정지시키고 있으므로 무죄추정의 원칙에 반한다.

③ 특정 지방자치단체의 존속을 보장하는 것은 헌법상 지방자치제도 보장의 핵심적 영역 내지 본질적 부분이 아니므로 현행법상의 지방자치단체의 중층구조를 계속 존속하도록 할지 여부는 입법자의 입법형성권범위 안에 있다.

④ "공무원은 집단·연명으로 또는 단체의 명의를 사용하여 국가 또는 지방자치단체의 정책을 반대하거나 국가 또는 지방자치단체의 정책 수립·집행을 방해해서는 아니 된다"라는 「지방공무원 복무규정」 조항은 국가 또는 지방자치단체의 정책에 대한 반대·방해행위가 일회적이고 우연한 것인지 혹은 계속적이고 계획적인 것인지 등을 묻지 아니하고 금지하는 것으로 해석되므로 명확성원칙에 위배되지 않는다.

⑤ 지방의회의원으로 하여금 지방공사 직원을 겸직하지 못하도록 한 것은 지방공사 직원과 지방의회의원으로서의 지위가 충돌하여 직무의 공정성이 훼손될 가능성이 존재하며, 지방의회의 활성화라는 취지에 비추어 볼 때 지방의회의원의 직업선택의 자유를 침해하지 않는다.



② 정답

[❶ ▸ O] 지방자치법 제4조 제1항에 규정된 지방자치단체의 구역은 주민・자치권과 함께 지방자치단체의 구성요소로서 자치권을 행사할 수 있는 장소적 범위를 말하며, 자치권이 미치는 관할 구역의 범위에는 육지는 물론 바다도 포함되므로, 공유수면에 대한 지방자치단체의 자치권한이 존재한다(헌재 2006.8.31. 2003헌라1).

[❷ ▸ X] '공소제기된 후 구금상태'에 있음을 이유로 형사피고인의 지위에 있는 자치단체장의 직무를 정지시키는 것은, 공소제기된 자로서 구금되었다는 사실 자체에 사회적 비난의 의미를 부여한다거나 그 유죄의 개연성에 근거하여 직무를 정지시키는 것이 아니라, 구금의 효과, 즉 구속되어 있는 자치단체장의 물리적 부재상태로 인해 객관적으로 업무의 효율성이 저하되고 자치단체행정의 원활하고 계속적인 운영에 위험이 발생할 것이 명백하므로 이를 미연에 방지하기 위하여 직무를 정지시키는 것이다. 따라서 이 사건 법률조항이 가하고 있는 직무정지는 '범죄사실의 인정 또는 유죄의 인정에서 비롯되는 불이익'이라거나 '유죄를 근거로 하는 사회윤리적 비난'이라고 볼 수 없으므로, 이 사건 법률조항은 헌법 제27조 제4항이 선언하는 무죄추정의 원칙에 위배되지 않는다 할 것이다(헌재 2011.4.28. 2010헌마474).

[❸ ▸ O] 헌법 제117조 제2항은 지방자치단체의 종류를 법률로 정하도록 규정하고 있을 뿐 지방자치단체의 종류 및 구조를 명시하고 있지 않으므로 이에 관한 사항은 기본적으로 입법자에게 위임된 것으로 볼 수 있다. 헌법상 지방자치제도 보장의 핵심영역 내지 본질적 부분이 특정 지방자치단체의 존속을 보장하는 것이 아니며 지방자치단체에 의한 자치행정을 일반적으로 보장하는 것이므로, 현행법에 따른 지방자치단체의 중층구조 또는 지방자치단체로서 특별시・광역시 및 도와 함께 시・군 및 구를 계속하여 존속하도록 할지 여부는 결국 입법자의 입법형성권의 범위에 들어가는 것으로 보아야 한다. 같은 이유로 일정 구역에 한하여 당해 지역 내의 지방자치단체인 시・군을 모두 폐지하여 중층구조를 단층화하는 것 역시 입법자의 선택범위에 들어가는 것이다(헌재 2006.4.27. 2005헌마1190).

[❹ ▸ O] 위 규정들은 공무원이 개인적・개별적으로 비공무원이 주도하는 집단적 행위에 참가하는 것은 허용한다고 해석되며, 국가 또는 지방자치단체의 정책에 대한 반대・방해행위가 일회적이고 우연한 것인지 혹은 계속적이고 계획적인 것인지 등을 묻지 아니하고 금지하는 것으로 해석되므로, 명확성원칙에 위배되지 아니한다(헌재 2012.5.31. 2009헌마705 등).

[❺ ▸ O] 지방의회의원이 지방공사 직원의 직을 겸할 수 없도록 규정하고 있는 지방자치법 제35조 제1항 제5호 중 '지방공사의 직원'에 관한 부분은 권력분립과 정치적 중립성 보장의 원칙을 실현하고, 지방의회의원의 업무전념성을 담보하고자 하는 것으로 그 입법목적에 정당성이 인정되며, 지방의회의원으로 하여금 지방공사 직원을 겸직하지 못하도록 한 것은 이러한 목적을 달성하기 위한 적합한 수단이다. 또한 지방의회의원의 직을 수행하는 동안 지방공사 직원의 직을 휴직한 경우나 지방공사를 설치・운영하는 지방자치단체가 아닌 다른 지방자치단체의 의원인 경우에도, 지방공사 직원과 지방의회의원으로서의 지위가 충돌하여 직무의 공정성이 훼손될 가능성은 여전히 존재하며, 지방의회의 활성화라는 취지에 비추어 볼 때 특정 의제에 대하여 지방의회의원의 토론 및 의결권을 반복적으로 제한하는 것 역시 바람직하다고 보이지 아니하므로, 겸직을 금지하는 것 이외에 덜 침익적인 수단이 존재한다고 볼 수도 없고, 이 사건 법률조항으로 인하여 제한되는 직업선택의 자유에 비하여 심판대상조항을 통하여 달성하고자 하는 공익이 결코 적다고 할 수 없으므로, 법익의 균형성도 인정된다(헌재 2012.4.24. 2010헌마605).

**2017년 변호사시험 문 11.** ☑ 확인 Check! ○ △ ×

**지방자치제도에 관한 설명 중 옳지 않은 것을 모두 고른 것은?(다툼이 있는 경우 판례에 의함)**

ㄱ. 최초의 지방의회가 구성된 것은 제1공화국 기간이었던 1950년이었고, 지방의회를 조국통일이 이루어질 때까지 구성하지 아니한다는 것을 헌법 부칙에 규정한 것은 1980년 제8차 개정헌법에서였다.

ㄴ. 지방의회가 선거를 통해서 그 지역적인 민주적 정당성을 지니고 있는 주민의 대표기관이라 하더라도 조례를 통하여 주민의 권리의무에 관한 사항을 규율하는 경우에는 법률의 위임이 있어야 하고 조례에 대한 법률의 위임은 법규명령에 대한 법률의 위임과 같이 반드시 구체적으로 범위를 정하여야 한다.

ㄷ. 「지방자치법」 제4조 제1항에 규정된 지방자치단체의 구역은 주민 · 자치권과 함께 자치단체의 구성요소이고, 자치권이 미치는 관할 구역의 범위에는 육지는 물론 바다도 포함되므로, 공유수면에 대해서도 지방자치단체의 자치권한이 미친다.

ㄹ. 지방자치단체장은 선거로 취임하는 공무원이지만 그 신분이나 직무 수행상 다른 일반공무원과 차이가 없고, 해당 지방자치단체를 통합 · 대표하고 국가사무를 위임받아 처리하는 등 일반직 공무원에 비하여 중요한 업무를 수행하므로 헌법 제7조 제2항에 따라 신분 보장이 필요하고 정치적 중립성이 요구되는 공무원에 해당한다.

ㅁ. 주민자치제를 본질로 하는 민주적 지방자치제도가 안정적으로 뿌리내린 현 시점에서 지방자치단체의 장 선거권을 지방의회의원선거권, 나아가 국회의원선거권 및 대통령선거권과 구별하여 하나는 법률상의 권리로, 나머지는 헌법상의 권리로 이원화하는 것은 허용될 수 없으므로 지방자치단체의 장 선거권 역시 다른 선거권과 마찬가지로 헌법 제24조에 의해 보호되는 기본권으로 인정하여야 한다.

① ㄱ, ㄴ, ㄷ ② ㄱ, ㄴ, ㄹ ③ ㄱ, ㄷ, ㄹ
④ ㄴ, ㄷ, ㅁ ⑤ ㄴ, ㄹ, ㅁ

**[ㄱ ▸ ×]** 제헌헌법은 지방자치에 관한 규정을 두었으나, 그 시행이 지연되다가 1952년에 최초로 지방의회가 구성되었다. 제4공화국 헌법(제7차 개정헌법)은 부칙에 지방의회는 조국통일이 이루어질 때까지 구성하지 아니한다고 규정하였다.

**[ㄴ ▸ ×]** 조례의 제정권자인 지방의회는 선거를 통해서 그 지역적인 민주적 정당성을 지니고 있는 주민의 대표기관이고 헌법이 지방자치단체에 포괄적인 자치권을 보장하고 있는 취지로 볼 때, 조례에 대한 법률의 위임은 법규명령에 대한 법률의 위임과 같이 반드시 구체적으로 범위를 정하여 할 필요가 없으며 포괄적인 것으로 족하다(헌재 1995.4.20. 92헌마264).

**[ㄷ ▸ ○]** 지방자치법 제4조 제1항에 규정된 지방자치단체의 구역은 주민 · 자치권과 함께 지방자치단체의 구성요소로서 자치권을 행사할 수 있는 장소적 범위를 말하며, 자치권이 미치는 관할 구역의 범위에는 육지는 물론 바다도 포함되므로, 공유수면에 대한 지방자치단체의 자치권한이 존재한다(헌재 2006.8.31. 2003헌라1).

**[ㄹ ▸ ×]** 지방자치단체장은 특정 정당을 정치적 기반으로 하여 선거에 입후보할 수 있고 선거에 의하여 선출되는 공무원이라는 점에서 헌법 제7조 제2항에 따라 신분 보장이 필요하고 정치적 중립성이 요구되는 공무원에 해당한다고 보기 어렵다(헌재 2014.6.26. 2012헌마459).

**[ㅁ ▸ ○]** 주민자치제를 본질로 하는 민주적 지방자치제도가 안정적으로 뿌리내린 현 시점에서 지방자치단체의 장 선거권을 지방의회의원선거권, 나아가 국회의원선거권 및 대통령선거권과 구별하여 하나는 법률상의 권리로, 나머지는 헌법상의 권리로 이원화하는 것은 허용될 수 없다. 그러므로 지방자치단체의 장 선거권 역시 다른 선거권과 마찬가지로 헌법 제24조에 의해 보호되는 기본권으로 인정하여야 한다(헌재 2016.10.27. 2014헌마797).



② 정답

**2012년 변호사시험 문 37.** ☑ 확인Check! ○ △ ✕

**지방자치에 관한 설명 중 옳지 않은 것을 모두 고른 것은?**

ㄱ. 헌법재판소 결정에 의할 때, 중앙행정기관이 자치사무에 대한 감사에 착수하기 위해서는 자치사무에 관하여 특정한 법령위반행위가 확인되었거나 위법행위가 있었으리라는 합리적 의심이 가능한 경우이어야 하고, 또한 그 감사대상을 특정해야 하므로 포괄적·사전적 일반감사나 위법사항을 특정하지 않고 개시하는 감사 또는 법령위반사항을 적발하기 위한 감사는 모두 허용될 수 없다.

ㄴ. 헌법재판소 결정에 의할 때, 구 폐기물관리법 제43조 제1항에 의한 행정기관의 감사가 과다감사 및 중복감사에 해당하여 감사대상의 영업의 자유를 침해할 소지가 있지만, 환경 보전과 쾌적한 생활환경 유지라는 동 조항의 입법목적에 비추어 행정기관은 민원이 있는 경우 다시 감사할 수 있다.

ㄷ. 대법원 판결에 의할 때, 구 지방자치법 제157조 제1항은 "지방자치단체의 사무에 관한 그 장의 명령이나 처분이 법령에 위반되거나 현저히 부당하여 공익을 해한다고 인정될 때에는 시·도에 대하여는 주무부장관이, … 기간을 정하여 서면으로 시정을 명하고 그 기간 내에 이행하지 아니할 때에는 이를 취소하거나 정지할 수 있다. 이 경우 자치사무에 관한 명령이나 처분에 있어서는 법령에 위반하는 것에 한한다"고 규정하고 있는바, 지방자치단체의 사무에 관한 그 장의 명령이나 처분이 법령에 위반되는 경우라 함은 그 장의 사무의 집행이 명시적인 법령의 규정을 구체적으로 위반한 경우만을 말하고, 그러한 사무의 집행이 재량권을 일탈·남용하여 위법하게 되는 경우는 포함되지 아니한다.

ㄹ. 헌법재판소 결정에 의할 때, 감사원이 지방자치단체를 상대로 감사를 하면서 위임사무에 대하여뿐만 아니라 자치사무에 대하여도 합법성감사와 더불어 합목적성감사까지 하는 것은 그것이 법률에 근거하여 이루어진 감사행위라고 하여도 헌법상 보장된 지방자치권의 본질적 내용을 침해한 것이다.

① ㄱ, ㄴ ② ㄱ, ㄷ ③ ㄴ, ㄷ
④ ㄴ, ㄹ ⑤ ㄷ, ㄹ

[ㄱ ▸ O] 중앙행정기관이 구 지방자치법 제158조 단서(자치사무에 관한 감사는 법령위반사항에 한하여 실시한다)규정상의 감사에 착수하기 위해서는 자치사무에 관하여 특정한 법령위반행위가 확인되었거나 위법행위가 있었으리라는 합리적 의심이 가능한 경우이어야 하고, 또한 그 감사대상을 특정해야 한다. 따라서 전반기 또는 후반기 감사와 같은 포괄적·사전적 일반감사나 위법사항을 특정하지 않고 개시하는 감사 또는 법령위반사항을 적발하기 위한 감사는 모두 허용될 수 없다(헌재 2009.5.28. 2006헌라6).

[ㄴ ▸ O] 폐기물 관련 사업장에 대한 행정기관의 감사의 근거인 폐기물관리법 제43조 제1항은 감사의 주체를 환경부장관, 시·도지사, 시장·군수·구청장으로 규정하고 있을 뿐, 감사의 횟수나 시기·방법 등 감사의 구체적인 내용에 대하여는 별다른 제한을 두고 있지 아니하다. 그 결과 과다감사 및 중복감사로 인하여 국민들의 영업의 자유를 침해할 소지가 있다. 그러나 위 법률조항은 폐기물의 적정한 처리를 유도·감독함으로써 환경 보전과 쾌적한 생활환경 조성이라는 공익을 위한 것으로 그 입법목적이 정당하고 목적과 수단 사이에 적정한 비례관계가 유지되어 있으며 영업의 자유의 본질적 내용을 침해하는 것도 아니어서 헌법에 위반되는 규정이라고는 볼 수 없다. 국가기관의 감사는 폐기물의 적정처리를 유도하여 환경 보전과 쾌적한 생활환경 유지를 위한 폐기물관리법 제43조 제1항의 입법목적에 따른 것이다. 환경오염 발생원인의 다양성, 피해의 중대성, 피해복구의 곤란성 등에 비추어 볼 때, 이윤 추구를 목표로 하는 개인이나 민영기업의 자율에만 맡기거나 이들의 적극적이고 자발적인 법령준수만을 기대하는 것으로는 위와 같은 입법목적 달성에 미흡하고, 정기적인 감사만으로도 그 실효를 거두기 어렵다고 할 것이다. 따라서 오염피해진정 등 민원이 있는 경우나 환경오염의 우려가 있는 경우에는 언제든지 수시로 감사하여야만 폐기물로 인한 환경오염을 사전에 예방하거나 오염피해의 확산을 방지할 수 있다 할 것이다(헌재 2003.12.18. 2001헌마754).

정답 ⑤

[ㄷ ▸ X] 지방자치법 제157조 제1항 전문 및 후문에서 규정하고 있는 지방자치단체의 사무에 관한 그 장의 명령이나 처분이 법령에 위반되는 경우라 함은 명령이나 처분이 현저히 부당하여 공익을 해하는 경우, 즉 합목적성을 현저히 결하는 경우와 대비되는 개념으로서, 시·군·구의 장의 사무의 집행이 명시적인 법령의 규정을 구체적으로 위반한 경우뿐만 아니라 그러한 사무의 집행이 재량권을 일탈·남용하여 위법하게 되는 경우를 포함한다고 할 것이므로, 시·군·구의 장의 자치사무의 일종인 당해 지방자치단체 소속 공무원에 대한 승진처분이 재량권을 일탈·남용하여 위법하게 된 경우 시·도지사는 지방자치법 제157조 제1항 후문에 따라 그에 대한 시정명령이나 취소 또는 정지를 할 수 있다(대판 2007.3.22. 2005추62 [전합]).

[ㄹ ▸ X] 감사원법은 지방자치단체의 위임사무나 자치사무의 구별 없이 합법성감사뿐만 아니라 합목적성감사도 허용하고 있는 것으로 보이므로, 감사원의 지방자치단체에 대한 이 사건 감사는 법률상 권한 없이 이루어진 것은 아니다. 헌법이 감사원을 독립된 외부감사기관으로 정하고 있는 취지, 중앙정부와 지방자치단체는 서로 행정기능과 행정책임을 분담하면서 중앙행정의 효율성과 지방행정의 자주성을 조화시켜 국민과 주민의 복리 증진이라는 공동목표를 추구하는 협력관계에 있다는 점을 고려하면 지방자치단체의 자치사무에 대한 합목적성감사의 근거가 되는 이 사건 관련 규정은 그 목적의 정당성과 합리성을 인정할 수 있다. 또한 감사원법에서 지방자치단체의 자치권을 존중할 수 있는 장치를 마련해 두고 있는 점, 국가재정지원에 상당 부분 의존하고 있는 우리 지방재정의 현실, 독립성이나 전문성이 보장되지 않은 지방자치단체 자체감사의 한계 등으로 인한 외부감사의 필요성까지 감안하면, 이 사건 관련 규정이 지방자치단체의 고유한 권한을 유명무실하게 할 정도로 지나친 제한을 함으로써 지방자치권의 본질적 내용을 침해하였다고는 볼 수 없다(헌재 2008.5.29. 2005헌라3).

## 제5항 군사제도

## 제6항 교육제도

**2018년 변호사시험 문 13.** ☑ 확인Check! ○ △ X

**교육제도에 관한 설명 중 옳은 것은?(다툼이 있는 경우 판례에 의함)**

① 한자를 국어과목에서 분리하여 초등학교재량에 따라 선택적으로 가르치도록 하는 것은, 국어교과의 내용으로 한자를 배우고 일정 시간 이상 필수적으로 한자교육을 받음으로써 교육적 성장과 발전을 통해 자아를 실현하고자 하는 학생들의 자유로운 인격발현권을 제한하는 것이나, 학부모의 자녀교육권을 제한하는 것은 아니다.

② 초등학교교육과정의 편제와 수업시간은 교육현장을 가장 잘 파악하고 교육과정에 대해 적절한 수요 예측을 할 수 있는 해당 부처에서 정하도록 할 필요가 있으므로, 「초·중등교육법」 제23조 제2항이 교육과정의 기준과 내용에 관한 기본적인 사항을 교육부장관이 정하도록 위임한 것 자체가 교육제도법정주의에 반한다고 보기 어렵다.

③ 학교교육에 있어서 교원의 수업권은 직업의 자유에 의하여 보장되는 기본권이지만, 원칙적으로 학생의 학습권은 교원의 수업권에 대하여 우월한 지위에 있다. 교원의 고의적인 수업거부행위는 학생의 학습권과 정면으로 상충하는 것인바, 수업권의 우월적 지위가 인정되는 예외적인 경우에만 수업거부행위는 헌법상 정당화된다.

④ 대학의 자율의 구체적인 내용은 법률이 정하는 바에 의하여 보장되며, 국가는 헌법 제31조 제6항에 따라 모든 학교제도의 조직·계획·운영·감독에 관한 포괄적인 권한을 부여받지만, 대학의 자율성 보장은 대학자치의 본질이므로 대학의 자율에 대한 침해 여부를 심사함에 있어서는 엄격한 과잉금지원칙을 적용하여야 한다.

⑤ 대학의 장 후보자를 추천할 때 해당 대학교원의 합의된 방식과 절차에 따라 직접선거로 선정하는 경우 해당 대학은 선거 관리에 관하여 중앙선거관리위원회에 선거 관리를 위탁할 수 있다.



② 정답

[❶ ▸ ×] 이 사건 한자 관련 고시는 한자를 국어과목에서 분리하여 학교재량에 따라 선택적으로 가르치도록 하고 있으므로, 국어교과의 내용으로 한자를 배우고 일정 시간 이상 필수적으로 한자교육을 받음으로써 교육적 성장과 발전을 통해 자아를 실현하고자 하는 학생들의 자유로운 인격발현권을 제한한다. 또한 학부모는 자녀의 개성과 능력을 고려하여 자녀의 학교교육에 관한 전반적인 계획을 세우고, 자신의 인생관·사회관·교육관에 따라 자녀를 교육시킬 권리가 있는바, 이 사건 한자 관련 고시는 자녀의 올바른 성장과 발전을 위하여 한자교육이 반드시 필요하고 국어과목시간에 이루어져야 한다고 생각하는 학부모의 자녀교육권도 제한할 수 있다(헌재 2016.11.24. 2012헌마854).

[❷ ▸ O] 초등학교의 교육목적과 교육목표를 달성하기 위한 교육과정은 국가 수준의 공통성뿐만 아니라 지역, 학교, 개인 수준의 다양성을 동시에 갖추어야 하는 과정으로서, 교육을 둘러싼 여러 여건에 따라 적절히 대처할 필요성이 있기 때문에 이에 관한 모든 사항을 법률에 규정하는 것은 입법기술상 매우 어렵다. 특히, 초등학교교육과정의 편제와 수업시간은 교육여건의 변화에 따른 시의적절한 대처가 필요하므로 교육현장을 가장 잘 파악하고 교육과정에 대해 적절한 수요 예측을 할 수 있는 해당 부처에서 정하도록 할 필요가 있다. 따라서 초·중등교육법 제23조 제2항이 교육과정의 기준과 내용에 관한 기본적인 사항을 교육부장관이 정하도록 위임한 것 자체가 교육제도법정주의에 반한다고 보기 어렵다(헌재 2016.2.25. 2013헌마838).

[❸ ▸ ×] 학교교육에 있어서 교원의 가르치는 권리를 수업권이라고 한다면, 이것은 교원의 지위에서 생기는 학생에 대한 일차적인 교육상의 직무권한이지만 어디까지나 학생의 학습권 실현을 위하여 인정되는 것이므로, 학생의 학습권은 교원의 수업권에 대하여 우월한 지위에 있다. 따라서 학생의 학습권이 왜곡되지 않고 올바로 행사될 수 있도록 하기 위해서라면 교원의 수업권은 일정한 범위 내에서 제약을 받을 수밖에 없고, 학생의 학습권은 개개 교원들의 정상을 벗어난 행동으로부터 보호되어야 한다. 특히, 교원의 수업거부행위는 학생의 학습권과 정면으로 상충하는 것인바, 교육의 계속성 유지의 중요성과 교육의 공공성에 비추어 보거나 학생·학부모 등 다른 교육당사자들의 이익과 교량해 볼 때 교원이 고의로 수업을 거부할 자유는 어떠한 경우에도 인정되지 아니하며, 교원은 계획된 수업을 지속적으로 성실히 이행할 의무가 있다(대판 2007.9.20. 2005다25298).

[❹ ▸ ×] 대학의 자율도 헌법상의 기본권이므로 기본권 제한의 일반적 법률유보의 원칙을 규정한 헌법 제37조 제2항에 따라 제한될 수 있고, 대학의 자율의 구체적인 내용은 법률이 정하는 바에 의하여 보장되며, 또한 국가는 헌법 제31조 제6항에 따라 모든 학교제도의 조직, 계획, 운영, 감독에 관한 포괄적인 권한, 즉 학교제도에 관한 전반적인 형성권과 규율권을 부여받았다고 할 수 있고, 다만 그 규율의 정도는 그 시대의 사정과 각급 학교에 따라 다를 수밖에 없는 것이므로 교육의 본질을 침해하지 않는 한 궁극적으로는 입법권자의 형성의 자유에 속하는 것이라 할 수 있다. 따라서 이 사건 법률조항이 대학의 자유를 제한하고 있다고 하더라도 그 위헌 여부는 입법자가 기본권을 제한함에 있어 헌법 제37조 제2항에 의한 합리적인 입법한계를 벗어나 자의적으로 그 본질적 내용을 침해하였는지 여부에 따라 판단되어야 할 것이고, 다만 법 제24조 제7항에 대하여는 포괄위임입법금지의 원칙 등이 그 심사기준이 될 것이다(헌재 2006.4.27. 2005헌마1047 등).

[❺ ▸ ×] 대학의 장 후보자를 추천할 때 제24조 제3항 제2호에 따라 해당 대학교원의 합의된 방식과 절차에 따라 직접선거로 선정하는 경우 해당 대학은 선거 관리에 관하여 그 소재지를 관할하는 구·시·군선거관리위원회에 선거 관리를 위탁하여야 한다(교육공무원법 제24조의3 제1항).

## 제7항 가족제도

**2017년 변호사시험 문 9.**

☑ 확인Check! ○ △ ×

**혼인과 가족생활에 대하여 규정하고 있는 헌법 제36조 제1항에 관한 설명 중 옳지 않은 것은?(다툼이 있는 경우 판례에 의함)**

① 헌법 제36조 제1항은 혼인과 가족생활을 스스로 결정하고 형성할 수 있는 자유를 기본권으로서 보장하며, 친양자입양의 경우에도 친양자로 될 사람이 그의 의사에 따라 스스로 입양의 대상이 될 것인지 여부를 결정할 수 있는 자유를 보장한다.

② 친양자로 될 자와 마찬가지로 친생부모 역시 그로부터 출생한 자와의 가족 및 친족관계의 유지에 관하여 헌법 제36조 제1항에 의하여 인정되는 혼인과 가정생활의 자유로운 형성에 대한 기본권을 가진다.

③ 헌법 제36조 제1항에서 규정하는 '혼인'이란 양성이 평등하고 존엄한 개인으로서 자유로운 의사의 합치에 의하여 생활공동체를 이루는 것을 말하므로, 법적으로 승인되지 아니한 사실혼도 헌법 제36조 제1항의 보호범위에 포함된다.

④ 부모가 자녀의 이름을 지어 주는 것은 자녀의 양육과 가족생활을 위하여 필수적인 것이고, 가족생활의 핵심적 요소라 할 수 있으므로, '부모가 자녀의 이름을 지을 자유'는 혼인과 가족생활을 보장하는 헌법 제36조 제1항과 행복추구권을 보장하는 헌법 제10조에 의하여 보호받는다.

⑤ 부모의 자녀에 대한 교육권은 비록 헌법에 명문으로 규정되어 있지는 아니하지만, 혼인과 가족생활을 보장하는 헌법 제36조 제1항, 행복추구권을 보장하는 헌법 제10조 및 "국민의 자유와 권리는 헌법에 열거되지 아니한 이유로 경시되지 아니한다"라고 규정하는 헌법 제37조 제1항에서 나오는 중요한 기본권이며, 이러한 부모의 자녀교육권이 학교영역에서는 자녀의 교육진로에 관한 결정권 내지는 자녀가 다닐 학교를 선택하는 권리로 구체화된다.

[❶ ▸ O] 헌법 제36조 제1항은 혼인과 가족생활을 스스로 결정하고 형성할 수 있는 자유를 기본권으로서 보장한다. 친양자입양의 경우에도 친양자로 될 사람이 그의 의사에 따라 스스로 입양의 대상이 될 것인지 여부를 결정할 수 있는 자유가 보장되므로, 친양자로 될 사람은 자신의 양육에 보다 적합한 가정환경에서 양육받을 것을 선택할 권리를 가진다. 친양자입양을 하려는 사람도 친양자입양 여부에 대한 의사결정의 주체이자 친양자입양으로 새롭게 형성될 가족의 구성원이므로 친양자가 될 사람과 마찬가지로 그의 의사에 따라 친양자입양을 할지 여부를 결정할 수 있는 자유를 갖고, 양자의 양육에 보다 적합한 가정환경에서 양자를 양육할 것을 선택할 권리를 가진다(헌재 2013.9.26. 2011헌가42).

[❷ ▸ O] 친양자로 될 자와 마찬가지로, 친생부모 역시 그로부터 출생한 자와의 가족 및 친족관계의 '유지'에 관하여 헌법 제10조에 의하여 인정되는 가정생활과 신분관계에 대한 인격권 및 행복추구권 및 헌법 제36조 제1항에 의하여 인정되는 혼인과 가정생활의 자유로운 형성에 대한 기본권을 가진다(헌재 2012.5.31. 2010헌바87).

[❸ ▸ ×] 헌법 제36조 제1항에서 규정하는 '혼인'이란 양성이 평등하고 존엄한 개인으로서 자유로운 의사의 합치에 의하여 생활공동체를 이루는 것으로서 법적으로 승인받은 것을 말하므로, 법적으로 승인되지 아니한 사실혼은 헌법 제36조 제1항의 보호범위에 포함된다고 보기 어렵다(헌재 2014.8.28. 2013헌바119).

[❹ ▸ O] 부모가 자녀의 이름을 지어 주는 것은 자녀의 양육과 가족생활을 위하여 필수적인 것이고, 가족생활의 핵심적 요소라 할 수 있으므로, '부모가 자녀의 이름을 지을 자유'는 혼인과 가족생활을 보장하는 헌법 제36조 제1항과 행복추구권을 보장하는 헌법 제10조에 의하여 보호받는다(헌재 2016.7.28. 2015헌마964).

[❺ ▸ O] 부모의 자녀에 대한 교육권은 비록 헌법에 명문으로 규정되어 있지는 아니하지만, 혼인과 가족생활을 보장하는 헌법 제36조 제1항, 행복추구권을 보장하는 헌법 제10조 및 헌법 제37조 제1항에서 나오는 중요한 기본권이며, 이러한 부모의 자녀교육권이 학교영역에서는 자녀의 교육진로에 관한 결정권 내지는 자녀가 다닐 학교를 선택하는 권리로 구체화된다(헌재 2009.4.30. 2005헌마514).



③ 정답

**2019년 변호사시험 문 18.** ☑확인 Check! ○ △ ×

**甲은 미혼인 독신자이며, 乙은 슬하에 만 10세의 아들 丙을 두고 있고 남편과는 사별하였다. 甲은 乙, 丙과 협의하여 丙을 자신의 친양자로 입양하기로 결정한 후, 법원에 친양자입양청구를 하고 그 사건 계속 중 혼인한 자만 친양자입양을 할 수 있도록 정한 「민법」 조항에 대하여 위헌법률심판제청신청을 하였다. 다음 설명 중 옳지 않은 것은?(다툼이 있는 경우 판례에 의함)**

① 법원이 헌법재판소에 위헌법률심판을 제청한 때에 당해 사건의 재판은 헌법재판소의 위헌 여부 결정이 있을 때까지 정지되는 것이 원칙이나, 다만 법원이 긴급하다고 인정하는 경우에는 종국재판 외의 소송절차를 진행할 수 있다.
② 만약 위헌법률심판제청신청이 기각되고 그 기각결정이 2018.7.2. 甲에게 통지된 후, 甲이 2018.7.16. 헌법재판소에 국선대리인선임신청을 하고, 이에 따라 2018.7.19. 선임된 국선대리인이 2018.8.10. 처음으로 헌법소원심판청구서를 제출하였다면 청구기간을 준수한 것이다.
③ 헌법 제36조 제1항은 가족생활을 스스로 결정하고 형성할 수 있는 자유를 기본권으로 보장한다.
④ 친양자로 될 사람이 자신의 의사에 따라 스스로 입양의 대상이 될 것인지 여부를 결정할 수 있는 자유와 친양자입양을 하려는 사람이 자신의 의사에 따라 친양자입양을 할지 여부를 결정할 수 있는 자유는 모두 기본권으로 보호된다.
⑤ 위 「민법」 조항은 독신자의 친양자입양을 원천적으로 봉쇄하여 독신자의 기본권에 중대한 제한을 초래하므로 평등권 침해 여부 심사 시 비례의 원칙이 적용되나, 독신자도 일반입양은 할 수 있고 일반입양의 사실도 친양자입양과 마찬가지로 가족관계증명서에 드러나지 않는다는 점 등을 고려하면, 비례의 원칙에 위배되어 독신자의 평등권을 침해한다고 볼 수 없다.

[❶ ▸ O] 법원이 법률의 위헌 여부 심판을 헌법재판소에 제청한 때에는 당해 소송사건의 재판은 헌법재판소의 위헌 여부의 결정이 있을 때까지 정지된다. 다만, 법원이 긴급하다고 인정하는 경우에는 종국재판 외의 소송절차를 진행할 수 있다(헌법재판소법 제42조 제1항).

[❷ ▸ O] 국선대리인 선임 시 청구기간 준수 여부는 심판청구 시가 아닌 국선대리인선임신청 시를 기준으로 한다. 따라서 위헌법률심판제청신청기각결정을 통지받은 날(2018.7.2.)부터 30일 이내에 국선대리인선임신청(2018.7.16.)이 있었으므로, 청구기간을 준수한 것이 된다.

**판례**

헌법재판소법 제68조 제2항에 의한 헌법소원에서 심판청구가 청구인에 대한 위헌제청신청기각결정 송달일로부터 14일[현재는 30일로 개정(註)]이 경과한 후에 이루어졌다고 하더라도 청구인이 그 결정 송달일로부터 14일[현재는 30일로 개정(註)] 이내에 국선대리인선임신청을 하였다면 청구기간은 준수된 것이다(헌재 1994.12.29. 92헌바31).

**법령**

**청구기간(헌법재판소법 제69조)** ② 제68조 제2항에 따른 헌법소원심판은 위헌 여부 심판의 제청신청을 기각하는 결정을 통지받은 날부터 30일 이내에 청구하여야 한다.

**국선대리인(헌법재판소법 제70조)** ① 헌법소원심판을 청구하려는 자가 변호사를 대리인으로 선임할 자력(資力)이 없는 경우에는 헌법재판소에 국선대리인을 선임하여 줄 것을 신청할 수 있다. 이 경우 제69조에 따른 청구기간은 국선대리인의 선임신청이 있는 날을 기준으로 정한다.

[❸ ▸ O] [❹ ▸ O] 헌법 제36조 제1항은 혼인과 가족생활을 스스로 결정하고 형성할 수 있는 자유를 기본권으로서 보장한다. 친양자입양의 경우에도 친양자로 될 사람이 그의 의사에 따라 스스로 입양의 대상이 될 것인지 여부를 결정할 수 있는 자유가 보장되므로, 친양자로 될 사람은 자신의 양육에 보다 적합한 가정환경에서 양육받을 것을 선택할 권리를

정답 ⑤

가진다. 친양자입양을 하려는 사람도 친양자입양 여부에 대한 의사결정의 주체이자 친양자입양으로 새롭게 형성될 가족의 구성원이므로 친양자가 될 사람과 마찬가지로 그의 의사에 따라 친양자입양을 할지 여부를 결정할 수 있는 자유를 갖고, 양자의 양육에 보다 적합한 가정환경에서 양자를 양육할 것을 선택할 권리를 가진다(헌재 2013.9.26. 2011헌가42).

[⑤ ▸ ×] 판례는 비례원칙이 아니라, 합리적 이유가 있는지 여부만을 심사하는 자의금지원칙을 적용하여 판단하였다.

판례 심판대상조항은 친양자가 안정된 양육환경을 제공할 수 있는 가정에 입양되도록 하여 양자의 복리를 증진시키기 위해, 친양자의 양친을 기혼자로 한정하였다. 독신자가정은 기혼자가정과 달리 기본적으로 양부 또는 양모 혼자서 양육을 담당해야 하며, 독신자를 친양자의 양친으로 하면 처음부터 편친가정을 이루게 하고 사실상 혼인 외의 자를 만드는 결과가 발생하므로, 독신자가정은 기혼자가정에 비하여 양자의 양육에 있어 불리할 가능성이 높다. 나아가 독신자가 친양자를 입양하게 되면 그 친양자는 아버지 또는 어머니가 없는 자녀로 가족관계등록부에 공시되어, 친양자의 친생자로서의 공시가 사실상 의미를 잃게 될 수 있다. 한편, 입양특례법에서는 독신자도 일정한 요건을 갖추면 양친이 될 수 있도록 규정하고 있으나, 입양의 대상, 요건, 절차 등에서 민법상의 친양자입양과 다른 점이 있으므로, 입양특례법과 달리 민법에서 독신자의 친양자입양을 허용하지 않는 것에는 합리적인 이유가 있다. 따라서 심판대상조항은 독신자의 평등권을 침해한다고 볼 수 없다(헌재 2013.9.26. 2011헌가42).

# PART 02 기본권론

CHAPTER 01

# 기본권총론



각 문항별로 이해도를 체크해 보세요.

최근 5년간 회별 평균 0.4문

## 제1절 기본권의 주체 ★☆

### 2020년 변호사시험 문 5.

확인 Check! 

**기본권주체에 관한 설명 중 옳은 것은?(다툼이 있는 경우 판례에 의함)**

① 모든 인간은 헌법상 생명권의 주체가 되며 형성 중의 생명인 태아에게도 생명권주체성이 인정되므로, 국가의 보호필요성은 별론으로 하고 수정 후 모체에 착상되기 전인 초기배아에 대해서도 기본권주체성을 인정할 수 있다.

② 아동은 인격의 발현을 위하여 어느 정도 부모에 의한 결정을 필요로 하는 미성숙한 인격체이므로, 아동에게 자신의 교육환경에 관하여 스스로 결정할 권리가 부여되지 않는다.

③ 외국인이 법률에 따라 고용허가를 받아 적법하게 근로관계를 형성한 경우에도 외국인은 그 근로관계를 유지하거나 포기하는 데 있어서 직장선택의 자유에 대한 기본권주체성을 인정할 수 없다.

④ 헌법 제14조의 거주·이전의 자유, 헌법 제21조의 결사의 자유는 그 성질상 법인에게도 인정된다.

⑤ 국가기관 또는 공법인은 공권력 행사의 주체이자 기본권의 수범자로서 기본권주체가 될 수 없으므로, 대통령이나 지방자치단체장 등 개인이 국가기관의 지위를 겸하는 경우에도 기본권주체성은 언제나 부정된다.

[❶ ▸ ×] 초기배아는 수정이 된 배아라는 점에서 형성 중인 생명의 첫걸음을 떼었다고 볼 여지가 있기는 하나 아직 모체에 착상되거나 원시선이 나타나지 않은 이상 현재의 자연과학적 인식 수준에서 독립된 인간과 배아 간의 개체적 연속성을 확정하기 어렵다고 봄이 일반적이라는 점, 배아의 경우 현재의 과학기술 수준에서 모태 속에서 수용될 때 비로소 독립적인 인간으로의 성장가능성을 기대할 수 있다는 점, 수정 후 착상 전의 배아가 인간으로 인식된다거나 그와 같이 취급하여야 할 필요성이 있다는 사회적 승인이 존재한다고 보기 어려운 점 등을 종합적으로 고려할 때, 기본권주체성을 인정하기 어렵다(헌재 2010.5.27. 2005헌마346).

[❷ ▸ ×] 아동과 청소년은 인격의 발전을 위하여 어느 정도 부모와 학교의 교사 등 타인에 의한 결정을 필요로 하는 아직 성숙하지 못한 인격체이지만, 부모와 국가에 의한 단순한 보호의 대상이 아닌 독자적인 인격체이며, 그의 인격권은 성인과 마찬가지로 인간의 존엄성 및 행복추구권을 보장하는 헌법 제10조에 의하여 보호된다. 따라서 헌법이 보장하는 인간의 존엄성 및 행복추구권은 국가의 교육권한과 부모의 교육권의 범주 내에서 아동에게도 자신의 교육환경에 관하여 스스로 결정할 권리, 그리고 자유롭게 문화를 향유할 권리를 부여한다고 할 것이다(헌재 2004.5.27. 2003헌가1 등).

[❸ ▸ ×] 직업의 자유 중 이 사건에서 문제되는 직장선택의 자유는 인간의 존엄과 가치 및 행복추구권과도 밀접한 관련을 가지는 만큼 단순히 국민의 권리가 아닌 인간의 권리로 보아야 할 것이므로 외국인도 제한적으로라도 직장선택의 자유를 향유할 수 있다고 보아야 한다. 청구인들이 이미 적법하게 고용허가를 받아 적법하게 우리나라에 입국하여 우리나라에서 일정한 생활관계를 형성, 유지하는 등, 우리 사회에서 정당한 노동인력으로서의 지위를 부여받은 상황임을 전제로 하는 이상, 이 사건 청구인들에게 직장선택의 자유에 대한 기본권주체성을 인정할 수 있다 할 것이다(헌재 2011.9.29. 2007헌마1083 등).



④ 정답

[❹ ▸ O] 성질상 법인이 누릴 수 있는 기본권은 평등권, 인격권, 직업선택권, 재산권, 언론·출판·집회·결사의 자유, 거주·이전의 자유, 통신의 자유, 청원권, 재판청구권, 국가배상청구권 및 손실보상청구권 등이다.

판례

- 우리 헌법은 법인의 기본권향유능력을 인정하는 명문의 규정을 두고 있지 않지만, 본래 자연인에게 적용되는 기본권규정이라도 언론·출판의 자유, 재산권의 보장 등과 같이 성질상 법인이 누릴 수 있는 기본권을 당연히 법인에게도 적용하여야 한 것으로 본다(헌재 1991.6.3. 90헌마56).
- 헌법 제21조가 규정하는 결사의 자유라 함은 다수의 자연인 또는 법인이 공동의 목적을 위하여 단체를 결성할 수 있는 자유를 말하는 것으로 적극적으로는 ① 단체결성의 자유, ② 단체존속의 자유, ③ 단체활동의 자유, ④ 결사에의 가입, 잔류의 자유를, 소극적으로는 기존의 단체로부터 탈퇴할 자유와 결사에 가입하지 아니할 자유를 내용으로 한다(헌재 2006.5.25. 2004헌가1).
- 법인 등의 경제주체는 헌법 제14조에 의하여 보장되는 거주·이전의 자유의 주체로서 기업활동의 근거지인 본점이나 사무소를 어디에 둘 것인지, 어디로 이전할 것인지 자유로이 결정할 수 있다(헌재 2000.12.14. 98헌바104).

[❺ ▸ ×] 헌재 2008.1.17. 2007헌마700, 헌재 1999.5.27. 98헌마214 참조

판례

- 대통령도 국민의 한 사람으로서 제한적으로나마 기본권의 주체가 될 수 있는바, 대통령은 소속 정당을 위하여 정당활동을 할 수 있는 사인으로서의 지위와 국민 모두에 대한 봉사자로서 공익 실현의 의무가 있는 헌법기관으로서의 지위를 동시에 갖는데 최소한 전자의 지위와 관련하여는 기본권주체성을 갖는다고 할 수 있다(헌재 2008.1.17. 2007헌마700).
- 청구인들은 지방자치단체의 장이라고 하더라도 표현의 자유, 정치활동의 자유나 선거운동의 자유 등 헌법상 보장된 기본권의 주체가 될 수 있다(헌재 1999.5.27. 98헌마214).

**2013년 변호사시험 문 13.** ☑ 확인 Check! ○ △ ×

**기본권의 주체에 관한 설명 중 옳지 않은 것은?(다툼이 있는 경우 판례에 의함)**

① 헌법은 법인의 기본권향유능력에 대하여 명문의 규정을 두고 있지는 않지만, 법인도 법인의 목적과 사회적 기능에 비추어 볼 때 그 성질에 반하지 않는 범위 내에서 인격권의 한 내용인 사회적 신용이나 명예 등의 주체가 될 수 있다.

② 고용허가를 받아 적법하게 우리나라에 입국하여 우리나라에서 일정한 생활관계를 형성·유지하는 외국인근로자는 직장 선택의 자유에 대한 기본권주체성이 인정될 수 있다.

③ 국가기관 또는 국가조직의 일부는 기본권의 수범자로서 국민의 기본권을 보호해야 할 책임과 의무를 지므로, 국민 모두의 봉사자로서 공익 실현의 의무를 지는 대통령은 기본권의 주체가 될 수 없다.

④ 국립대학은 사립대학과 마찬가지로 대학의 자율권이라는 기본권의 보호를 받으므로 국립대학도 국가의 간섭 없이 인사·학사·시설·재정 등 대학과 관련된 사항들을 자주적으로 결정하고 운영할 자유를 갖는다.

⑤ 공법인으로서의 성격과 사법인으로서의 성격을 겸유한 특수한 법인의 경우 기본권의 주체가 될 수 있다고는 할 것이지만, 공법인적 특성이 기본권의 제약요소로 작용할 수 있다.

[❶ ▸ O] 우리 헌법은 법인 내지 단체의 기본권향유능력에 대하여 명문의 규정을 두고 있지는 않지만 본래 자연인에게 적용되는 기본권이라도 그 성질상 법인이 누릴 수 있는 기본권은 법인에게도 적용된다. 법인도 법인의 목적과 사회적 기능에 비추어 볼 때 그 성질에 반하지 않는 범위 내에서 인격권의 한 내용인 사회적 신용이나 명예 등의 주체가 될 수

정답 ③

있고 법인이 이러한 사회적 신용이나 명예 유지 내지 법인격의 자유로운 발현을 위하여 의사결정이나 행동을 어떻게 할 것인지를 자율적으로 결정하는 것도 법인의 인격권의 한 내용을 이룬다고 할 것이다(헌재 2012.8.23. 2009헌가27).

[❷ ▸ O] 직업의 자유 중 이 사건에서 문제되는 직장선택의 자유는 인간의 존엄과 가치 및 행복추구권과도 밀접한 관련을 가지는 만큼 단순히 국민의 권리가 아닌 인간의 권리로 보아야 할 것이므로 외국인도 제한적으로라도 직장선택의 자유를 향유할 수 있다고 보아야 한다. 청구인들이 이미 적법하게 고용허가를 받아 적법하게 우리나라에 입국하여 우리나라에서 일정한 생활관계를 형성, 유지하는 등, 우리 사회에서 정당한 노동인력으로서의 지위를 부여받은 상황임을 전제로 하는 이상, 이 사건 청구인들에게 직장선택의 자유에 대한 기본권주체성을 인정할 수 있다 할 것이다(헌재 2011.9.29. 2007헌마1083 등).

[❸ ▸ X] 대통령도 국민의 한사람으로서 제한적으로나마 기본권의 주체가 될 수 있는바, 대통령은 소속 정당을 위하여 정당활동을 할 수 있는 사인으로서의 지위와 국민 모두에 대한 봉사자로서 공익 실현의 의무가 있는 헌법기관으로서의 지위를 동시에 갖는데 최소한 전자의 지위와 관련하여는 기본권주체성을 갖는다고 할 수 있다(헌재 2008.1.17. 2007헌마700).

[❹ ▸ O] 헌법 제31조 제4항이 보장하는 대학의 자율성이란 대학의 운영에 관한 모든 사항을 외부의 간섭 없이 자율적으로 결정할 수 있는 자유를 말한다. 국립대학인 세무대학은 공법인으로서 사립대학과 마찬가지로 대학의 자율권이라는 기본권의 보호를 받으므로, 세무대학은 국가의 간섭 없이 인사·학사·시설·재정 등 대학과 관련된 사항들을 자주적으로 결정하고 운영할 자유를 갖는다(헌재 2001.2.22. 99헌마613).

[❺ ▸ O] '축협중앙회'는 지역별·업종별 축협과 비교할 때, 회원의 임의탈퇴나 임의해산이 불가능한 점 등 그 공법인성이 상대적으로 크다고 할 것이지만, 이로써 축협중앙회를 공법인이라고 단정할 수는 없을 것이고, 이 역시 그 존립목적 및 설립형식에서의 자주적 성격에 비추어 사법인적 성격을 부인할 수 없다. 따라서 축협중앙회는 공법인성과 사법인성을 겸유한 특수한 법인으로서 이 사건에서 기본권의 주체가 될 수 있다고는 할 것이지만, 위와 같이 두드러진 공법인적 특성이 축협중앙회가 가지는 기본권의 제약요소로 작용하는 것만은 이를 피할 수 없다고 할 것이다(헌재 2000.6.1. 99헌마553).

**2019년 변호사시험 문 16.** ☑ 확인 Check! ○ △ ×

**외국인의 기본권에 관한 설명 중 옳지 않은 것은?(다툼이 있는 경우 판례에 의함)**

① 출입국 관리에 관한 사항 중 외국인의 입국에 관한 사항은 주권국가로서의 기능을 수행하는 데 필요한 것으로서 광범위한 정책재량의 영역이므로, 국적에 따라 사증발급신청 시의 첨부서류에 관해 다르게 정하고 있는 조항이 평등권을 침해하는지 여부는 자의금지원칙 위반 여부에 의하여 판단한다.

② 고용허가를 받아 국내에 입국한 외국인근로자의 출국만기보험금을 출국 후 14일 이내에 지급하도록 한 조항은, 외국인근로자의 불법체류를 방지할 필요성을 고려하더라도 출국 전에는 예외 없이 보험금을 지급받지 못하도록 한 것이어서 외국인근로자의 근로의 자유를 침해한다.

③ 국가에 대하여 고용 증진을 위한 사회적·경제적 정책을 요구할 수 있는 권리는 사회권적 기본권으로서 국민에 대하여만 인정해야 하지만, 근로자가 기본적 생활수단을 확보하고 인간의 존엄성을 보장받기 위하여 최소한의 근로조건을 요구할 수 있는 권리는 자유권적 기본권의 성격도 아울러 가지므로 이러한 경우 외국인근로자에게도 기본권주체성을 인정할 수 있다.

④ 외국인은 입국의 자유의 주체가 될 수 없으며, 외국인이 복수국적을 누릴 자유는 헌법상 보호되는 기본권으로 볼 수 없다.

⑤ 외국인이 이미 적법하게 고용허가를 받아 적법하게 입국하여 일정한 생활관계를 형성·유지하는 등, 우리 사회에서 정당한 노동인력으로서의 지위를 부여받은 상황임을 전제로 하는 이상, 해당 외국인에게도 직장선택의 자유에 대한 기본권주체성을 인정할 수 있다.



② 정답

[❶ ▸ O] 심판대상조항들은 국적에 따라 재외동포체류자격 부여 시 단순노무행위 등 취업활동에 종사하지 않을 것임을 소명하는 서류의 제출 여부를 달리하고 있는바, 단순노무행위 등 취업활동에의 종사 여부 및 국적에 따른 차별로서 헌법이 특별히 평등을 요구하고 있는 경우가 아니고, 외국인에게 입국의 자유가 허용되지 않는 이상 이 사건이 관련 기본권에 중대한 제한을 초래하는 경우라고 볼 수 없다. 오히려 출입국 관리에 관한 사항 중 외국인의 입국에 관한 사항은 주권국가로서의 기능을 수행하는 데 필요한 것으로서 광범위한 정책재량의 영역이므로, 심판대상조항들이 청구인의 평등권을 침해하는지 여부는 자의금지원칙 위반 여부에 의하여 판단하기로 한다(헌재 2014.4.24. 2011헌마474 등).

[❷ ▸ X] 불법체류자는 임금체불이나 폭행 등 각종 범죄에 노출될 위험이 있고, 그 신분의 취약성으로 인해 강제근로와 같은 인권 침해의 우려가 높으며, 행정관청의 관리감독의 사각지대에 놓이게 됨으로써 안전사고 등 각종 사회적 문제를 일으킬 가능성이 있다. 또한 단순기능직 외국인근로자의 불법체류를 통한 국내정주는 일반적으로 사회통합 비용을 증가시키고 국내고용상황에 부정적 영향을 미칠 수 있다. 따라서 이 사건 출국만기보험금이 근로자의 퇴직 후 생계 보호를 위한 퇴직금의 성격을 가진다고 하더라도 불법체류가 초래하는 여러 가지 문제를 고려할 때 불법체류 방지를 위해 그 지급시기를 출국과 연계시키는 것은 불가피하므로 심판대상조항이 청구인들의 근로의 권리를 침해한다고 보기 어렵다(헌재 2016.3.31. 2014헌마367).

[❸ ▸ O] 근로의 권리의 구체적인 내용에 따라, 국가에 대하여 고용 증진을 위한 사회적·경제적 정책을 요구할 수 있는 권리는 사회권적 기본권으로서 국민에 대하여만 인정해야 하지만, 자본주의경제질서하에서 근로자가 기본적 생활수단을 확보하고 인간의 존엄성을 보장받기 위하여 최소한의 근로조건을 요구할 수 있는 권리는 자유권적 기본권의 성격도 아울러 가지므로 이러한 경우 외국인근로자에게도 그 기본권주체성을 인정함이 타당하다(헌재 2007.8.30. 2004헌마670).

[❹ ▸ O] 참정권과 입국의 자유에 대한 외국인의 기본권주체성이 인정되지 않고, 외국인이 대한민국 국적을 취득하면서 자신의 외국 국적을 포기한다 하더라도 이로 인하여 재산권 행사가 직접 제한되지 않으며, 외국인이 복수국적을 누릴 자유가 우리 헌법상 행복추구권에 의하여 보호되는 기본권이라고 보기 어려우므로, 외국인의 기본권주체성 내지 기본권침해가능성을 인정할 수 없다(헌재 2014.6.26. 2011헌마502).

[❺ ▸ O] 직업의 자유 중 이 사건에서 문제되는 직장선택의 자유는 인간의 존엄과 가치 및 행복추구권과도 밀접한 관련을 가지는 만큼 단순히 국민의 권리가 아닌 인간의 권리로 보아야 할 것이므로 외국인도 제한적으로라도 직장선택의 자유를 향유할 수 있다고 보아야 한다. 청구인들이 이미 적법하게 고용허가를 받아 적법하게 우리나라에 입국하여 우리나라에서 일정한 생활관계를 형성, 유지하는 등, 우리 사회에서 정당한 노동인력으로서의 지위를 부여받은 상황임을 전제로 하는 이상, 이 사건 청구인들에게 직장선택의 자유에 대한 기본권주체성을 인정할 수 있다 할 것이다(헌재 2011.9.29. 2007헌마1083 등).

## 제2절 기본권의 대사인적 효력과 기본권의 경합 · 충돌 ☆

**2012년 변호사시험 문 12.** ☑ 확인 Check! ○ △ ×

**기본권의 대사인적 효력에 관한 설명 중 옳지 않은 것은?(다툼이 있는 경우 판례에 의함)**

① 기본권규정은, 그 성질상 사법관계에 직접 적용될 수 있는 예외적인 것을 제외하고는, 사법상의 일반원칙을 규정한 민법 제2조, 제103조, 제750조, 제751조 등의 내용을 형성하고 그 해석기준이 되어 간접적으로 사법관계에 효력을 미친다.

② 헌법재판소는 헌법상의 근로3권조항, 언론・출판의 자유조항, 연소자와 여성의 근로의 특별보호조항을 사인 간의 사적인 법률관계에 직접 적용되는 기본권규정으로 인정하고, 국가배상청구권과 형사보상청구권은 원칙적으로 국가권력만을 구속한다고 하여 그 대사인적 효력을 부인하고 있다.

③ 헌법상의 기본권은 일차적으로 개인의 자유로운 영역을 공권력의 침해로부터 보호하기 위한 방어적 권리이지만, 다른 한편으로 헌법의 기본적 결단인 객관적 가치질서를 구체화한 것으로서 사법(私法)을 포함한 모든 법영역에 그 영향을 미치는 것이므로, 사인 간의 사적인 법률관계도 헌법상의 기본권규정에 적합하게 규율되어야 한다.

④ 사인이나 사적 단체가 국가의 재정적 원조를 받거나 국가시설을 임차하는 경우 또는 실질적으로 행정적 기능을 수행하는 경우 등 국가와의 밀접한 관련성이 구체적으로 인정될 때, 그 행위를 국가행위와 동일시하여 헌법상의 기본권의 구속을 받게 하는 것이 미국에서의 국가행위의제이론(State Action Theory)이다.

⑤ 연예인과 연예기획사 간의 부당한 장기간의 전속계약이 연예인의 직업의 자유 내지 행복추구권을 침해하는 것으로 본다면, 이는 기본권의 대사인적 효력을 적용한 예라고 할 수 있다.

[❶ ▸ O] 기본권규정은 그 성질상 사법관계에 직접 적용될 수 있는 예외적인 것을 제외하고는 사법상의 일반원칙을 규정한 민법 제2조, 제103조, 제750조, 제751조 등의 내용을 형성하고 그 해석기준이 되어 간접적으로 사법관계에 효력을 미치게 된다. 종교의 자유라는 기본권의 침해와 관련한 불법행위의 성립 여부도 위와 같은 일반규정을 통하여 사법상으로 보호되는 종교에 관한 인격적 법익 침해 등의 형태로 구체화되어 논하여져야 한다(대판 2010.4.22. 2008다38288).

[❷ ▸ ×] 헌법재판소는 이러한 기본권의 대사인적 효력에 대해 직접 판단한 바 없다. 지문의 내용은 학설의 논의내용이다.

[❸ ▸ O] 헌법상의 기본권은 제1차적으로 개인의 자유로운 영역을 공권력의 침해로부터 보호하기 위한 방어적 권리이지만 다른 한편으로 헌법의 기본적인 결단인 객관적인 가치질서를 구체화한 것으로서, 사법(私法)을 포함한 모든 법영역에 그 영향을 미치는 것이므로 사인 간의 사적인 법률관계도 헌법상의 기본권규정에 적합하게 규율되어야 한다(대판 2010.4.22. 2008다38288).

[❹ ▸ O] 미국의 경우 기본권의 효력은 원칙적으로 국가권력에만 미치고 사인에게는 미칠 수 없다는 자연법적인 기본권 사상을 바탕으로 하고, 미국연방헌법의 인권규정(수정 제1조, 제14조)은 그 문언상 연방 및 주에 의한 인권의 제약만을 금지하고 있어, 사인에 의한 기본권침해문제를 해결할 필요성이 있었다. 이 문제를 해결하기 위해 국가행위의제이론(State Action Theory)이 논의되었는데, 이는 사인의 행위를 국가작용으로 의제하여 사인 간에 기본권의 효력을 인정하는 이론이다.

[❺ ▸ O] 사인에 해당하는 연예인과 연예기획사 간의 전속계약문제를 기본권인 직업의 자유 내지 행복추구권 침해로 해결하려는 것이므로, 기본권의 대사인적 효력을 적용한 것이라고 할 수 있다.



② 정답

## 제3절 기본권의 제한과 한계 ★

**2012년 변호사시험 문 13.** ☑ 확인Check! ○ △ ×

**기본권의 제한에 관한 설명 중 옳지 않은 것은?(다툼이 있는 경우 판례에 의함)**

① 과잉금지원칙에서 수단의 적합성의 원칙이 의미하는 수단은 정당한 목적 달성을 위한 최상의 또는 최적의 수단이어야 하는 것은 아니고 목적 달성에 기여하는 것으로 족하다.

② 미결수용자의 변호인과의 자유로운 접견은 변호인의 조력을 받을 권리의 가장 중요한 내용으로서, 그 대화내용에 대하여 비밀이 완전히 보장되고 어떠한 압력 또는 부당한 간섭도 없이 자유롭게 대화할 수 있어야 한다.

③ 시각장애인만 안마사자격 인정을 받을 수 있도록 하는 이른바 비맹제외기준을 설정하고 있는 의료법 조항은, 시각장애인의 생계 보장 및 직업활동참여기회 제공을 달성할 다른 수단이 없는 것도 아니어서 입법목적 달성을 위한 불가피한 수단이라고 보기 어려우며, 동 법률조항으로 달성하려는 시각장애인의 생계 보장 등의 공익이 비시각장애인이 받게 되는 직업선택의 자유보다 우월하다고 할 수 없어 헌법에 위반된다.

④ 기본권 제한에 관한 법률유보의 원칙에 따르면 기본권의 제한에는 법률의 근거가 필요하나, 기본권 제한의 형식이 반드시 형식적 의미의 법률일 필요는 없다.

⑤ 헌법 제37조 제2항의 기본권의 본질적 내용 침해 금지의 의미에 대하여 절대설과 상대설의 대립이 있는데, 사형제도에 대한 헌법재판소의 합헌결정은 상대설을 따른 것이다.

[❶ ▸ O] 법인으로 하여금 각 거래에 대해 계산서를 교부하게 하고 그 합계표를 제출하도록 의무 지우며 이를 이행하지 아니하거나 불성실하게 이행하는 경우 가산세로써 제재를 가하는 것이, 근거과세 확립 또는 과세표준 양성화라는 목적을 달성하는 유일한 방법은 아니라 할 것이다. 각 법인에 대해 세무조사를 실시하여 거래내용을 확인하는 방법 등 여러 가지 방법을 생각해 볼 수 있다. 그러나 우리 재판소가 방법의 적절성으로 심사하는 내용은 입법자가 선택한 방법이 최적의 것이었는가 하는 것이 아니고, 그 방법이 입법목적 달성에 유효한 수단인가 하는 점에 한정되는 것이다(헌재 2006.6.29. 2002헌바80 등).

[❷ ▸ O] 변호인의 조력을 받을 권리의 필수적 내용은 신체구속을 당한 사람과 변호인과의 접견교통권이며 이러한 접견교통권의 충분한 보장은 구속된 자와 변호인의 대화내용에 대하여 비밀이 완전히 보장되고 어떠한 제한・영향・압력 또는 부당한 간섭 없이 자유롭게 대화할 수 있는 접견을 통하여서만 가능하고 이러한 자유로운 접견은 구속된 자와 변호인의 접견에 교도관이나 수사관 등 관계공무원의 참여가 없어야 가능하다. 이상과 같이 변호인과의 자유로운 접견은 신체구속을 당한 사람에게 보장된 변호인의 조력을 받을 권리의 가장 중요한 내용이어서 국가안전 보장・질서 유지・공공복리 등 어떠한 명분으로도 제한될 수 있는 성질의 것이 아니다(헌재 1992.1.28. 91헌마111).

[❸ ▸ ×] 위 법률조항으로 인해 얻게 되는 시각장애인의 생존권 등 공익과 그로 인해 잃게 되는 일반국민의 직업선택의 자유 등 사익을 비교해 보더라도, 공익과 사익 사이에 법익불균형이 발생한다고 단정할 수도 없을 것이다. 따라서 이 사건 법률조항이 비시각장애인을 시각장애인에 비하여 비례의 원칙에 반하여 차별하는 것이라고 할 수 없을 뿐 아니라, 비시각장애인의 직업선택의 자유를 과도하게 침해하여 헌법에 위반된다고 보기도 어렵다(헌재 2008.10.30. 2006헌마1098・1116・1117 등).

[❹ ▸ O] 기본권은 헌법 제37조 제2항에 의하여 국가안전 보장・질서 유지 또는 공공복리를 위하여 필요한 경우에 한하여 이를 제한할 수 있으나, 그 제한의 방법은 원칙적으로 법률로써만 가능하고 제한의 정도도 기본권의 본질적 내용을 침해할 수 없고 필요한 최소한도에 그쳐야 한다. 그런데 위 조항에서 규정하고 있는 기본권 제한에 관한 법률유보의 원칙은 '법률에 의한 규율'을 요청하는 것이 아니라 '법률에 근거한 규율'을 요청하는 것이므로, 기본권의 제한에는 법률의 근거가 필요할 뿐이고 기본권 제한의 형식이 반드시 법률의 형식일 필요는 없다(헌재 2005.5.26. 99헌마513).

정답 ③

[ ❺ ▸ O ] 헌법재판소의 대부분의 판례는 핵심영역보장설의 입장이나, 형법 제250조(사형제도) 위헌소원사건에서는 상대설의 입장을 취하기도 하였다.

판례 청구인은 사형이란 헌법에 의하여 국민에게 보장된 생명권의 본질적 내용을 침해하는 것으로 되어 헌법 제37조 제2항 단서에 위반된다는 취지로 주장한다. 그러나 생명권에 대한 제한은 곧 생명권의 완전한 박탈을 의미한다 할 것이므로, 사형이 비례의 원칙에 따라서 최소한 동등한 가치가 있는 다른 생명 또는 그에 못지아니한 공공의 이익을 보호하기 위한 불가피성이 충족되는 예외적인 경우에만 적용되는 한 그것이 비록 생명을 빼앗는 형벌이라 하더라도 헌법 제37조 제2항 단서에 위반되는 것으로 볼 수 없다(헌재 1996.11.28. 95헌바1).

**2015년 변호사시험 문 5.** ☑ 확인Check! O △ X

**기본권의 제한에 관한 설명 중 옳지 않은 것은?(다툼이 있는 경우 판례에 의함)**

① 기본권의 본질적 내용은 만약 이를 제한하는 경우에는 기본권 그 자체가 무의미하여지는 경우에 그 본질적인 요소를 말하는 것으로서, 이는 개별기본권마다 다를 수 있다.
② 흡연권은 사생활의 자유를 실질적 핵으로 하는 것이고 혐연권은 사생활의 자유뿐만 아니라 생명권에까지 연결되는 것이므로 혐연권이 흡연권보다 상위의 기본권이라고 할 수 있는바, 이처럼 상하의 위계질서가 있는 기본권끼리 충돌하는 경우 상위기본권우선의 원칙에 따라 흡연권은 혐연권을 침해하지 않는 한도 내에서 인정된다.
③ 침해의 최소성의 관점에서, 입법자는 그가 의도하는 공익을 달성하기 위하여 우선 기본권을 보다 적게 제한하는 단계인 기본권 행사의 '방법'에 관한 규제로써 공익을 실현할 수 있는가를 시도하고, 이러한 방법으로는 공익 달성이 어렵다고 판단되는 경우에 비로소 그 다음 단계인 기본권 행사의 '여부'에 관한 규제를 선택해야 한다.
④ 헌법 제37조 제2항에 기본권의 제한은 법률로써 가능하도록 규정되어 있는바, 이는 기본권의 제한이 원칙적으로 국회에서 제정한 형식적 의미의 법률에 의해서만 가능하다는 것과, 직접 법률에 의하지 아니하는 예외적인 경우라 하더라도 엄격히 법률에 근거하여야 한다는 것을 의미한다.
⑤ 국가작용에 있어서 선택하는 수단은 목적을 달성함에 있어서 필요하고 효과적이며 상대방에게 최소한의 피해를 줄 때에 한해서 정당성을 가지게 되고 상대방은 그 침해를 감수하게 되는 것인바, 국가작용에 있어서 취해지는 어떠한 조치나 선택된 수단은 그것이 달성하려는 사안의 목적에 적합하여야 함은 물론이고, 그 조치나 수단이 목적 달성을 위하여 유일무이한 것이어야 한다.

[ ❶ ▸ O ] 기본권을 국가안전 보장, 질서 유지와 공공복리를 위하여 필요한 경우에는 법률로써 제한할 수 있으나 그 본질적인 내용은 침해할 수 없다(헌법 제37조 제2항). 기본권의 본질적 내용은 만약 이를 제한하는 경우에는 기본권 그 자체가 무의미하여지는 경우에 그 본질적인 요소를 말하는 것으로서, 이는 개별기본권마다 다를 수 있을 것이다(헌재 1995.4.20. 92헌바29).

[ ❷ ▸ O ] 흡연권은 사생활의 자유를 실질적 핵으로 하는 것이고 혐연권은 사생활의 자유뿐만 아니라 생명권에까지 연결되는 것이므로 혐연권이 흡연권보다 상위의 기본권이다. 상하의 위계질서가 있는 기본권끼리 충돌하는 경우에는 상위기본권우선의 원칙에 따라 하위기본권이 제한될 수 있으므로, 흡연권은 혐연권을 침해하지 않는 한에서 인정되어야 한다(헌재 2004.8.26. 2003헌마457).

[ ❸ ▸ O ] 입법자는 공익 실현을 위하여 기본권을 제한하는 경우에도 입법목적을 실현하기에 적합한 여러 수단 중에서 되도록 국민의 기본권을 가장 존중하고 기본권을 최소로 침해하는 수단을 선택해야 한다. 기본권을 제한하는 규정은 기본권 행사의 '방법'에 관한 규정과 기본권 행사의 '여부'에 관한 규정으로 구분할 수 있다. 침해의 최소성의 관점에서, 입법자는 그가 의도하는 공익을 달성하기 위하여 우선 기본권을 보다 적게 제한하는 단계인 기본권 행사의 '방법'에 관한 규제로써



⑤ 정답

공익을 실현할 수 있는가를 시도하고 이러한 방법으로는 공익 달성이 어렵다고 판단되는 경우에 비로소 그 다음 단계인 기본권 행사의 '여부'에 관한 규제를 선택해야 한다(헌재 1998.5.28. 96헌가5).

[ ❹ ▸ O ] 헌법 제37조 제2항은 국민의 자유와 권리를 제한하는 근거와 그 제한의 한계를 설정하여 국민의 자유와 권리의 제한은 '법률'로써만 할 수 있다고 규정하고 있는바, 이는 기본권의 제한이 원칙적으로 국회에서 제정한 형식적 의미의 법률에 의해서만 가능하다는 것을 의미하고, 직접 법률에 의하지 아니하는 예외적인 경우라 하더라도 엄격히 법률에 근거하여야 한다는 것을 또한 의미하는데, 기본권을 제한하는 공권력의 행사가 법률에 근거하지 아니하고 있다면, 이는 헌법 제37조 제2항에 위반하여 국민의 기본권을 침해하는 것이다(헌재 2000.12.14. 2000헌마659).

[ ❺ ▸ X ] 무릇 국가가 입법, 행정 등 국가작용을 함에 있어서는 합리적인 판단에 입각하여 추구하고자 하는 사안의 목적에 적합한 조치를 취하여야 하고, 그때 선택하는 수단은 목적을 달성함에 있어서 필요하고 효과적이며 상대방에게는 최소한의 피해를 줄 때에 한해서 그 국가작용은 정당성을 가지게 되고 상대방은 그 침해를 감수하게 되는 것이다. 그런데 국가작용에 있어서 취해진 어떠한 조치나 선택된 수단은 그것이 달성하려는 사안의 목적에 적합하여야 함은 당연하지만 그 조치나 수단이 목적 달성을 위하여 유일무이한 것일 필요는 없는 것이다(헌재 1989.12.22. 88헌가13).



## 제4절 기본권의 보호의무 ☆

**2015년 변호사시험 문 17.** ☑ 확인Check! ○ △ ✕

**국가의 기본권보호의무에 관한 설명 중 옳지 않은 것은?(다툼이 있는 경우 판례에 의함)**

① 헌법은 제10조 제2문에서 "국가는 개인이 가지는 불가침의 기본적 인권을 확인하고 이를 보장할 의무를 진다"라고 규정함으로써 국가의 적극적인 기본권보호의무를 선언하고 있다.
② 기본권에 대한 국가의 적극적 보호의무는 궁극적으로 입법자의 입법행위를 통하여 비로소 실현될 수 있는 것이기 때문에, 입법자의 입법행위를 매개로 하지 아니하고 단순히 기본권이 존재한다는 것만으로 헌법상 광범위한 방어적 기능을 갖게 되는 기본권의 소극적 방어권으로서의 측면과 근본적인 차이가 있다.
③ 헌법재판소는 업무상 과실 또는 중대한 과실로 인한 교통사고로 말미암아 피해자로 하여금 중상해에 이르게 한 경우, 교통사고를 일으킨 차가 종합보험 등에 가입되었다면 당해 차의 운전자에 대하여 공소를 제기할 수 없도록 한 「교통사고처리특례법」 조항은 교통사고피해자에 대한 국가의 기본권보호의무를 위반한다고 판시하였다.
④ 국가가 기본권보호의무를 어떻게 어느 정도로 이행할 것인지는 입법자가 제반 사정을 고려하여 입법정책적으로 판단하여야 하는 입법재량의 범위에 속하는 것이다.
⑤ 헌법재판소는 국가의 기본권보호의무 위반 여부를 심사함에 있어 권력분립의 관점에서 과소보호금지원칙을, 즉 국가가 국민의 기본권 보호를 위하여 적어도 적절하고 효율적인 최소한의 보호조치를 취했는가를 기준으로 심사한다.

[ ❶ ▸ O ] 우리 헌법은 제10조 제2문에서 "국가는 개인이 가지는 불가침의 기본적 인권을 확인하고 이를 보장할 의무를 진다"라고 규정함으로써 국가의 적극적인 기본권보호의무를 선언하고 있는바, 이러한 국가의 기본권보호의무 선언은 국가가 국민과의 관계에서 국민의 기본권 보호를 위해 노력하여야 할 의무가 있다는 의미뿐만 아니라 국가가 사인 상호 간의 관계를 규율하는 사법(私法)질서를 형성하는 경우에도 헌법상 기본권이 존중되고 보호되도록 할 의무가 있다는 것을 천명한 것이다(헌재 2008.7.31. 2004헌바81).

[ ❷ ▸ O ] 국민의 기본권에 대한 국가의 적극적 보호의무는 궁극적으로 입법자의 입법행위를 통하여 비로소 실현될 수 있는 것이기 때문에, 입법자의 입법행위를 매개로 하지 아니하고 단순히 기본권이 존재한다는 것만으로 헌법상 광범위한 방어적 기능을 갖게 되는 기본권의 소극적 방어권으로서의 측면과 근본적인 차이가 있다(헌재 2008.7.31. 2004헌바81).

정답 ③

[❸ ▸ ×] 국가의 신체와 생명에 대한 보호의무는 교통과실범의 경우 발생한 침해에 대한 사후처벌뿐 아니라, 무엇보다도 우선적으로 운전면허 취득에 관한 법규 등 전반적인 교통 관련 법규의 정비, 운전자와 일반국민에 대한 지속적인 계몽과 교육, 교통안전에 관한 시설의 유지 및 확충, 교통사고피해자에 대한 보상제도 등 여러 가지 사전적·사후적 조치를 함께 취함으로써 이행된다 할 것이므로, 형벌은 국가가 취할 수 있는 유효적절한 수많은 수단 중의 하나일 뿐이지, 결코 형벌까지 동원해야만 보호법익을 유효적절하게 보호할 수 있다는 의미의 최종적인 유일한 수단이 될 수는 없다 할 것이다. 따라서 이 사건 법률조항은 국가의 기본권보호의무의 위반 여부에 관한 심사기준인 과소보호금지의 원칙에 위반한 것이라고 볼 수 없다(헌재 2009.2.26. 2005헌마764).

[❹ ▸ ○] 국가가 적극적으로 국민의 기본권을 보장하기 위한 제반 조치를 취할 의무를 부담하는 경우에는 설사 그 보호의 정도가 국민이 바라는 이상적인 수준에 미치지 못한다고 하여 언제나 헌법에 위반되는 것으로 보기 어렵다. 국가의 기본권보호의무의 이행은 입법자의 입법을 통하여 비로소 구체화되는 것이고, 국가가 그 보호의무를 어떻게 어느 정도로 이행할 것인지는 입법자가 제반 사정을 고려하여 입법정책적으로 판단하여야 하는 입법재량의 범위에 속하는 것이기 때문이다(헌재 2008.7.31. 2004헌바81).

[❺ ▸ ○] 입법자가 기본권보호의무를 최대한 실현하는 것이 이상적이지만, 그러한 이상적 기준이 헌법재판소가 위헌여부를 판단하는 심사기준이 될 수는 없으며, 헌법재판소는 권력분립의 관점에서 소위 '과소보호금지원칙'을, 즉 국가가 국민의 기본권 보호를 위하여 적어도 적절하고 효율적인 최소한의 보호조치를 취했는가를 기준으로 심사하게 된다(헌재 2008.7.31. 2004헌바81).

# 인간의 존엄과 가치 · 행복추구권 · 평등권

헌 법

✓ 각 문항별로 이해도를 체크해 보세요.

최근 5년간 회별 평균 1문



## 제1절 인간의 존엄과 가치 · 행복추구권 ★☆

**2019년 변호사시험 문 17.** ☑ 확인Check! ○ △ ✕

**헌법 제10조에 관한 설명 중 옳지 않은 것은?(다툼이 있는 경우 판례에 의함)**

① 초등학교 정규교과에서 영어를 배제하거나 영어교육 시수를 제한하는 것은 학생들의 인격의 자유로운 발현권을 제한하나, 이는 균형적인 교육을 통해 초등학생의 전인적 성장을 도모하고 영어과목에 대한 지나친 사교육의 폐단을 막기 위한 것으로 학생들의 기본권을 침해하지 않는다.

② 기부행위자는 자신의 재산을 사회적 약자나 소외계층을 위하여 출연함으로써 자기가 속한 사회에 공헌하였다는 행복감과 만족감을 실현할 수 있으므로, 기부행위는 행복추구권과 그로부터 파생되는 일반적 행동자유권에 의해 보호된다.

③ 주방용오물분쇄기의 판매와 사용을 금지하는 것은 주방용오물분쇄기를 사용하려는 자의 일반적 행동자유권을 제한하나, 현재로서는 음식물찌꺼기 등이 바로 하수도로 배출되더라도 이를 적절히 처리할 수 있는 사회적 기반시설이 갖추어져 있다고 보기 어렵다는 점 등을 고려하면 이러한 규제가 사용자의 기본권을 침해한다고 볼 수 없다.

④ 고졸검정고시 또는 고입검정고시에 합격했던 자가 해당 검정고시에 다시 응시할 수 없게 됨으로써 제한되는 주된 기본권은 자유로운 인격발현권인데, 이러한 응시자격 제한은 검정고시제도 도입 이후 허용되어 온 합격자의 재응시를 경과조치 등 없이 무조건적으로 금지하는 것이어서 과잉금지원칙에 위배된다.

⑤ 대학수학능력시험의 문항 수 기준 70%를 EBS교재와 연계하여 출제한다는 대학수학능력시험 시행기본계획은 대학수학능력시험을 준비하는 자의 자유로운 인격발현권을 제한하는데, 이러한 계획이 헌법 제37조 제2항을 준수하였는지 심사하되, 국가가 학교에서의 학습방법 등 교육제도를 정하는 데 포괄적인 규율권한을 갖는다는 점을 감안하여야 한다.

[❶ ▸ O] 초등학교에서 영어과목을 아예 배정하지 않거나 그 시수를 일정 기준 이하로 제한하여 영어교육을 받는 것을 금지하거나 제한하는 것은 충분히 영어교육을 받음으로써 교육적 성장과 발전을 통해 자아를 실현하고자 하는 학생들의 '인격의 자유로운 발현권'을 제한하게 된다. 이 사건 고시 부분은 초등학생의 전인적 성장을 도모하고, 영어 사교육시장의 과열을 방지하기 위한 것으로, 그 목적의 정당성이 인정되고, 이 사건 고시 부분으로 영어교육의 편제와 시간 배당을 통제하는 것은 위 목적을 달성하기 위한 적절한 수단이다. 초등학교시기는 인격 형성의 토대를 마련하는 중요한 시기이므로, 한정된 시간에 교육과정을 고르게 구성하여 초등학생의 전인적 성장을 도모하기 위해서는 초등학생의 영어교육이 일정한 범위로 제한되는 것이 불가피하다. 따라서 이 사건 고시 부분은 청구인들의 인격의 자유로운 발현권과 자녀교육권을 침해하지 않는다(현재 2016.2.25. 2013헌마838).

[❷ ▸ O] 타인이나 단체에 대한 기부행위는 공동체의 결속을 도모하고 사회생활에서 개인의 타인과의 연대를 확대하는 기능을 하므로 자본주의와 시장경제의 흠결을 보완하는 의미에서 국가 · 사회적으로 장려되어야 할 행위이다. 또한 기부행위자 본인은 자신의 재산을 사회적 약자나 소외계층을 위하여 출연함으로써 자기가 속한 사회에 공헌하였다는 행복감과 만족감을 실현할 수 있으므로, 이는 헌법상 인격의 자유로운 발현을 위하여 필요한 행동을 할 수 있어야 한다는 의미의 행복추구권과 그로부터 파생되는 일반적 행동자유권의 행사로서 당연히 보호되어야 한다(현재 2014.2.27. 2013헌바106).

정답 ④

[❸ ▸ O] 주방용오물분쇄기를 사용하고자 하는 청구인들은 심판대상조항이 주방용오물분쇄기의 사용을 금지하고 있어 이를 이용하여 자유롭게 음식물찌꺼기 등을 처리할 수 없으므로, 행복추구권으로부터 도출되는 일반적 행동자유권을 제한받는다. 현재로서는 음식물찌꺼기 등이 하수도로 바로 배출되더라도 이를 적절히 처리할 수 있는 하수도시설을 갖추는 등 주방용오물분쇄기의 판매·사용을 허용할 수 있는 기반시설이 갖추어져 있다고 보기 어렵다. 다만, 위 환경부고시는 하수도 등의 기반시설이 앞으로 개선될 것 등을 고려해 주방용오물분쇄기금지정책의 타당성을 3년마다 재검토하도록 정하고 있다. 이러한 점을 고려하면 주방용오물분쇄기의 판매·사용이 금지돼 있다고 하더라도 필요 이상의 과도한 규제라고 보기 어려우므로, 심판대상조항은 침해의 최소성원칙에 반하지 않는다. 심판대상조항으로 인하여 공공수역의 수질오염을 방지할 수 있으므로 달성되는 공익은 중대한 반면, 감량분쇄기의 판매·사용은 허용되며, 음식물찌꺼기 등이 부패하기 전에 종량제봉투방식 등으로 음식물류 폐기물 거점수거용기에 수시로 배출할 수 있다는 점 등을 고려하면 청구인들에게 발생한 불이익이 감수할 수 없을 정도로 크다고 보기 어렵다. 따라서 심판대상조항은 법익의 균형성원칙도 충족한다(헌재 2018.6.28. 2016헌마1151).

[❹ ▸ X] 청구인들은 검정고시 재응시를 제한하는 것이 평등권을 침해한다는 취지로 주장하나, 그 내용은 바로 '균등하게 교육을 받을 권리'의 제한에 다름 아니므로 교육을 받을 권리의 침해 여부에 대한 판단에서 같이 이루어질 문제이고, 그 밖에 행복추구권, 자기결정권 등의 침해에 대하여도 주장하고 있으나, 이 사건과 가장 밀접한 관련을 가지고 핵심적으로 다투어지는 사항은 교육을 받을 권리이므로, 이하에서는 이 사건 응시 제한이 교육을 받을 권리를 침해하는지 여부를 판단하기로 한다. … 검정고시응시자격을 제한하는 것은, 국민의 교육받을 권리 중 그 의사와 능력에 따라 균등하게 교육받을 것을 국가로부터 방해받지 않을 권리, 즉 자유권적 기본권을 제한하는 것이므로, 그 제한에 대하여는 헌법 제37조 제2항의 비례원칙에 의한 심사, 즉 과잉금지원칙에 따른 심사를 받아야 할 것이다. 이 사건 응시제한은 정규교육과정의 학생이 검정고시제도를 입시전략에 활용하는 것을 방치함으로써 발생할 수 있는 공교육의 붕괴를 막고, 상급학교 진학 시 검정고시 출신자와 정규학교 출신자 간의 형평성을 도모하고자 하는 것으로서 그 입법목적의 정당성은 인정할 수 있으나, 이와 같은 목적의 달성을 위해 선행되어야 할 근본적인 조치에 대한 검토 없이 검정고시제도 도입 이후 허용되어 온 합격자의 재응시를 아무런 경과조치 없이 무조건적으로 금지함으로써 응시자격을 단번에 영구히 박탈한 것이어서 최소침해성의 원칙에 위배되고 법익의 균형성도 상실하고 있다 할 것이므로 과잉금지원칙에 위배된다(헌재 2012.5.31. 2010헌마139).

[❺ ▸ O] 청구인들은 수능시험을 준비하는 사람들로서 심판대상계획에서 정한 출제방향과 원칙에 영향을 받을 수밖에 없다. 따라서 수능시험을 준비하면서 무엇을 어떻게 공부하여야 할지에 관하여 스스로 결정할 자유가 심판대상계획에 따라 제한된다. 이는 자신의 교육에 관하여 스스로 결정할 권리, 즉 교육을 통한 자유로운 인격발현권을 제한받는 것으로 볼 수 있다. 국가의 공권력 행사가 학생의 자유로운 인격발현권을 제한하는 경우에도 헌법 제37조 제2항에 따른 한계를 준수하여야 한다. 다만, 국가는 수능시험 출제방향이나 원칙을 정할 때 폭넓은 재량권을 가지므로, 심판대상계획이 청구인들의 기본권을 침해하는지 여부를 심사할 때 이러한 국가의 입법형성권을 감안하여야 한다(헌재 2018.2.22. 2017헌마691).

**2016년 변호사시험 문 3.** ☑확인 Check! ○ △ ×

**헌법 제10조에 관한 설명 중 옳지 않은 것은?(다툼이 있는 경우 판례에 의함)**

① 헌법 제10조는 개인의 인격권과 행복추구권을 보장하고 있고, 인격권과 행복추구권은 개인의 자기운명결정권을 전제로 하는데 이 자기운명결정권에는 성행위 여부 및 그 상대방을 결정할 수 있는 성적 자기결정권이 포함되어 있다.
② 성전환자에 해당함이 명백한 사람에 대해서는 호적의 성별란 기재의 성을 전환된 성에 부합하도록 수정할 수 있도록 허용함이 상당하므로, 성전환자임이 명백한 사람에 대하여 호적 정정을 허용하지 않는 것은 인간의 존엄과 가치를 향유할 권리를 온전히 구현할 수 없게 만드는 것이다.
③ 환자가 장차 죽음에 임박한 상태에 이를 경우에 대비하여 미리 의료인 등에게 연명치료 거부 또는 중단에 관한 의사를 밝히는 등의 방법으로 죽음에 임박한 상태에서 인간으로서의 존엄과 가치를 지키기 위하여 연명치료의 거부 또는 중단을 결정할 수 있고, 이는 헌법상 자기결정권의 한 내용으로서 보장되지만, '연명치료 중단에 관한 자기결정권'을 보장하기 위한 입법의무가 국가에게 명백하게 부여된 것은 아니다.
④ 의사의 면허 없이 영리를 목적으로 의료행위를 업으로 행하는 자에게 무기 또는 2년 이상의 징역형과 100만원 이상 1천만원 이하의 벌금형을 병과하는 것은, 그 법정형이 가혹하여 인간으로서의 존엄과 가치를 규정한 헌법에 위반되는 것으로 볼 수 없다.
⑤ 피의자에 대한 촬영 허용은 초상권을 포함한 일반적 인격권을 제한하지만 범죄사실에 관하여 일반국민에게 알려야 할 공공성이 있으므로, 공인이 아니며 보험사기를 이유로 체포된 피의자가 경찰서에 수갑을 차고 얼굴을 드러낸 상태에서 조사받는 과정을 기자들로 하여금 촬영하도록 허용하는 행위는 기본권 제한의 목적의 정당성이 인정된다.

PART 02 기본권론

[❶ ▸ ○] 헌법 제10조는 "모든 국민은 인간으로서의 존엄과 가치를 가지며, 행복을 추구할 권리를 가진다. 국가는 개인이 가지는 불가침의 기본적 인권을 확인하고 이를 보장할 의무를 진다"라고 규정하여 개인의 인격권과 행복추구권을 보장하고 있다. 개인의 인격권·행복추구권에는 개인의 자기운명결정권이 전제되는 것이고, 이 자기운명결정권에는 성행위 여부 및 그 상대방을 결정할 수 있는 성적(性的) 자기결정권이 포함되어 있다(헌재 2009.11.26. 2008헌바58).

[❷ ▸ ○] 성전환자에 해당함이 명백한 사람에 대하여는 호적 정정에 관한 호적법 제120조의 절차에 따라 호적의 성별란 기재의 성을 전환된 성에 부합하도록 수정할 수 있도록 허용함이 상당하다. 성전환자도 인간으로서의 존엄과 가치를 향유하며 행복을 추구할 권리와 인간다운 생활을 할 권리가 있고 이러한 권리들은 질서 유지나 공공복리에 반하지 아니하는 한 마땅히 보호받아야 한다(헌법 제10조, 제34조 제1항, 제37조 제2항). … 법령상 절차규정의 미비를 이유로 성전환자임이 명백한 사람에 대한 호적의 정정을 허용하지 않는다면 위 헌법정신을 온전히 구현할 수 없게 된다고 할 것이다(대판 2006.6.22. 2004스42).

[❸ ▸ ○] 환자가 장차 죽음에 임박한 상태에 이를 경우에 대비하여 미리 의료인 등에게 연명치료 거부 또는 중단에 관한 의사를 밝히는 등의 방법으로 죽음에 임박한 상태에서 인간으로서의 존엄과 가치를 지키기 위하여 연명치료의 거부 또는 중단을 결정할 수 있다 할 것이고, 위 결정은 헌법상 기본권인 자기결정권의 한 내용으로서 보장된다 할 것이다. '연명치료 중단에 관한 자기결정권'을 보장하는 방법으로서 '법원의 재판을 통한 규범의 제시'와 '입법' 중 어느 것이 바람직한가는 입법정책의 문제로서 국회의 재량에 속한다 할 것이다. 그렇다면 헌법해석상 '연명치료 중단 등에 관한 법률'을 제정할 국가의 입법의무가 명백하다고 볼 수 없다(헌재 2009.11.26. 2008헌마385)..

[❹ ▸ ○] 이 사건 법률조항이 무기 또는 2년 이상의 징역형과 100만원 이상 1천만원 이하의 벌금형을 병과하도록 규정하고 있는 점만으로는 그것이 곧 전체 형벌체계상 현저히 균형을 잃게 되어 다른 범죄자 특히 의료법상 무면허의료행위자와의 관계에 있어서 헌법 제11조가 보장하는 평등의 원리에 반한다고 할 수 없고, 그러한 유형의 범죄에 대한 형벌 본래의 기능과 목적을 달성함에 있어 필요한 정도를 일탈함으로써 헌법 제37조 제2항의 과잉입법금지원칙에 위배된다고 할 수도 없을 뿐만 아니라, 나아가 그 법정형이 지나치게 가혹하여 인간으로서의 존엄과 가치 및 국가의 기본권보호의무를 보장한 헌법 제10조에 위반되는 것이라고 볼 수도 없다(헌재 2001.11.29. 2000헌바37).

정답 ⑤

[ ❺ ▸ × ] 사람은 자신의 의사에 반하여 얼굴을 비롯하여 일반적으로 특정인임을 식별할 수 있는 신체적 특징에 관하여 함부로 촬영당하지 아니할 권리를 가지고 있으므로, 촬영허용행위는 헌법 제10조로부터 도출되는 초상권을 포함한 일반적 인격권을 제한한다고 할 것이다. 원칙적으로 '범죄사실' 자체가 아닌 그 범죄를 저지른 자에 관한 부분은 일반국민에게 널리 알려야 할 공공성을 지닌다고 할 수 없고, 이에 대한 예외는 공개수배의 필요성이 있는 경우 등에 극히 제한적으로 인정될 수 있을 뿐이다. 피청구인은 기자들에게 청구인이 경찰서 내에서 수갑을 차고 얼굴을 드러낸 상태에서 조사받는 모습을 촬영할 수 있도록 허용하였는데, 청구인에 대한 이러한 수사장면을 공개 및 촬영하게 할 어떠한 공익목적도 인정하기 어려우므로 촬영허용행위는 목적의 정당성이 인정되지 아니한다(헌재 2014.3.27. 2012헌마652).

**2013년 변호사시험 문 10.** ☑ 확인Check! ○ △ ×

**인간으로서의 존엄과 가치 및 행복추구권에서 도출되는 권리들에 관한 설명 중 옳지 않은 것은?(다툼이 있는 경우 판례에 의함)**

① 일반적 행동자유권의 보호영역에는 개인의 생활방식과 취미에 관한 사항도 포함되며, 여기에는 위험한 스포츠를 즐길 권리와 같은 위험한 생활방식으로 살아갈 권리도 포함된다.

② 헌법 제10조로부터 도출되는 일반적 인격권에는 개인의 명예에 관한 권리도 포함되며, 사자(死者)에 대한 사회적 명예와 평가의 훼손은 사자와의 관계를 통하여 스스로의 인격상을 형성하고 명예를 지켜 온 그 후손의 인격권을 제한한다.

③ 일반적 인격권에는 각 개인이 그 삶을 사적으로 형성할 수 있는 자율영역에 대한 보장이 포함되어 있음을 감안할 때, 장래 가족의 구성원이 될 태아의 성별정보에 대한 접근을 국가로부터 방해받지 않을 부모의 권리는 일반적 인격권에 의하여 보호된다.

④ 광장에서 여가활동이나 문화활동을 하는 것은 일반적 행동자유권의 보호영역에 포함되지만, 그 광장 주변을 출입하고 통행하는 개인의 행위는 거주이전의 자유로 보장될 뿐 일반적 행동자유권의 내용으로는 보장되지 않는다.

⑤ 형법상 자기낙태죄조항은 태아의 생명을 보호하기 위하여 태아의 발달단계나 독자적 생존능력과 무관하게 임부의 낙태를 원칙적으로 금지하고 이를 형사처벌하고 있으므로, 헌법 제10조에서 도출되는 임부의 자기결정권, 즉 낙태의 자유를 제한하고 있다.

[ ❶ ▸ ○ ] 일반적 행동자유권에는 적극적으로 자유롭게 행동을 하는 것은 물론 소극적으로 행동을 하지 않을 자유, 즉 부작위의 자유도 포함되며, 포괄적인 의미의 자유권으로서 일반조항적인 성격을 가진다. 즉 일반적 행동자유권은 모든 행위를 할 자유와 행위를 하지 않을 자유로 가치 있는 행동만 그 보호영역으로 하는 것은 아닌 것으로, 그 보호영역에는 개인의 생활방식과 취미에 관한 사항도 포함되며, 여기에는 위험한 스포츠를 즐길 권리와 같은 위험한 생활방식으로 살아갈 권리도 포함된다(헌재 2003.10.30. 2002헌마518).

[ ❷ ▸ ○ ] 헌법 제10조로부터 도출되는 일반적 인격권에는 개인의 명예에 관한 권리도 포함되는바, 이 사건 심판대상조항에 근거하여 반민규명위원회의 조사대상자 선정 및 친일반민족행위결정이 이루어지면(이에 관하여 작성된 조사보고서 및 편찬된 사료는 일반에 공개된다), 조사대상자의 사회적 평가가 침해되어 헌법 제10조에서 유래하는 일반적 인격권이 제한받는다고 할 수 있다. 다만 이 사건 결정의 조사대상자를 비롯하여 대부분의 조사대상자는 이미 사망하였을 것이 분명하나, 조사대상자가 사자(死者)의 경우에도 인격적 가치에 대한 중대한 왜곡으로부터 보호되어야 하고, 사자(死者)에 대한 사회적 명예와 평가의 훼손은 사자(死者)와의 관계를 통하여 스스로의 인격상을 형성하고 명예를 지켜 온 그들의 후손의 인격권, 즉 유족의 명예 또는 유족의 사자(死者)에 대한 경애추모의 정을 침해한다고 할 것이다. 따라서 이 사건 심판대상조항은 조사대상자의 사회적 평가와 아울러 그 유족의 헌법상 보장된 인격권을 제한하는 것이라고 할 것이다(헌재 2011.3.31. 2008헌바111).



④ 정답

[❸ ▸ O] 헌법 제10조로부터 도출되는 일반적 인격권에는 각 개인이 그 삶을 사적으로 형성할 수 있는 자율영역에 대한 보장이 포함되어 있음을 감안할 때, 장래 가족의 구성원이 될 태아의 성별정보에 대한 접근을 국가로부터 방해받지 않을 부모의 권리는 이와 같은 일반적 인격권에 의하여 보호된다고 보아야 할 것인바, 이 사건 규정은 일반적 인격권으로부터 나오는 부모의 태아성별정보에 대한 접근을 방해받지 않을 권리를 제한하고 있다고 할 것이다(헌재 2008.7.31. 2004헌마1010 등).

[❹ ▸ X] 거주·이전의 자유는 거주지나 체류지라고 볼 만한 정도로 생활과 밀접한 연관을 갖는 장소를 선택하고 변경하는 행위를 보호하는 기본권인바, 이 사건에서 서울광장이 청구인들의 생활 형성의 중심지인 거주지나 체류지에 해당한다고 할 수 없고, 서울광장에 출입하고 통행하는 행위가 그 장소를 중심으로 생활을 형성해 나가는 행위에 속한다고 볼 수도 없으므로 청구인들의 거주·이전의 자유가 제한되었다고 할 수 없다. 일반공중에게 개방된 장소인 서울광장을 개별적으로 통행하거나 서울광장에서 여가활동이나 문화활동을 하는 것은 일반적 행동자유권의 내용으로 보장됨에도 불구하고, 피청구인이 이 사건 통행제지행위에 의하여 청구인들의 이와 같은 행위를 할 수 없게 하였으므로 청구인들의 일반적 행동자유권의 침해 여부가 문제된다(헌재 2011.6.30. 2009헌마406).

[❺ ▸ O] 개인의 인격권·행복추구권에는 개인의 자기운명결정권이 전제되는 것이고, 이 자기운명결정권에는 임신과 출산에 관한 결정, 즉 임신과 출산의 과정에 내재하는 특별한 희생을 강요당하지 않을 자유가 포함되어 있다. 자기낙태죄조항은 "부녀가 약물 기타 방법으로 낙태한 때에는 1년 이하의 징역 또는 200만원 이하의 벌금에 처한다"고 규정함으로써, 태아의 생명을 보호하기 위하여 태아의 발달단계나 독자적 생존능력과 무관하게 임부의 낙태를 원칙적으로 금지하고 이를 형사처벌하고 있으므로, 헌법 제10조에서 도출되는 임부의 자기결정권, 즉 낙태의 자유를 제한하고 있다(헌재 2012.8.23. 2010헌바402).

## 제2절 평등권 ★★★

**2013년 변호사시험 문 14.** ☑확인 Check! ○ △ ×

**평등권 및 평등원칙에 관한 설명 중 옳지 않은 것은?(다툼이 있는 경우 판례에 의함)**

① 평등의 원칙은 국민의 기본권 보장에 관한 우리 헌법의 최고원리로서 국가가 입법을 하거나 법을 해석 및 집행함에 있어 따라야 할 기준인 동시에, 국가에 대하여 합리적 이유 없이 불평등한 대우를 하지 말 것과 평등한 대우를 할 것을 요구할 수 있는 근거가 된다.

② 대한민국 국민인 남자에 한하여 병역의무를 부과한 것은 헌법이 특별히 양성평등을 요구하는 경우에 해당하지 않고, 관련 기본권에 중대한 제한을 초래하는 경우로 보기도 어려우므로, 그 평등권 침해 여부는 자의금지원칙에 의하여 심사한다.

③ 국가유공자와 그 가족에 대한 가산점제도에 있어서 국가유공자 가족의 경우는 헌법 제32조 제6항이 가산점제도의 근거라고 볼 수 없으므로 평등권 침해 여부에 관하여 보다 완화된 기준을 적용한 비례심사는 부적절한 것이다.

④ 특정한 조세법률조항이 혼인이나 가족생활을 근거로 부부 등 가족이 있는 자를 혼인하지 아니한 자 등에 비하여 차별취급하는 것은 과세단위의 설정에 대한 입법자의 입법 형성의 재량에 속하는 정책적 문제이므로, 헌법 제36조 제1항의 위반 여부는 자의금지원칙에 의하여 심사한다.

⑤ 국·공립학교와는 달리 사립학교를 설치·경영하는 학교법인 등이 당해 학교에 운영위원회를 둘 것인지의 여부를 스스로 결정할 수 있도록 한 것은 사립학교의 특수성과 자주성을 존중하기 위한 것이므로 합리적이고 정당한 사유가 있는 차별에 해당한다.

정답 ④

[❶ ▸ O] 헌법 제11조는 "모든 국민은 법 앞에 평등하다. 누구든지 성별·종교·사회적 신분에 의하여 정치적·경제적·사회적·문화적 생활의 모든 영역에 있어서 차별을 받지 아니한다"라고 규정하여 모든 국민에게 평등권을 보장하고 있는바, 평등의 원칙은 국민의 기본권 보장에 관한 우리 헌법의 최고원리로서 국가가 입법을 하거나 법을 해석 및 집행함에 있어 따라야 할 기준인 동시에, 국가에 대하여 합리적 이유 없이 불평등한 대우를 하지 말 것과, 평등한 대우를 요구할 수 있는 국민의 권리이다. 헌법 제11조 제1항의 평등의 원칙은 일체의 차별적 대우를 부정하는 절대적 평등을 의미하는 것이 아니라 입법과 법의 적용에 있어서 합리적 근거 없는 차별을 하여서는 아니 된다는 상대적 평등을 뜻하고 따라서 합리적 근거 있는 차별 내지 불평등은 평등의 원칙에 반하는 것이 아니다(헌재 2002.12.18. 2001헌마546).

[❷ ▸ O] 이 사건 법률조항이 헌법이 특별히 평등을 요구하는 경우나 관련 기본권에 중대한 제한을 초래하는 경우의 차별취급을 그 내용으로 하고 있다고 보기 어려운 점, 징집대상자의 범위 결정에 관하여는 입법자의 광범위한 입법형성권이 인정되는 점에 비추어, 이 사건 법률조항이 평등권을 침해하는지 여부는 완화된 심사척도에 따라 자의금지원칙 위반 여부에 의하여 판단하기로 한다(헌재 2011.6.30. 2010헌마460).

[❸ ▸ O] 종전 결정은 국가유공자와 그 가족에 대한 가산점제도는 모두 헌법 제32조 제6항에 근거를 두고 있으므로 평등권 침해 여부에 관하여 보다 완화된 기준을 적용한 비례심사를 하였으나, 국가유공자 본인의 경우는 별론으로 하고, 그 가족의 경우는 위에서 본 바와 같이 헌법 제32조 제6항이 가산점제도의 근거라고 볼 수 없으므로 그러한 완화된 심사는 부적절한 것이다(헌재 2006.2.23. 2004헌마675 등).

[❹ ▸ X] 특정한 조세법률조항이 혼인이나 가족생활을 근거로 부부 등 가족이 있는 자를 혼인하지 아니한 자 등에 비하여 차별취급하는 것이라면 비례의 원칙에 의한 심사에 의하여 정당화되지 않는 한 헌법 제36조 제1항에 위반된다 할 것이다. 이는 단지 차별의 합리적인 이유의 유무만을 확인하는 정도를 넘어, 차별의 이유와 차별의 내용 사이에 적정한 비례적 균형관계가 이루어져 있는지에 대해서도 심사하여야 한다는 것을 의미하고, 위와 같은 헌법원리는 조세 관련 법령에서 과세단위를 정하는 것이 입법자의 입법 형성의 재량에 속하는 정책적 문제라고 하더라도 그 한계로서 적용되는 것이다(헌재 2008.11.13. 2006헌바112 등).

[❺ ▸ O] 입법자가 국·공립학교와는 달리 사립학교를 설치·경영하는 학교법인 등이 당해 학교에 운영위원회를 둘 것인지의 여부를 스스로 결정할 수 있도록 한 것은 사립학교의 특수성과 자주성을 존중하는 데 그 목적이 있으므로 결국 위 조항이 국·공립학교의 학부모에 비하여 사립학교의 학부모를 차별취급한 것은 합리적이고 정당한 사유가 있어 평등권을 침해한 것이 아니다(헌재 1999.3.25. 97헌마130).

**2020년 변호사시험 문 1.** ☑ 확인 Check! ○ △ ×

**평등원칙 및 평등권에 관한 설명 중 옳은 것을 모두 고른 것은?(다툼이 있는 경우 판례에 의함)**

ㄱ. 사업주가 제공하거나 그에 준하는 교통수단을 이용하여 출퇴근하던 중에 산업재해보상보험 가입근로자가 입은 재해를 업무상 재해로 인정하는 것과 달리, 도보나 자기 소유 교통수단 또는 대중교통수단 등을 이용하여 출퇴근하는 산업재해보상보험 가입근로자가 사업주의 지배관리 아래 있다고 볼 수 없는 통상적 경로와 방법으로 출퇴근하던 중에 입은 재해를 업무상 재해로 인정하지 않는 것은 자의적 차별로 평등원칙에 위배된다.

ㄴ. 자율형 사립고(이하 "자사고"라 함)의 도입목적은 고교평준화제도의 기본틀을 유지하면서 고교평준화제도의 문제점으로 지적된 획일성을 보완하기 위해 고교교육의 다양화를 추진하고, 학습자의 소질·적성 및 창의성 개발을 지원하며, 학생·학부모의 다양한 요구 및 선택기회 확대에 부응하는 것이어서 과학고의 경우와 같이 재능이나 소질을 가진 학생을 후기학교보다 먼저 선발할 필요성이 있음에도 불구하고 자사고를 후기학교로 규정함으로써 과학고와 달리 취급하고, 일반고와 같이 취급하는 것은 자사고 학교법인의 평등권을 침해한다.

ㄷ. 교수·연구 분야에 전문성이 뛰어난 교사들로서 교사의 교수·연구활동을 지원하는 임무를 부여받고 있는 수석교사를 성과상여금 등의 지급과 관련하여 교장이나 장학관 등과 달리 취급하고 있지만 이는 이들의 직무 및 직급이 다른 것에서 기인하는 합리적인 차별이다.

ㄹ. 대한민국 국적을 가지고 있는 영유아 중에서도 재외국민 영유아를 보육료·양육수당지원대상에서 제외하는 보건복지부지침은 국내에 거주하면서 재외국민인 영유아를 양육하는 부모들을 합리적 이유 없이 차별하는 것이 아니다.

① ㄱ, ㄴ ② ㄱ, ㄷ ③ ㄴ, ㄹ
④ ㄱ, ㄷ, ㄹ ⑤ ㄴ, ㄷ, ㄹ

[ㄱ ▸ O] 도보나 자기 소유 교통수단 또는 대중교통수단 등을 이용하여 출퇴근하는 산업재해보상보험 가입근로자는 사업주가 제공하거나 그에 준하는 교통수단을 이용하여 출퇴근하는 산재보험 가입근로자와 같은 근로자인데도 사업주의 지배관리 아래 있다고 볼 수 없는 통상적 경로와 방법으로 출퇴근하던 중에 발생한 재해를 업무상 재해로 인정받지 못한다는 점에서 차별취급이 존재한다. 통상의 출퇴근재해를 업무상 재해로 인정하여 근로자를 보호해 주는 것이 산재보험의 생활보장적 성격에 부합한다. 사업장 규모나 재정여건의 부족 또는 사업주의 일방적 의사나 개인사정 등으로 출퇴근용 차량을 제공받지 못하거나 그에 준하는 교통수단을 지원받지 못하는 비혜택근로자는 비록 산재보험에 가입되어 있다 하더라도 출퇴근재해에 대하여 보상을 받을 수 없는데, 이러한 차별을 정당화할 수 있는 합리적 근거를 찾을 수 없다. 통상의 출퇴근재해를 산재보험법상 업무상 재해로 인정할 경우 산재보험재정상황이 악화되거나 사업주 부담 보험료가 인상될 수 있다는 문제점은 보상대상을 제한하거나 근로자에게도 해당 보험료의 일정 부분을 부담시키는 방법 등으로 어느 정도 해결할 수 있다. 반면에 통상의 출퇴근 중 재해를 입은 비혜택근로자는 가해자를 상대로 불법행위 책임을 물어도 충분한 구제를 받지 못하는 것이 현실이고, 심판대상조항으로 초래되는 비혜택근로자와 그 가족의 정신적·신체적 혹은 경제적 불이익은 매우 중대하다. 따라서 심판대상조항은 합리적 이유 없이 비혜택근로자를 자의적으로 차별하는 것이므로, 헌법상 평등원칙에 위배된다(헌재 2016.9.29. 2014헌바254).

[ㄴ ▸ ×] 어떤 학교를 전기학교로 규정할 것인지 여부는 해당 학교의 특성상 특정 분야에 재능이나 소질을 가진 학생을 후기학교보다 먼저 선발할 필요성이 있는지에 따라 결정되어야 한다. 과학고는 '과학 분야의 인재 양성'이라는 설립취지나 전문적인 교육과정의 측면에서 과학 분야에 재능이나 소질을 가진 학생을 후기학교보다 먼저 선발할 필요성을 인정할 수 있으나, 자사고의 경우 교육과정 등을 고려할 때 후기학교보다 먼저 특정한 재능이나 소질을 가진 학생을 선발할 필요성은 적다. 따라서 이 사건 동시선발조항이 자사고를 후기학교로 규정함으로써 과학고와 달리 취급하고, 일반고와 같이 취급하는 데에는 합리적인 이유가 있으므로 청구인 학교법인의 평등권을 침해하지 아니한다(헌재 2019.4.11. 2018헌마221).

정답 ②

[ㄷ ▸ O] 수석교사에게 교장 등, 장학관 등과 달리 성과상여금, 시간외근무수당을 일반교사에 준하여 지급하고, 보전수당, 관리업무수당, 직급보조비를 지급하지 않는 것은, 교장 등, 장학관 등과 직무 및 직급이 다른 것에서 기인한다. 수석교사는 교사의 교수·연구활동을 지원하는 임무를 부여받고 있는 반면, 교장 등은 교무를 통할·총괄하고 소속 교직원을 지도·감독하는 관리임무를 부여받고, 장학관 등은 각급 학교에 대한 관리·감독업무 등 교육행정업무를 수행할 임무를 부여받고 있다. 수석교사 임용을 교장 등의 승진임용과 동일시하기 어렵고, 이에 따라 수석교사와 교장 등의 직급이 같다고 볼 수 없다. 장학관 등은 보직된 직위에 따라 교장 등과 직급이 같거나 높으므로 수석교사와 교장 등의 직급이 다른 이상 수석교사와 장학관 등의 직급도 같다고 할 수 없다. 대신 수석교사에게는 그 직무 등의 특성을 고려해 연구활동비 지급 및 수업부담 경감의 우대를 하고 있다. 이와 같이 성과상여금 등의 지급과 관련하여 수석교사를 교장 등, 장학관 등과 달리 취급하는 것에는 합리적인 이유가 있으므로, 심판대상조항들은 청구인들의 평등권을 침해하지 않는다(헌재 2019.4.11. 2017헌마602 등).

[ㄹ ▸ X] 법의 목적과 보육이념, 보육료·양육수당 지급에 관한 법규정을 종합할 때, 보육료·양육수당은 영유아가 국내에 거주하면서 국내에 소재한 어린이집을 이용하거나 가정에서 양육되는 경우에 지원이 되는 것으로 제도가 마련되어 있다. 단순한 단기체류가 아니라 국내에 거주하는 재외국민, 특히 외국의 영주권을 보유하고 있으나 상당한 기간 국내에서 계속 거주하고 있는 자들은 주민등록법상 재외국민으로 등록·관리될 뿐 '국민인 주민'이라는 점에서는 다른 일반국민과 실질적으로 동일하므로, 단지 외국의 영주권을 취득한 재외국민이라는 이유로 달리 취급할 아무런 이유가 없어 위와 같은 차별은 청구인들의 평등권을 침해한다(헌재 2018.1.25. 2015헌마1047).

**2012년 변호사시험 문 5.** ☑ 확인 Check! O △ X

**평등의 원칙 내지 평등권에 관한 설명 중 옳지 않은 것은?(다툼이 있는 경우 판례에 의함)**

① 헌법재판소는 헌법 제11조 제1항 제2문의 '사회적 신분'이란 사회에서 장기간 점하는 지위로서 일정한 사회적 평가를 수반하는 것을 의미한다고 할 것이므로 전과자도 사회적 신분에 해당한다고 판시하였다.

② 평등원칙과 결합하여 혼인과 가족을 부당한 차별로부터 보호하고자 하는 목적을 지니고 있는 헌법 제36조 제1항(혼인과 가족생활의 보장)에 비추어 볼 때, 종합부동산세의 과세방법을 '인별 합산'이 아니라 '세대별 합산'으로 규정한 종합부동산세법 규정은 비례원칙에 의한 심사에 의하여 정당화되지 않으므로 헌법에 위반된다.

③ "국가유공자·상이군경 및 전몰군경의 유가족은 법률이 정하는 바에 의하여 우선적으로 근로의 기회를 부여받는다"고 규정한 헌법 제32조 제6항의 대상자는 문리해석대로 '국가유공자', '상이군경' 그리고 '전몰군경의 유가족'이라고 보아야 하고, 국가유공자의 가족이 공무원채용시험에 응시하는 경우 만점의 10%를 가산하도록 규정하고 있는 법률조항은 일반 응시자와의 차별의 효과가 지나치므로 헌법에 합치되지 아니한다.

④ 제대군인이 공무원채용시험 등에 응시한 때에 과목별 득점에 과목별 만점의 5% 또는 3%를 가산하는 제대군인가산점제도는, 헌법에서 특별히 평등을 요구하고 있는 경우 및 차별적 취급으로 인하여 관련 기본권에 대한 중대한 제한을 초래하게 된 경우에 해당하므로 비례원칙에 따른 심사를 하여야 한다.

⑤ 선거구를 획정할 때 선거구 간의 인구편차의 허용한계는 국회의원선거나 지방의회의원선거에 있어서 공히 상하 50% 편차(이 경우 최대선거구 인구수와 최소선거구 인구수의 비율은 3 : 1)를 기준으로 한다.

[❶ ▸ O] 헌법 제11조 제1항은 "모든 국민은 법 앞에 평등하다. 누구든지 성별·종교 또는 사회적 신분에 의하여 정치적·경제적·사회적·문화적 생활의 모든 영역에 있어서 차별을 받지 아니한다"라고 규정하고 있는바 여기서 사회적 신분이란 사회에서 장기간 점하는 지위로서 일정한 사회적 평가를 수반하는 것을 의미한다 할 것이므로 전과자도 사회적 신분에 해당된다(헌재 1995.2.23. 93헌바43).



⑤ 정답

[❷ ▸ O] 특정한 조세법률조항이 혼인이나 가족생활을 근거로 부부 등 가족이 있는 자를 혼인하지 아니한 자 등에 비하여 차별취급하는 것이라면 비례의 원칙에 의한 심사에 의하여 정당화되지 않는 한 헌법 제36조 제1항에 위반된다 할 것인데, 이 사건 세대별 합산규정은 생활실태에 부합하는 과세를 실현하고 조세 회피를 방지하고자 하는 것으로 그 입법목적의 정당성은 수긍할 수 있으나, 가족 간의 증여를 통하여 재산의 소유형태를 형성하였다고 하여 모두 조세 회피의 의도가 있었다고 단정할 수 없고, 정당한 증여의 의사에 따라 가족 간에 소유권을 이전하는 것도 국민의 권리에 속하는 것이며, 우리 민법은 부부별산제를 채택하고 있고 배우자를 제외한 가족의 재산까지 공유로 추정할 근거규정이 없고, 공유재산이라고 하여 세대별로 합산하여 과세할 당위성도 없으며, 부동산가격의 앙등은 여러 가지 요인이 복합적으로 작용하여 발생하는 것으로서 오로지 세제의 불비 때문에 발생하는 것만이 아니며, 이미 헌법재판소는 자산소득에 대하여 부부간 합산과세에 대하여 위헌 선언한 바 있으므로 적절한 차별취급이라 할 수 없다. 또한 부동산실명법상의 명의신탁무효조항이나 과징금부과조항, 상속세 및 증여세법상의 증여추정규정 등에 의해서도 조세 회피의 방지라는 입법목적을 충분히 달성할 수 있어 반드시 필요한 수단이라고 볼 수 없다. 이 사건 세대별 합산규정으로 인한 조세부담의 증가라는 불이익은 이를 통하여 달성하고자 하는 조세 회피의 방지 등 공익에 비하여 훨씬 크고, 조세 회피의 방지와 경제생활 단위별 과세의 실현 및 부동산가격의 안정이라는 공익은 입법정책상의 법익인 데 반해 혼인과 가족생활의 보호는 헌법적 가치라는 것을 고려할 때 법익균형성도 인정하기 어렵다. 따라서 이 사건 세대별 합산규정은 혼인한 자 또는 가족과 함께 세대를 구성한 자를 비례의 원칙에 반하여 개인별로 과세되는 독신자, 사실혼관계의 부부, 세대원이 아닌 주택 등의 소유자 등에 비하여 불리하게 차별하여 취급하고 있으므로, 헌법 제36조 제1항에 위반된다(헌재 2008.11.13. 2006헌바112 등).

[❸ ▸ O] 종전 결정에서 헌법재판소는 헌법 제32조 제6항의 "국가유공자·상이군경 및 전몰군경의 유가족은 법률이 정하는 바에 의하여 우선적으로 근로의 기회를 부여받는다"는 규정을 넓게 해석하여, 이 조항이 국가유공자 본인뿐만 아니라 가족들에 대한 취업보호제도(가산점)의 근거가 될 수 있다고 보았다. 그러나 오늘날 가산점의 대상이 되는 국가유공자와 그 가족의 수가 과거에 비하여 비약적으로 증가하고 있는 현실과, 취업보호대상자에서 가족이 차지하는 비율, 공무원시험의 경쟁이 갈수록 치열해지는 상황을 고려할 때, 위 조항의 폭넓은 해석은 필연적으로 일반응시자의 공무담임의 기회를 제약하게 되는 결과가 될 수 있으므로 위 조항은 엄격하게 해석할 필요가 있다. 이러한 관점에서 위 조항의 대상자는 조문의 문리해석대로 '국가유공자', '상이군경' 그리고 '전몰군경의 유가족'이라고 봄이 상당하다. 이 사건 조항으로 인한 공무담임권의 차별효과는 앞서 본 바와 같이 심각한 반면, 국가유공자 가족들에 대하여 아무런 인원 제한도 없이 매 시험마다 10%의 높은 가산점을 부여해야만 할 필요성은 긴요한 것이라고 보기 어렵고, 입법목적을 감안하더라도 일반응시자들의 공무담임권에 대한 차별효과가 지나친 것이다. 이 사건 조항의 차별로 인한 불평등효과는 입법목적과 그 달성수단 간의 비례성을 현저히 초과하는 것이므로, 이 사건 조항은 청구인들과 같은 일반공직시험 응시자들의 평등권을 침해한다. 이 사건 조항의 위헌성은 국가유공자 등과 그 가족에 대한 가산점제도 자체가 입법정책상 전혀 허용될 수 없다는 것이 아니고, 그 차별의 효과가 지나치다는 것에 기인한다. 그렇다면 입법자는 공무원시험에서 국가유공자의 가족에게 부여되는 가산점의 수치를, 그 차별효과가 일반응시자의 공무담임권 행사를 지나치게 제약하지 않는 범위 내로 낮추고, 동시에 가산점수혜 대상자의 범위를 재조정하는 등의 방법으로 그 위헌성을 치유하는 방법을 택할 수 있을 것이다. 따라서 이 사건 조항의 위헌성의 제거는 입법부가 행하여야 할 것이므로 이 사건 조항에 대하여는 헌법불합치결정을 하기로 한다(헌재 2006.2.23. 2004헌마675 등).

[❹ ▸ O] 평등 위반 여부를 심사함에 있어 엄격한 심사척도에 의할 것인지, 완화된 심사척도에 의할 것인지는 입법자에게 인정되는 입법형성권의 정도에 따라 달라지게 될 것이나, 헌법에서 특별히 평등을 요구하고 있는 경우와 차별적 취급으로 인하여 관련 기본권에 대한 중대한 제한을 초래하게 된다면 입법형성권은 축소되어 보다 엄격한 심사척도가 적용되어야 할 것인바, 가산점제도는 헌법 제32조 제4항이 특별히 남녀평등을 요구하고 있는 '근로' 내지 '고용'의 영역에서 남성과 여성을 달리 취급하는 제도이고, 또한 헌법 제25조에 의하여 보장된 공무담임권이라는 기본권의 행사에 중대한 제약을 초래하는 것이기 때문에 엄격한 심사척도가 적용된다(헌재 1999.12.23. 98헌마363).

[❺ ▸ ×] 헌법재판소는 국회의원선거의 경우에는 인구편차 상하 $33\frac{1}{3}$%를 넘어서면 위헌으로 판단하고, 지방의회의원 선거의 경우에는 인구편차 상하 50%를 넘어서면 위헌으로 판단한다.

판례

**국회의원선거** : 현재의 시점에서 헌법이 허용하는 인구편차의 기준을 인구편차 상하 $33\frac{1}{3}$%를 넘어서지 않는 것으로 봄이 타당하다. 따라서 심판대상 선거구구역표 중 인구편차 상하 $33\frac{1}{3}$%의 기준을 넘어서는 선거구에 관한 부분은 위 선거구가 속한 지역에 주민등록을 마친 청구인들의 선거권 및 평등권을 침해한다(헌재 2014.10.30. 2012헌마192 등).

**지방의회의원(시 · 도의원)선거** : 시 · 도의원은 주로 지역적 사안을 다루는 지방의회의 특성상 지역대표성도 겸하고 있고, 우리나라는 도시와 농어촌 간의 인구격차가 크고 각 분야에 있어서의 개발불균형이 현저하다는 특수한 사정이 존재하므로, 시 · 도의원지역구 획정에 있어서는 행정구역 내지 지역대표성 등 2차적 요소도 인구비례의 원칙에 못지않게 함께 고려해야 할 필요성이 크다. 인구편차 상하 50%를 기준으로 하는 방안은 투표가치의 비율이 인구비례를 기준으로 볼 때의 등가의 한계인 2 : 1의 비율에 그 50%를 가산한 3 : 1 미만이 되어야 한다는 것으로서 인구편차 상하 $33\frac{1}{3}$%를 기준으로 하는 방안보다 2차적 요소를 폭넓게 고려할 수 있고, 인구편차 상하 60%의 기준에서 곧바로 인구편차 상하 $33\frac{1}{3}$%의 기준을 채택하는 경우 시 · 도의원지역구를 조정함에 있어 예기치 않은 어려움에 봉착할 가능성이 매우 크므로, 현시점에서는 시 · 도의원지역구 획정에서 허용되는 인구편차기준을 인구편차 상하 50%(인구비례 3 : 1)로 변경하는 것이 타당하다(헌재 2018.6.28. 2014헌마189).

**지방의회의원(자치구 · 시 · 군의원)선거** : 자치구 · 시 · 군의원은 주로 지역적 사안을 다루는 지방의회의 특성상 지역대표성도 겸하고 있고, 우리나라는 도시와 농어촌 간의 인구격차가 크고 각 분야에 있어서의 개발불균형이 현저하므로, 자치구 · 시 · 군의원 선거구 획정에 있어서는 행정구역, 지역대표성 등 2차적 요소도 인구비례의 원칙 못지않게 함께 고려해야 할 필요성이 크다. 인구편차 상하 $33\frac{1}{3}$%(인구비례 2 : 1)의 기준을 적용할 경우 자치구 · 시 · 군의원의 지역대표성과 각 분야에 있어서의 지역 간 불균형 등 2차적 요소를 충분히 고려하기 어려운 반면, 인구편차 상하 50%(인구비례 3 : 1)를 기준으로 하는 방안은 2차적 요소를 보다 폭넓게 고려할 수 있다. 인구편차 상하 60%의 기준에서 곧바로 인구편차 상하 $33\frac{1}{3}$%의 기준을 채택하는 경우 선거구를 조정하는 과정에서 예기치 않은 어려움에 봉착할 가능성이 크므로, 현재의 시점에서 자치구 · 시 · 군의원선거구 획정과 관련하여 헌법이 허용하는 인구편차의 기준을 인구편차 상하 50%(인구비례 3 : 1)로 변경하는 것이 타당하다(헌재 2018.6.28. 2014헌마166).

**2017년 변호사시험 문 2.** ☑ 확인Check! ○ △ ×

**평등심사에 관한 설명 중 옳은 것은?(다툼이 있는 경우 판례에 의함)**

① 자기 또는 배우자의 직계존속을 고소하지 못하도록 규정한 「형사소송법」 조항은 친고죄의 경우든 비친고죄의 경우든 헌법상 보장된 재판절차진술권의 행사에 중대한 제한을 초래한다고 보기는 어려우므로, 완화된 자의심사에 따라 차별에 합리적 이유가 있는지를 따져 보는 것으로 족하다.

② 국가유공자 본인이 국가기관이 실시하는 채용시험에 응시하는 경우에 10%의 가점을 주도록 한 「국가유공자 등 예우 및 지원에 관한 법률」 조항은 헌법 제32조 제6항에서 특별히 평등을 요구하고 있는 경우에 해당하므로, 이에 대해서는 엄격한 비례성 심사에 따라 평등권 침해 여부를 심사하여야 한다.

③ 대한민국 국민인 남자에 한하여 병역의무를 부과한 구 「병역법」 조항은 헌법이 특별히 평등을 요구하는 경우나 관련 기본권에 중대한 제한을 초래하는 경우의 차별취급을 그 내용으로 하고 있으므로, 이 조항이 평등권을 침해하는지 여부에 대해서는 엄격한 심사기준에 따라 판단하여야 한다.

④ 종합부동산세의 과세방법을 '세대별 합산'으로 규정한 「종합부동산세법」 조항이 혼인이나 가족생활을 근거로 부부 등 가족이 있는 자를 혼인하지 아니한 자 등에 비하여 차별취급하더라도, 과세단위를 정하는 것은 입법자의 입법 형성의 재량에 속하는 정책적 문제이므로, 그 차별이 헌법 제36조 제1항에 위반되는지 여부는 자의금지원칙에 의한 심사를 통하여 판단하면 족하다.

⑤ 중등교사임용시험에서 복수전공 및 부전공 교원자격증소지자에게 가산점을 부여하고 있는 「교육공무원법」 조항에 의해 복수·부전공가산점을 받지 못하는 자가 불이익을 입는다고 하더라도 이를 공직에 진입하는 것 자체에 대한 제약이라 할 수 없어, 그러한 가산점제도에 대하여는 자의금지원칙에 따른 심사척도를 적용하여야 한다.

[❶ ▸ O] 친고죄의 경우든 비친고죄의 경우든 자기 또는 배우자의 직계존속을 고소하지 못하도록 규정한 이 사건 법률조항이 재판절차진술권의 중대한 제한을 초래한다고 보기는 어려우므로, 이 사건 법률조항이 평등원칙에 위반되는지 여부에 대한 판단은 완화된 자의심사에 따라 차별에 합리적인 이유가 있는지를 따져보는 것으로 족하다 할 것이다(헌재 2011.2.24. 2008헌바56).

[❷ ▸ ×] 종전 결정은 국가유공자와 그 가족에 대한 가산점제도는 모두 헌법 제32조 제6항에 근거를 두고 있으므로 평등권 침해 여부에 관하여 보다 완화된 기준을 적용한 비례심사를 하였으나, 국가유공자 본인의 경우는 별론으로 하고, 그 가족의 경우는 위에서 본 바와 같이 헌법 제32조 제6항이 가산점제도의 근거라고 볼 수 없으므로 그러한 완화된 심사는 부적절한 것이다(헌재 2006.2.23. 2004헌마675).

[❸ ▸ ×] 대한민국 국민인 남자에 한하여 병역의무를 부과한 이 사건 법률조항은 헌법이 특별히 양성평등을 요구하는 경우나 관련 기본권에 중대한 제한을 초래하는 경우의 차별취급을 그 내용으로 하고 있다고 보기 어려우며, 징집대상자의 범위 결정에 관하여는 입법자의 광범위한 입법형성권이 인정된다는 점에 비추어 이 사건 법률조항이 평등권을 침해하는지 여부는 완화된 심사기준에 따라 판단하여야 한다(헌재 2011.6.30. 2010헌마460).

[❹ ▸ ×] 특정한 조세법률조항이 혼인이나 가족생활을 근거로 부부 등 가족이 있는 자를 혼인하지 아니한 자 등에 비하여 차별취급하는 것이라면 비례의 원칙에 의한 심사에 의하여 정당화되지 않는 한 헌법 제36조 제1항에 위반된다(헌재 2008.11.13. 2006헌바112).

[❺ ▸ ×] 복수·부전공가산점은 헌법이 정하고 있는 차별금지사유나 영역에는 해당하지 아니하므로, 평등실현요청에 위배되는지 여부를 심사하기 위한 기준을 설정함에 있어서는 이 사건 복수·부전공가산점으로 인한 차별이 공직 취임에 대한 중대한 제한인지 여부가 문제된다. 그런데 중등교사 임용시험에서 이 사건 복수·부전공가산점을 받지 못하는 자가 입을 수 있는 불이익은 공직에 진입하는 것 자체에 대한 제약이라는 점에서 당해 기본권에 대한 중대한 제한이므로 이 사건 복수·부전공가산점규정의 위헌 여부에 대하여는 엄격한 심사척도를 적용함이 상당하다(헌재 2006.6.29. 2005헌가13).

정답 ①

**2014년 변호사시험 문 8.** ☑확인 Check! ○ △ ✕

**평등권 또는 평등원칙에 관한 설명 중 옳은 것을 모두 고른 것은?(다툼이 있는 경우 판례에 의함)**

ㄱ. 주민투표권은 헌법상의 열거되지 아니한 권리 등 그 명칭의 여하를 불문하고 헌법상의 기본권성이 부정된다. 그러나 비교집단 상호 간에 주민투표권의 차별이 존재할 경우 헌법상의 평등권심사가 가능하다.

ㄴ. 이륜자동차 운전자의 고속도로 등의 통행을 금지하는 법률규정은 일부 이륜자동차 운전자들의 변칙적인 운전행태를 이유로 전체 이륜자동차 운전자들의 고속도로 등 통행을 전면적으로 금지하고 있으므로 제한의 범위나 정도 면에서 지나친 점, 세계경제협력개발기구(OECD) 국가들과 비교해 보아도 우리나라만이 유일하게 이륜자동차의 고속도로 통행을 전면적으로 금지하고 있는 점, 고속도로 등에서 안전거리와 제한속도를 지켜서 운행할 경우 별다른 위험요소 없이 운행할 수 있는 점에서 일반자동차 운전자와 비교할 때 이륜자동차 운전자의 평등권을 침해한다.

ㄷ. 일정한 교육을 거쳐 시·도지사로부터 자격 인정을 받은 자만이 안마시술소 등을 개설할 수 있도록 한 법률규정은 비시각장애인이 직접 안마사자격 인정을 받아 안마를 하는 것을 금지하는 것은 수인하더라도 안마시술소를 개설조차 할 수 없도록 한 것으로서, 안마시술소 등을 개설하고자 하는 비시각장애인을 시각장애인과 달리 취급함으로써 비시각장애인의 평등권을 침해한다.

ㄹ. 「병역법 시행규칙」 제110조 제1호에서 국외여행 허가대상을 30세 이하로 정하고 있는 점에 비추어, 제1국민역의 경우 특별한 사정이 없는 한 27세까지만 단기국외여행을 허용하는 「병역의무자 국외여행 업무처리 규정」(병무청 훈령)은 체계정당성에 위배되며, 위헌적인 차별이 존재한다.

ㅁ. 변호사가 법률사건이나 법률사무에 관한 변호인선임서 또는 위임장 등을 공공기관에 제출할 때에는 사전에 소속 지방변호사회를 경유하도록 하는 법률규정은 법무사·변리사·공인노무사·공인회계사와 변호사는 모두 전문직 종사자임에도 불구하고, 변호사에게만 선임서 등의 소속 지방변호사회 경유의무를 부과하는 것으로서 합리적 이유 없이 변호사를 차별하고 있어 변호사의 평등권을 침해한다.

① ㄱ  ② ㄱ, ㄴ  ③ ㄴ, ㄷ
④ ㄹ, ㅁ  ⑤ ㅁ

[ㄱ ▸ O] 주민투표권은 헌법상의 열거되지 아니한 권리 등 그 명칭의 여하를 불문하고 헌법상의 기본권성이 부정된다는 것이 우리 재판소의 일관된 입장이라 할 것인데, 이 사건에서 그와 달리 보아야 할 아무런 근거를 발견할 수 없다. 그렇다면 이 사건 심판청구는 헌법재판소법 제68조 제1항의 헌법소원을 통해 그 침해 여부를 다툴 수 있는 기본권을 대상으로 하고 있는 것이 아니므로 그러한 한에서 이유 없다. 하지만 <u>주민투표권이 헌법상 기본권이 아닌 법률상의 권리에 해당한다 하더라도 비교집단 상호 간에 차별이 존재할 경우에 헌법상의 평등권심사까지 배제되는 것은 아니다</u>(헌재 2007.6.28. 2004헌마643).

[ㄴ ▸ X] <u>이륜차는 운전자가 외부에 노출되는 구조로 말미암은 사고위험성과 사고결과의 중대성 때문에 고속도로 등의 통행이 금지되는 것이기 때문에 구조적 위험성이 적은 일반자동차에 비하여 고속통행의 자유가 제한된다고 하더라도 이를 불합리한 차별이라고 볼 수 없다</u>. 구조적 위험성의 정도가 현저히 다르기 때문에 차별 여부의 비교대상이 되지 아니한다(헌재 2007.1.17. 2005헌마1111 등).

[ㄷ ▸ X] 시각장애인에 대한 복지정책이 미흡한 현실에서 시각장애인안마사제도가 헌법 제10조 및 제34조 제5항에 의한 요청에 따라 시각장애인에게 가해진 유·무형의 사회적 차별을 보상해 주고 실질적인 평등을 이룰 수 있는 수단으로서 채택된 것인 점, 만약 비시각장애인에게도 안마시술소 등을 개설하는 것이 허용될 경우 앞서 살핀 바와 같이 시각장애인에게만 안마사자격을 독점적으로 부여하는 취지가 몰각될 수 있는 점 등에 비추어 보면, <u>안마사자격 인정을 받지 아니한 자는 안마시술소 또는 안마원을 개설할 수 없도록 한 이 사건 개설조항 역시 비시각장애인을 부당하게 차별한다고 할 수는 없다</u>(헌재 2013.6.27. 2011헌가39 등).



① 정답

[ㄹ ▸ ×] 이 사건 훈령조항은 사실상 27세를 기준으로 단기국외여행의 허가 여부를 정하고 있는데 위에서 언급한 바와 같이 현행 병역법상 대부분의 경우 27세 이하의 범위 내에서만 입영의무의 연기가 가능하다는 점 등을 고려할 때 이와 같은 기준 설정을 자의적인 차별이라고 볼 수는 없으므로, 이 사건 훈령조항이 청구인의 평등권을 침해한다는 청구인의 주장은 이유 없다(헌재 2013.6.27. 2011헌마475).

[ㅁ ▸ ×] 다른 전문직에 비하여 변호사는 포괄적인 직무영역과 그에 따른 더 엄격한 직무의무를 부담하고 있는바, 이는 변호사직무의 공공성 및 그 포괄적 직무범위에 따른 사회적 책임성을 고려한 것으로서, 다른 전문직과 비교하여 차별취급의 합리적 이유가 있다고 할 것이므로, 변호사법 제29조는 변호사의 평등권을 침해하지 아니한다(헌재 2013.5.30. 2011헌마131).

**2016년 변호사시험 문 19.** ☑ 확인Check! ○ △ ×

**평등권에 관한 설명 중 옳은 것은?(다툼이 있는 경우 판례에 의함)**

① 「공직선거법」상 기부행위 제한의 적용을 받는 자에 '후보자가 되고자 하는 자'까지 포함하면서 기부행위의 제한기간을 폐지하여 기부행위를 상시 제한하도록 한 것은 '후보자가 되려는 자'를 다른 후보자들과 합리적 이유 없이 동일하게 취급하여 평등권을 침해한다.
② 국민건강보험공단 직원의 업무가 일반보험회사의 직원이 담당하는 보험업무와 내용상 크게 다르지 않다 하더라도 그 신분상의 특수성과 조직의 규모, 개인정보 지득의 정도, 선거 개입 시 예상되는 부작용 등이 사보험업체 직원이나 다른 공단의 직원의 경우와 현저히 차이가 나는 이상, 국민건강보험공단 직원의 선거운동의 금지는 정당한 차별목적을 위한 합리적인 수단을 강구한 것으로서 평등권을 침해하지 않는다.
③ 행정관서요원으로 근무한 공익근무요원과는 달리, 국제협력요원으로 근무한 공익근무요원을 「국가유공자 등 예우 및 지원에 관한 법률」에 의한 보상에서 제외한 구 「병역법」 조항은 병역의무의 이행이라는 동일한 취지로 소집된 요원임에도 합리적인 이유 없이 양자를 차별하고 있어 평등권을 침해한다.
④ 대한민국 국민인 남자에 한하여 병역의무를 부과한 법률조항은 헌법이 특별히 양성평등을 요구하는 경우나 관련 기본권에 중대한 제한을 초래하는 경우의 차별취급을 그 내용으로 하고 있으므로 위 법률조항이 평등권을 침해하는지 여부는 엄격한 심사기준에 따라 판단한다.
⑤ 1983.1.1. 이후 출생한 A형 혈우병 환자에 한하여 유전자재조합제제에 대한 요양급여를 인정하는 보건복지부 고시는 제도의 단계적 개선을 위한 합리적 이유가 있어 1983.1.1. 이전에 출생한 A형 혈우병 환자들의 평등권을 침해하지 않는다.

[❶ ▸ ×] 기부행위의 제한은 부정한 경제적 이익을 제공함으로써 유권자의 자유의사를 왜곡시키는 선거운동을 범죄로 처벌하여 선거의 공정성을 보장하기 위한 규정으로 입법목적의 정당성 및 기본권제한수단의 적절성이 인정된다. 이 사건 법률조항이 기부행위를 상시 제한하고 있지만 제한되는 기부행위의 범위는 동법 제112조 소정의 기부행위의 정의규정에 의하여 한정되고 있고, 중앙선거관리위원회 규칙으로 기부행위에 해당하지 아니하는 행위를 추가로 정할 수 있도록 개방적으로 규정되어 있으며, 기부행위가 비록 제112조 제2항 등에 의하여 규정된 의례적이거나 직무상의 행위 또는 통상적인 정당활동에 해당하지는 아니하더라도 그것이 극히 정상적인 생활형태의 하나로서 역사적으로 생성된 사회질서의 범위 안에 있는 것이라고 볼 수 있는 경우에는 일종의 의례적 직무상의 행위로서 사회상규에 위배되지 아니하여 위법성이 조각되는 것으로 해석되고 있는 점 등을 감안하면 기본권 제한의 최소침해성원칙에 위배되지 아니한다. 또한, 선거의 공정이 훼손되는 경우 후보자 선택에 관한 민의가 왜곡되고 대의민주주의제도 자체가 위협을 받을 수 있는 점을 감안하면 이를 보호하기 위하여 본질적인 부분을 침해하지 않는 범위 내에서 기본권을 일부 제한하는 것은 법익균형성도 준수한 것이므로 기부행위 제한의 적용을 받는 자에 '후보자가 되고자 하는 자'까지 포함하면서 기부행위의 제한기간을 폐지하여 상시 제한하도록 한 이 사건 법률조항이 과잉금지원칙에 위배하여 인격권, 행복추구권, 평등권, 공무담임권을 침해하는 것으로 보기 어렵다(헌재 2009.4.30. 2007헌바29).

정답 ②

[❷ ▸ O] 국민건강보험공단 직원의 업무가 일반보험회사의 직원이 담당하는 보험업무와 내용상 크게 다르지 않다 하더라도 그 신분상의 특수성과 조직의 규모, 개인정보 지득의 정도, 선거 개입 시 예상되는 부작용 등이 사보험업체 직원이나 다른 공단의 직원의 경우와 현저히 차이가 나는 이상 위와 같은 선거운동의 금지는 정당한 차별목적을 위한 합리적인 수단을 강구한 것으로서 합헌이다(헌재 2004.4.29. 2002헌마467).

[❸ ▸ ×] 국제협력요원은 자신들의 의사에 기하여 봉사활동을 통한 병역의무 이행을 선택한 점에서 행정관서요원과 다르며, 보훈정책이 가지는 국가통합기능의 발휘에 있어서 행정관서요원의 우리나라 국가기관 등에서의 복무에 의한 것과 국제협력요원의 다른 국가에서의 봉사를 통한 국위선양에 의한 것은 국가통합이라는 효과 측면에서 차이가 있고, 국제협력요원의 경우는 행정관서요원보다 대체복무적 성격이 상대적으로 강하며, 행정관서요원과 국제협력요원은 서로 다른 입법목적을 가진 병역법과 국제협력요원법에 의하여 각각 규율되고 있는데, 이는 행정관서요원제도는 방위제도가 폐지되면서, 여전히 현역병 등으로 입영하여 군복무를 이행할 수 없는 신체적 사유 등이 있는 병역의무자의 경우 이들을 행정관서요원으로 소집하여 병역의무를 이행하도록 하기 위하여 고안된 제도임에 반하여, 국제협력요원은 국제봉사요원이 개발도상국에서 자발적으로 봉사활동을 하게 된 것이 국제사회에 긍정적인 영향을 끼치고 있다는 점을 감안하여, 위와 같은 국제봉사활동을 체계적·지속적으로 계속할 자원을 병역의무자 중에서 충원한다는 차원에서 마련된 것에 기인한다는 차이가 있으므로, 입법자가 위와 같은 차이들에 근거하여 국제협력요원과 행정관서요원을 달리 취급하는 것을 입법형성권을 벗어난 자의적인 것이라고 할 수 없어, 이 사건 조항은 헌법상의 평등권을 침해하지 아니한다(헌재 2010.7.29. 2009헌가13).

[❹ ▸ ×] 대한민국 국민인 남자에 한하여 병역의무를 부과한 이 사건 법률조항은 헌법이 특별히 양성평등을 요구하는 경우나 관련 기본권에 중대한 제한을 초래하는 경우의 차별취급을 그 내용으로 하고 있다고 보기 어려우며, 징집대상자의 범위 결정에 관하여는 입법자의 광범위한 입법형성권이 인정된다는 점에 비추어 이 사건 법률조항이 평등권을 침해하는지 여부는 완화된 심사기준에 따라 판단하여야 한다(헌재 2011.6.30. 2010헌마460).

[❺ ▸ ×] 이 사건 고시조항에서 '1983.1.1. 이후에 출생한 환자'도 요양급여를 받을 수 있도록 규정한 것은 제도의 단계적인 개선에 해당한다고 볼 수 있으므로 요양급여를 받을 환자의 범위를 한정한 것 자체는 평등권 침해의 문제가 되지 않으나, 그 경우에도 수혜자를 한정하는 기준은 합리적인 이유가 있어 그 혜택으로부터 배제되는 자들의 평등권을 해하지 않는 것이어야 한다. 그런데 이 사건 고시조항이 수혜자 한정의 기준으로 정한 환자의 출생시기는 그 부모가 언제 혼인하여 임신, 출산을 하였는지와 같은 우연한 사정에 기인하는 결과의 차이일 뿐, 이러한 차이로 인해 A형 혈우병 환자들에 대한 치료제인 유전자재조합제제의 요양급여필요성이 달라진다고 할 수는 없으므로, A형 혈우병 환자들의 출생시기에 따라 이들에 대한 유전자재조합제제의 요양급여 허용 여부를 달리 취급하는 것은 합리적인 이유가 있는 차별이라고 할 수 없다. 따라서 이 사건 고시조항은 청구인들의 평등권을 침해하는 것이다(헌재 2012.6.27. 2010헌마716).

CHAPTER 03

# 자유권적 기본권

헌 법

각 문항별로 이해도를 체크해 보세요.

최근 5년간 회별 평균 2.4문

## 제1절 인신의 자유권 ★★★



2019년 변호사시험 문 5. 확인 Check! ○ △ ×

**변호인의 조력을 받을 권리에 관한 설명 중 옳지 않은 것은?(다툼이 있는 경우 판례에 의함)**

① 헌법 제12조 제4항 본문에 규정된 변호인의 조력을 받을 권리는 형사절차에서 피의자 또는 피고인의 방어권을 보장하기 위한 것으로서 「출입국관리법」상 보호 또는 강제퇴거의 절차에는 적용되지 않는다.

② 피의자 및 피고인을 조력할 변호인의 권리 중 그것이 보장되지 않으면 그들이 변호인의 조력을 받는다는 것이 유명무실하게 되는 핵심적인 부분은 헌법상 기본권인 피의자 및 피고인이 가지는 변호인의 조력을 받을 권리와 표리의 관계에 있다 할 수 있어 헌법상 기본권으로 보호되어야 한다.

③ 변호인이 피의자신문에 자유롭게 참여할 수 있는 권리는 피의자가 가지는 변호인의 조력을 받을 권리를 실현하는 수단이라고 할 수 있어 헌법상 기본권인 변호인의 변호권으로 보호되어야 하므로, 피의자신문 시 변호인에 대한 수사기관의 후방착석요구행위는 헌법상 기본권인 변호인의 변호권을 침해한다.

④ 형사절차가 종료되어 교정시설에 수용 중인 수형자나 미결수용자가 형사사건의 변호인이 아닌 민사재판, 행정재판, 헌법재판 등에서 변호사와 접견할 경우에는 원칙적으로 헌법상 변호인의 조력을 받을 권리의 주체가 될 수 없다.

⑤ 변호인의 수사서류열람・등사권은 피고인의 신속・공정한 재판을 받을 권리 및 변호인의 조력을 받을 권리라는 헌법상 기본권의 중요한 내용이자 구성요소이며 이를 실현하는 구체적인 수단이 된다.

[❶ ▸ ×] 헌법 제12조 제4항 본문의 문언 및 헌법 제12조의 조문체계, 변호인조력권의 속성, 헌법이 신체의 자유를 보장하는 취지를 종합하여 보면 헌법 제12조 제4항 본문에 규정된 '구속'은 사법절차에서 이루어진 구속뿐 아니라, 행정절차에서 이루어진 구속까지 포함하는 개념이다. 따라서 헌법 제12조 제4항 본문에 규정된 변호인의 조력을 받을 권리는 행정절차에서 구속을 당한 사람에게도 즉시 보장된다. 종래 이와 견해를 달리하여 헌법 제12조 제4항 본문에 규정된 변호인의 조력을 받을 권리는 형사절차에서 피의자 또는 피고인의 방어권을 보장하기 위한 것으로서 출입국관리법상 보호 또는 강제퇴거의 절차에도 적용된다고 보기 어렵다고 판시한 우리 재판소 결정(헌재 2012.8.23. 2008헌마430)은, 이 결정취지와 저촉되는 범위 안에서 변경한다(헌재 2018.5.31. 2014헌마346).

[❷ ▸ ○] 피의자 및 피고인이 가지는 변호인의 조력을 받을 권리는 그들과 변호인 사이의 상호관계에서 구체적으로 실현될 수 있다. 피의자 및 피고인이 가지는 변호인의 조력을 받을 권리는 그들을 조력할 변호인의 권리가 보장됨으로써 공고해질 수 있으며, 반면에 변호인의 권리가 보장되지 않으면 유명무실하게 될 수 있다. 피의자 및 피고인을 조력할 변호인의 권리 중 그것이 보장되지 않으면 그들이 변호인의 조력을 받는다는 것이 유명무실하게 되는 핵심적인 부분은 헌법상 기본권인 피의자 및 피고인이 가지는 변호인의 조력을 받을 권리와 표리의 관계에 있다 할 수 있다. 따라서 피의자 및 피고인이 가지는 변호인의 조력을 받을 권리가 실질적으로 확보되기 위해서는, 피의자 및 피고인에 대한 변호인의 조력할 권리의 핵심적인 부분(이하 "변호인의 변호권"이라 한다)은 헌법상 기본권으로서 보호되어야 한다(헌재 2017.11.30. 2016헌마503).

정답 ①

[❸ ▸ O] 변호인이 피의자신문에 자유롭게 참여할 수 있는 권리는 피의자가 가지는 변호인의 조력을 받을 권리를 실현하는 수단이므로 헌법상 기본권인 변호인의 변호권으로서 보호되어야 한다. 피의자신문에 참여한 변호인이 피의자 옆에 앉는다고 하여 피의자 뒤에 앉는 경우보다 수사를 방해할 가능성이 높아진다거나 수사기밀을 유출할 가능성이 높아진다고 볼 수 없으므로, 이 사건 후방착석요구행위의 목적의 정당성과 수단의 적절성을 인정할 수 없다. 이 사건 후방착석요구행위로 인하여 위축된 피의자가 변호인에게 적극적으로 조언과 상담을 요청할 것을 기대하기 어렵고, 변호인이 피의자의 뒤에 앉게 되면 피의자의 상태를 즉각적으로 파악하거나 수사기관이 피의자에게 제시한 서류 등의 내용을 정확하게 파악하기 어려우므로, 이 사건 후방착석요구행위는 변호인인 청구인의 피의자신문참여권을 과도하게 제한한다. 그런데 이 사건에서 변호인의 수사 방해나 수사기밀의 유출에 대한 우려가 없고, 조사실의 장소적 제약 등과 같이 이 사건 후방착석요구행위를 정당화할 그 외의 특별한 사정도 없으므로, 이 사건 후방착석요구행위는 침해의 최소성요건을 충족하지 못한다. 이 사건 후방착석요구행위로 얻어질 공익보다는 변호인의 피의자신문참여권 제한에 따른 불이익의 정도가 크므로, 법익의 균형성 요건도 충족하지 못한다. 따라서 이 사건 후방착석요구행위는 변호인인 청구인의 변호권을 침해한다(헌재 2017.11.30. 2016헌마503).

[❹ ▸ O] 변호인의 조력을 받을 권리에 대한 헌법과 법률의 규정 및 취지에 비추어 보면, '형사사건에서 변호인의 조력을 받을 권리'를 의미한다고 보아야 할 것이므로 형사절차가 종료되어 교정시설에 수용 중인 수형자나 미결수용자가 형사사건의 변호인이 아닌 민사재판, 행정재판, 헌법재판 등에서 변호사와 접견할 경우에는 원칙적으로 헌법상 변호인의 조력을 받을 권리의 주체가 될 수 없다(헌재 2013.8.29. 2011헌마122).

[❺ ▸ O] 피고인의 신속·공정한 재판을 받을 권리 및 변호인의 조력을 받을 권리는 헌법이 보장하고 있는 기본권이고, 변호인의 수사서류열람·등사권은 피고인의 신속·공정한 재판을 받을 권리 및 변호인의 조력을 받을 권리라는 헌법상 기본권의 중요한 내용이자 구성요소이며 이를 실현하는 구체적인 수단이 된다. 따라서 변호인의 수사서류 열람·등사를 제한함으로 인하여 결과적으로 피고인의 신속·공정한 재판을 받을 권리 또는 변호인의 충분한 조력을 받을 권리가 침해된다면 이는 헌법에 위반되는 것이다(헌재 2010.6.24. 2009헌마257).

**2018년 변호사시험 문 7.** ☑ 확인Check! O △ X

**수용자의 기본권에 관한 설명 중 옳지 않은 것은?(다툼이 있는 경우 판례에 의함)**

① 금치처분을 받은 자에 대한 집필 제한은 표현의 자유를 제한하는 것이며, 서신 수수 제한은 통신의 자유에 대한 제한에 속한다.
② 구치소장이 변호인접견실에 CCTV를 설치하여 미결수용자와 변호인 간의 접견을 관찰한 행위는 금지물품의 수수나 교정사고를 방지하기 위한 것으로 미결수용자의 변호인의 조력을 받을 권리를 침해한다고 할 수 없다.
③ 금치처분은 금치처분을 받은 사람을 징벌거실 속에 구금하여 반성에 전념하게 하려는 목적을 가지고 있으므로, 금치기간 중 텔레비전 시청을 제한하는 것은 수용자의 알 권리를 침해하지 아니한다.
④ 금치처분을 받은 사람에 대하여 실외운동을 원칙적으로 금지하고 소장의 재량에 의하여 이를 예외적으로 허용하는 것은 수용자의 정신적·신체적 건강에 필요 이상의 불이익을 가하고 있으므로 신체의 자유를 침해한다.
⑤ 민사재판을 받는 수형자에게 재소자용 의류를 착용하게 하는 것은 재판부나 소송관계자들에게 불리한 심증을 줄 수 있으므로, 수형자의 공정한 재판을 받을 권리를 침해한다.

[❶ ▸ O] 사건 법률조항 중 형집행법 제108조 제10호 부분(이하 "이 사건 집필제한조항"이라 한다)은 수용자의 징벌처분에 관한 것이어서 형사절차에서의 무죄추정의 원칙이 적용되는 영역이 아니고, 이 사건 집행제한조항이 직접적으로 제한하고 있는 것은 집필행위 자체로서 집필의 목적이나 내용은 묻지 않고 있는바, 이는 기본적으로는 인간의 정신적 활동을 문자를 통해 외부로 나타나게 하는 행위, 즉 표현행위를 금지하는 것으로 볼 수 있다. 그렇다면 이 사건 집필제한조항에 의하여 가장 직접적으로 제한되는 것은 표현의 자유라고 볼 수 있다. … 청구인은 금치기간 중 서신 수수를 금지하는



⑤ 정답

이 사건 법률조항 중 형집행법 제108조 제11호 부분(이하 "이 사건 서신수수제한조항"이라 한다)이 재판청구권과 인간의 존엄과 가치를 침해하고 무죄추정의 원칙을 위반하였다고 주장하나, 이 사건 서신수수제한조항이 직접적으로 제한하고 있는 것은 외부인과 서신을 이용한 교통 · 통신이므로, 이 부분 심판청구에 대해서는 이 사건 서신수수제한조항이 과잉금지원칙을 위반하여 미결수용자인 청구인의 통신의 자유를 침해하는지 여부를 판단하도록 한다(헌재 2014.8.28. 2012헌마623).

[❷ ▸ O] 이 사건 CCTV관찰행위는 금지물품의 수수나 교정사고를 방지하거나 이에 적절하게 대처하기 위한 것으로 교도관의 육안에 의한 시선계호를 CCTV장비에 의한 시선계호로 대체한 것에 불과하므로 그 목적의 정당성과 수단의 적합성이 인정된다. 형집행법 및 형집행법 시행규칙은 수용자가 입게 되는 피해를 최소화하기 위하여 CCTV의 설치 · 운용에 관한 여러 가지 규정을 두고 있고, 이에 따라 변호인접견실에 설치된 CCTV는 교도관이 CCTV를 통해 미결수용자와 변호인 간의 접견을 관찰하더라도 접견내용의 비밀이 침해되거나 접견교통에 방해가 되지 않도록 조치를 취하고 있는 점, 금지물품의 수수를 적발하거나 교정사고를 효과적으로 방지하고 교정사고가 발생하였을 때 신속하게 대응하기 위하여는 CCTV를 통해 관찰하는 방법 외에 더 효과적인 다른 방법을 찾기 어려운 점 등에 비추어 보면, 이 사건 CCTV관찰행위는 그 목적을 달성하기 위하여 필요한 범위 내의 제한으로 침해의 최소성을 갖추었다. CCTV관찰행위로 침해되는 법익은 변호인접견내용의 비밀이 폭로될 수 있다는 막연한 추측과 감시받고 있다는 심리적인 불안 내지 위축으로 법익의 침해가 현실적이고 구체화되어 있다고 보기 어려운 반면, 이를 통하여 구치소 내의 수용질서 및 규율을 유지하고 교정사고를 방지하고자 하는 것은 교정시설의 운영에 꼭 필요하고 중요한 공익이므로, 법익의 균형성도 갖추었다. 따라서 이 사건 CCTV 관찰행위가 청구인의 변호인의 조력을 받을 권리를 침해한다고 할 수 없다(헌재 2016.4.28. 2015헌마243).

[❸ ▸ O] 형집행법 제112조 제3항 본문 중 제108조 제6호에 관한 부분은 금치의 징벌을 받은 사람에 대해 금치기간 동안 텔레비전 시청 제한이라는 불이익을 가함으로써, 규율의 준수를 강제하여 수용시설 내의 안전과 질서를 유지하기 위한 것으로서 목적의 정당성 및 수단의 적합성이 인정된다. 금치처분은 금치처분을 받은 사람을 징벌거실 속에 구금하여 반성에 전념하게 하려는 목적을 가지고 있으므로 그에 대하여 일반수용자와 같은 수준으로 텔레비전 시청이 이뤄지도록 하는 것은 교정실무상 어려움이 있고, 금치처분을 받은 사람은 텔레비전을 시청하는 대신 수용시설에 보관된 도서를 열람함으로써 다른 정보원에 접근할 수 있다. 또한, 위와 같은 불이익은 규율 준수를 통하여 수용질서를 유지한다는 공익에 비하여 크다고 할 수 없다. 따라서 위 조항은 청구인의 알 권리를 침해하지 아니한다(헌재 2016.5.26. 2014헌마45).

[❹ ▸ O] 형집행법 제112조 제3항 본문 중 제108조 제13호에 관한 부분은 금치의 징벌을 받은 사람에 대해 금치기간 동안 실외운동을 원칙적으로 정지하는 불이익을 가함으로써, 규율의 준수를 강제하여 수용시설 내의 안전과 질서를 유지하기 위한 것으로서 목적의 정당성 및 수단의 적합성이 인정된다. 실외운동은 구금되어 있는 수용자의 신체적 · 정신적 건강을 유지하기 위한 최소한의 기본적 요청이고, 수용자의 건강 유지는 교정교화와 건전한 사회 복귀라는 형 집행의 근본적 목표를 달성하는 데 필수적이다. 그런데 위 조항은 금치처분을 받은 사람에 대하여 실외운동을 원칙적으로 금지하고, 다만 소장의 재량에 의하여 이를 예외적으로 허용하고 있다. 그러나 소란, 난동을 피우거나 다른 사람을 해할 위험이 있어 실외운동을 허용할 경우 금치처분의 목적 달성이 어려운 예외적인 경우에 한하여 실외운동을 제한하는 덜 침해적인 수단이 있음에도 불구하고, 위 조항은 금치처분을 받은 사람에게 원칙적으로 실외운동을 금지한다. 나아가 위 조항은 예외적으로 실외운동을 허용하는 경우에도, 실외운동의 기회가 부여되어야 하는 최저기준을 법령에서 명시하고 있지 않으므로, 침해의 최소성원칙에 위배된다. 위 조항은 수용자의 정신적 · 신체적 건강에 필요 이상의 불이익을 가하고 있고, 이는 공익에 비하여 큰 것이므로 위 조항은 법익의 균형성요건도 갖추지 못하였다. 따라서 위 조항은 청구인의 신체의 자유를 침해한다(헌재 2016.5.26. 2014헌마45).

[❺ ▸ X] 민사재판에서 법관이 당사자의 복장에 따라 불리한 심증을 갖거나 불공정한 재판 진행을 하게 되는 것은 아니므로, 심판대상조항이 민사재판의 당사자로 출석하는 수형자에 대하여 사복 착용을 불허하는 것으로 공정한 재판을 받을 권리가 침해되는 것은 아니다. 수형자가 민사법정에 출석하기까지 교도관이 반드시 동행하여야 하므로 수용자의 신분이 드러나게 되어 있어 재소자용 의류를 입었다는 이유로 인격권과 행복추구권이 제한되는 정도는 제한적이고, 형사법정 이외의 법정출입방식은 미결수용자와 교도관 전용통로 및 시설이 존재하는 형사재판과 다르며, 계호의 방식과 정도도 확연히 다르다. 따라서 심판대상조항이 민사재판에 출석하는 수형자에 대하여 사복 착용을 허용하지 아니한 것은 청구인의 인격권과 행복추구권을 침해하지 아니한다(헌재 2015.12.23. 2013헌마712).

**2013년 변호사시험 문 16.** ☑ 확인 Check! ○ △ ✕

**명확성원칙에 관한 설명 중 옳지 않은 것은?(다툼이 있는 경우 판례에 의함)**

① 법규범의 문언은 어느 정도 일반적·규범적 개념을 사용하지 않을 수 없기 때문에 기본적으로 최대한이 아닌 최소한의 명확성을 요구하는 것으로서, 법문언이 법관의 보충적인 가치판단을 통해서 그 의미내용을 확인할 수 있고, 그러한 보충적 해석이 해석자의 개인적인 취향에 따라 좌우될 가능성이 없다면 명확성원칙에 반한다고 할 수 없다.

② 행정청이 행정계획을 수립함에 있어서는 일반재량행위의 경우에 비하여 더욱 광범위한 판단여지 내지는 형성의 자유, 즉 계획재량이 인정되는데, 이 경우 일반적인 행정행위의 요건을 규정하는 경우보다 추상적이고 불확정적인 개념을 사용하여야 할 필요성이 더욱 커진다.

③ 죄형법정주의가 지배되는 형사 관련 법률에서는 명확성의 정도가 강화되어 더 엄격한 기준이 적용되나, 일반적인 법률에서는 명확성의 정도가 그리 강하게 요구되지 않기 때문에 상대적으로 완화된 기준이 적용된다.

④ '전기통신회선을 통하여 일반에게 공개되어 유통되는 정보 중 건전한 통신윤리의 함양을 위하여 필요한 사항'을 심의위원회의 직무로 규정한 「방송통신위원회의 설치 및 운영에 관한 법률」 조항 중 '건전한 통신윤리'라는 개념은 전기통신회선을 이용하여 정보를 전달함에 있어 우리 사회가 요구하는 최소한의 질서 또는 도덕률을 의미하고, 정보통신영역의 광범위성과 빠른 변화속도, 그리고 다양하고 가변적인 표현형태를 문자화하기에 어려운 점을 감안할 때, '건전한 통신윤리' 부분이 명확성의 원칙에 반한다고 할 수 없다.

⑤ 「친일반민족행위자 재산의 국가귀속에 관한 특별법」 조항 중 '독립운동에 적극 참여한 자' 부분은 참여 정도가 판단하는 자에 따라 상이해질 수 있으며, 다른 법규정들과의 체계조화적인 이해 내지 당해 법률의 입법목적과 제정취지에 따른 해석으로 충분히 해소될 수 없고, 건전한 상식과 통상적인 법감정을 가진 사람이라도 그 의미를 충분히 예측할 수 없다고 할 것이므로 명확성원칙에 위배된다.

[❶ ▸ O] 명확성원칙은 기본권을 제한하는 법규범의 내용은 명확하여야 한다는 헌법상의 원칙인바, 법규범에 대하여 이러한 원칙을 충족할 것을 요구하는 이유는 만일 법규범의 의미내용이 불확실하다면 법적 안정성과 예측가능성을 확보할 수 없고 법집행당국의 자의적인 법해석과 집행을 가능하게 할 것이기 때문이다. 다만 법규범의 문언은 어느 정도 일반적·규범적 개념을 사용하지 않을 수 없기 때문에 기본적으로 최대한이 아닌 최소한의 명확성을 요구하는 것으로서, 법문언이 법관의 보충적인 가치판단을 통해서 그 의미내용을 확인할 수 있고, 그러한 보충적 해석이 해석자의 개인적인 취향에 따라 좌우될 가능성이 없다면 명확성원칙에 반한다고 할 수 없다(헌재 2012.5.31. 2010헌바128).

[❷ ▸ O] 행정계획에 있어서는 다수의 상충하는 사익과 공익들의 조정에 따르는 다양한 결정가능성과 그 미래전망적인 성격으로 인하여 그에 대한 입법적 규율은 상대적으로 제한될 수밖에 없다. 따라서 행정청이 행정계획을 수립함에 있어서는 일반재량행위의 경우에 비하여 더욱 광범위한 판단여지 내지는 형성의 자유, 즉 계획재량이 인정되는바, 이 경우 일반적인 행정행위의 요건을 규정하는 경우보다 추상적이고 불확정적인 개념을 사용하여야 할 필요성이 더욱 커진다(헌재 2007.10.4. 2006헌바91).

[❸ ▸ O] 명확성의 원칙에서 명확성의 정도는 모든 법률에 있어서 동일한 정도로 요구되는 것은 아니고 개개의 법률이나 법조항의 성격에 따라 요구되는 정도에 차이가 있을 수 있으며 각각의 구성요건의 특수성과 그러한 법률이 제정되게 된 배경이나 상황에 따라 달라질 수 있다고 할 것이다. 즉, 죄형법정주의가 지배되는 형사 관련 법률에서는 명확성의 정도가 강화되어 더 엄격한 기준이 적용된다(죄형법정주의상의 명확성원칙). 그러나 일반적인 법률에서는 명확성의 정도가 그리 강하게 요구되지 않기 때문에 상대적으로 완화된 기준이 적용된다(일반적 명확성원칙)(헌재 2009.9.24. 2007헌바114).

[❹ ▸ O] 이 사건 법률조항 중 '건전한 통신윤리'라는 개념은 다소 추상적이기는 하나, 전기통신회선을 이용하여 정보를 전달함에 있어 우리 사회가 요구하는 최소한의 질서 또는 도덕률을 의미하고, '건전한 통신윤리의 함양을 위하여 필요한 사항으로서 대통령령이 정하는 정보(이하 "불건전정보"라 한다)'란 이러한 질서 또는 도덕률에 저해되는 정보로서 심의



⑤ 정답

및 시정요구가 필요한 정보를 의미한다고 할 것이며, 정보통신영역의 광범위성과 빠른 변화속도, 그리고 다양하고 가변적인 표현형태를 문자화하기에 어려운 점을 감안할 때, 위와 같은 함축적인 표현은 불가피하다고 할 것이어서, 이 사건 법률조항이 명확성의 원칙에 반한다고 할 수 없다(헌재 2012.2.23. 2011헌가13).

[❺ ▸ ×] 이 사건 정의조항은 '반민규명법 제2조 제6호 내지 제9호의 행위를 한 자(제9호에 규정된 참의에는 찬의와 부찬의를 포함한다)'를 '친일반민족행위자'로 규정하고 있는바 이러한 규정을 불명확하다고 볼 수 없다. 특히 청구인들은 위 네 가지 사유에 해당하더라도 작위를 거부·반납하거나 후에 독립운동에 적극 참여한 자 등으로 이 사건 조사위원회가 결정한 자는 예외로 한다고 규정한 위 정의조항의 단서 중 '독립운동에 적극 참여한 자' 부분이 명확성원칙에 위배된다고 주장하나, 이 부분은 '일제강점하에서 우리 민족의 독립을 쟁취하려는 운동에 의욕적이고 능동적으로 관여한 자'라는 문언적 의미를 가지는 것으로서 조문구조 및 어의에 비추어 그 의미를 넉넉히 파악할 수 있고, 설령 위 조항에 어느 정도의 애매함이 내포되어 있다 하더라도 이는 다른 규정들과의 체계조화적인 이해 내지 당해 법률의 입법목적과 제정취지에 따른 해석으로 충분히 해소될 수 있으므로, 위 조항의 의미는 명확성의 기준에 어긋난다고 볼 수 없고 적어도 건전한 상식과 통상적인 법감정을 가진 사람으로서는 위 조항의 의미를 대략적으로 예측할 수 있다고 보인다. 따라서 이 사건 정의조항은 법률의 명확성원칙에 위반되지 않는다(헌재 2011.3.31. 2008헌바141 등).

PART 02 기본권론

**2014년 변호사시험 문 11.** ☑ 확인 Check! ○ △ ×

**신체의 자유에 관한 설명 중 옳지 않은 것을 모두 고른 것은?(다툼이 있는 경우 판례에 의함)**

ㄱ. 헌법상 진술거부권의 보호대상이 되는 '진술'이란 개인의 생각이나 지식, 경험사실을 정신작용의 일환인 언어를 통하여 표출하는 것을 의미하고, 정당의 회계책임자가 불법정치자금의 수수내역을 회계장부에 기재한 행위는 당사자가 자신의 경험을 말로 표출한 것의 등가물로 평가될 수 있으므로 진술거부권의 보호대상이 되는 '진술'의 범위에 포함된다.

ㄴ. 상소제기 후의 미결구금일수 산입을 규정하면서 상소제기 후 상소취하 시까지의 구금일수 통산에 관하여는 규정하지 아니함으로써 이를 본형 산입의 대상에서 제외되도록 한 법률규정은 미결구금이 신체의 자유를 침해받는 피의자 또는 피고인의 입장에서 보면 실질적으로 자유형의 집행과 다를 바 없고, 상소제기 후 상소취하 시까지의 구금 역시 미결구금에 해당하는 이상 그 구금일수도 형기에 전부 산입되어야 한다는 것에 비추어 볼 때, 신체의 자유를 침해한다.

ㄷ. 「폭력행위 등 처벌에 관한 법률」 제3조 제1항에서는 '다중의 위력으로써' 주거 침입의 범죄를 범한 자를 형사처벌하고 있는데, 이 사건 규정의 '다중'이 몇 명의 사람을 의미하는지 그 기준을 일률적으로 말할 수 없으므로, 죄형법정주의의 명확성원칙에 위반된다.

ㄹ. 특별검사의 출석요구에 정당한 사유 없이 응하지 아니한 참고인에게 지정한 장소까지 동행할 것을 명령할 수 있도록 하고, 그 동행명령을 정당한 사유 없이 거부한 자를 1천만 원 이하의 벌금에 처하도록 규정하고 있는 조항(동행명령조항)은 참고인의 신체를 직접적·물리적으로 강제하여 동행시키는 것이 아니라, 형벌을 수단으로 하여 일정한 행동을 심리적·간접적으로 강제한다. 따라서 위 조항은 신체의 자유를 제한하는 것이 아니라 일반적 행동의 자유를 제한하는 것이다.

ㅁ. 흉기를 휴대하여 피해자에게 강간상해를 가하였다는 범죄사실 등으로 징역 13년을 선고받아 형 집행 중인 수형자를 교도소장이 다른 교도소로 이송함에 있어 4시간 정도에 걸쳐 상체승의 포승과 앞으로 수갑 2개를 채운 보호장비의 사용행위는 필요한 정도를 넘어 과도하게 행해진 것으로서 수형자의 신체의 자유를 침해한다.

① ㄱ, ㄴ, ㄹ　② ㄱ, ㄷ, ㄹ　③ ㄱ, ㄷ, ㅁ
④ ㄴ, ㄹ, ㅁ　⑤ ㄷ, ㄹ, ㅁ

정답 ⑤

[ㄱ▸O] 선거관리위원회에 허위보고한 자를 처벌함으로써 '보고'의무를 부과하는 것이 진술거부권이 금지하는 진술강요에 해당한다는 것은 별 의문의 여지가 없으나, 개인에게 정치자금의 수입과 지출에 관한 내역을 '기재'하게 하는 것이 진술을 강요하는 것인지는 논란이 있을 수 있다. 살피건대, 헌법상 진술거부권의 보호대상이 되는 '진술'이라 함은 언어적 표출, 즉 개인의 생각이나 지식, 경험사실을 정신작용의 일환인 언어를 통하여 표출하는 것을 의미하는바, 정치자금을 받고 지출하는 행위는 당사자가 직접 경험한 사실로서 이를 문자로 기재하도록 하는 것은 당사자가 자신의 경험을 말로 표출한 것의 등가물(等價物)로 평가할 수 있으므로, 위 조항들이 정하고 있는 기재행위 역시 '진술'의 범위에 포함된다고 할 것이다(헌재 2005.12.22. 2004헌바25).

[ㄴ▸O] 헌법상 무죄추정의 원칙에 따라, 유죄판결이 확정되기 전의 피의자 또는 피고인은 아직 죄 있는 자가 아니므로 그들을 죄 있는 자에 준하여 취급함으로써 법률적·사실적 측면에서 유형·무형의 불이익을 주어서는 아니 되고, 특히 미결구금은 신체의 자유를 침해받는 피의자 또는 피고인의 입장에서 보면 실질적으로 자유형의 집행과 다를 바 없으므로 인권 보호 및 공평의 원칙상 형기에 전부 산입되어야 한다. 따라서 상소제기 후 상소취하 시까지의 구금 역시 미결구금에 해당하는 이상 그 구금일수도 형기에 전부 산입되어야 한다. 그런데 이 사건 법률조항들은 구속피고인의 상소제기 후 상소취하 시까지의 구금일수를 본형 형기 산입에서 제외함으로써 기본권 중에서도 가장 본질적 자유인 신체의 자유를 침해하고 있다(헌재 2009.12.29. 2008헌가13 등).

[ㄷ▸X] 이 사건 규정은 '다중의 위력으로써' 주거 침입의 범죄를 범한 자를 형사처벌하고 있는바, 이 사건 규정의 '다중'은 단체를 구성하지는 못하였으나 다수인이 모여 집합을 이루고 있는 것을 말하는 것으로서 집단적 위력을 보일 정도의 다수 혹은 그에 의해 압력을 느끼게 해 불안을 줄 정도의 다수를 의미하고, '위력'이라 함은 다중의 형태로 집결한 다수 인원으로 사람의 의사를 제압하기에 족한 세력을 의미한다고 할 것이다. 따라서 이 사건 규정은 죄형법정주의의 명확성원칙에 위반된다고 볼 수 없다(헌재 2008.11.27. 2007헌가24).

[ㄹ▸X] 이 사건 법률 제2조 및 제3조로 말미암아 청구인들의 평등권(헌법 제11조 제1항)과 신체의 자유(불법적인 심문을 받지 아니할 권리, 헌법 제12조 제1항 제2문)가 침해될 가능성이 있고, 이 사건 법률 제6조 제6항·제7항, 제18조 제2항(이하 "이 사건 동행명령조항"이라 한다)으로 인하여 청구인들의 신체의 자유(헌법 제12조 제1항·제3항)가 침해될 가능성이 있으며, 이 사건 법률 제10조로 인하여 청구인들의 공정한 재판을 받을 권리(헌법 제27조 제1항·제3항)가 침해될 가능성이 있다. 결국 이 사건 심판대상조항들로 인하여 침해될 수 있는 청구인들의 기본권은 평등권, 신체의 자유 및 공정한 재판을 받을 권리라고 할 것이다(이 사건에서 청구인들이 주장하는 일반적 행동자유권은 신체의 자유의 한 내용인 불법적인 심문을 받지 아니할 권리에 포함되므로 이에 관하여는 따로 판단하지 아니한다)(헌재 2008.1.10. 2007헌마1468).

[ㅁ▸X] 청구인은 2010.5.12. 부산고등법원에서 흉기를 휴대하여 피해자에게 강간상해를 가하였다는 범죄사실 등으로 징역 13년을 선고받아 형 집행 중인 수형자로서, 2011.7.13. 공주교도소에서 경북북부제1교도소로 이송되었는데, 이송 당시 상체승의 포승과 앞으로 수갑 2개가 채워진 상태에서 4시간 정도에 걸쳐 이송되었다. 이 사건 보호장비사용행위는 도주 등의 교정사고를 예방하기 위한 것으로서 그 목적이 정당하고, 상체승의 포승과 앞으로 사용한 수갑은 이송하는 경우의 보호장비로서 적절하다. 그리고 피청구인은 청구인에 대하여 이동시간에 해당하는 시간 동안에만 보호장비를 사용하였고, 수형자를 장거리호송하는 경우에는 도주 등 교정사고 발생가능성이 높아지는 만큼 포승이나 수갑 등 어느 하나의 보호장비만으로는 계호에 불충분하며, 장시간호송하는 경우에 수형자가 수갑을 끊거나 푸는 것을 최대한 늦추거나 어렵게 하기 위하여 수갑 2개를 채운 행위가 과하다고 보기 어렵고, 청구인과 같이 강력범죄를 범하고 중한 형을 선고받았으며 선고형량에 비하여 형 집행이 얼마 안 된 수형자의 경우에는 좀 더 엄중한 계호가 요구된다고 보이므로, 최소한의 범위 내에서 보호장비가 사용되었다고 할 수 있다. 또한 이 사건 보호장비사용행위로 인하여 제한되는 신체의 자유 등에 비하여 도주 등의 교정사고를 예방함으로써 수형자를 이송함에 있어 안전과 질서를 보호할 수 있는 공익이 더 크다 할 것이므로 법익의 균형성도 갖추었다(헌재 2012.7.26. 2011헌마426).

## 2020년 변호사시험 문 4.

☑확인 Check! ○ △ ×

**죄형법정주의의 명확성원칙에 관한 설명 중 옳은 것을 모두 고른 것은?(다툼이 있는 경우 판례에 의함)**

ㄱ. 건전한 상식과 통상적인 법감정을 가진 사람은 「군복 및 군용장구의 단속에 관한 법률」상 판매목적 소지가 금지되는 '유사군복'에 어떠한 물품이 해당하는지 예측할 수 있고, 유사군복을 정의한 조항에서 법집행자에게 판단을 위한 합리적 기준이 제시되고 있으므로 '유사군복' 부분은 명확성원칙에 위반되지 아니한다.

ㄴ. 허가받은 지역 밖에서의 이송업의 영업을 금지하고 처벌하는 「응급의료에 관한 법률」 조항은 영업의 일반적 의미와 위 법률의 관련 규정을 유기적·체계적으로 종합하여 보더라도 허가받은 지역 밖에서 할 수 없는 이송업에 환자이송과정에서 부득이 다른 지역을 지나가는 경우 또는 허가받지 아니한 지역에서 실시되는 운동경기·행사를 위하여 부근에서 대기하는 경우 등도 포함되는지 여부가 불명확하여 명확성원칙에 위배된다.

ㄷ. 선거운동을 위한 호별방문금지규정에도 불구하고 '관혼상제의 의식이 거행되는 장소와 도로·시장·점포·다방·대합실 기타 다수인이 왕래하는 공개된 장소'에서의 지지 호소를 허용하는 「공직선거법」 조항 중 '기타 다수인이 왕래하는 공개된 장소' 부분은, 해당 장소의 구조와 용도, 외부로부터의 접근성 및 개방성의 정도 등을 종합적으로 고려할 때 '관혼상제의 의식이 거행되는 장소와 도로·시장·점포·다방·대합실'과 유사하거나 이에 준하여 일반인의 자유로운 출입이 가능한 개방된 곳을 의미한다고 충분히 해석할 수 있으므로 명확성원칙에 위반된다고 할 수 없다.

ㄹ. 공중도덕상 유해한 업무에 취업시킬 목적으로 근로자를 파견한 사람을 형사처벌하도록 규정한 구 「파견근로자보호 등에 관한 법률」 조항은 그 조항의 입법목적, 위 법률의 체계, 관련 조항 등을 모두 종합하여 보더라도 '공중도덕상 유해한 업무'의 내용을 명확히 알 수 없고, 위 조항에 관한 이해관계기관의 확립된 해석기준이 마련되어 있다거나, 법관의 보충적 가치판단을 통한 법문해석으로 그 의미내용을 확인하기도 어려우므로 명확성원칙에 위배된다.

① ㄱ, ㄴ　② ㄱ, ㄷ　③ ㄴ, ㄹ
④ ㄱ, ㄷ, ㄹ　⑤ ㄴ, ㄷ, ㄹ

**[ㄱ ▸ O]** 심판대상조항의 문언과 입법취지, 위와 같은 사정을 종합하면, 건전한 상식과 통상적인 법감정을 가진 사람은 '군복 및 군용장구의 단속에 관한 법률'상 판매목적 소지가 금지되는 '유사군복'에 어떠한 물품이 해당하는지를 예측할 수 있고, 유사군복을 정의한 조항에서 법집행자에게 판단을 위한 합리적 기준이 제시되고 있어 심판대상조항이 자의적으로 해석되고 적용될 여지가 크다고 할 수 없다. 따라서 심판대상조항은 죄형법정주의의 명확성원칙에 위반되지 아니한다(헌재 2019.4.11. 2018헌가14).

**[ㄴ ▸ ×]** 영업의 일반적 의미와 응급의료법의 관련 규정을 유기적·체계적으로 종합하여 보면, 심판대상조항의 수범자인 이송업자는 처벌조항이 처벌하고자 하는 행위가 무엇이고 그에 대한 형벌이 어떤 것인지 예견할 수 있으며, 심판대상조항의 합리적인 해석이 가능하므로, 허가받은 지역 밖에서의 이송업의 영업을 금지하고 처벌하는 '응급의료에 관한 법률' 조항은 죄형법정주의의 명확성원칙에 위배되지 아니한다(헌재 2018.2.22. 2016헌바100).

**[ㄷ ▸ O]** 이 사건 지지호소조항의 문언과 입법취지에 비추어 보면, 이 사건 호별방문조항에도 불구하고 예외적으로 선거운동을 위하여 지지 호소를 할 수 있는 '기타 다수인이 왕래하는 공개된 장소'란, 해당 장소의 구조와 용도, 외부로부터의 접근성 및 개방성의 정도 등을 종합적으로 고려할 때 '관혼상제의 의식이 거행되는 장소와 도로·시장·점포·다방·대합실'과 유사하거나 이에 준하여 일반인의 자유로운 출입이 가능한 개방된 곳을 의미한다고 충분히 해석할 수 있다. 따라서 이 사건 지지호소조항은 죄형법정주의 명확성원칙에 위반된다고 할 수 없다(헌재 2019.5.30. 2017헌바458).

정답 ④

[ㄹ ▸ O] 공중도덕상 유해한 업무에 취업시킬 목적으로 근로자를 파견한 사람을 형사처벌하도록 규정한 구 '파견근로자 보호 등에 관한 법률' 조항의 입법목적, 파견법의 체계, 관련 조항 등을 모두 종합하여 보더라도 '공중도덕상 유해한 업무'의 내용을 명확히 알 수 없다. 아울러 심판대상조항에 관한 이해관계기관의 확립된 해석기준이 마련되어 있다거나, 법관의 보충적 가치판단을 통한 법문해석으로 심판대상조항의 의미내용을 확인할 수 있다는 사정을 발견하기도 어렵다. 심판대상조항은 건전한 상식과 통상적 법감정을 가진 사람으로 하여금 자신의 행위를 결정해 나가기에 충분한 기준이 될 정도의 의미내용을 가지고 있다고 볼 수 없으므로 죄형법정주의의 명확성원칙에 위배된다(헌재 2016.11.24. 2015헌가23).

**2020년 변호사시험 문 2.** ☑ 확인Check! O △ X

**영장주의에 관한 설명 중 옳지 않은 것은?(다툼이 있는 경우 판례에 의함)**

① 헌법 제12조 제3항이 정한 영장주의는 수사기관이 강제처분을 함에 있어 중립적 기관인 법원의 허가를 얻어야 함을 의미하는 것 외에 법원에 의한 사후통제까지 마련되어야 함을 의미한다.
② 형사재판에 계속 중인 사람에 대하여 법무부장관이 6개월 이내의 기간을 정하여 출국을 금지할 수 있다고 규정한 「출입국관리법」 조항은 영장주의에 위반되지 아니한다.
③ 체포영장을 발부받아 피의자를 체포하는 경우에 필요한 때에는 영장 없이 타인의 주거 등 내에서 피의자 수사를 할 수 있도록 한 「형사소송법」 조항은 별도로 영장을 발부받기 어려운 긴급한 사정이 있는지 여부를 구별하지 않고 피의자가 소재할 개연성만 소명되면 영장 없이 타인의 주거 등을 수색할 수 있도록 허용하고 있어 헌법 제16조의 영장주의에 위반된다.
④ 수사기관이 공사단체 등에 범죄수사에 관련된 사실을 조회하는 행위는 강제력이 개입되지 아니한 임의수사에 해당하므로, 이에 응하여 이루어진 국민건강보험공단의 개인정보제공행위에는 영장주의가 적용되지 않는다.
⑤ 통신사실확인자료제공요청은 수사 또는 내사의 대상이 된 가입자 등의 동의나 승낙을 얻지 않고도 공공기관이 아닌 전기통신사업자를 상대로 이루어지는 것으로 「통신비밀보호법」이 정한 수사기관의 강제처분이므로 통신사실 확인자료 제공요청에는 헌법상 영장주의가 적용된다.

[❶ ▸ X] 헌법 제12조 제3항이 정한 영장주의가 수사기관이 강제처분을 함에 있어 중립적 기관인 법원의 허가를 얻어야 함을 의미하는 것 외에 법원에 의한 사후통제까지 마련되어야 함을 의미한다고 보기 어렵고, 청구인의 주장은 결국 인터넷회선 감청의 특성상 집행단계에서 수사기관의 권한남용을 방지할 만한 별도의 통제장치를 마련하지 않는 한 통신 및 사생활의 비밀과 자유를 과도하게 침해하게 된다는 주장과 같은 맥락이므로, 이 사건 법률조항이 과잉금지원칙에 반하여 청구인의 기본권을 침해하는지 여부에 대하여 판단하는 이상, 영장주의 위반 여부에 대해서는 별도로 판단하지 아니한다(헌재 2018.8.30. 2016헌마263).

[❷ ▸ O] 심판대상조항에 따른 법무부장관의 출국금지결정은 형사재판에 계속 중인 국민의 출국의 자유를 제한하는 행정처분일 뿐이고, 영장주의가 적용되는 신체에 대하여 직접적으로 물리적 강제력을 수반하는 강제처분이라고 할 수는 없다. 따라서 심판대상조항이 헌법 제12조 제3항의 영장주의에 위배된다고 볼 수 없다(헌재 2015.9.24. 2012헌바302).

[❸ ▸ O] 헌법 제12조 제3항과는 달리 헌법 제16조 후문은 "주거에 대한 압수나 수색을 할 때에는 검사의 신청에 의하여 법관이 발부한 영장을 제시하여야 한다"라고 규정하고 있을 뿐 영장주의에 대한 예외를 명문화하고 있지 않다. 그러나 헌법 제12조 제3항과 헌법 제16조의 관계, 주거공간에 대한 긴급한 압수·수색의 필요성, 주거의 자유와 관련하여 영장주의를 선언하고 있는 헌법 제16조의 취지 등을 종합하면, 헌법 제16조의 영장주의에 대해서도 그 예외를 인정하되, 이는 ① 그 장소에 범죄혐의 등을 입증할 자료나 피의자가 존재할 개연성이 소명되고, ② 사전에 영장을 발부받기 어려운 긴급한 사정이 있는 경우에만 제한적으로 허용될 수 있다고 보는 것이 타당하다. 심판대상조항은 체포영장을 발부받아 피의자를 체포하는 경우에 필요한 때에는 영장 없이 타인의 주거 등 내에서 피의자 수사를 할 수 있다고 규정함으로써, 앞서 본



① 정답

바와 같이 별도로 영장을 발부받기 어려운 긴급한 사정이 있는지 여부를 구별하지 아니하고 피의자가 소재할 개연성만 소명되면 영장 없이 타인의 주거 등을 수색할 수 있도록 허용하고 있다. 이는 체포영장이 발부된 피의자가 타인의 주거 등에 소재할 개연성은 소명되나, 수색에 앞서 영장을 발부받기 어려운 긴급한 사정이 인정되지 않는 경우에도 영장 없이 피의자 수색을 할 수 있다는 것이므로, 헌법 제16조의 영장주의예외요건을 벗어나는 것으로서 영장주의에 위반된다(헌재 2018.4.26. 2015헌바370).

[ ❹ ▸ O ] 이 사건 사실조회조항은 수사기관이 공사단체 등에 대하여 범죄수사에 관련된 사실을 조회할 수 있다고 규정하여 수사기관에 사실 조회의 권한을 부여하고 있을 뿐이고, 이에 근거한 이 사건 사실조회행위에 대하여 국민건강보험공단이 응하거나 협조하여야 할 의무를 부담하는 것이 아니다. 따라서 이 사건 사실조회행위는 강제력이 개입되지 아니한 임의수사에 해당하므로, 이에 응하여 이루어진 이 사건 정보제공행위에도 영장주의가 적용되지 않는다(헌재 2018.8.30. 2014헌마368).

[ ❺ ▸ O ] 통신사실확인자료제공요청은 수사 또는 내사의 대상이 된 가입자 등의 동의나 승낙을 얻지 아니하고도 공공기관이 아닌 전기통신사업자를 상대로 이루어지는 것으로 통신비밀보호법이 정한 수사기관의 강제처분이다. 이러한 통신사실 확인자료 제공요청과 관련된 수사기관의 권한남용 및 그로 인한 정보주체의 기본권 침해를 방지하기 위해서는 법원의 통제를 받을 필요가 있으므로, 통신사실 확인자료 제공요청에는 헌법상 영장주의가 적용된다(헌재 2018.6.28. 2012헌마191 등).



## 제2절 사생활의 자유권 ★☆

### 제1항 사생활의 비밀과 자유

**2019년 변호사시험 문 15.** ☑ 확인 Check! O △ X

**甲은 2014.5.경 신용카드 회사의 개인정보유출사고로 인해 주민등록번호가 불법유출되었다는 이유로 관할 지방자치단체장에게 주민등록번호변경신청을 하였으나, 구 「주민등록법」(이하 "「주민등록법」"이라 함)상 주민등록번호 불법유출을 원인으로 한 주민등록번호 변경은 허용되지 않는다는 이유로 주민등록번호 변경을 거부하는 취지의 통지를 받았다. 이에 甲은 2014.6.경 개인별로 주민등록번호를 부여하면서 주민등록번호 변경에 관한 규정을 두고 있지 않은 「주민등록법」 제7조가 자신의 기본권을 침해한다고 주장하면서 「헌법재판소법」 제68조 제1항에 의한 헌법소원심판을 청구하였다. 다음 설명 중 옳지 않은 것은?(다툼이 있는 경우 판례에 의함)**

① 甲의 주장은 주민등록번호부여제도에 대하여 입법을 하였으나 주민등록번호 변경에 대하여는 아무런 규정을 두지 아니한 부진정입법부작위가 위헌이라는 것이어서, 「주민등록법」 제7조가 甲의 기본권을 침해하는지 여부가 심판대상이다.
② 국가가 주민등록번호를 부여·관리·이용하면서 「주민등록법」에 그 변경에 관한 규정을 두지 않은 것은 주민등록번호 불법유출 등을 원인으로 자신의 주민등록번호를 변경하고자 하는 甲의 개인정보자기결정권을 제한하고 있다.
③ 위 사례에서 위헌성은 주민등록번호 변경에 관하여 규정하지 아니한 부작위에 있으므로, 「주민등록법」에 대하여 단순위헌결정을 할 경우 주민등록번호제도 자체에 관한 근거규정이 사라지게 되어 법적 공백이 생기게 된다는 점 등을 고려하면, 헌법불합치결정을 선고하면서 입법자가 개선입법을 할 때까지 계속 적용을 명할 수 있다.
④ 모든 주민에게 고유한 주민등록번호를 부여하면서 이를 변경할 수 없도록 한 것은 주민생활의 편익을 증진시키고 행정사무를 신속하고 효율적으로 처리하기 위한 것으로 입법목적의 정당성과 수단의 적합성을 인정할 수 있다.
⑤ 「주민등록법」 제7조가 국가나 지방자치단체로 하여금 국방, 치안, 조세, 사회복지 등의 행정사무를 신속하고 효율적으로 처리할 수 있도록 주민등록의 대상자인 국민에게 주민등록번호 변경을 허가하지 아니함으로써 달성할 수 있게 되는 공익이 그로 인한 정보주체의 불이익에 비하여 더 작다고 보기는 어려워 법익균형성의 원칙에 반하지 않는다.

정답 ⑤

[❶ ▸ O] 청구인들이 주장하는 것은 위 조항들의 내용이 위헌이라는 것이 아니라, 주민등록번호의 잘못된 이용에 대비한 '주민등록번호 변경'에 대하여 아무런 규정을 두고 있지 않은 것이 헌법에 위반된다는 것이므로, 이는 주민등록번호부여제도에 대하여 입법을 하였으나 주민등록번호의 변경에 대하여는 아무런 규정을 두지 아니한 부진정입법부작위가 위헌이라는 것이다. 따라서 청구인들의 이러한 주장과 가장 밀접하게 관련되는 조항인 주민등록법 제7조 전체를 심판대상으로 삼고, 나머지 조항들은 심판대상에서 제외하기로 한다(헌재 2015.12.23. 2013헌바68 등).

[❷ ▸ O] 주민등록번호는 모든 국민에게 일련의 숫자형태로 부여되는 고유한 번호로서 당해 개인을 식별할 수 있는 정보에 해당하는 개인정보이다. 그런데 심판대상조항은 국가가 주민등록번호를 부여・관리・이용하면서 그 변경에 관한 규정을 두지 않음으로써 주민등록번호 불법유출 등을 원인으로 자신의 주민등록번호를 변경하고자 하는 청구인들의 개인정보자기결정권을 제한하고 있다(헌재 2015.12.23. 2013헌바68 등).

[❸ ▸ O] 심판대상조항의 위헌성은 주민등록번호 변경에 관하여 규정하지 아니한 부작위에 있는바, 이를 이유로 심판대상조항에 대하여 단순위헌결정을 할 경우 주민등록번호제도 자체에 관한 근거규정이 사라지게 되어 용인하기 어려운 법적 공백이 생기게 되고, 주민등록번호변경제도를 형성함에 있어서는 입법자가 광범위한 입법재량을 가지므로, 심판대상조항에 대하여는 헌법불합치결정을 선고하되, 2017.12.31.을 시한으로 입법자가 개선입법을 할 때까지 계속 적용하기로 한다(헌재 2015.12.23. 2013헌바68 등).

[❹ ▸ O] 주민등록제도는 주민의 거주관계를 파악하고 상시로 인구의 동태를 명확히 하여, 주민생활의 편익을 증진시키고 행정사무의 적정한 처리를 도모하기 위한 목적으로 만들어진 것이다(주민등록법 제1조). 그리고 주민등록번호제도는 이러한 주민등록제도의 일부로서, 주민등록대상자인 주민에게 주민등록번호를 부여하여 주민등록자의 동태를 파악할 수 있도록 함으로써, 오늘날 국가나 지방자치단체로 하여금 국방, 치안, 조세, 사회복지 등의 행정사무를 신속하고 효율적으로 처리할 수 있도록 한다. 심판대상조항이 모든 주민에게 고유한 주민등록번호를 부여하면서 이를 변경할 수 없도록 한 것은 주민생활의 편익을 증진시키고 행정사무를 신속하고 효율적으로 처리하기 위한 것으로서, 그 입법목적의 정당성과 수단의 적합성을 인정할 수 있다(헌재 2015.12.23. 2013헌바68 등).

[❺ ▸ X] 심판대상조항에서 주민등록번호 변경을 허용하지 않음으로써 얻어지는 행정사무의 신속하고 효율적인 처리를 통한 공익이 중요하다고 하더라도, 앞서 본 바와 같이 주민등록번호의 유출이나 오・남용으로 인하여 발생할 수 있는 피해 등에 대한 아무런 고려 없이 일률적으로 주민등록번호를 변경할 수 없도록 함으로써 침해되는 주민등록번호 소지자의 개인정보자기결정권에 관한 사익은 심판대상조항에 의하여 달성되는 구체적 공익에 비하여 결코 적지 않다고 할 것이므로, 심판대상조항은 법익의 균형성도 충족하지 못하였다(헌재 2015.12.23. 2013헌바68 등).

**2018년 변호사시험 문 9.** ☑ 확인 Check! ○ △ ×

**개인정보자기결정권에 관한 설명 중 옳지 않은 것은?(다툼이 있는 경우 판례에 의함)**

① '혐의 없음' 불기소처분에 관한 사건의 개인정보를 보관하는 것은 재수사에 대비한 기초자료를 보존하여 형사사법의 실체적 진실을 구현하는 한편, 수사력의 낭비를 막고 피의자의 인권을 보호하기 위한 것으로 개인정보자기결정권을 침해한다고 볼 수 없다.

② 형제자매는 언제나 본인과 이해관계를 같이 하는 것은 아닌데도 형제자매가 본인에 대한 친족·상속 등과 관련된 증명서를 편리하게 발급받을 수 있도록 한 것은, 입법목적 달성을 위해 필요한 범위를 넘어선 것으로 개인정보자기결정권을 침해한다.

③ 성적목적공공장소침입죄는 침입대상을 공공화장실 등 공공장소로 하여 사실상 장소를 정하지 아니하고 있으며 그에 따라 신상정보등록대상의 범위도 제한되지 않는바, 위 범죄에 의한 신상정보등록조항은 개인정보자기결정권을 침해한다.

④ 강제추행죄로 유죄판결이 확정된 신상정보등록대상자로 하여금 관할 경찰관서의 장에게 신상정보 및 변경정보를 제출하게 하는 것은, 관할 경찰관서의 장이 등록대상자를 대면하는 과정에서 신상정보를 최초로 수집하고 변경 여부를 규칙적으로 확인하는 방법보다 범죄동기의 억제라는 주관적 영향력의 측면에서 더 효과적이라 할 수 있으므로, 침해의 최소성원칙에 반하지 않는다.

⑤ 이미 정보주체의 의사에 따라 공개된 개인정보를 그의 별도의 동의 없이 영리목적으로 수집·제공한 경우, 그러한 정보처리행위로 침해될 수 있는 정보주체의 인격적 법익과 그 행위로 보호받을 수 있는 정보처리자 등의 법적 이익 등을 고려하여 그 최종적인 위법성 여부를 판단하여야 하고, 단지 정보처리자에게 영리목적이 있었다는 사정만으로 곧바로 정보처리행위를 위법하다고 할 수는 없다.

[❶ ▸ ○] '혐의 없음' 불기소처분에 관한 이 사건 개인정보를 보관하는 것은 재수사에 대비한 기초자료를 보존하여 형사사법의 실체적 진실을 구현하는 한편, 형사사건처리결과를 쉽게 그리고 명확히 확인하여 수사의 반복을 피함으로써 수사력의 낭비를 막고 피의자의 인권을 보호하기 위한 것으로서 그 목적의 정당성이 충분히 인정되고, 이 사건 법률조항이 형사사건처리내역에 관한 이 사건 개인정보를 일정 기간 보관한 후 삭제하도록 한 것은 위와 같은 목적을 달성하기 위한 효과적이고 적절한 방법의 하나가 될 수 있다. 이 사건 개인정보의 이용범위가 제한적인 점, 이 사건 개인정보의 누설이나 법령이 규정한 목적 외 취득·사용이 엄격히 금지되며, 이를 위반한 자는 형사처벌될 수 있는 점, 이 사건 개인정보의 법정보존기간이 합리적 범위 내에 있다고 여겨지는 점 등을 종합적으로 고려하면, 이 사건 법률조항에 의한 것보다 청구인의 개인정보자기결정권을 덜 침해하는 방법이나 수단을 찾아보기 어렵다 할 것이므로 이 사건 법률조항은 기본권침해최소성의 원칙에 위반된다고 볼 수 없다. 또한 이 사건 법률조항에 의하여 국가가 청구인의 이 사건 개인정보를 일정 기간 보존한다고 하더라도 이로 인하여 청구인이 현실적으로 입게 되는 불이익은 그다지 크다고 보기 어려운 반면, 위와 같이 '혐의 없음' 불기소처분에 관한 이 사건 개인정보를 보존함으로써 얻고자 하는 공익은 크다고 보아야 할 것이므로, 이 사건 법률조항이 법익의 균형성을 상실하였다고 볼 수도 없다. 따라서 이 사건 법률조항이 과잉금지의 원칙에 위반하여 청구인의 개인정보자기결정권을 침해한다고 볼 수 없다(헌재 2009.10.29. 2008헌마257).

[❷ ▸ ○] 가족관계등록법상 각종 증명서에 기재된 개인정보가 유출되거나 오남용될 경우 정보의 주체에게 가해지는 타격은 크므로 증명서교부청구권자의 범위는 가능한 한 축소하여야 하는데, 형제자매는 언제나 이해관계를 같이 하는 것은 아니므로 형제자매가 본인에 대한 개인정보를 오남용 또는 유출할 가능성은 얼마든지 있다. 그런데 이 사건 법률조항은 증명서 발급에 있어 형제자매에게 정보주체인 본인과 거의 같은 지위를 부여하고 있으므로, 이는 증명서교부청구권자의 범위를 필요한 최소한도로 한정한 것이라고 볼 수 없다. 본인은 인터넷을 이용하거나 위임을 통해 각종 증명서를 발급받을 수 있으며, 가족관계등록법 제14조 제1항 단서 각 호에서 일정한 경우에는 제3자도 각종 증명서의 교부를 청구할 수 있으므로 형제자매는 이를 통해 각종 증명서를 발급받을 수 있다. 따라서 이 사건 법률조항은 침해의 최소성에 위배된다. 또한, 이 사건 법률조항을 통해 달성하려는 공익에 비해 초래되는 기본권 제한의 정도가 중대하므로 법익의 균형성도 인정하기 어려워, 이 사건 법률조항은 청구인의 개인정보자기결정권을 침해한다(헌재 2016.6.30. 2015헌마924).

정답 ③

[❸ ▸ ×] 등록조항은 성범죄자의 재범을 억제하고 효율적인 수사를 위한 것으로 정당한 목적을 달성하기 위한 적합한 수단이다. 신상정보등록제도는 국가기관이 성범죄자의 관리를 목적으로 신상정보를 내부적으로만 보존·관리하는 것으로, 성범죄자의 신상정보를 일반에게 공개하는 신상정보공개·고지제도와는 달리 법익 침해의 정도가 크지 않다. 성적목적공공장소침입죄는 공공화장실 등 일정한 장소를 침입하는 경우에 한하여 성립하므로 등록조항에 따른 등록대상자의 범위는 이에 따라 제한되는바, 등록조항은 침해의 최소성원칙에 위배되지 않는다. 등록조항으로 인하여 제한되는 사익에 비하여 성범죄의 재범 방지와 사회 방위라는 공익이 크다는 점에서 법익의 균형성도 인정된다. 따라서 등록조항은 청구인의 개인정보자기결정권을 침해하지 않는다(헌재 2016.10.27. 2014헌마709).

[❹ ▸ ○] 제출조항에 따라 등록대상자가 자발적으로 신상정보 및 변경정보를 제출하는 방법 대신 동일한 목적을 달성하기 위한 방법으로 관할 경찰관서의 장이 등록대상자를 대면하는 과정에서 신상정보를 최초로 수집하고 변경 여부를 규칙적으로 확인하는 방법을 고려해 볼 수 있다. 하지만 이것이 반드시 덜 제한적인 방법이라고 단정할 수 없을 뿐더러, 등록대상자에 대한 범죄동기의 억제라는 주관적 영향력의 측면에서는 오히려 등록대상자로 하여금 관할 경찰관서의 장에게 신상정보 및 변경정보를 제출하게 하는 것이 더 효과적이라 할 수 있다. 이상의 점을 고려하면 제출조항이 침해의 최소성원칙에 반한다고 보기 어렵다(헌재 2016.3.31. 2014헌마457).

[❺ ▸ ○] 개인정보자기결정권이라는 인격적 법익을 침해·제한한다고 주장되는 행위의 내용이 이미 정보주체의 의사에 따라 공개된 개인정보를 그의 별도의 동의 없이 영리목적으로 수집·제공하였다는 것인 경우에는, 그와 같은 정보처리행위로 침해될 수 있는 정보주체의 인격적 법익과 그 행위로 보호받을 수 있는 정보처리자 등의 법적 이익이 하나의 법률관계를 둘러싸고 충돌하게 된다. 이때는 정보주체가 공적인 존재인지, 개인정보의 공공성과 공익성, 원래 공개한 대상범위, 개인정보처리의 목적·절차·이용형태의 상당성과 필요성, 개인정보처리로 인하여 침해될 수 있는 이익의 성질과 내용 등 여러 사정을 종합적으로 고려하여, 개인정보에 관한 인격권 보호에 의하여 얻을 수 있는 이익과 그 정보처리행위로 인하여 얻을 수 있는 이익 즉 정보처리자의 '알 권리'와 이를 기반으로 한 정보수용자의 '알 권리' 및 표현의 자유, 정보처리자의 영업의 자유, 사회 전체의 경제적 효율성 등의 가치를 구체적으로 비교형량하여 어느 쪽 이익이 더 우월한 것으로 평가할 수 있는지에 따라 그 정보처리행위의 최종적인 위법성 여부를 판단하여야 하고, 단지 정보처리자에게 영리목적이 있었다는 사정만으로 곧바로 그 정보처리행위를 위법하다고 할 수는 없다(대판 2016.8.17. 2014다235080).

## 제2항 주거의 자유와 거주 · 이전의 자유

**2017년 변호사시험 문 8.** ☑ 확인Check! ○ △ ✕

**甲은 사기혐의로 기소되었으며, 법무부장관 乙은 甲이 형사재판에 계속 중임을 이유로 「출입국관리법」 제4조 제1항 제1호에 근거하여 甲에 대해서 6개월 동안 출국을 금지하였다. 이에 甲은 「출입국관리법」 제4조 제1항 제1호의 위헌 여부를 다투고자 한다. 이에 관한 설명 중 옳은 것을 모두 고른 것은?(다툼이 있는 경우 판례에 의함)**

※ 「출입국관리법」
**제4조(출국의 금지)** ① 법무부장관은 다음 각 호의 어느 하나에 해당하는 국민에 대하여는 6개월 이내의 기간을 정하여 출국을 금지할 수 있다.
1. 형사재판에 계속(係屬) 중인 사람
〈이하 생략〉

ㄱ. 「출입국관리법」 제4조 제1항 제1호에 따른 乙의 출국금지결정은 형사재판에 계속 중인 甲의 출국의 자유를 제한하는 행정처분일 뿐이고, 영장주의가 적용되는 신체에 대하여 직접적으로 물리적 강제력을 수반하는 강제처분이라고 할 수는 없다.
ㄴ. 공정한 재판을 받을 권리가 보장되기 위해서는 피고인이 자신에게 유리한 증거를 제한 없이 수집할 수 있어야 하므로, 공정한 재판을 받을 권리에는 외국에 나가 증거를 수집할 권리가 포함된다.
ㄷ. 「출입국관리법」 제4조 제1항 제1호는 무죄추정의 원칙에서 금지하는 유죄 인정의 효과로서의 불이익, 즉 유죄를 근거로 형사재판에 계속 중인 사람에게 사회적 비난 내지 응보적 의미의 제재를 가하는 것이므로 무죄추정의 원칙에 위배된다.
ㄹ. 「출입국관리법」 제4조 제1항 제1호는 외국에 주된 생활의 근거지가 있거나 업무상 해외출장이 잦은 불구속피고인의 경우와 같이 출국의 필요성이 강하게 요청되는 사람의 기본권을 과도하게 제한할 소지가 있으므로 출국의 자유를 침해한다.

① ㄱ ② ㄱ, ㄴ ③ ㄴ, ㄷ
④ ㄱ, ㄷ, ㄹ ⑤ ㄴ, ㄷ, ㄹ

[ㄱ ▸ O] 심판대상조항에 따른 법무부장관의 출국금지결정은 형사재판에 계속 중인 국민의 출국의 자유를 제한하는 행정처분일 뿐이고, 영장주의가 적용되는 신체에 대하여 직접적으로 물리적 강제력을 수반하는 강제처분이라고 할 수는 없다. 따라서 심판대상조항이 헌법 제12조 제3항의 영장주의에 위배된다고 볼 수 없다(헌재 2015.9.24. 2012헌바302).

[ㄴ ▸ X] 심판대상조항은 법무부장관으로 하여금 피고인의 출국을 금지할 수 있도록 하는 것일 뿐 피고인의 공격 · 방어권 행사와 직접 관련이 있다고 할 수 없고, 공정한 재판을 받을 권리에 외국에 나가 증거를 수집할 권리가 포함된다고 보기도 어렵다. 따라서 심판대상조항은 공정한 재판을 받을 권리를 침해한다고 볼 수 없다(헌재 2015.9.24. 2012헌바302).

[ㄷ ▸ X] 심판대상조항은 형사재판에 계속 중인 사람이 국가의 형벌권을 피하기 위하여 해외로 도피할 우려가 있는 경우 법무부장관으로 하여금 출국을 금지할 수 있도록 하는 것일 뿐으로, 무죄추정의 원칙에서 금지하는 유죄 인정의 효과로서의 불이익, 즉 유죄를 근거로 형사재판에 계속 중인 사람에게 사회적 비난 내지 응보적 의미의 제재를 가하려는 것이라고 보기 어렵다. 따라서 심판대상조항은 무죄추정의 원칙에 위배된다고 볼 수 없다(헌재 2015.9.24. 2012헌바302).

[ㄹ ▸ X] 형사재판에 계속 중인 사람의 해외도피를 막아 국가형벌권을 확보함으로써 실체적 진실 발견과 사법정의를 실현하고자 하는 심판대상조항은 그 입법목적이 정당하고, 형사재판에 계속 중인 사람의 출국을 일정 기간 동안 금지할

정답 ①

수 있도록 하는 것은 이러한 입법목적을 달성하는 데 기여할 수 있으므로 수단의 적정성도 인정된다. 법무부장관은 출국금지 여부를 결정함에 있어 출국금지의 기본원칙, 출국금지대상자의 범죄사실, 연령 및 가족관계, 해외도피가능성 등 피고인의 구체적 사정을 반드시 고려하여야 하며, 실무에서도 심판대상조항에 따른 출국 금지는 매우 제한적으로 운용되고 있다. 그 밖에 출국금지해제제도, 사후통지제도, 이의신청, 행정소송 등 형사재판에 계속 중인 사람의 기본권 제한을 최소화하기 위한 여러 방안이 마련되어 있으므로 침해의 최소성원칙에 위배되지 아니한다. 심판대상조항으로 인하여 형사재판에 계속 중인 사람이 입게 되는 불이익은 일정 기간 출국이 금지되는 것인 반면, 심판대상조항을 통하여 얻는 공익은 국가형벌권을 확보함으로써 실체적 진실 발견과 사법정의를 실현하고자 하는 것으로서 중대하므로 법익의 균형성도 충족된다. 따라서 심판대상조항은 과잉금지원칙에 위배되어 출국의 자유를 침해하지 아니한다(헌재 2015.9.24. 2012헌바302).

### 제3항 통신의 자유

## 제3절 정신적 자유권 ★★★★☆

### 제1항 양심의 자유

**2019년 변호사시험 문 13.** ☑확인 Check! ○ △ ×

**양심적 병역 거부에 관한 최근 헌법재판소의 결정내용에 관한 설명 중 옳지 않은 것은?**

① 양심적 병역거부자에 대한 관용은 결코 병역의무의 면제와 특혜의 부여에 대한 관용이 아니며, 대체복무제는 병역의무의 일환으로 도입되는 것이므로 현역복무와의 형평을 고려하여 최대한 등가성을 가지도록 설계되어야 한다.

② 양심적 병역거부자에 대한 대체복무제를 규정하지 아니한 병역종류조항과 양심상의 결정에 따라 입영을 거부하거나 소집에 불응하는 자에 대하여 형벌을 부과하는 처벌조항은 '양심에 반하는 행동을 강요당하지 아니할 자유', 즉 '부작위에 의한 양심실현의 자유'를 제한한다.

③ 국가의 존립과 안전을 위한 불가결한 헌법적 가치를 담고 있는 국방의 의무와 개인의 인격과 존엄의 기초가 되는 양심의 자유라는 헌법적 가치가 서로 충돌하는 경우에도 그에 대한 심사는 헌법상 비례원칙에 의하여야 한다.

④ 대체복무제를 도입함으로써 병역자원을 확보하고 병역부담의 형평을 기할 수 있음에도 불구하고, 양심적 병역거부자에 대한 처벌의 예외를 인정하지 않고 일률적으로 형벌을 부과하는 처벌조항은 양심적 병역거부자의 양심의 자유를 침해한다.

⑤ 양심적 병역 거부의 바탕이 되는 양심상의 결정은 종교적 동기뿐만 아니라 윤리적·철학적 또는 이와 유사한 동기로부터라도 형성될 수 있는 것이므로 양심적 병역거부자의 기본권 침해 여부는 양심의 자유를 중심으로 판단한다.

[❶ ▸ O] 양심적 병역거부자에 대한 관용은 결코 병역의무의 면제와 특혜의 부여에 대한 관용이 아니다. 대체복무제는 병역의무의 일환으로 도입되는 것이고 현역복무와의 형평을 고려하여 최대한 등가성을 가지도록 설계되어야 하는 것이기 때문이다(헌재 2018.6.28. 2011헌바379 등).

[❷ ▸ O] 이 사건 청구인 등이 자신의 종교관·가치관·세계관 등에 따라 일체의 전쟁과 그에 따른 인간의 살상에 반대하는 진지한 내적 확신을 형성하였다면, 그들이 집총 등 군사훈련을 수반하는 병역의무의 이행을 거부하는 결정은 양심에 반하여 행동할 수 없다는 강력하고 진지한 윤리적 결정이며, 병역의무를 이행해야 하는 상황은 개인의 윤리적 정체성에



④ 정답

대한 중대한 위기상황에 해당한다. 이와 같이 병역종류조항에 대체복무제가 마련되지 아니한 상황에서, 양심상의 결정에 따라 입영을 거부하거나 소집에 불응하는 이 사건 청구인 등이 현재의 대법원 판례에 따라 처벌조항에 의하여 형벌을 부과받음으로써 양심에 반하는 행동을 강요받고 있으므로, 이 사건 법률조항은 '양심에 반하는 행동을 강요당하지 아니할 자유', 즉 '부작위에 의한 양심실현의 자유'를 제한하고 있다(헌재 2018.6.28. 2011헌바379 등).

[ ❸ ▸ O ] 이 사건 법률조항으로 인해서 국가의 존립과 안전을 위한 불가결한 헌법적 가치를 담고 있는 국방의 의무와 개인의 인격과 존엄의 기초가 되는 양심의 자유가 상충하게 된다. 이처럼 헌법적 가치가 서로 충돌하는 경우, 입법자는 두 가치를 양립시킬 수 있는 조화점을 최대한 모색해야 하고, 그것이 불가능해 부득이 어느 하나의 헌법적 가치를 후퇴시킬 수밖에 없는 경우에도 그 목적에 비례하는 범위 내에 그쳐야 한다. 헌법 제37조 제2항의 비례원칙은, 단순히 기본권제한의 일반원칙에 그치지 않고, 모든 국가작용은 정당한 목적을 달성하기 위하여 필요한 범위 내에서만 행사되어야 한다는 국가작용의 한계를 선언한 것이므로, 비록 이 사건 법률조항이 헌법 제39조에 규정된 국방의 의무를 형성하는 입법이라 할지라도 그에 대한 심사는 헌법상 비례원칙에 의하여야 한다(헌재 2018.6.28. 2011헌바379 등).

[ ❹ ▸ X ] 양심적 병역거부자에 대한 대체복무제를 규정하지 아니한 병역종류조항(병역법 제5조 제1항)은, 과잉금지원칙에 위배하여 양심적 병역거부자의 양심의 자유를 침해하나(헌법불합치결정), 양심적 병역거부자에 대한 처벌의 예외를 인정하지 않고 일률적으로 형벌을 부과하는 처벌조항(병역법 제88조 제1항)은, 양심의 자유를 침해하지 아니한다(합헌결정).

**병역종류조항** : 병역종류조항은, 병역부담의 형평을 기하고 병역자원을 효과적으로 확보하여 효율적으로 배분함으로써 국가안보를 실현하고자 하는 것이므로 정당한 입법목적을 달성하기 위한 적합한 수단이다. 대체복무제를 도입하더라도 우리나라의 국방력에 의미 있는 수준의 영향을 미친다고 보기는 어렵다. 대체복무제를 도입하면서도 병역의무의 형평을 유지하는 것은 충분히 가능하다. 따라서 대체복무제라는 대안이 있음에도 불구하고 군사훈련을 수반하는 병역의무만을 규정한 병역종류조항은, 침해의 최소성원칙에 어긋난다. 병역종류조항에 대체복무제를 도입한다고 하더라도 위와 같은 공익은 충분히 달성할 수 있다고 판단된다. 반면, 병역종류조항이 대체복무제를 규정하지 아니함으로 인하여 양심적 병역거부자들은 최소 1년 6월 이상의 징역형과 그에 따른 막대한 유·무형의 불이익을 감수하여야 한다. 따라서 병역종류조항은 법익의 균형성요건을 충족하지 못하였다. 그렇다면 양심적 병역거부자에 대한 대체복무제를 규정하지 아니한 병역종류조항은 과잉금지원칙에 위배하여 양심적 병역거부자의 양심의 자유를 침해한다(헌재 2018.6.28. 2011헌바379 등).

**처벌조항** : 병역종류조항에 대체복무제가 규정되지 아니한 상황에서 현재의 대법원 판례에 따라 양심적 병역거부자를 처벌한다면, 이는 과잉금지원칙을 위반하여 양심적 병역거부자의 양심의 자유를 침해하는 것이다. 따라서 지금처럼 병역종류조항에 대체복무제가 규정되지 아니한 상황에서는 양심적 병역 거부를 처벌하는 것은 헌법에 위반되므로, 양심적 병역 거부는 처벌조항의 '정당한 사유'에 해당한다고 보아야 한다. 결국 양심적 병역거부자에 대한 처벌은 대체복무제를 규정하지 아니한 병역종류조항의 입법상 불비와 양심적 병역거부는 처벌조항의 '정당한 사유'에 해당하지 않는다는 법원의 해석이 결합되어 발생한 문제일 뿐, 처벌조항 자체에서 비롯된 문제가 아니다. 이는 병역종류조항에 대한 헌법불합치결정과 그에 따른 입법부의 개선입법 및 법원의 후속조치를 통하여 해결될 수 있는 문제이다. 이상을 종합하여 보면, 처벌조항은 정당한 사유 없이 병역의무를 거부하는 병역기피자를 처벌하는 조항으로서, 과잉금지원칙을 위반하여 양심적 병역거부자의 양심의 자유를 침해한다고 볼 수는 없다(헌재 2018.6.28. 2011헌바379 등).

[ ❺ ▸ O ] 헌법 제20조 제1항은 양심의 자유와 별개로 종교의 자유를 따로 보장하고 있고, 이 사건 청구인 등의 대부분은 여호와의 증인 또는 카톨릭 신도로서 자신들의 종교적 신앙에 따라 병역의무를 거부하고 있으므로, 이 사건 법률조항에 의하여 이들의 종교의 자유도 함께 제한된다. 그러나 종교적 신앙에 의한 행위라도 개인의 주관적·윤리적 판단을 동반하는 것인 한 양심의 자유에 포함시켜 고찰할 수 있고, 앞서 보았듯이 양심적 병역 거부의 바탕이 되는 양심상의 결정은 종교적

동기뿐만 아니라 윤리적·철학적 또는 이와 유사한 동기로부터도 형성될 수 있는 것이므로, 이 사건에서는 양심의 자유를 중심으로 기본권 침해 여부를 판단하기로 한다. 청구인들은 이 사건 법률조항이 헌법 제10조의 인간의 존엄과 가치 및 행복추구권을 침해한다는 주장도 하고 있으나, 양심의 자유는 인간의 존엄과 가치와 불가분의 관계에 있는 정신적 기본권이고, 행복추구권은 다른 개별적 기본권이 적용되지 않는 경우에 한하여 보충적으로 적용되는 기본권이므로, 양심의 자유의 침해 여부를 판단하는 이상 별도로 인간의 존엄과 가치나 행복추구권 침해 여부는 판단하지 아니한다(헌재 2018.6.28. 2011헌바379 등).

**2013년 변호사시험 문 3.** ☑ 확인 Check! ○ △ ×

**甲은 「집회 및 시위에 관한 법률」을 위반하여 징역 1년 6월을 선고받고 복역하던 중, 가석방심사위원회의 준법서약서 제출요구를 거절하여 가석방대상에서 제외되었다. 이에 甲은 가석방심사 시 준법서약서 제출을 요구하는 「가석방심사 등에 관한 규칙」 제14조 제2항이 자신의 양심의 자유, 평등권 등을 침해한다는 이유로 헌법소원심판을 청구하였다. 이 사안과 관련된 설명 중 옳지 않은 것은?(다툼이 있는 경우 판례에 의함)**

【참조】
「가석방심사 등에 관한 규칙」 제14조(심사상의 주의) ② 국가보안법 위반, 집회 및 시위에 관한 법률 위반 등의 수형자에 대하여는 가석방결정 전에 출소 후 대한민국의 국법질서를 준수하겠다는 준법서약서를 제출하게 하여 준법의지가 있는지 여부를 확인하여야 한다.

① 만일 甲이 이미 석방된 경우라 할지라도, 같은 유형의 침해행위가 앞으로도 반복될 위험이 있고 그에 대한 헌법적 해명이 긴요한 사항인 경우에는 심판청구의 이익을 인정할 수 있다.
② 위 규칙조항은 가석방심사위원회의 준법서약서제출요구를 규정하고 있지만, 甲이 준법서약서제출요구행위를 대상으로 한 행정소송 등을 통하여 권리 구제를 받을 것을 기대할 수는 없으므로 사전구제절차를 이행하지 않았다는 이유로 기본권 침해의 직접성을 부인할 수 없다.
③ 양심의 자유에 의해 보호되는 양심에는 개인의 세계관이나 주의·신조 등도 포함되고, 甲이 준법서약서를 쓰지 않을 경우 자신의 신조 또는 사상을 그대로 유지한다는 것을 소극적으로 표명하게 되므로, 甲의 양심의 영역을 건드린다고 볼 수 있다.
④ 위 규칙조항은 내용상 甲에게 그 어떠한 법적 의무도 부과하는 것이 아니며 법적 불이익의 부과 등 방법에 의하여 준법서약을 강제하고 있는 것이 아니므로 甲의 양심의 자유를 침해하는 것이 아니다.
⑤ 준법서약서 제출이 요구되지 않는 타 수형자에 비하여 甲을 차별취급하는 것은 준법서약서가 국민의 일반적 의무사항을 확인하고 서약하는 수단에 불과하다는 점에서 헌법상 평등의 원칙에 위배되지 않는다.

[❶ ▸ ○] 청구인들이 모두 석방된 이상, 앞으로 더 이상 준법서약서의 제출을 조건으로 한 가석방 여부가 문제될 리가 없으며 따라서 이 사건 심판청구가 인용된다고 하더라도 청구인들의 주관적 권리 구제에는 도움이 되지 아니한다고 할 수 있다. 그러나 헌법소원은 주관적 권리 구제뿐만 아니라 객관적인 헌법질서 보장의 기능도 겸하고 있으므로 가사 청구인들의 주관적 권리 구제에는 도움이 되지 아니한다 하더라도 같은 유형의 침해행위가 앞으로도 반복될 위험이 있고, 헌법질서의 수호·유지를 위하여 그에 대한 헌법적 해명이 긴요한 사항에 대하여는 심판청구의 이익을 인정하여야 할 것이다. 이 사건 헌법소원에 있어서 준법서약서제출요구는 앞으로도 계속 반복될 것으로 보여지고, 그에 대한 헌법적 정당성 여부의 해명은 헌법질서의 수호를 위하여 매우 긴요한 사항으로서 중요한 의미를 지니고 있는 것이므로 이 사건 심판청구의 이익은 여전히 존재한다 할 것이다(헌재 2002.4.25. 98헌마425 등).

[❷ ▸ ○] 가석방심사위원회의 준법서약서제출요구는 당해 수형자에게 준법서약서의 제출을 권유 내지 유도하는 권고적 성격의 중간적 조치에 불과하여 행정소송의 대상이 되는 독립한 행정처분으로서의 외형을 갖춘 행위라고 보기 어렵다.



③ 정답

그렇다면 청구인들이 이 사건 심판청구 전에 가석방심사위원회의 준법서약서제출요구행위를 대상으로 한 행정소송 등 사전구제절차를 통하여 권리 구제를 받을 것을 기대할 수는 없다 할 것이어서 동 구제절차를 이행하지 아니하였다는 이유로 기본권 침해의 직접성이 없다고 할 수 없으며, 따라서 이 사건 심판청구들은 권리 침해의 직접성의 측면에서는 모두 적법하다(헌재 2002.4.25. 98헌마425 등).

[❸ ▸ ×] 내용상 단순히 국법질서나 헌법체제를 준수하겠다는 취지의 서약을 할 것을 요구하는 이 사건 준법서약은 국민이 부담하는 일반적 의무를 장래를 향하여 확인하는 것에 불과하며, 어떠한 가정적 혹은 실제적 상황하에서 특정의 사유(思惟)를 하거나 특별한 행동을 할 것을 새로이 요구하는 것이 아니다. 따라서 이 사건 준법서약은 어떤 구체적이거나 적극적인 내용을 담지 않은 채 단순한 헌법적 의무의 확인·서약에 불과하다 할 것이어서 양심의 영역을 건드리는 것이 아니다(헌재 2002.4.25. 98헌마425 등).

[❹ ▸ O] 가석방심사 등에 관한 규칙 제14조에 의하여 준법서약서의 제출이 반드시 법적으로 강제되어 있는 것이 아니다. 당해 수형자는 가석방심사위원회의 판단에 따라 준법서약서의 제출을 요구받았다고 하더라도 자신의 의사에 의하여 준법서약서의 제출을 거부할 수 있다. 또한 가석방은 행형기관의 교정정책 혹은 형사정책적 판단에 따라 수형자에게 주는 은혜적 조치일 뿐이고 수형자에게 주어지는 권리가 아니어서, 준법서약서의 제출을 거부하는 당해 수형자는 결국 이 규칙조항에 의하여 가석방의 혜택을 받을 수 없게 될 것이지만, 단지 그것뿐이며 더 이상 법적 지위가 불안해지거나 법적 상태가 악화되지 아니한다. 이와 같이 위 규칙조항은 내용상 당해 수형자에게 하등의 법적 의무를 부과하는 것이 아니며 이행강제나 처벌 또는 법적 불이익의 부과 등 방법에 의하여 준법서약을 강제하고 있는 것이 아니므로 당해 수형자의 양심의 자유를 침해하는 것이 아니다(헌재 2002.4.25. 98헌마425 등).

[❺ ▸ O] 준법서약제는 당해 수형자의 타 수형자에 대한 차별취급의 목적이 분명하고 비중이 큼에 비하여, 차별취급의 수단은 기본권 침해의 문제가 없는 국민의 일반적 의무사항의 확인 내지 서약에 불과하다고 할 것이므로 그 차별취급의 비례성이 유지되고 있음이 명백하다고 할 것이고, 결국 이 사건 규칙조항은 헌법상 평등의 원칙에 위배되지 아니한다(헌재 2002.4.25. 98헌마425 등).

## 제2항 종교의 자유

## 제3항 언론·출판의 자유

**2015년 변호사시험 문 6.** ☑ 확인 Check! ○ △ ×

**언론·출판의 자유에 관한 설명 중 옳지 않은 것은?(다툼이 있는 경우 판례에 의함)**

① 구체적인 전달이나 전파의 상대방이 없는 집필행위도 표현의 자유의 보호영역에 포함된다.
② 헌법 제21조 제2항의 검열금지조항은 절대적 금지를 의미하므로 국가안전 보장·질서 유지·공공복리를 위하여 필요한 경우라도 사전검열이 허용되지 않는다.
③ 의사의 자유로운 표명과 전파의 자유에는 책임이 따르므로 자신의 신원을 밝히지 아니한 채 익명 또는 가명으로 자신의 사상이나 견해를 표명하고 전파할 익명표현의 자유는 보장되지 않는다.
④ 정보 등을 불특정다수인에게 전파하는 광고물도 헌법 제21조가 보장하는 언론·출판의 자유의 보호대상이 된다.
⑤ 음란표현도 헌법 제21조가 규정하는 언론·출판의 자유의 보호영역에 포함된다.

정답 ③

[❶ ▸ O] 구체적인 전달이나 전파의 상대방이 없는 집필의 단계를 표현의 자유의 보호영역에 포함시킬 것인지 의문이 있을 수 있으나, 집필은 문자를 통한 모든 의사 표현의 기본전제가 된다는 점에서 당연히 표현의 자유의 보호영역에 속해 있다고 보아야 한다(헌재 2005.2.24. 2003헌마289).

[❷ ▸ O] 헌법 제21조 제2항은 언론·출판에 대한 허가나 검열은 인정되지 아니한다고 규정하여 언론출판에 대한 검열을 절대적으로 금지하고 있다. 언론출판에 대하여 사전검열이 허용될 경우에는 국민의 예술활동의 독창성과 창의성을 침해하여 정신생활에 미치는 위험이 클 뿐만 아니라 행정기관이 집권자에게 불리한 내용의 표현을 사전에 억제함으로써 이른바 관제의견이나 지배자에게 무해한 여론만이 허용되는 결과를 초래할 염려가 있기 때문에 헌법이 절대적으로 금지하고 있는 것이다. 따라서 비록 헌법 제37조 제2항이 국민의 자유와 권리를 국가안전 보장·질서 유지 또는 공공복리를 위하여 필요한 경우에 한하여 법률로써 제한할 수 있도록 규정하고 있다고 하여도 언론·출판의 자유에 대하여는 검열을 수단으로 한 제한만은 법률로써도 절대 허용되지 아니한다고 할 것이다(헌재 1996.10.31. 94헌가6).

[❸ ▸ ×] 헌법 제21조 제1항에서 보장하고 있는 표현의 자유는 사상 또는 의견의 자유로운 표명(발표의 자유)과 그것을 전파할 자유(전달의 자유)를 의미하는 것으로서, 그러한 의사의 '자유로운' 표명과 전파의 자유에는 자신의 신원을 누구에게도 밝히지 아니한 채 익명 또는 가명으로 자신의 사상이나 견해를 표명하고 전파할 익명표현의 자유도 포함된다(헌재 2012.8.23. 2010헌마47).

[❹ ▸ O] 우리 헌법은 제21조 제1항에서 "모든 국민은 언론·출판의 자유 … 를 가진다"라고 규정하여 현대 자유민주주의의 존립과 발전에 필수불가결한 기본권으로 언론·출판의 자유를 강력하게 보장하고 있는바, 광고물도 사상·지식·정보 등을 불특정다수인에게 전파하는 것으로서 언론·출판의 자유에 의한 보호를 받는 대상이 됨은 물론이다(헌재 1998.2.27. 96헌바2).

[❺ ▸ O] 음란표현이 언론·출판의 자유의 보호영역에 해당하지 아니한다고 해석할 경우 음란표현에 대하여는 언론·출판의 자유의 제한에 대한 헌법상의 기본원칙, 예컨대 명확성의 원칙, 검열금지의 원칙 등에 입각한 합헌성 심사를 하지 못하게 될 뿐만 아니라, 기본권 제한에 대한 헌법상의 기본원칙, 예컨대 법률에 의한 제한, 본질적 내용의 침해금지원칙 등도 적용하기 어렵게 되는 결과, 모든 음란표현에 대하여 사전검열을 받도록 하고 이를 받지 않은 경우 형사처벌을 하거나, 유통목적이 없는 음란물의 단순소지를 금지하거나, 법률에 의하지 아니하고 음란물 출판에 대한 불이익을 부과하는 행위 등에 대한 합헌성 심사도 하지 못하게 됨으로써, 결국 음란표현에 대한 최소한의 헌법상 보호마저도 부인하게 될 위험성이 농후하게 된다는 점을 간과할 수 없다. 이 사건 법률조항의 음란표현은 헌법 제21조가 규정하는 언론·출판의 자유의 보호영역 내에 있다고 볼 것인바, 종전에 이와 견해를 달리하여 음란표현은 헌법 제21조가 규정하는 언론·출판의 자유의 보호영역에 해당하지 아니한다는 취지로 판시한 우리 재판소의 의견을 변경한다(헌재 2009.5.28. 2006헌바109).

**2012년 변호사시험 문 18.** ☑ 확인Check! ○ △ ×

**표현의 자유에 관한 설명 중 옳지 않은 것은?(다툼이 있는 경우 판례에 의함)**

① 건강기능식품의 허위·과장광고를 사전에 예방하지 않을 경우 소비자들이 신체·건강상으로 이미 입은 피해의 회복이 사실상 불가능하며, 그 광고는 영리목적의 순수한 상업광고로서 표현의 자유 등이 위축될 위험도 작으므로 건강기능식품의 기능성 표시·광고에 대하여 식품의약품안전청장이 건강기능식품협회에 위탁하여 사전심의를 받도록 하는 것은 헌법이 금지하는 사전검열에 해당하지 않는다.

② 국가가 개인의 표현행위를 규제하는 경우, 표현내용에 대한 규제는 원칙적으로 중대한 공익의 실현을 위하여 불가피한 경우에 한하여 엄격한 요건하에서만 허용되는 반면, 표현내용과 무관한 표현방법에 대한 제한은 합리적인 공익상의 이유로 비례의 원칙의 준수하에서 가능하다.

③ '음란'이란 인간존엄 내지 인간성을 왜곡하는 노골적이고 적나라한 성표현으로서 오로지 성적 흥미에만 호소할 뿐 전체적으로 보아 하등의 문학적, 예술적, 과학적 또는 정치적 가치를 지니지 않은 것으로서, 사회의 건전한 성도덕을 크게 해칠 뿐만 아니라 사상의 경쟁메커니즘에 의해서도 그 해악이 해소되기 어려워, 음란한 표현은 언론·출판의 자유의 보호영역에 포함되지 아니한다.

④ 외교기관 인근의 옥외집회나 시위를 원칙적으로 금지하면서도, 해당 외교기관을 대상으로 하지 아니하는 경우, 대규모 집회 또는 시위로 확산될 우려가 없는 경우, 외교기관의 업무가 없는 휴일에 개최하는 경우를 예외로 하는 것은, 집회의 자유를 침해하지 않는다.

⑤ 해가 뜨기 전이나 해가 진 후의 옥외집회를 원칙적으로 금지하고, 일정한 경우 관할 경찰관서장이 이를 예외적으로 허용할 수 있도록 한 법률조항은 집회의 자유를 침해하여 헌법에 위반되는데, 그 근거로는 헌법 제21조 제2항의 집회의 허가 금지 또는 과잉금지원칙을 들 수 있다.

[❶ ▸ ×] 출제 당시에는 옳은 지문이었으나, 판례 변경으로 인해 옳지 않은 지문에 해당한다.

판례 ● 현행헌법상 사전검열은 표현의 자유 보호대상이면 예외 없이 금지된다. 건강기능식품의 기능성 광고는 인체의 구조 및 기능에 대하여 보건용도에 유용한 효과를 준다는 기능성 등에 관한 정보를 널리 알려 해당 건강기능식품의 소비를 촉진시키기 위한 상업광고이지만, 헌법 제21조 제1항의 표현의 자유의 보호대상이 됨과 동시에 같은 조 제2항의 사전검열금지대상도 된다. 광고의 심의기관이 행정기관인지 여부는 기관의 형식에 의하기보다는 그 실질에 따라 판단되어야 하고, 행정기관의 자의로 개입할 가능성이 열려 있다면 개입가능성의 존재 자체로 헌법이 금지하는 사전검열이라고 보아야 한다. 식약처장이 심의기준 등의 제정과 개정을 통해 심의내용과 절차에 영향을 줄 수 있고, 식약처장이 재심의를 권하면 심의기관이 이를 따라야 하며, 분기별로 식약처장에게 보고가 이루어진다는 점에서도 그 심의업무의 독립성과 자율성이 있다고 보기 어렵다. 따라서 이 사건 건강기능식품 기능성광고 사전심의는 그 검열이 행정권에 의하여 행하여진다 볼 수 있고, 헌법이 금지하는 사전검열에 해당하므로 헌법에 위반된다(헌재 2018.6.28. 2016헌가8 등).

[❷ ▸ ○] 국가가 개인의 표현행위를 규제하는 경우, 표현내용에 대한 규제는 원칙적으로 중대한 공익의 실현을 위하여 불가피한 경우에 한하여 엄격한 요건하에서 허용되는 반면, 표현내용과 무관하게 표현의 방법을 규제하는 것은 합리적인 공익상의 이유로 폭넓은 제한이 가능하다. 헌법상 표현의 자유가 보호하고자 하는 가장 핵심적인 것이 바로 "표현행위가 어떠한 내용을 대상으로 한 것이든 보호를 받아야 한다"는 것이며, "국가가 표현행위를 그 내용에 따라 차별함으로써 특정한 견해나 입장을 선호하거나 억압해서는 안 된다"는 것이다. 이 사건 시행령조항이 자신에 관한 광고를 허용하면서 타인에 관한 광고를 금지한 것은 특정한 표현내용을 금지하거나 제한하려는 것이 아니라 광고의 매체로 이용될 수 있는 차량을 제한하고자 하는 표현방법에 따른 규제로서, 표현의 방법에 대한 제한은 합리적인 공익상의 이유로 비례의 원칙의 준수하에서 가능하다고 할 것이다(헌재 2002.12.18. 2000헌마764).

정답 ①·③

[❸ ▸ ×] 헌법 제21조 제4항은 "언론·출판은 타인의 명예나 권리 또는 공중도덕이나 사회윤리를 침해하여서는 아니 된다"고 규정하고 있는바, 이는 언론·출판의 자유에 따르는 책임과 의무를 강조하는 동시에 언론·출판의 자유에 대한 제한의 요건을 명시한 규정으로 볼 것이고, 헌법상 표현의 자유의 보호영역 한계를 설정한 것이라고는 볼 수 없다. 따라서 음란표현도 헌법 제21조가 규정하는 언론·출판의 자유의 보호영역에는 해당하되, 다만 헌법 제37조 제2항에 따라 국가 안전 보장·질서 유지 또는 공공복리를 위하여 제한할 수 있는 것이라고 해석하여야 할 것이다(헌재 2009.5.28. 2006헌바109).

[❹ ▸ O] 외교기관 인근의 옥외집회나 시위를 원칙적으로 금지하면서도 외교기관의 기능이나 안녕을 침해할 우려가 없다고 인정되는 구체적인 경우에는 예외적으로 옥외집회나 시위를 허용하고 있는 '집회 및 시위에 관한 법률'이 집회의 자유를 침해한다고 할 수 없다(헌재 2010.10.28. 2010헌마111).

[❺ ▸ O] 헌법재판소는 야간집회금지조항에 대해, 헌재 2009.9.24. 2008헌가25결정에서는 헌법 제21조 제2항의 집회의 허가 금지에 해당한다는 5인의 위헌의견(위헌의견 5인 중 2인은 과잉금지원칙도 그 근거로 들고 있음)과, 집회의 허가금지에 해당하지는 않으나 과잉금지원칙위배에 해당한다는 2인의 헌법불합치의견을 통해 헌법불합치결정을 하였으나, 그 후 헌재 2014.4.24. 2011헌가29결정에서는 허가금지에는 해당되지 않으나 과잉금지원칙 위배로 한정위헌결정을 하였다. 출제 이후 나온 판례로 인해 논란이 될 수 있는 지문이나, 2011헌가29결정이 2008헌가25결정을 폐기하지 아니한 점, 엄밀히 따지면 해당 지문이 들고 있는 법률조항은 2008헌가25결정의 심판대상이라는 점 등으로 인해 명백히 틀렸다고 보기도 어려워 일단 옳은 지문으로 처리하였다.

- 헌법 제21조 제2항에 의하여 금지되는 '허가'는 '행정청이 주체가 되어 집회의 허용 여부를 사전에 결정하는 것'으로, 법률적 제한이 실질적으로 행정청의 허가 없는 옥외집회를 불가능하게 하는 것이라면 헌법상 금지되는 사전허가제에 해당하지만, 그에 이르지 아니하는 한 헌법 제21조 제2항에 반하는 것은 아니다. 이 사건 법률조항의 단서 부분은 본문에 의한 제한을 완화시키려는 것이므로 헌법이 금지하고 있는 '옥외집회에 대한 일반적인 사전허가'라고 볼 수 없다. 한편, 이 사건 법률조항 중 단서 부분은 시위에 대하여 적용되지 않으므로 야간시위의 금지와 관련하여 헌법상 '허가제금지'규정의 위반 여부는 문제되지 아니한다. 이 사건 법률조항은 사회의 안녕질서를 유지하고 시민들의 주거 및 사생활의 평온을 보호하기 위한 것으로서 정당한 목적 달성을 위한 적합한 수단이 된다. 그러나 '일출시간 전, 일몰시간 후'라는 광범위하고 가변적인 시간대의 옥외집회 또는 시위를 금지하는 것은 오늘날 직장인이나 학생들의 근무·학업시간, 도시화·산업화가 진행된 현대사회의 생활형태 등을 고려하지 아니하고 목적 달성을 위해 필요한 정도를 넘는 지나친 제한을 가하는 것이어서 최소침해성 및 법익균형성원칙에 반한다(헌재 2014.4.24. 2011헌가29).
- 해가 뜨기 전이나 해가 진 후의 옥외집회를 금지하고, 일정한 경우 관할 경찰관서장이 허용할 수 있도록 한 집회 및 시위에 관한 법률 제10조 중 '옥외집회' 부분과 이에 위반한 경우의 처벌규정인 집시법 제23조 제1호 중 '제10조 본문의 옥외집회' 부분이 헌법에 위반하여 집회의 자유를 침해한다(헌재 2009.9.24. 2008헌가25).

**2014년 변호사시험 문 12.** ☑ 확인 Check! ○ △ ×

**표현의 자유에 관한 설명 중 옳지 않은 것을 모두 고른 것은?(다툼이 있는 경우 판례에 의함)**

ㄱ. '법관이 그 품위를 손상하거나 법원의 위신을 실추시킨 경우'를 징계사유로 하고 있는 법률규정은 '품위 손상', '위신 실추'라는 불명확한 개념을 전제로 하여 법관의 표현의 자유를 제한하는 것으로서, 위 개념의 모호성과 포괄성으로 인해 제한되지 않아야 할 표현까지 다 함께 제한하여 법관의 사법부 내부혁신 등을 위한 표현행위를 위축시키므로 과잉금지원칙에 위배된다.

ㄴ. 인터넷게시판을 설치·운영하는 정보통신서비스 제공자에게 본인확인조치의무를 부과하여 게시판 이용자로 하여금 본인확인절차를 거쳐야만 게시판을 이용할 수 있도록 하는 법령조항은 과잉금지원칙에 위배하여 인터넷게시판 이용자의 표현의 자유 및 인터넷게시판을 운영하는 정보통신서비스 제공자의 언론의 자유를 침해한다.

ㄷ. 정보통신망을 통하여 일반에게 공개된 정보로 말미암아 사생활 침해나 명예훼손 등 타인의 권리가 침해된 경우, 그 침해를 받은 자가 삭제요청을 하면 정보통신서비스 제공자는 권리의 침해 여부를 판단하기 어렵거나 이해당사자 간에 다툼이 예상되는 경우에는 30일 이내에서 해당 정보에 대한 접근을 임시적으로 차단하는 조치를 하도록 하는 법률조항은 과잉금지원칙에 위배되지 않는다.

ㄹ. 공무원은 집단·연명으로 또는 단체의 명의를 사용하여 국가의 정책을 반대해서는 아니 된다는 국가공무원복무규정은 그러한 행위의 정치성이나 공정성 등을 불문하는 점, 그 적용대상이 되는 공무원의 범위가 제한적이지 않고 지나치게 광범위한 점, 그 행위가 근무시간 내에 행해지는지 근무시간 외에 행해지는지 여부를 불문하는 점에서 침해의 최소성원칙에 위배되어, 공무원의 정치적 표현의 자유를 침해한다.

ㅁ. 방송사업자가 방송법 소정의 심의규정을 위반한 경우에는 방송통신위원회가 시청자에 대한 사과를 명할 수 있도록 한 방송법 규정은 심의규정을 위반한 방송사업자에게 '주의 또는 경고'만으로도 반성을 촉구하고 언론사로서의 공적 책무에 대한 인식을 제고할 수 있다는 점에서 보다 덜 제한적인 다른 수단이 존재하므로, 침해의 최소성원칙에 위배된다.

① ㄱ, ㄴ ② ㄱ, ㄹ ③ ㄴ, ㄷ, ㄹ
④ ㄷ, ㅁ ⑤ ㄹ, ㅁ

[ㄱ ▸ ×] 구 법관징계법 제2조 제2호가 '품위 손상', '위신 실추'와 같은 추상적인 용어를 사용하고 있기는 하나, 수범자인 법관이 구체적으로 어떠한 행위가 이에 해당하는지를 충분히 예측할 수 없을 정도로 그 적용범위가 모호하다거나 불분명하다고 할 수 없고, 법관이 사법부 내부혁신 등을 위한 표현행위를 하였다는 것 자체가 위 법률조항의 징계사유가 되는 것이 아니라, 표현행위가 이루어진 시기와 장소, 표현의 내용 및 방법, 행위의 상대방 등 제반 사정을 종합하여 볼 때 법관으로서의 품위를 손상하거나 법원의 위신을 실추시킨 행위에 해당하는 경우에 한하여 징계사유가 되는 것이므로, 구 법관징계법 제2조 제2호는 그 적용범위가 지나치게 광범위하거나 포괄적이어서 법관의 표현의 자유를 과도하게 제한한다고 볼 수 없어 과잉금지원칙에 위배되지 아니한다(헌재 2012.2.23. 2009헌바34).

[ㄴ ▸ O] 이 사건 법령조항들이 표방하는 건전한 인터넷문화의 조성 등 입법목적은, 인터넷주소 등의 추적 및 확인, 당해 정보의 삭제·임시조치, 손해배상, 형사처벌 등 인터넷 이용자의 표현의 자유나 개인정보자기결정권을 제약하지 않는 다른 수단에 의해서도 충분히 달성할 수 있음에도, 인터넷의 특성을 고려하지 아니한 채 본인확인제의 적용범위를 광범위하게 정하여 법집행자에게 자의적인 집행의 여지를 부여하고, 목적 달성에 필요한 범위를 넘는 과도한 기본권 제한을 하고 있으므로 침해의 최소성이 인정되지 아니한다. 또한 이 사건 법령조항들은 국내인터넷 이용자들의 해외사이트로의 도피, 국내사업자와 해외사업자 사이의 차별 내지 자의적 법 집행의 시비로 인한 집행곤란의 문제를 발생시키고 있고, 나아가 본인확인제 시행 이후에 명예훼손, 모욕, 비방의 정보의 게시가 표현의 자유의 사전제한을 정당화할 정도로 의미있게 감소하였다는 증거를 찾아볼 수 없는 반면에, 게시판 이용자의 표현의 자유를 사전에 제한하여 의사 표현 자체를



정답 ②

위축시킴으로써 자유로운 여론의 형성을 방해하고, 본인확인제의 적용을 받지 않는 정보통신망상의 새로운 의사소통수단과 경쟁하여야 하는 게시판 운영자에게 업무상 불리한 제한을 가하며, 게시판 이용자의 개인정보가 외부로 유출되거나 부당하게 이용될 가능성이 증가하게 되었는바, 이러한 인터넷게시판 이용자 및 정보통신서비스 제공자의 불이익은 본인확인제가 달성하려는 공익보다 결코 더 작다고 할 수 없으므로, 법익의 균형성도 인정되지 않는다. 따라서 본인확인제를 규율하는 이 사건 법령조항들은 과잉금지원칙에 위배하여 인터넷게시판 이용자의 표현의 자유, 개인정보자기결정권 및 인터넷게시판을 운영하는 정보통신서비스 제공자의 언론의 자유를 침해한다(헌재 2012.8.23. 2010헌마47 등).

[ㄷ▸O] 이 사건 법률조항은 사생활을 침해하거나 명예를 훼손하는 등 타인의 권리를 침해하는 정보가 정보통신망을 통해 무분별하게 유통되는 것을 방지하기 위하여 권리침해주장자의 삭제요청과 침해사실에 대한 소명에 의하여 정보통신서비스 제공자로 하여금 임시조치를 취하도록 함으로써 정보의 유통 및 확산을 일시적으로 차단하려는 것이므로, 그 입법목적이 정당하고 수단 또한 적절하다. '사생활'이란 이를 공개하는 것 자체로 침해가 발생하고, '명예' 역시 타인의 명예를 훼손할 만한 사실이 적시되어 불특정 또는 다수인이 인식할 수 있는 상태에 놓임으로써 침해가 발생하게 되므로, 글이나 사진, 동영상 등의 다양한 방법으로 정보통신망에 게재되는 사생활이나 명예에 관한 정보에 대해서는 반론과 토론을 통한 자정작용이 사실상 무의미한 경우가 적지 않고, 빠른 전파가능성으로 말미암아 사후적인 손해배상이나 형사처벌로는 회복하기 힘들 정도의 인격 파괴가 이루어질 수도 있어, 정보의 공개 그 자체를 잠정적으로 차단하는 것 외에 반박내용의 게재, 링크 또는 퍼나르기 금지, 검색기능 차단 등의 방법으로는 이 사건 법률조항의 입법목적을 효과적으로 달성할 수 없다. 게다가, 이 사건 법률조항에 기한 임시조치를 하기 위해서는 권리침해주장자의 '소명'이 요구되는 점, '30일 이내'라는 비교적 짧은 기간 동안의 정보 접근만을 차단할 뿐이라는 점, 임시조치 후 '30일 이내'에 정보게재자의 재게시청구가 있을 경우라든가 임시조치기간이 종료한 경우 등 향후의 분쟁해결절차에 관하여는 정보통신서비스 제공자의 자율에 맡김으로써 정보의 불법성을 보다 정확히 확인하는 동시에 권리침해주장자와 정보게재자 간의 자율적 분쟁 해결을 도모할 시간적 여유를 제공한다는 점 등에 비추어 볼 때, 이 사건 법률조항이 규정하고 있는 임시조치의 절차적 요건과 내용 역시 정보게재자의 표현의 자유를 필요최소한으로 제한하도록 설정되어 있다고 할 수 있다. 타인의 명예나 권리를 표현의 자유가 갖는 구체적 한계로까지 규정하여 보호하고 있는 헌법 제21조 제4항의 취지 등에 비추어 볼 때, 사생활 침해, 명예훼손 등 타인의 권리를 침해할 만한 정보가 무분별하게 유통됨으로써 타인의 인격적 법익 기타 권리에 대한 침해가 돌이킬 수 없는 상황에 이르게 될 가능성을 미연에 차단하려는 공익은 매우 절실한 반면, 이 사건 법률조항으로 말미암아 침해되는 정보게재자의 사익은 그리 크지 않으므로, 법익균형성요건도 충족한다(헌재 2012.5.31. 2010헌마88).

[ㄹ▸X] 위 규정들은 국가 또는 지방자치단체의 정책에 대한 공무원의 집단적인 반대·방해행위를 금지함으로써 공무원의 근무기강을 확립하고 공무원의 정치적 중립성을 확보하려는 입법목적을 가진 것으로서, 위 규정들은 그러한 입법목적 달성을 위한 적합한 수단이 된다. 한편, 공무원의 신분과 지위의 특수성에 비추어 볼 때 공무원에 대해서는 일반국민에 비해 보다 넓고 강한 기본권 제한이 가능한바, 위 규정들은 공무원의 정치적 의사 표현이 집단적인 행위가 아닌 개인적·개별적인 행위인 경우에는 허용하고 있고, 공무원의 행위는 그것이 직무 내의 것인지 직무 외의 것인지 구분하기 어려운 경우가 많으며, 설사 공무원이 직무 외에서 집단적인 정치적 표현행위를 한다 하더라도 공무원의 정치적 중립성에 대한 국민의 신뢰는 유지되기 어려우므로 직무 내외를 불문하고 금지한다 하더라도 침해의 최소성원칙에 위배되지 아니한다. 만약 국가 또는 지방자치단체의 정책에 대한 공무원의 집단적인 반대·방해행위가 허용된다면 원활한 정책의 수립과 집행이 불가능하게 되고 공무원의 정치적 중립성이 훼손될 수 있는바, 위 규정들이 달성하려는 공익은 그로 말미암아 제한받는 공무원의 정치적 표현의 자유에 비해 작다고 할 수 없으므로 법익의 균형성 또한 인정된다. 따라서 위 규정들은 과잉금지원칙에 반하여 공무원의 정치적 표현의 자유를 침해한다고 할 수 없다(헌재 2012.5.31. 2009헌마705 등).

[ㅁ▸O] 심의규정을 위반한 방송사업자에게 '주의 또는 경고'만으로도 반성을 촉구하고 언론사로서의 공적 책무에 대한 인식을 제고시킬 수 있고, 위 조치만으로도 심의규정에 위반하여 '주의 또는 경고'의 제재조치를 받은 사실을 공표하게 되어 이를 다른 방송사업자나 일반국민에게 알리게 됨으로써 여론의 왜곡 형성 등을 방지하는 한편, 해당 방송사업자에게는 해당 프로그램의 신뢰도 하락에 따른 시청률 하락 등의 불이익을 줄 수 있다. 또한, '시청자에 대한 사과'에 대하여는

'명령'이 아닌 '권고'의 형태를 취할 수도 있다. 이와 같이 기본권을 보다 덜 제한하는 다른 수단에 의하더라도 이 사건 심판대상조항이 추구하는 목적을 달성할 수 있으므로 이 사건 심판대상조항은 침해의 최소성원칙에 위배된다(헌재 2012.8.23. 2009헌가27).

**2018년 변호사시험 문 8.** ☑확인 Check! ○ △ ×

**언론 · 출판의 자유에 관한 설명 중 옳지 않은 것은?(다툼이 있는 경우 판례에 의함)**

① 표현의 특성이나 규제의 필요성에 따라 언론 · 출판의 자유의 보호를 받는 표현 중에서 사전검열금지원칙의 적용이 배제되는 영역을 따로 설정할 경우 그 기준에 대한 객관성을 담보할 수 없다는 점 등을 고려하면, 헌법상 사전검열은 예외 없이 금지되는 것으로 보아야 한다.

② 언론의 자유에 의하여 보호되는 것은 정보의 획득에서부터 뉴스와 의견의 전파에 이르기까지 언론의 기능과 본질적으로 연관되는 활동에 국한되므로, 인터넷언론사가 취재인력 3명 이상을 포함하여 취재 및 편집인력 5명 이상을 상시적으로 고용하도록 하는 것은 언론의 자유를 제한하는 것이 아니라 인터넷언론사의 직업의 자유를 제한하는 것이다.

③ 「옥외광고물 등 관리법」상 사전허가제도는 일정한 지역 · 장소 및 물건에 광고물 또는 게시시설을 표시하거나 설치하는 경우에 그 광고물 등의 종류 · 모양 · 크기 · 색깔, 표시 또는 설치의 방법 및 기간 등을 규제하고 있을 뿐, 광고물 등의 내용을 심사 · 선별하여 광고물을 사전에 통제하려는 제도가 아님은 명백하므로, 헌법 제21조 제2항이 정하는 사전허가 · 검열에 해당되지 아니한다.

④ 의료에 관한 광고는 표현의 자유의 보호영역에 속하지만 사상이나 지식에 관한 정치적 · 시민적 표현행위와는 차이가 있고, 한편 직업수행의 자유의 보호영역에도 속하지만 인격 발현과 개성 신장에 미치는 효과가 중대한 것은 아니므로, 의료에 관한 광고의 규제에 대한 과잉금지원칙 위배 여부를 심사함에 있어 그 기준을 완화하는 것이 타당하다.

⑤ 「언론중재 및 피해구제 등에 관한 법률」은 언론이 사망한 사람의 인격권을 침해한 경우에 그 피해가 구제될 수 있도록 명문의 규정을 두고 있으며, 사망한 사람의 인격권을 침해하였거나 침해할 우려가 있는 경우의 구제절차는 유족이 수행하도록 하고 있다.

[❶ ▸ ○] 헌법이 특정한 표현에 대해 예외적으로 검열을 허용하는 규정을 두지 않은 점, 이러한 상황에서 표현의 특성이나 규제의 필요성에 따라 언론 · 출판의 자유의 보호를 받는 표현 중에서 사전검열금지원칙의 적용이 배제되는 영역을 따로 설정할 경우 그 기준에 대한 객관성을 담보할 수 없다는 점 등을 고려하면, 헌법상 사전검열은 예외 없이 금지되는 것으로 보아야 하므로 의료광고 역시 사전검열금지원칙의 적용대상이 된다(헌재 2015.12.23. 2015헌바75).

[❷ ▸ ×] 언론의 자유에 의하여 보호되는 것은 정보의 획득에서부터 뉴스와 의견의 전파에 이르기까지 언론의 기능과 본질적으로 관련되는 모든 활동이다. 이런 측면에서 고용조항과 확인조항은 인터넷신문의 발행을 제한하는 효과를 가지고 있으므로 언론의 자유를 제한하는 규정에 해당한다. 청구인들은 고용조항으로 인하여 언론의 자유 이외에 직업수행의 자유도 침해된다고 주장한다. 그런데 고용조항의 입법목적이 인터넷신문의 신뢰성 제고이고, 신문법 규정들은 언론사로서의 인터넷신문의 규율 및 보호를 위한 규정들이다. 따라서 고용조항으로 인하여 청구인들의 직업수행의 자유보다는 언론의 자유가 보다 직접적으로 제한된다고 보이므로 언론의 자유 제한 여부를 중심으로 살펴본다(헌재 2016.10.27. 2015헌마1206).

[❸ ▸ ○] 헌법 제21조 제2항에서 정하는 허가나 검열은 행정권이 주체가 되어 사상이나 의견 등이 발표되기 이전에 예방적 조치로서 그 내용을 심사 · 선별하여 발표를 사전에 억제하는, 즉 허가받지 아니한 것의 발표를 금지하는 제도를 뜻한다. 옥외광고물 등 관리법 제3조는 일정한 지역 · 장소 및 물건에 광고물 또는 게시시설을 표시하거나 설치하는 경우에 그 광고물 등의 종류 · 모양 · 크기 · 색깔, 표시 또는 설치의 방법 및 기간 등을 규제하고 있을 뿐, 광고물 등의 내용을 심사 · 선별하여 광고물을 사전에 통제하려는 제도가 아님은 명백하므로, 헌법 제21조 제2항이 정하는 사전허가 · 검열에 해당되지 아니한다(헌재 1998.2.27. 96헌바2).

정답 ②

[❹ ▸ O] 헌법 제37조 제2항에 의하면 국민의 자유와 권리는 국가안전 보장·질서 유지 또는 공공복리를 위하여 필요한 경우에 한하여 법률로써 제한할 수 있으므로, 기본권을 제한하는 입법은 과잉금지원칙에 따라 입법목적의 정당성과 그 목적 달성을 위한 방법의 적정성, 피해의 최소성, 법익의 균형성을 모두 갖추어야 한다. 다만, 의료에 관한 광고는 표현의 자유의 보호영역에 속하지만 사상이나 지식에 관한 정치적, 시민적 표현행위와는 차이가 있으며, 직업수행의 자유는 직업선택의 자유에 비해 인격 발현과 개성 신장에 미치는 효과가 중대한 것은 아니다. 그러므로 의료에 관한 광고의 규제에 대한 과잉금지원칙 위배 여부를 심사함에 있어, 피해의 최소성원칙은 같은 목적을 달성하기 위하여 달리 덜 제약적인 수단이 없을 것인지 혹은 입법목적을 달성하기 위하여 필요한 최소한의 제한인지를 심사하기보다는 '입법목적을 달성하기 위하여 필요한 범위 내의 것인지'를 심사하는 정도로 완화하는 것이 상당하다(헌재 2014.3.27. 2012헌바293).

[❺ ▸ O] 언론중재 및 피해구제 등에 관한 법률 제5조 제1항, 제5조의2 제1항·제2항 참조

**법령** **언론 등에 의한 피해구제의 원칙(언론중재 및 피해구제 등에 관한 법률 제5조)** ① 언론, 인터넷뉴스서비스 및 인터넷멀티미디어방송(이하 "언론등"이라 한다)은 타인의 생명, 자유, 신체, 건강, 명예, 사생활의 비밀과 자유, 초상(肖像), 성명, 음성, 대화, 저작물 및 사적(私的) 문서, 그 밖의 인격적 가치 등에 관한 권리(이하 "인격권"이라 한다)를 침해하여서는 아니 되며, 언론등이 타인의 인격권을 침해한 경우에는 이 법에서 정한 절차에 따라 그 피해를 신속하게 구제하여야 한다.

**사망자의 인격권 보호(언론중재 및 피해구제 등에 관한 법률 제5조의2)** ① 제5조 제1항의 타인에는 사망한 사람을 포함한다.

② 사망한 사람의 인격권을 침해하였거나 침해할 우려가 있는 경우에는 이에 따른 구제절차를 유족이 수행한다.

## 제4항 집회 · 결사의 자유

**2017년 변호사시험 문 7.** ☑ 확인 Check! ○ △ ×

「집회 및 시위에 관한 법률」(이하 "집시법"이라 한다)에 관한 설명 중 옳은 것(○)과 옳지 않은 것(×)을 올바르게 조합한 것은?(다툼이 있는 경우 판례에 의함)

ㄱ. 사전신고를 하지 않은 옥외집회는 불법집회이므로 관할 경찰관서장은 언제나 해산명령을 내릴 수 있으며, 이에 불응하는 경우에는 처벌할 수 있다고 보아야 한다.

ㄴ. 집회의 시간과 장소가 중복되는 2개 이상의 신고가 있을 경우 관할 경찰관서장은 먼저 신고된 집회가 다른 집회의 개최를 봉쇄하기 위한 가장집회신고에 해당하는지 여부에 관하여 판단할 권한이 없으므로 뒤에 신고된 집회에 대하여 집회 자체를 금지하는 통고를 하여야 한다.

ㄷ. 구 집시법의 옥외집회 · 시위에 관한 일반규정 및 「형법」에 의한 규제 및 처벌에 의하여 사법의 독립성 및 공정성 확보라는 입법목적을 달성함에 지장이 없음에도 불구하고, 재판에 영향을 미칠 염려가 있거나 미치게 하기 위한 집회 · 시위를 사전적 · 전면적으로 금지하고 이를 위반한 자를 형사처벌하는 구 집시법 조항은 집회의 자유를 실질적으로 박탈하는 결과를 초래하므로 집회의 자유를 침해한다.

ㄹ. 집회의 자유는 국가가 개인의 집회참가행위를 감시하고 그에 대한 정보를 수집함으로써 집회에 참가하고자 하는 자로 하여금 불이익을 두려워하여 미리 집회 참가를 포기하도록 집회참가의사를 약화시키는 것 등 집회의 자유의 행사에 영향을 미치는 모든 조치를 금지한다.

① ㄱ(○) ㄴ(○) ㄷ(×) ㄹ(×)
② ㄱ(○) ㄴ(×) ㄷ(○) ㄹ(×)
③ ㄱ(×) ㄴ(○) ㄷ(×) ㄹ(○)
④ ㄱ(×) ㄴ(×) ㄷ(○) ㄹ(×)
⑤ ㄱ(×) ㄴ(×) ㄷ(○) ㄹ(○)

[ㄱ ▸ ×] 집시법 제20조 제1항 제2호가 미신고옥외집회 또는 시위를 해산명령의 대상으로 하면서 별도의 해산요건을 정하고 있지 않더라도, 그 옥외집회 또는 시위로 인하여 타인의 법익이나 공공의 안녕질서에 대한 직접적인 위험이 명백하게 초래된 경우에 한하여 위 조항에 기하여 해산을 명할 수 있고, 이러한 요건을 갖춘 해산명령에 불응하는 경우에만 집시법 제24조 제5호에 의하여 처벌할 수 있다고 보아야 한다. 이와 달리 미신고라는 사유만으로 그 옥외집회 또는 시위를 해산할 수 있는 것으로 해석한다면, 이는 사실상 집회의 사전신고제를 허가제처럼 운용하는 것이나 다름없어 집회의 자유를 침해하게 되므로 부당하다. 집시법 제20조 제1항 제2호를 위와 같이 제한하여 해석하더라도, 사전신고제의 규범력은 집시법 제22조 제2항에 의하여 신고의무를 이행하지 아니한 옥외집회 또는 시위의 주최자를 처벌하는 것만으로도 충분히 확보할 수 있다(대판 2012.4.26. 2011도6294).

[ㄴ ▸ ×] 집회의 신고가 경합할 경우 특별한 사정이 없는 한 관할 경찰관서장은 집회 및 시위에 관한 법률 제8조 제2항의 규정에 의하여 신고순서에 따라 뒤에 신고된 집회에 대하여 금지통고를 할 수 있지만, 먼저 신고된 집회의 참여예정인원, 집회의 목적, 집회개최장소 및 시간, 집회신고인이 기존에 신고한 집회건수와 실제로 집회를 개최한 비율 등 먼저 신고된 집회의 실제 개최가능성 여부와 양 집회의 상반 또는 방해가능성 등 제반 사정을 확인하여 먼저 신고된 집회가 다른 집회의 개최를 봉쇄하기 위한 허위 또는 가장집회신고에 해당함이 객관적으로 분명해 보이는 경우에는, 뒤에 신고된 집회에 다른 집회금지사유가 있는 경우가 아닌 한, 관할 경찰관서장이 단지 먼저 신고가 있었다는 이유만으로 뒤에 신고된 집회에 대하여 집회 자체를 금지하는 통고를 하여서는 아니 되고, 설령 이러한 금지통고에 위반하여 집회를 개최하였다고 하더라도 그러한 행위를 집시법상 금지통고에 위반한 집회개최행위에 해당한다고 보아서는 아니 된다(대판 2014.12.11. 2011도13299).

정답 ⑤

[ㄷ ▸ O] 이 사건 제2호 부분은 법관의 직무상 독립을 보호하여 사법작용의 공정성과 독립성을 확보하기 위한 것으로 입법목적의 정당성은 인정되나, 국가의 사법권한 역시 국민의 의사에 정당성의 기초를 두고 행사되어야 한다는 점과 재판에 대한 정당한 비판은 오히려 사법작용의 공정성 제고에 기여할 수도 있는 점을 고려하면 사법의 독립성을 확보하기 위한 적합한 수단이라 보기 어렵다. 또한 구 집시법의 옥외집회·시위에 관한 일반규정 및 형법에 의한 규제 및 처벌에 의하여 사법의 독립성을 확보할 수 있음에도 불구하고, 이 사건 제2호 부분은 재판에 영향을 미칠 염려가 있거나 미치게 하기 위한 집회·시위를 사전적·전면적으로 금지하고 있을 뿐 아니라, 어떠한 집회·시위가 규제대상에 해당하는지를 판단할 수 있는 아무런 기준도 제시하지 아니함으로써 사실상 재판과 관련된 집단적 의견표명 일체가 불가능하게 되어 집회의 자유를 실질적으로 박탈하는 결과를 초래하므로 최소침해성원칙에 반한다. 더욱이 이 사건 제2호 부분으로 인하여 달성하고자 하는 공익실현효과는 가정적이고 추상적인 반면, 이 사건 제2호 부분으로 인하여 침해되는 집회의 자유에 대한 제한 정도는 중대하므로 법익균형성도 상실하였다. 따라서 이 사건 제2호 부분은 과잉금지원칙에 위배되어 집회의 자유를 침해한다(헌재 2016.9.29. 2014헌가3 등).

[ㄹ ▸ O] 집회의 자유는 일차적으로 국가공권력의 침해에 대한 방어를 가능하게 하는 기본권으로서, 개인이 집회에 참가하는 것을 방해하거나 또는 집회에 참가할 것을 강요하는 국가행위를 금지하는 기본권이다. 따라서 집회의 자유는 집회에 참가하지 못하게 하는 국가의 강제를 금지할 뿐 아니라, 예컨대 집회장소로의 여행을 방해하거나, 집회장소로부터 귀가하는 것을 방해하거나, 집회참가자에 대한 검문의 방법으로 시간을 지연시킴으로써 집회장소에 접근하는 것을 방해하거나, 국가가 개인의 집회참가행위를 감시하고 그에 관한 정보를 수집함으로써 집회에 참가하고자 하는 자로 하여금 불이익을 두려워하여 미리 집회 참가를 포기하도록 집회참가의사를 약화시키는 것 등 집회의 자유 행사에 영향을 미치는 모든 조치를 금지한다(헌재 2003.10.30. 2000헌바67).

**2019년 변호사시험 문 10.** ☑ 확인 Check! O △ X

**「집회 및 시위에 관한 법률」에 대한 헌법재판소의 결정에 관한 설명 중 옳지 않은 것은?**

① 국무총리 공관의 출입이나 안전에 위협을 가할 위험성이 낮은 소규모 옥외집회·시위라고 하더라도 일반대중의 합세로 인하여 대규모 집회·시위로 확대될 우려나 폭력집회·시위로 변질될 위험이 있으므로, 국무총리 공관 경계지점으로부터 100미터 이내의 장소에서 옥외집회·시위를 전면적으로 금지하는 것은 집회의 자유를 침해하지 않는다.

② 재판에 영향을 미칠 염려가 있거나 미치게 하기 위한 집회 또는 시위를 금지하고 이를 위반한 자를 형사처벌하는 것은 어떠한 집회·시위가 규제대상에 해당하는지를 판단할 수 있는 아무런 기준도 제시하지 아니함으로써 사실상 재판과 관련된 집단적 의견표명 일체가 불가능하게 되어 집회의 자유를 실질적으로 박탈하는 결과를 초래하므로 집회의 자유를 침해한다.

③ 민주적 기본질서에 위배되는 집회·시위를 금지하고 위반 시 형사처벌하는 것은 규율범위의 광범성으로 인하여, 집회·시위의 내용이나 목적이 민주적 기본질서에 조금이라도 위배되는 경우 처벌이 가능할 뿐 아니라 사실상 사회현실이나 정부정책에 비판적인 사람들의 집단적 의견표명 일체를 봉쇄하는 결과를 초래하므로 집회의 자유를 침해한다.

④ '일출시간 전, 일몰시간 후'라는 광범위하고 가변적인 시간대의 옥외집회 또는 시위를 금지하는 것은 오늘날 직장인이나 학생들의 근무·학업시간, 도시화·산업화가 진행된 현대사회의 생활형태 등을 고려하지 아니하고 목적 달성을 위해 필요한 정도를 넘는 지나친 제한을 가하는 것이어서 집회의 자유를 침해한다.

⑤ 국회의사당의 경계지점으로부터 100미터 이내의 장소에서 옥외집회를 전면적으로 금지하는 것은 국회의원에 대한 물리적인 압력이나 위해를 가할 가능성이 없는 장소 및 국회의사당 등 국회시설에의 출입이나 안전에 지장이 없는 장소까지도 집회금지장소에 포함되게 하여 국회의 헌법적 기능에 대한 보호의 필요성을 고려하더라도 지나친 규제라고 할 것이다.



① 정답

[❶ ▸ ×] 이 사건 금지장소조항은 국무총리 공관의 기능과 안녕을 직접 저해할 가능성이 거의 없는 '소규모 옥외집회·시위의 경우', '국무총리를 대상으로 하는 옥외집회·시위가 아닌 경우'까지도 예외 없이 옥외집회·시위를 금지하고 있는바, 이는 입법목적 달성에 필요한 범위를 넘는 과도한 제한이다. 이러한 사정들을 종합하여 볼 때, 이 사건 금지장소조항은 그 입법목적을 달성하는 데 필요한 최소한도의 범위를 넘어, 규제가 불필요하거나 또는 예외적으로 허용하는 것이 가능한 집회까지도 이를 일률적·전면적으로 금지하고 있다고 할 것이므로 침해의 최소성원칙에 위배된다. 이 사건 금지장소조항으로 달성하려는 공익이 제한되는 집회의 자유 정도보다 크다고 단정할 수는 없으므로 이 사건 금지장소조항은 법익의 균형성원칙에도 위배된다. 이 사건 금지장소조항은 입법목적의 정당성과 수단의 적절성이 인정된다고 하더라도, 침해의 최소성 및 법익의 균형성원칙에 반한다고 할 것이므로 과잉금지원칙을 위반하여 집회의 자유를 침해한다(헌재 2018.6.28. 2015헌가28).

[❷ ▸ ○] 이 사건 제2호 부분은 법관의 직무상 독립을 보호하여 사법작용의 공정성과 독립성을 확보하기 위한 것으로 입법목적의 정당성은 인정되나, 국가의 사법권한 역시 국민의 의사에 정당성의 기초를 두고 행사되어야 한다는 점과 재판에 대한 정당한 비판은 오히려 사법작용의 공정성 제고에 기여할 수도 있는 점을 고려하면 사법의 독립성을 확보하기 위한 적합한 수단이라 보기 어렵다. 또한 구 집시법의 옥외집회·시위에 관한 일반규정 및 형법에 의한 규제 및 처벌에 의하여 사법의 독립성을 확보할 수 있음에도 불구하고, 이 사건 제2호 부분은 재판에 영향을 미칠 염려가 있거나 미치게 하기 위한 집회·시위를 사전적·전면적으로 금지하고 있을 뿐 아니라, 어떠한 집회·시위가 규제대상에 해당하는지를 판단할 수 있는 아무런 기준도 제시하지 아니함으로써 사실상 재판과 관련된 집단적 의견표명 일체가 불가능하게 되어 집회의 자유를 실질적으로 박탈하는 결과를 초래하므로 최소침해성원칙에 반한다. 더욱이 이 사건 제2호 부분으로 인하여 달성하고자 하는 공익실현효과는 가정적이고 추상적인 반면, 이 사건 제2호 부분으로 인하여 침해되는 집회의 자유에 대한 제한 정도는 중대하므로 법익균형성도 상실하였다. 따라서 이 사건 제2호 부분은 과잉금지원칙에 위배되어 집회의 자유를 침해한다(헌재 2016.9.29. 2014헌가3 등).

[❸ ▸ ○] 이 사건 제3호 부분은 6.25.전쟁 및 4.19.혁명 이후 남북한의 군사적 긴장상태와 사회적 혼란이 계속되던 상황에서 우리 헌법의 지배원리인 민주적 기본질서를 수호하기 위한 방어적 장치로서 도입된 것으로 정당한 목적 달성을 위한 적합한 수단이 된다. 그러나 이 사건 제3호 부분은 규제대상인 집회·시위의 목적이나 내용을 구체적으로 적시하지 않은 채 헌법의 지배원리인 '민주적 기본질서'를 구성요건으로 규정하였을 뿐 기본권 제한의 한계를 설정할 수 있는 구체적 기준을 전혀 제시한 바 없다. 이와 같은 규율의 광범성으로 인하여 헌법이 규정한 민주주의의 세부적 내용과 상이한 주장을 하거나 집회·시위과정에서 우발적으로 발생한 일이 민주적 기본질서에 조금이라도 위배되는 경우 처벌이 가능할 뿐 아니라 사실상 사회현실이나 정부정책에 비판적인 사람들의 집단적 의견표명 일체를 봉쇄하는 결과를 초래함으로써 침해의 최소성 및 법익의 균형성을 상실하였으므로, 이 사건 제3호 부분은 과잉금지원칙에 위배되어 집회의 자유를 침해한다(헌재 2016.9.29. 2014헌가3 등).

[❹ ▸ ○] 이 사건 법률조항은 사회의 안녕질서를 유지하고 시민들의 주거 및 사생활의 평온을 보호하기 위한 것으로서 정당한 목적 달성을 위한 적합한 수단이 된다. 그러나 '일출시간 전, 일몰시간 후'라는 광범위하고 가변적인 시간대의 옥외집회 또는 시위를 금지하는 것은 오늘날 직장인이나 학생들의 근무·학업시간, 도시화·산업화가 진행된 현대사회의 생활형태 등을 고려하지 아니하고 목적 달성을 위해 필요한 정도를 넘는 지나친 제한을 가하는 것이어서 최소침해성 및 법익균형성원칙에 반한다(헌재 2014.4.24. 2011헌가29).

[❺ ▸ ○] 심판대상조항은 국회의사당 인근 일대를 광범위하게 집회금지장소로 설정함으로써, 국회의원에 대한 물리적인 압력이나 위해를 가할 가능성이 없는 장소 및 국회의사당 등 국회시설에의 출입이나 안전에 지장이 없는 장소까지도 집회금지장소에 포함되게 한다. 더욱이 대한민국 국회는 국회 부지의 경계지점에 담장을 설치하고 있고, 국회의 담장으로부터 국회의사당 건물과 같은 국회시설까지 상당한 공간이 확보되어 있으므로 국회의원 등의 자유로운 업무 수행 및 국회시설의 안전이 보장될 수 있다. 그럼에도 심판대상조항이 국회 부지 또는 담장을 기준으로 100미터 이내의 장소에서 옥외집회를 금지하는 것은 국회의 헌법적 기능에 대한 보호의 필요성을 고려하더라도 지나친 규제라고 할 것이다(헌재 2018.5.31. 2013헌바322 등).

**2016년 변호사시험 문 11.** ☑ 확인Check! ○ △ ×

**집회 및 결사의 자유에 관한 설명 중 옳은 것을 모두 고른 것은?(다툼이 있는 경우 판례에 의함)**

ㄱ. 집회의 자유는 개성 신장과 아울러 여론 형성에 영향을 미칠 수 있게 하여 동화적 통합을 촉진하는 기능을 가지며, 나아가 정치·사회현상에 대한 불만과 비판을 공개적으로 표출케 함으로써 정치적 불만세력을 사회적으로 통합하여 정치적 안정에 기여하는 역할을 한다.

ㄴ. 노동조합을 설립할 때 행정관청에 설립신고서를 제출하게 하고 그 요건을 충족하지 못하는 경우 설립신고서를 반려하도록 하는 법률조항은 헌법상 금지된 결사에 대한 허가제에 해당하지 않는다.

ㄷ. 집회는 일정한 장소를 전제로 하여 특정 목적을 가진 다수인이 일시적으로 회합하는 것을 말하는 것으로, 여기서의 다수인이 가지는 공동의 목적은 '내적인 유대관계'로 족하지 않고 공통의 의사 형성과 의사 표현이라는 공동의 목적이 포함되어야 한다.

ㄹ. 안마사들로 하여금 의무적으로 대한안마사협회의 회원이 되어 정관을 준수하도록 하는 법률조항은, 그들 사이에 정보를 교환하고 친목을 도모하며 직업활동을 효과적으로 수행하도록 하기 위하여 국가가 적극적으로 개입하는 것이 필요하므로 안마사들의 결사의 자유를 침해하지 않는다.

① ㄱ, ㄴ ② ㄱ, ㄷ ③ ㄷ, ㄹ
④ ㄱ, ㄴ, ㄹ ⑤ ㄱ, ㄴ, ㄷ, ㄹ

[ㄱ ▸ O] 집회의 자유는 국민들이 타인과 접촉하고 정보와 의견을 교환하며 공동의 목적을 위하여 집단적으로 의사표현을 할 수 있게 함으로써 개성 신장과 아울러 여론 형성에 영향을 미칠 수 있게 하여 동화적 통합을 촉진하는 기능을 가지며, 나아가 정치·사회현상에 대한 불만과 비판을 공개적으로 표출케 함으로써 정치적 불만세력을 사회적으로 통합하여 정치적 안정에 기여하는 역할을 한다(헌재 2014.4.24. 2011헌가29).

[ㄴ ▸ O] 헌법 제21조 제2항 후단의 결사의 자유에 대한 '허가제'란 행정권이 주체가 되어 예방적 조치로 단체의 설립 여부를 사전에 심사하여 일반적인 단체 결성의 금지를 특정한 경우에 한하여 해제함으로써 단체를 설립할 수 있게 하는 제도, 즉 사전허가를 받지 아니한 단체 결성을 금지하는 제도를 말한다. 그런데 이 사건 법률조항은 노동조합 설립에 있어 노동조합법상의 요건 충족 여부를 사전에 심사하도록 하는 구조를 취하고 있으나, 이 경우 노동조합법상 요구되는 요건만 충족되면 그 설립이 자유롭다는 점에서 일반적인 금지를 특정한 경우에 해제하는 허가와는 개념적으로 구분되고, 더욱이 행정관청의 설립신고서 수리 여부에 대한 결정은 재량사항이 아니라 의무사항으로 그 요건 충족이 확인되면 설립신고서를 수리하고 그 신고증을 교부하여야 한다는 점에서 단체의 설립 여부 자체를 사전에 심사하여 특정한 경우에 한해서만 그 설립을 허용하는 '허가'와는 다르다. 따라서 이 사건 법률조항의 노동조합설립신고서반려제도가 헌법 제21조 제2항 후단에서 금지하는 결사에 대한 허가제라고 볼 수 없다(헌재 2012.3.29. 2011헌바53).

[ㄷ ▸ X] 일반적으로 집회는, 일정한 장소를 전제로 하여 특정 목적을 가진 다수인이 일시적으로 회합하는 것을 말하는 것으로 일컬어지고 있고, 그 공동의 목적은 '내적인 유대관계'로 족하다(헌재 2009.5.28. 2007헌바22).

[ㄹ ▸ O] 안마사들은 시각장애로 말미암아 공동의 이익을 증진하기 위하여 개인적으로나 이익단체를 조직하여 활동하는 것이 용이하지 않고, 안마사들로 하여금 하나의 중앙회에 의무적으로 가입하도록 하여 전국적 차원의 단체를 존속시키는 것은 그들 사이에 정보를 교환하고 친목을 도모하며 직업수행능력을 높일 수 있고, 시각장애인으로 하여금 직업활동을 효과적으로 수행하도록 하기 위하여 국가가 적극적으로 개입하는 것이 필요하다. 이 사건 법률조항으로 안마사회에 의무적으로 가입하고 정관을 준수하고 회비를 납부하게 되지만 과다한 부담이라고 단정하기 어렵다. 이 사건 법률조항은 안마사들의 결사의 자유를 침해하지 않는다(헌재 2008.10.30. 2006헌가15).



④ 정답

CHAPTER 04

# 경제적 기본권

헌 법

각 문항별로 이해도를 체크해 보세요.

최근 5년간 회별 평균 0.8문

## 제1절 재산권 ★★☆



**2018년 변호사시험 문 15.**

**A도 甲군수는 「지역균형개발 및 지방중소기업 육성에 관한 법률」에 따라 지역개발사업을 실시하기로 결정하였다. 甲군수는 같은 법률에 따라 골프장 및 리조트건설사업의 시행자로 주식회사 乙을 지정·고시하였다. 乙은 위 사업시행에 필요한 토지의 취득을 위하여 A도 지방토지수용위원회에 수용재결을 신청하였고, 동 위원회는 수용재결을 하였다. 이에 관한 설명 중 옳은 것은?(다툼이 있는 경우 판례에 의함)**

① 乙에 의한 공용수용은 헌법 제23조 제3항에 명시되어 있는 대로 국민의 재산권을 그 의사에 반하여 강제적으로라도 취득해야 할 공익적 필요성이 있을 것, 법률에 의거할 것, 정당한 보상을 지급할 것의 요건을 모두 갖추어야 한다.

② 헌법 제23조 제3항에서 규정된 '공공필요'요건 중 '공익성'은 기본권 일반의 제한사유인 '공공복리'보다 넓은 개념이다.

③ 공용수용에서 공공성의 확보는 입법자가 입법을 할 때 공공성을 갖는가를 판단하면 족하고, 甲이 개별적·구체적으로 당해 사업에 대한 사업인정을 행할 때 별도로 판단할 필요가 없다.

④ 乙의 고급골프장, 고급리조트 건설을 위한 토지수용은 국토균형발전, 지역경제활성화 등의 공공이익이 인정되는 것으로서 법익의 형량에 있어서 사인의 재산권 보호의 이익보다 월등하게 우월한 공익으로 판단되므로 공공필요에 의한 수용에 해당한다.

⑤ 헌법 제23조 제3항이 규정하는 정당한 보상이란 원칙적으로 피수용재산의 객관적인 재산가치를 완전하게 보상하는 완전보상을 의미하는바, 공시지가를 기준으로 수용된 토지에 대한 보상액을 산정하는 것은 정당보상원칙에 위배된다.

[❶ ▸ O] 우리 헌법의 재산권 보장에 관한 규정의 근본취지에 비추어 볼 때, 공공필요에 의한 재산권의 공권력적, 강제적 박탈을 의미하는 공용수용은 헌법상의 재산권 보장의 요청상 불가피한 최소한에 그쳐야 한다. 즉 공용수용은 헌법 제23조 제3항에 명시되어 있는 대로 국민의 재산권을 그 의사에 반하여 강제적으로라도 취득해야 할 공익적 필요성이 있을 것, 법률에 의거할 것, 정당한 보상을 지급할 것의 요건을 모두 갖추어야 한다(헌재 2014.10.30. 2011헌바172).

[❷ ▸ X] 오늘날 공익사업의 범위가 확대되는 경향에 대응하여 재산권의 존속 보장과의 조화를 위해서는, '공공필요'의 요건에 관하여, 공익성은 추상적인 공익 일반 또는 국가의 이익 이상의 중대한 공익을 요구하므로 기본권 일반의 제한사유인 '공공복리'보다 좁게 보는 것이 타당하며, 공익성의 정도를 판단함에 있어서는 공용수용을 허용하고 있는 개별법의 입법목적, 사업내용, 사업이 입법목적에 이바지 하는 정도는 물론, 특히 그 사업이 대중을 상대로 하는 영업인 경우에는 그 사업시설에 대한 대중의 이용·접근가능성도 아울러 고려하여야 한다(헌재 2014.10.30. 2011헌바172).

[❸ ▸ X] 법이 공용수용할 수 있는 공익사업을 열거하고 있더라도, 이는 공공성 유무를 판단하는 일응의 기준을 제시한 것에 불과하므로, 사업인정의 단계에서 개별적·구체적으로 공공성에 관한 심사를 하여야 한다. 즉 공공성의 확보는 1차적으로 입법자가 입법을 행할 때 일반적으로 당해 사업이 수용이 가능할 만큼 공공성을 갖는가를 판단하고, 2차적으로는 사업인정권자가 개별적·구체적으로 당해 사업에 대한 사업인정을 행할 때 공공성을 판단하는 것이다(헌재 2014.10.30. 2011헌바172).

정답 ①

[❹ ▸ ×] 이 사건에서 문제된 지구개발사업의 하나인 '관광휴양지조성사업' 중에는 고급골프장, 고급리조트 등(이하 "고급골프장 등"이라 한다)의 사업과 같이 입법목적에 대한 기여도가 낮을 뿐만 아니라, 대중의 이용・접근가능성이 작아 공익성이 낮은 사업도 있다. 또한 고급골프장 등 사업은 그 특성상 사업운영과정에서 발생하는 지방세수 확보와 지역경제활성화는 부수적인 공익일 뿐이고, 이 정도의 공익이 그 사업으로 인하여 강제수용당하는 주민들의 기본권 침해를 정당화할 정도로 우월하다고 볼 수는 없다. 따라서 이 사건 법률조항은 공익적 필요성이 인정되기 어려운 민간개발자의 지구개발사업을 위해서까지 공공수용이 허용될 수 있는 가능성을 열어 두고 있어 헌법 제23조 제3항에 위반된다(헌재 2014.10.30. 2011헌바172).

[❺ ▸ ×] 헌법 제23조 제3항이 규정하는 정당한 보상이란 원칙적으로 피수용재산의 객관적인 재산가치를 완전하게 보상하는 것이어야 한다는 완전보상을 의미한다. 구 토지수용법 제46조 제2항 및 지가공시 및 토지 등의 평가에 관한 법률 제10조 제1항 제1호가 토지수용으로 인한 손실보상액의 산정을 공시지가를 기준으로 하되 개발이익을 배제하고, 공시기준일부터 재결 시까지의 시점 보정을 인근토지의 가격변동률과 도매물가상승률 등에 의하여 행하도록 규정한 것은 위 각 규정에 의한 기준지가가 대상지역 공고일 당시의 표준지의 객관적 가치를 정당하게 반영하는 것이고, 표준지와 지가산정대상토지 사이에 가격의 유사성을 인정할 수 있도록 표준지의 선정이 적정하며, 대상지역 공고일 이후 수용 시까지의 시가변동을 산출하는 시점 보정의 방법이 적정한 것으로 보이므로, 헌법상의 정당보상의 원칙에 위배되는 것이 아니며, 또한 위 헌법조항의 법률 유보를 넘어섰다거나 과잉금지의 원칙에 위배되었다고 볼 수 없다(헌재 1995.4.20. 93헌바20 등).

**2014년 변호사시험 문 6.** ☑확인 Check! ○ △ ×

**(가)와 (나)의 이론은 헌법 제23조의 재산권 보장과 관련하여 사회적 제약과 공용침해를 구별하는 기준에 관한 것이다. 각 학설에 관한 설명 중 옳은 것을 모두 고른 것은?(다툼이 있는 경우 판례에 의함)**

(가) 재산권의 사회적 제약은 공용침해보다 재산권에 대한 침해가 적은 경우이므로 보상 없이 감수하여야 한다.
(나) 재산권의 사회적 제약이란 재산권에 관한 권리와 의무를 일반적・추상적으로 형성하는 것이며, 공용침해는 이미 형성된 구체적인 재산적 권리를 박탈하거나 제한하는 것이다.

ㄱ. (나)의 이론은 보상의무의 유무를 결정하는 경계선을 찾는 이론으로, 이는 형식적 기준설과 실질적 기준설로 나뉜다.
ㄴ. (가)의 이론에서는 사회적 제약과 공용침해의 위헌성을 심사하는 기준을 각기 달리한다.
ㄷ. 헌법재판소는 도시계획법 제21조에 대한 위헌소원사건(89헌마214 등)에서 개발제한구역 지정으로 인한 지가의 하락은 토지소유자가 감수해야 하는 사회적 제약의 범주 내라고 판시하였다.
ㄹ. 헌법 제23조 제3항과 관련하여, 재산권의 공용침해규정과 보상에 관한 규정을 동일한 법률에 규정하여야 한다는 요청은 (나)의 이론보다는 (가)의 이론을 취할 때 논리적으로 호응된다.
ㅁ. 헌법재판소는 「택지소유상한에 관한 법률」 제2조 제1호 나목 등 위헌소원사건(94헌바37 등)에서 (나)의 이론에 입각하여 일정 규모 이상의 택지에 대해 기간의 제한 없이 계속적으로 고율의 부담금을 부과하더라도 택지소유자의 택지에 관한 권리를 과도하게 침해하는 것이 아니므로 사회적 제약의 범주 내라고 판시하였다.
ㅂ. (나)의 이론은 '구체적 재산권의 존속 보장'보다는 '가치의 손실에 대한 보상'에 더 중점을 둔다.

① ㄱ ② ㄴ, ㄹ ③ ㄷ
④ ㄹ, ㅁ ⑤ ㅂ



③ 정답

### 경계이론과 분리이론의 비교

| 구 분 | (가) 경계이론 | (나) 분리이론 |
|---|---|---|
| 개 념 | • 재산권의 내용·한계와 공용침해는 별개의 제도가 아니고, 재산권 제약이 일정한 경계를 넘지 않으면 보상을 요하지 않는 재산권의 내용·한계(사회적 제약)에 해당하며, 경계선을 넘어서면 보상을 요하는 공용침해가 된다고 보는 견해<br>• 보상을 통한 가치보장에 중점 | • 내용규정과 수용규정을 전혀 별개의 제도로 보고, 양자는 처음부터 입법자의 의사, 즉 입법의 목적 및 형식에 따라 구분된다고 보는 견해<br>• 위헌적인 침해의 억제라는 존속 보장에 중점 |
| 재산권의 내용규정과 공용침해규정의 구별기준 | 제한의 정도 및 효과 | 입법의 목적 및 형식 |
| 재산권의 내용규정 (헌법 제23조 제1항·제2항) | • 사회적 제약에 관한 규정<br>• 재산권 규제강도가 약함<br>• 보상 불요 | • 형식 : 추상적·일반적 형식으로 재산권을 제한하는 규정<br>• 목적 : 공익목적을 위해 입법자가 장래를 향해 새롭게 권리·의무를 규율<br>• 비례원칙·평등원칙 위반 시 위헌·위법 |
| 공용침해규정 (헌법 제23조 제3항) | • 특별희생을 요구하는 규정<br>• 재산권 규제강도가 강함<br>• 보상 필요 | • 형식 : 구체적·개별적 형식으로 재산권을 제한하는 규정<br>• 목적 : 이미 형성된 재산권적 지위를 박탈 |
| 권리 구제 | **특별희생이 발생한 경우**<br>• 보상규정 있는 경우 : 손실 보상<br>• 보상규정 없는 경우 : 직접효력설, 위헌무효설 및 유추적용설 | **내용규정이 과도한 제한이 되는 경우**<br>취소소송, 헌법소원 및 입법적 구제 등 다양한 견해 |
| 인정 법원 | • 독일 연방최고법원<br>• 우리 대법원 | • 독일 연방헌법재판소<br>• 우리 헌법재판소 |

[ㄱ ▸ X] 보상의무의 유무를 결정하는 경계선을 찾는 이론은 (가)의 경계이론이다. 경계이론은 무보상의 사회적 제약은 어떤 특정한 경계선을 넘어서면 자동적으로 보상의무 있는 공용침해로 전환된다고 본다. 이때 이 경계선을 정하기 위한 학설로 형식적 기준설과 실질적 기준설이 있다.

[ㄴ ▸ X] (나)의 분리이론은 사회적 제약과 공용침해는 서로 연장선상에 있지 아니하는 각기 독립된 별개의 것으로 보고, 사회적 제약과 공용침해의 위헌성을 심사하는 기준을 각기 달리한다. 사회적 제약의 경우 비례원칙·평등원칙 등의 위반을 기준으로, 공용침해의 경우는 헌법 제23조 제3항에 명시되어 있는 대로 국민의 재산권을 그 의사에 반하여 강제적으로라도 취득해야 할 공익적 필요성이 있을 것, 법률에 의거할 것, 정당한 보상을 지급할 것의 요건 등을 기준으로 한다. 반면, (가)의 경계이론은 사회적 제약과 공용침해는 본질적으로 같은 제도이므로, 침해의 정도라는 동일한 기준으로 위헌성을 심사한다.

[ㄷ ▸ O] 개발제한구역의 지정으로 인한 개발가능성의 소멸과 그에 따른 지가의 하락이나 지가상승률의 상대적 감소는 토지소유자가 감수해야 하는 사회적 제약의 범주에 속하는 것으로 보아야 한다. 자신의 토지를 장래에 건축이나 개발목적으로 사용할 수 있으리라는 기대가능성이나 신뢰 및 이에 따른 지가 상승의 기회는 원칙적으로 재산권의 보호범위에 속하지 않는다. 구역 지정 당시의 상태대로 토지를 사용·수익·처분할 수 있는 이상, 구역 지정에 따른 단순한 토지이용의 제한은 원칙적으로 재산권에 내재하는 사회적 제약의 범주를 넘지 않는다(헌재 1998.12.24. 89헌마214).

[ㄹ ▸ ×] 재산권의 공용침해규정과 보상에 관한 규정을 동일한 법률에 규정하여야 한다는 원칙을 결부조항의 원칙이라고 한다. 경계이론에 따르면, 재산권제한입법이 재산권자에게 특별희생을 가함에도 당해 법률에 보상규정이 없는 경우에는 헌법에 직접 근거하여 손실보상을 인정할 수 있고, 보상은 침해가 합법적이든 위법적이든 관계없이 인정된다고 한다. 때문에 경계이론에서는 수용유사침해와 수용적 침해에 대한 손실보상을 인정하며, 결부조항이 그다지 큰 의미를 가지지 못하게 된다. 반면, 분리이론에서는 재산권의 사회적 제약의 경우 원칙적으로 보상규정이 필요 없고, 공용침해규정의 경우 보상규정이 필요하다고 보게 되므로, 헌법 제23조 제3항을 결부조항으로 보는 것이 논리적이게 된다.

[ㅁ ▸ ×] 10년만 지나면 그 부과율이 100%에 달할 수 있도록, 아무런 기간의 제한도 없이, 매년 택지가격의 4% 내지 11%에 해당하는 부담금을 계속적으로 부과할 수 있도록 하는 것은, 짧은 기간 내에 토지재산권을 무상으로 몰수하는 효과를 가져오는 것이 되어, 재산권에 내재하는 사회적 제약에 의하여 허용되는 범위를 넘는 것이다(헌재 1999.4.29. 94헌바37 등).

[ㅂ ▸ ×] '가치의 손실에 대한 보상'에 중점을 두고 있는 이론은 (가)의 경계이론으로, (나)의 분리이론은 '구체적 재산권의 존속 보장'에 중점을 두고 있다.

**2015년 변호사시험 문 12.** ☑확인 Check! ○ △ ×

**재산권에 관한 설명 중 옳지 않은 것은?(다툼이 있는 경우 판례에 의함)**

① 헌법 제23조의 재산권은 「민법」상의 소유권뿐만 아니라, 재산적 가치 있는 사법상의 물권·채권 등 모든 권리를 포함하며, 국가로부터의 일방적인 급부가 아닌 자기 노력의 대가나 자본의 투자 등 특별한 희생을 통하여 얻은 공법상의 권리도 포함한다.

② 헌법재판소는 도로의 지표 지하 50미터 이내의 장소에서는 관할 관청의 허가나 소유자 또는 이해관계인의 승낙이 없으면 광물을 채굴할 수 없도록 규정한 구 「광업법」 조항에 대하여, 다른 권리와의 충돌가능성이 내재되어 있는 광업권의 특성을 감안하더라도 위와 같은 제한은 광업권자가 수인하여야 하는 사회적 제약의 범주를 벗어나 광업권자의 재산권을 침해한다고 판시하였다.

③ 「군인연금법」상 퇴역연금수급권과 같이 연금수급인 자신이 기여금의 납부를 통해 연금의 재원 형성에 일부 기여하는 경우에는 이러한 연금수급권은 사회적 기본권의 하나인 사회보장수급권의 성격을 지니면서도 재산권으로서의 성격을 아울러 지닌다.

④ 헌법 제13조 제2항은 "모든 국민은 소급입법에 의하여 … 재산권을 박탈당하지 아니한다"라고 규정하고 있는바, 새로운 입법으로 이미 종료된 사실관계 또는 법률관계에 작용하도록 하는 진정소급입법은 개인의 신뢰 보호와 법적 안정성을 내용으로 하는 법치국가원리에 의하여 특단의 사정이 없는 한 헌법상 허용되지 않는 것이 원칙이다.

⑤ 헌법재판소는 개인파산절차에서 면책을 받은 채무자가 악의로 채권자목록에 기재하지 않은 청구권에 대해서만 면책의 예외를 인정하고, 파산채권자에게 채무자의 악의를 입증하도록 규정한 「채무자 회생 및 파산에 관한 법률」 조항은 파산채권자의 재산권을 침해하지 않는다고 판시하였다.

[❶ ▸ ○] 헌법 제23조의 재산권은 민법상의 소유권뿐만 아니라, 재산적 가치 있는 사법상의 물권, 채권 등 모든 권리를 포함하며, 또한 국가로부터의 일방적인 급부가 아닌 자기 노력의 대가나 자본의 투자 등 특별한 희생을 통하여 얻은 공법상의 권리도 포함한다(헌재 2000.6.29. 99헌마289).

[❷ ▸ ×] 심판대상조항은 광업권이 정당한 토지사용권 등 공익과 충돌하는 것을 조정하는 정당한 입법목적이 있고, 도로와 일정 거리 내에서는 허가 또는 승낙하에서만 채굴할 수 있도록 하는 것은 적절한 수단이 되며, 정당한 이유 없이 허가 또는 승낙을 거부할 수 없도록 하여 광업권이 합리적인 이유 없이 제한되는 일이 없도록 하므로 최소침해성의 원칙에도 부합하고, 실현하고자 하는 공익과 광업권의 침해 정도를 비교형량할 때 적정한 비례관계가 성립하므로 법익균형성도 충족된다. 또한 광업권의 특성을 감안할 때 심판대상조항에 의한 제한은 광업권자가 수인하여야 하는 사회적 제약의 범주에 속하는 것이다. 따라서 심판대상조항은 광업권자의 재산권을 침해하지 아니한다(헌재 2014.2.27. 2010헌바483).



② 정답

[ ❸ ▸ O ] 퇴역연금수급권은 사회보장수급권과 재산권이라는 양 권리의 성격이 불가분적으로 혼화되어 있으므로 전체적으로 재산권적 보호의 대상이 되면서도 순수한 재산권만은 아니라는 특성을 가지고 있다(헌재 2005.12.22. 2004헌가24).

[ ❹ ▸ O ] 헌법 제23조 제1항은 "모든 국민의 재산권은 보장된다. 그 내용과 한계는 법률로 정한다"고 하는 재산권 보장에 대한 일반적인 원칙을 규정하고 있고, 제13조 제2항은 "모든 국민은 소급입법에 의하여 재산권을 박탈당하지 아니한다"고 규정하여 소급입법에 의한 재산권의 박탈을 금지하고 있는바, 이러한 재산권의 보장은 국민 개개인이 재산권을 향유할 수 있는 법제도로서의 사유재산제도를 보장한다는 의미와 함께 그 기초 위에서 그들이 현재 누리고 있는 구체적 재산권을 개인의 기본권으로 보장한다는 이중적 의미를 지니고 있다. 소급입법은 새로운 입법으로 이미 종료된 사실관계 또는 법률관계에 작용케 하는 진정소급입법과 현재 진행 중인 사실관계 또는 법률관계에 작용케 하는 부진정소급입법으로 나눌 수 있는바, 부진정소급입법은 원칙적으로 허용되지만 소급효를 요구하는 공익상의 사유와 신뢰 보호의 요청 사이의 교량과정에서 신뢰 보호의 관점이 입법자의 형성권에 제한을 가하게 되는데 반하여, 기존의 법에 의하여 형성되어 이미 굳어진 개인의 법적 지위를 사후입법을 통하여 박탈하는 것 등을 내용으로 하는 진정소급입법은 개인의 신뢰 보호와 법적 안정성을 내용으로 하는 법치국가원리에 의하여 특단의 사정이 없는 한 헌법적으로 허용되지 아니하는 것이 원칙이고 다만 일반적으로 국민이 소급입법을 예상할 수 있었거나 법적 상태가 불확실하고 혼란스러워 보호할 만한 신뢰이익이 적은 경우와 소급입법에 의한 당사자의 손실이 없거나 아주 경미한 경우 그리고 신뢰 보호의 요청에 우선하는 심히 중대한 공익상의 사유가 소급입법을 정당화하는 경우 등에는 예외적으로 진정소급입법이 허용된다(헌재 1999.7.22. 97헌바76 등).

[ ❺ ▸ O ] 심판대상조항은 채권의 공평한 변제와 채무자의 경제적 재기를 목적으로 하면서도, 채권자목록에 기재되지 아니함으로 인하여 채권이 상실될 채권자를 보호하기 위한 것으로 목적의 정당성이 인정되고, 채무자가 악의로 채권자목록에서 누락한 채권을 면책대상에서 제외하는 것은 위 목적 달성을 위한 적합한 수단에 해당한다. 만약 채권자목록에 기재되지 않은 모든 채권을 면책의 대상에서 제외한다면, 파산 및 면책 본연의 기능을 수행하기 어렵고, 면책 여부가 채권자목록에 기재하였는지 여부에 좌우된다는 불합리한 점이 생길 수 있으며, 면책제도의 취지와 실제 면책이 이루어지는 채무자의 상황 등을 고려할 때, 입증책임을 채권자에게 부담시켰다 하더라도 재산권에 대한 과도한 제한으로 보기는 어렵다(헌재 2014.6.26. 2012헌가22).

**2016년 변호사시험 문 17.** ☑ 확인 Check! O △ X

**재산권에 관한 설명 중 옳지 않은 것은?(다툼이 있는 경우 판례에 의함)**

① 헌법 제23조 제3항이 규정하는 '정당한 보상'이란 원칙적으로 피수용재산의 객관적인 재산가치를 완전하게 보상하는 완전보상을 의미한다.

② 중학교 학교환경위생정화구역 안에서 여관영업을 금지하는 법률조항은, 구체적·개별적으로 형성된 재산권인 여관영업권을 사회적 수인한도를 넘어 박탈하거나 제한하면서 아무런 보상규정을 두지 아니하여 국민의 재산권을 침해한다.

③ 행정기관이 개발촉진지구지역개발사업으로 실시계획을 승인하고 이를 고시하기만 하면 고급골프장 사업과 같이 공익성이 낮은 사업에 대해서까지도 시행자인 민간개발자에게 수용권한을 부여하는 법률조항은 헌법 제23조 제3항에 위반된다.

④ 공익사업을 수행하는 자는 동일한 토지소유자에 속하는 일단의 토지의 일부가 취득되거나 사용됨으로 인하여 잔여지의 가격이 감소하거나 그 밖의 손실이 있는 때에는 원칙적으로 국토교통부령으로 정하는 바에 따라 그 손실을 보상하여야 한다.

⑤ 개발제한구역 지정 당시의 상태대로 토지를 사용·수익·처분할 수 있는 이상, 구역 지정에 따른 단순한 토지 이용의 제한은 원칙적으로 재산권에 내재하는 사회적 제약의 범주를 넘지 않는다.

[ ❶ ▸ O ] 헌법 제23조 제3항이 규정하는 정당한 보상이란 원칙적으로 피수용재산의 객관적인 재산가치를 완전하게 보상하는 것이어야 한다는 완전보상을 의미한다(헌재 1995.4.20. 93헌바20 등).

정답 ②

[❷ ▸ ×] 이 사건 법률조항은 여관의 유해환경으로부터 중학교 학생들을 보호하여 중학교 교육의 능률화를 기하려는 것으로서 그 입법목적의 정당성이 인정되고, 유해환경으로서의 특성을 갖는 여관영업을 정화구역 안에서 금지한 것은 위와 같은 입법목적을 달성하기 위하여 효과적이고 적절한 방법의 하나라고 할 수 있어서 수단의 적정성도 인정된다. 또한 학교환경위생정화위원회의 심의를 거쳐 학습과 학교보건위생에 나쁜 영향을 주지 않는다고 인정하는 경우에는 상대정화구역 안에서의 여관영업이 허용되며, 건물의 소유주로서는 건물을 '여관' 이외의 다른 용도로는 사용할 수 있으므로 건물의 기능에 합당한 사적인 효용성은 그대로 유지된다고 할 것이고, 재산권 침해를 최소화하고 사전에 여관영업을 정리할 수 있도록 기존시설에 대하여 2회에 걸쳐 각각 5년가량의 유예기간을 주는 규정이 있었음을 고려하면, 피해최소성의 원칙에도 부합될 뿐 아니라, 여관영업을 금지함으로써 건물소유자 내지 여관업자가 입게 될 불이익보다는 이를 허용함으로 인하여 중학교 교육의 능률화를 기할 수 없는 결과가 더 크다고 할 것이므로, 법익균형성도 충족하고 있다. 따라서 이 사건 법률조항은 비례의 원칙을 위반하여 직업수행의 자유 및 재산권을 침해하지 않는다(헌재 2011.10.25. 2010헌바384).

[❸ ▸ O] 이 사건에서 문제된 지구개발사업의 하나인 '관광휴양지조성사업' 중에는 고급골프장, 고급리조트 등(이하 "고급골프장 등"이라 한다)의 사업과 같이 입법목적에 대한 기여도가 낮을 뿐만 아니라, 대중의 이용・접근가능성이 작아 공익성이 낮은 사업도 있다. 또한 고급골프장 등 사업은 그 특성상 사업운영과정에서 발생하는 지방세수 확보와 지역경제 활성화는 부수적인 공익일 뿐이고, 이 정도의 공익이 그 사업으로 인하여 강제수용당하는 주민들의 기본권 침해를 정당화할 정도로 우월하다고 볼 수는 없다. 따라서 이 사건 법률조항은 공익적 필요성이 인정되기 어려운 민간개발자의 지구개발사업을 위해서까지 공공수용이 허용될 수 있는 가능성을 열어 두고 있어 헌법 제23조 제3항에 위반된다(헌재 2014.10.30. 2011헌바172).

[❹ ▸ O] 사업시행자는 동일한 소유자에게 속하는 일단의 토지의 일부가 취득되거나 사용됨으로 인하여 잔여지의 가격이 감소하거나 그 밖의 손실이 있을 때 또는 잔여지에 통로・도랑・담장 등의 신설이나 그 밖의 공사가 필요할 때에는 국토교통부령으로 정하는 바에 따라 그 손실이나 공사의 비용을 보상하여야 한다. 다만, 잔여지의 가격감소분과 잔여지에 대한 공사의 비용을 합한 금액이 잔여지의 가격보다 큰 경우에는 사업시행자는 그 잔여지를 매수할 수 있다(공익사업을 위한 토지 등의 취득 및 보상에 관한 법률 제73조 제1항).

[❺ ▸ O] 개발제한구역의 지정으로 인한 개발가능성의 소멸과 그에 따른 지가의 하락이나 지가상승률의 상대적 감소는 토지소유자가 감수해야 하는 사회적 제약의 범주에 속하는 것으로 보아야 한다. 자신의 토지를 장래에 건축이나 개발목적으로 사용할 수 있으리라는 기대가능성이나 신뢰 및 이에 따른 지가 상승의 기회는 원칙적으로 재산권의 보호범위에 속하지 않는다. 구역 지정 당시의 상태대로 토지를 사용・수익・처분할 수 있는 이상, 구역 지정에 따른 단순한 토지 이용의 제한은 원칙적으로 재산권에 내재하는 사회적 제약의 범주를 넘지 않는다(헌재 1998.12.24. 89헌마214).

**2013년 변호사시험 문 12.** ☑ 확인Check! ○ △ ×

**재산권에 관한 설명 중 옳지 않은 것은?(다툼이 있는 경우 판례에 의함)**

① 재산권 보장은 사유재산의 처분과 그 상속을 포함하는 것이므로 유언자가 생전에 최종적으로 자신의 재산권에 대하여 처분할 수 있는 법적 가능성을 의미하는 유언의 자유는 헌법상 재산권의 보호를 받는다.
② 재산권 행사의 대상이 되는 객체가 지닌 사회적인 연관성과 사회적 기능이 크면 클수록 입법자에 의한 보다 더 광범위한 제한이 정당화된다.
③ 헌법 제23조 제1항의 재산권 보장에 의하여 보호되는 재산권은 사적 유용성 및 그에 대한 원칙적 처분권을 내포하는 재산가치 있는 구체적 권리이다.
④ 문화재의 사용, 수익, 처분에 있어 고의로 문화재의 효용을 해하는 은닉을 금지하는 것은 문화재에 관한 재산권 행사의 사회적 제약을 구체화한 것에 불과하다.
⑤ 공공필요에 의한 재산권의 수용에 있어서 수용의 주체는 국가 등의 공적 기관에 한정된다고 할 것이므로 민간기업에게 산업단지개발사업에 필요한 토지 등을 수용할 수 있도록 하는 것은 헌법 제23조 제3항에 위반된다.

[❶ ▸ O] 우리 헌법의 재산권 보장은 사유재산의 처분과 그 상속을 포함하는 것인바, 유언자가 생전에 최종적으로 자신의 재산권에 대하여 처분할 수 있는 법적 가능성을 의미하는 유언의 자유는 생전증여에 의한 처분과 마찬가지로 헌법상 재산권의 보호를 받는다(헌재 2008.3.27. 2006헌바82).

[❷ ▸ O] 헌법은 재산권을 보장하지만 다른 기본권과는 달리 "그 내용과 한계는 법률로 정한다"고 하여 입법자에게 재산권에 관한 규율권한을 유보하고 있다. 그러므로 재산권을 형성하거나 제한하는 입법에 대한 위헌심사에 있어서는 입법자의 재량이 고려되어야 한다. 재산권의 제한에 대하여는 재산권 행사의 대상이 되는 객체가 지닌 사회적인 연관성과 사회적 기능이 크면 클수록 입법자에 의한 보다 광범위한 제한이 허용되며, 한편 개별재산권이 갖는 자유보장적 기능, 즉 국민 개개인의 자유 실현의 물질적 바탕이 되는 정도가 강할수록 엄격한 심사가 이루어져야 한다(헌재 2005.5.26. 2004헌가10).

[❸ ▸ O] 헌법 제23조 제1항의 재산권 보장에 의하여 보호되는 재산권은 사적 유용성 및 그에 대한 원칙적 처분권을 내포하는 재산가치 있는 구체적 권리이다. 그러므로 구체적인 권리가 아닌, 단순한 이익이나 재화의 획득에 관한 기회 등은 재산권 보장의 대상이 아니다(헌재 1996.8.29. 95헌바36).

[❹ ▸ O] 문화재를 사용, 수익, 처분함에 있어 고의로 문화재의 효용을 해하는 은닉을 하여서는 아니 된다는 것, 즉 문화재의 사회적 효용과 가치를 유지하는 방법으로만 사용・수익할 수 있다는 것으로, 문화재에 관한 재산권 행사의 사회적 제약을 구체화한 것에 불과하고 문화재의 사용・수익을 금지하는 등 문화재의 사적 유용성과 처분권을 부정하여 구체적으로 형성된 재산권을 박탈하거나 제한하는 것은 아니므로 보상을 요하는 헌법 제23조 제3항 소정의 수용 등에 해당하는 것은 아니다. 다만 이러한 입법 역시 다른 기본권을 제한하는 입법과 마찬가지로 비례의 원칙을 준수해야 함은 물론이다(헌재 2007.7.26. 2003헌마377).

[❺ ▸ ×] 헌법 제23조 제3항은 정당한 보상을 전제로 하여 재산권의 수용 등에 관한 가능성을 규정하고 있지만, 재산권 수용의 주체를 한정하지 않고 있다. 위 헌법 조항의 핵심은 당해 수용이 공공필요에 부합하는가, 정당한 보상이 지급되고 있는가 여부 등에 있는 것이지, 그 수용의 주체가 국가인지 민간기업인지 여부에 달려 있다고 볼 수 없다. 또한 국가 등의 공적 기관이 직접 수용의 주체가 되는 것이든 그러한 공적 기관의 최종적인 허부판단과 승인결정하에 민간기업이 수용의 주체가 되는 것이든, 양자 사이에 공공필요에 대한 판단과 수용의 범위에 있어서 본질적인 차이를 가져올 것으로 보이지 않는다. 따라서 위 수용 등의 주체를 국가 등의 공적 기관에 한정하여 해석할 이유가 없다(헌재 2009.9.24. 2007헌바114).

정답 ⑤

## 제2절 직업의 자유 ★☆

**2020년 변호사시험 문 17.** ☑ 확인 Check! ○ △ ✕

직업의 자유에 관한 설명 중 옳은 것을 모두 고른 것은?(다툼이 있는 경우 판례에 의함)

ㄱ. 직업의 자유에 의한 보호의 대상이 되는 직업은 생활의 기본적 수요를 충족시키기 위한 계속적 소득활동을 의미하며, 그 개념표지가 되는 '계속성'의 해석상 휴가기간 중에 하는 일, 수습직으로서의 활동 등은 이에 포함되지 않는다.
ㄴ. 직업의 자유에는 해당 직업에 합당한 보수를 받을 권리까지 포함되어 있다고 보기 어려우므로 자신이 원하는 수준보다 적은 보수를 법령에서 규정하고 있다고 하여 직업선택이나 직업수행의 자유가 침해된다고 할 수 없다.
ㄷ. 어떠한 직업 분야에 관한 자격제도를 만들면서 그 자격요건을 어떻게 설정할 것인가에 관하여는 그 입법재량의 폭이 좁다 할 것이므로, 과잉금지원칙을 적용함에 있어서 다른 방법으로 직업선택의 자유를 제한하는 경우에 비하여 보다 엄격한 심사가 필요하다.
ㄹ. 직장선택의 자유는 원하는 직장을 제공하여 주거나 선택한 직장의 존속 보호를 청구할 권리를 보장하지 않으나, 국가는 직업선택의 자유로부터 나오는 객관적 보호의무, 즉 사용자에 의한 해고로부터 근로자를 보호할 의무를 진다.

① ㄱ, ㄴ ② ㄱ, ㄹ ③ ㄴ, ㄷ
④ ㄴ, ㄹ ⑤ ㄷ, ㄹ

[ㄱ ▸ ✕] 직업의 자유에 의한 보호의 대상이 되는 직업은 '생활의 기본적 수요를 충족시키기 위한 계속적 소득활동'을 의미하며 그 종류나 성질은 묻지 아니한다. 이러한 직업의 개념표지들은 개방적 성질을 지녀 엄격하게 해석할 필요는 없다. '계속성'에 관해서는 휴가기간 중에 하는 일, 수습직으로서의 활동 등도 이에 포함되고, '생활수단성'에 관해서는 단순한 여가활동이나 취미활동은 직업의 개념에 포함되지 않으나 겸업이나 부업은 삶의 수요를 충족하기에 적합하므로 직업에 해당한다고 본다(헌재 2018.7.26. 2017헌마452).

[ㄴ ▸ ○] 직업의 자유에 '해당 직업에 합당한 보수를 받을 권리'까지 포함되어 있다고 보기 어려우므로 이 사건 법령조항이 청구인이 원하는 수준보다 적은 봉급월액을 규정하고 있다고 하여 이로 인해 청구인의 직업선택이나 직업수행의 자유가 침해되었다고 할 수 없고, 위 조항은 경찰공무원인 경장의 봉급표를 규정한 것으로서 개성 신장을 위한 행복추구권의 제한과는 직접적인 관련이 없으므로, 청구인의 위 주장들은 모두 이유 없다(헌재 2008.12.26. 2007헌마444).

[ㄷ ▸ ✕] 과잉금지의 원칙을 적용함에 있어서도, 어떠한 직업 분야에 관한 자격제도를 만들면서 그 자격요건을 어떻게 설정할 것인가에 관하여는 국가에게 폭넓은 입법재량권이 부여되어 있는 것이므로 다른 방법으로 직업선택의 자유를 제한하는 경우에 비하여 보다 유연하고 탄력적인 심사가 필요하다 할 것이다(헌재 2003.9.25. 2002헌마519).

[ㄹ ▸ ○] 직장선택의 자유는 개인이 그 선택한 직업 분야에서 구체적인 취업의 기회를 가지거나, 이미 형성된 근로관계를 계속 유지하거나 포기하는 데에 있어 국가의 방해를 받지 않는 자유로운 선택·결정을 보호하는 것을 내용으로 한다. 그러나 이 기본권은 원하는 직장을 제공하여 줄 것을 청구하거나 한번 선택한 직장의 존속 보호를 청구할 권리를 보장하지 않으며, 또한 사용자의 처분에 따른 직장 상실로부터 직접 보호하여 줄 것을 청구할 수도 없다. 다만 국가는 이 기본권에서 나오는 객관적 보호의무, 즉 사용자에 의한 해고로부터 근로자를 보호할 의무를 질 뿐이다(헌재 2002.11.28. 2001헌바50).



④ 정답

**2017년 변호사시험 문 1.** ☑확인 Check! ○ △ ×

**직업의 자유에 관한 설명 중 옳지 않은 것은?(다툼이 있는 경우 판례에 의함)**

① 직업의 개념표지 가운데 '계속성'과 관련하여서는 주관적으로 활동의 주체가 어느 정도 계속적으로 해당 소득활동을 영위할 의사가 있고, 객관적으로도 그러한 활동이 계속성을 띨 수 있으면 족한 것으로 휴가기간 중에 하는 일, 수습직으로서의 활동 따위도 포함된다.

② 국가정책에 따라 정부의 허가를 받은 외국인은 정부가 허가한 범위 내에서 소득활동을 할 수 있는 것이므로, 외국인이 국내에서 누리는 직업의 자유는 법률 이전에 헌법에 의해서 부여된 기본권이라고 할 수는 없고, 법률에 따른 정부의 허가에 의해 비로소 발생하는 권리이다.

③ 직업의 자유에는 '해당 직업에 합당한 보수를 받을 권리'까지 포함되어 있어서 노동자는 동일하거나 동급, 동질의 유사 다른 직업군에서 수령하는 보수에 상응하는 보수를 요구할 수 있다.

④ 의료인이 '치료효과를 보장하는 등 소비자를 현혹할 우려가 있는 내용의 광고'를 한 경우 형사처벌하도록 규정한 「의료법」 조항은 의료인의 표현의 자유뿐만 아니라 직업수행의 자유도 동시에 제한한다.

⑤ 성인대상성범죄로 형을 선고받아 확정된 자로 하여금 그 형의 집행을 종료한 날부터 10년 동안 의료기관에 취업할 수 없도록 한 것은, 일정한 직업을 선택함에 있어 기본권주체의 능력과 자질에 따른 제한이므로 이른바 '주관적 요건에 의한 좁은 의미의 직업선택의 자유'에 대한 제한에 해당한다.

PART 02 기본권론

[❶ ▸ ○] 직업의 개념표지들은 개방적 성질을 지녀 엄격하게 해석할 필요는 없는바, '계속성'과 관련하여서는 주관적으로 활동의 주체가 어느 정도 계속적으로 해당 소득활동을 영위할 의사가 있고, 객관적으로도 그러한 활동이 계속성을 띨 수 있으면 족하다고 해석되므로 휴가기간 중에 하는 일, 수습직으로서의 활동 따위도 이에 포함된다고 볼 것이고, 또 '생활수단성'과 관련하여서는 단순한 여가활동이나 취미활동은 직업의 개념에 포함되지 않으나 겸업이나 부업은 삶의 수요를 충족하기에 적합하므로 직업에 해당한다고 말할 수 있다(헌재 2003.9.25. 2002헌마519).

[❷ ▸ ○] 심판대상조항이 제한하고 있는 직업의 자유는 국가자격제도정책과 국가의 경제상황에 따라 법률에 의하여 제한할 수 있고 인류보편적인 성격을 지니고 있지 아니하므로 국민의 권리에 해당한다. 이와 같이 헌법에서 인정하는 직업의 자유는 원칙적으로 대한민국 국민에게 인정되는 기본권이지, 외국인에게 인정되는 기본권은 아니다. 국가정책에 따라 정부의 허가를 받은 외국인은 정부가 허가한 범위 내에서 소득활동을 할 수 있는 것이므로, 외국인이 국내에서 누리는 직업의 자유는 법률 이전에 헌법에 의해서 부여된 기본권이라고 할 수는 없고, 법률에 따른 정부의 허가에 의해 비로소 발생하는 권리이다(헌재 2014.8.28. 2013헌마359).

[❸ ▸ ×] 시행령이 제정되지 않아 법관, 검사와 같은 보수를 받지 못하다 하더라도, 직업의 자유에 '해당 직업에 합당한 보수를 받을 권리'까지 포함되어 있다고 보기 어려우므로 청구인들의 직업선택이나 직업수행의 자유가 침해되었다고 할 수 없다(헌재 2004.2.26. 2001헌마718).

[❹ ▸ ○] 광고물은 사상・지식・정보 등을 불특정다수인에게 전파하는 것으로서 헌법 제21조 제1항이 보장하는 언론・출판의 자유에 의해 보호받는 대상이 되므로, 의료광고를 규제하는 심판대상조항은 청구인의 표현의 자유를 제한한다. 또한, 헌법 제15조는 직업수행의 자유 내지 영업의 자유를 포함하는 직업의 자유를 보장하고 있는바, 의료인 등이 의료서비스를 판매하는 영업활동의 중요한 수단이 되는 의료광고를 규제하는 심판대상조항은 직업수행의 자유도 동시에 제한한다(헌재 2014.9.25. 2013헌바28).

[❺ ▸ ○] 청구인들은 이 사건 법률조항에 의하여 형의 집행을 종료한 때부터 10년간 의료기관에 취업할 수 없게 되었는바, 이는 일정한 직업을 선택함에 있어 기본권주체의 능력과 자질에 따른 제한이므로 이른바 '주관적 요건에 의한 좁은 의미의 직업선택의 자유'에 대한 제한에 해당한다(헌재 2016.3.31. 2013헌마585).

정답 ③

**2012년 변호사시험 문 16.** ☑ 확인Check! ○ △ ×

**직업의 자유에 관한 설명으로 옳은 것을 모두 고른 것은?(다툼이 있는 경우 판례에 의함)**

ㄱ. 직업이란 생활의 기본적 수요를 충족시키기 위한 계속적인 소득활동을 의미하며 그 종류나 성질을 묻지 아니하나, 대학생이 방학 또는 휴학 중 학원강사로서 일하는 행위는 직업의 자유의 보호영역에 속한다고 볼 수 없다.

ㄴ. 의료인이 아닌 자의 무면허의료행위를 일률적·전면적으로 금지하고 이를 위반한 경우에 그 치료결과에 관계없이 형사처벌을 하는 법률조항은, 대안이 없는 유일한 선택이라고 하기 어려우므로 비례의 원칙에 위배되어 직업의 자유를 침해한다.

ㄷ. 경쟁의 자유는 다른 기업과의 경쟁에서 국가의 간섭이나 방해를 받지 않고 기업활동을 할 수 있는 자유를 의미하기 때문에 직업의 자유에 의하여 보장된다.

ㄹ. 헌법재판소는, 직업선택의 자유와 직업행사의 자유는 기본권주체에 대한 그 제한의 효과가 다르기 때문에 제한에 대한 위헌심사기준도 다르며, 특히 직업행사의 자유에 대한 제한의 경우 인격 발현에 대한 침해의 효과가 일반적으로 직업 선택 그 자체에 대한 제한에 비하여 작기 때문에 그 제한이 보다 폭넓게 허용된다고 하여, 독일의 단계이론과 유사한 논리를 전개한다.

ㅁ. 유치원 주변의 학교환경위생정화구역 안에서 당구장시설을 하지 못하도록 하는 것은 비례의 원칙에 위배되어 직업수행의 자유를 침해한다.

① ㄱ, ㄴ, ㄷ ② ㄷ, ㄹ, ㅁ ③ ㄴ, ㄷ, ㄹ
④ ㄱ, ㄷ, ㄹ ⑤ ㄴ, ㄹ, ㅁ

**[ㄱ ▸ ×]** 우리헌법 제15조는 "모든 국민은 직업선택의 자유를 가진다"고 규정하여 직업의 자유를 국민의 기본권의 하나로 보장하고 있는바, 직업의 자유에 의한 보호의 대상이 되는 '직업'은 '생활의 기본적 수요를 충족시키기 위한 계속적 소득활동'을 의미하며 그러한 내용의 활동인 한 그 종류나 성질을 묻지 아니한다. 이러한 직업의 개념표지들은 개방적 성질을 지녀 엄격하게 해석할 필요는 없는바, '계속성'과 관련하여서는 주관적으로 활동의 주체가 어느 정도 계속적으로 해당 소득활동을 영위할 의사가 있고, 객관적으로도 그러한 활동이 계속성을 띨 수 있으면 족하다고 해석되므로 휴가기간 중에 하는 일, 수습직으로서의 활동 따위도 이에 포함된다고 볼 것이고, 또 '생활수단성'과 관련하여서는 단순한 여가활동이나 취미활동은 직업의 개념에 포함되지 않으나 겸업이나 부업은 삶의 수요를 충족하기에 적합하므로 직업에 해당한다고 말할 수 있다. 위에서 살펴본 '직업'의 개념에 비추어 보면, 비록 학업 수행이 청구인과 같은 대학생의 본업이라 하더라도 방학기간을 이용하여 또는 휴학 중에 학비 등을 벌기 위해 학원강사로서 일하는 행위는 어느 정도 계속성을 띤 소득활동으로서 직업의 자유의 보호영역에 속한다고 봄이 상당하다(헌재 2003.9.25. 2002헌마519).

**[ㄴ ▸ ×]** 의료행위는 인간의 존엄과 가치의 근본인 사람의 신체와 생명을 대상으로 하는 것이므로 단순한 의료기술 이상의 '인체 전반에 관한 이론적 뒷받침'과 '인간의 신체 및 생명에 대한 경외심'을 체계적으로 교육받고 이 점에 관한 국가의 검증을 거친 의료인에 의하여 행하여져야 하고, 과학적으로 검증되지 아니한 방법 또는 무면허의료행위자에 의한 약간의 부작용도 존엄과 가치를 지닌 인간에게는 회복할 수 없는 치명적인 위해를 가할 수 있는 것이다. 따라서 무면허의료행위를 일률적, 전면적으로 금지하고 이를 위반하는 경우에는 그 치료결과에 관계없이 형사처벌을 받게 하는 이 법의 규제방법은 환자와 치료자의 기본권을 침해하거나 과잉금지의 원칙에 위반된다고 할 수 없다(헌재 2005.9.29. 2005헌바29 등).

**[ㄷ ▸ O]** 직업의 자유는 영업의 자유와 기업의 자유를 포함하고, 이러한 영업 및 기업의 자유를 근거로 원칙적으로 누구나가 자유롭게 경쟁에 참여할 수 있다. 경쟁의 자유는 기본권의 주체가 직업의 자유를 실제로 행사하는 데에서 나오는 결과이므로 당연히 직업의 자유에 의하여 보장되고 다른 기업과의 경쟁에서 국가의 간섭이나 방해를 받지 않고 기업활동을 할 수 있는 자유를 의미한다(헌재 1996.12.26. 96헌가18).



② 정답

[ㄹ ▸ O] 직업선택의 자유와 직업행사의 자유는 기본권주체에 대한 그 제한의 효과가 다르기 때문에 제한에 있어서 적용되는 기준도 다르며, 특히 직업행사의 자유에 대한 제한은 인격 발현에 대한 침해의 효과가 일반적으로 직업 선택 그 자체에 대한 제한에 비하여 적기 때문에, 그에 대한 제한은 보다 폭넓게 허용된다고 할 수 있다(헌재 2002.10.31. 99헌바76 등).

[ㅁ ▸ O] 유치원 주변에 당구장시설을 허용한다고 하여도 이로 인하여 유치원생이 학습을 소홀히 하거나 교육적으로 나쁜 영향을 받을 위험성이 있다고 보기 어려우므로, 유치원 및 이와 유사한 교육기관의 학교환경위생정화구역 안에서 당구장시설을 하지 못하도록 기본권을 제한하는 것은 입법목적의 달성을 위하여 필요하고도 적정한 방법이라고 할 수 없어 역시 기본권 제한의 한계를 벗어난 것이다(헌재 1997.3.27. 94헌마196 등).

CHAPTER 05

# 정치적 기본권

헌 법

각 문항별로 이해도를 체크해 보세요.

최근 5년간 회별 평균 0.4문

## 제1절 정치적 기본권

**2017년 변호사시험 문 3.**

확인Check! ○ △ ×

제외국민의 참정권에 관한 설명 중 옳은 것(○)과 옳지 않은 것(×)을 올바르게 조합한 것은?(다툼이 있는 경우 판례에 의함)

ㄱ. 단지 주민등록이 되어 있는지 여부에 따라 선거인명부에 오를 자격을 결정하여 그에 따라 선거권 행사 여부가 결정되도록 함으로써 엄연히 대한민국의 국민임에도 불구하고 「주민등록법」상 주민등록을 할 수 없는 재외국민의 선거권 행사를 전면적으로 부정하고 있는 것은 재외국민의 선거권을 침해하고 보통선거원칙에도 위반된다.

ㄴ. '외국의 영주권을 취득한 재외국민'과 같이 법령의 규정상 주민등록이 불가능한 재외국민인 주민의 지방선거피선거권을 부인하도록 한 규정은 국내거주 재외국민의 공무담임권을 침해한다.

ㄷ. 주민등록이 되어 있지 않고 국내거소신고도 하지 않은 재외국민에게 국회의원재·보궐선거의 선거권을 인정하지 않은 「공직선거법」상 재외선거인등록신청조항은, 선거제도를 현저히 불합리하거나 불공정하게 형성한 것이므로 그 재외국민의 선거권을 침해하고 보통선거원칙에도 위배된다.

ㄹ. 주권자인 국민의 지위에 아무런 영향을 미칠 수 없는 주민등록 여부만을 기준으로 하여 주민등록을 할 수 없는 재외국민의 국민투표권 행사를 전면적으로 배제하도록 한 규정은 주민등록이 되어 있지 않은 재외국민의 국민투표권을 침해한다.

ㅁ. 특정한 지역구의 국회의원선거에 투표하기 위해서는 국민이라는 자격만으로 충분하므로, 주민등록이 되어 있지 않고 국내거소신고도 하지 않은 재외국민에게 임기 만료 지역구국회의원선거권을 인정하지 않은 것은 그 재외국민의 선거권을 침해하고 보통선거원칙에도 위배된다.

① ㄱ(○) ㄴ(○) ㄷ(×) ㄹ(×) ㅁ(○)
② ㄱ(○) ㄴ(○) ㄷ(○) ㄹ(×) ㅁ(×)
③ ㄱ(×) ㄴ(×) ㄷ(○) ㄹ(×) ㅁ(○)
④ ㄱ(○) ㄴ(×) ㄷ(×) ㄹ(○) ㅁ(×)
⑤ ㄱ(○) ㄴ(○) ㄷ(×) ㄹ(○) ㅁ(×)

[ㄱ ▸ ○] 단지 주민등록이 되어 있는지 여부에 따라 선거인명부에 오를 자격을 결정하여 그에 따라 선거권 행사 여부가 결정되도록 함으로써, 엄연히 대한민국의 국민임에도 불구하고 주민등록법상 주민등록을 할 수 없는 재외국민의 선거권 행사를 전면적으로 부정하고 있는바, 그와 같은 재외국민의 선거권 행사에 대한 전면적인 부정에 관해서는 위에서 살펴본 바와 같이 어떠한 정당한 목적도 찾기 어려우므로 법 제37조 제1항은 헌법 제37조 제2항에 위반하여 재외국민의 선거권과 평등권을 침해하고 헌법 제41조 제1항 및 제67조 제1항이 규정한 보통선거원칙에도 위반된다(헌재 2007.6.28. 2004헌마644).

[ㄴ ▸ ○] '외국의 영주권을 취득한 재외국민'과 같이 주민등록을 하는 것이 법령의 규정상 아예 불가능한 자들이라도 지방자치단체의 주민으로서 오랜 기간 생활해 오면서 그 지방자치단체의 사무와 얼마든지 밀접한 이해관계를 형성할 수 있고, 주민등록이 아니더라도 그와 같은 거주사실을 공적으로 확인할 수 있는 방법은 존재한다는 점, 나아가 법 제16조



⑤ 정답

제2항이 국회의원선거에 있어서는 주민등록 여부와 관계없이 25세 이상의 국민이라면 누구든지 피선거권을 가지는 것으로 규정함으로써 국내거주 여부를 불문하고 재외국민도 국회의원선거의 피선거권을 가진다는 사실에 비추어, 주민등록만을 기준으로 함으로써 주민등록이 불가능한 재외국민인 주민의 지방선거피선거권을 부인하는 법 제16조 제3항은 헌법 제37조 제2항에 위반하여 국내거주 재외국민의 공무담임권을 침해한다(헌재 2007.6.28. 2004헌마644).

[ㄷ ▸ X] 입법자는 재외선거제도를 형성하면서, 잦은 재·보궐선거는 재외국민으로 하여금 상시적인 선거체제에 직면하게 하는 점, 재외재·보궐선거의 투표율이 높지 않을 것으로 예상되는 점, 재·보궐선거사유가 확정될 때마다 전 세계 해외 공관을 가동하여야 하는 등 많은 비용과 시간이 소요된다는 점을 종합적으로 고려하여 재외선거인에게 국회의원의 재·보궐선거권을 부여하지 않았다고 할 것이고, 이와 같은 선거제도의 형성이 현저히 불합리하거나 불공정하다고 볼 수 없다. 따라서 재외선거인등록신청조항은 재외선거인의 선거권을 침해하거나 보통선거원칙에 위배된다고 볼 수 없다(헌재 2014.7.24. 2009헌마256).

[ㄹ ▸ O] 국민투표는 국가의 중요정책이나 헌법개정안에 대해 주권자로서의 국민이 그 승인 여부를 결정하는 절차인데, 주권자인 국민의 지위에 아무런 영향을 미칠 수 없는 주민등록 여부만을 기준으로 하여, 주민등록을 할 수 없는 재외국민의 국민투표권 행사를 전면적으로 배제하고 있는 국민투표법 제14조 제1항은 앞서 본 국정선거권의 제한에 대한 판단에서와 동일한 이유에서 청구인들의 국민투표권을 침해한다(헌재 2007.0.28. 2004헌마644).

[ㅁ ▸ X] 지역구국회의원은 국민의 대표임과 동시에 소속 지역구의 이해관계를 대변하는 역할을 하고 있다. 전국을 단위로 선거를 실시하는 대통령선거와 비례대표국회의원선거에 투표하기 위해서는 국민이라는 자격만으로 충분한 데 반해, 특정한 지역구의 국회의원선거에 투표하기 위해서는 '해당 지역과의 관련성'이 인정되어야 한다. 주민등록과 국내거소신고를 기준으로 지역구국회의원선거권을 인정하는 것은 해당 국민의 지역적 관련성을 확인하는 합리적인 방법이다. 따라서 선거권조항과 재외선거인등록신청조항이 재외선거인의 임기 만료 지역구국회의원선거권을 인정하지 않은 것이 재외선거인의 선거권을 침해하거나 보통선거원칙에 위배된다고 볼 수 없다(헌재 2014.7.24. 2009헌마256).

**2019년 변호사시험 문 9.** ☑ 확인 Check! ○ △ ✕

**A국립대학교는 '추천위원회에서 총장후보자를 선정'하는 간선제방식에 따라 총장후보자를 선출하려고 한다. 'A국립대학교 총장임용후보자 선정에 관한 규정'(이하 "규정"이라 함)에서는 총장후보자에 지원하려는 사람에게 1,000만원의 기탁금을 납부하고, 지원서 접수 시 기탁금납입영수증을 제출하도록 하고 있다. 甲은 A국립대학교의 교수로서 총장후보자에 지원하고자 한다. 乙은 A국립대학교의 교수로서 총장후보자 선출에 참여하고자 한다. 다음 설명 중 옳은 것은?(다툼이 있는 경우 판례에 의함)**

① 공무담임권은 국민이 공직에 취임하기 이전의 문제이므로 이미 공직에 취임하여 공무원이 된 甲이 헌법상의 공무담임권 침해를 이유로 한 헌법소원심판을 청구하는 것은 허용되지 않는다.
② 乙이 대학총장후보자 선출에 참여할 권리는 헌법상 기본권으로 인정할 수 없다.
③ 헌법상 대학의 자율은 대학에게 대학의 장 후보자 선정과 관련하여 반드시 직접선출방식을 보장하여야 하는 것은 아니다.
④ 총장후보자 지원자들에게 1,000만원의 기탁금을 납부하게 하는 것은 지원자가 무분별하게 총장후보자에 지원하는 것을 예방하는 데 기여할 수 있고, 그 액수가 과다하다고도 볼 수 없어 헌법에 위반된다고 할 수 없다.
⑤ 위 규정의 위헌성에 대해 다투고자 할 경우 먼저 위 규정에 대해 항고소송을 제기하여야만 하고 직접 헌법소원심판을 청구하는 것은 허용되지 않는다.

[❶ ▸ X] 판례는 공무원인 국립대학교 교수의 헌법소원청구를 긍정하고 있다. 또한 공무담임권의 보호영역에는 공직취임기회의 자의적인 배제뿐만 아니라, 공무원신분의 부당한 박탈이나 권한(직무)의 부당한 정지도 포함되므로(헌재 2005.5.26. 2002헌마699 등), 공무담임권은 국민이 공직에 취임하기 이전의 문제라고 볼 수도 없다.

정답 ③

판례 헌법 제25조 공무담임권조항은 '모든 국민이 누구나 그 능력과 적성에 따라 공직에 취임할 수 있는 균등한 기회를 보장함'을 내용으로 한다. 국립대학교 총장은 교육공무원으로서 국가공무원의 신분을 가진다. 이 사건 기탁금조항은 국립대학교인 전북대학교 총장후보자선정과정에서 후보자에 지원하려는 사람에게 기탁금을 납부하도록 하고, 기탁금을 납입하지 않을 경우 총장후보자에 지원하는 기회가 주어지지 않도록 하고 있다. 따라서 이 사건 기탁금조항은 기탁금을 납입할 수 없거나 그 납입을 거부하는 사람들의 공무담임권을 제한한다(헌재 2018.4.26. 2014헌마274).

[❷ ▸ ×] 전통적으로 대학자치는 학문활동을 수행하는 교수들로 구성된 교수회가 누려 오는 것이었고, 현행법상 국립대학의 장 임명권은 대통령에게 있으나, 1990년대 이후 국립대학에서 총장후보자에 대한 직접선거방식이 도입된 이래 거의 대부분 대학구성원들이 추천하는 후보자 중에서 대학의 장을 임명하여 옴으로써 대통령이 대학총장을 임명함에 있어 대학교원들의 의사를 존중하여 온 점을 고려하면, 청구인들에게 대학총장후보자 선출에 참여할 권리가 있고 이 권리는 대학의 자치의 본질적인 내용에 포함된다고 할 것이므로 결국 헌법상의 기본권으로 인정할 수 있다(헌재 2006.4.27. 2005헌마1047 등).

[❸ ▸ O] 대학의 장 임용추천위원회(이하 "위원회"라 한다)에서의 선정은 원칙적인 방식이 아닌 교원의 합의된 방식과 선택적이거나 혹은 실제로는 보충적인 방식으로 규정되어 있는 점, 대학의 장 후보자 선정과 관련하여 대학에게 반드시 직접선출방식을 보장하여야 하는 것은 아니며, 다만 대학교원들의 합의된 방식으로 그 선출방식을 정할 수 있는 기회를 제공하면 족하다고 할 것이다(헌재 2006.4.27. 2005헌마1047 등).

[❹ ▸ ×] 총장후보자 지원자들에게 1,000만원의 기탁금을 납부하게 하는 것은 지원자가 무분별하게 총장후보자에 지원하는 것을 예방하는 데 기여할 수 있으므로 수단의 적합성도 인정된다. 이 사건 기탁금조항의 1,000만원 액수는 교원 등 학내 인사뿐만 아니라 일반국민들 입장에서도 적은 금액이 아니다. 여기에, 추천위원회의 최초 투표만을 기준으로 기탁금 반환 여부가 결정되는 점, 일정한 경우 기탁자 의사와 관계없이 기탁금을 발전기금으로 귀속시키는 점 등을 종합하면, 이 사건 기탁금조항의 1,000만원이라는 액수는 자력이 부족한 교원 등 학내 인사와 일반국민으로 하여금 총장후보자에 지원하려는 의사를 단념토록 할 수 있을 정도로 과다한 액수라고 할 수 있다. 이러한 사정들을 종합하면 이 사건 기탁금조항은 침해의 최소성에 반한다. 이 사건 기탁금조항으로 달성하려는 공익이 제한되는 공무담임권 정도보다 크다고 단정할 수 없으므로, 이 사건 기탁금조항은 법익의 균형성에도 반한다. 따라서 이 사건 기탁금조항은 과잉금지원칙에 반하여 청구인의 공무담임권을 침해한다(헌재 2018.4.26. 2014헌마274).

[❺ ▸ ×] 기탁금규정의 처분성이 인정되어 행정소송의 대상이 되는지 객관적으로 분명하지 않다. 헌법재판소는 권리구제절차가 허용되는지 여부가 객관적으로 불확실한 경우, 보충성원칙의 예외를 인정하고 있다(헌재 1998.10.29. 97헌마285 등). 판례도 국립대학교 총장후보자 지원 시 기탁금규정 사건에서 항고소송제기 여부를 묻지 않고 본안판단을 하였다(헌재 2018.4.26. 2014헌마274).

**2014년 변호사시험 문 9.**

☑ 확인 Check! ○ △ ×

**공무담임권에 관한 설명 중 옳은 것(○)과 옳지 않은 것(×)을 올바르게 조합한 것은?(다툼이 있는 경우 판례에 의함)**

ㄱ. 공무담임권의 보호영역에는 공직취임기회의 자의적인 배제뿐 아니라, 공무원신분의 부당한 박탈이나 권한의 부당한 정지도 포함된다.

ㄴ. 직업공무원으로의 공직취임권은 임용지원자의 능력・전문성・적성・품성을 기준으로 하는 능력주의 또는 성과주의를 바탕으로 하여야 하므로 공직자 선발에 있어 직무수행능력과 무관한 요소를 기준으로 삼아서는 안 된다. 따라서 헌법 제32조 제4항에서 여자의 근로에 대한 특별한 보호를 규정하고 있다 하더라도 이를 이유로 공직자 선발에 있어 능력주의의 예외가 인정될 수 있는 것은 아니다.

ㄷ. 공무원이 특정의 장소에서 근무하는 것 또는 특정의 보직을 받아 근무하는 것은 공무담임권의 보호영역에 포함된다고 보기 어려우므로, 지방공무원의 의사와 관계없이 지방자치단체의 장 사이의 동의만으로 지방공무원을 소속 지방자치단체에서 다른 지방자치단체로 전출시킬 수 있다 하더라도 공무원의 신분 보장이라는 헌법적 요청에 위반되지 않는다.

ㄹ. 금고 이상의 형의 집행유예판결을 받은 것을 공무원의 당연퇴직사유로 규정한 법률조항이 입법자의 재량을 일탈하여 공무담임권을 침해한 것으로 볼 수 없다.

ㅁ. 임용권자로 하여금 형사사건으로 기소된 공무원을 직위해제할 수 있도록 규정한 것은 그러한 공무원을 직무담당으로부터 배제함으로써 공직 및 직무 수행의 공정성과 그에 대한 국민의 신뢰를 유지하기 위한 것으로서 입법목적이 정당하지만, 직무와 전혀 관련이 없는 범죄나 지극히 경미한 범죄로 기소된 경우까지 임용권자의 임의적인 판단에 따라 직위해제를 할 수 있게 허용하므로 공무담임권을 침해한다.

① ㄱ(○) ㄴ(○) ㄷ(×) ㄹ(×) ㅁ(○)
② ㄱ(×) ㄴ(×) ㄷ(○) ㄹ(○) ㅁ(○)
③ ㄱ(○) ㄴ(×) ㄷ(×) ㄹ(○) ㅁ(×)
④ ㄱ(○) ㄴ(○) ㄷ(○) ㄹ(×) ㅁ(×)
⑤ ㄱ(○) ㄴ(×) ㄷ(×) ㄹ(○) ㅁ(○)

[ㄱ ▸ ○] 헌법 제25조는 "모든 국민은 법률이 정하는 바에 의하여 공무담임권을 가진다"고 하여 공무담임권을 기본권으로 보장하고 있다. 공무담임권이란 입법부, 집행부, 사법부는 물론 지방자치단체 등 국가, 공공단체의 구성원으로서 그 직무를 담당할 수 있는 권리를 말한다. 여기서 직무를 담당한다는 것은 모든 국민이 현실적으로 그 직무를 담당할 수 있다고 하는 의미가 아니라, 국민이 공무담임에 관한 자의적이지 않고 평등한 기회를 보장받음을 의미하는바, 공무담임권의 보호영역에는 공직취임기회의 자의적인 배제뿐 아니라, 공무원신분의 부당한 박탈이나 권한(직무)의 부당한 정지도 포함된다(헌재 2005.5.26. 2002헌마699 등).

[ㄴ ▸ ×] 선거직 공직과 달리 직업공무원에게는 정치적 중립성과 더불어 효율적으로 업무를 수행할 수 있는 능력이 요구되므로, 직업공무원으로의 공직취임권에 관하여 규율함에 있어서는 임용희망자의 능력・전문성・적성・품성을 기준으로 하는 이른바 능력주의 또는 성과주의를 바탕으로 하여야 한다. 따라서 공직자 선발에 관하여 능력주의에 바탕한 선발기준을 마련하지 아니하고 해당 공직이 요구하는 직무수행능력과 무관한 요소, 예컨대 성별・종교・사회적 신분・출신지역 등을 기준으로 삼는 것은 국민의 공직취임권을 침해하는 것이 된다. 다만, 헌법의 기본원리나 특정 조항에 비추어 능력주의원칙에 대한 예외를 인정할 수 있는 경우가 있다. 그러한 헌법원리로는 우리 헌법의 기본원리인 사회국가원리를 들 수 있고, 헌법 조항으로는 여자・연소자근로의 보호, 국가유공자・상이군경 및 전몰군경의 유가족에 대한 우선적 근로기회의 보장을 규정하고 있는 헌법 제32조 제4항 내지 제6항, 여자・노인・신체장애자 등에 대한 사회보장의무를 규정하고 있는 헌법 제34조 제2항 내지 제5항 등을 들 수 있다. 이와 같은 헌법적 요청이 있는 경우에는 합리적 범위 안에서 능력주의가 제한될 수 있다(헌재 1999.12.23. 98헌마363).

PART 02 기본권론

정답 ③

[ㄷ ▸ ×] 공무원이 특정 장소에서 근무하는 것 또는 특정 보직을 받아 근무하는 것은 공무담임권의 보호영역에 포함된다고 보기 어렵지만, 그렇다고 지방공무원의 동의 없이도 지방자치단체의 장 사이의 동의만으로 지방공무원에 대한 전출・전입명령이 가능하다고 풀이하는 것은 헌법적으로 용인되지 않는다.

판례

- 공무담임권의 보호영역에는 일반적으로 공직 취임의 기회 보장, 신분 박탈, 직무의 정지가 포함되는 것일 뿐, 여기서 더 나아가 공무원이 특정의 장소에서 근무하는 것 또는 특정의 보직을 받아 근무하는 것을 포함하는 일종의 '공무수행의 자유'까지 그 보호영역에 포함된다고 보기는 어렵다(헌재 2008.6.26. 2005헌마1275).
- 지방공무원법 제29조의3은 "지방자치단체의 장은 다른 지방자치단체의 장의 동의를 얻어 그 소속 공무원을 전입할 수 있다"라고만 규정하고 있어, 이러한 전입에 있어 지방공무원 본인의 동의가 필요한지에 관하여 다툼의 여지없이 명백한 것은 아니나, 위 법률조항을 해당 지방공무원의 동의 없이도 지방자치단체의 장 사이의 동의만으로 지방공무원에 대한 전출 및 전입명령이 가능하다고 풀이하는 것은 헌법적으로 용인되지 아니하며, 헌법 제7조에 규정된 공무원의 신분 보장 및 헌법 제15조에서 보장하는 직업선택의 자유의 의미와 효력에 비추어 본 때 위 법률조항은 해당 지방공무원의 동의가 있을 것을 당연한 전제로 하여 그 공무원이 소속된 지방자치단체의 장의 동의를 얻어서만 그 공무원을 전입할 수 있음을 규정하고 있는 것으로 해석하는 것이 타당하고, 이렇게 본다면 인사교류를 통한 행정의 능률성이라는 입법목적도 적절히 달성할 수 있을 뿐만 아니라 지방공무원의 신분 보장이라는 헌법적 요청도 충족할 수 있게 된다. 따라서 위 법률조항은 헌법에 위반되지 아니한다(헌재 2002.11.28. 98헌바101 등).

[ㄹ ▸ ○] 공무원에게 부과되는 신분상 불이익과 보호하려는 공익이 합리적 균형을 이루는 한 법원이 범죄의 모든 정황을 고려하여 금고 이상의 형의 집행유예판결을 하였다면 그 범죄행위가 직무와 직접적 관련이 없거나 과실에 의한 것이라 하더라도 공무원의 품위를 손상하는 것으로 당해 공무원에 대한 사회적 비난가능성이 결코 적지 아니함을 의미하므로 이를 공무원의 당연퇴직사유로 규정한 법률조항이 입법자의 재량을 일탈한 것이라고 볼 수 없다. 또한 집행유예와 선고유예의 차이, 금고형과 벌금형의 경중을 고려할 때 이 사건 법률조항이 집행유예판결을 받은 자를 합리적 이유 없이 선고유예나 벌금형의 판결을 받은 자에 비하여 차별하는 것이라고도 볼 수 없다. 그렇다면 공무원에게 가해지는 신분상 불이익과 보호하려는 공익을 비교할 때 금고 이상의 형의 집행유예판결을 받은 것을 공무원의 당연퇴직사유로 규정한 이 사건 법률조항이 공무담임권 및 행복추구권을 침해하여 헌법에 위반된다고 할 수 없다(헌재 2011.6.30. 2010헌바478).

[ㅁ ▸ ×] 이 사건 법률조항의 입법목적은 형사소추를 받은 공무원이 계속 직무를 집행함으로써 발생할 수 있는 공직 및 공무 집행의 공정성과 그에 대한 국민의 신뢰를 해할 위험을 예방하기 위한 것으로 정당하고, 직위해제는 이러한 입법목적을 달성하기에 적합한 수단이다. 이 사건 법률조항이 임용권자로 하여금 구체적인 경우에 따라 개별성과 특수성을 판단하여 직위해제 여부를 결정하도록 한 것이지 직무와 전혀 관련이 없는 범죄나 지극히 경미한 범죄로 기소된 경우까지 임용권자의 자의적인 판단에 따라 직위해제를 할 수 있도록 허용하는 것은 아니고, 기소된 범죄의 법정형이나 범죄의 성질에 따라 그 요건을 보다 한정적, 제한적으로 규정하는 방법을 찾기 어렵다는 점에서 이 사건 법률조항이 필요최소한도를 넘어 공무담임권을 제한하였다고 보기 어렵다. 그리고 이 사건 법률조항에 의한 공무담임권의 제한은 잠정적이고 그 경우에도 공무원의 신분은 유지되고 있다는 점에서 공무원에게 가해지는 신분상 불이익과 보호하려는 공익을 비교할 때 공무 집행의 공정성과 그에 대한 국민의 신뢰를 유지하고자 하는 공익이 더욱 크다. 따라서 이 사건 법률조항은 공무담임권을 침해하지 않는다(헌재 2006.5.25. 2004헌바12).

CHAPTER 06

# 청구권적 기본권

헌 법

각 문항별로 이해도를 체크해 보세요.

최근 5년간 회별 평균 0.4문

## 제1절 청원권

## 제2절 재판청구권

★



2018년 변호사시험 문 12.

재판청구권에 관한 설명 중 옳은 것을 모두 고른 것은?(다툼이 있는 경우 판례에 의함)

ㄱ. 특허쟁송에 있어서 특허청의 심판과 항고심판을 거쳐 곧바로 법률심인 대법원의 재판을 받게 하는 것은 법관에 의한 재판을 받을 권리를 침해한다.

ㄴ. 법관의 자격이 없는 법원공무원으로 하여금 소송비용액확정결정절차 등 재판의 부수적 업무를 처리하게 하는 사법보좌관제도는 법관에 의한 재판을 받을 권리를 침해한다.

ㄷ. 교도소장이 수형자가 출정비용을 예납하지 않았거나 영치금과의 상계에 동의하지 않았다는 이유로 행정소송변론기일에 출정을 제한한 행위는 형벌의 집행을 위한 것으로 수형자의 재판청구권을 침해하였다고 볼 수 없다.

ㄹ. 「군사법원법」의 적용대상이 되는 모든 범죄에 대하여 수사기관의 구속기간의 연장을 허용하는 것은 부적절한 방식에 의한 과도한 기본권 제한으로서, 신체의 자유 및 신속한 재판을 받을 권리를 침해하는 것이다.

ㅁ. 헌법과 법률이 정한 법관에 의한 재판을 받을 권리는 직업법관에 의한 재판을 주된 내용으로 하는 것이므로, 국민참여재판을 받을 권리가 헌법 제27조 제1항에서 규정한 재판을 받을 권리의 보호범위에 속한다고 볼 수 없다.

① ㄱ, ㄹ ② ㄱ, ㄹ, ㅁ ③ ㄴ, ㄷ, ㄹ
④ ㄴ, ㄷ, ㅁ ⑤ ㄱ, ㄷ, ㄹ, ㅁ

[ㄱ ▸ O] 특허청의 심판절차에 의한 심결이나 보정각하결정은 특허청의 행정공무원에 의한 것으로서 이를 헌법과 법률이 정한 법관에 의한 재판이라고 볼 수 없으므로 특허법 제186조 제1항은 법관에 의한 사실 확정 및 법률 적용의 기회를 박탈한 것으로서 헌법상 국민에게 보장된 '법관에 의한' 재판을 받을 권리의 본질적 내용을 침해하는 위헌규정이다. 특허법 제186조 제1항이 행정심판임이 분명한 특허청의 항고심판심결이나 결정에 대한 법원의 사실적 측면과 법률적 측면에 대한 심사를 배제하고 대법원으로 하여금 특허사건의 최종심 및 법률심으로서 단지 법률적 측면의 심사만을 할 수 있도록 하고 재판의 전심절차로서만 기능하게 하고 있는 것은, 앞서 본 바와 같이 일체의 법률적 쟁송에 대한 재판기능을 대법원을 최고법원으로 하는 법원에 속하도록 규정하고 있는 헌법 제101조 제1항 및 제107조 제3항에 위반된다(헌재 1995.9.28. 92헌가11 등).

[ㄴ ▸ X] 이 사건 조항에 의한 사법보좌관제도는 이의절차 등에 의하여 법관이 사법보좌관의 소송비용액확정결정절차를 처리할 수 있는 장치를 마련함으로써 적정한 업무처리를 도모함과 아울러 사법보좌관의 처분에 대하여 법관에 의한 사실 확정과 법률의 해석적용의 기회를 보장하고 있는바, 이는 한정된 사법인력을 실질적 쟁송에 집중하도록 하면서 궁극적으로

정답 ②

국민의 재판받을 권리를 실질적으로 보장한다는 입법목적 달성에 기여하는 적절한 수단임을 인정할 수 있다. 따라서 사법보좌관에게 소송비용액확정결정절차를 처리하도록 한 이 사건 조항이 그 입법재량권을 현저히 불합리하게 또는 자의적으로 행사하였다고 단정할 수 없으므로 헌법 제27조 제1항에 위반된다고 할 수 없다(헌재 2009.2.26. 2007헌바8 등).

[ㄷ ▸ X] '민사재판 등 소송 수용자 출정비용 징수에 관한 지침' 제4조 제3항에 의하면, 수형자가 출정비용을 납부하지 않고 출정을 희망하는 경우에는 소장은 수형자를 출정시키되, 사후적으로 출정비용상환청구권을 자동채권으로, 영치금반환채권을 수동채권으로 하여 상계함을 통지함으로써 상계하여야 한다고 규정되어 있으므로, 교도소장은 수형자가 출정비용을 예납하지 않았거나 영치금과의 상계에 동의하지 않았다고 하더라도, 우선 수형자를 출정시키고 사후에 출정비용을 받거나 영치금과의 상계를 통하여 출정비용을 회수하여야 하는 것이지, 이러한 이유로 수형자의 출정을 제한할 수 있는 것은 아니다. 그러므로 피청구인이, 청구인이 출정하기 이전에 여비를 납부하지 않았거나 출정비용과 영치금과의 상계에 미리 동의하지 않았다는 이유로 이 사건 출정제한행위를 한 것은, 피청구인에 대한 업무처리지침 내지 사무처리준칙인 이 사건 지침을 위반하여 청구인이 직접 재판에 출석하여 변론할 권리를 침해함으로써, 형벌의 집행을 위하여 필요한 한도를 벗어나서 청구인의 재판청구권을 과도하게 침해하였다고 할 것이다(헌재 2012.3.29. 2010헌마475).

[ㄹ ▸ O] 군사법원법의 적용대상 중에 특히 수사를 위하여 구속기간의 연장이 필요한 경우가 있음을 인정한다고 하더라도, 이 사건 법률규정과 같이 군사법원법의 적용대상이 되는 모든 범죄에 대하여 수사기관의 구속기간의 연장을 허용하는 것은 그 과도한 광범성으로 인하여 과잉금지의 원칙에 어긋난다고 할 수 있을 뿐만 아니라, 국가안보와 직결되는 사건과 같이 수사를 위하여 구속기간의 연장이 정당화될 정도의 중요사건이라면 더 높은 법률적 소양이 제도적으로 보장된 군검찰관이 이를 수사하고 필요한 경우 그 구속기간의 연장을 허용하는 것이 더 적절하기 때문에, 군사법경찰관의 구속기간을 연장까지 하면서 이러한 목적을 달성하려는 것은 부적절한 방식에 의한 과도한 기본권의 제한으로서, 과잉금지의 원칙에 위반하여 신체의 자유 및 신속한 재판을 받을 권리를 침해하는 것이다(헌재 2003.11.27. 2002헌마193).

[ㅁ ▸ O] 우리 헌법상 헌법과 법률이 정한 법관에 의한 재판을 받을 권리는 직업법관에 의한 재판을 주된 내용으로 하는 것이므로 국민참여재판을 받을 권리가 헌법 제27조 제1항에서 규정한 재판을 받을 권리의 보호범위에 속한다고 볼 수 없다(헌재 2009.11.26. 2008헌바12).

**2016년 변호사시험 문 13.** ☑확인 Check! O △ X

**재판청구권에 관한 설명 중 옳지 않은 것은?(다툼이 있는 경우 판례에 의함)**

① 교원의 신분과 관련되는 징계처분의 적법성 판단에 있어서는 교육의 자주성·전문성이 요구되는바, 교원징계처분에 관하여 교원징계재심위원회의 재심을 거치지 않으면 행정소송을 제기할 수 없도록 한 법률조항은 헌법 제27조의 재판청구권을 침해하지 않는다.

② 헌법 제27조 제1항의 '모든 국민은 헌법과 법률이 정한 법관에 의하여 법률에 의한 재판을 받을 권리'로부터 모든 사건에 관하여 대법원의 재판을 받을 권리가 도출되지는 않는다.

③ 현역병으로 입대한 군인이 그 신분 취득 전 저지른 범죄에 대한 군사법원의 재판권을 규정하고 있는 법률조항은 헌법 제27조 제1항의 재판청구권을 침해하지 않는다.

④ 국민참여재판을 받을 권리는 직업법관에 의한 재판을 받을 권리를 주된 내용으로 하는 헌법 제27조 제1항에서 규정한 재판을 받을 권리의 보호범위에 속한다.

⑤ 법관이 아닌 사법보좌관이 소송비용액확정결정절차를 처리하도록 한 법률조항은, 동일 심급 내에서 법관으로부터 다시 재판받을 수 있는 권리가 보장되고 있으므로, 헌법 제27조 제1항의 재판청구권을 침해하지 않는다.



④ 정답

[❶ ▸ O] 입법자는 행정심판을 통한 권리 구제의 실효성, 행정청에 의한 자기시정의 개연성, 문제되는 행정처분의 특수성 등을 고려하여 행정심판을 임의적 전치절차로 할 것인지, 아니면 필요적 전치절차로 할 것인지를 결정하는 입법형성권을 가지고 있는데, 교원에 대한 징계처분은 그 적법성을 판단함에 있어서 전문성과 자주성에 기한 사전심사가 필요하고, 판단기관인 재심위원회의 독립성 및 공정성이 확보되어 있고 심리절차에 있어서도 상당한 정도로 사법절차가 준용되어 권리구제절차로서의 실효성을 가지고 있으며, 재판청구권의 제약은 경미한 데 비하여 그로 인하여 달성되는 공익은 크므로, 재심제도가 입법형성권의 한계를 벗어나 국민의 재판청구권을 침해하는 제도라고 할 수 없다(헌재 2007.1.17. 2005헌바86).

[❷ ▸ O] 헌법이 대법원을 최고법원으로 규정하였다고 하여 대법원이 곧바로 모든 사건을 상고심으로서 관할하여야 한다는 결론이 당연히 도출되는 것은 아니며, '헌법과 법률이 정하는 법관에 의하여 법률에 의한 재판을 받을 권리'가 사건의 경중을 가리지 않고 모든 사건에 대하여 대법원을 구성하는 법관에 의한 균등한 재판을 받을 권리를 의미한다거나 또는 상고심재판을 받을 권리를 의미하는 것이라고 할 수는 없다(헌재 1997.10.30. 97헌바37).

[❸ ▸ O] 군대는 각종 훈련 및 작전 수행 등으로 인해 근무시간이 정해져 있지 않고 집단적 병영(兵營)생활 및 작전위수(衛戍)구역으로 인한 생활공간적인 제약 등, 군대의 특수성으로 인하여 일단 군인신분을 취득한 군인이 군대 외부의 일반법원에서 재판을 받는 것은 군대조직의 효율적인 운영을 저해하고, 현실적으로도 군인이 수감 중인 상태에서 일반법원의 재판을 받기 위해서는 상당한 비용·인력 및 시간이 소요되므로 이러한 군의 특수성 및 전문성을 고려할 때 군인신분 취득 전에 범한 죄에 대하여 군사법원에서 재판을 받도록 하는 것은 합리적인 이유가 있다. 또한, 형사재판에 있어 범죄사실의 확정과 책임은 행위 시를 기준으로 하지만, 재판권 유무는 원칙적으로 재판시점을 기준으로 해야 하며, 형사재판은 유죄 인정과 양형이 복합되어 있는데 양형은 일반적으로 재판받을 당시, 즉 선고시점의 피고인의 군인신분을 주요 고려 요소로 해 군의 특수성을 반영할 수 있어야 하므로, 이러한 양형은 군사법원에서 담당하도록 하는 것이 타당하다. 나아가 군사법원의 상고심은 대법원에서 관할하고 군사법원에 관한 내부규율을 정함에 있어서도 대법원이 종국적인 관여를 하고 있으므로 이 사건 법률조항이 군사법원의 재판권과 군인의 재판청구권을 형성함에 있어 그 재량의 헌법적 한계를 벗어났다고 볼 수 없다(헌재 2009.7.30. 2008헌바162).

[❹ ▸ X] 우리 헌법상 헌법과 법률이 정한 법관에 의한 재판을 받을 권리는 직업법관에 의한 재판을 주된 내용으로 하는 것이므로 국민참여재판을 받을 권리가 헌법 제27조 제1항에서 규정한 재판을 받을 권리의 보호범위에 속한다고 볼 수 없다(헌재 2009.11.26. 2008헌바12).

[❺ ▸ O] 이 사건 조항에 의한 사법보좌관제도는 이의절차 등에 의하여 법관이 사법보좌관의 소송비용액확정결정절차를 처리할 수 있는 장치를 마련함으로써 적정한 업무처리를 도모함과 아울러 사법보좌관의 처분에 대하여 법관에 의한 사실확정과 법률의 해석적용의 기회를 보장하고 있는바, 이는 한정된 사법인력을 실질적 쟁송에 집중하도록 하면서 궁극적으로 국민의 재판받을 권리를 실질적으로 보장한다는 입법목적 달성에 기여하는 적절한 수단임을 인정할 수 있다. 따라서 사법보좌관에게 소송비용액확정결정절차를 처리하도록 한 이 사건 조항이 그 입법재량권을 현저히 불합리하게 또는 자의적으로 행사하였다고 단정할 수 없으므로 헌법 제27조 제1항에 위반된다고 할 수 없다(헌재 2009.2.26. 2007헌바8 등).

## 제3절 국가배상청구권 및 형사보상청구권

CHAPTER 07

# 사회적 기본권

헌 법

각 문항별로 이해도를 체크해 보세요.

최근 5년간 회별 평균 1문

## 제1절 사회적 기본권의 구조와 체계 ★

**2020년 변호사시험 문 14.**

확인 Check! ○ △ ×

**공무원의 연금청구권에 관한 설명 중 옳지 않은 것은?(다툼이 있는 경우 판례에 의함)**

① 공무원연금제도는 공무원을 대상으로 퇴직 또는 사망과 공무로 인한 부상·질병 등에 대하여 적절한 급여를 실시함으로써 공무원 및 그 유족의 생활 안정과 복리 향상에 기여하는 데 그 목적이 있으며, 사회적 위험이 발생한 때에 국가의 책임 아래 보험기술을 통하여 공무원의 구제를 도모하는 사회보험제도의 일종이다.

② 「공무원연금법」상의 퇴직급여 등 각종 급여를 받을 권리, 즉 연금수급권은 재산권의 성격과 사회보장수급권의 성격이 불가분적으로 혼재되어 있는데, 입법자로서는 연금수급권의 구체적 내용을 정함에 있어 어느 한쪽의 요소에 보다 중점을 둘 수 있다.

③ 공무원의 범죄행위로 인해 형사처벌이 부과된 경우에는 그로 인하여 공직을 상실하게 되므로, 이에 더하여 공무원의 퇴직급여청구권까지 박탈하는 것은 이중처벌금지의 원칙에 위반된다.

④ 공무원 또는 공무원이었던 자가 재직 중의 사유로 금고 이상의 형을 받은 때 퇴직급여 및 퇴직수당의 일부를 감액하여 지급하도록 한 「공무원연금법」 조항은 공무원의 신분이나 직무상 의무와 관련 없는 범죄인지 여부 등과 관계없이 일률적·필요적으로 퇴직급여를 감액하는 것으로서 재산권을 침해한다.

⑤ 공무원의 직무와 관련이 없는 범죄라 할지라도 고의범의 경우에는 공무원의 법령준수의무, 청렴의무, 품위유지의무 등을 위반한 것으로 볼 수 있으므로 이를 퇴직급여의 감액사유에서 제외하지 아니하더라도 헌법에 위반되지 않는다.

[❶ ▸ O] 공무원연금제도는 공무원을 대상으로 퇴직 또는 사망과 공무로 인한 부상·질병·폐질에 대하여 적절한 급여를 실시함으로써, 공무원 및 그 유족의 생활 안정과 복리 향상에 기여하는 데에 그 목적이 있는 것으로서(법 제1조), 위의 사유와 같은 사회적 위험이 발생한 때에 국가의 책임 아래 보험기술을 통하여 공무원의 구제를 도모하는 사회보험제도의 일종이다(헌재 2000.3.30. 98헌마401 등).

[❷ ▸ O] 공무원연금법상의 퇴직급여, 유족급여 등 각종 급여를 받을 권리, 즉 연금수급권은 일부 재산권으로서의 성격을 지니는 것으로 파악되고 있으나 이는 앞서 본 바와 같이 사회보장수급권의 성격과 불가분적으로 혼재되어 있으므로, 비록 연금수급권에 재산권의 성격이 일부 있다 하더라도 그것은 이미 사회보장법리의 강한 영향을 받지 않을 수 없다 할 것이고, 입법자로서는 연금수급권의 구체적 내용을 정함에 있어 이를 전체로서 파악하여 어느 한쪽의 요소에 보다 중점을 둘 수 있다 할 것이다(헌재 2009.5.28. 2008헌바107).

[❸ ▸ ×] 헌법 제13조 제1항 후단에 규정된 일사부재리 또는 이중처벌금지의 원칙에 있어서 처벌이라고 함은 원칙적으로 범죄에 대한 국가의 형벌권 실행으로서의 과벌을 의미하는 것이고 국가가 행하는 일체의 제재나 불이익처분이 모두 그에 포함된다고는 할 수 없으므로 이 사건 법률조항에 의하여 급여를 제한한다고 하더라도 그것이 헌법이 금하고 있는 이중적인 처벌에 해당하는 것은 아니라고 할 것이다(헌재 2002.7.18. 2000헌바57).



③ 정답

[❹ ▸ O] 공무원의 신분이나 직무상 의무와 관련이 없는 범죄의 경우에도 퇴직급여 등을 제한하는 것은, 공무원범죄를 예방하고 공무원이 재직 중 성실히 근무하도록 유도하는 입법목적을 달성하는 데 적합한 수단이라고 볼 수 없다. 그리고 특히 과실범의 경우에는 공무원이기 때문에 더 강한 주의의무 내지 결과 발생에 대한 가중된 비난가능성이 있다고 보기 어려우므로, 퇴직급여 등의 제한이 공무원으로서의 직무상 의무를 위반하지 않도록 유도 또는 강제하는 수단으로서 작용한다고 보기 어렵다. 입법자로서는 입법목적을 달성함에 반드시 필요한 범죄의 유형과 내용 등으로 그 범위를 한정하여 규정함이 최소침해성의 원칙에 따른 기본권 제한의 적절한 방식이다. 단지 금고 이상의 형을 받았다는 이유만으로 이미 공직에서 퇴출당할 공무원에게 더 나아가 일률적으로 그 생존의 기초가 될 퇴직급여 등까지 반드시 감액하도록 규정한다면 그 법률조항은 침해되는 사익에 비해 지나치게 공익만을 강조한 입법이라고 아니할 수 없다(헌재 2007.3.29. 2005헌바33).

[❺ ▸ O] 헌법재판소는 2007.3.29. 2005헌바33 사건에서 구 공무원연금법 제64조 제1항 제1호(이하 "구법조항"이라 한다)가 공무원의 '신분이나 직무상 의무'와 관련이 없는 범죄에 대해서도 퇴직급여의 감액사유로 삼는 것이 퇴직공무원들의 기본권을 침해한다는 이유로 헌법불합치결정을 하였고, 이 사건 감액조항은 그에 따른 개선입법이다. 공무원의 직무와 관련이 없는 범죄라 할지라도 고의범의 경우에는 공무원의 법령준수의무, 청렴의무, 품위유지의무 등을 위반한 것으로 볼 수 있으므로 이를 퇴직급여의 감액사유에서 제외하지 아니하더라도 위 헌법불합치결정의 취지에 반한다고 볼 수 없다(헌재 2013.8.29. 2010헌바354 등).



**2018년 변호사시험 문 10.** ☑ 확인 Check! O △ X

**사회보장수급권에 관한 설명 중 옳지 않은 것은?(다툼이 있는 경우 판례에 의함)**

① 도보나 자기 소유 교통수단 또는 대중교통수단 등을 이용하여 통상의 출퇴근을 하는 산업재해보상보험 가입근로자는 사업주가 제공하거나 그에 준하는 교통수단을 이용하여 출퇴근하는 산업재해보상보험 가입근로자와 같은 근로자인데도 통상의 출퇴근재해를 업무상 재해로 인정받지 못한다는 점에서 차별취급이 존재하며, 이러한 차별은 정당화될 수 있는 합리적 근거가 없다.

② 「군인연금법」상 퇴역연금수급권은 사회보장수급권과 재산권이라는 두 가지 성격이 불가분적으로 혼화되어, 전체적으로 재산권의 보호대상이 되면서도 순수한 재산권만이 아닌 특성을 지니므로, 비록 퇴역연금수급권이 재산권으로서의 성격을 일부 지닌다고 하더라도 사회보장법리에 강하게 영향을 받을 수밖에 없다.

③ 국민연금이 근로관계로부터 독립하여 제3자인 보험자로 하여금 피보험자의 생활위험을 보호하도록 함으로써 순수한 사회정책적 차원에서 가입자의 노령 보호를 주된 목적으로 하는 데 비하여, 공무원연금은 근무관계의 한 당사자인 국가가 다른 당사자인 공무원의 사회보장을 직접 담당함으로써 피보험자(공무원)에 대한 사회정책적 보호 외에 공무원근무관계의 기능 유지라는 측면도 함께 도모하고 있다.

④ 헌법 제25조의 공무담임권은 공무원의 재임기간 동안 충실한 공직 수행을 담보하기 위하여 공무원의 퇴직급여 및 공무상 재해보상보장까지 그 보호영역으로 하고 있으므로, 「공무원연금법」이 선출직 지방자치단체의 장을 위한 별도의 퇴직급여제도를 마련하지 않은 것은 사회보장수급권을 침해한다.

⑤ 공무원연금제도와 산업재해보상보험제도는 사회보장형태로서 사회보험이라는 점에 공통점이 있을 뿐, 보험가입자, 보험관계의 성립 및 소멸, 재정조성주체 등에서 큰 차이가 있어, 「공무원연금법」상의 유족급여수급권자와 「산업재해보상보험법」상의 유족급여수급권자가 본질적으로 동일한 비교집단이라고 보기 어렵다.

[❶ ▸ O] 도보나 자기 소유 교통수단 또는 대중교통수단 등을 이용하여 출퇴근하는 산업재해보상보험 가입근로자는 사업주가 제공하거나 그에 준하는 교통수단을 이용하여 출퇴근하는 산재보험 가입근로자와 같은 근로자인데도 사업주의 지배관리 아래 있다고 볼 수 없는 통상적 경로와 방법으로 출퇴근하던 중에 발생한 재해를 업무상 재해로 인정받지 못한다는 점에서 차별취급이 존재한다. 통상의 출퇴근재해를 업무상 재해로 인정하여 근로자를 보호해 주는 것이 산재보험의 생활보장적 성격에 부합한다. 사업장 규모나 재정여건의 부족 또는 사업주의 일방적 의사나 개인사정 등으로 출퇴근용 차량을

정답 ④

제공받지 못하거나 그에 준하는 교통수단을 지원받지 못하는 비혜택근로자는 비록 산재보험에 가입되어 있다 하더라도 출퇴근재해에 대하여 보상을 받을 수 없는데, 이러한 차별을 정당화할 수 있는 합리적 근거를 찾을 수 없다. 통상의 출퇴근재해를 산재보험법상 업무상 재해로 인정할 경우 산재보험재정상황이 악화되거나 사업주 부담 보험료가 인상될 수 있다는 문제점은 보상대상을 제한하거나 근로자에게도 해당 보험료의 일정 부분을 부담시키는 방법 등으로 어느 정도 해결할 수 있다. 반면에 통상의 출퇴근 중 재해를 입은 비혜택근로자는 가해자를 상대로 불법행위 책임을 물어도 충분한 구제를 받지 못하는 것이 현실이고, 심판대상조항으로 초래되는 비혜택근로자와 그 가족의 정신적·신체적 혹은 경제적 불이익은 매우 중대하다. 따라서 심판대상조항은 합리적 이유 없이 비혜택근로자를 자의적으로 차별하는 것이므로, 헌법상 평등원칙에 위배된다(헌재 2016.9.29. 2014헌바254).

[❷ ▸ O] 군인연금법상 퇴역연금수급권은 사회보장수급권과 재산권이라는 두 가지 성격이 불가분적으로 혼화되어, 전체적으로 재산권의 보호대상이 되면서도 순수한 재산권만이 아닌 특성을 지니므로, 비록 퇴역연금수급권이 재산권으로서의 성격을 일부 지닌다고 하더라도 사회보장법리에 강하게 영향을 받을 수밖에 없다. 입법자로서는 퇴역연금수급권의 구체적 내용을 정할 때 재산권보다 사회보장수급권적 요소에 중점을 둘 수 있고 이 점에 관하여 입법형성의 자유가 있다(헌재 2016.7.28. 2014헌바371).

[❸ ▸ O] 국민연금이 근로관계로부터 독립하여 제3자인 보험자로 하여금 피보험자의 생활위험을 보호하도록 함으로써 순수한 사회정책적 차원에서 가입자의 노령 보호를 주된 목적으로 하는 데 비하여, 공무원연금은 근무관계의 한 당사자인 국가가 다른 당사자인 공무원의 사회보장을 직접 담당함으로써 피보험자(공무원)에 대한 사회정책적 보호 외에 공무원근무관계의 기능 유지라는 측면도 함께 도모하고 있다(헌재 2016.6.30. 2014헌바365).

[❹ ▸ X] 퇴직 이후의 생활 안정과 보장을 위한 퇴직연금 등 각종 사회보장수급권은 사회적 기본권으로서 헌법 제34조의 인간다운 생활을 할 권리에 그 헌법적 근거를 두고 있다. 그러나 기본적으로 사회적 기본권의 구체적인 실현에 있어서 입법자는 광범위한 형성의 자유를 가지므로 헌법 제34조로부터 바로 지방자치단체장을 위한 별도의 퇴직급여제도를 마련할 입법의무가 도출된다고 보기 어렵다. 그 밖에 헌법 제25조가 규정하는 공무담임권은 공직 취임의 기회 보장을 보호영역으로 하는데, 더 나아가 지방자치단체장의 재임기간 동안 충실한 공직 수행을 담보하기 위하여 이들을 위한 퇴직급여제도를 마련할 것까지 그 보호영역으로 한다고 볼 수는 없다(헌재 2014.6.26. 2012헌마459).

[❺ ▸ O] 공무원연금제도와 산재보험제도는 사회보장형태로서 사회보험이라는 점에 공통점이 있을 뿐, 보험가입자, 보험관계의 성립 및 소멸, 재정조성주체 등에서 큰 차이가 있어, 공무원연금법상의 유족급여수급권자와 산재보험법상의 유족급여수급권자가 본질적으로 동일한 비교집단이라고 보기 어렵다. 공무원연금과 국민연금은 사회보장적 성격을 가진다는 점에서 동일하기는 하나, 제도의 도입목적과 배경, 재원의 조성 등에 차이가 있고, 공무원연금은 국민연금에 비해 재정건전성 확보를 통하여 국가의 재정부담을 낮출 필요가 절실하다는 점 등에 비추어 볼 때, 공무원연금의 수급권자에서 형제자매를 제외한 것은 합리적인 이유가 있다(헌재 2014.5.29. 2012헌마555).

## 제2절 인간다운 생활권 ☆

**2017년 변호사시험 문 6.** ☑ 확인 Check! ○ △ ×

**사회적 기본권에 관한 설명 중 옳지 않은 것은?(다툼이 있는 경우 판례에 의함)**

① '인간다운 생활을 할 권리'로부터는 인간의 존엄에 상응하는 생활에 필요한 '최소한의 물질적인 생활'의 유지에 필요한 급부를 요구할 수 있는 구체적인 권리가 상황에 따라서는 직접 도출될 수 있다고 할 수는 있어도, 동 기본권이 직접 그 이상의 급부를 내용으로 하는 구체적인 권리를 발생케 한다고는 볼 수 없다.

② 모든 국민은 인간다운 생활을 할 권리를 가지며 국가는 생활능력 없는 국민을 보호할 의무가 있다는 헌법의 규정은 모든 국가기관을 기속하므로, 입법부 또는 행정부의 경우와 헌법재판소의 경우에 있어서 그 기속력의 의미가 다르게 이해되어서는 안 된다.

③ 「공무원연금법」상의 연금수급권과 같은 사회보장수급권은 헌법 제34조의 규정으로부터 도출되는 사회적 기본권의 하나이며, 따라서 국가에 대하여 적극적으로 급부를 요구하는 것이므로 헌법규정만으로는 이를 실현할 수 없고, 법률에 의한 형성을 필요로 한다.

④ 국가가 인간다운 생활을 보장하기 위한 헌법적 의무를 다하였는지의 여부가 사법적 심사의 대상이 된 경우에는, 국가가 생계 보호에 관한 입법을 전혀 하지 아니하였다든가 그 내용이 현저히 불합리하여 헌법상 용인될 수 있는 재량의 범위를 명백히 일탈한 경우에 한하여 인간다운 생활을 할 권리를 보장한 헌법에 위반된다고 할 수 있다.

⑤ 「형의 집행 및 수용자의 처우에 관한 법률」에 의한 교도소・구치소에 수용 중인 자는 당해 법률에 의하여 생계 유지의 보호를 받고 있으므로, 「국민기초생활 보장법」의 보충급여의 원칙에 따라 중복적인 보장을 피하기 위하여 위 수용자를 기초생활보장제도의 보장단위인 개별가구에서 제외키로 한 것은 위 수용자의 인간다운 생활을 할 권리를 침해하지 아니한다.

[❶ ▸ ○] '인간다운 생활을 할 권리'로부터는, 그것이 사회복지・사회보장이 지향하여야 할 이념적 목표가 된다는 점을 별론으로 하면, 인간의 존엄에 상응하는 생활에 필요한 '최소한의 물질적인 생활'의 유지에 필요한 급부를 요구할 수 있는 구체적인 권리가 상황에 따라서는 직접 도출될 수 있다고 할 수는 있어도, 동 기본권이 직접 그 이상의 급부를 내용으로 하는 구체적인 권리를 발생케 한다고는 볼 수 없다고 할 것이다(헌재 2003.5.15. 2002헌마90).

[❷ ▸ ×] 모든 국민은 인간다운 생활을 할 권리를 가지며 국가는 생활능력 없는 국민을 보호할 의무가 있다는 헌법의 규정은 모든 국가기관을 기속하지만, 그 기속의 의미는 적극적・형성적 활동을 하는 입법부 또는 행정부의 경우와 헌법재판에 의한 사법적 통제기능을 하는 헌법재판소에 있어서 동일하지 아니하다. 위와 같은 헌법의 규정이, 입법부나 행정부에 대하여는 국민소득, 국가의 재정능력과 정책 등을 고려하여 가능한 범위 안에서 최대한으로 모든 국민이 물질적인 최저생활을 넘어서 인간의 존엄성에 맞는 건강하고 문화적인 생활을 누릴 수 있도록 하여야 한다는 행위의 지침 즉 행위규범으로서 작용하지만, 헌법재판에 있어서는 다른 국가기관 즉 입법부나 행정부가 국민으로 하여금 인간다운 생활을 영위하도록 하기 위하여 객관적으로 필요한 최소한의 조치를 취할 의무를 다하였는지를 기준으로 국가기관의 행위의 합헌성을 심사하여야 한다는 통제규범으로 작용하는 것이다(헌재 1997.5.29. 94헌마33).

[❸ ▸ ○] 공무원연금수급권과 같은 사회보장수급권은 "모든 국민은 인간다운 생활을 할 권리를 가지고, 국가는 사회보장・사회복지의 증진에 노력할 의무를 진다"고 규정한 헌법 제34조 제1항 및 제2항으로부터 도출되는 사회적 기본권 중의 하나로서, 이는 국가에 대하여 적극적으로 급부를 요구하는 것이므로 헌법규정만으로는 이를 실현할 수 없어 법률에 의한 형성이 필요하고, 그 구체적인 내용 즉 수급요건, 수급권자의 범위 및 급여금액 등은 법률에 의하여 비로소 확정된다(헌재 2009.5.28. 2008헌바107).

정답 ②

[❹ ▸ O] 국가가 인간다운 생활을 보장하기 위한 헌법적 의무를 다하였는지의 여부가 사법적 심사의 대상이 된 경우에는, 국가가 최저생활 보장에 관한 입법을 전혀 하지 아니하였다든가 그 내용이 현저히 불합리하여 헌법상 용인될 수 있는 재량의 범위를 명백히 일탈한 경우에 한하여 헌법에 위반된다고 할 수 있다(헌재 2004.10.28. 2002헌마328).

[❺ ▸ O] 생활이 어려운 국민에게 필요한 급여를 행하여 이들의 최저생활을 보장하기 위해 제정된 '국민기초생활 보장법'은 보충급여의 원칙을 채택하고 있는바, '형의 집행 및 수용자의 처우에 관한 법률'에 의한 교도소·구치소에 수용 중인 자는 당해 법률에 의하여 생계 유지의 보호를 받고 있으므로 이러한 생계 유지의 보호를 받고 있는 교도소·구치소에 수용 중인 자에 대하여 '국민기초생활 보장법'에 의한 중복적인 보장을 피하기 위하여 개별가구에서 제외키로 한 입법자의 판단이 헌법상 용인될 수 있는 재량의 범위를 일탈하여 인간다운 생활을 할 권리를 침해한다고 볼 수 없다(헌재 2011.3.31. 2009헌마617).

## 제3절 교육을 받을 권리 ★☆

**2016년 변호사시험 문 20.** ☑ 확인 Check! ○ △ ✕

**교육기본권에 관한 설명 중 옳은 것은?(다툼이 있는 경우 판례에 의함)**

① 고등학교졸업학력 검정고시응시자격을 제한하는 것은, 국민의 교육받을 권리 중 그 의사와 능력에 따라 균등하게 교육받을 것을 국가로부터 방해받지 않을 권리, 즉 자유권적 기본권을 제한하는 것이므로, 그 제한에 대하여는 헌법 제37조 제2항의 과잉금지원칙에 의한 심사를 받아야 한다.

② 2년제 전문대학의 졸업자에게만 대학·산업대학 또는 원격대학의 편입학자격을 부여하고, 3년제 전문대학의 2년 이상 과정 이수자에게는 편입학자격을 부여하지 아니한 것은 교육을 받을 권리를 침해한다.

③ 학교운영지원비는 기본적으로 학부모의 자율적 협찬금의 성격을 갖고 있으며, 그 지출에 대한 내용도 충분하게 통제되고 있으므로 이를 중학교 학생으로부터 징수하도록 하는 법률조항은 의무교육의 무상원칙에 위배되지 아니한다.

④ 지능이나 수학능력 등 일정한 능력이 있음에도 법률에 따라 아동의 입학연령을 제한하여 초등학교 입학을 허용하지 않는 것은 능력에 따라 균등한 교육을 받을 권리를 침해한다.

⑤ 교육의 기회균등에는 교육시설에 균등하게 참여할 수 있는 권리가 포함된다 하더라도, 편입학조치로 인하여 기존의 재학생들의 교육환경이 상대적으로 열악해지는 경우에는 새로운 편입학 자체를 금지할 수 있다.

[❶ ▸ O] 헌법 제31조 제1항의 교육을 받을 권리는, 국민이 능력에 따라 균등하게 교육받을 것을 공권력에 의하여 부당하게 침해받지 않을 권리와, 국민이 능력에 따라 균등하게 교육받을 수 있도록 국가가 적극적으로 배려하여 줄 것을 요구할 수 있는 권리로 구성되는바, 전자는 자유권적 기본권의 성격이, 후자는 사회권적 기본권의 성격이 강하다고 할 수 있다. 그런데 이 사건 규칙조항과 같이 검정고시응시자격을 제한하는 것은, 국민의 교육받을 권리 중 그 의사와 능력에 따라 균등하게 교육받을 것을 국가로부터 방해받지 않을 권리, 즉 자유권적 기본권을 제한하는 것이므로, 그 제한에 대하여는 헌법 제37조 제2항의 비례원칙에 의한 심사, 즉 과잉금지원칙에 따른 심사를 받아야 할 것이다(헌재 2008.4.24. 2007헌마1456).

[❷ ▸ ✕] 이 사건 법률조항은 대학에 편입학하기 위하여는 전문대학을 졸업할 것을 요구하고 있어, '3년제 전문대학의 2년 이상 과정을 이수한 자'는 편입학을 할 수 없다. 우선 '3년제 전문대학의 2년 이상 과정을 이수한 자'를 '2년제 전문대학을 졸업한 자'와 비교하여 보면 객관적인 과정인 졸업이라는 요건을 갖추지 못하였다. 또한, '4년제 대학에서 2년 이상 과정을 이수한 자'와 비교하여 보면, 고등교육법이 그 목적과 운영방법에서 전문대학과 대학을 구별하고 있는 이상, 전문대학과정의 이수와 대학과정의 이수를 반드시 동일하다고 볼 수 없어, 3년제 전문대학의 2년 이상 과정을 이수한 자에게



① 정답

편입학자격을 부여하지 아니한 것이 현저하게 불합리한 자의적인 차별이라고 볼 수 없다. 나아가 평생교육을 포함한 교육시설의 입학자격에 관하여는 입법자에게 광범위한 형성의 자유가 있다고 할 것이어서, 3년제 전문대학의 2년 이상의 이수자에게 의무교육기관이 아닌 대학에의 일반편입학을 허용하지 않는 것이 교육을 받을 권리나 평생교육을 받을 권리를 본질적으로 침해하지 않는다(헌재 2010.11.25. 2010헌마144).

[❸ ▸ ×] 학교운영지원비는 그 운영상 교원연구비와 같은 교사의 인건비 일부와 학교회계직원의 인건비 일부 등 의무교육과정의 인적 기반을 유지하기 위한 비용을 충당하는 데 사용되고 있다는 점, 학교회계의 세입상 현재 의무교육기관에서는 국고지원을 받고 있는 입학금, 수업료와 함께 같은 항에 속하여 분류되고 있음에도 불구하고 학교운영지원비에 대해서만 학생과 학부모의 부담으로 남아 있다는 점, 학교운영지원비는 기본적으로 학부모의 자율적 협찬금의 외양을 갖고 있음에도 그 조성이나 징수의 자율성이 완전히 보장되지 않아 기본적이고 필수적인 학교교육에 필요한 비용에 가깝게 운영되고 있다는 점 등을 고려해 보면 이를 중학교 학생으로부터 징수하도록 하는 법률조항은 헌법 제31조 제3항에 규정되어 있는 의무교육의 무상원칙에 위배되어 헌법에 위반된다(헌재 2012.8.23. 2010헌바220).

[❹ ▸ ×] 헌법 제31조 제1항에서 말하는 '능력에 따라 균등하게 교육을 받을 권리'란 법률이 정하는 일정한 교육을 받을 전제조건으로서의 능력을 갖추었을 경우 차별 없이 균등하게 교육을 받을 기회가 보장된다는 것이지 일정한 능력, 예컨대 지능이나 수학능력 등이 있다고 하여 제한 없이 다른 사람과 차별하여 어떠한 내용과 종류와 기간의 교육을 받을 권리가 보장된다는 것은 아니다. 따라서 의무취학시기를 만 6세가 된 다음 날 이후의 학년 초로 규정하고 있는 교육법 제96조 제1항은 의무교육제도 실시를 위해 불가피한 것이며 이와 같은 아동들에 대하여 만 6세가 되기 전에 앞당겨서 입학을 허용하지 않는다고 해서 헌법 제31조 제1항의 능력에 따라 균등하게 교육을 받을 권리를 본질적으로 침해한 것으로 볼 수 없다(헌재 1994.2.24. 93헌마192).

[❺ ▸ ×] 헌법 제31조 제1항에 의해서 보장되는 교육을 받을 권리는 교육영역에서의 기회균등을 내용으로 하는 것이지, 자신의 교육환경을 최상 혹은 최적으로 만들기 위해 타인의 교육시설참여기회를 제한할 것을 청구할 수 있는 기본권은 아니므로, 기존의 재학생들에 대한 교육환경이 상대적으로 열악해질 수 있음을 이유로 새로운 편입학 자체를 하지 말도록 요구하는 것은 교육을 받을 권리의 내용으로는 포섭할 수 없다(헌재 2003.9.25. 2001헌마814).

**2013년 변호사시험 문 11.** ☑ 확인 Check! ○ △ ×

**아동의 교육에 관한 국가와 부모 및 교사의 권리 등에 대한 설명 중 옳지 않은 것은?(다툼이 있는 경우 판례에 의함)**

① 부모는 자녀의 교육에 관하여 전반적인 계획을 세우고 자신의 인생관·사회관·교육관에 따라 자녀의 교육을 자유롭게 형성할 권리를 가지며, 부모의 교육권은 다른 교육주체와의 관계에서 원칙적인 우위를 가진다.
② 부모가 자녀의 이익을 가장 잘 보호할 수 있다는 점에 비추어 자녀가 의무교육을 받아야 할지 여부를 부모가 자유롭게 결정할 수 없도록 하는 것은 부모의 교육권에 대한 침해이다.
③ 학교교육에 있어서 교사의 가르치는 권리를 수업권이라고 한다면, 그것은 자연법적으로는 학부모에게 속하는 자녀에 대한 교육권을 신탁받은 것이고, 실정법상으로는 공교육에 책임이 있는 국가의 위임에 의한 것이다.
④ 헌법은 국가의 교육권한과 부모의 교육권의 범주 내에서 학생에게도 자신의 교육에 관하여 스스로 결정할 권리를 부여하고 있으므로, 학생은 국가의 간섭을 받지 아니하고 자신의 능력과 개성, 적성에 맞는 학교를 자유롭게 선택할 권리를 가진다.
⑤ 학교교육에 관한 한, 국가는 헌법 제31조에 의하여 부모의 교육권으로부터 원칙적으로 독립된 독자적인 교육권한을 부여받음으로써 부모의 교육권과 함께 자녀의 교육을 담당한다.

[❶ ▸ ○] 자녀의 양육과 교육은 일차적으로 부모의 천부적인 권리인 동시에 부모에게 부과된 의무이기도 하다. '부모의 자녀에 대한 교육권'은 비록 헌법에 명문으로 규정되어 있지는 아니하지만, 이는 모든 인간이 누리는 불가침의 인권으로서 혼인과 가족생활을 보장하는 헌법 제36조 제1항, 행복추구권을 보장하는 헌법 제10조 및 "국민의 자유와 권리는 헌법에

정답 ②

열거되지 아니한 이유로 경시되지 아니한다"고 규정하는 헌법 제37조 제1항에서 나오는 중요한 기본권이다. 부모는 자녀의 교육에 관하여 전반적인 계획을 세우고 자신의 인생관 · 사회관 · 교육관에 따라 자녀의 교육을 자유롭게 형성할 권리를 가지며, 부모의 교육권은 다른 교육의 주체와의 관계에서 원칙적인 우위를 가진다(헌재 2000.4.27. 98헌가16 등).

[❷ ▸ ×] 학교교육에 관한 한, 국가는 헌법 제31조에 의하여 부모의 교육권으로부터 원칙적으로 독립된 독자적인 교육권한을 부여받았고, 따라서 학교교육에 관한 광범위한 형성권을 가지고 있다. 그러므로 국가에 의한 의무교육의 도입이나 취학연령의 결정은 헌법적으로 하자가 없다. 학교제도에 관한 국가의 규율권한과 부모의 교육권이 서로 충돌하는 경우, 어떠한 법익이 우선하는가의 문제는 구체적인 경우마다 법익형량을 통하여 판단해야 하는데, 자녀가 의무교육을 받아야 할지의 여부와 그의 취학연령을 부모가 자유롭게 결정할 수 없다는 것은 부모의 교육권에 대한 과도한 제한이 아니다. 마찬가지로 국가는 교육목표, 학습계획, 학습방법, 학교제도의 조직 등을 통하여 학교교육의 내용과 목표를 정할 수 있는 포괄적인 규율권한을 가지고 있다(헌재 2000.4.27. 98헌가16 등).

[❸ ▸ ○] 학교교육에 있어서 교사의 가르치는 권리를 수업권이라고 한다면 그것은 자연법적으로는 학부모에게 속하는 자녀에 대한 교육권을 신탁받은 것이고, 실정법상으로는 공교육의 책임이 있는 국가의 위임에 의한 것이다. 그것은 교사의 지위에서 생기는 학생에 대한 일차적인 교육상의 직무권한(직권)이지만, 학생의 수학권의 실현을 위하여 인정되는 것으로서 양자는 상호 협력관계에 있다고 하겠으나, 수학권은 헌법상 보장된 기본권의 하나로서 보다 존중되어야 하며, 그것이 왜곡되지 않고 올바로 행사될 수 있게 하기 위한 범위 내에서는 수업권도 어느 정도의 범위 내에서 제약을 받지 않으면 안 될 것이다(헌재 1992.11.12. 89헌마88).

[❹ ▸ ○] 헌법 제10조에 의하여 보장되는 행복추구권은 일반적인 행동의 자유와 인격의 자유로운 발현권을 포함하는바, 학생은 교육을 받음에 있어서 자신의 인격, 특히 성향이나 능력을 자유롭게 발현할 수 있는 권리가 있다. 학생은 인격의 발전을 위하여 어느 정도는 부모와 학교의 교사 등 타인에 의한 결정을 필요로 하는 아직 성숙하지 못한 인격체이지만, 부모와 국가에 의한 교육의 단순한 대상이 아닌 독자적인 인격체이며, 그의 인격은 성인과 마찬가지로 보호되어야 하기 때문이다. 따라서 헌법은 국가의 교육권한과 부모의 교육권의 범주 내에서 학생에게도 자신의 교육에 관하여 스스로 결정할 권리, 즉 자유롭게 교육을 받을 권리를 부여하고, 학생은 국가의 간섭을 받지 아니하고 자신의 능력과 개성, 적성에 맞는 학교를 자유롭게 선택할 권리를 가진다(헌재 2012.11.29. 2011헌마827).

[❺ ▸ ○] 자녀의 양육과 교육에 있어서 부모의 교육권은 교육의 모든 영역에서 존중되어야 하며, 다만 학교교육에 관한 한, 국가는 헌법 제31조에 의하여 부모의 교육권으로부터 원칙적으로 독립된 독자적인 교육권한을 부여받음으로써 부모의 교육권과 함께 자녀의 교육을 담당하지만, 학교 밖의 교육영역에서는 원칙적으로 부모의 교육권이 우위를 차지한다(헌재 2000.4.27. 98헌가16 등).

**2020년 변호사시험 문 13.** ☑ 확인 Check! ○ △ ✕

**사회적 기본권에 관한 설명 중 옳은 것을 모두 고른 것은?(다툼이 있는 경우 판례에 의함)**

ㄱ. 보건복지부장관이 고시한 생활보호사업지침상의 생계보호급여의 수준이 일반최저생계비에 못미친다고 하더라도 그 사실만으로 국민의 인간다운 생활을 보장하기 위하여 국가가 실현해야 할 객관적 내용의 최소한도의 보장에 이르지 못하였다거나 헌법상 용인될 수 있는 재량의 범위를 명백히 일탈하였다고 볼 수 없다.

ㄴ. 이름(성명)은 개인의 정체성과 개별성을 나타내는 인격의 상징으로서 개인이 사회 속에서 자신의 생활영역을 형성하고 발현하는 기초가 되므로, 부모가 자녀의 이름을 지을 자유는 혼인과 가족생활을 보장하는 헌법 제36조 제1항이 아니라 일반적 인격권 및 행복추구권을 보장하는 헌법 제10조에 의하여 보호받는다.

ㄷ. 헌법 제119조 제2항은 국가가 경제영역에서 실현하여야 할 목표의 하나로서 '적정한 소득의 분배'를 들고 있으므로, 이로부터 소득에 대하여 누진세율에 따른 종합과세를 시행하여야 할 구체적인 헌법적 의무가 입법자에게 부과된다.

ㄹ. 부모의 자녀에 대한 교육권은 비록 헌법에 명문으로 규정되어 있지는 않지만, 모든 인간이 누리는 불가침의 인권으로서 혼인과 가족생활을 보장하는 헌법 제36조 제1항, 행복추구권을 보장하는 헌법 제10조 및 "국민의 자유와 권리는 헌법에 열거되지 아니한 이유로 경시되지 아니한다"고 규정하는 헌법 제37조 제1항에서 도출되는 중요한 기본권이다.

ㅁ. 자녀의 양육과 교육에 있어서 부모의 교육권은 교육의 모든 영역에서 존중되어야 하며, 다만 학교교육의 범주 내에서는 국가의 교육권한이 헌법적으로 독자적인 지위를 부여받음으로써 부모의 교육권과 함께 자녀의 교육을 담당하지만, 학교 밖의 교육영역에서는 원칙적으로 부모의 교육권이 우위를 차지한다.

① ㄱ, ㄴ ② ㄱ, ㅁ ③ ㄱ, ㄹ, ㅁ
④ ㄴ, ㄷ, ㄹ ⑤ ㄷ, ㄹ, ㅁ

[ㄱ ▸ O] 국가가 행하는 생계 보호의 수준이 그 재량의 범위를 명백히 일탈하였는지의 여부, 즉 인간다운 생활을 보장하기 위한 객관적 내용의 최소한을 보장하고 있는지의 여부는 생활보호법에 의한 생계보호급여만을 가지고 판단하여서는 아니 되고 그 외의 법령에 의거하여 국가가 생계 보호를 위하여 지급하는 각종 급여나 각종 부담의 감면 등을 총괄한 수준을 가지고 판단하여야 하는바, 1994년도를 기준으로 생활보호대상자에 대한 생계보호급여와 그 밖의 각종 급여 및 각종 부담 감면의 액수를 고려할 때, 이 사건 생계보호기준이 청구인들의 인간다운 생활을 보장하기 위하여 국가가 실현해야 할 객관적 내용의 최소한도의 보장에도 이르지 못하였다거나 헌법상 용인될 수 있는 재량의 범위를 명백히 일탈하였다고는 보기 어렵고, 따라서 비록 위와 같은 생계 보호의 수준이 일반최저생계비에 못 미친다고 하더라도 그 사실만으로 곧 그것이 헌법에 위반된다거나 청구인들의 행복추구권이나 인간다운 생활을 할 권리를 침해한 것이라고는 볼 수 없다(헌재 1997.5.29. 94헌마33).

[ㄴ ▸ X] 이름은 개인의 동일성을 식별하는 기호로서 개인의 정체성과 개별성을 나타내고 인간의 사회적 생활관계 형성의 기초가 된다. '부모의 자녀의 이름을 지을 자유'가 헌법에 의하여 보호받는 것인지에 관하여 보건대, 자녀의 양육은 부모에게 부여된 권리이자 의무로서 자녀가 정상적인 사회적 인격체로 성장할 수 있도록 돌보는 것이고, 자녀의 사회적 인격상의 첫 단초가 이름을 가지게 되는 것인 만큼, 부모가 자녀의 이름을 지어 주는 것은 자녀의 양육과 가족생활을 위하여 필수적인 것이며, 가족생활의 핵심적 요소라 할 수 있다. 따라서 비록 헌법에 명문으로 규정되어 있지는 않지만, '부모의 자녀의 이름을 지을 자유'는 혼인과 가족생활을 보장하는 헌법 제36조 제1항과 행복추구권을 보장하는 헌법 제10조에 의하여 보호받는다고 할 수 있다(헌재 2016.7.28. 2015헌마964).

[ㄷ ▸ X] 헌법 제119조 제2항은 국가가 경제영역에서 실현하여야 할 목표의 하나로서 '적정한 소득의 분배'를 들고 있지만, 이로부터 반드시 소득에 대하여 누진세율에 따른 종합과세를 시행하여야 할 구체적인 헌법적 의무가 조세입법자에게 부과되는 것이라고 할 수 없다(헌재 1999.11.25. 98헌마55).

정답 ③

[ㄹ ▸ O] '부모의 자녀에 대한 교육권'은 비록 헌법에 명문으로 규정되어 있지는 아니하지만, 이는 모든 인간이 누리는 불가침의 인권으로서 혼인과 가족생활을 보장하는 헌법 제36조 제1항, 행복추구권을 보장하는 헌법 제10조 및 "국민의 자유와 권리는 헌법에 열거되지 아니한 이유로 경시되지 아니한다"고 규정하는 헌법 제37조 제1항에서 나오는 중요한 기본권이다(헌재 2000.4.27. 98헌가16 등).

[ㅁ ▸ O] 자녀의 양육과 교육에 있어서 부모의 교육권은 교육의 모든 영역에서 존중되어야 하며, 다만 학교교육에 관한 한, 국가는 헌법 제31조에 의하여 부모의 교육권으로부터 원칙적으로 독립된 독자적인 교육권한을 부여받음으로써 부모의 교육권과 함께 자녀의 교육을 담당하지만, 학교 밖의 교육영역에서는 원칙적으로 부모의 교육권이 우위를 차지한다(헌재 2000.4.27. 98헌가16 등).

## 제4절 근로의 권리

## 제5절 근로3권 ☆

**2012년 변호사시험 문 10.** 확인Check! O △ X

**사회적 기본권에 관한 설명 중 옳지 않은 것은?(다툼이 있는 경우 판례에 의함)**

① 국가의 사회보장·사회복지증진의무나 재해예방노력의무 등의 성질에 비추어 국가가 어떠한 내용의 산재보험을 어떠한 범위와 방법으로 시행할지 여부는 입법자의 재량영역에 속하는 문제이고, 산재피해근로자에게 인정되는 산재보험수급권도 그와 같은 입법재량권의 행사에 의하여 제정된 산업재해보상보험법에 의하여 비로소 구체화되는 '법률상의 권리'이다.

② 외국인 산업연수생이 연수라는 명목하에 사업주의 지시·감독을 받으면서 사실상 노무를 제공하고 수당 명목의 금품을 수령하는 등 실질적인 근로관계에 있는 경우에도 근로기준법이 보장한 근로기준 중 주요 사항을 그들에게 적용되지 않도록 하는 것은, 합리적인 근거가 없으므로 자의적인 차별이다.

③ 보건복지부장관이 장애로 인한 추가지출비용을 반영한 별도의 최저생계비를 결정하지 않은 채 가구별 인원수만을 기준으로 최저생계비를 결정한 당해 연도 최저생계비 고시는, 생활능력이 없는 장애인가구 구성원의 인간다운 생활을 할 권리를 침해한다.

④ 헌법 제33조 제1항에서 '단체협약체결권'을 명시하여 규정하고 있지 않다고 하더라도, 근로조건의 향상을 위한 근로자 및 그 단체의 본질적인 활동의 자유인 '단체교섭권'에는 단체협약체결권이 포함되어 있다고 보아야 한다.

⑤ 이른바 유니언숍(Union Shop)협정의 체결에서 근로자의 단결하지 아니할 자유와 노동조합의 적극적 단결권이 충돌하게 되나, 노동조합의 적극적 단결권은 근로자 개인의 단결하지 않을 자유보다 중시되어야 하므로 유니언숍협정은 헌법적으로 용인된다.

[❶ ▸ O] 헌법 제34조 제2항, 제6항의 국가의 사회보장·사회복지증진의무나 재해예방노력의무 등의 성질에 비추어 국가가 어떠한 내용의 산재보험을 어떠한 범위와 방법으로 시행할지 여부는 입법자의 재량영역에 속하는 문제이며, 산재피해근로자에게 인정되는 산재보험수급권도 그와 같은 입법재량권의 행사에 의하여 제정된 산재보험법에 의하여 비로소 구체화되는 '법률상의 권리'이며, 개인에게 국가에 대한 사회보장·사회복지 또는 재해 예방 등과 관련된 적극적 급부청구권은 인정하고 있지 않다고 보아야 할 것이다(헌재 2005.7.21. 2004헌바2).



③ 정답

[❷ ▸ O] 산업연수생이 연수라는 명목하에 사업주의 지시・감독을 받으면서 사실상 노무를 제공하고 수당 명목의 금품을 수령하는 등 실질적인 근로관계에 있는 경우에도, 근로기준법이 보장한 근로기준 중 주요 사항을 외국인 산업연수생에 대하여만 적용되지 않도록 하는 것은 합리적인 근거를 찾기 어렵다. 특히 이 사건 중소기업청 고시에 의하여 사용자의 법준수능력이나 국가의 근로감독능력 등 사업자의 근로기준법 준수와 관련된 제반 여건이 갖추어진 업체만이 연수업체로 선정될 수 있으므로, 이러한 사업장에서 실질적 근로자인 산업연수생에 대하여 일반근로자와 달리 근로기준법의 일부 조항의 적용을 배제하는 것은 자의적인 차별이라 아니할 수 없다(헌재 2007.8.30. 2004헌마670).

[❸ ▸ X] 보건복지부장관이 이 사건 고시를 하면서 장애인가구의 추가지출비용을 반영한 최저생계비를 별도로 정하지 아니한 채 가구별 인원수를 기준으로 한 최저생계비만을 결정・공표함으로써 장애인가구의 추가지출비용이 반영되지 않은 최저생계비에 따라 장애인가구의 생계급여액수가 결정되었다 하더라도 그것만으로 국가가 생활능력 없는 장애인의 인간다운 생활을 보장하기 위한 조치를 취함에 있어서 국가가 실현해야 할 객관적 내용의 최소한도의 보장에도 이르지 못하였다거나 헌법상 용인될 수 있는 재량의 범위를 명백히 일탈하였다고는 보기 어렵다 할 것이어서 이 사건 고시로 인하여 생활능력 없는 장애인가구 구성원의 인간다운 생활을 할 권리가 침해되었다고 할 수 없다(헌재 2004.10.28. 2002헌마328).

[❹ ▸ O] 헌법 제33조 제1항이 "근로자는 근로조건의 향상을 위하여 자주적인 단결권, 단체교섭권, 단체행동권을 가진다"고 규정하여 근로자에게 '단결권, 단체교섭권, 단체행동권'을 기본권으로 보장하는 뜻은 근로자가 사용자와 대등한 지위에서 단체교섭을 통하여 자율적으로 임금 등 근로조건에 관한 단체협약을 체결할 수 있도록 하기 위한 것이다. 비록 헌법이 위 조항에서 '단체협약체결권'을 명시하여 규정하고 있지 않다고 하더라도 근로조건의 향상을 위한 근로자 및 그 단체의 본질적인 활동의 자유인 '단체교섭권'에는 단체협약체결권이 포함되어 있다고 보아야 한다(헌재 1998.2.27. 94헌바13 등).

[❺ ▸ O] 이 사건 법률조항은 노동조합의 조직 유지・강화를 위하여 당해 사업장에 종사하는 근로자의 3분의 2 이상을 대표하는 노동조합(이하 "지배적 노동조합"이라 한다)의 경우 단체협약을 매개로 한 조직강제[이른바 유니언숍(Union Shop)협정의 체결]를 용인하고 있다. 이 경우 근로자의 단결하지 아니할 자유와 노동조합의 적극적 단결권(조직강제권)이 충돌하게 되나, 근로자에게 보장되는 적극적 단결권이 단결하지 아니할 자유보다 특별한 의미를 갖고 있고, 노동조합의 조직강제권도 이른바 자유권을 수정하는 의미의 생존권(사회권)적 성격을 함께 가지는 만큼 근로자 개인의 자유권에 비하여 보다 특별한 가치로 보장되는 점 등을 고려하면, 노동조합의 적극적 단결권은 근로자 개인의 단결하지 않을 자유보다 중시된다고 할 것이고, 또 노동조합에게 위와 같은 조직강제권을 부여한다고 하여 이를 근로자의 단결하지 아니할 자유의 본질적인 내용을 침해하는 것으로 단정할 수는 없다(헌재 2005.11.24. 2002헌바95 등).

## 제6절 환경권

CHAPTER 08

# 국민의 기본적 의무

헌 법

## 제1절 국민의 기본적 의무

MEMO

PART 03

# 통치구조론

# 통치구조의 구성원리



## 제1절 통치구조의 구성원리

MEMO

# 국 회



각 문항별로 이해도를 체크해 보세요.

최근 5년간 회별 평균 1.6문

## 제1절 의회제도 · 국회의 헌법상 지위

## 제2절 국회의 구성과 조직 ★

**2017년 변호사시험 문 15.**

확인Check! O △ X

국회의 위원회에 관한 설명 중 옳은 것(O)과 옳지 않은 것(×)을 올바르게 조합한 것은?

ㄱ. 국회의장은 어느 상임위원회에도 속하지 아니하는 사항은 국회운영위원회와 협의하여 소관 상임위원회를 정한다.
ㄴ. 윤리특별위원회는 위원장 1명을 포함한 15명의 위원으로 구성되고, 위원회 임기는 1년이며 예산결산특별위원회와는 달리 상설특별위원회의 성격을 가진다.
ㄷ. 정보위원회는 그 소관 사항을 분담·심사하기 위하여 상설소위원회를 둘 수 있다.
ㄹ. 국정감사 또는 조사를 행하는 위원회는 위원회의 의결로 필요한 경우 2인 이상의 위원으로 별도의 소위원회나 반을 구성하여 감사 또는 조사를 시행하게 할 수 있다.
ㅁ. 예산결산특별위원회의 위원수는 50인으로 하며, 예산결산특별위원회의 위원의 임기는 1년이나 보임 또는 개선된 위원의 임기는 전임자의 잔임기간으로 한다.

① ㄱ(×) ㄴ(×) ㄷ(O) ㄹ(O) ㅁ(O)
② ㄱ(O) ㄴ(×) ㄷ(O) ㄹ(×) ㅁ(O)
③ ㄱ(O) ㄴ(O) ㄷ(×) ㄹ(×) ㅁ(×)
④ ㄱ(O) ㄴ(×) ㄷ(×) ㄹ(O) ㅁ(O)
⑤ ㄱ(×) ㄴ(O) ㄷ(×) ㄹ(O) ㅁ(×)

[ㄱ ▸ O] 의장은 어느 상임위원회에도 속하지 아니하는 사항은 국회운영위원회와 협의하여 소관 상임위원회를 정한다(국회법 제37조 제2항).

[ㄴ ▸ ×] 2018.7.17. 개정된 국회법에 의해 윤리특별위원회는 다음과 같이 변경되었다. ① 위원정수규정 삭제 : "윤리특별위원회는 위원장 1명을 포함한 15명의 위원으로 구성한다"고 규정되었던 동법 제46조 제2항이 삭제되었다. ② 비상설특별위원회로의 변경 : 동법 제46조 제1항이 "윤리특별위원회를 둔다"에서 "제44조 제1항에 따라 윤리특별위원회를 구성한다"로 개정되어 비상설특별위원회가 되었다. ③ 임기규정 삭제 : "윤리특별위원회 위원의 임기와 위원장의 임기 및 선거 등에 관하여는 제40조 제1항 및 제2항, 제41조 제2항부터 제5항까지의 규정을 준용한다"는 규정이 삭제되었다. 반면, 예산결산특별위원회 위원의 임기는 1년이고, 상설특별위원회이다.

PART 03 통치구조론

정답 ④



안심Touch

법령 **윤리특별위원회(국회법 제46조)** ① 의원의 자격심사 · 징계에 관한 사항을 심사하기 위하여 제44조 제1항에 따라 윤리특별위원회를 구성한다. 〈개정 2018.7.17.〉
② 삭제 〈2018.7.17.〉
④ 삭제 〈2018.7.17.〉
⑤ 삭제 〈2018.7.17.〉

**예산결산특별위원회(국회법 제45조)** ③ 예산결산특별위원회 위원의 임기는 1년으로 한다. 다만, 국회의원총선거 후 처음 선임된 위원의 임기는 선임된 날부터 개시하여 의원의 임기 개시 후 1년이 되는 날까지로 하며, 보임되거나 개선된 위원의 임기는 전임자 임기의 남은 기간으로 한다.
⑤ 예산결산특별위원회에 대해서는 제44조 제2항 및 제3항을 적용하지 아니한다.

**특별위원회(국회법 제44조)** ① 국회는 둘 이상의 상임위원회와 관련된 안건이거나 특히 필요하다고 인정한 안건을 효율적으로 심사하기 위하여 본회의의 의결로 특별위원회를 둘 수 있다.
② 제1항에 따른 특별위원회를 구성할 때에는 그 활동기간을 정하여야 한다. 다만, 본회의의결로 그 기간을 연장할 수 있다.
③ 특별위원회는 활동기한의 종료 시까지 존속한다. 다만, 활동기한의 종료 시까지 제86조에 따라 법제사법위원회에 체계 · 자구심사를 의뢰하였거나 제66조에 따라 심사보고서를 제출한 경우에는 해당 안건이 본회의에서 의결될 때까지 존속하는 것으로 본다.

[ㄷ ▸ X] 2019.4.16. 국회법 개정으로 상설소위원회를 둘 수 있는 상임위원회에서 정보위원회를 제외하는 표현이 삭제되어 논란이 될 수 있는 지문이다. 다만, 아직 국회규칙상에는 정보위원회를 제외하는 규정이 존속하고 있어 현재까지는 정보위원회는 상설소위원회를 둘 수 없다고 보는 것이 맞다.

법령 **소위원회(국회법 제57조)** ① 위원회는 소관 사항을 분담 · 심사하기 위하여 상설소위원회를 둘 수 있고, 필요한 경우 특정한 안건의 심사를 위하여 소위원회를 둘 수 있다. 이 경우 소위원회에 대하여 국회규칙으로 정하는 바에 따라 필요한 인원 및 예산 등을 지원할 수 있다.

**상설소위원회의 설치(국회 상설소위원회 설치 등에 관한 규칙 제2조)** 국회법 제37조의 규정에 의한 각 상임위원회(정보위원회는 제외한다)는 다음과 같이 상설소위원회를 둔다.

[ㄹ ▸ O] 감사 또는 조사를 하는 위원회(이하 "위원회"라 한다)는 위원회의 의결로 필요한 경우 2명 이상의 위원으로 별도의 소위원회나 반을 구성하여 감사 또는 조사를 하게 할 수 있다. 위원회가 상임위원회인 경우에는 국회법 제57조 제1항에 따른 상설소위원회로 하여금 감사 또는 조사를 하게 할 수 있다(국정감사 및 조사에 관한 법률 제5조 제1항).

[ㅁ ▸ O] 국회법 제45조 제2항 · 제3항 참조

법령 **예산결산특별위원회(국회법 제45조)** ② 예산결산특별위원회의 위원수는 50명으로 한다. 이 경우 의장은 교섭단체 소속 의원수의 비율과 상임위원회 위원수의 비율에 따라 각 교섭단체대표의원의 요청으로 위원을 선임한다.
③ 예산결산특별위원회 위원의 임기는 1년으로 한다. 다만, 국회의원총선거 후 처음 선임된 위원의 임기는 선임된 날부터 개시하여 의원의 임기 개시 후 1년이 되는 날까지로 하며, 보임되거나 개선된 위원의 임기는 전임자 임기의 남은 기간으로 한다.

**2015년 변호사시험 문 16.** ☑ 확인Check! ○ △ ×

**국회의 위원회에 관한 설명 중 옳은 것(○)과 옳지 않은 것(×)을 올바르게 조합한 것은?(다툼이 있는 경우 판례에 의함)**

ㄱ. 국회의원은 2 이상의 상임위원회의 위원이 될 수 있다.
ㄴ. 「국회법」상 상설특별위원회로는 예산결산특별위원회와 국정조사특별위원회가 있고, 윤리특별위원회와 인사청문특별위원회는 한시적 특별위원회에 속한다.
ㄷ. 교섭단체 소속 국회의원만 국회 정보위원회 위원이 될 수 있도록 한 「국회법」 조항은 교섭단체 소속이 아닌 국회의원의 평등권을 제한한다.

① ㄱ(×) ㄴ(×) ㄷ(○)
② ㄱ(○) ㄴ(×) ㄷ(○)
③ ㄱ(×) ㄴ(○) ㄷ(×)
④ ㄱ(○) ㄴ(×) ㄷ(×)
⑤ ㄱ(○) ㄴ(○) ㄷ(○)

[ㄱ ▸ ○] 의원은 둘 이상의 상임위원회의 위원(이하 "상임위원"이라 한다)이 될 수 있다(국회법 제39조 제1항).

[ㄴ ▸ ×] 국회법상 특별위원회는 활동기한의 종료 시까지 존속하나(국회법 제44조 제3항), 예산결산특별위원회는 동 규정의 적용이 배제되므로 상설특별위원회에 해당한다. 윤리특별위원회는 국회법 개정으로 한시적 특별위원회가 되었고, 국정조사특별위원회와 인사청문특별위원회도 한시적 특별위원회이다.

**특별위원회(국회법 제44조)** ② 제1항에 따른 특별위원회를 구성할 때에는 그 활동기간을 정하여야 한다. 다만, 본회의의결로 그 기간을 연장할 수 있다.
③ 특별위원회는 활동기한의 종료 시까지 존속한다. 다만, 활동기한의 종료 시까지 제86조에 따라 법제사법위원회에 체계·자구 심사를 의뢰하였거나 제66조에 따라 심사보고서를 제출한 경우에는 해당 안건이 본회의에서 의결될 때까지 존속하는 것으로 본다.

**예산결산특별위원회(국회법 제45조)** ⑤ 예산결산특별위원회에 대해서는 제44조 제2항 및 제3항을 적용하지 아니한다.

[ㄷ ▸ ×] 청구인이 국회법 제48조 제3항 본문에 의하여 침해당하였다고 주장하는 기본권은 청구인이 국회 상임위원회에 소속하여 활동할 권리, 청구인이 무소속 국회의원으로서 교섭단체 소속 국회의원과 동등하게 대우받을 권리라는 것으로서 이는 입법권을 행사하는 국가기관인 국회를 구성하는 국회의원의 지위에서 향유할 수 있는 권한일 수는 있을지언정 헌법이 일반국민에게 보장하고 있는 기본권이라고 할 수는 없다(헌재 2000.8.31. 2000헌마156).

정답 ④

**2017년 변호사시험 문 12.** ☑ 확인 Check! ○ △ ✕

「국회법」 제85조에 관한 설명 중 옳은 것(○)과 옳지 않은 것(×)을 올바르게 조합한 것은?(다툼이 있는 경우 판례에 의함)

※ 「국회법」

**제85조(심사기간)** ① 의장은 다음 각 호의 어느 하나에 해당하는 경우에는 위원회에 회부하는 안건 또는 회부된 안건에 대하여 심사기간을 지정할 수 있다. 이 경우 제1호 또는 제2호에 해당하는 때에는 의장이 각 교섭단체대표의원과 협의하여 해당 호와 관련된 안건에 대하여만 심사기간을 지정할 수 있다.

1. 천재지변의 경우
2. 전시·사변 또는 이에 준하는 국가비상사태의 경우
3. 의장이 각 교섭단체대표의원과 합의하는 경우

② 제1항의 경우 위원회가 이유 없이 그 기간 내에 심사를 마치지 아니한 때에는 의장은 중간보고를 들은 후 다른 위원회에 회부하거나 바로 본회의에 부의할 수 있다.

ㄱ. 국회의장의 직권상정권한은 국회의 수장이 국회의 비상적인 헌법적 장애상태를 회복하기 위하여 가지는 권한으로 국회의장의 의사정리권에 속하고, 의안심사에 관하여 위원회중심주의를 채택하고 있는 우리 국회에서는 비상적·예외적 의사절차에 해당한다.

ㄴ. 「국회법」 제85조 제1항에 국회 재적의원 과반수가 의안에 대하여 심사기간 지정을 요청하는 경우 국회의장이 그 의안에 대하여 의무적으로 심사기간을 지정하도록 규정하지 아니한 것은 법률의 내용이 불완전·불충분한 '부진정입법부작위'에 해당한다.

ㄷ. 「국회법」 제85조 제1항 각 호의 심사기간지정사유는 국회의장의 직권상정권한을 제한하는 역할을 할 뿐 국회의원의 국회 본회의에서의 법안에 대한 심의·표결권을 제한하는 내용을 담고 있지는 않다.

ㄹ. 헌법의 명문규정 및 해석상 국회 재적의원 과반수의 요구가 있는 경우 국회의장이 심사기간을 지정하고 본회의에 부의해야 한다는 헌법상 의무가 도출된다.

① ㄱ(○) ㄴ(○) ㄷ(○) ㄹ(×)
② ㄱ(○) ㄴ(×) ㄷ(○) ㄹ(×)
③ ㄱ(×) ㄴ(○) ㄷ(×) ㄹ(○)
④ ㄱ(×) ㄴ(○) ㄷ(○) ㄹ(○)
⑤ ㄱ(○) ㄴ(×) ㄷ(×) ㄹ(×)

[ㄱ ▸ ○] 국회법 제85조 제1항의 직권상정권한은 국회의 수장이 국회의 비상적인 헌법적 장애상태를 회복하기 위하여 가지는 권한으로 국회의장의 의사정리권에 속하고, 의안심사에 관하여 위원회중심주의를 채택하고 있는 우리 국회에서는 비상적·예외적 의사절차에 해당한다(헌재 2016.5.26. 2015헌라1).

[ㄴ ▸ ×] 국회법 제85조 제1항에 국회 재적의원 과반수가 의안에 대하여 심사기간 지정을 요청하는 경우 국회의장이 그 의안에 대하여 의무적으로 심사기간을 지정하도록 규정하지 아니한 입법부작위는 입법자가 재적의원 과반수의 요구에 의해 위원회의 심사를 배제할 수 있는 비상입법절차와 관련하여 아무런 입법을 하지 않음으로써 입법의 공백이 발생한 '진정입법부작위'에 해당한다(헌재 2016.5.26. 2015헌라1).

[ㄷ ▸ ○] 국회법 제85조 제1항 각 호의 심사기간지정사유는 국회의장의 직권상정권한을 제한하는 역할을 할 뿐 국회의원의 법안에 대한 심의·표결권을 제한하는 내용을 담고 있지는 않다. 국회법 제85조 제1항의 지정사유가 있다 하더라도



② 정답

국회의장은 직권상정권한을 행사하지 않을 수 있으므로, 청구인들의 법안심의·표결권에 대한 침해위험성은 해당 안건이 본회의에 상정되어야만 비로소 현실화된다. 따라서 이 사건 심사기간지정거부행위로 말미암아 청구인들의 법률안심의·표결권이 직접 침해당할 가능성은 없다(헌재 2016.5.26. 2015헌라1).

[ㄹ ▸ X] 이 사건 입법부작위의 위헌 여부를 선결문제로 판단하더라도, 헌법의 명문규정이나 해석상 국회 재적의원 과반수의 요구가 있는 경우 국회의장이 심사기간을 지정하고 본회의에 부의해야 한다는 의무는 도출되지 않으므로, 국회법 제85조 제1항에서 이러한 내용을 규정하지 않은 것이 다수결의 원리, 나아가 의회민주주의에 반한다고도 볼 수 없다(헌재 2016.5.26. 2015헌라1).

## 제4절 국회의 권한 ★★★★

**2020년 변호사시험 문 3.**

**국회의 입법권과 입법절차에 관한 설명 중 옳은 것을 모두 고른 것은?(다툼이 있는 경우 판례에 의함)**

ㄱ. 법률이 행정부에 속하지 않는 공법적 단체의 자치법적 사항을 그 정관으로 정하도록 위임한 경우에는 원칙적으로 포괄위임입법금지의 원칙은 적용되지 않는다.
ㄴ. 법규정립행위는 그것이 국회입법이든 행정입법이든 막론하고 일종의 법률행위이므로, 그 행위의 속성상 행위 자체는 한 번에 끝나는 것이고, 그러한 입법행위의 결과인 권리침해상태가 계속될 수 있을 뿐이다.
ㄷ. 법률안 제출은 국가기관 상호 간의 행위이며, 이로써 국민에 대하여 직접적인 법률효과를 발생시키는 것이므로, 정부가 법률안을 제출하지 아니하는 것은 헌법소원의 대상이 되는 공권력의 불행사에 해당한다.
ㄹ. 국회의원은 국회의장의 가결선포행위에 대하여 심의·표결권 침해를 이유로 권한쟁의심판을 청구할 수 있을 뿐, 질의권·토론권 및 표결권의 침해를 이유로 헌법소원심판을 청구할 수 없다.
ㅁ. 국회의장이 본회의의 위임 없이 법률안을 정리한 경우, 그러한 정리가 본회의에서 의결된 법률안의 실질적 내용에 변경을 초래하지 아니하였더라도, 본회의의 명시적인 위임이 없는 것이므로 헌법이나 「국회법」상의 입법절차에 위반된다.

① ㄱ, ㄴ, ㄹ　② ㄱ, ㄴ, ㅁ　③ ㄱ, ㄷ, ㄹ
④ ㄴ, ㄷ, ㅁ　⑤ ㄷ, ㄹ, ㅁ

[ㄱ ▸ O] 법률이 행정부가 아니거나 행정부에 속하지 않는 공법적 기관의 정관에 특정 사항을 정할 수 있다고 위임하는 경우에는 그러한 권력분립의 원칙을 훼손할 여지가 없다. 이는 자치입법에 해당되는 영역이므로 자치적으로 정하는 것이 바람직하다. 따라서 법률이 정관에 자치법적 사항을 위임한 경우에는 헌법 제75조, 제95조가 정하는 포괄적인 위임입법의 금지는 원칙적으로 적용되지 않는다고 봄이 상당하다(헌재 2006.3.30. 2005헌바31).

[ㄴ ▸ O] 법규정립행위(입법행위)는 그것이 국회입법이든 행정입법이든 막론하고 일종의 법률행위이므로, 그 행위의 속성상 행위 자체는 한 번에 끝나는 것이고, 그러한 입법행위의 결과인 권리침해상태가 계속될 수 있을 뿐이라고 보아야 한다(헌재 1992.6.26. 91헌마25).

[ㄷ ▸ X] 비록 국무회의가 법률안을 심의할 수 있고(헌법 제89조 제3호), 정부가 법률안을 제출할 수 있다 하더라도(헌법 제52조) 그와 같이 제출된 법률안이 법률로서 확정되기 위하여서는 반드시 국회의 의결과 대통령의 공포절차를 거쳐야

정답 ①

하므로, 그러한 법률안의 제출은 국가기관 상호 간의 내부적인 행위에 불과하고 이로써 국민에 대하여 직접적인 법률효과를 발생시키는 것이 아니어서, 그 불행사는 헌법소원심판의 대상이 되는 공권력의 불행사에 해당되지 아니한다(헌재 2009.2.10. 2009헌마65).

[ㄹ ▸ O] 국회의원이 국회 내에서 행하는 질의권 · 토론권 및 표결권 등은 입법권 등 공권력을 행사하는 국가기관인 국회의 구성원의 지위에 있는 국회의원에게 부여된 권한이지 국회의원 개인에게 헌법이 보장하는 권리 즉 기본권으로 인정된 것이라고 할 수 없으므로, 설사 국회의장의 불법적인 의안처리행위로 헌법의 기본원리가 훼손되었다고 하더라도 그로 인하여 헌법상 보장된 구체적 기본권을 침해당한 바 없는 국회의원인 청구인들에게 헌법소원심판청구가 허용된다고 할 수 없다(헌재 1995.2.23. 90헌마125).

[ㅁ ▸ X] 국회의 위임의결이 없더라도 국회의장은 국회에서 의결된 법률안의 조문이나 자구 · 숫자, 법률안의 체계나 형식 등의 정비가 필요한 경우 의결된 내용이나 취지를 변경하지 않는 범위 안에서 이를 정리할 수 있다고 봄이 상당하고, 이렇듯 국회의장이 국회의 위임 없이 법률안을 정리하더라도 그러한 정리가 국회에서 의결된 법률안의 실질적 내용에 변경을 초래하는 것이 아닌 한 헌법이나 국회법상의 입법절차에 위반된다고 볼 수 없다(헌재 2009.6.25. 2007헌마451).

**2019년 변호사시험 문 6.** ☑ 확인 Check! ○ △ ×

**국회의 법률제정절차에 관한 설명 중 옳은 것은?**

① 국회의원과 정부는 법률안을 제출할 수 있으며, 정부의 법률안제출권은 미국식 대통령제 정부형태의 요소이다.
② 법률안에 대한 수정동의는 그 안을 갖추고 이유를 붙여 20명 이상의 찬성의원과 연서하여 미리 의장에게 제출하여야 한다.
③ 법률안에 이의가 있을 때에는 대통령은 정부에 이송된 후 15일 이내에 이의서를 붙여 국회로 환부하고 재의를 요구할 수 있으나, 국회의 폐회 중에는 환부할 수 없다.
④ 대통령은 법률안의 일부에 대하여 또는 법률안을 수정하여 재의를 요구할 수 있다.
⑤ 법률안에 대한 재의의 요구가 있을 때에는 국회는 재의에 붙이고, 재적의원 과반수의 출석과 출석의원 3분의 2 이상의 찬성으로 전과 같은 의결을 하면 그 법률안은 법률로서 확정된다.

[❶ ▸ X] 미국식 대통령제는 입법권과 집행권의 상호 억제와 독립에 충실하여 정부의 법률안제출권이 인정되지 않는다. 우리 헌법에서 인정하고 있는 정부의 법률안제출권은 의원내각제적 요소이다.

법령 헌법 제52조 국회의원과 정부는 법률안을 제출할 수 있다.

[❷ ▸ X] 의안에 대한 수정동의(修正動議)는 그 안을 갖추고 이유를 붙여 30명 이상의 찬성의원과 연서하여 미리 의장에게 제출하여야 한다. 다만, 예산안에 대한 수정동의는 의원 50명 이상의 찬성이 있어야 한다(국회법 제95조 제1항).

[❸ ▸ X] 헌법 제53조 제1항 · 제2항 참조

법령 헌법 제53조 ① 국회에서 의결된 법률안은 정부에 이송되어 15일 이내에 대통령이 공포한다.
② 법률안에 이의가 있을 때에는 대통령은 제1항의 기간 내에 이의서를 붙여 국회로 환부하고, 그 재의를 요구할 수 있다. 국회의 폐회 중에도 또한 같다.

[❹ ▸ X] 대통령은 법률안의 일부에 대하여 또는 법률안을 수정하여 재의를 요구할 수 없다(헌법 제53조 제3항).



⑤ 정답

[❺ ▸ O] 재의의 요구가 있을 때에는 국회는 재의에 붙이고, 재적의원 과반수의 출석과 출석의원 3분의 2 이상의 찬성으로 전과 같은 의결을 하면 그 법률안은 법률로서 확정된다(헌법 제53조 제4항).

**2018년 변호사시험 문 2.** ☑ 확인 Check! ○ △ ×

**국회의 입법절차에 관한 설명 중 옳지 않은 것은?(다툼이 있는 경우 판례에 의함)**

① 법률안가결선포는 국회 본회의에서 이루어지는 법률안의결절차의 종결행위로서 이를 권한쟁의의 심판대상으로 삼아 이에 이르기까지 일련의 심의·표결절차상의 하자들을 다툴 수 있는 이상, 하나의 법률안의결과정에서 국회의장이 행한 중간처분에 불과한 반대토론불허행위를 별도의 판단대상으로 삼을 필요가 없다.

② 국회부의장이 법률안들에 대한 표결절차 등을 진행하였다 하더라도 국회부의장은 국회의장의 위임에 따라 그 직무를 대리하여 법률안가결선포행위를 할 수 있을 뿐, 법률안가결선포행위에 따른 법적 책임을 지는 주체가 될 수 없다.

③ 어떠한 의안으로 인하여 원안이 본래의 취지를 잃고 전혀 다른 의미로 변경되는 정도에까지 이르지 않는다면 이를 「국회법」상의 수정안에 해당하는 것으로 보아 의안을 처리할 수 있다는 해석이 가능하므로, 헌법상 보장된 국회의 자율권을 근거로 개별적인 수정안에 대한 평가와 그 처리에 대한 국회의장의 판단은 명백히 법에 위반되지 않는 한 존중되어야 한다.

④ 국회의 의결을 요하는 안건에 대하여 국회의장이 본회의의결에 앞서 소관 위원회에 안건을 회부하는 것은 국회의 심의권을 위원회에 위양하는 것이므로, 국회 상임위원회 위원장이 위원회를 대표해서 의안을 심사하는 권한은 국회의장으로부터 위임된 것이다.

⑤ 의사진행 방해로 의안상정·제안설명 등 의사진행이 정상적으로 이루어지지 못하고 질의신청을 하는 의원도 없는 상황에서 국회의장이 '질의신청 유무'에 대한 언급 없이 단지 "토론신청이 없으므로 바로 표결하겠다"고 한 행위가, 위원회심의를 거치지 않은 안건에 대하여 질의, 토론을 거치도록 정한 「국회법」 제93조에 위반하여 국회의원들의 심의·표결권을 침해할 정도에 이르렀다고는 보기 어렵다.

[❶ ▸ O] 청구인은 피청구인이 이 사건 법률안들에 대한 청구인의 반대토론을 허가하지 않은 것에 따른 권한 침해의 확인도 구하고 있으나, 법률안의 가결선포는 국회 본회의에서 이루어지는 법률안의결절차의 종결행위로서 이를 심판대상으로 삼아 이에 이르기까지 일련의 심의·표결절차상의 하자들을 다툴 수 있는 이상, 하나의 법률안의결과정에서 피청구인이 행한 중간처분에 불과한 반대토론불허행위를 별도의 판단대상으로 삼을 필요가 없으므로, 이 사건 법률안들과 관련하여 문제되는 피청구인의 처분은 위 각 가결선포행위로 한정하기로 한다(헌재 2011.8.30. 2009헌라7).

[❷ ▸ O] 권한쟁의심판에서는 처분 또는 부작위를 야기한 기관으로서 법적 책임을 지는 기관만이 피청구인적격을 가지므로, 이 사건 심판은 의안의 상정·가결선포 등의 권한을 갖는 국회의장을 상대로 제기되어야 한다. 국회부의장은 국회의장의 직무를 대리하여 법률안을 가결선포할 수 있을 뿐(국회법 제12조 제1항), 법률안가결선포행위에 따른 법적 책임을 지는 주체가 될 수 없으므로, 국회부의장에 대한 이 사건 심판청구는 피청구인적격이 인정되지 아니한 자를 상대로 제기되어 부적법하다(헌재 2009.10.29. 2009헌라8 등).

[❸ ▸ O] 국회는 국민의 대표기관이자 입법기관으로서 의사와 내부규율 등 국회 운영에 관하여 폭넓은 자율권을 가지며 국회의 의사절차나 입법절차에 헌법이나 법률의 규정을 명백히 위반한 흠이 있는 경우가 아닌 한 그 자율권은 권력분립의 원칙이나 국회의 위상과 기능에 비추어 존중되어야 한다. 특히 국회법 제10조는 국회의장으로 하여금 국회를 대표하고 의사를 정리하며 질서를 유지하고 사무를 감독하도록 하고 있고, 국회법 제6장의 여러 규정들은 개의, 의사일정의 작성, 의안의 상임위원회 회부와 본회의 상정, 발언과 토론, 표결 등 회의절차 전반에 관하여 국회의장에게 폭넓은 권한을 부여하고 있어 국회의 의사진행에 관한 한 원칙적으로 의장에게 그 권한과 책임이 귀속된다. 따라서 개별적인 수정안에 대한 평가와 그 처리에 대한 피청구인의 판단은 명백히 법에 위반되지 않는 한 존중되어야 한다. 국회법상 수정안의 범위에

정답 ④

대한 어떠한 제한도 규정되어 있지 않은 점과 국회법 규정에 따른 문언의 의미상 수정이란 원안에 대하여 다른 의사를 가하는 것으로 새로 추가, 삭제, 또는 변경하는 것을 모두 포함하는 개념이라는 점에 비추어, 어떠한 의안으로 인하여 원안이 본래의 취지를 잃고 전혀 다른 의미로 변경되는 정도에까지 이르지 않는다면 이를 국회법상의 수정안에 해당하는 것으로 보아 의안을 처리할 수 있는 것으로 볼 수 있다(헌재 2006.2.23. 2005헌라6).

[❹ ▸ ×] 국회의 의결을 요하는 안건에 대하여 의장이 본회의의결에 앞서 소관 위원회에 안건을 회부하는 것은 국회의 심의권을 위원회에 위양하는 것이 아니고, 그 안건이 본회의에 최종적으로 부의되기 이전의 한 단계로서, 소관 위원회가 발의 또는 제출된 의안에 대한 심사권한을 행사하여 사전심사를 할 수 있도록 소관 위원회에 송부하는 행위라 할 수 있다. 상임위원회는 그 소관에 속하는 의안, 청원 등을 심사하므로, 국회의장이 안건을 위원회에 회부함으로써 상임위원회에 심사권이 부여되는 것이 아니고, 심사권 자체는 법률상 부여된 위원회의 고유한 권한으로 볼 수 있다(헌재 2010.12.28. 2008헌라7 등).

[❺ ▸ ○] 의사진행 방해로 의안상정·제안설명 등 의사진행이 정상적으로 이루어지지 못하고 질의신청을 하는 의원도 없는 상황에서 피청구인이 '질의신청 유무'에 대한 언급 없이 단지 "토론신청이 없으므로 바로 표결하겠다"라고 한 행위가 위원회심의를 거치지 않은 안건에 대하여 질의, 토론을 거치도록 정한 국회법 제93조에 위반하여 청구인 국회의원들의 심의·표결권을 침해할 정도에 이르렀다고는 보기 어렵다(헌재 2008.4.24. 2006헌라2).

**2017년 변호사시험 문 14.** ☑ 확인Check! ○ △ ×

**법률제정과정에 관한 설명 중 옳지 않은 것은?(다툼이 있는 경우 판례에 의함)**

① 정부가 예산 또는 기금상의 조치를 수반하는 법률안을 제출하는 경우에는 그 법률안의 시행에 수반될 것으로 예상되는 비용에 대한 추계서와 이에 상응하는 재원조달방안에 관한 자료를 법률안에 첨부하여야 한다.
② 대통령이 거부한 법률안에 대하여 국회가 재의결하여 확정된 법률이 정부에 이송된 후라면 국회의장이 당연히 공포권을 갖는다.
③ 법률의 입법절차가 헌법이나 「국회법」에 위반된다고 하더라도 그러한 사유만으로는 그 법률로 인하여 국민의 기본권이 현재, 직접적으로 침해받는다고 볼 수 없으므로 「헌법재판소법」 제68조 제1항의 헌법소원심판을 청구할 수 없다.
④ 대통령의 법률안제출행위는 국가기관 간의 내부적 행위에 불과하고 국민에 대하여 직접적인 법률효과를 발생시키는 행위가 아니므로 「헌법재판소법」 제68조 제1항의 헌법소원심판의 대상이 되는 공권력의 행사에 해당되지 않는다.
⑤ 국회에 제출된 법률안은 회기 중에 의결되지 못한 이유로 폐기되지 아니하나, 국회의원의 임기가 만료된 때에는 그러하지 아니하다.

[❶ ▸ ○] 정부가 예산상 또는 기금상의 조치를 수반하는 의안을 제출하는 경우에는 그 의안의 시행에 수반될 것으로 예상되는 비용에 관한 추계서와 이에 상응하는 재원조달방안에 관한 자료를 의안에 첨부하여야 한다(국회법 제79조의2 제3항).

[❷ ▸ ×] 확정된 법률이 정부에 이송된 후 5일 이내에 대통령이 공포하지 않은 때에 국회의장이 공포권을 갖는다.

법령

헌법 제53조 ④ 재의의 요구가 있을 때에는 국회는 재의에 붙이고, 재적의원 과반수의 출석과 출석의원 3분의 2 이상의 찬성으로 전과 같은 의결을 하면 그 법률안은 법률로서 확정된다.
⑥ 대통령은 제4항과 제5항의 규정에 의하여 확정된 법률을 지체 없이 공포하여야 한다. 제5항에 의하여 법률이 확정된 후 또는 제4항에 의한 확정법률이 정부에 이송된 후 5일 이내에 대통령이 공포하지 아니할 때에는 국회의장이 이를 공포한다.



② 정답

[ ❸ ▸ ○ ] 법률의 입법절차가 헌법이나 국회법에 위반된다고 하더라도 그러한 사유만으로는 그 법률로 인하여 국민의 기본권이 현재, 직접적으로 침해받는다고 볼 수 없으므로 헌법소원심판을 청구할 수 없다(헌재 1998.8.27. 97헌마8).

[ ❹ ▸ ○ ] 대통령의 법률안제출행위는 국가기관 간의 내부적 행위에 불과하고 국민에 대하여 직접적인 법률효과를 발생시키는 행위가 아니므로 헌법재판소법 제68조에서 말하는 공권력의 행사에 해당되지 않는다(헌재 1994.8.31. 92헌마174).

[ ❺ ▸ ○ ] 국회에 제출된 법률안 기타의 의안은 회기 중에 의결되지 못한 이유로 폐기되지 아니한다. 다만, 국회의원의 임기가 만료된 때에는 그러하지 아니하다(헌법 제51조).

**2015년 변호사시험 문 13.** ☑ 확인 Check! ○ △ ×

**헌법상 조세법률주의와 조세평등주의에 관한 설명 중 옳은 것(○)과 옳지 않은 것(×)을 올바르게 조합한 것은?(다툼이 있는 경우 판례에 의함)**

ㄱ. 헌법재판소는 유사석유제품 제조자와 석유제품 제조자 모두에게 교통 · 에너지 · 환경세를 부과하면서 동일하게 제조량을 과세표준으로 삼은 것은 조세평등주의에 위반되지 않는다고 판시하였다.
ㄴ. 특정인이나 특정 계층에 대하여 조세감면조치를 취하는 것은 국민의 재산권에 대한 제한이 아니기 때문에 법률로 규정하지 않더라도 언제나 가능하다.
ㄷ. 헌법재판소는 사회보험료인 구 「국민건강보험법」상의 보험료는 특정의 반대급부 없이 금전납부의무를 부담하는 세금과는 달리, 반대급부인 보험급여를 전제로 하고 있고, 부과주체가 국가 또는 지방자치단체가 아니며, 그 징수절차가 조세와 다르므로 조세법률주의가 적용되지 않는다고 판시하였다.
ㄹ. 어떤 공적 과제에 관한 재정 조달을 조세로 할 것인지 아니면 부담금으로 할 것인지에 관하여 입법자의 자유로운 선택권이 허용된다.

① ㄱ(○) ㄴ(○) ㄷ(○) ㄹ(×)
② ㄱ(○) ㄴ(×) ㄷ(○) ㄹ(×)
③ ㄱ(×) ㄴ(○) ㄷ(×) ㄹ(○)
④ ㄱ(×) ㄴ(×) ㄷ(○) ㄹ(○)
⑤ ㄱ(○) ㄴ(×) ㄷ(×) ㄹ(×)

[ ㄱ ▸ ○ ] 환경오염원이자 교통혼잡의 원인인 자동차 등의 연료를 제조 · 판매하여 이익을 얻는 자에게 과세하고자 하는 입법취지에 비추어 보면, 유사석유제품 제조자는 자동차 등의 연료를 제조 · 판매하여 수익을 얻고 있으므로 석유제품 제조자와 본질적으로 동일한 집단이다. 따라서 과세물품조항과 납세의무자조항이 유사석유제품 제조자와 석유제품 제조자 모두에게 교통 · 에너지 · 환경세를 과세하면서 동일하게 제조량을 과세표준으로 삼은 것은 조세평등주의에 위배되지 아니한다(헌재 2014.7.24. 2013헌바177).

[ ㄴ ▸ × ] 조세의 감면에 관한 규정은 조세의 부과 · 징수의 요건이나 절차와 직접 관련되는 것은 아니지만, 조세란 공공경비를 국민에게 강제적으로 배분하는 것으로서 납세의무자 상호 간에는 조세의 전가관계가 있으므로 특정인이나 특정 계층에 대하여 정당한 이유 없이 조세 감면의 우대조치를 하는 것은 특정한 납세자군이 조세의 부담을 다른 납세자군의 부담으로 떠맡기는 것에 다름 아니므로 조세 감면의 근거 역시 법률로 정하여야만 하는 것이 국민주권주의나 법치주의의 원리에 부응하는 것이다(헌재 1996.6.26. 93헌바2).

[ ㄷ ▸ ○ ] 보험료는 특정의 반대급부 없이 금전납부의무를 부담하는 세금과는 달리, 반대급부인 보험급여를 전제로 하고 있고, 부과주체가 국가 또는 지방자치단체가 아니며, 그 징수절차가 조세와 다르므로 위 헌법재판소의 결정에서와 같이 조세법률주의가 적용되지 않는다고 할 것이다. 그러나 보험료도 국민의 재산권과 직결되는 사항으로서 구체적이고 확정적인 법률규정에 의하여 부과되어야 하므로, 포괄위임입법금지원칙과 같은 일반적인 헌법적 기준은 적용된다 할 것이다(헌재 2007.4.26. 2005헌바51).

정답 ②

[ㄹ ▸ X] 부담금은 조세에 대한 관계에서 어디까지나 예외적으로만 인정되어야 하며, 어떤 공적 과제에 관한 재정 조달을 조세로 할 것인지 아니면 부담금으로 할 것인지에 관하여 입법자의 자유로운 선택권을 허용하여서는 안 된다. 부담금납부의무자는 재정조달대상인 공적 과제에 대하여 일반국민에 비해 '특별히 밀접한 관련성'을 가져야 하며, 부담금이 장기적으로 유지되는 경우에 있어서는 그 징수의 타당성이나 적정성이 입법자에 의해 지속적으로 심사될 것이 요구된다. 다만, 부담금이 재정조달목적뿐 아니라 정책실현목적도 함께 가지는 경우에는 위 요건들 중 일부가 완화된다(헌재 2004.7.15. 2002헌바42).

**2014년 변호사시험 문 19.** ☑ 확인Check! ○ △ X

**조세입법에 대한 헌법적 통제에 관한 설명 중 옳지 않은 것은?(다툼이 있는 경우 판례에 의함)**

① 조세평등주의가 요구하는 담세능력에 따른 과세의 원칙(응능부담의 원칙)은 한편으로 동일한 소득은 원칙적으로 동일하게 과세될 것을 요청하며(수평적 조세정의), 다른 한편으로 소득이 다른 사람들 간의 공평한 조세부담의 배분을 요청한다(수직적 조세정의).

② 담세능력에 따른 과세의 원칙은 담세능력이 큰 자는 담세능력이 작은 자에 비하여 더 많은 세금을 낼 것과, 최저생계를 위하여 필요한 경비는 과세로부터 제외되어야 한다는 최저생계를 위한 공제를 요청할 뿐, 입법자로 하여금 소득세법에 있어서 반드시 누진세율을 도입할 것까지 요구하는 것은 아니다.

③ 부부자산소득합산과세제도에 따라 부부(夫婦)가 합산과세로 인하여 개인과세되는 독신자 등 다른 사람들보다 더 많은 조세를 부담하게 하는 것은 부부간의 인위적인 자산 명의의 분산과 같은 가장행위(假裝行爲)를 방지한다는 사회적 공익이 혼인한 부부에게 가하는 조세부담의 증가라는 불이익보다 크지 않기 때문에 혼인과 가족생활을 보장하는 헌법 제36조 제1항에 위반된다.

④ 28년간의 혼인생활 끝에 협의이혼하면서 재산분할을 청구하여 받은 재산액 중 상속세의 배우자인적공제액을 초과하는 부분에 대하여 증여세를 부과하는 것은, 증여세제의 본질에 반하여 증여라는 과세원인이 없음에도 불구하고 증여세를 부과하는 것이어서 실질적 조세법률주의에 위배된다.

⑤ 지방세법이 사치성 재산에 대해 중과세를 하면서 '고급오락장용 건축물'을 과세대상으로 규정한 경우, '오락'의 개념이 추상적이기는 하지만 '고급'이라는 한정적 수식어가 있을 뿐만 아니라 어느 정도의 규모와 설비를 갖춘 오락장이 위 개념에 포섭되는지를 법관의 보충적 해석을 통해 확인할 수 있으므로 과세요건명확주의를 내용으로 하는 조세법률주의에 위배되지 않는다.

[❶ ▸ O] 조세평등주의가 요구하는 담세능력에 따른 과세의 원칙(또는 응능부담의 원칙)은 한편으로 동일한 소득은 원칙적으로 동일하게 과세될 것을 요청하며(이른바 '수평적 조세정의'), 다른 한편으로 소득이 다른 사람들 간의 공평한 조세부담의 배분을 요청한다(이른바 '수직적 조세정의')(헌재 1999.11.25. 98헌마55).

[❷ ▸ O] 담세능력의 원칙은 소득이 많으면 그에 상응하여 많이 과세되어야 한다는 것, 즉 담세능력이 큰 자는 담세능력이 작은 자에 비하여 더 많은 세금을 낼 것과, 최저생계를 위하여 필요한 경비는 과세로부터 제외되어야 한다는 최저생계를 위한 공제를 요청할 뿐 입법자로 하여금 소득세법에 있어서 반드시 누진세율을 도입할 것까지 요구하는 것은 아니다. 소득에 단순비례하여 과세할 것인지 아니면 누진적으로 과세할 것인지는 입법자의 정책적 결정에 맡겨져 있다. 그러므로 이 사건 법률조항이 소득계층에 관계없이 동일한 세율을 적용한다고 하여 담세능력의 원칙에 어긋나는 것이라 할 수 없다(헌재 1999.11.25. 98헌마55).

[❸ ▸ O] 부부간의 인위적인 자산 명의의 분산과 같은 가장행위 등은 상속세 및 증여세법상 증여의제규정 등을 통해서 방지할 수 있고, 부부의 공동생활에서 얻어지는 절약가능성을 담세력과 결부시켜 조세의 차이를 두는 것은 타당하지 않으며, 자산소득이 있는 모든 납세의무자 중에서 혼인한 부부가 혼인하였다는 이유만으로 혼인하지 않은 자산소득자보다 더 많은 조세부담을 하여 소득을 재분배하도록 강요받는 것은 부당하며, 부부자산소득합산과세를 통해서 혼인한 부부에게



⑤ 정답

가하는 조세부담의 증가라는 불이익이 자산소득합산과세를 통하여 달성하는 사회적 공익보다 크다고 할 것이므로, 소득세법 제61조 제1항이 자산소득합산과세의 대상이 되는 혼인한 부부를 혼인하지 않은 부부나 독신자에 비하여 차별취급하는 것은 헌법상 정당화되지 아니하기 때문에 헌법 제36조 제1항에 위반된다(헌재 2002.8.29. 2001헌바82).

[❹ ▸ O] 이혼 시의 재산분할제도는 본질적으로 혼인 중 쌍방의 협력으로 형성된 공동재산의 청산이라는 성격에, 경제적으로 곤궁한 상대방에 대한 부양적 성격이 보충적으로 가미된 제도라 할 것이어서, 이에 대하여 재산의 무상취득을 과세원인으로 하는 증여세를 부과할 여지가 없으며, 설령 증여세나 상속세를 면탈할 목적으로 위장이혼하는 것과 같은 경우에 증여와 동일하게 취급할 조세정책적 필요성이 있다 할지라도, 그러한 경우와 진정한 재산분할을 가리려는 입법적 노력 없이 반증의 기회를 부여하지도 않은 채 상속세인적공제액을 초과하는 재산을 취득하기만 하면 그 초과 부분에 대하여 증여세를 부과한다는 것은 입법목적과 그 수단 간의 적정한 비례관계를 벗어난 것이며 비민주적 조세관의 표현이다. 그러므로 이혼 시 재산분할을 청구하여 상속세인적공제액을 초과하는 재산을 취득한 경우 그 초과 부분에 대하여 증여세를 부과하는 것은, 증여세제의 본질에 반하여 증여라는 과세원인 없음에도 불구하고 증여세를 부과하는 것이어서 현저히 불합리하고 자의적이며 재산권 보장의 헌법이념에 부합하지 않으므로 실질적 조세법률주의에 위배된다(헌재 1997.10.30. 96헌바14).

[❺ ▸ ×] 지방세법 제188조 제1항 제2호 (2)목 중 '고급오락장용 건축물' 부분은 '고급오락장'의 개념이 지나치게 추상적이고 불명확하여 고급오락장용 건축물이 무엇인지를 예측하기가 어렵고, 과세관청의 자의적인 해석과 집행을 초래할 염려가 있으므로 헌법 제38조, 제59조에 규정된 조세법률주의에 위배된다(헌재 1999.3.25. 98헌가11 등).

**2013년 변호사시험 문 8.** ☑ 확인 Check! O △ X

**국회의 권한에 관한 다음 설명 중 옳은 것(O)과 옳지 않은 것(×)을 올바르게 조합한 것은?(다툼이 있는 경우 판례에 의함)**

ㄱ. 정부가 국채를 모집하거나 예산 외에 국가의 부담이 될 계약을 체결하려 할 때에는 정부는 미리 국회의 의결을 얻어야 한다.
ㄴ. 국회는 국무총리 또는 국무위원의 해임을 대통령에게 요구할 수 있고, 그 요구가 재적의원 과반수의 찬성에 의한 경우에 대통령은 그 해임요구를 받아들여야 한다.
ㄷ. 대통령의 직무 집행상 헌법 위반뿐만 아니라 정치적 무능력이나 정책결정상의 잘못 등 직책 수행의 불성실성 역시 탄핵소추사유가 될 수 있다.
ㄹ. 국회의원은 20인 이상의 찬성으로 회기 중 현안이 되고 있는 중요한 사항을 대상으로 정부에 대하여 질문을 할 것을 의장에게 요구할 수 있다.
ㅁ. 국정조사를 위한 조사위원회는 조사의 목적, 조사할 사안의 범위와 조사방법 등이 포함된 조사계획서를 본회의에 제출하여 승인을 얻어야 하는데, 본회의는 조사계획서를 의결로써 승인하거나 반려할 수 있다.

① ㄱ(O) ㄴ(×) ㄷ(×) ㄹ(O) ㅁ(O)
② ㄱ(×) ㄴ(×) ㄷ(O) ㄹ(×) ㅁ(O)
③ ㄱ(O) ㄴ(O) ㄷ(O) ㄹ(×) ㅁ(×)
④ ㄱ(O) ㄴ(×) ㄷ(×) ㄹ(O) ㅁ(×)
⑤ ㄱ(O) ㄴ(×) ㄷ(×) ㄹ(×) ㅁ(O)

[ㄱ ▸ O] 국채를 모집하거나 예산 외에 국가의 부담이 될 계약을 체결하려 할 때에는 정부는 미리 국회의 의결을 얻어야 한다(헌법 제58조).

[ㄴ ▸ ×] 국회는 국무총리나 국무위원의 해임을 건의할 수 있으나(헌법 제63조), 국회의 해임건의는 대통령을 기속하는 해임결의권이 아니라, 아무런 법적 구속력이 없는 단순한 해임건의에 불과하다. 우리 헌법 내에서 '해임건의권'의 의미는, 임기 중 아무런 정치적 책임을 물을 수 없는 대통령 대신에 그를 보좌하는 국무총리·국무위원에 대하여 정치적 책임을 

정답 ①

추궁함으로써 대통령을 간접적이나마 견제하고자 하는 것에 지나지 않는다. 헌법 제63조의 해임건의권을 법적 구속력 있는 해임결의권으로 해석하는 것은 법문과 부합할 수 없을 뿐만 아니라, 대통령에게 국회해산권을 부여하고 있지 않는 현행헌법상의 권력분립질서와도 조화될 수 없다(헌재 2004.5.14. 2004헌나1).

[ㄷ ▸ ×] 헌법 제69조는 대통령의 취임선서의무를 규정하면서, 대통령으로서 '직책을 성실히 수행할 의무'를 언급하고 있다. 비록 대통령의 '성실한 직책수행의무'는 헌법적 의무에 해당하나, '헌법을 수호해야 할 의무'와는 달리, 규범적으로 그 이행이 관철될 수 있는 성격의 의무가 아니므로, 원칙적으로 사법적 판단의 대상이 될 수 없다고 할 것이다. 헌법 제65조 제1항은 탄핵사유를 '헌법이나 법률에 위배한 때'로 제한하고 있고, 헌법재판소의 탄핵심판절차는 법적인 관점에서 단지 탄핵사유의 존부만을 판단하는 것이므로, 이 사건에서 청구인이 주장하는 바와 같은 정치적 무능력이나 정책결정상의 잘못 등 직책 수행의 성실성 여부는 그 자체로서 소추사유가 될 수 없어, 탄핵심판절차의 판단대상이 되지 아니한다(헌재 2004.5.14. 2004헌나1).

[ㄹ ▸ O] 의원은 20명 이상의 찬성으로 회기 중 현안이 되고 있는 중요한 사항을 대상으로 정부에 대하여 질문(이하 이 조에서 "긴급현안질문"이라 한다)을 할 것을 의장에게 요구할 수 있다(국회법 제122조의3 제1항).

[ㅁ ▸ O] 국정감사 및 조사에 관한 법률 제3조 제4항·제5항 참조

**법령** **국정조사(국정감사 및 조사에 관한 법률 제3조)** ④ 조사위원회는 조사의 목적, 조사할 사안의 범위와 조사방법, 조사에 필요한 기간 및 소요경비 등을 기재한 조사계획서를 본회의에 제출하여 승인을 받아 조사를 한다.
⑤ 본회의는 제4항의 조사계획서를 검토한 다음 의결로써 이를 승인하거나 반려한다.

**2012년 변호사시험 문 15.** ☑ 확인Check! O △ X

**조세와 부담금에 관한 설명 중 옳지 않은 것은?(다툼이 있는 경우 판례에 의함)**

① 어떤 공적 과제에 관한 재정 조달을 조세로 할 것인지 아니면 부담금으로 할 것인지는 원칙적으로 입법자의 자유로운 선택이 인정되는 정책재량 차원의 문제에 속한다.
② 국가가 조세저항을 회피하기 위한 수단으로 부담금의 형식을 남용해서는 안 되므로, 부담금을 국가의 일반적 재정수입에 포함시켜 일반적 국가과제를 수행하는 데 사용하는 것은 허용될 수 없다.
③ '먹는 샘물' 수입판매업자에게 수질개선부담금을 부과하는 것은, 수돗물우선정책에 반하는 수입된 '먹는 샘물'의 보급 및 소비를 억제하도록 간접적으로 유도하기 위한 합리적인 이유가 있으므로 평등원칙에 위배되지 않는다.
④ 부담금납부의무자는 재정조달대상인 공적 과제에 대하여 일반국민에 비해 '특별히 밀접한 관련성'을 가져야 하며, 부담금이 장기적으로 유지되는 경우에 그 징수의 타당성이나 적정성이 입법자에 의해 지속적으로 심사될 것이 요구된다.
⑤ 공동주택의 수분양자들에게 학교용지부담금을 부과하는 것은 부담금의 헌법적 한계를 벗어난 것이지만, 그 개발사업자들에게 학교용지부담금을 부과하는 것은 부담금의 헌법적 한계를 벗어난 것이 아니다.

[❶ ▸ ×] 부담금은 조세에 대한 관계에서 어디까지나 예외적으로만 인정되어야 하며, 어떤 공적 과제에 관한 재정조달을 조세로 할 것인지 아니면 부담금으로 할 것인지에 관하여 입법자의 자유로운 선택권을 허용하여서는 안 된다(헌재 2004.7.15. 2002헌바42).



① 정답

[❷ ▸ O] 수질개선부담금과 같은 부담금을 부과함에 있어서는 평등원칙이나 비례성원칙과 같은 기본권제한입법의 한계를 준수하여야 함은 물론 이러한 부담금의 부과를 통하여 수행하고자 하는 특정한 사회적·경제적 과제에 대하여 조세외적 부담을 지울 만큼 특별하고 긴밀한 관계가 있는 특정 집단에 국한하여 부과되어야 하고, 이와 같이 부과·징수된 부담금은 그 특정 과제의 수행을 위하여 별도로 관리·지출되어야 하며 국가의 일반적 재정수입에 포함시켜 일반적 국가과제를 수행하는 데 사용되어서는 아니 된다. 그렇지 않으면 국가가 조세저항을 회피하기 위한 수단으로 부담금이라는 형식을 남용할 수 있기 때문이다(헌재 1998.12.24. 98헌가1).

[❸ ▸ O] 먹는 샘물 수입판매업자에게 수질개선부담금을 부과하는 것은 수돗물우선정책에 반하는 수입 먹는 샘물의 보급 및 소비를 억제하도록 간접적으로 유도함으로써 궁극적으로는 수돗물의 질을 개선하고 이를 국민에게 저렴하게 공급하려는 정당한 국가정책이 원활하게 실현될 수 있게 하기 위한 것으로서, 부과에 합리적인 이유가 있으므로 평등원칙에 위배되는 것이라 볼 수 없다(헌재 2004.7.15. 2002헌바42).

[❹ ▸ O] 부담금납부의무자는 재정조달대상인 공적 과제에 대하여 일반국민에 비해 '특별히 밀접한 관련성'을 가져야 하며, 부담금이 장기적으로 유지되는 경우에 있어서는 그 징수의 타당성이나 적정성이 입법자에 의해 지속적으로 심사될 것이 요구된다. 다만, 부담금이 재정조달목적뿐 아니라 정책실현목적도 함께 가지는 경우에는 위 요건들 중 일부가 완화된다(헌재 2004.7.15. 2002헌바42).

[❺ ▸ O] 공동주택의 수분양자들에게 학교용지부담금을 부과하는 것은 위헌이나, 개발사업자들에게 학교용지부담금을 부과하는 것은 합헌이다.

판례

- 의무교육에 필요한 학교시설은 국가의 일반적 과제이고, 학교용지는 의무교육을 시행하기 위한 물적 기반으로서 필수조건임은 말할 필요도 없으므로 이를 달성하기 위한 비용은 국가의 일반재정으로 충당하여야 한다. 따라서 적어도 의무교육에 관한 한 일반재정이 아닌 부담금과 같은 별도의 재정수단을 동원하여 특정한 집단으로부터 그 비용을 추가로 징수하여 충당하는 것은 의무교육의 무상성을 선언한 헌법에 반한다. 의무교육이 아닌 중등교육에 관한 교육재정과 관련하여 재정조달목적의 부담금을 징수할 수 있다고 하더라도 이는 일반적인 재정조달목적의 부담금이 갖추어야 할 요건을 동일하게 갖춘 경우에 한하여 허용될 수 있다. … 학교용지 확보필요성에 있어서 주택건설촉진법상의 수분양자들의 구체적 사정을 거의 고려하지 않은 채 수분양자 모두를 일괄적으로 동일한 의무자집단에 포함시켜 동일한 학교용지부담금을 부과하는 것은 합리적 근거가 없는 차별에 해당하고, 의무자집단 전체의 입장에서 보더라도 일반국민, 특히 다른 개발사업에 의한 수분양자집단과 사회적으로 구별되는 집단적 동질성을 갖추고 있다고 할 수 없다(헌재 2005.3.31. 2003헌가20).
- 의무교육의 무상성에 관한 헌법상 규정은 교육을 받을 권리를 보다 실효성 있게 보장하기 위해 의무교육 비용을 학령아동보호자의 부담으로부터 공동체 전체의 부담으로 이전하라는 명령일 뿐 의무교육의 모든 비용을 조세로 해결해야 함을 의미하는 것은 아니므로, 학교용지부담금의 부과대상을 수분양자가 아닌 개발사업자로 정하고 있는 이 사건 법률조항은 의무교육의 무상원칙에 위배되지 아니한다. 개발사업자는 개발사업을 통해 이익을 얻었다는 점에서 개발사업지역에서의 학교시설 확보라는 특별한 공익사업에 대해 밀접한 관련성을 가지고 있을 뿐만 아니라 이에 대해 일정한 부담을 져야 할 책임도 가지고 있는바, 개발사업자에 대한 학교용지부담금 부과는 평등원칙에 위배되지 아니한다(헌재 2008.9.25. 2007헌가1).

## 제5절 국회의원의 헌법상 지위 · 특권 · 의무 ★★

**2020년 변호사시험 문 11.** ☑ 확인Check! ○ △ ✕

**국회의원에 관한 설명 중 옳은 것은?(다툼이 있는 경우 판례에 의함)**

① 국회의원이 자신의 발언내용이 허위라는 점을 인식하지 못하여 발언내용에 다소 근거가 부족하거나 진위 여부를 확인하기 위한 조사를 제대로 하지 않았다면, 발언이 직무 수행의 일환으로 이루어졌더라도 면책특권의 대상이 되지 않는다.

② 대통령이 국회의 동의절차를 거치지 아니한 채 입법사항에 관한 조약을 체결 · 비준한 경우, 국회의 조약에 대한 체결 · 비준동의권이 침해되었을 뿐 아니라 국회의원 개인의 심의 · 표결권이 침해되었으므로 국회의원은 대통령을 피청구인으로 하여 권한쟁의심판을 청구할 수 있다.

③ 사립대학교원이 국회의원으로 당선된 경우 임기개시일 전까지 그 직을 사직하도록 강제하는 것은, 당선된 사립학교교원으로 하여금 그 직을 휴직하게 하는 것만으로도 충분히 국회의원으로서의 공정성과 직무전념성을 확보할 수 있으므로 사립학교교원의 공무담임권을 침해한다.

④ 국회의장이 적법한 반대토론신청이 있었음에도 반대토론을 허가하지 않고 토론절차를 생략하기 위한 의결을 거치지도 않은 채 법률안들에 대한 표결절차를 진행한 것은 국회의원의 법률안심의 · 표결권을 침해한 것이며, 국회의원의 법률안 심의 · 표결권 침해가 확인된 이상 그 법률안의 가결선포행위는 무효이다.

⑤ 국회의원의 법률안심의 · 표결권은 국민에 의하여 선출된 국가기관으로서 국회의원이 그 본질적 임무인 입법에 관한 직무를 수행하기 위해서 보유하는 권한으로서의 성격을 갖고 있으므로 국회의원의 개별적인 의사에 따라 포기할 수 있는 것은 아니다.

[❶ ▸ ×] 헌법 제45조에서 규정하는 국회의원의 면책특권은 국회의원이 국민의 대표자로서 국회 내에서 자유롭게 발언하고 표결할 수 있도록 보장함으로써 국회가 입법 및 국정통제 등 헌법에 의하여 부여된 권한을 적정하게 행사하고 그 기능을 원활하게 수행할 수 있도록 보장하는 데 그 취지가 있다. 이러한 면책특권의 목적 및 취지 등에 비추어 볼 때, 발언내용 자체에 의하더라도 직무와는 아무런 관련이 없음이 분명하거나, 명백히 허위임을 알면서도 허위의 사실을 적시하여 타인의 명예를 훼손하는 경우 등까지 면책특권의 대상이 될 수는 없지만, 발언내용이 허위라는 점을 인식하지 못하였다면 비록 발언내용에 다소 근거가 부족하거나 진위 여부를 확인하기 위한 조사를 제대로 하지 않았다고 하더라도, 그것이 직무 수행의 일환으로 이루어진 것인 이상 이는 면책특권의 대상이 된다(대판 2007.1.12. 2005다57752).

[❷ ▸ ×] 국회의 동의권이 침해되었다고 하여 동시에 국회의원의 심의 · 표결권이 침해된다고 할 수 없고, 또 국회의원의 심의 · 표결권은 국회의 대내적인 관계에서 행사되고 침해될 수 있을 뿐 다른 국가기관과의 대외적인 관계에서는 침해될 수 없는 것이므로, 국회의원들 상호 간 또는 국회의원과 국회의장 사이와 같이 국회 내부적으로만 직접적인 법적 연관성을 발생시킬 수 있을 뿐이고 대통령 등 국회 이외의 국가기관과 사이에서는 권한 침해의 직접적인 법적 효과를 발생시키지 아니한다. 따라서 피청구인 대통령이 국회의 동의 없이 조약을 체결 · 비준하였다 하더라도 국회의 체결 · 비준동의권이 침해될 수는 있어도 국회의원인 청구인들의 심의 · 표결권이 침해될 가능성은 없다고 할 것이므로, 청구인들의 이 부분 심판청구 역시 부적법하다(헌재 2007.7.26. 2005헌라8).

[❸ ▸ ×] 심판대상조항은 국회의원의 직무 수행에 있어 공정성과 전념성을 확보하여 국회가 본연의 기능을 충실히 수행하도록 하는 동시에 대학교육을 정상화하기 위한 것이므로, 입법자가 이를 심판대상조항으로 인해 발생하는 공무담임권 및 직업선택의 자유에 대한 제한보다 중시한다고 해서 법익의 균형성원칙에도 위반된다고 보기 어렵다(헌재 2015.4.30. 2014헌마621).



⑤ 정답

[❹ ▸ ×] 청구인으로부터 적법한 반대토론신청이 있었으므로 원칙적으로 피청구인이 그 반대토론절차를 생략하기 위해서는 반드시 본회의의결을 거쳐야 할 것인데(국회법 제93조 단서), 피청구인은 청구인의 반대토론신청이 적법하게 이루어졌음에도 이를 허가하지 않고 나아가 토론절차를 생략하기 위한 의결을 거치지도 않은 채 이 사건 법률안들에 대한 표결절차를 진행하였으므로, 이는 국회법 제93조 단서를 위반하여 청구인의 법률안심의·표결권을 침해하였다. 국회의 입법과 관련하여 일부 국회의원들의 권한이 침해되었다 하더라도 그것이 다수결의 원칙(헌법 제49조)과 회의공개의 원칙(헌법 제50조)과 같은 입법절차에 관한 헌법의 규정을 명백히 위반한 흠에 해당하는 것이 아니라면 그 법률안의 가결선포행위를 곧바로 무효로 볼 것은 아닌데, 피청구인의 이 사건 법률안들에 대한 가결선포행위는 그것이 입법절차에 관한 헌법규정을 위반하였다는 등 가결선포행위를 취소 또는 무효로 할 정도의 하자에 해당한다고 보기는 어렵다(헌재 2011.8.30. 2009헌라7).

[❺ ▸ ○] 국회의원의 법률안심의·표결권은 국민에 의하여 선출된 국가기관으로서 국회의원이 그 본질적 임무인 입법에 관한 직무를 수행하기 위하여 보유하는 권한으로서의 성격을 갖고 있으므로 국회의원의 개별적인 의사에 따라 포기할 수 있는 것은 아니다(헌재 2009.10.29. 2009헌라8 등).

**2014년 변호사시험 문 13.** ☑ 확인Check! ○ △ ×

**다음 설명 중 옳은 것(○)과 옳지 않은 것(×)을 올바르게 조합한 것은?(다툼이 있는 경우 판례에 의함)**

ㄱ. 국회 상임위원회 위원장이 조약비준동의안을 심의함에 있어서 야당 소속 상임위원회 위원들의 출입을 봉쇄한 상태에서 상임위원회 전체회의를 개의하여 안건을 상정하고 소위원회로 안건심사를 회부한 행위는 야당 소속 상임위원회 위원들의 조약비준동의안에 대한 심의권을 침해한 것으로 무효이다.

ㄴ. 헌법 제41조 제1항의 "국회는 국민의 보통·평등·직접·비밀선거에 의하여 선출된 국회의원으로 구성한다"라는 규정은 단순히 국회의원을 국민의 직접선거에 의하여 선출한다는 의미를 넘어 국민의 직접선거에 의하여 무소속을 포함한 국회의 정당 간의 의석분포를 결정하는 권리까지 포함한다.

ㄷ. 대기업으로부터 이른바 떡값 명목의 금품을 수수하였다는 검사들의 실명이 게재된 보도자료를 국회의원이 작성하여 국회 법제사법위원회 개의 당일 국회의원회관에서 기자들에게 배포한 행위는 면책특권의 대상이 된다.

ㄹ. 국회의원이 보유한 직무관련성 있는 주식의 매각 또는 백지신탁을 명하고 있는 구 공직자윤리법 조항은 과잉금지원칙에 위반되어 국회의원의 재산권을 침해하는 것이다.

ㅁ. 비례대표국회의원 당선인이 선거범죄로 비례대표국회의원직을 상실하여 비례대표국회의원에 결원이 생긴 경우에 소속 정당의 비례대표국회의원 후보자명부상 차순위자의 의원직 승계를 인정하지 않는 공직선거법 조항은 과잉금지원칙에 위반되지 않아 그 정당의 비례대표국회의원 후보자명부상의 차순위 후보자의 공무담임권을 침해하지 않는다.

① ㄱ(×) ㄴ(○) ㄷ(×) ㄹ(○) ㅁ(○)
② ㄱ(×) ㄴ(×) ㄷ(○) ㄹ(×) ㅁ(○)
③ ㄱ(○) ㄴ(×) ㄷ(×) ㄹ(○) ㅁ(×)
④ ㄱ(○) ㄴ(○) ㄷ(○) ㄹ(×) ㅁ(×)
⑤ ㄱ(×) ㄴ(×) ㄷ(○) ㄹ(×) ㅁ(×)

[ㄱ ▸ ×] 판례는 상임위원회 위원들의 조약비준동의안에 대한 심의권 침해는 긍정하였으나, 안건상정·소위원회회부행위는 무효가 아니라고 하였다.

정답 ⑤

판례 **조약비준동의안에 대한 심의권을 침해한 것인지 여부** : 피청구인이 청구인들의 출입을 봉쇄한 상태에서 이 사건 회의를 개의하여 한미 FTA 비준동의안을 상정한 행위 및 위 동의안을 법안심사소위원회에 심사 회부한 행위는 헌법 제49조의 다수결의 원리, 헌법 제50조 제1항의 의사공개의 원칙과 이를 구체적으로 구현하는 국회법 제54조, 제75조 제1항에 반하는 위헌, 위법한 행위라 할 것이고, 그 결과 청구인들은 이 사건 동의안심의과정(대체토론)에 참여하지 못하게 됨으로써, 이 사건 상정·회부행위로 인하여 헌법에 의하여 부여받은 이 사건 동의안의 심의권을 침해당하였다 할 것이다(헌재 2010.12.28. 2008헌라7 등).

**위 안건상정·소위원회회부행위가 무효인지 여부** : 이 사건 상정·회부행위의 무효확인을 구하는 청구인들의 심판청구 부분에 대하여는, 아래 7.과 같은 재판관 조대현의 인용의견, 아래 8.과 같은 재판관 이동흡, 재판관 목영준의 각하의견이 있는 것을 제외하고, 기각의견이 재판관 6인의 의견에 달하여 헌법재판소법 제23조 제2항이 정한 권한쟁의심판의 심판정족수를 충족한다. 따라서 청구인들이 피청구인을 상대로 구한 이 사건 상정·회부행위에 대한 무효확인청구는 이유 없으므로 이를 모두 기각하여야 할 것이다(헌재 2010.12.28. 2008헌라7 등).

[ㄴ ▸ ×] 대의제 민주주의하에서 국민의 국회의원선거권이란 국회의원을 보통·평등·직접·비밀선거에 의하여 국민의 대표자로 선출하는 권리에 그치며, 국민과 국회의원은 명령적 위임관계에 있는 것이 아니라 자유위임관계에 있으므로, 유권자가 설정한 국회의석분포에 국회의원들을 기속시키고자 하는 내용의 '국회구성권'이라는 기본권은 오늘날 이해되고 있는 대의제도의 본질에 반하는 것이어서 헌법상 인정될 여지가 없고, 청구인들 주장과 같은 대통령에 의한 여야 의석분포의 인위적 조작행위로 국민주권주의라든지 복수정당제도가 훼손될 수 있는지의 여부는 별론으로 하고 그로 인하여 바로 헌법상 보장된 청구인들의 구체적 기본권이 침해당하는 것은 아니다(헌재 1998.10.29. 96헌마186).

[ㄷ ▸ ○] 국회의원인 피고인이, 구 국가안전기획부 내 정보수집팀이 대기업 고위관계자와 중앙일간지 사주 간의 사적 대화를 불법녹음한 자료를 입수한 후 그 대화내용과, 전직 검찰 간부인 피해자가 위 대기업으로부터 이른바 떡값 명목의 금품을 수수하였다는 내용이 게재된 보도자료를 작성하여 국회 법제사법위원회 개의 당일 국회의원회관에서 기자들에게 배포한 경우, 피고인이 국회 법제사법위원회에서 발언할 내용이 담긴 위 보도자료를 사전에 배포한 행위는 국회의원면책특권의 대상이 되는 직무부수행위에 해당하므로, 피고인에 대한 허위사실 적시 명예훼손 및 통신비밀보호법 위반의 점에 대한 공소를 기각하여야 한다(대판 2011.5.13. 2009도14442).

[ㄹ ▸ ×] 이 사건 법률조항은 국회의원으로 하여금 직무관련성이 인정되는 주식을 매각 또는 백지신탁하도록 하여 그 직무와 보유주식 간의 이해충돌을 원천적으로 방지하고 있는바, 헌법상 국회의원의 국가이익우선의무, 지위남용금지의무 조항 등에 비추어 볼 때 이는 정당한 입법목적을 달성하기 위한 적절한 수단이다. 나아가 당사자에 대한 사후적 제재수단인 형사처벌이나 부당이득 환수, 또는 보다 완화된 사전적 이해충돌회피수단이라 할 수 있는 직무 회피나 단순보관신탁만으로는 이 사건 조항과 같은 수준의 입법목적달성효과를 가져올 수 있을지 단정할 수 없다는 점에 비추어 최소침해성원칙에 반한다고 볼 수 없고, 국회의원의 공정한 직무 수행에 대한 국민의 신뢰 확보는 가히 돈으로 환산할 수 없는 가치를 지니는 점 등을 고려해 볼 때, 이 사건 법률조항으로 인한 사익의 침해가 그로 인해 확보되는 공익보다 반드시 크다고는 볼 수 없으므로 법익균형성원칙 역시 준수하고 있다. 따라서 이 사건 법률조항은 당해 사건 원고의 재산권을 침해하지 아니한다(헌재 2012.8.23. 2010헌가65).

[ㅁ ▸ ×] 심판대상조항은 비례대표국회의원 후보자명부상의 차순위 후보자의 승계까지 부인함으로써 선거를 통하여 표출된 선거권자들의 정치적 의사표명을 무시·왜곡하는 결과를 초래하고, 선거범죄에 관하여 귀책사유도 없는 정당이나 차순위 후보자에게 불이익을 주는 것은 필요 이상의 지나친 제재를 규정한 것이라고 보지 않을 수 없으므로, 과잉금지원칙에 위배하여 청구인들의 공무담임권을 침해한 것이다(헌재 2009.10.29. 2009헌마350 등).

**2016년 변호사시험 문 8.** ☑ 확인Check! ○ △ ×

**국회의원 甲이 장관 乙에게 국회 내에서 대정부질문을 하는 과정에서 기업비리에 관한 의혹을 제기하면서, 항간의 소문을 근거로 해당 기업 총수를 비방하였다. 이에 관한 설명 중 옳은 것(○)과 옳지 않은 것(×)을 올바르게 조합한 것은?(다툼이 있는 경우 판례에 의함)**

ㄱ. 甲이 자신이 제기한 의혹의 진위 여부를 확인하기 위한 조사를 제대로 하지 않았다고 한다면, 비록 甲의 발언이 직무 수행의 일환으로 이루어졌고 해당 발언내용이 허위라는 것을 인식하지 못하였더라도, 甲의 발언은 헌법상 국회의원의 면책특권의 대상이 될 수 없다.
ㄴ. 甲의 발언이 헌법상 국회의원의 면책특권에 해당된다는 전제하에 甲의 발언에 대해 공소가 제기되었다면, 이는 공소권이 없음에도 공소가 제기된 것이므로 그 공소는 기각되어야 한다.
ㄷ. 면책특권의 대상이 되는 행위는 국회의 직무 수행에 필수적인 국회의원의 국회 내에서의 직무상 발언과 표결이라는 의사표현행위 자체에만 국한되지 않고 이에 통상적으로 부수하여 행하여지는 행위까지 포함되므로, 甲이 乙에게 대정부질문이나 질의를 준비하기 위해 자료 제출을 요구하는 행위는 헌법상 국회의원의 면책특권의 대상이 될 수 있다
ㄹ. 甲의 발언이 헌법상 국회의원의 면책특권에 해당되는 행위로 인정되었더라도, 만약 甲이 나중에 위 발언에 대한 도의적 책임을 지고 국회의원직에서 사퇴하였을 경우에는 甲은 위 발언에 대해 더 이상 헌법상 국회의원의 면책특권을 누릴 수 없게 된다.

① ㄱ(○) ㄴ(○) ㄷ(×) ㄹ(○)
② ㄱ(○) ㄴ(×) ㄷ(○) ㄹ(×)
③ ㄱ(×) ㄴ(○) ㄷ(○) ㄹ(○)
④ ㄱ(×) ㄴ(○) ㄷ(○) ㄹ(×)
⑤ ㄱ(×) ㄴ(×) ㄷ(×) ㄹ(○)

PART 03 통치구조론

[ㄱ ▸ ×] 헌법 제45조에서 규정하는 국회의원의 면책특권은 국회의원이 국민의 대표자로서 국회 내에서 자유롭게 발언하고 표결할 수 있도록 보장함으로써 국회가 입법 및 국정통제 등 헌법에 의하여 부여된 권한을 적정하게 행사하고 그 기능을 원활하게 수행할 수 있도록 보장하는 데 그 취지가 있다. 이러한 면책특권의 목적 및 취지 등에 비추어 볼 때, 발언 내용 자체에 의하더라도 직무와는 아무런 관련이 없음이 분명하거나, 명백히 허위임을 알면서도 허위의 사실을 적시하여 타인의 명예를 훼손하는 경우 등까지 면책특권의 대상이 될 수는 없지만, 발언내용이 허위라는 점을 인식하지 못하였다면 비록 발언내용에 다소 근거가 부족하거나 진위 여부를 확인하기 위한 조사를 제대로 하지 않았다고 하더라도, 그것이 직무 수행의 일환으로 이루어진 것인 이상 이는 면책특권의 대상이 된다(대판 2007.1.12. 2005다57752).

[ㄴ ▸ ○] 국회의원의 면책특권에 속하는 행위에 대하여는 공소를 제기할 수 없으며 이에 반하여 공소가 제기된 것은 결국 공소권이 없음에도 공소가 제기된 것이 되어 형사소송법 제327조 제2호의 '공소제기의 절차가 법률의 규정에 위반하여 무효인 때'에 해당되므로 공소를 기각하여야 한다(대판 1992.9.22. 91도3317).

[ㄷ ▸ ○] 면책특권의 대상이 되는 행위는 국회의 직무 수행에 필수적인 국회의원의 국회 내에서의 직무상 발언과 표결이라는 의사표현행위 자체에만 국한되지 않고 이에 통상적으로 부수하여 행하여지는 행위까지 포함되므로, 국회의원이 국회의 위원회나 국정감사장에서 국무위원·정부위원 등에 대하여 하는 질문이나 질의는 국회의 입법활동에 필요한 정보를 수집하고 국정통제기능을 수행하기 위한 것이므로 면책특권의 대상이 되는 발언에 해당함은 당연하고, 또한 국회의원이 국회 내에서 하는 정부·행정기관에 대한 자료 제출의 요구는 국회의원이 입법 및 국정통제활동을 수행하기 위하여 필요로 하는 것이므로 그것이 직무상 질문이나 질의를 준비하기 위한 것인 경우에는 직무상 발언에 부수하여 행하여진 것으로서 면책특권이 인정되어야 한다(대판 1996.11.8. 96도1742).

[ㄹ ▸ ×] 국회의원의 면책특권은 영구적 특권이므로, 국회의원직에서 사퇴한 이후에도 인정된다. 이 점에서 회기 중 일시적 유예특권인 불체포특권과 구별된다.

정답 ④

**2012년 변호사시험 문 4.** ☑ 확인 Check! ○ △ ×

**국회의원의 지위와 권한에 관한 설명 중 옳은 것은?(다툼이 있는 경우 판례에 의함)**

① 국회의원은 국민의 대표자로서 소속 정당의 의사에 기속되지 않고 양심에 따라 자유로이 투표할 수 있으므로 당론을 위반하는 정치활동에 대한 정당 내부의 사실상의 강제도 허용되지 않는다.
② 국회의원의 면책특권이 적용되는 행위에 대하여 공소가 제기된 경우, 형사처벌할 수 없는 행위에 대하여 공소가 제기된 것이므로 무죄를 선고하여야 한다.
③ 국회의원이 사직하고자 하는 경우, 회기 중에는 국회의 의결이 있어야 하고, 폐회 중에는 국회의장의 허가가 있어야 한다.
④ 국회의원은 대통령, 헌법재판소 재판관, 선거관리위원회 위원, 감사위원을 겸직할 수 없지만, 국무총리, 국무위원, 지방자치단체의 장은 겸직할 수 있다.
⑤ 국회의원이 불구속으로 기소되어 징역형이 확정된 경우에도 국회의 회기 중에는 그 형을 집행할 수 없다.

[❶ ▸ ×] 현대의 민주주의가 종래의 순수한 대의제 민주주의에서 정당국가적 민주주의의 경향으로 변화하고 있음은 주지하는 바와 같다. 다만, 국회의원의 국민대표성보다는 오늘날 복수정당제하에서 실제적으로 정당에 의하여 국회가 운영되고 있는 점을 강조하려는 견해와, 반대로 대의제 민주주의원리를 중시하고 정당국가적 현실은 기본적으로 국회의원의 전체국민대표성을 침해하지 않는 범위 내에서 인정하려는 입장이 서로 맞서고 있다. 국회의원의 원내활동을 기본적으로 각자에 맡기는 자유위임은 자유로운 토론과 의사 형성을 가능하게 함으로써 당내 민주주의를 구현하고 정당의 독재화 또는 과두화를 막아 주는 순기능을 갖는다. 그러나 자유위임은 의회 내에서의 정치의사 형성에 정당의 협력을 배척하는 것이 아니며, 의원이 정당과 교섭단체의 지시에 기속되는 것을 배제하는 근거가 되는 것도 아니다. 또한 국회의원의 국민대표성을 중시하는 입장에서도 특정 정당에 소속된 국회의원이 정당기속 내지는 교섭단체의 결정(소위 '당론')에 위반하는 정치활동을 한 이유로 제재를 받는 경우, 국회의원 신분을 상실하게 할 수는 없으나 '정당 내부의 사실상의 강제' 또는 소속 '정당으로부터의 제명'은 가능하다고 보고 있다. 그렇다면, 당론과 다른 견해를 가진 소속 국회의원을 당해 교섭단체의 필요에 따라 다른 상임위원회로의 전임(사·보임)하는 조치는 특별한 사정이 없는 한 헌법상 용인될 수 있는 '정당 내부의 사실상 강제'의 범위 내에 해당한다고 할 것이다(헌재 2003.10.30. 2002헌라1).

[❷ ▸ ×] 국회의원의 면책특권에 속하는 행위에 대하여는 공소를 제기할 수 없으며 이에 반하여 공소가 제기된 것은 결국 공소권이 없음에도 공소가 제기된 것이 되어 형사소송법 제327조 제2호의 '공소제기의 절차가 법률의 규정에 위반하여 무효인 때'에 해당되므로 공소를 기각하여야 한다(대판 1992.9.22. 91도3317).

[❸ ▸ ○] 국회는 의결로 의원의 사직을 허가할 수 있다. 다만, 폐회 중에는 의장이 허가할 수 있다(국회법 제135조 제1항).

[❹ ▸ ×] 국회의원은 대통령, 헌법재판소 재판관, 선거관리위원회 위원, 감사위원, 지방자치단체의 장을 겸직할 수 없지만, 국무총리, 국무위원은 겸직할 수 있다.



③ 정답

법령 **겸직 금지(국회법 제29조)** ① 의원은 국무총리 또는 국무위원직 외의 다른 직을 겸할 수 없다. 다만, 다음 각 호의 어느 하나에 해당하는 경우에는 그러하지 아니하다.

1. 공익목적의 명예직
2. 다른 법률에서 의원이 임명·위촉되도록 정한 직
3. 정당법에 따른 정당의 직

**겸임 등의 제한(지방자치법 제96조)** ① 지방자치단체의 장은 다음 각 호의 어느 하나에 해당하는 직을 겸임할 수 없다.

1. 대통령, 국회의원, 헌법재판소 재판관, 각급 선거관리위원회 위원, 지방의회의원

[❺ ▸ ×] 국회의원의 불체포특권은 회기 중 일시적인 체포를 유예하는 특권일 뿐 형사상 책임을 면제하는 것이 아니므로, 면책특권에 해당하지 않는 한 회기 중이라도 형사상 기소는 가능하고, 유죄판결이 확정된 경우에는 회기 중이라도 그 형을 집행할 수 있다.

법령 **헌법 제44조** ① 국회의원은 현행범인인 경우를 제외하고는 회기 중 국회의 동의 없이 체포 또는 구금되지 아니한다.

② 국회의원이 회기 전에 체포 또는 구금된 때에는 현행범인이 아닌 한 국회의 요구가 있으면 회기 중 석방된다.

# 대통령과 정부



각 문항별로 이해도를 체크해 보세요.

최근 5년간 회별 평균 1.8문

## 제1절 대통령 ★★★★★★☆

**2020년 변호사시험 문 7.**

**대통령에 관한 설명 중 옳지 않은 것은?(다툼이 있는 경우 판례에 의함)**

① 헌법상 대통령은 국회에 출석하여 발언하거나 서한으로 의견을 표시할 수 있지만 국회의 요구에 따라 국회에 출석·답변해야 할 의무는 없다.

② 대통령은 내우·외환·천재·지변 또는 중대한 재정·경제상의 위기가 현실적으로 발생하였거나 발생할 우려가 있어서 국가의 안전 보장 또는 공공의 안녕질서를 유지하기 위하여 긴급한 조치가 필요하고 국회의 집회를 기다릴 여유가 없을 때에 한하여 법률의 효력을 가지는 명령을 발할 수 있다.

③ 대통령의 국법상 행위는 문서로써 하며, 이 문서에는 국무총리와 관계 국무위원이 부서한다. 군사에 관한 것도 또한 같다.

④ 대통령의 성실한 직책수행의무는 대통령의 취임선서를 규정한 헌법 제69조에 명시적으로 규정되어 있지만 규범적으로 그 이행이 관철될 수 있는 성격의 의무가 아니므로 원칙적으로 사법적 판단의 대상이 되지 않는다.

⑤ 대통령은 국회의 동의를 얻어 감사원장을 임명하고, 감사원장의 제청으로 국회의 동의를 거치지 아니하고 감사위원을 임명한다.

[❶ ▸ O] 대통령의 국회출석·발언권은 국무총리나 국무위원의 경우와 달리 대통령의 권한이지 의무는 아니므로, 국회의 요구에 따라 국회에 출석·답변해야 할 의무는 없다.

법령

헌법 제81조 대통령은 국회에 출석하여 발언하거나 서한으로 의견을 표시할 수 있다.

헌법 제62조 ① 국무총리·국무위원 또는 정부위원은 국회나 그 위원회에 출석하여 국정처리상황을 보고하거나 의견을 진술하고 질문에 응답할 수 있다.

② 국회나 그 위원회의 요구가 있을 때에는 국무총리·국무위원 또는 정부위원은 출석·답변하여야 하며, 국무총리 또는 국무위원이 출석요구를 받은 때에는 국무위원 또는 정부위원으로 하여금 출석·답변하게 할 수 있다.

[❷ ▸ X] 긴급재정경제명령은 위기가 발생할 우려가 있다는 사전적·예방적 이유로는 발할 수 없다.



② 정답

판례

긴급재정경제명령은 정상적인 재정운용·경제운용이 불가능한 중대한 재정·경제상의 위기가 현실적으로 발생하여(그러므로 위기가 발생할 우려가 있다는 이유로 사전적·예방적으로 발할 수는 없다) 긴급한 조치가 필요함에도 국회의 폐회 등으로 국회가 현실적으로 집회될 수 없고 국회의 집회를 기다려서는 그 목적을 달할 수 없는 경우에 이를 사후적으로 수습함으로써 기존질서를 유지·회복하기 위하여(그러므로 공공복지의 증진과 같은 적극적 목적을 위하여는 발할 수 없다) 위기의 직접적 원인의 제거에 필수불가결한 최소의 한도 내에서 헌법이 정한 절차에 따라 행사되어야 한다(헌재 1996.2.29. 93헌마186).

법령

헌법 제76조　① 대통령은 내우·외환·천재·지변 또는 중대한 재정·경제상의 위기에 있어서 국가의 안전 보장 또는 공공의 안녕질서를 유지하기 위하여 긴급한 조치가 필요하고 국회의 집회를 기다릴 여유가 없을 때에 한하여 최소한으로 필요한 재정·경제상의 처분을 하거나 이에 관하여 법률의 효력을 가지는 명령을 발할 수 있다.

[❸ ▸ O] 대통령의 국법상 행위는 문서로써 하며, 이 문서에는 국무총리와 관계 국무위원이 부서한다. 군사에 관한 것도 또한 같다(헌법 제82조).

[❹ ▸ O] 헌법 제69조는 대통령의 취임선서의무를 규정하면서, 대통령으로서 '직책을 성실히 수행할 의무'를 언급하고 있다. 비록 대통령의 '성실한 직책수행의무'는 헌법적 의무에 해당하나, '헌법을 수호해야 할 의무'와는 달리, 규범적으로 그 이행이 관철될 수 있는 성격의 의무가 아니므로, 원칙적으로 사법적 판단의 대상이 될 수 없다고 할 것이다. 헌법 제65조 제1항은 탄핵사유를 '헌법이나 법률에 위배한 때'로 제한하고 있고, 헌법재판소의 탄핵심판절차는 법적인 관점에서 단지 탄핵사유의 존부만을 판단하는 것이므로, 이 사건에서 청구인이 주장하는 바와 같은 정치적 무능력이나 정책결정상의 잘못 등 직책 수행의 성실성 여부는 그 자체로서 소추사유가 될 수 없어, 탄핵심판절차의 판단대상이 되지 아니한다(헌재 2004.5.14. 2004헌나1).

[❺ ▸ O] 헌법 제98조 제2항·제3항 참조

법령

헌법 제98조　② 원장은 국회의 동의를 얻어 대통령이 임명하고, 그 임기는 4년으로 하며, 1차에 한하여 중임할 수 있다.
③ 감사위원은 원장의 제청으로 대통령이 임명하고, 그 임기는 4년으로 하며, 1차에 한하여 중임할 수 있다.

**2019년 변호사시험 문 4.** ☑ 확인 Check! ○ △ ×

**대통령의 권한 행사에 관한 설명 중 옳지 않은 것은?(다툼이 있는 경우 판례에 의함)**

① 사면은 형의 선고의 효력 또는 공소권을 상실시키거나, 형의 집행을 면제시키는 국가원수의 고유한 권한을 의미하며, 사법부의 판단을 변경하는 제도로서 권력분립의 원리에 대한 예외가 된다.

② 일반사병 이라크파병결정은 그 성격상 국방 및 외교에 관련된 고도의 정치적 결단을 요하는 문제로서, 헌법과 법률이 정한 절차를 지켜 이루어진 것임이 명백하다면, 대통령과 국회의 판단은 존중되어야 하고 헌법재판소가 사법적 기준만으로 이를 심판하는 것은 자제되어야 한다.

③ 대통령은 전시·사변 또는 이에 준하는 국가비상사태에 있어서 병력으로써 군사상의 필요에 응하거나 공공의 안녕질서를 유지할 필요가 있을 때에는 법률이 정하는 바에 의하여 계엄을 선포할 수 있다.

④ 대통령은 행정부의 수반으로서 국가가 국민의 생명과 신체의 안전보호의무를 충실하게 이행할 수 있도록 권한을 행사하고 직책을 수행하여야 하는 의무를 부담하지만, 국민의 생명이 위협받는 재난상황이 발생하였다고 하여 대통령이 직접 구조활동에 참여하여야 하는 등 구체적이고 특정한 행위의무까지 바로 발생한다고 보기는 어렵다.

⑤ 대통령이 국회 본회의에서 행한 시정연설에서 정책과 결부하지 않고 단순히 대통령의 신임 여부만을 묻는 국민투표를 실시하고자 한다고 밝힌 것은 「헌법재판소법」 제68조 제1항의 헌법소원의 대상이 되는 '공권력의 행사'에 해당한다.

[❶ ▸ ○] 사면은 형의 선고의 효력 또는 공소권을 상실시키거나, 형의 집행을 면제시키는 국가원수의 고유한 권한을 의미하며, 사법부의 판단을 변경하는 제도로서 권력분립의 원리에 대한 예외가 된다. 사면제도는 역사적으로 절대군주인 국왕의 은사권(恩赦權)에서 유래하였으며, 대부분의 근대국가에서도 유지되어 왔고, 대통령제 국가에서는 미국을 효시로 대통령에게 사면권이 부여되어 있다. 사면권은 전통적으로 국가원수에게 부여된 고유한 은사권이며, 국가원수가 이를 시혜적으로 행사한다(헌재 2000.6.1. 97헌바74).

[❷ ▸ ○] 이 사건 파견결정은 그 성격상 국방 및 외교에 관련된 고도의 정치적 결단을 요하는 문제로서, 헌법과 법률이 정한 절차를 지켜 이루어진 것임이 명백하므로, 대통령과 국회의 판단은 존중되어야 하고, 우리 재판소가 사법적 기준만으로 이를 심판하는 것은 자제되어야 한다(헌재 2004.4.29. 2003헌마814).

[❸ ▸ ○] 대통령은 전시·사변 또는 이에 준하는 국가비상사태에 있어서 병력으로써 군사상의 필요에 응하거나 공공의 안녕질서를 유지할 필요가 있을 때에는 법률이 정하는 바에 의하여 계엄을 선포할 수 있다(헌법 제77조 제1항).

[❹ ▸ ○] 피청구인은 행정부의 수반으로서 국가가 국민의 생명과 신체의 안전보호의무를 충실하게 이행할 수 있도록 권한을 행사하고 직책을 수행하여야 하는 의무를 부담한다. 하지만 국민의 생명이 위협받는 재난상황이 발생하였다고 하여 피청구인이 직접 구조활동에 참여하여야 하는 등 구체적이고 특정한 행위의무까지 바로 발생한다고 보기는 어렵다. 세월호참사로 많은 국민이 사망하였고 그에 대한 피청구인의 대응조치에 미흡하고 부적절한 면이 있었다고 하여 곧바로 피청구인이 생명권보호의무를 위반하였다고 인정하기는 어렵다. 그 밖에 세월호참사와 관련하여 피청구인이 생명권보호의무를 위반하였다고 인정할 수 있는 자료가 없다(헌재 2017.3.10. 2016헌나1).

[❺ ▸ ×] 비록 피청구인이 대통령으로서 국회 본회의의 시정연설에서 자신에 대한 신임국민투표를 실시하고자 한다고 밝혔다 하더라도, 그것이 공고와 같이 법적인 효력이 있는 행위가 아니라 단순한 정치적 제안의 피력에 불과하다고 인정되는 이상 이를 두고 헌법소원의 대상이 되는 '공권력의 행사'라고 할 수는 없으므로, 이에 대한 취소 또는 위헌확인을 구하는 청구인들의 심판청구는 모두 부적법하다(헌재 2003.11.27. 2003헌마694).



⑤ 정답

**2016년 변호사시험 문 1.** ☑ 확인 Check! ○ △ ×

**다음 사례에 관한 설명 중 옳은 것(○)과 옳지 않은 것(×)을 올바르게 조합한 것은?(다툼이 있는 경우 판례에 의함)**

대통령 甲은 대통령선거를 10개월여 앞둔 시점에서 소상공인들이 주최한 간담회에 참석하여 재벌가의 후손인 야당의 대표가 대통령에 당선되면 소상공인들의 지위는 더욱 불안해질 수밖에 없으니 대통령선거에서 현명한 선택을 당부한다는 취지의 발언을 하였다. 이에 야당은 甲의 발언이 「공직선거법」 제9조 제1항에 위반된다는 이유로 甲을 중앙선거관리위원회에 고발하였다. 중앙선거관리위원회는 甲에 대해 「공직선거법」 제9조 제1항이 정한 공무원의 선거중립의무를 위반하였다고 결정하면서 대통령의 선거중립의무 준수 요청조치를 취한 후, 이를 甲에게 통고하고 언론사를 통하여 공표하였다. 이 같은 중앙선거관리위원회의 요청조치에 대해 甲은 헌법소원심판을 청구하였다.

※ 「공직선거법」
**제9조** ① 공무원 기타 정치적 중립을 지켜야 하는 자(기관·단체를 포함한다)는 선거에 대한 부당한 영향력의 행사 기타 선거결과에 영향을 미치는 행위를 하여서는 아니 된다.

ㄱ. 중앙선거관리위원회의 위 요청조치는 중앙선거관리위원회의 공명선거협조요청에 불과하여 甲에게 법적 효과를 미치는 것은 아니므로 공권력행사성이 없다.
ㄴ. 중앙선거관리위원회의 위 요청조치는 항고소송에 의한 권리구제절차를 거칠 수 있는 행정행위에 속하므로 헌법소원의 보충성의 요청에 의해 해당 절차를 거친 후에야만 헌법소원심판을 청구할 수 있다.
ㄷ. 대통령, 지방자치단체의 장, 지방의회의원은 직무의 기능이나 영향력을 이용하여 선거에서 국민의 자유로운 의사형성과정에 영향을 미치고 정당 간의 경쟁관계를 왜곡할 가능성이 크다는 점에서 선거에서의 정치적 중립성이 요구된다.
ㄹ. 중앙선거관리위원회가 위 요청조치를 취하기 전에 甲에게 의견진술의 기회를 부여하지 않았다면 적법절차원칙에 어긋나서 甲의 기본권을 침해한 것이다.

① ㄱ(○) ㄴ(○) ㄷ(×) ㄹ(○)
② ㄱ(○) ㄴ(×) ㄷ(○) ㄹ(○)
③ ㄱ(×) ㄴ(○) ㄷ(○) ㄹ(×)
④ ㄱ(×) ㄴ(×) ㄷ(○) ㄹ(×)
⑤ ㄱ(×) ㄴ(×) ㄷ(×) ㄹ(×)

[ㄱ ▸ ×] 중앙선거관리위원회 위원장이 중앙선거관리위원회 전체회의의 심의를 거쳐 대통령의 위법사실을 확인한 후 그 재발 방지를 촉구하는 내용의 이 사건 조치를 청구인인 대통령에 대하여 직접 발령한 것이 단순한 권고적·비권력적 행위라든가 대통령인 청구인의 법적 지위에 불리한 효과를 주지 않았다고 보기는 어렵다(탄핵소추사유는 근본적으로 청구인의 행위가 이 사건 법률조항에 위반되었다는 점이 되지만, 이 사건 조치에 의하여 청구인의 위법사실이 유권적으로 확인됨으로써 탄핵 발의의 계기가 부여된다). 청구인이 이 사건 조치를 따르지 않음으로써 형사적으로 처벌될 가능성은 없다고 하더라도, 이 사건 조치가 그 자체로 청구인에게 그러한 위축효과를 줄 수 있음은 명백하다고 볼 것이고, 나아가 이 사건 조치에 대하여 법원에서 소송으로 구제받기는 어렵다는 점에서 헌법기관인 피청구인이 청구인의 위 발언내용이 위법이라고 판단한 이 사건 조치는 최종적·유권적인 판단으로서 기본권 제한의 효과를 발생시킬 가능성이 높다고 할 것이다(헌재 2008.1.17. 2007헌마700).

[ㄴ ▸ ×] 이 사건 법률조항과 같이 금지의무만이 있을 뿐 그 위반에 대한 처벌조항이 없는 경우, 이를 위반하였다는 내용의 이 사건 조치가 법원에서 항고소송의 대상으로 인정받은 바 없을 뿐 아니라 이에 해당하는지 여부도 불투명하다. 결국 청구인에게 항고소송에 의한 권리구제절차를 거치도록 요구하거나 기대할 수 없으므로 보충성의 예외를 인정하여 헌법소원을 허용함이 상당하다(헌재 2008.1.17. 2007헌마700).



정답 ⑤

[ㄷ ▸ ×] 국회의원과 지방의회의원은 선거에서의 정치적 중립성이 요구되는 공무원에 해당하지 않는다.

판례 이 사건 법률조항 중 수범자인 행위주체 부분을 살펴보면, 주체는 '공무원 기타 정치적 중립을 지켜야 하는 자'로 규정되어 있으므로, 이때 '공무원'은 자유선거원칙과 선거에서의 정당의 기회균등을 수호하여야 하는 모든 공무원을 의미한다. 그런데 사실상 모든 공무원이 그 직무의 행사를 통하여 선거에 부당한 영향력을 행사할 수 있는 지위에 있으므로, 여기서의 공무원이란 원칙적으로 국가와 지방자치단체의 모든 공무원 즉 좁은 의미의 직업공무원은 물론이고, 적극적인 정치활동을 통하여 국가에 봉사하는 정치적 공무원(예컨대, 대통령, 국무총리, 국무위원, 도지사, 시장, 군수, 구청장 등 지방자치단체의 장)을 포함하며, 특히 직무의 기능이나 영향력을 이용하여 선거에서 국민의 자유로운 의사형성과정에 영향을 미치고 정당 간의 경쟁관계를 왜곡할 가능성은 정부나 지방자치단체의 집행기관에 있어서 더욱 크다고 판단되므로, 대통령, 지방자치단체의 장 등에게는 다른 공무원보다도 선거에서의 정치적 중립성이 특히 요구된다. 다만 공무원 중에서 국회의원과 지방의회의원은 정치활동의 자유가 보장되고(국가공무원법 제3조 제3항, 제65조, '국가공무원법 제3조 제3항의 공무원의 범위에 관한 규정' 제2조 제4호) 선거에서의 중립의무 없이 선거운동이 가능하므로(공직선거법 제60조 제1항 제4호, 정당법 제22조 제1항 제1호 단서) 국회의원과 지방의회의원은 위 공무원의 범위에 포함되지 않는다(헌재 2008.1.17. 2007헌마700).

[ㄹ ▸ ×] 각급 선거관리위원회의 의결을 거쳐 행하는 사항에 대하여는 원칙적으로 행정절차에 관한 규정이 적용되지 않는바(행정절차법 제3조 제2항 제4호), 이는 권력분립의 원리와 선거관리위원회의결절차의 합리성을 고려한 것으로 보인다. 또한 선거운동의 특성상 선거법 위반행위인지 여부와 그에 대한 조치는 가능하면 신속하게 결정되어야 할 뿐 아니라, 선거관리위원회법 제14조의2의 조치가 위반행위자에 대하여 종국적 법률효과를 발생시키는 것도 아니므로, 위반행위자에게 의견진술의 기회를 보장하는 것이 반드시 필요하거나 적절하다고 보기는 어렵다. 이와 같이 선거 관리의 특성, 이 사건 조치가 규율하는 행위의 성격, 위 조치의 제재효과 및 기본권 침해의 정도 등을 종합하여 볼 때, 청구인에게 위 조치 전에 의견진술의 기회를 부여하지 않은 것이 적법절차원칙에 어긋나서 청구인의 기본권을 침해한다고 볼 수 없다(헌재 2008.1.17. 2007헌마700).

**2015년 변호사시험 문 14.** ☑ 확인Check! ○ △ ×

**각 괄호 안에 들어갈 용어를 올바르게 나열한 것은?**

대통령선거에 있어서는 중앙선거관리위원회가 유효투표의 다수를 얻은 자를 당선인으로 결정하고, 이를 (A)에게 통지하여야 한다. 다만, 후보자가 1인인 때에는 그 득표수가 (B)의 3분의 1 이상에 달하여야 당선인으로 결정하며 이렇게 당선인이 결정된 때에는 (C)이 이를 공고한다.

| | A | B | C |
|---|---|---|---|
| ① | 국회의장 | 선거권자총수 | 중앙선거관리위원회 위원장 |
| ② | 국회의장 | 선거권자총수 | 국회의장 |
| ③ | 국회의장 | 유효투표총수 | 국회의장 |
| ④ | 당선인 | 유효투표총수 | 중앙선거관리위원회 위원장 |
| ⑤ | 당선인 | 선거권자총수 | 국회의장 |



① 정답

**법령** **대통령당선인의 결정·공고·통지(공직선거법 제187조)** ① 대통령선거에 있어서는 중앙선거관리위원회가 유효투표의 다수를 얻은 자를 당선인으로 결정하고, 이를 국회의장에게 통지하여야 한다. 다만, 후보자가 1인인 때에는 그 득표수가 선거권자총수의 3분의 1 이상에 달하여야 당선인으로 결정한다.
② 최고득표자가 2인 이상인 때에는 중앙선거관리위원회의 통지에 의하여 국회는 재적의원 과반수가 출석한 공개회의에서 다수표를 얻은 자를 당선인으로 결정한다.
③ 제1항의 규정에 의하여 당선인이 결정된 때에는 중앙선거관리위원회 위원장이, 제2항의 규정에 의하여 당선인이 결정된 때에는 국회의장이 이를 공고하고, 지체 없이 당선인에게 당선증을 교부하여야 한다.

**2020년 변호사시험 문 6.** ☑ 확인 Check! ○ △ ×

**위임입법에 관한 설명 중 옳지 않은 것은?(다툼이 있는 경우 판례에 의함)**

① 헌법이 인정하고 있는 위임입법의 형식은 예시적인 것으로 보아야 할 것이고, 법률이 입법사항을 고시와 같은 행정규칙의 형식으로 위임하더라도 그 행정규칙은 위임된 사항만을 규율할 수 있으므로, 국회입법원칙과 상치되지 않는다.
② 국가전문자격시험을 운영함에 있어 시험과목 및 시험 실시에 관한 구체적인 사항을 어떻게 정할 것인가는 법률에서 반드시 직접 정하여야 하는 사항이라고 보기 어렵고, 전문자격시험에서 요구되는 기량을 갖추었는지 여부를 어떠한 방법으로 평가할 것인지 정하는 것뿐만 아니라 평가 그 자체도 전문적·기술적인 영역에 해당하므로, 시험과목 및 시험 실시 등에 관한 사항을 대통령령에 위임할 필요성이 인정된다.
③ '식품접객영업자 등 대통령령으로 정하는 영업자'는 '영업의 위생 관리와 질서 유지, 국민의 보건위생 증진을 위하여 총리령으로 정하는 사항'을 지켜야 한다고 규정한 구 「식품위생법」 조항은, 수범자와 준수사항을 모두 하위법령에 위임하면서도 위임될 내용에 대해 구체화하고 있지 아니하여 그 내용들을 전혀 예측할 수 없게 하고 있으므로 포괄위임금지원칙에 위반된다.
④ 상시 4명 이하의 근로자를 사용하는 사업 또는 사업장에 대하여 대통령령으로 정하는 바에 따라 「근로기준법」의 일부 규정을 적용할 수 있도록 위임한 「근로기준법」 조항은, 종전에는 「근로기준법」을 전혀 적용하지 않던 4인 이하 사업장에 대하여 「근로기준법」을 일부나마 적용하는 것으로 범위를 점차 확대해 나간 동법 시행령의 연혁 등을 종합적으로 고려하여 볼 때, 사용자의 부담이 그다지 문제되지 않으면서 동시에 근로자의 보호필요성의 측면에서 우선적으로 적용될 수 있는 「근로기준법」의 범위를 선별하여 적용할 것을 대통령령에 위임한 것으로 볼 수 있고, 그러한 「근로기준법」 조항들이 4인 이하 사업장에 적용되리라 예측할 수 있다.
⑤ 운전면허를 받은 사람이 자동차 등을 이용하여 살인 또는 강간 등 행정안전부령이 정하는 범죄행위를 한 때 운전면허를 취소하도록 하는 구 「도로교통법」 조항은 필요적 운전면허취소대상범죄를 자동차 등을 이용하여 살인·강간 및 이에 준하는 범죄로 정하고 있으나, 위 조항에 의하더라도 하위법령에 규정될 자동차 등을 이용한 범죄행위의 유형을 충분히 예측할 수 없으므로 포괄위임금지원칙에 위배된다.

[❶ ▸ ○] 국회입법에 의한 수권이 입법기관이 아닌 행정기관에게 법률 등으로 구체적인 범위를 정하여 위임한 사항에 관하여는 당해 행정기관에게 법 정립의 권한을 갖게 되고, 입법자가 규율의 형식도 선택할 수 있다 할 것이므로, 헌법이 인정하고 있는 위임입법의 형식은 예시적인 것으로 보아야 할 것이고, 그것은 법률이 행정규칙에 위임하더라도 그 행정규칙은 위임된 사항만을 규율할 수 있으므로, 국회입법의 원칙과 상치되지도 않는다(헌재 2006.12.28. 2005헌바59).

[❷ ▸ ○] 국가전문자격시험을 운영함에 있어 시험과목 및 시험 실시에 관한 구체적인 사항을 어떻게 정할 것인가는 법률에서 반드시 직접 정하여야만 하는 사항이라고 보기 어렵고, 입법자는 시험과목 및 시험 실시에 관한 내용을 직접 법률에서 정할지 이를 대통령령에 위임할 것인지를 자유롭게 선택할 수 있다고 봄이 상당하다. 한편, 입법자가 국가전문자격시험의 운영권한을 행정부에 위임한 이상, 행정부로 하여금 해당 자격에서 필요로 하는 자질과 능력을 갖추었는지를

효과적으로 검증할 수 있는 시험제도를 운영·시행할 수 있도록 할 필요가 있는데, 시험과목을 포함한 시험 실시에 관한 사항은 시험제도의 구체적 운영·시행과 관련한 전문적·기술적인 사항을 포함하고 있으며, 전문자격시험에서 요구되는 기량을 갖추었는지 여부를 어떠한 방법으로 평가할 것인지 정하는 것뿐만 아니라 평가 그 자체도 전문적·기술적인 영역에 해당하므로, 이러한 사항을 법률로 일일이 세부적인 것까지 규정하는 것은 입법기술상 적절하지 않다. 따라서 시험과목 및 시험 실시 등에 관한 사항을 대통령령에 위임할 필요성이 인정된다(헌재 2019.5.30. 2018헌마1208 등).

[❸ ▸ O] 심판대상조항은 식품접객업자를 제외한 어떠한 영업자가 하위법령에서 수범자로 규정될 것인지에 대하여 아무런 기준을 정하고 있지 않다. 비록 수범자 부분이 다소 광범위하더라도 준수사항이 구체화되어 있다면 준수사항의 내용을 통해 수범자 부분을 예측하는 것이 가능할 수 있는데, '영업의 위생 관리와 질서 유지', '국민의 보건위생 증진'은 매우 추상적이고 포괄적인 개념이어서 이를 위하여 준수하여야 할 사항이 구체적으로 어떠한 것인지 그 행위태양이나 내용을 예측하기 어렵다. 또한 '영업의 위생 관리와 국민의 보건위생 증진'은 식품위생법 전체의 입법목적과 크게 다를 바 없고, '질서 유지'는 식품위생법의 입법목적에도 포함되어 있지 않은 일반적이고 추상적인 공익의 전체를 의미함에 불과하므로, 이러한 목적의 나열만으로는 식품 관련 영업자에게 행위기준을 제공해 주지 못한다. 결국 심판대상조항은 수범자와 준수사항을 모두 하위법령에 위임하면서도 위임될 내용에 대해 구체화하고 있지 아니하여 그 내용들을 전혀 예측할 수 없게 하고 있으므로, 포괄위임금지원칙에 위반된다(헌재 2016.11.24. 2014헌가6 등).

[❹ ▸ O] 비록 심판대상조항이 근로기준법의 어떤 규정을 4인 이하 사업장에 적용할지에 관한 기준을 명시적으로 두고 있지 않은 것은 사실이나, 심판대상조항의 포괄위임금지원칙 위배 여부를 판단할 때에는 근로기준법이 제정된 이래로 근로기준법의 법규범성을 실질적으로 관철하기 위하여 5인 이상 사용사업장까지 근로기준법 전부 적용사업장의 범위를 확대하고, 종전에는 근로기준법을 전혀 적용하지 않던 4인 이하 사업장에 대하여 근로기준법을 일부나마 적용하는 것으로 범위를 점차 확대해 나간 근로기준법 시행령의 연혁 및 심판대상조항의 입법취지와, 근로기준법 조항의 적용 여부를 둘러싼 근로자 보호의 필요성과 사용자의 법준수능력 간의 조화 등을 종합적으로 고려하여야 한다. 심판대상조항은 사용자의 부담이 그다지 문제되지 않으면서 동시에 근로자의 보호필요성의 측면에서 우선적으로 적용될 수 있는 근로기준법의 범위를 선별하여 적용할 것을 대통령령에 위임한 것으로 볼 수 있고, 그러한 근로기준법 조항들이 4인 이하 사업장에 적용되리라 예측할 수 있다. 따라서 심판대상조항은 포괄위임금지원칙에 위배되지 아니한다(헌재 2019.4.11. 2013헌바112).

[❺ ▸ X] 안전하고 원활한 교통의 확보와 자동차이용범죄의 예방이라는 심판대상조항의 입법목적, 필요적 운전면허취소대상범죄를 자동차 등을 이용하여 살인·강간 및 이에 준하는 정도의 흉악범죄나 법익에 중대한 침해를 야기하는 범죄로 한정하고 있는 점, 자동차 운행으로 인한 범죄에 대한 처벌의 특례를 규정한 관련 법조항 등을 유기적·체계적으로 종합하여 보면, 결국 심판대상조항에 의하여 하위법령에 규정될 자동차 등을 이용한 범죄행위의 유형은 '범죄의 실행행위 수단으로 자동차 등을 이용하여 살인 또는 강간 등과 같이 고의로 국민의 생명과 재산에 큰 위협을 초래할 수 있는 중대한 범죄'가 될 것임을 충분히 예측할 수 있으므로, 심판대상조항은 포괄위임금지원칙에 위배되지 아니한다(헌재 2015.5.28. 2013헌가6).

**2017년 변호사시험 문 19.** ☑ 확인 Check! ○ △ ×

**행정입법에 관한 설명 중 옳지 않은 것을 모두 고른 것은?(다툼이 있는 경우 판례에 의함)**

ㄱ. 삼권분립의 원칙, 법치행정의 원칙을 당연한 전제로 하고 있는 우리 헌법하에서 행정권의 행정입법 등 법집행의무는 헌법적 의무라고 보아야 할 것이므로, 하위행정입법의 제정 없이 상위법령의 규정만으로 집행이 이루어질 수 있는 경우라도 하위행정입법을 하여야 할 헌법적 작위의무는 인정된다.

ㄴ. 법령의 직접적인 위임에 따라 수임행정기관이 그 법령을 시행하는 데 필요한 구체적 사항을 정한 것이면, 그 제정형식이 고시, 훈령, 예규 등과 같은 행정규칙이더라도 그것이 상위법령의 위임한계를 벗어나지 아니하는 한, 상위법령과 결합하여 대외적인 구속력을 갖는 법규명령으로서 기능하고 있는 것으로 볼 수 있으므로 「헌법재판소법」 제68조 제1항에 의한 헌법소원의 대상이 되는 공권력 행사에 해당한다.

ㄷ. 헌법이 인정하고 있는 위임입법의 형식은 예시적인 것으로 보아야 하고, 법률이 일정한 사항을 행정규칙에 위임하더라도 그 행정규칙은 위임된 사항만을 규율할 수 있으므로 국회입법의 원칙과 상치된다고 할 수 없다.

ㄹ. 법령에서 행정처분의 요건 중 일부 사항을 부령으로 정할 것을 위임한 데 따라 시행규칙 등 부령에서 이를 정한 경우에 그 부령의 규정은 국민에 대해서도 구속력이 있는 법규명령에 해당한다고 할 것이지만, 법령의 위임이 없음에도 법령에 규정된 처분요건에 해당하는 사항을 부령에서 변경하여 규정한 경우에는 그 부령의 규정은 행정청 내부의 사무처리기준 등을 정한 것으로서 행정조직 내에서 적용되는 행정명령의 성격을 지닐 뿐 국민에 대한 대외적 구속력은 없다.

① ㄱ ② ㄱ, ㄴ ③ ㄴ, ㄹ
④ ㄷ, ㄹ ⑤ ㄱ, ㄷ, ㄹ

[ㄱ ▸ X] 삼권분립의 원칙, 법치행정의 원칙을 당연한 전제로 하고 있는 우리 헌법하에서 행정권의 행정입법 등 법집행의무는 헌법적 의무라고 보아야 할 것이다. 그런데 이는 행정입법의 제정이 법률의 집행에 필수불가결한 경우로서 행정입법을 제정하지 아니하는 것이 곧 행정권에 의한 입법권 침해의 결과를 초래하는 경우를 말하는 것이므로, 만일 하위행정입법의 제정 없이 상위법령의 규정만으로도 집행이 이루어질 수 있는 경우라면 하위행정입법을 하여야 할 헌법적 작위의무는 인정되지 아니한다(헌재 2005.12.22. 2004헌마66).

[ㄴ ▸ O] 법령의 직접적인 위임에 따라 수임행정기관이 그 법령을 시행하는 데 필요한 구체적 사항을 정한 것이면, 그 제정형식은 비록 법규명령이 아닌 고시, 훈령, 예규 등과 같은 행정규칙이더라도, 그것이 상위법령의 위임한계를 벗어나지 아니하는 한, 상위법령과 결합하여 대외적인 구속력을 갖는 법규명령으로서 기능하게 된다고 보아야 할 것인바, 청구인이 법령과 예규의 관계규정으로 말미암아 직접 기본권 침해를 받았다면 이에 대하여 바로 헌법소원심판을 청구할 수 있다(헌재 1992.6.26. 91헌마25).

[ㄷ ▸ O] 국회입법에 의한 수권이 입법기관이 아닌 행정기관에게 법률 등으로 구체적인 범위를 정하여 위임한 사항에 관하여는 당해 행정기관에게 법 정립의 권한을 갖게 되고, 입법자가 규율의 형식도 선택할 수 있다 할 것이므로, 헌법이 인정하고 있는 위임입법의 형식은 예시적인 것으로 보아야 할 것이고, 그것은 법률이 행정규칙에 위임하더라도 그 행정규칙은 위임된 사항만을 규율할 수 있으므로, 국회입법의 원칙과 상치되지도 않는다(헌재 2006.12.28. 2005헌바59).

[ㄹ ▸ O] 법령에서 행정처분의 요건 중 일부 사항을 부령으로 정할 것을 위임한 데 따라 시행규칙 등 부령에서 이를 정한 경우에 그 부령의 규정은 국민에 대해서도 구속력이 있는 법규명령에 해당한다고 할 것이지만, 법령의 위임이 없음에도 법령에 규정된 처분요건에 해당하는 사항을 부령에서 변경하여 규정한 경우에는 그 부령의 규정은 행정청 내부의 사무처리기준 등을 정한 것으로서 행정조직 내에서 적용되는 행정명령의 성격을 지닐 뿐 국민에 대한 대외적 구속력은 없다고 보아야 한다(대판 2013.9.12. 2011두10584).

정답 ①

**2016년 변호사시험 문 6.** ☑ 확인Check! ○ △ ×

**위임입법에 관한 설명 중 옳지 않은 것은?(다툼이 있는 경우 판례에 의함)**

① 법률에서 명시적으로 규정된 제재보다 더 가벼운 것을 하위규칙에서 규정한 경우라 하더라도 만일 그것이 기본권 제한적 효과를 지니게 된다면, 이는 행정법적 법률유보원칙의 위배 여부에도 불구하고 헌법 제37조 제2항에 따라 엄격한 법률적 근거를 지녀야 한다.

② 헌법 제75조에 근거한 포괄위임금지원칙은 법률에서 위임하는 하위규범의 형식이 대통령령이 아니라 대법원 규칙인 경우에도 준수되어야 한다.

③ 제1종 특수면허 없이 자동차를 운전한 경우 무면허운전죄로 처벌하면서 제1종 특수면허로 운전할 수 있는 차의 종류를 부령에 위임한 법률조항은 포괄위임금지원칙에 위배된다.

④ 일정한 권리에 관하여 법률이 규정한 존속기간을 뜻하는 제척기간은 권리관계를 조속히 확정시키기 위하여 권리의 행사에 중대한 제한을 가하는 것이므로 모법인 법률에 의한 위임이 없는 한 시행령이 함부로 제척기간을 규정할 수는 없다.

⑤ 구 「공직선거법」이 관련 조항에서 허용하는 수당·실비 기타 이익을 제공하는 행위 이외의 금품제공행위를 처벌하면서, 선거사무관계자에게 지급이 허용되는 수당과 실비의 종류와 금액을 중앙선거관리위원회가 정하도록 규정하는 것은 그 내용이 예측 가능하여 포괄위임금지원칙에 위배되지 아니한다.

[❶ ▸ O] 이 사건 경고의 경우 법률(구 방송법 제100조 제1항)에서 명시적으로 규정된 제재보다 더 가벼운 것을 하위규칙에서 규정한 경우이므로, 그러한 제재가 행정법에서 요구되는 법률유보원칙에 어긋났다고 단정하기 어려운 측면이 있다. 그러나 만일 그것이 기본권 제한적 효과를 지니게 된다면, 이는 행정법적 법률유보원칙의 위배 여부에도 불구하고 헌법 제37조 제2항에 따라 엄격한 법률적 근거를 지녀야 한다(헌재 2007.11.29. 2004헌마290).

[❷ ▸ O] 헌법 제75조에서 근거한 포괄위임금지원칙은 법률에 이미 대통령령 등 하위법규에 규정될 내용 및 범위의 기본사항이 구체적으로 규정되어 있어서 누구라도 당해 법률로부터 하위법규에 규정될 내용의 대강을 예측할 수 있어야 함을 의미하는데, 위임입법이 대법원 규칙인 경우에도 수권법률에서 이 원칙을 준수하여야 하는 것은 마찬가지이다(헌재 2014.10.30. 2013헌바368).

[❸ ▸ ×] 도로교통법상 운전면허를 취득하여야 하는 자동차 및 건설기계의 종류는 매우 다양하고 어떤 운전면허로 어떤 자동차 또는 건설기계를 운전할 수 있도록 할지를 정하는 작업에는 전문적이고 기술적인 지식이 요구되므로, 제1종 특수면허로 운전할 수 있는 차의 종류를 하위법령에 위임할 필요성이 인정된다. 또한, 자동차 운전자로서는 자동차관리법상 특수자동차의 일종인 트레일러와 레커의 용도와 조작방법 등의 특성을 감안할 때 이를 운전하기 위해서는 제1종 특수면허를 취득하여야 한다는 점도 충분히 예측할 수 있으므로, 심판대상조항이 포괄위임금지원칙에 위배된다고 할 수 없다(헌재 2015.1.29. 2013헌바173).

[❹ ▸ O] 일정한 권리에 관하여 법률이 규정한 존속기간을 뜻하는 제척기간은 권리관계를 조속히 확정시키기 위하여 권리의 행사에 중대한 제한을 가하는 것이어서 모법인 법률에 의한 위임이 없는 한 시행령이 함부로 제척기간을 규정할 수는 없다고 할 것이다(대판 1990.9.28. 89누2493).

[❺ ▸ O] 공직선거법 제135조 제2항은 중앙선거관리위원회가 정할 내용의 기본적 사항이 수당과 실비의 '종류와 금액'임을 법률로 정하였고, 수당과 실비의 사전적 의미, 선거의 공정성을 위하여 금권선거를 방지하고자 하는 위 조항의 입법취지, 공직선거법상 제공이 허용되는 수당·실비 기타 이익은 선거비용으로서 전부 또는 일부를 보전받을 수 있다는 점을 고려하면 수당의 범위는 사회·경제적 상황에 따라 선거의 공정성을 해하지 않는 범위 내에서 선거사무관계자의 사무종사에 대한 급여로서 제공할 수 있는 범위, 실비의 종류는 선거사무관계자가 선거운동과 관련하여 통상적으로 지출하는 비용인 교통비와 식사비, 기타 비용, 실비의 범위는 선거종류에 따라 선거운동을 위한 지리적 이동거리, 선거운동의 규모에 따라 필요한 수준이 될 것임을 예측할 수 있다. 이처럼 공직선거법 제135조 제2항은 제공이 허용되는 수당과 실비의 종류와



③ 정답

금액을 중앙선거관리위원회 규칙에 위임할 필요성과 예측가능성을 인정할 수 있으므로, 그에 해당하지 않는 선거사무관계자에 대한 수당·실비를 제공하는 행위를 처벌하는 심판대상조항은 범죄의 구성요건을 규율함에 있어 포괄위임입법금지원칙에 위배되지 아니한다(헌재 2015.4.30. 2013헌바55).

**2016년 변호사시험 문 5.** ☑ 확인 Check! ○ △ ×

**행정입법부작위에 관한 설명 중 옳지 않은 것은?(다툼이 있는 경우 판례에 의함)**

① 법률이 세부적인 사항을 대통령령으로 정하도록 위임하였으나 대통령령이 아직 제정되지 않은 경우 이러한 행정입법부작위는 행정소송의 대상이 되지 않으므로 헌법소원심판의 대상이 된다.
② 하위행정입법의 제정 없이 상위법령의 규정만으로 집행이 이루어질 수 있는 경우라 하더라도 상위법령에서 세부적인 사항을 하위행정입법에 위임하고 있다면 하위행정입법을 제정할 헌법적 작위의무가 인정된다.
③ 행정입법의 제정이 법률의 집행에 필수불가결한 경우로서 행정입법을 제정하지 아니하는 것이 곧 행정권에 의한 입법권 침해의 결과를 초래하는 경우, 행정권의 행정입법 등 법집행의무는 헌법적 의무라고 할 수 있다.
④ 행정입법의 진정입법부작위에 대한 헌법소원은, 행정청에게 헌법에서 유래하는 행정입법의 작위의무가 있고 상당한 기간이 경과하였음에도 불구하고 행정입법의 제정권이 행사되지 않은 경우에 인정된다.
⑤ 입법부가 법률로써 행정부에게 특정한 사항을 위임했음에도 불구하고, 행정부가 정당한 이유 없이 법률에서 위임한 시행령을 제정하지 않은 것은 그 법률에서 인정된 권리를 침해하는 불법행위가 될 수 있다.

[❶ ▸ O] 입법부작위에 대한 행정소송의 적법 여부에 관하여 대법원은 "행정소송은 구체적 사건에 대한 법률상 분쟁을 법에 의하여 해결함으로써 법적 안정을 기하자는 것이므로 부작위위법확인소송의 대상이 될 수 있는 것은 구체적 권리의무에 관한 분쟁이어야 하고, 추상적인 법령에 관하여 제정의 여부 등은 그 자체로서 국민의 구체적인 권리의무에 직접적 변동을 초래하는 것이 아니어서 행정소송의 대상이 될 수 없다"고 판시하고 있으므로, 피청구인 보건복지부장관에 대한 청구 중 위 시행규칙에 대한 입법부작위 부분은 다른 구제절차가 없는 경우에 해당한다(헌재 1998.7.16. 96헌마246).

[❷ ▸ ×] [❸ ▸ O] 삼권분립의 원칙, 법치행정의 원칙을 당연한 전제로 하고 있는 우리 헌법하에서 행정권의 행정입법 등 법집행의무는 헌법적 의무라고 보아야 할 것이다. 그런데 이는 행정입법의 제정이 법률의 집행에 필수불가결한 경우로서 행정입법을 제정하지 아니하는 것이 곧 행정권에 의한 입법권 침해의 결과를 초래하는 경우를 말하는 것이므로, 만일 하위행정입법의 제정 없이 상위법령의 규정만으로도 집행이 이루어질 수 있는 경우라면 하위행정입법을 하여야 할 헌법적 작위의무는 인정되지 아니한다(헌재 2005.12.22. 2004헌마66).

[❹ ▸ O] 행정입법의 부작위에 대한 헌법소원은 공권력의 주체에게 헌법에서 유래하는 작위의무가 특별히 구체적으로 규정되어 이에 의거하여 기본권주체가 행정행위를 청구할 수 있음에도 공권력의 주체가 그 의무를 해태하는 경우에 허용되고, 특히 행정명령의 제정 또는 개정의 지체가 위법으로 되어 그에 대한 법적 통제가 가능하기 위하여는 첫째, 행정청에게 시행명령을 제정(개정)할 법적 의무가 있어야 하고 둘째, 상당한 기간이 지났음에도 불구하고 셋째, 명령제정(개정)권이 행사되지 않아야 한다(헌재 2010.5.4. 2010헌마249).

[❺ ▸ O] 입법부가 법률로써 행정부에게 특정한 사항을 위임했음에도 불구하고 행정부가 정당한 이유 없이 이를 이행하지 않는다면 권력분립의 원칙과 법치국가 내지 법치행정의 원칙에 위배되는 것으로서 위법함과 동시에 위헌적인 것이 되는바, 구 군법무관임용법 제5조 제3항과 군법무관임용 등에 관한 법률 제6조가 군법무관의 보수를 법관 및 검사의 예에 준하도록 규정하면서 그 구체적 내용을 시행령에 위임하고 있는 이상, 위 법률의 규정들은 군법무관의 보수의 내용을 법률로써 일차적으로 형성한 것이고, 위 법률들에 의해 상당한 수준의 보수청구권이 인정되는 것이므로, 위 보수청구권은 단순한 기대이익을 넘어서는 것으로서 법률의 규정에 의해 인정된 재산권의 한 내용이 되는 것으로 봄이 상당하고, 따라서 행정부가 정당한 이유 없이 시행령을 제정하지 않은 것은 위 보수청구권을 침해하는 불법행위에 해당한다(대판 2007.11.29. 2006다3561).

정답 ②

**2015년 변호사시험 문 18.** ☑ 확인Check! ○ △ ×

**위임입법에 관한 설명 중 옳지 않은 것은?(다툼이 있는 경우 판례에 의함)**

① 법률조항의 위임에 따라 대통령령으로 규정한 내용이 헌법에 위반되는 경우에는 그로 인하여 모법인 해당 수권(授權) 법률조항도 위헌으로 된다.

② 조례에 대한 법률의 위임은 법규명령에 대한 법률의 위임과 같이 반드시 구체적으로 범위를 정하여 할 필요가 없으며 포괄적인 것으로 족하다.

③ 헌법이 인정하고 있는 위임입법의 형식은 예시적인 것으로 보아야 할 것인바, 입법자에게 상세한 규율이 불가능한 것으로 보이는 영역이라면 행정부에 필요한 보충을 할 책임이 인정되고 극히 전문적인 식견에 좌우되는 영역에서는 행정규칙에 대한 위임입법이 제한적으로 인정될 수 있다.

④ 위임조항에서 위임의 구체적 범위를 명확히 규정하고 있지 않다고 하더라도 당해 법률의 전반적 체계와 관련 규정에 비추어 위임조항의 내재적인 위임의 범위나 한계를 객관적으로 분명히 확정할 수 있다면 이를 포괄적인 백지위임에 해당하는 것으로 볼 수 없다.

⑤ 법률에서 위임받은 사항을 전혀 규정하지 아니하고 그대로 재위임하는 것은 허용되지 않으며, 위임받은 사항에 관하여 대강을 정하고 그중의 특정 사항을 범위를 정하여 하위법령에 다시 위임하는 경우에만 재위임이 허용된다.

[❶ ▸ ×] 법률조항의 위임에 따라 대통령령으로 규정한 내용이 헌법에 위반될 경우라도 그 대통령령의 규정이 위헌으로 되는 것은 별론으로 하고 그로 인하여 정당하고 적법하게 입법권을 위임한 수권법률인 이 사건 법률조항까지도 위헌으로 되는 것은 아니다(헌재 2006.2.23. 2004헌바79).

[❷ ▸ ○] 조례의 제정권자인 지방의회는 선거를 통해서 그 지역적인 민주적 정당성을 지니고 있는 주민의 대표기관이고, 헌법이 지방자치단체에 대해 포괄적인 자치권을 보장하고 있는 취지로 볼 때, 조례제정권에 대한 지나친 제약은 바람직하지 않으므로 조례에 대한 법률의 위임은 법규명령에 대한 법률의 위임과 같이 반드시 구체적으로 범위를 정하여 할 필요가 없으며 포괄적인 것으로 족하다(헌재 2008.12.26. 2008헌마32).

[❸ ▸ ○] 헌법이 인정하고 있는 위임입법의 형식은 예시적인 것으로 보아야 할 것이고, 그것은 법률이 행정규칙에 위임하더라도 그 행정규칙은 위임된 사항만을 규율할 수 있으므로, 국회입법의 원칙과 상치되지도 않는다. 다만, 형식의 선택에 있어서 규율의 밀도와 규율영역의 특성이 개별적으로 고찰되어야 할 것이고, 그에 따라 입법자에게 상세한 규율이 불가능한 것으로 보이는 영역이라면 행정부에게 필요한 보충을 할 책임이 인정되고 극히 전문적인 식견에 좌우되는 영역에서는 행정기관에 의한 구체화의 우위가 불가피하게 있을 수 있다. 그러한 영역에서 행정규칙에 대한 위임입법이 제한적으로 인정될 수 있다(헌재 2004.10.28. 99헌바91).

[❹ ▸ ○] 위임입법에 있어서 위임의 구체성·명확성의 요구 정도는 그 규제대상의 종류와 성격에 따라서 달라진다. 즉 급부행정영역에서는 기본권침해영역보다는 구체성의 요구가 다소 약화되어도 무방하다고 해석되며, 다양한 사실관계를 규율하거나 사실관계가 수시로 변화될 것이 예상될 때에는 위임의 명확성의 요건이 완화된다. 뿐만 아니라 위임조항에서 위임의 구체적 범위를 명확히 규정하고 있지 않다고 하더라도 당해 법률의 전반적 체계와 관련 규정에 비추어 위임조항의 내재적인 위임의 범위나 한계를 객관적으로 분명히 확정할 수 있다면 이를 일반적이고 포괄적인 백지위임에 해당하는 것으로 볼 수 없다(헌재 1997.12.24. 95헌마390).

[❺ ▸ ○] 법률에서 위임받은 사항을 전혀 규정하지 않고 재위임하는 것은 복위임 금지의 법리에 반할 뿐만 아니라 수권법의 내용 변경을 초래하는 것이 되고, 부령의 제정·개정절차가 대통령령에 비하여 보다 용이한 점을 고려할 때 재위임에 의한 부령의 경우에도 위임에 의한 대통령령에 가해지는 헌법상의 제한이 당연히 적용되어야 할 것이므로 법률에서 위임받은 사항을 전혀 규정하지 아니하고 그대로 재위임하는 것은 허용되지 않으며 위임받은 사항에 관하여 대강을 정하고 그중의 특정 사항을 범위를 정하여 하위법령에 다시 위임하는 경우에만 재위임이 허용된다(헌재 1996.2.29. 94헌마213).



① 정답

**2014년 변호사시험 문 18.** ☑ 확인Check! ○ △ ×

**행정입법에 관한 설명 중 옳은 것은?(다툼이 있는 경우 판례에 의함)**

① 의료기기 판매업자의 의료기기법 위반행위에 대하여 보건복지부령이 정하는 기간 이내의 범위에서 업무정지를 명할 수 있도록 한 의료기기법 조항은 포괄위임금지원칙에 위반되지 않는다.

② 헌법 제95조는 "국무총리 또는 행정각부의 장은 소관 사무에 관하여 법률이나 대통령령의 위임 또는 직권으로 총리령 또는 부령을 발할 수 있다"라고 규정하여 재위임의 근거를 마련하고 있지만, 헌법 제75조에서 정하고 있는 대통령령의 경우와는 달리 '구체적으로 범위를 정하여'라는 제한을 규정하고 있지 아니하므로 대통령령으로 위임받은 사항을 그대로 재위임할 수 있다.

③ 헌법은 국회입법의 원칙을 천명하면서 법규명령인 대통령령, 총리령과 부령, 대법원 규칙, 헌법재판소 규칙, 중앙선거관리위원회 규칙에 대한 위임입법을 한정적으로 열거하고 있으므로 행정기관의 고시 등과 같은 행정규칙에 입법사항을 위임할 수 없다.

④ 집행명령은 법률의 위임이 없더라도 직권으로 발할 수 있기 때문에 모법이 폐지되어도 집행명령은 실효되지 않으며, 모법에 규정되어 있지 않은 새로운 법률사항을 집행명령으로 규정할 수 있다.

⑤ 「국가유공자 등 단체설립에 관한 법률」의 조항이 상이군경회를 비롯한 각 국가유공자단체의 대의원 선출에 관한 사항을 정관에 위임하는 형식을 갖추었다 하더라도, 이는 본래 정관에서 자치적으로 규율하여야 할 사항을 정관규정사항으로 남겨둔 것에 불과하고, 헌법 또는 다른 법률에서 이를 법률규율사항으로 정한 바도 없기 때문에 그 위헌심사에는 헌법상 포괄위임입법금지원칙이 적용되지 않는다.

[❶ ▸ ×] 업무정지기간은 국민의 직업의 자유와 관련된 중요한 사항으로서 업무정지의 사유 못지않게 업무정지처분의 핵심적·본질적 요소라 할 것이고, 비록 입법부가 복잡·다기한 행정영역에서 발생하는 상황의 변화에 따른 적절한 대처에 필요한 기술적·전문적 능력에 한계가 있어서 그 구체적 기준을 하위법령에 위임할 수밖에 없다 하더라도 최소한 그 상한만은 법률의 형식으로 이를 명확하게 규정하여야 할 것인데, 이 사건 법률조항은 업무정지기간의 범위에 관하여 아무런 규정을 두고 있지 아니하고, 나아가 의료기기법의 다른 규정이나 다른 관련 법률을 유기적·체계적으로 종합하여 보더라도 보건복지가족부령에 규정될 업무정지기간의 범위, 특히 상한이 어떠할지를 예측할 수 없으므로 헌법 제75조의 포괄위임금지원칙에 위배된다(헌재 2011.9.29. 2010헌가93).

[❷ ▸ ×] 헌법 제95조는 " … 행정각부의 장은 소관 사무에 관하여 … 대통령령의 위임 … 으로 … 부령을 발할 수 있다"라고 규정하여 재위임의 근거를 마련하고 있지만, 대통령령의 경우와는 달리 '구체적으로 범위를 정하여'라는 제한을 규정하고 있지 아니하므로 대통령령으로 위임받은 사항을 그대로 재위임할 수 있는가에 관하여 의문이 있다. 살피건대 법률에서 위임받은 사항을 전혀 규정하지 않고 재위임하는 것은 "위임받은 권한을 그대로 다시 위임할 수 없다"는 복위임금지의 법리에 반할 뿐 아니라 수권법의 내용 변경을 초래하는 것이 되고, 부령의 제정·개정절차가 대통령령에 비하여 보다 용이한 점을 고려할 때 재위임에 의한 부령의 경우에도 위임에 의한 대통령령에 가해지는 헌법상의 제한이 당연히 적용되어야 할 것이다. 따라서 법률에서 위임받은 사항을 전혀 규정하지 아니하고 그대로 재위임하는 것은 허용되지 않으며 위임받은 사항에 관하여 대강을 정하고 그중의 특정 사항을 범위를 정하여 하위법령에 다시 위임하는 경우에만 재위임이 허용된다(헌재 1996.2.29. 94헌마213).

[❸ ▸ ×] 오늘날 의회의 입법독점주의에서 입법중심주의로 전환하여 일정한 범위 내에서 행정입법을 허용하게 된 동기가 사회적 변화에 대응한 입법수요의 급증과 종래의 형식적 권력분립주의로는 현대사회에 대응할 수 없다는 기능적 권력분립론에 있다는 점 등을 감안하여 헌법 제40조와 헌법 제75조, 제95조의 의미를 살펴보면, 국회입법에 의한 수권이 입법기관이 아닌 행정기관에게 법률 등으로 구체적인 범위를 정하여 위임한 사항에 관하여는 당해 행정기관에게 법 정립의 권한을 갖게 되고, 입법자가 규율의 형식도 선택할 수도 있다 할 것이므로, 헌법이 인정하고 있는 위임입법의 형식은 예시적인 것으로 보아야 할 것이고, 그것은 법률이 행정규칙에 위임하더라도 그 행정규칙은 위임된 사항만을 규율할 수 있으므로, 국회입법의 원칙과 상치되지도 않는다(헌재 2004.10.28. 99헌바91).

정답 ⑤

[ ❹ ▸ X ] 집행명령은 모법에 종속하므로 모법을 변경하거나 보충할 수 없고, 모법이 폐지되면 실효되는 것이 원칙이다. 또한 모법에 규정이 없는 새로운 입법사항을 규정하거나, 국민의 새로운 권리·의무를 규정할 수도 없다.

판례

- 상위법령의 시행에 필요한 세부적 사항을 정하기 위하여 행정관청이 일반적 직권에 의하여 제정하는 이른바 집행명령은 근거법령인 상위법령이 폐지되면 특별한 규정이 없는 이상 실효되는 것이나, 상위법령이 개정됨에 그친 경우에는 개정법령과 성질상 모순, 저촉되지 아니하고 개정된 상위법령의 시행에 필요한 사항을 규정하고 있는 이상 그 집행명령은 상위법령의 개정에도 불구하고 당연히 실효되지 아니하고 개정법령의 시행을 위한 집행명령이 제정, 발효될 때까지는 여전히 그 효력을 유지한다(대판 1989.9.12. 88누6962).
- 집행명령은 그 모법에 종속하며 그 범위 안에서 모법을 현실적으로 집행하는 데 필요한 세칙을 규정할 수 있을 뿐이므로 위임명령과 달리 새로운 권리, 의무에 관한 사항을 규정할 수 없다(헌재 2001.2.22. 2000헌마604).

[ ❺ ▸ O ] 법률이 행정부가 아니거나 행정부에 속하지 않는 공법적 기관의 정관에 특정 사항을 정할 수 있다고 위임하는 경우에는 그러한 권력분립의 원칙을 훼손할 여지가 없다. 이는 자치입법에 해당되는 영역이므로 자치적으로 정하는 것이 바람직하다. 따라서 법률이 정관에 자치법적 사항을 위임한 경우에는 헌법 제75조, 제95조가 정하는 포괄적인 위임입법의 금지는 원칙적으로 적용되지 않는다고 봄이 상당하다. … 이 사건 법률조항이 상이군경회를 비롯한 각 국가유공자단체의 대의원 선출에 관한 사항을 정관에 위임하는 형식을 갖추었다 하더라도 이는 본래 정관에서 자치적으로 규율하여야 할 사항을 정관규정사항으로 남겨 둔 것에 불과하고, 헌법 또는 다른 법률에서 이를 법률규율사항으로 정한 바도 없는바 그 위헌심사에는 헌법상 포괄위임입법금지원칙이 적용되지 않는다(헌재 2006.3.30. 2005헌바31).

**2014년 변호사시험 문 14.** ☑ 확인 Check! ○ △ ✕

**사면에 관한 설명 중 옳지 않은 것은?(다툼이 있는 경우 판례에 의함)**

① 기소유예처분의 대상인 피의사실에 대하여 일반사면이 있은 경우 그 처분의 취소를 구하는 헌법소원의 경우에는 권리보호의 이익이 있다고 볼 수 없으므로 헌법소원심판청구는 적법하지 않다.

② 사립학교교원에 대한 해임처분이 무효인 경우, 해임처분을 받아 복직되지 아니한 기간 동안 법률상 당연퇴직사유인 금고 이상의 형을 선고받았으나 그 후 특별사면에 의하여 형의 선고의 효력이 상실되었다 하더라도 당연퇴직으로 말미암아 상실된 교원의 지위가 다시 회복되는 것은 아니다.

③ 현역군인에 대하여 징계처분의 효력을 상실시키는 특별사면이 있었다고 하더라도 징계처분의 기초되는 비위사실이 현역복무부적합사유에 해당하는 경우에는 이를 이유로 현역복무부적합조사위원회에 회부하거나 전역심사위원회의 심의를 거쳐 전역명령을 할 수 있다.

④ 여러 개의 형이 병과된 사람에 대하여 그 병과형 중 일부의 집행을 면제하거나 그에 대한 형의 선고의 효력을 상실케 하는 특별사면이 있은 경우, 그 특별사면의 효력이 병과된 나머지 형에까지 미치는 것은 아니므로 징역형의 집행유예와 벌금형이 병과된 사람에 대하여 징역형의 집행유예의 효력을 상실케 하는 내용의 특별사면이 그 벌금형의 선고의 효력까지 상실케 하는 것은 아니다.

⑤ 금고 이상의 형의 선고를 받은 후 특별사면된 마주(馬主)에 대하여 경마시행규정에서 정한 필요적 등록취소사유인 '금고 이상의 형의 선고를 받은 때'에 해당된다고 보아 마주등록을 취소할 수는 없지만, 그 기초되는 범죄사실을 들어 같은 규정에서 정한 임의적 등록취소사유인 '마주로서 품위를 손상시켰을 때'에 해당된다고 보아 마주등록을 취소할 수 있다.



① 정답

[❶ ▸ ×] 1995.12.2. 대통령령 제14818호로 공포·시행된 일반사면령 제1조 제1항 제11호에 의하면 청구인의 이 사건 도로교통법 위반범행은 사면되었는바, 만약 우리 재판소가 이 사건 심판청구를 받아들여 '기소유예'처분을 취소하면 피청구인은 '공소권 없음'의 결정을 할 것으로 짐작되는데, '기소유예'처분은 피의사실은 인정되나 정상을 참작하여 단지 그 소추를 유예하는 처분임에 반하여, '공소권없음'처분은 검사에게 피의사실에 대한 공소권이 없음을 선언하는 형식적 판단으로서 피의자의 범죄혐의 유무에 관하여 실체적 판단을 하는 것이 아니다. 그렇다면 비록 청구인의 이 사건 음주운전 소위에 대하여 일반사면이 있었다고 하더라도 이 사건 심판청구는 권리 보호의 이익이 있다(헌재 1996.10.4. 95헌마318).

[❷ ▸ ○] 사립학교교원에 대한 징계해임처분이 무효라면 학교경영자가 해임처분의 유효를 주장하여 교원의 근무를 사실상 거부한다고 하더라도 해임된 교원은 해임처분 시부터 여전히 계속하여 교원의 지위를 유지하고 있는 것이라 할 것이고, 그 교원이 복직되지 아니한 기간 동안 금고 이상의 형을 받았다면 사립학교법 제57조, 교육법 제77조 제1호, 국가공무원법 제33조 제1항 제3호, 제4호, 제5호에 의하여 당연퇴직된다 할 것이며, 그 후 특별사면에 의하여 위 금고 이상의 형의 선고의 효력이 상실되었다 할지라도 사면법 제5조 제2항에 의하면 형의 선고에 관한 기성의 효과는 사면으로 인하여 변경되지 않는다고 되어 있고 이는 사면의 효과가 소급하지 아니함을 의미하는 것이므로, 당연퇴직으로 말미암아 상실된 교원의 지위가 다시 회복되는 것은 아니다(대판 1993.6.8. 93다852).

[❸ ▸ ○] 구 군인사법 제37조, 군인사법 시행령 제49조에 의한 현역복무부적합자전역제도란 대통령령으로 정하는 일정한 사유로 인하여 현역복무에 적합하지 아니한 자를 전역심사위원회심의를 거쳐 현역에서 전역시키는 제도로서 징계제도와는 규정취지와 사유, 위원회 구성 및 주체 등에서 차이가 있으므로, 현역군인에 대하여 징계처분의 효력을 상실시키는 특별사면이 있었다고 하더라도 징계처분의 기초되는 비위사실이 현역복무부적합사유에 해당하는 경우에는 이를 이유로 현역복무부적합조사위원회에 회부하거나 전역심사위원회의 심의를 거쳐 전역명령을 할 수 있다(대판 2012.1.12. 2011두18649).

[❹ ▸ ○] 형법 제41조, 사면법 제5조 제1항 제2호, 제7조 등의 규정의 내용 및 취지에 비추어 보면, 여러 개의 형이 병과된 사람에 대하여 그 병과형 중 일부의 집행을 면제하거나 그에 대한 형의 선고의 효력을 상실케 하는 특별사면이 있은 경우, 그 특별사면의 효력이 병과된 나머지 형에까지 미치는 것은 아니므로 징역형의 집행유예와 벌금형이 병과된 신청인에 대하여 징역형의 집행유예의 효력을 상실케 하는 내용의 특별사면이 그 벌금형의 선고의 효력까지 상실케 하는 것은 아니다(대결 1997.10.13.자 96모33).

[❺ ▸ ○] 형 선고의 효력을 상실시키는 특별사면이 있었다고 하여 형선고사실 자체가 소멸되는 것은 아니지만, 경마시행규정 제7조 제1항 제4호에서 마주등록에 대한 필요적 취소사유의 하나로 규정하고 있는 '금고 이상의 형의 선고를 받은 때'란 사면 등으로 인하여 그 형의 효력이 상실된 경우까지를 포함하는 것은 아니고 '금고 이상 형의 선고를 받고 그 효력이 유지되고 있는 때'를 뜻한다고 보는 것이 합리적인 해석이므로, 마주가 받은 금고 이상의 형 선고의 효력이 특별사면에 의하여 상실된 이상, 이는 '금고 이상의 형의 선고를 받은 때'에 해당되지는 않는다고 보아야 한다. 마주가 금고 이상 형의 선고를 받은 후 그 형 선고의 효력을 상실시키는 특별사면을 받았다고 할지라도 그 기초되는 범죄사실이 경마의 공정성을 담보하는 데에 큰 흠이 되는 경우라면 마주자격을 박탈해야 할 필요성도 있으므로, 특별사면으로 인하여 같은 규정 제7조 제1항 제4호의 사유에 해당하지 않게 되었다고 하여 그 기초되는 범죄사실을 들어 같은 규정 제7조 제2항 제4호의 '마주로서 품위를 손상한 때'에 해당하는 사유로 삼을 수 없는 것은 아니다(대판 2002.8.23. 2000다64298).

**2014년 변호사시험 문 21.** ☑ 확인 Check! ○ △ ×

**통치행위에 관한 판례의 내용 중 옳지 않은 것은?**

① 대통령의 비상계엄의 선포나 확대행위는 고도의 정치적·군사적 성격을 지니고 있는 행위라 할 것이므로, 그것이 누구에게도 일견하여 헌법이나 법률에 위반되는 것으로서 명백하게 인정될 수 있는 경우라면 몰라도, 그러하지 아니한 이상 그 계엄 선포의 요건 구비 여부나 선포의 당·부당을 판단할 권한이 사법부에는 없다고 할 것이나, 비상계엄의 선포나 확대가 국헌문란의 목적을 달성하기 위하여 행하여진 경우에는 법원은 그 자체가 범죄행위에 해당하는지의 여부에 관하여 심사할 수 있다.

② 헌법재판소는 대통령의 긴급재정경제명령은 국가긴급권의 일종으로서 고도의 정치적 결단에 의하여 발동되는 행위이고, 그 결단을 존중하여야 할 필요성이 있는 행위라는 의미에서 이른바 통치행위에 속한다고 판시하였다.

③ 헌법재판소는 고도의 정치적 결단에 의하여 행해지는 국가작용이라고 할지라도 그것이 국민의 기본권 침해와 직접 관련되는 경우에는 헌법재판소의 심판대상이 된다고 판시하였다.

④ 헌법재판소는 대통령이 국군을 이라크에 파견하기로 한 결정은 그 성격상 국방 및 외교에 관련된 고도의 정치적 결단을 요하는 문제로서, 헌법과 법률이 정한 절차를 지켜 이루어진 것임이 명백하므로, 대통령과 국회의 판단은 존중되어야 하고 헌법재판소가 사법적 기준만으로 이를 심판하는 것은 자제되어야 한다고 판시하였다.

⑤ 대법원은 남북정상회담의 개최 및 이 과정에서 정부의 승인을 얻지 아니한 채 북한 측에 사업권의 대가 명목으로 송금한 행위 등은 고도의 정치적 성격을 지니고 있는 행위라 할 것이므로 특별한 사정이 없는 한 그 당부를 심판하는 것은 사법권의 내재적·본질적 한계를 넘어서는 것으로서 사법심사의 대상이 될 수 없다고 보았다.

[❶ ▸ O] 대통령의 비상계엄의 선포나 확대행위는 고도의 정치적·군사적 성격을 지니고 있는 행위라 할 것이므로, 그것이 누구에게도 일견하여 헌법이나 법률에 위반되는 것으로서 명백하게 인정될 수 있는 등 특별한 사정이 있는 경우라면 몰라도, 그러하지 아니한 이상 그 계엄 선포의 요건 구비 여부나 선포의 당·부당을 판단할 권한이 사법부에는 없다고 할 것이나, 비상계엄의 선포나 확대가 국헌문란의 목적을 달성하기 위하여 행하여진 경우에는 법원은 그 자체가 범죄행위에 해당하는지의 여부에 관하여 심사할 수 있다(대판 1997.4.17. 96도3376 [전합]).

[❷ ▸ O] [❸ ▸ O] 대통령의 긴급재정경제명령은 국가긴급권의 일종으로서 고도의 정치적 결단에 의하여 발동되는 행위이고 그 결단을 존중하여야 할 필요성이 있는 행위라는 의미에서 이른바 통치행위에 속한다고 할 수 있으나, 통치행위를 포함하여 모든 국가작용은 국민의 기본권적 가치를 실현하기 위한 수단이라는 한계를 반드시 지켜야 하는 것이고, 헌법재판소는 헌법의 수호와 국민의 기본권 보장을 사명으로 하는 국가기관이므로 비록 고도의 정치적 결단에 의하여 행해지는 국가작용이라고 할지라도 그것이 국민의 기본권 침해와 직접 관련되는 경우에는 당연히 헌법재판소의 심판대상이 된다(헌재 1996.2.29. 93헌마186).

[❹ ▸ O] 이 사건 파견결정은 그 성격상 국방 및 외교에 관련된 고도의 정치적 결단을 요하는 문제로서, 헌법과 법률이 정한 절차를 지켜 이루어진 것임이 명백하므로, 대통령과 국회의 판단은 존중되어야 하고, 우리 재판소가 사법적 기준만으로 이를 심판하는 것은 자제되어야 한다(헌재 2004.4.29. 2003헌마814).

[❺ ▸ X] 남북정상회담의 개최는 고도의 정치적 성격을 지니고 있는 행위라 할 것이므로 특별한 사정이 없는 한 그 당부를 심판하는 것은 사법권의 내재적·본질적 한계를 넘어서는 것이 되어 적절하지 못하지만, 남북정상회담의 개최과정에서 재정경제부장관에게 신고하지 아니하거나 통일부장관의 협력사업승인을 얻지 아니한 채 북한 측에 사업권의 대가 명목으로 송금한 행위 자체는 헌법상 법치국가의 원리와 법 앞에 평등원칙 등에 비추어 볼 때 사법심사의 대상이 된다(대판 2004.3.26. 2003도7878).



⑤ 정답

**2012년 변호사시험 문 8.** ☑ 확인 Check! ○ △ ✕

**대통령의 권한 행사에 대한 사법적 통제에 관한 설명 중 옳지 않은 것을 모두 고른 것은?(다툼이 있는 경우 판례에 의함)**

ㄱ. 헌법재판소는 긴급재정경제명령이 헌법 제76조에 규정된 발동요건을 충족하는 것이라면, 그 긴급재정경제명령으로 인하여 기본권이 제한되는 경우에도 목적의 정당성, 수단의 적정성, 피해의 최소성, 법익의 균형성이라는 비례원칙이 준수된 것으로 판시하였다.

ㄴ. 대통령은 국민의 선거에 의하여 취임하는 공무원이므로 선거운동을 허용할 수밖에 없다. 따라서 공직선거법 제9조 제1항이 규정하는 '공무원 기타 정치적 중립을 지켜야 하는 자'에 대통령이 포함되지 아니하는 것으로 해석해야 한다.

ㄷ. 국가나 국가기관은 공권력 행사의 주체이자 기본권의 '수범자'로서 국민의 기본권을 보호하거나 실현해야 할 책임과 의무를 지니고 있으므로, 국가기관인 대통령은 자신의 표현의 자유가 침해되었음을 이유로 헌법소원을 제기할 수 있는 청구인적격이 없다.

ㄹ. 국군을 외국에 파견하는 결정은 파견군인인 국민의 생명과 신체의 안전뿐만 아니라 우리나라의 국제평화에의 기여, 국가안보 등 궁극적으로 국민의 기본권과 헌법의 보장에 영향을 미치는 중요한 문제로서 정치적 결단에 맡겨둘 것이 아니라 사법적 기준에 의하여 심사되어야 한다.

ㅁ. 헌법 제79조는 대통령의 사면권의 구체적 내용과 방법 등을 법률에 위임함으로써 사면의 종류, 대상, 범위 등에 관하여 입법자에게 광범위한 입법재량을 부여하고 있다. 따라서 특별사면의 대상을 '형'으로 규정할 것인지, '사람'으로 규정할 것인지는 입법재량사항에 속한다.

① ㄱ, ㄴ, ㄷ ② ㄴ, ㄷ, ㄹ ③ ㄷ, ㄹ, ㅁ
④ ㄱ, ㄹ, ㅁ ⑤ ㄴ, ㄷ, ㅁ

[ㄱ ▸ O] 긴급재정경제명령이 아래에서 보는 바와 같은 헌법 제76조 소정의 요건과 한계에 부합하는 것이라면 그 자체로 목적의 정당성, 수단의 적정성, 피해의 최소성, 법익의 균형성이라는 기본권 제한의 한계로서의 과잉금지원칙을 준수하는 것이 되는 것이다. 그러므로 이 사건 긴급명령이 헌법 제76조가 정하고 있는 요건과 한계에 부합하는 것인지 살펴본다(헌재 1996.2.29. 93헌마186).

[ㄴ ▸ X] 공선법 제9조의 '공무원'이란, 위 헌법적 요청을 실현하기 위하여 선거에서의 중립의무가 부과되어야 하는 모든 공무원, 즉 구체적으로 '자유선거원칙'과 '선거에서의 정당의 기회균등'을 위협할 수 있는 모든 공무원을 의미한다. 그런데 사실상 모든 공무원이 그 직무의 행사를 통하여 선거에 부당한 영향력을 행사할 수 있는 지위에 있으므로, 여기서의 공무원이란 원칙적으로 국가와 지방자치단체의 모든 공무원, 즉 좁은 의미의 직업공무원은 물론이고, 적극적인 정치활동을 통하여 국가에 봉사하는 정치적 공무원을 포함한다. 다만, 국회의원과 지방의회의원은 정당의 대표자이자 선거운동의 주체로서의 지위로 말미암아 선거에서의 정치적 중립성이 요구될 수 없으므로, 공선법 제9조의 '공무원'에 해당하지 않는다. 따라서 선거에 있어서의 정치적 중립성은 행정부와 사법부의 모든 공직자에게 해당하는 공무원의 기본적 의무이다. 더욱이, 대통령은 행정부의 수반으로서 공정한 선거가 실시될 수 있도록 총괄·감독해야 할 의무가 있으므로, 당연히 선거에서의 중립의무를 지는 공직자에 해당하는 것이고, 이로써 공선법 제9조의 '공무원'에 포함된다(헌재 2004.5.14. 2004헌나1).

[ㄷ ▸ X] 대통령도 국민의 한사람으로서 제한적으로나마 기본권의 주체가 될 수 있는바, 대통령은 소속 정당을 위하여 정당활동을 할 수 있는 사인으로서의 지위와 국민 모두에 대한 봉사자로서 공익 실현의 의무가 있는 헌법기관으로서의 지위를 동시에 갖는데 최소한 전자의 지위와 관련하여는 기본권주체성을 갖는다고 할 수 있다(헌재 2008.1.17. 2007헌마700).

정답 ②

[ㄹ ▸ X] 이 사건 파견결정은 그 성격상 국방 및 외교에 관련된 고도의 정치적 결단을 요하는 문제로서, 헌법과 법률이 정한 절차를 지켜 이루어진 것임이 명백하므로, 대통령과 국회의 판단은 존중되어야 하고, 우리 재판소가 사법적 기준만으로 이를 심판하는 것은 자제되어야 한다(헌재 2004.4.29. 2003헌마814).

[ㅁ ▸ O] 우리 헌법 제79조 제1항은 "대통령은 법률이 정하는 바에 의하여 사면·감형 또는 복권을 명할 수 있다"고 대통령의 사면권을 규정하고 있고, 제3항은 "사면·감형 및 복권에 관한 사항은 법률로 정한다"고 규정하여 사면의 구체적 내용과 방법 등을 법률에 위임하고 있다. 그러므로 사면의 종류, 대상, 범위, 절차, 효과 등은 범죄의 죄질과 보호법익, 일반국민의 가치관 내지 법감정, 국가이익과 국민화합의 필요성, 권력분립의 원칙과의 관계 등 제반 사항을 종합하여 입법자가 결정할 사항으로서 입법자에게 광범위한 입법재량 내지 형성의 자유가 부여되어 있다. 따라서 특별사면의 대상을 '형'으로 규정할 것인지, '사람'으로 규정할 것인지는 입법재량사항에 속한다 할 것이다(헌재 2000.6.1. 97헌바74).

## 제2절 정 부 ★☆

**2018년 변호사시험 문 5.** ☑ 확인 Check! ○ △ X

**국무총리 및 국무위원에 관한 설명 중 옳지 않은 것은?(다툼이 있는 경우 판례에 의함)**

① 국회는 국무총리나 국무위원에 대한 해임을 건의할 수 있으나, 국회의 해임건의는 대통령을 기속하는 해임결의권이 아니라, 아무런 법적 구속력이 없는 단순한 해임건의권에 불과하다.
② 국회는 국무총리나 국무위원이 그 직무 집행에 있어서 헌법이나 법률을 위배한 때에는 탄핵의 소추를 의결할 수 있고, 그 탄핵소추는 국회 재적의원 3분의 1 이상의 발의가 있어야 하며, 그 의결은 국회 재적의원 과반수의 찬성이 있어야 한다.
③ 행정권은 헌법상 대통령에게 귀속되고, 국무총리는 단지 대통령의 첫째가는 보좌기관으로서 행정에 관하여 독자적인 권한을 가지지 못하고 대통령의 명을 받아 행정각부를 통할하는 기관으로서의 지위만을 가지며, 행정권 행사에 대한 최후의 결정권자는 대통령이라고 해석하는 것이 타당하다.
④ 국무총리제도는 1954년 제2차 개정헌법에서 폐지된 바 있고, 이때 국무위원에 대한 개별적 불신임제를 채택하였다.
⑤ 대통령의 궐위 시 국무총리가 대통령의 권한을 대행하고, 국무총리도 궐위된 경우에는 법률이 정한 국무위원의 순서로 대통령권한을 대행하지만, 국무총리가 사고로 직무를 수행할 수 없는 경우에는 대통령의 지명을 받은 국무위원이 우선적으로 국무총리의 직무를 대행한다.

[❶ ▸ O] 국회는 국무총리나 국무위원의 해임을 건의할 수 있으나(헌법 제63조), 국회의 해임건의는 대통령을 기속하는 해임결의권이 아니라, 아무런 법적 구속력이 없는 단순한 해임건의에 불과하다. 우리 헌법 내에서 '해임건의권'의 의미는, 임기 중 아무런 정치적 책임을 물을 수 없는 대통령 대신에 그를 보좌하는 국무총리·국무위원에 대하여 정치적 책임을 추궁함으로써 대통령을 간접적이나마 견제하고자 하는 것에 지나지 않는다. 헌법 제63조의 해임건의권을 법적 구속력 있는 해임결의권으로 해석하는 것은 법문과 부합할 수 없을 뿐만 아니라, 대통령에게 국회해산권을 부여하고 있지 않는 현행헌법상의 권력분립질서와도 조화될 수 없다(헌재 2004.5.14. 2004헌나1).



⑤ 정답

[❷ ▸ O] 헌법 제65조 제1항·제2항 참조

헌법 제65조 ① 대통령·국무총리·국무위원·행정각부의 장·헌법재판소 재판관·법관·중앙선거관리위원회 위원·감사원장·감사위원 기타 법률이 정한 공무원이 그 직무 집행에 있어서 헌법이나 법률을 위배한 때에는 국회는 탄핵의 소추를 의결할 수 있다.

② 제1항의 탄핵소추는 국회 재적의원 3분의 1 이상의 발의가 있어야 하며, 그 의결은 국회 재적의원 과반수의 찬성이 있어야 한다. 다만, 대통령에 대한 탄핵소추는 국회 재적의원 과반수의 발의와 국회 재적의원 3분의 2 이상의 찬성이 있어야 한다.

[❸ ▸ O] 우리 헌법이 대통령중심제의 정부형태를 취하면서도 국무총리제도를 두게 된 주된 이유가 부통령제를 두지 않았기 때문에 대통령 유고 시에 그 권한대행자가 필요하고 또 대통령제의 기능과 능률을 높이기 위하여 대통령을 보좌하고 그 의견을 받들어 정부를 통할·조정하는 보좌기관이 필요하다는 데 있었던 점과 대통령에게 법적 제한 없이 국무총리해임권이 있는 점(헌법 제78조, 제86조 제1항 참조) 등을 고려하여 총체적으로 보면 내각책임제 밑에서의 행정권이 수상에게 귀속되는 것과는 달리 우리나라의 행정권은 헌법상 대통령에게 귀속되고, 국무총리는 단지 대통령의 첫째 가는 보좌기관으로서 행정에 관하여 독자적인 권한을 가지지 못하고 대통령의 명을 받아 행정각부를 통할하는 기관으로서의 지위만을 가지며, 행정권 행사에 대한 최후의 결정권자는 대통령이라고 해석하는 것이 타당하다고 할 것이다(헌재 1994.4.28. 89헌마221).

[❹ ▸ O] 국무총리제도가 폐지된 것은 1954년 제2차 개정헌법이 유일하고, 또한 이때 국무위원에 대한 개별적 불신임제가 채택되었다.

[❺ ▸ ×] 국무총리가 사고로 직무를 수행할 수 없는 경우에는 기획재정부장관이 겸임하는 부총리, 교육부장관이 겸임하는 부총리의 순으로 직무를 대행한다.

헌법 제71조 대통령이 궐위되거나 사고로 인하여 직무를 수행할 수 없을 때에는 국무총리, 법률이 정한 국무위원의 순서로 그 권한을 대행한다.

국무총리의 직무대행(정부조직법 제22조) 국무총리가 사고로 직무를 수행할 수 없는 경우에는 기획재정부장관이 겸임하는 부총리, 교육부장관이 겸임하는 부총리의 순으로 직무를 대행하고, 국무총리와 부총리가 모두 사고로 직무를 수행할 수 없는 경우에는 대통령의 지명이 있으면 그 지명을 받은 국무위원이, 지명이 없는 경우에는 제26조 제1항에 규정된 순서에 따른 국무위원이 그 직무를 대행한다.

**2015년 변호사시험 문 11.** 확인Check! O △ X

**대통령과 행정부에 관한 설명 중 옳지 않은 것은?(다툼이 있는 경우 판례에 의함)**

① 「정부조직법」은 행정각부의 장이 아닌 국무위원을 인정하고 있지 않다.
② 비상계엄이 선포된 때에는 법률이 정하는 바에 의하여 영장제도, 언론·출판·집회·결사의 자유, 정부나 법원의 권한에 관하여 특별한 조치를 할 수 있다.
③ 대통령은 법률안의 일부에 대하여 또는 법률안을 수정하여 국회에 재의를 요구할 수 없다.
④ 입법권자는 헌법 제96조에 의하여 법률로써 행정을 담당하는 행정기관을 설치함에 있어, 국무총리가 대통령의 명을 받아 통할하는 기관 외에도 대통령이 직접 통할하는 기관을 설치할 수 있다.
⑤ 국무회의는 대통령·국무총리와 15인 이상 30인 이하의 국무위원으로 구성하며, 행정각부 간의 권한의 획정을 심의한다.

정답 정답 없음

[ ❶ ▸ O ] 출제 당시의 정부조직법에 의하면, 행정각부의 장이 아닌 국민안전처의 장관을 국무위원으로 보하도록 하는 규정이 있었으므로 옳지 않은 지문이었으나, 2017.7.26. 개정된 정부조직법에 의하면, 국민안전처와 행정자치부가 행정안전부로 통합되어 행정각부의 장이 아니면서 국무위원인 경우를 명시적으로 인정하고 있는 규정이 없는 상태이다. 논란이 될 수 있는 지문이나, 학습하는 입장에서는 "현행 정부조직법상 행정각부의 장이 아닌 국무위원은 없다"라고 기억해 두면 될 것이다.

[ ❷ ▸ O ] 비상계엄이 선포된 때에는 법률이 정하는 바에 의하여 영장제도, 언론・출판・집회・결사의 자유, 정부나 법원의 권한에 관하여 특별한 조치를 할 수 있다(헌법 제77조 제3항).

[ ❸ ▸ O ] 대통령은 법률안의 일부에 대하여 또는 법률안을 수정하여 재의를 요구할 수 없다(헌법 제53조 제3항).

[ ❹ ▸ O ] 입법권자는 헌법 제96조에 의하여 법률로써 행정을 담당하는 행정기관을 설치함에 있어 그 기관이 관장하는 사무의 성질에 따라 국무총리가 대통령의 명을 받아 통할할 수 있는 기관으로 설치할 수도 있고 또는 대통령이 직접 통할하는 기관으로 설치할 수도 있다 할 것이므로 헌법 제86조 제2항 및 제94조에서 말하는 국무총리의 통할을 받는 행정각부는 입법권자가 헌법 제96조의 위임을 받은 정부조직법 제29조에 의하여 설치하는 행정각부만을 의미한다고 할 것이다(헌재 1994.4.28. 89헌마221).

[ ❺ ▸ O ] 헌법 제88조 제2항, 제89조 제10호 참조

법령

**헌법 제88조** ② 국무회의는 대통령・국무총리와 15인 이상 30인 이하의 국무위원으로 구성한다.

**헌법 제89조** 다음 사항은 국무회의의 심의를 거쳐야 한다.

10. 행정각부 간의 권한의 획정

**2013년 변호사시험 문 6.** ☑ 확인 Check! ○ △ ×

**대통령과 행정부에 관한 설명 중 옳지 않은 것은?(다툼이 있는 경우 판례에 의함)**

① 중앙행정기관의 장은 법률에서 위임한 사항이나 법률을 집행하기 위하여 필요한 사항을 규정한 대통령령・총리령・부령・훈령・예규・고시 등이 제정・개정 또는 폐지된 때에는 10일 이내에 이를 국회 소관 상임위원회에 제출하여야 한다.

② 대통령이 자신에 대한 재신임을 국민투표의 형태로 묻고자 하는 것은 헌법 제72조에 의하여 부여받은 국민투표부의권을 위헌적으로 행사하는 경우에 해당하는 것으로, 국민투표제도를 자신의 정치적 입지를 강화하기 위한 정치적 도구로 남용해서는 안 된다는 헌법적 의무를 위반한 것이다.

③ 우리 헌법에서 국무총리는 국무위원 및 행정각부의 장 임명제청권, 대통령의 국법상 행위에 관한 문서에의 부서권 등 실질적인 행정부통할권을 가지므로, 대통령의 보좌기관이 아니며 대통령과의 관계에서 독자적인 권한을 행사한다.

④ 위헌적인 법률을 법질서로부터 제거하는 권한은 헌법상 단지 헌법재판소에 부여되어 있으므로, 설사 행정부가 특정 법률에 대하여 위헌의 의심이 있다 하더라도 헌법재판소에 의하여 법률의 위헌성이 확인될 때까지는 법을 존중하고 집행하기 위한 모든 노력을 기울여야 한다.

⑤ 위임입법에 관한 헌법 제75조는 처벌법규에도 적용되는 것이지만 처벌법규의 위임은 특히 긴급한 필요가 있거나 미리 법률로써 자세히 정할 수 없는 부득이한 사정이 있는 경우에 한정되어야 하고, 이 경우에도 법률에서 범죄의 구성요건은 처벌대상인 행위가 어떠한 것일지를 예측할 수 있을 정도로 구체적으로 정하고 형벌의 종류 및 그 상한의 폭을 명백히 규정하여야 한다.



③ 정답

[ ❶ ▸ O ] 중앙행정기관의 장은 법률에서 위임한 사항이나 법률을 집행하기 위하여 필요한 사항을 규정한 대통령령・총리령・부령・훈령・예규・고시 등이 제정・개정 또는 폐지되었을 때에는 10일 이내에 이를 국회 소관 상임위원회에 제출하여야 한다. 다만, 대통령령의 경우에는 입법예고를 할 때(입법예고를 생략하는 경우에는 법제처장에게 심사를 요청할 때를 말한다)에도 그 입법예고안을 10일 이내에 제출하여야 한다(국회법 제98조의2 제1항).

[ ❷ ▸ O ] 대통령이 자신에 대한 재신임을 국민투표의 형태로 묻고자 하는 것은 헌법 제72조에 의하여 부여받은 국민투표부의권을 위헌적으로 행사하는 경우에 해당하는 것으로, 국민투표제도를 자신의 정치적 입지를 강화하기 위한 정치적 도구로 남용해서는 안 된다는 헌법적 의무를 위반한 것이다. 물론, 대통령이 위헌적인 재신임국민투표를 단지 제안만 하였을 뿐 강행하지는 않았으나, 헌법상 허용되지 않는 재신임국민투표를 국민들에게 제안한 것은 그 자체로서 헌법 제72조에 반하는 것으로 헌법을 실현하고 수호해야 할 대통령의 의무를 위반한 것이다(헌재 2004.5.14. 2004헌나1).

[ ❸ ▸ × ] 우리 헌법이 대통령중심제의 정부형태를 취하면서도 국무총리제도를 두게 된 주된 이유가 부통령제를 두지 않았기 때문에 대통령 유고 시에 그 권한대행자가 필요하고 또 대통령제의 기능과 능률을 높이기 위하여 대통령을 보좌하고 그 의견을 받들어 정부를 통할・조정하는 보좌기관이 필요하다는 데 있었던 점과 대통령에게 법적 제한 없이 국무총리 해임권이 있는 점(헌법 제78조, 제86조 제1항 참조) 등을 고려하여 총체적으로 보면 내각책임제 밑에서의 행정권이 수상에게 귀속되는 것과는 달리 우리나라의 행정권은 헌법상 대통령에게 귀속되고, 국무총리는 단지 대통령의 첫째 가는 보좌기관으로서 행정에 관하여 독자적인 권한을 가지지 못하고 대통령의 명을 받아 행정각부를 통할하는 기관으로서의 지위만을 가지며, 행정권 행사에 대한 최후의 결정권자는 대통령이라고 해석하는 것이 타당하다고 할 것이다(헌재 1994.4.28. 89헌마221).

[ ❹ ▸ O ] 대통령은 헌법을 수호하고 실현하기 위한 모든 노력을 기울여야 할 뿐만 아니라, 법을 준수하여 현행법에 반하는 행위를 해서는 안 되며, 나아가 입법자의 객관적 의사를 실현하기 위한 모든 행위를 해야 한다. 행정부의 법준중의무와 법집행의무는 행정부가 위헌적인 것으로 간주하는 법률에 대해서도 마찬가지로 적용된다. 위헌적인 법률을 법질서로부터 제거하는 권한은 헌법상 단지 헌법재판소에 부여되어 있으므로, 설사 행정부가 특정 법률에 대하여 위헌의 의심이 있다 하더라도, 헌법재판소에 의하여 법률의 위헌성이 확인될 때까지는 법을 존중하고 집행하기 위한 모든 노력을 기울여야 한다(헌재 2004.5.14. 2004헌나1).

[ ❺ ▸ O ] 위임입법에 관한 헌법 제75조는 처벌법규에도 적용되는 것이지만 법률에 의한 처벌법규의 위임은, 헌법이 특히 인권을 최대한으로 보장하기 위하여 죄형법정주의와 적법절차를 규정하고, 법률(형식적 의미의)에 의한 처벌을 특별히 강조하고 있는 기본권보장우위사상에 비추어 바람직스럽지 못한 일이므로, 그 요건과 범위가 보다 엄격하게 제한적으로 적용되어야 한다. 따라서 처벌법규의 위임은 특히 긴급한 필요가 있거나 미리 법률로써 자세히 정할 수 없는 부득이한 사정이 있는 경우에 한정되어야 하고 이러한 경우일지라도 법률에서 범죄의 구성요건은 처벌대상인 행위가 어떠한 것일 것이라고 이를 예측할 수 있을 정도로 구체적으로 정하고 형벌의 종류 및 그 상한과 폭을 명백히 규정하여야 한다(헌재 1991.7.8. 91헌가4).

## 제3절 감사원 ☆

2018년 변호사시험 문 11. ☑ 확인Check! ○ △ ×

감사원에 관한 설명 중 옳지 않은 것은?

① 19세 이상의 국민은 공공기관의 사무처리가 법령 위반 또는 부패행위로 인하여 공익을 현저히 해하는 경우 대통령령으로 정하는 일정한 수 이상의 국민의 연서로 감사원에 감사를 청구할 수 있으나, 사적인 권리관계 또는 개인의 사생활에 관한 사항은 감사청구의 대상에서 제외된다.
② 감사원은 법령에 따라 국가 또는 지방자치단체가 위탁하거나 대행하게 한 사무에 대해서도 감찰한다.
③ 감사원장은 국회의 동의를 얻어 감사위원 중에서 대통령이 임명하고, 감사원장의 임기는 4년으로 하며, 중임할 수 없다.
④ 1948년 제헌헌법에서는 국가의 수입지출의 결산을 검사하는 기관으로 심계원을 두었다.
⑤ 감사원은 대통령에 소속하되, 직무에 관하여는 독립의 지위를 가진다. 감사원 소속 공무원의 임면, 조직 및 예산의 편성에 있어서는 감사원의 독립성이 최대한 존중되어야 한다.

[❶ ▸ ○] 부패방지 및 국민권익위원회의 설치와 운영에 관한 법률 제72조 제1항・제2항 참조

**감사청구권(부패방지 및 국민권익위원회의 설치와 운영에 관한 법률 제72조)** ① 19세 이상의 국민은 공공기관의 사무처리가 법령 위반 또는 부패행위로 인하여 공익을 현저히 해하는 경우 대통령령으로 정하는 일정한 수 이상의 국민의 연서로 감사원에 감사를 청구할 수 있다. 다만, 국회・법원・헌법재판소・선거관리위원회 또는 감사원의 사무에 대하여는 국회의장・대법원장・헌법재판소장・중앙선거관리위원회 위원장 또는 감사원장(이하 "당해 기관의 장"이라 한다)에게 감사를 청구하여야 한다.

② 제1항에도 불구하고 다음 각 호의 어느 하나에 해당하는 사항은 감사청구의 대상에서 제외한다.

1. 국가의 기밀 및 안전 보장에 관한 사항
2. 수사・재판 및 형 집행(보안처분・보안관찰처분・보호처분・보호관찰처분・보호감호처분・치료감호처분・사회봉사명령을 포함한다)에 관한 사항
3. 사적인 권리관계 또는 개인의 사생활에 관한 사항
4. 다른 기관에서 감사하였거나 감사 중인 사항. 다만, 다른 기관에서 감사한 사항이라도 새로운 사항이 발견되거나 중요사항이 감사에서 누락된 경우에는 그러하지 아니하다.
5. 그 밖에 감사를 실시하는 것이 적절하지 아니한 정당한 사유가 있는 경우로서 대통령령이 정하는 사항

[❷ ▸ ○] 감사원법 제24조 제1항 제4호 참조

**감찰사항(감사원법 제24조)** ① 감사원은 다음 각 호의 사항을 감찰한다.

1. 정부조직법 및 그 밖의 법률에 따라 설치된 행정기관의 사무와 그에 소속한 공무원의 직무
2. 지방자치단체의 사무와 그에 소속한 지방공무원의 직무
3. 제22조 제1항 제3호 및 제23조 제7호에 규정된 자의 사무와 그에 소속한 임원 및 감사원의 검사대상이 되는 회계사무와 직접 또는 간접으로 관련이 있는 직원의 직무
4. 법령에 따라 국가 또는 지방자치단체가 위탁하거나 대행하게 한 사무와 그 밖의 법령에 따라 공무원의 신분을 가지거나 공무원에 준하는 자의 직무



③ 정답

[ ❸ ▸ X ] 감사원장은 감사위원 중에서 임명해야 하는 것은 아니고, 1차에 한하여 중임할 수 있다.

**헌법 제98조** ② 원장은 국회의 동의를 얻어 대통령이 임명하고, 그 임기는 4년으로 하며, 1차에 한하여 중임할 수 있다.
③ 감사위원은 원장의 제청으로 대통령이 임명하고, 그 임기는 4년으로 하며, 1차에 한하여 중임할 수 있다.

[ ❹ ▸ O ] 1948년 제헌헌법은 헌법상 심계원을 두어 국가의 수입지출의 결산을, 정부조직법상 감찰위원회를 두어 직무감찰을 담당하게 하였다. 1962년 제5차 개정헌법은 심계원과 감찰위원회를 통합하여 감사원을 설치하였다.

[ ❺ ▸ O ] 감사원법 제2조 제1항·제2항 참조

**지위(감사원법 제2조)** ① 감사원은 대통령에 소속하되, 직무에 관하여는 독립의 지위를 가진다.
② 감사원 소속 공무원의 임면(任免), 조직 및 예산의 편성에 있어서는 감사원의 독립성이 최대한 존중되어야 한다.

## 제4절 선거관리위원회

# 법 원



각 문항별로 이해도를 체크해 보세요.

최근 5년간 회별 평균 1문

## 제1절 사법권의 독립 ★★☆

**2019년 변호사시험 문 1.**

확인 Check! ○ △ ×

**사법권의 독립에 관한 설명 중 옳지 않은 것은?(다툼이 있는 경우 판례에 의함)**

① 법관에 대한 대법원장의 징계처분취소청구소송을 대법원의 단심재판에 의하도록 하는 것은, 독립적으로 사법권을 행사하는 법관이라는 지위의 특수성과 법관에 대한 징계절차의 특수성을 감안하여 재판의 신속을 도모하기 위한 것이므로 헌법에 합치된다.

② 부보(附保)금융기관 파산 시 법원으로 하여금 예금보험공사나 그 임직원을 의무적으로 파산관재인으로 선임하도록 하고, 예금보험공사가 파산관재인으로 선임된 경우 「파산법」상의 파산관재인에 대한 법원의 해임권과 허가권 등 법원의 감독을 배제하는 법조항은 법원의 사법권 내지 사법권 독립을 침해하는 것이다.

③ 약식절차에서 정식재판을 청구하는 경우 약식명령의 형보다 중한 형을 선고하지 못하도록 하는 구 「형사소송법」 조항은 법관의 양형결정권을 침해하지 않는다.

④ 회사정리절차의 개시와 진행 여부에 관한 법관의 판단을 금융기관 내지 성업공사 등 이해당사자의 의사에 실질적으로 종속시키는 법조항은 사법권을 형해화하는 것이고 사법권의 독립을 위협할 소지가 있다.

⑤ 강도상해죄의 법정형의 하한을 '7년 이상의 징역'으로 정하고 있는 「형법」 조항은 법정형의 하한을 살인죄의 그것보다 높였다고 해서 사법권의 독립 및 법관의 양형판단권을 침해하는 것은 아니다.

[❶ ▸ ○] 구 법관징계법 제27조는 법관에 대한 대법원장의 징계처분취소청구소송을 대법원에 의한 단심재판에 의하도록 규정하고 있는바, 이는 독립적으로 사법권을 행사하는 법관이라는 지위의 특수성과 법관에 대한 징계절차의 특수성을 감안하여 재판의 신속을 도모하기 위한 것으로 그 합리성을 인정할 수 있고, 대법원이 법관에 대한 징계처분취소청구소송을 단심으로 재판하는 경우에는 사실 확정도 대법원의 권한에 속하여 법관에 의한 사실 확정의 기회가 박탈되었다고 볼 수 없으므로, 헌법 제27조 제1항의 재판청구권을 침해하지 아니한다(헌재 2012.2.23. 2009헌바34).

[❷ ▸ ×] '파산관재인의 선임 및 직무감독에 관한 사항'은 대립당사자 간의 법적 분쟁을 사법적 절차를 통하여 해결하는 전형적인 사법권의 본질에 속하는 사항이 아니며, 따라서 입법자에 의한 개입여지가 넓으므로, 그러한 입법형성권 행사가 자의적이거나 비합리적이 아닌 한 사법권을 침해한다고 할 수 없다. … 이 사건 조항이 예보가 파산관재인이 될 경우 파산법상의 법원의 해임권 등을 배제하고 있으나, 예금자보호법상 예보의 의사결정과정, 파산관리절차에 관한 지휘체계, 예보에 대한 국가기관의 감독장치, 이 사건 조항의 입법목적과 내용 등을 고려할 때, 그러한 감독권 배제가 자의적이거나 불합리하게 법원의 사법권을 제한한 것이라 보기 어렵다(헌재 2001.3.15. 2001헌가1 등).

[❸ ▸ ○] 형사법상 법관에게 주어진 양형권한도 입법자가 만든 법률에 규정되어 있는 내용과 방법에 따라 그 한도 내에서 재판을 통해 형벌을 구체화하는 것으로 볼 수 있다. 또한 검사의 약식명령청구사안이 적당하지 않다고 판단될 경우 법원은 직권으로 통상의 재판절차로 사건을 넘겨 재판절차를 진행시킬 수 있고 이 재판절차에서 법관이 자유롭게 형량을 결정할



② 정답

수 있으므로 이러한 점들을 종합해 보면 약식절차에서 피고인이 정식재판을 청구한 경우 약식명령보다 더 중한 형을 선고할 수 없도록 한 형사소송법 법률조항에 의하여 법관의 양형결정권이 침해된다고 볼 수 없다(헌재 2005.3.31. 2004헌가27 등).

[❹ ▸ O] 회사정리절차의 개시와 진행의 여부를 실질적으로 금융기관의 의사에 종속시키는 위 규정은, 회사의 갱생가능성 및 정리계획의 수행가능성의 판단을 오로지 법관에게 맡기고 있는 회사정리법의 체계에 위반하여 사법권을 형해화시키는 것으로서, 지시로부터의 독립도 역시 그 내용으로 하는 사법권의 독립에 위협의 소지가 있다(헌재 1990.6.25. 89헌가98 등).

[❺ ▸ O] 강도상해죄의 법정형의 하한을 살인죄의 그것보다 중하게 규정한 형법 제337조의 법정형은 현저히 형벌체계상의 정당성과 균형을 잃은 것으로서 헌법상의 평등의 원칙에 반한다거나 인간의 존엄과 가치를 규정한 헌법 제10조와 기본권 제한입법의 한계를 규정한 헌법 제37조 제2항에 위반된다거나 또는 사법권의 독립 및 법관의 양형판단권을 침해한 위헌법률조항이라 할 수 없다(헌재 1997.8.21. 93헌바60).

**2020년 변호사시험 문 22.** ☑ 확인Check! ○ △ ✕

**사법권에 관한 설명 중 옳지 않은 것은?(다툼이 있는 경우 판례에 의함)**

① 수뢰액이 5천만원 이상인 때에는 무기 또는 10년 이상의 징역에 처하도록 한 「특정범죄 가중처벌 등에 관한 법률」 조항은 별도의 법률상 감경사유가 없는 한 집행유예의 선고를 할 수 없도록 그 법정형의 하한을 높였다고 하더라도 법관의 양형결정권을 침해하였다거나 법관독립의 원칙에 위배된다고 할 수 없다.
② 근무성적이 현저히 불량하여 판사로서 정상적인 직무를 수행할 수 없는 경우에 연임발령을 하지 않도록 규정한 구 「법원조직법」은 사법의 독립을 침해한다고 볼 수 없다.
③ 비안마사들의 안마시술소개설행위금지규정을 위반한 자를 처벌하는 구 「의료법」 조항이 벌금형과 징역형을 모두 규정하고 있으나, 그 하한에는 제한을 두지 않고 그 상한만 5년 이하의 징역형 또는 2천만원 이하의 벌금형으로 제한하면서 죄질에 따라 벌금형이나 선고유예까지 선고할 수 있도록 하는 것은 법관의 양형재량권을 침해하고 비례의 원칙에 위배된다.
④ 약식절차에서 피고인이 정식재판을 청구한 경우 약식명령보다 더 중한 형을 선고할 수 없도록 한 「형사소송법」 조항은 법관의 양형결정권을 침해하지 않는다.
⑤ 정신적인 장애로 항거불능・항거곤란상태에 있음을 이용하여 사람을 간음한 자를 처벌하는 「성폭력범죄의 처벌 등에 관한 특례법」 조항은, 유기징역형의 하한을 7년으로 정하여 별도의 법률상 감경사유가 없는 한 작량감경을 하더라도 집행유예를 선고할 수 없도록 하였으나 책임과 형벌의 비례원칙에 반한다고 할 수 없다.

[❶ ▸ O] 수뢰액이 5천만원 이상인 때에는 무기 또는 10년 이상의 징역에 처하도록 한 특정범죄 가중처벌 등에 관한 법률 조항이 작량감경을 하더라도 별도의 법률상 감경사유가 없는 한 집행유예의 선고를 할 수 없도록 그 법정형의 하한을 높여 놓았다 하여 곧 그것이 법관의 양형결정권을 침해하였다거나 법관독립의 원칙에 위배된다고 할 수 없고 법관에 의한 재판을 받을 권리를 침해하는 것이라고도 할 수 없다(헌재 2006.12.28. 2005헌바35).

[❷ ▸ O] 근무성적평정을 실제로 운용함에 있어서는 재판의 독립성을 해칠 우려가 있는 사항을 평정사항에서 제외하는 등 평정사항을 한정하고 있으며, 연임심사과정에서 해당 판사에게 의견진술권 및 자료제출권이 보장되고, 연임하지 않기로 한 결정에 불복하여 행정소송을 제기할 수 있는 점 등을 고려할 때, 판사의 신분 보장과 관련한 예측가능성이나 절차상의 보장이 현저히 미흡하다고 볼 수도 없으므로, 이 사건 연임결격조항은 사법의 독립을 침해한다고 볼 수 없다(헌재 2016.9.29. 2015헌바331).



정답 ③

[❸ ▸ ×] 시각장애인들에 대한 실질적인 보호를 위하여 비안마사들의 안마시술소개설행위를 실효적으로 규제하는 것이 필요하고, 이 사건 처벌조항은 벌금형과 징역형을 모두 규정하고 있으나, 그 하한에는 제한을 두지 않고 그 상한만 5년 이하의 징역형 또는 2천만원 이하의 벌금형으로 제한하여 법관의 양형재량권을 폭넓게 인정하고 있으며, 죄질에 따라 벌금형이나 선고유예까지 선고할 수 있으므로, 이러한 법정형이 위와 같은 입법목적에 비추어 지나치게 가혹한 형벌이라고 보기 어렵다. 따라서 이 사건 처벌조항이 책임과 형벌 사이의 비례원칙에 위반되어 헌법에 위반된다고 볼 수 없다(헌재 2017.12.28. 2017헌가15).

[❹ ▸ ○] 형사법상 법관에게 주어진 양형권한도 입법자가 만든 법률에 규정되어 있는 내용과 방법에 따라 그 한도 내에서 재판을 통해 형벌을 구체화하는 것으로 볼 수 있다. 또한 검사의 약식명령청구사안이 적당하지 않다고 판단될 경우 법원은 직권으로 통상의 재판절차로 사건을 넘겨 재판절차를 진행시킬 수 있고 이 재판절차에서 법관이 자유롭게 형량을 결정할 수 있으므로 이러한 점들을 종합해 보면 약식절차에서 피고인이 정식재판을 청구한 경우 약식명령보다 더 중한 형을 선고할 수 없도록 한 형사소송법 법률조항에 의하여 법관의 양형결정권이 침해된다고 볼 수 없다(헌재 2005.3.31. 2004헌가27 등).

[❺ ▸ ○] 장애인준강간죄의 보호법익의 중요성, 죄질, 행위자책임의 정도 및 일반예방이라는 형사정책의 측면 등 여러 요소를 고려하여 본다면, 입법자가 형법상 준강간죄나 장애인위계등간음죄(성폭력처벌법 제6조 제5항)의 법정형보다 무거운 '무기 또는 7년 이상의 징역'이라는 비교적 중한 법정형을 정하여, 법관의 작량감경만으로는 집행유예를 선고하지 못하도록 입법적 결단을 내린 것에는 나름대로 수긍할 만한 합리적인 이유가 있는 것이고, 그것이 범죄의 죄질 및 행위자의 책임에 비하여 지나치게 가혹하다고 할 수 없다. 따라서 심판대상조항은 책임과 형벌의 비례원칙에 위배되지 아니한다(헌재 2016.11.24. 2015헌바136).

**2018년 변호사시험 문 6.** ☑ 확인Check! ○ △ ×

**사법권의 독립에 관한 설명 중 옳지 않은 것은?(다툼이 있는 경우 판례에 의함)**

① 사법권의 독립은 재판상의 독립, 즉 법관이 재판을 함에 있어서 어떠한 외부적인 압력이나 간섭도 받지 않는다는 것뿐만 아니라, 재판의 독립을 위해 법관의 신분 보장도 차질 없이 이루어져야 함을 의미한다.
② 법관이 중대한 신체상 또는 정신상의 장해로 직무를 수행할 수 없을 때에는, 대법관인 경우에는 대법원장의 제청으로 대통령이 퇴직을 명할 수 있고, 판사인 경우에는 인사위원회의 심의를 거쳐 대법원장이 퇴직을 명할 수 있다.
③ 형사재판에 있어서 사법권의 독립은 심판기관인 법원과 소추기관인 검찰청의 분리를 요구함과 동시에 법관이 실제 재판에 있어서 소송당사자인 검사와 피고인으로부터 부당한 간섭을 받지 않은 채 독립하여야 할 것을 요구한다.
④ 대법원이 법관에 대한 징계처분취소청구소송을 단심으로 재판하는 경우에는 사실 확정도 대법원의 권한에 속하여 법관에 의한 사실 확정의 기회가 박탈되었다고 볼 수 없으므로, 법관에 대한 대법원장의 징계처분취소청구소송을 대법원에 의한 단심재판에 의하도록 한 것은 헌법에 위반되지 아니한다.
⑤ 약식절차에서 피고인이 정식재판을 청구한 경우 약식명령의 형보다 중한 형을 선고할 수 없도록 한 것은, 피고인이 정식재판을 청구하는 경우 법관에게 부여된 형종에 대한 선택권이 검사의 일방적인 약식명령청구에 의하여 심각하게 제한되므로 법관의 양형결정권을 침해한다.

[❶ ▸ ○] 사법권의 독립은 권력분립을 그 중추적 내용의 하나로 하는 자유민주주의체제의 특징적 지표이고 법치주의의 요소를 이룬다. 사법권의 독립은 재판상의 독립, 즉 법관이 재판을 함에 있어서 오직 헌법과 법률에 의하여 그 양심에 따라 할 뿐, 어떠한 외부적인 압력이나 간섭도 받지 않는다는 것뿐만 아니라, 재판의 독립을 위해 법관의 신분 보장도 차질 없이 이루어져야 함을 의미한다(헌재 2016.9.29. 2015헌바331).

[❷ ▸ ○] 법관이 중대한 신체상 또는 정신상의 장해로 직무를 수행할 수 없을 때에는, 대법관인 경우에는 대법원장의 제청으로 대통령이 퇴직을 명할 수 있고, 판사인 경우에는 인사위원회의심의를 거쳐 대법원장이 퇴직을 명할 수 있다(법원조직법 제47조).



⑤ 정답

[❸ ▸ O] 헌법 제101조, 제103조, 제106조는 사법권 독립을 보장하고 있는바, 형사재판에 있어서 사법권 독립은 심판기관인 법원과 소추기관인 검찰청의 분리를 요구함과 동시에 법관이 실제 재판에 있어서 소송당사자인 검사와 피고인으로부터 부당한 간섭을 받지 않은 채 독립하여야 할 것을 요구한다(헌재 1995.11.30. 92헌마44).

[❹ ▸ O] 구 법관징계법 제27조는 법관에 대한 대법원장의 징계처분취소청구소송을 대법원에 의한 단심재판에 의하도록 규정하고 있는바, 이는 독립적으로 사법권을 행사하는 법관이라는 지위의 특수성과 법관에 대한 징계절차의 특수성을 감안하여 재판의 신속을 도모하기 위한 것으로 그 합리성을 인정할 수 있고, 대법원이 법관에 대한 징계처분취소청구소송을 단심으로 재판하는 경우에는 사실 확정도 대법원의 권한에 속하여 법관에 의한 사실 확정의 기회가 박탈되었다고 볼 수 없으므로, 헌법 제27조 제1항의 재판청구권을 침해하지 아니한다(헌재 2012.2.23. 2009헌바34).

[❺ ▸ ×] 형사법상 법관에게 주어진 양형권한도 입법자가 만든 법률에 규정되어 있는 내용과 방법에 따라 그 한도 내에서 재판을 통해 형벌을 구체화하는 것으로 볼 수 있다. 또한 검사의 약식명령청구사안이 적당하지 않다고 판단될 경우 법원은 직권으로 통상의 재판절차로 사건을 넘겨 재판절차를 진행시킬 수 있고 이 재판절차에서 법관이 자유롭게 형량을 결정할 수 있으므로 이러한 점들을 종합해 보면 약식절차에서 피고인이 정식재판을 청구한 경우 약식명령보다 더 중한 형을 선고할 수 없도록 한 형사소송법 법률조항에 의하여 법관의 양형결정권이 침해된다고 볼 수 없다(헌재 2005.3.31. 2004헌가27 등).

PART 03 통치구조론

**2015년 변호사시험 문 10.** ☑ 확인 Check! O △ X

**법원에 관한 설명 중 옳은 것을 모두 고른 것은?(다툼이 있는 경우 판례에 의함)**

ㄱ. 구 「법원조직법」이 법관의 정년을 직위에 따라 대법원장 70세, 대법관 65세, 그 이외의 법관 63세로 정한 것은 법관업무의 성격과 특수성, 평균수명, 조직체 내의 질서 등을 고려하여 정한 것으로 그 차별에 합리적인 이유가 있다.

ㄴ. 「형법」 조항이 집행유예의 요건을 '3년 이하의 징역 또는 금고의 형을 선고할 경우'로 한정하고 있는 것은 법관의 양형판단권을 근본적으로 제한하거나 사법권의 본질을 침해하지 아니한다.

ㄷ. 국회의원선거에 있어서 선거의 효력에 관하여 이의가 있는 선거인·정당 또는 후보자는 선거일부터 30일 이내에 당해 선거구선거관리위원회 위원장을 피고로 하여 관할 고등법원에 소를 제기할 수 있다.

ㄹ. 법관은 징역 이상의 형의 선고에 의하지 아니하고는 파면되지 아니한다.

① ㄱ, ㄴ ② ㄱ, ㄷ ③ ㄴ, ㄷ
④ ㄴ, ㄹ ⑤ ㄷ, ㄹ

[ㄱ ▸ O] 이 사건 법률조항은 법관의 정년을 직위에 따라 대법원장 70세, 대법관 65세, 그 이외의 법관 63세로 하여 법관 사이에 약간의 차이를 두고 있는 것으로, 헌법 제11조 제1항에서 금지하고 있는 차별의 요소인 '성별', '종교' 또는 '사회적 신분' 그 어디에도 해당되지 아니할 뿐만 아니라, 그로 인하여 어떠한 사회적 특수계급제도를 설정하는 것도 아니고, 그와 같이 법관의 정년을 직위에 따라 순차적으로 낮게 차등하게 설정한 것은 법관업무의 성격과 특수성, 평균수명, 조직체 내의 질서 등을 고려하여 정한 것으로 그 차별에 합리적인 이유가 있다고 할 것이므로, 청구인의 평등권을 침해하였다고 볼 수 없다(헌재 2002.10.31. 2001헌마557).

[ㄴ ▸ O] 형법 제62조 제1항 본문 중 '3년 이하의 징역 또는 금고의 형을 선고할 경우'라는 집행유예의 요건한정 부분은 법관의 양형판단권을 근본적으로 제한하거나 사법권의 본질을 침해한 위헌법률조항이라 할 수 없다(헌재 1997.8.21. 93헌바60).

정답 ①

[ㄷ ▸ X] 대통령선거 및 국회의원선거에 있어서 선거의 효력에 관하여 이의가 있는 선거인·정당(후보자를 추천한 정당에 한한다) 또는 후보자는 선거일부터 30일 이내에 당해 선거구선거관리위원회 위원장을 피고로 하여 대법원에 소를 제기할 수 있다(공직선거법 제222조 제1항).

[ㄹ ▸ X] 법관은 탄핵 또는 금고 이상의 형의 선고에 의하지 아니하고는 파면되지 아니한다(헌법 제106조 제1항).

**2017년 변호사시험 문 10.** ☑ 확인Check! ○ △ X

**甲은 법관으로 임용된 이래 서울 등 이른바 재경지역 법원에 근무하다가 법원 내부의 확립된 인사원칙의 하나인 경향교류원칙에 따라 A광역시 지방법원 판사로 전보발령되어 근무하던 중, 정기인사를 앞두고 그동안 자신이 대법원 양형위원회의 양형기준을 벗어난 판결을 여러 차례 선고한 것에 대한 문책성 인사가 이루어질 것이라는 소문을 들었다. 이에 관한 설명 중 옳은 것을 모두 고른 것은?(다툼이 있는 경우 판례에 의함)**

ㄱ. 「법원조직법」은 법관의 인적 독립 보장을 위해서 甲의 의사에 반하여 전보발령처분을 할 수 없도록 명시적으로 규정하고 있다.
ㄴ. 사법부 스스로 판사의 근무성적평정에 관한 사항을 정하도록 대법원 규칙에 위임할 필요성이 인정되고, 근무성적평정에 관한 사항이 직무능력, 자질 등과 같은 평가사항 등에 관한 사항임을 충분히 예측할 수 있으므로 판사의 근무성적평정에 관한 사항을 대법원 규칙으로 정하도록 위임한 구 「법원조직법」 조항은 포괄위임금지원칙에 위배되지 않는다.
ㄷ. 양형기준은 법적 구속력을 가지고 있지만, 그동안 甲이 양형기준에서 정한 범위를 벗어난 판결을 하는 경우라도 판결서에 합리적이고 설득력 있는 방식으로 양형이유를 기재하였기 때문에 문책대상은 아니다.
ㄹ. 甲은 징계처분에 의하지 아니하고는 정직·감봉 또는 불리한 처분을 받지 않는다.

① ㄹ ② ㄱ, ㄴ ③ ㄴ, ㄹ
④ ㄱ, ㄴ, ㄷ ⑤ ㄱ, ㄷ, ㄹ

[ㄱ ▸ X] 법원조직법에 법관의 의사에 반하여 전보발령처분을 할 수 없도록 하는 명시적인 규정은 없다.

[ㄴ ▸ O] 입법권이 사법권에 간섭하는 것을 최소화하여 사법의 자주성과 독립성을 보장한다는 측면과 사법권의 적절한 행사에 요구되는 판사의 근무와 관련하여 내용적·절차적 사항에 관해 전문성을 가지고 재판실무에 정통한 사법부 스스로 근무성적평정에 관한 사항을 정하도록 할 필요성에 비추어 보면, 판사의 근무성적평정에 관한 사항을 하위법규인 대법원 규칙에 위임할 필요성을 인정할 수 있다. 또한 관련 조항의 해석과 판사에 대한 연임제 및 근무성적평정제도의 취지 등을 고려할 때, 이 사건 근무평정조항에서 말하는 '근무성적평정에 관한 사항'이란 판사의 연임 등 인사 관리에 반영시킬 수 있는 것으로 사법기능 및 업무의 효율성을 위하여 판사의 직무 수행에 요구되는 것, 즉 직무능력과 자질 등과 같은 평가사항, 평정권자 및 평가방법 등에 관한 사항임을 충분히 예측할 수 있으므로 이 사건 근무평정조항은 포괄위임금지원칙에 위배된다고 볼 수 없다(헌재 2016.9.29. 2015헌바331).

[ㄷ ▸ X] 법관은 형의 종류를 선택하고 형량을 정할 때 양형기준을 존중하여야 한다. 다만, 양형기준은 법적 구속력을 갖지 아니한다(법원조직법 제81조의7 제1항).

[ㄹ ▸ O] 법관은 탄핵결정이나 금고 이상의 형의 선고에 의하지 아니하고는 파면되지 아니하며, 징계처분에 의하지 아니하고는 정직(停職)·감봉 또는 불리한 처분을 받지 아니한다(법원조직법 제46조 제1항).



③ 정답

## 제2절 법원의 조직과 권한 ★

**2016년 변호사시험 문 2.** ☑ 확인Check! ○ △ ×

**법원(法院)에 관한 설명 중 옳지 않은 것은?(다툼이 있는 경우 판례에 의함)**

① 사법부의 독립성 및 전문성 요청을 감안하여 헌법은 대법원이 법률에 저촉되지 아니하는 범위 안에서 법관의 임기와 정년, 소송에 관한 절차, 법원의 내부규율과 사무처리에 관한 규칙을 제정하도록 명문으로 규정하고 있다.

② 재판이라 함은 구체적 사건에 관하여 사실의 확정과 그에 대한 법률의 해석적용을 그 본질적인 내용으로 하는 일련의 과정이므로, 법관에 의한 재판을 받을 권리를 보장한다고 함은 법관이 사실을 확정하고 법률을 해석・적용하는 재판을 받을 권리를 보장한다는 뜻이다.

③ 군사법원의 조직・권한 및 재판관의 자격을 일반법원과 달리 정할 수 있다고 하여도 그것은 사법권의 독립 등 헌법의 근본원리에 위반되거나 기본권의 본질적 내용을 침해하여서는 아니 되는 헌법적 한계가 있다.

④ 어떤 국세가 「국세기본법」상 당해 세 중 우선징수권이 인정되는 '당해 재산의 소유 그 자체를 과세의 대상으로 하여 부과하는 국세와 가산금'에 해당하는지에 관한 구체적・세부적 판단문제는 개별법령의 해석・적용의 권한을 가진 법원의 영역에 속하므로, 헌법재판소가 가려서 답변할 성질의 것이 아니다.

⑤ 대한변호사협회징계위원회에서 징계를 받은 변호사는 법무부변호사징계위원회에서의 이의절차를 밟은 후 곧바로 대법원에 즉시항고하도록 한 법률조항은 법무부변호사징계위원회를 사실 확정에 관한 한 사실상 최종심으로 기능하게 하므로 헌법에 위반된다.

[❶ ▸ ×] 법관의 임기는 헌법에서 직접 규정하고 있고, 법관의 정년은 법률로 정하도록 헌법에 규정되어 있다.

**법령** 헌법 제105조 ① 대법원장의 임기는 6년으로 하며, 중임할 수 없다.
② 대법관의 임기는 6년으로 하며, 법률이 정하는 바에 의하여 연임할 수 있다.
③ 대법원장과 대법관이 아닌 법관의 임기는 10년으로 하며, 법률이 정하는 바에 의하여 연임할 수 있다.
④ 법관의 정년은 법률로 정한다.

헌법 제108조 대법원은 법률에 저촉되지 아니하는 범위 안에서 소송에 관한 절차, 법원의 내부규율과 사무처리에 관한 규칙을 제정할 수 있다.

[❷ ▸ ○] 재판이라 함은 구체적 사건에 관하여 사실의 확정과 그에 대한 법률의 해석적용을 그 본질적인 내용으로 하는 일련의 과정이다. 따라서 법관에 의한 재판을 받을 권리를 보장한다고 함은 결국 법관이 사실을 확정하고 법률을 해석・적용하는 재판을 받을 권리를 보장한다는 뜻이고, 만일 그러한 보장이 제대로 이루어지지 아니한다면, 헌법상 보장된 재판을 받을 권리의 본질적 내용을 침해하는 것으로서 우리 헌법상 허용되지 아니한다(헌재 2002.2.28. 2001헌가18).

[❸ ▸ ○] 헌법 제110조 제1항에서 "특별법원으로서 군사법원을 둘 수 있다"는 의미는 군사법원을 일반법원과 조직권한 및 재판관의 자격을 달리하여 특별법원으로 설치할 수 있다는 뜻으로 해석되므로 법률로 군사법원을 설치함에 있어서 군사재판의 특수성을 고려하여 그 조직권한 및 재판관의 자격을 일반법원과 달리 정하는 것은 헌법상 허용되고 있다. 그러나 아무리 군사법원의 조직권한 및 재판관의 자격을 일반법원과 달리 정할 수 있다고 하여도 그것이 아무런 한계 없이 입법자의 자의에 맡겨질 수는 없는 것이고 사법권의 독립 등 헌법의 근본원리에 위반되거나 헌법 제27조 제1항의 재판청구권, 헌법 제11조 제1항의 평등권, 헌법 제12조의 신체의 자유 등 기본권의 본질적 내용을 침해하여서는 안 될 헌법적 한계가 있다고 할 것이다(헌재 1996.10.31. 93헌바25).

정답 ①

[❹ ▸ ○] 어떤 국세가 우선징수권이 인정되는 '당해 재산의 소유 그 자체를 과세의 대상으로 하여 부과하는 국세와 가산금'에 해당되는지에 관한 구체적 · 세부적인 판단문제는 개별법령의 해석 · 적용의 권한을 가진 법원의 영역에 속하므로, 헌법재판소가 가려서 답변할 성질의 것이 아니다(헌재 1999.5.27. 97헌바8).

[❺ ▸ ○] 변호사법 제81조 제4항 내지 제6항은 행정심판에 불과한 법무부변호사징계위원회의 결정에 대하여 법원의 사실적 측면과 법률적 측면에 대한 심사를 배제하고 대법원으로 하여금 변호사징계사건의 최종심 및 법률심으로서 단지 법률적 측면의 심사만을 할 수 있도록 하고 재판의 전심절차로서만 기능해야 할 법무부변호사징계위원회를 사실 확정에 관한 한 사실상 최종심으로 기능하게 하고 있으므로, 일체의 법률적 쟁송에 대한 재판기능을 대법원을 최고법원으로 하는 법원에 속하도록 규정하고 있는 헌법 제101조 제1항 및 재판의 전심절차로서 행정심판을 두도록 하는 헌법 제107조 제3항에 위반된다(헌재 2000.6.29. 99헌가9).

**2013년 변호사시험 문 7.** ☑ 확인 Check! ○ △ ×

**헌법재판권을 포함한 사법권의 한계와 관련된 설명 중 옳은 것은?(다툼이 있는 경우 판례에 의함)**

① 대통령에 의한 국군의 이라크파병은 고도의 정치적 결단에 의한 국가작용이라 하더라도 국민의 기본권 침해와 직접 관련된 경우이므로 이에 대한 헌법소원심판청구는 각하하지 않고 본안판단을 하여야 할 것이다.
② 국회의 자율권은 존중되어야 하기 때문에 국회의 의사절차나 입법절차에 헌법이나 법률의 규정을 명백히 위반한 흠이 있는 경우에도 헌법재판소가 이를 이유로 해당 절차에 대해 위헌결정을 할 수 없다.
③ 국회의원선거구 획정의 위헌 여부는 국민의 기본권과 직접적인 관련이 없기 때문에 헌법재판소의 심판대상이 아니다.
④ 국회는 재적의원 3분의 2 이상의 찬성을 얻어 국회의원 甲을 제명하였고, 甲은 이 제명에 불복하여 법원에 가처분을 신청한 경우, 이 신청에 대해 법원은 각하하여야 한다.
⑤ 대통령이 긴급재정경제명령으로 금융실명제를 도입하는 것은 경제제도에 관한 긴급한 조치에 불과하여 기본권에 직접 영향을 주지 않으므로 헌법소원의 대상이 될 수 없다.

[❶ ▸ ×] 헌법재판소는 대통령의 파병결정에 대한 심판청구를 각하하였다.

판례 이 사건 파견결정은 그 성격상 국방 및 외교에 관련된 고도의 정치적 결단을 요하는 문제로서, 헌법과 법률이 정한 절차를 지켜 이루어진 것임이 명백하므로, 대통령과 국회의 판단은 존중되어야 하고, 우리 재판소가 사법적 기준만으로 이를 심판하는 것은 자제되어야 한다(헌재 2004.4.29. 2003헌마814).

[❷ ▸ ×] 국회는 국민의 대표기관, 입법기관으로서 폭넓은 자율권을 가지고 있고, 그 자율권은 권력분립의 원칙이나 국회의 지위, 기능에 비추어 존중되어야 하는 것이지만, 한편 법치주의의 원리상 모든 국가기관은 헌법과 법률에 의하여 기속을 받는 것이므로 국회의 자율권도 헌법이나 법률을 위반하지 않는 범위 내에서 허용되어야 하고 따라서 국회의 의사절차나 입법절차에 헌법이나 법률의 규정을 명백히 위반한 흠이 있는 경우에도 국회가 자율권을 가진다고는 할 수 없다(헌재 1997.7.16. 96헌라2).

[❸ ▸ ×] 헌법재판소는 국회의원선거구 획정에 대해 선거권 및 평등권 침해를 이유로 본안판단인 헌법불합치결정을 한 바 있다.

판례 '경기 안양시 동안구 선거구'의 경우 전국 선거구의 평균인구수로부터 +57%의 편차를 보이고 있으므로, 그 선거구의 획정은 국회의 재량의 범위를 일탈한 것으로서 청구인의 헌법상 보장된 선거권 및 평등권을 침해하는 것임이 분명하다(헌재 2001.10.25. 2000헌마92 등).



④ 정답

[❹ ▸ O] 헌법 제64조 제3항・제4항 참조

**헌법 제64조** ③ 의원을 제명하려면 국회 재적의원 3분의 2 이상의 찬성이 있어야 한다.
④ 제2항과 제3항의 처분에 대하여는 법원에 제소할 수 없다.

[❺ ▸ ×] 대통령의 긴급재정경제명령은 국가긴급권의 일종으로서 고도의 정치적 결단에 의하여 발동되는 행위이고 그 결단을 존중하여야 할 필요성이 있는 행위라는 의미에서 이른바 통치행위에 속한다고 할 수 있으나, 통치행위를 포함하여 모든 국가작용은 국민의 기본권적 가치를 실현하기 위한 수단이라는 한계를 반드시 지켜야 하는 것이고, 헌법재판소는 헌법의 수호와 국민의 기본권 보장을 사명으로 하는 국가기관이므로 비록 고도의 정치적 결단에 의하여 행해지는 국가작용이라고 할지라도 그것이 국민의 기본권 침해와 직접 관련되는 경우에는 당연히 헌법재판소의 심판대상이 된다(헌재 1996.2.29. 93헌마186).

PART 03 통치구조론



안심Touch

CHAPTER 05

# 헌법재판소

헌 법

각 문항별로 이해도를 체크해 보세요.

최근 5년간 회별 평균 4.8문

## 제1절 헌법재판 일반론 ★★★

**2018년 변호사시험 문 17.**

확인Check! ○ △ ×

**헌법재판에서의 가처분에 관한 설명 중 옳지 않은 것은?(다툼이 있는 경우 판례에 의함)**

① 「군사법원법」에 따라 재판을 받는 미결수용자의 면회횟수를 주 2회로 정한 「군행형법 시행령」 조항의 효력을 정지시키는 가처분을 신청한 사건에서, 헌법재판소는 국방에 관한 국가기밀이 누설될 우려가 있고 미결수용자의 접견을 교도관이 참여하여 감시할 수도 없다는 이유로 가처분신청을 기각하였다.

② 「헌법재판소법」 제68조 제1항에 의한 헌법소원심판의 가처분에서는 현상 유지로 인한 회복하기 어려운 손해 예방의 필요성, 효력 정지의 긴급성요건이 충족되어야 하며, 가처분을 인용한 뒤 본안심판이 기각되었을 때 발생하게 될 불이익과 가처분을 기각한 뒤 본안심판이 인용되었을 때 발생하게 될 불이익을 비교형량하여 인용 여부를 결정한다.

③ 탄핵소추의결을 받은 자의 직무 집행을 정지하기 위한 가처분은 인정될 여지가 없다.

④ 입국불허결정을 받은 외국인이 인천공항출입국관리사무소장을 상대로 난민인정심사불회부결정취소의 소를 제기한 후 그 소송 수행을 위하여 변호인접견신청을 하였으나 거부되자, 변호인 접견 거부의 효력 정지를 구하는 가처분신청을 한 사건에서, 헌법재판소는 변호인 접견을 허가하여야 한다는 가처분인용결정을 하였다.

⑤ 현재 시행되고 있는 법령의 효력을 정지시키는 가처분은 그 효력의 정지로 인하여 파급적으로 발생되는 효과가 클 수 있으므로, 일반적인 보전의 필요성이 인정된다고 하더라도 공공복리에 중대한 영향을 미칠 우려가 있을 때에는 인용되어서는 안 된다고 보아야 한다.

[❶ ▸ ×] 면회제도는 피구속자가 가족 등 외부와 연결될 수 있는 통로를 적절히 개방, 유지함으로써 한편으로는 가족 등 타인과 교류하는 인간으로서의 기본적인 생활관계가 완전히 단절되어 파멸에 이르는 것을 방지하고, 다른 한편으로는 피고인의 방어권 행사에 조력하고자 존재하는 것으로 군행형법 시행령의 적용을 받는 미결수용자들의 면회의 권리를 행형법 시행령의 적용을 받아 매일 1회 면회할 수 있는 피구속자와 비교하여 합리적인 이유 없이 차별한다면, 군행형법 시행령의 적용을 받는 자들은 이로 인하여 인간으로서의 행복추구권이나 피고인으로서의 방어권 행사에 회복하기 어려운 손상을 입게 될 것이다. 위 규정에 대한 가처분신청이 인용된다면 군인의 신분이거나 군형법의 적용을 받는 미결수용자가 외부인과의 잦은 접촉을 통해 공소제기나 유지에 필요한 증거를 인멸하거나 국가방위와 관련된 중요한 국가기밀을 누설할 우려가 있을 수 있으나, 수용기관은 면회에 교도관을 참여시켜 감시를 철저히 하거나 필요한 경우에는 면회를 일시 불허함으로써 증거 인멸이나 국가기밀 누설을 방지할 수 있으므로, 이 사건 가처분을 인용한다 하여 공공복리에 중대한 영향을 미칠 우려는 없다(헌재 2002.4.25. 2002헌사129).

[❷ ▸ ○] 위 가처분의 요건은 헌법소원심판에서 다투어지는 '공권력 행사 또는 불행사'의 현상을 그대로 유지시킴으로 인하여 생길 회복하기 어려운 손해를 예방할 필요가 있어야 한다는 것과 그 효력을 정지시켜야 할 긴급한 필요가 있어야 한다는 것 등이 된다. 따라서 본안심판이 부적법하거나 이유 없음이 명백하지 않는 한, 위와 같은 가처분의 요건을 갖춘



① 정답

것으로 인정되면, 가처분을 인용한 뒤 종국결정에서 청구가 기각되었을 때 발생하게 될 불이익과 가처분을 기각한 뒤 청구가 인용되었을 때 발생하게 될 불이익을 비교형량하여 후자가 전자보다 큰 경우에, 가처분을 인용할 수 있다(헌재 2000.12.8. 2000헌사471).

[ ❸ ▸ O ] 헌법에서 명시적으로 탄핵소추의결을 받은 자는 탄핵심판이 있을 때까지 그 권한 행사가 정지된다(헌법 제65조 제3항)고 규정하고 있으므로, 탄핵소추의결을 받은 자의 직무 집행을 정지하기 위한 가처분은 인정될 여지가 없다.

[ ❹ ▸ O ] 신청인이 피신청인을 상대로 제기한 인신보호법상 수용임시해제청구의 소는 인용되었고, 인신보호청구의 소 역시 항고심에서 인용된 후 재항고심에 계속 중이며, 난민인정심사불회부결정취소의 소 역시 청구를 인용하는 제1심 판결이 선고되었으나, 두 사건 모두 상급심에서 청구가 기각될 가능성을 배제할 수 없다. 신청인이 위 소송제기 후 5개월 이상 변호인을 접견하지 못하여 공정한 재판을 받을 권리가 심각한 제한을 받고 있는데, 이러한 상황에서 피신청인의 재항고가 인용될 경우 신청인은 변호인 접견을 하지 못한 채 불복의 기회마저 상실하게 되므로 회복하기 어려운 중대한 손해를 입을 수 있다. 위 인신보호청구의 소는 재항고에 대한 결정이 머지않아 날 것으로 보이므로 손해를 방지할 긴급한 필요 역시 인정되고, 이 사건 신청을 기각한 뒤 본안청구가 인용될 경우 발생하게 될 불이익이 크므로 이 사건 신청을 인용함이 상당하다(헌재 2014.6.5. 2014헌사592).

[ ❺ ▸ O ] 헌법재판소법 제40조 제1항에 따라 준용되는 행정소송법 제23조 제2항의 집행정지규정과 민사소송법 제714조의 가처분규정에 의하면, 법령의 위헌확인을 청구하는 헌법소원심판에서의 가처분은 위헌이라고 다투어지는 법령의 효력을 그대로 유지시킬 경우 회복하기 어려운 손해가 발생할 우려가 있어 가처분에 의하여 임시로 그 법령의 효력을 정지시키지 아니하면 안 될 필요가 있을 때 허용되고, 다만 현재 시행되고 있는 법령의 효력을 정지시키는 것일 때에는 그 효력의 정지로 인하여 파급적으로 발생되는 효과가 클 수 있으므로 비록 일반적인 보전의 필요성이 인정된다고 하더라도 공공복리에 중대한 영향을 미칠 우려가 있을 때에는 인용되어서는 안 될 것이다(헌재 2002.4.25. 2002헌사129).



**2015년 변호사시험 문 7.** ☑ 확인 Check! O △ X

**헌법재판에 관한 설명 중 옳은 것은?**

① 「헌법재판소법」은 헌법소원심판에 대해서만 국선대리인제도를 직접 규정하고 있다.
② 심판에 관여한 재판관은 결정서에 의견을 표시하여야 하나, 탄핵심판과 정당해산심판의 경우 예외가 허용된다.
③ 탄핵심판, 권한쟁의심판, 헌법소원심판은 반드시 구두변론을 거쳐야 한다.
④ 심판의 변론과 종국결정의 선고는 심판정에서 해야 한다. 다만, 종국결정의 선고와 달리 변론은 헌법재판소장이 필요하다고 인정하는 경우 심판정 외에서 행해질 수 있다.
⑤ 헌법재판소는 한정위헌청구는 원칙적으로 적법하므로, 개별·구체적 사건에서 단순히 법률조항의 포섭이나 적용문제를 다투는 헌법소원심판청구도 허용된다고 판시하였다.

[ ❶ ▸ O ] 헌법재판소법은 국선대리인제도를 헌법소원심판에서만 규정하고 있다.

**국선대리인(헌법재판소법 제70조)** ① 헌법소원심판을 청구하려는 자가 변호사를 대리인으로 선임할 자력(資力)이 없는 경우에는 헌법재판소에 국선대리인을 선임하여 줄 것을 신청할 수 있다. 이 경우 제69조에 따른 청구기간은 국선대리인의 선임신청이 있는 날을 기준으로 정한다.

정답 ①

[❷ ▸ ×] 현행 헌법재판소법은 탄핵심판과 정당해산심판을 포함한 모든 심판에서 심판에 관여한 재판관의 의견을 표시하도록 하고 있다.

법령 종국결정(헌법재판소법 제36조) ③ 심판에 관여한 재판관은 결정서에 의견을 표시하여야 한다.

[❸ ▸ ×] 헌법재판소법 제30조 제1항·제2항 참조

법령 심리의 방식(헌법재판소법 제30조) ① 탄핵의 심판, 정당해산의 심판 및 권한쟁의의 심판은 구두변론에 의한다.

② 위헌법률의 심판과 헌법소원에 관한 심판은 서면심리에 의한다. 다만, 재판부는 필요하다고 인정하는 경우에는 변론을 열어 당사자, 이해관계인, 그 밖의 참고인의 진술을 들을 수 있다.

[❹ ▸ ×] 심판의 변론과 종국결정의 선고는 심판정에서 한다. 다만, 헌법재판소장이 필요하다고 인정하는 경우에는 심판정 외의 장소에서 변론 또는 종국결정의 선고를 할 수 있다(헌법재판소법 제33조).

[❺ ▸ ×] 법률의 의미는 결국 개별·구체화된 법률해석에 의해 확인되는 것이므로 법률과 법률의 해석을 구분할 수는 없고, 재판의 전제가 된 법률에 대한 규범통제는 해석에 의해 구체화된 법률의 의미와 내용에 대한 헌법적 통제로서 헌법재판소의 고유권한이며, 헌법합치적 법률해석의 원칙상 법률조항 중 위헌성이 있는 부분에 한정하여 위헌결정을 하는 것은 입법권에 대한 자제와 존중으로서 당연하고 불가피한 결론이므로, 이러한 한정위헌결정을 구하는 한정위헌청구는 원칙적으로 적법하다고 보아야 한다. 다만, 재판소원을 금지하는 헌법재판소법 제68조 제1항의 취지에 비추어, 개별·구체적 사건에서 단순히 법률조항의 포섭이나 적용의 문제를 다투거나, 의미 있는 헌법문제에 대한 주장 없이 단지 재판결과를 다투는 헌법소원심판청구는 여전히 허용되지 않는다(헌재 2012.12.27. 2011헌바117).

**2017년 변호사시험 문 16.** ☑ 확인 Check! ○ △ ×

**헌법재판소의 심판절차에 관한 설명 중 옳은 것을 모두 고른 것은?**

ㄱ. 법률의 위헌결정, 탄핵의 결정, 정당해산의 결정, 권한쟁의에 관한 인용결정 또는 헌법소원에 관한 인용결정을 하는 경우에는 재판관 6명 이상의 찬성이 있어야 한다.

ㄴ. 당사자는 동일한 사건에 대하여 2명 이상의 재판관을 기피할 수 없다.

ㄷ. 탄핵의 심판, 정당해산의 심판 및 권한쟁의의 심판은 구두변론에 의하고, 위헌법률의 심판과 헌법소원에 관한 심판은 서면심리에 의한다.

ㄹ. 권한쟁의의 심판은 그 사유가 있음을 안 날부터 90일 이내에, 그 사유가 있은 날부터 180일 이내에 청구하여야 한다.

ㅁ. 헌법소원심판을 청구하려는 자가 변호사를 대리인으로 선임할 자력이 없는 경우에는 헌법재판소에 국선대리인을 선임하여 줄 것을 신청할 수 있다. 이 경우 「헌법재판소법」 제69조에 따른 청구기간은 국선대리인이 심판청구서를 제출한 날이 아니라 국선대리인의 선임신청이 있는 날을 기준으로 정한다.

① ㄱ, ㄴ ② ㄱ, ㅁ ③ ㄴ, ㄷ, ㄹ
④ ㄴ, ㄷ, ㅁ ⑤ ㄷ, ㄹ, ㅁ



④ 정답

[ㄱ ▸ X] 권한쟁의에 관한 인용결정은 종국심리에 관여한 재판관 과반수의 찬성으로 한다.

법령 **심판정족수(헌법재판소법 제23조)** ① 재판부는 재판관 7명 이상의 출석으로 사건을 심리한다.

② 재판부는 종국심리(終局審理)에 관여한 재판관 과반수의 찬성으로 사건에 관한 결정을 한다. 다만, 다음 각 호의 어느 하나에 해당하는 경우에는 재판관 6명 이상의 찬성이 있어야 한다.

1. 법률의 위헌결정, 탄핵의 결정, 정당해산의 결정 또는 헌법소원에 관한 인용결정(認容決定)을 하는 경우
2. 종전에 헌법재판소가 판시한 헌법 또는 법률의 해석 적용에 관한 의견을 변경하는 경우

[ㄴ ▸ O] 당사자는 동일한 사건에 대하여 2명 이상의 재판관을 기피할 수 없다(헌법재판소법 제24조 제4항).

[ㄷ ▸ O] 헌법재판소법 제30조 제1항 · 제2항 참조

법령 **심리의 방식(헌법재판소법 제30조)** ① 탄핵의 심판, 정당해산의 심판 및 권한쟁의의 심판은 구두변론에 의한다.

② 위헌법률의 심판과 헌법소원에 관한 심판은 서면심리에 의한다. 다만, 재판부는 필요하다고 인정하는 경우에는 변론을 열어 당사자, 이해관계인, 그 밖의 참고인의 진술을 들을 수 있다.

[ㄹ ▸ X] 권한쟁의의 심판은 그 사유가 있음을 안 날부터 60일 이내에, 그 사유가 있은 날부터 180일 이내에 청구하여야 한다(헌법재판소법 제63조 제1항).

[ㅁ ▸ O] 헌법소원심판을 청구하려는 자가 변호사를 대리인으로 선임할 자력(資力)이 없는 경우에는 헌법재판소에 국선대리인을 선임하여 줄 것을 신청할 수 있다. 이 경우 제69조에 따른 청구기간은 국선대리인의 선임신청이 있는 날을 기준으로 정한다(헌법재판소법 제70조 제1항).

**2013년 변호사시험 문 18.** ☑ 확인Check! O △ X

**헌법재판소 결정의 효력에 관한 설명 중 옳지 않은 것은?(다툼이 있는 경우 판례에 의함)**

① 공권력의 행사 또는 불행사가 위헌인 법률에 기인한 것이라고 인정될 때에는 인용결정에서 해당 법률이 위헌임을 함께 선고할 수 있다.

② 헌법재판소법에 의하면, 위헌법률심판에서의 모든 결정은 법원과 그 밖의 국가기관 및 지방자치단체를 기속한다.

③ 헌법재판소법 제68조 제2항에 따른 헌법소원이 인용된 경우에는 당해 사건이 법원에서 이미 확정되었더라도 당사자는 재심을 청구할 수 있다.

④ 형벌에 관한 법률 또는 법률의 조항에 대해 위헌결정이 선고된 경우 이미 유죄의 확정판결을 받았던 자는 재심을 청구할 수 있다.

⑤ 불처벌의 특례를 규정한 법률조항이 형벌에 관한 것이기는 하지만, 위헌결정의 소급효를 인정할 경우 오히려 형사처벌을 받지 않았던 자들에게 형사상의 불이익이 미치게 되므로 위헌결정의 소급효가 인정되지 않는다.

정답 ②

[❶ ▸ O] 헌법재판소법 제75조 제5항 참조

**법령** **인용결정(헌법재판소법 제75조)** ② 제68조 제1항에 따른 헌법소원을 인용할 때에는 인용결정서의 주문에 침해된 기본권과 침해의 원인이 된 공권력의 행사 또는 불행사를 특정하여야 한다.

⑤ 제2항의 경우에 헌법재판소는 공권력의 행사 또는 불행사가 위헌인 법률 또는 법률의 조항에 기인한 것이라고 인정될 때에는 인용결정에서 해당 법률 또는 법률의 조항이 위헌임을 선고할 수 있다.

[❷ ▸ ×] 위헌법률심판의 경우 합헌결정에 대해서는 기속력이 인정되지 않는다. 헌법재판소법은 법률의 위헌결정, 권한쟁의심판의 결정, 헌법소원의 인용결정에 대해서만 기속력을 명시하고 있다(헌법재판소법 제47조 제1항, 제67조 제1항, 제75조 제1항 · 제6항).

**법령** **위헌결정의 효력(헌법재판소법 제47조)** ① 법률의 위헌결정은 법원과 그 밖의 국가기관 및 지방자치단체를 기속(羈束)한다.

[❸ ▸ O] 제68조 제2항에 따른 헌법소원이 인용된 경우에 해당 헌법소원과 관련된 소송사건이 이미 확정된 때에는 당사자는 재심을 청구할 수 있다(헌법재판소법 제75조 제7항).

[❹ ▸ O] 헌법재판소법 제47조 제4항 참조

**법령** **위헌결정의 효력(헌법재판소법 제47조)** ② 위헌으로 결정된 법률 또는 법률의 조항은 그 결정이 있는 날부터 효력을 상실한다.

③ 제2항에도 불구하고 형벌에 관한 법률 또는 법률의 조항은 소급하여 그 효력을 상실한다. 다만, 해당 법률 또는 법률의 조항에 대하여 종전에 합헌으로 결정한 사건이 있는 경우에는 그 결정이 있는 날의 다음 날로 소급하여 효력을 상실한다.

④ 제3항의 경우에 위헌으로 결정된 법률 또는 법률의 조항에 근거한 유죄의 확정판결에 대하여는 재심을 청구할 수 있다.

[❺ ▸ O] 이 사건 법률조항인 특례법 제4조 제1항은 비록 형벌에 관한 것이기는 하지만 불처벌의 특례를 규정한 것이어서 위 법률조항에 대한 위헌결정의 소급효를 인정할 경우 오히려 그 조항에 의거하여 형사처벌을 받지 않았던 자들에게 형사상의 불이익이 미치게 되므로 이와 같은 경우까지 헌법재판소법 제47조 제2항 단서의 적용범위에 포함시키는 것은 그 규정취지에 반한다(헌재 1997.1.16. 90헌마110 등).

**2015년 변호사시험 문 8.** ☑ 확인 Check! ○ △ ×

**甲은 1997년부터 2000년까지 사법시험 제1차시험에 4회 응시하였고, 2001년도 사법시험 제1차시험에 응시하고자 하는 자인바, 당시 시행되던 「사법시험령」(1996.8.31. 대통령령 제15144호로 개정된 것) 제4조는 1997.1.1. 이후 실시된 사법시험 제1차시험에 4회 응시한 자는 마지막 응시 이후 4년간 제1차시험에 다시 응시할 수 없도록 규정하고 있었다. 이에 甲은 위 「사법시험령」 제4조에 의해 직업선택의 자유, 공무담임권 등 기본권을 침해당했다고 주장하면서 2000.4.18. 헌법소원심판을 청구하였다. 다음 설명 중 옳지 않은 것은?(다툼이 있는 경우 판례에 의함)**

① 甲에게 변호사의 자격이 있는 경우가 아닌 한, 변호사를 대리인으로 선임하지 아니하면 甲은 헌법소원심판청구를 하거나 그 심판 수행을 하지 못한다.

② 위 「사법시험령」 자체의 효력을 직접 다투는 것을 소송물로 하여 일반법원에 소를 제기하는 길이 없어 구제절차가 있는 경우가 아니므로, 甲은 다른 구제절차를 거치지 않고 바로 헌법소원심판을 청구할 수 있다.

③ 기본권 침해의 자기관련성이란 심판대상규정에 의하여 청구인의 기본권이 침해될 가능성이 있는가에 관한 것이고, 헌법소원은 주관적 기본권 보장과 객관적 헌법보장기능을 함께 가지고 있으므로 권리귀속에 대한 소명만으로써 자기관련성 구비 여부를 판단할 수 있다.

④ 「헌법재판소법」은 정당해산심판과 권한쟁의심판에 관해서만 가처분에 관한 규정을 두고 있으므로, 甲은 위 「사법시험령」 제4조에 대하여 헌법소원심판청구를 할 수 있을 뿐 이를 본안으로 하여 위 「사법시험령」 제4조의 효력 정지를 구하는 가처분을 헌법재판소에 신청할 수 없다.

⑤ 甲의 헌법소원심판청구 당시 권리보호이익이 인정되더라도 심판 계속 중에 위 「사법시험령」 제4조가 폐지되어 더 이상 응시횟수의 제한이 없게 되는 등 사실관계 또는 법률관계의 변동으로 말미암아 甲이 주장하는 기본권 침해가 종료된 경우에는 원칙적으로 권리보호이익이 없다.

[❶ ▸ ○] 헌법소원심판은 사인(私人)이 당사자가 되는 심판절차이므로, 甲은 변호사의 자격이 있는 경우가 아닌 한 변호사를 대리인으로 선임하여야 한다.

**법령** 대표자・대리인(헌법재판소법 제25조) ③ 각종 심판절차에서 당사자인 사인(私人)은 변호사를 대리인으로 선임하지 아니하면 심판청구를 하거나 심판 수행을 하지 못한다. 다만, 그가 변호사의 자격이 있는 경우에는 그러하지 아니하다.

[❷ ▸ ○] 헌법재판소법 제68조 제1항은 공권력의 행사 또는 불행사로 인하여 헌법상 보장된 기본권을 침해받은 자는 법원의 재판을 제외하고는 헌법소원심판을 청구할 수 있다고 규정하고 있는바, 이 조항에서 말하는 공권력이란 입법권, 행정권 등 모든 공권력을 말하는 것으로서 행정부에서 제정한 명령・규칙도 이 사건 시행령 [별표 1]의 경우와 같이 그것이 별도의 집행행위를 기다리지 않고 직접 기본권을 침해하는 것일 때에는 모두 헌법소원심판의 대상이 될 수 있는 것이고, 현행 행정소송법의 해석상 명령・규칙 자체의 효력을 다투는 것을 소송물로하여 일반법원에 소송을 제기할 수 있는 방법은 인정되지 아니하며 그밖에 다른 법률에 그 구제절차가 있다고도 볼 수 없으므로 이 사건의 경우에는 헌법재판소법 제68조 제1항 단서의 규정이 적용되지 아니한다(헌재 1997.6.26. 94헌마52).

[❸ ▸ ○] 기본권 침해의 자기관련성이란 심판대상규정에 의하여 청구인들의 기본권이 '침해될 가능성'이 있는가에 관한 것이고, 헌법소원은 주관적 기본권 보장과 객관적 헌법보장기능을 함께 가지고 있으므로 권리귀속에 대한 소명만으로써 자기관련성을 구비한 여부를 판단할 수 있다(헌재 2001.11.29. 99헌마494).

정답 ④

[❹ ▸ ×] 헌법재판소법은 정당해산심판과 권한쟁의심판에 관해서만 가처분에 관한 규정(같은 법 제57조 및 제65조)을 두고 있을 뿐, 다른 헌법재판절차에 있어서도 가처분이 허용되는가에 관하여는 명문의 규정을 두고 있지 않다. 그러나 위 두 심판절차 이외에 같은 법 제68조 제1항 헌법소원심판절차에 있어서도 가처분의 필요성은 있을 수 있고, 달리 가처분을 허용하지 아니할 상당한 이유를 찾아볼 수 없으므로 위 헌법소원심판청구사건에서도 가처분이 허용된다고 할 것이다(헌재 2000.12.8. 2000헌사471).

[❺ ▸ ○] 이 사건 심판청구는 법령에 대한 헌법소원으로서 심판대상조항에 대한 위헌결정을 통하여 그 조항의 효력을 상실시키고자 하는 것이다. 그런데 이 사건 헌법소원이 제기된 뒤인 2001.3.28. 법률 제6436호로 사법시험법이, 같은 달 31. 대통령령 제17181호로 사법시험법 시행령이 각 제정·시행되어 사법시험령이 폐지됨으로써, 이 사건 심판대상조항이 규정하던 응시횟수의 제한 역시 함께 폐지되었고, 위 새 법령에는 그와 같은 제한이 규정되어 있지 않다. 따라서 청구인들은 헌법소원심판청구를 통하여 달성하고자 하는 주관적 목적을 이미 달성하였고, 이로써 심판대상의 위헌 여부를 가릴 실익이 없어졌다고 할 것이며, 달리 동종의 기본권 침해의 위험이 상존한다거나, 새로운 법령이 이 사건 조항과 유사한 내용을 규정하고 있어, 그에 의한 기본권 침해의 위험을 사전에 제거하는 등 헌법질서의 수호·유지를 위하여 헌법적 해명이 요구되는 경우도 아니다(헌재 2001.4.26. 2000헌마262).

**2012년 변호사시험 문 6.** ☑ 확인Check! ○ △ ×

**헌법재판소의 조직 및 심판절차에 관한 설명 중 옳지 않은 것은?(다툼이 있는 경우 판례에 의함)**

① 헌법재판소 전원재판부는 재판관 7인 이상의 출석으로 사건을 심리하며, 탄핵의 심판, 정당해산의 심판, 권한쟁의의 심판은 구두변론에 의한다.

② 전원재판부는 종국심리에 관여한 재판관 과반수의 찬성으로 사건에 관한 결정을 한다. 다만, 법률의 위헌결정, 탄핵의 결정, 정당해산의 결정, 헌법소원의 인용결정, 권한쟁의심판청구의 인용결정을 하는 경우에는 재판관 6인 이상의 찬성이 있어야 한다.

③ 헌법소원심판에서 재판관 3인으로 구성되는 지정재판부 재판관 전원의 일치된 의견에 의한 결정으로 심판청구를 각하할 수 있으나, 각하결정을 하지 아니하는 경우에는 결정으로 헌법소원을 재판부의 심판에 회부하여야 한다.

④ 헌법재판소는 권한쟁의심판의 대상이 된 국가기관 또는 지방자치단체의 권한의 유무 또는 범위에 관하여 판단한다. 그 결정은 모든 국가기관과 지방자치단체를 기속한다.

⑤ 헌법소원심판을 청구하려는 자가 변호사를 대리인으로 선임할 자력이 없는 경우에는 헌법재판소에 국선대리인을 선임하여 줄 것을 신청할 수 있다. 헌법재판소는 그 심판청구가 명백히 부적법하거나 이유 없는 경우 또는 권리의 남용이라고 인정되는 경우에는 국선대리인을 선정하지 아니할 수 있다.

[❶ ▸ ○] 헌법재판소법 제23조 제1항, 제30조 제1항 참조

심판정족수(헌법재판소법 제23조) ① 재판부는 재판관 7명 이상의 출석으로 사건을 심리한다.

심리의 방식(헌법재판소법 제30조) ① 탄핵의 심판, 정당해산의 심판 및 권한쟁의의 심판은 구두변론에 의한다.

② 위헌법률의 심판과 헌법소원에 관한 심판은 서면심리에 의한다. 다만, 재판부는 필요하다고 인정하는 경우에는 변론을 열어 당사자, 이해관계인, 그 밖의 참고인의 진술을 들을 수 있다.

[❷ ▸ ×] 권한쟁의에 관한 인용결정은 종국심리에 관여한 재판관 과반수의 찬성으로 한다.



② 정답

**심판정족수(헌법재판소법 제23조)** ② 재판부는 종국심리(終局審理)에 관여한 재판관 과반수의 찬성으로 사건에 관한 결정을 한다. 다만, 다음 각 호의 어느 하나에 해당하는 경우에는 재판관 6명 이상의 찬성이 있어야 한다.

1. 법률의 위헌결정, 탄핵의 결정, 정당해산의 결정 또는 헌법소원에 관한 인용결정(認容決定)을 하는 경우
2. 종전에 헌법재판소가 판시한 헌법 또는 법률의 해석 적용에 관한 의견을 변경하는 경우

[ ❸ ▸ ○] 헌법재판소법 제72조 제1항·제3항·제4항 참조

**사전심사(헌법재판소법 제72조)** ① 헌법재판소장은 헌법재판소에 재판관 3명으로 구성되는 지정재판부를 두어 헌법소원심판의 사전심사를 담당하게 할 수 있다.

③ 지정재판부는 다음 각 호의 어느 하나에 해당되는 경우에는 지정재판부 재판관 전원의 일치된 의견에 의한 결정으로 헌법소원의 심판청구를 각하한다.

1. 다른 법률에 따른 구제절차가 있는 경우 그 절차를 모두 거치지 아니하거나 또는 법원의 재판에 대하여 헌법소원의 심판이 청구된 경우
2. 제69조의 청구기간이 지난 후 헌법소원심판이 청구된 경우
3. 제25조에 따른 대리인의 선임 없이 청구된 경우
4. 그 밖에 헌법소원심판의 청구가 부적법하고 그 흠결을 보정할 수 없는 경우

④ 지정재판부는 전원의 일치된 의견으로 제3항의 각하결정을 하지 아니하는 경우에는 결정으로 헌법소원을 재판부의 심판에 회부하여야 한다. 헌법소원심판의 청구 후 30일이 지날 때까지 각하결정이 없는 때에는 심판에 회부하는 결정(이하 "심판회부결정"이라 한다)이 있는 것으로 본다.

[ ❹ ▸ ○] 헌법재판소법 제66조 제1항, 제67조 제1항 참조

**결정의 내용(헌법재판소법 제66조)** ① 헌법재판소는 심판의 대상이 된 국가기관 또는 지방자치단체의 권한의 유무 또는 범위에 관하여 판단한다.

**결정의 효력(헌법재판소법 제67조)** ① 헌법재판소의 권한쟁의심판의 결정은 모든 국가기관과 지방자치단체를 기속한다.

[ ❺ ▸ ○] 헌법재판소법 제70조 제1항·제3항 참조

**국선대리인(헌법재판소법 제70조)** ① 헌법소원심판을 청구하려는 자가 변호사를 대리인으로 선임할 자력(資力)이 없는 경우에는 헌법재판소에 국선대리인을 선임하여 줄 것을 신청할 수 있다. 이 경우 제69조에 따른 청구기간은 국선대리인의 선임신청이 있는 날을 기준으로 정한다.

② 제1항에도 불구하고 헌법재판소가 공익상 필요하다고 인정할 때에는 국선대리인을 선임할 수 있다.

③ 헌법재판소는 제1항의 신청이 있는 경우 또는 제2항의 경우에는 헌법재판소 규칙으로 정하는 바에 따라 변호사 중에서 국선대리인을 선정한다. 다만, 그 심판청구가 명백히 부적법하거나 이유 없는 경우 또는 권리의 남용이라고 인정되는 경우에는 국선대리인을 선정하지 아니할 수 있다.

## 제2절 위헌법률심판 ★★☆

**2018년 변호사시험 문 14.** ☑ 확인Check! ○ △ ×

위헌법률심판과 「헌법재판소법」 제68조 제2항에 의한 헌법소원심판에 관한 설명 중 옳은 것(○)과 옳지 않은 것(×)을 올바르게 조합한 것은?(다툼이 있는 경우 판례에 의함)

ㄱ. 법원이 심판대상조항을 적용함이 없이 다른 법리를 통하여 재판을 한 경우 심판대상조항의 위헌 여부는 당해 사건의 재판에 적용되거나 관련되는 것이 아니어서 재판의 전제성이 인정되지 않는다.
ㄴ. 당해 사건 재판에서 승소판결을 받았다고 하더라도 그 판결이 확정되지 아니한 이상 상소절차에서 그 주문이 달라질 수 있다면, 당해 사건에 적용되는 법률조항은 재판의 전제성이 인정된다.
ㄷ. 형벌에 관한 법률 또는 법률의 조항이 위헌으로 결정된 경우 소급하여 그 효력을 상실하지만, 종전에 합헌으로 결정한 사건이 있는 경우에는 그 결정이 있는 날로 소급하여 효력을 상실한다.
ㄹ. 위헌법률심판제청신청은 당해 사건을 담당하는 법원에 서면으로 한다.
ㅁ. 유죄확정판결에 의하여 몰수된 재산의 반환을 구하는 민사재판에서 유죄확정판결의 근거가 된 형벌조항의 위헌성을 다툴 수 없어, 그 형벌조항은 재판의 전제성이 인정되지 않는다.

① ㄱ(○) ㄴ(○) ㄷ(○) ㄹ(○) ㅁ(○)
② ㄱ(○) ㄴ(○) ㄷ(×) ㄹ(○) ㅁ(○)
③ ㄱ(○) ㄴ(○) ㄷ(×) ㄹ(×) ㅁ(○)
④ ㄱ(○) ㄴ(×) ㄷ(×) ㄹ(○) ㅁ(○)
⑤ ㄱ(×) ㄴ(○) ㄷ(×) ㄹ(○) ㅁ(×)

[ㄱ ▸ ○] 구 국세징수법 제47조 제2항은 부동산 등에 대한 압류는 압류의 등기 또는 등록을 한 후에 발생한 체납액에 대하여도 효력이 미친다는 내용임에 반하여, 당해 사건의 법원은 압류등기 후에 압류부동산을 양수한 소유자에게 압류처분의 취소를 구할 당사자적격이 있는지에 관한 법리 및 압류해제, 결손처분에 관한 법리를 통하여 당해 사건을 판단하였고, 그러한 당해 사건 법원의 판단은 그대로 대법원에 의하여 최종적으로 확정되었는바, 그렇다면 위 법률조항의 위헌 여부는 당해 사건 법원의 재판에 직접 적용되거나 관련되는 것이 아니어서 그 재판의 전제성이 없다(헌재 2001.11.29. 2000헌바49).

[ㄴ ▸ ○] 당해 사건 재판에서 청구인이 승소판결을 받아 그 판결이 확정된 경우 청구인은 재심을 청구할 법률상 이익이 없고, 심판대상조항에 대하여 위헌결정이 선고되더라도 당해 사건 재판의 결론이나 주문에 영향을 미칠 수 없으므로 그 심판청구는 재판의 전제성이 인정되지 아니하나, 파기환송 전 항소심에서 승소판결을 받았다고 하더라도 그 판결이 확정되지 아니한 이상 상소절차에서 그 주문이 달라질 수 있으므로, 심판대상조항의 위헌 여부에 관한 재판의 전제성이 인정된다 (헌재 2013.6.27. 2011헌바247).

[ㄷ ▸ ×] 헌법재판소법 제47조 제3항 참조

**법령** **위헌결정의 효력(헌법재판소법 제47조)** ② 위헌으로 결정된 법률 또는 법률의 조항은 그 결정이 있는 날부터 효력을 상실한다.
③ 제2항에도 불구하고 형벌에 관한 법률 또는 법률의 조항은 소급하여 그 효력을 상실한다. 다만, 해당 법률 또는 법률의 조항에 대하여 종전에 합헌으로 결정한 사건이 있는 경우에는 그 결정이 있는 날의 다음 날로 소급하여 효력을 상실한다.



② 정답

[ㄹ ▸ O] 헌법재판소법 제41조 제1항 · 제2항 참조

법령 위헌 여부 심판의 제청(헌법재판소법 제41조) ① 법률이 헌법에 위반되는지 여부가 재판의 전제가 된 경우에는 당해 사건을 담당하는 법원(군사법원을 포함한다. 이하 같다)은 직권 또는 당사자의 신청에 의한 결정으로 헌법재판소에 위헌 여부 심판을 제청한다.
② 제1항의 당사자의 신청은 제43조 제2호부터 제4호까지의 사항을 적은 서면으로 한다.

[ㅁ ▸ O] 헌법재판소가 한 형벌에 관한 법률 또는 법률조항에 대한 위헌결정은 비록 소급하여 그 효력을 상실하지만, 그 법률 또는 법률조항에 근거한 유죄의 확정판결에 대하여는 재심을 청구할 수 있을 뿐이어서(헌법재판소법 제47조 제1항 · 제2항 · 제3항) 확정판결에 적용된 법률조항에 대한 위헌결정이 있다고 하더라도 바로 유죄의 확정판결이 당연무효로 되는 것은 아니기 때문에 그 법률조항의 위헌 여부는 그 확정판결상의 몰수형이 무효라는 이유로 몰수된 재산의 반환을 구하는 민사재판의 전제가 되지 않는다(헌재 1993.7.29. 92헌바34).

**2019년 변호사시험 문 14.** ☑ 확인 Check! O △ X

**甲은 건강기능식품을 판매하면서 사전심의받은 내용과 다른 내용의 표시 · 광고를 하였다는 이유로 관할 구청장으로부터 「건강기능식품에 관한 법률」 조항에 따라 영업허가취소처분을 받고, 법원에서 벌금 100만원을 선고받았다. 이에 甲은 위 영업허가취소처분의 취소를 구하는 소를 제기하고, 소송 계속 중 위 법조항에 대하여 위헌법률심판제청신청을 하였다. 다음 설명 중 옳은 것은?(다툼이 있는 경우 판례에 의함)**

① 건강기능식품에 대한 기능성 광고는 상업광고이므로 헌법상 표현의 자유의 보호대상이 될 수 없다.
② 헌법재판소가 위 영업허가취소처분의 근거조항에 대해 위헌결정을 하는 경우, 같은 조항에 근거하여 제3자인 乙에게 내려진 영업허가취소처분이 위헌결정 이전에 이미 확정력이 발생하였다 하더라도, 위헌결정의 효력이 乙에 대한 영업허가취소처분에도 미치는 것이 원칙이다.
③ 건강기능식품 기능성 광고 사전심의가 헌법이 금지하는 사전검열에 해당하려면 심사절차를 관철할 수 있는 강제수단이 존재할 것을 필요로 하는데, 영업허가취소와 같은 행정제재나 벌금형과 같은 형벌의 부과는 사전심의절차를 관철하기 위한 강제수단에 해당한다.
④ 甲이 제기한 영업허가취소처분취소청구의 소 계속 중 법원의 위헌법률심판제청이 이루어지게 되면 위 영업허가취소처분의 효력은 헌법재판소의 위헌 여부에 대한 판단이 이루어질 때까지 자동적으로 정지된다.
⑤ 甲이 영업허가취소처분에 대해 그 취소를 구하는 행정심판을 제기한 경우 관할 행정심판위원회가 헌법재판소에 위헌법률심판제청을 하는 것은 허용된다.

[❶ ▸ X] 건강기능식품의 기능성 광고는 인체의 구조 및 기능에 대하여 보건용도에 유용한 효과를 준다는 기능성 등에 관한 정보를 널리 알려 해당 건강기능식품의 소비를 촉진시키기 위한 상업광고로서 헌법 제21조 제1항의 표현의 자유의 보호대상이 됨과 동시에 같은 조 제2항의 사전검열금지대상도 된다(헌재 2018.6.28. 2016헌가8 등).

[❷ ▸ X] 위헌인 법률에 근거한 행정처분이 당연무효인지의 여부는 위헌결정의 소급효와는 별개의 문제로서, 위헌결정의 소급효가 인정된다고 하여 위헌인 법률에 근거한 행정처분이 당연무효가 된다고는 할 수 없고, 오히려 이미 취소소송의 제기기간을 경과하여 확정력이 발생한 행정처분에는 위헌결정의 소급효가 미치지 않는다고 보아야 한다(대판 1994.10.28. 92누9463).



정답 ③

[❸ ▸ ○] 사전검열금지원칙이 모든 형태의 사전적인 규제를 금지하는 것은 아니고, 의사 표현의 발표 여부가 오로지 행정권의 허가에 달려 있는 사전심사만을 금지한다. 헌법재판소는 헌법이 금지하는 사전검열의 요건으로 첫째, 일반적으로 허가를 받기 위한 표현물의 제출의무가 존재할 것 둘째, 행정권이 주체가 된 사전심사절차가 존재할 것 셋째, 허가를 받지 아니한 의사 표현을 금지할 것 넷째, 심사절차를 관철할 수 있는 강제수단이 존재할 것을 들고 있다. 심의받은 내용과 다른 내용의 광고를 한 경우, 이 사건 제재조항은 대통령령으로 정하는 바에 따라 영업허가를 취소·정지하거나, 영업소의 폐쇄를 명할 수 있도록 하고, 이 사건 처벌조항은 5년 이하의 징역 또는 5천만원 이하의 벌금에 처하도록 하고 있다. 이와 같은 행정제재나 형벌의 부과는 사전심의절차를 관철하기 위한 강제수단에 해당한다(헌재 2018.6.28. 2016헌가8 등).

[❹ ▸ ×] 법원의 위헌법률심판제청으로 정지되는 것은 당해 소송사건의 재판이다. 영업허가취소처분은 행정처분의 공정력 때문에 정지되지 않고, 권한 있는 기관에 의해 취소되기 전까지는 유효한 것으로 된다.

**재판의 정지 등(헌법재판소법 제42조)** ① 법원이 법률의 위헌 여부 심판을 헌법재판소에 제청한 때에는 당해 소송사건의 재판은 헌법재판소의 위헌 여부의 결정이 있을 때까지 정지된다. 다만, 법원이 긴급하다고 인정하는 경우에는 종국재판 외의 소송절차를 진행할 수 있다.

[❺ ▸ ×] 위헌법률심판제청은 당해 사건을 담당하는 법원만이 할 수 있으므로, 행정심판위원회는 위헌법률심판제청을 할 수 없다.

**위헌 여부 심판의 제청(헌법재판소법 제41조)** ① 법률이 헌법에 위반되는지 여부가 재판의 전제가 된 경우에는 당해 사건을 담당하는 법원(군사법원을 포함한다. 이하 같다)은 직권 또는 당사자의 신청에 의한 결정으로 헌법재판소에 위헌 여부 심판을 제청한다.

**2016년 변호사시험 문 7.** ☑ 확인 Check! ○ △ ×

**위헌법률심판 및 「헌법재판소법」 제68조 제2항의 헌법소원심판에 관한 설명 중 옳은 것은?(다툼이 있는 경우 헌법재판소 판례에 의함)**

① 위헌법률심판제도는 국회의 입법권을 통제하기 위한 것이므로, 국회가 제정한 형식적 의미의 법률이 아니라 법원판결에 의하여 법률과 같이 재판규범으로 적용되어 온 관습법은 위헌법률심판의 대상이 되지 않는다.
② 위헌법률심판절차에서 말하는 당해 법원의 '재판'이란 판결·결정·명령 등 그 형식 여하와 본안에 관한 재판이거나 소송절차에 관한 재판이거나를 불문하고, 심급을 종국적으로 종결시키는 종국재판뿐만 아니라 중간재판도 이에 포함되며, 법원이 행하는 구속기간갱신결정도 이러한 '재판'에 해당된다.
③ 형벌조항에 대하여 위헌결정을 한 경우에는 원칙적으로 소급하여 그 효력이 상실되지만, 헌법재판소가 과거에 동일한 조항에 대해서 합헌결정을 한 경우에는 그 합헌결정이 있는 날로 소급하여 효력을 상실한다.
④ 「헌법재판소법」 제68조 제2항은 당해 법원에 의해 위헌법률심판제청신청이 기각된 법률조항에 대해서 헌법소원심판을 청구할 수 있다고 규정하므로, 당해 법원이 재판의 전제성을 부정하여 각하한 조항에 대해서는 위 헌법소원심판청구가 허용되지 않는다.
⑤ 법원이 당해 사건에 적용되는 법률에 대하여 헌법재판소에 위헌법률심판을 제청한 경우 헌법재판소는 해당 법률이 재판의 전제성이 있는지 여부에 관하여 당해 법원과 달리 판단할 수 없다.



② 정답

[❶ ▸ ×] 법률과 동일한 효력을 갖는 조약 등을 위헌법률심판의 대상으로 삼는 것은 헌법을 최고규범으로 하는 법질서의 통일성과 법적 안정성을 확보할 수 있을 뿐만 아니라, 합헌적인 법률에 의한 재판을 가능하게 하여 궁극적으로는 국민의 기본권 보장에 기여할 수 있다. 그런데 이 사건 관습법은 민법 시행 이전에 상속을 규율하는 법률이 없는 상황에서 재산상속에 관하여 적용된 규범으로서 비록 형식적 의미의 법률은 아니지만 실질적으로는 법률과 같은 효력을 갖는 것이므로 위헌법률심판의 대상이 된다(헌재 2013.2.28. 2009헌바129).

[❷ ▸ ○] 여기서 '재판'이라 함은 판결・결정・명령 등 그 형식 여하와 본안에 관한 재판이거나 소송절차에 관한 재판이거나를 불문하며, 심급을 종국적으로 종결시키는 종국재판뿐만 아니라 중간재판도 이에 포함된다. 법관이 법원으로서 어떠한 의사결정을 하여야 하고 그때 일정한 법률조항의 위헌 여부에 따라 그 의사결정의 결론이 달라질 경우에는, 우선 헌법재판소에 그 법률에 대한 위헌 여부의 심판을 제청한 뒤 헌법재판소의 심판에 의하여 재판하여야 한다는 것이 법치주의의 원칙과 헌법재판소에 위헌법률심판권을 부여하고 있는 헌법 제111조 제1항 제1호 및 헌법 제107조 제1항의 취지에 부합하기 때문이다. 그러므로 이 사건 법률조항에 의하여 법원이 행하는 구속기간갱신결정도 당해 소송사건을 종국적으로 종결시키는 재판은 아니라고 하더라도, 그 자체가 소송절차에 관한 재판에 해당하는 법원의 의사결정으로서 헌법 제107조 제1항과 헌법재판소법 제41조 제1항에 규정된 재판에 해당된다고 할 것이다(헌재 2001.6.28. 99헌가14).

[❸ ▸ ×] 헌법재판소법 제47조 제3항 참조

법령 **위헌결정의 효력(헌법재판소법 제47조)** ② 위헌으로 결정된 법률 또는 법률의 조항은 그 결정이 있는 날부터 효력을 상실한다.

③ 제2항에도 불구하고 형벌에 관한 법률 또는 법률의 조항은 소급하여 그 효력을 상실한다. 다만, 해당 법률 또는 법률의 조항에 대하여 종전에 합헌으로 결정한 사건이 있는 경우에는 그 결정이 있는 날의 다음 날로 소급하여 효력을 상실한다.

[❹ ▸ ×] 헌법재판소법 제68조 제2항에 의한 헌법소원심판의 청구는 같은 법 제41조 제1항의 규정에 의한 적법한 위헌 여부 심판의 제청신청을 법원이 각하 또는 기각하였을 경우에만 제기할 수 있는 것이고 위헌 여부 심판의 제청신청이 적법한 것이 되려면 제청신청된 법률의 위헌 여부가 법원에 제기된 당해 사건의 재판의 전제가 된 때라야 하므로, 만약 당해 사건이 부적법한 것이어서 법률의 위헌 여부를 따져 볼 필요조차 없이 각하를 면할 수 없는 것일 때에는 위헌 여부 심판의 제청신청은 적법요건인 재판의 전제성을 흠결한 것으로서 각하될 수밖에 없고 이러한 경우 제기된 헌법소원심판청구는 결국 재판의 전제성을 갖추지 못하여 부적법하다(헌재 2004.6.24. 2001헌바104).

[❺ ▸ ×] 위헌법률심판이나 헌법재판소법 제68조 제2항의 규정에 의한 헌법소원심판에 있어서 위헌 여부가 문제되는 법률이 재판의 전제성요건을 갖추고 있는지의 여부는 헌법재판소가 별도로 독자적인 심사를 하기보다는 되도록 법원의 이에 관한 법률적 견해를 존중해야 할 것이며, 다만 그 전제성에 관한 법률적 견해가 명백히 유지될 수 없을 때에만 헌법재판소는 이를 직권으로 조사할 수 있다 할 것이다(헌재 1993.5.13. 92헌가10).

## 2014년 변호사시험 문 15.

☑ 확인Check! ○ △ ×

**헌법재판소 결정의 효력에 관한 설명 중 옳지 않은 것은?(다툼이 있는 경우 판례에 의함)**

① 형벌에 관한 법령이 헌법재판소의 위헌결정으로 인하여 소급하여 그 효력을 상실하였거나 법원에서 위헌·무효로 선언된 경우, 법원은 당해 법령을 적용하여 공소가 제기된 피고사건에 대하여 형사소송법 제325조(무죄의 판결)에 따라 무죄를 선고하여야 한다.

② 헌법재판소법에 의하면, 위헌법률심판에서의 위헌결정은 법원과 그 밖의 국가기관 및 지방자치단체를 기속하고, 권한쟁의심판의 결정과 헌법소원의 인용결정은 모든 국가기관과 지방자치단체를 기속한다.

③ 헌법재판소의 위헌결정에 소급효를 인정할 것인가의 문제는 특별한 사정이 없는 한 헌법적합성의 문제라기보다는 입법정책의 문제이므로, 형벌법규에 대한 위헌결정의 경우를 제외하고 법적 안정성을 더 높이 평가한 입법자의 판단은 헌법상 법치주의원칙에서 파생된 법적 안정성 내지 신뢰보호의 원칙에 의하여 정당화된다.

④ 구체적 규범통제의 실효성 보장의 견지에서 법원의 제청, 헌법소원의 청구 등을 통하여 헌법재판소에 법률의 위헌결정을 위한 계기를 부여한 당해 사건, 위헌결정이 있기 전에 이와 동종의 위헌 여부에 관하여 헌법재판소에 위헌제청을 하였거나 법원에 위헌제청신청을 한 경우의 당해 사건, 그리고 따로 위헌제청신청을 아니하였지만 당해 법률 또는 법률의 조항이 재판의 전제가 되어 법원에 계속 중인 사건은 위헌결정의 소급효가 인정된다.

⑤ 위헌법률심판은 법원이 헌법재판소에 제청하는 것이기 때문에 당해 사건의 당사자는 위헌법률심판사건의 당사자라고 할 수 없으나, 위헌법률심판제청신청을 한 사람은 위헌법률심판제청에 따른 헌법재판소 결정의 효력을 받는 자로서 권리 구제를 위한 구체적 타당성의 요청이 현저한 경우에 헌법재판소 결정에 대하여 재심을 청구할 수 있다.

[❶ ▸ O] 대판 1992.5.8. 91도2825, 형사소송법 제325조 참조

판례 위헌결정으로 인하여 형벌에 관한 법률 또는 법률조항이 소급하여 그 효력을 상실한 경우에는 당해 법조를 적용하여 기소한 피고사건이 범죄로 되지 아니한 때에 해당한다고 할 것이고, 범죄 후의 법령의 개폐로 형이 폐지되었을 때에 해당한다거나, 혹은 공소장에 기재된 사실이 진실하다 하더라도 범죄가 될 만한 사실이 포함되지 아니하는 때에 해당한다고는 할 수 없다(대판 1992.5.8. 91도2825).

법령 **무죄의 판결(형사소송법 제325조)** 피고사건이 범죄로 되지 아니하거나 범죄사실의 증명이 없는 때에는 판결로써 무죄를 선고하여야 한다.

[❷ ▸ O] 헌법재판소법 제47조 제1항, 제67조 제1항 및 제75조 제1항 참조

법령 **위헌결정의 효력(헌법재판소법 제47조)** ① 법률의 위헌결정은 법원과 그 밖의 국가기관 및 지방자치단체를 기속(羈束)한다.

**결정의 효력(헌법재판소법 제67조)** ① 헌법재판소의 권한쟁의심판의 결정은 모든 국가기관과 지방자치단체를 기속한다.

**인용결정(헌법재판소법 제75조)** ① 헌법소원의 인용결정은 모든 국가기관과 지방자치단체를 기속한다.

[❸ ▸ O] 헌법재판소에 의하여 위헌으로 선고된 법률 또는 법률의 조항이 제정 당시로 소급하여 효력을 상실하는가 아니면 장래에 향하여 효력을 상실하는가의 문제는 특단의 사정이 없는 한 헌법적합성의 문제라기보다는 입법자가 법적



⑤ 정답

안정성과 개인의 권리 구제 등 제반 이익을 비교형량하여 가면서 결정할 입법정책의 문제인 것으로 보인다. 우리의 입법자는 헌법재판소법 제47조 제2항 본문의 규정을 통하여 형벌법규를 제외하고는 법적 안정성을 더 높이 평가하는 방안을 선택하였는바, 이에 의하여 구체적 타당성이나 평등의 원칙이 완벽하게 실현되지 않는다고 하더라도 헌법상 법치주의의 원칙의 파생인 법적 안정성 내지 신뢰보호의 원칙에 의하여 정당화된다 할 것이고, 특단의 사정이 없는 한 이로써 헌법이 침해되는 것은 아니라 할 것이다(헌재 2001.12.20. 2001헌바7 등).

[❹ ▸ O] 효력이 다양할 수밖에 없는 위헌결정의 특수성 때문에 예외적으로 부분적인 소급효의 인정을 부인해서는 안 될 것이다. 첫째, 구체적 규범통제의 실효성의 보장의 견지에서 법원의 제청・헌법소원청구 등을 통하여 헌법재판소에 법률의 위헌결정을 위한 계기를 부여한 당해 사건, 위헌결정이 있기 전에 이와 동종의 위헌 여부에 관하여 헌법재판소에 위헌제청을 하였거나 법원에 위헌제청신청을 한 경우의 당해 사건, 그리고 따로 위헌제청신청을 아니하였지만 당해 법률 또는 법률의 조항이 재판의 전제가 되어 법원에 계속 중인 사건에 대하여는 소급효를 인정하여야 할 것이다. 둘째, 당사자의 권리 구제를 위한 구체적 타당성의 요청이 현저한 반면에 소급효를 인정하여도 법적 안정성을 침해할 우려가 없고 나아가 구법에 의하여 형성된 기득권자의 이득이 해쳐질 사안이 아닌 경우로서 소급효의 부인이 오히려 정의와 평등 등 헌법적 이념에 심히 배치되는 때에도 소급효를 인정할 수 있다(헌재 1993.5.13. 92헌가10 등).

[❺ ▸ X] 위헌법률심판의 제청은 법원이 헌법재판소에 대하여 하는 것이기 때문에 당해 사건에서 법원으로 하여금 위헌법률심판을 제청하도록 신청을 한 사람은 위헌법률심판사건의 당사자라고 할 수 없다. 원래 재심은 재판을 받은 당사자에게 이를 인정하는 특별한 불복절차이므로 청구인처럼 위헌법률심판이라는 재판의 당사자가 아닌 사람은 그 재판에 대하여 재심을 청구할 수 있는 지위 내지 적격을 갖지 못한다(헌재 2004.9.23. 2003헌아61).

PART 03

통치구조론

**2012년 변호사시험 문 14.**

☑ 확인 Check! ○ △ ×

**위헌법률심판의 적법성에 관한 설명 중 옳은 것은?(다툼이 있는 경우 판례에 의함)**

① 위헌법률심판의 적법요건으로서의 재판의 전제성에서 '재판'이라 함은 판결・결정・명령 등 그 형식 여하와 본안에 관한 재판이거나 소송절차에 관한 재판이거나를 불문하지만, 중간재판은 이에 포함되지 않는다.
② 법원의 위헌법률심판제청에 있어 위헌 여부가 문제되는 법률 또는 법률조항이 재판의 전제성요건을 갖추고 있는지 여부는 되도록 제청법원의 이에 관한 법률적 견해를 존중해야 하는 것이 원칙이고, 다만 그 전제성에 관한 법률적 견해가 명백히 유지될 수 없을 경우에 헌법재판소가 이를 부정할 수 있다.
③ 행정처분의 근거가 된 법률이 헌법재판소에서 위헌으로 결정된 경우에는 그 전에 이미 집행이 종료된 행정처분이라 하더라도 당연무효가 되는 것으로 보아야 한다.
④ 재판의 전제성은 법원에 의한 법률의 위헌심판제청 당시에만 있으면 되고, 헌법재판소의 위헌법률심판의 시점에도 충족되어야 하는 것은 아니다.
⑤ 수소법원뿐만 아니라 집행법원도 제청권한이 있으며, 비송사건담당법관의 경우는 물론, 헌법 제107조 제3항과 행정심판법 등에 근거를 두고 설치되어 행정심판을 담당하는 각종 행정심판기관도 제청권을 갖는다.

[❶ ▸ X] 헌법재판소법 제41조 제1항은 "법률이 헌법에 위반되는 여부가 재판의 전제가 된 때에는 당해 사건을 담당하는 법원은 직권 또는 당사자의 신청에 의한 결정으로 헌법재판소에 위헌 여부의 심판을 제청한다"라고 규정하고 있으므로, 법률에 대한 위헌제청이 적법하기 위해서는 법원에 계속 중인 구체적인 사건에 적용할 법률이 헌법에 위반되는 여부가 재판의 전제로 되어야 한다. 여기서 '재판'이라 함은 판결・결정・명령 등 그 형식 여하와 본안에 관한 재판이거나 소송절차에 관한 재판이거나를 불문하며, 심급을 종국적으로 종결시키는 종국재판뿐만 아니라 중간재판도 이에 포함된다(헌재 2001.6.28. 99헌가14).

정답 ②

[❷ ▸ O] 위헌법률심판이나 헌법재판소법 제68조 제2항의 규정에 의한 헌법소원심판에 있어서 위헌 여부가 문제되는 법률이 재판의 전제성요건을 갖추고 있는지의 여부는 헌법재판소가 별도로 독자적인 심사를 하기보다는 되도록 법원의 이에 관한 법률적 견해를 존중해야 할 것이며, 다만 그 전제성에 관한 법률적 견해가 명백히 유지될 수 없을 때에만 헌법재판소는 이를 직권으로 조사할 수 있다 할 것이다(헌재 1993.5.13. 92헌가10).

[❸ ▸ ×] 헌재 1994.6.30. 92헌바23, 대판 1994.10.28. 92누9463 참조

판례

- 일반적으로 행정처분의 집행이 이미 종료되었고 그것이 번복될 경우 법적 안정성을 크게 해치게 되는 경우에는 후에 행정처분의 근거가 된 법규가 헌법재판소에서 위헌으로 선고된다고 하더라도(처분의 근거법규가 위헌이었다는 하자는 중대하기는 하나 명백한 것이라고는 할 수 없다는 의미에서) 그 행정처분이 당연무효가 되지는 않는다고 할 수 있을 것이다. 따라서 행정처분에 대한 쟁송기간 내에 그 취소를 구하는 소를 제기한 경우는 별론으로 하고 쟁송기간이 경과한 후에는 처분의 근거법규가 위헌임을 이유로 무효확인소송 등을 제기하더라도 행정처분의 효력에 영향이 없음이 원칙이라고 할 것이다(헌재 1994.6.30. 92헌바23).
- 법률에 근거하여 행정처분이 발하여진 후에 헌법재판소가 그 행정처분의 근거가 된 법률을 위헌으로 결정하였다면 결과적으로 행정처분은 법률의 근거가 없이 행하여진 것과 마찬가지가 되어 하자가 있는 것이 되나, 일반적으로 법률이 헌법에 위반된다는 사정이 헌법재판소의 위헌결정이 있기 전에는 객관적으로 명백한 것이라고 할 수 없으므로 헌법재판소의 위헌결정 전에 행정처분의 근거되는 당해 법률이 헌법에 위반된다는 사유는 특별한 사정이 없는 한 그 행정처분의 취소소송의 전제가 될 수 있을 뿐 당연무효사유는 아니라고 봄이 상당하다(대판 1994.10.28. 92누9463).

[❹ ▸ ×] 재판의 전제성은 법률의 위헌 여부 심판제청 시만 아니라 심판 시에도 갖추어져야 함이 원칙이다(헌재 1993.12.23. 93헌가2).

[❺ ▸ ×] 위헌법률심판제청은 법원만이 할 수 있고, 이때 제청권이 있는 법원에는 수소법원은 물론 집행법원, 비송사건 담당법관도 해당한다고 보아야 할 것이다. 그러나 행정심판을 담당하는 각종 행정심판기관은 법원에 해당하지 않는다.

법령

**헌법 제107조** ① 법률이 헌법에 위반되는 여부가 재판의 전제가 된 경우에는 법원은 헌법재판소에 제청하여 그 심판에 의하여 재판한다.

**위헌 여부 심판의 제청(헌법재판소법 제41조)** ① 법률이 헌법에 위반되는지 여부가 재판의 전제가 된 경우에는 당해 사건을 담당하는 법원(군사법원을 포함한다. 이하 같다)은 직권 또는 당사자의 신청에 의한 결정으로 헌법재판소에 위헌 여부 심판을 제청한다.

## 제3절 탄핵심판 ★

**2018년 변호사시험 문 20.** ☑ 확인 Check! ○ △ ×

**탄핵제도에 관한 설명 중 옳지 않은 것은?(다툼이 있는 경우 판례에 의함)**

① 국회의 의사자율권 등에 비추어 볼 때 국회가 탄핵소추사유에 대하여 별도의 조사를 하지 않은 채 탄핵소추안을 의결하였다고 하여 그 의결이 헌법이나 법률을 위반한 것이라고 볼 수 없다.

② 탄핵소추안을 각 소추사유별로 나누어 발의할 것인지 아니면 여러 소추사유를 포함하여 하나의 안으로 발의할 것인지는 소추안을 발의하는 의원들의 자유로운 의사에 달린 것이므로, 대통령이 헌법이나 법률을 위배한 사실이 여러 가지일 때 그중 한 가지 사실만으로도 충분히 파면결정을 받을 수 있다고 판단되면 그 한 가지 사유만으로 탄핵소추안을 발의할 수 있다.

③ '그 직무 집행에 있어서 헌법이나 법률을 위배한 때'를 탄핵사유로 규정하고 있는 헌법 제65조 제1항의 '헌법'에는 명문의 헌법규정뿐만 아니라 헌법재판소의 결정에 따라 형성되어 확립된 불문헌법도 포함되고, '법률'에는 형식적 의미의 법률과 이와 동등한 효력을 가지는 국제조약 및 일반적으로 승인된 국제법규 등이 포함된다.

④ 대통령에 대한 탄핵심판청구는 대통령 본인의 직무 집행과 관련한 중대한 헌법이나 법률 위배를 이유로 하는 경우에만 적법요건을 갖춘 것이다.

⑤ 여러 개의 탄핵사유가 포함된 하나의 탄핵소추안을 발의하고 안건 수정 없이 그대로 본회의에 상정된 경우에, 국회의장은 '표결할 안건의 제목을 선포'할 권한만 있는 것이지, 직권으로 탄핵소추안에 포함된 개개 소추사유를 분리하여 여러 개의 탄핵소추안으로 만든 다음 이를 각각 표결에 부칠 수는 없다.

[❶ ▸ ○] 국회의 의사절차에 헌법이나 법률을 명백히 위반한 흠이 있는 경우가 아니면 국회의사절차의 자율권은 권력분립의 원칙상 존중되어야 하고, 국회법 제130조 제1항은 탄핵소추의 발의가 있을 때 그 사유 등에 대한 조사 여부를 국회의 재량으로 규정하고 있으므로, 국회가 탄핵소추사유에 대하여 별도의 조사를 하지 않았다거나 국정조사결과나 특별검사의 수사결과를 기다리지 않고 탄핵소추안을 의결하였다고 하여 그 의결이 헌법이나 법률을 위반한 것이라고 볼 수 없다(헌재 2017.3.10. 2016헌나1).

[❷ ▸ ○] 탄핵소추안을 각 소추사유별로 나누어 발의할 것인지 아니면 여러 소추사유를 포함하여 하나의 안으로 발의할 것인지는 소추안을 발의하는 의원들의 자유로운 의사에 달린 것이다. 대통령이 헌법이나 법률을 위배한 사실이 여러 가지일 때 그중 한 가지 사실만으로도 충분히 파면결정을 받을 수 있다고 판단되면 그 한 가지 사유만으로 탄핵소추안을 발의할 수도 있고, 여러 가지 소추사유를 종합할 때 파면할 만하다고 판단되면 여러 가지 소추사유를 한꺼 묶어 하나의 탄핵소추안으로 발의할 수도 있다(헌재 2017.3.10. 2016헌나1).

[❸ ▸ ○] 헌법 제65조는 대통령이 '그 직무 집행에 있어서 헌법이나 법률을 위배한 때'를 탄핵사유로 규정하고 있다. 여기에서 '직무'란 법제상 소관 직무에 속하는 고유업무와 사회통념상 이와 관련된 업무를 말하고, 법령에 근거한 행위뿐만 아니라 대통령의 지위에서 국정 수행과 관련하여 행하는 모든 행위를 포괄하는 개념이다. 또 '헌법'에는 명문의 헌법규정뿐만 아니라 헌법재판소의 결정에 따라 형성되어 확립된 불문헌법도 포함되고, '법률'에는 형식적 의미의 법률과 이와 동등한 효력을 가지는 국제조약 및 일반적으로 승인된 국제법규 등이 포함된다(헌재 2017.3.10. 2016헌나1).

[❹ ▸ ×] 탄핵심판청구가 적법하기 위해서는 국회의 탄핵소추의결이 있어야 한다. 국회의 탄핵소추의결은 직무 집행에 있어서 헌법이나 법률을 위배하면 할 수 있으므로 반드시 중대한 법 위반일 필요는 없다. 하지만 대통령의 탄핵의 결정을 하기 위해서는 대통령의 파면을 정당화할 수 있을 정도로 중대한 헌법이나 법률 위배가 있어야 한다.

정답 ④

법령

**헌법 제65조** ① 대통령·국무총리·국무위원·행정각부의 장·헌법재판소 재판관·법관·중앙선거관리위원회 위원·감사원장·감사위원 기타 법률이 정한 공무원이 그 직무 집행에 있어서 헌법이나 법률을 위배한 때에는 국회는 탄핵의 소추를 의결할 수 있다.

**결정의 내용(헌법재판소법 제53조)** ① 탄핵심판청구가 이유 있는 경우에는 헌법재판소는 피청구인을 해당 공직에서 파면하는 결정을 선고한다.

판례

헌법재판소법 제53조 제1항은 '탄핵심판청구가 이유 있는 경우' 피청구인을 파면하는 결정을 선고하도록 규정하고 있다. 그런데 대통령에 대한 파면결정은 국민이 선거를 통하여 대통령에게 부여한 민주적 정당성을 임기 중 박탈하는 것으로서 국정공백과 정치적 혼란 등 국가적으로 큰 손실을 가져올 수 있으므로 신중하게 이루어져야 한다. 따라서 대통령을 탄핵하기 위해서는 대통령의 법위배행위가 헌법질서에 미치는 부정적 영향과 해악이 중대하여 대통령을 파면함으로써 얻는 헌법 수호의 이익이 대통령 파면에 따르는 국가적 손실을 압도할 정도로 커야 한다. 즉, '탄핵심판청구가 이유 있는 경우'란 대통령의 파면을 정당화할 수 있을 정도로 중대한 헌법이나 법률 위배가 있는 때를 말한다(헌재 2017.3.10. 2016헌나1).

[❺ ▸ O] 국회 재적의원 과반수에 해당하는 171명의 의원이 여러 개 탄핵사유가 포함된 하나의 탄핵소추안을 마련한 다음 이를 발의하고 안건 수정 없이 그대로 본회의에 상정된 경우에는 그 탄핵소추안에 대하여 찬반표결을 하게 된다. 그리고 본회의에 상정된 의안에 대하여 표결절차에 들어갈 때 국회의장에게는 '표결할 안건의 제목을 선포'할 권한만 있는 것이지(국회법 제110조 제1항), 직권으로 이 사건 탄핵소추안에 포함된 개개 소추사유를 분리하여 여러 개의 탄핵소추안으로 만든 다음 이를 각각 표결에 부칠 수는 없다. 그러므로 이 부분 피청구인의 주장도 받아들일 수 없다(헌재 2017.3.10. 2016헌나1).

**2015년 변호사시험 문 9.** ☑ 확인 Check! ○ △ ×

**다음은 교수와 학생 간의 대화이다. 교수의 질문에 대한 학생의 대답 중 옳은 것은?(다툼이 있는 경우 판례에 의함)**

① 교수 : 국무총리에 대한 탄핵소추의 발의에 필요한 최소한의 국회의원 수는 몇 명인가요?
학생 : 국회 재적의원 과반수입니다.

② 교수 : 헌법은 탄핵소추의 의결을 받은 자의 권한 행사에 관한 조항을 두고 있나요?
학생 : 네. 헌법은 탄핵소추의 의결을 받은 자는 탄핵심판이 있을 때까지 그 권한 행사가 정지된다고 규정하고 있습니다.

③ 교수 : 국회는 탄핵소추의결을 하여야 할 헌법상 작위의무가 있나요?
학생 : 네. 국회는 헌법수호의무가 있기 때문에 탄핵대상자가 그 직무에 관하여 헌법이나 법률을 위반한 경우에는 탄핵소추를 의결할 헌법상의 의무가 있습니다.

④ 교수 : 대통령이 직책을 성실하게 수행하지 아니한 것도 탄핵사유가 되나요?
학생 : 대통령의 정치적 무능력이나 정책결정상의 잘못 등 직책을 성실하게 수행하지 아니한 것은 헌법이나 법률을 위배한 것과 같기 때문에 탄핵사유가 됩니다.

⑤ 교수 : 탄핵결정이 있을 경우 피청구인은 민사상 또는 형사상의 책임을 지나요?
학생 : 아닙니다. 탄핵결정으로 피청구인의 모든 책임이 면제됩니다. 탄핵결정으로 공직에서 파면된 피청구인에게 민·형사상의 책임을 또 지게 하는 것은 너무 가혹합니다.

[❶ ▸ ×] 헌법 제65조 제1항·제2항 참조

**법령** 헌법 제65조 ① 대통령·국무총리·국무위원·행정각부의 장·헌법재판소 재판관·법관·중앙선거관리위원회 위원·감사원장·감사위원 기타 법률이 정한 공무원이 그 직무 집행에 있어서 헌법이나 법률을 위배한 때에는 국회는 탄핵의 소추를 의결할 수 있다.
② 제1항의 탄핵소추는 국회 재적의원 3분의 1 이상의 발의가 있어야 하며, 그 의결은 국회 재적의원 과반수의 찬성이 있어야 한다. 다만, 대통령에 대한 탄핵소추는 국회 재적의원 과반수의 발의와 국회 재적의원 3분의 2 이상의 찬성이 있어야 한다.

[❷ ▸ ○] 탄핵소추의 의결을 받은 자는 탄핵심판이 있을 때까지 그 권한 행사가 정지된다(헌법 제65조 제3항).

[❸ ▸ ×] 헌법 제65조 제1항은 국회의 탄핵소추의결이 국회의 재량행위임을 명문으로 밝히고 있고 헌법해석상으로도 국정통제를 위하여 헌법상 국회에게 인정된 다양한 권한 중 어떠한 것을 행사하는 것이 적절한 것인가에 대한 판단권은 오로지 국회에 있다고 보아야 할 것이며, 나아가 청구인에게 국회의 탄핵소추의결을 청구할 권리에 관하여도 아무런 규정이 없고 헌법해석상으로도 그와 같은 권리를 인정할 수 없으므로, 국회에게 대통령의 헌법 등 위배행위가 있을 경우에 탄핵소추의결을 하여야 할 헌법상 작위의무가 있다 할 수 없어 국회의 탄핵소추의결부작위에 대한 위헌확인소원은 부적법하다(헌재 1996.2.29. 93헌마186).

[❹ ▸ ×] 헌법 제65조 제1항은 탄핵사유를 '헌법이나 법률에 위배한 때'로 제한하고 있고, 헌법재판소의 탄핵심판절차는 법적인 관점에서 단지 탄핵사유의 존부만을 판단하는 것이므로, 이 사건에서 청구인이 주장하는 바와 같은 정치적 무능력이나 정책결정상의 잘못 등 직책 수행의 성실성 여부는 그 자체로서 소추사유가 될 수 없어, 탄핵심판절차의 판단대상이 되지 아니한다(헌재 2004.5.14. 2004헌나1).

[❺ ▸ ×] 탄핵결정은 공직으로부터 파면함에 그친다. 그러나 이에 의하여 민사상이나 형사상의 책임이 면제되지는 아니한다(헌법 제65조 제4항).

정답 ②

## 제4절 정당해산심판 ☆

**2016년 변호사시험 문 15.** ☑ 확인Check! ○ △ ×

정당해산심판에 관한 설명 중 옳지 않은 것을 모두 고른 것은?(다툼이 있는 경우 판례에 의함)

ㄱ. 정당해산심판절차에서는 정당해산심판의 성질에 반하지 않는 한도에서 「헌법재판소법」 제40조에 따라 민사소송에 관한 법령이 준용될 수 있지만, 민사소송에 관한 법령이 준용되지 않아 법률의 공백이 생기는 부분에 대하여는 헌법재판소가 정당해산심판의 성질에 맞는 절차를 창설할 수 있다.

ㄴ. 헌법 제8조 제4항에서 말하는 민주적 기본질서의 위배란, 정당의 목적이나 활동이 우리 사회의 민주적 기본질서에 대하여 실질적인 해악을 끼칠 수 있는 구체적 위험성을 초래하는 경우뿐만 아니라 민주적 기본질서에 대한 단순한 위반이나 저촉까지도 포함하는 넓은 개념이다.

ㄷ. '정당의 목적이나 활동이 민주적 기본질서에 위배될 때'라는 헌법 제8조 제4항의 정당해산요건이 충족되면, 헌법재판소는 해당 정당의 위헌적 문제성을 해결할 수 있는 다른 대안적 수단이 있는 경우라 하더라도 강제적 정당해산결정을 할 수 있다.

ㄹ. 헌법재판소는 위헌정당해산결정으로 정당이 해산되는 경우 정당해산결정의 실효성을 위해 지역구의원이냐 비례대표의원이냐를 불문하고 해산된 정당 소속의 국회의원과 지방의회의원은 그 자격을 상실한다고 결정하였다.

① ㄱ, ㄹ ② ㄴ, ㄷ ③ ㄱ, ㄴ, ㄷ
④ ㄴ, ㄷ, ㄹ ⑤ ㄱ, ㄴ, ㄷ, ㄹ

[ㄱ ▸ O] 증거조사와 사실 인정에 관한 민사소송법의 규정을 적용함으로써 실체적 진실과 다른 사실관계가 인정될 수 있는 규정은 헌법과 정당을 동시에 보호하는 정당해산심판의 성질에 반하는 것으로 준용될 수 없을 것이다. 또 민사소송에 관한 법령의 준용이 배제되어 법률의 공백이 생기는 부분에 대하여는 헌법재판소가 정당해산심판의 성질에 맞는 절차를 창설하여 이를 메울 수밖에 없다. 이와 같이 법률의 공백이 있는 경우 정당해산심판제도의 목적과 취지에 맞는 절차를 창설하여 실체적 진실을 발견하고 이에 근거하여 헌법정신에 맞는 결론을 도출해 내는 것은 헌법이 헌법재판소에 부여한 고유한 권한이자 의무이다(헌재 2014.2.27. 2014헌마7).

[ㄴ ▸ X] 헌법 제8조 제4항은 정당해산심판의 사유를 '정당의 목적이나 활동이 민주적 기본질서에 위배될 때'로 규정하고 있는데, 여기서 말하는 민주적 기본질서의 '위배'란, 민주적 기본질서에 대한 단순한 위반이나 저촉을 의미하는 것이 아니라, 민주사회의 불가결한 요소인 정당의 존립을 제약해야 할 만큼 그 정당의 목적이나 활동이 우리 사회의 민주적 기본질서에 대하여 실질적인 해악을 끼칠 수 있는 구체적 위험성을 초래하는 경우를 가리킨다(헌재 2014.12.19. 2013헌다1).

[ㄷ ▸ X] 강제적 정당 해산은 헌법상 핵심적인 정치적 기본권인 정당활동의 자유에 대한 근본적 제한이므로, 헌법재판소는 이에 관한 결정을 할 때 헌법 제37조 제2항이 규정하고 있는 비례원칙을 준수해야만 한다. 따라서 헌법 제8조 제4항의 명문규정상 요건이 구비된 경우에도 해당 정당의 위헌적 문제성을 해결할 수 있는 다른 대안적 수단이 없고, 정당해산결정을 통하여 얻을 수 있는 사회적 이익이 정당해산결정으로 인해 초래되는 정당활동자유 제한으로 인한 불이익과 민주주의 사회에 대한 중대한 제약이라는 사회적 불이익을 초과할 수 있을 정도로 큰 경우에 한하여 정당해산결정이 헌법적으로 정당화될 수 있다(헌재 2014.12.19. 2013헌다1).



④ 정답

[ㄹ ▸ ×] 헌법재판소는 지방의회의원의 의원직 상실에 대해서는 판시하지 않았다.

판례 헌법재판소의 해산결정으로 정당이 해산되는 경우에 그 정당 소속 국회의원이 의원직을 상실하는지에 대하여 명문의 규정은 없으나, 정당해산심판제도의 본질은 민주적 기본질서에 위배되는 정당을 정치적 의사형성과정에서 배제함으로써 국민을 보호하는 데에 있는데 해산정당 소속 국회의원의 의원직을 상실시키지 않는 경우 정당해산결정의 실효성을 확보할 수 없게 되므로, 이러한 정당해산제도의 취지 등에 비추어 볼 때 헌법재판소의 정당해산결정이 있는 경우 그 정당 소속 국회의원의 의원직은 당선방식을 불문하고 모두 상실되어야 한다(헌재 2014.12.19. 2013헌다1).

## 제5절 권한쟁의심판

PART 03 통치구조론

**2016년 변호사시험 문 10.** ☑ 확인Check! ○ △ ×

**甲군(郡)과 乙군(郡) 사이에 있는 공유수면인 A만(灣)의 일부 해역을 대상으로 甲군의 군수가 어업면허처분을 하였고, 乙군은 "위 어업면허처분의 대상해역이 乙군의 관할 구역에 속한다"라고 주장하면서 甲군과 甲군의 군수를 상대로 권한쟁의심판을 청구하였다. 이 사례 및 권한쟁의심판의 요건에 관한 설명 중 옳은 것(○)과 옳지 않은 것(×)을 올바르게 조합한 것은?(다툼이 있는 경우 판례에 의함)**

ㄱ. 「행정소송법」 제45조는 법률이 정한 경우에 법률에 정한 자가 기관소송을 제기할 수 있도록 규정하고 있는바, 만약 乙군의 권한쟁의심판청구가 기관소송을 거치지 않고 제기되었다면 권한쟁의심판의 보충성에 위배되어 부적법하다.

ㄴ. 「헌법재판소법」은 지방자치단체 상호 간의 권한쟁의심판을 규정하고 있지만 이는 예시적인 것이므로, 지방자치단체의 장인 甲군의 군수도 권한쟁의심판의 당사자가 될 수 있다.

ㄷ. 실정법이 바다에 대한 지방자치단체의 구역을 규정하고 있지 않으므로 바다에 대한 권한은 국가가 보유하는바, 공유수면에 대한 지방자치단체의 관할권한은 존재하지 않는다.

ㄹ. 권한쟁의심판은 이미 행하여진 처분을 대상으로 하므로, 피청구인의 처분이 확실하게 예정되어 있고 그로 인해서 청구인의 권한 침해의 위험성을 사전에 예방할 필요성이 큰 예외적인 경우라 해도 이러한 장래처분은 권한쟁의심판에서 말하는 피청구인의 '처분'으로 인정되지 않는다.

ㅁ. 헌법재판소는 위 어업면허처분의 대상해역에 대한 관할 권한이 乙군에게 속함을 확인하는 결정을 할 수 있지만, 위 어업면허처분의 무효확인은 법원의 관할이므로 헌법재판소가 할 수 없다.

① ㄱ(○) ㄴ(○) ㄷ(×) ㄹ(×) ㅁ(×)
② ㄱ(○) ㄴ(×) ㄷ(○) ㄹ(○) ㅁ(○)
③ ㄱ(○) ㄴ(×) ㄷ(×) ㄹ(○) ㅁ(○)
④ ㄱ(×) ㄴ(○) ㄷ(×) ㄹ(×) ㅁ(○)
⑤ ㄱ(×) ㄴ(×) ㄷ(×) ㄹ(×) ㅁ(×)

[ㄱ ▸ ×] 헌법재판소의 관장사항으로 되는 소송은 기관소송에서 제외되므로, 기관소송을 제기하지 않고 권한쟁의심판을 제기했다고 해서 부적법한 것은 아니다.

정답 ⑤

**법령** **행정소송의 종류(행정소송법 제3조)** 행정소송은 다음의 네 가지로 구분한다.

4. 기관소송 : 국가 또는 공공단체의 기관 상호 간에 있어서의 권한의 존부 또는 그 행사에 관한 다툼이 있을 때에 이에 대하여 제기하는 소송. 다만, 헌법재판소법 제2조의 규정에 의하여 헌법재판소의 관장사항으로 되는 소송은 제외한다.

**관장사항(헌법재판소법 제2조)** 헌법재판소는 다음 각 호의 사항을 관장한다.

4. 국가기관 상호 간, 국가기관과 지방자치단체 간 및 지방자치단체 상호 간의 권한쟁의(權限爭議)에 관한 심판

[ㄴ ▸ ×] 권한쟁의심판청구는 헌법과 법률에 의하여 권한을 부여받은 자가 그 권한의 침해를 다투는 헌법소송으로서 이러한 권한쟁의심판을 청구할 수 있는 자에 대하여는 헌법 제111조 제1항 제4호와 헌법재판소법 제62조 제1항 제3호가 정하고 있는바, 이에 의하면 지방자치단체의 장은 원칙적으로 권한쟁의심판청구의 당사자가 될 수 없다(헌재 2006.8.31. 2003헌라1).

[ㄷ ▸ ×] 지방자치법 제4조 제1항에 규정된 지방자치단체의 구역은 주민·자치권과 함께 지방자치단체의 구성요소로서 자치권을 행사할 수 있는 장소적 범위를 말하며, 자치권이 미치는 관할 구역의 범위에는 육지는 물론 바다도 포함되므로, 공유수면에 대한 지방자치단체의 자치권한이 존재한다(헌재 2006.8.31. 2003헌라1).

[ㄹ ▸ ×] 피청구인의 장래처분에 의해서 청구인의 권한 침해가 예상되는 경우에 청구인은 원칙적으로 이러한 장래처분이 행사되기를 기다린 이후에 이에 대한 권한쟁의심판청구를 통해서 침해된 권한의 구제를 받을 수 있으므로, 피청구인의 장래처분을 대상으로 하는 심판청구는 원칙적으로 허용되지 아니한다. 그러나 피청구인의 장래처분이 확실하게 예정되어 있고, 피청구인의 장래처분에 의해서 청구인의 권한이 침해될 위험성이 있어서 청구인의 권한을 사전에 보호해 주어야 할 필요성이 매우 큰 예외적인 경우에는 피청구인의 장래처분에 대해서도 헌법재판소법 제61조 제2항에 의거하여 권한쟁의심판을 청구할 수 있다(헌재 2009.7.30. 2005헌라2).

[ㅁ ▸ ×] 헌법재판소는 권한 침해의 원인이 된 피청구인의 처분이 무효임을 확인할 수 있다.

**법령** **결정의 내용(헌법재판소법 제66조)** ① 헌법재판소는 심판의 대상이 된 국가기관 또는 지방자치단체의 권한의 유무 또는 범위에 관하여 판단한다.

② 제1항의 경우에 헌법재판소는 권한 침해의 원인이 된 피청구인의 처분을 취소하거나 그 무효를 확인할 수 있고, 헌법재판소가 부작위에 대한 심판청구를 인용하는 결정을 한 때에는 피청구인은 결정취지에 따른 처분을 하여야 한다.

**판례** 태안군수가 행한 태안마을 제136호, 제137호의 어업면허처분 중 청구인의 관할 권한에 속하는 구역에 대해서 이루어진 부분은 청구인의 지방자치권을 침해하여 권한이 없는 자에 의하여 이루어진 것이므로 그 효력이 없다(헌재 2015.7.30. 2010헌라2).

**2020년 변호사시험 문 9.** ☑ 확인 Check! ○ △ ✕

**헌법재판소의 권한쟁의심판권과 법원의 행정재판관할권에 관한 설명 중 옳은 것을 모두 고른 것은?(다툼이 있는 경우 판례에 의함)**

ㄱ. 「헌법재판소법」 제61조 제1항이 규정한 국가기관 상호 간의 권한쟁의는 「행정소송법」 제3조 제4호의 기관소송의 대상에서 제외된다.

ㄴ. 지방자치단체의 의결기관인 지방의회를 구성하는 지방의회의원과 그 지방의회의 대표자인 지방의회의장 간의 권한쟁의심판은 헌법 및 「헌법재판소법」에 의하여 헌법재판소가 관장하는 지방자치단체 상호 간의 권한쟁의심판의 범위에 속한다.

ㄷ. 지방자치단체의 장이 그 의무에 속하는 국가위임사무 또는 시·도위임사무의 관리 및 집행을 명백히 게을리하고 있다고 인정되는 때에는 시·도에 대하여는 주무부장관이, 시·군 및 자치구에 대하여는 시·도지사가 기간을 정하여 서면으로 그 이행할 사항을 명령할 수 있는데, 이 경우 지방자치단체의 장은 위 이행명령에 이의가 있으면 이행명령서를 접수한 날부터 15일 이내에 대법원에 소를 제기할 수 있다.

ㄹ. 공유수면의 행정구역경계에 관한 명시적인 법령상의 규정과 해상경계에 관한 불문법이 존재하지 않으면, 헌법재판소가 권한쟁의심판을 통해 지방자치단체 간의 해상경계선을 획정할 수 있다.

① ㄱ, ㄴ ② ㄱ, ㄷ ③ ㄷ, ㄹ
④ ㄱ, ㄷ, ㄹ ⑤ ㄴ, ㄷ, ㄹ

[ㄱ ▸ O] 행정소송법 제3조 제4호, 헌법재판소법 제2조 제4호 및 제61조 제1항 참조

**행정소송의 종류(행정소송법 제3조)** 행정소송은 다음의 네 가지로 구분한다.

4. 기관소송 : 국가 또는 공공단체의 기관 상호 간에 있어서의 권한의 존부 또는 그 행사에 관한 다툼이 있을 때에 이에 대하여 제기하는 소송. 다만, 헌법재판소법 제2조의 규정에 의하여 헌법재판소의 관장사항으로 되는 소송은 제외한다.

**관장사항(헌법재판소법 제2조)** 헌법재판소는 다음 각 호의 사항을 관장한다.

4. 국가기관 상호 간, 국가기관과 지방자치단체 간 및 지방자치단체 상호 간의 권한쟁의(權限爭議)에 관한 심판

**청구사유(헌법재판소법 제61조)** ① 국가기관 상호 간, 국가기관과 지방자치단체 간 및 지방자치단체 상호 간에 권한의 유무 또는 범위에 관하여 다툼이 있을 때에는 해당 국가기관 또는 지방자치단체는 헌법재판소에 권한쟁의심판을 청구할 수 있다.

[ㄴ ▸ X] 헌법 제111조 제1항 제4호는 지방자치단체 상호 간의 권한쟁의에 관한 심판을 헌법재판소가 관장하도록 규정하고 있고, 헌법재판소법 제62조 제1항 제3호는 이를 구체화하여 헌법재판소가 관장하는 지방자치단체 상호 간의 권한쟁의심판의 종류를 ① 특별시·광역시 또는 도 상호 간의 권한쟁의심판, ② 시·군 또는 자치구 상호 간의 권한쟁의심판, ③ 특별시·광역시 또는 도와 시·군 또는 자치구 간의 권한쟁의심판 등으로 규정하고 있는바, 지방자치단체의 의결기관인 지방의회를 구성하는 지방의회의원과 그 지방의회의 대표자인 지방의회의장 간의 권한쟁의심판은 헌법 및 헌법재판소법에 의하여 헌법재판소가 관장하는 지방자치단체 상호 간의 권한쟁의심판의 범위에 속한다고 볼 수 없으므로 부적법하다(헌재 2010.4.29. 2009헌라11).

[ㄷ ▸ O] 지방자치법 제170조 참조

정답 ④

법령 **지방자치단체의 장에 대한 직무이행명령(지방자치법 제170조)** ① 지방자치단체의 장이 법령의 규정에 따라 그 의무에 속하는 국가위임사무나 시・도위임사무의 관리와 집행을 명백히 게을리하고 있다고 인정되면 시・도에 대하여는 주무부장관이, 시・군 및 자치구에 대하여는 시・도지사가 기간을 정하여 서면으로 이행할 사항을 명령할 수 있다.

③ 지방자치단체의 장은 제1항의 이행명령에 이의가 있으면 이행명령서를 접수한 날부터 15일 이내에 대법원에 소를 제기할 수 있다. 이 경우 지방자치단체의 장은 이행명령의 집행을 정지하게 하는 집행정지결정을 신청할 수 있다.

[ㄹ ▸ O] 지금까지 우리 법체계에서는 공유수면의 행정구역경계에 관한 명시적인 법령상의 규정이 존재한 바 없으므로, 공유수면에 대한 행정구역경계가 불문법상으로 존재한다면 그에 따라야 한다. 그리고 만약 해상경계에 관한 불문법도 존재하지 않으면, 주민, 구역과 자치권을 구성요소로 하는 지방자치단체의 본질에 비추어 지방자치단체의 관할 구역에 경계가 없는 부분이 있다는 것을 상정할 수 없으므로, 헌법재판소가 지리상의 자연적 조건, 관련 법령의 현황, 연혁적인 상황, 행정권한 행사내용, 사무처리의 실상, 주민의 사회・경제적 편익 등을 종합하여 형평의 원칙에 따라 합리적이고 공평하게 해상경계선을 획정할 수밖에 없다(헌재 2015.7.30. 2010헌라2).

**2015년 변호사시험 문 4.** ☑ 확인Check! O △ X

**권한쟁의심판에 관한 설명 중 옳지 않은 것은?(다툼이 있는 경우 판례에 의함)**

① 국가 또는 공공단체의 기관 상호 간에 있어서의 권한의 존부 또는 그 행사에 관한 다툼이 있을 때에는 기관소송을 제기할 수 있으나, 「헌법재판소법」 제2조의 규정에 의하여 헌법재판소의 관장사항으로 되는 소송은 기관소송의 대상에서 제외된다.

② 정부가 법률안을 제출하는 행위는 입법을 위한 하나의 사전준비행위에 불과하고, 권한쟁의심판의 독자적 대상이 되기 위한 법적 중요성을 지닌 행위로 볼 수 없으므로, 정부가 개정법률안을 국회에 제출한 행위를 다투는 권한쟁의심판청구는 부적법하다.

③ 예산 외에 국가의 부담이 될 계약 체결에 대한 동의권은 국회에 속하나, 국회의원에게도 국회의 예산 외에 국가의 부담이 될 계약의 체결에 있어 동의권의 침해를 주장하는 권한쟁의심판의 청구인적격이 인정된다.

④ 지방자치단체는 기관위임사무의 집행에 관한 권한의 유무 및 범위에 관한 분쟁을 이유로 기관위임사무를 집행하는 국가기관 또는 다른 지방자치단체의 장을 상대로 권한쟁의심판을 청구할 수 없다.

⑤ 지방자치단체는 국회의 법률제정행위가 자신의 자치권한을 침해했다고 주장하면서 권한쟁의심판을 청구할 수 있다.

[❶ ▸ O] 행정소송법 제3조 제4호, 헌법재판소법 제2조 제4호 참조

법령 **행정소송의 종류(행정소송법 제3조)** 행정소송은 다음의 네 가지로 구분한다.

4. 기관소송 : 국가 또는 공공단체의 기관 상호 간에 있어서의 권한의 존부 또는 그 행사에 관한 다툼이 있을 때에 이에 대하여 제기하는 소송. 다만, 헌법재판소법 제2조의 규정에 의하여 헌법재판소의 관장사항으로 되는 소송은 제외한다.

**관장사항(헌법재판소법 제2조)** 헌법재판소는 다음 각 호의 사항을 관장한다.

4. 국가기관 상호 간, 국가기관과 지방자치단체 간 및 지방자치단체 상호 간의 권한쟁의(權限爭議)에 관한 심판



③ 정답

[❷ ▸ O] 헌법재판소법 제61조 제2항에 따라 권한쟁의심판을 청구하려면 피청구인의 처분 또는 부작위가 존재하여야 하고, 여기서 '처분'이란 법적 중요성을 지닌 것에 한하므로, 청구인의 법적 지위에 구체적으로 영향을 미칠 가능성이 없는 행위는 '처분'이라 할 수 없어 이를 대상으로 하는 권한쟁의심판청구는 허용되지 않는다. 정부가 법률안을 제출하였다 하더라도 그것이 법률로 성립되기 위해서는 국회의 많은 절차를 거쳐야 하고, 법률안을 받아들일지 여부는 전적으로 헌법상 입법권을 독점하고 있는 의회의 권한이다. 따라서 정부가 법률안을 제출하는 행위는 입법을 위한 하나의 사전준비행위에 불과하고, 권한쟁의심판의 독자적 대상이 되기 위한 법적 중요성을 지닌 행위로 볼 수 없다(헌재 2005.12.22. 2004헌라3).

[❸ ▸ X] 권한쟁의심판의 청구인은 청구인의 권한 침해만을 주장할 수 있도록 하고 있을 뿐, 국가기관의 부분 기관이 자신의 이름으로 소속 기관의 권한을 주장할 수 있는 '제3자 소송담당'의 가능성을 명시적으로 규정하고 있지 않은 현행법 체계에서 국회의 구성원인 청구인들은 국회의 '예산 외에 국가의 부담이 될 계약'의 체결에 있어 동의권의 침해를 주장하는 권한쟁의심판을 청구할 수 없다(헌재 2008.1.17. 2005헌라10).

[❹ ▸ O] 지방자치단체의 사무 중 국가가 지방자치단체의 장 등에게 위임한 기관위임사무는 그 처리의 효과가 국가에 귀속되는 국가의 사무로서 지방자치단체의 사무라 할 수 없고, 지방자치단체의 장은 기관위임사무의 집행권한과 관련된 범위에서는 그 사무를 위임한 국가기관의 지위에 서게 될 뿐 지방자치단체의 기관이 아니므로, 지방자치단체는 기관위임사무의 집행에 관한 권한의 존부 및 범위에 관한 권한분쟁을 이유로 기관위임사무를 집행하는 국가기관 또는 다른 지방자치단체의 장을 상대로 권한쟁의심판을 청구할 수 없다 할 것이다(헌재 2011.9.29. 2009헌라3).

[❺ ▸ O] 피청구인의 행위가 권한쟁의심판청구의 대상이 되는 처분에 해당한다고 하더라도 권한쟁의심판청구가 적법하려면 그 처분으로 인해 청구인의 권한이 침해되었거나 현저한 침해의 위험성이 존재하여야 한다. 그런데 지방선거의 선거비용을 국가가 부담하여야 하는 것임에도 불구하고 피청구인 국회가 이 사건 법률 개정을 통해 지방선거의 선거경비를 청구인들과 같은 지방자치단체에 부담시킨 것이라면, 이는 청구인들과 같은 지방자치단체의 자치재정권을 침해할 개연성이 높다고 할 것이다. 따라서 이 사건 심판청구 중 피청구인 국회의 이 사건 법률개정행위는 권한침해가능성요건을 충족시키고 있다(헌재 2008.6.26. 2005헌라7).

**2017년 변호사시험 문 18.** ☑ 확인 Check! ○ △ ✕

**권한쟁의심판에 관한 설명 중 옳지 않은 것은?(다툼이 있는 경우 판례에 의함)**

① 지방자치단체는 기관위임사무의 집행에 관한 권한의 존부 및 범위에 관한 권한분쟁을 이유로 기관위임사무를 집행하는 국가기관 또는 다른 지방자치단체의 장을 상대로 권한쟁의심판청구를 할 수 없다.
② 피청구인의 부작위에 의하여 청구인의 권한이 침해당하였다고 주장하는 권한쟁의심판은 피청구인에게 헌법상 또는 법률상 유래하는 작위의무가 있음에도 불구하고 피청구인이 그러한 의무를 다하지 아니한 경우에 허용된다.
③ 피청구인의 장래처분을 대상으로 하는 심판청구는 원칙적으로 허용되지 아니하나, 피청구인의 장래처분이 확실하게 예정되어 있고, 피청구인의 장래처분에 의해서 청구인의 권한이 침해될 위험성이 있어서 청구인의 권한을 사전에 보호해 주어야 할 필요성이 매우 큰 예외적인 경우에는 피청구인의 장래처분에 대해서도 권한쟁의심판을 청구할 수 있다.
④ 국회의원의 법률안심의·표결권은 국회의 동의권을 구성하는 것으로 성질상 일신전속적인 것이라고 볼 수 없으므로 이에 관련된 권한쟁의심판절차는 수계될 수 있다. 따라서 국회의원이 입법권의 주체인 국회의 구성원으로서, 또한 법률안심의·표결권의 주체인 국회의원자격으로서 권한쟁의심판을 청구하였다가 그 심판 계속 중 국회의원직을 상실하였다고 할지라도 당연히 그 심판절차가 종료되는 것은 아니다.
⑤ 시·도의 교육·학예에 관한 집행기관인 교육감과 해당 지방자치단체 사이의 내부적 분쟁과 관련된 심판청구는 헌법재판소가 관장하는 권한쟁의심판에 속하지 아니한다.

[❶ ▸ O] 지방자치단체의 사무 중 국가가 지방자치단체의 장 등에게 위임한 기관위임사무는 그 처리의 효과가 국가에 귀속되는 국가의 사무로서 지방자치단체의 사무라 할 수 없고, 지방자치단체의 장은 기관위임사무의 집행권한과 관련된

정답 ④

범위에서는 그 사무를 위임한 국가기관의 지위에 서게 될 뿐 지방자치단체의 기관이 아니므로, 지방자치단체는 기관위임사무의 집행에 관한 권한의 존부 및 범위에 관한 권한분쟁을 이유로 기관위임사무를 집행하는 국가기관 또는 다른 지방자치단체의 장을 상대로 권한쟁의심판을 청구할 수 없다 할 것이다(헌재 2011.9.29. 2009헌라3).

[❷ ▸ O] 피청구인의 부작위에 의하여 청구인의 권한이 침해당하였다고 주장하는 권한쟁의심판은 피청구인에게 헌법상 또는 법률상 유래하는 작위의무가 있음에도 불구하고 피청구인이 그러한 의무를 다하지 아니한 경우에 허용된다(헌재 1998.7.14. 98헌라3).

[❸ ▸ O] 피청구인의 장래처분에 의해서 청구인의 권한 침해가 예상되는 경우에 청구인은 원칙적으로 이러한 장래처분이 행사되기를 기다린 이후에 이에 대한 권한쟁의심판청구를 통해서 침해된 권한의 구제를 받을 수 있으므로, 피청구인의 장래처분을 대상으로 하는 심판청구는 원칙적으로 허용되지 아니한다. 그러나 피청구인의 장래처분이 확실하게 예정되어 있고, 피청구인의 장래처분에 의해서 청구인의 권한이 침해될 위험성이 있어서 청구인의 권한을 사전에 보호해 주어야 할 필요성이 매우 큰 예외적인 경우에는 피청구인의 장래처분에 대해서도 헌법재판소법 제61조 제2항에 의거하여 권한쟁의심판을 청구할 수 있다(헌재 2009.7.30. 2005헌라2).

[❹ ▸ ×] 위 청구인은 입법권의 주체인 국회의 구성원으로서, 또한 법률안심의·표결권의 주체인 국회의원자격으로서 이 사건 권한쟁의심판을 청구한 것인바, 국회의원의 국회에 대한 소송수행권(이는 아래에서 보는 바와 같이 인정되지 아니한다) 및 국회의원의 법률안심의·표결권은 성질상 일신전속적인 것으로서 국회의원직을 상실한 경우 승계되거나 상속될 수 있는 것이 아니다. 따라서 그에 관련된 이 사건 권한쟁의심판절차 또한 수계될 수 있는 성질의 것이 아니므로, 위 청구인의 이 사건 심판청구는 위 청구인의 국회의원직 상실과 동시에 당연히 그 심판절차가 종료되었다고 할 것이다(헌재 2016.4.28. 2015헌라5).

[❺ ▸ O] 헌법 제111조 제1항 제4호는 지방자치단체 상호 간의 권한쟁의에 관한 심판을 헌법재판소가 관장하도록 규정하고 있고, 지방자치단체 '상호 간'의 권한쟁의심판에서 말하는 '상호 간'이란 '서로 상이한 권리주체 간'을 의미한다. 그런데 '지방교육자치에 관한 법률'은 교육감을 시·도의 교육·학예에 관한 사무의 '집행기관'으로 규정하고 있으므로, 교육감과 해당 지방자치단체 상호 간의 권한쟁의심판은 '서로 상이한 권리주체 간'의 권한쟁의심판청구로 볼 수 없다. … 시·도의 교육·학예에 관한 집행기관인 교육감과 해당 지방자치단체 사이의 내부적 분쟁과 관련된 심판청구는 헌법재판소가 관장하는 권한쟁의심판에 속하지 아니한다(헌재 2016.6.30. 2014헌라1).

**2014년 변호사시험 문 3.** ☑ 확인Check! O △ ×

**권한쟁의심판에 관한 설명 중 옳지 않은 것은?(다툼이 있는 경우 판례에 의함)**

① 국가인권위원회는 헌법에 의하여 설치되고 헌법과 법률에 의하여 독자적인 권한을 부여받은 국가기관이 아니라 오로지 법률에 설치근거를 둔 국가기관이므로 권한쟁의심판의 당사자능력이 인정되지 아니한다.

② 지방의회의원과 그 지방의회의장 간의 권한쟁의는 헌법 및 헌법재판소법에 의하여 헌법재판소가 관장하는 지방자치단체 상호 간의 권한쟁의심판에 해당한다고 볼 수 없으므로 부적법하다.

③ 국회의원의 법률안에 대한 심의·표결권의 침해 여부를 다투는 권한쟁의심판은 국회의원의 객관적 권한을 보호함으로써 헌법적 가치질서를 수호·유지하기 위한 공익적 성격이 강하므로, 그러한 심판청구의 취하는 허용되지 아니한다.

④ 국가기관 상호 간의 권한쟁의심판에 관하여 규정하고 있는 헌법재판소법 제62조 제1항 제1호의 '국회, 정부, 법원 및 중앙선거관리위원회 상호 간의 권한쟁의심판'은 예시적인 조항으로 해석되므로, 국회의원이 국회의장을 상대로 제기한 권한쟁의심판은 적법하다.

⑤ 국회부의장이 국회의장의 직무를 대리하여 법률안가결선포행위를 하면서 질의·토론의 기회를 봉쇄하여 국회의원의 법률안심의·표결권을 침해한 경우, 국회의원은 자신의 법률안심의·표결권을 침해받았다는 이유로 국회의장을 상대로 하여 권한쟁의심판을 청구하여야 한다.



③ 정답

[❶ ▸ ○] 권한쟁의심판은 국회의 입법행위 등을 포함하여 권한쟁의 상대방의 처분 또는 부작위가 헌법 또는 법률에 의하여 부여받은 청구인의 권한을 침해하였거나 침해할 현저한 위험이 있는 때 제기할 수 있는 것인데, 헌법상 국가에게 부여된 임무 또는 의무를 수행하고 그 독립성이 보장된 국가기관이라고 하더라도 오로지 법률에 설치근거를 둔 국가기관이라면 국회의 입법행위에 의하여 존폐 및 권한범위가 결정될 수 있으므로 이러한 국가기관은 '헌법에 의하여 설치되고 헌법과 법률에 의하여 독자적인 권한을 부여받은 국가기관'이라고 할 수 없다. 즉, 청구인이 수행하는 업무의 헌법적 중요성, 기관의 독립성 등을 고려한다고 하더라도, 국회가 제정한 국가인권위원회법에 의하여 비로소 설립된 청구인은 국회의 법률개정행위에 의하여 존폐 및 권한범위 등이 좌우되므로 헌법 제111조 제1항 제4호 소정의 헌법에 의하여 설치된 국가기관에 해당한다고 할 수 없다. 결국, 권한쟁의심판의 당사자능력은 헌법에 의하여 설치된 국가기관에 한정하여 인정하는 것이 타당하므로, 법률에 의하여 설치된 청구인에게는 권한쟁의심판의 당사자능력이 인정되지 아니한다(헌재 2010.10.28. 2009헌라6).

[❷ ▸ ○] 헌법 제111조 제1항 제4호는 지방자치단체 상호 간의 권한쟁의에 관한 심판을 헌법재판소가 관장하도록 규정하고 있고, 헌법재판소법 제62조 제1항 제3호는 이를 구체화하여 헌법재판소가 관장하는 지방자치단체 상호 간의 권한쟁의심판의 종류를 ① 특별시·광역시 또는 도 상호 간의 권한쟁의심판, ② 시·군 또는 자치구 상호 간의 권한쟁의심판, ③ 특별시·광역시 또는 도와 시·군 또는 자치구 간의 권한쟁의심판 등으로 규정하고 있는바, 지방자치단체의 의결기관인 지방의회를 구성하는 지방의회의원과 그 지방의회의 대표자인 지방의회의장 간의 권한쟁의심판은 헌법 및 헌법재판소법에 의하여 헌법재판소가 관장하는 지방자치단체 상호 간의 권한쟁의심판의 범위에 속한다고 볼 수 없으므로 부적법하다(헌재 2010.4.29. 2009헌라11).

[❸ ▸ ×] 비록 권한쟁의심판이 개인의 주관적 권리 구제를 목적으로 삼는 것이 아니라 헌법적 가치질서를 보호하는 객관적 기능을 수행하는 것이고, 특히 국회의원의 법률안에 대한 심의·표결권의 침해 여부가 다투어진 이 사건 권한쟁의 심판의 경우에는 국회의원의 객관적 권한을 보호함으로써 헌법적 가치질서를 수호·유지하기 위한 쟁송으로서 공익적 성격이 강하다고는 할 것이다. 그러나 법률안에 대한 심의·표결권의 행사 여부가 국회의원 스스로의 판단에 맡겨져 있는 사항일 뿐만 아니라, 그러한 심의·표결권이 침해당한 경우에 권한쟁의심판을 청구할 것인지 여부도 국회의원의 판단에 맡겨져 있어서 심판청구의 자유가 인정되고 있는 만큼, 권한쟁의심판의 공익적 성격만을 이유로 이미 제기한 심판청구를 스스로의 의사에 기하여 자유롭게 철회할 수 있는 심판청구의 취하를 배제하는 것은 타당하지 않다(헌재 2001.6.28. 2000헌라1).

[❹ ▸ ○] 국회의원과 국회의장 사이에 위와 같은 각자 권한의 존부 및 범위와 행사를 둘러싸고 언제나 다툼이 생길 수 있고, 이와 같은 분쟁은 단순히 국회의 구성원인 국회의원과 국회의장 간의 국가기관 내부의 분쟁이 아니라 각각 별개의 헌법상의 국가기관으로서의 권한을 둘러싸고 발생하는 분쟁이라고 할 것인데, 이와 같은 분쟁을 행정소송법상의 기관소송으로 해결할 수 없고 권한쟁의심판 이외에 달리 해결할 적당한 기관이나 방법이 없으므로(행정소송법 제3조 제4호 단서는 헌법재판소의 관장사항으로 되는 소송을 기관소송의 대상에서 제외하고 있으며, 같은 법 제45조는 기관소송을 법률이 정한 경우에 법률이 정한 자에 한하여 제기할 수 있도록 규정하고 있다) 국회의원과 국회의장은 헌법 제111조 제1항 제4호 소정의 권한쟁의심판의 당사자가 될 수 있다고 보아야 할 것이다. 한편 복수정당제도하에서 여당과 야당의 대립과 타협에 의하여 국회가 운영되는 정당국가적 현실에 비추어 보거나 우리와 유사한 권한쟁의심판제도를 두고 있는 다른 나라의 예(예컨대 독일의 경우 국회의원이나 국회의장을 당사자로 하는 권한쟁의심판이 허용되고 있다)에 견주어 보더라도 국회의원과 국회의장은 권한쟁의심판의 당사자가 될 수 있다고 해석하여야 할 것이다. 그리고 위와 같이 국회의원과 국회의장을 헌법 제111조 제1항 제4호의 '국가기관'에 해당하는 것으로 해석하는 이상 국회의원과 국회의장을 권한쟁의심판을 할 수 있는 국가기관으로 열거하지 아니한 헌법재판소법 제62조 제1항 제1호의 규정도 한정적, 열거적인 조항이 아니라 예시적인 조항으로 해석하는 것이 헌법에 합치된다고 할 것이다(헌재 1997.7.16. 96헌라2).

[❺ ▸ ○] 권한쟁의심판에서는 처분 또는 부작위를 야기한 기관으로서 법적 책임을 지는 기관만이 피청구인적격을 가지므로, 이 사건 심판은 의안의 상정·가결선포 등의 권한을 갖는 국회의장을 상대로 제기되어야 한다. 국회부의장은 국회의장의 직무를 대리하여 법률안을 가결선포할 수 있을 뿐(국회법 제12조 제1항), 법률안가결선포행위에 따른 법적 책임을 지는 주체가 될 수 없으므로, 국회부의장에 대한 이 사건 심판청구는 피청구인적격이 인정되지 아니한 자를 상대로 제기되어 부적법하다(헌재 2009.10.29. 2009헌라8 등).

**2013년 변호사시험 문 17.** ☑ 확인Check! ○ △ ×

**권한쟁의심판의 적법성에 관한 설명 중 옳지 않은 것은?(다툼이 있는 경우 판례에 의함)**

① 권한쟁의심판은 피청구인의 처분 또는 부작위가 헌법 또는 법률에 의하여 부여받은 청구인의 권한을 침해하였거나 침해할 현저한 위험이 있는 경우에만 청구할 수 있다.

② 권한쟁의심판을 청구하려면 피청구인의 처분 또는 부작위가 존재하여야 하고, 여기서 '처분'이란 법적 중요성을 지닌 것에 한하므로, 청구인의 법적 지위에 구체적으로 영향을 미칠 가능성이 없는 행위는 '처분'이라 할 수 없어 이를 대상으로 하는 권한쟁의심판청구는 허용되지 않는다.

③ 대통령이 국회의 동의 없이 조약을 체결·비준한 경우 국회의 체결·비준동의권이 침해될 수는 있어도 국회의원의 심의·표결권이 침해될 가능성은 없어서 국회의원이 그 심의·표결권의 침해를 주장하는 권한쟁의심판을 청구할 수 없지만, 국회의원이 국회구성원의 지위에서 국회가 가지는 조약에 대한 체결·비준동의권의 침해를 주장하는 권한쟁의 심판을 청구할 수는 있다.

④ 권한쟁의심판은 그 사유가 있음을 안 날부터 60일 이내에, 그 사유가 있은 날부터 180일 이내에 청구하여야 한다. 그러나 장래처분에 의한 권한침해위험성이 있음을 이유로 예외적으로 허용되는 장래처분에 대한 권한쟁의심판청구는 아직 장래처분이 내려지지 않은 상태이므로 위와 같은 청구기간의 제한이 적용되지 않는다.

⑤ 권한쟁의심판은 주관적 권리 구제뿐만 아니라 객관적인 헌법질서 보장의 기능도 겸하고 있으므로, 청구인에 대한 권한 침해상태가 이미 종료하여 이를 취소할 여지가 없어졌다 하더라도 같은 유형의 침해행위가 앞으로도 반복될 위험이 있고, 헌법질서의 수호·유지를 위하여 그에 대한 헌법적 해명이 긴요한 사항에 대하여는 심판청구의 이익을 인정할 수 있다.

[❶ ▸ ○] 헌법재판소법 제61조 제2항 참조

법령 **청구사유(헌법재판소법 제61조)** ① 국가기관 상호 간, 국가기관과 지방자치단체 간 및 지방자치단체 상호 간에 권한의 유무 또는 범위에 관하여 다툼이 있을 때에는 해당 국가기관 또는 지방자치단체는 헌법재판소에 권한쟁의심판을 청구할 수 있다.

② 제1항의 심판청구는 피청구인의 처분 또는 부작위(不作爲)가 헌법 또는 법률에 의하여 부여받은 청구인의 권한을 침해하였거나 침해할 현저한 위험이 있는 경우에만 할 수 있다.

[❷ ▸ ○] 헌법재판소법 제61조 제2항에 따라 권한쟁의심판을 청구하려면 피청구인의 처분 또는 부작위가 존재하여야 하고, 여기서 '처분'이란 법적 중요성을 지닌 것에 한하므로, 청구인의 법적 지위에 구체적으로 영향을 미칠 가능성이 없는 행위는 '처분'이라 할 수 없어 이를 대상으로 하는 권한쟁의심판청구는 허용되지 않는다. 정부가 법률안을 제출하였다 하더라도 그것이 법률로 성립되기 위해서는 국회의 많은 절차를 거쳐야 하고, 법률안을 받아들일지 여부는 전적으로 헌법상 입법권을 독점하고 있는 의회의 권한이다. 따라서 정부가 법률안을 제출하는 행위는 입법을 위한 하나의 사전준비행위에 불과하고, 권한쟁의심판의 독자적 대상이 되기 위한 법적 중요성을 지닌 행위로 볼 수 없다(헌재 2005.12.22. 2004헌라3).

[❸ ▸ ×] 국가기관의 부분 기관이 자신의 이름으로 소속 기관의 권한을 주장할 수 있는 '제3자 소송담당'을 명시적으로 허용하는 법률의 규정이 없는 현행법체계하에서는 국회의 구성원인 국회의원이 국회의 조약에 대한 체결·비준동의권의 침해를 주장하는 권한쟁의심판을 청구할 수 없다. 국회의원의 심의·표결권은 국회의 대내적인 관계에서 행사되고 침해될 수 있을 뿐 다른 국가기관과의 대외적인 관계에서는 침해될 수 없는 것이므로, 국회의원들 상호 간 또는 국회의원과 국회의장 사이와 같이 국회 내부적으로만 직접적인 법적 연관성을 발생시킬 수 있을 뿐이고 대통령 등 국회 이외의 국가기관과 사이에서는 권한 침해의 직접적인 법적 효과를 발생시키지 아니한다. 따라서 피청구인 대통령이 국회의 동의 없이 조약을 체결·비준하였다 하더라도 국회의 체결·비준동의권이 침해될 수는 있어도 국회의원인 청구인들의 심의·표결권이 침해될 가능성은 없다고 할 것이므로, 청구인들의 이 부분 심판청구 역시 부적법하다(헌재 2007.7.26. 2005헌라8).



③ 정답

[❹ ▸ O] 헌법재판소법 제63조 제1항, 헌재 2004.9.23. 2000헌라2 참조

법령 **청구기간(헌법재판소법 제63조)** ① 권한쟁의의 심판은 그 사유가 있음을 안 날부터 60일 이내에, 그 사유가 있은 날부터 180일 이내에 청구하여야 한다.

판례 피청구인의 장래처분에 의한 권한침해위험성이 발생하는 경우에는 장래처분이 내려지지 않은 상태이므로 청구기간의 제한이 없다고 보아야 한다(헌재 2004.9.23. 2000헌라2).

[❺ ▸ O] 헌법소원심판과 마찬가지로 권한쟁의심판도 주관적 권리 구제뿐만 아니라 객관적인 헌법질서 보장의 기능도 겸하고 있으므로, 청구인에 대한 권한침해상태가 이미 종료하여 이를 취소할 여지가 없어졌다 하더라도 같은 유형의 침해행위가 앞으로도 반복될 위험이 있고, 헌법질서의 수호·유지를 위하여 그에 대한 헌법적 해명이 긴요한 사항에 대하여는 심판청구의 이익을 인정할 수 있다고 할 것이다(헌재 2003.10.30. 2002헌라1).

**2012년 변호사시험 문 7.** ☑ 확인 Check! O △ X

**국회의원의 권한쟁의에 관한 설명 중 옳지 않은 것은?(다툼이 있는 경우 판례에 의함)**

① 국회부의장은 국회의장의 위임에 따라 그 직무를 대리하여 법률안가결선포행위를 할 수 있을 뿐이므로 그 가결선포행위를 다투는 국회의원의 권한쟁의심판의 피청구인적격이 인정되지 않는다.
② 국회의원이 법률안의 심의·표결권을 행사하지 않는 정도를 넘어 의사진행을 방해하고 다른 국회의원들의 투표를 방해하는 행위로까지 나아갔다면, 해당 국회의원에게는 더 이상 권한쟁의심판을 통하여 자신의 심의·표결권의 침해를 다툴 청구인적격이 인정될 수 없다.
③ 국가기관의 부분 기관이 자신의 이름으로 소속 기관의 권한을 주장할 수 있는 '제3자 소송담당'을 명시적으로 허용하는 법률의 규정이 없는 현행법체계하에서는, 국회의 구성원인 국회의원이 조약에 대한 국회의 체결·비준동의권의 침해를 주장하는 권한쟁의심판을 청구할 수 없다.
④ 국회의원의 심의·표결권은 국회의 대내적인 관계에서 행사되고 침해될 수 있을 뿐 다른 국가기관과의 대외적인 관계에서는 침해될 수 없는 것이므로, 대통령이 국회의 동의 없이 조약을 체결·비준하였다 하더라도 국회의원의 심의·표결권이 침해될 가능성은 없다.
⑤ 국회의원의 법률안심의·표결권은 국민에 의하여 선출된 국가기관으로서 국회의원이 그 본질적인 임무인 입법에 관한 직무를 수행하기 위하여 보유하는 권한으로서의 성격을 가지고 있으므로 국회의원의 개별적인 의사에 따라 이를 포기할 수 있는 것은 아니다.

[❶ ▸ O] 권한쟁의심판에서는 처분 또는 부작위를 야기한 기관으로서 법적 책임을 지는 기관만이 피청구인적격을 가지므로, 이 사건 심판은 의안의 상정·가결선포 등의 권한을 갖는 국회의장을 상대로 제기되어야 한다. 국회부의장은 국회의장의 직무를 대리하여 법률안을 가결선포할 수 있을 뿐(국회법 제12조 제1항), 법률안가결선포행위에 따른 법적 책임을 지는 주체가 될 수 없으므로, 국회부의장에 대한 이 사건 심판청구는 피청구인적격이 인정되지 아니한 자를 상대로 제기되어 부적법하다(헌재 2009.10.29. 2009헌라8 등).

[❷ ▸ X] 이 사건 권한쟁의심판의 경우는 헌법상의 권한질서 및 국회의 의사결정체제와 기능을 수호·유지하기 위한 공익적 쟁송으로서의 성격이 강하므로, 청구인들 중 일부가 자신들의 정치적 의사를 관철하려는 과정에서 피청구인의 의사진행을 방해하거나 다른 국회의원들의 투표를 방해하였다 하더라도, 그러한 사정만으로 이 사건 심판청구 자체가 소권의 남용에 해당하여 부적법하다고 볼 수는 없다(헌재 2009.10.29. 2009헌라8 등).

정답 ②

[ ❸ ▸ ○ ] 국회의 의사가 다수결에 의하여 결정되었음에도 다수결의 결과에 반대하는 소수의 국회의원에게 권한쟁의심판을 청구할 수 있게 하는 것은 다수결의 원리와 의회주의의 본질에 어긋날 뿐만 아니라, 국가기관이 기관 내부에서 민주적인 방법으로 토론과 대화에 의하여 기관의 의사를 결정하려는 노력 대신 모든 문제를 사법적 수단에 의해 해결하려는 방향으로 남용될 우려도 있으므로, 국가기관의 부분 기관이 자신의 이름으로 소속 기관의 권한을 주장할 수 있는 '제3자 소송담당'을 명시적으로 허용하는 법률의 규정이 없는 현행법체계하에서는 국회의 구성원인 국회의원이 국회의 조약에 대한 체결·비준 동의권의 침해를 주장하는 권한쟁의심판을 청구할 수 없다(헌재 2007.7.26. 2005헌라8).

[ ❹ ▸ ○ ] 국회의원의 심의·표결권은 국회의 대내적인 관계에서 행사되고 침해될 수 있을 뿐 다른 국가기관과의 대외적인 관계에서는 침해될 수 없는 것이므로, 국회의원들 상호 간 또는 국회의원과 국회의장 사이와 같이 국회 내부적으로만 직접적인 법적 연관성을 발생시킬 수 있을 뿐이고 대통령 등 국회 이외의 국가기관과 사이에서는 권한 침해의 직접적인 법적 효과를 발생시키지 아니한다. 따라서 피청구인인 대통령이 국회의 동의 없이 조약을 체결·비준하였다 하더라도 국회의원인 청구인들의 심의·표결권이 침해될 가능성은 없다(헌재 2007.7.26. 2005헌라8).

[ ❺ ▸ ○ ] 국회의원의 의안에 대한 심의·표결권은 국민에 의하여 선출된 국가기관인 국회의원이 그 본연의 업무를 수행하기 위하여 가지고 있는 본질적 권한이라고 할 것이므로, 국회의원의 개별적인 의사에 따라 포기할 수 있는 성질의 것이 아니라 할 것이다(헌재 2010.12.28. 2008헌라7).

## 제6절 헌법소원심판 ★★★★★★★★★★★★★

### 제1항 제68조 제1항의 헌법소원(권리 구제형 헌법소원)

**2020년 변호사시험 문 15.**

「헌법재판소법」 제68조 제1항의 헌법소원심판에 관한 설명 중 옳은 것(○)과 옳지 않은 것(×)을 올바르게 조합한 것은?(다툼이 있는 경우 판례에 의함)

ㄱ. 위헌결정이 선고된 법률에 대한 헌법소원심판청구는 이미 효력을 상실한 법률조항에 대한 것이므로 더 이상 헌법소원심판의 대상이 될 수 없어 부적법하나, 위헌결정이 선고되기 이전에 심판청구된 법률조항의 경우에는 「헌법재판소법」 제68조 제1항의 헌법소원심판의 대상이 된다.
ㄴ. 헌법 제118조 제2항에서는 지방의회의원의 '선거'와 지방자치단체의 장의 '선임방법' 등에 관한 사항을 법률로 정한다고 규정하여 지방의회의원과 지방자치단체의 장을 문언상 다르게 정하고 있으므로, 지방자치단체의 장의 선거권은 「헌법재판소법」 제68조 제1항의 '헌법상 보장된 기본권'으로 보기 어렵다.
ㄷ. 법령이 「헌법재판소법」 제68조 제1항에 따른 헌법소원의 대상이 되려면 구체적인 집행행위 없이 직접 기본권을 침해해야 하는바, 여기의 집행행위에는 입법 및 사법행위는 포함되지 않는다.
ㄹ. 대학의 자율권은 학문의 자유의 확실한 보장수단으로 꼭 필요한 것으로서 기본적으로 대학에 부여된 기본권이나, 문제되는 사안에 따라 교수·교수회도 그 주체가 될 수 있어 「헌법재판소법」 제68조 제1항의 헌법소원심판을 청구할 수 있다.

① ㄱ(○) ㄴ(○) ㄷ(×) ㄹ(×)
② ㄱ(○) ㄴ(×) ㄷ(×) ㄹ(○)
③ ㄱ(×) ㄴ(○) ㄷ(×) ㄹ(×)
④ ㄱ(×) ㄴ(×) ㄷ(○) ㄹ(○)
⑤ ㄱ(×) ㄴ(×) ㄷ(×) ㄹ(○)



⑤ 정답

[ㄱ ▸ X] 위헌결정이 선고된 법률에 대한 헌법소원심판청구는, 비록 위헌결정이 선고되기 이전에 심판청구된 것일지라도 더 이상 심판의 대상이 될 수 없으므로 부적법하다(헌재 1994.4.28. 92헌마280).

[ㄴ ▸ X] 주민자치제를 본질로 하는 민주적 지방자치제도가 안정적으로 뿌리내린 현시점에서 지방자치단체의 장 선거권을 지방의회의원선거권, 나아가 국회의원선거권 및 대통령선거권과 구별하여 하나는 법률상의 권리로, 나머지는 헌법상의 권리로 이원화하는 것은 허용될 수 없다. 그러므로 지방자치단체의 장 선거권 역시 다른 선거권과 마찬가지로 헌법 제24조에 의해 보호되는 기본권으로 인정하여야 한다(헌재 2016.10.27. 2014헌마797).

[ㄷ ▸ X] 법률 또는 법률조항 자체가 헌법소원의 대상이 될 수 있으려면 구체적인 집행행위를 기다리지 아니하고 그 법률 또는 법률조항에 의하여 직접, 현재, 자기의 기본권을 침해받아야 하는바, 위에서 말하는 집행행위에는 입법행위도 포함되므로 법률규정이 그 규정의 구체화를 위하여 하위규범의 시행을 예정하고 있는 경우에는 당해 법률규정의 직접성은 부인된다(헌재 1996.2.29. 94헌마213).

[ㄹ ▸ O] 헌법재판소는 대학의 자율성은 헌법 제22조 제1항이 보장하고 있는 학문의 자유의 확실한 보장수단으로 꼭 필요한 것으로서 대학에게 부여된 헌법상의 기본권으로 보고 있다. 그러나 대학의 자치의 주체를 기본적으로 대학으로 본다고 하더라도 교수나 교수회의 주체성이 부정된다고 볼 수는 없고, 가령 학문의 자유를 침해하는 대학의 장에 대한 관계에서는 교수나 교수회가 주체가 될 수 있고, 또한 국가에 의한 침해에 있어서는 대학 자체 외에도 대학 전 구성원이 자율성을 갖는 경우도 있을 것이므로 문제되는 경우에 따라서 대학, 교수, 교수회 모두가 단독, 혹은 중첩적으로 주체가 될 수 있다고 보아야 할 것이다(헌재 2006.4.27. 2005헌마1047 등).



**2019년 변호사시험 문 20.** ☑ 확인Check! ○ △ ×

**기본권 침해의 자기관련성에 관한 설명 중 옳지 않은 것을 모두 고른 것은?(다툼이 있는 경우 판례에 의함)**

ㄱ. 이동통신단말장치 구매지원금상한제에 관한 조항은 이동통신사업자, 대리점 및 판매점뿐만 아니라 이들을 통하여 이동통신단말장치를 구입하고자 하는 이용자들도 실질적 규율대상으로 삼고 있다고 할 수 있으므로, 이용자들도 자기관련성이 인정된다.
ㄴ. 요양급여비용의 액수를 인하하는 조치를 내용으로 하는 조항의 직접적인 수범자는 요양기관이나, 요양기관의 피고용자인 의사도 유사한 정도의 직업적 불이익을 받게 된다고 볼 수 있으므로 자기관련성이 인정된다.
ㄷ. 언론사와 언론보도로 인한 피해자 사이의 분쟁 해결에 관한 조항, 편집권 보호에 관한 조항은 신문사를 규율대상으로 하지만, 신문사의 기자들도 그 실질적인 규율대상에 해당한다고 할 수 있으므로 자기관련성이 인정된다.
ㄹ. 정보통신망을 통하여 공개된 정보로 말미암아 사생활 등을 침해받은 자가 삭제요청을 하면 정보통신서비스 제공자는 임시조치를 하여야 한다고 정한 조항은 직접적 수범자를 정보통신서비스 제공자로 하나, 위 임시조치로 정보게재자가 게재한 정보는 접근이 차단되므로, 정보게재자에 대해서도 자기관련성이 인정된다.
ㅁ. 식품접객업소에서 배달 등의 경우에 합성수지재질의 도시락용기의 사용을 금지하는 조항의 직접적인 수범자는 식품접객업주이나, 위 조항으로 인해 합성수지 도시락용기의 생산업자들도 직업수행의 자유를 제한받으므로 자기관련성이 인정된다.

① ㄷ ② ㄴ, ㄷ ③ ㄴ, ㅁ
④ ㄷ, ㅁ ⑤ ㄱ, ㄴ, ㄹ

[ㄱ ▸ O] 이동통신사업자, 대리점 및 판매점(이하 "이동통신사업자 등"이라 한다)뿐만 아니라 이용자들 역시 지원금상한조항의 실질적인 규율대상에 포함되고, 지원금상한조항은 지원금상한액의 기준과 한도를 제한함으로써 이용자들이 이동통신단말장치를 구입하는 가격에 직접 영향을 미치므로, 이동통신사업자 등으로부터 이동통신단말장치를 구입하여 이동통신

정답 ④

서비스를 이용하고자 하는 청구인들은 지원금상한조항에 대해 헌법소원심판을 청구할 자기관련성이 인정된다(헌재 2017.5.25. 2014헌마844).

[ㄴ ▸ O] 요양급여비용의 액수를 인하하는 조치를 내용상 포함한 이 사건 개정고시에 의하여 그 직접적인 수규자가 이에 상응한 수입 감소의 불이익을 받게 될 뿐만 아니라 요양기관 피고용자인 청구인들도, 동인들이 의사로 근무하고 있는 이상, 유사한 정도의 직업적 불이익을 받게 된다. 이 사건 개정고시는 의사로서 전문적 의료행위를 제공한 데 대한 대가인 진료비의 수가를 일괄적으로 감소시키는 것을 내용으로 하기 때문에 청구인들에게는 단순한 경제적 이해를 넘어서는 진지한 직업적 손실효과가 초래된다. 그렇다면 이 사건 개정고시는 요양기관의 개설자가 아닌 일반의사인 위 청구인들에게도 단순히 간접적, 사실적 또는 경제적 이해관계만으로 관련된 것이 아니며 그 수규자에 대한 것과 거의 동일한 정도의 심각성을 지니는 법적 효과를 미치고 있으므로 청구인들의 자기관련성은 인정된다(헌재 2003.12.18. 2001헌마543).

[ㄷ ▸ X] 신문법은 정기간행물사업자, 즉 일간신문을 경영하는 법인으로서의 신문사를 규율대상으로 하고 있고, 언론중재법도 언론사와 언론보도로 인한 피해자 사이의 분쟁을 해결하고자 규율하는 법률로서, 그 규율의 대상이 되는 주체는 언론사에 소속되어 있는 기자가 아니라 언론사 자체이다. 따라서 신문사의 기자인 청구인들은 심판대상조항에 대하여 자기관련성이 인정되지 않는다(헌재 2006.6.29. 2005헌마165 등).

[ㄹ ▸ O] 이 사건 법률조항의 문언상 직접적인 수범자는 '정보통신서비스 제공자'이고, 정보게재자인 청구인은 제3자에 해당하나, 사생활이나 명예 등 자기의 권리가 침해되었다고 주장하는 자로부터 침해사실의 소명과 더불어 그 정보의 삭제 등을 요청받으면 정보통신서비스 제공자는 지체 없이 임시조치를 하도록 규정하고 있는 이상, 위 임시조치로 청구인이 게재한 정보는 접근이 차단되는 불이익을 받게 되었으므로, 이 사건 법률조항의 입법목적, 실질적인 규율대상, 제한이나 금지가 제3자에게 미치는 효과나 진지성의 정도를 종합적으로 고려할 때, 이 사건 법률조항으로 인한 기본권 침해와 관련하여 청구인의 자기관련성을 인정할 수 있다(헌재 2012.5.31. 2010헌마88).

[ㅁ ▸ X] 이 사건 심판대상규정은 식품접객업소에서의 2003.7.1.부터 합성수지 도시락용기의 사용을 금지하는 것으로서 그 직접적인 수범자는 식품접객업주이므로 청구인들 중 합성수지 도시락용기의 생산업자들은 원칙적으로 제3자에 불과하며, 또한 합성수지 도시락용기의 사용 제한으로 인하여 입게 되는 영업매출의 감소위험은 직접적, 법률적인 이해관계로 보기는 어렵고 간접적, 사실적 혹은 경제적인 이해관계라고 볼 것이므로 자기관련성을 인정하기 어렵다(헌재 2007.2.22. 2003헌마428 등).

**2018년 변호사시험 문 18.**

☑ 확인 Check! O △ X

**헌법소원심판의 '직접성'요건에 관한 설명 중 옳지 않은 것은?(다툼이 있는 경우 판례에 의함)**

① 헌법소원심판청구에 있어서 직접성요건의 불비는 사후에 치유될 수 없다.
② 법령에 근거한 구체적인 집행행위가 재량행위인 경우 기본권 침해는 집행기관의 의사에 따른 집행행위, 즉 재량권의 행사에 의하여 비로소 현실화되므로 이러한 경우에는 법령에 의한 기본권 침해의 직접성이 인정되지 않는다.
③ 형벌조항의 경우 국민이 그 형벌조항을 위반하기 전이라면, 그 위헌성을 다투기 위해 그 형벌조항을 실제로 위반하여 재판을 통한 형벌의 부과를 받게 되는 위험을 감수할 것을 국민에게 요구할 수 없다.
④ 벌칙·과태료조항의 전제가 되는 구성요건조항이 벌칙·과태료조항과 별도로 규정되어 있는 경우, 벌칙·과태료조항에 대하여 그 법정형 또는 행정질서벌이 체계정당성에 어긋난다거나 과다하다는 등 그 자체가 위헌임을 주장하지 않는 한 직접성을 인정할 수 없다.
⑤ 형벌조항을 위반하여 기소되었다면, 그 집행행위인 형벌 부과를 대상으로 한 구제절차가 없거나 있다고 하더라도 권리구제의 기대가능성이 없는 경우에 해당하므로, 형벌조항에 대하여 예외적으로 직접성을 인정할 수 있다.



⑤ 정답

[❶ ▸ O] 청구인은 자신이 반민규명위원회를 상대로 이 사건 결정의 취소를 구하는 행정소송을 제기하여 그 소송 계속 중 당해 사건을 담당하는 법원으로부터 위헌제청신청기각결정까지 받은 만큼, 직접성의 요건을 충족하지 못한 하자는 사후에 치유된 것이라고 주장하나, 헌법재판소법 제68조 제1항에 의한 헌법소원심판청구에 있어서 직접성요건의 불비는 사후에 치유될 수 있는 성질의 것이라 볼 수 없다(헌재 2009.9.24. 2006헌마1298).

[❷ ▸ O] 법령에 근거한 구체적인 집행행위가 재량행위인 경우에는 법령은 집행관청에게 기본권 침해의 가능성만을 부여할 뿐 법령 스스로가 기본권의 침해행위를 규정하고 행정청이 이에 따르도록 구속하는 것이 아니고, 이때의 기본권의 침해는 집행기관의 의사에 따른 집행행위, 즉 재량권의 행사에 의하여 비로소 이루어지고 현실화되므로 이러한 경우에는 법령에 의한 기본권 침해의 직접성이 인정될 여지가 없다(헌재 1998.4.30. 97헌마141).

[❸ ▸ O] [❺ ▸ X] 형벌조항의 경우 국민이 그 형벌조항을 위반하기 전이라면 그 형벌조항을 실제로 위반하여 재판을 통한 형벌의 부과를 받게 되는 위험을 감수할 것을 국민에게 요구할 수 없다는 점에서, 그 형벌조항을 위반하였으나 기소되기 전이라면 재판과정에서 그 형벌조항의 위헌 여부에 관한 판단을 구할 수 없다는 점에서 각 구제절차가 없거나 있다고 하더라도 권리 구제의 기대가능성이 없는 경우에 해당한다고 볼 여지가 있지만, 그 형벌조항을 위반하여 기소된 후에는 재판과정에서 그 형벌조항이 법률인 경우에는 위헌법률심판제청신청을 통하여 헌법재판소에 그 위헌 여부에 관한 판단을 구할 수 있고, 명령·규칙인 경우에는 곧바로 법원에 그 위헌 여부에 관한 판단을 구할 수 있다는 점에서(헌법 제107조 제2항) 구제절차가 없거나 있다고 하더라도 권리 구제의 기대가능성이 없는 경우에 해당한다고 볼 수가 없다고 할 것이다(헌재 2016.11.24. 2013헌마403).

[❹ ▸ O] 벌칙·과태료조항의 전제가 되는 구성요건조항이 별도로 규정되어 있는 경우에, 벌칙·과태료조항에 대하여는 청구인들이 그 법정형이 체계정당성에 어긋난다거나 과다하다는 등 그 자체가 위헌임을 주장하지 않는 한 직접성을 인정할 수 없다(헌재 2006.6.29. 2005헌마165 등).

PART 03 통치구조론

**2019년 변호사시험 문 19.** ☑ 확인Check! O △ X

**부작위에 관한 설명 중 옳지 않은 것은?(다툼이 있는 경우 판례에 의함)**

① 행정권력의 부작위에 대한 헌법소원은 헌법상 명문으로 공권력주체의 작위의무가 규정되어 있는 경우, 헌법의 해석상 공권력주체의 작위의무가 도출되는 경우, 공권력주체의 작위의무가 법령에 구체적으로 규정되어 있는 경우 등에 허용된다.

② 재판청구권에 관하여 규정한 헌법 제27조, 헌법재판소 재판관의 구성과 재판관의 국회 선출 등에 관하여 규정한 헌법 제111조 제2항 및 제3항의 해석상, 국회가 선출하여 임명된 재판관 중 공석이 발생한 경우 국회는 공정한 헌법재판을 받을 권리의 보장을 위해 공석인 재판관의 후임자를 선출하여야 할 구체적 작위의무가 있다.

③ 의료인이 아닌 자도 문신시술을 업으로 행할 수 있도록 자격 및 요건을 법률로 정하지 않은 것은 진정입법부작위에 해당하나, 헌법이 명시적으로 그러한 법률을 만들어야 할 입법의무를 부여하였다고 볼 수 없고, 그러한 입법의무가 헌법해석상 도출된다고 볼 수 없다.

④ 특수형태근로종사자인 캐디에 대하여 「근로기준법」이 전면적으로 적용되어야 한다는 주장은, 캐디와 같이 「근로기준법」상 근로자에 해당하지 않지만 이와 유사한 지위에 있는 사람을 「근로기준법」의 적용대상에 포함시키지 않은 부진정입법부작위의 위헌성을 다투는 것이므로 「헌법재판소법」 제68조 제2항의 헌법소원심판을 청구하는 것이 허용된다.

⑤ 수사기관에서 수사 중인 사건에 대하여 징계절차를 진행하지 아니함을 징계혐의자인 지방공무원에게 통보하지 않아도 징계시효가 연장되는 것이 위헌이라는 주장은, 「지방공무원법」에서 징계시효 연장을 규정하면서 징계절차를 진행하지 아니함을 통보하지 아니한 경우에는 징계시효가 연장되지 않는다는 예외규정을 두지 아니한 부진정입법부작위의 위헌성을 다투는 것이므로 「헌법재판소법」 제68조 제2항의 헌법소원심판을 청구하는 것이 허용된다.

정답 ④

[❶ ▸ O] 헌법재판소법 제68조 제1항에 의하면 공권력의 행사뿐 아니라 공권력의 불행사도 헌법소원의 대상이 될 수 있는 것이지만, 행정권력의 부작위에 대한 헌법소원은 공권력의 주체에게 헌법에서 유래하는 작위의무가 특별히 구체적으로 규정되어 이에 의거하여 기본권의 주체가 행정행위 내지 공권력의 행사를 청구할 수 있음에도 공권력의 주체가 그 의무를 해태하는 경우에 한하여 허용된다고 하는 것이 우리 재판소의 확립된 판례이다. 위에서 말하는 '공권력의 주체에게 헌법에서 유래하는 작위의무가 특별히 구체적으로 규정되어'가 의미하는 바는 첫째, 헌법상 명문으로 공권력주체의 작위의무가 규정되어 있는 경우 둘째, 헌법의 해석상 공권력주체의 작위의무가 도출되는 경우 셋째, 공권력주체의 작위의무가 법령에 구체적으로 규정되어 있는 경우 등을 포괄하고 있는 것으로 볼 수 있다(헌재 2004.10.28. 2003헌마898).

[❷ ▸ O] 헌법이 피청구인에 대하여 공석인 재판관의 후임자를 선출할 의무를 부과하는 명시적인 규정을 두고 있는 것은 아니지만, 헌법 제27조, 제111조 제2항 및 제3항의 해석상 피청구인이 선출하여 임명된 재판관 중 공석이 발생한 경우, 피청구인은 공정한 헌법재판을 받을 권리의 보장을 위하여 공석인 재판관의 후임자를 선출하여야 할 구체적 작위의무를 부담한다고 보아야 할 것이다(헌재 2014.4.24. 2012헌마2).

[❸ ▸ O] 청구인은 청구인이 처벌을 받게 된 근거조항인 '보건범죄 단속에 관한 특별조치법' 제5조와 구 의료법 제25조의 내용 자체의 불완전성을 다투고 있는 것이 아니라, 비의료인도 문신시술을 업으로 할 수 있도록 그 자격 및 요건에 관하여 입법을 하지 아니한 것이 청구인의 기본권을 침해한다고 주장하며 이를 적극적으로 다투고 있는바, 이는 진정입법부작위에 해당하나, 헌법이 명시적으로 비의료인의 문신시술업에 관한 법률을 만들어야 할 입법의무를 부여하였다고 볼 수 없고, 그러한 입법의무가 헌법해석상 도출된다고 볼 수 없으므로 이 사건 심판청구는 부적법하다(헌재 2007.11.29. 2006헌마876).

[❹ ▸ ×] 이 사건 심판청구는 성질상 근로기준법이 전면적으로 적용되지 못하는 특수형태근로종사자의 노무조건・환경 등에 대하여 근로기준법과 동일한 정도의 전면적 보호를 내용으로 하는 새로운 입법을 하여 달라는 것에 다름 아니므로, 실질적으로 진정입법부작위를 다투는 것에 해당한다. 이 사건 심판청구는 진정입법부작위를 다투는 것이고, 헌법재판소법 제68조 제2항에 의한 헌법소원에서 진정입법부작위를 다투는 것은 그 자체로 허용되지 않으므로, 이를 다투는 이 사건 심판청구는 모두 부적법하다(헌재 2016.11.24. 2015헌바413 등).

[❺ ▸ O] 청구인은 지방공무원법 제73조 제2항, 제3항, 제73조의2 제1항, 제2항 전부에 대하여 심판청구를 하면서, 수사기관에서 수사 중인 사건에 대하여 징계절차를 진행하지 아니함을 징계혐의자에게 통보하지 않아도 징계시효가 연장되는 것이 위헌이라는 취지로 다투고 있다. 이는 제73조의2 제2항에서 징계시효 연장을 규정하면서, 징계절차를 진행하지 아니함을 통보하지 아니한 경우에는 징계시효가 연장되지 않는다는 예외규정을 두지 아니한 입법의 불완전성・불충분성, 즉 부진정입법부작위의 위헌성을 다투는 것이다(헌재 2017.6.29. 2015헌바29).

**2018년 변호사시험 문 25.** ☑ 확인Check! ○ △ ×

**행정소송과 헌법소송에 관한 설명 중 옳은 것(○)과 옳지 않은 것(×)을 올바르게 조합한 것은?(다툼이 있는 경우 판례에 의함)**

ㄱ. 중앙선거관리위원회가 甲정당이 법정시・도당수요건을 구비하지 못하게 되었다는 이유로 「정당법」 제44조 제1항 제1호에 따라 정당등록을 취소한 경우 법정요건의 불비로 위 규정에 의하여 곧바로 등록취소의 효력이 생기는 것이고 중앙선거관리위원회의 등록취소는 사실행위에 불과하여 처분성이 인정되지 아니하므로, 그 취소를 구하는 甲정당의 행정소송제기는 부적법하다.

ㄴ. 기혼자인 변호사 乙이 다른 여성과 사실혼관계를 지속하여 변호사로서 품위를 손상하였다는 이유로 대한변호사협회징계위원회로부터 징계결정을 받자 법무부변호사징계위원회에 이의신청을 하였으나 기각되었고, 대법원도 乙의 재항고를 기각하는 결정을 하였더라도, 이는 법원의 판결이 있는 경우가 아니므로, 위 징계결정의 취소를 구하는 乙의 헌법소원심판청구는 적법하다.

ㄷ. 丙이 과세처분의 취소를 구하는 행정소송을 제기하였다가 그 청구를 기각한 판결이 확정되어 법원의 소송절차에 의하여서는 더 이상 이를 다툴 수 없게 된 경우 당해 과세처분만의 취소를 구하는 丙의 헌법소원심판청구는 법원의 확정판결의 기판력으로 인하여 부적법하다.

ㄹ. 수형자 丁이 교도관의 면회제한조치에 대하여 국가인권위원회에 시정을 구하는 진정을 제기하였다가 기각결정을 받은 경우 그 기각결정의 행정처분성을 인정하기 어려우므로, 丁이 이를 행정심판과 행정소송으로 다투지 아니하고 곧바로 그 취소를 구하는 헌법소원심판청구를 하였더라도 丁의 헌법소원심판청구는 적법하다.

① ㄱ(○) ㄴ(×) ㄷ(×) ㄹ(○)　② ㄱ(○) ㄴ(○) ㄷ(×) ㄹ(○)
③ ㄱ(○) ㄴ(×) ㄷ(×) ㄹ(×)　④ ㄱ(×) ㄴ(○) ㄷ(○) ㄹ(×)
⑤ ㄱ(×) ㄴ(×) ㄷ(○) ㄹ(×)

[ㄱ ▸ ×] 이 사건 등록취소규정에 의하여 곧바로 청구 외 사회당이 소멸하여 그 결과 청구인주장의 기본권이 침해되는 것이 아니라 위 규정 소정의 등록취소사유에 해당되는지 여부에 대한 중앙선거관리위원회의 심사 및 그에 이은 등록취소라는 집행행위에 의하여 비로소 정당이 소멸하게 된다고 할 것이다. 그리고 중앙선거관리위원회의 이 사건 사회당에 대한 등록취소처분이 행정소송의 대상이 됨은 명백하다고 할 것이다(헌재 2006.4.27. 2004헌마562).

[ㄴ ▸ ×] 법원의 재판 자체는 헌법소원의 대상이 되지 아니함이 원칙이고 다만 예외적으로 헌법재판소가 위헌으로 결정한 법령을 적용함으로써 국민의 기본권을 침해한 재판에 한하여 헌법재판소법 제68조 제1항에 의한 헌법소원심판을 청구할 수 있다. 그런데 대법원의 이 사건 재항고기각결정은 법원의 재판임이 분명하고, 헌법소원심판의 대상이 되는 예외적인 재판에 해당되는 것도 아니므로 이 부분 심판청구는 부적법하다고 할 것이다. 법원의 재판을 거쳐 확정된 행정처분(원행정처분)에 대한 헌법소원심판은 당해 행정처분을 심판의 대상으로 삼았던 법원의 재판이 예외적으로 헌법소원의 심판대상이 되어 그 재판 자체가 취소되는 경우에 한하여 청구할 수 있는 것이고 법원의 재판이 취소될 수 없는 경우에는 당해 행정처분에 대한 헌법소원심판은 허용되지 아니한다. 그런데 이 사건 징계처분(대한변호사협회 또는 변호사징계위원회의 징계결정 및 법무부변호사징계위원회의 기각결정)과 서울지방변호사 회장의 징계개시신청의 취소심판청구는 대법원의 재판이 예외적으로 취소되는 경우에 해당되지 아니하므로 이 부분 심판청구도 부적법하다(헌재 1999.5.27. 98헌마357).

[ㄷ ▸ ○] 원행정처분에 대하여 법원에 행정소송을 제기하여 패소판결을 받고 그 판결이 확정된 경우에는 당사자는 그 판결의 기판력에 의한 기속을 받게 되므로, 별도의 절차에 의하여 위 판결의 기판력이 제거되지 아니하는 한, 행정처분의 위법성을 주장하는 것은 확정판결의 기판력에 어긋나므로 원행정처분은 헌법소원심판의 대상이 되지 아니한다고 할 것이며, 뿐만 아니라 원행정처분에 대한 헌법소원심판청구를 허용하는 것은, "명령・규칙 또는 처분이 헌법이나 법률에 위반되는



정답 ⑤

여부가 재판의 전제가 된 경우에는 대법원은 이를 최종적으로 심사할 권한을 가진다"고 규정한 헌법 제107조 제2항이나, 원칙적으로 헌법소원심판의 대상에서 법원의 재판을 제외하고 있는 헌법재판소법 제68조 제1항의 취지에도 어긋난다(헌재 1998.5.28. 91헌마98 등).

[ㄹ ▸ X] 국가인권위원회는 법률상의 독립된 국가기관이고, 피해자인 진정인에게는 국가인권위원회법이 정하고 있는 구제조치를 신청할 법률상 신청권이 있는데 국가인권위원회가 진정을 각하 및 기각결정을 할 경우 피해자인 진정인으로서는 자신의 인격권 등을 침해하는 인권 침해 또는 차별행위 등이 시정되고 그에 따른 구제조치를 받을 권리를 박탈당하게 되므로, 진정에 대한 국가인권위원회의 각하 및 기각결정은 피해자인 진정인의 권리 행사에 중대한 지장을 초래하는 것으로서 항고소송의 대상이 되는 행정처분에 해당하므로, 그에 대한 다툼은 우선 행정심판이나 행정소송에 의하여야 할 것이다. 따라서 이 사건 심판청구는 행정심판이나 행정소송 등의 사전구제절차를 모두 거친 후 청구된 것이 아니므로 보충성요건을 충족하지 못하였다. 헌법재판소는 종전 결정에서 국가인권위원회의 진정각하 또는 기각결정에 대해 보충성요건을 충족하였다고 보고 본안판단은 한 바 있으나, 이 결정의 견해와 저촉되는 부분은 변경한다(헌재 2015.3.26. 2013헌마214).

**2020년 변호사시험 문 8.**

☑ 확인 Check! ○ △ ✕

**甲은 18년 6개월간 공무원으로 재직하다 2015.8.31. 정년퇴직하였다. 甲이 아래의 법률 개정과 관련하여 기본권 침해를 주장하며 헌법소원심판을 청구할 경우 다음 설명 중 옳지 않은 것은?(다툼이 있는 경우 판례에 의함)**

**구 「공무원연금법」(2014.11.19. 법률 제12844호로 개정되고, 2015.6.22. 법률 제13387호로 개정되기 전의 것) 제46조(퇴직연금 또는 퇴직연금일시금)** ① 공무원이 20년 이상 재직하고 퇴직한 경우에는 다음 각 호의 어느 하나에 해당하는 때부터 사망할 때까지 퇴직연금을 지급한다.
1. ~ 5. (생략)
[시행 2014.11.19.]

**「공무원연금법」(2015.6.22. 법률 제13387호로 개정된 것) 제46조(퇴직연금 또는 퇴직연금일시금)** ① 공무원이 10년 이상 재직하고 퇴직한 경우에는 다음 각 호의 어느 하나에 해당하는 때부터 사망할 때까지 퇴직연금을 지급한다.
1. ~ 5. (생략)
[시행 2016.1.1.]

**「공무원연금법」 부칙(2015.6.22. 법률 제13387호) 제6조(연금수급요건 완화에 관한 특례)** 제46조 제1항부터 제3항까지, 제48조 제1항, 제56조 제1항부터 제3항까지 및 제60조 제1항의 개정규정은 이 법 시행 당시 재직 중인 공무원부터 적용한다.

① 개정법률 공포일인 2015.6.22. 당시 재직 중이었으나 그 시행일 전 정년퇴직한 공무원 중 재직기간이 10년 이상 20년 미만인 자에 대하여 경과규정을 두지 아니한 것을 다투는 甲의 입법부작위위헌확인청구는 위 「공무원연금법」 부칙 제6조 자체의 불완전·불충분성을 다투는 청구와 다르지 않다.
② 甲이 개정법률 시행 전인 2015.9.15. 「헌법재판소법」 제68조 제1항의 헌법소원심판을 청구하는 경우, 위 「공무원연금법」 부칙 제6조는 헌법소원의 대상이 될 수 있다.
③ 개정법률이 시행되기 전 퇴직한 甲은 퇴직연금을 수급할 수 있는 기초를 상실하였으므로, 甲의 재산권 및 인간다운 생활을 할 권리가 제한된다.
④ 위와 같은 법률 개정으로 공무원의 재직기간이 10년 이상 20년 미만으로 동일하더라도 정년퇴직일이 2016.1.1. 이전인지 이후인지에 따라 퇴직연금의 지급을 달리하므로, 甲의 평등권이 제한된다.
⑤ 위와 같은 법률 개정으로 공무원연금의 최소가입기간요건을 완화하는 것은 종전 질서 아래 형성되었던 甲의 법적 지위를 불리하게 변경하거나 침해하는 것이 아니므로, 이에 관한 입법과정에서 새로이 주어지는 혜택이 甲의 예상에 못 미친다고 하여 甲의 신뢰를 침해하였다고 할 수 없다.



③ 정답

[❶ ▸ O] 청구인은 주위적으로 법률의 공포일인 2015.6.22. 당시 재직 중이었으나 개정법률이 시행되기 전에 정년퇴직한 교육공무원 중 재직기간이 10년 이상 20년 미만인 자에 대하여 경과규정을 두지 아니한 입법부작위의 위헌확인을 구하고, 예비적으로는 공무원연금법 부칙 제6조가 헌법에 위반된다고 주장하면서, 2015.9.15. 헌법소원심판을 청구하였다. 공무원연금법 부칙 제6조는 시행일 당시 재직 중인 공무원에 한하여 개정법률이 적용된다는 내용을 분명하게 규정하고 있고 그 결과 그 전에 퇴직한 청구인에게는 개정 공무원연금법이 적용되지 않게 된 것이므로, 청구인의 주위적 청구는 위 법 부칙 제6조 자체의 불완전·불충분성을 다투는 예비적 청구와 다르지 않다(헌재 2017.5.25. 2015헌마933).

[❷ ▸ O] 헌법재판소는 일정한 경우 시행 전의 법령에 대해서도 헌법소원의 대상이 될 수 있음을 인정하고 있다.

판례 법령이 헌법소원의 대상이 되려면 현재 시행 중인 유효한 법령이어야 함이 원칙이나, 법령이 일반적 효력을 발생하기 전이라도 공포되어 있고 그로 인하여 사실상의 위험성이 이미 발생한 경우에는 예외적으로 침해의 현재성을 인정하여, 이에 대하여 곧 헌법소원을 제기할 수 있다. 법령이 시행된 다음에야 비로소 헌법소원을 제기할 수 있다고 한다면, 장기간의 구제절차 등으로 인하여 기본권을 침해받는 자에게 회복불능이거나 중대한 손해를 강요하는 결과가 될 수도 있기 때문이다(헌재 2015.3.26. 2014헌마372).

[❸ ▸ ×] 청구인은 심판대상조항이 자신의 재산권 및 인간다운 생활을 할 권리도 침해한다고 주장하나, 공무원연금법이 개정되어 시행되기 전 청구인은 이미 퇴직하여 퇴직연금을 수급할 수 있는 기초를 상실한 상태이므로, 심판대상조항이 청구인의 재산권 및 인간다운 생활을 할 권리를 제한한다고 볼 수 없다(헌재 2017.5.25. 2015헌마933).

[❹ ▸ O] 심판대상조항은 개정법률의 적용대상을 법 시행일 당시 재직 중인 공무원으로 한정하여, 공무원의 재직기간이 10년 이상 20년 미만으로 동일하더라도 정년퇴직일이 2016.1.1. 이전인지 이후인지에 따라 퇴직연금의 지급을 달리하고 있으므로, 청구인의 평등권을 제한한다(헌재 2017.5.25. 2015헌마933).

[❺ ▸ O] 신뢰보호원칙은 법률을 제정하거나 개정할 때 기존의 법질서에 대한 당사자의 신뢰를 보호할 것인가에 관한 문제로서, 일반적으로 국민이 어떤 법률이나 제도가 장래에도 그대로 존속될 것이라는 합리적인 신뢰를 바탕으로 하여 일정한 법적 지위를 형성한 경우에 이를 보호하기 위한 것이다. 공무원연금의 최소가입기간요건을 완화하는 것은 종전 질서 아래 형성되었던 청구인의 법적 지위를 불리하게 변경하거나 침해하는 것이 아니므로, 이에 관한 입법과정에서 새로이 주어지는 혜택이 청구인의 예상에 못 미친다고 하여 청구인의 신뢰를 침해하였다고 할 수 없다(헌재 2017.5.25. 2015헌마933).

**2017년 변호사시험 문 13.** ☑ 확인 Check! ○ △ ×

「헌법재판소법」 제68조 제1항의 헌법소원심판에 관한 설명 중 옳은 것(○)과 옳지 않은 것(×)을 올바르게 조합한 것은?(다툼이 있는 경우 판례에 의함)

ㄱ. 유치장수용자에 대한 신체 수색은 유치장의 관리주체인 경찰이 우월적 지위에서 피의자 등에게 일방적으로 강제하는 성격을 가진다고 보기 어려우므로 「헌법재판소법」 제68조 제1항의 공권력의 행사에 포함되지 아니한다.

ㄴ. 미국산 쇠고기를 수입하는 자에게 적용할 수입위생조건을 정하고 있는 농림수산식품부 고시인 「미국산 쇠고기 수입위생조건」의 경우 쇠고기소비자는 직접적인 수범자가 아니고, 위 고시로 인해 소비자들이 자신도 모르게 미국산 쇠고기를 섭취하게 될 가능성이 있다고 할지라도 이는 단순히 사실적이고 추상적인 이해관계에 불과한 것이므로, 쇠고기소비자들은 위 고시와 관련하여 기본권 침해의 자기관련성이 인정되지 아니한다.

ㄷ. 법률안이 거부권 행사에 의하여 최종적으로 폐기되었다면 모르되, 그렇지 아니하고 공포되었다면 법률안은 그 동일성을 유지하여 법률로 확정되는 것이라고 보아야 하므로 청구 당시의 공포 여부를 문제 삼아 헌법소원의 대상성을 부인할 수는 없다.

ㄹ. 언론인이 직무 관련 여부 및 기부·후원·증여 등 그 명목에 관계없이 동일인으로부터 일정 금액을 초과하는 금품 등을 받거나 요구 또는 약속하는 것을 금지하는 「부정청탁 및 금품 등 수수의 금지에 관한 법률」 조항은 자연인을 수범자로 하고 있을 뿐이어서, 사단법인 한국기자협회가 위 조항으로 인하여 자기의 기본권을 직접 침해당할 가능성은 없다고 할 것이나, 법인은 그 구성원을 위하여 또는 구성원을 대신하여 헌법소원심판을 청구할 수 있으므로, 사단법인 한국기자협회는 위 조항과 관련하여 기본권 침해의 자기관련성이 인정된다.

① ㄱ(×) ㄴ(○) ㄷ(×) ㄹ(×)
② ㄱ(×) ㄴ(○) ㄷ(○) ㄹ(○)
③ ㄱ(○) ㄴ(○) ㄷ(○) ㄹ(×)
④ ㄱ(○) ㄴ(×) ㄷ(○) ㄹ(×)
⑤ ㄱ(×) ㄴ(×) ㄷ(○) ㄹ(×)

[ㄱ ▸ ×] 유치장수용자에 대한 신체 수색은 유치장의 관리주체인 경찰이 피의자 등을 유치함에 있어 피의자 등의 생명·신체에 대한 위해를 방지하고, 유치장 내의 안전과 질서 유지를 위하여 실시하는 것으로서 그 우월적 지위에서 피의자 등에게 일방적으로 강제하는 성격을 가진 것이므로 권력적 사실행위라 할 것이며, 이는 헌법소원심판청구의 대상이 되는 헌법재판소법 제68조 제1항의 공권력의 행사에 포함된다(헌재 2002.7.18. 2000헌마327).

[ㄴ ▸ ×] 이 사건 고시는 소비자의 생명·신체의 안전을 보호하기 위한 조치의 일환으로 행하여진 것이어서 실질적인 규율목적 및 대상이 쇠고기소비자와 관련을 맺고 있으므로 쇠고기소비자는 이에 대한 구체적인 이해관계를 가진다 할 것인바, 일반소비자인 청구인들에 대해서는 이 사건 고시가 생명·신체의 안전에 대한 보호의무를 위반함으로 인하여 초래되는 기본권 침해와의 자기관련성을 인정할 수 있고, 또한 이 사건 고시의 위생조건에 따라 수입검역을 통과한 미국산 쇠고기는 별다른 행정조치 없이 유통·소비될 것이 예상되므로, 청구인들에게 이 사건 고시가 생명·신체의 안전에 대한 보호의무에 위반함으로 인하여 초래되는 기본권 침해와의 현재관련성 및 직접관련성도 인정할 수 있다(헌재 2008.12.26. 2008헌마419).

[ㄷ ▸ ○] 법률안이 거부권 행사에 의하여 최종적으로 폐기되었다면 모르되, 그렇지 아니하고 공포되었다면 법률안은 그 동일성을 유지하여 법률로 확정되는 것이라고 보아야 한다. 나아가, 우리 재판소가 위헌제청 당시 존재하지 아니하였던 신법의 경과규정까지 심판대상을 확장하였던 선례에 비추어 보면, 심판청구 후에 유효하게 공포·시행되었고 그 법률로 인하여 평등권 등 기본권을 침해받게 되었다고 주장하는 이상 청구 당시의 공포 여부를 문제 삼아 헌법소원의 대상성을 부인할 수는 없다(헌재 2001.11.29. 99헌마494).

[ㄹ ▸ ×] 청구인 사단법인 한국기자협회는 전국의 신문·방송·통신사 소속 현직기자들을 회원으로 두고 있는 민법상 비영리사단법인으로서, '언론중재 및 피해구제에 관한 법률' 제2조 제12호에 따른 언론사에는 해당한다. 그런데 심판대상

 ⑤ 정답

조항은 언론인 등 자연인을 수범자로 하고 있을 뿐이어서 청구인 사단법인 한국기자협회는 심판대상조항으로 인하여 자신의 기본권을 직접 침해당할 가능성이 없다. 또 사단법인 한국기자협회가 그 구성원인 기자들을 대신하여 헌법소원을 청구할 수도 없으므로, 위 청구인의 심판청구는 기본권 침해의 자기관련성을 인정할 수 없어 부적법하다(헌재 2016.7.28. 2015헌마236).

**2016년 변호사시험 문 9.**

☑ 확인 Check! ○ △ ×

**다음 사례에 관한 설명 중 옳지 않은 것은?(다툼이 있는 경우 판례에 의함)**

**[사례 1]** 甲과 乙은 사소한 시비가 문제되어 주먹다툼을 한 후 서로를 상해혐의로 고소하였는데, 검사는 甲에 대해서는 기소유예처분을, 乙에 대해서는 혐의 없음의 불기소처분을 하였다.

**[사례 2]** 丙은 의사 丁으로부터 위 내시경검사를 받던 중 丁의 과실로 출혈이 발생하였음에도 불구하고, 丁이 내시경검사에 어떠한 문제도 없었다고 하면서 오히려 자신에게 폭언을 하자, 의사 丁을 업무상 과실치상 등으로 처벌해 달라고 고소장을 제출하였다. 그러나 검사는 이를 적법한 절차에 따른 고소사건으로 처리하지 아니하고, 단순한 진정사건으로 접수하여 공소시효 완성을 이유로 공소권없음의견으로 내사종결처분을 하였다.

① [사례 1]의 경우, 형사피해자인 고소인 甲은 검사의 乙에 대한 혐의없음처분에 관하여 「검찰청법」에 따른 항고를 거친 후 그 검사 소속의 지방검찰청 소재지를 관할하는 고등법원에 재정신청을 할 수 있으므로, 위 혐의없음처분에 대한 헌법소원은 부적법하다.
② [사례 1]의 경우, 만약 甲이 고소를 하지 않은 상태에서 수사기관의 인지에 의해 수사가 개시되었다면, 고소하지 않은 피해자 甲은 乙에 대한 혐의없음처분에 대하여 헌법소원을 제기할 수 있다.
③ [사례 1]의 경우, 甲은 자신에 대한 기소유예처분이 자의적이라고 주장하면서 위 기소유예처분에 대한 헌법소원을 제기할 수 있다.
④ [사례 2]의 경우, 검사가 丙의 고소사건을 진정사건으로 수리하여 내사종결처분한 것은 수사기관의 내부적 사건처리방식에 지나지 않으므로 헌법소원심판의 대상이 되는 공권력 행사라고 할 수 없다.
⑤ [사례 2]의 경우, 만약 검사가 丙의 고소를 진정사건이 아니라 고소사건으로 처리하면서 丁에 대해서 혐의없음처분을 하지 않고 공소권 없음의 불기소처분을 하였다 해도, 이를 丁의 헌법상 기본권을 침해하는 공권력의 행사라고 볼 수 없다.

[❶ ▸ ○] 헌법소원심판은 다른 법률에 구제절차가 있는 경우에는 그 절차를 모두 거친 후가 아니면 청구할 수 없다(헌법재판소법 제68조 제1항 단서). 그런데 고소권자로서 고소를 한 사람은 검사로부터 공소를 제기하지 아니한다는 통지를 받은 때에는 검찰청법 소정의 항고를 거쳐 그 검사 소속의 지방검찰청 소재지를 관할하는 고등법원에 그 당부에 관한 재정을 신청할 수 있음에도 불구하고(형사소송법 제260조 제1항, 제2항), 청구인은 그와 같은 구제절차를 모두 거치지 않은 채 이 사건 헌법소원심판을 청구하였다. 따라서 이 사건 심판청구는 법률에 따른 구제절차를 모두 거치지 않고 제기된 것이어서 부적법하다(헌재 2013.4.16. 2013헌마201).

[❷ ▸ ○] 피해자의 고소가 아닌 수사기관의 인지 등에 의해 수사가 개시된 피의사건에서 검사의 불기소처분이 이루어진 경우, 고소하지 아니한 피해자로 하여금 별도의 고소 및 이에 수반되는 권리구제절차를 거치게 하는 방법으로는 종래의 불기소처분 자체의 취소를 구할 수 없고 당해 수사처분 자체의 위법성도 치유될 수 없다는 점에서 이를 본래 의미의 사전권리구제절차라고 볼 수 없고, 고소하지 아니한 피해자는 검사의 불기소처분을 다툴 수 있는 통상의 권리구제수단도 경유할 수 없으므로, 그 불기소처분의 취소를 구하는 헌법소원의 사전권리구제절차라는 것은 형식적・실질적 측면에서 모두 존재하지 않을 뿐만 아니라, 별도의 고소 등은 그에 수반되는 비용과 권리구제가능성 등 현실적인 측면에서 볼 때에도 불필요한 우회절차를 강요함으로써 피해자에게 지나치게 가혹할 수 있으므로, 고소하지 아니한 피해자는 예외적으로 불기소처분의 취소를 구하는 헌법소원심판을 곧바로 청구할 수 있다(헌재 2010.6.24. 2008헌마716).

정답 ④

[❸ ▸ O] 검사의 불기소처분에 대한 검찰청법 소정의 항고 및 재항고는 그 피의사건의 고소인 또는 고발인만이 할 수 있을 뿐, 기소유예처분을 받은 피의자가 범죄혐의를 부인하면서 무고함을 주장하는 경우에는 검찰청법이나 다른 법률에 이에 대한 권리구제절차가 마련되어 있지 아니하므로, 검사의 기소유예처분의 취소를 구하는 헌법소원심판을 청구하는 경우에는 보충성원칙의 예외에 해당한다(헌재 2010.6.24. 2008헌마716).

[❹ ▸ X] 진정은 법률상의 권리 행사로서 인정되는 것이 아니고 수사소추기관의 적의처리를 요망하는 의사표시에 지나지 아니하여 진정에 의하여 이루어진 내사사건의 종결처리는 법적 구속력이 없고 그 처리결과에 대하여 불만이 있는 진정인은 따로 고소나 고발을 할 수 있으므로 진정인의 권리 행사에 영향을 미치지 않는다. 따라서 진정사건에 대한 종결처분은 헌법소원의 대상이 되는 공권력의 행사라고 할 수 없다. 이에 반하여 고소를 고소사건으로 수리하지 아니하고 진정사건으로 수리하여 공람종결한 처분은 고소인의 법률상 권리 행사에 영향을 미치는 것으로 헌법소원의 대상이 되는 공권력의 행사라고 할 것이다(헌재 2005.9.6. 2005헌마752).

[❺ ▸ O] 검사의 '공소권없음'결정이나 '혐의없음'결정은 모두 피의자에 대하여 소추장애사유가 있어 기소할 수 없다는 내용의 처분이므로 두 결정은 기소할 수 없다는 점에서 동일한 처분이라고 할 수 있고, '공소권없음'결정은 그 결정이 있다고 하여 피의자에게 범죄혐의가 있음이 확정되는 것이 아니며, '공소권없음'결정으로 인해 청구인이 자신의 혐의 없음이 밝혀지지 않은 불이익을 입었다고 하더라도, 이는 간접적 또는 사실상의 불이익에 불과한 것이므로 이를 가지고 기본권 침해문제가 발생하였다고 할 수는 없다. 따라서 피청구인이 '혐의없음'결정을 하지 않고 '공소권없음'결정을 한 것을 가리켜 청구인의 헌법상 기본권을 침해하는 공권력의 행사라고 할 수 없다(헌재 2009.5.12. 2009헌마218).

**2015년 변호사시험 문 37.** ☑ 확인Check! O △ X

**헌법소원심판에 관한 설명 중 옳은 것(O)과 옳지 않은 것(×)을 올바르게 조합한 것은?(다툼이 있는 경우 판례에 의함)**

ㄱ. 비구속적 행정계획안이나 행정지침이라도 국민의 기본권에 직접적으로 영향을 끼치고, 앞으로 법령의 뒷받침에 의하여 그대로 실시될 것이 틀림없을 것으로 예상될 수 있을 때에는, 공권력 행사로서 예외적으로 헌법소원의 대상이 된다.

ㄴ. 행정지도가 이를 따르지 않을 경우 일정한 불이익조치를 예정하고 있어 사실상 상대방에게 그에 따를 의무를 부과하는 것과 다를 바 없어 단순한 행정지도로서의 한계를 넘어 규제적·구속적 성격을 상당히 강하게 갖게 되는 경우에는 이를 헌법소원의 대상이 되는 공권력의 행사로 볼 수 있다.

ㄷ. 법원의 재판을 거쳐 확정된 행정처분인 경우, 당해 행정처분을 심판의 대상으로 삼았던 법원의 재판이 예외적으로 헌법소원심판의 대상이 되어 그 재판 자체가 취소되는 경우에는 그 당해 행정처분 역시 헌법소원심판의 대상이 된다.

ㄹ. 검사로부터 기소유예처분을 받은 피의자는 「검찰청법」 소정의 항고를 거쳐 그 검사 소속의 지방검찰청 소재지를 관할하는 고등법원에 그 당부에 관한 재정을 신청할 수 있으므로 그와 같은 구제절차를 모두 거치지 않은 채 기소유예처분의 취소를 구하는 헌법소원심판청구는 부적법하다.

① ㄱ(×) ㄴ(O) ㄷ(×) ㄹ(×)
② ㄱ(×) ㄴ(O) ㄷ(O) ㄹ(O)
③ ㄱ(O) ㄴ(×) ㄷ(×) ㄹ(O)
④ ㄱ(O) ㄴ(O) ㄷ(O) ㄹ(×)
⑤ ㄱ(O) ㄴ(O) ㄷ(O) ㄹ(O)

[ㄱ ▸ O] 비구속적 행정계획안이나 행정지침이라도 국민의 기본권에 직접적으로 영향을 끼치고, 앞으로 법령의 뒷받침에 의하여 그대로 실시될 것이 틀림없을 것으로 예상될 수 있을 때에는, 공권력행위로서 예외적으로 헌법소원의 대상이 될 수 있다(헌재 2000.6.1. 99헌마538 등).



④ 정답

[ㄴ ▸ O] 교육인적자원부장관의 대학총장들에 대한 이 사건 학칙시정요구는 고등교육법 제6조 제2항, 동법 시행령 제4조 제3항에 따른 것으로서 그 법적 성격은 대학총장의 임의적인 협력을 통하여 사실상의 효과를 발생시키는 행정지도의 일종이지만, 그에 따르지 않을 경우 일정한 불이익조치를 예정하고 있어 사실상 상대방에게 그에 따를 의무를 부과하는 것과 다를 바 없으므로 단순한 행정지도로서의 한계를 넘어 규제적·구속적 성격을 상당히 강하게 갖는 것으로서 헌법소원의 대상이 되는 공권력의 행사라고 볼 수 있다(헌재 2003.6.26. 2002헌마337).

[ㄷ ▸ O] 법원의 재판을 거쳐 확정된 행정처분(원행정처분)에 대한 헌법소원심판은 당해 행정처분을 심판의 대상으로 삼았던 법원의 재판이 예외적으로 헌법소원의 심판대상이 되어 그 재판 자체가 취소되는 경우에 한하여 청구할 수 있는 것이고 법원의 재판이 취소될 수 없는 경우에는 당해 행정처분에 대한 헌법소원심판은 허용되지 아니한다(헌재 1999.5.27. 98헌마357).

[ㄹ ▸ X] 검사의 불기소처분에 대한 검찰청법 소정의 항고 및 재항고는 그 피의사건의 고소인 또는 고발인만이 할 수 있을 뿐, 기소유예처분을 받은 피의자가 범죄혐의를 부인하면서 무고함을 주장하는 경우에는 검찰청법이나 다른 법률에 이에 대한 권리구제절차가 마련되어 있지 아니하므로, 검사의 기소유예처분의 취소를 구하는 헌법소원심판을 청구하는 경우에는 보충성원칙의 예외에 해당한다(헌재 2010.6.24. 2008헌마716).



**2013년 변호사시험 문 15.** ☑ 확인 Check! O △ X

**헌법재판소법 제68조 제1항에 의한 헌법소원에 대한 설명 중 옳지 않은 것은?(다툼이 있는 경우 판례에 의함)**

① 국회의원총선거에 참여하여 의석을 얻지 못하고 유효투표총수의 100분의 2 이상을 득표하지 못한 때 등록을 취소한다는 정당법 등록취소규정은 그 자체에 의하여 곧바로 정당이 소멸되는 것이 아니라, 중앙선거관리위원회의 심사 및 그에 이은 등록취소라는 집행행위에 의하여 비로소 정당이 소멸하게 되므로 이 법규정은 기본권 침해의 직접성이 없다.
② 법률에 의한 기본권 침해의 경우 제3자의 자기관련성을 어떠한 경우에 인정할 수 있는가의 문제는 입법의 목적 및 실질적인 규율대상, 법규정에서의 제한이나 금지가 제3자에게 미치는 효과나 진지성의 정도 및 규범의 직접적인 수규자에 의한 헌법소원 제기의 기대가능성 등을 종합적으로 고려하여 판단하여야 한다.
③ 법령에 대한 헌법소원심판은 법령이 시행된 후에 비로소 그 법령에 해당하는 사유가 발생하여 기본권의 침해를 받게 된 경우에는 그 사유가 발생하였음을 안 날부터 90일 이내에, 그 사유가 발생한 날부터 1년 이내에 청구하여야 한다.
④ 개정된 법령이 종전에 허용하던 영업을 금지하는 규정을 신설하면서 부칙에 유예기간을 둔 경우 그 법령 시행 전부터 영업을 해 오던 사람은 유예기간 이후가 되어야 비로소 그 영업을 할 수 없으므로, 그 법령 시행일에 기본권의 침해를 받은 것으로 볼 것이 아니라 부칙에 의한 유예기간 이후가 되어야 비로소 기본권의 침해를 받은 것으로 보아야 한다.
⑤ 교도소장의 수형자에 대한 출정제한행위는 권력적 사실행위로서 행정소송의 대상이 된다고 단정하기 어렵고, 가사 행정소송의 대상이 된다고 하더라도 이미 종료된 행위로서 소의 이익이 부정되어 각하될 가능성이 높으므로, 수형자에게 그에 의한 권리구제절차를 밟을 것을 기대하기는 곤란하므로 이에 대한 헌법소원은 보충성원칙의 예외에 해당한다.

[❶ ▸ O] 이 사건 등록취소규정에 의하여 청구 외 사회당이 소멸하여 그 결과 청구인주장의 기본권이 침해되는 것이 아니라 위 규정 소정의 등록취소사유에 해당되는지 여부에 대한 중앙선거관리위원회의 심사 및 그에 이은 등록취소라는 집행행위에 의하여 비로소 정당이 소멸하게 된다. 그리고 중앙선거관리위원회의 이 사건 사회당에 대한 등록취소처분이 행정소송의 대상이 됨은 명백하다고 할 것이고 그 정당 등록취소처분의 취소소송절차에서의 위 규정에 의한 등록취소사유(예컨대 소정의 득표율에 미달되었는지 여부)에 대한 사실관계 확정과 더불어 얼마든지 위 규정에 대한 위헌 여부의 제청을 구할 수 있는 것이며 그 외 달리 그러한 절차경유가 곤란하거나 부당하다고 볼 사정 또는 그러한 절차의 경유가 실효성이 없다고 볼 사정은 찾아보기 어렵다. 따라서 이 사건 등록취소규정은 기본권 침해의 직접성이 없다(헌재 2006.4.27. 2004헌마562).

정답 ④

[❷ ▸ O] 법률에 의하여 기본권을 침해받은 경우에는 법률에 의하여 직접 기본권을 침해당하고 있는 자만이 헌법소원심판청구를 할 수 있다고 할 것이고 제3자는 특별한 사정이 없는 한 기본권 침해에 직접 관련되었다고 볼 수 없다. 다만 어떠한 경우에 제3자의 자기관련성을 인정할 수 있는가의 문제는 무엇보다도 법의 목적 및 실질적인 규율대상, 법규정에서의 제한이나 금지가 제3자에게 미치는 효과나 진지성의 정도, 규범의 직접적인 수규자에 의한 헌법소원제기의 기대가능성 등을 종합적으로 고려하여 판단해야 한다(헌재 2009.2.26. 2007헌마1262).

[❸ ▸ O] 법령에 대한 헌법소원심판은 법령의 시행과 동시에 기본권의 침해를 받게 되는 경우에는 그 법령이 시행된 사실을 안 날부터 90일 이내에, 그 법령이 시행된 날부터 1년 이내에 청구하여야 하고, 법령이 시행된 후에 비로소 그 법령에 해당하는 사유가 발생하여 기본권의 침해를 받게 된 경우에는 그 사유가 발생하였음을 안 날부터 90일 이내에, 그 사유가 발생한 날부터 1년 이내에 청구하여야 한다(헌재 2007.10.4. 2006헌마648).

[❹ ▸ X] 종래 합법적으로 영위하여 오던 직업의 행사를 유예기간 이후 금지하는 법규정의 경우, 이미 이 법규정의 시행에 의하여 청구인의 종래 법적 지위가 유예기간의 종료 후에는 소멸되는 권리로 청구인에게 불리하게 구체적으로 형성되는 것이기 때문에, 유예기간이 경과한 후에 비로소 기본권에 대한 침해가 발생하는 것이 아니라, 이미 법규정의 시행 당시에 청구인의 기본권이 현실적·구체적으로 침해되는 것이다(헌재 2003.1.30. 2002헌마516).

[❺ ▸ O] 헌법소원은 다른 법률에 구제절차가 있는 경우에는 그 절차를 모두 거친 후에 심판청구를 하여야 하는바(헌법재판소법 제68조 제1항 단서), 이 사건 각 출정제한행위는 권력적 사실행위로서 행정소송의 대상이 된다고 단정하기 어렵고, 가사 행정소송의 대상이 된다고 하더라도 이미 종료된 행위로서 소의 이익이 부정되어 각하될 가능성이 많으므로, 청구인에게 그에 의한 권리구제절차를 밟을 것을 기대하기는 곤란하다. 따라서 이에 대한 헌법소원은 보충성원칙의 예외로서 적법하다고 할 것이다(헌재 2012.3.29. 2010헌마475).

**2014년 변호사시험 문 16.** ☑ 확인Check! O △ X

**헌법재판소법 제68조 제1항에 의한 헌법소원에 관한 설명 중 옳은 것은?(다툼이 있는 경우 판례에 의함)**

① 국가인권위원회의 진정사건기각결정은 헌법소원심판의 대상이 되는 공권력의 행사에 해당하나, 법원의 확립된 판례에 의하면 행정처분성이 인정되므로 행정심판이나 행정소송 등의 사전구제절차를 경유하지 않은 헌법소원은 보충성원칙에 위배된다.

② 헌법재판소장은 헌법재판소에 재판관 3명으로 구성되는 지정재판부를 두어 헌법소원심판의 사전심사를 담당하게 할 수 있고, 지정재판부는 헌법소원심판청구가 명백히 부적법하거나 이유 없는 경우에는 전원의 일치된 의견으로 각하한다.

③ 관할 경찰서장이 옥외집회신고서를 법률상 근거 없이 반려한 행위는 기본권침해가능성이 없어 헌법소원의 대상이 되는 공권력의 행사에 해당되지 않는다.

④ 죽음에 임박한 환자로서 무의미한 연명치료에서 벗어나 자연스럽게 죽음을 맞이할 연명치료의 중단 등에 관한 법률을 제정하지 아니한 국회의 입법부작위의 위헌성을 다투는 헌법소원에서, 환자의 자녀들은 정신적 고통을 감수하고 경제적 부담을 진다는 점에서 이해관계를 가지고 있으나, 이러한 이해관계는 간접적, 사실적 이해관계에 불과하여 위 입법부작위를 다툴 자기관련성이 인정되지 아니한다.

⑤ 신규 법무사의 수요가 경력직 공무원과 시험합격자라는 두 가지 공급원을 통하여 충당되고, 법무사시험의 선발인원이 수급상 필요에 따라 결정되어 경력직 공무원에 대한 충원이 중단된다면 시험합격자에 의한 충원의 기회가 늘어날 가능성이 있다고 하더라도, 법무사시험을 준비 중인 사람은 경력직 공무원에게 법무사자격을 부여하는 법률조항의 수범자가 아니므로, 이를 다툴 자기관련성이 인정되지 아니한다.

[❶ ▸ O] 출제 당시에는 옳지 않은 지문이었으나, 판례 변경으로 인해 옳은 지문이 되었다.



①·④ 정답

판례 국가인권위원회는 법률상의 독립된 국가기관이고, 피해자인 진정인에게는 국가인권위원회법이 정하고 있는 구제조치를 신청할 법률상 신청권이 있는데 국가인권위원회가 진정을 각하 및 기각결정을 할 경우 피해자인 진정인으로서는 자신의 인격권 등을 침해하는 인권 침해 또는 차별행위 등이 시정되고 그에 따른 구제조치를 받을 권리를 박탈당하게 되므로, 진정에 대한 국가인권위원회의 각하 및 기각결정은 피해자인 진정인의 권리 행사에 중대한 지장을 초래하는 것으로서 항고소송의 대상이 되는 행정처분에 해당하므로, 그에 대한 다툼은 우선 행정심판이나 행정소송에 의하여야 할 것이다. 따라서 이 사건 심판청구는 행정심판이나 행정소송 등의 사전구제절차를 모두 거친 후 청구된 것이 아니므로 보충성요건을 충족하지 못하였다. 헌법재판소는 종전 결정에서 국가인권위원회의 진정각하 또는 기각결정에 대해 보충성요건을 충족하였다고 보고 본안판단을 한 바 있으나, 이 결정의 견해와 저촉되는 부분은 변경한다(헌재 2015.3.26. 2013헌마214).

[❷ ▸ ×] 지정재판부의 사전심사는 청구요건의 구비 여부에 관한 것이므로, 헌법소원심판청구가 이유 없는 경우는 본안에 관한 판단으로서 지정재판부가 각하할 수 있는 사유가 아니다.

법령 **사전심사(헌법재판소법 제72조)** ① 헌법재판소장은 헌법재판소에 재판관 3명으로 구성되는 지정재판부를 두어 헌법소원심판의 사전심사를 담당하게 할 수 있다.

③ 지정재판부는 다음 각 호의 어느 하나에 해당되는 경우에는 지정재판부 재판관 전원의 일치된 의견에 의한 결정으로 헌법소원의 심판청구를 각하한다.

1. 다른 법률에 따른 구제절차가 있는 경우 그 절차를 모두 거치지 아니하거나 또는 법원의 재판에 대하여 헌법소원의 심판이 청구된 경우
2. 제69조의 청구기간이 지난 후 헌법소원심판이 청구된 경우
3. 제25조에 따른 대리인의 선임 없이 청구된 경우
4. 그 밖에 헌법소원심판의 청구가 부적법하고 그 흠결을 보정할 수 없는 경우

[❸ ▸ ×] 피청구인 서울남대문경찰서장은 옥외집회의 관리책임을 맡고 있는 행정기관으로서 이미 접수된 청구인들의 옥외집회신고서에 대하여 법률상 근거 없이 이를 반려하였는바, 청구인들의 입장에서는 이 반려행위를 옥외집회신고에 대한 접수 거부 또는 집회의 금지통고로 보지 않을 수 없었고, 그 결과 형사적 처벌이나 집회의 해산을 받지 않기 위하여 집회의 개최를 포기할 수밖에 없었다고 할 것이므로 피청구인의 이 사건 반려행위는 주무(主務) 행정기관에 의한 행위로서 기본권침해가능성이 있는 공권력의 행사에 해당한다(헌재 2008.5.29. 2007헌마712).

[❹ ▸ O] 이 사건 심판대상인 '공권력의 불행사'라는 것은 '연명치료 중단 등에 관한 법률의 입법부작위'인바, 위 입법부작위(또는 입법의무의 이행에 따른 입법행위)의 직접적인 상대방은 연명치료 중단으로 사망에 이르는 환자이고, 그 자녀들은 위 입법부작위로 말미암아 '환자가 무의미한 연명치료로 자연스런 죽음을 뒤로한 채 병상에 누워 있는 모습'을 지켜보아야 하는 정신적 고통을 감수하고, 환자의 부양의무자로서 연명치료에 소요되는 의료비 등 경제적 부담을 안을 수 있다는 점에 이해관계를 갖지만, 이와 같은 정신적 고통이나 경제적 부담은 간접적, 사실적 이해관계에 그친다고 보는 것이 타당하므로, 연명치료 중인 환자의 자녀들이 제기한 이 사건 입법부작위에 관한 헌법소원은 자신 고유의 기본권의 침해에 관련되지 아니하여 부적법하다(헌재 2009.11.26. 2008헌마385).

[❺ ▸ ×] 법무사법 제4조 제1항 제1호는 신규 법무사의 수요를 충당하는 두 개의 공급원, 즉 하나는 경력공무원이고 다른 하나는 시험합격자라고 하는 두 개의 공급원을 규정하고 있으므로 이 두 개의 공급원은 어떤 형태와 어떤 정도에 의해서든 개념상 서로 상관관계를 가질 수밖에 없다. 따라서 경력공무원에 의한 신규 법무사의 충원이 중단된다면 시험합격자에 의한 충원의 기회는 개념상 늘어날 수밖에 없어서 청구인들의 법적 지위가 상대적으로 향상된다고 볼 여지가 있으므로, 청구인들은 이 사건 법률조항의 위헌 여부에 대하여 자기관련성을 갖는다(헌재 2001.11.29. 2000헌마84).

**2016년 변호사시험 문 4.** ☑ 확인Check! ○ △ ✕

「헌법재판소법」 제68조 제1항 헌법소원심판의 청구기간에 관한 설명 중 옳지 않은 것은?(다툼이 있는 경우 판례에 의함)

① 헌법소원심판청구를 추가적으로 변경한 경우 변경에 의한 신청구는 그 청구변경서를 제출한 때에 제기한 것으로 볼 것이므로, 이 시점을 기준으로 하여 청구기간의 준수 여부를 가려야 한다.

② 기간의 계산은 「민사소송법」과 「민법」에 의하는바, 헌법소원심판청구기간의 마지막 날이 공휴일에 해당한 때에는 그 다음 날이 청구기간의 종료일이 된다.

③ 헌법소원심판을 청구하고자 하는 자가 변호사를 대리인으로 선임할 자력이 없어 헌법재판소에 국선대리인을 선임하여 줄 것을 신청하는 경우에는 국선대리인의 선임신청이 있는 날을 기준으로 청구기간을 정한다.

④ 교육공무원의 정년을 65세에서 62세로 단축하는 개정법률이 공포되어 같은 날 시행된 경우, 개정법 시행 당시 60세인 중등교원에게 위 개정법으로 인한 기본권 침해가 발생한 시점은 그가 62세에 달하여 실제 정년퇴직에 이르렀을 때가 아니라 위 개정법이 공포되고 시행된 날이다.

⑤ 법령에 대한 헌법소원에 있어서 아직 그 법령에 의해 기본권 침해가 발생하지 않았으나 장래 그 침해가 확실히 예상되어 기본권 침해의 현재성요건을 예외적으로 충족한 경우에는 기본권 침해가 없더라도 청구기간의 도과문제가 발생할 수 있다.

[❶ ▸ ○] 헌법재판소법 제68조 제1항 소정의 헌법소원심판청구를 추가적으로 변경하였다면 변경에 의한 신청구는 그 청구변경서를 제출한 때에 제기한 것이라 볼 것이므로, 이 시점을 기준으로 하여 청구기간의 준수 여부를 가려야 한다(헌재 1998.9.30. 96헌바88).

[❷ ▸ ○] 헌법재판소법 제40조 제1항, 민사소송법 제170조 및 민법 제161조 참조

**준용규정(헌법재판소법 제40조)** ① 헌법재판소의 심판절차에 관하여는 이 법에 특별한 규정이 있는 경우를 제외하고는 헌법재판의 성질에 반하지 아니하는 한도에서 민사소송에 관한 법령을 준용한다. 이 경우 탄핵심판의 경우에는 형사소송에 관한 법령을 준용하고, 권한쟁의심판 및 헌법소원심판의 경우에는 행정소송법을 함께 준용한다.

**기간의 계산(민사소송법 제170조)** 기간의 계산은 민법에 따른다.

**공휴일 등과 기간의 만료점(민법 제161조)** 기간의 말일이 토요일 또는 공휴일에 해당한 때에는 기간은 그 익일로 만료한다.

[❸ ▸ ○] 헌법소원심판을 청구하려는 자가 변호사를 대리인으로 선임할 자력(資力)이 없는 경우에는 헌법재판소에 국선대리인을 선임하여 줄 것을 신청할 수 있다. 이 경우 제69조에 따른 청구기간은 국선대리인의 선임신청이 있는 날을 기준으로 정한다(헌법재판소법 제70조 제1항).

[❹ ▸ ○] 우리 재판소의 결정례는, 법령에 대한 헌법소원의 청구기간은 법령이 시행된 후에 비로소 그 법령에 해당하는 사유가 발생한 경우에는 언제나 법령 시행일이 아닌 해당 사유 발생일로부터 기산하여야 한다는 것이 아니라, 법령 시행일을 청구기간 기산일로 하는 것이 기본권 구제의 측면에서 부당하게 청구기간을 단축하는 결과가 되거나, 침해가 확실히 예상되는 때로부터 기산한다면 오히려 기산일을 불확실하게 하여 청구권의 유무를 불안정하게 하는 결과를 가져올 경우 등에는, 법령 시행일이 아닌 법령이 적용될 해당 사유가 발생하여 기본권 침해가 비로소 현실화된 날부터 기산함이 상당하다는 취지이다. 청구인은 이 사건 법률조항의 시행으로 인하여 그 즉시 정년이 62세로 단축된 중등교원의 지위를 갖게 된 것이지, 이후 62세에 달하여 실제 정년퇴직에 이르러서야 비로소 기본권의 제한을 받게 되었다고 할 것은 아니므로, 청구기간의 기산점은 이 사건 법률조항의 공포일(시행일)로 보는 것이 타당하다(헌재 2002.1.31. 2000헌마274).



⑤ 정답

[ ❺ ▸ ×] 청구인들이 주장하는 기본권 침해는 이 사건 법률조항으로 인하여 후보자등록이 거부되거나 또는 후보자등록 무효사유가 존재함이 확인되는 시점에 비로소 현실화되겠지만, 그 침해가 이 사건 심판청구 당시 이미 확실히 예측된다고 할 것이므로 기본권 침해의 현재관련성이 인정된다. 그리고 이와 같이 장래 확실히 기본권 침해가 예측되어 현재성을 인정하는 이상 청구기간의 도과 여부는 문제되지 아니한다. 청구기간의 준수 여부에 대한 심사는 '이미' 기본권 침해가 발생한 경우에 비로소 문제가 되는데, 이 사건의 경우 아직 기본권 침해가 없지만 '장래' 확실히 기본권 침해가 예상되어 미리 앞당겨 그 법적 관련성을 인정하기 때문이다(헌재 2005.4.28. 2004헌마219).

**2014년 변호사시험 문 40.** ☑ 확인Check! ○ △ ×

**헌법과 행정법의 관계 및 적용과 관련된 설명 중 옳지 않은 것은?(다툼이 있는 경우 판례에 의함)**

① 행정처분이 헌법에 위반된다는 등의 이유로 그 취소를 구하는 행정소송을 제기하였으나 그 청구가 받아들여지지 아니하는 판결이 확정되어 법원의 소송절차에 의하여서는 더 이상 이를 다툴 수 없게 된 경우에, 별도의 절차에 의하여 위 판결의 기판력이 제거되지 아니하더라도, 당해 행정처분 자체의 위헌성 또는 그 근거법규의 위헌성을 주장하면서 낭해 행정처분만의 취소를 구하는 헌법소원심판을 청구하는 것은 허용된다.

② 도시계획시설결정의 집행이 지연되는 경우, 토지재산권의 강화된 사회적 의무와 도시계획의 필요성이란 공익에 비추어 일정한 기간까지는 토지소유자가 도시계획시설결정의 집행 지연으로 인한 재산권의 제한을 수인해야 하지만, 일정 기간이 지난 뒤에는 입법자가 보상규정의 제정을 통하여 과도한 부담에 대한 보상을 하도록 함으로써 도시계획시설결정에 관한 집행계획은 비로소 헌법상의 재산권 보장과 조화될 수 있다.

③ '헌법의 구체화법으로서의 행정법'이라는 말은 오늘날의 행정법이 헌법형성적 가치나 기본이념과 무관하게 존재하는 것이 아니고, 이러한 가치나 기본이념은 일정한 실정법원리로 구체화되어 행정을 구속하는 행정법의 기본원리를 구성한다는 의미로 해석할 수 있다.

④ 사회적 기본권의 성격을 가지는 의료보험수급권은 국가에 대하여 적극적으로 급부를 요구하는 것이므로 헌법규정만으로는 이를 실현할 수 없고 법률에 의한 형성을 필요로 하므로 의료보험수급권의 구체적 내용, 즉 수급요건・수급권자의 범위・급여금액 등은 법률에 의하여 비로소 확정된다.

⑤ 국세청장의 납세병마개 제조자 지정행위의 근거가 되는 법령의 조항들이 단지 공익만을 추구할 뿐 개인의 이익을 보호하려는 것이 아니라는 이유로 취소소송을 제기할 법률상 이익을 부정한다고 하더라도, 위 지정행위가 병마개 제조업자들 사이에 특혜에 따른 차별을 통하여 사경제주체 간의 경쟁조건에 영향을 미치고 이로써 기업의 경쟁의 자유를 제한하는 것임이 명백한 경우에는 국세청장의 지정행위로 말미암아 기업의 경쟁의 자유를 제한받게 된 자들에게는 일반법규에서 경쟁자를 보호하는 규정을 별도로 두고 있지 않은 경우에도 기본권인 경쟁의 자유가 바로 행정청의 지정행위의 취소를 구할 법률상의 이익이 된다.

[ ❶ ▸ ×] 원행정처분에 대하여 법원에 행정소송을 제기하여 패소판결을 받고 그 판결이 확정된 경우에는 당사자는 그 판결의 기판력에 의한 기속을 받게 되므로, 별도의 절차에 의하여 위 판결의 기판력이 제거되지 아니하는 한, 행정처분의 위법성을 주장하는 것은 확정판결의 기판력에 어긋나므로 원행정처분은 헌법소원심판의 대상이 되지 아니한다고 할 것이며, 뿐만 아니라 원행정처분에 대한 헌법소원심판청구를 허용하는 것은, "명령・규칙 또는 처분이 헌법이나 법률에 위반되는 여부가 재판의 전제가 된 경우에는 대법원은 이를 최종적으로 심사할 권한을 가진다"고 규정한 헌법 제107조 제2항이나, 원칙적으로 헌법소원심판의 대상에서 법원의 재판을 제외하고 있는 헌법재판소법 제68조 제1항의 취지에도 어긋난다(헌재 1998.5.28. 91헌마98 등).

[ ❷ ▸ ○] 입법자는 도시계획사업도 가능하게 하면서 국민의 재산권 또한 존중하는 방향으로, 재산권의 사회적 제약이 보상을 요하는 수용적 효과로 전환되는 시점, 즉 보상의무가 발생하는 시점을 확정하여 보상규정을 두어야 한다. 토지재산권의 강화된 사회적 의무와 도시계획의 필요성이란 공익에 비추어 일정한 기간까지는 토지소유자가 도시계획시설결정의

정답 ①

집행 지연으로 인한 재산권의 제한을 수인해야 하지만, 일정 기간이 지난 뒤에는 입법자가 보상규정의 제정을 통하여 과도한 부담에 대한 보상을 하도록 함으로써 도시계획시설결정에 관한 집행계획은 비로소 헌법상의 재산권 보장과 조화될 수 있다(헌재 1999.10.21. 97헌바26).

[❸ ▸ O] 헌법은 국가의 기본질서와 기본가치를 천명한 최고규범인 반면, 행정법은 헌법의 정신을 구체적으로 실현하는 것을 내용으로 하는 헌법의 구체화법의 성격을 갖는다. 프리츠 베르너(Fritz Werner)는 이를 '구체화된 헌법으로서의 행정법'이라고 정의하였다.

[❹ ▸ O] 사회적 기본권의 성격을 가지는 의료보험수급권은 국가에 대하여 적극적으로 급부를 요구하는 것이므로 헌법 규정만으로는 이를 실현할 수 없고 법률에 의한 형성을 필요로 한다. 의료보험수급권의 구체적 내용, 즉 수급요건·수급권자의 범위·급여금액 등은 법률에 의하여 비로소 확정된다(헌재 2003.12.18. 2002헌바1).

[❺ ▸ O] 이 사건에서 보건대, 설사 국세청장의 지정행위의 근거규범인 이 사건 조항들이 단지 공익만을 추구할 뿐 청구인 개인의 이익을 보호하려는 것이 아니라는 이유로 청구인에게 취소소송을 제기할 법률상 이익을 부정한다고 하더라도, 국세청장의 지정행위는 행정청이 병마개 제조업자들 사이에 특혜에 따른 차별을 통하여 사경제주체 간의 경쟁조건에 영향을 미치고 이로써 기업의 경쟁의 자유를 제한하는 것임이 명백한 경우에는 국세청장의 지정행위로 말미암아 기업의 경쟁의 자유를 제한받게 된 자들은 적어도 보충적으로 기본권에 의한 보호가 필요하다. 따라서 일반법규에서 경쟁자를 보호하는 규정을 별도로 두고 있지 않은 경우에도 기본권인 경쟁의 자유가 바로 행정청의 지정행위의 취소를 구할 법률상의 이익이 된다 할 것이다(헌재 1998.4.30. 97헌마141).

**2013년 변호사시험 문 19.** ☑ 확인Check! ○ △ ✕

**헌법재판소 판례에 의할 때 행정소송과 헌법소원에 관한 다음 서술 중 옳은 것을 모두 고른 것은?**

ㄱ. 행정권력의 부작위에 대한 헌법소원은 공권력의 주체에게 헌법에서 유래하는 작위의무가 특별히 구체적으로 규정되어 이에 의거하여 기본권의 주체가 행정행위 내지 공권력의 행사를 청구할 수 있음에도 공권력의 주체가 그 의무를 해태하는 경우에 허용된다.
ㄴ. 행정처분에 대하여 법원에 행정소송을 제기하여 패소판결을 받고 그 판결이 확정된 경우에는 당해 행정처분 자체의 위헌성을 주장하면서 그 취소를 구하는 헌법소원심판의 청구는 원칙적으로 허용되지 않는다.
ㄷ. 甲이 택지초과소유부담금부과처분에 대한 취소를 구하는 행정소송을 제기하여 패소로 확정되었는데, 그 후 처분의 근거가 되는 「택지소유상한에 관한 법률」이 甲이 제기하지 않은 다른 위헌법률심판사건에서 위헌으로 결정되었다. 이 경우 甲은 재심의 소를 제기하여 구제받을 수 있다.
ㄹ. 조례는 지방자치단체가 그 자치입법권에 근거하여 자주적으로 지방의회의의결을 거쳐 제정한 법규이기 때문에 조례 자체로 인하여 직접 그리고 현재 자기의 기본권을 침해받은 자는 그 권리 구제의 수단으로서 조례에 대한 헌법소원을 제기할 수 있다.

① ㄱ, ㄴ ② ㄴ, ㄷ ③ ㄱ, ㄴ, ㄹ
④ ㄱ, ㄷ, ㄹ ⑤ ㄴ, ㄷ, ㄹ

[ㄱ ▸ O] 행정권력의 부작위에 대한 헌법소원의 경우에는 공권력의 주체에게 헌법에서 유래하는 작위의무가 특별히 구체적으로 규정되어 있고, 이에 의거하여 기본권의 주체가 이에 근거하여 행정행위를 청구할 수 있음에도 불구하고 공권력의 주체가 그 의무를 게을리하는 경우에만 허용된다 할 것이므로 공권력의 부작위 때문에 피해를 입었다는 단순한 일반적인 주장만으로서는 헌법소원으로서 부적법하다(헌재 1995.5.25. 90헌마196).



③ 정답

[ㄴ ▸ O] 원행정처분에 대하여 법원에 행정소송을 제기하여 패소판결을 받고 그 판결이 확정된 경우에는 당사자는 그 판결의 기판력에 의한 기속을 받게 되므로, 별도의 절차에 의하여 위 판결의 기판력이 제거되지 아니하는 한, 행정처분의 위법성을 주장하는 것은 확정판결의 기판력에 어긋나므로 원행정처분은 헌법소원심판의 대상이 되지 아니한다고 할 것이며, 뿐만 아니라 원행정처분에 대한 헌법소원심판청구를 허용하는 것은, "명령·규칙 또는 처분이 헌법이나 법률에 위반되는 여부가 재판의 전제가 된 경우에는 대법원은 이를 최종적으로 심사할 권한을 가진다"고 규정한 헌법 제107조 제2항이나, 원칙적으로 헌법소원심판의 대상에서 법원의 재판을 제외하고 있는 헌법재판소법 제68조 제1항의 취지에도 어긋난다(헌재 1998.5.28. 91헌마98 등).

[ㄷ ▸ X] 택지초과소유부담금부과처분에 대한 조항은 형벌에 관한 조항이 아니므로, 이에 대해 위헌결정이 있더라도 甲은 재심을 청구할 수 없다. 또한 甲은 제68조 제2항에 따른 헌법소원을 청구한 적도 없기 때문에 재심을 청구할 수 없다.

**위헌결정의 효력(헌법재판소법 제47조)** ③ 제2항에도 불구하고 형벌에 관한 법률 또는 법률의 조항은 소급하여 그 효력을 상실한다. 다만, 해당 법률 또는 법률의 조항에 대하여 종전에 합헌으로 결정한 사건이 있는 경우에는 그 결정이 있는 날의 다음 날로 소급하여 효력을 상실한다.

④ 제3항의 경우에 위헌으로 결정된 법률 또는 법률의 조항에 근거한 유죄의 확정판결에 대하여는 재심을 청구할 수 있다.

**인용결정(헌법재판소법 제75조)** ⑦ 제68조 제2항에 따른 헌법소원이 인용된 경우에 해당 헌법소원과 관련된 소송사건이 이미 확정된 때에는 당사자는 재심을 청구할 수 있다.

법원이 법률의 위헌 여부 심판을 헌법재판소에 제청한 때에는 당해 소송사건의 재판은 헌법재판소의 위헌 여부의 결정이 있을 때까지 정지된다(헌법재판소법 제42조 제1항). 그러나 법률의 위헌 여부 심판제청신청이 기각된 때에는 그 신청을 한 당사자가 헌법소원심판을 청구하더라도 당해 소송사건의 재판은 정지되지 아니한다(헌법재판소법 제68조 제2항). 따라서 당해 소송사건은 헌법재판소의 위헌결정 이전에 확정될 수 있다. 심판대상법조항은 확정판결이 근거로 하고 있는 법률에 대한 헌법재판소의 위헌결정이 있을 때에는, 이미 확정된 당해 소송사건에 관하여 재심을 청구할 수 있도록 하였다. 여기서 심판대상법조항의 '당해 헌법소원과 관련된 소송사건'이란, 문면상 당해 헌법소원의 전제가 된 당해 소송사건만을 가리키는 것이라고 볼 수밖에 없다(헌재 2000.6.29. 99헌바66).

[ㄹ ▸ O] 조례는 지방자치단체가 그 자치입법권에 근거하여 자주적으로 지방의회의의결을 거쳐 제정한 법규이기 때문에 조례 자체로 인하여 기본권을 침해받은 자는 그 권리 구제의 수단으로서 조례에 대한 헌법소원을 제기할 수 있다고 할 것이다. 다만 이 경우에 그 적법요건으로서 조례가 별도의 구체적인 집행행위를 기다리지 아니하고 직접 그리고 현재 자기의 기본권을 침해하는 것이어야 함을 요한다(헌재 1995.4.20. 92헌마264 등).

**2014년 변호사시험 문 17.** ☑ 확인Check! ○ △ ×

**甲은 절도죄를 범하여 유죄의 확정판결을 받고 현재 교도소에 수용 중인 자이다. 甲은 교도소 내의 처우와 관련하여 헌법소원심판을 청구하고자 변호사 乙과의 접견을 신청하였으나, 교도소장 丙은 접견을 불허하였다. 이에 甲은 변호사 乙에게 편지를 발송하고자 하였는데, 교도소장 丙은 수용자가 밖으로 내보내는 모든 서신을 봉함하지 않은 상태로 제출하게 하고 제출된 甲의 서신내용을 검열한 다음 서신 발송을 거부하였다. 이 사안에 관한 설명 중 옳은 것을 모두 고른 것은?(다툼이 있는 경우 판례에 의함)**

ㄱ. 서신검열행위는 이른바 권력적 사실행위로서 행정심판이나 행정소송의 대상이 되는 행정처분으로 볼 수 있으나, 위 검열행위가 이미 완료되어 행정심판이나 행정소송을 제기하더라도 소의 이익이 부정될 수밖에 없으므로 헌법소원심판을 청구하는 외에 다른 효과적인 구제방법이 있다고 보기 어렵기 때문에 보충성원칙의 예외에 해당한다.

ㄴ. 자유형은 수형자를 일정한 장소에 구금하여 사회로부터 격리시켜 그 자유를 박탈함과 동시에 그의 교화・갱생을 도모하고자 함에 그 본질이 있으므로, 수형자의 기본권은 특별권력관계 내에서 인정되는 포괄적 명령권과 징계권에 의하여 개별적 법률의 근거 없이도 제한이 가능하다. 그러나 이러한 경우에도 기본권의 본질적 내용은 침해할 수 없다.

ㄷ. 교도소장 丙은 구 「형의 집행 및 수용자의 처우에 관한 법률 시행령」 제65조 제1항("수용자는 보내려는 서신을 봉함하지 않은 상태로 교정시설에 제출하여야 한다")에 따라 甲의 서신을 봉함하지 않은 상태로 제출하게 하였는바, 위 시행령 조항은 수용자의 도주를 예방하고 교도소 내의 규율과 질서를 유지하기 위한 불가피한 것으로서 비례의 원칙에 위반되지 아니하여 수용자의 통신비밀의 자유를 침해하지 아니한다.

ㄹ. 헌법재판소의 판례에 따르면, 교도소장 丙의 서신발송거부행위는 행정심판 및 행정소송의 대상이 되므로, 이러한 사전구제절차를 거치지 아니하고 서신발송거부행위에 대하여 헌법소원심판을 청구하는 것은 보충성원칙에 위배되어 부적법하다.

ㅁ. 형사절차가 종료되어 교정시설에 수용 중인 수형자가 형사사건의 변호인이 아닌 민사재판, 행정재판, 헌법재판 등에서 변호사와 접견할 경우에는 원칙적으로 헌법 제12조 제4항의 변호인의 조력을 받을 권리의 주체가 될 수 없으므로, 교도소장 丙의 접견불허처분에 의하여 甲의 헌법상 변호인의 조력을 받을 권리가 제한된다고 볼 수 없다.

① ㄱ, ㄴ ② ㄱ, ㄹ, ㅁ ③ ㄴ, ㄷ, ㄹ
④ ㄴ, ㄷ, ㅁ ⑤ ㄷ, ㅁ

[ㄱ ▸ O] 피청구인의 위 각 서신검열과 서신의 지연발송 및 지연교부행위를 대상으로 한 심판청구 부분이 적법한지 여부에 관하여 살펴본다. 이에 관하여 피청구인은 사전구제절차를 거치지 아니하였다거나 또는 이미 청구인이 출소하여 권리보호이익이 소멸하였다고 주장한다. 그러나 위 각 행위는 이른바 권력적 사실행위로서 행정심판이나 행정소송의 대상이 된다고 단정하기도 어려울 뿐 아니라 설사 그 대상이 된다고 하더라도 이미 종료된 행위로서 소의 이익이 부정될 가능성이 많아 헌법소원심판을 청구하는 외에 달리 효과적인 구제방법이 있다고 보기 어려우므로 보충성의 원칙에 대한 예외에 해당한다고 할 것이다(헌재 1995.7.21. 92헌마144).

[ㄴ ▸ X] 수형자의 기본권 제한에 대한 구체적인 한계는 헌법 제37조 제2항에 따라 법률에 의하여, 구체적인 자유・권리의 내용과 성질, 그 제한의 태양과 정도 등을 교량하여 설정하게 되며, 수용시설 내의 안전과 질서를 유지하기 위하여 이들 기본권의 일부 제한이 불가피하다 하더라도 그 본질적인 내용을 침해하거나, 목적의 정당성, 방법의 적정성, 피해의 최소성 및 법익의 균형성 등을 의미하는 과잉금지의 원칙에 위배되어서는 안 된다(헌재 2004.12.16. 2002헌마478).

[ㄷ ▸ X] 이 사건 시행령 조항은 교정시설의 안전과 질서 유지, 수용자의 교화 및 사회복귀를 원활하게 하기 위해 수용자가 밖으로 내보내는 서신을 봉함하지 않은 상태로 제출하도록 한 것이나, 이와 같은 목적은 교도관이 수용자의 면전에서



② 정답

서신에 금지물품이 들어 있는지를 확인하고 수용자로 하여금 서신을 봉함하게 하는 방법, 봉함된 상태로 제출된 서신을 X-ray 검색기 등으로 확인한 후 의심이 있는 경우에만 개봉하여 확인하는 방법, 서신에 대한 검열이 허용되는 경우에만 무봉함상태로 제출하도록 하는 방법 등으로도 얼마든지 달성할 수 있다고 할 것인바, 위 시행령 조항이 수용자가 보내려는 모든 서신에 대해 무봉함상태의 제출을 강제함으로써 수용자의 발송서신 모두를 사실상 검열 가능한 상태에 놓이도록 하는 것은 기본권 제한의 최소침해성요건을 위반하여 수용자인 청구인의 통신비밀의 자유를 침해하는 것이다(헌재 2012.2.23. 2009헌마333).

[ㄹ▸O] 청구인 이○호가 청구 외 유○렬에게 보내기 위하여 발송의뢰한 1992.5.25.자 서신에 대하여 피청구인이 발송을 거부한 행위를 대상으로 한 심판청구 부분에 관하여 살펴본다. 헌법소원심판은 다른 법률에 구제절차가 있는 경우에는 그 절차를 모두 거친 후가 아니면 청구할 수 없게 되어 있는데, 피청구인은 위 발송거부행위에 대하여는 행정소송법 및 행정심판법에 의하여 행정소송이나 행정심판이 가능할 것이므로 이러한 절차를 거치지 아니한 채 이 사건 심판청구 부분은 부적법하다고 할 것이다(헌재 1995.7.21. 92헌마144).

[ㅁ▸O] 변호인의 조력을 받을 권리에 대한 헌법과 법률의 규정 및 취지에 비추어 보면, '형사사건에서 변호인의 조력을 받을 권리'를 의미한다고 보아야 할 것이므로 형사절차가 종료되어 교정시설에 수용 중인 수형자나 미결수용자가 형사사건의 변호인이 아닌 민사재판, 행정재판, 헌법재판 등에서 변호사와 접견할 경우에는 원칙적으로 헌법상 변호인의 조력을 받을 권리의 주체가 될 수 없다. 따라서 이 사건 접견조항에 의하여 헌법상 변호인의 조력을 받을 권리가 제한된다고 볼 수는 없다(헌재 2013.8.29. 2011헌마122).

**2012년 변호사시험 문 17.** ☑ 확인Check! O △ X

**아래 사례에서 헌법소원심판청구의 적법요건에 관한 설명 중 옳지 않은 것은?(다툼이 있는 경우 판례에 의함)**

> 대전광역시 교육감은 2002.1.1. 2002학년도 대전광역시 공립중등학교 교사임용후보자 선정경쟁시험을 시행하기 위한 '시행요강'을 공고하였다. 그 공고에 따르면 대전·충남지역 소재 사범계대학 졸업자에게 시험총점의 5%의 가산점을 부여하도록 되어 있다. 위 시험에 응시한 청구인들은 위와 같은 가산점 부여는 사범계대학 출신자와 비사범계대학 출신자를 차별하는 것이라고 하여 위 공고에 대한 헌법소원심판을 청구하였다.

① 이 사건 가산점항목의 공고가 법령에 규정되어 있는 가산점의 내용을 단순히 알리는 데 불과한 것이 아니라 그 세부적 내용을 구체적으로 확정하는 효과가 있는 것이라면, 이는 국민의 기본권상황에 변동을 초래하는 공권력의 행사로 볼 수 있다.
② 이 사건 가산점항목은 공고되었고, 장차 합격자를 선정함에 있어 이 사건 가산점항목이 적용될 것임이 위 심판청구 당시에 이미 확실히 예측되고 있었다면, 기본권 침해의 현재성은 인정된다.
③ 이 사건 가산점항목의 공고에 대하여는 행정소송 등 다른 구제절차가 허용되는지 여부가 객관적으로 불확실하여 청구인에게 사전에 다른 권리구제절차를 거칠 것을 기대하기가 곤란하므로 보충성원칙의 예외가 인정된다.
④ 이 사건 시행요강이 공고되기 이전인 2000.11.18. 대전광역시 교육감에 의해 이 사건 가산점항목과 동일한 내용을 규정한 시험공고가 행해졌다면, 적어도 이 2000년 공고에 따른 시험에 응시하였다가 불합격한 청구인들에 대하여는 그 청구기간이 도과하였다.
⑤ 이 사건 심판 계속 중 최종합격자가 확정되었다면, 이 사건 가산점항목의 효력은 더 이상 존속하지 않지만 이 사건 가산점항목과 유사한 내용의 공고는 앞으로도 계속 반복하여 행해질 가능성이 있고 그에 대한 헌법적 정당성 여부의 해명은 헌법질서의 수호를 위하여 매우 긴요한 것으로 판단되므로, 권리보호이익이 인정된다.

정답 ④

[❶ ▸ O] 교육공무원 임용후보자 선정경쟁시험규칙 제8조 제3항은 가산점의 부여 여부와 그 대상자 및 배점에 관한 세부적 내용을 시험실시기관으로 하여금 정하도록 하고 있기 때문에 이 사건 가산점항목의 공고는 법령에 이미 확정적으로 규정되어 있는 것을 단순히 알리는 데 불과한 것이 아니라 위와 같은 세부적 내용을 구체적으로 확정하는 효과가 있다. 그러므로 이는 국민의 기본권상황에 변동을 초래하는 공권력의 행사로 볼 수 있다(헌재 2004.3.25. 2001헌마882).

[❷ ▸ O] 이 사건 헌법소원은 이 사건 가산점항목이 공고되고 청구인이 그 제1차 시험까지 친 후에 제기되었을 뿐 아니라, 장차 합격자를 선정함에 있어 이 사건 가산점항목이 적용될 것임이 위 심판청구 당시에 이미 확실히 예측되고 있었다. 이러한 점들에 비추어 볼 때, 이 사건 심판청구 당시 아직 제1차시험 합격자 발표가 나지 않았다 하더라도 기본권 침해의 현재성은 인정된다고 할 것이다(헌재 2004.3.25. 2001헌마882).

[❸ ▸ O] 이 사건 가산점항목의 공고에 대하여는 행정소송 등 다른 구제절차가 허용되는지 여부가 객관적으로 불확실하여 청구인에게 사전에 다른 권리구제절차를 거칠 것을 기대하기가 곤란하다. 그러므로 이 사건 가산점항목에 관하여는 보충성원칙의 예외를 인정하여, 청구인으로 하여금 사전에 다른 권리구제절차를 거칠 필요 없이 바로 헌법소원을 할 수 있게 함이 상당하다(헌재 2004.3.25. 2001헌마882).

[❹ ▸ ×] 이 사건 가산점항목과 같은 내용의 공고들이 해마다 전국의 시・도교육청에서 반복적으로 행해지고 있다 하더라도 그것들은 각각 당해 연도에 당해 시・도교육청이 실시하는 시험에 대해서만 효력을 가지는 것이고, 이 사건 가산점항목의 공고는 그와 별개의 것이다. 그러므로 이 사건 가산점항목이 공고되기 이전인 2000.11.18. 경기도 교육감에 의해 이 사건 가산점항목과 유사한 내용의 시험공고가 행해지고 같은 해 12.17. 청구인이 그 시험에 응시하였다가 불합격한 사실이 있다고 하더라도, 그 무렵을 청구기간의 기산점으로 할 수 없는바, 이와 상반되는 해석하에 이 사건 헌법소원이 청구기간을 도과한 것이라고 하는 교육인적자원부장관의 주장은 이유 없다(헌재 2004.3.25. 2001헌마882).

[❺ ▸ O] 2002학년도 대전광역시 공립중등학교 교사임용후보자 선정경쟁시험은 2002.1.31. 그 최종합격자가 확정됨으로써 종료되었고, 그에 따라 이 사건 가산점항목의 효력은 더 이상 존속하지 않는다. 그리고 청구인은 전공교과에서 배점의 40% 미만을 받아 결과적으로 이 사건 가산점항목과 관계없이 불합격하였다. 그러므로 이 사건 헌법소원심판청구를 인용하더라도 청구인의 권리 구제에는 아무런 도움이 되지 않는다. 그러나 헌법소원은 주관적 권리 구제뿐만 아니라 객관적인 헌법질서의 보장기능도 겸하고 있으므로, 가사 청구인의 주관적 권리 구제에는 도움이 되지 아니한다 하더라도 같은 유형의 침해행위가 앞으로도 반복될 위험이 있고 헌법질서의 수호・유지를 위하여 그에 대한 헌법적 해명이 긴요한 사항에 대하여는 예외적으로 심판청구의 이익을 인정할 수 있다. 살피건대, 이 사건 가산점항목과 유사한 내용의 공고는 교육공무원 임용후보자 선정경쟁시험규칙 제8조 제3항을 근거로 하여 앞으로도 계속 반복하여 행해질 가능성이 있고 그에 대한 헌법적 정당성 여부의 해명은 헌법질서의 수호를 위하여 매우 긴요한 것으로 판단되므로, 이 사건 심판청구의 이익을 인정할 수 있다(헌재 2004.3.25. 2001헌마882).

## 2013년 변호사시험 문 2.

☑ 확인 Check! ○ △ ✕

**다음 설명 중 옳지 않은 것은?(다툼이 있는 경우 판례에 의함)**

① 우리 헌법은 전문에서 '3·1운동으로 건립된 대한민국 임시정부의 법통'의 계승을 천명하고 있지만, 우리 헌법의 제정 전의 일인 일제강점기에 일본군위안부로 강제 동원된 피해자들의 인간의 존엄과 가치를 회복시켜야 할 의무는 입법자에 의해 구체적으로 형성될 내용이고 헌법에서 유래하는 작위의무라고 할 수 없다.

② 장애인의 복지를 향상해야 할 국가의 의무가 다른 다양한 국가과제에 대하여 최우선적인 배려를 요청할 수 없을 뿐 아니라, 헌법규범으로부터는 장애인을 위한 저상버스의 도입과 같은 구체적인 국가의 행위의무를 도출할 수 없다.

③ 권력분립의 원칙이란 국가권력의 기계적 분립과 엄격한 절연을 의미하는 것이 아니라, 권력 상호 간의 견제와 균형을 통한 국가권력의 통제를 의미하는 것이며, 특정한 국가기관을 구성함에 있어서 입법부, 행정부, 사법부가 그 권한을 나누어 가지거나 기능적인 분담을 하는 것은 권력분립의 원칙에 반하는 것이 아니다.

④ 국가의 문화 육성의 대상에는 원칙적으로 모든 사람에게 문화 창조의 기회를 부여한다는 의미에서 모든 문화가 포함된다. 따라서 엘리트문화뿐만 아니라 서민문화, 대중문화도 그 가치를 인정하고 정책적인 배려의 대상으로 하여야 한다.

⑤ 우리 헌법에서 추구하고 있는 경제질서는 개인과 기업의 경제상의 자유와 창의를 최대한도로 존중·보장하는 자본주의에 바탕을 둔 시장경제질서이므로, 국가적인 규제와 통제를 가하는 것도 보충의 원칙에 입각하여 자본주의 내지 시장경제질서의 기초라고 할 수 있는 사유재산제도와 아울러 사적 자치의 원칙이 존중되는 범위 내에서만 허용될 뿐이다.



[❶ ▸ ✕] 우리 헌법은 전문에서 '3·1운동으로 건립된 대한민국임시정부의 법통'의 계승을 천명하고 있는바, 비록 우리 헌법이 제정되기 전의 일이라 할지라도 국가가 국민의 안전과 생명을 보호하여야 할 가장 기본적인 의무를 수행하지 못한 일제강점기에 일본군위안부로 강제동원되어 인간의 존엄과 가치가 말살된 상태에서 장기간 비극적인 삶을 영위하였던 피해자들의 훼손된 인간의 존엄과 가치를 회복시켜야 할 의무는 대한민국임시정부의 법통을 계승한 지금의 정부가 국민에 대하여 부담하는 가장 근본적인 보호의무에 속한다고 할 것이다. 위와 같은 헌법규정들 및 이 사건 협정 제3조의 문언에 비추어 볼 때, 피청구인이 위 제3조에 따라 분쟁 해결의 절차로 나아갈 의무는 일본국에 의해 자행된 조직적이고 지속적인 불법행위에 의하여 인간의 존엄과 가치를 심각하게 훼손당한 자국민들이 배상청구권을 실현할 수 있도록 협력하고 보호하여야 할 헌법적 요청에 의한 것으로서, 그 의무의 이행이 없으면 청구인들의 기본권이 중대하게 침해될 가능성이 있으므로, 피청구인의 작위의무는 헌법에서 유래하는 작위의무로서 그것이 법령에 구체적으로 규정되어 있는 경우라고 할 것이다. 나아가 특히, 우리 정부가 직접 일본군위안부 피해자들의 기본권을 침해하는 행위를 한 것은 아니지만, 위 피해자들의 일본에 대한 배상청구권의 실현 및 인간으로서의 존엄과 가치의 회복을 하는 데 있어서 현재의 장애상태가 초래된 것은 우리 정부가 청구권의 내용을 명확히 하지 않고 '모든 청구권'이라는 포괄적 개념을 사용하여 이 사건 협정을 체결한 것에도 책임이 있다는 점에 주목한다면, 피청구인에게 그 장애상태를 제거하는 행위로 나아가야 할 구체적 작위의무가 있음을 부인하기 어렵다(헌재 2011.8.30. 2006헌마788).

[❷ ▸ ○] 장애인의 복지를 향상해야 할 국가의 의무가 다른 다양한 국가과제에 대하여 최우선적인 배려를 요청할 수 없을 뿐 아니라, 나아가 헌법의 규범으로부터는 '장애인을 위한 저상버스의 도입'과 같은 구체적인 국가의 행위의무를 도출할 수 없는 것이다. 물론 모든 국가기관은 헌법규범을 실현하고 존중해야 할 의무가 있으므로, 행정청은 그의 행정작용에 있어서 헌법규범의 구속을 받는다. 그러나 국가에게 헌법 제34조에 의하여 장애인의 복지를 위하여 노력을 해야 할 의무가 있다는 것은, 장애인도 인간다운 생활을 누릴 수 있는 정의로운 사회질서를 형성해야 할 국가의 일반적인 의무를 뜻하는 것이지, 장애인을 위하여 저상버스를 도입해야 한다는 구체적 내용의 의무가 헌법으로부터 나오는 것은 아니다(헌재 2002.12.18. 2002헌마52).

[❸ ▸ ○] 헌법상 권력분립의 원칙이란 국가권력의 기계적 분립과 엄격한 절연을 의미하는 것이 아니라, 권력 상호 간의 견제와 균형을 통한 국가권력의 통제를 의미하는 것이다. 따라서 특정한 국가기관을 구성함에 있어 입법부, 행정부, 사법부가 그 권한을 나누어 가지거나 기능적인 분담을 하는 것은 권력분립의 원칙에 반하는 것이 아니라 권력분립의 원칙을

정답 ①

실현하는 것으로 볼 수 있다. 이러한 원리에 따라 우리 헌법은 대통령이 국무총리, 대법원장, 헌법재판소장을 임명할 때에 국회의 동의를 얻도록 하고* 있고, 헌법재판소와 중앙선거관리위원회의 구성에 대통령, 국회 및 대법원장이 공동으로 관여하도록 하고 있는 것이다(헌재 2008.1.10. 2007헌마1468).

[❹ ▸ O] 문화국가원리는 국가의 문화국가 실현에 관한 과제 또는 책임을 통하여 실현되는바, 국가의 문화정책과 밀접불가분의 관계를 맺고 있다. 과거 국가절대주의사상의 국가관이 지배하던 시대에는 국가의 적극적인 문화간섭정책이 당연한 것으로 여겨졌다. 그러나 오늘날에 와서는 국가가 어떤 문화현상에 대하여도 이를 선호하거나, 우대하는 경향을 보이지 않는 불편부당의 원칙이 가장 바람직한 정책으로 평가받고 있다. 오늘날 문화국가에서의 문화정책은 그 초점이 문화 그 자체에 있는 것이 아니라 문화가 생겨날 수 있는 문화풍토를 조성하는 데 두어야 한다. 문화국가원리의 이러한 특성은 문화의 개방성 내지 다원성의 표지와 연결되는데, 국가의 문화 육성의 대상에는 원칙적으로 모든 사람에게 문화 창조의 기회를 부여한다는 의미에서 모든 문화가 포함된다. 따라서 엘리트문화뿐만 아니라 서민문화, 대중문화도 그 가치를 인정하고 정책적인 배려의 대상으로 하여야 한다(헌재 2004.5.27. 2003헌가1 등).

[❺ ▸ O] 우리 헌법 제23조 제1항, 제119조 제1항에서 추구하고 있는 경제질서는 개인과 기업의 경제상의 자유와 창의를 최대한도로 존중・보장하는 자본주의에 바탕을 둔 시장경제질서이므로 국가적인 규제와 통제를 가하는 것도 보충의 원칙에 입각하여 어디까지나 자본주의 내지 시장경제질서의 기초라고 할 수 있는 사유재산제도와 아울러 경제행위에 대한 사적자치의 원칙이 존중되는 범위 내에서만 허용될 뿐이다(헌재 1989.12.22. 88헌가13).

**2012년 변호사시험 문 2.** ☑확인 Check! ○ △ ×

**대법원과 헌법재판소의 관할에 관한 설명 중 옳지 않은 것은?(다툼이 있는 경우 판례에 의함)**

① 헌법재판소법 제68조 제1항은 법원의 재판을 헌법소원의 대상에서 제외하고 있으나, 법원이 헌법재판소가 위헌으로 결정하여 그 효력을 전부 또는 일부 상실한 법률을 적용함으로써 국민의 기본권을 침해한 재판의 경우에도 헌법소원이 허용되지 않는 것이라고 동 조항을 해석한다면 그러한 한도 내에서 헌법에 위반된다.

② 헌법재판소는, 헌법 제107조 제2항에 따른 대법원의 명령・규칙에 대한 최종심사권은 구체적인 소송사건에서 명령・규칙의 위헌 여부가 재판의 전제가 되었을 경우 대법원이 최종적으로 심사할 수 있다는 것을 의미하고, 명령・규칙 그 자체에 의하여 직접 기본권이 침해된 경우에는 헌법재판소법 제68조 제1항에 의한 헌법소원심판을 청구하는 것이 허용된다고 판시하였다.

③ 헌법재판소는, 행정처분의 취소를 구하는 행정소송을 제기하였으나 그 기각의 판결이 확정된 경우 당해 행정처분 자체의 위헌성을 주장하면서 그 취소를 구하는 헌법소원심판청구는 당해 법원의 재판이 예외적으로 헌법소원심판의 대상이 되어 그 재판 자체가 취소되는 경우를 제외하고는 허용되지 아니한다고 판시하였다.

④ 대법원은, 유신헌법에 근거한 긴급조치는 사전적으로는 물론 사후적으로도 국회의 동의 내지 승인 등을 얻도록 하는 조치가 취하여진 바가 없어 국회의 입법권 행사라는 실질을 전혀 가지지 못한 것이기 때문에 헌법재판소의 위헌심판대상이 되는 '법률'에 해당한다고 할 수 없고, 따라서 그 위헌 여부에 대한 심사권은 최종적으로 대법원에 속한다고 판시하였다.

⑤ 헌법재판소는, 대법원이 사법권의 독립을 위하여 규칙제정권을 가지므로 헌법재판소가 대법원 규칙에 대하여 그 위헌 여부를 심사할 수 없다고 판시하였다.

[❶ ▸ O] 헌법재판소법 제68조 제1항이 원칙적으로 헌법에 위반되지 아니한다고 하더라도, 법원이 헌법재판소가 위헌으로 결정하여 그 효력을 전부 또는 일부 상실하거나 위헌으로 확인된 법률을 적용함으로써 국민의 기본권을 침해한 경우에도 법원의 재판에 대한 헌법소원이 허용되지 않는 것으로 해석한다면, 위 법률조항은 그러한 한도 내에서 헌법에 위반된다(헌재 1997.12.24. 96헌마172 등).



⑤ 정답

[❷ ▸ O] 헌법 제107조 제2항이 규정한 명령・규칙에 대한 대법원의 최종심사권이란 구체적인 소송사건에서 명령・규칙의 위헌 여부가 재판의 전제가 되었을 경우 법률의 경우와는 달리 헌법재판소에 제청할 것 없이 대법원이 최종적으로 심사할 수 있다는 의미이며, 명령・규칙 그 자체에 의하여 직접 기본권이 침해되었음을 이유로 하여 헌법소원심판을 청구하는 것은 위 헌법규정과는 아무런 상관이 없는 문제이다. 따라서 입법부・행정부・사법부에서 제정한 규칙이 별도의 집행행위를 기다리지 않고 직접 기본권을 침해하는 것일 때에는 모두 헌법소원심판의 대상이 될 수 있는 것이다(헌재 1990.10.15. 89헌마178).

[❸ ▸ O] 법원의 재판을 거쳐 확정된 행정처분(원행정처분)에 대한 헌법소원심판은 당해 행정처분을 심판의 대상으로 삼았던 법원의 재판이 예외적으로 헌법소원의 심판대상이 되어 그 재판 자체가 취소되는 경우에 한하여 청구할 수 있는 것이고 법원의 재판이 취소될 수 없는 경우에는 당해 행정처분에 대한 헌법소원심판은 허용되지 아니한다(헌재 1999.5.27. 98헌마357).

[❹ ▸ O] 헌법 제107조 제1항, 제111조 제1항 제1호의 규정에 의하면, 헌법재판소에 의한 위헌심사의 대상이 되는 '법률'이란 '국회의 의결을 거친 이른바 형식적 의미의 법률'을 의미하고, 위헌심사의 대상이 되는 규범이 형식적 의미의 법률이 아닌 때에는 그와 동일한 효력을 갖는 데에 국회의 승인이나 동의를 요하는 등 국회의 입법권 행사라고 평가할 수 있는 실질을 갖춘 것이어야 한다. 구 대한민국헌법(1980.10.27. 헌법 제9호로 전부개정되기 전의 것, 이하 "유신헌법"이라 한다) 제53조 제3항은 대통령이 긴급조치를 한 때에는 지체 없이 국회에 통고하여야 한다고 규정하고 있을 뿐, 사전적으로는 물론이거니와 사후적으로도 긴급조치가 그 효력을 발생 또는 유지하는 데 국회의 동의 내지 승인 등을 얻도록 하는 규정을 두고 있지 아니하고, 실제로 국회에서 긴급조치를 승인하는 등의 조치가 취하여진 바도 없다. 따라서 유신헌법에 근거한 긴급조치는 국회의 입법권 행사라는 실질을 전혀 가지지 못한 것으로서, 헌법재판소의 위헌심판대상이 되는 '법률'에 해당한다고 할 수 없고, 긴급조치의 위헌 여부에 대한 심사권은 최종적으로 대법원에 속한다(대판 2010.12.16. 2010도5986 [전합]).

[❺ ▸ X] 대법원 규칙도 그 자체에 의하여 직접 기본권이 침해되었음을 이유로 하는 때에는 헌법소원의 심판대상이 된다(헌재 1995.2.23. 90헌마214).

PART 03 통치구조론

## 제2항 제68조 제2항의 헌법소원(위헌심사형 헌법소원)

**2020년 변호사시험 문 10.** ☑ 확인 Check! ○ △ ×

**甲은 승용차 운전 중 교통사고를 일으켜 사람을 사상하게 하고도 필요한 조치를 취하지 않았다는 이유로 지방경찰청장으로부터 운전면허취소처분을 받자, 법원에 위 처분의 취소를 구하는 소송을 제기하였다. 甲은 이 소송 계속 중 운전면허취소처분의 근거법령인 「도로교통법」 조항 및 「도로교통법 시행규칙」 조항에 대하여 위헌법률심판제청신청을 하였으나, 위 법률조항에 대한 신청은 기각, 위 시행규칙조항에 대한 신청은 각하되었으며, 이 기각 및 각하결정은 2018.7.2. 甲에게 통지되었다. 다음 설명 중 옳지 않은 것은?(다툼이 있는 경우 판례에 의함)**

① 기본권 침해의 직접성이 없는 법률조항에 대해서도 「헌법재판소법」 제68조 제2항의 헌법소원심판을 청구할 수 있다.
② 「헌법재판소법」에서는 제41조 제1항에 따른 법률의 위헌 여부 심판의 제청신청이 '기각'된 때에 제68조 제2항의 헌법소원심판을 청구할 수 있다고 규정하고 있는데, 위 '기각'된 때에는 '각하'된 경우도 포함될 수 있다.
③ 甲이 2018.7.23. 헌법재판소에 국선대리인선임신청을 하고, 이에 따라 2018.7.30. 선임된 국선대리인이 2018.8.20. 처음 헌법소원심판청구서를 제출하였다면, 청구기간을 준수한 것이다.
④ 甲이 2018.7.23. 헌법재판소에 국선대리인 선임을 신청하였으나 2018.7.30. 국선대리인선임신청기각결정을 통지받자, 사선대리인을 선임하여 2018.8.20. 처음 헌법소원심판청구서를 제출하였다면, 청구기간을 준수한 것이다.
⑤ 「도로교통법 시행규칙」 조항은 「헌법재판소법」 제68조 제2항의 헌법소원심판의 대상이 될 수 없다.

정답 ④

[❶ ▸ O] 기본권 침해의 직접성이라는 요건은 헌법재판소법 제68조 제1항 소정의 이른바 권리 구제형 헌법소원의 요건일 뿐, 이 사건 청구와 같이 법률의 위헌 여부 심판의 제청신청이 기각된 때 그 신청을 한 당사자가 청구하는 같은 조 제2항 소정의 이른바 규범통제형 헌법소원의 요건은 아니므로, 위 주장은 그 자체로 받아들일 수 없다(헌재 2004.10.28. 99헌바91).

[❷ ▸ O] 헌법재판소법 제41조 제1항은 "법률이 헌법에 위반되는 여부가 재판의 전제가 된 때에는 당해 사건을 담당하는 법원은 직권 또는 당사자의 신청에 의한 결정으로 헌법재판소에 위헌 여부의 심판을 제청한다"라고 규정하고 있고, 동법 제68조 제2항은 "제41조 제1항에 의한 법률의 위헌 여부 심판의 제청신청이 기각된 때에는 그 신청을 한 당사자는 헌법재판소에 헌법소원심판을 청구할 수 있다"라고 규정하고 있으므로, 동법 제68조 제2항에 의한 헌법소원심판의 청구는 동법 제41조 제1항에 의한 법률의 위헌 여부 심판의 제청신청을 법원이 각하 또는 기각한 경우에만 허용된다(헌재 1999.4.29. 98헌바29 등).

[❸ ▸ O] 甲은 국선대리인선임신청을 하였으므로, 선임신청이 있는 날인 2018.7.23.을 기준으로 청구기간 준수 여부를 정한다. 2018.7.23.은 위헌법률심판제청신청기각결정을 통지받은 2018.7.2.부터 30일 이내이므로, 이 부분 청구기간을 준수하였다. 또한 국선대리인은 선정된 날인 2018.7.30.부터 60일 이내인 2018.8.20.에 헌법소원심판청구서를 제출하였으므로, 이 또한 청구기간을 준수한 것이다.

법령 **청구기간(헌법재판소법 제69조)** ② 제68조 제2항에 따른 헌법소원심판은 위헌 여부 심판의 제청신청을 기각하는 결정을 통지받은 날부터 30일 이내에 청구하여야 한다.

**국선대리인(헌법재판소법 제70조)** ① 헌법소원심판을 청구하려는 자가 변호사를 대리인으로 선임할 자력(資力)이 없는 경우에는 헌법재판소에 국선대리인을 선임하여 줄 것을 신청할 수 있다. 이 경우 제69조에 따른 청구기간은 국선대리인의 선임신청이 있는 날을 기준으로 정한다.

⑤ 제3항에 따라 선정된 국선대리인은 선정된 날부터 60일 이내에 제71조에 규정된 사항을 적은 심판청구서를 헌법재판소에 제출하여야 한다.

[❹ ▸ X] 헌법재판소가 국선대리인을 선정하지 않는다는 결정을 한 경우, 선임신청 있은 날인 2018.7.23.부터 결정을 통보받은 2018.7.30.까지는 청구기간에 산입하지 않는다. 따라서 甲은 이 기간을 제외하고 위헌법률심판제청신청기각결정을 통지받은 2018.7.2.로부터 30일 이내인 2018.8.9.까지 헌법소원심판청구를 하였어야 하는데, 2018.8.20.에 헌법소원심판청구서를 제출하였으므로 청구기간을 준수하지 못한 것이다.

법령 **국선대리인(헌법재판소법 제70조)** ④ 헌법재판소가 국선대리인을 선정하지 아니한다는 결정을 한 때에는 지체 없이 그 사실을 신청인에게 통지하여야 한다. 이 경우 신청인이 선임신청을 한 날부터 그 통지를 받은 날까지의 기간은 제69조의 청구기간에 산입하지 아니한다.

[❺ ▸ O] 헌법재판소법 제68조 제2항의 규정에 의한 헌법소원심판청구는 법률이 헌법에 위반되는 여부가 재판의 전제가 되는 때에 당사자가 위헌제청신청을 하였음에도 불구하고 법원이 이를 배척하였을 경우에 법원의 제청에 갈음하여 당사자가 직접 헌법재판소에 헌법소원의 형태로서 심판청구를 하는 것이므로 그 심판의 대상은 재판의 전제가 되는 법률인 것이지 대통령령이나 시행규칙은 될 수 없다(헌재 1998.6.25. 95헌바24).

**2020년 변호사시험 문 20.** ☑ 확인 Check! ○ △ ×

「헌법재판소법」 제68조 제2항에 따른 헌법소원심판의 재판의 전제성에 관한 설명 중 옳은 것을 모두 고른 것은?(다툼이 있는 경우 판례에 의함)

ㄱ. 헌법소원심판의 청구인이 당해 사건에서 무죄의 확정판결을 받은 때에는 처벌조항의 위헌확인을 구하는 헌법소원이 인용되더라도 재심을 청구할 수 없어 재판의 전제성이 인정되지 않으나, 예외적으로 객관적인 헌법질서의 수호·유지 및 관련 당사자의 권리 구제를 위하여 심판의 필요성을 인정하여 재판의 전제성을 인정한 사례가 있다.
ㄴ. 행정처분의 근거법률이 헌법에 위반된다는 사정은 헌법재판소의 위헌결정이 있기 전에는 객관적으로 명백한 것이라고 할 수 없으므로 특별한 사정이 없는 한 그러한 하자는 행정처분의 취소사유에 해당할 뿐 당연무효사유는 아니어서, 제소기간이 경과한 뒤에는 행정처분의 근거법률이 위헌임을 이유로 무효확인소송 등을 제기하더라도 행정처분의 효력에는 영향이 없음이 원칙이다. 따라서 행정처분의 근거가 된 법률조항은 당해 행정처분의 무효확인을 구하는 당해 사건에서 재판의 전제가 되지 않는다.
ㄷ. 확정된 유죄판결에서 처벌의 근거가 된 법률조항은 원칙적으로 '재심의 청구에 대한 심판', 즉 재심의 개시 여부를 결정하는 재판에서는 재판의 전제성이 인정되지만, 재심개시결정 이후의 '본안사건에 대한 심판'에 있어서는 재판의 전제성이 인정되지 않는다.
ㄹ. 병역의 종류를 규정한 「병역법」 조항이 대체복무제를 포함하고 있지 않다는 이유로 위헌으로 결정된다면, 양심적 병역거부자가 현역입영 또는 소집통지서를 받은 후 3일 내에 입영하지 아니하거나 소집에 불응하더라도 대체복무의 기회를 부여받지 않는 한 당해 사건인 형사재판을 담당하는 법원이 무죄를 선고할 가능성이 있으므로, 위 「병역법」 조항은 재판의 전제성이 인정된다.

① ㄱ, ㄴ ② ㄱ, ㄷ ③ ㄷ, ㄹ
④ ㄱ, ㄴ, ㄹ ⑤ ㄴ, ㄷ, ㄹ

[ㄱ ▸ O] 헌법재판소법 제68조 제2항에 의한 헌법소원심판청구인이 당해 사건인 형사사건에서 무죄의 확정판결을 받은 때에는 처벌조항의 위헌확인을 구하는 헌법소원이 인용되더라도 재심을 청구할 수 없고, 청구인에 대한 무죄판결은 종국적으로 다툴 수 없게 되므로 법률의 위헌 여부에 따라 당해 사건 재판의 주문이 달라지거나 재판의 내용과 효력에 관한 법률적 의미가 달라지는 경우에 해당한다고 볼 수 없으므로, 원칙적으로 더 이상 재판의 전제성이 인정되지 아니한다. 그러나 앞에서 본 바와 같이 법률과 같은 효력이 있는 유신헌법에 따른 긴급조치의 위헌 여부를 심사할 권한은 본래 헌법재판소의 전속적 관할 사항인 점, 법률과 같은 효력이 있는 규범인 긴급조치의 위헌 여부에 대한 헌법적 해명의 필요성이 있는 점, 당해 사건의 대법원 판결은 대세적 효력이 없는 데 비하여 형벌조항에 대한 헌법재판소의 위헌결정은 대세적 기속력을 가지고 유죄확정판결에 대한 재심사유가 되는 점(헌법재판소법 제47조 제1항, 제3항) 등에 비추어 볼 때, 이 사건에서는 긴급조치 제1호, 제2호에 대하여 예외적으로 객관적인 헌법질서의 수호·유지 및 관련 당사자의 권리구제를 위하여 심판의 필요성을 인정하여 적극적으로 그 위헌 여부를 판단하는 것이 헌법재판소의 존재이유에도 부합하고 그 임무를 다하는 것이 되므로, 당해 사건에서 재판의 전제성을 인정함이 타당하다(헌재 2013.3.21. 2010헌바132 등).

[ㄴ ▸ O] 행정처분의 근거법률이 헌법에 위반된다는 사정은 헌법재판소의 위헌결정이 있기 전에는 객관적으로 명백한 것이라고 할 수는 없으므로 특별한 사정이 없는 한 그러한 하자는 행정처분의 취소사유에 해당할 뿐 당연무효사유는 아니어서, 제소기간이 경과한 뒤에는 행정처분의 근거법률이 위헌임을 이유로 무효확인소송 등을 제기하더라도 행정처분의 효력에는 영향이 없음이 원칙이다. 따라서 행정처분의 근거가 된 법률조항의 위헌 여부에 따라 당해 행정처분의 무효확인을 구하는 당해 사건 재판의 주문이 달라지거나 재판의 내용과 효력에 관한 법률적 의미가 달라지는 것은 아니므로 재판의 전제성이 인정되지 아니한다(헌재 2014.1.28. 2010헌바251).

정답 ④

[ㄷ ▸ X] 형사소송법은 재심의 절차를 '재심의 청구에 대한 심판'과 '본안사건에 대한 심판'이라는 두 단계절차로 구별하고 있다. 따라서 확정된 유죄판결에서 처벌의 근거가 된 법률조항은 원칙적으로 '재심의 청구에 대한 심판', 즉 재심의 개시 여부를 결정하는 재판에서는 재판의 전제성이 인정되지 않고, 재심의 개시결정 이후의 '본안사건에 대한 심판'에 있어서만 재판의 전제성이 인정된다(헌재 2013.3.21. 2010헌바132 등).

[ㄹ ▸ O] 병역종류조항이 대체복무제를 포함하고 있지 않다는 이유로 위헌으로 결정된다면, 양심적 병역거부자가 현역입영 또는 소집통지서를 받은 후 3일 내에 입영하지 아니하거나 소집에 불응하더라도 대체복무의 기회를 부여받지 않는 한 당해 형사사건을 담당하는 법원이 무죄를 선고할 가능성이 있으므로, 병역종류조항은 재판의 전제성이 인정된다(헌재 2018.6.28. 2011헌바379 등).

**2019년 변호사시험 문 12.** ☑ 확인Check! O △ X

**「헌법재판소법」 제68조 제2항에 따른 헌법소원심판의 적법요건에 관한 설명 중 옳은 것을 모두 고른 것은?(다툼이 있는 경우 판례에 의함)**

ㄱ. 제1심인 당해 사건에서 헌법소원심판을 청구하였는데, 당해 사건의 항소심에서 항소를 취하하는 경우 당해 사건이 종결되어 심판대상조항이 당해 사건에 적용될 여지가 없으므로 재판의 전제성이 인정되지 않는다.
ㄴ. 폐지된 법률도 재판의 전제성이 인정될 수 있다.
ㄷ. 제1심인 당해 사건에서 헌법소원심판을 청구하였는데, 당해 사건의 항소심에서 당사자들 간에 임의조정이 성립되어 소송이 종결되었더라도 심판대상조항이 당해 사건인 제1심판결에 적용되었다면 재판의 전제성이 인정된다.
ㄹ. 청구인이 당해 사건인 형사사건에서 무죄의 확정판결을 받은 때에는 원칙적으로 재판의 전제성이 인정되지 아니하나, 예외적으로 객관적인 헌법질서의 수호·유지 및 관련 당사자의 권리 구제를 위하여 심판의 필요성이 인정되는 경우에는 재판의 전제성을 인정할 수 있다.
ㅁ. 제1심인 당해 사건에서 헌법소원심판을 청구하였는데, 당해 사건의 항소심에서 소를 취하하는 경우 당해 사건이 종결되어 심판대상조항이 당해 사건에 적용될 여지가 없으므로 재판의 전제성이 인정되지 않는다.

① ㄱ, ㄴ ② ㄱ, ㄷ, ㄹ ③ ㄴ, ㄷ, ㄹ
④ ㄴ, ㄹ, ㅁ ⑤ ㄱ, ㄴ, ㄹ, ㅁ

[ㄱ ▸ X] 제1심인 당해 사건에서 헌법재판소법 제68조 제2항의 헌법소원을 제기한 청구인들이 당해 사건의 항소심에서 항소를 취하하여 원고패소의 원심판결이 확정된 경우, 당해 사건에 적용되는 법률이 위헌으로 결정되면 확정된 원심판결에 대하여 재심청구를 함으로써 원심판결의 주문이 달라질 수 있으므로 재판의 전제성이 인정된다(헌재 2015.10.21. 2014헌바170).

[ㄴ ▸ O] 구 영화법은 1995.12.30. 법률 제5130호로 제정되어 1996.7.1.부터 시행된 영화진흥법에 의하여 폐지되었으나, 영화진흥법 부칙 제6조에 의하면 위 법 시행 전에 종전의 영화법에 위반한 행위에 대한 벌칙의 적용에 있어서는 종전의 영화법의 규정에 의하도록 규정하고 있다. 한편 청구인은 영화진흥법의 시행으로 영화법이 폐지되기 전에 영화법 위반죄로 형사재판을 받았으므로 비록 지금은 영화법이 폐지되었다 하더라도 이 사건 심판대상인 구 영화법 제4조 제1항의 위헌 여부가 청구인에 대한 형사재판의 전제가 되므로 위 법률조항은 당연히 헌법소원심판의 대상이 될 수 있다(헌재 1996.8.29. 94헌바15).

[ㄷ ▸ X] 항소심에서 당해 사건의 당사자들에 의해 소송이 종결되었다면 구체적인 사건이 법원에 계속 중인 경우라 할 수 없을 뿐 아니라, 조정의 성립에 1심판결에 적용된 법률조항이 적용된 바도 없으므로 위 법률조항에 대하여 위헌결정이 있다 하더라도 청구인으로서는 당해 사건에 대하여 재심을 청구할 수 없어 종국적으로 당해 사건의 결과에 대하여 이를

 ④ 정답

다툴 수 없게 되었다 할 것이므로, 위 법률조항이 헌법에 위반되는지 여부는 당해 사건과의 관계에서 재판의 전제가 되지 못한다(헌재 2010.2.25. 2007헌바34).

[ㄹ ▸ O] 헌법재판소법 제68조 제2항에 의한 헌법소원심판청구인이 당해 사건인 형사사건에서 무죄의 확정판결을 받은 때에는 처벌조항의 위헌확인을 구하는 헌법소원이 인용되더라도 재심을 청구할 수 없고, 청구인에 대한 무죄판결은 종국적으로 다툴 수 없게 되므로 법률의 위헌 여부에 따라 당해 사건 재판의 주문이 달라지거나 재판의 내용과 효력에 관한 법률적 의미가 달라지는 경우에 해당한다고 볼 수 없으므로, 원칙적으로 더 이상 재판의 전제성이 인정되지 아니한다. 그러나 앞에서 본 바와 같이 법률과 같은 효력이 있는 유신헌법에 따른 긴급조치의 위헌 여부를 심사할 권한은 본래 헌법재판소의 전속적 관할 사항인 점, 법률과 같은 효력이 있는 규범인 긴급조치의 위헌 여부에 대한 헌법적 해명의 필요성이 있는 점, 당해 사건의 대법원 판결은 대세적 효력이 없는 데 비하여 형벌조항에 대한 헌법재판소의 위헌결정은 대세적 기속력을 가지고 유죄확정판결에 대한 재심사유가 되는 점(헌법재판소법 제47조 제1항, 제3항) 등에 비추어 볼 때, 이 사건에서는 긴급조치 제1호, 제2호에 대하여 예외적으로 객관적인 헌법질서의 수호·유지 및 관련 당사자의 권리구제를 위하여 심판의 필요성을 인정하여 적극적으로 그 위헌 여부를 판단하는 것이 헌법재판소의 존재이유에도 부합하고 그 임무를 다하는 것이 되므로, 당해 사건에서 재판의 전제성을 인정함이 타당하다(헌재 2013.3.21. 2010헌바132 등).

[ㅁ ▸ O] 헌법소원심판을 청구한 후 당해 사건의 항소심에서 소를 취하하여 당해 사건이 종결된 이상 이 사건 법률조항 등은 당해 사건에 적용될 여지가 없어 그 위헌 여부가 재판의 전제가 되지 않으므로 재판의 전제성을 갖추지 못하여 부적법하다(헌재 2010.5.27. 2008헌바110).

**2014년 변호사시험 문 10.**

☑ 확인 Check! ○ △ ×

**헌법재판소법 제68조 제2항에 의한 헌법소원에 관한 설명 중 옳은 것은?(다툼이 있는 경우 판례에 의함)**

① 위헌법률심판의 제청신청이 기각된 때에 그 신청을 한 당사자는 당해 사건의 같은 심급뿐만 아니라 상소심의 소송절차에서도 동일한 사유로 다시 위헌법률심판의 제청신청을 할 수 없다.
② 헌법재판소법 제68조 제2항에 의한 헌법소원심판은 위헌법률심판의 제청신청을 기각하는 결정을 통지받은 날부터 14일 이내에 청구하여야 하고, 제소기간은 불변기간이므로 헌법재판소는 직권으로 그 경과 여부를 조사하여야 한다.
③ 헌법재판소법 제68조 제2항에 의한 헌법소원심판이 청구된 경우 당해 소송사건의 재판은 헌법재판소의 위헌 여부의 결정이 있을 때까지 정지된다. 다만, 법원이 긴급하다고 인정하는 경우에는 종국재판 외의 소송절차를 진행할 수 있다.
④ 위헌법률심판의 제청신청을 한 당사자는 제청신청이 기각된 때에 제청신청기각결정에 대하여 당해 법원에 항고할 수 있다.
⑤ 헌법재판소법 제68조 제2항에 의한 헌법소원심판은 현재 시행되고 있는 유효한 법률만을 심판대상으로 할 수 있으므로, 시행 후 폐지된 법률과 공포되었으나 시행되지 않고 이미 폐지된 법률은 심판의 대상이 될 수 없다.

[❶ ▸ O] 헌법재판소법 제68조 제2항은 법률의 위헌 여부 심판의 제청신청이 기각된 때에는 그 신청을 한 당사자는 헌법재판소에 헌법소원심판을 청구할 수 있으나, 다만 이 경우 그 당사자는 당해 사건의 소송절차에서 동일한 사유를 이유로 다시 위헌 여부 심판의 제청을 신청할 수 없다고 규정하고 있는바, 이때 당해 사건의 소송절차란 당해 사건의 상소심소송절차를 포함한다 할 것이다(헌재 2007.7.26. 2006헌바40).

[❷ ▸ ×] 제68조 제2항에 따른 헌법소원심판은 위헌 여부 심판의 제청신청을 기각하는 결정을 통지받은 날부터 30일 이내에 청구하여야 하고, 이 기간은 불변기간이 아니다.

정답 ①

법령 **청구기간(헌법재판소법 제69조)** ② 제68조 제2항에 따른 헌법소원심판은 위헌 여부 심판의 제청신청을 기각하는 결정을 통지받은 날부터 30일 이내에 청구하여야 한다.

판례 헌법재판소법 제40조 제1항에 의하여 준용되는 민사소송법 제159조 및 제160조에 의하면, 법이 불변기간이라고 규정한 경우에만 이른바 소송행위의 추완이 가능하다고 할 것인바, 헌법재판소법 제69조 제2항에 대하여는 이를 불변기간이라고 규정하는 법규정이 없어서 그 기간의 준수에 대하여 추완이 허용되지 않는다(헌재 2001.4.26. 99헌바96).

[ ❸ ▸ ×] 법원이 법률의 위헌 여부 심판을 헌법재판소에 제청한 때에는 당해 소송사건의 재판은 헌법재판소의 위헌 여부의 결정이 있을 때까지 정지된다(헌법재판소법 제42조 제1항). 그러나 법률의 위헌 여부 심판제청신청이 기각된 때에는 그 신청을 한 당사자가 헌법소원심판을 청구하더라도 당해 소송사건의 재판은 정지되지 아니한다(헌법재판소법 제68조 제2항)(헌재 2000.6.29. 99헌바66).

[ ❹ ▸ ×] 위헌 여부 심판의 제청에 관한 결정에 대하여는 항고할 수 없다(헌법재판소법 제41조 제4항).

[ ❺ ▸ ×] 예외적으로 시행 후 폐지된 법률도 심판대상이 될 수 있다. 하지만 공포되었으나 시행되지 않고 이미 폐지된 법률은 심판대상이 될 수 없다.

판례

- 구 영화법은 1995.12.30. 법률 제5130호로 제정되어 1996.7.1.부터 시행된 영화진흥법에 의하여 폐지되었으나, 영화진흥법 부칙 제6조에 의하면 위 법 시행 전에 종전의 영화법에 위반한 행위에 대한 벌칙의 적용에 있어서는 종전의 영화법의 규정에 의하도록 규정하고 있다. 한편 청구인은 영화진흥법의 시행으로 영화법이 폐지되기 전에 영화법위반죄로 형사재판을 받았으므로 비록 지금은 영화법이 폐지되었다 하더라도 이 사건 심판대상인 구 영화법 제4조 제1항의 위헌 여부가 청구인에 대한 형사재판의 전제가 되므로 위 법률조항은 당연히 헌법소원심판의 대상이 될 수 있다(헌재 1996.8.29. 94헌바15).
- 법률의 위헌 여부 심판의 제청대상법률은 특별한 사정이 없는 한 현재 시행 중이거나 과거에 시행되었던 것이어야 하기 때문에, 제청 당시에 공포는 되었으나 시행되지 않았고 이 결정 당시에는 이미 폐지되어 효력이 상실된 법률은 위헌 여부 심판의 대상법률에서 제외되는 것으로 해석함이 상당하고, 더욱이 이 사건 개정법률은 당해 사건 재판에 적용되는 법률이 아닐 뿐만 아니라, 피신청인들이 쟁의행위를 하게 된 계기가 된 것에 불과한 것으로, 동 개정법의 위헌 여부는 다른 내용의 재판을 하게 되는 관계에 있지도 않다(헌재 1997.9.25. 97헌가4).

**2017년 변호사시험 문 17.** ☑ 확인 Check! ○ △ ×

「헌법재판소법」 제68조 제2항에 의한 헌법소원심판에 관한 설명 중 옳은 것(○)과 옳지 않은 것(×)을 올바르게 조합한 것은?(다툼이 있는 경우 헌법재판소 판례에 의함)

ㄱ. 관습법은 형식적 의미의 법률과 동일한 효력이 없으므로, 「민법」 시행 이전의 구 관습법 중 "여호주가 사망하거나 출가하여 호주상속인 없이 절가된 경우, 유산은 그 절가된 가(家)의 가족이 승계하고 가족이 없을 때는 출가녀(出家女)가 승계한다"라는 부분은 「헌법재판소법」 제68조 제2항에 따른 헌법소원심판의 대상이 될 수 없다.

ㄴ. 구체적 규범통제절차에서 법률조항에 대한 특정한 해석이나 적용 부분의 위헌성을 다투는 한정위헌청구는 원칙적으로 적법하지만, 재판소원을 금지하는 「헌법재판소법」 제68조 제1항의 취지에 비추어, 당해 사건 재판의 기초가 되는 사실관계의 인정이나 평가 또는 개별적·구체적 사건에서 단순히 법률조항의 포섭이나 적용의 문제를 다투거나, 의미 있는 헌법문제에 대한 주장 없이 단지 재판결과를 다투는 헌법소원심판청구는 허용되지 않는다.

ㄷ. 「헌법재판소법」 제68조 제2항에 의한 헌법소원은 '법률'의 위헌성을 적극적으로 다투는 제도이므로 '법률의 부존재' 즉 입법부작위를 다투는 것은 그 자체로 허용되지 아니하고, 다만 법률이 불완전·불충분하게 규정되었음을 근거로 법률 자체의 위헌성을 다투는 취지로 이해될 경우에는 그 법률이 당해 사건의 재판의 전제가 된다는 것을 요건으로 허용될 수 있다.

ㄹ. 법률의 위헌 여부 심판의 제청신청이 기각된 때에는 당사자는 당해 사건의 소송절차에서 동일한 사유를 이유로 다시 위헌 여부 심판의 제청을 신청할 수 없는데, 이때 당해 사건의 소송절차란 동일한 심급만을 의미하는 것이고, 당해 사건의 상소심소송절차를 포함하는 것은 아니다.

① ㄱ(×) ㄴ(×) ㄷ(○) ㄹ(○)
② ㄱ(○) ㄴ(×) ㄷ(○) ㄹ(×)
③ ㄱ(×) ㄴ(○) ㄷ(○) ㄹ(×)
④ ㄱ(×) ㄴ(○) ㄷ(○) ㄹ(○)
⑤ ㄱ(○) ㄴ(○) ㄷ(×) ㄹ(○)

[ㄱ ▸ ×] 민법 시행 이전의 "여호주가 사망하거나 출가하여 호주상속이 없이 절가된 경우, 유산은 그 절가된 가(家)의 가족이 승계하고 가족이 없을 때는 출가녀(出家女)가 승계한다"는 구 관습법은 민법 시행 이전에 상속 등을 규율하는 법률이 없는 상황에서 절가된 가(家)의 재산분배에 관하여 적용된 규범으로서, 비록 형식적 의미의 법률은 아니지만 실질적으로는 법률과 같은 효력을 갖는다. 그렇다면 법률과 같은 효력을 가지는 이 사건 관습법도 헌법소원심판의 대상이 되고, 단지 형식적 의미의 법률이 아니라는 이유로 그 예외가 될 수는 없다(헌재 2016.4.28. 2013헌바396).

[ㄴ ▸ ○] 법률의 의미는 결국 개별·구체화된 법률해석에 의해 확인되는 것이므로 법률과 법률의 해석을 구분할 수는 없고, 재판의 전제가 된 법률에 대한 규범통제는 해석에 의해 구체화된 법률의 의미와 내용에 대한 헌법적 통제로서 헌법재판소의 고유권한이며, 헌법합치적 법률해석의 원칙상 법률조항 중 위헌성이 있는 부분에 한정하여 위헌결정을 하는 것은 입법권에 대한 자제와 존중으로서 당연하고 불가피한 결론이므로, 이러한 한정위헌결정을 구하는 한정위헌청구는 원칙적으로 적법하다고 보아야 한다. 다만, 재판소원을 금지하는 헌법재판소법 제68조 제1항의 취지에 비추어, 개별·구체적 사건에서 단순히 법률조항의 포섭이나 적용의 문제를 다투거나, 의미 있는 헌법문제에 대한 주장 없이 단지 재판결과를 다투는 헌법소원심판청구는 여전히 허용되지 않는다(헌재 2012.12.27. 2011헌바117).

[ㄷ ▸ ○] 헌법재판소법 제68조 제2항에 의한 헌법소원은 '법률'의 위헌성을 적극적으로 다투는 제도이므로 '법률의 부존재', 즉 진정입법부작위를 다투는 것은 그 자체로 허용되지 아니하고, 다만 법률이 불완전·불충분하게 규정되었음을 근거로 법률 자체의 위헌성을 다투는 취지, 즉 부진정입법부작위를 다투는 것으로 이해될 경우에는 그 법률이 당해 사건의 재판의 전제가 된다는 것을 요건으로 허용될 수 있다(헌재 2010.2.25. 2008헌바67).



정답 ③

[ㄹ ▸ X] 헌법재판소법 제68조 제2항은 법률의 위헌 여부 심판의 제청신청이 기각된 때에는 그 신청을 한 당사자는 헌법재판소에 헌법소원심판을 청구할 수 있으나, 다만 이 경우 그 당사자는 당해 사건의 소송절차에서 동일한 사유를 이유로 다시 위헌 여부 심판의 제청을 신청할 수 없다고 규정하고 있는바, 이때 당해 사건의 소송절차란 당해 사건의 상소심소송절차를 포함한다 할 것이다(헌재 2007.7.26. 2006헌바40).

**2017년 변호사시험 문 5.** ☑ 확인Check! ○ △ X

○○노동청장 乙은 甲에 대하여 부정한 방법으로 직업능력개발훈련비용을 지급받았다는 이유로, 지원금의 지급을 제한하는 처분을 하면서 기지급된 지원금을 회수하는 처분을 하였다. 이에 甲은 당해 처분의 취소를 구하는 소를 제기하는 한편 위 소송 계속 중 당해 처분의 근거법률인 구 「고용보험법」 제35조 제1항에 대하여 위헌법률심판제청신청을 하였으나 2011.11.14.(월) 위 제청신청이 기각되고 2011.11.17.(목) 그 기각결정을 통지받은 후 2011.12.15.(목) 「헌법재판소법」 제68조 제2항에 의한 헌법소원심판을 청구하였다. 이에 관한 설명 중 옳지 않은 것을 모두 고른 것은?(다툼이 있는 경우 판례에 의함)

※ 구 「고용보험법」(2007.5.11. 법률 제8429호로 개정되고, 2008.12.31. 법률 제9315호로 개정되기 전의 것)
**제35조(부정행위에 따른 지원의 제한 등)** ① 노동부장관은 거짓이나 그 밖의 부정한 방법으로 이 장의 규정에 따른 고용안정·직업능력개발사업의 지원을 받은 자 또는 받으려는 자에게 대통령령으로 정하는 바에 따라 그 지원을 제한하거나 이미 지원된 것을 반환하도록 명할 수 있다.
〈이하 생략〉

ㄱ. 甲은 법원의 위헌법률심판제청신청기각결정이 있은 날부터 30일을 도과하여 헌법소원심판을 청구하였으므로 청구기간요건을 충족하지 못하였다.
ㄴ. 구 「고용보험법」상의 각종 지원은 사회적·경제적 상황, 기업 및 노동시장이 처한 현실, 고용보험의 재정상황 등에 따라 그 지원의 내용 및 범위가 수시로 변화될 가능성이 있으므로 지원금의 반환범위나 지급 제한의 구체적 내용 및 범위를 대통령령에 위임할 필요성이 인정된다.
ㄷ. 구 「고용보험법」 제35조 제1항은 지원금의 지급을 제한하거나 이미 지급된 지원금은 사후에 반환하도록 하는 원상 회복 및 행정적 제재를 규정한 것으로서 甲의 재산권을 직접 제한하는 법률이므로 그 내용의 일부를 하위법령에 위임하는 경우에는 위임의 구체성·명확성의 요구가 강화된다.
ㄹ. 구 「고용보험법」 제35조 제1항은 지원금의 부당수령자에 대한 제재의 목적으로 '이미 지원된 것의 반환'과는 별도로 '지원을 제한'하도록 하고 있는데, 이러한 지원 제한에 대하여 제한의 범위나 기간 등에 관하여 기본적 사항도 법률에 규정하지 아니한 채 대통령령에 포괄적으로 위임하고 있으므로 포괄위임금지원칙에 위반된다.

① ㄱ ② ㄱ, ㄷ ③ ㄱ, ㄹ
④ ㄴ, ㄹ ⑤ ㄴ, ㄷ, ㄹ

[ㄱ ▸ X] 甲은 기각결정을 통지받은 2011.11.17.부터 30일 이내인 2011.12.15.에 헌법소원심판을 청구하였으므로, 청구기간을 준수하였다.

법령

청구기간(헌법재판소법 제69조) ② 제68조 제2항에 따른 헌법소원심판은 위헌 여부 심판의 제청신청을 기각하는 결정을 통지받은 날부터 30일 이내에 청구하여야 한다.



① 정답

[ㄴ ▸ O] 고용보험법상의 각종 지원은 사회적 · 경제적 상황, 기업 및 노동시장이 처한 현실, 고용보험의 재정상황 등에 따라 그 지원의 내용 및 범위가 수시로 변화될 가능성이 있으므로, 이에 전문적이고 탄력적으로 대응하기 위하여 고용보험법은 고용안정 · 직업능력개발사업의 구체적 지원내용 및 범위를 대통령령과 같은 하위법령에 위임하고 있다. 따라서 고용안정 · 직업능력개발사업에 따른 지원금의 부정수령행위에 대한 원상 회복 및 행정적 제재를 규정한 이 사건 법률조항 역시 위와 같은 고용보험법의 특성에 비추어 볼 때, 고용안정 · 직업능력개발사업의 구체적 지원내용 및 범위, 고용보험의 재정상황, 위반의 강도 · 기간 · 횟수 등에 따라 지원금의 반환범위 및 지급 제한의 내용 등을 적절히 현실화할 필요가 있기 때문에 모든 내용을 법률로 정하는 것보다는 지원금의 반환범위나 지급 제한의 구체적 내용 및 범위를 대통령령에 위임할 필요성이 인정된다(헌재 2013.8.29. 2011헌바390).

[ㄷ ▸ O] 이 사건 법률조항은 거짓이나 그 밖의 부정한 방법으로 고용안정 · 직업능력개발사업의 지원금을 받거나 받으려는 자에 대하여 지원금의 지급을 제한하거나 이미 지급된 지원금은 사후에 반환하도록 하는 원상 회복 및 행정적 제재를 규정한 것으로서 청구인의 재산권을 직접 제한하는 법률이다. 그러므로 그 내용의 일부를 하위법령에 위임하는 경우에는 위임의 구체성 · 명확성의 요구가 강화되고, 따라서 행정적 제재의 대상 · 사유 및 내용뿐만 아니라 제재기간이나 금액 등과 같은 행정적 제재의 범위까지도 기본적인 사항을 법률에 규정하여야 한다(헌재 2013.8.29. 2011헌바390).

[ㄹ ▸ O] 이 사건 법률조항에서는 지원금의 부당수령자에 대한 제재의 목적으로 '이미 지원된 것의 반환'과는 별도로 '지원을 제한'하도록 하고 있는데, 이러한 지원 제한에 대하여 제한의 범위나 기간 등에 관하여 기본적 사항도 법률에 규정하지 아니한 채 대통령령에 포괄적으로 위임하고 있으므로 포괄위임금지원칙에 위반된다(헌재 2013.8.29. 2011헌바390).

# 행정법

PART 01 행정법통론

PART 02 일반행정작용법

PART 03 행정과정의 규율

PART 04 행정의 실효성 확보수단

PART 05 행정상 손해전보

PART 06 행정쟁송

PART 07 행정조직법 및 특별행정작용법

## 최근 5개년 출제경향

| 20 15 10 5 | 구 분 | 2020 | 2019 | 2018 | 2017 | 2016 | 계 | 출제 비율 | 회별 출제 |
|---|---|---|---|---|---|---|---|---|---|
| | **PART 01 행정법통론** | | | | | | | | |
| | CHAPTER 01 행 정 | – | – | – | – | – | – | – | – |
| 3% | CHAPTER 02 행정법 | 1 | 1 | 2 | 2 | – | 6 | 3% | 1.2 |
| 3.5% | CHAPTER 03 행정상 법률관계 | 2 | 1 | 1 | 1 | 2 | 7 | 3.5% | 1.4 |
| | **PART 02 일반행정작용법** | | | | | | | | |
| 2.5% | CHAPTER 01 행정입법 | 1 | 2 | – | 1 | 1 | 5 | 2.5% | 1 |
| 2% | CHAPTER 02 행정계획 | 1 | 1 | – | 1 | 1 | 4 | 2% | 0.8 |
| 9.5% | CHAPTER 03 행정행위 | 4 | 2 | 4 | 5 | 4 | 19 | 9.5% | 3.8 |
| 1% | CHAPTER 04 그 밖의 행정의 행위형식 | 1 | – | – | 1 | – | 2 | 1% | 0.4 |
| | **PART 03 행정과정의 규율** | | | | | | | | |
| 2% | CHAPTER 01 행정절차 | 2 | – | 1 | – | 1 | 4 | 2% | 0.8 |
| 1% | CHAPTER 02 행정정보 공개와 개인정보 보호 | – | – | 1 | – | 1 | 2 | 1% | 0.4 |
| | **PART 04 행정의 실효성 확보수단** | | | | | | | | |
| 1% | CHAPTER 01 행정상 강제집행 | – | 1 | – | – | 1 | 2 | 1% | 0.4 |
| | CHAPTER 02 행정상 즉시강제와 행정조사 | – | – | – | – | – | – | – | – |
| 1% | CHAPTER 03 행정벌 | – | – | 1 | 1 | – | 2 | 1% | 0.4 |
| | CHAPTER 04 행정의 새로운 실효성 확보수단 | – | – | – | – | – | – | – | – |
| | **PART 05 행정상 손해전보** | | | | | | | | |
| 2.5% | CHAPTER 01 국가배상 | 1 | – | 2 | 1 | 1 | 5 | 2.5% | 1 |
| 1.5% | CHAPTER 02 행정상 손실보상 | 1 | 1 | – | 1 | – | 3 | 1.5% | 0.6 |
| | CHAPTER 03 행정상 손해전보제도의 보완 | – | – | – | – | – | – | – | – |
| 0.5% | CHAPTER 04 손해전보를 위한 그 밖의 제도 | – | – | – | – | 1 | 1 | 0.5% | 0.2 |
| | **PART 06 행정쟁송** | | | | | | | | |
| 1.5% | CHAPTER 01 행정심판 | 1 | – | 1 | 1 | – | 3 | 1.5% | 0.6 |
| 12% | CHAPTER 02 행정소송 | 3 | 9 | 5 | 3 | 4 | 24 | 12% | 4.8 |
| | **PART 07 행정조직법 및 특별행정작용법** | | | | | | | | |
| 5% | CHAPTER 01 행정조직법 | 1 | 2 | 2 | 3 | 2 | 10 | 5% | 2 |
| 1% | CHAPTER 02 특별행정작용법 | 1 | – | – | – | 1 | 2 | 1% | 0.4 |

PART

# 01 행정법통론

CHAPTER 01 행 정

CHAPTER 02 행정법

CHAPTER 03 행정상 법률관계

CHAPTER 01

# 행 정





MEMO

각 문항별로 이해도를 체크해 보세요.

최근 5년간 회별 평균 1.2문



## 제1절 행정법의 의의와 특수성

## 제2절 법치행정의 원리 ★☆

2017년 변호사시험 문 36.

**법치국가 내지 법치행정의 원리(원칙)에 관한 설명 중 옳지 않은 것은?(다툼이 있는 경우 판례에 의함)**

① 오늘날 법률유보의 원칙은 단순히 행정작용이 법률에 근거를 두기만 하면 충분한 것이 아니라, 국가공동체와 그 구성원에게 기본적이고도 중요한 의미를 갖는 영역, 특히 국민의 기본권 실현과 관련된 영역에 있어서는 국민의 대표자인 입법자가 그 본질적 사항에 대해서 스스로 결정하여야 한다는 요구까지 내포하고 있다.

② 입법부가 법률로써 행정부에게 특정한 사항을 위임했음에도 불구하고 행정부가 정당한 이유 없이 이를 이행하지 않는다면 권력분립의 원칙과 법치국가 내지 법치행정의 원칙에 위배되는 것으로서 위법함과 동시에 위헌적인 것이 된다.

③ 법률이 공법적 단체 등의 정관에 자치법적 사항을 위임하는 경우에도 헌법 제75조가 정하는 포괄적인 위임입법의 금지가 원칙적으로 적용된다.

④ 기본권 제한에 있어 법률유보의 원칙은 '법률에 의한' 규율만을 뜻하는 것이 아니라 '법률에 근거한' 규율을 요청하는 것이므로 기본권 제한의 형식이 반드시 법률의 형식일 필요는 없고 법률에 근거를 두면서 헌법 제75조가 요구하는 위임의 구체성과 명확성을 구비하기만 하면 위임입법에 의하여도 기본권 제한을 할 수 있다.

⑤ 구 「지방세법」상 고급주택, 고급오락장이 무엇인지 하는 것은 취득세 중과세요건의 핵심적 내용을 이루는 본질적이고도 중요한 사항임에도 불구하고 그 기준과 범위를 구체적으로 확정하지도 않고 또 그 최저기준을 설정하지도 않고 단순히 "대통령령으로 정하는 고급주택" 또는 "대통령령으로 정하는 고급오락장"이라고 규정한 것은 헌법상의 조세법률주의, 포괄위임입법금지원칙에 위배된다.

[❶ ▸ O] 오늘날 법률유보원칙은 단순히 행정작용이 법률에 근거를 두기만 하면 충분한 것이 아니라, 국가공동체와 그 구성원에게 기본적이고도 중요한 의미를 갖는 영역, 특히 국민의 기본권 실현과 관련된 영역에 있어서는 국민의 대표자인 입법자가 그 본질적 사항에 대하여 스스로 결정하여야 한다는 요구까지 내포하고 있다(헌재 1999.5.27. 98헌바70).

[❷ ▸ O] 입법부가 법률로써 행정부에게 특정한 사항을 위임했음에도 불구하고 행정부가 정당한 이유 없이 이를 이행하지 않는다면 권력분립의 원칙과 법치국가 내지 법치행정의 원칙에 위배되는 것으로서 위법함과 동시에 위헌적인 것이 된다. 따라서 군법무관임용법과 군법무관임용 등에 관한 법률이 군법무관의 보수의 구체적 내용을 시행령에 위임했음에도 불구하고 행정부가 정당한 이유 없이 시행령을 제정하지 않은 것은 위 보수청구권을 침해하는 불법행위에 해당한다(대판 2007.11.29. 2006다3561).

정답 ③

[❸ ▸ ×] 법률이 공법적 단체 등의 정관에 자치법적 사항을 위임한 경우에는 헌법 제75조가 정하는 포괄적인 위임입법의 금지는 원칙적으로 적용되지 않는다고 봄이 상당하고, 그렇다 하더라도 그 사항이 국민의 권리·의무에 관련되는 것일 경우에는 적어도 국민의 권리·의무에 관한 기본적이고 본질적인 사항은 국회가 정하여야 한다(대판 2007.10.12. 2006두14476).

[❹ ▸ O] 법률유보원칙은 '법률에 의한' 규율만을 뜻하는 것이 아니라 '법률에 근거한' 규율을 요청하는 것이므로, 기본권 제한의 형식이 반드시 법률의 형식일 필요는 없고, 법률에 근거를 두면서 헌법 제75조가 요구하는 위임의 구체성과 명확성을 구비한다면 위임입법에 의하여도 기본권을 제한할 수 있는 것이다(헌재 2005.2.24. 2003헌마289).

[❺ ▸ O] 헌재 1999.1.28. 98헌가17, 헌재 1999.3.25. 98헌가11 참조

판례

- 고급주택이 무엇인지 하는 것은 취득세 중과세요건의 핵심적 내용을 이루는 본질적이고도 중요한 사항임에도 불구하고 그 기준과 범위를 구체적으로 확정하지도 않고 또 그 최저기준을 설정하지도 않은 채 단순히 "대통령령으로 정하는 고급주택"이라고 불명확하고 포괄적으로 규정함으로써 실질적으로는 중과세 여부를 온전히 행정부의 재량과 자의에 맡긴 것이나 다름없을 뿐만 아니라, 입법목적, 지방세법의 체계나 다른 규정, 관련법규를 살펴보더라도 고급주택의 기준과 범위를 예측해 내기 어려우므로 이 조항들은 헌법상의 조세법률주의, 포괄위임입법금지원칙에 위배된다(헌재 1999.1.28. 98헌가17).
- 고급오락장용 건축물이 무엇인지가 재산세 중과세요건의 핵심적 내용을 이루는 본질적이고도 중요한 사항임에도 불구하고 그 기준과 범위를 구체적으로 확정하지 않고 단순히 "고급오락장용 건축물의 구분과 한계는 대통령령으로 정한다"라고 불명확하고 포괄적으로 규정함으로써 실질적으로는 중과세 여부를 행정부의 자의에 맡기고 있을 뿐만 아니라, 입법목적, 지방세법의 다른 규정 또는 기타 관련법률을 살펴보더라도 고급오락장용 건축물의 기준과 범위를 예측해 내기가 어려우므로 헌법 제75조상의 포괄위임입법금지원칙에 위배된다(헌재 1999.3.25. 98헌가11).

**2020년 변호사시험 문 34.** ☑ 확인 Check! O △ X

**행정법의 해석과 적용에 관한 설명 중 옳지 않은 것은?(다툼이 있는 경우 판례에 의함)**

① 산업통상자원부장관이 「석유 및 석유대체연료 사업법」이 정한 바에 따라 석유 수급과 석유가격의 안정을 위하여 부과금을 징수하였다가 환급 사유가 발생하여 그 일부를 환급하는 경우, 석유환급금 부과·환급의 실질에 비추어 보면 환급금의 산정기준에 관한 규정을 해석할 때 조세나 부담금에 관한 법률의 해석에 관한 법리가 적용된다.
② 건축물이 건축 관계법에 따라 적법하게 축조되었다면, 이 건축물로 인해 인근 토지에 있는 건축물 소유자의 일조이익이나 조망이익이 침해되었다고 해도 사법(私法)상 불법행위를 구성하지는 않는다.
③ 손실보상액 산정의 기준이나 방법에 관하여 구체적인 법령의 규정이 없는 경우에는, 그 성질상 유사한 물건 또는 권리 등에 대한 관련법령상의 손실보상액 산정의 기준이나 방법에 관한 규정을 유추적용할 수 있으므로, 하천수 사용권에 대한 '물의 사용에 관한 권리'로서의 정당한 보상금액은 어업권이 취소되거나 어업면허의 유효기간 연장이 허가되지 않은 경우의 손실보상액 산정 방법과 기준을 유추적용하여 산정할 수 있다.
④ 행정재산에 대하여 사용허가처분을 하였을 경우에 인정되는 사용료 부과처분과 같은 침익적 행정처분의 근거가 되는 행정법규는 엄격하게 해석·적용되어야 하므로, 행정재산이 용도폐지로 일반재산이 된 경우 용도폐지되기 이전의 행정재산에 대하여 한 사용허가는 소멸되며 더 이상 사용료 부과처분을 할 수 없다.
⑤ 「광업법」에는 기간의 계산에 관하여 특별한 규정을 두고 있지 않으므로, 「광업법」상 출원제한기간을 계산할 때에는 기간 계산에 관한 「민법」의 규정이 그대로 적용된다.



② 정답

[ ❶ ▸ O ] 석유정제업자・석유수출입업자 또는 석유판매업자로부터 일단 부과금을 징수하였다가 구 석유 및 석유대체연료 사업법과 구 석유 및 석유대체연료 사업법 시행령이 정한 바에 따라 부과금 중 일부를 환급함으로써 석유정제업자 등이 최종적으로 부담하게 되는 부과금 액수가 정해지게 되는데, 이러한 석유환급금 부과・환급의 실질에 비추어 보면 환급의 대상・규모・방법 등 환급금의 산정기준에 관한 규정을 해석할 때 조세나 부담금에 관한 법률의 해석에 관한 법리가 적용된다. 따라서 환급금의 산정기준을 정한 구 석유 및 석유대체연료의 수입・판매부과금의 징수, 징수유예 및 환급에 관한 고시 및 구 소요량의 산정 및 관리와 심사 규정도 원칙적으로 문언대로 해석・적용하여야 하고, 합리적 이유 없이 이를 확장해석하거나 유추해석하는 것은 허용되지 아니한다(대판 2016.10.27. 2014두12017).

[ ❷ ▸ × ] 건축법 등 관계 법령에 일조방해에 관한 직접적인 단속법규가 있다면 그 법규에 적합한지 여부가 사법상 위법성을 판단함에 있어서 중요한 판단자료가 될 것이지만, 이러한 공법적 규제에 의하여 확보하고자 하는 일조는 원래 사법상 보호되는 일조권을 공법적인 면에서도 가능한 한 보장하려는 것으로서 특별한 사정이 없는 한 일조권 보호를 위한 최소한도의 기준으로 봄이 상당하고, 구체적인 경우에 있어서는 어떠한 건물 신축이 건축 당시의 공법적 규제에 형식적으로 적합하다고 하더라도 현실적인 일조방해의 정도가 현저하게 커 사회통념상 수인한도를 넘은 경우에는 위법행위로 평가될 수 있다(대판 2004.9.13. 2003다64602).

[ ❸ ▸ O ] 물건 또는 권리 등에 대한 손실보상액 산정의 기준이나 방법에 관하여 구체적으로 정하고 있는 법령의 규정이 없는 경우에는, 그 성질상 유사한 물건 또는 권리 등에 대한 관련 법령상의 손실보상액 산정의 기준이나 방법에 관한 규정을 유추적용할 수 있다 … 하천법 제50조에 의한 하천수 사용권과 면허어업의 성질상 유사성, 면허어업의 손실액 산정 방법과 환원율 등에 비추어 볼 때, 갑 회사의 하천수 사용권에 대한 '물의 사용에 관한 권리'로서의 정당한 보상금액은 토지보상법 시행규칙 제44조 제1항이 준용하는 수산업법 시행령 제69조 [별표 4]중 어업권이 취소되거나 어업면허의 유효기간 연장이 허가되지 않은 경우의 손실보상액 산정 방법과 기준을 유추적용하여 산정하는 것이 타당하다(대판 2018.12.27. 2014두11601).

[ ❹ ▸ O ] 행정재산에 대하여 사용・수익허가 처분을 하였을 경우에 인정되는 사용료 부과처분과 같은 침익적 행정처분의 근거가 되는 행정법규는 엄격하게 해석・적용되어야 하므로, 일반재산에 관하여 대부계약을 체결하고 그에 기초하여 대부료를 징수하는 절차를 거치는 대신 지방자치단체의 장의 행정처분에 의하여 일방적으로 사용료를 부과할 수 있다고 해석하는 것은 행정의 법률유보원칙과 행정법관계의 명확성원칙에도 반한다. 따라서 이와 같이 행정재산과 일반재산을 달리 취급하는 공유재산법의 규정들 및 이에 관한 관련 법리들을 종합하여 보면, 행정재산이 용도폐지로 일반재산이 된 경우에 용도폐지 되기 이전의 행정재산에 대하여 한 사용허가는 소멸되며 그 사용허가나 공유재산법 제22조를 근거로 하여 사용료를 부과할 수 없다고 해석함이 타당하다(대판 2015.2.26. 2012두6612).

[ ❺ ▸ O ] 광업법에는 기간의 계산에 관하여 특별한 규정을 두고 있지 아니하므로, 광업법 제16조에 정한 출원제한기간을 계산할 때에도 기간계산에 관한 민법의 규정은 그대로 적용된다(대판 2009.11.26. 2009두12907).

**2013년 변호사시험 문 34.** ☑ 확인Check! ○ △ ×

**법치행정원리에 관한 다음 설명 중 옳은 것은?(다툼이 있는 경우 판례에 의함)**

① 법률유보원칙에서의 '법률'에는 국회가 제정하는 형식적 의미의 법률뿐만 아니라 법률의 위임에 따라 제정된 법규명령도 포함된다.
② 지방자치행정에 있어서는 침익적 행정을 법률의 수권 없이 조례에 근거하여 행할 수 있다.
③ 법률유보원칙과 관련하여 의회유보원칙에 따르는 경우, 의회유보사항을 행정입법에 위임하는 것은 가능하나, 이때에는 보다 엄격한 구체성의 요건을 갖추어야 한다.
④ 행정상 즉시강제는 긴급성을 고려할 때 법적 근거 없이도 가능하다.
⑤ 법률이 공법적 단체 등의 정관에 자치법적 사항을 위임하는 경우 의회유보원칙은 적용되지 않는다.

[❶ ▸ ○] 법률유보원칙은 '법률에 의한' 규율만을 뜻하는 것이 아니라 '법률에 근거한' 규율을 요청하는 것이므로, 기본권제한의 형식이 반드시 법률의 형식일 필요는 없고, 법률에 근거를 두면서 헌법 제75조가 요구하는 위임의 구체성과 명확성을 구비한다면 위임입법에 의하여도 기본권을 제한할 수 있는 것이다(헌재 2005.2.24. 2003헌마289).

[❷ ▸ ×] 헌법 제117조 제1항은 "지방자치단체는 주민의 복리에 관한 사무를 처리하고 재산을 관리하며, 법령의 범위 안에서 자치에 관한 규정을 제정할 수 있다"고 규정하고 있고, 지방자치법 제22조는 "지방자치단체는 법령의 범위 안에서 그 사무에 관하여 조례를 제정할 수 있다. 다만 주민의 권리제한 또는 의무부과에 관한 사항이나 벌칙을 정할 때에는 법률의 위임이 있어야 한다"고 규정하고 있다. 따라서 침익적 행정의 경우에는 법률의 수권을 받아야 조례를 제정할 수 있다. 다만, 조례도 주민의 대표기관인 지방의회의 의결로 제정되는 지방자치단체의 자주법인 만큼 포괄적 위임이 가능하다.

[❸ ▸ ×] 오늘날 법률유보원칙은 단순히 행정작용이 법률에 근거를 두기만 하면 충분한 것이 아니라, 국가공동체와 그 구성원에게 기본적이고도 중요한 의미를 갖는 영역, 특히 국민의 기본권 실현과 관련된 영역에 있어서는 국민의 대표자인 입법자가 그 본질적 사항에 대하여 스스로 결정하여야 한다는 요구까지 내포하고 있다(헌재 1999.5.27. 98헌바70).

[❹ ▸ ×] 행정상 즉시강제란 행정강제의 일종으로서 목전의 급박한 행정상 장해를 제거할 필요가 있는 경우에, 미리 의무를 명할 시간적 여유가 없을 때 또는 그 성질상 의무를 명하여 가지고는 목적달성이 곤란할 때에, 직접 국민의 신체 또는 재산에 실력을 가하여 행정상 필요한 상태를 실현하는 작용을 말한다. 이러한 행정상 즉시강제는 엄격한 실정법상의 근거를 필요로 할 뿐만 아니라, 그 발동에 있어서는 법규의 범위 안에서도 다시 행정상의 장해가 목전에 급박하고, 다른 수단으로는 행정목적을 달성할 수 없는 경우이어야 하며, 이러한 경우에도 그 행사는 필요 최소한도에 그쳐야 함을 내용으로 하는 조리상의 한계에 기속된다(헌재 2002.10.31. 2000헌가12).

[❺ ▸ ×] 법률이 행정부가 아니거나 행정부에 속하지 않는 공법적 기관의 정관에 특정 사항을 정할 수 있다고 위임하는 경우에는 그러한 권력분립의 원칙을 훼손할 여지가 없다. 이는 자치입법에 해당되는 영역이므로 자치적으로 정하는 것이 바람직하다. 다만 법률이 자치적인 사항을 정관에 위임할 경우 원칙적으로 헌법상의 포괄위임입법금지원칙이 적용되지 않는다 하더라도, 그 사항이 국민의 권리·의무에 관련되는 것일 경우에는, 적어도 국민의 권리와 의무의 형성에 관한 사항을 비롯하여 국가의 통치조직과 작용에 관한 기본적이고 본질적인 사항은 반드시 국회가 정하여야 한다(헌재 2006.3.30. 2005헌바31).



① 정답

## 제3절 행정법의 법원 ★★★

2019년 변호사시험 문 29. ☑ 확인Check! ○ △ ×

甲종교법인(이하 '甲'이라 함)은 도시계획구역 내 생산녹지지역에 속한 농지(답)인 토지를 매수하면서 A시장에게 토지거래계약허가를 신청하여 허가를 받았다. 甲은 토지거래계약허가 신청을 하면서 농지(답)인 그 토지를 대지로 형질변경하여 종교시설인 회관을 건립하기 위한 것임을 명시하고 그러한 내용의 사업계획서를 제출하였고, A시의 담당 공무원에게 문의하여 "관계 법령을 검토한 결과 해당 토지에 대하여는 토지형질변경이 가능하며 우리 시 조례에 의하여 종교시설의 건축이 가능하다"라는 답변을 들었으며, 당시 담당 공무원으로부터 "甲은 토지거래계약 허가를 받은 날부터 1년 이내에 회관을 건립한다"라는 각서를 제출할 것을 요구받아 이를 제출하였다. 甲은 이를 신뢰하여 상당한 자금을 들여 건축준비를 하였다. 그 후 甲은 건축허가를 위한 토지형질변경허가를 신청하였으나, A시장은 해당 토지는 관련법상 생산녹지지역으로 지정된 곳으로 우량농지로서 보전이 필요하다는 이유로 불허가하였다. 이에 관한 설명 중 옳은 것을 모두 고른 것은?(다툼이 있는 경우 판례에 의함)

ㄱ. A시장의 토지거래계약 허가처분은 강학상 인가에 해당한다.
ㄴ. A시 담당 공무원의 답변은 행정청의 단순한 정보제공 내지는 일반적인 법률상담이라기보다는 토지형질변경이 가능하다는 공적 견해표명을 한 것으로 볼 수 있다.
ㄷ. A시장의 甲에 대한 토지형질변경신청 불허가결정이 우량농지로 보전하려는 공익과 甲이 입게 될 불이익을 상호 비교·교량하여 만약 전자가 후자보다 더 큰 것이 아니라면 이는 비례의 원칙에 위반되는 것으로 재량권을 남용한 위법한 처분이라고 봄이 상당하다.
ㄹ. 甲이 A시 담당 공무원의 답변에 하자가 있음을 알았거나 중대한 과실로 알지 못한 경우에는 신뢰보호원칙의 적용을 받지 못한다.

① ㄱ ② ㄱ, ㄷ ③ ㄴ, ㄹ
④ ㄴ, ㄷ, ㄹ ⑤ ㄱ, ㄴ, ㄷ, ㄹ

[ㄱ ▸ O] 같은 법 제21조의3 제1항 소정의 허가가 규제지역 내의 모든 국민에게 전반적으로 토지거래의 자유를 금지하고 일정한 요건을 갖춘 경우에만 금지를 해제하여 계약체결의 자유를 회복시켜 주는 성질의 것이라고 보는 것은 위 법의 입법취지를 넘어선 지나친 해석이라고 할 것이고, 규제지역 내에서도 토지거래의 자유가 인정되나 다만 위 허가를 허가 전의 유동적 무효 상태에 있는 법률행위의 효력을 완성시켜 주는 인가적 성질을 띤 것이라고 보는 것이 타당하다(대판 1991.12.24. 90다12243 [전합]).

[ㄴ ▸ O] 행정청의 공적 견해표명이 있었는지의 여부를 판단하는 데 있어 반드시 행정조직상의 형식적인 권한분장에 구애될 것은 아니고 담당자의 조직상의 지위와 임무, 당해 언동을 하게 된 구체적인 경위 및 그에 대한 상대방의 신뢰가능성에 비추어 실질에 의하여 판단하여야 한다고 할 것이다 … 위 토지거래계약의 허가과정에서 이 사건 토지형질변경이 가능하다는 피고 측의 견해표명은 원고의 요청에 의하여 우연히 피고의 소속 담당공무원이 은혜적으로 행정청의 단순한 정보제공 내지는 일반적인 법률상담 차원에서 이루어진 것이라고 보이기보다는, 이 사건 토지거래계약의 허가와 같이 그 이용목적이 토지형질변경을 거쳐 건축물을 건축하는 것인 경우 그러한 이용목적이 관계 법령상 허용되는 것인지를 개별적·구체적으로 검토하여 그것이 가능할 경우에만 거래계약허가를 하여 주도록 하는 것이 당시 피고 시청의 실무처리관행이거나 내부업무처리지침이어서 그에 따라 이루어진 것으로 볼 여지가 더 많고, 나아가 위 토지거래허가신청 과정에서 그 허가담당공무원으로부터 이용목적대로 토지를 이용하겠다는 각서까지 제출할 것을 요구받아 이를 제출한 원고로서는 피고 측의 위와 같은 견해표명에 대하여 보다 고도의 신뢰를 갖게 되었다고 할 것이다(대판 1997.9.12. 96누18380).

정답 ⑤

[ㄷ ▸ O] 비록 지방자치단체장이 당해 토지형질변경허가를 하였다가 이를 취소・철회하는 것은 아니라 하더라도 지방자치단체장이 토지형질변경이 가능하다는 공적 견해표명을 함으로써 이를 신뢰하게 된 당해 종교법인에 대하여는 그 신뢰를 보호하여야 한다는 점에서 형질변경허가 후 이를 취소・철회하는 경우를 유추・준용하여 그 형질변경허가의 취소・철회에 상당하는 당해 처분으로써 지방자치단체장이 달성하려는 공익 즉, 당해 토지에 대하여 그 형질변경을 불허하고 이를 우량농지로 보전하려는 공익과 위 형질변경이 가능하리라고 믿은 종교법인이 입게 될 불이익을 상호 비교・교량하여 만약 전자가 후자보다 더 큰 것이 아니라면 당해 처분은 비례의 원칙에 위반되는 것으로 재량권을 남용한 위법한 처분이라고 봄이 상당하다(대판 1997.9.12. 96누18380).

[ㄹ ▸ O] 개인의 귀책사유라 함은 행정청의 견해표명의 하자가 상대방 등 관계자의 사실은폐나 기타 사위의 방법에 의한 신청행위 등 부정행위에 기인한 것이거나 그러한 부정행위가 없더라도 하자가 있음을 알았거나 중대한 과실로 알지 못한 경우 등을 의미한다고 해석함이 상당하고, 귀책사유의 유무는 상대방과 그로부터 신청행위를 위임받은 수임인 등 관계자 모두를 기준으로 판단하여야 한다(대판 2008.1.17. 2006두10931).

**2017년 변호사시험 문 25.** ☑ 확인 Check! O △ X

**행정법의 법원(法源)에 관한 설명 중 옳지 않은 것은?(다툼이 있는 경우 판례에 의함)**

① 재량권 행사의 준칙인 행정규칙이 되풀이 시행되어 행정관행이 성립한 경우 그것만으로는 관습법으로서 법적 구속력을 갖지는 못하지만, 그 행정관행이 적법한 경우 행정기관은 그 준칙에 따라야 할 자기구속을 받게 된다.
② 헌법규정은 행정권을 직접 구속하지 않으며 헌법을 구체화하는 법률을 통해 행정권을 구속한다.
③ 지방자치단체가 학교급식을 위해 국내 우수농산물을 사용하는 자에게 식재료나 구입비의 일부를 지원하는 조례안이 「1994년 관세 및 무역에 관한 일반협정」에 위배되어 위법한 이상, 그 조례안에 대한 재의결은 효력이 없다.
④ WTO 협정 회원국 정부의 반덤핑부과처분이 WTO 협정위반이라는 이유만으로 사인(私人)이 직접 국내법원에 회원국 정부를 상대로 그 처분의 취소소송을 제기하거나 위 협정위반을 처분의 독립된 취소사유로 주장할 수 없다.
⑤ 신뢰보호원칙의 적용과 관련하여 행정청의 공적인 견해표명이 있었는지의 여부를 판단함에 있어서는 반드시 행정조직상의 형식적인 권한분배에 구애될 것은 아니다.

[❶ ▸ O] 판례는 재량권 행사의 준칙인 행정규칙이 되풀이 시행되어 행정관행이 이루어지게 되면 자기구속의 법리를 인정하지만 선례가 위법한 경우 자기구속력을 부정한다.

판례
- 재량권 행사의 준칙인 행정규칙이 그 정한 바에 따라 되풀이 시행되어 행정관행이 이루어지게 되면 평등의 원칙이나 신뢰보호의 원칙에 따라 행정기관은 그 상대방에 대한 관계에서 그 규칙에 따라야 할 자기구속을 받게 되므로, 이러한 경우에는 특별한 사정이 없는 한 그를 위반하는 처분은 평등의 원칙이나 신뢰보호의 원칙에 위배되어 재량권을 일탈・남용한 위법한 처분이 된다(대판 2009.12.24. 2009두7967).
- 평등의 원칙은 본질적으로 같은 것을 자의적으로 다르게 취급함을 금지하는 것이고, 위법한 행정처분이 수차례에 걸쳐 반복적으로 행하여졌다 하더라도 그러한 처분이 위법한 것인 때에는 행정청에 대하여 자기구속력을 갖게 된다고 할 수 없다(대판 2009.6.25. 2008두13132).

[❷ ▸ X] 행정권의 행사가 헌법에 반하는 경우 이는 위헌에 해당한다. 따라서 헌법은 법률을 통해 행정권을 구속하기도 하지만, 기본권규정 등을 통해 행정권을 직접 구속하기도 한다.



② 정답

[❸ ▸ O] 특정 지방자치단체의 초·중·고등학교에서 실시하는 학교급식을 위해 위 지방자치단체에서 생산되는 우수농수축산물과 이를 재료로 사용하는 가공식품을 우선적으로 사용하도록 하고 그러한 우수농산물을 사용하는 자를 선별하여 식재료나 식재료 구입비의 일부를 지원하며 지원을 받은 학교는 지원금을 반드시 우수농산물을 구입하는 데 사용하도록 하는 것을 내용으로 하는 위 지방자치단체의 조례안이 내국민대우원칙을 규정한 '1994년 관세 및 무역에 관한 일반협정'에 위반되어 그 효력이 없다. 그렇다면 원고의 다른 주장에 관하여 더 나아가 판단할 것도 없이 이 사건 조례안 중 일부가 위법한 이상 이 사건 조례안에 대한 재의결은 전부 효력이 부인되어야 할 것이므로, 그 재의결의 효력 배제를 구하는 원고의 이 사건 청구는 이유 있다(대판 2005.9.9. 2004추10).

[❹ ▸ O] 위 협정은 국가와 국가 사이의 권리·의무관계를 설정하는 국제협정으로, 그 내용 및 성질에 비추어 이와 관련한 법적 분쟁은 위 WTO 분쟁해결기구에서 해결하는 것이 원칙이고, 사인(私人)에 대하여는 위 협정의 직접 효력이 미치지 아니한다고 보아야 할 것이므로, 위 협정에 따른 회원국 정부의 반덤핑부과처분이 WTO 협정위반이라는 이유만으로 사인이 직접 국내 법원에 회원국 정부를 상대로 그 처분의 취소를 구하는 소를 제기하거나 위 협정위반을 처분의 독립된 취소사유로 주장할 수는 없다(대판 2009.1.30. 2008두17936).

[❺ ▸ O] 행정청의 공적 견해표명이 있었는지의 여부를 판단하는 데 있어 반드시 행정조직상의 형식적인 권한분장에 구애될 것은 아니고 담당자의 조직상의 지위와 임무, 당해 언동을 하게 된 구체적인 경위 및 그에 대한 상대방의 신뢰가능성에 비추어 실질에 의하여 판단하여야 한다고 할 것이다(대판 1997.9.12. 96누18380).

**2015년 변호사시험 문 33.** ☑ 확인 Check! O △ X

**甲이 「국토의 계획 및 이용에 관한 법률」상 용도지역이 농림지역인 토지에 건설폐기물처리업을 영위할 목적으로 군수 A에게 폐기물처리업 사업계획서를 제출하자 A는 사업계획에 대한 적정통보를 하였다. 그 후 甲은 A에게 이 사건 토지에 대한 용도지역을 농림지역에서 도시지역으로 변경하여 달라는 도시·군관리계획 변경신청을 하였으나, A는 甲의 신청을 거부하였다. 이에 관한 설명 중 옳은 것을 모두 고른 것은?(다툼이 있는 경우 판례에 의함)**

ㄱ. 폐기물처리업 사업계획에 대한 적정통보는 사업부지에 대한 도시·군관리계획 변경신청을 승인해 주겠다는 취지의 공적 견해를 표명한 것으로 볼 수 있다.
ㄴ. 폐기물처리업 사업계획에 대한 적정통보와 도시·군관리계획의 변경은 각기 그 제도의 취지와 결정단계에서 고려해야 할 사항들이 다르므로 A의 거부처분은 신뢰보호원칙에 위반되지 않는다.
ㄷ. 폐기물처리시설로 인한 수질오염 등을 예방하고자 하는 공익보다 甲의 폐기물처리업 준비에 소요된 비용의 회수이익이 크지 않다면 甲의 신뢰는 보호받을 수 없다.
ㄹ. 甲이 A의 적정통보에 근거하여 도시·군관리계획 변경신청승인에 대해 신뢰를 갖고 폐기물처리업 준비를 하였다면 甲에게는 귀책사유가 없다.

① ㄱ, ㄷ ② ㄱ, ㄹ ③ ㄴ, ㄷ
④ ㄴ, ㄹ ⑤ ㄴ, ㄷ, ㄹ

[ㄱ ▸ X] [ㄴ ▸ O] [ㄹ ▸ X] 폐기물관리법령에 의한 폐기물처리업 사업계획에 대한 적정통보와 국토이용관리법령에 의한 국토이용계획변경은 각기 그 제도적 취지와 결정단계에서 고려해야 할 사항들이 다르므로, 폐기물처리업 사업계획에 대하여 적정통보를 한 것만으로 그 사업부지 토지에 대한 국토이용계획변경신청을 승인하여 주겠다는 취지의 공적인 견해표명을 한 것으로 볼 수 없고, 그럼에도 불구하고 원고가 그 승인을 받을 것으로 신뢰하였다면 원고에게 귀책사유가 있다 할 것이므로, 이 사건 처분이 신뢰보호의 원칙에 위배된다고 할 수 없다(대판 2005.4.28. 2004두8828).

정답 ③

[ㄷ ▸ O] 이 사건 처분으로 원고가 폐기물최종처리사업을 준비하는 과정에서 들인 비용의 회수가 어렵다는 사정을 감안하더라도, 이 사건 처분으로 원고가 입게 될 불이익보다는 이 사건 처분에 의하여 달성하려고 하는 공익상 필요의 정도가 더 크다고 할 것이므로, 이 사건 처분이 공익과 사익을 비교형량함에 있어 비례의 원칙에 반하여 재량권을 일탈·남용한 것으로 볼 수 없다(대판 2005.4.28. 2004두8828).

**2018년 변호사시험 문 23.**

☑ 확인 Check! ○ △ ×

**행정법의 법원(法源)에 관한 설명 중 옳지 않은 것은?(다툼이 있는 경우 판례에 의함)**

① 대법원의 판례변경은 대법관 전원의 3분의 2 이상의 합의체에서 과반수로 결정하도록 하고 있으며, 「소액사건심판법」에서는 대법원 판례에 대한 위반을 상고이유로 규정하고 있다.

② 여러 종류의 가산세를 함께 부과하면서 그 종류와 세액의 산출근거를 구분하여 밝히지 않고 가산세의 합계세액만을 기재한 오랜 관행이 비록 적법절차의 원칙에서 문제가 있더라도, 법률에서 가산세의 납세고지에 관하여 특별히 규정하지 않은 이상 그 관행은 행정관습법으로 통용될 수 있다.

③ 국민이 가지는 모든 기대 내지 신뢰가 권리로서 보호될 것은 아니고, 신뢰보호 여부는 기존의 제도를 신뢰한 자의 신뢰를 보호할 필요성과 새로운 제도를 통해 달성하려고 하는 공익을 비교형량하여 판단하여야 한다.

④ 비위사실로 파면처분을 받은 피징계자가 징계처분에 중대하고 명백한 흠이 있음을 알면서도 퇴직 시 지급되는 퇴직금 등 급여를 받은 후 5년이 지나 그 비위사실의 공소시효가 완성된 후에 징계처분의 흠을 내세워 그 징계처분의 무효확인을 구하는 것은 신의칙에 반한다.

⑤ 신뢰보호의 원칙을 성립시키는 행정청의 공적 견해나 의사는 명시적 또는 묵시적으로 표시되어야 하는데, 비과세 관행에 관한 묵시적 표시가 있다고 하기 위하여는 단순한 과세 누락과는 달리 과세관청이 상당기간 불과세 상태에 대하여 과세하지 않겠다는 의사표시를 한 것으로 볼 수 있는 사정이 있어야 한다.

[❶ ▸ O] 법원조직법 제7조 제1항 제3호, 소액사건심판법 제3조 제2호 참조

**법령**

**심판권의 행사(법원조직법 제7조)** ① 대법원의 심판권은 대법관 전원의 3분의 2 이상의 합의체에서 행사하며, 대법원장이 재판장이 된다. 다만, 대법관 3명 이상으로 구성된 부(部)에서 먼저 사건을 심리(審理)하여 의견이 일치한 경우에 한정하여 다음 각 호의 경우를 제외하고 그 부에서 재판할 수 있다.

1. 명령 또는 규칙이 헌법에 위반된다고 인정하는 경우
2. 명령 또는 규칙이 법률에 위반된다고 인정하는 경우
3. 종전에 대법원에서 판시(判示)한 헌법·법률·명령 또는 규칙의 해석 적용에 관한 의견을 변경할 필요가 있다고 인정하는 경우
4. 부에서 재판하는 것이 적당하지 아니하다고 인정하는 경우

**상고 및 재항고(소액사건심판법 제3조)** 소액사건에 대한 지방법원 본원 합의부의 제2심판결이나 결정·명령에 대하여는 다음 각 호의 1에 해당하는 경우에 한하여 대법원에 상고 또는 재항고를 할 수 있다.

1. 법률·명령·규칙 또는 처분의 헌법 위반 여부와 명령·규칙 또는 처분의 법률 위반 여부에 대한 판단이 부당한 때
2. 대법원의 판례에 상반되는 판단을 한 때



② 정답

[❷ ▸ ×] 가산세의 종류가 여러 가지인 경우에도 그 합계액만 표시하는 것이 오랜 과세관행처럼 되어 있었다. 하지만 가산세라고 하여 적법절차 원칙의 법정신을 완화하여 적용할 합당한 근거는 어디에도 없다. 가산세 역시 본세와 마찬가지 수준으로 그 형식과 내용을 갖추어 세액의 산출근거 등을 밝혀서 고지하여야 하고, 납세고지서를 받는 납세의무자가 따로 법률 규정을 확인하거나 과세관청에 문의해 보지 않고도 무슨 가산세가 부과되었고 세액이 그렇게 된 산출근거가 무엇인지 알 수 있도록 해야 한다. 그러므로 가산세 부과처분이라고 하여 그 종류와 세액의 산출근거 등을 전혀 밝히지 않고 가산세의 합계액만을 기재한 경우에는 그 부과처분은 위법함을 면할 수 없다(대판 2012.10.18. 2010두12347 [전합]).

[❸ ▸ ○] 사회환경이나 경제여건의 변화에 따른 필요성에 의하여 법률은 신축적으로 변할 수밖에 없고, 변경된 새로운 법질서와 기존의 법질서 사이에는 이해관계의 상충이 불가피하므로 국민이 가지는 모든 기대 내지 신뢰가 헌법상 권리로서 보호될 것은 아니고, 보호 여부는 기존의 제도를 신뢰한 자의 신뢰를 보호할 필요성과 새로운 제도를 통해 달성하려고 하는 공익을 비교형량하여 판단하여야 한다(대판 2016.11.9. 2014두3235).

[❹ ▸ ○] 피징계자가 징계처분에 중대하고 명백한 흠이 있음을 알면서도 퇴직 시에 지급되는 퇴직금 등 급여를 지급받으면서 그 징계처분에 대하여 위 흠을 들어 항고하였다가 곧 취하하고 그 후 5년 이상이나 그 징계처분의 효력을 일체 다투지 아니하다가 위 비위사실에 대한 공소시효가 완성되어 더 이상 형사소추를 당할 우려가 없게 되자 새삼 위 흠을 들어 그 징계처분의 무효확인을 구하는 소를 제기하기에 이르렀고 한편 징계권자로서도 그 후 오랜 기간 동안 피징계자의 퇴직을 전제로 승진·보직 등 인사를 단행하여 신분관계를 설정하였다면 피징계자가 이제 와서 위 흠을 내세워 그 징계처분의 무효확인을 구하는 것은 신의칙에 반한다(대판 1989.12.12. 88누8869).

[❺ ▸ ○] 신의성실의 원칙이 적용되기 위하여는 과세관청이 납세자에게 신뢰의 대상이 되는 공적인 견해표명을 하여야 하고, 또한 국세기본법 제18조 제3항에서 말하는 비과세관행이 성립하려면 상당한 기간에 걸쳐 과세를 하지 아니한 객관적 사실이 존재할 뿐만 아니라 과세관청 자신이 그 사항에 관하여 과세할 수 있음을 알면서도 어떤 특별한 사정 때문에 과세하지 않는다는 의사가 있어야 하며 위와 같은 공적 견해나 의사는 명시적 또는 묵시적으로 표시되어야 하지만, 묵시적 표시가 있다고 하기 위하여는 단순한 과세 누락과는 달리 과세관청이 상당기간 불과세 상태에 대하여 과세하지 않겠다는 의사표시를 한 것으로 볼 수 있는 사정이 있어야 하고, 이 경우 특히 과세관청의 의사표시가 일반론적인 견해표명에 불과한 경우에는 위 원칙의 적용을 부정하여야 한다(대판 2001.4.24. 2000두5203).

**2013년 변호사시험 문 22.** ☑ 확인 Check! ○ △ ×

**행정법의 법원(法源)에 관한 다음 설명 중 옳은 것은?(다툼이 있는 경우 판례에 의함)**

① 인간다운 생활을 할 권리에 관한 헌법상의 규정은 입법부와 행정부에 대하여 가능한 한 모든 국민이 인간의 존엄성에 맞는 건강하고 문화적인 생활을 누릴 수 있도록 하여야 한다는 행위규범으로 작용하지만, 입법부나 행정부의 행위의 합헌성을 심사하기 위한 통제규범으로 작용하는 것은 아니다.

② 위법한 행정처분이라도 수차례에 걸쳐 반복적으로 행해져 행정관행이 된 경우에는 행정청에 대하여 자기구속력을 갖게 된다.

③ 같은 정도의 비위를 저지른 자들임에도 불구하고 그 직무의 특성 등에 비추어 개전의 정이 있는지 여부에 따라 징계 종류의 선택과 양정에서 다르게 취급하는 것은 평등의 원칙에 위반된다.

④ 행정청의 행위에 대한 신뢰보호 원칙의 적용 요건 중 하나인 '행정청의 견해표명이 정당하다고 신뢰한 데에 대하여 그 개인에게 귀책사유가 없을 것'을 판단함에 있어, 귀책사유의 유무는 상대방과 그로부터 신청행위를 위임받은 수임인 등 관계자 모두를 기준으로 하여야 한다.

⑤ 재량권 행사의 준칙인 행정규칙이 그 정한 바에 따라 되풀이 시행되어 행정관행이 이루어지고 평등의 원칙에 따라 행정기관이 그 규칙에 따라야 할 자기구속을 받게 된 경우에는, 특별한 사정이 있는 경우에도 해당 규칙에 따라야 할 절대적 구속력이 발생한다.

정답 ④

[❶ ▸ ×] 모든 국민은 인간다운 생활을 할 권리를 가지며 국가는 생활능력 없는 국민을 보호할 의무가 있다는 헌법의 규정은 모든 국가기관을 기속하지만 그 기속의 의미는 동일하지 아니한데, 입법부나 행정부에 대하여는 국민소득, 국가의 재정능력과 정책 등을 고려하여 가능한 범위 안에서 최대한으로 모든 국민이 물질적인 최저생활을 넘어서 인간의 존엄성에 맞는 건강하고 문화적인 생활을 누릴 수 있도록 하여야 한다는 행위의 지침, 즉 행위규범으로서 작용하지만, 헌법재판에 있어서는 다른 국가기관, 즉 입법부나 행정부가 국민으로 하여금 인간다운 생활을 영위하도록 하기 위하여 객관적으로 필요한 최소한의 조치를 취할 의무를 다하였는지를 기준으로 국가기관의 행위의 합헌성을 심사하여야 한다는 통제규범으로 작용하는 것이다(헌재 2004.10.28. 2002헌마328).

[❷ ▸ ×] 평등의 원칙은 본질적으로 같은 것을 자의적으로 다르게 취급함을 금지하는 것이고, 위법한 행정처분이 수차례에 걸쳐 반복적으로 행하여졌다 하더라도 그러한 처분이 위법한 것인 때에는 행정청에 대하여 자기구속력을 갖게 된다고 할 수 없다(대판 2009.6.25. 2008두13132).

[❸ ▸ ×] 같은 정도의 비위를 저지른 자들에 대하여 그 구체적인 직무의 특성, 금전 수수의 경우에는 그 액수와 횟수, 의도적·적극적 행위인지 여부, 개전의 정이 있는지 여부 등에 따라 징계의 종류의 선택과 양정에 있어서 차별적으로 취급하는 것은 사안의 성질에 따른 합리적 차별로서 이를 자의적 취급이라고 할 수 없어 평등의 원칙 내지 형평에 반하지 아니한다(대판 2008.6.26. 2008두6387).

[❹ ▸ O] 일반적으로 행정상의 법률관계에 있어서 행정청의 행위에 대하여 신뢰보호의 원칙이 적용되기 위하여는, 첫째 행정청이 개인에 대하여 신뢰의 대상이 되는 공적인 견해표명을 하여야 하고, 둘째 행정청의 견해표명이 정당하다고 신뢰한 데에 대하여 그 개인에게 귀책사유가 없어야 하며, 셋째 그 개인이 그 견해표명을 신뢰하고 이에 기초하여 어떠한 행위를 하였어야 하고, 넷째 행정청이 위 견해표명에 반하는 처분을 함으로써 그 견해표명을 신뢰한 개인의 이익이 침해되는 결과가 초래되어야 하는바, 어떠한 행정처분이 이러한 요건을 충족하는 때에는 공익 또는 제3자의 정당한 이익을 현저히 해할 우려가 있는 경우가 아닌 한 신뢰보호의 원칙에 반하는 행위로서 위법하다. … 개인의 귀책사유라 함은 행정청의 견해표명의 하자가 상대방 등 관계자의 사실은폐나 기타 사위의 방법에 의한 신청행위 등 부정행위에 기인한 것이거나 그러한 부정행위가 없더라도 하자가 있음을 알았거나 중대한 과실로 알지 못한 경우 등을 의미한다고 해석함이 상당하고, 귀책사유의 유무는 상대방과 그로부터 신청행위를 위임받은 수임인 등 관계자 모두를 기준으로 판단하여야 한다(대판 2008.1.17. 2006두10931).

[❺ ▸ ×] 재량권 행사의 준칙인 행정규칙이 그 정한 바에 따라 되풀이 시행되어 행정관행이 이루어지게 되면 평등의 원칙이나 신뢰보호의 원칙에 따라 행정기관은 그 상대방에 대한 관계에서 그 규칙에 따라야 할 자기구속을 받게 되므로, 이러한 경우에는 특별한 사정이 없는 한 그를 위반하는 처분은 평등의 원칙이나 신뢰보호의 원칙에 위배되어 재량권을 일탈·남용한 위법한 처분이 된다(대판 2009.12.24. 2009두7967).

**2014년 변호사시험 문 20.** ☑ 확인 Check! ○ △ ✕

**신뢰보호원칙의 적용에 관한 설명 중 옳지 않은 것은?(다툼이 있는 경우 판례에 의함)**

① 행정청의 공적 견해표명이 있었는지의 여부를 판단하는 데 있어 반드시 행정조직상의 형식적인 권한분장에 구애될 것은 아니고 담당자의 조직상의 지위와 임무, 당해 언동을 하게 된 구체적인 경위 및 그에 대한 상대방의 신뢰가능성에 비추어 실질에 의하여 판단하여야 한다.

② 수익적 행정처분의 하자가 당사자의 사실은폐나 기타 사위의 방법에 의한 신청행위에 기인한 것이라면, 당사자는 처분에 의한 이익을 위법하게 취득하였음을 알아 취소가능성도 예상하고 있었을 것이므로, 그 자신이 처분에 관한 신뢰이익을 원용할 수 없다.

③ 행정처분이 신뢰보호원칙의 요건을 충족하는 경우라고 하더라도 행정청이 앞서 표명한 공적인 견해에 반하는 행정처분을 함으로써 달성하려는 공익이 행정청의 공적 견해표명을 신뢰한 개인이 그 행정처분으로 인하여 입게 되는 이익의 침해를 정당화할 수 있을 정도로 강한 경우에는 신뢰보호의 원칙을 들어 그 행정처분이 위법하다고는 할 수 없다.

④ 관할관청이 폐기물처리업 사업계획에 대하여 적정통보를 하였다면, 이것은 당해 사업을 위해 필요한 그 사업부지 토지에 대한 국토이용계획변경신청을 승인하여 주겠다는 취지의 공적인 견해표명을 한 것으로 볼 수 있다.

⑤ 운전면허 취소사유에 해당하는 음주운전을 적발한 경찰관의 소속 경찰서장이 사무착오로 위반자에게 운전면허정지처분을 한 상태에서 위반자의 주소지 관할 지방경찰청장이 위반자에게 운전면허취소처분을 한 것은 선행처분에 대한 당사자의 신뢰 및 법적 안정성을 저해하는 것으로서 허용될 수 없다.

[❶ ▸ O] 행정청의 공적 견해표명이 있었는지의 여부를 판단하는 데 있어 반드시 행정조직상의 형식적인 권한분장에 구애될 것은 아니고 담당자의 조직상의 지위와 임무, 당해 언동을 하게 된 구체적인 경위 및 그에 대한 상대방의 신뢰가능성에 비추어 실질에 의하여 판단하여야 한다고 할 것이다(대판 1997.9.12. 96누18380).

[❷ ▸ O] 행정행위를 한 처분청은 그 행위에 하자가 있는 경우에는 별도의 법적 근거가 없더라도 스스로 이를 취소할 수 있고, 다만 수익적 행정처분을 취소할 때에는 이를 취소하여야 할 공익상의 필요와 그 취소로 인하여 당사자가 입게 될 기득권과 신뢰보호 및 법률생활 안정의 침해 등 불이익을 비교·교량한 후 공익상의 필요가 당사자가 입을 불이익을 정당화할 만큼 강한 경우에 한하여 취소할 수 있다. 그런데 수익적 행정처분의 하자가 당사자의 사실은폐나 기타 사위의 방법에 의한 신청행위에 기인한 것이라면, 당사자는 처분에 의한 이익을 위법하게 취득하였음을 알아 취소가능성도 예상하고 있었을 것이므로, 그 자신이 처분에 관한 신뢰이익을 원용할 수 없음은 물론, 행정청이 이를 고려하지 않았다 하여도 재량권의 남용이 되지 않고, 이 경우 당사자의 사실은폐나 기타 사위의 방법에 의한 신청행위가 제3자를 통하여 소극적으로 이루어졌다고 하여 달리 볼 것이 아니다(대판 2008.11.13. 2008두8628).

[❸ ▸ O] 일반적으로 행정상의 법률관계에 있어서 행정청의 행위에 대하여 신뢰보호의 원칙이 적용되기 위하여는, 첫째 행정청이 개인에 대하여 신뢰의 대상이 되는 공적인 견해표명을 하여야 하고, 둘째 행정청의 견해표명이 정당하다고 신뢰한 데에 대하여 그 개인에게 귀책사유가 없어야 하며, 셋째 그 개인이 그 견해표명을 신뢰하고 이에 어떠한 행위를 하였어야 하고, 넷째 행정청이 위 견해표명에 반하는 처분을 함으로써 그 견해표명을 신뢰한 개인의 이익이 침해되는 결과가 초래되어야 하고, 어떠한 행정처분이 이러한 요건을 충족할 때에는, 공익 또는 제3자의 정당한 이익을 해할 우려가 있는 경우가 아닌 한, 신뢰보호의 원칙에 반하는 행위로서 위법하게 된다고 할 것이므로, 행정처분이 이러한 요건을 충족하는 경우라고 하더라도 행정청이 앞서 표명한 공적인 견해에 반하는 행정처분을 함으로써 달성하려는 공익이 행정청의 공적 견해표명을 신뢰한 개인이 그 행정처분으로 인하여 입게 되는 이익의 침해를 정당화할 수 있을 정도로 강한 경우에는 신뢰보호의 원칙을 들어 그 행정처분이 위법하다고는 할 수 없다(대판 1998.11.13. 98두7343).

정답 ④

[❹ ▸ ×] 폐기물관리법령에 의한 폐기물처리업 사업계획에 대한 적정통보와 국토이용관리법령에 의한 국토이용계획 변경은 각기 그 제도적 취지와 결정단계에서 고려해야 할 사항들이 다르므로, 폐기물처리업 사업계획에 대하여 적정통보를 한 것만으로 그 사업부지 토지에 대한 국토이용계획변경신청을 승인하여 주겠다는 취지의 공적인 견해표명을 한 것으로 볼 수 없다(대판 2005.4.28. 2004두8828).

[❺ ▸ ○] 행정청이 일단 행정처분을 한 경우에는 행정처분을 한 행정청이라도 법령에 규정이 있는 때, 행정처분에 하자가 있는 때, 행정처분의 존속이 공익에 위반되는 때, 또는 상대방의 동의가 있는 때 등의 특별한 사유가 있는 경우를 제외하고는 행정처분을 자의로 취소(철회의 의미를 포함한다)할 수 없다. 운전면허 취소사유에 해당하는 음주운전을 적발한 경찰관의 소속 경찰서장이 사무착오로 위반자에게 운전면허정지처분을 한 상태에서 위반자의 주소지 관할 지방경찰청장이 위반자에게 운전면허취소처분을 한 것은 선행처분에 대한 당사자의 신뢰 및 법적 안정성을 저해하는 것으로서 허용될 수 없다(대판 2000.2.25. 99두10520).

## 제4절 행정법의 효력 ☆

**2018년 변호사시험 문 29.** ☑ 확인Check! ○ △ ×

**개정 법령의 적용에 관한 설명 중 옳은 것을 모두 고른 것은?(다툼이 있는 경우 판례에 의함)**

ㄱ. 행정처분은 신청 후 그 근거 법령이 개정된 경우에도 경과규정에서 달리 정함이 없는 한 처분 당시 시행되는 개정 법령과 그에 정한 기준에 의하는 것이 원칙이다.

ㄴ. 개정 법령이 기존의 사실 또는 법률관계를 적용대상으로 하면서 국민의 재산권과 관련하여 종전보다 불리한 법률효과를 규정하고 있는 경우에도 그러한 사실 또는 법률관계가 개정 법령이 시행되기 이전에 이미 완성 또는 종결된 것이 아니라면 이를 헌법상 금지되는 소급입법에 의한 재산권 침해라고 할 수는 없다.

ㄷ. 개정 법령의 적용과 관련하여서는 개정 전 법령의 존속에 대한 국민의 신뢰가 개정 법령의 적용에 관한 공익상 요구보다 더 보호가치가 있다고 인정되는 경우에 그러한 국민의 신뢰를 보호하기 위하여 그 적용이 제한될 여지가 있다.

ㄹ. 구 「유료도로법」에 따라 통행료를 징수할 수 없게 된 도로라 하더라도 신법에 따른 유료도로의 요건을 갖추었다면 그 시행 이후 그 도로를 통행하는 차량에 대하여 통행료를 부과하여도 헌법상 소급입법에 의한 재산권 침해금지 원칙에 반한다고 볼 수 없다.

① ㄱ, ㄴ ② ㄱ, ㄷ ③ ㄱ, ㄴ, ㄷ
④ ㄴ, ㄷ, ㄹ ⑤ ㄱ, ㄴ, ㄷ, ㄹ

[ㄱ ▸ ○] 행정행위는 처분 당시에 시행 중인 법령 및 허가기준에 의하여 하는 것이 원칙이고, 인, 허가신청 후 처분 전에 관계 법령이 개정 시행된 경우 신법령 부칙에서 신법령 시행 전에 이미 허가신청이 있는 때에는 종전의 규정에 의한다는 취지의 경과규정을 두지 아니한 이상 당연히 허가신청 당시의 법령에 의하여 허가 여부를 판단하여야 하는 것은 아니며, 소관 행정청이 허가신청을 수리하고도 정당한 이유 없이 처리를 늦추어 그 사이에 법령 및 허가기준이 변경된 것이 아닌 한 새로운 법령 및 허가기준에 따라서 한 불허가처분이 위법하다고 할 수 없다(대판 1992.12.8. 92누13813).

[ㄴ ▸ O] [ㄷ ▸ O] 행정처분은 그 근거 법령이 개정된 경우에도 경과규정에서 달리 정함이 없는 한 처분 당시 시행되는 개정 법령과 그에 정한 기준에 의하는 것이 원칙이고, 그 개정 법령이 기존의 사실 또는 법률관계를 적용대상으로 하면서 국민의 재산권과 관련하여 종전보다 불리한 법률효과를 규정하고 있는 경우에도 그러한 사실 또는 법률관계가 개정 법령이 시행되기 이전에 이미 완성 또는 종결된 것이 아니라면 이를 헌법상 금지되는 소급입법에 의한 재산권 침해라고 할 수는 없으며, 그러한 개정 법령의 적용과 관련하여서는 개정 전 법령의 존속에 대한 국민의 신뢰가 개정 법령의 적용에 관한 공익상의 요구보다 더 보호가치가 있다고 인정되는 경우에 그러한 국민의 신뢰를 보호하기 위하여 그 적용이 제한될 수 있는 여지가 있을 따름이다(대판 2009.4.23. 2008두8918).

[ㄹ ▸ O] 개정 법률이 이전 법률과 통행료 징수요건을 달리 정하고 있더라도 시행 이후에는 개정 법률에 따른 통행료 징수 요건을 충족하는 이상 '유료도로'로 볼 수 있는 점, 설령 도로가 개정 전 법률에 따라 통행료를 더 이상 부과할 수 없게 되었더라도 개정 법률 시행 이후에 도로를 통행하는 차량에 대하여 개정 법률에 따라 통행료를 부과하는 것이 '기존의 완성된 사실관계'에 대하여 종전보다 불리한 개정 법률을 적용하는 것으로 보기 어려운 점 등에 비추어 1977년 유료도로법의 개정 전 법령의 존속에 대한 국민의 신뢰가 개정 법령의 적용에 관한 공익상 요구보다 더 보호가치가 있다고 단정하기도 어려운 점 등을 종합적으로 고려할 때, 1977년 유료도로법에 따라 통행료를 징수할 수 없게 된 고속국도라 하더라도 1980년 유료도로법 또는 2001년 유료도로법에 따른 유료도로의 요건을 갖추었다면 그 시행 이후 도로를 통행하는 차량에 대하여 통행료를 부과할 수 있다고 해석하는 것이 타당하고, 이러한 해석이 헌법상 소급입법에 의한 재산권침해금지원칙에 반한다고 볼 수 없다(대판 2015.10.15. 2013두2013).

CHAPTER 03

# 행정상 법률관계

행정법

각 문항별로 이해도를 체크해 보세요.

최근 5년간 회별 평균 1.4문

## 제1절 행정상 법률관계의 종류 ☆

**2016년 변호사시험 문 30.**

확인Check! ○ △ ×

**국토교통부 산하 A시설공단은 「공공기관의 운영에 관한 법률」의 적용을 받는 법인격 있는 공기업이다. A시설공단은 시설물 설치를 위한 지반공사를 위해 「국가를 당사자로 하는 계약에 관한 법률」이 정하는 바에 따라 甲건설회사와 공사도급계약을 체결하였다. 그런데 甲건설회사가 공사를 하는 과정에서 규격에 미달하는 저급한 자재를 사용하여 지반이 침하하는 사고가 발생하였고, A시설공단은 계약의 부실 이행을 이유로 「공공기관의 운영에 관한 법률」 제39조 제2항에 따라 甲건설회사에 대해 3개월간 입찰참가자격을 제한한다는 통보를 하였다. 이에 관한 설명 중 옳지 않은 것은?(다툼이 있는 경우 판례에 의함)**

① A시설공단과 甲건설회사 간의 공사도급계약은 사법상(私法上) 계약이며, 그 내용에 관한 분쟁의 해결은 민사소송에 의한다.

② 甲건설회사가 위 입찰참가자격 제한조치에 대해 취소소송을 제기하는 경우 피고는 국토교통부장관이 아니라 A시설공단으로 하여야 한다.

③ 입찰참가자격 제한조치에 대한 취소소송의 계속 중 피고는 甲건설회사가 부실공사를 무마하기 위해 관계 공무원에게 뇌물을 공여한 사실이 있음을 처분사유로 추가할 수 없다.

④ 甲건설회사가 입찰참가자격 제한조치의 취소를 구하는 소송에서 처분의 근거조항인 「공공기관의 운영에 관한 법률」 제39조 제2항에 대하여 위헌제청신청을 하였으나 수소법원이 그 신청을 기각한 경우, 甲건설회사는 그 기각결정에 대해 항고할 수 있다.

⑤ 甲건설회사가 입찰참가자격 제한조치에 대한 취소를 구하는 소를 제기하여 기각판결을 받았다면, 그 기각판결이 예외적으로 헌법소원심판을 통해 취소되지 않는 한 입찰참가자격 제한조치의 취소를 구하는 헌법소원심판청구는 허용되지 않는다.

[❶ ▸ O] 행정주체와 사인 간의 건설도급계약은 협의의 국고작용으로서 사법관계에 해당하므로, 그 분쟁 해결은 민사소송에 의하여 해결한다.

판례 지방재정법에 의하여 준용되는 '국가를 당사자로 하는 계약에 관한 법률'에 따라 지방자치단체가 당사자가 되는 이른바 공공계약은 사경제의 주체로서 상대방과 대등한 위치에서 체결하는 사법상의 계약으로서 그 본질적인 내용은 사인 간의 계약과 다를 바가 없으므로, 그에 관한 법령에 특별한 정함이 있는 경우를 제외하고는 사적 자치와 계약자유의 원칙 등 사법의 원리가 그대로 적용된다고 할 것이다(대판 2006.6.19. 2006마117).

[❷ ▸ O] 취소소송은 다른 법률에 특별한 규정이 없는 한 그 처분 등을 행한 행정청을 피고로 하며(행정소송법 제13조 참조), 행정청에는 법령에 의하여 행정권한의 위임 또는 위탁을 받은 행정기관, 공공단체 및 그 기관 또는 사인이 포함된다(동법 제2조 참조). A시설공단은 공공기관의 운영에 관한 법률에 의해 입찰참가자격제한조치를 할 수 있는 위임을 받았다고 볼 수 있다. 따라서 입찰참가자격제한조치에 대해 취소소송을 제기하는 경우 피고는 A시설공단으로 하여야 한다.



④ 정답

[ ❸ ▸ O ] 입찰참가자격을 제한시킨 당초의 처분 사유인 정당한 이유 없이 계약을 이행하지 않은 사실과 항고소송에서 새로 주장한 계약의 이행과 관련하여 관계 공무원에게 뇌물을 준 사실은 기본적 사실관계의 동일성이 없다(대판 1999.3.9. 98두18565).

[ ❹ ▸ × ] 위헌 여부 심판의 제청에 관한 결정에 대하여는 항고할 수 없다(헌법재판소법 제41조 제4항).

[ ❺ ▸ O ] 법원의 재판이 취소되지 아니하는 경우에는 확정판결의 기판력으로 인하여 원행정처분은 헌법소원심판의 대상이 되지 아니하며, 뿐만 아니라 원행정처분에 대한 헌법소원심판청구를 허용하는 것은 "명령·규칙 또는 처분이 헌법이나 법률에 위반되는 여부가 재판의 전제가 된 경우에는 대법원은 이를 최종적으로 심사할 권한을 가진다"고 규정한 헌법 제107조 제2항이나, 원칙적으로 헌법소원심판의 대상에서 법원의 재판을 제외하고 있는 헌법재판소법 제68조 제1항의 취지에도 어긋난다(헌재 2001.2.22. 99헌마409).

## 제2절 공법관계와 사법관계 ★

**2015년 변호사시험 문 36.** ☑ 확인Check! O △ X

**공법관계와 사법관계의 구별과 관련된 판례의 내용 중 옳지 않은 것은?**

① 국가나 지방자치단체에 근무하는 청원경찰에 대한 징계처분의 시정을 구하는 소송은 행정소송에 해당한다.
② 일반재산(구 잡종재산)인 국유림을 대부하는 행위는 법률이 대부계약의 취소사유나 대부료의 산정방법 등을 정하고 있고, 대부료의 징수에 관하여 「국세징수법」 중 체납처분에 관한 규정을 준용하도록 정하고 있더라도 사법관계로 파악된다.
③ 구 「공익사업을 위한 토지 등의 취득 및 보상에 관한 법률」상 환매권의 존부에 관한 확인을 구하는 소송 및 환매금액의 증감을 구하는 소송은 민사소송이다.
④ 국세환급금결정이나 이 결정을 구하는 신청에 대한 환급거부결정은 행정청의 공행정작용으로서 항고소송의 대상이 된다.
⑤ 서울특별시지하철공사 임원 및 직원에 대한 징계처분은 위 공사 사장이 공권력 발동주체로서 행정처분을 행한 것으로 볼 수 없으므로 이에 대한 불복절차는 민사소송절차에 의하여야 할 것이지 행정소송에 의할 수는 없는 것이다.

[ ❶ ▸ O ] 국가나 지방자치단체에 근무하는 청원경찰은 국가공무원법이나 지방공무원법상의 공무원은 아니지만, 다른 청원경찰과는 달리 그 임용권자가 행정기관의 장이고, 국가나 지방자치단체로부터 보수를 받으며, 산업재해보상보험법이나 근로기준법이 아닌 공무원연금법에 따른 재해보상과 퇴직급여를 지급받고, 직무상의 불법행위에 대하여도 민법이 아닌 국가배상법이 적용되는 등의 특질이 있으며 그 외 임용자격, 직무, 복무의무 내용 등을 종합하여 볼 때, 그 근무관계를 사법상의 고용계약관계로 보기는 어려우므로 그에 대한징계처분의 시정을 구하는 소는 행정소송의 대상이지 민사소송의 대상이 아니다(대판 1993.7.13. 92다47564).

[ ❷ ▸ O ] 일반재산(구 잡종재산)인 국유림을 대부하는 행위는 국가가 사경제 주체로서 상대방과 대등한 위치에서 행하는 사법상의 법률행위라 할 것이고, 행정청이 공권력의 주체로서 행하는 공법상의 행위라 할 수 없으며, 이 대부계약의 취소사유나 대부료의 산정방법 등을 법정하고, 또 대부료의 징수에 관하여 국세징수법 중 체납처분에 관한 규정을 준용하는 규정(국유재산법 제73조 제2항)들이 있다고 하더라도 위 규정들은 국유재산관리상의 공정과 편의를 꾀하기 위한 규정들에 불과하여 위 규정들로 인하여 일반재산인 국유림 대부행위의 본질이 사법상의 법률행위에서 공법상의 행위로 변환되는 것은 아니라 할 것이므로, 일반재산인 국유림에 관한 대부료의 납입고지 역시 사법상의 이행청구에 해당한다고 할 것이어서 행정소송의 대상으로 되지 아니한다(대판 1993.12.21. 93누13735).

정답 ④

[❸ ▸ O] 구 공익사업을 위한 토지 등의 취득 및 보상에 관한 법률 제91조에 규정된 환매권은 상대방에 대한 의사표시를 요하는 형성권의 일종으로서 재판상이든 재판 외이든 위 규정에 따른 기간 내에 행사하면 매매의 효력이 생기는바, 이러한 환매권의 존부에 관한 확인을 구하는 소송 및 같은 법 제91조 제4항에 따라 환매금액의 증감을 구하는 소송 역시 민사소송에 해당한다(대판 2013.2.28. 2010두22368).

[❹ ▸ X] 구 국세기본법 제51조 제1항, 제52조 등의 규정은 환급청구권이 확정된 국세환급금 및 가산금에 대한 내부적 사무처리절차로서 과세관청의 환급절차를 규정한 것일 뿐 그 규정에 의한 국세환급금(가산금 포함) 결정에 의하여 비로소 환급청구권이 확정되는 것이 아니므로, 국세환급결정이나 이 결정을 구하는 신청에 대한 환급거부결정 등은 납세의무자가 갖는 환급청구권의 존부나 범위에 구체적이고 직접적인 영향을 미치는 처분이 아니어서 항고소송의 대상이 되는 처분으로 볼 수 없다(대판 2010.2.25. 2007두18284).

[❺ ▸ O] 서울특별시지하철공사의 임원과 직원의 근무관계의 성질은 지방공기업법의 모든 규정을 살펴보아도 공법상의 특별권력관계라고는 볼 수 없고 사법관계에 속할 뿐만 아니라, 위 지하철공사의 사장이 그 이사회의 결의를 거쳐 제정된 인사규정에 의거하여 소속직원에 대한 징계처분을 한 경우 위 사장은 행정소송법 제13조 제1항 본문과 제2조 제2항 소정의 행정청에 해당되지 않으므로 공권력발동주체로서 위 징계처분을 행한 것으로 볼 수 없고, 따라서 이에 대한 불복절차는 민사소송에 의할 것이지 행정소송에 의할 수는 없다(대판 1989.9.12. 89누2103).

**2019년 변호사시험 문 32.** ☑ 확인Check! O △ X

**행정상 법률관계에 관한 설명 중 옳은 것(O)과 옳지 않은 것(×)을 올바르게 조합한 것은?(다툼이 있는 경우 판례에 의함)**

ㄱ. 「국유재산법」상 국유재산의 무단점유자에 대한 변상금의 부과는 「민법」상 부당이득반환청구권의 행사로 볼 수 있으므로 사법상의 법률행위에 해당한다.

ㄴ. 지방자치단체에 근무하는 청원경찰이 뇌물을 받아 직무상 의무를 위반하였다는 이유로 파면을 당한 경우에, 청원경찰은 청원주와 사법상 근로계약을 체결함으로써 임용되는 것이므로 위 파면의 정당성에 대해서는 민사소송으로 다투어야 한다.

ㄷ. 공익사업을 위한 토지 등의 취득 및 보상에 관한 법령에 의한 협의취득은 사법상의 법률행위이므로 당사자 사이의 자유로운 의사에 따라 채무불이행책임이나 매매대금 과부족금에 대한 지급의무를 약정할 수 있다.

ㄹ. 중소기업 정보화지원사업에 따른 지원금 출연을 위하여 관계 행정기관의 장이 사인과 체결하는 협약은 공법상 대등한 당사자 사이의 의사표시 합치로 성립하는 공법상 계약에 해당한다.

① ㄱ(×) ㄴ(×) ㄷ(×) ㄹ(O)
② ㄱ(×) ㄴ(O) ㄷ(×) ㄹ(O)
③ ㄱ(×) ㄴ(×) ㄷ(O) ㄹ(O)
④ ㄱ(O) ㄴ(×) ㄷ(O) ㄹ(×)
⑤ ㄱ(O) ㄴ(O) ㄷ(×) ㄹ(×)

[ㄱ ▸ X] 국유재산법 제51조 제1항은 국유재산의 무단점유자에 대하여는 대부 또는 사용, 수익허가 등을 받은 경우에 납부하여야 할 대부료 또는 사용료 상당액 외에도 그 징벌적 의미에서 국가 측이 일방적으로 그 2할 상당액을 추가하여 변상금을 징수토록 하고 있으며 동조 제2항은 변상금의 체납 시 국세징수법에 의하여 강제징수토록 하고 있는 점 등에 비추어 보면 국유재산의 관리청이 그 무단점유자에 대하여 하는 변상금부과처분은 순전히 사경제 주체로서 행하는 사법상의 법률행위라 할 수 없고 이는 관리청이 공권력을 가진 우월적 지위에서 행한 것으로서 행정소송의 대상이 되는 행정처분이라고 보아야 한다(대판 1988.2.23. 87누1046).



③ 정답

[ㄴ ▸ X] 국가나 지방자치단체에 근무하는 청원경찰은 국가공무원법이나 지방공무원법상의 공무원은 아니지만, 다른 청원경찰과는 달리 그 임용권자가 행정기관의 장이고, 국가나 지방자치단체로부터 보수를 받으며, 산업재해보상보험법이나 근로기준법이 아닌 공무원연금법에 따른 재해보상과 퇴직급여를 지급받고, 직무상의 불법행위에 대하여도 민법이 아닌 국가배상법이 적용되는 등의 특질이 있으며 그 외 임용자격, 직무, 복무의무 내용 등을 종합하여 볼 때, 그 근무관계를 사법상의 고용계약관계로 보기는 어려우므로 그에 대한징계처분의 시정을 구하는 소는 행정소송의 대상이지 민사소송의 대상이 아니다(대판 1993.7.13. 92다47564).

[ㄷ ▸ O] 공익사업을 위한 토지 등의 취득 및 보상에 관한 법령에 의한 협의취득은 사법상의 법률행위이므로 당사자 사이의 자유로운 의사에 따라 채무불이행책임이나 매매대금 과부족금에 대한 지급의무를 약정할 수 있다(대판 2012.2.23. 2010다91206).

[ㄹ ▸ O] 중소기업기술정보진흥원장이 갑 주식회사와 중소기업 정보화지원사업 지원대상인 사업의 지원에 관한 협약을 체결하였는데, 협약이 갑 회사에 책임이 있는 사업실패로 해지되었다는 이유로 협약에서 정한 대로 지급받은 정부지원금을 반환할 것을 통보한 경우, 중소기업 정보화지원사업에 따른 지원금 출연을 위하여 중소기업청장이 체결하는 협약은 공법상 대등한 당사자 사이의 의사표시의 합치로 성립하는 공법상 계약에 해당하는 점 등을 종합하면, 협약의 해지 및 그에 따른 환수통보는 공법상 계약에 따라 행정청이 대등한 당사자의 지위에서 하는 의사표시로 보아야 한다(대판 2015.8.27. 2015두41449).

## 제3절 행정상 법률관계의 당사자

## 제4절 행정법관계의 내용 ☆

**2016년 변호사시험 문 28.** ☑ 확인Check! O △ X

**개인적 공권에 관한 설명 중 옳지 않은 것은?(다툼이 있는 경우 판례에 의함)**

① 지방자치단체장이 공장시설을 신축하는 회사에 대하여 사업승인 당시 부가하였던 조건을 이행할 때까지 신축공사를 중지하라는 명령을 한 경우, 위 회사에게는 중지명령의 원인사유가 해소되었다고 하여 이를 이유로 당해 공사중지명령의 해제를 요구할 수 있는 권리가 인정되는 것은 아니다.
② 법규가 일정한 행위의 발령에 대해 행정청에게 재량권을 부여한 경우, 재량의 일탈·남용 등 재량행사에 하자가 있다는 사정만으로 사인(私人)이 바로 행정청에 대하여 하자 없는 재량행사를 청구할 수 있는 권리가 인정되는 것은 아니다.
③ 기간제로 임용되어 임용기간이 만료된 국립대학 조교수는 심사기준에 부합되면 특별한 사정이 없는 한 재임용되리라는 기대를 가지고 재임용 여부에 관하여 합리적인 기준에 의한 공정한 심사를 요구할 법규상 또는 조리상 신청권을 가진다.
④ 경찰관에게 권한을 부여한 법규의 취지와 목적에 비추어 볼 때 구체적인 사정에 따라 경찰관이 그 권한을 행사하여 필요한 조치를 취하지 아니하는 것이 현저하게 불합리하다고 인정되는 경우에는 권한의 불행사는 직무상의 의무를 위반한 것이 되어 위법하게 된다.
⑤ 한의사들이 가지는 한약조제권을 한약조제시험을 통하여 약사에게도 인정함으로써 감소하게 되는 한의사들의 영업상 이익은 법률에 의하여 보호되는 이익이라 볼 수 없다.

[❶ ▸ X] 지방자치단체장이 신축공사를 중지하라는 명령을 한 경우, 위 회사에게는 중지명령의 원인사유가 해소되었음을 이유로 당해 공사중지명령의 해제를 요구할 수 있는 권리가 조리상 인정된다(대판 2007.5.11. 2007두1811).

정답 ①

[❷ ▸ O] 하자 없는 재량행사를 요구할 수 있는 무하자재량행사청구권은 공권에 해당한다. 따라서 공권의 성립요건인 강행법규의 존재와 사익보호성이 있어야 인정된다.

[❸ ▸ O] 기간제로 임용되어 임용기간이 만료된 국·공립대학의 조교수는 교원으로서의 능력과 자질에 관하여 합리적인 기준에 의한 공정한 심사를 받아 위 기준에 부합되면 특별한 사정이 없는 한 재임용되리라는 기대를 가지고 재임용 여부에 관하여 합리적인 기준에 의한 공정한 심사를 요구할 법규상 또는 조리상 신청권을 가진다고 할 것이니, 임용권자가 임용기간이 만료된 조교수에 대하여 재임용을 거부하는 취지로 한 임용기간만료의 통지는 위와 같은 대학교원의 법률관계에 영향을 주는 것으로서 행정소송의 대상이 되는 처분에 해당한다(대판 2004.4.22. 2000두7735 [전합]).

[❹ ▸ O] 경찰관직무집행법 제5조는 경찰관은 인명 또는 신체에 위해를 미치거나 재산에 중대한 손해를 끼칠 우려가 있는 위험한 사태가 있을 때에는 그 각 호의 조치를 취할 수 있다고 규정하여 형식상 경찰관에게 재량에 의한 직무수행권한을 부여한 것처럼 되어 있으나, 경찰관에게 그러한 권한을 부여한 취지와 목적에 비추어 볼 때 구체적인 사정에 따라 경찰관이 그 권한을 행사하여 필요한 조치를 취하지 아니하는 것이 현저하게 불합리하다고 인정되는 경우에는 그러한 권한의 불행사는 직무상의 의무를 위반한 것이 되어 위법하게 된다(대판 1998.8.25. 98다16890).

[❺ ▸ O] 한의사 면허는 경찰금지를 해제하는 명령적 행위(강학상 허가)에 해당하고, 한약조제시험을 통하여 약사에게 한약조제권을 인정함으로써 한의사들의 영업상 이익이 감소되었다고 하더라도 이러한 이익은 사실상의 이익에 불과하고 약사법이나 의료법 등의 법률에 의하여 보호되는 이익이라고는 볼 수 없으므로, 한의사들이 한약조제시험을 통하여 한약조제권을 인정받은 약사들에 대한 합격처분의 무효확인을 구하는 당해 소는 원고적격이 없는 자들이 제기한 소로서 부적법하다(대판 1998.3.10. 97누4289).

## 제5절 행정법관계에서 행정법의 흠결과 보충

## 제6절 행정법상 법률관계의 변동(행정법상의 법률요건과 법률사실) ★★★

**2020년 변호사시험 문 19.** ☑ 확인Check! O △ X

**사인의 공법행위로서 신청에 관한 설명 중 옳은 것은?(다툼이 있는 경우 판례에 의함)**

① 처분청이 직권취소를 할 수 있는 경우에는 이해관계인에게 처분청에 대하여 그 취소를 요구할 신청권이 부여된 것으로 보아야 한다.

② 신청에 대한 거부행위가 항고소송의 대상인 처분이 되기 위해서는 단순히 신청권의 존재 여부를 넘어서 구체적으로 그 신청이 인용될 수 있는 정도에 이르러야 한다.

③ 처분의 신청은 신청인이 직접 해야 하는 것이므로, 행정청의 허가 등을 목적으로 하는 신청행위를 대상으로 하는 위임계약은 허용되지 않는다.

④ 민원사항의 신청서류에 실질적인 요건에 관한 흠이 있더라도 그것이 민원인의 단순한 착오나 일시적인 사정 등에 기한 경우에는 행정청은 보완을 요구할 수 있다.

⑤ 신청한 내용의 일부를 행정청이 받아들일 수 없는 경우에는 신청내용 전체를 배척하여야 하며 일부에 대해서 인용하는 처분을 할 수는 없다.



④ 정답

[❶ ▸ ×] 산림법령에는 채석허가처분을 한 처분청이 산림을 복구한 자에 대하여 복구설계서승인 및 복구준공통보를 한 경우 그 취소신청과 관련하여 아무런 규정을 두고 있지 않고, 원래 행정처분을 한 처분청은 그 처분에 하자가 있는 경우에는 원칙적으로 별도의 법적 근거가 없더라도 스스로 이를 직권으로 취소할 수 있지만, 그와 같이 직권취소를 할 수 있다는 사정만으로 이해관계인에게 처분청에 대하여 그 취소를 요구할 신청권이 부여된 것으로 볼 수는 없다(대판 2006.6.30. 2004두701).

[❷ ▸ ×] 거부처분의 처분성을 인정하기 위한 전제요건이 되는 신청권의 존부는 구체적 사건에서 신청인이 누구인가를 고려하지 않고 관계 법규의 해석에 의하여 일반 국민에게 그러한 신청권을 인정하고 있는가를 살펴 추상적으로 결정되는 것이고, 신청인이 그 신청에 따른 단순한 응답을 받을 권리를 넘어서 신청의 인용이라는 만족적 결과를 얻을 권리를 의미하는 것은 아니다(대판 1996.6.11. 95누12460).

[❸ ▸ ×] 어떠한 위임계약이 행정청의 허가 등을 목적으로 하는 신청행위를 대상으로 하는 경우에 신청행위 자체에는 전문성이 크게 요구되지 않고 허가에는 공무원의 재량적 판단이 필요하며, 신청과 관련된 절차에 필수적으로 필요한 비용은 크지 않은 데 반하여 약정보수액은 지나치게 다액으로서, 수임인이 허가를 얻기 위하여 공무원의 직무 관련 사항에 관하여 특별한 청탁을 하면서 뇌물공여 등 로비를 하는 자금이 보수액에 포함되어 있다고 볼 만한 특수한 사정이 있는 때에는 위임계약은 반사회질서적인 조건이 결부됨으로써 반사회질서적 성질을 띠고 있어 민법 제103조에 따라 무효이다(대판 2016.2.18. 2015다35560).

[❹ ▸ O] 민원 처리에 관한 법률 소정의 보완의 대상이 되는 흠은 보완이 가능한 경우이어야 함은 물론이고, 그 내용 또한 형식적·절차적인 요건이거나, 실질적인 요건에 관한 흠이 있는 경우라도 그것이 민원인의 단순한 착오나 일시적인 사정 등에 기한 경우 등이라야 한다(대판 2004.10.15. 2003두6573).

[❺ ▸ ×] 처분청으로서는 국가유공자 등록신청에 대하여 단지 본인의 과실이 경합되어 있다는 등의 사유만이 문제가 된다면 등록신청 전체를 단순 배척할 것이 아니라 그 신청을 일부 받아들여 지원대상자로 등록하는 처분을 하여야 한다. 그럼에도 행정청이 등록신청을 전부 배척하는 단순 거부처분을 하였다면 이는 위법한 것이니 그 처분은 전부 취소될 수밖에 없다(대판 2013.7.11. 2013두2402).

**2018년 변호사시험 문 28.** ☑ 확인 Check! ○ △ ×

**甲은 A시에 거주할 목적으로 주민등록 전입신고를 하였다. 이에 관한 설명 중 옳지 않은 것은?(다툼이 있는 경우 판례에 의함)**

① 甲이 19세 이상이고 「공직선거법」에 따른 선거권이 있는 경우라면, 관할 행정청이 甲의 주민등록 전입신고를 수리한 이후에 甲은 A시의 사무에 대한 주민감사청구에 참여할 수 있는 자격을 갖는다.
② 관할 행정청은 실제 거주지와 신고서의 거주지가 일치하지 않는 경우 주민등록 전입신고수리를 거부할 수 있으나, 甲의 전입으로 인해 A시의 발전에 저해가 될 것으로 보이는 사정이 있다고 해도 수리를 거부할 수는 없다.
③ 甲이 거주 이외에 부동산 투기 등 다른 목적을 가지고 있다고 하더라도, 주민등록 전입신고의 수리 여부를 심사하는 단계에서는 고려대상이 될 수 없다.
④ 주민등록 전입신고가 수리된 후 甲의 주민등록번호가 甲의 의사와 무관하게 불법유출되어 甲이 관할 행정청에게 주민등록번호 변경을 신청한 경우, 현행법상 주민등록번호 변경 신청권이 인정되지 않으므로 관할 행정청이 이를 거부하더라도 항고소송의 대상이 되는 거부처분이라고 할 수 없다.
⑤ 관할 행정청이 전입신고수리를 거부한 경우 甲은 「민원처리에 관한 법률」에 따라 그 거부처분을 받은 날부터 소정의 기간 내에 문서로 이의신청을 할 수 있고, 이의신청 여부와 관계없이 「행정심판법」에 따른 행정심판 또는 「행정소송법」에 따른 행정소송을 제기할 수 있다.

정답 ④

[ ❶ ▸ O ]  甲이 주민감사청구를 하기 위해서는 지방자치단체의 19세 이상의 주민이어야 한다. 이때 주민이 되기 위한 주민등록의 신고는 행정청이 수리한 경우에 효력이 발생한다.

법령 **주민의 감사청구(지방자치법 제16조)** ① 지방자치단체의 19세 이상의 주민은 시・도는 500명, 제175조에 따른 인구 50만 이상 대도시는 300명, 그 밖의 시・군 및 자치구는 200명을 넘지 아니하는 범위에서 그 지방자치단체의 조례로 정하는 19세 이상의 주민 수 이상의 연서(連署)로, 시・도에서는 주무부장관에게, 시・군 및 자치구에서는 시・도지사에게 그 지방 자치단체와 그 장의 권한에 속하는 사무의 처리가 법령에 위반되거나 공익을 현저히 해친다고 인정되면 감사를 청구할 수 있다.

판례 주민등록의 신고는 행정청에 도달하기만 하면 신고로서의 효력이 발생하는 것이 아니라 행정청이 수리한 경우에 비로소 신고의 효력이 발생한다(대판 2009.1.30. 2006다17850).

[ ❷ ▸ O ] [ ❸ ▸ O ]  주민들의 거주지 이동에 따른 주민등록전입신고에 대하여 행정청이 이를 심사하여 그 수리를 거부할 수는 있다고 하더라도, 그러한 행위는 자칫 헌법상 보장된 국민의 거주・이전의 자유를 침해하는 결과를 가져올 수도 있으므로, 시장・군수 또는 구청장의 주민등록전입신고 수리 여부에 대한 심사는 주민등록법의 입법 목적의 범위 내에서 제한적으로 이루어져야 한다. 한편, 주민등록법의 입법 목적에 관한 제1조 및 주민등록 대상자에 관한 제6조의 규정을 고려해 보면, 전입신고를 받은 시장・군수 또는 구청장의 심사 대상은 전입신고자가 30일 이상 생활의 근거로 거주할 목적으로 거주지를 옮기는지 여부만으로 제한된다고 보아야 한다. 따라서 전입신고자가 거주의 목적 이외에 다른 이해관계에 관한 의도를 가지고 있는지 여부, 무허가 건축물의 관리, 전입신고를 수리함으로써 당해 지방자치단체에 미치는 영향 등과 같은 사유는 주민등록법이 아닌 다른 법률에 의하여 규율되어야 하고, 주민등록전입신고의 수리 여부를 심사하는 단계에서는 고려 대상이 될 수 없다(대판 2009.6.18. 2008두10997 [전합]).

[ ❹ ▸ × ]  갑 등이 인터넷 포털사이트 등의 개인정보 유출사고로 자신들의 주민등록번호 등 개인정보가 불법 유출되자 이를 이유로 관할 구청장에게 주민등록번호를 변경해 줄 것을 신청하였으나 구청장이 '주민등록번호가 불법 유출된 경우 주민등록법상 변경이 허용되지 않는다'는 이유로 주민등록번호 변경을 거부하는 취지의 통지를 한 경우, 피해자의 의사와 무관하게 주민등록번호가 불법 유출된 경우 개인의 사생활뿐만 아니라 생명・신체에 대한 위해나 재산에 대한 피해를 입을 우려가 있고, 실제 유출된 주민등록번호가 다른 개인정보와 연계되어 각종 광고 마케팅에 이용되거나 사기, 보이스피싱 등의 범죄에 악용되는 등 사회적으로 많은 피해가 발생하고 있는 것이 현실인 점, 반면 주민등록번호가 유출된 경우 그로 인하여 이미 발생하였거나 발생할 수 있는 피해 등을 최소화할 수 있는 충분한 권리구제방법을 찾기 어려운데도 구 주민등록법에서는 주민등록번호 변경에 관한 아무런 규정을 두고 있지 않은 점 등을 종합하면, 피해자의 의사와 무관하게 주민등록번호가 유출된 경우에는 조리상 주민등록번호의 변경을 요구할 신청권을 인정함이 타당하고, 구청장의 주민등록번호 변경신청 거부행위는 항고소송의 대상이 되는 행정처분에 해당한다(대판 2017.06.15. 2013두2945).

[ ❺ ▸ O ]  민원처리에 관한 법률 제35조 제1항・제3항 참조

법령 **거부처분에 대한 이의신청(민원처리에 관한 법률 제35조)** ① 법정민원에 대한 행정기관의 장의 거부처분에 불복하는 민원인은 그 거부처분을 받은 날부터 60일 이내에 그 행정기관의 장에게 문서로 이의신청을 할 수 있다.
③ 민원인은 제1항에 따른 이의신청 여부와 관계없이 행정심판법에 따른 행정심판 또는 행정소송법에 따른 행정소송을 제기할 수 있다.

**2012년 변호사시험 문 36.** ☑ 확인 Check! ○ △ ×

**신고에 관한 판례의 입장을 설명한 것 중 옳지 않은 것은?**

① 구 의료법상의 의원개설신고는 수리를 요하지 않는 신고에 해당하지만, 동 법령상 신고사실의 확인행위로서 의료기관 개설 신고필증(현재의 신고증명서)을 교부하도록 규정한 이상, 신고필증의 교부가 없다면 의원개설신고의 효력은 인정되지 않는다.

② 건축신고에 대한 반려행위는 건축신고가 반려될 경우 건축주 등의 지위가 불안정해진다는 점에서 항고소송의 대상이 되는 처분에 해당한다.

③ 구 「장사 등에 관한 법률」에 의한 사설납골시설(현재의 사설봉안시설)의 설치신고가 법이 정한 요건을 모두 갖추고 있는 경우에 행정청은 수리의무가 있으나, 예외적으로 보건위생상의 위해방지나 국토의 효율적 이용 등과 같은 중대한 공익상 필요가 있는 경우에는 그 수리를 거부할 수 있다.

④ 건축법상의 건축신고가 다른 법률에서 정한 인가・허가 등의 의제효과를 수반하는 경우에는 일반적인 건축신고와는 달리 특별한 사정이 없는 한 수리를 요하는 신고에 해당한다.

⑤ 신고납부방식의 조세에 있어서 납세의무자의 신고행위가 당연무효로 되지 않는 한, 납세의무자가 납세의무가 있는 것으로 오인하고 신고 후 조세납부행위를 하였다 하더라도 그것이 곧 부당이득에 해당한다고 할 수 없다.

PART 01 행정법통론

[❶ ▸ ×] 의료법 제30조 제3항에 의하면 의원, 치과의원, 한의원 또는 조산소의 개설은 단순한 신고사항으로만 규정하고 있고 또 그 신고의 수리 여부를 심사, 결정할 수 있게 하는 별다른 규정도 두고 있지 아니하므로 의원의 개설신고를 받은 행정관청으로서는 별다른 심사, 결정 없이 그 신고를 당연히 수리하여야 한다. 의료법시행규칙 제22조 제3항에 의하면 의원개설 신고서를 수리한 행정관청이 소정의 신고필증을 교부하도록 되어있다 하여도 이는 신고사실의 확인행위로서 신고필증을 교부하도록 규정한 것에 불과하고 그와 같은 신고필증의 교부가 없다 하여 개설신고의 효력을 부정할 수 없다 할 것이다(대판 1985.4.23. 84도2953).

[❷ ▸ ○] 건축주 등은 신고제하에서도 건축신고가 반려될 경우 당해 건축물의 건축을 개시하면 시정명령, 이행강제금, 벌금의 대상이 되거나 당해 건축물을 사용하여 행할 행위의 허가가 거부될 우려가 있어 불안정한 지위에 놓이게 된다. 따라서 건축신고 반려행위가 이루어진 단계에서 당사자로 하여금 반려행위의 적법성을 다투어 그 법적 불안을 해소한 다음 건축행위에 나아가도록 함으로써 장차 있을지도 모르는 위험에서 미리 벗어날 수 있도록 길을 열어 주고, 위법한 건축물의 양산과 그 철거를 둘러싼 분쟁을 조기에 근본적으로 해결할 수 있게 하는 것이 법치행정의 원리에 부합한다. 그러므로 건축신고 반려행위는 항고소송의 대상이 된다고 보는 것이 옳다(대판 2010.11.18. 2008두167 [전합]).

[❸ ▸ ○] 장사법령의 관계 규정들에 비추어 보면, 장사법 제14조 제1항에 의한 사설납골시설의 설치신고는, 같은 법 제15조 각 호에 정한 사설납골시설설치 금지지역에 해당하지 아니하고 같은 법 제14조 제3항 및 같은 법 시행령 제13조 제1항의 [별표 3]에 정한 설치기준에 부합하는 한, 수리하여야 하나, 보건위생상의 위해를 방지하거나 국토의 효율적 이용 및 공공복리의 증진 등 중대한 공익상 필요가 있는 경우에는 그 수리를 거부할 수 있다고 봄이 상당하다(대판 2010.9.9. 2008두22631).

[❹ ▸ ○] 인・허가의제사항 관련 법률에 규정된 요건 중 상당수는 공익에 관한 것으로서 행정청의 전문적이고 종합적인 심사가 요구되는데, 만약 건축신고만으로 인・허가의제사항에 관한 일체의 요건 심사가 배제된다고 한다면, 중대한 공익상의 침해나 이해관계인의 피해를 야기하고 관련 법률에서 인・허가 제도를 통하여 사인의 행위를 사전에 감독하고자 하는 규율체계 전반을 무너뜨릴 우려가 있다. 또한 무엇보다도 건축신고를 하려는 자는 인・허가의제사항 관련 법령에서 제출하도록 의무화하고 있는 신청서와 구비서류를 제출하여야 하는데, 이는 건축신고를 수리하는 행정청으로 하여금 인・허가의제사항 관련 법률에 규정된 요건에 관하여도 심사를 하도록 하기 위한 것으로 볼 수밖에 없다. 따라서 인・허가의제 효과를 수반하는 건축신고는 일반적인 건축신고와는 달리, 특별한 사정이 없는 한 행정청이 그 실체적 요건에 관한 심사를 한 후 수리하여야 하는 이른바 '수리를 요하는 신고'로 보는 것이 옳다(대판 2011.1.20. 2010두14954).

정답 ①

[⑤ ▸ O] 신고납세 방식의 조세에 있어서는 원칙적으로 납세의무자가 스스로 과세표준과 세액을 정하여 신고하는 행위에 의하여 조세채무가 구체적으로 확정되고, 그 납부행위는 신고에 의하여 확정된 구체적 조세채무의 이행으로 하는 것이며, 국가나 지방자치단체는 그와 같이 확정된 조세채권에 기하여 납부된 세액을 보유하는 것이므로, 납세의무자의 신고행위가 중대하고 명백한 하자로 인하여 당연무효로 되지 아니하는 한 그것이 바로 부당이득이 된다고 할 수 없고, 여기에서 신고행위의 하자가 중대하고 명백하여 당연무효에 해당되는지의 여부에 대하여는 신고행위의 근거가 되는 법규의 목적, 의미, 기능 및 하자 있는 신고행위에 대한 법적 구제수단 등을 목적론적으로 고찰함과 동시에 신고행위에 이르게 된 구체적 사정을 개별적으로 파악하여 합리적으로 판단하여야 할 것이다(대판 1995.12.5. 94다60363).

**2020년 변호사시험 문 27.** ☑ 확인 Check! O △ X

**영업양도에 따른 지위승계에 관한 설명 중 옳은 것(O)과 옳지 않은 것(×)을 올바르게 조합한 것은?(다툼이 있는 경우 판례에 의함)**

ㄱ. 영업양도에 따른 지위승계신고를 수리하는 허가관청의 행위는 단순히 양수인이 그 영업을 승계하였다는 사실의 신고를 접수하는 행위에 그치는 것이 아니라, 실질에 있어서 양도인의 사업허가를 취소함과 아울러 양수인에게 적법하게 사업을 할 수 있는 권리를 설정하여 주는 행위로서 사업허가자의 변경이라는 법률효과를 발생시키는 행위이다.

ㄴ. 영업이 양도·양수되었지만 아직 지위승계신고가 있기 이전에는 여전히 종전의 영업자인 양도인이 영업허가자이고 양수인은 영업허가자가 아니므로, 행정제재처분의 사유가 있는지 여부는 양도인을 기준으로 판단하여야 한다.

ㄷ. 영업이 양도·양수되었지만 아직 지위승계신고 수리처분이 있기 이전에 관할 행정청이 양도인의 영업허가를 취소하는 처분을 하였다면, 양수인은 행정소송으로 그 취소처분의 취소를 구할 법률상 이익이 있다.

ㄹ. 영업양도·양수가 무효인 때에는 지위승계신고 수리처분을 하였다 하더라도 그 처분은 당연히 무효이고, 사업의 양도행위가 무효라고 주장하는 양도인은 민사쟁송으로 양도·양수행위의 무효를 구함이 없이 곧바로 허가관청을 상대로 하여 행정소송으로 위 신고수리처분의 무효확인을 구할 법률상 이익이 있다.

① ㄱ(O) ㄴ(O) ㄷ(O) ㄹ(O)
② ㄱ(×) ㄴ(O) ㄷ(×) ㄹ(O)
③ ㄱ(O) ㄴ(×) ㄷ(×) ㄹ(O)
④ ㄱ(O) ㄴ(×) ㄷ(O) ㄹ(O)
⑤ ㄱ(×) ㄴ(O) ㄷ(O) ㄹ(×)

[ㄱ ▸ O] 액화석유가스의 안전 및 사업관리법 제7조 제2항에 의한 사업양수에 의한 지위승계신고를 수리하는 허가관청의 행위는 단순히 양도, 양수자 사이에 발생한 사법상의 사업양도의 법률효과에 의하여 양수자가 사업을 승계하였다는 사실의 신고를 접수하는 행위에 그치는 것이 아니라 실질에 있어서 양도자의 사업허가를 취소함과 아울러 양수자에게 적법히 사업을 할 수 있는 법규상 권리를 설정하여 주는 행위로서 사업허가자의 변경이라는 법률효과를 발생시키는 행위이므로 허가관청이 법 제7조 제2항에 의한 사업양수에 의한 지위승계신고를 수리하는 행위는 행정처분에 해당한다(대판 1993.6.8. 91누11544).

[ㄴ ▸ O] 사실상 영업이 양도·양수되었지만 아직 승계신고 및 그 수리처분이 있기 이전에는 여전히 종전의 영업자인 양도인이 영업허가자이고, 양수인은 영업허가자가 되지 못한다 할 것이어서 행정제재처분의 사유가 있는지 여부 및 그 사유가 있다고 하여 행하는 행정제재처분은 영업허가자인 양도인을 기준으로 판단하여 그 양도인에 대하여 행하여야 할 것이고, 한편 위와 같은 경우 양도인이 그의 의사에 따라 양수인에게 영업을 양도하면서 양수인으로 하여금 영업을 하도록 허락하였다면 그 양수인의 영업 중 발생한 위반행위에 대한 행정적인 책임은 영업허가자인 양도인에게 귀속된다(대판 1995.2.24. 94누9146).



① 정답

[ㄷ ▸ O] 산림법령이 수허가자의 명의변경제도를 두고 있는 취지는, 채석허가가 일반적·상대적 금지를 해제하여 줌으로써 채석행위를 자유롭게 할 수 있는 자유를 회복시켜 주는 것일 뿐 권리를 설정하는 것이 아니어서 관할 행정청과의 관계에서 수허가자의 지위의 승계를 직접 주장할 수는 없다 하더라도, 채석허가가 대물적 허가의 성질을 아울러 가지고 있고 수허가자의 지위가 사실상 양도·양수되는 점을 고려하여 수허가자의 지위를 사실상 양수한 양수인의 이익을 보호하고자 하는 데 있는 것으로 해석되므로, 수허가자의 지위를 양수받아 명의변경신고를 할 수 있는 양수인의 지위는 단순한 반사적 이익이나 사실상의 이익이 아니라 산림법령에 의하여 보호되는 직접적이고 구체적인 이익으로서 법률상 이익이라고 할 것이고, 채석허가가 유효하게 존속하고 있다는 것이 양수인의 명의변경신고의 전제가 된다는 의미에서 관할 행정청이 양도인에 대하여 채석허가를 취소하는 처분을 하였다면 이는 양수인의 지위에 대한 직접적 침해가 된다고 할 것이므로 양수인은 채석허가를 취소하는 처분의 취소를 구할 법률상 이익을 가진다(대판 2003.7.11. 2001두6289).

[ㄹ ▸ O] 사업양도·양수에 따른 허가관청의 지위승계신고의 수리는 적법한 사업의 양도·양수가 있었음을 전제로 하는 것이므로 그 수리대상인 사업양도·양수가 존재하지 아니하거나 무효인 때에는 수리를 하였다 하더라도 그 수리는 유효한 대상이 없는 것으로서 당연히 무효라 할 것이고, 사업의 양도행위가 무효라고 주장하는 양도자는 민사쟁송으로 양도·양수행위의 무효를 구함이 없이 막바로 허가관청을 상대로 하여 행정소송으로 위 신고수리처분의 무효확인을 구할 법률상 이익이 있다(대판 2005.12.23. 2005두3554).



**2017년 변호사시험 문 28.** ☑ 확인 Check! ○ △ ✕

**행정법상 신고에 관한 설명 중 옳지 않은 것은?(다툼이 있는 경우 판례에 의함)**

「건축법」이 건축물의 건축 또는 대수선에 대하여 원칙적으로 허가제로 규율하면서도 일정 규모 이내의 건축물에 관해서는 신고제를 채택한 것은 규제를 완화하여 국민의 자유의 영역을 넓히는 한편, 최소한의 규제를 가하고자 하는 데 그 취지가 있다. 따라서 ① 일반적인 건축신고에 있어서는 원칙적으로 적법한 요건을 갖춰 신고하면 행정청의 수리 등 별도의 조치를 기다릴 필요 없이 건축행위를 할 수 있다고 보아야 한다. 그러나 한편 ② 인·허가의제 효과를 수반하는 건축신고제도를 둔 취지는 그 창구를 단일화 하여 절차를 간소화 하고, 비용과 시간을 절감함으로써 국민의 권익을 보호하려는 것이지 인·허가의제사항 관련 법률에 따른 각각의 요건에 관한 일체의 심사를 배제하려는 것으로 보기 어렵다. 따라서 ③ 인·허가의제 효과를 수반하는 건축신고는 일반적인 건축신고와는 달리, 특별한 사정이 없는 한 행정청이 그 실체적 요건에 관한 심사를 한 후 수리하여야 하는 '수리를 요하는 신고'로 보는 것이 옳다.
건축법령상 건축허가를 받은 건축물의 양수인이 건축주 명의를 변경하기 위하여는 건축관계자 변경신고서에 '권리관계의 변경사실을 증명할 수 있는 서류'를 첨부하여 신고하여야 한다. 양수인이 이 서류를 첨부하여 건축주명의변경신고를 한 경우, ④ 허가권자는 건축주명의변경신고의 형식적 요건에 문제가 없더라도, 양수인에게 '건축할 대지의 소유 또는 사용에 관한 권리'가 없다는 실체적인 이유를 들어 신고의 수리를 거부할 수 있다.
위법한 건축물의 양산과 그 철거를 둘러싼 분쟁을 조기에 근본적으로 해결할 수 있게 하는 것이 법치행정의 원리에 부합하므로 ⑤ 건축물 착공신고의 반려행위는 항고소송의 대상이 된다.

[❶ ▸ O] 건축법이 건축물의 건축 또는 대수선에 관하여 원칙적으로 허가제로 규율하면서도 일정 규모 이내의 건축물에 관하여는 신고제를 채택한 것은, 건축행위에 대한 규제를 완화하여 국민의 자유의 영역을 넓히는 한편, 행정목적상 필요한 정보를 파악·관리하기 위하여 국민으로 하여금 행정청에 미리 일정한 사항을 알리도록 하는 최소한의 규제를 가하고자 하는 데 그 취지가 있다. 따라서 건축법 제14조 제1항의 건축신고 대상 건축물에 관하여는 원칙적으로 건축 또는 대수선을 하고자 하는 자가 적법한 요건을 갖춘 신고를 하면 행정청의 수리 등 별도의 조치를 기다릴 필요 없이 건축행위를 할 수 있다고 보아야 한다(대판 2011.1.20. 2010두14954 [전합]).

정답 ④

[❷ ▸ O] [❸ ▸ O] 건축법에서 이러한 인·허가의제 제도를 둔 취지는, 인·허가의제사항과 관련하여 건축허가 또는 건축신고의 관할 행정청으로 그 창구를 단일화하고 절차를 간소화하며 비용과 시간을 절감함으로써 국민의 권익을 보호하려는 것이지, 인·허가의제사항 관련 법률에 따른 각각의 인·허가 요건에 관한 일체의 심사를 배제하려는 것으로 보기는 어렵다. 왜냐하면, 건축법과 인·허가의제사항 관련 법률은 각기 고유한 목적이 있고, 건축신고와 인·허가의제사항도 각각 별개의 제도적 취지가 있으며 그 요건 또한 달리하기 때문이다. 나아가 인·허가의제사항 관련 법률에 규정된 요건 중 상당수는 공익에 관한 것으로서 행정청의 전문적이고 종합적인 심사가 요구되는데, 만약 건축신고만으로 인·허가의제사항에 관한 일체의 요건 심사가 배제된다고 한다면, 중대한 공익상의 침해나 이해관계인의 피해를 야기하고 관련 법률에서 인·허가 제도를 통하여 사인의 행위를 사전에 감독하고자 하는 규율체계 전반을 무너뜨릴 우려가 있다. 또한 무엇보다도 건축신고를 하려는 자는 인·허가의제사항 관련 법령에서 제출하도록 의무화하고 있는 신청서와 구비서류를 제출하여야 하는데, 이는 건축신고를 수리하는 행정청으로 하여금 인·허가의제사항 관련 법률에 규정된 요건에 관하여도 심사를 하도록 하기 위한 것으로 볼 수밖에 없다. 따라서 인·허가의제 효과를 수반하는 건축신고는 일반적인 건축신고와는 달리, 특별한 사정이 없는 한 행정청이 그 실체적 요건에 관한 심사를 한 후 수리하여야 하는 이른바 '수리를 요하는 신고'로 보는 것이 옳다(대판 2011.1.20. 2010두14954 [전합]).

[❹ ▸ X] 건축법시행규칙 제3조의2(건축주 명의 변경신고)의 규정은 단순히 행정관청의 사무집행의 편의를 위한 것에 지나지 않는 것이 아니라, 허가대상건축물의 양수인에게 건축주의 명의변경을 신고할 수 있는 공법상의 권리를 인정함과 아울러 행정관청에게는 그 신고를 수리할 의무를 지게 한 것으로 봄이 상당하므로, 허가대상건축물의 양수인이 위 규칙에 규정되어 있는 형식적 요건을 갖추어 시장군수에게 적법하게 건축주의 명의변경을 신고한 때에는 시장, 군수는 그 신고를 수리하여야지 실체적인 이유를 내세워 그 신고의 수리를 거부할 수는 없다(대판 1992.3.31. 91누4911).

[❺ ▸ O] 건축주 등으로서는 착공신고가 반려될 경우, 당해 건축물의 착공을 개시하면 시정명령, 이행강제금, 벌금의 대상이 되거나 당해 건축물을 사용하여 행할 행위의 허가가 거부될 우려가 있어 불안정한 지위에 놓이게 된다. 따라서 착공신고 반려행위가 이루어진 단계에서 당사자로 하여금 반려행위의 적법성을 다투어 법적 불안을 해소한 다음 건축행위에 나아가도록 함으로써 장차 있을지도 모르는 위험에서 미리 벗어날 수 있도록 길을 열어 주고, 위법한 건축물의 양산과 철거를 둘러싼 분쟁을 조기에 근본적으로 해결할 수 있게 하는 것이 법치행정의 원리에 부합한다. 그러므로 행정청의 착공신고 반려행위는 항고소송의 대상이 된다(대판 2011.6.10. 2010두7321).

**2015년 변호사시험 문 19.** ☑ 확인Check! O △ X

**甲은 2013.11.6. 乙로부터 A시 소재 B유흥주점의 영업시설 일체를 양도받아, 2013.12.2. A시장에게 영업자 지위를 승계하였음을 신고하고 위 주점을 운영하여 왔다. 그런데 甲이 인수하기 전인 2013.10. 초순, 乙은 청소년인 丙, 丁(당시 각 18세)을 유흥접객원으로 고용하여 유흥행위를 하게 하였다. 이에 A시장은 2014.2.3. 甲에 대하여 「식품위생법」 위반을 이유로 영업허가를 취소하였다. 이에 관한 설명 중 옳지 않은 것은?(다툼이 있는 경우 판례에 의함)**

① A시장이 甲의 지위승계신고를 수리하는 행위는 실질적으로 乙의 영업허가를 취소함과 아울러 甲에게 적법하게 영업을 할 수 있는 권리를 설정하여 주는 행위이다.
② A시장의 乙에 대한 영업허가는 대물적 허가이지만, 만일 乙에 대한 영업정지처분이 내려졌다면 그 효과는 甲에게 승계되지 않음이 원칙이다.
③ 만일 A시장이 2013.11.27. 乙에 대한 허가취소처분을 하였다면, 甲은 지위승계신고 수리 이전이라도 사실상 양수인으로서 이를 소송상 다툴 법률상 이익이 있다.
④ A시장은 지위승계신고를 수리할 경우 乙에게 사전통지하여야 한다.
⑤ 영업양도가 무효이면 지위승계신고 수리가 있었더라도 그 수리는 무효이므로 乙은 민사쟁송으로 양도·양수행위의 무효를 구함이 없이 막바로 허가관청을 상대로 신고수리처분의 무효확인을 구할 법률상 이익이 있다.



② 정답

[❶ ▸ O] 구 식품위생법상 영업양도에 따른 지위승계신고를 수리하는 허가관청의 행위는 단순히 양도인과 양수인 사이에 이미 발생한 사법상 사업양도의 법률효과에 의하여 양수인이 영업을 승계하였다는 사실의 신고를 접수하는 행위에 그치는 것이 아니라, 실질적으로 양도자의 사업허가 등을 취소함과 아울러 양수자에게 적법하게 사업을 할 수 있는 권리를 설정하여 주는 행위로서 사업허가자 등의 변경이라는 법률효과를 발생시키는 행위라고 할 것이다(대판 2012.1.12. 2011도6561).

[❷ ▸ X] 영업허가의 양도와 제재처분의 효과의 승계문제로, 이에 대해 학설의 견해가 대립하고 있다. 다만, 식품위생법은 이를 긍정하는 규정을 두고 있다.

법령 **행정 제재처분 효과의 승계(식품위생법 제78조)** 영업자가 영업을 양도하거나 법인이 합병되는 경우에는 제75조 제1항 각 호, 같은 조 제2항 또는 제76조 제1항 각 호를 위반한 사유로 종전의 영업자에게 행한 행정 제재처분의 효과는 그 처분기간이 끝난 날부터 1년간 양수인이나 합병 후 존속하는 법인에 승계되며, 행정 제재처분 절차가 진행 중인 경우에는 양수인이나 합병 후 존속하는 법인에 대하여 행정 제재처분 절차를 계속할 수 있다. 다만, 양수인이나 합병 후 존속하는 법인이 양수하거나 합병할 때에 그 처분 또는 위반사실을 알지 못하였음을 증명하는 때에는 그러하지 아니하다.

[❸ ▸ O] 채석허가가 대물적 허가의 성질을 아울러 가지고 있고 수허가자의 지위가 사실상 양도·양수되는 점을 고려하여 수허가자의 지위를 사실상 양수한 양수인의 이익을 보호하고자 하는 데 있는 것으로 해석되므로, 수허가자의 지위를 양수받아 명의변경신고를 할 수 있는 양수인의 지위는 단순한 반사적 이익이나 사실상의 이익이 아니라 산림법령에 의하여 보호되는 직접적이고 구체적인 이익으로서 법률상 이익이라고 할 것이고, 채석허가가 유효하게 존속하고 있다는 것이 양수인의 명의변경신고의 전제가 된다는 의미에서 관할 행정청이 양도인에 대하여 채석허가를 취소하는 처분을 하였다면 이는 양수인의 지위에 대한 직접적 침해가 된다고 할 것이므로 양수인은 채석허가를 취소하는 처분의 취소를 구할 법률상 이익을 가진다(대판 2003.7.11. 2001두6289).

[❹ ▸ O] 영업자지위승계신고를 수리하는 처분은 종전의 영업자의 권익을 제한하는 처분이라 할 것이고 따라서 종전의 영업자는 그 처분에 대하여 직접 그 상대가 되는 자에 해당한다고 봄이 상당하므로, 행정청으로서는 위 신고를 수리하는 처분을 함에 있어서 행정절차법 규정 소정의 당사자에 해당하는 종전의 영업자에 대하여 위 규정 소정의 행정절차[사전통지, 의견제출(註)]를 실시하고 처분을 하여야 한다(대판 2003.2.14. 2001두7015).

[❺ ▸ O] 사업양도·양수에 따른 허가관청의 지위승계신고의 수리는 적법한 사업의 양도·양수가 있었음을 전제로 하는 것이므로 그 수리대상인 사업양도·양수가 존재하지 아니하거나 무효인 때에는 수리를 하였다 하더라도 그 수리는 유효한 대상이 없는 것으로서 당연히 무효라 할 것이고, 사업의 양도행위가 무효라고 주장하는 양도자는 민사쟁송으로 양도·양수행위의 무효를 구함이 없이 막바로 허가관청을 상대로 하여 행정소송으로 위 신고수리처분의 무효확인을 구할 법률상 이익이 있다(대판 2005.12.23. 2005두3554).

# PART 02 일반행정작용법

CHAPTER 01

# 행정입법



각 문항별로 이해도를 체크해 보세요.

최근 5년간 회별 평균 1문

## 제1절 법규명령 ★★

2012년 변호사시험 문 38.

확인Check! ○ △ ×

**행정입법에 대한 사법적 통제에 관한 설명 중 옳지 않은 것은?(다툼이 있는 경우 판례에 의함)**

① 명령·규칙이 헌법이나 법률에 위반되는지 여부가 법원의 재판의 전제가 되는 경우에는 본안심리에 부수하는 구체적 규범통제의 형식으로 심사하며, 이때의 심사기준에는 형식적 의미의 헌법과 법률뿐만 아니라 국회의 동의를 받은 조약이나 대통령의 긴급명령도 포함된다.

② 행정소송에서 대법원이 명령·규칙이 위헌 또는 위법이라는 이유로 무효로 선언하고 이 판결이 관보에 게재되었다 하더라도 그 명령·규칙이 일반적으로 무효로 되는 것은 아니다.

③ 법령보충적 행정규칙뿐만 아니라 재량권 행사의 준칙인 행정규칙이 행정의 자기구속원리에 따라 대외적 구속력을 가지는 경우에는 헌법소원의 대상이 될 수 있다.

④ 대법원은, 조례가 집행행위의 개입 없이도 그 자체로서 직접 국민의 구체적인 권리의무나 법적 이익에 영향을 미치는 등의 법률상 효과를 발생하는 경우 그 조례는 항고소송의 대상이 되는 행정처분에 해당한다고 본다.

⑤ 행정기관에 행정입법 제정의 법적 의무가 있는 경우에 그 제정의 부작위는 공권력의 불행사에 해당하므로 행정소송법상 부작위위법확인소송의 대상이 된다.

[❶ ▸ O] 헌법 제107조 제2항에는 "명령·규칙 또는 처분이 헌법이나 법률에 위반되는 여부가 재판의 전제가 된 경우에는 대법원은 이를 최종적으로 심사할 권한이 있다"고 규정되어 있다. 행정입법에 대한 구체적 규범 통제 시 심사기준은 헌법과 법률이 되는데, 여기서 법률은 형식적 법률뿐만 아니라 법률과 같은 효력을 가지는 국회의 동의를 받은 조약이나 대통령의 긴급명령 등도 포함된다.

[❷ ▸ O] 행정소송법 제6조는 "행정소송에 대한 대법원판결에 의하여 명령·규칙이 헌법 또는 법률에 위반된다는 것이 확정된 경우에는 대법원은 지체없이 그 사유를 행정안전부장관에게 통보하고, 행정안전부장관은 지체없이 이를 관보에 게재하여야 한다"는 명령·규칙의 위헌판결등 공고제를 규정하고 있다. 하지만 이 규정이 있더라도, 구체적 규범통제의 특성상 행정소송에서 위헌·위법으로 무효선언된 명령 또는 규칙은 단지 문제된 당해 사건에 한해 적용이 배제됨에 그치고, 공식절차에 의하여 폐지되지 않는 한 형식적으로는 유효하다고 보아야 한다.

[❸ ▸ O] 행정규칙이 법령의 규정에 의하여 행정관청에 법령의 구체적인 내용을 보충할 권한을 부여한 경우 또는 재량권 행사의 준칙인 행정규칙이 그 정한 바에 따라 되풀이 시행되어 행정관행이 성립되어 평등원칙이나 신뢰보호의 원칙에 따라 행정기관이 그 상대방에 대한 관계에서 그 규칙에 따라야 할 자기구속을 당하게 되는 경우에는 대외적인 구속력을 갖게 되어 헌법소원의 대상이 될 수도 있다(헌재 2013.5.30. 2012헌마255).



⑤ 정답

[❹ ▸ O] 조례가 집행행위의 개입 없이도 그 자체로서 직접 국민의 구체적인 권리의무나 법적 이익에 영향을 미치는 등의 법률상 효과를 발생하는 경우 그 조례는 항고소송의 대상이 되는 행정처분에 해당하고, 이러한 조례에 대한 무효확인소송을 제기함에 있어서 행정소송법 제38조 제1항, 제13조에 의하여 피고적격이 있는 처분 등을 행한 행정청은, 행정주체인 지방자치단체 또는 지방자치단체의 내부적 의결기관으로서 지방자치단체의 의사를 외부에 표시할 권한이 없는 지방의회가 아니라, 구 지방자치법 제19조 제2항, 제92조에 의하여 지방자치단체의 집행기관으로서 조례로서의 효력을 발생시키는 공포권이 있는 지방자치단체의 장이다. 구 지방교육자치에 관한 법률 제14조 제5항, 제25조에 의하면 시・도의 교육・학예에 관한 사무의 집행기관은 시・도 교육감이고 시・도 교육감에게 지방교육에 관한 조례안의 공포권이 있다고 규정되어 있으므로, 교육에 관한 조례의 무효확인소송을 제기함에 있어서는 그 집행기관인 시・도 교육감을 피고로 하여야 한다(대판 1996.9.20. 95누8003).

[❺ ▸ X] 행정소송은 구체적 사건에 대한 법률상 분쟁을 법에 의하여 해결함으로써 법적 안정을 기하자는 것이므로 부작위위법확인소송의 대상이 될 수 있는 것은 구체적 권리의무에 관한 분쟁이어야 하고 추상적인 법령에 관하여 제정의 여부 등은 그 자체로서 국민의 구체적인 권리의무에 직접적 변동을 초래하는 것이 아니어서 그 소송의 대상이 될 수 없다(대판 1992.5.8. 91누11261).

**2020년 변호사시험 문 32.** ☑ 확인 Check! ○ △ ✕

**입법부작위에 관한 설명 중 옳지 않은 것은?(다툼이 있는 경우 판례에 의함)**

① 입법부가 법률로써 행정부에게 특정한 사항을 위임했음에도 불구하고 행정부가 정당한 이유 없이 이를 이행하지 않는다면 권력분립의 원칙과 법치국가 내지 법치행정의 원칙에 위배되는 것으로서 위법함과 동시에 위헌적인 것이 된다.
② 행정부가 위임입법에 따른 시행령을 제정하지 않거나 개정하지 않은 것에 대한 정당한 이유가 있음을 주장하기 위해서는 그 위임입법 자체가 헌법에 위반된다는 것이 누가 보아도 명백하거나, 위임입법에 따른 행정입법의 제정이나 개정이 당시 실시되고 있는 전체적인 법질서 체계와 조화되지 아니하여 그 위임입법에 따른 행정입법 의무의 이행이 오히려 헌법질서를 파괴하는 결과를 가져옴이 명백할 정도는 되어야 한다.
③ 입법자가 불충분하게 규율한 이른바 부진정입법부작위에 대하여 헌법소원을 제기하려면 그것이 평등의 원칙에 위배된다는 등 헌법위반을 내세워 적극적인 헌법소원을 제기하여야 하며, 이 경우에는 기본권 침해 상태가 계속되고 있으므로 「헌법재판소법」 소정의 제소기간을 준수할 필요는 없다.
④ 행정소송은 구체적 사건에 대한 법률상 분쟁을 법에 의하여 해결함으로써 법적 안정을 기하자는 것이므로, 추상적인 법령에 관한 제정의 여부 등은 부작위위법확인소송의 대상이 될 수 없다.
⑤ 상위 법령이 행정입법에 위임하고 있더라도, 하위 행정입법의 제정 없이 상위 법령의 규정만으로도 법률의 집행이 이루어질 수 있는 경우라면 하위 행정입법을 하여야 할 헌법적 작위의무는 인정되지 아니한다.

[❶ ▸ O] 입법부가 법률로써 행정부에게 특정한 사항을 위임했음에도 불구하고 행정부가 정당한 이유 없이 이를 이행하지 않는다면 권력분립의 원칙과 법치국가 내지 법치행정의 원칙에 위배되는 것으로서 위법함과 동시에 위헌적인 것이 되는바, 군법무관임용법과 군법무관임용 등에 관한 법률이 군법무관의 보수의 구체적 내용을 시행령에 위임했음에도 불구하고 행정부가 정당한 이유 없이 시행령을 제정하지 않은 것은 위 보수청구권을 침해하는 불법행위에 해당한다(대판 2007.11.29. 2006다3561).

[❷ ▸ O] 행정부가 위임 입법에 따른 시행명령을 제정하지 않거나 개정하지 않은 것에 정당한 이유가 있었다면 그런 경우에는 헌법재판소가 위헌확인을 할 수는 없다. 그러한 정당한 이유가 인정되기 위해서는 그 위임입법 자체가 헌법에 위반된다는 것이 명백하거나, 행정입법 의무의 이행이 오히려 헌법질서를 파괴하는 결과를 가져옴이 명백할 정도는 되어야 할 것이다(헌재 2004.2.26. 2001헌마718).

정답 ③

[❸ ▸ ×] 행정입법의 경우에도 "부진정 입법부작위"를 대상으로 헌법소원을 제기하려면 그 입법부작위를 헌법소원의 대상으로 삼을 수는 없고, 결함이 있는 당해 입법규정 그 자체를 대상으로 하여 그것이 평등의 원칙에 위배된다는 등 헌법위반을 내세워 적극적인 헌법소원을 제기하여야 하며, 이 경우에는 법령에 의하여 직접 기본권이 침해되는 경우라고 볼 수 있으므로 헌법재판소법 제69조 제1항 소정의 청구기간을 준수하여야 한다(헌재 2009.7.14. 2009헌마349).

[❹ ▸ ○] 행정소송은 구체적 사건에 대한 법률상 분쟁을 법에 의하여 해결함으로써 법적 안정을 기하자는 것이므로 부작위위법확인소송의 대상이 될 수 있는 것은 구체적 권리의무에 관한 분쟁이어야 하고 추상적인 법령에 관하여 제정의 여부 등은 그 자체로서 국민의 구체적인 권리의무에 직접적 변동을 초래하는 것이 아니어서 그 소송의 대상이 될 수 없다(대판 1992.5.8. 91누11261).

[❺ ▸ ○] 삼권분립의 원칙, 법치행정의 원칙을 당연한 전제로 하고 있는 우리 헌법 하에서 행정권의 행정입법 등 법집행의무는 헌법적 의무라고 보아야 할 것이다. 그런데 이는 행정입법의 제정이 법률의 집행에 필수불가결한 경우로서 행정입법을 제정하지 아니하는 것이 곧 행정권에 의한 입법권 침해의 결과를 초래하는 경우를 말하는 것이므로, 만일 하위 행정입법의 제정 없이 상위 법령의 규정만으로도 집행이 이루어질 수 있는 경우라면 하위 행정입법을 하여야 할 헌법적 작위의무는 인정되지 아니한다(헌재 2005. 12. 22. 2004헌마66).

**2013년 변호사시험 문 28.** ☑ 확인Check! ○ △ ×

**행정입법에 관한 다음 설명 중 옳지 않은 것은?(다툼이 있는 경우 판례에 의함)**

① 위임입법이 필요한 분야라도 입법권의 위임은 원칙적으로 법치주의 원칙과 의회민주주의 원칙, 권력분립 원칙에 비추어 구체적으로 범위를 정하여 하는 경우에만 허용된다.

② 중앙행정심판위원회는 심판청구를 심리・재결할 때에 처분 또는 부작위의 근거가 되는 명령 등이 법령에 근거가 없거나 상위 법령에 위배되거나 국민에게 과도한 부담을 주는 등 크게 불합리하면 관계 행정기관에 그 명령 등의 개정・폐지 등 적절한 시정조치를 요청할 수 있다.

③ 일단 법률에 근거하여 유효하게 성립한 법규명령은 나중에 위임법률이 개정되어 그 근거가 없어지더라도 그 효력에 지장이 없다.

④ 법률이 공법적 단체의 정관에 자치법적 사항을 위임하는 경우 헌법 제75조에서 정한 포괄적인 위임입법의 금지는 원칙적으로 적용되지 않는다.

⑤ 대통령령은 행정조직 내부적으로 법제처 심사와 국무회의 심의를 거쳐야 하나, 총리령・부령은 법제처 심사만 거치면 되고 국무회의 심의는 거치지 않아도 된다.

[❶ ▸ ○] 위임입법이 필요한 분야라고 하더라도 입법권의 위임은 법치주의의 원칙과 의회민주주의의 원칙, 권력분립의 원칙에 비추어 구체적으로 범위를 정하여 하는 경우만 허용된다. 더구나 처벌규정의 위임은 처벌대상인 행위가 어떠한 것일 것이라고 이를 예측할 수 있을 정도로 구체적으로 정하고 형벌의 종류 및 그 상한과 폭을 명백히 규정하여야 한다(헌재 2004.9.23. 2002헌가26).

[❷ ▸ ○] 중앙행정심판위원회는 심판청구를 심리・재결할 때에 처분 또는 부작위의 근거가 되는 명령 등(대통령령・총리령・부령・훈령・예규・고시・조례・규칙 등을 말한다. 이하 같다)이 법령에 근거가 없거나 상위 법령에 위배되거나 국민에게 과도한 부담을 주는 등 크게 불합리하면 관계 행정기관에 그 명령 등의 개정・폐지 등 적절한 시정조치를 요청할 수 있다(행정심판법 제59조 제1항).



③ 정답

[❸ ▸ ×] 일반적으로 법률의 위임에 의하여 효력을 갖는 법규명령의 경우, 구법에 위임의 근거가 없어 무효였더라도 사후에 법개정으로 위임의 근거가 부여되면 그 때부터는 유효한 법규명령이 되나, 반대로 구법의 위임에 의한 유효한 법규명령이 법개정으로 위임의 근거가 없어지게 되면 그 때부터 무효인 법규명령이 되므로, 어떤 법령의 위임 근거 유무에 따른 유효 여부를 심사하려면 법개정의 전·후에 걸쳐 모두 심사하여야만 그 법규명령의 시기에 따른 유효·무효를 판단할 수 있다(대판 1995.6.30. 93추83).

[❹ ▸ ○] 법률이 공법적 단체 등의 정관에 자치법적 사항을 위임한 경우에는 헌법 제75조가 정하는 포괄적인 위임입법의 금지는 원칙적으로 적용되지 않는다고 봄이 상당하고, 그렇다 하더라도 그 사항이 국민의 권리·의무에 관련되는 것일 경우에는 적어도 국민의 권리·의무에 관한 기본적이고 본질적인 사항은 국회가 정하여야 한다(대판 2007.10.12. 2006두14476).

[❺ ▸ ○] 법규명령의 절차적 통제방안으로, 대통령령은 법제처의 심사(정부조직법 제23조 제1항)와 국무회의의 심의(헌법 제89조 제3호)를 거쳐야 하고, 총리령·부령은 법제처의 심사(정부조직법 제23조 제1항)를 거쳐야 한다.

법령

**헌법 제89조** 다음 사항은 국무회의의 심의를 거쳐야 한다.

3. 헌법개정안·국민투표안·조약안·법률안 및 대통령령안

**법제처(정부조직법 제23조)** ① 국무회의에 상정될 법령안·조약안과 총리령안 및 부령안의 심사와 그 밖에 법제에 관한 사무를 전문적으로 관장하기 위하여 국무총리 소속으로 법제처를 둔다.

**2019년 변호사시험 문 22.** ☑ 확인Check! ○ △ ×

**행정입법에 대한 사법적 통제에 관한 설명 중 옳지 않은 것은?(다툼이 있는 경우 판례에 의함)**

① 헌법 제107조 제2항에 규정된 '명령·규칙'은 지방자치단체의 조례와 규칙을 모두 포함한다.
② 조례가 집행행위의 개입 없이도 그 자체로서 직접 국민의 구체적인 권리의무나 법적 이익에 영향을 미치는 등의 법률상 효과를 발생하는 경우 그 조례는 항고소송의 대상이 된다.
③ 행정규칙이 법령의 규정에 의하여 행정관청에 법령의 구체적 내용을 보충할 권한을 부여한 경우나, 재량권행사의 준칙인 규칙이 그 정한 바에 따라 되풀이 시행되어 행정관행이 형성되어 행정기관이 그 상대방에 대한 관계에서 그 규칙에 따라야 할 자기구속을 당하게 되는 경우에는 헌법소원의 대상이 될 수도 있다.
④ 행정청이 법률의 시행에 필요한 행정입법을 하지 아니하여 법률이 시행되지 못하게 하는 것은 행정입법을 통해 구체화되는 권리를 개별적·구체적으로 향유할 개인의 권리를 침해하므로 항고소송의 대상이 된다.
⑤ 행정소송에 대한 대법원판결에 의하여 명령·규칙이 헌법 또는 법률에 위반된다는 것이 확정된 경우에는 대법원은 지체 없이 그 사유를 행정안전부장관에게 통보하여야 한다.

[❶ ▸ ○] 무효인 서울특별시행정권한위임조례의 규정에 근거한 관리처분계획의 인가 등 처분은 결과적으로 적법한 위임 없이 권한 없는 자에 의하여 행하여진 것과 마찬가지가 되어 그 하자가 중대하나, 지방자치단체의 사무에 관한 조례와 규칙은 조례가 보다 상위규범이라고 할 수 있고, 또한 헌법 제107조 제2항의 "규칙"에는 지방자치단체의 조례와 규칙이 모두 포함되는 등 이른바 규칙의 개념이 경우에 따라 상이하게 해석되는 점 등에 비추어 보면, 위 처분의 위임과정의 하자가 객관적으로 명백한 것이라고 할 수 없으므로 결국 당연무효 사유는 아니라고 봄이 상당하다(대판 1995.8.22. 94누5694 [전합]).

[❷ ▸ ○] 조례가 집행행위의 개입 없이도 그 자체로서 직접 국민의 구체적인 권리의무나 법적 이익에 영향을 미치는 등의 법률상 효과를 발생하는 경우 그 조례는 항고소송의 대상이 되는 행정처분에 해당한다(대판 1996.9.20. 95누8003).

정답 ④

[❸ ▸ O] 행정규칙이 법령의 규정에 의하여 행정관청에 법령의 구체적인 내용을 보충할 권한을 부여한 경우 또는 재량권 행사의 준칙인 행정규칙이 그 정한 바에 따라 되풀이 시행되어 행정관행이 성립되어 평등원칙이나 신뢰보호의 원칙에 따라 행정기관이 그 상대방에 대한 관계에서 그 규칙에 따라야 할 자기구속을 당하게 되는 경우에는 대외적인 구속력을 갖게 되어 헌법소원의 대상이 될 수도 있다(헌재 2013.5.30. 2012헌마255).

[❹ ▸ ×] 행정소송은 구체적 사건에 대한 법률상 분쟁을 법에 의하여 해결함으로써 법적 안정을 기하자는 것이므로 부작위위법확인소송의 대상이 될 수 있는 것은 구체적 권리의무에 관한 분쟁이어야 하고 추상적인 법령에 관하여 제정의 여부 등은 그 자체로서 국민의 구체적인 권리의무에 직접적 변동을 초래하는 것이 아니어서 그 소송의 대상이 될 수 없다(대판 1992.5.8. 91누11261).

[❺ ▸ O] 행정소송에 대한 대법원판결에 의하여 명령·규칙이 헌법 또는 법률에 위반된다는 것이 확정된 경우에는 대법원은 지체 없이 그 사유를 행정안전부장관에게 통보하여야 한다(행정소송법 제6조 제1항).

## 제2절 행정규칙

**2013년 변호사시험 문 39.** ☑ 확인 Check! O △ X

**甲은 청소년보호법 시행령 [별표]의 과징금 처분기준 및 과태료 처분기준에 따라 과징금부과처분 및 과태료부과처분을 받았다. 甲은 위 각 부과처분이 과중하다고 생각하여 이를 다투고자 한다. 이에 관한 다음 설명 중 옳지 않은 것은?(다툼이 있는 경우 판례에 의함)**

① 과징금부과처분 취소소송에서 과징금 처분기준의 위헌·위법 여부가 재판의 전제가 된 경우 법원은 이에 대한 위헌·위법 심사를 할 수 있다.
② 과징금 처분기준을 정한 청소년보호법 시행령 규정은 대외적으로 국민이나 법원을 구속할 힘이 있는 법규명령에 해당한다.
③ 甲이 과태료부과처분에 불복하여 해당 행정청에 이의제기를 한 경우 행정청은 관할 법원에 통보하여야 하고, 관할 법원은 행정소송절차에 따라 재판한다.
④ 과징금 처분기준이 만약 일정액으로 정해진 것이라면 그 수액은 정액이 아니라 과징금의 최고한도액이라는 것이 판례의 태도이다.
⑤ 과징금과 함께 과태료를 부과하더라도 이중처벌 금지의 원칙에 위반되는 것은 아니다.

[❶ ▸ O] 명령, 규칙 또는 처분이 헌법이나 법률에 위반되는 여부가 재판의 전제가 된 경우에는 대법원은 이를 최종적으로 심사할 권한을 갖는다(헌법 제107조 제2항). 여기서 명령은 법규명령을 의미하고, 규칙은 중앙선관위 규칙, 대법원 규칙과 같은 법규명령으로서의 규칙을 의미한다고 보는 것이 일반적인 견해이다. 아래 해설과 같이 판례는 청소년보호법 시행령 [별표]의 과징금처분기준을 법규명령으로 보고 있으므로, 과징금처분기준의 위헌·위법 여부가 재판의 전제가 된 경우 법원은 이에 대한 위헌·위법심사를 할 수 있다.

[❷ ▸ O] [❹ ▸ O] 구 청소년보호법 제49조 제1항, 제2항에 따른 같은 법 시행령 제40조 [별표 6]의 위반행위의 종별에 따른 과징금 처분기준은 법규명령이기는 하나 모법의 위임규정의 내용과 취지 및 헌법상의 과잉금지의 원칙과 평등의 원칙 등에 비추어 같은 유형의 위반행위라 하더라도 그 규모나 기간·사회적 비난 정도·위반행위로 인하여 다른 법률에 의하여 처벌받은 다른 사정·행위자의 개인적 사정 및 위반행위로 얻은 불법이익의 규모 등 여러 요소를 종합적으로 고려하여 사안에 따라 적정한 과징금의 액수를 정하여야 할 것이므로 그 수액은 정액이 아니라 최고한도액이다(대판 2001.3.9. 99두5207).

 ③ 정답

[❸ ▸ ×] 행정청의 과태료 부과에 불복하는 이의제기를 받은 행정청은 이의제기를 받은 날부터 14일 이내에 이에 대한 의견 및 증빙서류를 첨부하여 관할 법원에 통보하여야 한다(질서위반행위규제법 제21조 제1항). 그러나 과태료의 부과 여부 및 그 당부는 최종적으로 질서위반행위규제법에 의한 절차에 의하여 판단되어야 할 것이므로, 과태료 부과처분은 행정청을 피고로 하는 행정소송의 대상이 되는 행정처분이라고 볼 수 없다(대판 2012.10.11. 2011두19369).

[❺ ▸ ○] 구 독점규제 및 공정거래에 관한 법률 제24조의2에 의한 부당내부거래에 대한 과징금은 그 취지와 기능, 부과의 주체와 절차[형사소송절차에 따라 검사의 기소와 법원의 판결에 의하여 부과되는 형사처벌과는 달리, 과징금은 공정거래위원회라는 행정기관에 의하여 부과되고, 이에 대한 불복은 행정쟁송절차에 따라 진행된다(註)] 등을 종합할 때 부당내부거래 억지라는 행정목적을 실현하기 위하여 그 위반행위에 대하여 제재를 가하는 행정상의 제재금으로서의 기본적 성격에 부당이득환수적 요소도 부가되어 있는 것이라 할 것이고, 이를 두고 헌법 제13조 제1항에서 금지하는 국가형벌권 행사로서의 '처벌'에 해당한다고는 할 수 없으므로, 공정거래법에서 형사처벌과 아울러 과징금의 병과를 예정하고 있더라도 이중처벌금지원칙에 위반된다고 볼 수 없다(헌재 2003.7.24. 2001헌가25).

**2012년 변호사시험 문 33.** ☑ 확인 Check! ○ △ ×

**행정규제기본법 제4조 제2항 단서는 "법령에서 전문적 · 기술적 사항이나 경미한 사항으로서 업무의 성질상 위임이 불가피한 사항에 관하여 구체적으로 범위를 정하여 위임한 경우에는 고시 등으로 정할 수 있다"고 규정하고 있다. 이에 따라 제정된 '고시 등'에 관한 설명 중 옳은 것을 모두 고른 것은?**

ㄱ. '고시 등'에는 훈령, 예규, 고시 및 공고가 포함된다.
ㄴ. 대법원과는 달리 헌법재판소는 훈령으로 법규사항을 규정하는 것은 설사 상위법의 위임이 있더라도 합헌적인 것으로 인정받기 어렵다고 판시하였다.
ㄷ. 법률유보의 범위에 속하는 사항을 상위법의 위임 없이 고시 등에 규정하는 것은 위헌이므로 그러한 규정은 국민에 대하여 구속력을 가질 수 없다.
ㄹ. '고시 등'에 대하여 판례는 이를 규범구체화행정규칙이라고 본다.
ㅁ. '고시 등'이 비록 법령에 근거를 둔 것이라고 하더라도 그 규정 내용이 법령의 위임범위를 벗어난 경우에는 대외적 구속력이 없다.

① ㄱ, ㄴ, ㄷ　② ㄱ, ㄷ, ㅁ　③ ㄴ, ㄷ, ㄹ
④ ㄴ, ㄹ, ㅁ　⑤ ㄷ, ㄹ, ㅁ

[ㄱ ▸ ○] 법 제2조 제1항 제2호 및 법 제4조 제2항 단서에서 "고시 등"이라 함은 훈령 · 예규 · 고시 및 공고를 말한다(행정규제기본법 시행령 제2조 제2항).

[ㄴ ▸ ×] 헌법이 인정하고 있는 위임입법의 형식은 예시적인 것으로 보아야 할 것이고, 그것은 법률이 행정규칙에 위임하더라도 그 행정규칙은 위임된 사항만을 규율할 수 있으므로, 국회입법의 원칙과 상치되지도 않는다(헌재 2004.10.28. 99헌바91).

[ㄷ ▸ ○] 오늘날 법률유보원칙은 단순히 행정작용이 법률에 근거를 두기만 하면 충분한 것이 아니라, 국가공동체와 그 구성원에게 기본적이고도 중요한 의미를 갖는 영역, 특히 국민의 기본권 실현과 관련된 영역에 있어서는 국민의 대표자인 입법자가 그 본질적 사항에 대하여 스스로 결정하여야 한다는 요구까지 내포하고 있다(헌재 1999.5.27. 98헌바70).

[ㄹ ▸ ×] 규범구체화 행정규칙이란, 고도의 전문성과 기술성을 가진 행정영역에 있어서 입법기관이 규율내용을 구체화하지 못하고 그것을 사실상 행정기관에 맡긴 경우, 행정기관이 법령의 내용을 구체화하는 행정규칙을 말한다. 일부 학설은 법령보충규칙의 법적 성질을 규범구체화 행정규칙으로 보고 있으나, 판례는 이를 명시적으로 인정하고 있지는 않다.

정답 ②

[ㅁ ▸ O] 행정 각부의 장이 정하는 고시가 비록 법령에 근거를 둔 것이라고 하더라도 그 규정 내용이 법령의 위임범위를 벗어난 것일 경우에는 법규명령으로서의 대외적 구속력을 인정할 여지는 없다(대결 2006.4.28. 2003마715).

**2019년 변호사시험 문 23.** ☑ 확인 Check! ○ △ ×

**A법률을 시행하기 위하여 B행정청의 C고시가 제정되었다. 이에 관한 설명 중 옳은 것을 모두 고른 것은?(다툼이 있는 경우 판례에 의함)**

ㄱ. A법률이 B행정청에 A법률의 내용을 구체화할 수 있는 권한을 부여하면서 그 권한행사의 절차나 방법을 특정하지 않아 고시의 형식으로 정한 경우, C고시의 규정내용이 A법률의 위임범위를 벗어난 때에는 대외적 구속력을 인정할 수 없다.
ㄴ. A법률이 입법사항에 대하여 고시의 형식으로 위임하여 C고시가 제정된 경우라면, C고시는 그 자체로 국회입법원칙에 위반된 것으로 무효이다.
ㄷ. A법률이 시행규칙의 형식으로 세부사항을 정하도록 위임하였으나 고시의 형식으로 제정된 경우라 하더라도, C고시는 위임의 범위 내에서 상위법과 결합하여 대외적 구속력이 있는 법규명령의 효력을 가진다.
ㄹ. A법률의 위임에 따라 일반·추상적 성질을 가지는 C고시가 제정된 경우, A법률에 대하여 헌법재판소의 위헌결정이 선고되면 C고시도 원칙적으로 효력을 상실한다.

① ㄱ, ㄴ ② ㄱ, ㄷ ③ ㄱ, ㄹ
④ ㄴ, ㄷ ⑤ ㄴ, ㄹ

[ㄱ ▸ O] [ㄷ ▸ ×] 법령의 규정이 특정 행정기관에게 법령 내용의 구체적 사항을 정할 수 있는 권한을 부여하면서 권한행사의 절차나 방법을 특정하지 아니한 경우에는 수임 행정기관은 행정규칙이나 규정 형식으로 법령 내용이 될 사항을 구체적으로 정할 수 있다. 이 경우 행정규칙 등은 당해 법령의 위임한계를 벗어나지 않는 한 대외적 구속력이 있는 법규명령으로서 효력을 가지게 되지만, 이는 행정규칙이 갖는 일반적 효력이 아니라 행정기관에 법령의 구체적 내용을 보충할 권한을 부여한 법령 규정의 효력에 근거하여 예외적으로 인정되는 것이다. 따라서 그 행정규칙이나 규정이 상위법령의 위임범위를 벗어난 경우에는 법규명령으로서 대외적 구속력을 인정할 여지는 없다. 이는 행정규칙이나 규정 '내용'이 위임범위를 벗어난 경우뿐 아니라 상위법령의 위임규정에서 특정하여 정한 권한행사의 '절차'나 '방식'에 위배되는 경우도 마찬가지이므로, 상위법령에서 세부사항 등을 시행규칙으로 정하도록 위임하였음에도 이를 고시 등 행정규칙으로 정하였다면 그 역시 대외적 구속력을 가지는 법규명령으로서 효력이 인정될 수 없다(대판 2012.7.5. 2010다72076).

[ㄴ ▸ ×] 헌법이 인정하고 있는 위임입법의 형식은 예시적인 것으로 보아야 할 것이고, 그것은 법률이 행정규칙에 위임하더라도 그 행정규칙은 위임된 사항만을 규율할 수 있으므로, 국회입법의 원칙과 상치되지도 않는다(헌재 2004.10.28. 99헌바91).

[ㄹ ▸ O] 법규명령의 위임의 근거가 되는 법률에 대하여 위헌결정이 선고되면 그 위임규정에 근거하여 제정된 법규명령도 원칙적으로 효력을 상실한다(대판 2001.6.12. 2000다18547).



③ 정답

**2014년 변호사시험 문 39.** ☑ 확인Check! ○ △ ×

식품접객업자인 甲은 전문 호객꾼을 고용하여 손님을 유치하였고, 업소 안에서 음란 비디오를 상영하였다는 이유로 식품위생법 관련 규정에 따라 영업정지 1개월의 행정처분을 받았다. 甲이 법원이나 헌법재판소에 재판을 청구하여 영업정지 처분의 위법성이나 관련 규정의 위헌성을 다툰다고 할 때, 다음 설명 중 옳은 것은?(다툼이 있는 경우 판례에 의함)

【관련 규정】

**식품위생법 제44조(영업자 등의 준수사항)** ① 식품접객영업자 등 대통령령으로 정하는 영업자와 그 종업원은 영업의 위생관리와 질서유지, 국민의 보건위생 증진을 위하여 총리령으로 정하는 사항을 지켜야 한다.

**식품위생법 시행규칙 제57조(식품접객영업자 등의 준수사항 등)** 법 제44조 제1항에 따라 식품접객영업자 등이 지켜야 할 준수사항은 별표 17과 같다.

**[별표 17] 식품접객업영업자 등의 준수사항(제57조 관련)**

1.~5. 〈생략〉

6. 식품접객업자(위탁급식 영업자는 제외한다)의 준수사항

가.~파. 〈생략〉

하. 손님을 꾀어서 끌어들이는 행위를 하여서는 아니 된다.

거. 업소 안에서 선량한 미풍양속을 해치는 공연, 영화, 비디오 또는 음반을 상영하거나 사용하여서는 아니 된다.

**식품위생법 제75조(허가취소 등)** ① 식품의약품안전처장 또는 특별자치도지사·시장·군수·구청장은 영업자가 다음 각 호의 어느 하나에 해당하는 경우에는 대통령령으로 정하는 바에 따라 영업허가 또는 등록을 취소하거나 6개월 이내의 기간을 정하여 그 영업의 전부 또는 일부를 정지하거나 영업소 폐쇄(제37조 제4항에 따라 신고한 영업만 해당한다. 이하 이 조에서 같다)를 명할 수 있다.

1.~12. 〈생략〉

13. 제44조 제1항·제2항 및 제4항을 위반한 경우

14.~18. 〈생략〉

②, ③ 〈생략〉

④ 제1항 및 제2항에 따른 행정처분의 세부기준은 그 위반 행위의 유형과 위반 정도 등을 고려하여 총리령으로 정한다.

**식품위생법 시행규칙 제89조(행정처분의 기준)** 법 제71조, 법 제72조, 법 제74조부터 법 제76조까지 및 법 제80조에 따른 행정처분의 기준은 별표 23과 같다.

**[별표 23] 행정처분 기준(제89조 관련)**

Ⅰ. 〈생략〉

Ⅱ. 개별기준

1.~2. 〈생략〉

3. 식품접객업

영 제21조 제8호의 식품접객업을 말한다.

1.~9. 〈생략〉

10. 법 제44조 제1항을 위반한 경우

가. 식품접객업자의 준수사항(별표 17 제6호 자목·파목·머목 및 별도의 개별처분기준이 있는 경우는 제외한다)의 위반으로서

1)~2) 〈생략〉

3) 별표 17 제6호 타목 2)·거목 또는 서목을 1차 위반한 경우 영업정지 1개월

4) 별표 17 제6호 나목, 카목, 타목 3)·4), 하목 또는 어목을 1차 위반한 경우 영업정지 15일

① 대법원은 시행규칙에 의해 행정처분의 기준이 마련된 경우라 하더라도 총리령의 형식을 갖춘 경우에는 법규성을 갖는 것이 당연하므로 국민과 법원을 직접적으로 구속하는 대외적 효력이 있다고 보아, 「식품위생법 시행규칙」 제89조 [별표 23]에 규정된 행정처분의 기준은 당연히 대외적 구속력을 갖는다고 판시하였다.
② 식품위생법 제44조 제1항에서 규정하고 있는 '영업의 위생관리와 질서유지', '국민의 보건위생 증진'이라는 기준은 지나치게 추상적이어서 당해 법률로부터 하위법령에 규정될 내용의 대강을 예측할 수 있는 것이 아니므로 포괄위임입법금지원칙에 위배된다.
③ 「식품위생법 시행규칙」 제57조 [별표 17] 제6호 하목 및 거목은 식품접객업자의 정당한 광고 및 홍보활동을 '손님을 꾀어서 끌어들이는 행위'로 보아 금지하고, 성(性)·혼인·가족제도에 관한 민감한 표현이 담긴 비디오 등도 '선량한 미풍양속'을 해친다는 이유로 규제할 가능성이 있어, 식품접객업자의 영업의 자유와 표현의 자유를 지나치게 침해한다. 따라서 그 수권법률인 식품위생법 제44조 제1항은, 정당하고 적법하게 입법권을 위임하였다 하더라도 헌법에 위배된다.
④ 헌법재판소 판례에 따르면, 식품위생법은 다른 법률에 비해 전문적이고 기술적일 뿐 아니라, 영업형태와 고객의 이용형태 등 현실의 변화에 따른 신속하고 탄력적인 입법적 대응이 필요한 분야의 법률이므로, 그 세부적이고 기술적인 규율을 국회에 맡기기 보다는 전체적인 기준 및 개요를 법률에 대강만 정한 뒤 구체적이고 세부적인 사항은 전문적·기술적 능력을 갖춘 행정부에서 상황의 변동에 따라 탄력적으로 대응할 수 있도록 하위 법령에 위임할 필요가 있다.
⑤ 甲은 영업정지처분의 취소를 구하는 행정소송 계속 중에 처분의 근거 법령인 「식품위생법 시행규칙」 제57조 [별표 17] 제6호 하목과 거목의 위헌성 또는 위법성을 들어 처분의 위법성을 주장할 수 있을 뿐만 아니라, 그러한 행정소송을 제기함이 없이 곧바로 위 시행규칙 조항에 대한 위헌확인을 목적으로 하는 독립된 소송을 법원에 제소하는 것도 허용된다.

[❶ ▸ ×] 판례는 제재적 처분기준을 부령인 시행규칙에 규정한 경우에는 행정청 내부의 사무처리준칙을 규정한 행정규칙으로 보고 있으나, 제재적 처분기준이 대통령령의 형식으로 정해진 경우에는 법규명령으로 본다. 반면, 총리령의 경우에는 명시적인 판례가 없는 점과 총리령·부령의 유사성을 고려해 볼 때, 총리령의 형식을 갖춘 식품위생법 시행규칙 제89조 [별표 23]에 규정된 행정처분의 기준이 법규성을 갖는 것이 당연하다고 볼 수는 없다.

판례

• 도로교통법 시행규칙 제53조 제1항이 정한 [별표16]의 운전면허행정처분기준은 부령의 형식으로 되어 있으나, 그 규정의 성질과 내용이 운전면허의 취소처분 등에 관한 사무처리기준과 처분절차 등 행정청 내부의 사무처리준칙을 규정한 것에 지나지 아니하므로 대외적으로 국민이나 법원을 기속하는 효력이 없으므로, 자동차운전면허취소처분의 적법여부는 그 운전면허행정처분기준만에 의하여 판단할 것이 아니라 도로교통법의 규정 내용과 취지에 따라 판단되어야 한다(대판 1997.5.30. 96누5773).
• 당해 처분의 기준이 된 주택건설촉진법시행령 제10조의3 제1항 [별표]는 주택건설촉진법 제7조 제2항의 위임규정에 터 잡은 규정형식상 대통령령이므로 그 성질이 부령인 시행규칙이나 지방자치단체의 규칙과 같이 통상적으로 행정조직 내부에 있어서의 행정명령에 지나지 않는 것이 아니라, 대외적으로 국민이나 법원을 구속하는 힘이 있는 법규명령에 해당한다(대판 1997.12.26. 97누15418).

[❷ ▸ ○] 출제 당시에는 옳지 않은 지문이었으나, 출제 이후 나온 2014헌가6 판례에 따르면 옳은 지문으로 보아야 한다. 2014헌가6 판례는 심판대상조항에 대하여 위임의 필요성은 인정되나, 예측가능성이 없으므로 포괄위임금지원칙에 위반된다고 하였다.



②·④ 정답

판례 식품 관련 영업은 식품산업의 발전 및 관련 정책의 변화에 따라 수시로 변화하는 특성이 있으므로 수범자인 영업자의 범위나 영업 형태를 하위법령에 위임할 필요성이 있다. 식품 관련 영업자가 준수하여야 할 사항 역시 각 영업의 종류와 특성, 주된 업무 태양에 따라 달라질 수밖에 없으므로 하위 법령에 위임할 필요가 있다. 그러나 심판대상조항은 식품접객업자를 제외한 어떠한 영업자가 하위법령에서 수범자로 규정될 것인지에 대하여 아무런 기준을 정하고 있지 않다. 비록 수범자 부분이 다소 광범위하더라도 준수사항이 구체화되어 있다면 준수사항의 내용을 통해 수범자 부분을 예측하는 것이 가능할 수 있는데, '영업의 위생관리와 질서유지', '국민의 보건위생 증진'은 매우 추상적이고 포괄적인 개념이어서 이를 위하여 준수하여야 할 사항이 구체적으로 어떠한 것인지 그 행위태양이나 내용을 예측하기 어렵다. 또한 '영업의 위생관리와 국민의 보건위생 증진'은 식품위생법 전체의 입법목적과 크게 다를 바 없고, '질서유지'는 식품위생법의 입법목적에도 포함되어 있지 않은 일반적이고 추상적인 공익의 전체를 의미함에 불과하므로, 이러한 목적의 나열만으로는 식품 관련 영업자에게 행위기준을 제공해주지 못한다. 결국 심판대상조항은 수범자와 준수사항을 모두 하위법령에 위임하면서도 위임될 내용에 대해 구체화하고 있지 아니하여 그 내용들을 전혀 예측할 수 없게 하고 있으므로, 포괄위임금지원칙에 위반된다(헌재 2016.11.24. 2014헌가6).

[❸ ▸ ×] 식품위생법 시행규칙 제57조 [별표 17] 제6호 하목 및 거목이 식품접객업자의 영업의 자유와 표현의 자유를 지나치게 침해하는지는 별론으로 하고, 설사 위임명령이 위헌이 되더라도, 그로 인하여 적법하게 위임한 수권법률이 바로 위헌이 되는 것은 아니다.

판례 법률의 위임에 따라 대통령령으로 규정한 내용이 헌법에 위반되더라도 그 대통령령이 위헌으로 되는 것은 별론으로 하고 그로 인하여 바로 수권법률까지 위헌으로 되는 것이 아니므로, 어떤 사항에 관하여 법률조항 자체에서 직접 규정하지 않고 그 구체적 내용을 대통령령에 위임한 경우, 그 법률조항의 위헌 여부는 그 위임을 받은 대통령령의 내용까지 포함한 규범상태의 위헌 여부와는 구별되어야 하므로 그 법률조항의 위헌 여부에 관하여는 그 위임이 합헌적인 것인지만 문제된다(헌재 2004.8.26. 2002헌바13).

[❹ ▸ O] 끊임없이 변화하고 다양한 식품 관련 영업 영역을 규율대상으로 하는 식품위생법은 다른 법률에 비해 전문적이고 기술적일 뿐 아니라, 영업형태와 고객의 이용형태 등 현실의 변화에 따른 신속하고 탄력적인 입법적 대응이 필요한 분야의 법률이라고 할 것이어서, 그 세부적이고 기술적인 규율을 국회에 맡기기보다는 전체적인 기준 및 개요를 법률에 대강만 정한 뒤 구체적이고 세부적인 사항은 변동상황에 따른 탄력적 혹은 기술적 대응을 위하여 전문적・기술적 능력을 갖춘 행정부에서 상황의 변동에 따라 시의적절하게 탄력적으로 대응할 수 있도록 하위 법령에 위임할 필요성이 인정된다 (헌재 2010.3.25. 2008헌가5).

[❺ ▸ ×] 우리 헌법 제107조 제2항에서는 명령, 규칙 또는 처분이 헌법이나 법률에 위반되는지 여부가 재판의 전제가 된 경우에는, 대법원은 이를 최종적으로 심사할 권한을 갖는다고 하여 구체적 규범통제원칙을 취하고 있다. 따라서 처분적 법규명령이 아닌 사안에서, 행정소송을 제기함이 없이 곧바로 위 시행규칙 조항에 대한 위헌확인을 목적으로 하는 독립된 소송을 법원에 제소하는 것은 허용되지 않는다.

**2017년 변호사시험 문 24.** ☑ 확인 Check! ○ △ ×

甲은 A시에서 숙박업을 하는 자로서, 청소년에 대하여 이성혼숙을 하게 하였다. 관할 A시장은 「공중위생관리법」 제11조 제1항을 근거로 같은 법 시행규칙 제19조 및 [별표 7]에 따라 甲에게 2월의 영업정지처분을 하였다. 甲은 영업정지처분에 승복할 수가 없어 취소소송을 제기하였으나 소송 계속 중 2월의 영업정지기간이 경과하였다. 이에 관한 설명 중 옳은 것을 모두 고른 것은?(다툼이 있는 경우 판례에 의함)

※ 「공중위생관리법 시행규칙」
[별표 7] 행정처분기준(제19조 관련) Ⅱ. 개별기준 1. 숙박업

| 위반사항 | 근거 법령 | 행정처분기준 | | |
|---|---|---|---|---|
| | | 1차위반 | 2차위반 | 3차위반 |
| 4) 청소년에 대하여 이성혼숙을 하게 하는 등 풍기를 문란하게 하는 영업행위를 하거나 그를 목적으로 장소를 제공한 때 | 법 제11조 제1항 | 영업정지 2월 | 영업정지 3월 | 영업장 폐쇄명령 |

ㄱ. 영업정지기간의 경과로 영업정지처분의 효력은 상실되므로 甲이 제기한 소송은 소의 이익(권리보호의 필요)이 인정될 수 없다.
ㄴ. 「공중위생관리법 시행규칙」 [별표 7] 행정처분기준은 행정기관 내부의 사무처리준칙을 규정한 행정규칙이다.
ㄷ. 영업정지처분이 적법한지 여부는 「공중위생관리법 시행규칙」 [별표 7]에 합치하는 것인지 여부에 따라 판단되어야 한다.
ㄹ. 甲에게 소의 이익(권리보호의 필요)이 인정될 수 있는지 여부는 「공중위생관리법 시행규칙」 [별표 7]의 법적 성격이 법규명령인지 또는 행정규칙인지 여부와 무관하다.

① ㄱ, ㄴ ② ㄱ, ㄷ ③ ㄴ, ㄷ
④ ㄴ, ㄹ ⑤ ㄷ, ㄹ

[ㄱ ▸ ×] [ㄹ ▸ ○] 판례는 가중적 제재처분의 기준이 법규명령형식의 행정규칙으로 규정된 경우, 그 법적 성격과 상관없이 소의 이익을 긍정한다.

판례

제재적 행정처분이 그 처분에서 정한 제재기간의 경과로 인하여 그 효과가 소멸되었으나, 부령인 시행규칙 또는 지방자치단체의 규칙(이하 이들을 '규칙'이라고 한다)의 형식으로 정한 처분기준에서 제재적 행정처분(이하 '선행처분'이라고 한다)을 받은 것을 가중사유나 전제요건으로 삼아 장래의 제재적 행정처분(이하 '후행처분'이라고 한다)을 하도록 정하고 있는 경우, 제재적 행정처분의 가중사유나 전제요건에 관한 규정이 법령이 아니라 규칙의 형식으로 되어 있다고 하더라도, 그러한 규칙이 법령에 근거를 두고 있는 이상 그 법적 성질이 대외적·일반적 구속력을 갖는 법규명령인지 여부와는 상관없이, 관할 행정청이나 담당공무원은 이를 준수할 의무가 있으므로 이들이 그 규칙에 정해진 바에 따라 행정작용을 할 것이 당연히 예견되고, 그 결과 행정작용의 상대방인 국민으로서는 그 규칙의 영향을 받을 수밖에 없다. 따라서 … 규칙이 정한 바에 따라 선행처분을 가중사유 또는 전제요건으로 하는 후행처분을 받을 우려가 현실적으로 존재하는 경우에는, 선행처분을 받은 상대방은 비록 그 처분에서 정한 제재기간이 경과하였다 하더라도 그 처분의 취소소송을 통하여 그러한 불이익을 제거할 권리보호의 필요성이 충분히 인정된다고 할 것이므로, 선행처분의 취소를 구할 법률상 이익이 있다고 보아야 한다(대판 2006.6.22. 2003두1684 [전합]).



④ 정답

[ㄴ ▸ O] 공중위생법 제23조 제1항은 처분권자에게 영업자가 법에 위반하는 종류와 정도의 경중에 따라 제반사정을 참작하여 위 법에 규정된 것 중 적절한 종류를 선택하여 합리적인 범위내의 행정처분을 할 수 있는 재량권을 부여한 것이고, 이를 시행하기 위하여 동 제4항에 의하여 마련된 공중위생법시행규칙 제41조 별표 7에서 위 행정처분의 기준을 정하고 있더라도 위 시행규칙은 형식은 부령으로 되어 있으나 그 성질은 행정기관 내부의 사무처리준칙을 규정한 것에 불과한 것으로서 보건사회부장관이 관계 행정기관 및 직원에 대하여 그 직무권한 행사의 지침을 정하여 주기 위하여 발한 행정명령의 성질을 가지는 것이지, 위 법 제23조 제1항에 의하여 보장된 재량권을 기속하거나 대외적으로 국민을 기속하는 것은 아니다(대판 1990.6.12. 90누1588).

[ㄷ ▸ X] 식품위생법 제58조 제1항에 의한 영업정지 등 행정처분의 적법 여부는 법 시행규칙 제53조 [별표 15]의 행정처분기준에 적합한 것인가의 여부에 따라 판단할 것이 아니라 법의 규정 및 그 취지에 적합한 것인가의 여부에 따라 판단하여야 하는 것이다(대판 2010.4.8. 2009두22997).



**2016년 변호사시험 문 23.** ☑ 확인 Check! ○ △ ×

**乙구청장은 휴게음식점 영업자인 甲에 대해 「청소년보호법」 및 같은 법 시행령 [별표]의 위반행위의 종별에 따른 과징금 부과처분기준에 따라 1,000만원의 과징금 부과처분을 하였고, 甲은 과징금 부과처분을 소송상 다투려고 한다. 이에 관한 설명 중 옳지 않은 것은?(다툼이 있는 경우 판례에 의함)**

① 규정형식상 부령인 시행규칙으로 정한 과징금 부과처분의 기준은 행정청 내부의 사무처리준칙을 규정한 행정규칙에 지나지 않지만, 대통령령으로 정한 위 과징금 부과처분기준은 대외적 구속력이 있는 법규명령에 해당한다.
② 甲이 제기한 과징금 부과처분에 대한 취소소송에서 수소법원이 1,000만원의 과징금 부과금액이 과도하다고 판단하는 경우, 수소법원은 적정하다고 인정하는 금액을 초과하는 부분만 취소할 수 있다.
③ 甲이 과징금 부과처분이 위법함을 이유로 국가배상청구소송을 제기하였다면, 수소법원은 과징금 부과처분의 취소판결이 없더라도 동 처분의 위법 여부를 판단할 수 있다.
④ 일정액으로 규정되어 있는 위 과징금 부과처분기준을 적용함에 있어서 모법의 위임규정의 내용과 취지, 헌법상 과잉금지의 원칙과 평등의 원칙 등에 비추어 여러 요소를 종합적으로 고려하여 사안에 따라 적정한 과징금의 액수를 정하여야 할 것이므로 과징금 부과처분기준 상의 금액은 정액이 아니라 최고한도액이라고 보아야 한다.
⑤ 행정소송에 대한 대법원판결에 의하여 과징금 부과처분기준이 위헌 또는 위법이라고 확정된 경우에는 대법원은 지체 없이 그 사유를 행정자치부장관에게 통보하여야 한다.

[❶ ▸ O] 판례는 제재적 처분기준을 부령인 시행규칙에 규정한 경우에는 행정청 내부의 사무처리준칙을 규정한 행정규칙으로 보고 있으나, 제재적 처분기준이 대통령령의 형식으로 정해진 경우에는 법규명령으로 본다.

판례

- 도로교통법 시행규칙 제53조 제1항이 정한 [별표16]의 운전면허행정처분기준은 부령의 형식으로 되어 있으나, 그 규정의 성질과 내용이 운전면허의 취소처분 등에 관한 사무처리기준과 처분절차 등 행정청 내부의 사무처리준칙을 규정한 것에 지나지 아니하므로 대외적으로 국민이나 법원을 기속하는 효력이 없으므로, 자동차운전면허취소처분의 적법여부는 그 운전면허행정처분기준만에 의하여 판단할 것이 아니라 도로교통법의 규정 내용과 취지에 따라 판단되어야 한다(대판 1997.5.30. 96누5773).
- 당해 처분의 기준이 된 주택건설촉진법시행령 제10조의3 제1항 [별표]는 주택건설촉진법 제7조 제2항의 위임규정에 터 잡은 규정형식상 대통령령이므로 그 성질이 부령인 시행규칙이나 지방자치단체의 규칙과 같이 통상적으로 행정조직 내부에 있어서의 행정명령에 지나지 않는 것이 아니라, 대외적으로 국민이나 법원을 구속하는 힘이 있는 법규명령에 해당한다(대판 1997.12.26. 97누15418).

정답 ②

[❷ ▸ ×] 처분을 할 것인지 여부와 처분의 정도에 관하여 재량이 인정되는 과징금 납부명령에 대하여 그 명령이 재량권을 일탈하였을 경우, 법원으로서는 재량권의 일탈 여부만 판단할 수 있을 뿐이지 재량권의 범위 내에서 어느 정도가 적정한 것인지에 관하여는 판단할 수 없어 그 전부를 취소할 수밖에 없고, 법원이 적정하다고 인정하는 부분을 초과한 부분만 취소할 수는 없다(대판 2009.6.23. 2007두18062).

[❸ ▸ O] 위법한 행정대집행이 완료되면 그 처분의 무효확인 또는 취소를 구할 소의 이익은 없다 하더라도, 미리 그 행정처분의 취소판결이 있어야만, 그 행정처분의 위법임을 이유로 한 손해배상 청구를 할 수 있는 것은 아니다(대판 1972.4.28. 72다337).

[❹ ▸ O] 구 청소년보호법 제49조 제1항 · 제2항에 따른 같은 법 시행령 제40조 [별표 6]의 위반행위의 종별에 따른 과징금부과처분기준은 법규명령이기는 하나, 모법의 위임규정의 내용과 취지 및 헌법상의 과잉금지의 원칙과 평등의 원칙 등에 비추어 같은 유형의 위반행위라 하더라도 그 규모나 기간, 사회적 비난 정도, 위반행위로 인하여 다른 법률에 의하여 처벌받은 사정, 행위자의 개인적 사정 및 위반행위로 얻은 불법이익의 규모 등 여러 요소를 종합적으로 고려하여 사안에 따라 적정한 과징금의 액수를 정하여야 할 것이므로 그 수액은 정액이 아니라 최고한도액이다(대판 2001.3.9. 99두5207).

[❺ ▸ O] 지문에는 행정자치부장관으로 되어 있으나, 출제 후 법령 개정으로 인해 행정안전부장관으로 변경되었음을 고려하여 옳은 지문으로 처리하였다.

법령 명령 · 규칙의 위헌판결등 공고(행정소송법 제6조) ① 행정소송에 대한 대법원판결에 의하여 명령 · 규칙이 헌법 또는 법률에 위반된다는 것이 확정된 경우에는 대법원은 지체 없이 그 사유를 행정안전부장관에게 통보하여야 한다.

CHAPTER 02

# 행정계획

행정법

각 문항별로 이해도를 체크해 보세요.

최근 5년간 회별 평균 0.8문

## 제1절 행정계획 ★★★

2013년 변호사시험 문 24.

확인 Check! O △ X

**행정계획에 관한 다음 설명 중 옳지 않은 것은?(다툼이 있는 경우 판례에 의함)**

① 도시관리계획구역 내 토지 등을 소유하고 있는 주민으로서는 입안권자에게 도시관리계획 입안을 요구할 수 있는 법규상 또는 조리상의 신청권이 있다고 할 것이고, 이러한 신청에 대한 거부행위는 항고소송의 대상이 되는 행정처분에 해당한다.

② 정부가 발표한 '4대강 살리기 마스터플랜'은 행정기관 내부에서 사업의 기본방향을 제시하는 것일 뿐 국민의 권리의무에 직접 영향을 미치는 것이 아니어서 행정처분에 해당하지 않는다.

③ 주택재건축정비사업조합이 법에 기초하여 수립한 사업시행계획이 인가・고시를 통해 확정되면 그 사업시행계획은 이해관계인에 대한 구속적 행정계획으로서 독립된 행정처분에 해당한다.

④ 도시계획시설의 지정으로 말미암아 당해 토지의 이용가능성이 배제되거나 또는 토지소유자가 토지를 종래 허용된 용도대로도 사용할 수 없기 때문에 이로 인하여 현저한 재산적 손실이 발생하는 경우에는, 원칙적으로 국가 등은 이에 대한 보상을 해야 한다.

⑤ 문화재보호구역 내에 있는 토지소유자는 문화재보호구역의 지정해제를 요구할 수 있는 법규상 또는 조리상 신청권이 있다고 할 수 없다.

[❶ ▸ O] 구 도시계획법상 도시계획 구역 내 토지 등을 소유하고 있는 주민으로서는 입안권자에게 도시계획입안을 요구할 수 있는 법규상 또는 조리상의 신청권이 있다고 할 것이고, 이러한 신청에 대한 거부행위는 항고소송의 대상이 되는 행정처분에 해당한다(대판 2004.4.28. 2003두1806).

[❷ ▸ O] 국토해양부, 환경부, 문화체육관광부, 농림수산부, 식품부가 합동으로 2009.6.8. 발표한 '4대강 살리기 마스터플랜' 등은 행정기관 내부에서 사업의 기본방향을 제시하는 계획일 뿐 국민의 권리・의무에 직접 영향을 미치는 것이 아니어서, 행정처분에 해당하지 않는다(대판 2011.4.21. 2010무111 [전합]).

[❸ ▸ O] 구 도시 및 주거환경정비법에 따른 주택재건축정비사업조합은 관할 행정청의 감독 아래 위 법상 주택재건축사업을 시행하는 공법인으로서, 그 목적 범위 내에서 법령이 정하는 바에 따라 일정한 행정작용을 행하는 행정주체의 지위를 가진다 할 것인데, 재건축정비사업조합이 이러한 행정주체의 지위에서 위 법에 기초하여 수립한 사업시행계획은 인가・고시를 통해 확정되면 이해관계인에 대한 구속적 행정계획으로서 독립된 행정처분에 해당한다(대결 2009.11.2. 2009마596).

[❹ ▸ O] 도시계획시설의 지정으로 말미암아 당해 토지의 이용가능성이 배제되거나 또는 토지소유자가 토지를 종래 허용된 용도대로도 사용할 수 없기 때문에 이로 말미암아 현저한 재산적 손실이 발생하는 경우에는, 원칙적으로 사회적 제약의 범위를 넘는 수용적 효과를 인정하여 국가나 지방자치단체는 이에 대한 보상을 해야 한다(헌재 1999.10.21. 97헌바26).

[❺ ▸ X] 문화재보호구역 내에 있는 토지소유자 등으로서는 위 보호구역의 지정해제를 요구할 수 있는 법규상 또는 조리상의 신청권이 있다고 할 것이고, 이러한 신청에 대한 거부행위는 항고소송의 대상이 되는 행정처분에 해당한다(대판 2004.4.27. 2003두8821).

정답 ⑤





PART 02 일반행정작용법

**2020년 변호사시험 문 28.** ☑ 확인Check! ○ △ ×

乙 도지사는 「국토의 계획 및 이용에 관한 법률」에 따라 甲 소유의 토지가 포함된 일대 토지에 청소년수련원을 도시계획시설로 신설하는 내용의 도시관리계획을 결정(이하 '도시계획시설결정'이라고 함)하고 이를 고시하였다. 이어 乙 도지사는 위 도시계획시설결정에 따른 도시계획시설사업의 사업시행자로 A회사를 지정하여, 위 사업에 관한 실시계획인가를 하고 이를 고시하였다. 같은 법 시행령에 의하면 A회사가 사업시행자로 지정을 받으려면 도시계획시설사업의 대상인 토지 면적의 3분의 2 이상에 해당하는 토지를 소유하고, 토지소유자 총수의 2분의 1 이상에 해당하는 자의 동의를 얻어야 한다. 이에 관한 설명 중 옳지 않은 것은?(다툼이 있는 경우 판례에 의함)

① 甲은 입안권자에게 도시관리계획의 입안 내지 변경을 요구할 수 있는 법규상 또는 조리상의 신청권이 있고, 입안권자가 甲의 신청을 거부한 경우 이는 항고소송의 대상이 된다.
② 乙 도지사는 도시관리계획을 결정할 때 비교적 폭넓은 형성의 재량을 가지지만, 청소년수련원 설치에 따른 공익이나 인근주민들의 환경권, 甲의 재산권 등을 전혀 이익형량하지 않거나 이익형량의 고려 대상에 마땅히 포함시켜야 할 사항을 누락한 경우에는 재량권을 일탈·남용한 것으로 위법하다.
③ A회사가 도시계획시설사업 대상 토지의 소유와 동의 요건을 갖추지 못하였는데도 사업시행자로 지정되었다면 특별한 사정이 없는 한 그 사업시행자 지정처분의 하자는 중대하다고 보아야 한다.
④ 도시계획시설결정 단계에서 설치사업에 따른 공익과 사익 사이의 이익형량이 이루어졌다면, 乙 도지사는 실시계획인가를 할 때 특별한 사정이 없는 한 이익형량을 다시 할 필요는 없다.
⑤ 도시계획시설결정과 실시계획인가는 도시계획시설사업을 위하여 이루어지는 단계적 행정절차로 도시계획시설결정에 취소사유에 해당하는 하자가 있는 경우 그 하자는 실시계획인가에 승계된다.

[❶ ▸ ○] 구 도시계획법상 도시계획 구역 내 토지 등을 소유하고 있는 주민으로서는 입안권자에게 도시계획입안을 요구할 수 있는 법규상 또는 조리상의 신청권이 있다고 할 것이고, 이러한 신청에 대한 거부행위는 항고소송의 대상이 되는 행정처분에 해당한다(대판 2004.4.28. 2003두1806).

[❷ ▸ ○] 행정주체가 구체적인 도시계획을 입안·결정함에 있어서 비교적 광범위한 계획재량을 갖고 있지만, 여기에는 도시계획에 관련된 자들의 이익을 공익과 사익에서는 물론, 공익 상호 간과 사익 상호 간에도 정당하게 비교·교량하여야 한다는 제한이 있는 것이므로, 행정주체가 도시계획을 입안·결정함에 있어서 이익형량을 전혀 하지 아니하거나 이익형량의 고려대상에 마땅히 포함시켜야 할 사항을 누락한 경우 또는 이익형량을 하였으나 정당성·객관성이 결여된 경우에는 그 행정계획결정은 재량권을 일탈·남용한 위법한 처분이라 할 수 있다(대판 1998.4.24. 97누1501).

[❸ ▸ ○] 국토계획법이 사인을 도시·군계획시설사업의 시행자로 지정하기 위한 요건으로 소유 요건과 동의 요건을 둔 취지는 사인이 시행하는 도시·군계획시설사업의 공공성을 보완하고 사인에 의한 일방적인 수용을 제어하기 위한 것이다. 그러므로 만일 국토계획법령이 정한 도시계획시설사업의 대상 토지의 소유와 동의 요건을 갖추지 못하였는데도 사업시행자로 지정하였다면, 이는 국토계획법령이 정한 법규의 중요한 부분을 위반한 것으로서 특별한 사정이 없는 한 그 하자가 중대하다고 보아야 한다(대판 2017.7.11. 2016두35120).

[❹ ▸ ○] 군계획시설결정 단계에서 군계획시설의 공익성 여부와 그 설치사업에 따른 공익과 사익 사이의 이익형량이 이루어진다. 군계획시설사업의 실시계획인가 여부를 결정하는 행정청은 특별한 사정이 없는 한 실시계획이 군계획시설의 결정·구조 및 설치의 기준 등에 부합하는지 여부를 판단하는 것으로 충분하고, 나아가 그 사업의 공익성 여부나 사업수행에 따른 이익형량을 다시 할 필요는 없다(대판 2017.7.18. 2016두49938).

[❺ ▸ ×] 도시·군계획시설결정과 실시계획인가는 도시·군계획시설사업을 위하여 이루어지는 단계적 행정절차에서 별도의 요건과 절차에 따라 별개의 법률효과를 발생시키는 독립적인 행정처분이다. 그러므로 선행처분인 도시·군계획시설결정에 하자가 있더라도 그것이 당연무효가 아닌 한 원칙적으로 후행처분인 실시계획인가에 승계되지 않는다(대판 2017.7.18. 2016두49938).



⑤ 정답

**2019년 변호사시험 문 25.** ☑ 확인 Check! ○ △ ×

**甲이 소유하고 있는 A대지는 관할 행정청인 乙에 의해 도시·군관리계획에 의거 도시계획시설인 학교를 신축하기 위한 부지로 결정·고시되었다. 乙은 A대지에 위 도시계획시설결정을 한 채 장기간 그 사업을 시행하고 있지 않은 상황이다. 이에 관한 설명 중 옳지 않은 것은?(다툼이 있는 경우 판례에 의함)**

① 甲은 도시계획시설결정의 장기미집행으로 인해 재산권이 침해되었음을 이유로 위 도시계획시설결정의 실효를 주장할 수 있고, 이는 법률의 규정과 관계없이 헌법상 재산권으로부터 당연히 도출되는 권리이다.
② 乙이 고시한 도시계획시설결정은 특정 개인의 권리 내지 법률상의 이익을 개별적이고 구체적으로 규제하는 효과를 가져 오게 하는 행정청의 처분이라 할 것이고, 이는 행정소송의 대상이 된다.
③ 행정주체는 행정계획을 입안·결정함에 있어서 비교적 광범위한 형성의 자유를 가지지만, 이익형량에 있어서 정당성과 객관성이 결여된 경우에는 그 행정계획결정은 이익형량에 하자가 있어 위법하게 될 수 있다.
④ 甲은 도시계획시설결정에 이해관계가 있는 주민으로서 乙에게 도시시설계획의 입안 내지 변경을 요구할 수 있는 법규상 또는 조리상의 신청권이 있다.
⑤ 甲이 乙에게 국토의 계획 및 이용에 관한 법령에 따라 자신의 대지에 대한 매수를 청구하더라도 매매의 효과가 바로 발생하는 것은 아니다.

[❶ ▸ ×] 장기미집행 도시계획시설결정의 실효제도는 도시계획시설부지로 하여금 도시계획시설결정으로 인한 사회적 제약으로부터 벗어나게 하는 것으로서 결과적으로 개인의 재산권이 보다 보호되는 측면이 있는 것은 사실이나, 이와 같은 보호는 입법자가 새로운 제도를 마련함에 따라 얻게 되는 법률에 기한 권리일 뿐 헌법상 재산권으로부터 당연히 도출되는 권리는 아니다(헌재 2005.9.29. 2002헌바84).

[❷ ▸ ○] 도시계획법 제12조 소정의 고시된 도시계획결정은 특정 개인의 권리 내지 법률상의 이익을 개별적이고 구체적으로 규제하는 효과를 가져오게 하는 행정청의 처분이라 할 것이고, 이는 행정소송의 대상이 된다(대판 1982.3.9. 80누105).

[❸ ▸ ○] 행정주체는 구체적인 행정계획을 입안·결정함에 있어서 비교적 광범위한 형성의 자유를 가진다고 할 것이지만, 행정주체가 가지는 이와 같은 형성의 자유는 무제한적인 것이 아니라 그 행정계획에 관련되는 자들의 이익을 공익과 사익 사이에서는 물론이고 공익 상호 간과 사익 상호 간에도 정당하게 비교교량하여야 한다는 제한이 있는 것이고, 따라서 행정주체가 행정계획을 입안·결정함에 있어서 이익형량을 전혀 행하지 아니하거나 이익형량의 고려 대상에 마땅히 포함시켜야 할 사항을 누락한 경우 또는 이익형량을 하였으나 정당성·객관성이 결여된 경우에는 그 행정계획결정은 재량권을 일탈·남용한 것으로서 위법하다(대판 1996.11.29. 96누8567).

[❹ ▸ ○] 도시계획구역 내 토지 등을 소유하고 있는 사람과 같이 당해 도시계획시설결정에 이해관계가 있는 주민으로서는 도시시설계획의 입안권자 내지 결정권자에게 도시시설계획의 입안 내지 변경을 요구할 수 있는 법규상 또는 조리상의 신청권이 있고, 이러한 신청에 대한 거부행위는 항고소송의 대상이 되는 행정처분에 해당한다(대판 2015.3.26. 2014두42742).

[❺ ▸ ○] 매수의무자는 매수청구를 받은 날부터 6개월 이내에 매수 여부를 결정할 수 있으므로, 매수를 청구하더라도 매매의 효과가 바로 발생하는 것은 아니다.

법령 도시계획시설 부지의 매수청구(국토의 계획 및 이용에 관한 법률 제47조) ⑥ 매수의무자는 제1항에 따른 매수청구를 받은 날부터 6개월 이내에 매수 여부를 결정하여 토지소유자와 특별시장·광역시장·시장 또는 군수(매수의무자가 특별시장·광역시장·시장 또는 군수인 경우는 제외한다)에게 알려야 하며, 매수하기로 결정한 토지는 매수결정을 알린 날부터 2년 이내에 매수하여야 한다.



정답 ①

**2016년 변호사시험 문 27.**

☑ 확인Check! ○ △ ×

**행정계획에 관한 설명 중 옳지 않은 것은?(다툼이 있는 경우 판례에 의함)**

① 도시·군관리계획 구역 내에 토지 등을 소유하고 있는 주민의 봉안시설(구 납골시설)에 대한 도시·군관리계획 입안제안을 입안권자인 군수가 반려한 행위는 사실의 통지에 불과하여 항고소송의 대상이 될 수 없다.
② 광범위한 형성의 자유가 인정되는 계획재량에 대한 통제법리는 도시·군관리계획 구역 내 토지소유자의 도시·군계획시설 변경신청에 대해 행정청이 해당 도시·군계획시설의 변경 여부를 결정하는 경우에도 적용된다.
③ 장기성·종합성이 요구되는 행정계획에 있어서는 원칙적으로 그 계획이 확정된 후에 어떤 사정의 변동이 있다고 하여 지역주민에게 일일이 그 계획의 변경을 청구할 권리를 인정해 줄 수 없다.
④ 문화재보호구역 내에 있는 토지의 소유자에게는 해당 보호구역의 지정해제를 요구할 수 있는 법규상 또는 조리상의 신청권이 있으며, 그 신청에 대한 거부행위는 항고소송의 대상이 되는 행정처분에 해당된다.
⑤ 일정한 행정처분을 구하는 신청을 할 수 있는 법률상 지위에 있는 자의 (구)국토이용계획 변경신청을 거부하는 것이 실질적으로 당해 행정처분 자체를 거부하는 결과가 되는 경우에는 예외적으로 그 신청인에게 당해 계획의 변경을 신청할 권리가 인정된다.

[❶ ▸ ×] 지방자치단체 조례에 따라 광역시장으로부터 납골시설 등에 대한 도시관리계획 입안권을 위임받은 군수는 관할구역 도시관리계획의 입안권자이므로, 도시관리계획 구역 내 토지 등을 소유하고 있는 주민의 납골시설에 관한 도시관리계획의 입안제안을 반려한 군수의 처분은 항고소송의 대상이 되는 행정처분에 해당한다(대판 2010.7.22. 2010두5745).

[❷ ▸ ○] 계획재량의 통제원리란, 행정계획을 수립함에 있어 관련된 모든 이익(공익 상호 간, 공익과 사익 상호 간, 사익 상호 간)을 정당하게 형량해야 한다는 원칙으로, 도시·군관리계획시설 변경 여부를 결정하는 경우에도 적용된다.

행정주체가 구체적인 행정계획을 입안·결정할 때 가지는 형성의 자유의 한계에 관한 법리가 주민의 입안제안 또는 변경신청을 받아들여 도시관리계획결정을 하거나 도시계획시설을 변경할 것인지를 결정할 때에도 동일하게 적용된다(대판 2012.1.12. 2010두5806).

[❸ ▸ ○] [❺ ▸ ○] 구 국토이용관리법(2002.2.4. 법률 제6655호 국토의 계획 및 이용에 관한 법률 부칙 제2조로 폐지)상 주민이 국토이용계획의 변경에 대하여 신청을 할 수 있다는 규정이 없을 뿐만 아니라, 국토건설종합계획의 효율적인 추진과 국토이용질서를 확립하기 위한 국토이용계획은 장기성, 종합성이 요구되는 행정계획이어서 원칙적으로는 그 계획이 일단 확정된 후에 어떤 사정의 변동이 있다고 하여 그러한 사유만으로는 지역주민이나 일반 이해관계인에게 일일이 그 계획의 변경을 신청할 권리를 인정하여 줄 수는 없을 것이지만, 장래 일정한 기간 내에 관계 법령이 규정하는 시설 등을 갖추어 일정한 행정처분을 구하는 신청을 할 수 있는 법률상 지위에 있는 자의 국토이용계획변경신청을 거부하는 것이 실질적으로 당해 행정처분 자체를 거부하는 결과가 되는 경우에는 예외적으로 그 신청인에게 국토이용계획변경을 신청할 권리가 인정된다고 봄이 상당하므로, 이러한 신청에 대한 거부행위는 항고소송의 대상이 되는 행정처분에 해당한다(대판 2003.9.23. 2001두10936).

[❹ ▸ ○] 문화재보호구역 내에 있는 토지소유자 등으로서는 위 보호구역의 지정해제를 요구할 수 있는 법규상 또는 조리상의 신청권이 있다고 할 것이고, 이러한 신청에 대한 거부행위는 항고소송의 대상이 되는 행정처분에 해당한다(대판 2004.4.27. 2003두8821).



① 정답

**2012년 변호사시험 문 34.** ☑ 확인 Check! ○ △ ×

**甲은 관할 행정청 乙의 도시관리계획결정으로 인하여 자신의 토지가 개발제한구역 안으로 편입됨에 따라 그 토지를 개발하여 건축물을 건축하려던 자신의 계획을 이룰 수 없게 되었다. 평소 甲은 자신이 소유한 토지의 위치를 고려해 보면 이 지역은 공업지역이나 상업지역으로 적합하다고 생각하여 공개적으로 자신의 개발계획을 피력하고 있었다. 그러나 乙은 충분한 검토와 주민들의 의견수렴절차 없이 일방적으로 甲의 토지와 인근지역을 개발제한구역으로 편입하였다. 이에 甲은 乙의 도시관리계획결정을 취소 또는 무효화하기 위한 법적 조치에 착수하였다. 甲이 취할 수 있는 법적 조치에 관한 설명 중 옳은 것은?**

① 개발제한구역으로 편입한 도시관리계획결정은 처분에 해당하므로 이익형량을 하지 않거나 적절히 이익형량하지 못하였다는 이유로 당해 도시관리계획결정에 대한 취소소송을 제기할 수 있다.
② 개발제한구역으로의 편입조치는 처분성을 인정받기 어려우므로 헌법소원을 제기하여 절차 위반의 위법을 주장할 수 있다.
③ 주민들의 의견수렴절차 없이 행한 개발제한구역지정은 행정절차법상의 계획확정절차를 위반하여 당연무효이므로 무효확인소송의 대상이다.
④ 개발제한구역지정으로 인한 권익침해는 추후 건축허가신청이 받아들여지지 않을 때 다툴 수 있고 개발제한구역지정 자체가 구체적으로 권리를 침해하는 행위라고 보기 어려우므로, 이에 대해 항고소송으로 다투는 것은 불가능하다.
⑤ 일반적으로 도시관리계획결정은 구체적으로 국민의 권익을 침해하지 않아 처분성이 인정되지 않지만, 개발제한구역지정은 그것만으로 지가하락 등의 결과를 초래하므로 구체적 권익침해가 있다고 보아야 한다.

[❶ ▸ ○] [❺ ▸ ×] ㉠ 도시계획법 제12조 소정의 고시된 도시계획결정은 특정 개인의 권리 내지 법률상의 이익을 개별적이고 구체적으로 규제하는 효과를 가져오게 하는 행정청의 처분이라 할 것이고, 이는 행정소송의 대상이 된다(대판 1982.3.9. 80누105). ㉡ 행정주체가 도시계획을 입안·결정함에 있어서 이익형량을 전혀 하지 아니하거나 이익형량의 고려대상에 마땅히 포함시켜야 할 사항을 누락한 경우 또는 이익형량을 하였으나 정당성·객관성이 결여된 경우에는 그 행정계획결정은 재량권을 일탈·남용한 위법한 처분이라 할 수 있다(대판 1998.4.24. 97누1501).

[❷ ▸ ×] [❹ ▸ ×] 건설부장관의 개발제한구역의 지정·고시가 공권력의 행위로서 헌법소원심판의 대상이 됨은 물론이나 헌법소원심판은 다른 법률에 구제절차가 있는 경우에는 그 절차를 모두 거친 후가 아니면 청구할 수 없으므로 건설부장관의 개발제한구역의 지정·고시에 대한 헌법소원심판청구는 행정쟁송절차를 모두 거친 후가 아니면 부적법하다(헌재 1991.7.22. 89헌마174).

[❸ ▸ ×] 판례는 행정계획영역에서 의견수렴절차 불이행의 하자는 취소사유에 불과하다고 본다.

판례 도시계획의 수립에 있어서 도시계획법 제16조의2 소정의 공청회를 열지 아니하고 공공용지의 취득 및 손실보상에 관한 특례법 제8조 소정의 이주대책을 수립하지 아니하였더라도 이는 절차상의 위법으로서 취소사유에 불과하고 그 하자가 도시계획결정 또는 도시계획사업시행인가를 무효라고 할 수 있을 정도로 중대하고 명백하다고는 할 수 없다(대판 1990.1.23. 87누947).

정답 ①

**2017년 변호사시험 문 39.** ☑ 확인Check! ○ △ ×

**행정계획에 관한 설명 중 옳지 않은 것은?(다툼이 있는 경우 판례에 의함)**

① 행정계획에 있어서 관계법령에 추상적인 행정목표와 절차만 규정되어 있을 뿐 행정계획의 내용에 관하여는 별다른 규정을 두지 아니한 경우, 행정주체는 행정계획을 입안·결정함에 있어서 비교적 광범위한 형성의 자유를 가진다.

② 도시계획구역 내 토지 등을 소유하고 있는 주민으로서는 입안권자에게 도시관리계획입안을 요구할 수 있는 법규상 또는 조리상 신청권이 인정되나, 문화재보호구역 내의 토지소유자의 경우에는 위 보호구역의 해제를 요구할 수 있는 법규상 또는 조리상 신청권이 인정되지 않는다.

③ 「도시 및 주거환경정비법」에 따라 인가·고시된 관리처분계획은 구속적 행정계획으로서 처분성이 인정된다.

④ 행정주체가 행정계획을 입안·결정함에 있어서 이익형량을 전혀 행하지 아니하거나 이익형량의 고려대상에 마땅히 포함시켜야 할 사항을 누락한 경우 또는 이익형량을 하였으나 정당성과 객관성이 결여된 경우에는 그 행정계획결정은 형량에 하자가 있어 위법하게 된다.

⑤ 비구속적 행정계획안이나 행정지침이라도 국민의 기본권에 직접적으로 영향을 끼치고, 앞으로 법령의 뒷받침에 의하여 그대로 실시될 것이 틀림없을 것으로 예상될 수 있을 때에는, 공권력행위로서 예외적으로 헌법소원의 대상이 된다.

[❶ ▸ O] [❹ ▸ O] 행정계획이라 함은 행정에 관한 전문적·기술적 판단을 기초로 하여 도시의 건설·정비·개량 등과 같은 특정한 행정목표를 달성하기 위하여 서로 관련되는 행정수단을 종합·조정함으로써 장래의 일정한 시점에 있어서 일정한 질서를 실현하기 위한 활동기준으로 설정된 것으로서, 도시계획법 등 관계 법령에는 추상적인 행정목표와 절차만이 규정되어 있을 뿐 행정계획의 내용에 대하여는 별다른 규정을 두고 있지 아니하므로 행정주체는 구체적인 행정계획을 입안·결정함에 있어서 비교적 광범위한 형성의 자유를 가진다고 할 것이지만, 행정주체가 가지는 이와 같은 형성의 자유는 무제한적인 것이 아니라 그 행정계획에 관련되는 자들의 이익을 공익과 사익 사이에서는 물론이고 공익 상호 간과 사익 상호 간에도 정당하게 비교교량하여야 한다는 제한이 있는 것이고, 따라서 행정주체가 행정계획을 입안·결정함에 있어서 이익형량을 전혀 행하지 아니하거나 이익형량의 고려 대상에 마땅히 포함시켜야 할 사항을 누락한 경우 또는 이익형량을 하였으나 정당성·객관성이 결여된 경우에는 그 행정계획결정은 재량권을 일탈·남용한 것으로서 위법하다(대판 1996.11.29. 96누8567).

[❷ ▸ ×] 도시계획구역 내 토지 등을 소유하고 있는 주민은 도시계획입안을 요구할 수 있는 법규상 또는 조리상의 신청권이 있고, 문화재보호구역 내에 있는 토지소유자도 그 보호구역의 지정 해제를 요구할 수 있는 법규상 또는 조리상의 신청권이 있다.

판례

- 구 도시계획법상 도시계획구역 내 토지 등을 소유하고 있는 주민으로서는 입안권자에게 도시계획입안을 요구할 수 있는 법규상 또는 조리상의 신청권이 있다고 할 것이고, 이러한 신청에 대한 거부행위는 항고소송의 대상이 되는 행정처분에 해당한다(대판 2004.4.28. 2003두1806).
- 문화재보호법은 문화재를 보존하여 이를 활용함으로써 국민의 문화적 생활의 향상을 도모함과 아울러 인류문화의 발전에 기여함을 목적으로 하면서도, 문화재보호구역의 지정에 따른 재산권행사의 제한을 줄이기 위하여, 행정청에게 보호구역을 지정한 경우에 일정한 기간마다 적정성 여부를 검토할 의무를 부과하고, 그 적정성 여부의 검토에 있어서 당해 문화재의 보존 가치 외에도 보호구역의 지정이 재산권 행사에 미치는 영향 등을 고려하도록 규정하고 있는 점 등과 헌법상 개인의 재산권 보장의 취지에 비추어 보면, 문화재보호구역 내에 있는 토지소유자 등으로서는 위 보호구역의 지정해제를 요구할 수 있는 법규상 또는 조리상의 신청권이 있다고 할 것이고, 이러한 신청에 대한 거부행위는 항고소송의 대상이 되는 행정처분에 해당한다(대판 2004.4.27. 2003두8821).



② 정답

[❸ ▸ O] 재건축조합이 행정주체의 지위에서 도시정비법 제48조에 따라 수립하는 관리처분계획은 정비사업의 시행결과 조성되는 대지 또는 건축물의 권리귀속에 관한 사항과 조합원의 비용 분담에 관한 사항 등을 정함으로써 조합원의 재산상 권리・의무 등에 구체적이고 직접적인 영향을 미치게 되므로, 이는 구속적 행정계획으로서 재건축조합이 행하는 독립된 행정처분에 해당한다(대판 2009.10.15. 2009다10638).

[❺ ▸ O] 비구속적 행정계획안이나 행정지침이라도 국민의 기본권에 직접적으로 영향을 끼치고, 앞으로 법령의 뒷받침에 의하여 그대로 실시될 것이 틀림없을 것으로 예상될 수 있을 때에는, 공권력행위로서 예외적으로 헌법소원의 대상이 될 수 있다(헌재 2000.6.1. 99헌마538 등).

# 행정행위



각 문항별로 이해도를 체크해 보세요.

최근 5년간 회별 평균 3.8문

## 제1절 행정행위의 개념 및 특수성

## 제2절 행정행위의 종류 ★★★★★☆

**2020년 변호사시험 문 23.** 확인 Check! ○ △ ×

행정행위에 관한 설명 중 옳은 것을 모두 고른 것은?(다툼이 있는 경우 판례에 의함)

ㄱ. 처분에 관하여 재량이 인정되는 과징금 납부명령에 대하여 그 명령이 재량권을 일탈하였을 경우 법원으로서는 재량권의 범위 내에서 적정한 과징금 액수를 판단하여 그 액수를 초과한 부분만 취소할 수 있다.
ㄴ. 재량행위에 대한 사법심사를 하는 경우에, 법원은 행정청의 재량에 기한 공익판단의 여지를 감안하면서 독자적인 결론을 도출한 후 당해 행위에 재량권의 일탈·남용이 있는지 여부를 심사하여야 한다.
ㄷ. 개인택시운송사업면허는 특정인에게 권리나 이익을 부여하는 행정행위로서 법령에 특별한 규정이 없는 한 재량행위이고, 그 면허에 필요한 기준을 정하는 것 역시 행정청의 재량에 속한다.
ㄹ. 공무원 임용을 위한 면접전형에서 임용신청자의 능력이나 적격성 등에 관한 판단은 면접위원의 고도의 교양과 학식, 경험에 기초한 자율적 판단에 의존하는 것으로서 면접위원의 재량에 속한다.

① ㄱ, ㄴ ② ㄱ, ㄷ ③ ㄱ, ㄹ
④ ㄴ, ㄹ ⑤ ㄷ, ㄹ

[ㄱ ▸ ×] 처분을 할 것인지 여부와 처분의 정도에 관하여 재량이 인정되는 과징금 납부명령에 대하여 그 명령이 재량권을 일탈하였을 경우, 법원으로서는 재량권의 일탈 여부만 판단할 수 있을 뿐이지 재량권의 범위 내에서 어느 정도가 적정한 것인지에 관하여는 판단할 수 없어 그 전부를 취소할 수밖에 없고, 법원이 적정하다고 인정하는 부분을 초과한 부분만 취소할 수는 없다(대판 2009.6.23. 2007두18062).

[ㄴ ▸ ×] 기속행위는 법규에 대한 원칙적인 기속성으로 인하여 법원이 사실인정과 관련 법규의 해석·적용을 통하여 일정한 결론을 도출한 후 그 결론에 비추어 행정청이 한 판단의 적법여부를 독자의 입장에서 판정하는 반면, 재량행위는 행정청의 재량에 기한 공익판단의 여지를 감안하여 법원이 독자의 결론을 도출함이 없이 재량권의 일탈·남용이 있는지 여부만을 심사한다(대판 2005.7.14. 2004두6181).

[ㄷ ▸ O] 자동차운수사업법에 의한 개인택시운송사업면허는 특정인에게 권리나 이익을 부여하는 행정행위로서 법령에 특별한 규정이 없는 한 재량행위이고, 그 면허를 위하여 필요한 기준을 정하는 것도 역시 행정청의 재량에 속하는 것이므로, 그 설정된 기준이 객관적으로 합리적이 아니라거나 타당하지 않다고 볼 만한 다른 특별한 사정이 없는 이상 행정청의 의사는 가능한 한 존중되어야 한다(대판 1996.10.11. 96누6172).



⑤ 정답

[ㄹ ▸ O] 공무원 임용을 위한 면접전형에 있어서 임용신청자의 능력이나 적격성 등에 관한 판단은 면접위원의 고도의 교양과 학식, 경험에 기초한 자율적 판단에 의존하는 것으로서 오로지 면접위원의 자유재량에 속하고, 그와 같은 판단이 현저하게 재량권을 일탈 내지 남용한 것이 아니라면 이를 위법하다고 할 수 없다(대판 1997.11.28. 97누11911).

**2020년 변호사시험 문 38.**

☑ 확인Check! ○ △ ×

**재량권의 일탈·남용에 관한 설명 중 옳은 것을 모두 고른 것은?(다툼이 있는 경우 판례에 의함)**

ㄱ. 항고소송의 경우에는 처분의 적법성을 주장하는 행정청에게 그 적법사유에 대한 증명책임이 있으므로, 그 처분이 재량권의 일탈·남용이 없다는 점을 증명할 책임도 행정청이 부담한다.

ㄴ. 경찰공무원에 대한 징계위원회 심의과정에서 감경사유에 해당하는 공적(功績) 사항이 제시되지 아니한 경우에는 징계양정 결과가 적정한지 여부와 무관하게 징계처분은 위법하다.

ㄷ. 처분의 근거법령이 행정청에 처분의 요건과 효과 판단에 일정한 재량을 부여하였는데도, 행정청이 자신에게 재량권이 없다고 오인하여 처분으로 달성하려는 공익과 그로써 처분상대방이 입게 되는 불이익의 내용과 정도를 전혀 비교형량하지 않은 채 처분을 하였다면, 이는 재량권 불행사로서 그 자체로 재량권 일탈·남용에 해당된다.

ㄹ. 실권리자명의 등기의무를 위반한 명의신탁자에 대한 과징금 부과와 관련하여 임의적 감경규정이 존재하는 경우, 그 감경규정에 따른 감경사유가 존재하여 이를 고려하고도 과징금을 감경하지 않은 것을 위법하다고 단정할 수는 없으므로, 감경사유를 전혀 고려하지 않았거나 감경사유에 해당하지 않는다고 오인하여 과징금을 감경하지 않았다 해도 그 과징금 부과처분이 재량권을 일탈·남용한 위법한 처분이라고 할 수 없다.

① ㄱ, ㄴ ② ㄱ, ㄷ ③ ㄴ, ㄷ
④ ㄴ, ㄹ ⑤ ㄷ, ㄹ

[ㄱ ▸ ×] 자유재량에 의한 행정처분이 그 재량권의 한계를 벗어난 것이어서 위법하다는 점은 그 행정처분의 효력을 다투는 자가 이를 주장·입증하여야 하고, 처분청이 그 재량권의 행사가 정당한 것이었다는 점까지 주장·입증할 필요는 없다(대판 1987.12.8. 87누861).

[ㄴ ▸ O] 경찰공무원에 대한 징계위원회의 심의과정에 감경사유에 해당하는 공적 사항이 제시되지 아니한 경우에는 그 징계양정이 결과적으로 적정한지와 상관없이 이는 관계 법령이 정한 징계절차를 지키지 않은 것으로서 위법하다(대판 2012.10.11. 2012두13245).

[ㄷ ▸ O] 처분의 근거 법령이 행정청에 처분의 요건과 효과 판단에 일정한 재량을 부여하였는데도, 행정청이 자신에게 재량권이 없다고 오인한 나머지 처분으로 달성하려는 공익과 그로써 처분상대방이 입게 되는 불이익의 내용과 정도를 전혀 비교형량 하지 않은 채 처분을 하였다면, 이는 재량권 불행사로서 그 자체로 재량권 일탈·남용으로 해당 처분을 취소하여야 할 위법사유가 된다(대판 2019.7.11. 2017두38874).

[ㄹ ▸ ×] 실권리자명의 등기의무를 위반한 명의신탁자에 대하여 부과하는 과징금의 감경에 관한 '부동산 실권리자명의 등기에 관한 법률 시행령' 제3조의2 단서는 임의적 감경규정임이 명백하므로, 그 감경사유가 존재하더라도 과징금 부과관청이 감경사유까지 고려하고도 과징금을 감경하지 않은 채 과징금 전액을 부과하는 처분을 한 경우에는 이를 위법하다고 단정할 수는 없으나, 위 감경사유가 있음에도 이를 전혀 고려하지 않았거나 감경사유에 해당하지 않는다고 오인한 나머지 과징금을 감경하지 않았다면 그 과징금 부과처분은 재량권을 일탈·남용한 위법한 처분이라고 할 수밖에 없다(대판 2010.7.15. 2010두7031).

정답 ③

**2019년 변호사시험 문 24.** ☑ 확인 Check! ○ △ ×

**행정청의 처분이 여러 단계의 행정결정을 통하여 이루어지는 경우에 관한 설명 중 옳은 것은?(다툼이 있는 경우 판례에 의함)**

① 공정거래위원회가 부당한 공동행위를 한 사업자에게 과징금 부과처분을 한 뒤 다시 자진신고 등을 이유로 과징금 감면처분을 하였다면, 선행 과징금 부과처분은 일종의 잠정적 처분으로서 후행 과징금 감면처분에 흡수되어 소멸한다.

② A시장이 감사원으로부터 「감사원법」에 따라 A시 소속 공무원에 대한 징계 요구를 받게 된 경우, 감사원의 징계 요구는 '징계 요구, 징계절차 회부, 징계'의 단계로 이어지는 독립된 처분의 일종으로서 항고소송의 대상이 된다.

③ 어업권면허에 선행하는 우선순위결정은 강학상 확약에 해당하는 행정처분이므로, 이에 대해서 공정력이나 불가쟁력이 인정된다.

④ 원자로시설의 부지사전승인처분은 건설부지를 확정하고 사전공사를 허용하는 법률효과를 지닌 행정처분이므로 나중에 건설허가처분이 있게 되더라도 부지사전승인처분만의 취소를 구하는 항고소송을 제기할 수 있다.

⑤ 폐기물처리업의 허가를 받기 위하여 먼저 허가권자로부터 사업계획에 대한 적정통보를 받아야 하고 그 적정통보를 받은 자만이 허가신청을 할 수 있다 하더라도, 그 적정여부 통보절차는 중간단계에 지나지 아니하므로 사업계획 부적정통보는 항고소송의 대상이 될 수 없다.

[❶ ▸ O] 공정거래위원회가 부당한 공동행위를 행한 사업자로서 구 독점규제 및 공정거래에 관한 법률 제22조의2에서 정한 자진신고자나 조사협조자에 대하여 과징금 부과처분(이하 '선행처분'이라 한다)을 한 뒤, 독점규제 및 공정거래에 관한 법률 시행령 제35조 제3항에 따라 다시 자진신고자 등에 대한 사건을 분리하여 자진신고 등을 이유로 한 과징금 감면처분(이하 '후행처분'이라 한다)을 하였다면, 후행처분은 자진신고 감면까지 포함하여 처분 상대방이 실제로 납부하여야 할 최종적인 과징금액을 결정하는 종국적 처분이고, 선행처분은 이러한 종국적 처분을 예정하고 있는 일종의 잠정적 처분으로서 후행처분이 있을 경우 선행처분은 후행처분에 흡수되어 소멸한다. 따라서 위와 같은 경우에 선행처분의 취소를 구하는 소는 이미 효력을 잃은 처분의 취소를 구하는 것으로 부적법하다(대판 2015.2.12. 2013두987).

[❷ ▸ ×] 징계 요구는 징계 요구를 받은 기관의 장이 요구받은 내용대로 처분하지 않더라도 불이익을 받는 규정도 없고, 징계 요구 내용대로 효과가 발생하는 것도 아니며, 징계 요구에 의하여 행정청이 일정한 행정처분을 하였을 때 비로소 이해관계인의 권리관계에 영향을 미칠 뿐, 징계 요구 자체만으로는 징계 요구 대상 공무원의 권리·의무에 직접적인 변동을 초래하지도 아니하므로, 행정청 사이의 내부적인 의사결정의 경로로서 '징계 요구, 징계 절차 회부, 징계'로 이어지는 과정에서의 중간처분에 불과하여, 감사원의 징계 요구와 재심의결정이 항고소송의 대상이 되는 행정처분이라고 할 수 없다(대판 2016.12.27. 2014두5637).

[❸ ▸ ×] 어업권면허에 선행하는 우선순위결정은 행정청이 우선권자로 결정된 자의 신청이 있으면 어업권면허처분을 하겠다는 것을 약속하는 행위로서 강학상 확약에 불과하고 행정처분은 아니므로, 우선순위결정에 공정력이나 불가쟁력과 같은 효력은 인정되지 아니하며, 따라서 우선순위결정이 잘못되었다는 이유로 종전의 어업권면허처분이 취소되면 행정청은 종전의 우선순위결정을 무시하고 다시 우선순위를 결정한 다음 새로운 우선순위결정에 기하여 새로운 어업권면허를 할 수 있다(대판 1995.1.20. 94누6529).

[❹ ▸ ×] 원자로 및 관계 시설의 부지사전승인처분은 그 자체로서 건설부지를 확정하고 사전공사를 허용하는 법률효과를 지닌 독립한 행정처분이기는 하지만, 건설허가 전에 신청자의 편의를 위하여 미리 그 건설허가의 일부 요건을 심사하여 행하는 사전적 부분 건설허가처분의 성격을 갖고 있는 것이어서 나중에 건설허가처분이 있게 되면 그 건설허가처분에 흡수되어 독립된 존재가치를 상실함으로써 그 건설허가처분만이 쟁송의 대상이 되는 것이므로, 부지사전승인처분의 취소를 구하는 소는 소의 이익을 잃게 되고, 따라서 부지사전승인처분의 위법성은 나중에 내려진 건설허가처분의 취소를 구하는 소송에서 이를 다투면 된다(대판 1998.9.4. 97누19588).



① **정답**

[❺ ▸ ×] 폐기물관리법 관계 법령의 규정에 의하면 폐기물처리업의 허가를 받기 위하여는 먼저 사업계획서를 제출하여 허가권자로부터 사업계획에 대한 적정통보를 받아야 하고, 그 적정통보를 받은 자만이 일정기간 내에 시설, 장비, 기술능력, 자본금을 갖추어 허가신청을 할 수 있으므로, 결국 부적정통보는 허가신청 자체를 제한하는 등 개인의 권리 내지 법률상의 이익을 개별적이고 구체적으로 규제하고 있어 행정처분에 해당한다(대판 1998.4.28. 97누21086).

**2018년 변호사시험 문 26.** ☑ 확인Check! ○ △ ×

**A지역에서 토지 등을 소유한 자들은 「도시 및 주거환경정비법」에 따라 주택재개발사업을 시행하기 위해 조합설립추진위원회를 구성하여 관할 행정청으로부터 승인을 받았다. 조합설립추진위원회는 이 법에 따라 조합설립결의를 거쳐 주택재개발조합(이하 '조합'이라 함)의 설립인가를 받았다. 이후 조합은 조합총회결의를 거쳐 관리처분계획을 수립하였고, 행정청이 이를 인가·고시하였다. 한편, 이 사건 정비구역 내에 토지를 소유한 甲은 조합설립추진위원회 구성에 동의하지 않았다. 이에 관한 설명 중 옳지 않은 것은?(다툼이 있는 경우 판례에 의함)**

① 甲은 조합설립추진위원회 구성승인처분의 취소를 구할 원고적격이 있다.
② 조합설립추진위원회 구성승인처분과 조합설립인가처분은 새개발조합의 설립이라는 동일한 법적 효과를 목적으로 하는 것으로, 조합설립추진위원회 구성승인처분에 하자가 있는 경우에는 특별한 사정이 없는 한 조합설립인가처분은 위법한 것이 된다.
③ 조합설립인가처분은 단순히 조합설립행위에 대한 보충행위로서의 성질을 갖는 것에 그치는 것이 아니라 주택재개발사업을 시행할 수 있는 권한을 갖는 행정주체로서의 지위를 부여하는 일종의 설권적 처분의 성격을 갖는다.
④ 조합설립인가처분이 행해진 이후에 조합설립결의의 하자를 이유로 조합설립의 무효를 주장하려면 인가행정청을 상대로 조합설립인가처분의 취소 또는 무효확인을 구하는 항고소송을 제기하여야 한다.
⑤ 조합이 수립한 관리처분계획에 대해 인가·고시가 있은 후에 관리처분계획에 관한 조합 총회결의의 하자를 이유로 그 효력을 다투려면 조합을 상대로 항고소송의 방법으로 관리처분계획의 취소 또는 무효확인을 구하여야 한다.

[❶ ▸ ○] 도시 및 주거환경정비법 제13조 제1항 및 제2항의 입법 경위와 취지에 비추어 하나의 정비구역 안에서 복수의 조합설립추진위원회에 대한 승인은 허용되지 않는 점, 조합설립추진위원회가 조합을 설립할 경우 같은 법 제15조 제4항에 의하여 조합설립추진위원회가 행한 업무와 관련된 권리와 의무는 조합이 포괄승계하며, 주택재개발사업의 경우 정비구역 내의 토지 등 소유자는 같은 법 제19조 제1항에 의하여 당연히 그 조합원으로 되는 점 등에 비추어 보면, 조합설립추진위원회의 구성에 동의하지 아니한 정비구역 내의 토지 등 소유자도 조합설립추진위원회 설립승인처분에 대하여 같은 법에 의하여 보호되는 직접적이고 구체적인 이익을 향유하므로 그 설립승인처분의 취소소송을 제기할 원고적격이 있다(대판 2007.01.25. 2006두12289).

[❷ ▸ ×] [❸ ▸ ○] 조합설립추진위원회(이하 '추진위원회'라고 한다)의 구성을 승인하는 처분은 조합의 설립을 위한 주체에 해당하는 비법인 사단인 추진위원회를 구성하는 행위를 보충하여 그 효력을 부여하는 처분인 데 반하여, 조합설립인가처분은 법령상 요건을 갖출 경우 도시정비법상 주택재개발사업을 시행할 수 있는 권한을 가지는 행정주체(공법인)로서의 지위를 부여하는 일종의 설권적 처분이므로, 양자는 그 목적과 성격을 달리한다. … 조합설립인가처분은 추진위원회 구성의 동의요건보다 더 엄격한 동의요건을 갖추어야 할 뿐만 아니라 창립총회의 결의를 통하여 정관을 확정하고 임원을 선출하는 등의 단체결성행위를 거쳐 성립하는 조합에 관하여 하는 것이므로, 추진위원회 구성의 동의요건 흠결 등 추진위원회구성승인처분상의 위법만을 들어 조합설립인가처분의 위법을 인정하는 것은 조합설립의 요건이나 절차, 그 인가처분의 성격, 추진위원회 구성의 요건이나 절차, 그 구성승인처분의 성격 등에 비추어 타당하다고 할 수 없다(대판 2013.12.26. 2011두8291).

정답 ②

[❹ ▸ O] 행정청이 도시 및 주거환경정비법 등 관련 법령에 근거하여 행하는 조합설립인가처분은 단순히 사인들의 조합설립행위에 대한 보충행위로서의 성질을 갖는 것에 그치는 것이 아니라 법령상 요건을 갖출 경우 도시 및 주거환경정비법상 주택재건축사업을 시행할 수 있는 권한을 갖는 행정주체(공법인)로서의 지위를 부여하는 일종의 설권적 처분의 성격을 갖는다고 보아야 한다. 그와 같이 보는 이상 조합설립결의는 조합설립인가처분이라는 행정처분을 하는 데 필요한 요건 중 하나에 불과한 것이어서, 조합설립결의에 하자가 있다면 그 하자를 이유로 직접 항고소송의 방법으로 조합설립인가처분의 취소 또는 무효확인을 구하여야 하고, 이와는 별도로 조합설립결의부분만을 따로 떼어내어 그 효력유무를 다투는 확인의 소를 제기하는 것은 특별한 사정이 없는 한 확인의 이익은 인정되지 아니한다(대판 2009.9.24. 2008다60568).

[❺ ▸ O] 관리처분계획에 대한 관할 행정청의 인가·고시까지 있게 되면 관리처분계획은 행정처분으로서 효력이 발생하게 되므로, 총회결의의 하자를 이유로 하여 행정처분의 효력을 다투는 항고소송의 방법으로 관리처분계획의 취소 또는 무효확인을 구하여야 한다(대판 2009.9.17. 2007다2428 [전합]).

**2018년 변호사시험 문 35.** ☑ 확인 Check! ○ △ ×

**한국수력원자력 주식회사(이하 '한수원'이라 함)은 A시 관내에 원자력발전소 1·2호기를 건설하려는 계획을 갖고 있다. 관할 A시장은 「주민투표법」 제8조 제1항에 기한 산업통상자원부장관의 요구에 따라 원자력발전소 건설문제를 주민투표에 부쳐, 투표권자 과반수의 찬성표가 나왔다. 한수원은 산업통상자원부장관으로부터 「전원개발촉진법」에 의한 전원개발사업 계획승인을 받은 후 「원자력안전법」 제10조 제3항에 따라 원자력안전위원회로부터 원자로 및 관계시설의 건설부지에 대해 사전공사를 실시하기 위해 부지사전승인을 받았다. 한수원은 기초공사 후 우선 제1호기 원자로의 건설허가를 신청하였다. 이에 관한 설명 중 옳지 않은 것은?(다툼이 있는 경우 판례에 의함)**

① 부지사전승인처분은 원자로 및 관계시설 건설허가의 사전적 부분허가의 성격을 가지고 있으므로, 원자로 및 관계시설의 건설허가기준에 관한 사항은 건설허가의 기준이 됨은 물론 부지사전승인의 기준이 된다.
② 원자로 및 관계시설의 부지사전승인처분은 그 자체로서 건설부지를 확정하고 사전공사를 허용하는 법률효과를 지닌 독립한 행정처분이다.
③ 지방자치단체의 장 및 지방의회는 주민투표의 결과 확정된 내용대로 행정·재정상의 필요한 조치를 하여야 한다.
④ 방사성물질 등에 의하여 직접적이고 중대한 피해를 입으리라고 예상되는 지역 내의 주민들에게는 방사성물질 등에 의한 생명·신체의 안전침해를 이유로 한 부지사전승인처분 취소소송의 원고적격이 인정된다.
⑤ 부지사전승인처분은 나중에 건설허가처분이 있게 되면 그 건설허가처분에 흡수되어 독립된 존재가치를 상실하므로 부지사전승인처분의 위법성은 나중에 내려진 건설허가처분의 취소를 구하는 소송에서 이를 다투면 된다.

[❶ ▸ O] 원자로 및 관계 시설의 부지사전승인처분은 원자로 등의 건설허가 전에 그 원자로 등 건설예정지로 계획 중인 부지가 원자력법의 관계 규정에 비추어 적법성을 구비한 것인지 여부를 심사하여 행하는 사전적 부분 건설허가처분의 성격을 가지고 있는 것이므로, 원자력법 제12조 제2호, 제3호로 규정한 원자로 및 관계 시설의 허가기준에 관한 사항은 건설허가처분의 기준이 됨은 물론 부지사전승인처분의 기준으로도 된다(대판 1998.9.4. 97누19588).

[❷ ▸ O] [❺ ▸ O] 원자로 및 관계 시설의 부지사전승인처분은 그 자체로서 건설부지를 확정하고 사전공사를 허용하는 법률효과를 지닌 독립한 행정처분이기는 하지만, 건설허가 전에 신청자의 편의를 위하여 미리 그 건설허가의 일부 요건을 심사하여 행하는 사전적 부분 건설허가처분의 성격을 갖고 있는 것이어서 나중에 건설허가처분이 있게 되면 그 건설허가처분에 흡수되어 독립된 존재가치를 상실함으로써 그 건설허가처분만이 쟁송의 대상이 되는 것이므로, 부지사전승인처분의 취소를 구하는 소는 소의 이익을 잃게 되고, 따라서 부지사전승인처분의 위법성은 나중에 내려진 건설허가처분의 취소를 구하는 소송에서 이를 다투면 된다(대판 1998.9.4. 97누19588).

[❸ ▸ X] 국가정책에 관한 주민투표의 경우에는, 주민투표결과에 법적 구속력이 인정되지 않는 순수한 주민의견 수렴의 성격을 갖는다.



③ 정답

**법령** **국가정책에 관한 주민투표(주민투표법 제8조)** ① 중앙행정기관의 장은 지방자치단체의 폐치(廢置)・분합(分合) 또는 구역변경, 주요시설의 설치 등 국가정책의 수립에 관하여 주민의 의견을 듣기 위하여 필요하다고 인정하는 때에는 주민투표의 실시구역을 정하여 관계 지방자치단체의 장에게 주민투표의 실시를 요구할 수 있다. 이 경우 중앙행정기관의 장은 미리 행정안전부장관과 협의하여야 한다.

④ 제1항의 규정에 의한 주민투표에 관하여는 제7조, 제16조, 제24조 제1항・제5항・제6항, 제25조 및 제26조의 규정을 적용하지 아니한다.

**주민투표결과의 확정(주민투표법 제24조)** ⑤ 지방자치단체의 장 및 지방의회는 주민투표결과 확정된 내용대로 행정・재정상의 필요한 조치를 하여야 한다.

[❹ ▸ O] 원자력법 제12조 제2호(발전용 원자로 및 관계 시설의 위치・구조 및 설비가 대통령령이 정하는 기술수준에 적합하여 방사성물질 등에 의한 인체・물체・공공의 재해방지에 지장이 없을 것)의 취지는 원자로 등 건설사업이 방사성물질 및 그에 의하여 오염된 물질에 의한 인체・물체・공공의 재해를 발생시키지 아니하는 방법으로 시행되도록 함으로써 방사성물질 등에 의한 생명・건강상의 위해를 받지 아니할 이익을 일반적 공익으로서 보호하려는 데 그치는 것이 아니라 방사성물질에 의하여 보다 직접적이고 중대한 피해를 입으리라고 예상되는 지역 내의 주민들의 위와 같은 이익을 직접적・구체적 이익으로서도 보호하려는 데에 있다 할 것이므로, 위와 같은 지역 내의 주민들에게는 방사성물질 등에 의한 생명・신체의 안전침해를 이유로 부지사전승인처분의 취소를 구할 원고적격이 있다(대판 1998.9.4. 97누19588).

**2017년 변호사시험 문 38.** ☑ 확인Check! O △ X

**인・허가 등에 관한 설명 중 옳은 것을 모두 고른 것은?(다툼이 있는 경우 판례에 의함)**

ㄱ. 인가의 대상이 되는 기본행위는 인가를 받아야 효력이 발생하므로, 인가를 받지 않은 이상 기본행위는 법률상 효력이 발생하지 않는다.

ㄴ. 재량행위인 허가의 기간이 부당하게 짧은 경우라면 그 기한은 허가조건의 존속기간을 정한 것으로 볼 수 있으나, 그 후 당초 기한이 상당기간 연장되어 전체를 기준으로 볼 경우 부당하게 짧은 경우에 해당하지 않는다면 관계 행정청은 재량권의 행사로서 기간연장을 불허가할 수 있다.

ㄷ. 「도시 및 주거환경정비법」상 주택재건축정비사업조합에 대한 조합설립인가처분이 있은 후에는 인가에 고유한 위법이 없는 한 조합설립결의의 하자를 이유로 조합설립인가를 다투는 것은 허용되지 않고, 민사소송인 조합설립결의무효확인소송으로 다투어야 한다.

ㄹ. 「여객자동차 운수사업법」상 개인택시 운송사업의 양도・양수 당시에는 양도인에 대한 운송사업면허 취소사유(예 : 양도인의 운전면허 취소)가 현실적으로 발생하지 않은 경우라도 그 원인이 되는 사실(예 : 양도인의 음주운전)이 이미 존재하였다면, 관할 관청으로서는 그 후 발생한 운송사업면허 취소사유(예 : 양도인의 운전면허 취소)에 기하여 양수인의 운송사업면허를 취소할 수 있다.

ㅁ. 개발제한구역 안에서의 건축허가의 법적 성질은 기속행위이므로 「건축법」 등 관계 법규에서 정한 요건을 갖춘 경우 허가를 하여야 하고, 공익상의 이유를 들어 거부할 수 없다.

ㅂ. 인가의 대상이 되는 기본행위에 하자가 있다면 인가가 있더라도 그 기본행위의 하자가 치유되는 것은 아니다.

① ㄱ, ㄴ, ㄹ, ㅂ ② ㄱ, ㄴ, ㅁ, ㅂ ③ ㄴ, ㄷ, ㄹ, ㅁ
④ ㄱ, ㄴ, ㄷ, ㄹ, ㅁ ⑤ ㄱ, ㄷ, ㄹ, ㅁ, ㅂ

정답 ①

[ㄱ ▸ O] 도시 및 주거환경정비법 제20조 제3항은 조합이 정관을 변경하고자 하는 경우에는 총회를 개최하여 조합원 과반수 또는 3분의 2 이상의 동의를 얻어 시장·군수의 인가를 받도록 규정하고 있다. 여기서 시장 등의 인가는 그 대상이 되는 기본행위를 보충하여 법률상 효력을 완성시키는 행위로서 이러한 인가를 받지 못한 경우 변경된 정관은 효력이 없고, 시장 등이 변경된 정관을 인가하더라도 정관변경의 효력이 총회의 의결이 있었던 때로 소급하여 발생한다고 할 수 없다(대판 2014.7.10. 2013도11532).

[ㄴ ▸ O] 일반적으로 행정처분에 효력기간이 정하여져 있는 경우에는 그 기간의 경과로 그 행정처분의 효력은 상실되며, 다만 허가에 붙은 기한이 그 허가된 사업의 성질상 부당하게 짧은 경우에는 이를 그 허가 자체의 존속기간이 아니라 그 허가조건의 존속기간으로 보아 그 기한이 도래함으로써 그 조건의 개정을 고려한다는 뜻으로 해석할 수 있지만, 이와 같이 당초에 붙은 기한을 허가 자체의 존속기간이 아니라 허가조건의 존속기간으로 보더라도 그 후 당초의 기한이 상당 기간 연장되어 연장된 기간을 포함한 존속기간 전체를 기준으로 볼 경우 더 이상 허가된 사업의 성질상 부당하게 짧은 경우에 해당하지 않게 된 때에는 관계 법령의 규정에 따라 허가 여부의 재량권을 가진 행정청으로서는 그 때에도 허가조건의 개정만을 고려하여야 하는 것은 아니고 재량권의 행사로서 더 이상의 기간연장을 불허가할 수도 있는 것이며, 이로써 허가의 효력은 상실된다(대판 2004.3.25. 2003두12837).

[ㄷ ▸ X] 구 도시 및 주거환경정비법상 재개발조합설립 인가신청에 대하여 행정청의 조합설립인가처분이 있은 이후에 조합설립결의에 하자가 있음을 이유로 재개발조합 설립의 효력을 부정하기 위해서는 항고소송으로 조합설립인가처분의 효력을 다투어야 하고, 특별한 사정이 없는 한 이와는 별도로 민사소송으로 행정청으로부터 조합설립인가처분을 하는 데 필요한 요건 중의 하나에 불과한 조합설립결의에 대하여 무효확인을 구할 확인의 이익은 없다고 보아야 한다(대결 2009.9.24. 자 2009마168).

[ㄹ ▸ O] 구 여객자동차 운수사업법 제15조 제4항에 의하면 개인택시 운송사업을 양수한 사람은 양도인의 운송사업자로서의 지위를 승계하는 것이므로, 관할관청은 개인택시 운송사업의 양도·양수에 대한 인가를 한 후에도 그 양도·양수 이전에 있었던 양도인에 대한 운송사업면허 취소사유를 들어 양수인의 사업면허를 취소할 수 있는 것이고, 가사 양도·양수 당시에는 양도인에 대한 운송사업면허 취소사유가 현실적으로 발생하지 않은 경우라도 그 원인되는 사실이 이미 존재하였다면, 관할관청으로서는 그 후 발생한 운송사업면허 취소사유에 기하여 양수인의 사업면허를 취소할 수 있는 것이다(대판 2010.4.8. 2009두17018).

[ㅁ ▸ X] 개발제한구역 내에서는 구역지정의 목적상 건축물의 건축 및 공작물의 설치 등 개발행위가 원칙적으로 금지되고, 다만 구체적인 경우에 이러한 구역지정의 목적에 위배되지 아니할 경우 예외적으로 허가에 의하여 그러한 행위를 할 수 있게 되어 있음이 그 규정의 체제와 문언상 분명하고, 이러한 예외적인 개발행위의 허가는 상대방에게 수익적인 것이 틀림이 없으므로 그 법률적 성질은 재량행위 내지 자유재량행위에 속하는 것이다(대판 2004.3.25. 2003두12837).

[ㅂ ▸ O] 기본행위가 불성립 또는 무효로 되는 경우에는, 인가를 받더라도 그 기본행위가 유효로 되는 것은 아니다.

판례 기본행위인 학교법인의 임원선임행위가 불성립 또는 무효인 경우에는 비록 그에 대한 감독청의 취임승인이 있었다 하여도 이로써 무효인 그 선임행위가 유효한 것으로 될 수는 없다(대판 1987.8.18. 86누152).

**2014년 변호사시험 문 28.** ☑ 확인 Check! ○ △ ×

**인가에 관한 설명 중 옳지 않은 것은?(다툼이 있는 경우 판례에 의함)**

① 기본행위가 적법·유효하고 보충행위인 인가처분 자체에만 하자가 있다면 그 인가처분의 무효나 취소를 주장할 수 있다고 할 것이지만, 인가처분에 하자가 없다면 기본행위에 하자가 있다 하더라도 따로 그 기본행위의 하자를 다투는 것은 별론으로 하고 기본행위의 무효를 내세워 바로 그에 대한 인가처분의 취소 또는 무효확인을 구할 수 없다.

② 「도시 및 주거환경정비법」상 관리처분계획에 대한 행정청의 인가는 관리처분계획의 법률상 효력을 완성시키는 보충행위로서의 성질을 갖는다.

③ 민법상 재단법인의 정관변경 허가는 그 성질에 있어 법률행위의 효력을 보충해 주는 것이지 일반적 금지를 해제하는 것이 아니므로, 그 법적 성격은 인가라고 보아야 한다.

④ 관할관청이 개인택시운송사업의 양도·양수에 대한 인가를 하였을 경우 거기에는 양도인과 양수인 간의 양도행위를 보충하여 그 법률효과를 완성시키는 의미에서의 인가처분뿐만 아니라 양수인에 대해 양도인이 가지고 있던 면허와 동일한 내용의 면허를 부여하는 처분이 포함되어 있다.

⑤ 「도시 및 주거환경정비법」 등 관련 법령에 근거하여 행하는 주택재건축사업조합 설립인가처분은 사인들의 조합설립행위에 대한 보충행위로서의 성질을 갖는 것에 그칠 뿐, 행정주체로서의 지위를 부여하는 설권적 처분의 성격을 갖는 것은 아니다.

[❶ ▸ ○] 기본행위가 적법·유효하고 보충행위인 인가처분 자체에만 하자가 있다면 그 인가처분의 무효나 취소를 주장할 수 있다고 할 것이지만, 인가처분에 하자가 없다면 기본행위에 하자가 있다 하더라도 따로 그 기본행위의 하자를 다투는 것은 별론으로 하고 기본행위의 무효를 내세워 바로 그에 대한 행정청의 인가처분의 취소 또는 무효확인을 소구할 법률상의 이익이 있다고 할 수 없다(대판 1996.5.16. 95누4810 [전합]).

[❷ ▸ ○] 도시정비법이 규정하고 있는 관리처분계획에 대한 행정청의 인가는 관리처분계획의 법률상 효력을 완성시키는 보충행위로서의 성질을 갖는다(헌재 2016.6.21. 2016헌바218).

[❸ ▸ ○] 민법 제45조와 제46조에서 말하는 재단법인의 정관변경 "허가"는 법률상의 표현이 허가로 되어 있기는 하나, 그 성질에 있어 법률행위의 효력을 보충해 주는 것이지 일반적 금지를 해제하는 것이 아니므로, 그 법적 성격은 인가라고 보아야 한다(대판 1996.5.16. 95누4810 [전합]).

[❹ ▸ ○] 관할관청이 자동차운송사업의 일종인 개인택시운송사업면허의 양도·양수에 대한 인가를 하였을 때에는 거기에는 양도인과 양수인 간의 양도행위를 보충하여 그 법률효과를 완성시키는 의미에서의 인가처분뿐만 아니라 양수인에 대해 양도인이 가지고 있던 면허와 동일한 내용의 면허를 부여하는 처분이 포함되어 있다고 볼 것이어서, 양수인이 동법 시행규칙 제15조 제1항 소정의 개인택시운송사업면허 취득의 자격요건인 운전경력에 미달됨이 사후에 밝혀진 경우에는 관할관청은 면허를 받을 자격이 없는 자에 대한 하자 있는 처분으로서 개인택시운송사업면허 양도양수인가처분을 취소할 수 있음은 물론 양수인에 대한 개인택시운송사업면허처분을 취소할 수도 있는 것으로 봄이 상당하다 할 것이다(대판 1994.8.23. 94누4882).

[❺ ▸ ×] 행정청이 도시 및 주거환경정비법 등 관련 법령에 근거하여 행하는 조합설립인가처분은 단순히 사인들의 조합설립행위에 대한 보충행위로서의 성질을 갖는 것에 그치는 것이 아니라 법령상 요건을 갖출 경우 도시 및 주거환경정비법상 주택재건축사업을 시행할 수 있는 권한을 갖는 행정주체(공법인)로서의 지위를 부여하는 일종의 설권적 처분의 성격을 갖는다고 보아야 한다(대판 2009.09.24. 2008다60568).



정답 ⑤

**2013년 변호사시험 문 38.** ☑ 확인Check! ○ △ ×

행정행위의 분류에 관한 다음 설명 중 옳은 것을 모두 고른 것은?(다툼이 있는 경우 판례에 의함)

ㄱ. 행정청의 주택재개발정비사업조합 설립인가는 사인들의 조합설립행위에 대한 보충행위의 성질을 갖는 것으로 강학상 인가에 해당한다.
ㄴ. 행정청의 사립학교법인 임원취임승인행위는 학교법인의 임원선임행위의 법률상 효력을 완성하게 하는 보충적 법률행위로서 강학상 인가에 해당한다.
ㄷ. 개인택시운송사업면허는 특정인에게 권리나 의무를 부여하는 것이므로 강학상 특허에 해당한다.
ㄹ. 공유수면의 점용・사용 허가는 허가 상대방에게 제한을 해제하여 공유수면이용권을 부여하는 처분으로 강학상 허가에 해당한다.
ㅁ. 토지거래허가는 토지거래허가구역 내의 토지거래를 전면적으로 금지시키고 특정한 경우에 예외적으로 토지거래계약을 체결할 수 있는 자격을 부여하는 점에서 강학상 특허에 해당한다.

① ㄱ, ㄴ, ㄷ ② ㄴ, ㄹ, ㅁ ③ ㄱ, ㄷ
④ ㄴ, ㄷ ⑤ ㄹ, ㅁ

[ㄱ ▸ ×] 재개발조합설립인가신청에 대한 행정청의 조합설립인가처분은 단순히 사인(私人)들의 조합설립행위에 대한 보충행위로서의 성질을 가지는 것이 아니라 법령상 일정한 요건을 갖추는 경우 행정주체(공법인)의 지위를 부여하는 일종의 설권적 처분의 성질을 가진다고 봄이 상당하다(대판 2010.1.28. 2009두4845).

[ㄴ ▸ ○] 구 사립학교법 제20조 제1항, 제2항은 학교법인의 이사장・이사・감사 등의 임원은 이사회의 선임을 거쳐 관할청의 승인을 받아 취임하도록 규정하고 있는바, 관할청의 임원취임승인행위는 학교법인의 임원선임행위의 법률상 효력을 완성케 하는 보충적 법률행위이다. 따라서 관할청이 학교법인의 임원취임승인신청에 대하여 이를 반려하거나 거부하는 경우 학교법인에 의하여 임원으로 선임된 사람은 학교법인의 임원으로 취임할 수 없게 되는 불이익을 입게 되는바, 이와 같은 불이익은 간접적이거나 사실상의 불이익이 아니라 직접적이고도 구체적인 법률상의 불이익이라 할 것이므로 학교법인에 의하여 임원으로 선임된 사람에게는 관할청의 임원취임승인신청 반려처분을 다툴 수 있는 원고적격이 있다(대판 2007.12.27. 2005두9651).

[ㄷ ▸ ○] 자동차운수사업법에 의한 개인택시운송사업 면허는 특정인에게 권리나 이익을 부여하는 행정행위로서 법령에 특별한 규정이 없는 한 재량행위이고, 그 면허를 위하여 필요한 기준을 정하는 것도 역시 행정청의 재량에 속하는 것이므로, 그 설정된 기준이 객관적으로 합리적이 아니라거나 타당하지 않다고 볼만한 다른 특별한 사정이 없는 이상 행정청의 의사는 가능한 한 존중되어야 한다(대판 1998.2.13. 97누13061).

[ㄹ ▸ ×] 구 공유수면관리법에 따른 공유수면의 점・사용허가는 특정인에게 공유수면 이용권이라는 독점적 권리를 설정하여 주는 처분으로서 그 처분의 여부 및 내용의 결정은 원칙적으로 행정청의 재량에 속한다고 할 것이고, 이와 같은 재량처분에 있어서는 그 재량권 행사의 기초가 되는 사실인정에 오류가 있거나 그에 대한 법령적용에 잘못이 없는 한 그 처분이 위법하다고 할 수 없다(대판 2004.5.28. 2002두5016).

[ㅁ ▸ ×] 국토이용관리법 제21조의3 제1항 소정의 허가가 규제지역 내의 모든 국민에게 전반적으로 토지거래의 자유를 금지하고 일정한 요건을 갖춘 경우에만 금지를 해제하여 계약체결의 자유를 회복시켜 주는 성질의 것이라고 보는 것은 위 법의 입법취지를 넘어선 지나친 해석이라고 할 것이고, 규제지역 내에서도 토지거래의 자유가 인정되나 다만 위 허가를 허가 전의 유동적 무효 상태에 있는 법률행위의 효력을 완성시켜 주는 인가적 성질을 띤 것이라고 보는 것이 타당하다(대판 1991.12.24. 90다12243 [전합]).



④ 정답

## 2013년 변호사시험 문 26.

☑ 확인 Check! ○ △ ×

**허가에 관한 다음 설명 중 옳은 것을 모두 고른 것은?(다툼이 있는 경우 판례에 의함)**

ㄱ. 허가된 사업의 성질상 부당하게 짧은 기한을 정한 경우 그 기한은 그 허가의 조건의 존속기간을 정한 것이다.
ㄴ. 허가의 조건의 존속기간이 종료되기 전에 연장신청이 없이 허가기간이 만료된 경우 허가의 효력이 상실되었다고 보아서는 아니 된다.
ㄷ. 종전의 허가가 기한의 도래로 실효되었다고 하여도 종전 허가의 유효기간이 지나서 기간연장을 신청하였다면 그 신청은 종전 허가의 유효기간을 연장하여 주는 행정처분을 구한 것으로 보아야 하지 종전 허가와는 별개로 새로운 허가를 내용으로 하는 행정처분을 구한 것으로 보아서는 아니 된다.
ㄹ. 행정절차법에 따르면 특정 영업의 허가 신청내용을 모두 그대로 인정하는 허가를 할 경우 그 허가처분의 근거와 이유를 제시하지 않아도 된다.

① ㄱ, ㄷ ② ㄱ, ㄹ ③ ㄴ, ㄷ
④ ㄴ, ㄹ ⑤ ㄱ, ㄴ, ㄹ



[ㄱ ▸ O] [ㄴ ▸ X] 일반적으로 행정처분에 효력기간이 정하여져 있는 경우에는 그 기간의 경과로 그 행정처분의 효력은 상실되고, 다만 허가에 붙은 기한이 그 허가된 사업의 성질상 부당하게 짧은 경우에는 이를 그 허가 자체의 존속기간이 아니라 그 허가조건의 존속기간으로 보아 그 기한이 도래함으로써 그 조건의 개정을 고려한다는 뜻으로 해석할 수는 있지만, 그와 같은 경우라 하더라도 그 허가기간이 연장되기 위하여는 그 종기가 도래하기 전에 그 허가기간의 연장에 관한 신청이 있어야 하며, 만일 그러한 연장신청이 없는 상태에서 허가기간이 만료하였다면 그 허가의 효력은 상실된다(대판 2007.10.11. 2005두12404).

[ㄷ ▸ X] 종전의 허가가 기한의 도래로 실효한 이상 원고가 종전 허가의 유효기간이 지나서 신청한 이 사건 기간연장신청은 그에 대한 종전의 허가처분을 전제로 하여 단순히 그 유효기간을 연장하여 주는 행정처분을 구하는 것이라기보다는 종전의 허가처분과는 별도의 새로운 허가를 내용으로 하는 행정처분을 구하는 것이라고 보아야 할 것이어서, 이러한 경우 허가권자는 이를 새로운 허가신청으로 보아 법의 관계 규정에 의하여 허가요건의 적합 여부를 새로이 판단하여 그 허가 여부를 결정하여야 할 것이다(대판 1995.11.10. 94누11866).

[ㄹ ▸ O] 행정청은 처분 시 당사자에게 처분의 근거와 이유를 제시해야 하나, 상대방의 신청내용을 그대로 인정하는 처분인 경우 등은 예외이다.

**처분의 이유 제시(행정절차법 제23조)** ① 행정청은 처분을 할 때에는 다음 각 호의 어느 하나에 해당하는 경우를 제외하고는 당사자에게 그 근거와 이유를 제시하여야 한다.

1. 신청내용을 모두 그대로 인정하는 처분인 경우
2. 단순·반복적인 처분 또는 경미한 처분으로서 당사자가 그 이유를 명백히 알 수 있는 경우
3. 긴급히 처분을 할 필요가 있는 경우

② 행정청은 제1항 제2호 및 제3호의 경우에 처분 후 당사자가 요청하는 경우에는 그 근거와 이유를 제시하여야 한다.

정답 ②

## 2015년 변호사시험 문 20.

☑ 확인Check! ○ △ ×

甲은 한옥 여관건물을 신축하기 위하여 관할 A시장에게 건축허가를 신청하였다. 한편 「건축법」 제11조 제4항은 허가권자는 위락시설이나 숙박시설에 해당하는 건축물의 건축을 허가하는 경우 해당 대지에 건축하려는 건축물의 용도 · 규모 또는 형태가 주거환경이나 교육환경 등 주변 환경을 고려할 때 부적합하다고 인정되는 경우에는 건축위원회의 심의를 거쳐 건축허가를 하지 아니할 수 있다는 취지로 규정하고 있다. 그런데 A시장은 위 여관건물이 한옥이 아닌 일반 빌딩의 형태인 것으로 오인하여 위 제4항에 따라 "甲이 건축하고자 하는 여관건물이 주변 한옥마을 사이에 위치하게 되면 그 외관이 주변과 조화되지 않는다"는 이유로 건축허가를 거부하였다. 이에 관한 설명 중 옳지 않은 것은?(다툼이 있는 경우 판례에 의함)

① A시장의 건축허가거부처분은 사전통지의 대상이 아니므로, 허가거부에 앞서 미리 甲에게 그 내용을 통지하지 않았다고 하더라도 이로써 위 거부처분이 위법하게 되는 것은 아니다.

② 甲의 건축허가신청 후 건축허가기준에 관한 관계 법령의 규정이 개정된 경우, A시장은 새로이 개정된 법령의 경과규정에서 달리 정하는 경우 등을 제외하고는 처분 당시에 시행되는 개정 법령과 그에서 정한 기준에 의하여 허가 여부를 결정하는 것이 원칙이다.

③ 만일 A시장이 甲의 건축허가신청에 대한 거부에 앞서 건축위원회의 심의를 거치지 않았다면 이는 절차상 하자에 해당하므로 법원은 이를 이유로 건축허가거부처분을 취소할 수 있다.

④ 주변 환경에 대한 고려는 비대체적 결정영역 또는 예측결정으로서 판단여지가 인정되는 영역이므로, 주변 환경과 조화되지 않는다는 A시장의 판단에 대해서 법원은 사법심사를 할 수 없다.

⑤ 甲이 A시장의 건축허가거부처분에 대해 취소소송을 제기하여 인용판결을 받아 확정된 경우에도, A시장은 위 소송의 계속 중에 개정된 관계 법령에 따라 강화된 건축허가기준의 미비를 이유로 甲에게 재차 건축허가거부처분을 할 수 있다.

[❶ ▸ ○] 행정절차법 제21조 제1항은 행정청은 당사자에게 의무를 과하거나 권익을 제한하는 처분을 하는 경우에는 미리 처분의 제목, 당사자의 성명 또는 명칭과 주소, 처분하고자 하는 원인이 되는 사실과 처분의 내용 및 법적 근거, 그에 대하여 의견을 제출할 수 있다는 뜻과 의견을 제출하지 아니하는 경우의 처리방법, 의견제출기관의 명칭과 주소, 의견제출기한 등을 당사자 등에게 통지하도록 하고 있는바, 신청에 따른 처분이 이루어지지 아니한 경우에는 아직 당사자에게 권익이 부과되지 아니하였으므로 특별한 사정이 없는 한 신청에 대한 거부처분이라고 하더라도 직접 당사자의 권익을 제한하는 것은 아니어서 신청에 대한 거부처분을 여기에서 말하는 당사자의 권익을 제한하는 처분에 해당한다고 할 수 없는 것이어서 처분의 사전통지대상이 된다고 할 수 없다(대판 2003.11.28. 2003두674).

[❷ ▸ ○] 행정행위는 처분 당시에 시행 중인 법령과 허가기준에 의하여 하는 것이 원칙이고, 인 · 허가신청 후 처분 전에 관계 법령이 개정 시행된 경우 신법령 부칙에 그 시행 전에 이미 허가신청이 있는 때에는 종전의 규정에 의한다는 취지의 경과규정을 두지 아니한 이상 당연히 허가신청 당시의 법령에 의하여 허가 여부를 판단하여야 하는 것은 아니며, 소관 행정청이 허가신청을 수리하고도 정당한 이유 없이 처리를 늦추어 그 사이에 법령 및 허가기준이 변경된 것이 아닌 한 변경된 법령 및 허가기준에 따라서 한 불허가처분은 위법하다고 할 수 없다(대판 2005.7.29. 2003두3550).

[❸ ▸ ○] 건축계획심의를 거치지 않은 경우 이는 하자 있는 행정행위이고, 절차상 위와 같은 심의를 누락한 흠이 있다면, 특별한 사정이 없는 한 이는 행정처분을 위법하게 하는 취소사유가 된다.



④ 정답

판례

- 건축허가 여부를 결정함에 있어서는 반드시 건축위원회의 심의를 거치도록 한 것으로 보이므로, 이러한 건축계획심의를 거치지 아니한 상태에서는 비록 원고가 이 사건 건축물에 대한 건축허가를 받는다 하더라도 이는 하자 있는 행정행위라 할 것이다(대판 2007.10.11. 2007두1316).
- 금지행위 및 시설의 해제 여부에 관한 행정처분을 하면서 절차상 위와 같은 심의를 누락한 흠이 있다면 그와 같은 흠을 가리켜 위 행정처분의 효력에 아무런 영향을 주지 않는다거나 경미한 정도에 불과하다고 볼 수는 없으므로, 특별한 사정이 없는 한 이는 행정처분을 위법하게 하는 취소사유가 된다(대판 2007.3.15. 2006두15806).

[❹ ▸ X] 판례는 판단여지와 재량을 명시적으로 구분하지 않고 재량권의 일탈·남용을 심사할 수 있다는 입장이다(대판 1992.4.24. 91누6634 참조). 따라서 판례의 입장에 의하면, 판단여지가 인정되는 영역에서도 법원은 사법심사를 할 수 있다. 한편, 판단여지와 재량을 구분하는 입장에서도 판단여지의 한계를 넘는 경우에는 사법심사가 가능하게 되는데, 사안에서 A시장이 한옥이 아닌 일반빌딩의 형태인 것으로 오인하여 주변 환경과 조화되지 않는다는 판단을 한 것은, 판단여지의 한계를 넘는 것이다.

[❺ ▸ O] 행정처분의 적법여부는 그 행정처분이 행하여진 때의 법령과 사실을 기준으로 하여 판단하는 것이므로 거부처분 후에 법령이 개정·시행된 경우에는 개정된 법령 및 허가기준을 새로운 사유로 들어 다시 이전의 신청에 대한 거부처분을 할 수 있으며 그러한 처분도 행정소송법 제30조 제2항에 규정된 재처분에 해당된다(대판 1998.1.7. 97두22).

**2016년 변호사시험 문 22.** ☑ 확인 Check! ○ △ ✕

**甲은 사립학교법인 이사회에서 이사로 선임되어 관할청의 취임승인을 받았다. 그러나 해당 이사회의 전임 이사였던 乙은 甲에 대한 학교법인의 이사선임행위에 하자가 있음을 주장하며 이를 다투고자 한다. 이에 관한 설명 중 옳지 않은 것은?(다툼이 있는 경우 판례에 의함)**

① 甲에 대한 관할청의 취임승인은 학교법인의 이사선임행위를 보충하여 그 법률상의 효력을 완성시켜 주는 행정행위이다.
② 관할청은 학교법인의 이사선임행위의 내용을 수정하여 승인할 수 없다.
③ 乙은 甲에 대한 학교법인의 이사선임행위에 하자가 있는 경우 이를 이유로 취소소송을 통해 관할청의 취임승인처분의 취소를 구할 수 있다.
④ 학교법인의 이사선임행위가 무효인 경우에는 관할청의 취임승인이 있더라도 그 선임행위가 유효한 것으로 되지 아니한다.
⑤ 만일 관할청이 甲에 대한 학교법인의 이사취임승인 신청을 거부하는 경우 甲에게는 당해 거부처분을 취소소송으로 다툴 수 있는 원고적격이 있다.

[❶ ▸ O] [❺ ▸ O] 관할청의 임원취임승인행위는 학교법인의 임원선임행위의 법률상 효력을 완성케 하는 보충적 법률행위이다. 따라서 관할청이 학교법인의 임원취임승인신청에 대하여 이를 반려하거나 거부하는 경우 학교법인에 의하여 임원으로 선임된 사람은 학교법인의 임원으로 취임할 수 없게 되는 불이익을 입게 되는바, 이와 같은 불이익은 간접적이거나 사실상의 불이익이 아니라 직접적이고도 구체적인 법률상의 불이익이라 할 것이므로 학교법인에 의하여 임원으로 선임된 사람에게는 관할청의 임원취임승인신청 반려처분을 다툴 수 있는 원고적격이 있다(대판 2007.12.27. 2005두9651).

[❷ ▸ O] 인가는 보충행위이므로, 출원의 내용과 다른 인가가 되는 수정인가는 허용되지 않는다.

정답 ③

[③ ▸ ×] 행정처분의 직접상대방이 아닌 제3자가 그 행정처분의 취소변경을 소구하기 위하여는 제3자에게 그 처분의 취소변경에 관하여 구체적인 이익이 있어야 할 것이므로 행정청이 전임자에 대한 임원취임승인처분을 취소하고 후임자에 대하여 새로이 임원취임 승인처분을 하는 것은 각 별개의 행정처분이고 후임자에 대한 임명승인처분취소의 법률적 효과에 따라 전임자에 대한 임명승인취소의 결과가 달라지는 것이 아닐 뿐만 아니라 후임자에 대한 임명승인처분취소에 관하여 전임자가 어떤 법률상의 구체적 이익을 가진다고도 볼 수 없다 할 것이어서 전임자로서는 후임자에 대한 임명승인처분의 취소를 구할 소의 이익이 없다(대판 1987.6.23, 87누256).

[④ ▸ ○] 사립학교법 제20조 제2항에 의한 학교법인의 임원에 대한 감독청의 취임승인은 학교법인의 임원선임행위를 보충하여 그 법률상의 효력을 완성케 하는 보충적 행정행위로서 성질상 기본행위를 떠나 승인처분 그 자체만으로는 법률상 아무런 효력도 발생할 수 없으므로 기본행위인 학교법인의 임원선임행위가 불성립 또는 무효인 경우에는 비록 그에 대한 감독청의 취임승인이 있었다 하여도 이로써 무효인 그 선임행위가 유효한 것으로 될 수는 없다(대판 1987.8.18, 86누152).

## 제3절 행정행위의 부관 ★★★

**2019년 변호사시험 문 26.** ☑ 확인Check! ○ △ ×

**행정행위의 부관에 관한 설명 중 옳은 것(○)과 옳지 않은 것(×)을 올바르게 조합한 것은?(다툼이 있는 경우 판례에 의함)**

ㄱ. 기속행위 내지 기속적 재량행위인 건축허가를 하면서 법령상 아무런 근거 없이 일정 토지를 기부채납하도록 하는 내용의 허가조건을 붙인 경우, 이는 부관을 붙일 수 없는 건축허가에 붙인 부담이어서 무효이다.

ㄴ. 부담부 행정처분에 있어서 처분의 상대방이 부담의무를 이행하지 아니한 경우에 처분행정청은 이를 이유로 해당 처분을 철회할 수 있다.

ㄷ. 행정행위의 부관은 부담인 경우를 제외하고는 독립하여 행정소송의 대상이 될 수 없는바, 기부채납 받은 행정재산에 대한 사용・수익허가에서 공유재산의 관리청이 정한 사용・수익허가의 기간에 대하여 독립하여 행정소송을 제기할 수 없다.

ㄹ. 부담은 행정청이 행정처분을 하면서 일방적으로 부가할 수 있을 뿐 상대방과 협의하여 부담의 내용을 협약의 형식으로 미리 정한 다음 행정처분을 하면서 이를 부가할 수는 없다.

① ㄱ(○) ㄴ(×) ㄷ(○) ㄹ(○)
② ㄱ(○) ㄴ(○) ㄷ(○) ㄹ(×)
③ ㄱ(×) ㄴ(○) ㄷ(×) ㄹ(○)
④ ㄱ(○) ㄴ(×) ㄷ(○) ㄹ(×)
⑤ ㄱ(×) ㄴ(○) ㄷ(×) ㄹ(×)

[ㄱ ▸ ○] 건축허가를 하면서 일정 토지를 기부채납하도록 하는 내용의 허가조건은 부관을 붙일 수 없는 기속행위 내지 기속적 재량행위인 건축허가에 붙인 부담이거나 또는 법령상 아무런 근거가 없는 부관이어서 무효이다(대판 1995.6.13, 94다56883).

[ㄴ ▸ ○] 부담부 행정처분에 있어서 처분의 상대방이 부담(의무)을 이행하지 아니한 경우에 처분행정청으로서는 이를 들어 당해 처분을 취소(철회)할 수 있다(대판 1989.10.24, 89누2431).



② 정답

[ㄷ ▸ O] 행정행위의 부관은 부담인 경우를 제외하고는 독립하여 행정소송의 대상이 될 수 없는바, 기부채납받은 행정재산에 대한 사용・수익허가에서 공유재산의 관리청이 정한 사용・수익허가의 기간은 그 허가의 효력을 제한하기 위한 행정행위의 부관으로서 이러한 사용・수익허가의 기간에 대해서는 독립하여 행정소송을 제기할 수 없다(대판 2001.6.15. 99두509).

[ㄹ ▸ X] 수익적 행정처분에 있어서는 법령에 특별한 근거규정이 없다고 하더라도 그 부관으로서 부담을 붙일 수 있고 그와 같은 부담은 행정청이 행정처분을 하면서 일방적으로 부가할 수도 있지만 부담을 부가하기 이전에 상대방과 협의하여 부담의 내용을 협약의 형식으로 미리 정한 다음 행정처분을 하면서 이를 부가할 수도 있다(대판 2009.2.12. 2005다65500).

**2018년 변호사시험 문 21.** ☑ 확인 Check! O △ X

**甲은 개발제한구역 내에서 레미콘시설에 대한 설치허가를 신청하였고, 이에 대해 관할 행정청 乙은 허가를 하면서 기한의 제한에 관한 규정이 없음에도 허가기간을 5년으로 하였다. 이에 관한 설명 중 옳은 것은?(다툼이 있는 경우 판례에 의함)**

① 설치허가에 부가된 5년의 기한은 법령상 근거가 없는 것으로서 당연무효인 부관이다.
② 乙이 설치허가 이전에 미리 甲과 협의하여 5년의 기한을 붙인 것을 협약의 형식으로 정하여 허가 시 부가한 경우, 그 허가는 처분성을 상실하고 공법상 계약의 성질을 가진다.
③ 甲이 5년의 기한은 레미콘시설의 성질상 부당하게 짧다는 이유로 소송상 다투려면, 부관부행정행위 중 기한만의 취소를 구하여야 한다.
④ 甲이 제소기간 경과 후 허가기간이 부당하게 짧다는 이유로 부관의 변경을 신청하였으나 乙이 이를 거절한 경우, 乙의 거부행위는 특별한 사정이 없는 한 취소소송의 대상이 되는 처분이 아니다.
⑤ 甲에 대한 설치허가 이후에 근거법령이 개정되어 부관을 붙일 수 없게 된 경우에는 乙이 위 허가에 붙인 부관도 소급하여 위법한 것이 된다.

[❶ ▸ X] 재량행위에 있어서는 법령상의 근거가 없다고 하더라도 부관을 붙일 수 있는데, 그 부관의 내용은 적법하고 이행 가능하여야 하며 비례의 원칙 및 평등의 원칙에 적합하고 행정처분의 본질적 효력을 해하지 아니하는 한도의 것이어야 한다(대판 1997.3.14. 96누16698).

[❷ ▸ X] 협약의 형식으로 부관을 붙일 수는 있으나(대판 2009.2.12. 2005다65500 참조), 그렇다고 종된 규율인 부관에 의해 주된 부관부 행정행위의 처분성이 상실된다고 볼 수는 없다.

[❸ ▸ X] 판례는 부담 이외의 부관에 대해서는 부진정일부취소소송을 인정하지 않고, 부관부 행정행위의 전체 취소를 청구하거나 부관의 변경을 신청하고 행정청이 그것을 거부하면, 거부처분취소소송을 제기해야 한다는 입장이다.

판례 행정행위의 부관은 부담인 경우를 제외하고는 독립하여 행정소송의 대상이 될 수 없는바, 기부채납받은 행정재산에 대한 사용・수익허가에서 공유재산의 관리청이 정한 사용・수익허가의 기간은 그 허가의 효력을 제한하기 위한 행정행위의 부관으로서 이러한 사용・수익허가의 기간에 대해서는 독립하여 행정소송을 제기할 수 없는 것이고, 이러한 법리는 이 사건 허가 중 원고가 신청한 허가기간을 받아들이지 않은 부분의 취소를 구하는 이 사건 주위적 청구의 경우에도 마찬가지로 적용되어야 할 것이므로, 결국 이 사건 주위적 청구는 부적법하여 각하를 면할 수 없다(대판 2001.6.15. 99두509).

정답 ④

[❹ ▸ O] 원고들의 이 사건 신청은 제소기간 경과로 이미 불가쟁력이 생긴 이 사건 사업계획승인상의 부관에 대해 그 변경을 요구하는 것으로서, 구 주택건설촉진법 등 관련 법령에서 그러한 변경신청권을 인정하는 아무런 규정도 두고 있지 않을 뿐 아니라, 나아가 관계 법령의 해석상으로도 그러한 신청권이 인정된다고 볼 수 없으므로 원고들에게 이를 구할 법규상 또는 조리상의 신청권이 인정된다 할 수 없고, 그러한 이상 피고가 원고들의 이 사건 신청을 거부하였다 하여도 그 거부로 인해 원고들의 권리나 법적 이익에 어떤 영향을 주는 것은 아니라 할 것이므로 그 거부행위인 이 사건 통지는 항고소송의 대상이 되는 행정처분이 될 수 없다(대판 2007.4.26. 2005두11104).

[❺ ▸ X] 행정청이 수익적 행정처분을 하면서 부가한 부담 역시 처분 당시 법령을 기준으로 위법 여부를 판단하여야 하고, 부담이 처분 당시 법령을 기준으로 적법하다면 처분 후 부담의 전제가 된 주된 행정처분의 근거 법령이 개정됨으로써 행정청이 더 이상 부관을 붙일 수 없게 되었다 하더라도 곧바로 위법하게 되거나 그 효력이 소멸하게 되는 것은 아니라고 할 것이다(대판 2009.2.12. 2005다65500).

**2017년 변호사시험 문 35.** ☑ 확인 Check! O △ X

**행정행위의 부관에 관한 설명 중 옳지 않은 것은?(다툼이 있는 경우 판례에 의함)**

① 일반적으로 기속행위나 기속재량행위에는 부관을 붙일 수 없고, 가사 부관을 붙였다 하더라도 무효이다.
② 행정청이 행정처분을 하면서 부담을 부가하는 경우 행정청은 부담을 일방적으로 부가할 수도 있지만, 부담을 부가하기 이전에 상대방과 협약의 형식으로 미리 정한 다음 행정처분을 하면서 이를 부가할 수도 있다.
③ 행정청이 처분을 하며 부가한 부담의 위법 여부는 처분 당시 법령뿐 아니라 처분 전·후의 법령상태를 모두 살펴 판단하여야 하므로, 부담의 전제가 된 근거법령이 개정되어 부관을 붙일 수 없게 된 경우라면 부담의 효력은 소멸한다.
④ 부담의 사후변경은 법률에 명문의 규정이 있거나 그 변경이 미리 유보되어 있는 경우 또는 상대방의 동의가 있는 경우에 한하여 허용되는 것이 원칙이지만, 사정변경으로 인하여 당초에 부담을 부가한 목적을 달성할 수 없게 된 경우에도 그 목적달성에 필요한 범위 내에서 예외적으로 부담을 변경할 수 있다.
⑤ 「사도법」상 사도개설허가에서 정해진 공사기간이 공사기간을 준수하여 공사를 마치도록 하는 의무를 부과하는 부담의 성질을 갖는 경우, 그 공사기간 내에 사도로 준공검사를 받지 못하였다 하더라도 사도개설허가가 당연히 실효되는 것은 아니다.

[❶ ▸ O] 일반적으로 기속행위나 기속적 재량행위에는 부관을 붙일 수 없고 가사 부관을 붙였다 하더라도 무효이다(대판 1995.6.13. 94다56883).

[❷ ▸ O] 수익적 행정처분에 있어서는 법령에 특별한 근거규정이 없다고 하더라도 그 부관으로서 부담을 붙일 수 있고 그와 같은 부담은 행정청이 행정처분을 하면서 일방적으로 부가할 수도 있지만 부담을 부가하기 이전에 상대방과 협의하여 부담의 내용을 협약의 형식으로 미리 정한 다음 행정처분을 하면서 이를 부가할 수도 있다(대판 2009.2.12. 2005다65500).

[❸ ▸ X] 행정청이 수익적 행정처분을 하면서 부가한 부담 역시 처분 당시 법령을 기준으로 위법 여부를 판단하여야 하고, 부담이 처분 당시 법령을 기준으로 적법하다면 처분 후 부담의 전제가 된 주된 행정처분의 근거 법령이 개정됨으로써 행정청이 더 이상 부관을 붙일 수 없게 되었다 하더라도 곧바로 위법하게 되거나 그 효력이 소멸하게 되는 것은 아니라고 할 것이다(대판 2009.2.12. 2005다65500).

[❹ ▸ O] 행정처분에 이미 부담이 부가되어 있는 상태에서 그 의무의 범위 또는 내용 등을 변경하는 부관의 사후변경은, 법률에 명문의 규정이 있거나 그 변경이 미리 유보되어 있는 경우 또는 상대방의 동의가 있는 경우에 한하여 허용되는 것이 원칙이지만, 사정변경으로 인하여 당초에 부담을 부가한 목적을 달성할 수 없게 된 경우에도 그 목적달성에 필요한 범위 내에서 예외적으로 허용된다(대판 1997.5.30. 97누2627).



③ 정답

[❺ ▸ ○] 부담은 조건과 달리, 부담의 불이행의 경우에도 그 주된 행정행위의 효력이 당연히 소멸되지는 않는다.

판례 이 사건 제1처분에 명시된 공사기간은 변경된 허가권자인 보조참가인에 대하여 공사기간을 준수하여 공사를 마치도록 하는 의무를 부과하는 일종의 부담에 불과한 것이지, 사도개설허가 자체의 존속기간(즉, 유효기간)을 정한 것이라 볼 수 없고, 따라서 보조참가인이 이 사건 제1처분의 사도개설허가에서 정해진 공사기간 내에 사도로 준공검사를 받지 못하였다 하더라도, 이를 이유로 행정관청이 새로운 행정처분을 하는 것은 별론으로 하고, 사도개설허가가 당연히 실효되는 것은 아니다(대판 2004.11.25. 2004두7023).

**2012년 변호사시험 문 29.** ☑ 확인 Check! ○ △ ×

**행정행위의 부관에 관한 대법원 판례의 내용 중 옳지 않은 것은?**

① 수익적 행정처분에 있어서는 법령에 특별한 근거규정이 없다고 하더라도 부담을 붙일 수 있는데, 그와 같은 부담은 행정청이 행정처분을 하면서 일방적으로 부가하여야 하는 것이지 부담을 부가하기 이전에 상대방과 협의하여 부담의 내용을 협약의 형식으로 미리 정한 다음 행정처분을 하면서 이를 부가할 수는 없다.

② 행정처분에 부담인 부관을 붙인 경우 부관의 무효화에 의하여 본체인 행정처분 자체의 효력에도 영향이 있게 될 수는 있지만, 그 처분을 받은 사람이 부담의 이행으로 사법상 매매 등의 법률행위를 한 경우에는 그 부관은 특별한 사정이 없는 한 법률행위를 하게 된 동기 내지 연유로 작용하였을 뿐이므로 이는 법률행위의 취소사유가 될 수 있음은 별론으로 하고 그 법률행위 자체를 당연히 무효화하는 것은 아니다.

③ 어업면허처분을 함에 있어 그 면허의 유효기간을 정한 경우, 위 면허의 유효기간은 행정청이 위 어업면허처분의 효력을 제한하기 위한 행정행위의 부관이라 할 것이고 이러한 행정행위의 부관은 독립하여 행정소송의 대상이 될 수 없는 것이므로 위 어업면허처분 중 그 면허유효기간만의 취소를 구하는 청구는 허용될 수 없다.

④ 행정처분에 이미 부담이 부가되어 있는 상태에서 그 의무의 범위 또는 내용 등을 변경하는 부관의 사후변경은 법률에 명문의 규정이 있거나 그 변경이 미리 유보되어 있는 경우 또는 상대방의 동의가 있는 경우에 한하여 허용되는 것이 원칙이지만, 사정변경으로 인하여 당초에 부담을 부가한 목적을 달성할 수 없게 된 경우에도 그 목적달성에 필요한 범위 내에서 예외적으로 허용된다.

⑤ 행정청이 사전에 교통영향평가를 거치지 아니한 채 '건축허가 전까지 교통영향평가 심의필증을 교부받을 것'을 내용으로 하는 부관을 붙여서 한 실시계획변경 및 공사시행변경 인가처분은 중대하고 명백한 흠이 있다고 할 수 없으므로 이를 무효로 보기는 어렵다.

[❶ ▸ ×] 수익적 행정처분에 있어서는 법령에 특별한 근거규정이 없다고 하더라도 그 부관으로서 부담을 붙일 수 있고 그와 같은 부담은 행정청이 행정처분을 하면서 일방적으로 부가할 수도 있지만 부담을 부가하기 이전에 상대방과 협의하여 부담의 내용을 협약의 형식으로 미리 정한 다음 행정처분을 하면서 이를 부가할 수도 있다(대판 2009.2.12. 2005다65500).

[❷ ▸ ○] 행정처분에 부담인 부관을 붙인 경우 부관의 무효화에 의하여 본체인 행정처분 자체의 효력에도 영향이 있게 될 수는 있지만, 그 처분을 받은 사람이 부담의 이행으로 사법상 매매 등의 법률행위를 한 경우에는 그 부관은 특별한 사정이 없는 한 법률행위를 하게 된 동기 내지 연유로 작용하였을 뿐이므로 이는 법률행위의 취소사유가 될 수 있음은 별론으로 하고 그 법률행위 자체를 당연히 무효화하는 것은 아니다(대판 2009.6.25. 2006다18174).

정답 ①

[❸ ▸ O] 판례는 부담 이외의 부관에 대해서는 독립쟁송가능성을 부정한다.

판례 어업면허처분을 함에 있어 그 면허의 유효기간을 1년으로 정한 경우, 위 면허의 유효기간은 행정청이 위 어업면허처분의 효력을 제한하기 위한 행정행위의 부관이라 할 것이고 이러한 행정행위의 부관은 독립하여 행정소송의 대상이 될 수 없는 것이므로 위 어업면허처분 중 그 면허유효기간만의 취소를 구하는 청구는 허용될 수 없다(대판 1986.8.19. 86누202).

[❹ ▸ O] 행정처분에 이미 부담이 부가되어 있는 상태에서 그 의무의 범위 또는 내용 등을 변경하는 부관의 사후변경은, 법률에 명문의 규정이 있거나 그 변경이 미리 유보되어 있는 경우 또는 상대방의 동의가 있는 경우에 한하여 허용되는 것이 원칙이지만, 사정변경으로 인하여 당초에 부담을 부가한 목적을 달성할 수 없게 된 경우에도 그 목적달성에 필요한 범위 내에서 예외적으로 허용된다(대판 1997.5.30. 97누2627).

[❺ ▸ O] 교통영향평가는 환경영향평가와 그 취지 및 내용, 대상사업의 범위, 사전 주민의견수렴절차 생략 여부 등에 차이가 있고 그 후 교통영향평가가 교통영향분석・개선대책으로 대체된 점, 행정청은 교통영향평가를 배제한 것이 아니라 '건축허가 전까지 교통영향평가 심의필증을 교부받을 것'을 부관으로 하여 실시계획변경 및 공사시행변경 인가 처분을 한 점 등에 비추어, 행정청이 사전에 교통영향평가를 거치지 아니한 채 위와 같은 부관을 붙여서 한 위 처분에 중대하고 명백한 흠이 있다고 할 수 없으므로 이를 무효로 보기는 어렵다(대판 2010.2.25. 2009두102).

**2016년 변호사시험 문 24.** ☑ 확인 Check! O △ X

**甲은 아파트를 건설하고자 乙시장에게 「주택법」상 사업계획승인신청을 하였는데, 乙시장은 아파트단지 인근에 개설되는 자동차전용도로의 부지로 사용할 목적으로 甲 소유 토지의 일부를 아파트 사용검사 시까지 기부채납할 것을 조건으로 하여 사업계획을 승인하였다. 이에 관한 설명 중 옳지 않은 것은?(다툼이 있는 경우 판례에 의함)**

① 위 부관이 위법한 경우 甲은 부관만을 대상으로 하여 취소소송을 제기할 수 있다.
② 甲이 위 부관을 불이행하였다면 乙시장은 이를 이유로 사업계획승인을 철회하거나, 위 부관 상의 의무 불이행에 대해 행정대집행을 할 수 있다.
③ 甲이 위 부관을 이행하지 아니하더라도 乙시장의 사업계획승인이 당연히 효력을 상실하는 것은 아니다.
④ 乙시장은 기부채납의 내용을 甲과 사전에 협의하여 협약의 형식으로 미리 정한 다음, 사업계획승인을 하면서 위 부관을 부가할 수도 있다.
⑤ 만일 甲이 「건축법」상 기속행위에 해당하는 건축허가를 신청하였고, 乙시장이 건축허가를 하면서 기부채납 부관을 붙였다면 그 부관은 무효이다.

[❶ ▸ O] 사안의 기부채납은 행정행위의 상대방인 甲에게 작위의무를 과하는 것으로서 부담에 해당한다. 판례는 부담의 경우 독립쟁송가능성을 인정한다.

판례 행정행위의 부관은 행정행위의 일반적인 효력이나 효과를 제한하기 위하여 의사표시의 주된 내용에 부가되는 종된 의사표시이지, 그 자체로써 직접 법적 효과를 발생하는 독립된 처분이 아니므로 현행 행정쟁송제도 아래서는 부관 그 자체만을 독립된 쟁송의 대상으로 할 수 없는 것이 원칙이나, 행정행위의 부관 중에서도 행정행위에 부수하여 그 행정행위의 상대방에게 일정한 의무를 부과하는 행정청의 의사표시인 부담의 경우에는 다른 부관과는 달리 행정행위의 불가분적인 요소가 아니고 그 존속이 본체인 행정행위의 존재를 전제로 하는 것일 뿐이므로 부담 그 자체로써 행정쟁송의 대상이 될 수 있다(대판 1992.1.21. 91누1264).



② 정답

[❷ ▸ X] 부담의 불이행의 경우 주된 행정행위의 철회사유가 되나(대판 1989.10.24. 89누2431 참조), 대집행은 대체적 작위의무의 불이행을 대상으로 하는 것으로, 기부채납과 같은 비대체적 작위의무의 경우에는 행정대집행의 대상이 되지 않는다.

[❸ ▸ O] 부담은 조건과 달리, 부담의 불이행의 경우에도 그 주된 행정행위의 효력이 당연히 소멸되지는 않는다.

이 사건 제1처분에 명시된 공사기간은 변경된 허가권자인 보조참가인에 대하여 공사기간을 준수하여 공사를 마치도록 하는 의무를 부과하는 일종의 부담에 불과한 것이지, 사도개설허가 자체의 존속기간(즉, 유효기간)을 정한 것이라 볼 수 없고, 따라서 보조참가인이 이 사건 제1처분의 사도개설허가에서 정해진 공사기간 내에 사도로 준공검사를 받지 못하였다 하더라도, 이를 이유로 행정관청이 새로운 행정처분을 하는 것은 별론으로 하고, 사도개설허가가 당연히 실효되는 것은 아니다(대판 2004.11.25. 2004두7023).

[❹ ▸ O] 수익적 행정처분에 있어서는 법령에 특별한 근거규정이 없다고 하더라도 그 부관으로서 부담을 붙일 수 있고 그와 같은 부담은 행정청이 행정처분을 하면서 일방적으로 부가할 수도 있지만 부담을 부가하기 이전에 상대방과 협의하여 부담의 내용을 협약의 형식으로 미리 정한 다음 행정처분을 하면서 이를 부가할 수도 있다(대판 2009.2.12. 2005다65500).

[❺ ▸ O] 일반적으로 기속행위나 기속적 재량행위에는 부관을 붙일 수 없고 가사 부관을 붙였다 하더라도 무효이다(대판 1995.6.13. 94다56883).

**2020년 변호사시험 문 35.** ☑ 확인Check! O △ X

**甲은 통신사업을 주목적으로 하는 회사로서, X지역에 사업상 필요한 통신선을 매설하고자 관계법령에 따라 관할 행정청인 A에 공작물 설치허가를 신청하였다. 관계법령은 공작물 설치허가를 재량행위로 규정하고 있다. A는 제반사정을 고려하여 甲에게 위 신청에 따른 허가(이하 '이 사건 허가'라고 함)를 하면서 그 허가조건으로 "X지역의 개발 등 매설한 통신선 이설이 불가피한 경우 A는 甲에게 통신선의 이설을 요구할 수 있고 그로 인하여 발생되는 이설비용은 甲이 부담한다"는 조항(이하 '이 사건 부가조항'이라고 함)을 부가하였다. 甲은 위 허가에 따라 통신선의 매설을 완료하였는데, 이후 X지역의 개발로 통신선의 이설이 불가피하게 되자, A는 甲에게 이 사건 부가조항에 따라 甲의 비용으로 일정한 구간에 매설된 통신선의 이설을 요구하였다. 이에 관한 설명 중 옳지 않은 것은?(다툼이 있는 경우 판례에 의함)**

① 이 사건 부가조항은 행정행위의 부관으로서, 그 부관의 내용을 미리 협약으로 정한 이후에 행정처분을 하면서 이를 부가할 수도 있다.
② A는 이 사건 허가 이후 사정변경으로 인하여 이 사건 부가조항을 부가한 목적을 달성할 수 없게 된 경우에는 그 목적달성에 필요한 범위 내에서 부가조항을 사후변경할 수 있다.
③ 甲이 A의 통신선 이설요구에 대하여 A의 비용 부담을 주장하면서 이를 거부하는 경우, A는 이 사건 부가조항상의 의무불이행을 이유로 이 사건 허가를 철회할 수 있다.
④ 이 사건 허가가 있은 이후에 관계법령이 개정되어 X지역에서는 A의 허가 없이 통신선을 매설할 수 있게 되었다고 하더라도 이 사건 부가조항이 위법하게 되는 것은 아니다.
⑤ 甲이 이 사건 부가조항을 다투려고 하는 경우 위 부가조항만을 독립하여 취소소송의 대상으로 삼을 수는 없다.

[❶ ▸ O] [❹ ▸ O] 수익적 행정처분에 있어서는 법령에 특별한 근거규정이 없다고 하더라도 그 부관으로서 부담을 붙일 수 있고 그와 같은 부담은 행정청이 행정처분을 하면서 일방적으로 부가할 수도 있지만 부담을 부가하기 이전에 상대방과 협의하여 부담의 내용을 협약의 형식으로 미리 정한 다음 행정처분을 하면서 이를 부가할 수도 있다. 행정청이 수익적 행정처분을 하면서 부가한 부담 역시 처분 당시 법령을 기준으로 위법 여부를 판단하여야 하고, 부담이 처분 당시

정답 ⑤

법령을 기준으로 적법하다면 처분 후 부담의 전제가 된 주된 행정처분의 근거 법령이 개정됨으로써 행정청이 더 이상 부관을 붙일 수 없게 되었다 하더라도 곧바로 위법하게 되거나 그 효력이 소멸하게 되는 것은 아니라고 할 것이다. 따라서 행정처분의 상대방이 수익적 행정처분을 얻기 위하여 행정청과 사이에 행정처분에 부가할 부담에 관한 협약을 체결하고 행정청이 수익적 행정처분을 하면서 협약상의 의무를 부담으로 부가하였으나 부담의 전제가 된 주된 행정처분의 근거 법령이 개정됨으로써 행정청이 더 이상 부관을 붙일 수 없게 된 경우에도 곧바로 협약의 효력이 소멸하는 것은 아니다(대판 2009.2.12. 2005다65500).

[❷ ▸ ○] 행정처분에 이미 부담이 부가되어 있는 상태에서 그 의무의 범위 또는 내용 등을 변경하는 부관의 사후변경은, 법률에 명문의 규정이 있거나 그 변경이 미리 유보되어 있는 경우 또는 상대방의 동의가 있는 경우에 한하여 허용되는 것이 원칙이지만, 사정변경으로 인하여 당초에 부담을 부가한 목적을 달성할 수 없게 된 경우에도 그 목적달성에 필요한 범위 내에서 예외적으로 허용된다(대판 1997.5.30. 97누2627).

[❸ ▸ ○] 부담부 행정처분에 있어서 처분의 상대방이 부담(의무)을 이행하지 아니한 경우에 처분행정청으로서는 이를 들어 당해 처분을 취소(철회)할 수 있다(대판 1989.10.24. 89누2431).

[❺ ▸ ×] 행정행위의 부관은 행정행위의 일반적인 효력이나 효과를 제한하기 위하여 의사표시의 주된 내용에 부가되는 종된 의사표시이지 그 자체로서 직접 법적 효과를 발생하는 독립된 처분이 아니므로 현행 행정쟁송제도 아래서는 부관 그 자체만을 독립된 쟁송의 대상으로 할 수 없는 것이 원칙이나 행정행위의 부관 중에서도 행정행위에 부수하여 그 행정행위의 상대방에게 일정한 의무를 부과하는 행정청의 의사표시인 부담의 경우에는 다른 부관과는 달리 행정행위의 불가분적인 요소가 아니고 그 존속이 본체인 행정행위의 존재를 전제로 하는 것일 뿐이므로 부담 그 자체로서 행정쟁송의 대상이 될 수 있다(대판 1992.1.21. 91누1264).

## 제4절 행정행위의 성립요건과 효력발생요건

## 제5절 행정행위의 효력 ★★

**2018년 변호사시험 문 31.** ☑ 확인Check! ○ △ ×

**甲은 공유수면에 주차장 부지 조성을 목적으로, 관할 시장으로부터 허가 기간을 3년으로 하는 공유수면 점용・사용허가를 받아 이를 매립하여 주차장 부지를 조성하였다. 이후 甲이 기간만료 전에 연장신청을 하였으나, 관할 시장은 아무런 응답을 하지 않다가 기간만료 후에 甲에 대해 공유수면 점용・사용허가 기간이 만료되었음을 이유로 원상회복명령을 하였다. 이에 관한 설명 중 옳지 않은 것은?(다툼이 있는 경우 판례에 의함)**

① 甲에 대한 공유수면 점용・사용허가는 특정인에게 공유수면 이용권이라는 독점적 권리를 설정하여 주는 처분이다.
② 甲이 받은 공유수면 점용・사용허가 기간이 그 사업의 성질상 부당하게 짧다고 인정되면 허가는 기간만료로 당연히 실효되는 것이 아니다.
③ 공유수면 점용・사용허가로 인하여 인접한 토지를 적정하게 이용할 수 없게 되는 등의 피해를 받을 우려가 있는 인접 토지 소유자 등은 공유수면 점용・사용허가 처분의 취소소송 또는 무효등확인소송의 원고적격이 인정된다.
④ 甲이 원상회복명령에 대해 이의제기를 하지 않아서 불가쟁력이 발생한 이후에도 관할 시장은 이 명령에 하자가 있음을 이유로 직권으로 효력을 소멸시킬 수 있다.
⑤ 관할 시장의 원상회복명령이 쟁송제기기간의 경과로 확정된 이후에는 당사자들이나 법원은 그 처분의 기초가 된 사실관계나 법률적 판단에 기속되어 모순되는 주장이나 판단을 할 수 없다.

[❶ ▸ ○] 공유수면 관리 및 매립에 관한 법률에 따른 공유수면의 점용・사용허가는 특정인에게 공유수면 이용권이라는 독점적 권리를 설정하여 주는 처분으로서 처분 여부 및 내용의 결정은 원칙적으로 행정청의 재량에 속하고, 이와 같은 재량처분에 있어서는 재량권 행사의 기초가 되는 사실인정에 오류가 있거나 그에 대한 법령적용에 잘못이 없는 한 처분이 위법하다고 할 수 없다(대판 2017.4.28. 2017두30139).

[❷ ▸ ○] 행정행위인 허가 또는 특허에 붙인 조항으로서 종료의 기한을 정한 경우 종기인 기한에 관하여는 일률적으로 기한이 왔다고 하여 당연히 그 행정행위의 효력이 상실된다고 할 것이 아니고 그 기한이 그 허가 또는 특허된 사업의 성질상 부당하게 짧은 기한을 정한 경우에 있어서는 그 기한은 그 허가 또는 특허의 조건의 존속기간을 정한 것이며 그 기한이 도래함으로써 그 조건의 개정을 고려한다는 뜻으로 해석하여야 할 것이다(대판 1995.11.10. 94누11866).

[❸ ▸ ○] 공유수면법 제12조 및 공유수면법 시행령 제12조 제1항, 제4항의 취지는 공유수면 점용・사용허가로 인하여 인접한 토지를 적정하게 이용할 수 없게 되는 등의 피해를 받을 우려가 있는 인접 토지 소유자 등의 개별적・직접적・구체적 이익까지도 보호하려는 것이라고 할 수 있고, 따라서 공유수면 점용・사용허가로 인하여 인접한 토지를 적정하게 이용할 수 없게 되는 등의 피해를 받을 우려가 있는 인접 토지 소유자 등은 공유수면 점용・사용허가처분의 취소 또는 무효확인을 구할 원고적격이 인정된다(대판 2014.9.04. 2014두2164).

[❹ ▸ ○] 불가쟁력이란 쟁송기간이 경과하거나 쟁송수단을 모두 거친 경우에는 상대방 또는 이해관계인이 더 이상 그 행정행위의 효력을 다툴 수 없는 힘을 말한다. 하지만 이는 행정행위의 상대방이나 이해관계인에 대한 구속력이므로 처분행정청이나 그 밖의 국가기관을 구속하지는 않는다. 따라서 불가쟁력이 발생한 하자있는 행정행위라도 행정청은 직권취소로 시정할 수 있다(대판 1995.9.15. 95누6311 참조).

[❺ ▸ ×] 일반적으로 행정처분이나 행정심판재결이 불복기간의 경과로 인하여 확정될 경우, 그 확정력은 그 처분으로 인하여 법률상 이익을 침해받은 자가 당해 처분이나 재결의 효력을 더 이상 다툴 수 없다는 의미일 뿐, 더 나아가 판결에 있어서와 같은 기판력이 인정되는 것은 아니어서 그 처분의 기초가 된 사실관계나 법률적 판단이 확정되고 당사자들이나 법원이 이에 기속되어 모순되는 주장이나 판단을 할 수 없게 되는 것은 아니다(대판 1994.11.08. 93누21297).

정답 ⑤

**2017년 변호사시험 문 21.** ☑ 확인 Check! ○ △ ×

**행정행위의 효력에 관한 설명 중 옳지 않은 것은?(다툼이 있는 경우 판례에 의함)**

① 민사소송에 있어서 어느 행정처분의 당연무효 여부가 선결문제로 되는 때에는 행정처분에 당연무효 사유가 있는지 여부를 판단하여 당연무효임을 전제로 판결할 수 있고 반드시 행정소송 등의 절차에 의하여 그 취소나 무효확인을 받아야 하는 것은 아니다.

② 행정처분이 불복기간의 경과로 확정된 경우에는 그 처분의 기초가 된 사실관계나 법률적 판단이 확정되고 당사자들이나 법원이 이에 기속되어 모순되는 주장이나 판단을 할 수 없다.

③ 과세처분에 관한 이의신청절차에서 과세관청이 이의신청 사유가 옳다고 인정하여 과세처분을 직권으로 취소한 이상 그 후 특별한 사유 없이 이를 번복하고 종전 처분을 되풀이하는 것은 허용되지 않는다.

④ 과세처분에 대한 쟁송이 진행 중에 과세관청이 그 과세처분의 납부고지 절차상의 하자를 발견한 경우에는 위 과세처분을 취소하고 절차상의 하자를 보완하여 다시 동일한 내용의 과세처분을 할 수 있고, 이와 같은 새로운 처분이 행정행위의 불가쟁력이나 불가변력에 저촉되는 것은 아니다.

⑤ 형사법원이 판결을 내리기 전에 영업허가취소처분이 행정쟁송절차에 의하여 취소되었다면, 그 영업허가취소처분 후의 영업행위는 무허가행위가 아닌 것이 되므로 형사법원은 그 영업허가취소처분 후의 영업행위에 대해 무죄를 선고하여야 한다.

[❶ ▸ ○] 민사소송에 있어서 어느 행정처분의 당연무효 여부가 선결문제로 되는 때에는 이를 판단하여 당연무효임을 전제로 판결할 수 있고 반드시 행정소송 등의 절차에 의하여 그 취소나 무효확인을 받아야 하는 것은 아니다(대판 2010.4.8. 2009다90092).

[❷ ▸ ×] 일반적으로 행정처분이나 행정심판재결이 불복기간의 경과로 인하여 확정될 경우, 그 확정력은 그 처분으로 인하여 법률상 이익을 침해받은 자가 당해 처분이나 재결의 효력을 더 이상 다툴 수 없다는 의미일 뿐, 더 나아가 판결에 있어서와 같은 기판력이 인정되는 것은 아니어서 그 처분의 기초가 된 사실관계나 법률적 판단이 확정되고 당사자들이나 법원이 이에 기속되어 모순되는 주장이나 판단을 할 수 없게 되는 것은 아니다(대판 1994.11.08. 93누21297).

[❸ ▸ ○] 과세처분에 관한 불복절차과정에서 과세관청이 그 불복사유가 옳다고 인정하고 이에 따라 필요한 처분을 하였을 경우에는, 불복제도와 이에 따른 시정방법을 인정하고 있는 구 국세기본법 제55조 제1항·제3항 등 규정들의 취지에 비추어 동일사항에 관하여 특별한 사유 없이 이를 번복하고 다시 종전의 처분을 되풀이할 수 없는 것이므로, 과세처분에 관한 이의신청절차에서 과세관청이 이의신청사유가 옳다고 인정하여 과세처분을 직권으로 취소한 이상 그 후 특별한 사유 없이 이를 번복하고 종전 처분을 되풀이하는 것은 허용되지 않는다(대판 2010.9.30. 2009두1020).

[❹ ▸ ○] 과세처분에 대한 쟁송이 진행 중에 과세관청이 그 과세처분의 납부고지 절차상의 하자를 발견한 경우에는 위 과세처분을 취소하고 절차상의 하자를 보완하여 다시 동일한 내용의 과세처분을 할 수 있고, 이와 같은 새로운 처분이 행정행위의 불가쟁력이나 불가변력에 저촉되는 것도 아니라고 할 것이다(대판 2005.11.25. 2004두3656).

[❺ ▸ ○] 영업의 금지를 명한 영업허가취소처분 자체가 나중에 행정쟁송절차에 의하여 취소되었다면 그 영업허가취소처분은 그 처분 시에 소급하여 효력을 잃게 되며, 그 영업허가취소처분에 복종할 의무가 원래부터 없었음이 확정되었다고 봄이 타당하고, 영업허가취소처분이 장래에 향하여서만 효력을 잃게 된다고 볼 것은 아니므로 그 영업허가취소처분 이후의 영업행위를 무허가영업이라고 볼 수는 없다(대판 1993.6.25. 93도277).



② 정답

**2015년 변호사시험 문 24.** ☑ 확인Check! ○ △ ×

**행정행위의 공정력과 선결문제에 관한 설명 중 옳은 것을 모두 고른 것은?(다툼이 있는 경우 판례에 의함)**

ㄱ. 甲이 국세부과처분이 당연 무효임을 전제로 하여 이미 납부한 세액의 반환을 구하는 부당이득반환청구소송을 제기한 경우, 법원은 부과처분의 하자가 단순한 취소사유에 그칠 때에도 부당이득반환청구를 인용하는 판결을 할 수 있다.

ㄴ. 乙이 「주택법」상 공사중지명령을 위반하였다는 이유로 乙을 주택법위반죄로 처벌하기 위해서는 「주택법」에 의한 공사중지명령이 적법한 것이어야 하므로 그 공사중지명령이 위법하다고 인정되는 한 乙의 주택법위반죄는 성립하지 않는다.

ㄷ. 연령미달의 결격자인 丙이 타인의 이름으로 운전면허를 발급받아 운전을 한 경우 그러한 운전면허에 의한 丙의 운전행위는 무면허운전죄가 성립한다.

ㄹ. 丁이 자신의 건물에 대한 대집행이 완료된 후 건물철거가 위법임을 이유로 손해배상청구소송을 제기한 경우, 법원은 대집행실행행위에 대한 취소판결이 없어도 손해배상청구를 인용할 수 있다.

① ㄱ, ㄴ ② ㄱ, ㄷ ③ ㄴ, ㄹ
④ ㄴ, ㄷ, ㄹ ⑤ ㄱ, ㄴ, ㄷ, ㄹ

[ㄱ ▸ X] 과세처분이 당연무효라고 볼 수 없는 한 과세처분에 취소할 수 있는 위법사유가 있다 하더라도 그 과세처분은 행정행위의 공정력 또는 집행력에 의하여 그것이 적법하게 취소되기 전까지는 유효하다 할 것이므로, 민사소송절차에서 그 과세처분의 효력을 부인할 수 없다(대판 1999.8.20. 99다20179).

[ㄴ ▸ O] 주택법 제91조에 의하여 행정청으로부터 공사의 중지, 원상복구 그 밖의 필요한 조치명령을 받은 자가 이에 위반한 경우 이로 인하여 주택법 제98조 제11호에 정한 처벌을 하기 위하여는 그 처분이나 조치명령이 적법한 것이라야 하고, 그 조치명령이 당연무효가 아니라 하더라도 그것이 위법한 것으로 인정되는 한 법 제98조 제11호 위반죄가 성립될 수 없다고 할 것이다(대판 2007.7.13. 2007도3918).

[ㄷ ▸ X] 연령미달의 결격자인 피고인이 소외인의 이름으로 운전면허시험에 응시, 합격하여 교부받은 운전면허는 당연무효가 아니고 도로교통법 제65조 제3호의 사유에 해당함에 불과하여 취소되지 않는 한 유효하므로 피고인의 운전행위는 무면허운전에 해당하지 아니한다(대판 1982.6.8. 80도2646).

[ㄹ ▸ O] 위법한 행정대집행이 완료되면 그 처분의 무효확인 또는 취소를 구할 소의 이익은 없다 하더라도, 미리 그 행정처분의 취소판결이 있어야만, 그 행정처분의 위법임을 이유로 한 손해배상 청구를 할 수 있는 것은 아니다(대판 1972.4.28. 72다337).

정답 ③

**2014년 변호사시험 문 23.** ☑ 확인 Check! ○ △ ✕

**행정행위의 효력과 관련된 설명 중 옳지 않은 것은?(다툼이 있는 경우 판례에 의함)**

① 연령미달의 결격자인 甲이 그의 형인 乙의 이름으로 운전면허시험에 응시・합격하여 운전면허를 취득하였다면 이는 도로교통법상 취소사유에 불과하다. 따라서 아직 그 면허가 취소되지 않고 있는 동안 운전을 하던 중 적발된 甲을 무면허운전으로 처벌할 수 없다.

② 개발제한구역 안에 건축되어 있던 비닐하우스를 매수한 자에게 구청장이 이를 철거하여 토지를 원상회복하라고 시정지시한 조치가 위법한 것으로 인정된다 하더라도 당연무효가 아니라면, 이러한 시정지시에는 일단 따라야 하므로 이에 따르지 아니한 행위는 위 조치의 근거법률에 규정된 조치명령 등 위반죄로 처벌할 수 있다.

③ 위법한 행정대집행이 완료되면 당해 계고처분의 무효확인 또는 취소를 구할 소의 이익은 없다 하더라도, 미리 그 행정처분의 취소판결이 있어야만, 그 행정처분의 위법임을 이유로 한 손해배상 청구를 할 수 있는 것은 아니다.

④ 지방공무원 甲이 그에 대한 임명권자를 달리하는 지방자치단체로의 전출명령이 동의 없이 이루어진 것으로서 위법하다고 주장하면서 전출 받은 근무지에 출근하지 아니하자 이에 대하여 감봉 3월의 징계처분이 내려진 경우, 위 전출명령은 위법한 것으로서 취소되어야 하므로, 위 전출명령이 적법함을 전제로 내려진 위 징계처분은 비록 위 전출명령이 공정력에 의하여 취소되기 전까지는 유효한 것으로 취급되어야 한다고 하더라도 징계양정에 있어서는 결과적으로 재량권을 일탈한 위법이 있다.

⑤ 조세의 과오납이 부당이득이 되기 위하여는 납세 또는 조세의 징수가 실체법적으로나 절차법적으로 전혀 법률상의 근거가 없거나 과세처분의 하자가 중대하고 명백하여 당연무효이어야 하고, 과세처분의 하자가 단지 취소할 수 있는 정도에 불과할 때에는 과세관청이 이를 스스로 취소하거나 항고소송절차에 의하여 취소되지 않는 한 그로 인한 조세의 납부가 부당이득이 된다고 할 수 없다.

[❶ ▸ O] 연령미달의 결격자인 피고인이 소외인의 이름으로 운전면허시험에 응시, 합격하여 교부받은 운전면허는 당연무효가 아니고 도로교통법 제65조 제3호의 사유에 해당함에 불과하여 취소되지 않는 한 유효하므로 피고인의 운전행위는 무면허운전에 해당하지 아니한다(대판 1982.6.8. 80도2646).

[❷ ▸ X] 개발제한구역 안에 건축되어 있던 비닐하우스를 매수한 자에게 구청장이 이를 철거하여 토지를 원상회복하라고 시정지시한 조치는 위법하므로 이러한 시정지시를 따르지 않았다고 하여 구 도시계획법 제92조 제4호에 정한 조치명령 등 위반죄로 처벌할 수는 없다(대판 2004.5.14. 2001도2841).

[❸ ▸ O] 위법한 행정대집행이 완료되면 그 처분의 무효확인 또는 취소를 구할 소의 이익은 없다 하더라도, 미리 그행정처분의 취소판결이 있어야만, 그 행정처분의 위법임을 이유로 한 손해배상 청구를 할 수 있는 것은 아니다(대판 1972.4.28. 72다337).

[❹ ▸ O] 당해 공무원의 동의 없는 지방공무원법 제29조의3의 규정에 의한 전출명령은 위법하여 취소되어야 하므로, 그 전출명령이 적법함을 전제로 내린 징계처분은 그 전출명령이 공정력에 의하여 취소되기 전까지는 유효하다고 하더라도 징계양정에 있어 재량권을 일탈하여 위법하다(대판 2001.12.11. 99두1823).

[❺ ▸ O] 조세의 과오납이 부당이득이 되기 위하여는 납세 또는 조세의 징수가 실체법적으로나 절차법적으로 전혀 법률상의 근거가 없거나 과세처분의 하자가 중대하고 명백하여 당연무효이어야 하고, 과세처분의 하자가 단지 취소할 수 있는 정도에 불과할 때에는 과세관청이 이를 스스로 취소하거나 항고소송절차에 의하여 취소되지 않는 한 그로 인한 조세의 납부가 부당이득이 된다고 할 수 없다(대판 1994.11.11. 94다28000).



② 정답

# 제6절 행정행위의 하자 ★★★★★

**2020년 변호사시험 문 24.** ☑ 확인 Check! ○ △ ✕

**과세처분 및 체납처분에 관한 설명 중 옳은 것(○)과 옳지 않은 것(×)을 올바르게 조합한 것은?(다툼이 있는 경우 판례에 의함)**

ㄱ. 과세처분 이후에 조세 부과의 근거가 되었던 법률규정에 대하여 위헌결정이 있었으나 과세처분에 대한 제소기간이 이미 경과하여 조세채권이 확정된 경우, 그 조세채권의 집행을 위한 새로운 체납처분은 당연무효가 아니다.
ㄴ. 중대한 하자가 있는 세무조사에 의하여 수집된 과세자료를 기초로 과세처분이 이루어진 경우라고 하더라도, 세무조사 절차가 종결되었다면 그 과세처분은 위법하지 않다.
ㄷ. 체납자에 대한 공매통지가 공매에서 체납자의 권리 내지 재산상의 이익을 보호하기 위하여 법률로 규정한 절차적 요건이라고 하더라도, 체납자는 자신에 대한 공매통지의 하자뿐만 아니라 다른 권리자에 대한 공매통지의 하자를 공매처분의 위법사유로 주장할 수 있다.
ㄹ. 과세처분의 취소소송에서 청구가 기각된 확정판결의 기판력은 그 과세처분의 무효확인을 구하는 소송에도 미친다.

① ㄱ(○) ㄴ(×) ㄷ(○) ㄹ(×)
② ㄱ(×) ㄴ(×) ㄷ(×) ㄹ(○)
③ ㄱ(×) ㄴ(○) ㄷ(×) ㄹ(○)
④ ㄱ(○) ㄴ(○) ㄷ(×) ㄹ(×)
⑤ ㄱ(×) ㄴ(×) ㄷ(○) ㄹ(○)

[ㄱ ▸ ×] 조세 부과의 근거가 되었던 법률규정이 위헌으로 선언된 경우, 비록 그에 기한 과세처분이 위헌결정 전에 이루어졌고, 과세처분에 대한 제소기간이 이미 경과하여 조세채권이 확정되었으며, 조세채권의 집행을 위한 체납처분의 근거규정 자체에 대하여는 따로 위헌결정이 내려진 바 없다고 하더라도, 위와 같은 위헌결정 이후에 조세채권의 집행을 위한 새로운 체납처분에 착수하거나 이를 속행하는 것은 더 이상 허용되지 않고, 나아가 이러한 위헌결정의 효력에 위배하여 이루어진 체납처분은 그 사유만으로 하자가 중대하고 객관적으로 명백하여 당연무효라고 보아야 한다(대판 2012.2.16. 2010두10907 [전합]).

[ㄴ ▸ ×] 세무조사가 과세자료의 수집 또는 신고내용의 정확성 검증이라는 본연의 목적이 아니라 부정한 목적을 위하여 행하여진 것이라면 이는 세무조사에 중대한 위법사유가 있는 경우에 해당하고 이러한 세무조사에 의하여 수집된 과세자료를 기초로 한 과세처분 역시 위법하다(대판 2016.12.15. 2016두47659).

[ㄷ ▸ ×] 체납자 등에 대한 공매통지는 국가의 강제력에 의하여 진행되는 공매에서 체납자 등의 권리 내지 재산상의 이익을 보호하기 위하여 법률로서 규정한 절차적 요건이라고 보아야 하며, 공매처분을 하면서 체납자 등에게 공매통지를 하지 않았거나 공매통지를 하였더라도 그것이 적법하지 아니한 경우에는 절차상의 흠이 있어 그 공매처분은 위법하다. 다만, 공매통지의 목적이나 취지 등에 비추어 보면, 체납자 등은 자신에 대한 공매통지의 하자만을 공매처분의 위법사유로 주장할 수 있을 뿐, 다른 권리자에 대한 공매통지의 하자를 들어 공매처분의 위법사유로 주장하는 것은 허용되지 않는다(대판 2008.11.20. 2007다18154 [전합]).

[ㄹ ▸ ○] 과세처분 취소청구를 기각하는 판결이 확정되면 그 처분이 적법하다는 점에 관하여 기판력이 생기고 그 후 원고가 이를 무효라 하여 무효확인을 소구할 수 없는 것이어서 과세처분의 취소소송에서 청구가 기각된 확정판결의 기판력은 그 과세처분의 무효확인을 구하는 소송에도 미친다(대판 2003.5.16. 2002두3669).

정답 ②

**2017년 변호사시험 문 34.** ☑ 확인Check! ○ △ ×

**행정행위의 하자에 관한 설명 중 옳지 않은 것은?(다툼이 있는 경우 판례에 의함)**

① 취소사유인 절차적 하자가 있는 당초 과세처분에 대하여 증액경정처분이 있는 경우, 당초 처분의 절차적 하자는 증액경정처분에 승계되지 아니한다.

② 내부위임을 받은 기관이 위임한 기관의 이름이 아닌 자신의 이름으로 행정처분을 한 경우, 그 행정처분은 무효이다.

③ 납세고지서에 증여세의 과세표준과 세액의 산출근거가 기재되어 있지 않더라도, 과세처분에 앞서 납세의무자에게 보낸 과세관청의 과세예고통지서에 과세표준과 세액의 산출근거 등 납세고지서의 필요적 기재사항이 이미 모두 기재되어 있어 납세의무자가 불복여부의 결정 및 불복신청에 전혀 지장을 받지 않았다는 것이 명백하다면, 납세고지의 하자는 치유될 수 있다.

④ 「화재예방, 소방시설 설치·유지 및 안전관리에 관한 법률」상의 소방시설 불량사항에 관한 시정보완명령을 문서로 하지 않고 구두로 한 것은 신속을 요하거나 사안이 경미한 경우가 아닌 한 무효이다.

⑤ 망인(亡人) 甲이 친일행적을 하였다는 이유로 국무회의 의결과 대통령 결재를 거쳐 甲의 독립유공자 서훈취소가 결정된 후, 국가보훈처장이 甲의 유족에게 행한 '독립유공자 서훈취소 결정통보'는 권한 없는 기관에 의한 행정처분으로서 주체상의 하자가 있다.

[❶ ▸ ○] 증액경정처분이 있는 경우 당초처분은 증액경정처분에 흡수되어 소멸하고, 소멸한 당초처분의 절차적 하자는 존속하는 증액경정처분에 승계되지 않는다(대판 2010.6.24. 2007두16493).

[❷ ▸ ○] 체납취득세에 대한 압류처분권한은 도지사로부터 시장에게 권한 위임된 것이고 시장으로부터 압류처분권한을 내부 위임받은 데 불과한 구청장으로서는 시장 명의로 압류처분을 대행 처리할 수 있을 뿐이고 자신의 명의로 이를 할 수 없다 할 것이므로 구청장이 자신의 명의로 한 압류처분은 권한 없는 자에 의하여 행하여진 위법무효의 처분이다(대판 1993.5.27. 93누6621).

[❸ ▸ ○] 증여세의 납세고지서에 과세표준과 세액의 계산명세가 기재되어 있지 아니하거나 그 계산명세서를 첨부하지 아니하였다면 그 납세고지는 위법하다고 할 것이나, 한편 과세관청이 과세처분에 앞서 납세의무자에게 보낸 과세예고통지서 등에 납세고지서의 필요적 기재사항이 제대로 기재되어 있어 납세의무자가 그 처분에 대한 불복 여부의 결정 및 불복신청에 전혀 지장을 받지 않았음이 명백하다면, 이로써 납세고지서의 하자가 보완되거나 치유될 수 있다(대판 2001.3.27. 99두8039).

[❹ ▸ ○] 행정절차법 제24조는, 행정청이 처분을 하는 때에는 다른 법령 등에 특별한 규정이 있는 경우를 제외하고는 문서로 하여야 하고 전자문서로 하는 경우에는 당사자 등의 동의가 있어야 하며, 다만 신속을 요하거나 사안이 경미한 경우에는 구술 기타 방법으로 할 수 있다고 규정하고 있는데, 이는 행정의 공정성·투명성 및 신뢰성을 확보하고 국민의 권익을 보호하기 위한 것이므로 위 규정을 위반하여 행하여진 행정청의 처분은 하자가 중대하고 명백하여 원칙적으로 무효이다. 따라서 집합건물 중 일부 구분건물의 소유자인 피고인이 관할 소방서장으로부터 소방시설 불량사항에 관한 시정보완명령을 받고도 따르지 아니하였다는 내용으로 기소된 경우, 담당 소방공무원이 행정처분인 위 명령을 구술로 고지한 것은 당연 무효이고, 무효인 명령에 따른 의무위반이 생기지 아니하는 이상 피고인에게 명령 위반을 이유로 소방시설 설치유지 및 안전관리에 관한 법률에 따른 행정형벌을 부과할 수 없다(대판 2011.11.10. 2011도11109).

[❺ ▸ ×] 이 사건 서훈취소 처분의 통지가 처분권한자인 대통령이 아니라 그 보좌기관인 피고에 의하여 이루어졌다고 하더라도, 그 처분이 대통령의 인식과 의사에 기초하여 이루어졌고, 앞서 보았듯이 그 통지로 이 사건 서훈취소 처분의 주체(대통령)와 내용을 알 수 있으므로, 이 사건 서훈취소 처분의 외부적 표시의 방법으로서 위 통지의 주체나 형식에 어떤 하자가 있다고 보기도 어렵다(대판 2014.9.26. 2013두2518).



⑤ 정답

**2017년 변호사시험 문 20.** ☑ 확인 Check! ○ △ ×

**다음 설명 중 옳은 것(○)과 옳지 않은 것(×)을 올바르게 조합한 것은?(다툼이 있는 경우 판례에 의함)**

ㄱ. 과세처분이 확정된 이후 조세 부과의 근거가 되었던 법률조항이 위헌으로 결정된 경우에도 조세채권의 집행을 위한 체납처분의 근거규정 자체에 대하여는 따로 위헌결정이 내려진 바 없다면, 위와 같은 위헌결정 이후에 조세채권의 집행을 위한 새로운 체납처분에 착수하거나 이를 속행할 수 있고, 이러한 체납처분이 당연무효가 되는 것도 아니다.

ㄴ. 일반적으로 법률이 헌법에 위배된다는 사정은 헌법재판소의 위헌결정이 있기 전에는 객관적으로 명백한 것이라고 할 수 없어 헌법재판소의 위헌결정 전에 행정처분의 근거가 되는 해당 법률이 헌법에 위배된다는 사유는 특별한 사정이 없는 한 그 행정처분 취소소송의 전제가 될 수 있을 뿐 당연무효사유는 아니다.

ㄷ. 행정처분에 대한 소송절차에서는 행정처분의 적법성·정당성뿐만 아니라 그 근거 법률의 헌법적합성까지도 심판대상으로 되는 것이므로, 행정처분에 불복하는 당사자뿐만 아니라 행정처분의 주체인 행정청도 헌법의 최고규범력에 따른 구체적 규범통제를 위하여 근거 법률의 위헌 여부에 대한 심판의 제청을 신청할 수 있고 「헌법재판소법」 제68조 제2항의 헌법소원심판을 청구할 수 있다.

ㄹ. 법률이 헌법에 위반되는지 여부를 심사할 권한이 없는 공무원으로서는 행위 당시의 법률에 따를 수밖에 없으므로, 행위의 근거가 된 법률조항에 대하여 위헌결정이 선고되더라도 위 법률조항에 따라 행위한 당해 공무원에게는 고의 또는 과실이 있다 할 수 없어 국가배상책임은 성립되지 아니한다.

① ㄱ(×) ㄴ(×) ㄷ(○) ㄹ(×)
② ㄱ(×) ㄴ(○) ㄷ(○) ㄹ(○)
③ ㄱ(×) ㄴ(○) ㄷ(×) ㄹ(○)
④ ㄱ(○) ㄴ(○) ㄷ(×) ㄹ(○)
⑤ ㄱ(○) ㄴ(×) ㄷ(○) ㄹ(×)

[ㄱ ▸ ×] 조세 부과의 근거가 되었던 법률규정이 위헌으로 선언된 경우, 비록 그에 기한 과세처분이 위헌결정 전에 이루어졌고, 과세처분에 대한 제소기간이 이미 경과하여 조세채권이 확정되었으며, 조세채권의 집행을 위한 체납처분의 근거규정 자체에 대하여는 따로 위헌결정이 내려진 바 없다고 하더라도, 위와 같은 위헌결정 이후에 조세채권의 집행을 위한 새로운 체납처분에 착수하거나 이를 속행하는 것은 더 이상 허용되지 않고, 나아가 이러한 위헌결정의 효력에 위배하여 이루어진 체납처분은 그 사유만으로 하자가 중대하고 객관적으로 명백하여 당연무효라고 보아야 한다(대판 2012.2.16. 2010두10907 [전합]).

[ㄴ ▸ ○] 법률에 근거하여 행정처분이 발하여진 후에 헌법재판소가 그 행정처분의 근거가 된 법률을 위헌으로 결정하였다면 결과적으로 행정처분은 법률의 근거가 없이 행하여진 것과 마찬가지가 되어 하자가 있는 것이 되나, 일반적으로 법률이 헌법에 위반된다는 사정이 헌법재판소의 위헌결정이 있기 전에는 객관적으로 명백한 것이라고 할 수 없으므로 헌법재판소의 위헌결정 전에 행정처분의 근거되는 당해 법률이 헌법에 위반된다는 사유는 특별한 사정이 없는 한 그 행정처분의 취소소송의 전제가 될 수 있을 뿐 당연무효사유는 아니라고 봄이 상당하다(대판 1994.10.28. 92누9463).

[ㄷ ▸ ○] 헌법재판소법 제68조 제2항에 의한 헌법소원심판은 구체적 규범통제의 헌법소원으로서 기본권의 침해가 있을 것을 그 요건으로 하고 있지 않을 뿐만 아니라 행정처분에 대한 소송절차에서는 그 근거법률의 헌법적합성까지도 심판대상으로 되는 것이므로, 행정처분의 주체인 행정청도 헌법의 최고규범력에 따른 구체적 규범통제를 위하여 근거법률의 위헌여부에 대한 심판의 제청을 신청할 수 있고, 헌법재판소법 제68조 제2항의 헌법소원을 제기할 수 있다(헌재 2008.4.24. 2004헌바44).

[ㄹ ▸ ○] 일반적으로 법률이 헌법에 위반된다는 사정은 헌법재판소의 위헌결정이 있기 전에는 객관적으로 명백한 것이라고 할 수 없어, 법률이 헌법에 위반되는지 여부를 심사할 권한이 없는 공무원으로서는 행위 당시의 법률에 따를 수밖에 없으므로, 행위의 근거가 된 법률조항에 대하여 위헌결정이 선고되더라도 위 법률조항에 따라 행위한 당해 공무원에게는 고의 또는 과실이 있다 할 수 없어 국가배상책임은 성립되지 아니한다(헌재 2014.4.24. 2011헌바56).

정답 ②

**2016년 변호사시험 문 29.**

☑ 확인Check! ○ △ ✕

관할 세무서장 A는 주택건설업을 하고 있는 甲회사에게 관련 법률에 근거하여 법인세를 부과하였으나, 甲회사가 이를 체납하자 甲회사 명의의 예금채권을 압류처분 하였다. 그런데 위 과세처분 후 압류처분이 있기 이전에 헌법재판소가 과세처분의 근거조항을 위헌으로 결정하였다. 이에 관한 설명 중 옳은 것을 모두 고른 것은?(다툼이 있는 경우 판례에 의함)

ㄱ. 헌법재판소의 위헌결정으로 甲회사에 대한 과세처분은 법률의 근거가 없이 행하여진 것과 마찬가지가 되어 하자있는 처분이라 할 것이며, 특별한 사정이 없는 한 이러한 하자는 과세처분의 취소사유에 해당할 뿐 당연무효사유는 아니다.
ㄴ. 위 과세처분에 대한 취소소송의 제기기간이 경과되어 과세처분에 확정력이 발생한 경우에는 위헌결정의 소급효가 미치지 않는다.
ㄷ. 위 사안에서 조세채권의 집행을 위해 A가 행한 압류처분은 당연무효이다.

① ㄴ　② ㄱ, ㄴ　③ ㄱ, ㄷ
④ ㄴ, ㄷ　⑤ ㄱ, ㄴ, ㄷ

[ㄱ ▸ O] 법률에 근거하여 행정처분이 발하여진 후에 헌법재판소가 그 행정처분의 근거가 된 법률을 위헌으로 결정하였다면 결과적으로 행정처분은 법률의 근거가 없이 행하여진 것과 마찬가지가 되어 하자가 있는 것이 되나, 일반적으로 법률이 헌법에 위반된다는 사정이 헌법재판소의 위헌결정이 있기 전에는 객관적으로 명백한 것이라고 할 수 없으므로 헌법재판소의 위헌결정 전에 행정처분의 근거되는 당해 법률이 헌법에 위반된다는 사유는 특별한 사정이 없는 한 그 행정처분의 취소소송의 전제가 될 수 있을 뿐 당연무효사유는 아니라고 봄이 상당하다(대판 1994.10.28. 92누9463).

[ㄴ ▸ O] 위헌결정의 효력은 그 결정 이후에 당해 법률이 재판의 전제가 되었음을 이유로 법원에 제소된 일반사건에도 미치므로, 당해 법률에 근거하여 행정처분이 발하여진 후에 헌법재판소가 그 행정처분의 근거가 된 법률을 위헌으로 결정하였다면 결과적으로 행정처분은 법률의 근거가 없이 행하여진 것과 마찬가지가 되어 하자가 있는 것이 되나, 이미 취소소송의 제기기간을 경과하여 확정력이 발생한 행정처분의 경우에는 위헌결정의 소급효가 미치지 않는다고 보아야 할 것이다(대판 2002.11.8. 2001두3181).

[ㄷ ▸ O] 조세 부과의 근거가 되었던 법률규정이 위헌으로 선언된 경우, 비록 그에 기한 과세처분이 위헌결정 전에 이루어졌고, 과세처분에 대한 제소기간이 이미 경과하여 조세채권이 확정되었으며, 조세채권의 집행을 위한 체납처분의 근거규정 자체에 대하여는 따로 위헌결정이 내려진 바 없다고 하더라도, 위와 같은 위헌결정 이후에 조세채권의 집행을 위한 새로운 체납처분에 착수하거나 이를 속행하는 것은 더 이상 허용되지 않고, 나아가 이러한 위헌결정의 효력에 위배하여 이루어진 체납처분은 그 사유만으로 하자가 중대하고 객관적으로 명백하여 당연무효라고 보아야 한다(대판 2012.2.16. 2010두10907 [전합]).



⑤ 정답

**2015년 변호사시험 문 39.** ☑ 확인 Check! ○ △ ×

**행정처분 이후 근거법률이 위헌결정된 경우, 당해 처분의 효력 등에 관한 설명 중 옳은 것을 모두 고른 것은?(다툼이 있는 경우 판례에 의함)**

ㄱ. 행정처분 이후 근거법률이 위헌으로 결정된 경우, 당해 행정처분은 원칙적으로 당연 무효가 되므로 이미 취소소송의 제소기간이 경과하여 확정력이 발생한 행정처분에도 위헌결정의 소급효가 미친다.

ㄴ. 과세처분에 따라 세금을 납부하였고 그 처분에 불가쟁력이 발생한 경우에는 과세처분의 근거법률이 나중에 위헌으로 결정되었다고 하더라도 이미 납부한 세금의 반환 청구는 허용되지 않는다.

ㄷ. 조세 부과의 근거가 되었던 법률규정이 위헌으로 결정된 경우, 비록 그에 기한 과세처분이 위헌결정 전에 이루어졌고, 과세처분에 대한 제소기간이 이미 경과하여 조세채권이 확정되었으며, 조세채권의 집행을 위한 체납처분의 근거규정 자체에 대하여는 따로 위헌결정이 내려진 바 없다고 하더라도, 위와 같은 위헌결정 이후에 조세채권의 집행을 위한 새로운 체납처분에 착수하거나 이를 속행하는 것은 더 이상 허용되지 않는다.

① ㄱ ② ㄴ ③ ㄷ
④ ㄱ, ㄴ ⑤ ㄴ, ㄷ

[ㄱ ▸ ×] [ㄴ ▸ ○] 행정처분 이후 근거법률이 위헌으로 결정된 경우, 당해 법률이 헌법에 위반된다는 사유는 특별한 사정이 없는 한 그 행정처분의 취소소송의 전제가 될 수 있을 뿐, 당연무효사유는 아니다. 또한 취소소송의 제소기간이 경과하여 확정력이 발생한 행정처분에는 위헌결정의 소급효가 미치지 않으므로, 과세처분에 따라 이미 납부한 세금의 반환청구는 허용되지 않는다.

법률에 근거하여 행정처분이 발하여진 후에 헌법재판소가 그 행정처분의 근거가 된 법률을 위헌으로 결정하였다면 결과적으로 위 행정처분은 법률의 근거가 없이 행하여진 것과 마찬가지가 되어 하자가 있는 것이 된다고 할 것이다. 그러나 하자 있는 행정처분이 당연무효가 되기 위하여는 그 하자가 중대할 뿐만 아니라 명백한 것이어야 하는데, 일반적으로 법률이 헌법에 위반된다는 사정이 헌법재판소의 위헌결정이 있기 전에는 객관적으로 명백한 것이라고 할 수는 없으므로 헌법재판소의 위헌결정 전에 행정처분의 근거되는 당해 법률이 헌법에 위반된다는 사유는 특별한 사정이 없는 한 그 행정처분의 취소소송의 전제가 될 수 있을 뿐 당연무효사유는 아니라고 봄이 상당하다. 그리고 이처럼 위헌인 법률에 근거한 행정처분이 당연무효인지의 여부는 위헌결정의 소급효와는 별개의 문제로서, 위헌결정의 소급효가 인정된다고 하여 위헌인 법률에 근거한 행정처분이 당연무효가 된다고는 할 수 없고 오히려 이미 취소소송의 제기기간을 경과하여 확정력이 발생한 행정처분에는 위헌결정의 소급효가 미치지 않는다고 보아야 할 것이다(대판 2014.3.27. 2011두24057).

[ㄷ ▸ ○] 조세 부과의 근거가 되었던 법률규정이 위헌으로 선언된 경우, 비록 그에 기한 과세처분이 위헌결정 전에 이루어졌고, 과세처분에 대한 제소기간이 이미 경과하여 조세채권이 확정되었으며, 조세채권의 집행을 위한 체납처분의 근거규정 자체에 대하여는 따로 위헌결정이 내려진 바 없다고 하더라도, 위와 같은 위헌결정 이후에 조세채권의 집행을 위한 새로운 체납처분에 착수하거나 이를 속행하는 것은 더 이상 허용되지 않고, 나아가 이러한 위헌결정의 효력에 위배하여 이루어진 체납처분은 그 사유만으로 하자가 중대하고 객관적으로 명백하여 당연무효라고 보아야 한다(대판 2012.2.16. 2010두10907 [전합]).

정답 ⑤

**2013년 변호사시험 문 23.** ☑ 확인Check! ○ △ ×

**무효인 행정행위에 관한 다음 설명 중 옳은 것을 모두 고른 것은?(다툼이 있는 경우 판례에 의함)**

ㄱ. 적법한 건축신고에 의하여 축조된 건축물에 대한 철거명령은 그 하자가 중대하고 명백하여 당연 무효라 할 것이고, 그 후행행위인 건축물철거 대집행계고처분 역시 당연 무효이다.

ㄴ. 환경영향평가법령의 규정상 환경영향평가를 거쳐야 할 사업인 경우에, 환경영향평가를 거치지 아니하였음에도 불구하고 사업승인처분을 한 것은 중대하고 명백한 하자가 있어 당연 무효이다.

ㄷ. 학교보건법의 규정에 의하면 학교환경위생정화구역 내에서 금지된 행위 및 시설의 해제 여부에 관한 행정처분 시 학교환경위생정화위원회의 심의를 거치도록 되어 있는바, 위 심의에 따른 의결은 행정처분에 실질적 영향을 미칠 수 있으므로 위 심의를 누락한 채 행해진 행정처분은 당연 무효이다.

ㄹ. 도지사의 권한에 속하는 행위가 군수에게 내부위임된 경우에, 군수가 당해 행위를 자신의 명의로 행하였다면 이는 형식에 하자가 있는 행위로서 취소할 수 있는 행위이나 당연 무효는 아니다.

① ㄱ, ㄴ ② ㄱ, ㄷ ③ ㄷ, ㄹ
④ ㄱ, ㄴ, ㄷ ⑤ ㄱ, ㄴ, ㄹ

[ㄱ ▸ O] 적법한 건축물에 대한 철거명령은 그 하자가 중대하고 명백하여 당연무효라고 할 것이고, 그 후행행위인 건축물철거 대집행계고처분 역시 당연무효라고 할 것이다(대판 1999.4.27. 97누6780).

[ㄴ ▸ O] 환경영향평가를 거쳐야 할 대상사업에 대하여 환경영향평가를 거치지 아니하였음에도 불구하고 승인 등 처분이 이루어진다면, 사전에 환경영향평가를 함에 있어 평가대상지역 주민들의 의견을 수렴하고 그 결과를 토대로 하여 환경부장관과의 협의내용을 사업계획에 미리 반영시키는 것 자체가 원천적으로 봉쇄되는바, 이렇게 되면 환경파괴를 미연에 방지하고 쾌적한 환경을 유지·조성하기 위하여 환경영향평가제도를 둔 입법 취지를 달성할 수 없게 되는 결과를 초래할 뿐만 아니라 환경영향평가대상지역 안의 주민들의 직접적이고 개별적인 이익을 근본적으로 침해하게 되므로, 이러한 행정처분의 하자는 법규의 중요한 부분을 위반한 중대한 것이고 객관적으로도 명백한 것이라고 하지 않을 수 없어, 이와 같은 행정처분은 당연무효이다(대판 2006.6.30. 2005두14363).

[ㄷ ▸ X] 행정청이 구 학교보건법 소정의 학교환경위생정화구역 내에서 금지행위 및 시설의 해제 여부에 관한 행정처분을 함에 있어 학교환경위생정화위원회의 심의를 거치도록 한 취지는 그에 관한 전문가 내지 이해관계인의 의견과 주민의 의사를 행정청의 의사결정에 반영함으로써 공익에 가장 부합하는 민주적 의사를 도출하고 행정처분의 공정성과 투명성을 확보하려는 데 있고, 나아가 그 심의의 요구가 법률에 근거하고 있을 뿐 아니라 심의에 따른 의결내용도 단순히 절차의 형식에 관련된 사항에 그치지 않고 금지행위 및 시설의 해제 여부에 관한 행정처분에 영향을 미칠 수 있는 사항에 관한 것임을 종합해 보면, 금지행위 및 시설의 해제 여부에 관한 행정처분을 하면서 절차상 위와 같은 심의를 누락한 흠이 있다면 그와 같은 흠을 가리켜 위 행정처분의 효력에 아무런 영향을 주지 않는다거나 경미한 정도에 불과하다고 볼 수는 없으므로, 특별한 사정이 없는 한 이는 행정처분을 위법하게 하는 취소사유가 된다(대판 2007.3.15. 2006두15806).

[ㄹ ▸ X] 체납취득세에 대한 압류처분권한은 도지사로부터 시장에게 권한위임된 것이고 시장으로부터 압류처분권한을 내부위임받은 데 불과한 구청장으로서는 시장 명의로 압류처분을 대행처리할 수 있을 뿐이고 자신의 명의로 이를 할 수 없다 할 것이므로 구청장이 자신의 명의로 한 압류처분은 권한 없는 자에 의하여 행하여진 위법무효의 처분이다(대판 1993.5.27. 93누6621).



① 정답

**2013년 변호사시험 문 20.** ☑ 확인 Check! ○ △ ×

**甲의 관할 세무서장은 부부의 자산소득을 합산과세하도록 한 구 소득세법 제61조 제1항에 근거하여 甲과 그 배우자 乙의 자산소득을 합산하여 甲에게 종합소득세를 부과하였다. 이에 甲은 위 소득세법 조항이 헌법에 위반된다고 주장하면서 과세처분을 받은 날로부터 1년이 지난 시점에서 과세처분의 무효확인을 구하는 소송을 행정법원에 제기하였다. 그 후 헌법재판소는 위 소득세법 조항에 대하여 위헌이라고 결정하였다. 이 사안과 관련된 다음 설명 중 옳지 않은 것은?(다툼이 있는 경우 판례에 의함)**

① 행정처분의 근거가 되는 당해 법률이 헌법에 위반된다는 사정은 헌법재판소의 위헌결정이 있기 전에는 특별한 사정이 없는 한 그 행정처분의 취소사유에 해당할 뿐이고 당연무효사유는 아니기 때문에 甲의 청구는 기각되어야 한다.
② 위헌인 법률에 근거한 행정처분이 당연무효인지의 여부는 위헌결정의 소급효와는 별개의 문제로서, 위헌결정의 소급효가 인정된다고 하여 위헌인 법률에 근거한 행정처분이 당연무효가 된다고는 할 수 없기 때문에 甲에 대한 과세처분이 무효라고 할 수 없다.
③ 위 소득세법 조항에 대하여 헌법재판소가 위헌으로 결정한 후에 과세관청이 위 조항을 여전히 적용하여 丙에게 소득세를 부과한 사실이 있다고 가정하면, 그 과세처분은 무효이다.
④ 위 소득세법 조항에 대한 헌법재판소의 위헌결정의 효력은 따로 위헌제청신청은 하지 않았지만 위 조항이 재판의 전제가 되어 법원에 계속 중인 다른 사건에도 미친다.
⑤ 위헌인 법률에 근거한 조세부과처분은 원칙상 취소할 수 있는 행위에 불과하므로 불복기간이 지난 경우에는 더 이상 다툴 수 없고, 조세부과처분과 체납처분 간에는 하자의 승계가 인정되지 않으므로 위 소득세법 조항에 위헌결정이 선고된 후에 甲에 대하여 공매 등의 체납처분을 하는 것은 위헌결정의 기속력에 반하지 않는다.

[❶ ▸ ○] [❷ ▸ ○] 법률에 근거하여 행정처분이 발하여진 후에 헌법재판소가 그 행정처분의 근거가 된 법률을 위헌으로 결정하였다면 결과적으로 위 행정처분은 법률의 근거가 없이 행하여진 것과 마찬가지가 되어 하자가 있는 것이 된다고 할 것이다. 그러나 하자 있는 행정처분이 당연무효가 되기 위하여는 그 하자가 중대할 뿐만 아니라 명백한 것이어야 하는데, 일반적으로 법률이 헌법에 위반된다는 사정이 헌법재판소의 위헌결정이 있기 전에는 객관적으로 명백한 것이라고 할 수는 없으므로 헌법재판소의 위헌결정 전에 행정처분의 근거되는 당해 법률이 헌법에 위반된다는 사유는 특별한 사정이 없는 한 그 행정처분의 취소소송의 전제가 될 수 있을 뿐 당연무효사유는 아니라고 봄이 상당하다. 그리고 이처럼 위헌인 법률에 근거한 행정처분이 당연무효인지의 여부는 위헌결정의 소급효와는 별개의 문제로서, 위헌결정의 소급효가 인정된다고 하여 위헌인 법률에 근거한 행정처분이 당연무효가 된다고는 할 수 없고 오히려 이미 취소소송의 제기기간을 경과하여 확정력이 발생한 행정처분에는 위헌결정의 소급효가 미치지 않는다고 보아야 할 것이다(대판 2014.3.27. 2011두24057).

[❸ ▸ ○] 헌법재판소의 위헌결정은 법원과 그 밖의 국가기관 및 지방자치단체를 기속한다(헌법재판소법 제47조 제1항). 따라서 소득세법 조항의 위헌결정 이후 과세관청이 그 조항에 근거하여 한 과세처분은 당연무효가 된다.

[❹ ▸ ○] 구체적 규범통제의 실효성의 보장의 견지에서 법원의 제청・헌법소원의 청구 등을 통하여 헌법재판소에 법률의 위헌결정을 위한 계기를 부여한 당해사건, 위헌결정이 있기 전에 이와 동종의 위헌 여부에 관하여 헌법재판소에 위헌제청을 하였거나 법원에 위헌제청신청을 한 경우의 당해 사건, 그리고 따로 위헌제청신청을 아니하였지만 당해 법률 또는 법률의 조항이 재판의 전제가 되어 법원에 계속 중인 사건에 대하여는 소급효를 인정하여야 할 것이다(헌재 1993.5.13. 92헌가10 등).

정답 ⑤

[❺ ▸ ×] 구 헌법재판소법 제47조 제1항은 "법률의 위헌결정은 법원 기타 국가기관 및 지방자치단체를 기속한다"고 규정하고 있는데, 이러한 위헌결정의 기속력과 헌법을 최고규범으로 하는 법질서의 체계적 요청에 비추어 국가기관 및 지방자치단체는 위헌으로 선언된 법률규정에 근거하여 새로운 행정처분을 할 수 없음은 물론이고, 위헌결정 전에 이미 형성된 법률관계에 기한 후속처분이라도 그것이 새로운 위헌적 법률관계를 생성·확대하는 경우라면 이를 허용할 수 없다. 따라서 조세 부과의 근거가 되었던 법률규정이 위헌으로 선언된 경우, 비록 그에 기한 과세처분이 위헌결정 전에 이루어졌고, 과세처분에 대한 제소기간이 이미 경과하여 조세채권이 확정되었으며, 조세채권의 집행을 위한 체납처분의 근거규정 자체에 대하여는 따로 위헌결정이 내려진 바 없다고 하더라도, 위와 같은 위헌결정 이후에 조세채권의 집행을 위한 새로운 체납처분에 착수하거나 이를 속행하는 것은 더 이상 허용되지 않고, 나아가 이러한 위헌결정의 효력에 위배하여 이루어진 체납처분은 그 사유만으로 하자가 중대하고 객관적으로 명백하여 당연무효라고 보아야 한다(대판 2012.2.16, 2010두10907 [전합]).

**2015년 변호사시험 문 29.** ☑ 확인Check! ○ △ ×

**판례에 의할 때 선행처분의 위법을 이유로 적법한 후행처분의 위법을 주장할 수 있는 경우에 관한 설명 중 옳지 않은 것은?**

① 연속적으로 행하여진 선행처분과 후행처분이 서로 독립하여 별개의 법률효과를 목적으로 하고 선행처분에 불가쟁력이 생겨 그 효력을 다툴 수 없게 된 경우에는 선행처분이 당연무효가 아닌 한 원칙적으로 선행처분의 하자를 이유로 후행처분의 효력을 다툴 수 없다.

② 선행처분과 후행처분이 서로 독립하여 별개의 효과를 목적으로 하는 경우에도 선행처분의 불가쟁력이나 구속력이 그로 인하여 불이익을 입게 되는 자에게 수인한도를 넘는 가혹함을 가져오며, 그 결과가 당사자에게 예측가능한 것이 아닌 경우에는 국민의 재판받을 권리를 보장하고 있는 헌법의 이념에 비추어 선행처분의 후행처분에 대한 구속력은 인정될 수 없다.

③ 구 「토지수용법」상 사업인정과 수용재결은 서로 결합하여 하나의 효과를 발생시키는 것이므로 선행처분인 사업인정의 하자가 후행처분인 수용재결에 승계되어 사업인정의 위법을 이유로 수용재결의 위법을 주장할 수 있다.

④ 甲을 「일제강점하 반민족행위 진상규명에 관한 특별법」에 의하여 친일반민족행위자로 결정한 친일반민족행위진상규명위원회의 최종발표(선행처분)에 따라 지방보훈지청장이 「독립유공자예우에 관한 법률」의 적용 대상자로 보상금 등의 예우를 받던 甲의 유가족에 대하여 위 법률의 적용 배제자 결정(후행처분)을 한 경우, 유가족이 통지를 받지 못하여 그 존재를 알지 못한 선행처분에 대하여 위 특별법에 의한 이의신청절차를 밟거나 후행처분에 대한 것과 별개로 행정심판이나 행정소송을 제기하지 않았다고 하더라도, 이 경우 선행처분의 후행처분에 대한 구속력을 인정할 수 없으므로 선행처분의 위법을 이유로 후행처분의 효력을 다툴 수 있다.

⑤ 표준지로 선정된 토지의 공시지가에 대하여 불복하기 위하여는 처분청을 상대로 그 공시지가결정의 취소를 구하는 행정소송을 제기하여야 하고, 그러한 소송절차를 밟지 아니한 채 개별토지가격결정을 다투는 소송에서 그 개별토지가격 산정의 기초가 된 표준지공시지가의 위법성을 다툴 수는 없다.

[❶ ▸ ○] [❷ ▸ ○] 두 개 이상의 행정처분을 연속적으로 하는 경우 선행처분과 후행처분이 서로 독립하여 별개의 법률효과를 목적으로 하는 때에는 선행처분에 불가쟁력이 생겨 그 효력을 다툴 수 없게 된 경우에는 선행처분의 하자가 중대하고 명백하여 당연무효인 경우를 제외하고는 선행처분의 하자를 이유로 후행처분의 효력을 다툴 수 없는 것이 원칙이다. 그러나 선행처분과 후행처분이 서로 독립하여 별개의 효과를 목적으로 하는 경우에도 선행처분의 불가쟁력이나 구속력이 그로 인하여 불이익을 입게 되는 자에게 수인한도를 넘는 가혹함을 가져오며, 그 결과가 당사자에게 예측가능한 것이 아닌 경우에는 국민의 재판받을 권리를 보장하고 있는 헌법의 이념에 비추어 선행처분의 후행처분에 대한 구속력은 인정될 수 없다(대판 2013.3.14, 2012두6964).



③ 정답

[❸ ▸ ×] 사업인정처분 자체의 위법은 사업인정단계에서 다투어야 하고 이미 그 쟁송기간이 도과한 수용재결단계에서는 사업인정처분이 당연무효라고 볼 만한 특단의 사정이 없는 한 그 위법을 이유로 재결의 취소를 구할 수는 없다(대판 1992.3.13. 91누4324).

[❹ ▸ ○] 甲을 친일반민족행위자로 결정한 친일반민족행위진상규명위원회(이하 "진상규명위원회"라 한다)의 최종발표(선행처분)에 따라 지방보훈지청장이 독립유공자 예우에 관한 법률(이하 "독립유공자법"이라 한다) 적용 대상자로 보상금 등의 예우를 받던 甲의 유가족 乙 등에 대하여 독립유공자법 적용배제자 결정(후행처분)을 한 경우, 진상규명위원회가 甲의 친일반민족행위자 결정 사실을 통지하지 않아 乙은 후행처분이 있기 전까지 선행처분의 사실을 알지 못하였고, 후행처분인 지방보훈지청장의 독립유공자법 적용배제결정이 자신의 법률상 지위에 직접적인 영향을 미치는 행정처분이라고 생각했을 뿐, 통지를 받지도 않은 진상규명위원회의 친일반민족행위자 결정처분이 자신의 법률상 지위에 영향을 주는 독립된 행정처분이라고 생각하기는 쉽지 않았을 것으로 보여, 乙이 선행처분에 대하여 일제강점하 반민족행위 진상규명에 관한 특별법에 의한 이의신청절차를 밟거나 후행처분에 대한 것과 별개로 행정심판이나 행정소송을 제기하지 않았다고 하여 선행처분의 하자를 이유로 후행처분의 효력을 다툴 수 없게 하는 것은 乙에게 수인한도를 넘는 불이익을 주고 그 결과가 乙에게 예측가능한 것이라고 할 수 없어 선행처분의 후행처분에 대한 구속력을 인정할 수 없으므로 선행처분의 위법을 이유로 후행처분의 효력을 다툴 수 있다(대판 2013.3.14. 2012두6964).

[❺ ▸ ○] 표준지로 선정된 토지의 공시지가에 대하여 불복하기 위하여는 지가공시 및 토지 등의 평가에 관한 법률 제8조 제1항 소정의 이의절차를 거쳐 처분청을 상대로 그 공시지가결정의 취소를 구하는 행정소송을 제기하여야 하는 것이지, 그러한 절차를 밟지 아니한 채 개별토지가격결정을 다투는 소송에서 그 개별토지가격 산정의 기초가 된 표준지 공시지가의 위법성을 다툴 수는 없다(대판 1997.9.26. 96누7649).

**2012년 변호사시험 문 22.** ☑ 확인Check! ○ △ ×

**행정행위의 하자에 관한 설명 중 옳지 않은 것은?(다툼이 있는 경우 판례에 의함)**

① 행정처분을 한 행정청은 그 처분의 성립에 하자가 있는 경우 이를 취소할 별도의 법적 근거가 없다 하더라도 직권으로 취소할 수 있다.
② 지방병무청장이 징병 재신체검사를 거쳐 종전의 현역병입영대상편입처분을 보충역편입처분으로 변경한 후에, 보충역편입처분에 하자가 있다는 이유로 이를 다시 취소하더라도 종전의 현역병입영대상편입처분의 효력은 회복되지 않는다.
③ 조세부과처분과 압류 등의 체납처분은 별개의 행정처분으로서 독립성을 가지므로 조세부과처분에 하자가 있더라도 그 부과처분이 취소되지 아니하는 한 그에 근거한 체납처분은 위법이라고 할 수 없으나, 그 부과처분에 중대하고도 명백한 하자가 있어 무효인 경우에는 그 부과처분의 집행을 위한 체납처분도 무효이다.
④ 민사소송에 있어서 어느 행정처분의 당연무효 여부가 선결문제로 되는 때에는 당해 수소법원이 이를 판단하여 당연무효임을 전제로 판결할 수 있고, 반드시 행정소송 등의 절차에 의하여 무효확인을 받아야 하는 것은 아니다.
⑤ 적법한 건축물에 대한 철거명령의 하자가 중대하고 명백하여 당연무효라 하더라도, 그 후행행위인 건축물철거 대집행계고처분이 당연무효인 것은 아니다.

[❶ ▸ ○] 행정처분을 한 처분청은 그 처분의 성립에 하자가 있는 경우 이를 취소할 별도의 법적 근거가 없다고 하더라도 직권으로 이를 취소할 수 있는바, 병역의무가 국가수호를 위하여 전 국민에게 과하여진 헌법상의 의무로서 그를 수행하기 위한 전제로서의 신체등위판정이나 병역처분 등은 공정성과 형평성을 유지하여야 함은 물론 그 면탈을 방지하여야 할 공익적 필요성이 매우 큰 점에 비추어 볼 때, 지방병무청장은 군의관의 신체등위판정이 금품수수에 따라 위법 또는 부당하게 이루어졌다고 인정하는 경우에는 그 위법 또는 부당한 신체등위판정을 기초로 자신이 한 병역처분을 직권으로 취소할 수 있다(대판 2002.5.28. 2001두9653).

정답 ⑤

[❷ ▸ ○] 지방병무청장이 재신체검사 등을 거쳐 현역병입영대상편입처분을 보충역편입처분이나 제2국민역편입처분으로 변경하거나 보충역편입처분을 제2국민역편입처분으로 변경하는 경우 비록 새로운 병역처분의 성립에 하자가 있다고 하더라도 그것이 당연무효가 아닌 한 일단 유효하게 성립하고 제소기간의 경과 등 형식적 존속력이 생김과 동시에 종전의 병역처분의 효력은 취소 또는 철회되어 확정적으로 상실된다고 보아야 할 것이므로 그 후 새로운 병역처분의 성립에 하자가 있었음을 이유로 하여 이를 취소한다고 하더라도 종전의 병역처분의 효력이 되살아난다고 할 수 없다(대판 2002.5.28. 2001두9653).

[❸ ▸ ○] 조세의 부과처분과 압류 등의 체납처분은 별개의 행정처분으로서 독립성을 가지므로 부과처분에 하자가 있더라도 그 부과처분이 취소되지 아니하는 한 그 부과처분에 의한 체납처분은 위법이라고 할 수는 없지만, 체납처분은 부과처분의 집행을 위한 절차에 불과하므로 그 부과처분에 중대하고도 명백한 하자가 있어 무효인 경우에는 그 부과처분의 집행을 위한 체납처분도 무효라 할 것이나, 그 부과처분의 무효확인청구를 기각하는 판결이 확정된 경우에는 사실심변론 종결 이전의 사유를 들어 그 부과처분의 무효를 주장하고 이로써 압류처분의 무효를 다툴 수는 없다(대판 1988.6.28. 87누1009).

[❹ ▸ ○] 민사소송에 있어서 어느 행정처분의 당연무효 여부가 선결문제로 되는 때에는 이를 판단하여 당연무효임을 전제로 판결할 수 있고 반드시 행정소송 등의 절차에 의하여 그 취소나 무효확인을 받아야 하는 것은 아니다(대판 2010.4.8. 2009다90092).

[❺ ▸ ×] 선행행위에 무효사유인 하자가 있으면, 후행행위는 당연무효이다.

판례 적법한 건축물에 대한 철거명령은 그 하자가 중대하고 명백하여 당연무효라고 할 것이고, 그 후행행위인 건축물철거 대집행계고처분 역시 당연무효라고 할 것이다(대판 1999.4.27. 97누6780).

**2014년 변호사시험 문 22.** ☑ 확인Check! ○ △ ×

**선행처분의 하자와 후행처분의 효력에 관련된 설명 중 옳지 않은 것은?(다툼이 있는 경우 판례에 의함)**

① 표준지공시지가결정이 위법한 경우에는 그 자체를 행정소송의 대상이 되는 행정처분으로 보아 그 위법 여부를 다툴 수 있음은 물론, 수용보상금의 증액을 구하는 소송에서도 선행처분으로서 그 수용대상 토지 가격 산정의 기초가 된 비교표준지공시지가결정의 위법을 독립한 사유로 주장할 수 있다.

② 보충역편입처분을 다투지 아니하여 이미 불가쟁력이 생겨 그 효력을 다툴 수 없게 된 경우에는, 병역처분변경신청에 의하는 경우는 별론으로 하고, 보충역편입처분에 하자가 있다고 할지라도 그것이 당연무효라고 볼만한 특단의 사정이 없는 한 그 위법을 이유로 공익근무요원소집처분의 효력을 다툴 수 없다.

③ 건물철거명령이 당연무효가 아닌 이상 행정심판이나 소송을 제기하여 그 위법함을 소구하는 절차를 거치지 아니하였다면 선행행위인 건물철거명령은 적법한 것으로 확정되었다고 할 것이므로 후행행위인 대집행계고처분의 취소소송에서 그 건물이 무허가건물이 아닌 적법한 건축물이라는 주장이나 그러한 사실인정을 하지 못한다.

④ 선행처분인 대집행계고처분에 불가쟁력이 발생하였다면, 후행처분인 대집행영장발부통보처분의 취소소송에서 위 대집행계고처분이 위법하다는 것을 이유로 대집행영장발부통보처분도 위법한 것이라는 주장을 할 수 없다.

⑤ 선행처분과 후행처분이 서로 독립하여 별개의 효과를 목적으로 하는 경우에도 선행처분의 불가쟁력이나 구속력이 그로 인하여 불이익을 입게 되는 자에게 수인한도를 넘는 가혹함을 가져오며, 그 결과가 당사자에게 예측가능한 것이 아닌 경우에는 선행처분의 후행처분에 대한 구속력은 인정될 수 없다.



④ 정답

[❶ ▸ ○] 표준지공시지가결정은 이를 기초로 한 수용재결 등과는 별개의 독립된 처분으로서 서로 독립하여 별개의 법률효과를 목적으로 하지만, 표준지공시지가는 이를 인근 토지의 소유자나 기타 이해관계인에게 개별적으로 고지하도록 되어 있는 것이 아니어서 인근 토지의 소유자 등이 표준지공시지가결정 내용을 알고 있었다고 전제하기가 곤란할 뿐만 아니라, 결정된 표준지공시지가가 공시될 당시 보상금 산정의 기준이 되는 표준지의 인근 토지를 함께 공시하는 것이 아니어서 인근 토지 소유자는 보상금 산정의 기준이 되는 표준지가 어느 토지인지를 알 수 없으므로, 인근 토지 소유자가 표준지의 공시지가가 확정되기 전에 이를 다투는 것은 불가능하다. 더욱이 장차 어떠한 수용재결 등 구체적인 불이익이 현실적으로 나타나게 되었을 경우에 비로소 권리구제의 길을 찾는 것이 우리 국민의 권리의식임을 감안하여 볼 때, 인근 토지소유자 등으로 하여금 결정된 표준지공시지가를 기초로 하여 장차 토지보상 등이 이루어질 것에 대비하여 항상 토지의 가격을 주시하고 표준지공시지가결정이 잘못된 경우 정해진 시정절차를 통하여 이를 시정하도록 요구하는 것은 부당하게 높은 주의의무를 지우는 것이고, 위법한 표준지공시지가결정에 대하여 그 정해진 시정절차를 통하여 시정하도록 요구하지 않았다는 이유로 위법한 표준지공시지가를 기초로 한 수용재결 등 후행 행정처분에서 표준지공시지가결정의 위법을 주장할 수 없도록 하는 것은 수인한도를 넘는 불이익을 강요하는 것으로서 국민의 재산권과 재판받을 권리를 보장한 헌법의 이념에도 부합하는 것이 아니다. 따라서 표준지공시지가결정이 위법한 경우에는 그 자체를 행정소송의 대상이 되는 행정처분으로 보아 그 위법 여부를 다툴 수 있음은 물론, 수용보상금의 증액을 구하는 소송에서도 선행처분으로서 그 수용대상 토지가격 산정의 기초가 된 비교표준지공시지가결정의 위법을 독립한 사유로 주장할 수 있다(대판 2008.8.21. 2007두13845).

[❷ ▸ ○] 구 병역법의 각 규정에 의하면, 보충역편입처분 등의 병역처분은 구체적인 병역의무부과를 위한 전제로서 징병검사 결과 신체등위와 학력・연령 등 자질을 감안하여 역종을 부과하는 처분임에 반하여, 공익근무요원소집처분은 보충역편입처분을 받은 공익근무요원소집대상자에게 기초적 군사훈련과 구체적인 복무기관 및 복무분야를 정한 공익근무요원으로서의 복무를 명하는 구체적인 행정처분이므로, 위 두 처분은 후자의 처분이 전자의 처분을 전제로 하는 것이기는 하나 각각 단계적으로 별개의 법률효과를 발생하는 독립된 행정처분이라고 할 것이므로, 따라서 보충역편입처분의 기초가 되는 신체등위 판정에 잘못이 있다는 이유로 이를 다투기 위하여는 신체등위 판정을 기초로 한 보충역편입처분에 대하여 쟁송을 제기하여야 할 것이며, 그 처분을 다투지 아니하여 이미 불가쟁력이 생겨 그 효력을 다툴 수 없게 된 경우에는, 병역처분변경신청에 의하는 경우는 별론으로 하고, 보충역편입처분에 하자가 있다고 할지라도 그것이 당연무효라고 볼만한 특단의 사정이 없는 한 그 위법을 이유로 공익근무요원소집처분의 효력을 다툴 수 없다(대판 2002.12.10. 2001두5422).

[❸ ▸ ○] 건물철거명령이 당연무효가 아닌 이상 행정심판이나 소송을 제기하여 그 위법함을 소구하는 절차를 거치지 아니하였다면 위 선행행위인 건물철거명령은 적법한 것으로 확정되었다고 할 것이므로 후행행위인 대집행계고처분에서는 그 건물이 무허가건물이 아닌 적법한 건축물이라는 주장이나 그러한 사실인정을 하지 못한다(대판 1998.9.8. 97누20502).

[❹ ▸ ×] 대집행의 계고, 대집행영장에 의한 통지, 대집행의 실행, 대집행에 요한 비용의 납부명령 등은 타인이 대신하여 행할 수 있는 행정의무의 이행을 의무자의 비용부담하에 확보하고자 하는, 동일한 행정목적을 달성하기 위하여 단계적인 일련의 절차로 연속하여 행하여지는 것으로서, 서로 결합하여 하나의 법률효과를 발생시키는 것이므로, 선행처분인 계고처분이 하자가 있는 위법한 처분이라면, 비록 그 하자가 중대하고도 명백한 것이 아니어서 당연무효의 처분이라고 볼 수 없고 행정소송으로 효력이 다투어지지도 아니하여 이미 불가쟁력이 생겼으며, 후행처분인 대집행영장발부통보처분 자체에는 아무런 하자가 없다고 하더라도, 후행처분인 대집행영장발부통보처분의 취소를 청구하는 소송에서 청구원인으로 선행처분인 계고처분이 위법한 것이기 때문에 그 계고처분을 전제로 행하여진 대집행영장발부통보처분도 위법한 것이라는 주장을 할 수 있다(대판 1996.2.9. 95누12507).

[❺ ▸ ○] 선행처분과 후행처분이 서로 독립하여 별개의 법률효과를 목적으로 하는 때에는 선행처분에 불가쟁력이 생겨 그 효력을 다툴 수 없게 된 경우에는 선행처분의 하자가 중대하고 명백하여 당연무효인 경우를 제외하고는 선행처분의 하자를 이유로 후행처분의 효력을 다툴 수 없는 것이 원칙이나, 선행처분과 후행처분이 서로 독립하여 별개의 효과를 목적으로 하는 경우에도 선행처분의 불가쟁력이나 구속력이 그로 인하여 불이익을 입게 되는 자에게 수인한도를 넘는 가혹함을 가져오며, 그 결과가 당사자에게 예측가능한 것이 아닌 경우에는 국민의 재판받을 권리를 보장하고 헌법의 이념에 비추어 선행처분의 후행처분에 대한 구속력은 인정될 수 없다(대판 1994.1.25. 93누8542).

## 제7절 행정행위의 취소 · 철회 및 실효 ☆

**2016년 변호사시험 문 25.** ☑ 확인Check! ○ △ ✕

다음 「방송법」 규정에 따른 허가취소에 관한 설명 중 옳은 것은?(다툼이 있는 경우 판례에 의함)

**방송법 제18조(허가 · 승인 · 등록의 취소 등)** ① 방송사업자 · 중계유선방송사업자 · 음악유선방송사업자 · 전광판방송사업자 또는 전송망사업자가 다음 각 호의 어느 하나에 해당하는 때에는 미래창조과학부장관 또는 방송통신위원회가 소관 업무에 따라 허가 · 승인 또는 등록을 취소하거나 6월 이내의 기간을 정하여 그 업무의 전부 또는 일부를 정지하거나 광고의 중단 또는 제16조에 따른 허가 · 승인의 유효기간 단축을 명할 수 있다. 〈단서 생략〉

1. 허위 기타 부정한 방법으로 허가 · 변경허가 · 재허가를 받거나 승인 · 변경승인 · 재승인을 얻거나 등록 · 변경등록을 한때

2.~8. 〈생략〉

9. 제99조 제1항에 따른 시정명령을 이행하지 아니하거나 같은 조 제2항에 따른 시설 개선명령을 이행하지 아니한 때

① 위 제9호에 따른 허가취소의 경우 취소의 상대방에 대한 보상을 요하지 않는다.
② 위 제9호에 따른 허가취소의 경우 행정절차상 사전통지 및 의견제출절차를 거칠 필요가 없다.
③ 위 제9호에 따른 허가취소는 원칙적으로 소급효를 가진다.
④ 위 제9호에 따라 허가를 취소하는 경우 허가를 취소할 공익상 필요와 허가취소로 인하여 상대방에게 가해지는 불이익을 형량할 필요는 없다.
⑤ 위 제1호에 따른 허가취소의 경우 사업자는 허가의 존속에 관한 신뢰이익을 원용할 수 있고, 주무관청은 이러한 신뢰이익을 보호하여야 한다.

[❶ ▸ ○] 제9호에 따른 허가취소는 적법요건을 구비하여 완전히 효력을 발하고 있는 행정행위를, 사후적으로 그 행위의 효력의 전부 또는 일부를 장래에 향해 소멸시키는 철회에 해당한다. 이는 시정명령 불이행이라는 상대방의 귀책사유가 있는 경우이므로, 상대방에 대한 보상을 요하지 않는다.

[❷ ▸ ✕] 철회 역시 하나의 행정행위이므로 특별한 규정이 없는 한 행정절차법상 처분절차를 적용하여야 한다. 제9호에 따른 허가취소는 수익적 행정행위의 철회로서 당사자에게 의무를 부과하거나 권익을 제한하는 처분이므로 사전통지절차나 의견제출의 기회를 주어야 한다(행정절차법 제21조 · 제22조 참조).

법령 **처분의 사전 통지(행정절차법 제21조)** ① 행정청은 당사자에게 의무를 부과하거나 권익을 제한하는 처분을 하는 경우에는 미리 다음 각 호의 사항을 당사자등에게 통지하여야 한다.

1. 처분의 제목
2. 당사자의 성명 또는 명칭과 주소
3. 처분하려는 원인이 되는 사실과 처분의 내용 및 법적 근거
4. 제3호에 대하여 의견을 제출할 수 있다는 뜻과 의견을 제출하지 아니하는 경우의 처리방법
5. 의견제출기관의 명칭과 주소
6. 의견제출기한
7. 그 밖에 필요한 사항



① 정답

**의견청취(행정절차법 제22조)**　③ 행정청이 당사자에게 의무를 부과하거나 권익을 제한하는 처분을 할 때 제1항 또는 제2항의 경우 외에는 당사자등에게 의견제출의 기회를 주어야 한다.

[ ❸ ▸ ×] 제9호에 따른 허가취소는 철회에 해당하고, 철회의 효과는 장래효가 원칙이다.

[ ❹ ▸ ×] 수익적 행정처분을 취소 또는 철회하는 경우에는 이미 부여된 그 국민의 기득권을 침해하는 것이 되므로, 비록 취소 등의 사유가 있다고 하더라도 그 취소권 등의 행사는 기득권의 침해를 정당화할만한 중대한 공익상의 필요 또는 제3자의 이익보호의 필요가 있는 때에 한하여 상대방이 받는 불이익과 비교·교량하여 결정하여야 하고, 그 처분으로 인하여 공익상의 필요보다 상대방이 받게 되는 불이익 등이 막대한 경우에는 재량권의 한계를 일탈한 것으로서 그 자체가 위법하다(대판 2004.11.26. 2003두10251).

[ ❺ ▸ ×] 처분의 하자가 당사자의 사실은폐나 기타 사위의 방법에 의한 신청행위에 기인한 것이라면 당사자는 그 처분에 의한 이익이 위법하게 취득되었음을 알아 그 취소가능성도 예상하고 있었다고 할 것이므로, 그 자신이 위 처분에 관한 신뢰이익을 원용할 수 없음은 물론 행정청이 이를 고려하지 아니하였다고 하여도 재량권의 남용이 되지 아니한다(대판 1996.10.25. 95누14190)

CHAPTER 04

# 그 밖의 행정의 행위형식

행정법

각 문항별로 이해도를 체크해 보세요.

최근 5년간 회별 평균 0.4문

## 제1절 행정상 확약 ☆

**2012년 변호사시험 문 27.**

확인 Check! ○ △ ×

**甲은 허위서류를 작성하여 행정청 乙로부터 어업권면허를 받고 어업에 종사하고 있다. 그런데 甲이 어업에 계속 종사하던 중 乙은 甲의 면허취득이 허위에 의한 것임을 인지하고, 어업권면허에 선행하는 우선순위결정이 잘못되었다는 이유로 甲의 어업권면허처분을 취소하였다. 그리고 종전의 어업권면허 우선순위결정을 무시하고 다시 우선순위결정을 하였다. 이 사안에 관한 설명 중 옳지 않은 것은?(다툼이 있는 경우 판례에 의함)**

① 乙의 어업권면허에 선행하는 우선순위결정은 행정청이 우선권자로 결정된 자의 신청이 있으면 어업권면허처분을 하겠다는 것을 약속하는 행위로서 강학상 확약에 불과하고 행정처분은 아니다.

② 수익적 처분이 있으면 상대방은 그것을 기초로 하여 새로운 법률관계 등을 형성하게 되므로, 본건에서 어업권면허가 甲의 허위 기타 부정한 방법으로 인해 발급되었더라도 乙은 甲의 어업권면허를 취소할 수 없다.

③ 우선순위결정이 잘못되었다는 이유로 종전의 어업권면허처분이 취소되었으므로 乙은 다시 우선순위를 결정한 다음 새로운 우선순위결정에 기하여 새로운 어업권면허를 발급할 수 있다.

④ 만일 제3자 丙이 최초의 우선순위결정 과정에서 탈락하였고 甲의 어업권면허가 존속하고 있다면, 丙은 동 면허처분에 대한 취소소송을 제기할 수 있다.

⑤ 만약 위 사안의 우선순위결정이 있은 후 사실적·법률적 상태가 변경된 경우 그 우선순위결정은 사후적으로 행정청의 별다른 의사표시 없이 실효된다.

[❶ ▸ ○] [❸ ▸ ○] 어업권면허에 선행하는 우선순위결정은 행정청(당해 사건에서는 충청남도지사)이 우선권자로 결정된 자의 신청이 있으면 어업권면허처분을 하겠다는 것을 약속하는 행위로서 강학상 확약에 불과하고 행정처분은 아니므로, 우선순위결정에 공정력이나 불가쟁력과 같은 효력은 인정되지 아니하며, 따라서 우선순위결정이 잘못되었다는 이유로 종전의 어업권면허처분이 취소되면 행정청은 종전의 우선순위결정을 무시하고 다시 우선순위를 결정한 다음 새로운 우선순위결정에 기하여 새로운 어업권면허를 할 수 있다(대판 1995.1.20. 94누6529).

[❷ ▸ ×] 수익적 처분이 있으면 상대방은 그것을 기초로 하여 새로운 법률관계 등을 형성하게 되는 것이므로, 이러한 상대방의 신뢰를 보호하기 위하여 수익적 처분의 취소에는 일정한 제한이 따르는 것이나, 수익적 처분이 상대방의 허위 기타 부정한 방법으로 인하여 행하여졌다면 상대방은 그 처분이 그와 같은 사유로 인하여 취소될 것임을 예상할 수 없었다고 할 수 없으므로, 이러한 경우에까지 상대방의 신뢰를 보호하여야 하는 것은 아니라고 할 것이다(대판 1995.1.20. 94누6529).

[❹ ▸ ○] 원고는 피고보조참가인 등보다 후순위자로 결정되었다는 사유 이외에는 어업권면허의 결격사유가 없음을 알 수 있으므로, 피고보조참가인 등이 허위 기타 부정한 방법을 사용함으로 말미암아 제1순위자로 결정되었다는 이유로 피고보조참가인 등에게 한 신어업권면허처분이 취소되면 그러한 위법사유가 있는 부분에 대하여 원고가 제1순위자로 되어 어업권면허를 받을 수 있는 관계에 있다고 할 것이다. 따라서, 원고는 위 6개의 신어업권면허처분의 취소를 구할 수 있는 구체적이고도 정당한 이익이 있는 자라고 할 것이다(대판 1995.1.20. 94누6529).



② 정답

[ ❺ ▸ O ] 행정청이 상대방에게 장차 어떤 처분을 하겠다고 확약 또는 공적인 의사표명을 하였다고 하더라도, 그 자체에서 상대방으로 하여금 언제까지 처분의 발령을 신청을 하도록 유효기간을 두었는데도 그 기간 내에 상대방의 신청이 없었다거나 확약 또는 공적인 의사표명이 있은 후에 사실적·법률적 상태가 변경되었다면, 그와 같은 확약 또는 공적인 의사표명은 행정청의 별다른 의사표시를 기다리지 않고 실효된다(대판 1996.8.20. 95누10877).

## 제2절 공법상 계약 ★☆

**2020년 변호사시험 문 25.** ☑ 확인 Check! ○ △ ×

**甲지방자치단체의 장인 乙은 甲지방자치단체가 설립·운영하는 A고등학교에 영상음악 과목을 가르치는 산학겸임교사로 丙을 채용하는 계약을 체결하였다. 그런데 계약 기간 중에 乙은 일방적으로 丙에게 위 계약을 해지하는 통보를 하였다. 이에 관한 설명 중 옳은 것을 모두 고른 것은?(다툼이 있는 경우 판례에 의함)**

ㄱ. 丙을 채용하는 계약은 공법상 계약에 해당하므로, 계약해지의사표시가 무효임을 다투는 당사자소송의 피고적격은 乙에게 있다.
ㄴ. 丙이 계약해지 의사표시의 무효확인을 당사자소송으로 청구한 경우, 당사자소송은 항고소송과 달리 확인소송의 보충성이 요구되므로 그 확인소송이 권리구제에 유효적절한 수단이 될 때에 한하여 소의 이익이 있다.
ㄷ. 乙의 계약해지 통보는 그 실질이 징계해고와 유사하므로 「행정절차법」에 의하여 사전통지를 하고, 그 근거와 이유를 제시하여야 한다.

① ㄱ ② ㄴ ③ ㄱ, ㄴ
④ ㄱ, ㄷ ⑤ ㄴ, ㄷ

[ ㄱ ▸ × ] 당사자소송은 국가·공공단체 그 밖의 권리주체를 피고로 한다(행정소송법 제39조). 따라서 피고적격은 乙이 아닌 甲지방자치단체에 있다.

판례 지방자치법 제9조 제2항 제5호 (가)목의 규정에 의하면, 피고 경기도에 의하여 설립된 이 사건 학교의 활동은 지방자치단체인 피고 경기도의 사무로서 그 공공적 업무수행의 일환으로 이루어진다고 해석되고, 형식적으로는 피고 한국애니메이션학교장과 원고가 근로계약을 체결하였다 하더라도 위 근로계약은 공법상의 근무관계의 설정을 목적으로 하여 피고 경기도와 원고 사이에 대등한 지위에서 의사가 합치되어 성립하는 공법상 근로계약에 해당하므로, 그 갱신 거절의 무효확인을 구하는 소의 피고적격은 피고 경기도에 있다(대판 2015.4.9. 2013두11499).

[ ㄴ ▸ O ] 지방자치단체와 채용계약에 의하여 채용된 계약직공무원이 그 계약기간 만료 이전에 채용계약 해지 등의 불이익을 받은 후 그 계약기간이 만료된 때에는 그 채용계약 해지의 의사표시가 무효라고 하더라도, 그것만으로는 법률상의 이익이 침해되었다고 볼 수는 없으므로 그 무효확인을 구할 이익이 없다. 또한 바로 급료의 지급을 구하거나 명예훼손을 전제로 한 손해배상을 구하는 등의 이행청구소송으로 직접적인 권리구제방법이 있는 이상 무효확인소송은 적절한 권리구제수단이라 할 수 없어 확인소송의 소송요건을 구비하지 못하고 있다(대판 2008.6.12. 2006두16328).

정답 ②

[ㄷ ▸ X] 계약직공무원 채용계약해지의 의사표시는 일반공무원에 대한 징계처분과는 달라서 항고소송의 대상이 되는 처분 등의 성격을 가진 것으로 인정되지 아니하고, 일정한 사유가 있을 때에 국가 또는 지방자치단체가 채용계약관계의 한쪽 당사자로서 대등한 지위에서 행하는 의사표시로 취급되는 것으로 이해되므로, 이를 징계해고 등에서와 같이 그 징계사유에 한하여 효력 유무를 판단하여야 하거나, 행정처분과 같이 행정절차법에 의하여 근거와 이유를 제시하여야 하는 것은 아니다(대판 2002.11.26. 2002두5948).

**2014년 변호사시험 문 26.** ☑ 확인 Check! ○ △ ×

**공법상 계약에 관한 설명 중 옳지 않은 것은?(다툼이 있는 경우 판례에 의함)**

① 계약직공무원에 대한 계속적 계약은 당사자 상호 간의 신뢰관계를 그 기초로 하는 것이므로, 당해 계약의 존속 중에 당사자의 일방이 그 계약상의 의무를 위반함으로써 그로 인하여 계약의 기초가 되는 신뢰관계가 파괴되어 계약관계를 그대로 유지하기 어려운 정도에 이르게 된 경우에는 상대방은 그 계약관계를 막바로 해지함으로써 그 효력을 장래에 향하여 소멸시킬 수 있다.
② 지방재정법에 따라 지방자치단체가 당사자가 되어 체결하는 계약은 사법상의 계약일 뿐, 공권력을 행사하는 것이거나 공권력 작용과 일체성을 가진 것은 아니라고 할 것이므로 이에 관한 분쟁은 행정소송의 대상이 될 수 없다.
③ 광주광역시문화예술회관장의 단원 위촉은 광주광역시문화예술회관장이 행정청으로서 공권력을 행사하여 행하는 행정처분이 아니라 공법상의 근무관계의 설정을 목적으로 하여 광주광역시와 단원이 되고자 하는 자 사이에 대등한 지위에서 의사가 합치되어 성립하는 공법상 근로계약에 해당한다.
④ 전문직공무원인 공중보건의사 채용계약 해지의 의사표시에 대하여는 대등한 당사자 간의 소송형식인 공법상의 당사자소송으로 그 의사표시의 무효확인을 청구할 수 있는 것이지, 이를 항고소송의 대상이 되는 행정처분이라는 전제하에서 그 취소를 구하는 항고소송을 제기할 수는 없다.
⑤ 공법상 계약에 의한 의무의 불이행에 대해서는 개별법에서 행정강제를 규정하는 명문의 규정이 없더라도 공익의 실현을 보장하기 위하여 행정대집행법에 의한 대집행이 허용된다.

[❶ ▸ O] 계속적 계약은 당사자 상호 간의 신뢰관계를 그 기초로 하는 것이므로, 당해 계약의 존속 중에 당사자의 일방이 그 계약상의 의무를 위반함으로써 그로 인하여 계약의 기초가 되는 신뢰관계가 파괴되어 계약관계를 그대로 유지하기 어려운 정도에 이르게 된 경우에는 상대방은 그 계약관계를 막바로 해지함으로써 그 효력을 장래에 향하여 소멸시킬 수 있다고 봄이 타당하다(대판 2002.11.26. 2002두5948).

[❷ ▸ O] 예산회계법 또는 지방재정법에 따라 지방자치단체가 당사자가 되어 체결하는 계약은 사법상의 계약일 뿐, 공권력을 행사하는 것이거나 공권력 작용과 일체성을 가진 것은 아니라고 할 것이므로 이에 관한 분쟁은 행정소송의 대상이 될 수 없다(대판 1996.12.20. 96누14708).

[❸ ▸ O] 광주광역시문화예술회관장의 단원위촉은 광주광역시문화예술회관장이 행정청으로서 공권력을 행사하여 행하는 행정처분이 아니라 공법상 근무관계의 설정을 목적으로 하여 광주광역시와 단원이 되고자 하는 자 사이에 대등한 지위에서 의사가 합치되어 성립하는 공법상 근로계약에 해당한다고 보아야 할 것이므로, 광주광역시립합창단원으로서 위촉기간이 만료되는 자들의 재위촉신청에 대하여 광주광역시문화예술회관장이 실기와 근무성적에 대한 평정을 실시하여 재위촉을 하지 아니한 것을 항고소송의 대상이 되는 불합격처분이라고 할 수는 없다(대판 2001.12.11. 2001두7794).

[❹ ▸ O] 공중보건의사 채용계약해지의 의사표시에 대하여는 대등한 당사자 간의 소송형식인 공법상의 당사자소송으로 그 의사표시의 무효확인을 청구할 수 있는 것이지 이를 항고소송의 대상이 되는 행정처분이라는 전제에서 그 취소를 구하는 항고소송을 제기할 수 없다고 할 것이다(대판 1996.5.31. 95누10617).



⑤ 정답

[ ❺ ▸ ×] 대집행의 대상이 되는 공법상 의무는 법률(법률의 위임에 의한 명령, 지방자치단체의 조례를 포함)에 의해 직접 명령되었거나, 또는 법률에 의거한 행정청의 명령에 의한 행위이어야 한다(행정대집행법 제2조 참조). 따라서 공법상 계약은 자력집행력이 없으므로 법원의 판결을 통해 강제집행을 해야 하고, 행정청이 자력으로 의무이행을 강제할 수 없다. 단, 법률에 명문규정이 있는 경우에는 행정청의 자력집행이 인정될 수 있다.

**2017년 변호사시험 문 40.** ☑ 확인 Check! ○ △ ×

**공법상 계약에 관한 설명 중 옳지 않은 것은?(다툼이 있는 경우 판례에 의함)**

① 행정청이 자신과 상대방 사이의 법률관계를 일방적인 의사표시로 종료시킨 경우 그 의사표시가 행정처분이라고 단정할 수 없고, 관계 법령이 상대방의 법률관계에 관하여 구체적으로 어떻게 규정하고 있는지에 따라 의사표시가 행정처분에 해당하는지 아니면 공법상 계약관계의 일방 당사자로서 대등한 지위에서 행하는 의사표시인지를 개별적으로 판단하여야 한다.

② 「공익사업을 위한 토지 등의 취득 및 보상에 관한 법률」에 따른 토지 등의 협의취득은 공법상 계약에 해당하지 않고, 사법상의 법률행위이다.

③ 재단법인 한국연구재단이 과학기술기본법령에 따라 연구개발비의 회수 및 관련자에 대한 국가연구개발사업 참여제한을 내용으로 하여 '2단계 두뇌한국(BK) 21 사업협약'을 해지하는 통보를 하였다면, 그 통보는 행정처분에 해당한다.

④ '서울특별시 시민감사옴부즈만 운영 및 주민감사청구에 관한 조례'에 따라 계약직으로 구성하는 옴부즈만 공개채용과정에서 최종합격자로 공고된 자에 대해 서울특별시장이 인사위원회의 심의결과에 따라 채용하지 아니하겠다고 통보한 경우, 그 불채용통보는 항고소송을 통해 다툴 수 없다.

⑤ 중소기업기술정보진흥원장이 甲 주식회사와 체결한 중소기업 정보화지원사업 지원대상인 사업의 지원에 관한 협약을 그 협약에서 정한 해지사항에 따라 해지한 경우, 그 해지의 효과는 전적으로 협약이 정한 바에 따라 정해질 뿐, 달리 협약 해지의 효과 또는 이에 수반되는 행정상 제재 등에 관하여 관련 법령에 아무런 규정을 두고 있지 아니하더라도, 국민의 권리구제를 위해 그 협약해지는 행정청이 우월한 지위에서 행하는 공권력의 행사로서 행정처분에 해당한다고 보아야 한다.

[ ❶ ▸ ○] 행정청이 자신과 상대방 사이의 법률관계를 일방적인 의사표시로 종료시켰다고 하더라도 곧바로 의사표시가 행정청으로서 공권력을 행사하여 행하는 행정처분이라고 단정할 수는 없고, 관계 법령이 상대방의 법률관계에 관하여 구체적으로 어떻게 규정하고 있는지에 따라 의사표시가 항고소송의 대상이 되는 행정처분에 해당하는지 아니면 공법상 계약관계의 일방 당사자로서 대등한 지위에서 행하는 의사표시인지를 개별적으로 판단하여야 한다(대판 2015.8.27. 2015두41449).

[ ❷ ▸ ○] 공공용지의 취득 및 손실보상에 관한 특례법에 의하여 공공용지를 협의취득한 사업시행자가 그 양도인과 사이에 체결한 매매계약은 공공기관이 사경제주체로서 행한 사법상 매매이다(대판 1999.11.26. 98다47245).

[ ❸ ▸ ○] 과학기술기본법령상 사업 협약의 해지 통보는 단순히 대등 당사자의 지위에서 형성된 공법상계약을 계약당사자의 지위에서 종료시키는 의사표시에 불과한 것이 아니라 행정청이 우월적 지위에서 연구개발비의 회수 및 관련자에 대한 국가연구개발사업 참여제한 등의 법률상 효과를 발생시키는 행정처분에 해당한다(대판 2014.12.11. 2012두28704).

[ ❹ ▸ ○] 이 사건 조례에 의하면 이 사건 옴부즈만은 토목분야와 건축분야 각 1인을 포함하여 5인 이내의 '지방계약직공무원'으로 구성하도록 되어있는데(제3조 제2항), 위 조례와 이 사건 통보 당시 구 지방공무원법 제2조 제3항 제3호, 제3조 제1항 및 같은 법 제2조 제4항의 위임에 따른 구 지방계약직공무원 규정 제5조 등 관련 법령의 규정에 비추어 보면, 지방계약직공무원인 이 사건 옴부즈만 채용행위는 공법상 대등한 당사자 사이의 의사표시의 합치로 성립하는 공법상 계약에 해당한다.

정답 ⑤

이와 같이 이 사건 옴부즈만 채용행위가 공법상 계약에 해당하는 이상 원고의 채용계약 청약에 대응한 피고의 '승낙의 의사표시'가 대등한 당사자로서의 의사표시인 것과 마찬가지로 그 청약에 대하여 '승낙을 거절하는 의사표시' 역시 행정청이 대등한 당사자의 지위에서 하는 의사표시라고 보는 것이 타당하고, 그 채용계약에 따라 담당할 직무의 내용에 고도의 공공성이 있다거나 원고가 그 채용과정에서 최종합격자로 공고되어 채용계약 성립에 관한 강한 기대나 신뢰를 가지게 되었다는 사정만으로 이를 행정청이 우월한 지위에서 행하는 공권력의 행사로서 행정처분에 해당한다고 볼 수는 없다(대판 2014.4.24. 2013두6244).

[❺ ▸ ×] 중소기업기술정보진흥원장이 갑 주식회사와 중소기업 정보화지원사업 지원대상인 사업의 지원에 관한 협약을 체결하였는데, 협약이 갑 회사에 책임이 있는 사업실패로 해지되었다는 이유로 협약에서 정한 대로 지급받은 정부지원금을 반환할 것을 통보한 경우, 중소기업 정보화지원사업에 따른 지원금 출연을 위하여 중소기업청장이 체결하는 협약은 공법상 대등한 당사자 사이의 의사표시의 합치로 성립하는 공법상 계약에 해당하는 점 등을 종합하면, 협약의 해지 및 그에 따른 환수통보는 공법상 계약에 따라 행정청이 대등한 당사자의 지위에서 하는 의사표시로 보아야 하고, 이를 행정청이 우월한 지위에서 행하는 공권력의 행사로서 행정처분에 해당한다고 볼 수는 없다(대판 2015.8.27. 2015두41449).

## 제3절 행정상 사실행위 및 행정지도

**2013년 변호사시험 문 25.** ☑ 확인Check! ○ △ ×

**행정지도에 관한 다음 설명 중 옳지 않은 것은?(다툼이 있는 경우 판례에 의함)**

① 사인의 행위가 행정지도에 따라 행해진 경우 그 행정지도가 위법하다고 할지라도 원칙적으로 그 사인의 행위의 위법성이 조각된다.
② 행정지도가 말로 이루어지는 경우에 상대방이 행정지도의 취지 및 내용, 행정지도를 하는 자의 신분을 적은 서면의 교부를 요구하면 그 행정지도를 하는 자는 직무 수행에 특별한 지장이 없으면 이를 교부하여야 한다.
③ 행정기관이 동일한 행정목적을 실현하기 위하여 다수인에게 행정지도를 하려는 경우 특별한 사정이 없으면 행정지도에 공통되는 내용을 공표하여야 한다.
④ 국가배상법이 정하는 배상청구의 요건인 '공무원의 직무'에는 행정지도와 같은 비권력적 행정작용이 포함된다.
⑤ 행정지도가 강제성을 띠지 않은 비권력적 작용으로서 행정지도의 한계를 일탈하지 아니하였다면, 그로 인하여 상대방에게 어떤 손해가 발생하였다고 하더라도 행정기관은 그에 대한 손해배상책임이 없다.

[❶ ▸ ×] 토지의 매매대금을 허위로 신고하고 계약을 체결하였다면 이는 계약예정금액에 대하여 허위의 신고를 하고 토지 등의 거래계약을 체결한 것으로서 구 국토이용관리법 제33조 제4호에 해당한다고 할 것이고, 행정관청이 국토이용관리법 소정의 토지거래계약신고에 관하여 공시된 기준시가를 기준으로 매매가격을 신고하도록 행정지도를 하여 그에 따라 허위신고를 한 것이라 하더라도 이와 같은 행정지도는 법에 어긋나는 것으로서 그와 같은 행정지도나 관행에 따라 허위신고행위에 이르렀다고 하여도 이것만 가지고서는 그 범법행위가 정당화될 수 없다(대판 1994.6.14. 93도3247).

[❷ ▸ ○] 행정지도가 말로 이루어지는 경우에 상대방이 제1항의 사항[행정지도의 취지 및 내용과 신분(註)]을 적은 서면의 교부를 요구하면 그 행정지도를 하는 자는 직무 수행에 특별한 지장이 없으면 이를 교부하여야 한다(행정절차법 제49조 제2항).



① 정답

[❸ ▸ O] 행정기관이 같은 행정목적을 실현하기 위하여 많은 상대방에게 행정지도를 하려는 경우에는 특별한 사정이 없으면 행정지도에 공통적인 내용이 되는 사항을 공표하여야 한다(행정절차법 제51조).

[❹ ▸ O] 국가배상법이 정한 배상청구의 요건인 '공무원의 직무'에는 권력적 작용만이 아니라 행정지도와 같은 비권력적 작용도 포함되며, 단지 행정주체가 사경제주체로서 하는 활동만은 제외되는 것이고, 기록에 의하여 살펴보면, 피고 및 그 산하의 강남구청은 이 사건 도시계획사업의 주무관청으로서 그 사업을 적극적으로 대행・지원하여 왔고 강남구청장의 이 사건 공탁도 행정지도의 일환으로 직무수행으로서 행하였다고 할 것이므로, 비권력적 작용인 공탁으로 인한 피고의 손해배상책임은 성립할 수 없다는 상고이유의 주장은 이유가 없다(대판 1998.7.10. 96다38971).

[❺ ▸ O] 행정지도가 강제성을 띠지 않은 비권력적 작용으로서 행정지도의 한계를 일탈하지 아니하였다면, 그로 인하여 상대방에게 어떤 손해가 발생하였다 하더라도 행정기관은 그에 대한 손해배상책임이 없다(대판 2008.9.25. 2006다18228).

**2012년 변호사시험 문 23.** ☑ 확인Check! O △ X

**甲은 토지매매에 의한 양도소득세 확정신고를 하면서, 행정청의 행정지도에 따라 실제 거래가격이 아닌 개별공시지가에 의하여 매매가격을 신고하였다. 추후에 이것이 허위신고로 문제되자 甲은 자신의 행위가 행정청의 행정지도에 따른 것이라고 하면서 반발하고 있다. 甲과 행정청의 법적 책임 등에 관한 설명 중 옳은 것은?(다툼이 있는 경우 판례에 의함)**

① 甲의 행위는 행정청의 행정지도에 따른 것으로서 범법행위가 아니지만, 관할관청은 이에 대한 법적 책임을 피할 수 없다.
② 甲이 행정지도에 따른 허위의 매매가격신고로 인하여 불이익을 입었다면 행정청이 사실상 강제력을 행사하였는지에 관계없이 공무원의 직무상 불법행위가 성립한다.
③ 행정청이 허위의 매매가격신고를 사실상 강제하지 않았더라도 현행법상 甲의 피해에 대한 손실보상이 이루어질 수 있다.
④ 만약 행정청의 행정지도를 따르지 않을 경우 일정한 불이익조치가 예정되어 있었다면 그 행정지도는 헌법소원의 대상이 되는 공권력행사가 될 수 있다.
⑤ 행정지도는 법적 효과를 발생시키는 것이 아니므로 항고소송 등 행정쟁송의 대상이 되지 아니하며, 행정지도를 따르지 않았다는 이유로 발령된 행정행위에 대해서도 항고소송을 제기할 수 없다.

[❶ ▸ X] 행정관청이 국토이용관리법 소정의 토지거래계약신고에 관하여 공시된 기준시가를 기준으로 매매가격을 신고하도록 행정지도를 하여 그에 따라 허위신고를 한 것이라 하더라도 이와 같은 행정지도는 법에 어긋나는 것으로서 그와 같은 행정지도나 관행에 따라 허위신고행위에 이르렀다고 하여도 이것만 가지고서는 그 범법행위가 정당화될 수 없다(대판 1994.6.14. 93도3247).

[❷ ▸ X] 행정지도가 강제성을 띠지 않은 비권력적 작용으로서 행정지도의 한계를 일탈하지 아니하였다면, 그로 인하여 상대방에게 어떤 손해가 발생하였다 하더라도 행정기관은 그에 대한 손해배상책임이 없다(대판 2008.9.25. 2006다18228).

[❸ ▸ X] 행정지도의 경우 피해자가 자유의사에 의한 협력과 동의에 의해 그 불이익을 수인한 것으로 되어, 그에 따른 손실보상청구권은 부정되는 것이 원칙이다. 단, 사실상 강제로 인해 특별한 희생이 있는 경우나, 상대방의 신뢰에 위배하여 불측의 손실을 발생시킨 경우에는 손실보상이 가능하다.

[❹ ▸ O] 교육인적자원부장관의 대학총장들에 대한 이 사건 학칙시정요구는 고등교육법 제6조 제2항, 동법시행령 제4조 제3항에 따른 것으로서 그 법적 성격은 대학총장의 임의적인 협력을 통하여 사실상의 효과를 발생시키는 행정지도의 일종이지만, 그에 따르지 않을 경우 일정한 불이익조치를 예정하고 있어 사실상 상대방에게 그에 따를 의무를 부과하는 것과 다를 바 없으므로 단순한 행정지도로서의 한계를 넘어 규제적・구속적 성격을 상당히 강하게 갖는 것으로서 헌법소원의 대상이 되는 공권력의 행사라고 볼 수 있다(헌재 2003.6.26. 2002헌마337등).

정답 ④

[❺ ▸ ×] 행정지도는 원칙적으로 항고소송의 대상인 처분에 해당하지 않으나, 행정지도를 따르지 않았다는 사유로 발령된 행정행위는 별개의 처분이므로, 기타 적법요건을 구비하는 한 항고소송을 제기할 수 있다.

## 제4절 비공식적 행정작용

# PART 03 행정과정의 규율

## CHAPTER 01 행정절차



## CHAPTER 02 행정정보 공개와 개인정보 보호

CHAPTER 01

# 행정절차

행정법

각 문항별로 이해도를 체크해 보세요.

최근 5년간 회별 평균 0.8문

## 제1절 행정절차 일반론

## 제2절 행정절차법

**2016년 변호사시험 문 26.**

☑ 확인Check! ○ △ ×

**행정절차에 관한 설명 중 판례의 입장과 부합하지 않는 것은?**

① 신청에 대한 거부처분은 특별한 사정이 없는 한 「행정절차법」 제21조 제1항의 '당사자에게 의무를 부과하거나 권익을 제한하는 처분'에 해당하지 않으므로 사전통지의 대상이 아니다.

② 청문을 실시하지 않아도 되는 예외적인 경우에 해당하지 않는 한 행정청은 침익적 행정처분을 할 때 반드시 청문을 실시하여야 하고 그 절차를 결여한 처분은 위법한 처분으로서 당연무효에 해당한다.

③ 행정청과 당사자가 청문절차를 배제하는 협약을 체결하였다 하더라도, 협약의 체결로 청문 실시 관련 규정의 적용을 배제할 수 있다고 볼만한 법령상의 규정이 없는 한 청문의 실시에 관한 규정의 적용이 배제되지 않는다.

④ 행정처분의 상대방에 대한 청문통지서가 반송되었다거나 행정처분의 상대방이 청문일시에 불출석하였다는 이유로 청문을 실시하지 아니하고 한 침익적 행정처분은 위법하다.

⑤ 환경영향평가를 실시하여야 할 사업에 대하여 환경영향평가를 거치지 아니하였음에도 사업승인 등 처분을 한 경우 그 하자는 중대하고 명백하여 무효사유에 해당한다.

[❶ ▸ ○] 행정절차법 제21조 제1항은 행정청은 당사자에게 의무를 과하거나 권익을 제한하는 처분을 하는 경우에는 미리 처분의 제목, 당사자의 성명 또는 명칭과 주소, 처분하고자 하는 원인이 되는 사실과 처분의 내용 및 법적 근거, 그에 대하여 의견을 제출할 수 있다는 뜻과 의견을 제출하지 아니하는 경우의 처리방법, 의견제출기관의 명칭과 주소, 의견제출기한 등을 당사자 등에게 통지하도록 하고 있는바, 신청에 따른 처분이 이루어지지 아니한 경우에는 아직 당사자에게 권익이 부과되지 아니하였으므로 특별한 사정이 없는 한 신청에 대한 거부처분이라고 하더라도 직접 당사자의 권익을 제한하는 것은 아니어서 신청에 대한 거부처분을 여기에서 말하는 당사자의 권익을 제한하는 처분에 해당한다고 할 수 없는 것이어서 처분의 사전통지대상이 된다고 할 수 없다(대판 2003.11.28. 2003두674).

[❷ ▸ ×] 청문제도는 행정처분의 사유에 대하여 당사자에게 변명과 유리한 자료를 제출할 기회를 부여함으로써 위법사유의 시정가능성을 고려하고 처분의 신중과 적정을 기하려는 데 그 취지가 있음에 비추어 볼 때, 행정청이 침해적 행정처분을 함에 즈음하여 청문을 실시하지 않아도 되는 예외적인 경우에 해당하지 않는 한 반드시 청문을 실시하여야 하고, 그 절차를 결여한 처분은 위법한 처분으로서 취소사유에 해당한다(대판 2004.7.8. 2002두8350).



② 정답

[ ❸ ▸ O ] 행정청이 사인과의 협약의 체결로 청문의 실시에 관한 규정의 적용을 배제할 수 있다고 볼만한 법령상의 규정이 없는 한, 이러한 협약이 체결되었다고 하여 청문의 실시에 관한 규정의 적용이 배제된다거나 청문을 실시하지 않아도 되는 예외적인 경우에 해당한다고 할 수 없다(대판 2004.7.8, 2002두8350).

[ ❹ ▸ O ] '의견청취가 현저히 곤란하거나 명백히 불필요하다고 인정될 만한 상당한 이유가 있는지 여부'는 당해 행정처분의 성질에 비추어 판단하여야 하는 것이지, 청문통지서의 반송 여부, 청문통지의 방법 등에 의하여 판단할 것은 아니며, 또한 행정처분의 상대방이 통지된 청문일시에 불출석하였다는 이유만으로 행정청이 관계 법령상 그 실시가 요구되는 청문을 실시하지 아니한 채 침해적 행정처분을 할 수는 없을 것이므로, 행정처분의 상대방에 대한 청문통지서가 반송되었다거나, 행정처분의 상대방이 청문일시에 불출석하였다는 이유로 청문을 실시하지 아니하고 한 침해적 행정처분은 위법하다(대판 2001.4.13, 2000두3337).

[ ❺ ▸ O ] 환경영향평가를 거쳐야 할 대상사업에 대하여 환경영향평가를 거치지 아니하였음에도 불구하고 승인 등 처분이 이루어진다면, 사전에 환경영향평가를 함에 있어 평가대상지역 주민들의 의견을 수렴하고 그 결과를 토대로 하여 환경부장관과의 협의내용을 사업계획에 미리 반영시키는 것 자체가 원천적으로 봉쇄되는바, 이렇게 되면 환경파괴를 미연에 방지하고 쾌적한 환경을 유지・조성하기 위하여 환경영향평가제도를 둔 입법 취지를 달성할 수 없게 되는 결과를 초래할 뿐만 아니라 환경영향평가대상지역 안의 주민들의 직접적이고 개별적인 이익을 근본적으로 침해하게 되므로, 이러한 행정처분의 하자는 법규의 중요한 부분을 위반한 중대한 것이고 객관적으로도 명백한 것이라고 하지 않을 수 없어, 이와 같은 행정처분은 당연무효이다(대판 2006.6.30, 2005두14363).



**2013년 변호사시험 문 27.** ☑ 확인 Check! O △ X

**甲은 대령진급예정자로 선발・공표(이하 '대령진급선발'이라 한다)되었으나, 육군참모총장은 국방부장관에게 甲이 대령진급선발 이전에 군납업자로부터의 금품수수 등으로 기소유예처분 및 감봉 3월의 징계처분을 받았다는 이유로 진급낙천을 건의하였다. 이에 국방부장관은 군인사법 제31조 등에 따라 대령진급선발을 취소하는 처분을 하였다. 그러자 甲은 대령진급선발을 취소하는 처분을 하는 과정에서 행정절차법에 따른 의견제출의 기회 등을 부여받지 못하였다는 점을 들어 취소소송을 제기하였다. 이에 관한 다음 설명 중 옳지 않은 것은?(다툼이 있는 경우 판례에 의함)**

① 甲에 대한 국방부장관의 대령진급선발 취소처분은 권익을 제한하는 침익적 행정처분이다.
② 甲이 수사과정 및 징계과정에서 자신의 비위행위에 대한 해명기회를 가졌다면 행정절차법에 따른 의견제출의 기회 등을 부여받은 것으로 보아야 한다.
③ 공무원 인사관계 법령에 따른 처분에 관한 사항이라도 그 전부에 대하여 행정절차법의 적용이 배제되는 것이 아니라 성질상 행정절차를 거치기 곤란하거나 불필요하다고 인정되는 처분이나 행정절차에 준하는 절차를 거치도록 하고 있는 처분의 경우에만 행정절차법의 적용이 배제된다.
④ 만약 위 취소소송에서 의견제출의 기회를 부여하지 않았음을 이유로 원고승소판결이 내려진 경우라도 甲을 대령으로 진급시켜야 하는 것은 아니다.
⑤ 행정청이 침익적 행정처분을 함에 있어 의견제출의 기회를 부여하지 않아도 되는 예외적인 경우에 해당하지 않는 한, 의견제출 기회를 부여하지 않은 것은 취소사유에 해당한다.

[ ❶ ▸ O ] 군인사법 및 그 시행령의 관계 규정에 따르면, 원고와 같이 진급예정자 명단에 포함된 자는 진급예정자명단에서 삭제되거나 진급선발이 취소되지 않는 한 진급예정자 명단 순위에 따라 진급하게 되므로, 이 사건 처분과 같이 진급선발을 취소하는 처분은 진급예정자로서 가지는 원고의 이익을 침해하는 처분이라 할 것이다(대판 2007.9.21, 2006두20631).

정답 ②

[❷ ▸ ×] 군인사법 및 그 시행령에 이 사건 처분과 같이 진급예정자 명단에 포함된 자의 진급선발을 취소하는 처분을 함에 있어 행정절차에 준하는 절차를 거치도록 하는 규정이 없을 뿐만 아니라 위 처분이 성질상 행정절차를 거치기 곤란하거나 불필요하다고 인정되는 처분이라고 보기도 어렵다고 할 것이어서 이 사건 처분이 행정절차법의 적용이 제외되는 경우에 해당한다고 할 수 없으며, 나아가 원고가 수사과정 및 징계과정에서 자신의 비위행위에 대한 해명기회를 가졌다는 사정만으로 이 사건 처분이 행정절차법 제21조 제4항 제3호, 제22조 제4항에 따라 원고에게 사전통지를 하지 않거나 의견제출의 기회를 주지 아니하여도 되는 예외적인 경우에 해당한다고 할 수 없으므로, 피고가 이 사건 처분을 함에 있어 원고에게 의견제출의 기회를 부여하지 아니한 이상, 이 사건 처분은 절차상 하자가 있어 위법하다고 할 것이다(대판 2007.9.21. 2006두20631).

[❸ ▸ ○] 행정과정에 대한 국민의 참여와 행정의 공정성, 투명성 및 신뢰성을 확보하고 국민의 권익을 보호함을 목적으로 하는 행정절차법의 입법목적과 행정절차법 제3조 제2항 제9호의 규정내용 등에 비추어 보면, 공무원 인사관계 법령에 의한 처분에 관한 사항 전부에 대하여 행정절차법의 적용이 배제되는 것이 아니라 성질상 행정절차를 거치기 곤란하거나 불필요하다고 인정되는 처분이나 행정절차에 준하는 절차를 거치도록 하고 있는 처분의 경우에만 행정절차법의 적용이 배제된다(대판 2007.9.21. 2006두20631).

[❹ ▸ ○] 처분의 절차와 형식의 위법을 이유로 취소판결이 내려진 경우, 그 판결의 기속력은 절차나 형식의 위법에 한하여 미치므로, 행정청이 절차나 형식의 위법을 스스로 시정하여 동일 내용의 처분을 하는 것은, 기속력에 반하지 않는다.

판례

과세의 절차 내지 형식에 위법이 있어 과세처분을 취소하는 판결이 확정되었을 때는 그 확정판결의 기판력은 거기에 적시된 절차 내지 형식의 위법사유에 한하여 미치는 것이므로 과세관청은 그 위법사유를 보완하여 다시 새로운 과세처분을 할 수 있고, 그 새로운 과세처분은 확정판결에 의하여 취소된 종전의 과세처분과는 별개의 처분이라 할 것이어서 확정판결의 기판력에 저촉되는 것이 아니다(대판 1987.2.10. 86누91).

[❺ ▸ ○] 행정청이 침해적 행정처분을 하면서 당사자에게 행정절차법상의 사전통지를 하거나 의견제출의 기회를 주지 아니하였다면 사전통지를 하지 않거나 의견제출의 기회를 주지 아니하여도 되는 예외적인 경우에 해당하지 아니하는 한 그 처분은 위법하여 취소를 면할 수 없다(대판 2007.09.21. 2006두20631).

**2020년 변호사시험 문 33.** ☑ 확인Check! ○ △ ×

A국 국적의 외국인 甲은 결혼이민(F-6) 사증발급을 신청하였다가 A국 소재 한국총영사관 총영사로부터 사증발급을 거부당하였다. A국 출입국 관련법령에서는 외국인의 사증발급 거부에 대하여 불복하지 못하도록 하는 규정을 두고 있다. 한편, B국 국적의 재외동포 乙은 재외동포(F-4) 사증발급을 신청하였다. 법무부장관은 취업자격으로 체류하는 외국인 중 불법체류자의 상당수가 단순기능인력이고, 불법체류자가 많이 발생하는 국가에서 비전문취업(E-9) 또는 방문취업(H-2) 외국인의 수가 많다는 점을 고려하여 불법체류가 많이 발생하는 국가를 고시하고 있다. 법무부장관은 위 고시에서 정한 국가에 B국이 포함된다는 이유로 乙에게 단순노무행위 등 취업활동에 종사하지 않을 것임을 소명하는 서류를 제출할 것을 요구하였다. 이에 관한 설명 중 옳은 것을 모두 고른 것은?(다툼이 있는 경우 판례에 의함)

ㄱ. A국 소재 한국총영사관 총영사가 甲에 대하여 사증발급을 거부하는 처분을 함에 있어 「행정절차법」상 처분의 사전통지를 하여야 하는 것은 아니다.
ㄴ. 행정처분에 대한 취소소송에서의 원고적격과 관련된 법률상 이익이라 함은 당해 처분의 근거 법률에 의하여 보호되는 직접적이고 구체적인 이익을 말하는 것인데, 甲은 사증발급 거부처분의 직접 상대방이므로 그 취소를 구할 법률상 이익이 있다.
ㄷ. 평등권은 그 기본권의 성질상 외국인에게 인정되지 않는 기본권에 해당되지 않고, 대한민국 국민과의 관계가 아닌 외국국적 동포들 사이에서의 차별이 다투어지는 이상 상호주의가 문제되지 않으므로 乙에게는 평등권에 대한 기본권주체성이 인정된다.
ㄹ. 법무부장관이 乙에게 단순노무행위 등 취업활동에 종사하지 않을 것임을 소명하는 서류를 제출하도록 한 것을 두고 자의적인 차별이라고 하기 어려워 乙의 평등권을 침해하지는 않는다.

① ㄴ ② ㄱ, ㄷ ③ ㄱ, ㄹ
④ ㄱ, ㄷ, ㄹ ⑤ ㄴ, ㄷ, ㄹ

[ㄱ ▸ ○] 행정절차법 제21조 제1항은 행정청은 당사자에게 의무를 과하거나 권익을 제한하는 처분을 하는 경우에는 미리 처분의 제목, 당사자의 성명 또는 명칭과 주소, 처분하고자 하는 원인이 되는 사실과 처분의 내용 및 법적 근거, 그에 대하여 의견을 제출할 수 있다는 뜻과 의견을 제출하지 아니하는 경우의 처리방법, 의견제출기관의 명칭과 주소, 의견제출기한 등을 당사자 등에게 통지하도록 하고 있는바, 신청에 따른 처분이 이루어지지 아니한 경우에는 아직 당사자에게 권익이 부과되지 아니하였으므로 특별한 사정이 없는 한 신청에 대한 거부처분이라고 하더라도 직접 당사자의 권익을 제한하는 것은 아니어서 신청에 대한 거부처분을 여기에서 말하는 당사자의 권익을 제한하는 처분에 해당한다고 할 수 없는 것이어서 처분의 사전통지대상이 된다고 할 수 없다(대판 2003.11.28. 2003두674).

[ㄴ ▸ ×] 사증발급 거부처분을 다투는 외국인은, 아직 대한민국에 입국하지 않은 상태에서 대한민국에 입국하게 해달라고 주장하는 것으로, 대한민국과의 실질적 관련성 내지 대한민국에서 법적으로 보호가치 있는 이해관계를 형성한 경우는 아니어서, 해당 처분의 취소를 구할 법률상 이익을 인정하여야 할 법정책적 필요성도 크지 않다. 반면, 국적법상 귀화불허가처분이나 출입국관리법상 체류자격변경 불허가처분, 강제퇴거명령 등을 다투는 외국인은 대한민국에 적법하게 입국하여 상당한 기간을 체류한 사람이므로, 이미 대한민국과의 실질적 관련성 내지 대한민국에서 법적으로 보호가치 있는 이해관계를 형성한 경우이어서, 해당 처분의 취소를 구할 법률상 이익이 인정된다고 보아야 한다(대판 2018.5.15. 2014두42506).

[ㄷ ▸ ○] 청구인들이 주장하는 바는 대한민국 국민과의 관계가 아닌 외국국적동포들 사이에 '재외동포의 출입국과 법적 지위에 관한 법률'(이하 '재외동포법'이라 한다)의 수혜대상에서 차별하는 것이 평등권 침해라는 것으로서, 참정권과 같이 관련 기본권의 성질상 제한을 받는 것이 아니고 상호주의가 문제되는 것도 아니므로, 외국인인 청구인들은 이 사건에서 기본권주체성이 인정된다(헌재 2014.4.24. 2011헌마474 등).

정답 ④

[ㄹ ▸ O] 일반적으로 노동시장에서 외국인근로자의 유입은 대체관계에 있는 근로자의 임금수준을 하락시키는 것으로 알려져 있고, 단순노무행위에 종사하려는 외국국적동포의 제한 없는 입국 및 체류가 허용될 경우에는 단순노무 분야의 실업률이 상승할 우려가 있으므로, 심판대상조항들이 단순노무행위 등 취업활동 종사자와 그렇지 않은 사람을 달리 취급하는 것은 합리적 이유가 있다. 취업자격 체류외국인 중 불법체류자의 상당수가 단순기능인력이고, 불법체류자가 많이 발생하는 국가에서 비전문취업(E-9) 내지 방문취업(H-2) 외국인의 수도 많은 점을 고려하면, 심판대상조항들이 단순노무행위 등 취업활동 종사자 중 불법체류가 많이 발생하는 중국 등 이 사건 고시의 해당국가 국민에 대하여 일정한 첨부서류를 제출하도록 한 것을 자의적인 차별이라고 보기도 어렵다. 따라서 심판대상조항들은 평등권을 침해하지 않는다(헌재 2014.4.24. 2011헌마474 등).

**2018년 변호사시험 문 24.** ☑ 확인 Check! O △ X

**행정상의 절차에 관한 설명 중 옳은 것을 모두 고른 것은?(다툼이 있는 경우 판례에 의함)**

ㄱ. 행정청이 침해적 행정처분을 하면서 당사자에게 「행정절차법」상의 사전통지를 하지 않았고 의견제출의 기회도 부여하지 않았다면 사전통지를 하지 아니하거나 의견제출의 기회를 주지 아니하여도 되는 예외적인 경우에 해당하지 아니하는 한 그 처분은 위법하다.

ㄴ. 「건축법」에서 인・허가의제 제도를 둔 취지는 인・허가의제사항 관련 법률에 따른 각각의 인・허가 요건에 관한 일체의 심사를 배제하여 건축허가의 관할 행정청으로 그 창구를 단일화하고 절차를 간소화하며 비용과 시간을 절감함으로써 국민의 권익을 보호하려는 것이다.

ㄷ. 일반적으로 당사자가 근거규정 등을 명시하여 신청하는 인・허가 등을 거부하는 처분을 함에 있어 당사자가 그 근거를 알 수 있을 정도로 상당한 이유를 제시한 경우에는 당해 처분의 근거 및 이유를 구체적 조항 및 내용까지 명시하지 않았더라도 그로 말미암아 처분이 위법한 것이 된다고 할 수 없다.

ㄹ. 「행정절차법」상 청문은 청문 주재자가 필요하다고 인정하는 경우 공개할 수 있으며, 당사자 또는 이해관계인은 청문의 공개를 신청할 수 없다.

ㅁ. 「행정절차법」상 공무원 인사관계 법령에 의한 처분에 관한 사항 전부에 대하여 「행정절차법」의 적용이 배제되는 것이 아니라 성질상 행정절차를 거치기 곤란하거나 불필요하다고 인정되는 처분이나 행정절차에 준하는 절차를 거치도록 하고 있는 처분의 경우에만 「행정절차법」의 적용이 배제된다.

① ㄱ, ㄴ, ㄷ ② ㄱ, ㄴ, ㅁ ③ ㄱ, ㄷ, ㄹ
④ ㄱ, ㄷ, ㅁ ⑤ ㄴ, ㄷ, ㄹ

[ㄱ ▸ O] 행정청이 침해적 행정처분을 하면서 당사자에게 행정절차법상의 사전통지를 하거나 의견제출의 기회를 주지 아니하였다면 사전통지를 하지 않거나 의견제출의 기회를 주지 아니하여도 되는 예외적인 경우에 해당하지 아니하는 한 그 처분은 위법하여 취소를 면할 수 없다(대판 2007.09.21. 2006두20631).

[ㄴ ▸ X] 인・허가의제 제도를 둔 취지는, 인・허가의제사항과 관련하여 건축허가 또는 건축신고의 관할 행정청으로 그 창구를 단일화하고 절차를 간소화하며 비용과 시간을 절감함으로써 국민의 권익을 보호하려는 것이지, 인・허가의제사항 관련 법률에 따른 각각의 인・허가 요건에 관한 일체의 심사를 배제하려는 것으로 보기는 어렵다(대판 2011.1.20. 2010두14954 [전합]).



④ 정답

[ㄷ▸O] 행정절차법 제23조 제1항은 행정청은 처분을 하는 때에는 당사자에게 그 근거와 이유를 제시하여야 한다고 규정하고 있는바, 일반적으로 당사자가 근거규정 등을 명시하여 신청하는 인·허가 등을 거부하는 처분을 함에 있어 당사자가 그 근거를 알 수 있을 정도로 상당한 이유를 제시한 경우에는 당해 처분의 근거 및 이유를 구체적 조항 및 내용까지 명시하지 않았더라도 그로 말미암아 그 처분이 위법한 것이 된다고 할 수 없다. 행정청이 토지형질변경허가신청을 불허하는 근거규정으로 '도시계획법시행령 제20조'를 명시하지 아니하고 '도시계획법'이라고만 기재하였으나, 신청인이 자신의 신청이 개발제한구역의 지정목적에 현저히 지장을 초래하는 것이라는 이유로 구 도시계획법시행령 제20조 제1항 제2호에 따라 불허된 것임을 알 수 있었던 경우, 그 불허처분이 위법하지 아니하다(대판 2002.5.17. 2000두8912).

[ㄹ▸X] 청문은 당사자가 공개를 신청하거나 청문 주재자가 필요하다고 인정하는 경우 공개할 수 있다. 다만, 공익 또는 제3자의 정당한 이익을 현저히 해칠 우려가 있는 경우에는 공개하여서는 아니 된다(행정절차법 제30조).

[ㅁ▸O] 공무원 인사관계 법령에 의한 처분에 관한 사항 전부에 대하여 행정절차법의 적용이 배제되는 것이 아니라 성질상 행정절차를 거치기 곤란하거나 불필요하다고 인정되는 처분이나 행정절차에 준하는 절차를 거치도록 하고 있는 처분의 경우에만 행정절차법의 적용이 배제된다(대판 2007.9.21. 2006두20631).

**2014년 변호사시험 문 24.** ☑ 확인Check! ○ △ ×

**행정절차에 관한 설명 중 옳은 것을 모두 고른 것은?(다툼이 있는 경우 판례에 의함)**

ㄱ. 신청에 따른 처분이 이루어지지 아니한 경우에는 아직 당사자에게 권익이 부과되지 아니하였으므로 특별한 사정이 없는 한 신청에 대한 거부처분이라고 하더라도 직접 당사자의 권익을 제한하는 것은 아니어서 신청에 대한 거부처분은 행정절차법상의 사전통지대상이 된다고 할 수 없다.
ㄴ. 당사자에게 의무를 과하거나 당사자의 권익을 제한하는 처분을 함에 있어서, 행정청은 법령 등에서 요구된 자격이 없어지게 되면 반드시 일정한 처분을 하여야 하는 경우에 그 자격이 없어지게 된 사실이 법원의 재판 등에 의하여 객관적으로 증명된 경우에도 행정절차법상의 사전통지를 하여야 한다.
ㄷ. 행정청은 처분을 하는 경우 원칙적으로 당사자에게 그 근거와 이유를 제시할 의무가 있으므로, 당사자가 근거규정 등을 명시하여 신청하는 인·허가 등을 거부하는 처분을 함에 있어 당사자가 그 근거를 알 수 있을 정도로 상당한 이유를 제시한 경우라 할지라도 당해 처분의 근거 및 이유로서 구체적 조항 및 내용까지 명시해야 하고 그러지 아니하면 그 처분은 위법하다.
ㄹ. 행정청이 당사자와 도시계획사업의 시행과 관련한 협약을 체결하면서 관계 법령 및 행정절차법에 규정된 청문의 실시 등 의견청취절차를 배제하는 조항을 두었다고 하더라도, 위와 같은 협약의 체결로 청문의 실시에 관한 규정의 적용을 배제할 수 있다고 볼 만한 법령상의 규정이 없는 한, 청문의 실시에 관한 규정의 적용이 배제된다거나 청문을 실시하지 않아도 되는 예외적인 경우에 해당한다고 할 수 없다.

① ㄱ, ㄴ　② ㄱ, ㄹ　③ ㄴ, ㄷ
④ ㄴ, ㄹ　⑤ ㄷ, ㄹ

[ㄱ▸O] 신청에 따른 처분이 이루어지지 아니한 경우에는 아직 당사자에게 권익이 부과되지 아니하였으므로 특별한 사정이 없는 한 신청에 대한 거부처분이라고 하더라도 직접 당사자의 권익을 제한하는 것은 아니어서 신청에 대한 거부처분을 여기에서 말하는 당사자의 권익을 제한하는 처분에 해당한다고 할 수 없는 것이어서 처분의 사전통지대상이 된다고 할 수 없다(대판 2003.11.28. 2003두674).

정답 ②

[ㄴ ▸ X] 지문의 경우 처분의 사전통지의 예외사유에 해당한다.

법령 **처분의 사전통지(행정절차법 제21조)** ① 행정청은 당사자에게 의무를 부과하거나 권익을 제한하는 처분을 하는 경우에는 미리 다음 각 호의 사항을 당사자 등에게 통지하여야 한다.

④ 다음 각 호의 어느 하나에 해당하는 경우에는 제1항에 따른 통지를 하지 아니할 수 있다.

1. 공공의 안전 또는 복리를 위하여 긴급히 처분을 할 필요가 있는 경우
2. 법령 등에서 요구된 자격이 없거나 없어지게 되면 반드시 일정한 처분을 하여야 하는 경우에 그 자격이 없거나 없어지게 된 사실이 법원의 재판 등에 의하여 객관적으로 증명된 경우
3. 해당 처분의 성질상 의견청취가 현저히 곤란하거나 명백히 불필요하다고 인정될 만한 상당한 이유가 있는 경우

[ㄷ ▸ X] 행정절차법 제23조 제1항은 행정청은 처분을 하는 때에는 당사자에게 그 근거와 이유를 제시하여야 한다고 규정하고 있는바, 일반적으로 당사자가 근거규정 등을 명시하여 신청하는 인·허가 등을 거부하는 처분을 함에 있어 당사자가 그 근거를 알 수 있을 정도로 상당한 이유를 제시한 경우에는 당해 처분의 근거 및 이유를 구체적 조항 및 내용까지 명시하지 않았더라도 그로 말미암아 그 처분이 위법한 것이 된다고 할 수 없다(대판 2002.5.17. 2000두8912).

[ㄹ ▸ O] 행정청이 당사자와 사이에 도시계획사업의 시행과 관련한 협약을 체결하면서 관계 법령 및 행정절차법에 규정된 청문의 실시 등 의견청취절차를 배제하는 조항을 두었다고 하더라도, 국민의 행정참여를 도모함으로써 행정의 공정성·투명성 및 신뢰성을 확보하고 국민의 권익을 보호한다는 행정절차법의 목적 및 청문제도의 취지 등에 비추어 볼 때, 위와 같은 협약의 체결로 청문의 실시에 관한 규정의 적용을 배제할 수 있다고 볼 만한 법령상의 규정이 없는 한, 이러한 협약이 체결되었다고 하여 청문의 실시에 관한 규정의 적용이 배제된다거나 청문을 실시하지 않아도 되는 예외적인 경우에 해당한다고 할 수 없다(대판 2004.7.8. 2002두8350).

## 제3절 행정절차의 하자 ☆

**2012년 변호사시험 문 20.** ☑ 확인 Check! O △ X

**행정행위의 절차상 하자에 관한 설명 중 옳지 않은 것은?(다툼이 있는 경우 판례에 의함)**

① 행정절차의 하자는 행정쟁송 제기 이전까지 치유할 수 있다.
② 국가공무원법상 소청심사위원회가 소청사건을 심사하면서 소청인 또는 그 대리인에게 진술의 기회를 부여하지 아니하고 한 결정은 무효이다.
③ 과세처분의 절차에 위법이 있어 과세처분을 취소하는 판결이 확정된 경우 과세관청은 그 위법사유를 보완하여 다시 새로운 과세처분을 할 수 있다.
④ 명문의 규정이 없는 한 취소사유인 절차상 하자가 실체적 결정에 영향을 미치지 않았음이 명백한 경우에는 절차상 하자만으로 당해 행정행위를 취소할 수 없다.
⑤ 행정청이 청문의 사전통지기간을 다소 어겼다 하더라도 당사자가 이에 대하여 이의를 제기하지 않고 청문일에 출석하여 그 의견을 진술하고 변명하는 등 방어의 기회를 충분히 가졌다면 청문의 사전통지기간을 준수하지 아니한 하자는 치유된다.



④ 정답

[ ❶ ▸ O ] 판례는 적어도 처분에 대한 불복 여부의 결정 및 불복신청에 편의를 줄 수 있는 상당한 기간인 행정쟁송제기 이전에 보정행위를 하여야 그 하자가 치유된다고 보고 있다.

판례 행정행위가 이루어진 당초에 그 행정행위의 위법사유가 되는 하자가 사후의 추완행위 또는 어떤 사정에 의하여 보완되었을 경우에는 행정행위의 무용한 반복을 피하고 당사자의 법적 생활안정을 기한다는 입장에서는 하자는 치유되고 당초의 위법한 행정행위가 적법·유효한 행정행위로 전환될 수 있다고 할 것이나, 행정행위의 성질이나 법치주의의 관점에서 볼 때, 늦어도 과세처분에 대한 불복여부의 결정 및 불복신청에 편의를 줄 수 있는 상당한 기간 내에 보정행위를 하여야 그 하자가 치유된다 할 것이다(대판 1983.7.26, 82누420).

[ ❷ ▸ O ] 국가공무원법 제13조에 따라 소청심사절차에서 소청인 등에게 진술기회를 부여하지 않고 한 결정은 무효로 된다.

법령 **소청인의 진술권(국가공무원법 제13조)** ① 소청심사위원회가 소청사건을 심사할 때에는 대통령령 등으로 정하는 바에 따라 소청인 또는 제76조 제1항 후단에 따른 대리인에게 진술기회를 주어야 한다.
② 제1항에 따른 진술기회를 주지 아니한 결정은 무효로 한다.

[ ❸ ▸ O ] 과세의 절차 내지 형식에 위법이 있어 과세처분을 취소하는 판결이 확정되었을 때는 그 확정판결의 기판력은 거기에 적시된 절차 내지 형식의 위법사유에 한하여 미치는 것이므로 과세관청은 그 위법사유를 보완하여 다시 새로운 과세처분을 할 수 있고, 그 새로운 과세처분은 확정판결에 의하여 취소된 종전의 과세처분과는 별개의 처분이라 할 것이어서 확정판결의 기판력에 저촉되는 것이 아니다(대판 1987.2.10, 86누91).

[ ❹ ▸ × ] 지문의 내용처럼 독일 행정절차법은 절차하자의 독자적인 위법사유를 인정하나, 우리 행정절차법은 이에 관한 일반적 규정을 두고 있지 않다. 판례는 절차하자의 독자적 위법성을 인정하는 입장이다.

판례 식품위생법 제64조, 같은 법 시행령 제37조 제1항 소정의 청문절차를 전혀 거치지 아니하거나 거쳤다고 하여도 그 절차적 요건을 제대로 준수하지 아니한 경우에는 가사 영업정지사유 등 위 법 제58조 등 소정 사유가 인정된다고 하더라도 그 처분은 위법하여 취소를 면할 수 없다(대판 1991.7.9, 91누971).

[ ❺ ▸ O ] 행정청이 식품위생법상의 청문절차를 이행함에 있어 소정의 청문서 도달기간을 지키지 아니하였다면 이는 청문의 절차적 요건을 준수하지 아니한 것이므로 이를 바탕으로 한 행정처분은 일단 위법하다고 보아야 할 것이지만 이러한 청문제도의 취지는 처분으로 말미암아 받게 될 영업자에게 미리 변명과 유리한 자료를 제출할 기회를 부여함으로써 부당한 권리침해를 예방하려는 데에 있는 것임을 고려하여 볼 때, 가령 행정청이 청문서 도달기간을 다소 어겼다하더라도 영업자가 이에 대하여 이의하지 아니한 채 스스로 청문일에 출석하여 그 의견을 진술하고 변명하는 등 방어의 기회를 충분히 가졌다면 청문서 도달기간을 준수하지 아니한 하자는 치유되었다고 봄이 상당하다(대판 1992.10.23, 92누2844).

## 제4절 인 · 허가 의제 ☆

**2020년 변호사시험 문 30.** ☑ 확인Check! ○ △ ×

A군수는 甲에게 「중소기업창업 지원법」 관련규정에 따라 농지의 전용허가 등이 의제되는 사업계획을 승인하는 처분을 하였다. 이에 관한 설명 중 옳은 것은?(다툼이 있는 경우 판례에 의함)

【참조】
「중소기업창업 지원법」
**제33조(사업계획의 승인)** ① 제조업을 영위하고자 하는 창업자는 대통령령으로 정하는 바에 따라 사업계획을 작성하고, 이에 대한 시장·군수 또는 구청장의 승인을 받아 사업을 할 수 있다.
**제35조(다른 법률과의 관계)** ① 제33조 제1항에 따라 사업계획을 승인할 때 다음 각 호의 허가, 승인, 신고(이하 "허가 등"이라 한다)에 관하여 시장 · 군수 또는 구청장이 제4항에 따라 다른 행정기관의 장과 협의를 한 사항에 대하여는 그 허가 등을 받은 것으로 본다.
1. 「산업집적활성화 및 공장설립에 관한 법률」 제13조 제1항에 따른 공장설립 등의 승인
2. 「도로법」 제61조 제1항에 따른 도로의 점용허가
3. 「산지관리법」 제14조 및 제15조에 따른 산지전용허가, 산지전용신고
4. 「농지법」 제34조 및 제35조에 따른 농지의 전용허가, 농지의 전용신고

④ 시장·군수 또는 구청장이 제33조에 따른 사업계획의 승인을 할 때 그 내용 중 제1항에 해당하는 사항이 다른 행정기관의 권한에 속하는 경우에는 그 행정기관의 장과 협의하여야 하며, 협의를 요청받은 행정기관의 장은 대통령령으로 정하는 기간에 의견을 제출하여야 한다.

※ 위 내용은 실제 법률과 다를 수 있음

① A군수가 甲에게 사업계획을 승인하려면 「중소기업창업 지원법」 제35조 제1항 제1호부터 제4호까지의 허가 등 전부에 관하여 관계 행정기관의 장과 일괄하여 사전협의를 하여야 하며, 농지의 전용허가만이 의제되는 사업계획을 승인할 수는 없다.
② 사업계획의 승인을 받은 甲이 농지의 전용허가와 관련한 명령을 불이행하는 경우, 甲에 대해 사업계획에 대한 승인의 효력은 유지하면서 의제된 농지의 전용허가만을 철회할 수 있다.
③ 의제된 농지의 전용허가에 형식적 하자가 있는 경우에는 甲에 대한 사업계획승인처분도 절차적 하자가 있는 위법한 것이 된다.
④ 甲에 대해 농지의 전용허가가 취소되었고 이를 이유로 사업계획승인처분이 취소된 경우, 甲은 사업계획승인의 취소를 다투어야 하며 따로 농지의 전용허가의 취소를 다툴 수는 없다.
⑤ 甲에 대한 사업계획승인처분 이후에 「중소기업창업 지원법」 제35조에 따른 허가 등 의제가 행정권한의 과도한 침해임을 이유로 헌법불합치결정이 내려진 경우라도, 위헌결정과 달리 헌법불합치결정은 당해사건에 대해서도 소급효가 미치지 않는다.

[❶ ▸ ×] 중소기업창업법 제35조 제1항의 인허가의제 조항은 창업자가 신속하게 공장을 설립하여 사업을 개시할 수 있도록 창구를 단일화하여 의제되는 인허가를 일괄 처리하는 데 입법 취지가 있다. 위 규정에 의하면 사업계획승인권자가 관계 행정기관의 장과 미리 협의한 사항에 한하여 승인 시에 그 인허가가 의제될 뿐이고, 해당 사업과 관련된 모든 인허가의 제 사항에 관하여 일괄하여 사전 협의를 거쳐야 하는 것은 아니다. 업무처리지침 제15조 제1항은 협의가 이루어지지 않은 인허가사항을 제외하고 일부만을 승인할 수 있다고 규정함으로써 이러한 취지를 명확히 하고 있다(대판 2018.7.12, 2017두48734).



② 정답

[❷ ▸ O] 사업계획승인으로 의제된 인허가는 통상적인 인허가와 동일한 효력을 가지므로, 그 효력을 제거하기 위한 법적 수단으로 의제된 인허가의 취소나 철회가 허용될 필요가 있다. 특히 업무처리지침 제18조에서는 사업계획승인으로 의제된 인허가 사항의 변경 절차를 두고 있는데, 사업계획승인 후 의제된 인허가 사항을 변경할 수 있다면 의제된 인허가 사항과 관련하여 취소 또는 철회 사유가 발생한 경우 해당 의제된 인허가의 효력만을 소멸시키는 취소 또는 철회도 할 수 있다고 보아야 한다(대판 2018.7.12. 2017두48734).

[❸ ▸ ×] 인허가 의제 대상이 되는 처분에 어떤 하자가 있더라도, 그로써 해당 인허가 의제의 효과가 발생하지 않을 여지가 있게 될 뿐이고, 그러한 사정이 주택건설사업계획 승인처분 자체의 위법사유가 될 수는 없다(대판 2018.11.29. 2016두38792).

[❹ ▸ ×] 군수가 갑 주식회사에 구 중소기업창업 지원법 제35조에 따라 산지전용허가 등이 의제되는 사업계획을 승인하면서 산지전용허가와 관련하여 재해방지 등 명령을 이행하지 아니한 경우 산지전용허가를 취소할 수 있다는 조건을 첨부하였는데, 갑 회사가 재해방지 조치를 이행하지 않았다는 이유로 산지전용허가 취소를 통보하고, 이어 토지의 형질변경 허가 등이 취소되어 공장설립 등이 불가능하게 되었다는 이유로 갑 회사에 사업계획승인을 취소한 경우, 산지전용허가 취소는 군수가 의제된 산지전용허가의 효력을 소멸시킴으로써 갑 회사의 구체적인 권리·의무에 직접적인 변동을 초래하는 행위로 보이는 점 등을 종합하면 의제된 산지전용허가 취소가 항고소송의 대상이 되는 처분에 해당하고, 산지전용허가 취소에 따라 사업계획승인은 산지전용허가를 제외한 나머지 인허가 사항만 의제하는 것이 되므로 사업계획승인 취소는 산지전용허가를 제외한 나머지 인허가 사항만 의제된 사업계획승인을 취소하는 것이어서 산지전용허가 취소와 사업계획승인 취소가 대상과 범위를 달리하는 이상, 갑 회사로서는 사업계획승인 취소와 별도로 산지전용허가 취소를 다툴 필요가 있다(대판 2018.7.12. 2017두48734).

[❺ ▸ ×] 어떤 법률조항에 대하여 헌법재판소가 헌법불합치결정을 하여 입법자에게 그 법률조항을 합헌적으로 개정 또는 폐지하는 임무를 입법자의 형성 재량에 맡긴 이상, 개선입법의 소급적용 여부와 소급적용 범위는 원칙적으로 입법자의 재량에 달린 것이기는 하지만, 구 군인연금법 제23조 제1항(이하 '구법 조항'이라 한다)에 대한 헌법불합치결정의 취지나 위헌심판의 구체적 규범통제 실효성 보장이라는 측면을 고려할 때, 적어도 헌법불합치결정을 하게 된 당해 사건 및 헌법불합치결정 당시에 구법 조항의 위헌 여부가 쟁점이 되어 법원에 계속 중인 사건에 대하여는 헌법불합치결정의 소급효가 미친다고 해야 하므로, 비록 현행 군인연금법 부칙에 소급 적용에 관한 경과조치를 두고 있지 않더라도 이들 사건에 대하여는 구법 조항을 그대로 적용할 수는 없고, 위헌성이 제거된 현행 군인연금법 규정이 적용되는 것으로 보아야 한다(대판 2011.9.29. 2008두18885).

PART 03 행정과정의 규율



안심Touch

CHAPTER 02

# 행정정보 공개와 개인정보 보호

행정법

각 문항별로 이해도를 체크해 보세요.

최근 5년간 회별 평균 0.4문

## 제1절 행정정보 공개 ★★

2018년 변호사시험 문 32.

확인 Check! ○ △ ×

**甲은 행정청 乙이 지출한 업무추진비의 예산집행내역과 지출증빙서 등에 관하여 乙에게 정보공개청구를 하였다. 이에 관한 설명 중 옳지 않은 것은?(다툼이 있는 경우 판례에 의함)**

① 甲이 사본 또는 복제물의 교부를 원하는 경우에 공개대상 정보의 양이 너무 많아 정상적인 업무수행에 현저한 지장을 초래할 우려가 있는 경우가 아니라면, 乙은 열람의 방식으로 공개할 수 없다.
② 공개청구된 지출증빙서에 간담회 등 행사참석자를 식별할 수 있는 개인정보가 일부 기재되어 있는 경우 乙은 공개청구된 정보에 대해 정보비공개결정을 하여야 한다.
③ 甲이 공개청구한 정보가 담긴 문서 등이 폐기되어 존재하지 않게 된 경우라면 그 정보를 더 이상 보유·관리하고 있지 않다는 점에 대한 증명책임은 乙에게 있다.
④ 乙의 정보비공개결정에 대한 甲의 이의신청이 각하 또는 기각되었을 경우에 甲은 행정심판 또는 행정소송을 제기할 수 있고, 또한 정보비공개결정에 대해 이의신청을 거치지 않고 바로 행정심판 또는 행정소송을 제기할 수 있다.
⑤ 甲이 정보공개거부처분취소심판을 청구하여 인용재결을 받았음에도 乙이 정보공개를 하지 않는 경우, 甲은 「행정심판법」상 간접강제신청을 할 수 있다.

[ ❶ ▸ ○ ] 행정청 乙은 정보의 사본 또는 복제물의 교부를 제한할 수 있는 사유에 해당하지 않는 한, 甲이 선택한 공개방법에 따라 정보를 공개해야 한다.

판례

정보공개를 청구하는 자가 공공기관에 대해 정보의 사본 또는 출력물의 교부의 방법으로 공개방법을 선택하여 정보공개청구를 한 경우에 공개청구를 받은 공공기관으로서는 같은 법 제8조 제2항에서 규정한 정보의 사본 또는 복제물의 교부를 제한할 수 있는 사유에 해당하지 않는 한 정보공개청구자가 선택한 공개방법에 따라 정보를 공개하여야 하므로 그 공개방법을 선택할 재량권이 없다고 해석함이 상당하다(대판 2003.12.12, 2003두8050).

법령

정보공개 여부 결정의 통지(공공기관의 정보공개에 관한 법률 제13조) ② 공공기관은 청구인이 사본 또는 복제물의 교부를 원하는 경우에는 이를 교부하여야 한다. 다만, 공개 대상 정보의 양이 너무 많아 정상적인 업무수행에 현저한 지장을 초래할 우려가 있는 경우에는 정보의 사본·복제물을 일정 기간별로 나누어 제공하거나 열람과 병행하여 제공할 수 있다.



② 정답

[❷ ▸ ×] 행사참석자를 식별할 수 있는 개인정보는 비공개대상정보에 해당한다. 비공개대상정보에 해당하는 부분과 공개가 가능한 부분이 혼합되어 있는 경우에 정보비공개결정을 하는 것이 아니라, 비공개대상정보에 관련된 기술 등을 제외 내지 삭제하고 그 나머지 정보만을 공개해야 한다.

판례

- 지방자치단체의 업무추진비 세부항목별 집행내역 및 그에 관한 증빙서류에 포함된 개인에 관한 정보는 '공개하는 것이 공익을 위하여 필요하다고 인정되는 정보'에 해당하지 않는다(대판 2003.03.11. 2001두6425).
- 법원이 행정기관의 정보공개거부처분의 위법 여부를 심리한 결과 공개를 거부한 정보에 비공개대상 정보에 해당하는 부분과 공개가 가능한 부분이 혼합되어 있고 공개청구의 취지에 어긋나지 아니하는 범위 안에서 두 부분을 분리할 수 있음을 인정할 수 있을 때에는 청구취지의 변경이 없더라도 공개가 가능한 정보에 관한 부분만의 일부취소를 명할 수 있다 할 것이고, 공개청구의 취지에 어긋나지 아니하는 범위 안에서 비공개대상 정보에 해당하는 부분과 공개가 가능한 부분을 분리할 수 있다고 함은, 이 두 부분이 물리적으로 분리 가능한 경우를 의미하는 것이 아니고 당해 정보의 공개방법 및 절차에 비추어 당해 정보에서 비공개대상 정보에 관련된 기술 등을 제외 내지 삭제하고 그 나머지 정보만을 공개하는 것이 가능하고 나머지 부분의 정보만으로도 공개의 가치가 있는 경우를 의미한다고 해석하여야 한다(대판 2004.12.09. 2003두12707).

[❸ ▸ O] 공개를 구하는 정보를 공공기관이 보유・관리하고 있을 상당한 개연성이 있다는 점에 대하여 원칙적으로 공개청구자에게 증명책임이 있고, 공개를 구하는 정보를 공공기관이 한때 보유・관리하였으나 후에 그 정보가 담긴 문서 등이 폐기되어 존재하지 않게 된 것이라면 그 정보를 더 이상 보유・관리하고 있지 아니하다는 점에 대한 증명책임은 공공기관에 있다(대판 2004.12.9. 2003두12707).

[❹ ▸ O] 이의신청이 각하 또는 기각되었을 경우에는 행정심판 또는 행정소송을 제기할 수 있고, 이의신청은 임의적 불복절차이므로 이를 거치지 않고 행정심판 또는 행정소송을 제기할 수도 있다.

법령

**이의신청(공공기관의 정보공개에 관한 법률 제18조)** ① 청구인이 정보공개와 관련한 공공기관의 비공개 결정 또는 부분 공개 결정에 대하여 불복이 있거나 정보공개 청구 후 20일이 경과하도록 정보공개 결정이 없는 때에는 공공기관으로부터 정보공개 여부의 결정 통지를 받은 날 또는 정보공개 청구 후 20일이 경과한 날부터 30일 이내에 해당 공공기관에 문서로 이의신청을 할 수 있다.

④ 공공기관은 이의신청을 각하(却下) 또는 기각(棄却)하는 결정을 한 경우에는 청구인에게 행정심판 또는 행정소송을 제기할 수 있다는 사실을 제3항에 따른 결과 통지와 함께 알려야 한다.

**행정심판(공공기관의 정보공개에 관한 법률 제19조)** ② 청구인은 제18조에 따른 이의신청 절차를 거치지 아니하고 행정심판을 청구할 수 있다.

[❺ ▸ O] 행정심판법 제50조의2 제1항 참조

법령

**위원회의 간접강제(행정심판법 제50조의2)** ① 위원회는 피청구인이 제49조 제2항(제49조 제4항에서 준용하는 경우를 포함한다) 또는 제3항에 따른 처분을 하지 아니하면 청구인의 신청에 의하여 결정으로 상당한 기간을 정하고 피청구인이 그 기간 내에 이행하지 아니하는 경우에는 그 지연기간에 따라 일정한 배상을 하도록 명하거나 즉시 배상을 할 것을 명할 수 있다.

**2016년 변호사시험 문 31.** ☑ 확인Check! ○ △ ×

甲은 A를 강간죄로 고소하였고, 관할 검찰청 검사는 사건을 수사한 후 「성폭력범죄의 처벌 등에 관한 특례법」 위반으로 A를 기소하였다. 그 후 甲은 관할 검찰청 검사장 乙에게 이 사건 공소장의 공개를 요구하는 정보공개청구서를 제출하였다. 이에 관한 설명 중 옳은 것을 모두 고른 것은?(다툼이 있는 경우 판례에 의함)

ㄱ. 甲이 청구한 공개대상정보가 공소장 원본일 필요는 없다.
ㄴ. 위 공소장의 내용을 인터넷 검색 등을 통하여 쉽게 알 수 있다면, 乙은 그 이유를 들어 甲의 정보공개청구를 거부할 수 있다.
ㄷ. 위 공소장이 폐기되어 존재하지 않게 되었다면, 공소장을 더 이상 보유·관리하고 있지 아니하다는 점에 대한 입증책임은 乙에게 있다.
ㄹ. 乙이 甲의 정보공개청구를 거부한 경우 甲은 「공공기관의 정보공개에 관한 법률」에 따른 이의신청 절차를 거치지 아니하고 행정심판을 청구할 수 있다.

① ㄱ ② ㄴ, ㄹ ③ ㄱ, ㄷ, ㄹ
④ ㄴ, ㄷ, ㄹ ⑤ ㄱ, ㄴ, ㄷ, ㄹ

**[ㄱ ▸ O]** 공공기관의 정보공개에 관한 법률상 공개청구의 대상이 되는 정보란 공공기관이 직무상 작성 또는 취득하여 현재 보유·관리하고 있는 문서에 한정되는 것이기는 하나, 그 문서가 반드시 원본일 필요는 없다(대판 2006.5.25. 2006두3049).

**[ㄴ ▸ X]** 공개청구의 대상이 되는 정보가 이미 다른 사람에게 공개되어 널리 알려져 있다거나 인터넷 등을 통하여 공개되어 인터넷검색 등을 통하여 쉽게 알 수 있다는 사정만으로는 소의 이익이 없다거나 비공개결정이 정당화될 수 없다(대판 2010.12.23. 2008두13101).

**[ㄷ ▸ O]** 공개를 구하는 정보를 공공기관이 보유·관리하고 있을 상당한 개연성이 있다는 점에 대하여 원칙적으로 공개청구자에게 증명책임이 있고, 공개를 구하는 정보를 공공기관이 한때 보유·관리하였으나 후에 그 정보가 담긴 문서 등이 폐기되어 존재하지 않게 된 것이라면 그 정보를 더 이상 보유·관리하고 있지 아니하다는 점에 대한 증명책임은 공공기관에 있다(대판 2004.12.9. 2003두12707).

**[ㄹ ▸ O]** 청구인은 제18조에 따른 이의신청 절차를 거치지 아니하고 행정심판을 청구할 수 있다(공공기관의 정보공개에 관한 법률 제19조 제2항).



③ 정답

**2015년 변호사시험 문 30.** ☑ 확인 Check! ○ △ ×

**환경부는 전국에 유통 중인 생수 7개 제품에서 기준치를 초과하는 발암우려물질이 검출됐다고 발표했다. 그러나 환경부는 신용훼손 등을 이유로 제조사 丙 등의 명단은 발표하지 않았다. 이에 대하여 甲은 환경부장관 乙에게 제조사 명단에 대한 정보공개를 청구하였다. 甲의 정보공개청구에 대하여 乙은 명단의 공개가 「공공기관의 정보공개에 관한 법률」 제9조 제1항 제7호의 '법인 · 단체 또는 개인의 경영상 · 영업상 비밀에 관한 사항으로서 공개될 경우 법인 등의 정당한 이익을 현저히 해칠 우려가 있다고 인정되는 정보'에 해당된다는 이유로 공개를 거부하였다. 이에 관한 설명 중 옳지 않은 것은?**

① 甲은 乙의 거부처분에 대하여 「공공기관의 정보공개에 관한 법률」상의 이의신청절차를 거치지 아니하고 행정심판을 청구할 수 있다.
② 정보공개청구권은 법률상 보호되는 구체적인 권리이므로 甲이 乙에게 정보공개를 청구하였다가 거부처분을 받은 것 자체가 법률상 이익의 침해에 해당한다.
③ 乙은 甲이 공개 청구한 대상정보와 관련이 있는 제3자인 丙에게 그 사실을 지체 없이 통지하여야 한다.
④ 「공공기관의 정보공개에 관한 법률」은 제3자의 권리구제수단에 대해서는 별도의 규정을 두고 있지 않으나, 만일 丙의 비공개 요청에도 불구하고 乙이 공개결정을 하였다면 丙은 그 공개결정에 대한 행정소송을 제기할 수 있다.
⑤ 甲이 공개 청구한 정보가 비공개 대상정보에 해당하는 부분과 공개 가능한 부분이 혼합되어 있는 경우로서 공개 청구의 취지에 어긋나지 않는 범위에서 두 부분을 분리할 수 있는 경우에는 乙은 비공개정보에 해당하는 부분을 제외하고 공개하여야 한다.

**[❶ ▸ O]** 청구인은 제18조에 따른 이의신청 절차를 거치지 아니하고 행정심판을 청구할 수 있다(공공기관의 정보공개에 관한 법률 제19조 제2항).

**[❷ ▸ O]** 정보공개청구권은 법률상 보호되는 구체적인 권리이므로 청구인이 공공기관에 대하여 정보공개를 청구하였다가 거부처분을 받은 것 자체가 법률상 이익의 침해에 해당한다(대판 2003.12.12. 2003두8050).

**[❸ ▸ O]** 공공기관은 공개 청구된 공개 대상 정보의 전부 또는 일부가 제3자와 관련이 있다고 인정할 때에는 그 사실을 제3자에게 지체 없이 통지하여야 하며, 필요한 경우에는 그의 의견을 들을 수 있다(공공기관의 정보공개에 관한 법률 제11조 제3항).

**[❹ ▸ ×]** 공공기관의 정보공개에 관한 법률은 제3자의 권리구제수단에 대한 규정을 두고 있다.

**제3자의 비공개 요청 등(공공기관의 정보공개에 관한 법률 제21조)** ① 제11조 제3항에 따라 공개 청구된 사실을 통지받은 제3자는 그 통지를 받은 날부터 3일 이내에 해당 공공기관에 대하여 자신과 관련된 정보를 공개하지 아니할 것을 요청할 수 있다.
② 제1항에 따른 비공개 요청에도 불구하고 공공기관이 공개 결정을 할 때에는 공개 결정 이유와 공개 실시일을 분명히 밝혀 지체 없이 문서로 통지하여야 하며, 제3자는 해당 공공기관에 문서로 이의신청을 하거나 행정심판 또는 행정소송을 제기할 수 있다. 이 경우 이의신청은 통지를 받은 날부터 7일 이내에 하여야 한다.

**[❺ ▸ O]** 법원이 행정기관의 정보공개거부처분의 위법 여부를 심리한 결과 공개를 거부한 정보에 비공개대상 정보에 해당하는 부분과 공개가 가능한 부분이 혼합되어 있고 공개청구의 취지에 어긋나지 아니하는 범위 안에서 두 부분을 분리할 수 있음을 인정할 수 있을 때에는 청구취지의 변경이 없더라도 공개가 가능한 정보에 관한 부분만의 일부취소를 명할 수 있다 할 것이고, 공개청구의 취지에 어긋나지 아니하는 범위 안에서 비공개대상 정보에 해당하는 부분과 공개가 가능한 부분을 분리할 수 있다고 함은, 이 두 부분이 물리적으로 분리 가능한 경우를 의미하는 것이 아니고 당해 정보의 공개방법 및 절차에 비추어 당해 정보에서 비공개대상 정보에 관련된 기술 등을 제외 내지 삭제하고 그 나머지 정보만을 공개하는 것이 가능하고 나머지 부분의 정보만으로도 공개의 가치가 있는 경우를 의미한다고 해석하여야 한다(대판 2004.12.09. 2003두12707).

정답 ④

**2014년 변호사시험 문 7.**

☑ 확인Check! ○ △ ×

**甲은 乙을 사기죄로 고소하였으나, 乙은 증거불충분으로 혐의없음의 불기소처분을 받았다. 甲은 불기소처분의 기록 중 피의자신문조서 등에 대하여 정보공개청구를 하였으나, 사생활의 비밀과 자유를 침해할 위험이 있는 정보라는 이유로 비공개결정을 받았다. 이 사안에 관한 설명 중 옳지 않은 것은?(다툼이 있는 경우 판례에 의함)**

【참조】

**검찰보존사무규칙 제22조(불기소사건기록 등의 열람·등사 제한)** ① 검사는 제20조의2에 따른 불기소사건기록 등의 열람·등사 신청에 대하여 다음 각 호의 어느 하나에 해당하는 경우에는 기록의 열람·등사를 제한 할 수 있다.

1. 〈생략〉
2. 기록의 공개로 인하여 사건관계인의 명예나 사생활의 비밀 또는 생명·신체의 안전이나 생활의 평온을 현저히 해칠 우려가 있는 경우

**공공기관의 정보공개에 관한 법률**

**제4조(적용 범위)** ① 정보의 공개에 관하여는 다른 법률에 특별한 규정이 있는 경우를 제외하고는 이 법에서 정하는 바에 따른다.

**제9조(비공개 대상 정보)** ① 공공기관이 보유·관리하는 정보는 공개 대상이 된다. 다만, 다음 각 호의 어느 하나에 해당하는 정보는 공개하지 아니할 수 있다.

1. 다른 법률 또는 법률에서 위임한 명령(국회규칙·대법원규칙·헌법재판소규칙·중앙선거관리위원회규칙·대통령령 및 조례로 한정한다)에 따라 비밀이나 비공개 사항으로 규정된 정보

2.~5. 〈생략〉

6. 해당 정보에 포함되어 있는 성명·주민등록번호 등 개인에 관한 사항으로서 공개될 경우 사생활의 비밀 또는 자유를 침해할 우려가 있다고 인정되는 정보. 다만, 다음 각 목에 열거한 개인에 관한 정보는 제외한다.
   가.~마. 〈생략〉

① 「공공기관의 정보공개에 관한 법률」에 따른 정보공개청구권은 법률상 보호되는 구체적인 권리이므로, 공개거부처분에 대하여 甲은 행정소송을 통하여 그 공개거부처분의 취소를 구할 법률상의 이익이 있다.

② 「공공기관의 정보공개에 관한 법률」 제9조 제1항 제6호에 규정된 '사생활의 자유'란 사회공동체의 일반적인 생활규범의 범위 내에서 사생활을 자유롭게 형성해 나가고 그 설계 및 내용에 대해서 외부로부터의 간섭을 받지 아니할 권리이며, '사생활의 비밀'이란 사생활과 관련된 사사로운 자신만의 영역이 본인의 의사에 반해서 타인에게 알려지지 않도록 할 수 있는 권리를 말한다.

③ 乙의 주민등록번호, 직업, 주소, 본적, 전과 및 검찰 처분, 상훈·연금, 병역, 교육, 경력, 가족, 재산 및 월수입, 종교, 정당·사회단체가입, 건강상태, 연락처 등 개인에 관한 정보뿐만 아니라, 사생활의 비밀과 자유를 침해할 우려가 있는 진술내용도 비공개 대상에 해당된다.

④ 공개거부의 근거가 된 검찰보존사무규칙 제22조는 법률상의 위임근거 없는 행정기관 내부의 사무처리준칙으로서 행정규칙에 불과하므로 「공공기관의 정보공개에 관한 법률」 제4조 제1항의 '정보의 공개에 관하여는 다른 법률에 특별한 규정이 있는 경우' 또는 제9조 제1항 제1호의 '다른 법률 또는 법률에서 위임한 명령에 따라 비밀이나 비공개 사항으로 규정된 정보'에 해당되지 않는다.

⑤ 甲이 기록의 열람·등사 신청을 할 경우, 검찰보존사무규칙 제22조 제1항 제2호에 따른 기록의 열람·등사에 대한 검사의 허가여부처분이라는 집행행위가 존재하지만, 그 집행행위를 대상으로 하는 구제절차가 없거나 구제절차가 있다고 하더라도 권리구제의 기대가능성이 없으므로, 위 규칙은 기본권침해의 직접성이 예외적으로 인정된다.

[❶ ▸ O] 정보공개청구권은 법률상 보호되는 구체적인 권리이므로 청구인이 공공기관에 대하여 정보공개를 청구하였다가 거부처분을 받은 것 자체가 법률상 이익의 침해에 해당한다(대판 2003.12.12. 2003두8050).



⑤ 정답

[❷ ▸ O] '사생활의 자유'란, 사회공동체의 일반적인 생활규범의 범위 내에서 사생활을 자유롭게 형성해 나가고 그 설계 및 내용에 대해서 외부로부터의 간섭을 받지 아니할 권리로서, 사생활과 관련된 사사로운 자신만의 영역이 본인의 의사에 반해서 타인에게 알려지지 않도록 할 수 있는 권리인 '사생활의 비밀'과 함께 헌법상 보장되고 있다(헌재 2001.8.30. 99헌바92).

[❸ ▸ O] 공공기관의 정보공개에 관한 법률 제9조 제1항 제6호 본문의 규정에 따라 비공개대상이 되는 정보에는 이름·주민등록번호 등 정보 형식이나 유형을 기준으로 비공개대상정보에 해당하는지를 판단하는 '개인식별정보'뿐만 아니라 그 외에 정보의 내용을 구체적으로 살펴 '개인에 관한 사항의 공개로 개인의 내밀한 내용의 비밀 등이 알려지게 되고, 그 결과 인격적·정신적 내면생활에 지장을 초래하거나 자유로운 사생활을 영위할 수 없게 될 위험성이 있는 정보'도 포함된다고 새겨야 한다. 따라서 불기소처분 기록 중 피의자신문조서 등에 기재된 피의자 등의 인적사항 이외의 진술내용 역시 개인의 사생활의 비밀 또는 자유를 침해할 우려가 인정되는 경우 정보공개법 제9조 제1항 제6호 본문 소정의 비공개대상에 해당한다(대판 2012.6.18. 2011두2361 [전합]).

[❹ ▸ O] 검찰보존사무규칙이 검찰청법 제11조에 기하여 제정된 법무부령이기는 하지만, 그 사실만으로 같은 규칙 내의 모든 규정이 법규적 효력을 가지는 것은 아니다. 기록의 열람·등사의 제한을 정하고 있는 같은 규칙 제22조는 법률상의 위임근거가 없어 행정기관 내부의 사무처리준칙으로서 행정규칙에 불과하므로, 위 규칙상의 열람·등사의 제한을 공공기관의 정보공개에 관한 법률 제9조 제1항 제1호의 '다른 법률 또는 법률에 의한 명령에 의하여 비공개사항으로 규정된 경우'에 해당한다고 볼 수 없다(대판 2006.5.25. 2006두3049).

[❺ ▸ X] 검찰보존사무규칙 제22조와 기록열람·등사에 관한 업무처리지침 제2조 나항은 기록의 열람·등사에 관한 기준을 제시하고 있을 뿐이므로 검사는 기록 열람·등사신청이 있을 경우 이 사건 규칙 제22조와 이 사건 지침 제2조 나항에 따라 당연히 기록의 열람·등사를 허가하거나 거부하여야 하는 것은 아니며, 위 기준에 따라 수사기록의 내용을 판단하여 허가여부의 결정을 할 수 있고, 따라서 피청구인인 검사의 집행행위를 통하지 아니하고, 이 사건 규칙과 지침이 직접 청구인들의 기본권을 침해하고 있다고 볼 수 없다(헌재 1998.2.27. 97헌마101).

## 제2절 개인정보 보호

PART 04

# 행정의 실효성 확보수단

# 행정상 강제집행



각 문항별로 이해도를 체크해 보세요.

최근 5년간 회별 평균 0.4문

## 제1절 행정상 강제집행 ★★★

2019년 변호사시험 문 34.

**행정의 실효성 확보수단에 관한 설명 중 옳지 않은 것은?(다툼이 있는 경우 판례에 의함)**

① 수용목적물인 토지나 가옥의 인도의무는 대체적 작위의무라 할 수 없으므로 그 인도의무 불이행에 대해서는 행정대집행을 할 수 없다.

② 계고서라는 명칭의 1장의 문서로 일정기간 내에 위법건축물의 자진철거를 명함과 동시에 그 소정기한 내에 자진철거를 하지 아니할 때에는 대집행할 뜻을 미리 계고한 경우 「건축법」에 의한 철거명령과 「행정대집행법」에 의한 계고처분은 독립하여 있는 것으로서 각각 그 요건이 충족된 것으로 본다.

③ 「건축법」상 이행강제금은 과거의 일정한 법률위반 행위에 대한 제재로서의 형벌이 아니라 장래의 의무이행의 확보를 위한 강제수단일 뿐이어서 범죄에 대하여 국가가 형벌권을 실행하는 과벌에 해당하지 않으므로 헌법 제13조 제1항이 금지하는 동일한 범죄에 대한 거듭된 '처벌'에 해당되지 않는다.

④ 세무조사결정은 납세의무자의 권리·의무에 직접 영향을 미치는 공권력의 행사에 따른 행정작용으로서 항고소송의 대상이 된다.

⑤ 하나의 행위가 2 이상의 질서위반행위에 해당하는 경우에는 각 질서위반행위에 대하여 정한 과태료 중 가장 중한 과태료를 부과한다. 이 경우를 제외하고 2 이상의 질서위반행위가 경합하는 경우에는 가장 중한 과태료에 그 1/2을 가산한다. 다만, 다른 법령(지방자치단체의 조례를 포함한다)에 특별한 규정이 있는 경우에는 그 법령으로 정하는 바에 따른다.

[❶ ▸ O] 피수용자 등이 사업시행자에 대하여 부담하는 수용대상 토지의 인도의무에 관한 공익사업을 위한 토지 등의 취소 및 보상에 관한 법률 제43조·제44조의 규정에서의 인도에는 명도도 포함되는 것으로 보아야 하고, 이러한 명도의무는 그것을 강제적으로 실현하면서 직접적인 실력행사가 필요한 것이지 대체적 작위의무라고 볼 수 없으므로 특별한 사정이 없는 한 행정대집행법에 의한 대집행의 대상이 될 수 없다(대판 2005.8.19. 2004다2809).

[❷ ▸ O] 계고서라는 명칭의 1장의 문서로써 일정기간 내에 위법건축물의 자진철거를 명함과 동시에 그 소정기한 내에 자진철거를 하지 아니할 때에는 대집행할 뜻을 미리 계고한 경우라도 건축법에 의한 철거명령과 행정대집행법에 의한 계고처분은 독립하여 있는 것으로서 각 그 요건이 충족되었다(대판 1992.6.12. 91누13564).

[❸ ▸ O] 이 사건 법률조항에서 규정하고 있는 이행강제금은 일정한 기한까지 의무를 이행하지 않을 때에는 일정한 금전적 부담을 과할 뜻을 미리 계고함으로써 의무자에게 심리적 압박을 주어 장래에 그 의무를 이행하게 하려는 행정상 간접적인 강제집행 수단의 하나로서 과거의 일정한 법률위반 행위에 대한 제재로서의 형벌이 아니라 장래의 의무이행의 확보를 위한 강제수단일 뿐이어서 범죄에 대하여 국가가 형벌권을 실행한다고 하는 과벌에 해당하지 아니하므로 헌법 제13조 제1항이 금지하는 이중처벌금지의 원칙이 적용될 여지가 없을 뿐 아니라, 건축법 제108조, 제110조에 의한 형사처벌의 대상이 되는 행위와 이 사건 법률조항에 따라 이행강제금이 부과되는 행위는 기초적 사실관계가 동일한 행위가 아니라 할 것이므로 이런 점에서도 이 사건 법률조항이 헌법 제13조 제1항의 이중처벌금지의 원칙에 위반되지 아니한다(헌재 2011.10.25. 2009헌바140).



⑤ 정답

[❹ ▸ O] 부과처분을 위한 과세관청의 질문조사권이 행해지는 세무조사결정이 있는 경우 납세의무자는 세무공무원의 과세자료 수집을 위한 질문에 대답하고 검사를 수인하여야 할 법적 의무를 부담하게 되는 점, 세무조사는 기본적으로 적정하고 공평한 과세의 실현을 위하여 필요한 최소한의 범위 안에서 행하여져야 하고, 더욱이 동일한 세목 및 과세기간에 대한 재조사는 납세자의 영업의 자유 등 권익을 심각하게 침해할 뿐만 아니라 과세관청에 의한 자의적인 세무조사의 위험마저 있으므로 조세공평의 원칙에 현저히 반하는 예외적인 경우를 제외하고는 금지될 필요가 있는 점, 납세의무자로 하여금 개개의 과태료 처분에 대하여 불복하거나 조사 종료 후의 과세처분에 대하여만 다툴 수 있도록 하는 것보다는 그에 앞서 세무조사결정에 대하여 다툼으로써 분쟁을 조기에 근본적으로 해결할 수 있는 점 등을 종합하면, 세무조사결정은 납세의무자의 권리・의무에 직접 영향을 미치는 공권력의 행사에 따른 행정작용으로서 항고소송의 대상이 된다(대판 2011.3.10. 2009두23617 등).

[❺ ▸ ×] 질서위반행위규제법 제13조 제1항・제2항 참조

법령 수 개의 질서위반행위의 처리(질서위반행위규제법 제13조) ① 하나의 행위가 2 이상의 질서위반행위에 해당하는 경우에는 각 질서위반행위에 대하여 정한 과태료 중 가장 중한 과태료를 부과한다.
② 제1항의 경우를 제외하고 2 이상의 질서위반행위가 경합하는 경우에는 각 질서위반행위에 대하여 정한 과태료를 각각 부과한다. 다만, 다른 법령(지방자치단체의 조례를 포함한다. 이하 같다)에 특별한 규정이 있는 경우에는 그 법령으로 정하는 바에 따른다.

**2016년 변호사시험 문 37.** ☑ 확인Check! O △ X

**행정의 실효성확보수단에 관한 설명 중 옳은 것을 모두 고른 것은?(다툼이 있는 경우 판례에 의함)**

ㄱ. 지방자치단체가 자치사무를 처리하는 경우 당해 지방자치단체는 국가기관과는 별도의 독립한 공법인이지만, 양벌규정에 의한 처벌대상이 되는 법인에 해당하지는 않는다.
ㄴ. 통고처분은 통고이행을 강제하거나 상대방에게 권리의무를 형성하지 않으므로 행정소송의 대상으로서의 처분에 해당하지 아니한다.
ㄷ. 건물철거 대집행 계고처분을 제1차로 고지한 후 이에 불응하자 다시 제2차, 제3차 계고서를 발송한 경우 「행정대집행법」상의 건물철거의무는 각 회차마다 발생하고, 각 회차의 계고처분이 모두 행정처분에 해당한다.
ㄹ. 행정법규 위반에 대한 제재로서 가하는 영업정지처분은 반드시 현실적인 행위자가 아니라도 법령상 책임자로 규정된 자에게 부과되고, 특별한 사정이 없는 한 위반자에게 고의나 과실이 없더라도 부과할 수 있다.
ㅁ. 행정대집행의 대상이 되는 대체적 작위의무는 공법상 의무이어야 하고, 이때의 작위의무는 행정처분뿐만 아니라 법령에 의해 직접 부과될 수도 있다.

① ㄱ, ㄴ ② ㄴ, ㄷ ③ ㄱ, ㄴ, ㅁ
④ ㄱ, ㄷ, ㄹ ⑤ ㄴ, ㄹ, ㅁ

[ㄱ ▸ ×] 국가가 본래 그의 사무의 일부를 지방자치단체의 장에게 위임하여 그 사무를 처리하게 하는 기관위임사무의 경우에는 지방자치단체는 국가기관의 일부로 볼 수 있는 것이지만, 지방자치단체가 그 고유의 자치사무를 처리하는 경우에는 지방자치단체는 국가기관의 일부가 아니라 국가기관과는 별도의 독립한 공법인이므로, 지방자치단체 소속 공무원이 지방자치단체 고유의 자치사무를 수행하던 중 도로법 제81조 내지 제85조의 규정에 의한 위반행위를 한 경우에는 지방자치단체는 도로법 제86조의 양벌규정에 따라 처벌대상이 되는 법인에 해당한다(대판 2005.11.10. 2004도2657).

정답 ⑤

[ㄴ ▸ O] 통고처분은 상대방의 임의의 승복을 그 발효요건으로 하기 때문에 그 자체만으로는 통고이행을 강제하거나 상대방에게 아무런 권리·의무를 형성하지 않으므로 행정심판이나 행정소송의 대상으로서의 처분성을 부여할 수 없고, 통고처분에 대하여 이의가 있으면 통고내용을 이행하지 않음으로써 고발되어 형사재판절차에서 통고처분의 위법·부당함을 얼마든지 다툴 수 있다(헌재 1998.5.28. 96헌바4).

[ㄷ ▸ X] 행정대집행법상의 건물철거의무는 제1차 철거명령 및 계고처분으로서 발생하였고 제2차, 제3차의 계고처분은 새로운 철거의무를 부과한 것이 아니고 다만 대집행기한의 연기통지에 불과하므로 행정처분이 아니다(대판 1994.10.28. 94누5144).

[ㄹ ▸ O] 행정법규 위반에 대하여 가하는 제재조치는 행정목적의 달성을 위하여 행정법규 위반이라는 객관적 사실에 착안하여 가하는 제재이므로 반드시 현실적인 행위자가 아니라도 법령상 책임자로 규정된 자에게 부과되고 특별한 사정이 없는 한 위반자에게 고의나 과실이 없더라도 부과할 수 있다(대판 2012.5.10. 2012두1297).

[ㅁ ▸ O] 대집행의 대상이 되는 공법상 의무는 법률(법률의 위임에 의한 명령, 지방자치단체의 조례를 포함)에 의해 직접 명령되었거나, 또는 법률에 의거한 행정청의 명령에 의한 행위이어야 한다.

법령

**대집행과 그 비용징수(행정대집행법 제2조)** 법률(법률의 위임에 의한 명령, 지방자치단체의 조례를 포함한다. 이하 같다)에 의하여 직접명령되었거나 또는 법률에 의거한 행정청의 명령에 의한 행위로서 타인이 대신하여 행할 수 있는 행위를 의무자가 이행하지 아니하는 경우 다른 수단으로써 그 이행을 확보하기 곤란하고 또한 그 불이행을 방치함이 심히 공익을 해할 것으로 인정될 때에는 당해 행정청은 스스로 의무자가 하여야 할 행위를 하거나 또는 제삼자로 하여금 이를 하게 하여 그 비용을 의무자로부터 징수할 수 있다.

**2015년 변호사시험 문 34.** ☑ 확인 Check! O △ X

**구청장 A는 허가 없이 건축물을 불법으로 축조한 甲에게 시정명령을 내렸으나, 甲이 이에 응하지 않자 「건축법」 제80조 제1항 본문에 근거하여 이행강제금을 부과하였다. 이에 관한 설명 중 옳지 않은 것은?(다툼이 있는 경우 판례에 의함)**

① 甲의 무허가 건축행위에 대하여 1천만원의 벌금 부과와 별개로 시정명령의 불이행을 이유로 이행강제금을 부과하더라도 이중처벌에 해당하지 않는다.
② 甲이 이행강제금을 부과받은 후 사망한 경우 이행강제금의 납부의무는 甲의 상속인에게 승계되지 않는다.
③ A는 이행강제금 대신 행정대집행을 선택적으로 활용하여 행정목적을 달성할 수 있다.
④ A는 이행강제금을 징수한 후에도 甲이 시정명령을 이행하지 않는 경우 이행할 때까지 법정 한도에서 반복하여 부과할 수 있다.
⑤ A의 이행강제금 부과 후 甲이 시정명령을 이행하면 A는 이행강제금의 부과를 즉시 중지해야 하며, 이미 부과된 이행강제금을 징수할 수 없다.

[❶ ▸ O] 건축법 제78조에 의한 무허가건축행위에 대한 형사처벌과 건축법 제83조 제1항에 의한 시정명령위반에 대한 이행강제금의 부과는 그 처벌 내지 제재대상이 되는 기본적 사실관계로서의 행위를 달리하며, 또한 그 보호법익과 목적에서도 차이가 있으므로 헌법 제13조 제1항이 금지하는 이중처벌에 해당한다고 할 수 없다(헌재 2004.2.26. 2001헌바80 등).

[❷ ▸ O] 이행강제금 납부의무는 상속인 기타의 사람에게 승계될 수 없는 일신전속적인 성질의 것이므로 이미 사망한 사람에게 이행강제금을 부과하는 내용의 처분이나 결정은 당연무효이고, 이행강제금을 부과받은 사람의 이의에 의하여



⑤ 정답

비송사건절차법에 의한 재판절차가 개시된 후에 그 이의한 사람이 사망한 때에는 사건 자체가 목적을 잃고 절차가 종료된다 (대결 2006.12.8. 2006마470).

[❸ ▸ ○] 전통적으로 행정대집행은 대체적 작위의무에 대한 강제집행수단으로, 이행강제금은 부작위의무나 비대체적 작위의무에 대한 강제집행수단으로 이해되어 왔으나, 이는 이행강제금제도의 본질에서 오는 제약은 아니며, 이행강제금은 대체적 작위의무의 위반에 대하여도 부과될 수 있다. 현행 건축법상 위법건축물에 대해 이행강제수단으로 대집행과 이행강제금이 인정되고 있는데, 양 제도는 각각의 장단점이 있으므로 행정청은 개별사건에 있어서 위반내용, 위반자의 시정의지 등을 감안하여 대집행과 이행강제금을 선택적으로 활용할 수 있으며, 이처럼 그 합리적인 재량에 의해 선택하여 활용하는 이상, 중첩적인 제재에 해당한다고 볼 수 없다(헌재 2004.2.26. 2001헌바80 등).

[❹ ▸ ○] 이행강제금은 그 의무자에게 심리적 압박을 주어 장래를 향해 의무의 이행을 확보하려는 간접적인 행정상 강제집행수단이므로, 의무자가 그 의무를 이행할 때까지 계속하여 반복적으로 부과할 수 있다.

[❺ ▸ ×] 허가권자는 제79조 제1항에 따라 시정명령을 받은 자가 이를 이행하면 새로운 이행강제금의 부과를 즉시 중지하되, 이미 부과된 이행강제금은 징수하여야 한다(건축법 제80조 제6항).

**2014년 변호사시험 문 30.** ☑ 확인Check! ○ △ ×

**甲은 자신의 소유 건물의 3층 부분에 대한 외벽보강공사 및 지붕보수공사를 하면서 허가를 받지 아니하고 위 3층 부분에 무허가증축공사를 시행하였다. 이에 관할 구청장 乙은 무허가증축공사를 중단함과 아울러 무허가 증축된 부분을 철거할 것을 명령하였으나, 甲이 이에 응하지 아니하고 무허가증축공사를 계속하여 이를 완공하고 주택으로 사용하고 있다. 다음 설명 중 옳은 것을 모두 고른 것은?(다툼이 있는 경우 판례에 의함)**

ㄱ. 乙이 계고서라는 명칭의 1장의 문서로써 일정기간 내에 위법건축물의 자진철거를 명함과 동시에 그 소정기한 내에 자진철거를 하지 아니할 때에는 대집행할 뜻을 미리 계고한 경우라도 건축법에 의한 철거명령과 행정대집행법에 의한 계고처분은 독립하여 있는 것으로서 각 그 요건이 충족되었다고 볼 수 있다.
ㄴ. 건축법위반 건축물에 대한 철거명령과 그 대집행의 계고에 있어서 의무자가 이행하여야 할 행위와 그 의무 불이행 시 대집행할 행위의 내용 및 범위는 반드시 대집행계고서에 의하여 특정되어야 한다.
ㄷ. 甲이 대집행 실행에 저항하는 경우와 관련해서 행정대집행법에서는 이러한 저항을 실력으로 배제할 수 있다는 명문의 규정을 두고 있다.
ㄹ. 乙은 현행 건축법상 위법건축물에 대한 이행강제수단으로 대집행과 이행강제금을 선택적으로 활용할 수 있다.

① ㄱ, ㄴ ② ㄱ, ㄷ ③ ㄱ, ㄹ
④ ㄴ, ㄷ ⑤ ㄷ, ㄹ

[ㄱ ▸ ○] 계고서라는 명칭의 1장의 문서로써 일정기간 내에 위법건축물의 자진철거를 명함과 동시에 그 소정기한 내에 자진철거를 하지 아니할 때에는 대집행할 뜻을 미리 계고한 경우라도 건축법에 의한 철거명령과 행정대집행법에 의한 계고처분은 독립하여 있는 것으로서 각 그 요건이 충족되었다(대판 1992.6.12. 91누13564).

[ㄴ ▸ ×] 행정청이 행정대집행법 제3조 제1항에 의한 대집행계고를 함에 있어서는 의무자가 스스로 이행하지 아니하는 경우에 대집행할 행위의 내용 및 범위가 구체적으로 특정되어야 하나, 그 행위의 내용 및 범위는 반드시 대집행계고서에 의하여서만 특정되어야 하는 것이 아니고 계고처분 전후에 송달된 문서나 기타 사정을 종합하여 행위의 내용이 특정되면 족하다(대판 1994.10.28. 94누5144).

정답 ③

[ㄷ ▸ X] 대집행 실행 시에 의무자가 이에 항거하는 경우, 대집행실행자가 의무자의 저항을 실력으로 배제할 수 있는지에 관해 명문의 규정을 두고 있는 독일과 달리, 우리는 그와 같은 규정이 없다.

[ㄹ ▸ O] 전통적으로 행정대집행은 대체적 작위의무에 대한 강제집행수단으로, 이행강제금은 부작위의무나 비대체적 작위의무에 대한 강제집행수단으로 이해되어 왔으나, 이는 이행강제금제도의 본질에서 오는 제약은 아니며, 이행강제금은 대체적 작위의무의 위반에 대하여도 부과될 수 있다. 현행 건축법상 위법건축물에 대해 이행강제수단으로 대집행과 이행강제금이 인정되고 있는데, 양 제도는 각각의 장단점이 있으므로 행정청은 개별사건에 있어서 위반내용, 위반자의 시정의지 등을 감안하여 대집행과 이행강제금을 선택적으로 활용할 수 있으며, 이처럼 그 합리적인 재량에 의해 선택하여 활용하는 이상, 중첩적인 제재에 해당한다고 볼 수 없다(헌재 2004.2.26. 2001헌바80).

**2013년 변호사시험 문 32.** ☑ 확인 Check! O △ X

**공원관리청 A는 불법으로 국립공원 내에 시설물을 설치한 甲에 대하여 자연공원법 제31조 제1항에 따라 철거명령을 하였으나, 甲이 이를 이행하지 않자 행정대집행법에 따라 대집행을 하고자 한다. 이에 관한 다음 설명 중 옳지 않은 것은?(다툼이 있는 경우 판례에 의함)**

① 급박한 위험이 있어 위 시설물을 급속히 철거하여야 하는데 계고절차를 거칠 여유가 없을 경우 계고 없이 대집행을 할 수 있다.
② 대집행계고를 함에 있어 대집행할 행위의 내용 및 범위는 대집행계고서에 의하여 특정되어야 하고, 계고처분 전후의 다른 문서의 송달로써는 불특정의 하자를 치유할 수 없다.
③ 공원관리청 A가 제1차 철거대집행 계고처분 후 다시 제2차 계고처분을 행한 경우 제2차 계고처분은 새로운 철거의무를 부과하는 것이 아니라 대집행을 하겠다는 기한의 연기 통지에 불과한 것이므로 甲은 제2차 계고처분을 항고소송으로 다툴 수 없다.
④ 계고처분을 거쳐 대집행 실행이 완료된 경우, 甲은 원칙적으로 계고처분의 취소를 구할 법률상 이익을 가지지 않는다.
⑤ 대집행비용은 국세징수법의 예에 따라 징수할 수 있다.

[❶ ▸ O] 행정대집행법 제3조 제3항 참조

법령

**대집행의 절차(행정대집행법 제3조)** ① 전조의 규정에 의한 처분(以下 代執行이라 한다)을 하려함에 있어서는 상당한 이행기한을 정하여 그 기한까지 이행되지 아니할 때에는 대집행을 한다는 뜻을 미리 문서로써 계고하여야 한다. 이 경우 행정청은 상당한 이행기한을 정함에 있어 의무의 성질·내용 등을 고려하여 사회통념상 해당 의무를 이행하는 데 필요한 기간이 확보되도록 하여야 한다.
② 의무자가 전항의 계고를 받고 지정기한까지 그 의무를 이행하지 아니할 때에는 당해 행정청은 대집행영장으로써 대집행을 할 시기, 대집행을 시키기 위하여 파견하는 집행책임자의 성명과 대집행에 요하는 비용의 개산에 의한 견적액을 의무자에게 통지하여야 한다.
③ 비상시 또는 위험이 절박한 경우에 있어서 당해 행위의 급속한 실시를 요하여 전2항에 규정한 수속을 취할 여유가 없을 때에는 그 수속을 거치지 아니하고 대집행을 할 수 있다.

[❷ ▸ X] 행정청이 행정대집행법 제3조 제1항에 의한 대집행계고를 함에 있어서는 의무자가 스스로 이행하지 아니하는 경우에 대집행할 행위의 내용 및 범위가 구체적으로 특정되어야 하지만, 그 행위의 내용 및 범위는 반드시 대집행 계고서에 의하여서만 특정되어야 하는 것이 아니고 계고처분 전후에 송달된 문서나 기타 사정을 종합하여 행위의 내용이 특정되거나 대집행 의무자가 그 이행의무의 범위를 알 수 있으면 족하다(대판 1997.2.14. 96누15428).



② 정답

[ ❸ ▸ ○ ] 시장이 무허가건물소유자인 원고들에게 일정기간까지 철거할 것을 명함과 아울러 불이행할 때에는 대집행한다는 내용의 철거대집행계고처분을 고지한 후 원고들이 불응하자 다시 2차 계고서를 발송하여 일정기간까지의 자진철거를 촉구하고 불이행하면 대집행을 한다는 뜻을 고지하였다면 원고들의 행정대집행법상의 건물철거의무는 제1차 철거명령 및 계고처분으로서 발생하였고 제2차의 계고처분은 원고들에게 새로운 철거의무를 부과하는 것이 아니고 다만 대집행기한의 연기통지에 불과하므로 행정처분이 아니다(대판 1991.1.25. 90누5962).

[ ❹ ▸ ○ ] 계고처분에 기한 대집행의 실행이 이미 사실행위로서 완료되었다면, 계고처분이나 대집행의 실행행위 자체의 무효확인 또는 취소를 구할 법률상 이익은 없다(대판 1995.7.28. 95누2623).

[ ❺ ▸ ○ ] 대집행에 요한 비용은 국세징수법의 예에 의하여 징수할 수 있다(행정대집행법 제6조 제1항).

**2012년 변호사시험 문 35.** ☑ 확인Check! ○ △ ×

**행정의 실효성확보수단에 관한 설명 중 옳은 것을 모두 고른 것은?(다툼이 있는 경우 판례에 의함)**

ㄱ. 제1자로 장고건물의 철거 및 하천부지에 대한 원상복구명령을 하였음에도 이에 불응하므로 대집행계고를 하면서 다시 자진철거 및 하천부지의 원상복구를 명한 경우, 대집행계고서에 기재된 철거 및 원상복구명령도 취소소송의 대상이 되는 독립한 행정처분이다.

ㄴ. 건물에 대한 2011.5.9.자 건축허가를 받은 甲이 건축 중이던 건물을 乙에게 양도하였는데, 乙이 명의를 변경하지 아니한 채 사용승인 없이 건물을 사용하였다는 사유로 관할 행정청이 甲에게 이행강제금을 부과한 경우, 甲은 이의 제기 후 비송사건절차법에 따른 재판에서 이행강제금 부과의 위법을 주장하여야 한다.

ㄷ. 아무런 권원 없이 국유재산에 설치한 시설물에 대하여 행정청이 행정대집행을 할 수 있고 따로 민사소송의 방법으로 그 시설물의 철거를 구하는 것이 허용되지는 않지만, 아무런 권원 없이 국유재산에 설치한 시설물에 대하여 행정청이 행정대집행을 실시하지 않는 경우, 그 국유재산에 대한 사용청구권을 가지고 있는 자가 국가를 대위하여 민사소송으로 그 시설물의 철거를 구할 수 있다.

① ㄱ ② ㄷ ③ ㄱ, ㄴ
④ ㄴ, ㄷ ⑤ ㄱ, ㄴ, ㄷ

[ ㄱ ▸ × ] 제1차로 창고건물의 철거 및 하천부지에 대한 원상복구명령을 하였음에도 이에 불응하므로 대집행계고를 하면서 다시 자진철거 및 토사를 반출하여 하천부지를 원상복구할 것을 명한 경우, 행정대집행법상의 철거 및 원상복구의무는 제1차 철거 및 원상복구명령에 의하여 이미 발생하였다 할 것이어서, 대집행계고서에 기재된 자진철거 및 원상복구명령은 새로운 의무를 부과하는 것이라고 볼 수 없으며, 단지 종전의 철거 및 원상복구를 독촉하는 통지에 불과하므로 취소소송의 대상이 되는 독립한 행정처분이라고 할 수 없고, 대집행계고서에 기재된 철거 및 원상복구의무의 이행기한은 행정대집행법 제3조 제1항에 따른 이행기한을 정한 것에 불과하다. 원심이 이 사건 대집행계고서에 기재된 철거 및 원상복구명령이 취소소송의 대상이 되는 독립한 행정처분이 아니라고 보아 그의 취소를 구하는 소가 부적법하다고 판단한 것은 정당하다(대판 2004.6.10. 2002두12618).

[ ㄴ ▸ × ] 개정 전 건축법에서는 비송사건절차법에 의하도록 하는 특별한 규정을 두고 있었으므로, 건축법상 이행강제금은 취소소송의 대상이 되는 처분이 아니라고 본 것이 판례의 입장이었다. 하지만 2006년 5월 8일부터 시행된 개정 건축법에서는 그러한 규정을 삭제하였으므로, 이행강제금 부과는 항고소송의 대상이 되는 행정처분이라고 볼 수 있다. 최근 판례도 기존 입장을 변경하여 건축법상 이행강제금부과처분을 행정처분으로 보아 본안심리를 하였다.

정답 ②

위반 건축물이 개정 건축법 시행 이전에 건축된 것일지라도 행정청이 개정된 건축법 시행 이후에 시정명령을 하고, 건축물의 소유자 등이 시정명령에 응하지 않은 경우에는 행정청은 현행 건축법에 따라 이행강제금을 부과할 수 있다(대판 2012.3.29, 2011두27919).

[ㄷ ▸ O] 행정대집행의 절차가 인정되는 경우에는 따로 민사소송의 방법으로 피고들에 대하여 이 사건 시설물의 철거를 구하는 것은 허용되지 않는다. 다만, 관리권자인 보령시장이 행정대집행을 실시하지 아니하는 경우 국가에 대하여 이 사건 토지 사용청구권을 가지는 원고로서는 위 청구권을 보전하기 위하여 국가를 대위하여 피고들을 상대로 민사소송의 방법으로 이 사건 시설물의 철거를 구하는 이외에는 이를 실현할 수 있는 다른 방법이 없어 그 보전의 필요성이 인정되므로, 원고는 국가를 대위하여 피고들을 상대로 민사소송의 방법으로 이 사건 시설물의 철거를 구할 수 있다(대판 2009.6.11, 2009다1122).

CHAPTER 02

# 행정상 즉시강제와 행정조사

행정법

## 제1절 행정상 즉시강제

## 제2절 행정조사

MEMO

PART 04

행정의 실효성 확보수단



안심Touch

# 행정벌



각 문항별로 이해도를 체크해 보세요.

최근 5년간 회별 평균 0.4문

## 제1절 행정벌 ★

2018년 변호사시험 문 36.

확인 Check! ○ △ ×

행정벌에 관한 설명 중 옳은 것을 모두 고른 것은?(다툼이 있는 경우 판례에 의함)

ㄱ. 과태료는 행정형벌이 아닌 행정질서벌이므로 「질서위반행위규제법」은 행위자의 고의 또는 과실이 없더라도 과태료를 부과하도록 하고 있다.
ㄴ. 법인의 대표자, 법인 또는 개인의 대리인·사용인 및 그 밖의 종업원이 업무에 관하여 법인 또는 그 개인에게 부과된 법률상의 의무를 위반한 때에는 법인 또는 그 개인에게 과태료를 부과한다.
ㄷ. 양벌규정에 의한 영업주의 처벌은 금지위반행위자인 종업원의 처벌에 종속하는 것이 아니라 독립하여 그 자신의 종업원에 대한 선임감독상의 과실로 인하여 처벌되는 것이므로 종업원의 범죄성립이나 처벌이 영업주 처벌의 전제조건이 될 필요는 없다.
ㄹ. 지방자치단체 소속 공무원이 지방자치단체 고유의 자치사무를 수행하던 중 「도로법」 규정을 위반한 경우 지방자치단체는 「도로법」 상의 양벌규정에 따라 처벌대상이 되는 법인에 해당한다.
ㅁ. 과태료처분을 받고 이를 납부한 일이 있는데도 그 후에 형사처벌을 하면 일사부재리의 원칙에 위반된다.
ㅂ. 「여객자동차 운수사업법」에서 정하는 과태료처분이나 감차처분 등은 형벌이 아니므로 같은 법이 정하고 있는 처분대상인 위반행위를 유추해석하거나 확대해석하는 것이 가능하다.

① ㄱ, ㄴ ② ㄴ, ㄷ, ㄹ ③ ㄷ, ㄹ, ㅂ
④ ㄱ, ㄴ, ㄷ, ㄹ ⑤ ㄴ, ㄷ, ㄹ, ㅁ

[ㄱ ▸ ×] 고의 또는 과실이 없는 질서위반행위는 과태료를 부과하지 아니한다(질서위반행위규제법 제7조).

[ㄴ ▸ ○] 법인의 대표자, 법인 또는 개인의 대리인·사용인 및 그 밖의 종업원이 업무에 관하여 법인 또는 그 개인에게 부과된 법률상의 의무를 위반한 때에는 법인 또는 그 개인에게 과태료를 부과한다(질서위반행위규제법 제11조 제1항).

[ㄷ ▸ ○] 양벌규정에 의한 영업주의 처벌은 금지위반행위자인 종업원의 처벌에 종속하는 것이 아니라 독립하여 그 자신의 종업원에 대한 선임감독상의 과실로 인하여 처벌되는 것이므로 종업원의 범죄성립이나 처벌이 영업주 처벌의 전제조건이 될 필요는 없다(대판 2006.2.24. 2005도7673).

[ㄹ ▸ ○] 국가가 본래 그의 사무의 일부를 지방자치단체의 장에게 위임하여 그 사무를 처리하게 하는 기관위임사무의 경우에는 지방자치단체는 국가기관의 일부로 볼 수 있는 것이지만, 지방자치단체가 그 고유의 자치사무를 처리하는 경우에는 지방자치단체는 국가기관의 일부가 아니라 국가기관과는 별도의 독립한 공법인이므로, 지방자치단체 소속 공무원이 지방자치단체 고유의 자치사무를 수행하던 중 도로법 제81조 내지 제85조의 규정에 의한 위반행위를 한 경우에는 지방자치단체는 도로법 제86조의 양벌규정에 따라 처벌대상이 되는 법인에 해당한다(대판 2005.11.10. 2004도2657).



② 정답

[ㅁ ▸ ×] 행정법상의 질서벌인 과태료의 부과처분과 형사처벌은 그 성질이나 목적을 달리하는 별개의 것이므로 행정법상의 질서벌인 과태료를 납부한 후에 형사처벌을 한다고 하여 이를 일사부재리의 원칙에 반하는 것이라고 할 수 없다(대판 1996.4.12. 96도158).

[ㅂ ▸ ×] 여객자동차 운수사업법 제76조, 제85조에서 정하는 과태료처분이나 감차처분 등은 규정위반자에 대하여 처벌 또는 제재를 가하는 것이므로 같은 법이 정하고 있는 처분대상인 위반행위를 함부로 유추해석하거나 확대해석하여서는 아니 된다(대판 2007.03.30. 2004두7665).

**2017년 변호사시험 문 22.** ☑ 확인 Check! ○ △ ×

**행정의 실효성 확보수단에 관한 설명 중 옳지 않은 것은?(다툼이 있는 경우 판례에 의함)**

① 「질서위반행위규제법」상의 행정청의 과태료부과처분에 대해 불복하는 당사자는 이의제기 절차를 거치지 않고 항고소송을 통해 다툴 수 있다.
② 「경찰관직무집행법」상의 범죄예방을 위한 경찰관의 제지행위는 행정상 즉시강제이자 권력적 사실행위에 해당한다.
③ 가산세 부과처분에 관해서 「국세기본법」 등에 그 납세고지의 방식 등에 관하여 따로 정한 규정이 없더라도, 하나의 납세고지서에 의하여 본세와 가산세를 함께 부과할 때에는 납세고지서에 본세와 가산세 각각의 세액과 산출근거 등을 구분하여 기재해야 한다.
④ 「여객자동차 운수사업법」상 사업정지처분에 갈음하여 부과하는 과징금은 행정법규위반이라는 객관적 사실에 착안하여 가하는 제재이므로 반드시 현실적인 행위자가 아니라도 법령상 책임자로 규정된 자에게 부과될 수 있다.
⑤ 과세관청이 체납처분으로 행한 공매는 항고소송의 대상이 된다.

[❶ ▸ ×] 과태료부과처분에 대해 불복하는 당사자가 행정청에 이의제기를 하면(질서위반행위규제법 제20조 참조), 행정청은 지방법원에 통보하고(동법 제21조 참조), 법원은 비송사건절차법을 준용하는 과태료 재판을 통해 과태료를 결정하게 된다(동법 제28조 참조). 따라서 과태료부과처분에 대한 불복은 항고소송을 통해 다툴 수 없다.

**판례** 질서위반행위규제법 제20조 제1항, 제2항, 제21조 제1항, 제25조, 제36조 제1항, 제38조 제1항은 행정청의 과태료 부과에 불복하는 당사자는 과태료 부과 통지를 받은 날부터 60일 이내에 해당 행정청에 서면으로 이의제기를 할 수 있고, 이의제기가 있는 경우에는 그 과태료 부과처분은 효력을 상실하며, 이의제기를 받은 행정청은 이의제기를 받은 날부터 14일 이내에 이에 대한 의견 및 증빙서류를 첨부하여 관할 법원에 통보하여야 하고, 그 통보를 받은 관할 법원은 이유를 붙인 결정으로써 과태료 재판을 하며, 당사자와 검사는 과태료 재판에 대하여 즉시항고를 할 수 있다고 규정하고 있다. 또 질서위반행위규제법 제5조는 "과태료의 부과·징수, 재판 및 집행 등의 절차에 관한 다른 법률의 규정 중 이 법의 규정에 저촉되는 것은 이 법으로 정하는 바에 따른다"고 규정하고 있다. 위와 같은 규정을 종합하여 보면, 과태료의 부과 여부 및 그 당부는 최종적으로 질서위반행위규제법에 의한 절차에 의하여 판단되어야 할 것이므로, 과태료 부과처분은 행정청을 피고로 하는 행정소송의 대상이 되는 행정처분이라고 볼 수 없다(대판 2012.10.11. 2011두19369).

[❷ ▸ ○] 경찰관직무집행법 제6조 제1항 중 경찰관의 제지에 관한 부분은 범죄의 예방을 위한 경찰 행정상 즉시강제 즉, 눈앞의 급박한 경찰상 장해를 제거하여야 할 필요가 있고 의무를 명할 시간적 여유가 없거나 의무를 명하는 방법으로는 그 목적을 달성하기 어려운 상황에서 의무불이행을 전제로 하지 아니하고 경찰이 직접 실력을 행사하여 경찰상 필요한 상태를 실현하는 권력적 사실행위에 관한 근거조항이다(대판 2008.11.13. 2007도9794).



정답 ①

[ ❸ ▸ ○ ] 가산세 부과처분에 관해서는 국세기본법이나 개별 세법 어디에도 그 납세고지의 방식 등에 관하여 따로 정한 규정이 없다. … (그러나) 하나의 납세고지서에 의하여 본세와 가산세를 함께 부과할 때에는 납세고지서에 본세와 가산세 각각의 세액과 산출근거 등을 구분하여 기재해야 하는 것이고, 또 여러 종류의 가산세를 함께 부과하는 경우에는 그 가산세 상호 간에도 종류별로 세액과 산출근거 등을 구분하여 기재함으로써 납세의무자가 납세고지서 자체로 각 과세처분의 내용을 알 수 있도록 하는 것이 당연한 원칙이다(대판 2012.10.18. 2010두12347 [전합]).

[ ❹ ▸ ○ ] 구 여객자동차 운수사업법 제88조 제1항의 과징금부과처분은 제재적 행정처분으로서 여객자동차 운수사업에 관한 질서를 확립하고 여객의 원활한 운송과 여객자동차 운수사업의 종합적인 발달을 도모하여 공공복리를 증진한다는 행정목적의 달성을 위하여 행정법규 위반이라는 객관적 사실에 착안하여 가하는 제재이므로 반드시 현실적인 행위자가 아니라도 법령상 책임자로 규정된 자에게 부과되고 원칙적으로 위반자의 고의·과실을 요하지 아니하나, 위반자의 의무해태를 탓할 수 없는 정당한 사유가 있는 등의 특별한 사정이 있는 경우에는 이를 부과할 수 없다(대판 2014.10.15. 2013두5005).

[ ❺ ▸ ○ ] 과세관청이 체납처분으로서 행하는 공매는 우월한 공권력의 행사로서 행정소송의 대상이 되는 공법상의 행정처분이며, 공매에 의하여 재산을 매수한 자는 그 공매처분이 취소된 경우에 그 취소처분의 위법을 주장하여 행정소송을 제기할 법률상 이익이 있다(대판 1984.9.25. 84누201).

CHAPTER 04

# 행정의 새로운 실효성 확보수단

행정법



MEMO





안심Touch

PART 05

# 행정상 손해전보

CHAPTER 01 국가배상



CHAPTER 02 행정상 손실보상



CHAPTER 03 행정상 손해전보제도의 보완



CHAPTER 04 손해전보를 위한 그 밖의 제도

# 국가배상



⊘ 각 문항별로 이해도를 체크해 보세요.

최근 5년간 회별 평균 1문

## 제1절 공무원의 직무상 불법행위로 인한 손해배상 ★★★☆

**2020년 변호사시험 문 40.**

**국가배상에 관한 설명 중 옳지 않은 것은?(다툼이 있는 경우 판례에 의함)**

① 생명・신체의 침해로 인한 국가배상을 받을 권리는 양도하거나 압류하지 못한다.

② 「국가배상법」 제7조가 정하는 상호보증은 반드시 당사국과의 조약이 체결되어 있을 필요는 없지만, 당해 외국에서 구체적으로 우리나라 국민에게 국가배상청구를 인정한 사례가 있어 실제로 국가배상이 상호 인정될 수 있는 상태가 인정되어야 한다.

③ 행정입법에 관여한 공무원이 입법 당시의 상황에서 다양한 요소를 고려하여 나름대로 합리적인 근거를 찾아 어느 하나의 견해에 따라 경과규정을 두는 등의 조치 없이 새 법령을 그대로 시행하거나 적용한 경우, 그와 같은 공무원의 판단이 나중에 대법원이 내린 판단과 같지 않다고 하더라도 국가배상책임의 성립요건인 공무원의 과실이 있다고 할 수는 없다.

④ 「국가배상법」 제2조 제1항의 '법령에 위반하여'라고 함은 엄격하게 형식적 의미의 법령에 명시적으로 공무원의 행위의무가 정하여져 있음에도 이를 위반하는 경우만을 의미하는 것이 아니고, 널리 그 행위가 객관적인 정당성을 결여하고 있는 경우도 포함한다.

⑤ 국민의 생명・신체・재산 등에 대하여 절박하고 중대한 위험상태가 발생하였거나 발생할 상당한 우려가 있는 경우가 아닌 한, 원칙적으로 공무원이 관련법령에서 정하여진 대로 직무를 수행하였다면 손해방지조치를 제대로 이행하지 않은 부작위를 가지고 '고의 또는 과실로 법령에 위반'하였다고 할 수는 없다.

[❶ ▸ O] 생명・신체의 침해로 인한 국가배상을 받을 권리는 양도하거나 압류하지 못한다(국가배상법 제4조).

[❷ ▸ X] 국가배상법 제7조가 정하는 상호보증은 외국의 법령, 판례 및 관례 등에 의하여 발생요건을 비교하여 인정되면 충분하고 반드시 당사국과의 조약이 체결되어 있을 필요는 없으며, 당해 외국에서 구체적으로 우리나라 국민에게 국가배상청구를 인정한 사례가 없더라도 실제로 인정될 것이라고 기대할 수 있는 상태이면 충분하다(대판 2015.6.11. 2013다208388).

[❸ ▸ O] 행정입법에 관여한 공무원이 입법 당시의 상황에서 다양한 요소를 고려하여 나름대로 합리적인 근거를 찾아 어느 하나의 견해에 따라 경과규정을 두는 등의 조치 없이 새 법령을 그대로 시행하거나 적용하였다면, 그와 같은 공무원의 판단이 나중에 대법원이 내린 판단과 같지 아니하여 결과적으로 시행령 등이 신뢰보호의 원칙 등에 위배되는 결과가 되었다고 하더라도 공무원의 과실이 있다고 할 수 없다(대판 2013.4.26. 2011다14428).

[❹ ▸ O] 국가배상책임에 있어 공무원의 가해행위는 법령을 위반한 것이어야 하고, 법령을 위반하였다 함은 엄격한 의미의 법령 위반뿐 아니라 인권존중, 권력남용금지, 신의성실과 같이 공무원으로서 마땅히 지켜야 할 준칙이나 규범을 지키지 아니하고 위반한 경우를 포함하여 널리 그 행위가 객관적인 정당성을 결여하고 있음을 뜻하는 것이므로, 경찰관이 범죄수사를 함에 있어 경찰관으로서 의당 지켜야 할 법규상 또는 조리상의 한계를 위반하였다면 이는 법령을 위반한 경우에 해당한다(대판 2008.6.12. 2007다64365).



② 정답

[ ❺ ▸ ○] '법령에 위반하여'라고 하는 것이 엄격하게 형식적 의미의 법령에 명시적으로 공무원의 작위의무가 규정되어 있는데도 이를 위반하는 경우만을 의미하는 것은 아니고, 국민의 생명, 신체, 재산 등에 대하여 절박하고 중대한 위험상태가 발생하였거나 발생할 우려가 있어서 국민의 생명, 신체, 재산 등을 보호하는 것을 본래적 사명으로 하는 국가가 초법규적, 일차적으로 그 위험 배제에 나서지 아니하면 국민의 생명, 신체, 재산 등을 보호할 수 없는 경우에는 형식적 의미의 법령에 근거가 없더라도 국가나 관련 공무원에 대하여 그러한 위험을 배제할 작위의무를 인정할 수 있을 것이지만, 그와 같은 절박하고 중대한 위험상태가 발생하였거나 발생할 우려가 있는 경우가 아니라면 원칙적으로 공무원이 관련 법령을 준수하여 직무를 수행하였다면 그와 같은 공무원의 부작위를 가지고 '고의 또는 과실로 법령에 위반'하였다고 할 수는 없을 것이므로, 공무원의 부작위로 인한 국가배상책임을 인정할 것인지 여부가 문제되는 경우에 관련 공무원에 대하여 작위의무를 명하는 법령의 규정이 없다면 공무원의 부작위로 인하여 침해된 국민의 법익 또는 국민에게 발생한 손해가 어느 정도 심각하고 절박한 것인지, 관련 공무원이 그와 같은 결과를 예견하여 그 결과를 회피하기 위한 조치를 취할 수 있는 가능성이 있는지 등을 종합적으로 고려하여 판단하여야 할 것이다(대판 1998.10.13. 98다18520).

**2018년 변호사시험 문 37.** ☑ 확인Check! ○ △ ×

**국가배상제도에 관한 설명 중 옳은 것(○)과 옳지 않은 것(×)을 올바르게 조합한 것은?(다툼이 있는 경우 판례에 의함)**

ㄱ. 공무원증 및 재직증명서 발급 업무를 담당하는 공무원이 다른 공무원의 공무원증을 위조한 행위는 그 실질이 직무행위에 속하지 아니하므로 「국가배상법」 제2조 제1항 소정의 직무집행에 해당하지 아니한다.

ㄴ. 어떠한 행정처분이 항고소송에서 위법한 것으로서 취소되었다면 이로써 당해 행정처분은 공무원의 고의 또는 과실에 의한 불법행위를 구성한다.

ㄷ. 헌법재판소는 「국가배상법」 제2조 제1항 단서를, 일반국민이 직무집행 중인 군인과의 공동불법행위로 직무집행 중인 다른 군인에게 공상을 입혀 그 피해자에게 공동의 불법행위로 인한 손해를 배상한 다음 공동불법행위자인 군인의 부담부분에 관하여 국가에 대하여 구상권을 행사하는 것을 허용하지 아니한다고 해석하는 한 헌법에 위반된다고 판단하였다.

ㄹ. 대법원은 공무원의 직무상 불법행위로 인하여 직무집행과 관련하여 피해를 입은 군인 등에 대하여 그 불법행위와 관련하여 공동불법행위책임을 지는 일반국민은 자신의 귀책부분을 초과하는 부분까지도 손해배상의무를 부담하며, 이를 전부 배상한 경우 다른 공동불법행위자인 군인의 부담부분에 관하여 국가를 상대로 구상권을 행사할 수 있다고 판단하였다.

① ㄱ(○) ㄴ(×) ㄷ(○) ㄹ(○)
② ㄱ(○) ㄴ(○) ㄷ(○) ㄹ(×)
③ ㄱ(×) ㄴ(×) ㄷ(○) ㄹ(×)
④ ㄱ(×) ㄴ(○) ㄷ(×) ㄹ(○)
⑤ ㄱ(×) ㄴ(×) ㄷ(○) ㄹ(○)

[ ㄱ ▸ ×] 울산세관의 통관지원과에서 인사업무를 담당하면서 울산세관 공무원들의 공무원증 및 재직증명서 발급업무를 하는 공무원인 甲이 울산세관의 다른 공무원의 공무원증 등을 위조하는 행위는 비록 그것이 실질적으로는 직무행위에 속하지 아니한다 할지라도 적어도 외관상으로는 공무원증과 재직증명서를 발급하는 행위로서 직무집행으로 보여진다(대판 2005.1.14. 2004다26805).

[ ㄴ ▸ ×] 어떠한 행정처분이 항고소송에서 취소되었다고 할지라도 그 기판력에 의하여 당해 행정처분이 곧바로 공무원의 고의 또는 과실로 인한 것으로서 불법행위를 구성한다고 단정할 수 없는 것이고, 그 행정처분의 담당공무원이 보통 일반의 공무원을 표준으로 하여 볼 때 객관적 주의의무를 결하여 그 행정처분이 객관적 정당성을 상실하였다고 인정될 정도에 이른 경우에 국가배상법 제2조 소정의 국가배상책임의 요건을 충족하였다고 봄이 상당하다(대판 2000.5.12. 99다70600).

정답 ③

[ㄷ ▸ O] 일반국민이 직무집행 중인 군인과의 공동불법행위로 직무집행 중인 다른 군인에게 공상을 입혀 그 피해자에게 공동의 불법행위로 인한 손해를 배상한 다음 공동불법행위자인 군인의 부담부분에 관하여 국가에 대하여 구상권을 행사하는 것을 허용하지 아니한다고 해석하는 한, 헌법에 위반된다(헌재 1994.12.29. 93헌바21).

[ㄹ ▸ X] 국가배상법 제2조 제1항 단서가 적용되는 공무원의 직무상 불법행위로 인하여 직무집행과 관련하여 피해를 입은 군인 등에 대하여 위 불법행위에 관련된 일반국민(법인을 포함한다. 이하 "민간인"이라 한다)이 공동불법행위책임, 사용자책임, 자동차운행자책임 등에 의하여 그 손해를 자신의 귀책부분을 넘어서 배상한 경우에도 … 공동불법행위자 등이 부진정연대채무자로서 각자 피해자의 손해 전부를 배상할 의무를 부담하는 공동불법행위의 일반적인 경우와 달리 예외적으로 민간인은 피해 군인 등에 대하여 그 손해 중 국가 등이 민간인에 대한 구상의무를 부담한다면 그 내부적인 관계에서 부담하여야 할 부분을 제외한 나머지 자신의 부담부분에 한하여 손해배상의무를 부담하고, 한편 국가 등에 대하여는 그 귀책부분의 구상을 청구할 수 없다고 해석함이 상당하다(대판 2001.2.15. 96다42420 [전합]).

**2016년 변호사시험 문 34.** ☑ 확인Check! O △ X

**국가배상책임에 관한 설명 중 옳지 않은 것은?(다툼이 있는 경우 판례에 의함)**

① 국가가 초법규적·일차적으로 위험배제에 나서지 아니하면 국민의 생명·신체·재산 등을 보호할 수 없는 경우 그 위험을 배제할 공무원의 작위의무가 인정되며, 그러한 작위의무 위반도 「국가배상법」 제2조 제1항의 법령위반에 해당한다.

② 공무원에게 부과된 직무상 의무의 내용이 단순히 공공일반의 이익을 위한 것이거나 행정청 내부의 질서를 규율하기 위한 것이라면, 공무원의 그와 같은 직무상 의무위반에 대해서는 국가배상책임이 성립하지 않는다.

③ 법관의 재판에 법령의 규정을 따르지 아니한 잘못이 있다 하더라도 이로써 바로 「국가배상법」 제2조 제1항의 법령위반이 되는 것은 아니며, 국가배상책임이 성립하기 위해서는 당해 법관이 위법 또는 부당한 목적을 가지고 재판을 하는 등 법관이 그에게 부여된 권한의 취지에 명백히 어긋나게 이를 행사하였다고 인정할 만한 특별한 사정이 있어야 한다.

④ 헌법재판소 재판관이 헌법소원심판의 청구기간을 잘못 산정하여 각하결정을 한 경우, 본안판단을 하였더라도 어차피 청구가 기각되었을 것이라는 사정이 있는 경우에는 국가배상책임이 인정될 수 없다.

⑤ 국회의원의 입법행위는 그 입법 내용이 헌법의 문언에 명백히 위배됨에도 불구하고 국회가 굳이 당해 입법을 한 것과 같은 특수한 경우가 아닌 한 「국가배상법」 제2조 제1항의 법령위반에 해당하지 않는다.

[❶ ▸ O] 공무원의 부작위로 인한 국가배상책임을 인정하기 위하여는 공무원의 작위로 인한 국가배상책임을 인정하는 경우와 마찬가지로 '공무원이 그 직무를 집행함에 당하여 고의 또는 과실로 법령에 위반하여 타인에게 손해를 가한 때'라고 하는 국가배상법 제2조 제1항의 요건이 충족되어야 할 것인바, '법령에 위반하여'라고 하는 것이 엄격하게 형식적 의미의 법령에 명시적으로 공무원의 작위의무가 규정되어 있는데도 이를 위반하는 경우만을 의미하는 것은 아니고, 국민의 생명, 신체, 재산 등에 대하여 절박하고 중대한 위험상태가 발생하였거나 발생할 우려가 있어서 국민의 생명, 신체, 재산 등을 보호하는 것을 본래적 사명으로 하는 국가가 초법규적, 일차적으로 그 위험 배제에 나서지 아니하면 국민의 생명, 신체, 재산 등을 보호할 수 없는 경우에는 형식적 의미의 법령에 근거가 없더라도 국가나 관련 공무원에 대하여 그러한 위험을 배제할 작위의무를 인정할 수 있을 것이지만, 그와 같은 절박하고 중대한 위험상태가 발생하였거나 발생할 우려가 있는 경우가 아니라면 원칙적으로 공무원이 관련 법령을 준수하여 직무를 수행하였다면 그와 같은 공무원의 부작위를 가지고 '고의 또는 과실로 법령에 위반'하였다고 할 수는 없을 것이므로, 공무원의 부작위로 인한 국가배상책임을 인정할 것인지 여부가 문제되는 경우에 관련 공무원에 대하여 작위의무를 명하는 법령의 규정이 없다면 공무원의 부작위로 인하여 침해된 국민의 법익 또는 국민에게 발생한 손해가 어느 정도 심각하고 절박한 것인지, 관련 공무원이 그와 같은 결과를 예견하여 그 결과를 회피하기 위한 조치를 취할 수 있는 가능성이 있는지 등을 종합적으로 고려하여 판단하여야 할 것이다(대판 1998.10.13. 98다18520).



④ 정답

[❷ ▸ ○] 일반적으로 국가 또는 지방자치단체가 권한을 행사할 때에는 국민에 대한 손해를 방지하여야 하고, 국민의 안전을 배려하여야 하며, 소속 공무원이 전적으로 또는 부수적으로라도 국민 개개인의 안전과 이익을 보호하기 위하여 법령에서 정한 직무상의 의무에 위반하여 국민에게 손해를 가하면 상당인과관계가 인정되는 범위 안에서 국가 또는 지방자치단체가 배상책임을 부담하는 것이지만, 공무원이 직무를 수행하면서 그 근거되는 법령의 규정에 따라 구체적으로 의무를 부여받았어도 그것이 국민의 이익과는 관계없이 순전히 행정기관 내부의 질서를 유지하기 위한 것이거나, 또는 국민의 이익과 관련된 것이라도 직접 국민 개개인의 이익을 위한 것이 아니라 전체적으로 공공 일반의 이익을 도모하기 위한 것이라면 그 의무에 위반하여 국민에게 손해를 가하여도 국가 또는 지방자치단체는 배상책임을 부담하지 아니한다(대판 2006.4.14. 2003다41746).

[❸ ▸ ○] 법관의 재판에 법령의 규정을 따르지 아니한 잘못이 있다 하더라도 이로써 바로 그 재판상 직무행위가 국가배상법 제2조 제1항에서 말하는 위법한 행위로 되어 국가의 손해배상책임이 발생하는 것은 아니고, 그 국가배상책임이 인정되려면 당해 법관이 위법 또는 부당한 목적을 가지고 재판을 하였다거나 법이 법관의 직무수행상 준수할 것을 요구하고 있는 기준을 현저하게 위반하는 등 법관이 그에게 부여된 권한의 취지에 명백히 어긋나게 이를 행사하였다고 인정할 만한 특별한 사정이 있어야 한다(대판 2003.7.11. 99다24218).

[❹ ▸ ×] 헌법재판소 재판관의 위법한 직무집행의 결과 잘못된 각하결정을 함으로써 청구인으로 하여금 본안판단을 받을 기회를 상실하게 한 이상, 설령 본안판단을 하였더라도 어차피 청구가 기각되었을 것이라는 사정이 있다고 하더라도 잘못된 판단으로 인하여 헌법소원심판 청구인의 위와 같은 합리적인 기대를 침해한 것이고 그 침해로 인한 정신상 고통에 대하여는 위자료를 지급할 의무가 있다(대판 2003.7.11. 99다24218).

[❺ ▸ ○] 우리 헌법이 채택하고 있는 의회민주주의하에서 국회는 다원적 의견이나 갖가지 이익을 반영시킨 토론과정을 거쳐 다수결의 원리에 따라 통일적인 국가의사를 형성하는 역할을 담당하는 국가기관으로서 그 과정에 참여한 국회의원은 입법에 관하여 원칙적으로 국민 전체에 대한 관계에서 정치적 책임을 질 뿐 국민 개개인의 권리에 대응하여 법적 의무를 지는 것은 아니므로, 국회의원의 입법행위는 그 입법내용이 헌법의 문언에 명백히 위반됨에도 불구하고 국회가 굳이 당해 입법을 한 것과 같은 특수한 경우가 아닌 한 국가배상법 제2조 제1항 소정의 위법행위에 해당된다고 볼 수 없다(대판 1997.6.13. 96다56115).



**2012년 변호사시험 문 31.** ☑ 확인Check! ○ △ ×

**판례에 의할 때 국가배상법 제2조에 의하여 피해자가 국가나 지방자치단체에 대하여 배상책임을 물을 수 없는 것은?**

① 지방자치단체가 교통자원봉사자에게 공무를 위탁하여 그가 교통안내 등의 업무를 하던 중 위탁받은 범위를 넘어서 교차로 중앙에서 교통정리를 하다가 교통사고를 발생시킨 경우
② 헌법재판소 재판관이 청구기간을 준수한 헌법소원심판청구에 대하여 청구기간을 도과한 것으로 오인하여 심판청구를 각하하였고, 이에 대한 불복절차 내지 시정절차가 없는 경우
③ 행정청이 구 공중위생법 시행규칙상의 행정처분기준에 따라 영업허가취소처분을 하였으나, 그 취소처분이 행정심판에서 재량하자를 이유로 취소된 경우
④ 담당공무원이 내부전산망을 통해 후보자에 대한 범죄경력자료를 조회하여 구 「공직선거 및 선거부정방지법」 위반죄로 실형을 선고받는 등 실효된 4건의 금고형 전과가 있음을 확인하고도 후보자의 공직선거 후보자용 범죄경력조회 회보서에 이를 기재하지 않은 경우
⑤ 경매담당공무원이 매각물건명세서를 작성하면서 매각으로 소멸되지 않는 최선순위 전세권이 매수인에게 인수된다는 취지의 기재를 하지 아니한 경우

정답 ③

[❶ ▸ O] 지방자치단체가 '교통할아버지 봉사활동 계획'을 수립한 후 관할 동장으로 하여금 '교통할아버지'를 선정하게 하여 어린이 보호, 교통안내, 거리질서 확립 등의 공무를 위탁하여 집행하게 하던 중 '교통할아버지'로 선정된 노인이 위탁받은 업무 범위를 넘어 교차로 중앙에서 교통정리를 하다가 교통사고를 발생시킨 경우, 지방자치단체가 국가배상법 제2조 소정의 배상책임을 부담한다(대판 2001.1.5. 98다39060).

[❷ ▸ O] 헌법재판소 재판관이 청구기간 내에 제기된 헌법소원심판청구 사건에서 청구기간을 오인하여 각하결정을 한 경우, 이에 대한 불복절차 내지 시정절차가 없는 때에는 국가배상책임(위법성)을 인정할 수 있다(대판 2003.7.11. 99다24218).

[❸ ▸ X] 영업허가취소처분이 나중에 행정심판에 의하여 재량권을 일탈한 위법한 처분임이 판명되어 취소되었다고 하더라도 그 처분이 당시 시행되던 공중위생법 시행규칙에 정하여진 행정처분의 기준에 따른 것인 이상 그 영업허가취소처분을 한 행정청 공무원에게 그와 같은 위법한 처분을 한 데 있어 어떤 직무집행상의 과실이 있다고 할 수는 없다(대판 1994.11.8. 94다26141).

[❹ ▸ O] 공직선거법 제49조 제10항에 의하면, 후보자가 되고자 하는 자 또는 정당은 본인 또는 후보자가 되고자 하는 소속 당원의 전과기록을 관할 국가경찰관서의 장에게 조회할 수 있고, 당해 국가경찰관서의 장은 지체 없이 전과기록을 회보하여야 하며, 관할 선거구 선거관리위원회는 확인이 필요하다고 인정되는 후보자에 대하여 후보자등록 마감 후 지체 없이 당해 선거구를 관할하는 검찰청의 장에게 후보자의 전과기록을 조회할 수 있고, 당해 검찰청의 장은 전과기록의 진위 여부를 지체 없이 회보하여야 한다. 그리고 같은 조 제11항, 제12항은 위 전과기록을 누구든지 열람할 수 있고, 이를 선거구민에게 공개하도록 하고 있다. 공무원이 내부전산망을 통해 을에 대한 범죄경력자료를 조회하여 공직선거 및 선거부정방지법 위반죄로 실형을 선고받는 등 실효된 4건의 금고형 이상의 전과가 있음을 확인하고도 공직선거 후보자용 범죄경력조회 회보서에 이를 기재하지 않은 경우, 공무원의 중과실을 인정하여 국가배상책임 외에 공무원 개인의 배상책임까지 인정함이 타당하다(대판 2011.9.8. 2011다34521).

[❺ ▸ O] 집행법원으로서는 매각대상 부동산에 관한 이해관계인이나 그 현황조사를 실시한 집행관 등으로부터 제출된 자료를 기초로 매각대상 부동산의 현황과 권리관계를 되도록 정확히 파악하여 이를 매각물건명세서에 기재하여야 하고, 만일 경매절차의 특성이나 집행법원이 가지는 기능의 한계 등으로 인하여 매각대상 부동산의 현황이나 관리관계를 정확히 파악하는 것이 곤란한 경우에는 그 부동산의 현황이나 권리관계가 불분명하다는 취지를 매각물건명세서에 그대로 기재함으로써 매수신청인 스스로의 판단과 책임하에 매각대상 부동산의 매수신고가격이 결정될 수 있도록 하여야 할 것이다. 그럼에도 집행법원이나 경매담당 공무원이 위와 같은 직무상의 의무를 위반하여 매각물건명세서에 매각대상 부동산의 현황과 권리관계에 관한 사항을 제출된 자료와 다르게 작성하거나 불분명한 사항에 관하여 잘못된 정보를 제공함으로써 매수인의 매수신고가격 결정에 영향을 미쳐 매수인으로 하여금 불측의 손해를 입게 하였다면, 국가는 이로 인하여 매수인에게 발생한 손해에 대한 배상책임을 진다고 할 것이다(대판 2010.6.24. 2009다40790).

**2017년 변호사시험 문 37.** ☑ 확인Check! ○ △ ×

**행정상 손해배상에 관한 설명 중 옳지 않은 것은?(다툼이 있는 경우 판례에 의함)**

① 산업기술혁신 촉진법령에 따른 중앙행정기관과 지방자치단체 등의 인증신제품 구매의무는 공공 일반의 전체적인 이익을 도모하기 위한 것으로 봄이 타당하고, 신제품 인증을 받은 자의 재산상 이익은 법령이 보호하고자 하는 이익으로 보기는 어려우므로, 지방자치단체가 위 법령에서 정한 인증신제품 구매의무를 위반하였다고 하더라도, 이를 이유로 신제품 인증을 받은 자에 대하여 국가배상책임을 지는 것은 아니다.

② 국가배상청구의 요건인 '공무원의 직무'에는 국가나 지방자치단체의 권력적 작용뿐만 아니라 비권력적 작용도 포함되지만, 단순한 사경제주체로서 하는 작용은 포함되지 않는다.

③ 행위 자체의 외관을 객관적으로 관찰하여 공무원의 직무행위로 보여진다 하더라도 그것이 실질적으로 직무행위에 해당하지 않는다면 그 행위는 '직무를 집행하면서' 행한 것으로 볼 수 없다.

④ 국가배상청구권의 소멸시효기간이 지났으나, 국가가 소멸시효완성을 주장하는 것이 신의성실의 원칙에 반하는 권리남용으로 허용될 수 없어 배상책임을 이행한 경우에는, 그 소멸시효 완성 주장이 권리남용에 해당하게 된 원인행위와 관련하여 해당 공무원이 그 원인이 되는 행위를 적극적으로 주도하였다는 등의 특별한 사정이 없는 한, 국가의 해당 공무원에 대한 구상권 행사는 신의칙상 허용되지 않는다.

⑤ 국가에게 국가배상책임이 있는 경우에, 경과실이 있는 공무원이 피해자에 대하여 손해배상책임을 부담하지 아니함에도 피해자에게 손해를 배상하였다면 경과실이 있는 그 공무원은 특별한 사정이 없는 한 국가에 대하여 자신이 변제한 금액에 관하여 구상권을 취득한다.

[❶ ▸ ○] 구 산업기술혁신 촉진법 제1조, 제3조, 제16조 제1항, 제17조 제1항 본문 및 구 산업기술혁신 촉진법 시행령 제23조, 제24조, 제25조, 제27조의 목적과 내용 등을 종합하여 보면, 위 법령이 공공기관에 부과한 신제품 인증을 받은 제품(이하 '인증신제품'이라 한다) 구매의무는 기업에 신기술개발제품의 판로를 확보하여 줌으로써 산업기술개발을 촉진하기 위한 국가적 지원책의 하나로 국민경제의 지속적인 발전과 국민의 삶의 질 향상이라는 공공 일반의 이익을 도모하기 위한 것이고, 공공기관이 구매의무를 이행한 결과 신제품 인증을 받은 자가 재산상 이익을 얻게 되더라도 이는 반사적 이익에 불과할 뿐 위 법령이 보호하고자 하는 이익으로 보기는 어렵다. 따라서 공공기관이 위 법령에서 정한 인증신제품 구매의무를 위반하였다고 하더라도, 이를 이유로 신제품 인증을 받은 자에 대하여 국가배상법 제2조가 정한 배상책임이나 불법행위를 이유로 한 손해배상책임을 지는 것은 아니다(대판 2015.5.28. 2013다41431).

[❷ ▸ ○] 국가배상법이 정한 배상청구의 요건인 '공무원의 직무'에는 권력적 작용만이 아니라 행정지도와 같은 비권력적 작용도 포함되며, 단지 행정주체가 사경제주체로서 하는 활동만은 제외되는 것이고, 기록에 의하여 살펴보면, 피고 및 그 산하의 강남구청은 이 사건 도시계획사업의 주무관청으로서 그 사업을 적극적으로 대행·지원하여 왔고 강남구청장의 이 사건 공탁도 행정지도의 일환으로 직무수행으로서 행하였다고 할 것이므로, 비권력적 작용인 공탁으로 인한 피고의 손해배상책임은 성립할 수 없다는 상고이유의 주장은 이유가 없다(대판 1998.7.10. 96다38971).

[❸ ▸ ×] 국가배상법 제2조 제1항 소정의 '직무집행함에 당하여'라 함은 직접 공무원의 직무집행행위이거나 그와 밀접한 관계에 있는 행위를 포함하고, 이를 판단함에 있어서는 행위 자체의 외관을 객관적으로 관찰하여 공무원의 직무행위로 보여질 때에는 비록 그것이 실질적으로 직무행위에 속하지 않는다 하더라도 그 행위는 공무원이 '직무를 집행함에 당하여' 한 것으로 보아야 한다(대판 2001.1.5. 98다39060).

[❹ ▸ ○] 공무원의 불법행위로 손해를 입은 피해자의 국가배상청구권의 소멸시효 기간이 지났으나 국가가 소멸시효 완성을 주장하는 것이 신의성실의 원칙에 반하는 권리남용으로 허용될 수 없어 배상책임을 이행한 경우에는, 그 소멸시효 완성 주장이 권리남용에 해당하게 된 원인행위와 관련하여 해당 공무원이 그 원인이 되는 행위를 적극적으로 주도하였다는 등의 특별한 사정이 없는 한, 국가가 해당 공무원에게 구상권을 행사하는 것은 신의칙상 허용되지 않는다고 봄이 상당하다(대판 2016.6.9. 2015다200258).

정답 ③

[❺ ▸ O] 공무원이 직무수행 중 불법행위로 타인에게 손해를 입힌 경우에 국가 등이 국가배상책임을 부담하는 외에 공무원 개인도 고의 또는 중과실이 있는 경우에는 불법행위로 인한 손해배상책임을 진다고 할 것이지만, 공무원에게 경과실이 있을 뿐인 경우에는 공무원 개인은 손해배상책임을 부담하지 아니한다고 할 것이다. 이처럼 경과실이 있는 공무원이 피해자에 대하여 손해배상책임을 부담하지 아니함에도 피해자에게 손해를 배상하였다면 그것은 채무자 아닌 사람이 타인의 채무를 변제한 경우에 해당하고, 이는 민법 제469조의 '제3자의 변제' 또는 민법 제744조의 '도의관념에 적합한 비채변제'에 해당하여 피해자는 공무원에 대하여 이를 반환할 의무가 없고, 그에 따라 피해자의 국가에 대한 손해배상청구권이 소멸하여 국가는 자신의 출연 없이 그 채무를 면하게 되므로, 피해자에게 손해를 직접 배상한 경과실이 있는 공무원은 특별한 사정이 없는 한 국가에 대하여 국가의 피해자에 대한 손해배상책임의 범위 내에서 공무원이 변제한 금액에 관하여 구상권을 취득한다고 봄이 상당하다(대판 2014.8.20. 2012다54478).

**2012년 변호사시험 문 40.** ☑ 확인 Check! ○ △ ✕

**운전병인 군인 甲은 전투훈련 중 같은 부대 소속 군인 丙을 태우고 군용차량을 운전하여 훈련지로 이동하다가 민간인 乙이 운전하던 차량과 쌍방과실로 충돌하였고, 이로 인해 군인 丙이 사망하였다. 이 경우 손해배상책임 및 구상권에 관한 설명 중 옳지 않은 것은?(단, 자동차손해보험과 관련된 법적 책임은 고려하지 않음)**

① 현행법상 丙의 유족이 다른 법령에 따라 유족연금 등 보상을 받은 경우에는 국가배상청구를 할 수 없다.
② 대법원은 甲이 고의·중과실이 있는 경우에만 丙의 유족에 대한 손해배상책임을 부담하고, 甲에게 경과실만 인정되는 경우에는 丙의 유족에 대한 손해배상책임을 부담하지 않는다고 보았다.
③ 대법원은 공동불법행위의 일반적인 경우와 달리 乙은 자신의 부담부분만을 丙의 유족에게 배상하면 된다고 하였다.
④ 대법원은 만일 乙이 손해배상액 전부를 丙의 유족에게 배상한 경우에는 자신의 귀책부분을 넘는 금액에 대해 국가에 구상청구를 할 수 있다고 하였다.
⑤ 헌법재판소는 乙이 공동불법행위자로서 丙의 유족에게 전액 손해배상한 후에 甲의 부담부분에 대해 국가에 구상청구하는 것을 부인하는 것은 헌법상 국가배상청구권 규정과 평등의 원칙을 위반하는 것이며, 비례의 원칙에 위배하여 재산권을 침해하는 것이라고 판시하였다.

[❶ ▸ O] 헌법과 국가배상법은 이중배상을 금지하고 있다.

법령 **배상책임(국가배상법 제2조)** ① 국가나 지방자치단체는 공무원 또는 공무를 위탁받은 사인(이하 "공무원"이라 한다)이 직무를 집행하면서 고의 또는 과실로 법령을 위반하여 타인에게 손해를 입히거나, 자동차손해배상 보장법에 따라 손해배상의 책임이 있을 때에는 이 법에 따라 그 손해를 배상하여야 한다. 다만, 군인·군무원·경찰공무원 또는 예비군대원이 전투·훈련 등 직무 집행과 관련하여 전사(戰死)·순직(殉職)하거나 공상(公傷)을 입은 경우에 본인이나 그 유족이 다른 법령에 따라 재해보상금·유족연금·상이연금 등의 보상을 지급받을 수 있을 때에는 이 법 및 민법에 따른 손해배상을 청구할 수 없다.

[❷ ▸ O] 헌법 제29조 제1항 단서는 공무원이 한 직무상 불법행위로 인하여 국가 등이 배상책임을 진다고 할지라도 그 때문에 공무원 자신의 민·형사책임이나 징계책임이 면제되지 아니한다는 원칙을 규정한 것이나, 그 조항 자체로 공무원 개인의 구체적인 손해배상책임의 범위까지 규정한 것으로 보기는 어렵다. 공무원이 직무수행 중 불법행위로 타인에게 손해를 입힌 경우에 국가 등이 국가배상책임을 부담하는 외에 공무원 개인도 고의 또는 중과실이 있는 경우에는 불법행위로 인한 손해배상책임을 진다고 할 것이지만, 공무원에게 경과실뿐인 경우에는 공무원 개인은 손해배상책임을 부담하지 아니한다(대판 1996.2.15. 95다38677 [전합]).



④ 정답

[❸ ▸ O] [❹ ▸ ×] 국가배상법 제2조 제1항 단서가 적용되는 공무원의 직무상 불법행위로 인하여 직무집행과 관련하여 피해를 입은 군인 등에 대하여 위 불법행위에 관련된 일반국민(법인을 포함한다. 이하 "민간인"이라 한다)이 공동불법행위책임, 사용자책임, 자동차운행자책임 등에 의하여 그 손해를 자신의 귀책부분을 넘어서 배상한 경우에도 … 공동불법행위자 등이 부진정연대채무자로서 각자 피해자의 손해 전부를 배상할 의무를 부담하는 공동불법행위의 일반적인 경우와 달리 예외적으로 민간인은 피해 군인 등에 대하여 그 손해 중 국가 등이 민간인에 대한 구상의무를 부담한다면 그 내부적인 관계에서 부담하여야 할 부분을 제외한 나머지 자신의 부담부분에 한하여 손해배상의무를 부담하고, 한편 국가 등에 대하여는 그 귀책부분의 구상을 청구할 수 없다고 해석함이 상당하다(대판 2001.2.15. 96다42420 [전합]).

[❺ ▸ O] 국가배상법 제2조 제1항 단서 중 군인에 관련되는 부분을, 일반국민이 직무집행 중인 군인과의 공동불법행위로 직무집행 중인 다른 군인에게 공상을 입혀 그 피해자에게 공동의 불법행위로 인한 손해를 배상한 다음, 공동불법행위자인 군인의 부담부분에 관하여 국가에 대하여 구상권을 행사하는 것을 허용하지 않는다고 해석한다면, 이는 위 단서규정의 헌법상 근거규정인 헌법 제29조가 구상권의 행사를 배제하지 아니하는데도 이를 배제하는 것으로 해석하는 것으로서 합리적인 이유 없이 일반국민을 국가에 대하여 지나치게 차별하는 경우에 해당하므로 헌법 제11조·제29조에 위반되며, 또한 국가에 대한 구상권은 헌법 제23조 제1항에 의하여 보장되는 재산권이고, 위와 같은 해석은 그러한 재산권의 제한에 해당하며 재산권의 제한은 헌법 제37조 제2항에 의한 기본권제한의 한계 내에서만 가능한데, 위와 같은 해석은 헌법 제37조 제2항에 의하여 기본권을 제한할 때 요구되는 비례의 원칙에 위배하여 일반국민의 재산권을 과잉제한하는 경우에 해당하여 헌법 제23조 제1항 및 제37조 제2항에도 위반된다(헌재 1994.12.29. 93헌바21).

**2015년 변호사시험 문 35.** ☑ 확인Check! O △ ×

**다음 사례에서 甲, 乙, 丙의 권리구제에 관한 설명 중 옳지 않은 것은?(다툼이 있는 경우 판례에 의함)**

- ○ 군인 甲은 영외작업 후 부대복귀 중 작업병의 차출을 둘러싸고 언쟁을 하다가 소속부대 선임하사 A로부터 구타당하여 부상을 입었다.
- ○ 乙은 경찰청 소속의 의무경찰대원으로서 순찰업무를 수행하기 위하여 동료 의무경찰대원 B가 운전하던 오토바이 뒷좌석에 타고 가던 중 B의 오토바이와 민간인 C가 운전하던 트럭이 쌍방의 과실로 충돌하는 사고가 발생하여 상해를 입었다. 한편, C가 운전하던 트럭의 보험자인 D보험회사가 상해를 입은 의무경찰대원 乙의 손해를 전부 배상하였다.
- ○ 주민자치센터에 근무하는 사회복무요원(구 공익근무요원) 丙은 공무수행 중 차량전복사고로 상해를 입었다.

① 甲은 「군인연금법」 또는 「국가유공자 등 예우 및 지원에 관한 법률」에 의하여 별도의 보상을 받을 수 없는 경우에도 「국가배상법」에 따른 배상을 청구할 수 없다.
② 乙은 「국가배상법」상 직무집행 중인 경찰공무원에 해당한다.
③ 헌법재판소는 D가 C의 귀책부분을 넘는 B의 부담부분에 관하여 국가를 상대로 구상권을 행사하는 것이 부인되는 경우, 이는 헌법상 평등원칙, 재산권보장규정 및 헌법 제37조 제2항 등의 헌법규정에 반한다고 보았다.
④ 대법원 판례에 의하면 D는 국가를 상대로 C의 귀책부분을 넘는 B의 부담부분에 대한 구상을 청구할 수 없다.
⑤ 丙은 「국가배상법」상 손해배상청구가 제한되는 군인 등에 해당하지 않는다.

[❶ ▸ ×] 군인·군무원 등 국가배상법 제2조 제1항에 열거된 자가 전투, 훈련 기타 직무집행과 관련하는 등으로 공상을 입은 경우라고 하더라도 군인연금법 또는 국가유공자예우 등에 관한 법률에 의하여 재해보상금·유족연금·상이연금 등 별도의 보상을 받을 수 없는 경우에는 국가배상법 제2조 제1항 단서의 적용 대상에서 제외하여야 한다(대판 1997.2.14. 96다28066).

정답 ①

[❷ ▸ O] 의무경찰대원은 국가배상법 제2조 제1항 단서의 경찰공무원에 해당한다(대판 2001.2.15. 96다42420 [전합] 참조).

[❸ ▸ O] 국가배상법 제2조 제1항 단서 중 군인에 관련되는 부분을, 일반국민이 직무집행 중인 군인과의 공동불법행위로 직무집행 중인 다른 군인에게 공상을 입혀 그 피해자에게 공동의 불법행위로 인한 손해를 배상한 다음, 공동불법행위자인 군인의 부담부분에 관하여 국가에 대하여 구상권을 행사하는 것을 허용하지 않는다고 해석한다면, 이는 위 단서규정의 헌법상 근거규정인 헌법 제29조가 구상권의 행사를 배제하지 아니하는데도 이를 배제하는 것으로 해석하는 것으로서 합리적인 이유 없이 일반국민을 국가에 대하여 지나치게 차별하는 경우에 해당하므로 헌법 제11조·제29조에 위반되며, 또한 국가에 대한 구상권은 헌법 제23조 제1항에 의하여 보장되는 재산권이고, 위와 같은 해석은 그러한 재산권의 제한에 해당하며 재산권의 제한은 헌법 제37조 제2항에 의한 기본권제한의 한계 내에서만 가능한데, 위와 같은 해석은 헌법 제37조 제2항에 의하여 기본권을 제한할 때 요구되는 비례의 원칙에 위배하여 일반국민의 재산권을 과잉제한하는 경우에 해당하여 헌법 제23조 제1항 및 제37조 제2항에도 위반된다(헌재 1994.12.29. 93헌바21).

[❹ ▸ O] 국가배상법 제2조 제1항 단서가 적용되는 공무원의 직무상 불법행위로 인하여 직무집행과 관련하여 피해를 입은 군인 등에 대하여 위 불법행위에 관련된 일반국민(법인을 포함한다. 이하 "민간인"이라 한다)이 공동불법행위책임, 사용자책임, 자동차운행자책임 등에 의하여 그 손해를 자신의 귀책부분을 넘어서 배상한 경우에도 … 공동불법행위자 등이 부진정연대채무자로서 각자 피해자의 손해 전부를 배상할 의무를 부담하는 공동불법행위의 일반적인 경우와 달리 예외적으로 민간인은 피해 군인 등에 대하여 그 손해 중 국가 등이 민간인에 대한 구상의무를 부담한다면 그 내부적인 관계에서 부담하여야 할 부분을 제외한 나머지 자신의 부담부분에 한하여 손해배상의무를 부담하고, 한편 국가 등에 대하여는 그 귀책부분의 구상을 청구할 수 없다고 해석함이 상당하다(대판 2001.2.15. 96다42420 [전합]).

[❺ ▸ O] 공익근무요원은 병역법 제2조 제1항 제9호, 제5조 제1항의 규정에 의하면 국가기관 또는 지방자치단체의 공익목적수행에 필요한 경비·감시·보호 또는 행정업무 등의 지원과 국제협력 또는 예술·체육의 육성을 위하여 소집되어 공익분야에 종사하는 사람으로서 보충역에 편입되어 있는 자이기 때문에, 소집되어 군에 복무하지 않는 한 군인이라고 말할 수 없으므로, 비록 병역법 제75조 제2항이 공익근무요원으로 복무 중 순직한 사람의 유족에 대하여 국가유공자 등 예우 및 지원에 관한 법률에 따른 보상을 하도록 규정하고 있다고 하여도, 공익근무요원이 국가배상법 제2조 제1항 단서의 규정에 의하여 국가배상법상 손해배상청구가 제한되는 군인·군무원·경찰공무원 또는 향토예비군대원에 해당한다고 할 수 없다(대판 1997.3.28. 97다4036).

## 제2절 영조물의 설치 · 관리의 하자로 인한 손해배상 ★☆

**2014년 변호사시험 문 31.** ☑ 확인 Check! ○ △ ×

**국가배상책임과 관련된 설명 중 옳은 것을 모두 고른 것은?(다툼이 있는 경우 판례에 의함)**

ㄱ. 국가배상법 제5조 제1항 소정의 '공공의 영조물'이라 함은 국가 또는 지방자치단체에 의하여 특정 공공의 목적에 공여된 유체물 내지 물적 설비를 말하며, 국가 또는 지방자치단체가 소유권, 임차권 그 밖의 권한에 기하여 관리하고 있는 경우로 한정되고, 사실상의 관리를 하고 있는 경우는 포함되지 않는다.

ㄴ. 관리청이 하천법 등 관련 규정에 의해 책정한 하천정비기본계획 등에 따라 개수를 완료한 하천 또는 아직 개수 중이라 하더라도 개수를 완료한 부분에 있어서는 하천정비기본계획 등에서 정한 계획홍수량 및 계획홍수위를 충족하여 하천이 관리되고 있다면 당초부터 계획홍수량 및 계획홍수위를 잘못 책정하였다거나 그 후 이를 시급히 변경해야 할 사정이 생겼음에도 불구하고 이를 해태하였다는 등의 특별한 사정이 없는 한 그 하천은 용도에 따라 통상 갖추어야 할 안전성을 갖추고 있다고 볼 수 있다.

ㄷ. 공무원이 고의 또는 과실로 그에게 부과된 직무상 의무를 위반하였을 경우라고 하더라도 국가는 그러한 직무상의 의무 위반과 피해자가 입은 손해 사이에 상당인과관계가 인정되는 범위 내에서만 배상책임을 지는 것이고, 이 경우 상당인과관계가 인정되기 위하여는 공무원에게 부과된 직무상 의무의 내용이 단순히 공공 일반의 이익을 위한 것이거나 행정기관 내부의 질서를 규율하기 위한 것이 아니고 전적으로 또는 부수적으로 사회구성원 개인의 안전과 이익을 보호하기 위하여 설정된 것이어야 한다.

ㄹ. 공무원의 부작위로 인한 국가배상책임을 인정하기 위한 조건인 '법령에 위반하여'라고 함은 엄격하게 형식적 의미의 법령에 명시적으로 공무원의 작위의무가 정하여져 있음에도 이를 위반하는 경우만을 의미하는 것은 아니고, 인권존중 · 권력남용금지 · 신의성실과 같이 공무원으로서 마땅히 지켜야 할 준칙이나 규범을 지키지 아니하고 위반한 경우를 포함하여 널리 그 행위가 객관적인 정당성을 결여하고 있는 경우도 포함한다.

① ㄱ, ㄷ ② ㄴ, ㄹ ③ ㄱ, ㄴ, ㄷ
④ ㄱ, ㄷ, ㄹ ⑤ ㄴ, ㄷ, ㄹ

[ㄱ ▸ ×] 국가배상법 제5조 제1항 소정의 '공공의 영조물'이라 함은 국가 또는 지방자치단체에 의하여 특정 공공의 목적에 공여된 유체물 내지 물적 설비를 말하며, 국가 또는 지방자치단체가 소유권, 임차권 그 밖의 권한에 기하여 관리하고 있는 경우뿐만 아니라 사실상의 관리를 하고 있는 경우도 포함된다(대판 1998.10.23. 98다17381).

[ㄴ ▸ O] 관리청이 하천법 등 관련 규정에 의해 책정한 하천정비기본계획 등에 따라 개수를 완료한 하천 또는 아직 개수 중이라 하더라도 개수를 완료한 부분에 있어서는, 위 하천정비기본계획 등에서 정한 계획홍수량 및 계획홍수위를 충족하여 하천이 관리되고 있다면 당초부터 계획홍수량 및 계획홍수위를 잘못 책정하였다거나 그 후 이를 시급히 변경해야 할 사정이 생겼음에도 불구하고 이를 해태하였다는 등의 특별한 사정이 없는 한, 그 하천은 용도에 따라 통상 갖추어야 할 안전성을 갖추고 있다고 봄이 상당하다(대판 2007.9.21. 2005다65678).

[ㄷ ▸ O] 공무원에게 부과된 직무상 의무의 내용이 단순히 공공 일반의 이익을 위한 것이거나 행정기관 내부의 질서를 규율하기 위한 것이 아니고 전적으로 또는 부수적으로 사회구성원 개인의 안전과 이익을 보호하기 위하여 설정된 것이라면, 공무원이 그와 같은 직무상 의무를 위반함으로 인하여 피해자가 입은 손해에 대하여는 상당인과관계가 인정되는 범위 내에서 국가가 배상책임을 지는 것이다(대판 2003.4.25. 2001다59842).

정답 ⑤

[ㄹ ▸ O] 국가배상책임에 있어 공무원의 가해행위는 법령을 위반한 것이어야 하고, 법령을 위반하였다 함은 엄격한 의미의 법령 위반뿐 아니라 인권존중, 권력남용금지, 신의성실과 같이 공무원으로서 마땅히 지켜야 할 준칙이나 규범을 지키지 아니하고 위반한 경우를 포함하여 널리 그 행위가 객관적인 정당성을 결여하고 있음을 뜻하는 것이므로, 경찰관이 범죄수사를 함에 있어 경찰관으로서 의당 지켜야 할 법규상 또는 조리상의 한계를 위반하였다면 이는 법령을 위반한 경우에 해당한다(대판 2008.6.12. 2007다64365).

**2013년 변호사시험 문 30.** ☑ 확인 Check! O △ X

**국가배상법 제5조 제1항은 공공의 영조물의 설치 또는 관리에 관한 하자로 인한 배상책임을 규정하고 있는데, 이에 관한 다음 설명 중 옳지 않은 것은?(다툼이 있는 경우 판례에 의함)**

① 국가 또는 지방자치단체가 공공의 영조물을 소유권, 임차권 그 밖의 권한에 기하여 관리하고 있는 경우뿐만 아니라 사실상 관리하고 있는 경우에도 본조의 규정이 적용된다.

② 본조에서의 하자란 영조물이 통상 갖추어야 할 안전성을 결여한 것을 말한다.

③ 영조물이 완전무결한 상태에 있지 않고 기능상 어떠한 결함이 있었다면 객관적으로 보아 시간적, 장소적으로 그 기능상 결함으로 인한 손해발생의 예견가능성, 회피가능성이 없어도 본조의 책임이 발생한다.

④ 영조물 설치의 하자 유무는 객관적 견지에서 본 안전성의 문제이고 그 설치자의 재정사정이나 영조물의 사용목적에 의한 사정은 안전성을 결정지을 절대적 요건에는 해당하지 않는다.

⑤ 공공의 영조물의 설치·관리를 맡은 자뿐만 아니라 그 비용부담자도 본조의 배상책임을 진다.

[❶ ▸ O] 국가배상법 제5조 제1항 소정의 '공공의 영조물'이라 함은 국가 또는 지방자치단체에 의하여 특정 공공의 목적에 공여된 유체물 내지 물적 설비를 말하며, 국가 또는 지방자치단체가 소유권, 임차권 그 밖의 권한에 기하여 관리하고 있는 경우뿐만 아니라 사실상의 관리를 하고 있는 경우도 포함된다(대판 1998.10.23. 98다17381).

[❷ ▸ O] [❸ ▸ X] 국가배상법 제5조 제1항에 정해진 영조물의 설치 또는 관리의 하자라 함은 영조물이 그 용도에 따라 통상 갖추어야 할 안전성을 갖추지 못한 상태에 있음을 말하는 것이며, 다만 영조물이 완전무결한 상태에 있지 아니하고 그 기능상 어떠한 결함이 있다는 것만으로 영조물의 설치 또는 관리에 하자가 있다고 할 수 없는 것이고, 위와 같은 안전성의 구비 여부를 판단함에 있어서는 당해 영조물의 용도, 그 설치장소의 현황 및 이용 상황 등 제반 사정을 종합적으로 고려하여 설치·관리자가 그 영조물의 위험성에 비례하여 사회통념상 일반적으로 요구되는 정도의 방호조치의무를 다하였는지 여부를 그 기준으로 삼아야 하며, 만일 객관적으로 보아 시간적·장소적으로 영조물의 기능상 결함으로 인한 손해발생의 예견가능성과 회피가능성이 없는 경우 즉 그 영조물의 결함이 영조물의 설치·관리자의 관리행위가 미칠 수 없는 상황 아래에 있는 경우임이 입증되는 경우라면 영조물의 설치·관리상의 하자를 인정할 수 없다(대판 2001.7.27. 2000다56822).

[❹ ▸ O] 영조물 설치의 「하자」라 함은 영조물의 축조에 불완전한 점이 있어 이 때문에 영조물 자체가 통상 갖추어야 할 완전성을 갖추지 못한 상태에 있음을 말한다고 할 것인바, 그 「하자」 유무는 객관적 견지에서 본 안전성의 문제이고 그 설치자의 재정사정이나 영조물의 사용목적에 의한 사정은 안전성을 요구하는 데 대한 정도 문제로서 참작사유에는 해당할지언정 안전성을 결정지을 절대적 요건에는 해당하지 아니한다 할 것이다(대판 1967.2.21. 66다1723).

[❺ ▸ O] 국가배상법 제2조·제3조 및 제5조에 따라 국가나 지방자치단체가 손해를 배상할 책임이 있는 경우에 공무원의 선임·감독 또는 영조물의 설치·관리를 맡은 자와 공무원의 봉급·급여, 그 밖의 비용 또는 영조물의 설치·관리 비용을 부담하는 자가 동일하지 아니하면 그 비용을 부담하는 자도 손해를 배상하여야 한다(국가배상법 제6조 제1항).



③ 정답

**2018년 변호사시험 문 33.** ☑ 확인 Check! ○ △ ×

「국가배상법」 제5조의 배상책임에 관한 설명 중 옳은 것은?(다툼이 있는 경우 판례에 의함)

① '공공의 영조물'이란 국가 또는 지방자치단체에 의하여 특정 공공의 목적에 공여된 유체물 및 물적 설비 등을 말하며, 국가 또는 지방자치단체가 소유권, 임차권 그 밖의 권한에 기하여 관리하고 있는 경우뿐만 아니라 사실상의 관리를 하고 있는 경우도 포함한다.

② 고등학교 3학년 학생이 교사의 단속을 피해 담배를 피우기 위하여 3층 건물 화장실 밖의 학생들이 출입할 수 없는 난간을 지나다가 실족하여 사망한 경우 학교시설의 설치·관리상의 하자가 있다.

③ 공항에서 발생하는 소음 등으로 인근주민들이 피해를 입었다면 수인한도를 넘는지 여부를 불문하고 도로의 경우와 같이 '공공의 영조물'에 관한 일반적인 설치·관리상의 하자에 대한 판단방법에 따라 국가책임이 인정된다.

④ 편도 2차로 도로의 1차로 상에 교통사고의 원인이 될 수 있는 크기의 돌멩이가 방치되어 있었고 이로 인하여 사고가 발생하였다면, 도로의 점유·관리자의 관리 가능성과 무관하게 이는 도로 관리·보존상의 하자에 해당한다.

⑤ 국·공유나 사유 여부를 불문하고 사실상 도로로 사용되고 있었다면 도로의 노선인정의 공고 기타 공용개시가 없었다고 하여도 「국가배상법」 제5조의 배상책임이 인정된다.

[❶ ▸ ○] 국가배상법 제5조 제1항 소정의 '공공의 영조물'이라 함은 국가 또는 지방자치단체에 의하여 특정 공공의 목적에 공여된 유체물 내지 물적 설비를 말하며, 국가 또는 지방자치단체가 소유권, 임차권 그 밖의 권한에 기하여 관리하고 있는 경우뿐만 아니라 사실상의 관리를 하고 있는 경우도 포함된다(대판 1998.10.23. 98다17381).

[❷ ▸ ×] 고등학교 3학년 학생이 학교건물의 3층 난간을 넘어 들어가 흡연을 하던 중 실족하여 사망한 경우, 학교 관리자에게 그와 같은 이례적인 사고가 있을 것을 예상하여 복도나 화장실 창문에 난간으로의 출입을 막기 위하여 출입금지장치나 추락위험을 알리는 경고표지판을 설치할 의무가 있다고 볼 수는 없다는 이유로 학교시설의 설치·보존상의 하자는 인정되지 않는다(대판 1997.5.16. 96다54102).

[❸ ▸ ×] 국가배상법 제5조 제1항에 정하여진 '영조물의 설치 또는 관리의 하자'라 함은 공공의 목적에 공여된 영조물이 그 용도에 따라 갖추어야 할 안전성을 갖추지 못한 상태에 있음을 말하고, 여기서 안전성을 갖추지 못한 상태, 즉 타인에게 위해를 끼칠 위험성이 있는 상태라 함은 당해 영조물을 구성하는 물적 시설 그 자체에 있는 물리적·외형적 흠결이나 불비로 인하여 그 이용자에게 위해를 끼칠 위험성이 있는 경우뿐만 아니라, 그 영조물이 공공의 목적에 이용됨에 있어 그 이용상태 및 정도가 일정한 한도를 초과하여 제3자에게 사회통념상 수인할 것이 기대되는 한도를 넘는 피해를 입히는 경우까지 포함된다고 보아야 할 것이다. 그리고 수인한도의 기준을 결정함에 있어서는 일반적으로 침해되는 권리나 이익의 성질과 침해의 정도뿐만 아니라 침해행위가 갖는 공공성의 내용과 정도, 그 지역환경의 특수성, 공법적인 규제에 의하여 확보하려는 환경기준, 침해를 방지 또는 경감시키거나 손해를 회피할 방안의 유무 및 그 난이 정도 등 여러 사정을 종합적으로 고려하여 구체적 사건에 따라 개별적으로 결정하여야 할 것이다. 원심이 피고가 이 사건 비행장을 설치·관리함에 있어 여러 가지 소음대책을 시행하였음에도 이 사건 비행장을 전투기 비행훈련이라는 공공의 목적에 이용하면서 여기에서 발생한 소음 등의 침해가 인근 주민들에게 통상의 수인한도를 넘는 피해를 발생하게 하였다면 이 사건 비행장의 설치·관리상 하자가 있다고 보아야 할 것이다(대판 2010.11.25. 2007다20112).

[❹ ▸ ×] 편도 2차선 도로의 1차선 상에 교통사고의 원인이 될 수 있는 크기의 돌멩이가 방치되어 있는 경우, 도로의 점유·관리자가 그에 대한 관리 가능성이 없다는 입증을 하지 못하는 한 이는 도로의 관리·보존상의 하자에 해당한다(대판 1998.2.10. 97다32536).

[❺ ▸ ×] 국가배상법 제5조 소정의 공공의 영조물이란 공유나 사유임을 불문하고 행정주체에 의하여 특정 공공의 목적에 공여된 유체물 또는 물적 설비를 의미하므로 사실상 군민의 통행에 제공되고 있던 도로 옆의 암벽으로부터 떨어진 낙석에 맞아 소외인이 사망하는 사고가 발생하였다고 하여도 동 사고지점 도로가 피고 군에 의하여 노선인정 기타 공용개시가 없었으면 이를 영조물이라 할 수 없다(대판 1981.07.07. 80다2478).

정답 ①

CHAPTER 02

# 행정상 손실보상



각 문항별로 이해도를 체크해 보세요.

최근 5년간 회별 평균 0.6문

## 제1절 행정상 손실보상 ★★★

**2017년 변호사시험 문 27.**

확인 Check! ○ △ ×

**공용수용 및 손실보상에 관한 설명 중 옳지 않은 것은?(다툼이 있는 경우 판례에 의함)**

① 국가 등의 공적 기관이 직접 수용의 주체가 되는 것이든 그러한 공적 기관의 최종적인 허부판단과 승인결정 하에 민간기업이 수용의 주체가 되는 것이든, 양자 사이에 공공필요에 대한 판단과 수용의 범위에 있어서 본질적인 차이가 있는 것은 아니다.

② 「공익사업을 위한 토지 등의 취득 및 보상에 관한 법률」상 토지소유자가 사업시행자로부터 잔여지 가격감소로 인한 손실보상을 받고자 하는 경우 토지수용위원회의 재결절차를 거치지 않은 채 곧바로 사업시행자를 상대로 손실보상을 청구하는 것은 허용되지 아니한다.

③ 개발제한구역 지정으로 인하여 토지를 종래의 목적으로도 사용할 수 없거나 또는 더 이상 법적으로 허용된 토지이용의 방법이 없기 때문에 실질적으로 토지의 사용·수익의 길이 없는 경우에는 토지소유자가 수인해야 하는 사회적 제약의 한계를 넘는 것으로 보아야 한다.

④ 「공익사업을 위한 토지 등의 취득 및 보상에 관한 법률」상 사업시행자가 3년 이상 사용한 토지에 대해 해당 토지소유자가 지방토지수용위원회에 수용청구를 하였으나 받아들여지지 않은 경우, 이에 불복하여 소송을 제기하고자 하는 토지소유자는 사업시행자를 상대로 '보상금의 증감에 관한 소송'을 제기하여야 한다.

⑤ 「공익사업을 위한 토지 등의 취득 및 보상에 관한 법률」상 주거용 건축물 세입자의 주거이전비 보상청구권은 사법상의 권리이고, 주거이전비 보상청구소송은 민사소송에 의하여야 한다.

[❶ ▸ O] 헌법 제23조 제3항은 정당한 보상을 전제로 하여 재산권의 수용 등에 관한 가능성을 규정하고 있지만, 재산권 수용의 주체를 한정하지 않고 있다. 위 헌법조항의 핵심은 당해 수용이 공공필요에 부합하는가, 정당한 보상이 지급되고 있는가 여부 등에 있는 것이지, 그 수용의 주체가 국가인지 민간기업인지 여부에 달려 있다고 볼 수 없다. 또한 국가 등의 공적 기관이 직접 수용의 주체가 되는 것이든 그러한 공적 기관의 최종적인 허부판단과 승인결정하에 민간기업이 수용의 주체가 되는 것이든, 양자 사이에 공공필요에 대한 판단과 수용의 범위에 있어서 본질적인 차이를 가져올 것으로 보이지 않는다. 따라서 위 수용 등의 주체를 국가 등의 공적 기관에 한정하여 해석할 이유가 없다(헌재 2009.9.24. 2007헌바114).

[❷ ▸ O] 구 공익사업을 위한 토지 등의 취득 및 보상에 관한 법률 제73조, 제75조의2와 같은 법 제34조, 제50조, 제61조, 제83조 내지 제85조의 규정 내용 및 입법 취지 등을 종합하면, 토지소유자가 사업시행자로부터 공익사업법 제73조, 제75조의2에 따른 잔여지 또는 잔여 건축물 가격감소 등으로 인한 손실보상을 받기 위해서는 공익사업법 제34조, 제50조 등에 규정된 재결절차를 거친 다음 그 재결에 대하여 불복할 때 비로소 공익사업법 제83조 내지 제85조에 따라 권리구제를 받을 수 있을 뿐이며, 특별한 사정이 없는 한 이러한 재결절차를 거치지 않은 채 곧바로 사업시행자를 상대로 손실보상을 청구하는 것은 허용되지 않는다 할 것이고, 이는 잔여지 또는 잔여 건축물 수용청구에 대한 재결절차를 거친 경우라고 하여 달리 볼 것은 아니다(대판 2014.9.25. 2012두24092).



⑤ 정답

[❸ ▸ O] 개발제한구역 지정으로 인하여 토지를 종래의 목적으로도 사용할 수 없거나 또는 더 이상 법적으로 허용된 토지이용의 방법이 없기 때문에 실질적으로 토지의 사용・수익의 길이 없는 경우에는 토지소유자가 수인해야 하는 사회적 제약의 한계를 넘는 것으로 보아야 한다(헌재 1998.12.24. 89헌마214).

[❹ ▸ O] 공익사업을 위한 토지 등의 취득 및 보상에 관한 법률(이하 '토지보상법'이라고 한다) 제72조의 문언, 연혁 및 취지 등에 비추어 보면, 위 규정이 정한 수용청구권은 토지보상법 제74조 제1항이 정한 잔여지 수용청구권과 같이 손실보상의 일환으로 토지소유자에게 부여되는 권리로서 그 청구에 의하여 수용효과가 생기는 형성권의 성질을 지니므로, 토지소유자의 토지수용청구를 받아들이지 아니한 토지수용위원회의 재결에 대하여 토지소유자가 불복하여 제기하는 소송은 토지보상법 제85조 제2항에 규정되어 있는 '보상금의 증감에 관한 소송'에 해당하고, 피고는 토지수용위원회가 아니라 사업시행자로 하여야 한다(대판 2015.4.9. 2014두46669).

[❺ ▸ X] 구 공익사업을 위한 토지 등의 취득 및 보상에 관한 법률 제2조, 제78조에 의하면, 세입자는 사업시행자가 취득 또는 사용할 토지에 관하여 임대차 등에 의한 권리를 가진 관계인으로서, 같은 법 시행규칙 제54조 제2항 본문에 해당하는 경우에는 주거이전에 필요한 비용을 보상받을 권리가 있다. 그런데 주거이전비는 당해 공익사업 시행지구 안에 거주하는 세입자들의 조기이주를 장려하여 사업추진을 원활하게 하려는 정책적인 목적과 주거이전으로 인하여 특별한 어려움을 겪게 될 세입자들을 대상으로 하는 사회보장적인 차원에서 지급되는 금원의 성격을 가지므로, 적법하게 시행된 공익사업으로 인하여 이주하게 된 주거용 건축물 세입자의 주거이전비 보상청구권은 공법상의 권리이고, 따라서 그 보상을 둘러싼 쟁송은 민사소송이 아니라 공법상의 법률관계를 대상으로 하는 행정소송에 의하여야 한다(대판 2008.5.29. 2007다8129).

**2015년 변호사시험 문 40.** ☑확인 Check! ○ △ ×

**손실보상에 관한 설명 중 옳은 것을 모두 고른 것은?**

ㄱ. 이른바 '분리이론'은 재산권의 가치보장보다는 존속보장을 강화하려는 입장에서 접근하는 견해이다.
ㄴ. 대법원은 「하천법」 부칙(1984.12.31.) 제2조 제1항과 「법률 제3782호 하천법 중 개정법률 부칙 제2조의 규정에 의한 보상청구권의 소멸시효가 만료된 하천구역 편입토지 보상에 관한 특별조치법」 제2조 제1항의 규정에 의한 손실보상청구권의 확인을 구하는 소송을 당사자소송으로 보았다.
ㄷ. 대법원 판례에 의하면 공공사업의 시행으로 사업시행지 밖에서 발생한 간접손실은 손실 발생을 쉽게 예견할 수 있고 손실 범위도 구체적으로 특정할 수 있더라도, 사업시행자와 협의가 이루어지지 아니하고 그 보상에 관한 명문의 근거 법령이 없는 경우에는 보상의 대상이 아니다.
ㄹ. 토지소유자가 손실보상금의 증액을 쟁송상 구하는 경우에는 전심절차로서 이의신청에 대한 재결을 거친 후 관할 토지수용위원회를 피고로 하여 보상금증액청구소송을 제기하여야 한다.
ㅁ. 생활보상의 일종인 이주대책은 입법자의 입법정책적 재량영역이 아니라 헌법 제23조 제3항의 정당한 보상에 포함된다고 함이 헌법재판소의 입장이다.

① ㄱ, ㄴ ② ㄴ, ㄷ ③ ㄹ, ㅁ
④ ㄱ, ㄴ, ㅁ ⑤ ㄱ, ㄷ, ㄹ

[ㄱ ▸ O] 분리이론은 위헌적인 침해의 억제라는 존속 보장에 중점을 두는 반면, 경계이론은 보상을 통한 가치 보장에 중점을 두는 이론이다.



정답 ①

[ㄴ ▸ O] 하천법 중 개정법률 부칙 제2조의 규정에 의한 보상청구권의 소멸시효가 만료된 하천구역 편입토지 보상에 관한 특별조치법 제2조, 제6조의 각 규정들을 종합하면, 위 규정들에 의한 손실보상청구권은 1984.12.31. 전에 토지가 하천구역으로 된 경우에는 당연히 발생되는 것이지, 관리청의 보상금지급결정에 의하여 비로소 발생하는 것은 아니므로, 위 규정들에 의한 손실보상금의 지급을 구하거나 손실보상청구권의 확인을 구하는 소송은 행정소송법 제3조 제2호 소정의 당사자소송에 의하여야 한다(대판 2006.5.18. 2004다6207 [전합]).

[ㄷ ▸ X] 공공사업의 시행 결과 공공사업시행지구 밖에서 발생한 간접손실에 관하여 그 피해자와 사업시행자 사이에 협의가 이루어지지 아니하고, 그 보상에 관한 명문의 근거 법령이 없는 경우라고 하더라도, 헌법 제23조 제3항 및 구 토지수용법 등의 개별 법률의 규정, 구 공공용지의 취득 및 손실보상에 관한 특례법 제3조 제1항 및 같은 법 시행규칙 제23조의2 내지 7 등의 규정 취지에 비추어 보면, 공공사업의 시행으로 인하여 그러한 손실이 발생하리라는 것을 쉽게 예견할 수 있고, 그 손실의 범위도 구체적으로 이를 특정할 수 있는 경우에는 그 손실의 보상에 관하여 구 공공용지의 취득 및 손실보상에 관한 특례법 시행규칙의 관련 규정 등을 유추 적용할 수 있다(대판 2004.9.23. 2004다25581).

[ㄹ ▸ X] 재결에 대한 이의신청은 임의적 절차이므로(공익사업을 위한 토지 등의 취득 및 보상에 관한 법률 제83조에서 “재결에 이의가 있는 자는 중앙토지수용위원회에 이의를 신청할 수 있다”고 규정), 재결에 불복하는 자는 이의신청을 거치지 않고 바로 보상금증감청구소송을 제기할 수 있다. 또한 보상금증감소송은 그 소송을 제기하는 자가 토지소유자 또는 관계인일 때에는 사업시행자를, 사업시행자일 때에는 토지소유자 또는 관계인을 각각 피고로 한다(공익사업을 위한 토지 등의 취득 및 보상에 관한 법률 제85조 제2항 참조).

[ㅁ ▸ X] 이주대책은 헌법 제23조 제3항에 규정된 정당한 보상에 포함되는 것이라기보다는 이에 부가하여 이주자들에게 종전의 생활상태를 회복시키기 위한 생활보상의 일환으로서 국가의 정책적인 배려에 의하여 마련된 제도라고 볼 것이다. 따라서 이주대책의 실시 여부는 입법자의 입법정책적 재량의 영역에 속하므로 공익사업을 위한 토지 등의 취득 및 보상에 관한 법률 시행령 제40조 제3항 제3호가 이주대책의 대상자에서 세입자를 제외하고 있는 것이 세입자의 재산권을 침해하는 것이라 볼 수 없다(헌재 2006.2.23. 2004헌마19).

**2013년 변호사시험 문 40.** ☑ 확인Check! O △ X

**수용 또는 행정상 손실보상에 관한 다음 설명 중 대법원과 헌법재판소의 입장에 부합하는 것을 모두 고른 것은?**

ㄱ. 사업인정을 함에 있어서는 사업 자체에 공익성이 있는지 여부 외에도 당해 사업과 관련된 자들의 이익을 공익과 사익 사이에서는 물론, 공익 상호 간 및 사익 상호 간에도 정당하게 비교·교량하여야 한다.

ㄴ. 사업인정을 함에 있어서 이해관계자의 의견을 듣지 않은 하자가 있을 경우, 이러한 하자는 수용재결의 선행처분인 사업인정단계에서 다투어야 하므로, 선행처분인 사업인정에 대한 쟁송기간이 도과한 후 위 하자를 이유로 수용재결의 취소를 구할 수 없다.

ㄷ. 토지수용 시 지급되어야 할 ‘정당한 보상’에는 당해 공익사업으로 인한 지가 상승분 등 개발이익은 포함되지 않으나, 당해 공익사업으로 수용당하지 않은 채 사실상 개발이익을 향유하는 인근 토지소유자와의 관계에서 평등권의 침해는 인정된다.

ㄹ. 토지수용재결에 대한 소송이 보상금 증감에 관한 것일 경우에는 토지수용위원회를 피고로 하는 항고소송이나 사업시행자 또는 토지소유자를 피고로 하는 형식적 당사자소송 중 하나를 선택적으로 제기할 수 있다.

ㅁ. 이주대책 실시 여부는 입법자의 입법정책적 재량의 영역에 속하므로 법률상 이주대책의 대상자에서 세입자를 제외하고 있는 것이 세입자의 재산권을 침해하여 위헌이라고는 할 수 없다.

① ㄱ, ㄴ, ㄷ ② ㄱ, ㄴ, ㅁ ③ ㄱ, ㄹ, ㅁ
④ ㄴ, ㄷ, ㅁ ⑤ ㄷ, ㄹ



② 정답

[ㄱ ▸ O] 사업인정이란 공익사업을 토지 등을 수용 또는 사용할 사업으로 결정하는 것으로서 공익사업의 시행자에게 그 후 일정한 절차를 거칠 것을 조건으로 일정한 내용의 수용권을 설정하여 주는 형성행위이므로, 해당 사업이 외형상 토지 등을 수용 또는 사용할 수 있는 사업에 해당한다고 하더라도 사업인정기관으로서는 그 사업이 공용수용을 할 만한 공익성이 있는지의 여부와 공익성이 있는 경우에도 그 사업의 내용과 방법에 관하여 사업인정에 관련된 자들의 이익을 공익과 사익 사이에서는 물론, 공익 상호 간 및 사익 상호 간에도 정당하게 비교·교량하여야 하고, 그 비교·교량은 비례의 원칙에 적합하도록 하여야 한다. 그 뿐만 아니라 해당 공익사업을 수행하여 공익을 실현할 의사나 능력이 없는 자에게 타인의 재산권을 공권력적·강제적으로 박탈할 수 있는 수용권을 설정하여 줄 수는 없으므로, 사업시행자에게 해당 공익사업을 수행할 의사와 능력이 있어야 한다는 것도 사업인정의 한 요건이라고 보아야 한다(대판 2011.1.27. 2009두1051).

[ㄴ ▸ O] 건설부장관이 택지개발계획을 승인함에 있어서 토지수용법 제15조에 의한 이해관계자의 의견을 듣지 아니하였거나, 같은 법 제16조 제1항 소정의 토지소유자에 대한 통지를 하지 아니한 하자는 중대하고 명백한 것이 아니므로 사업인정 자체가 당연무효라고 할 수 없고, 이러한 하자는 수용재결의 선행처분인 사업인정단계에서 다투어야 할 것이므로 쟁송기간이 도과한 이후에 위와 같은 하자를 이유로 수용재결의 취소를 구할 수 없다(대판 1993.6.29. 91누2342).

[ㄷ ▸ X] 헌법 제23조 제3항에서 규정한 "정당한 보상"이란 원칙적으로 피수용재산의 객관적인 재산가치를 완전하게 보상하여야 한다는 완전보상을 뜻하는 것이지만, 공익사업의 시행으로 인한 개발이익은 완전보상의 범위에 포함되는 피수용토지의 객관적 가치 내지 피수용자의 손실이라고는 볼 수 없다. 비록 수용되지 아니한 토지소유자가 보유하게 되는 개발이익을 포함하여 일체의 개발이익을 환수할 수 있는 제도적 장치가 마련되지 아니한 상황에서, 기준지가가 고시된 지역 내에서 피수용토지를 둔 토지소유자로부터서만 이를 환수한다고 하여, 합리적 이유 없이 수용여부에 따라 토지소유자를 차별한 것이라고는 인정되지 아니한다(헌재 1990.6.25. 89헌마107).

[ㄹ ▸ X] 보상금증감소송은 그 소송을 제기하는 자가 토지소유자 또는 관계인일 때에는 사업시행자를, 사업시행자일 때에는 토지소유자 또는 관계인을 각각 피고로 하여 제기하여야 한다(공익사업을 위한 토지 등의 취득 및 보상에 관한 법률 제85조 제2항). 또한 보상금증감청구소송은 형식적으로는 관할 토지수용위원회의 보상재결로 인한 당사자 간의 공법상 법률관계에 대해 다투는 것이지만, 실질적으로는 재결이라는 처분에 불복하는 실질을 가지고 있으므로 형식적 당사자소송에 해당한다.

[ㅁ ▸ O] 이주대책은 헌법 제23조 제3항에 규정된 정당한 보상에 포함되는 것이라기보다는 이에 부가하여 이주자들에게 종전의 생활상태를 회복시키기 위한 생활보상의 일환으로서 국가의 정책적인 배려에 의하여 마련된 제도라고 볼 것이다. 따라서 이주대책의 실시 여부는 입법자의 입법정책적 재량의 영역에 속하므로 공익사업을 위한 토지 등의 취득 및 보상에 관한 법률 시행령 제40조 제3항 제3호가 이주대책의 대상자에서 세입자를 제외하고 있는 것이 세입자의 재산권을 침해하는 것이라 볼 수 없다(헌재 2006.2.23. 2004헌마19).

**2019년 변호사시험 문 36.** ☑ 확인Check! ○ △ ✕

행정상 손실보상에 관한 설명 중 옳은 것을 모두 고른 것은?(다툼이 있는 경우 판례에 의함)

ㄱ. 헌법 제23조 제3항은 정당한 보상을 전제로 하여 재산권의 수용 등에 관한 가능성을 규정하고 있지만 재산권 수용의 주체를 정하고 있지 않으므로 민간기업을 수용의 주체로 규정한 자체를 두고 위헌이라고 할 수 없다.
ㄴ. 공유수면 매립면허의 고시가 있다고 하여 반드시 그 사업이 시행되고 그로 인하여 손실이 발생한다고 할 수 없고, 매립면허 고시 이후 매립공사가 실행되어 어업권자에게 실질적이고 현실적인 피해가 발생한 경우에만 「공유수면 관리 및 매립에 관한 법률」에서 정하는 손실보상청구권이 발생한다.
ㄷ. 공공사업의 시행으로 인하여 사업지 밖에 미치는 간접손실에 관하여 그 피해자와 사업시행자 사이에 협의가 이루어지지 아니하고 그 보상에 관한 명문의 근거법령이 없는 경우에 손실의 예견 및 특정이 가능하여도 「공익사업을 위한 토지 등의 취득 및 보상에 관한 법률 시행규칙」의 관련 규정을 유추하여 적용할 수는 없다.
ㄹ. 이주대책은 이주자들에게 종전의 생활상태를 회복시켜 주려는 생활보상의 일환으로서 헌법 제23조 제3항에 규정된 정당한 보상에 당연히 포함되는 것이므로 이주대책의 실시 여부는 입법자의 입법재량의 영역에 속한다고 할 수 없다.

① ㄱ ② ㄱ, ㄴ ③ ㄷ, ㄹ
④ ㄱ, ㄴ, ㄷ ⑤ ㄴ, ㄷ, ㄹ

[ㄱ ▸ O] 헌법 제23조 제3항은 정당한 보상을 전제로 하여 재산권의 수용 등에 관한 가능성을 규정하고 있지만, 재산권 수용의 주체를 한정하지 않고 있다. 위 헌법조항의 핵심은 당해 수용이 공공필요에 부합하는가, 정당한 보상이 지급되고 있는가 여부 등에 있는 것이지, 그 수용의 주체가 국가인지 민간기업인지 여부에 달려 있다고 볼 수 없다. … 따라서 "민간기업"을 수용의 주체로 규정한 산업입지 및 개발에 관한 법률은 헌법 제23조 제3항에 위반되지 않는다(헌재 2009.9.24. 2007헌바114).

[ㄴ ▸ O] 공유수면 매립면허의 고시가 있다고 하여 반드시 그 사업이 시행되고 그로 인하여 손실이 발생한다고 할 수 없으므로, 매립면허 고시 이후 매립공사가 실행되어 관행어업권자에게 실질적이고 현실적인 피해가 발생한 경우에만 공유수면매립법에서 정하는 손실보상청구권이 발생하였다고 할 것이다(대판 2010.12.9. 2007두6571).

[ㄷ ▸ X] 공공사업의 시행 결과 공공사업시행지구 밖에서 발생한 간접손실에 관하여 그 피해자와 사업시행자 사이에 협의가 이루어지지 아니하고, 그 보상에 관한 명문의 근거 법령이 없는 경우라고 하더라도, 헌법 제23조 제3항 및 구 토지수용법 등의 개별 법률의 규정, 구 공공용지의 취득 및 손실보상에 관한 특례법 제3조 제1항 및 같은 법 시행규칙 제23조의2 내지 7 등의 규정 취지에 비추어 보면, 공공사업의 시행으로 인하여 그러한 손실이 발생하리라는 것을 쉽게 예견할 수 있고, 그 손실의 범위도 구체적으로 이를 특정할 수 있는 경우에는 그 손실의 보상에 관하여 구 공공용지의 취득 및 손실보상에 관한 특례법 시행규칙의 관련 규정 등을 유추 적용할 수 있다(대판 2004.9.23. 2004다25581).

[ㄹ ▸ X] 이주대책은 헌법 제23조 제3항에 규정된 정당한 보상에 포함되는 것이라기보다는 이에 부가하여 이주자들에게 종전의 생활상태를 회복시키기 위한 생활보상의 일환으로서 국가의 정책적인 배려에 의하여 마련된 제도라고 볼 것이다. 따라서 이주대책의 실시 여부는 입법자의 입법정책적 재량의 영역에 속하므로 공익사업을 위한 토지 등의 취득 및 보상에 관한 법률 시행령 제40조 제3항 제3호가 이주대책의 대상자에서 세입자를 제외하고 있는 것이 세입자의 재산권을 침해하는 것이라 볼 수 없다(헌재 2006.2.23. 2004헌마19).



② 정답

**2012년 변호사시험 문 39.** ☑ 확인Check! ○ △ ×

**손실보상에 관한 설명 중 옳지 않은 것은?(다툼이 있는 경우 판례에 의함)**

① 헌법 제23조 제3항에서 규정한 "정당한 보상"이란 원칙적으로 피수용재산의 객관적인 재산가치를 완전하게 보상하여야 한다는 완전보상을 뜻하는 것이지만, 공익사업의 시행으로 인한 개발이익은 완전보상의 범위에 포함되는 피수용토지의 객관적 가치 내지 피수용자의 손실이라고 볼 수 없다.

② 토지수용으로 인한 손실보상액을 공시지가를 기준으로 산정하되 개별공시지가가 아닌 표준지공시지가를 기준으로 하는 것은 헌법 제23조 제3항이 규정한 정당보상의 원칙에 위배되지 않는다.

③ 대법원은, 이주대책은 이른바 생활보상에 해당하는 것으로서 헌법 제23조 제3항이 규정하는 손실보상의 한 형태로 보아야 하므로, 법률이 사업시행자에게 이주대책의 수립·실시의무를 부과하였다면 이로부터 사업시행자가 수립한 이주대책상의 택지분양권 등의 구체적 권리가 이주자에게 직접 발생한다고 본다.

④ 토지수용 보상금의 증감에 관한 행정소송에 있어서, 그 소송을 제기하는 자가 토지소유자 또는 관계인일 때에는 사업시행자를 피고로 한다.

⑤ 대법원은, 공익사업을 위한 토지 등의 취득 및 보상에 관한 법령상 공익사업의 시행에 따라 이주하는 주거용 건축물의 세입자에게 지급하는 주거이전비와 이사비는 사회보장적 차원에서 지급하는 금원의 성격을 갖는다고 본다.

[❶ ▸ ○] 헌법 제23조 제3항에서 규정한 "정당한 보상"이란 원칙적으로 피수용재산의 객관적인 재산가치를 완전하게 보상하여야 한다는 완전보상을 뜻하는 것이지만, 공익사업의 시행으로 인한 개발이익은 완전보상의 범위에 포함되는 피수용토지의 객관적 가치 내지 피수용자의 손실이라고는 볼 수 없다(헌재 1990.6.25. 89헌마107).

[❷ ▸ ○] 개별공시지가가 아닌 표준지공시지가를 기준으로 보상액을 산정하도록 한 것은 개발이익이 배제된 수용 당시 피수용 재산의 객관적인 재산가치를 가장 정당하게 보상하는 것이라고 할 것이므로, 헌법 제23조 제3항에 위반된다고 할 수 없다(헌재 2011.8.30. 2009헌바245).

[❸ ▸ ×] 공공용지의 취득 및 손실보상에 관한 특례법상의 이주대책은 공공사업의 시행에 필요한 토지 등을 제공함으로 인하여 생활의 근거를 상실하게 되는 이주자들을 위하여 사업시행자가 기본적인 생활시설이 포함된 택지를 조성하거나 그 지상에 주택을 건설하여 이주자들에게 이를 그 투입비용 원가만의 부담하에 개별 공급하는 것으로서, 그 본래의 취지에 있어 이주자들에 대하여 종전의 생활상태를 원상으로 회복시키면서 동시에 인간다운 생활을 보장하여 주기 위한 이른바 생활보상의 일환으로 국가의 적극적이고 정책적인 배려에 의하여 마련된 제도이다. 같은 법 제8조 제1항이 사업시행자에게 이주대책의 수립·실시의무를 부과하고 있다고 하여 그 규정 자체만에 의하여 이주자에게 사업시행자가 수립한 이주대책상의 택지분양권이나 아파트 입주권 등을 받을 수 있는 구체적인 권리(수분양권)가 직접 발생하는 것이라고는 도저히 볼 수 없으며, 사업시행자가 이주대책에 관한 구체적인 계획을 수립하여 이를 해당자에게 통지 내지 공고한 후, 이주자가 수분양권을 취득하기를 희망하여 이주대책에 정한 절차에 따라 사업시행자에게 이주대책대상자 선정신청을 하고 사업시행자가 이를 받아들여 이주대책대상자로 확인·결정하여야만 비로소 구체적인 수분양권이 발생하게 된다(대판 1994.5.24. 92다35783).

[❹ ▸ ○] 보상금 증감소송은 그 소송을 제기하는 자가 토지소유자 또는 관계인일 때에는 사업시행자를, 사업시행자일 때에는 토지소유자 또는 관계인을 각각 피고로 한다(공익사업을 위한 토지 등의 취득 및 보상에 관한 법률 제85조 제2항 참조).

[❺ ▸ ○] 공익사업을 위한 토지 등의 취득 및 보상에 관한 법률 제78조 제5항 및 같은 법 시행규칙 제54조 제2항, 제55조 제2항의 각 규정에 의하여 공익사업의 시행에 따라 이주하는 주거용 건축물의 세입자에게 지급하는 주거이전비와 이사비는, 당해 공익사업 시행지구 안에 거주하는 세입자들의 조기이주를 장려하여 사업추진을 원활하게 하려는 정책적인 목적과 주거이전으로 인하여 특별한 어려움을 겪게 될 세입자들을 대상으로 하는 사회보장적인 차원에서 지급하는 금원의 성격을 갖는다(대판 2006.4.27. 2006두2435).

정답 ③

**2020년 변호사시험 문 29.** ☑ 확인Check! ○ △ ×

「공익사업을 위한 토지 등의 취득 및 보상에 관한 법률」(이하 '토지보상법'이라고 함)상 이주대책에 관한 설명 중 옳은 것(○)과 옳지 않은 것(×)을 올바르게 조합한 것은?(다툼이 있는 경우 판례에 의함)

ㄱ. 이주대책은 헌법 제23조 제3항의 정당한 보상에 포함되는 것이라기보다는 정당한 보상에 부가하여, 이주자들에게 종전의 생활상태를 회복시키기 위한 생활보상의 하나로서, 이주대책의 실시 여부는 입법자의 입법정책적 재량의 영역에 속한다고 볼 것이므로, 세입자를 이주대책대상자에서 제외하는 토지보상법 시행령 규정은 세입자의 재산권을 침해하는 것이라 볼 수 없다.

ㄴ. 사업시행자의 이주대책 수립·실시의무뿐만 아니라 이주대책의 내용에 관하여 규정하고 있는 토지보상법상의 관련규정은 당사자의 합의 또는 사업시행자의 재량에 의하여 적용을 배제할 수 없는 강행법규이다.

ㄷ. 사업시행자 스스로 공익사업의 원활한 시행을 위하여 생활대책을 수립·실시할 수 있도록 하는 내부규정을 두고 이에 따라 생활대책대상자 선정기준을 마련하여 생활대책을 수립·실시하는 경우, 생활대책대상자 선정기준에 해당하는 자는 자신을 생활대책대상자에서 제외하거나 선정을 거부한 행위에 대해 사업시행자를 상대로 항고소송을 제기할 수는 없다.

ㄹ. 이주자의 수분양권은 이주자가 이주대책에서 정한 절차에 따라 사업시행자에게 이주대책대상자 선정신청을 하고 사업시행자가 이를 받아들여 이주대책대상자로 확인·결정하여야만 비로소 구체적으로 발생하게 된다.

① ㄱ(○) ㄴ(○) ㄷ(×) ㄹ(○)
② ㄱ(×) ㄴ(○) ㄷ(×) ㄹ(○)
③ ㄱ(×) ㄴ(×) ㄷ(○) ㄹ(○)
④ ㄱ(○) ㄴ(○) ㄷ(○) ㄹ(×)
⑤ ㄱ(○) ㄴ(×) ㄷ(○) ㄹ(×)

[ㄱ ▸ ○] 이주대책은 헌법 제23조 제3항에 규정된 정당한 보상에 포함되는 것이라기보다는 이에 부가하여 이주자들에게 종전의 생활상태를 회복시키기 위한 생활보상의 일환으로서 국가의 정책적인 배려에 의하여 마련된 제도라고 볼 것이다. 따라서 이주대책의 실시 여부는 입법자의 입법정책적 재량의 영역에 속하므로 공익사업을 위한 토지 등의 취득 및 보상에 관한 법률 시행령 제40조 제3항 제3호가 이주대책의 대상자에서 세입자를 제외하고 있는 것이 세입자의 재산권을 침해하는 것이라 볼 수 없다(헌재 2006.2.23. 2004헌마19).

[ㄴ ▸ ○] 사업시행자의 이주대책 수립·실시의무를 정하고 있는 구 공익사업법 제78조 제1항은 물론 이주대책의 내용에 관하여 규정하고 있는 같은 조 제4항 본문 역시 당사자의 합의 또는 사업시행자의 재량에 의하여 적용을 배제할 수 없는 강행법규이다(대판 2011.6.23. 2007다63089 [전합]).

[ㄷ ▸ ×] 공익사업법은 제78조 제1항에서 "사업시행자는 공익사업의 시행으로 인하여 주거용 건축물을 제공함에 따라 생활의 근거를 상실하게 되는 자(이하 "이주대책대상자")를 위하여 대통령령으로 정하는 바에 따라 이주대책을 수립·실시하거나 이주정착금을 지급하여야 한다"고 규정하고 있을 뿐, 생활대책용지의 공급과 같이 공익사업 시행 이전과 같은 경제수준을 유지할 수 있도록 하는 내용의 생활대책에 관한 분명한 근거 규정을 두고 있지는 않으나, 사업시행자 스스로 공익사업의 원활한 시행을 위하여 필요하다고 인정함으로써 생활대책을 수립·실시할 수 있도록 하는 내부규정을 두고 있고 내부규정에 따라 생활대책대상자 선정기준을 마련하여 생활대책을 수립·실시하는 경우에는, 이러한 생활대책 역시 "공공필요에 의한 재산권의 수용·사용 또는 제한 및 그에 대한 보상은 법률로써 하되, 정당한 보상을 지급하여야 한다"고 규정하고 있는 헌법 제23조 제3항에 따른 정당한 보상에 포함되는 것으로 보아야 한다. 따라서 이러한 생활대책대상자 선정기준에 해당하는 자는 사업시행자에게 생활대책대상자 선정 여부의 확인·결정을 신청할 수 있는 권리를 가지는 것이어서, 만일 사업시행자가 그러한 자를 생활대책대상자에서 제외하거나 선정을 거부하면, 이러한 생활대책대상자 선정기준에 해당하는 자는 사업시행자를 상대로 항고소송을 제기할 수 있다고 보는 것이 타당하다(대판 2011.10.13. 2008두17905).



① 정답

[ㄹ ▸ O] 공공용지의 취득 및 손실보상에 관한 특례법상의 이주대책은 공공사업의 시행에 필요한 토지 등을 제공함으로 인하여 생활의 근거를 상실하게 되는 이주자들을 위하여 사업시행자가 기본적인 생활시설이 포함된 택지를 조성하거나 그 지상에 주택을 건설하여 이주자들에게 이를 그 투입비용 원가만의 부담하에 개별 공급하는 것으로서, 그 본래의 취지에 있어 이주자들에 대하여 종전의 생활상태를 원상으로 회복시키면서 동시에 인간다운 생활을 보장하여 주기 위한 이른바 생활보상의 일환으로 국가의 적극적이고 정책적인 배려에 의하여 마련된 제도이다. 같은 법 제8조 제1항이 사업시행자에게 이주대책의 수립・실시의무를 부과하고 있다고 하여 그 규정 자체만에 의하여 이주자에게 사업시행자가 수립한 이주대책상의 택지분양권이나 아파트 입주권 등을 받을 수 있는 구체적인 권리(수분양권)가 직접 발생하는 것이라고는 도저히 볼 수 없으며, 사업시행자가 이주대책에 관한 구체적인 계획을 수립하여 이를 해당자에게 통지 내지 공고한 후, 이주자가 수분양권을 취득하기를 희망하여 이주대책에 정한 절차에 따라 사업시행자에게 이주대책대상자 선정신청을 하고 사업시행자가 이를 받아들여 이주대책대상자로 확인・결정하여야만 비로소 구체적인 수분양권이 발생하게 된다(대판 1994.5.24. 92다35783).

PART 05

행정상 손해전보

CHAPTER 03

# 행정상 손해전보제도의 보완

행정법

## 제1절 수용유사적 침해제도

## 제2절 결과제거청구권

MEMO

# 손해전보를 위한 그 밖의 제도

행정법

각 문항별로 이해도를 체크해 보세요.

최근 5년간 회별 평균 0.2문

## 제1절 공법상의 부당이득반환청구권

**2016년 변호사시험 문 36.**

확인Check! ○ △ ×

공법상 부당이득에 관한 설명 중 옳은 것을 모두 고른 것은?(다툼이 있는 경우 판례에 의함)

ㄱ. 지방자치단체장의 변상금부과처분에 취소사유가 있는 경우 이 처분에 의하여 납부자가 납부하거나 징수당한 오납금에 대한 부당이득반환청구권은 변상금부과처분의 취소 여부에 상관없이 납부 또는 징수 시에 발생하여 확정된다.
ㄴ. 환급가산금의 내용에 대한 세법상의 규정은 부당이득 반환범위에 관한 「민법」 규정에 대하여 특칙으로서의 성질을 가지므로 환급가산금은 수익자인 국가의 선의·악의를 불문하고 각각의 세법 규정에서 정한대로 확정된다.
ㄷ. 국세 과오납금의 환급 여부에 관한 과세관청의 결정은 항고소송의 대상이 되는 처분이 아니므로 설사 과세관청이 환급거부결정을 하더라도 거부처분취소소송으로 다툴 수 없다.
ㄹ. 토지수용의 재결에 대하여 불복절차를 취하지 아니함으로써 그 재결에 대하여 더 이상 다툴 수 없게 된 경우, 사업시행자는 그 재결이 당연무효이거나 취소되지 않는 한 이미 보상금을 지급받은 자에 대하여 그 보상금을 부당이득이라 하여 반환을 구할 수 없다.

① ㄱ, ㄴ ② ㄴ, ㄷ ③ ㄷ, ㄹ
④ ㄱ, ㄴ, ㄷ ⑤ ㄴ, ㄷ, ㄹ

[ㄱ ▸ ×] 공유재산 및 물품 관리법은 제81조 제1항에서 공유재산 등의 관리청은 변상금을 징수할 수 있다고 규정하고 있는데, 이러한 변상금의 부과는 관리청이 공유재산 중 일반재산과 관련하여 사경제 주체로서 상대방과 대등한 위치에서 사법상 계약인 대부계약을 체결한 후 그 이행을 구하는 것과 달리 관리청이 공권력의 주체로서 상대방의 의사를 묻지 않고 일방적으로 행하는 행정처분에 해당한다. 그러므로 만일 무단으로 공유재산 등을 사용·수익·점유하는 자가 관리청의 변상금부과처분에 따라 그에 해당하는 돈을 납부한 경우라면 위 변상금부과처분이 당연 무효이거나 행정소송을 통해 먼저 취소되기 전에는 사법상 부당이득반환청구로써 위 납부액의 반환을 구할 수 없다(대판 2013.1.24. 2012다79828).

[ㄴ ▸ O] 조세환급금은 조세채무가 처음부터 존재하지 않거나 그 후 소멸하였음에도 불구하고 국가가 법률상 원인 없이 수령하거나 보유하고 있는 부당이득에 해당하고, 환급가산금은 그 부당이득에 대한 법정이자로서의 성질을 가진다. 이 때 환급가산금의 내용에 대한 세법상의 규정은 부당이득의 반환범위에 관한 민법 제748조에 대하여 그 특칙으로서의 성질을 가진다고 할 것이므로, 환급가산금은 수익자인 국가의 선의·악의를 불문하고 그 가산금에 관한 각 규정에서 정한 기산일과 비율에 의하여 확정된다(대판 2009.9.10. 2009다11808).

PART 05 행정상 손해전보

정답 ⑤



안심Touch

[ㄷ ▸ O] 국세기본법 제51조, 제52조의 국세환급금 및 국세가산금결정에 관한 규정은 이미 납세의무자의 환급청구권이 확정된 국세환급금 및 가산금에 대하여 내부적 사무처리절차로서 과세관청의 환급절차를 규정한 것에 지나지 않고, 그 규정에 의한 국세환급금(가산금 포함)결정에 의하여 비로소 환급청구권이 확정되는 것은 아니므로, 국세환급결정이나 이 결정을 구하는 신청에 대한 환급거부결정 등은 납세의무자가 갖는 환급청구권의 존부나 범위에 구체적이고 직접적인 영향을 미치는 처분이 아니어서 항고소송의 대상이 되는 처분이라고 볼 수 없다(대판 1989.6.15. 88누6436 [전합]).

[ㄹ ▸ O] 재결에 대하여 불복절차를 취하지 아니함으로써 그 재결에 대하여 더 이상 다툴 수 없게 된 경우에는 기업자는 그 재결이 당연무효이거나 취소되지 않는 한, 이미 보상금을 지급받은 자에 대하여 민사소송으로 그 보상금을 부당이득이라 하여 반환을 구할 수 없다(대판 2001.4.27. 2000다50237).

## 제2절 행정법상의 채권관계에 근거한 손해배상청구권

PART 06

# 행정쟁송

CHAPTER 01 행정심판

CHAPTER 02 행정소송

CHAPTER 01

# 행정심판

행정법

각 문항별로 이해도를 체크해 보세요.

최근 5년간 회별 평균 0.6문

## 제1절 행정심판 ★★

**2017년 변호사시험 문 30.**

확인 Check! ○ △ ×

**「행정심판법」상 행정심판에 관한 설명 중 옳은 것은?**

① 시・도행정심판위원회의 재결에 불복하는 경우 청구인은 그 재결 및 같은 처분 또는 부작위에 대하여 중앙행정심판위원회에 재심을 청구할 수 있다.

② 행정심판위원회는 처분 또는 부작위가 위법・부당하다고 상당히 의심되는 경우로서 처분 또는 부작위 때문에 당사자가 받을 우려가 있는 중대한 불이익이나 당사자에게 생길 급박한 위험을 막기 위하여 임시지위를 정하여야 할 필요가 있는 경우에는 당사자의 신청이 있는 경우에 한하여 임시처분을 결정할 수 있다.

③ 피청구인을 경정하는 결정이 있으면 그 경정결정 시에 새로운 피청구인에 대한 행정심판이 청구된 것으로 본다.

④ 심판청구의 대상과 관계되는 권한이 다른 행정청에 승계된 경우에는 권한을 승계한 행정청을 피청구인으로 하여야 한다.

⑤ 집행정지 신청은 행정심판을 청구한 후에는 할 수 없다.

[❶ ▸ ×] 심판청구에 대한 재결이 있으면 그 재결 및 같은 처분 또는 부작위에 대하여 다시 행정심판을 청구할 수 없다(행정심판법 제51조).

[❷ ▸ ×] 위원회는 처분 또는 부작위가 위법・부당하다고 상당히 의심되는 경우로서 처분 또는 부작위 때문에 당사자가 받을 우려가 있는 중대한 불이익이나 당사자에게 생길 급박한 위험을 막기 위하여 임시지위를 정하여야 할 필요가 있는 경우에는 직권으로 또는 당사자의 신청에 의하여 임시처분을 결정할 수 있다(행정심판법 제31조 제1항).

[❸ ▸ ×] 피청구인을 경정하는 결정이 있으면 종전의 피청구인에 대한 심판청구는 취하되고 종전의 피청구인에 대한 행정심판이 청구된 때에 새로운 피청구인에 대한 행정심판이 청구된 것으로 본다(행정심판법 제17조 제4항).

[❹ ▸ ○] 행정심판은 처분을 한 행정청(의무이행심판의 경우에는 청구인의 신청을 받은 행정청)을 피청구인으로 하여 청구하여야 한다. 다만, 심판청구의 대상과 관계되는 권한이 다른 행정청에 승계된 경우에는 권한을 승계한 행정청을 피청구인으로 하여야 한다(행정심판법 제17조 제1항).

[❺ ▸ ×] 집행정지 신청은 심판청구와 동시에 또는 심판청구에 대한 제7조 제6항 또는 제8조 제7항에 따른 위원회나 소위원회의 의결이 있기 전까지, 집행정지 결정의 취소신청은 심판청구에 대한 제7조 제6항 또는 제8조 제7항에 따른 위원회나 소위원회의 의결이 있기 전까지 신청의 취지와 원인을 적은 서면을 위원회에 제출하여야 한다. 다만, 심판청구서를 피청구인에게 제출한 경우로서 심판청구와 동시에 집행정지 신청을 할 때에는 심판청구서 사본과 접수증명서를 함께 제출하여야 한다(행정심판법 제30조 제5항).



④ 정답

## 2020년 변호사시험 문 26.

☑ 확인 Check! ○ △ ✕

**이의신청에 관한 설명 중 옳지 않은 것은?(다툼이 있는 경우 판례에 의함)**

① 「국가유공자 등 예우 및 지원에 관한 법률」은 국가유공자 등록신청을 거부한 경우 신청대상자가 이의신청을 제기할 수 있도록 규정하고 있는데, 행정청이 그 이의신청을 받아들이지 아니하는 내용의 결정을 한 경우 그 결정은 원결정과 별개로 항고소송의 대상이 되지 않는다.

② 「국세기본법」의 관련규정들의 취지에 비추어 볼 때 동일 사항에 관하여 특별한 사유 없이 종전 처분에 대한 취소를 번복하고 다시 종전 처분을 되풀이할 수는 없는 것이므로, 과세처분에 관한 이의신청 절차에서 과세관청이 과세처분을 직권으로 취소한 이상 그 후 특별한 사유 없이 이를 번복하고 종전 처분을 되풀이하는 것은 허용되지 않는다.

③ 도로점용료 부과처분에 대한 「지방자치법」상의 이의신청은 행정심판과는 구별되는 제도이므로, 이의신청을 제기해야 할 사람이 처분청에 표제를 '행정심판청구서'로 한 서류를 제출한 경우 이를 처분에 대한 이의신청으로 볼 수 없다.

④ 「감염병의 예방 및 관리에 관한 법률」상 예방접종 피해보상 거부처분에 대하여 법령의 규정 없이 제기한 이의신청은 행정심판으로 볼 수 없으므로, 그 거부처분에 대한 신청인의 이의신청에 대해 기각결정이 내려진 경우에는 그 기각결정을 새로운 거부처분으로 본다.

⑤ 개별공시지가에 대하여 「부동산 가격공시에 관한 법률」에 따른 이의신청을 하여 그 결과 통지를 받은 후 다시 행정심판을 거친 경우 행정소송의 제소기간은 그 행정심판 재결서 정본을 송달받은 날부터 기산한다.

[❶ ▸ O] 국가유공자 등 예우 및 지원에 관한 법률(이하 '국가유공자법'이라 한다) 제4조 제1항 제6호, 제6조 제3항, 제4항, 제74조의18의 문언・취지 등에 비추어 알 수 있는 다음과 같은 사정, 즉 국가유공자법 제74조의18 제1항이 정한 이의신청은, 국가유공자 요건에 해당하지 아니하는 등의 사유로 <u>국가유공자 등록신청을 거부한 처분청인 국가보훈처장이 신청 대상자의 신청 사항을 다시 심사하여 잘못이 있는 경우 스스로 시정하도록 한 절차인 점</u>, 이의신청을 받아들이는 것을 내용으로 하는 결정은 당초 국가유공자 등록신청을 받아들이는 새로운 처분으로 볼 수 있으나, 이와 달리 <u>이의신청을 받아들이지 아니하는 내용의 결정은 종전의 결정 내용을 그대로 유지하는 것에 불과한 점</u>, 보훈심사위원회의 심의・의결을 거치는 것도 최초의 국가유공자 등록신청에 대한 결정에서나 이의신청에 대한 결정에서 마찬가지로 거치도록 규정된 절차인 점, <u>이의신청은 원결정에 대한 행정심판이나 행정소송의 제기에도 영향을 주지 아니하는 점 등을 종합하면, 국가유공자법 제74조의18 제1항이 정한 이의신청을 받아들이지 아니하는 결정은 이의신청인의 권리・의무에 새로운 변동을 가져오는 공권력의 행사나 이에 준하는 행정작용이라고 할 수 없으므로 원결정과 별개로 항고소송의 대상이 되지는 않는다</u>(대판 2016.7.27. 2015두45953).

[❷ ▸ O] 과세처분에 관한 불복절차과정에서 과세관청이 그 불복사유가 옳다고 인정하고 이에 따라 필요한 처분을 하였을 경우에는, 불복제도와 이에 따른 시정방법을 인정하고 있는 구 국세기본법 제55조 제1항・제3항 등 규정들의 취지에 비추어 동일사항에 관하여 특별한 사유 없이 이를 번복하고 다시 종전의 처분을 되풀이할 수 없는 것이므로, <u>과세처분에 관한 이의신청절차에서</u> 과세관청이 이의신청사유가 옳다고 인정하여 <u>과세처분을 직권으로 취소한 이상 그 후 특별한 사유 없이 이를 번복하고 종전 처분을 되풀이하는 것은 허용되지 않는다</u>(대판 2010.9.30. 2009두1020).

[❸ ▸ X] <u>이의신청을 제기해야 할 사람이 처분청에 표제를 '행정심판청구서'로 한 서류를 제출한 경우라 할지라도 서류의 내용에 이의신청 요건에 맞는 불복취지와 사유가 충분히 기재되어 있다면 표제에도 불구하고 이를 처분에 대한 이의신청으로 볼 수 있다</u>(대판 2012.3.29. 2011두26886).

[❹ ▸ O] 판례는 감염병의 예방 및 관리에 관한 법률상 예방접종피해보상거부처분(제1차 거부통보)에 대한 이의신청은 새로운 신청이므로, 이에 대한 기각결정(제2차 거부통보)도 새로운 거부처분이라고 보았다. 따라서 제2차 거부통보의 처분성을 인정할 수 있으므로, 이를 기준으로 제소기간 도과 여부를 판단하였다.

PART 06 행정쟁송

정답 ③

판례 감염병예방법령은 예방접종 피해보상 기각결정에 대한 이의신청에 관하여 아무런 규정을 두고 있지 않으므로 피고가 원고의 이의신청에 대하여 스스로 다시 심사하였다고 하여 행정심판을 거친 경우에 대한 제소기간의 특례가 적용된다고 볼 수 없다. 따라서 제1차 거부통보에 대한 제소기간은 원고가 그 처분이 있음을 알았던 2014.4.10.부터 기산되므로, 이 사건 소 제기 당시 이미 그에 대한 제소기간을 도과하였다. … 한편, 원심이 적법하게 채택한 증거에 의하여 알 수 있는 아래와 같은 사정을 관련 법리에 따라 살펴보면, 비록 원고가 제1차 거부통보에 대하여 이의신청 형식으로 불복하였고 제2차 거부통보의 결론이 제1차 거부통보와 같다고 하더라도, 제2차 거부통보는 실질적으로 새로운 처분에 해당하여 독립한 행정처분으로서 항고소송의 대상이 된다고 볼 수 있다. 수익적 행정행위 신청에 대한 거부처분은 당사자의 신청에 대하여 관할 행정청이 거절하는 의사를 대외적으로 명백히 표시함으로써 성립되고, 거부처분이 있은 후 당사자가 다시 신청을 한 경우에는 신청의 제목 여하에 불구하고 그 내용이 새로운 신청을 하는 취지라면 관할 행정청이 이를 다시 거절하는 것은 새로운 거부처분으로 봄이 원칙이다(대판 2019.4.3. 2017두52764).

[❺ ▸ O] 개별공시지가에 대하여 이의가 있는 자는 곧바로 행정소송을 제기하거나 부동산 가격공시 및 감정평가에 관한 법률에 따른 이의신청과 행정심판법에 따른 행정심판청구 중 어느 하나만을 거쳐 행정소송을 제기할 수 있을 뿐만 아니라, 이의신청을 하여 그 결과 통지를 받은 후 다시 행정심판을 거쳐 행정소송을 제기할 수도 있다고 보아야 하고, 이 경우 행정소송의 제소기간은 그 행정심판재결서정본을 송달받은 날부터 기산한다(대판 2010.1.28. 2008두19987).

**2018년 변호사시험 문 30.** ☑ 확인 Check! O △ X

**甲은 2016.3.8. 「학교보건법」(현행 「교육환경보호에 관한 법률」)에 따라 지정된 학교환경위생정화구역(현행 '교육환경보호구역') 내에서 위 법이 금지하는 당구장업을 하기 위해 금지행위 및 금지시설의 해제를 신청하였다. 관할 행정청은 「학교보건법」상 학교환경위생정화위원회(현행 '지역교육환경보호위원회')의 심의를 거치지 아니하고, 2016.3.15. '학생의 안전보호'를 이유로 해제신청을 거부하는 결정을 하였고 이 결정이 2016.3.16. 甲에게 도달하였다. 관할 행정청은 처분을 하면서 甲에게 행정심판 청구기간을 고지하지 아니하였다. 甲은 거부처분에 대해 행정심판을 제기하고자 한다. 이에 관한 설명 중 옳지 않은 것은?(다툼이 있는 경우 판례에 의함)**

① 학교환경위생정화구역 내에서의 금지행위 및 금지시설의 해제신청에 대하여 신청을 인용하거나 거부하는 처분은 재량행위에 속한다.
② 학교환경위생정화위원회의 심의를 거치지 아니하고 내려진 거부처분의 흠은 행정처분의 효력에 아무런 영향을 주지 않는다거나 경미한 정도에 불과하다고 볼 수 없으므로 특별한 사정이 없는 한 거부처분을 위법하게 하는 취소사유에 해당한다.
③ 甲이 2016.7.20. 취소심판을 제기하는 경우 청구기간이 도과하지 않은 것이므로 적법하다.
④ 관할 행정청이 행정심판단계에서 '학생의 안전보호'라는 처분사유를 '학생의 보건·위생보호'로 변경하고자 할 경우 기본적 사실관계의 동일성이 있으면 처분사유의 변경이 허용된다.
⑤ 「체육시설의 설치·이용에 관한 법률」에 따른 당구장업의 신고요건을 갖춘 甲은 학교환경위생정화구역 내에서 「학교보건법」에 따른 별도 요건을 충족하지 아니하고도 적법한 신고를 할 수가 있다.

[❶ ▸ O] 학교환경위생정화구역 안에서의 금지행위 및 시설의 해제신청에 대하여 그 행위 및 시설이 학습과 학교보건에 나쁜 영향을 주지 않는 것인지의 여부를 결정하여 그 금지행위 및 시설을 해제하거나 계속하여 금지하는 조치는 시·도교육위원회교육감 또는 교육감이 지정하는 자의 재량행위에 속한다(대판 1996.10.29. 96누8253).



⑤ 정답

[❷ ▸ O] 금지행위 및 시설의 해제 여부에 관한 행정처분을 하면서 절차상 위와 같은 학교환경위생정화위원회의 심의를 누락한 흠이 있다면 그와 같은 흠을 가리켜 위 행정처분의 효력에 아무런 영향을 주지 않는다거나 경미한 정도에 불과하다고 볼 수 없으므로, 특별한 사정이 없는 한 이는 행정처분을 위법하게 하는 취소사유가 된다(대판 2007.3.15. 2006두15806).

[❸ ▸ O] 행정청이 심판청구 기간을 알리지 아니한 경우에는 처분이 있었던 날부터 180일 이내에 심판청구를 할 수 있다(행정심판법 제27조 제3항·제6항 참조).

[❹ ▸ O] 행정처분의 취소를 구하는 항고소송에서 처분청은 당초 처분의 근거로 삼은 사유와 기본적 사실관계가 동일성이 있다고 인정되는 한도 내에서만 다른 사유를 추가 또는 변경할 수 있고, 이러한 법리는 행정심판 단계에서도 그대로 적용된다(대판 2014.5.16. 2013두26118).

[❺ ▸ X] 학교보건법과 체육시설의 설치·이용에 관한 법률은 그 입법목적, 규정사항, 적용범위 등을 서로 달리 하고 있어서 당구장의 설치에 관하여 체육시설의 설치·이용에 관한 법률이 학교보건법에 우선하여 배타적으로 적용되는 관계에 있다고는 해석되지 아니하므로 체육시설의 설치·이용에 관한 법률에 따른 당구장업의 신고요건을 갖춘 자라 할지라도 학교보건법 제5조 소정의 학교환경 위생정화구역 내에서는 같은 법 제6조에 의한 별도 요건을 충족하지 아니하는 한 적법한 신고를 할 수 없다고 보아야 한다(대판 1991.7.12. 90누8350).

**2012년 변호사시험 문 32.** ☑ 확인 Check! O △ X

**행정심판에 관한 설명 중 옳지 않은 것은?**

① 무효등확인심판은 심판청구기간의 제한이 없고, 사정재결도 인정되지 아니한다.
② 행정심판위원회는 처분 또는 부작위가 위법·부당하다고 상당히 의심되는 경우로서 그로 인하여 당사자가 받을 우려가 있는 중대한 불이익을 막기 위하여 임시지위를 정하여야 할 필요가 있을 때에는 임시처분을 결정할 수 있다.
③ 행정심판위원회는 당사자의 신청을 거부하거나 부작위로 방치한 처분의 이행을 명하는 재결이 있었음에도 당해 행정청이 재결의 취지에 따른 처분을 하지 아니하는 때에는 당사자의 신청에 의하여 시정을 명하고 불이행 시 직접 당해 처분을 행할 수도 있다.
④ 행정심판법의 개정으로 시·도행정심판위원회의 재결에 불복하는 경우 청구인은 그 재결 및 같은 처분 또는 부작위에 대하여 중앙행정심판위원회에 재심사를 청구할 수 있다.
⑤ 심판청구의 대상과 관계되는 권리나 이익을 양수한 자는 행정심판위원회의 허가를 받아 청구인의 지위를 승계할 수 있고, 위 위원회가 이를 허가하지 않으면 이의신청을 할 수 있다.



[❶ ▸ O] 무효등확인심판청구에는 심판청구기간규정과 사정재결규정이 적용되지 않는다.

심판청구의 기간(행정심판법 제27조) ⑦ 제1항부터 제6항까지의 규정은 무효등확인심판청구와 부작위에 대한 의무이행심판청구에는 적용하지 아니한다.

사정재결(행정심판법 제44조) ③ 제1항과 제2항은 무효등확인심판에는 적용하지 아니한다.

[❷ ▸ O] 위원회는 처분 또는 부작위가 위법·부당하다고 상당히 의심되는 경우로서 처분 또는 부작위 때문에 당사자가 받을 우려가 있는 중대한 불이익이나 당사자에게 생길 급박한 위험을 막기 위하여 임시지위를 정하여야 할 필요가 있는 경우에는 직권으로 또는 당사자의 신청에 의하여 임시처분을 결정할 수 있다(행정심판법 제31조 제1항).

정답 ④

[❸ ▸ O] 행정심판법은 처분명령재결의 기속력확보수단으로서 직접처분제도를 두고 있다.

법령 **위원회의 직접 처분(행정심판법 제50조)** ① 위원회는 피청구인이 제49조 제3항에도 불구하고 처분을 하지 아니하는 경우에는 당사자가 신청하면 기간을 정하여 서면으로 시정을 명하고 그 기간에 이행하지 아니하면 직접 처분을 할 수 있다. 다만, 그 처분의 성질이나 그 밖의 불가피한 사유로 위원회가 직접 처분을 할 수 없는 경우에는 그러하지 아니하다.

**재결의 기속력 등(행정심판법 제49조)** ③ 당사자의 신청을 거부하거나 부작위로 방치한 처분의 이행을 명하는 재결이 있으면 행정청은 지체 없이 이전의 신청에 대하여 재결의 취지에 따라 처분을 하여야 한다.

[❹ ▸ ×] 심판청구에 대한 재결이 있으면 그 재결 및 같은 처분 또는 부작위에 대하여 다시 행정심판을 청구할 수 없다(행정심판법 제51조).

[❺ ▸ O] 행정심판법 제16조 참조

법령 **청구인의 지위 승계(행정심판법 제16조)** ⑤ 심판청구의 대상과 관계되는 권리나 이익을 양수한 자는 위원회의 허가를 받아 청구인의 지위를 승계할 수 있다.

⑧ 신청인은 위원회가 제5항의 지위 승계를 허가하지 아니하면 결정서 정본을 받은 날부터 7일 이내에 위원회에 이의신청을 할 수 있다.

# 행정소송



각 문항별로 이해도를 체크해 보세요.

최근 5년간 회별 평균 4.8문

## 제1절 개 설

## 제2절 취소소송의 소송요건 ★★★★★★★★★★★★★★★

2019년 변호사시험 문 40. 확인 Check! ○ △ ×

「행정소송법」상 거부처분에 관한 설명 중 옳지 않은 것은?(다툼이 있는 경우 판례에 의함)

① 정보공개청구인이 전자적 형태의 정보를 정보통신망을 통하여 송신하는 방법으로 정보공개할 것을 청구하였으나, 공공기관이 대상정보를 공개하되 방문하여 수령하라고 결정하여 통지한 경우, 청구인에게 특정한 공개방법을 지정하여 정보공개를 청구할 수 있는 법령상 신청권이 있다고 볼 수는 없으므로, 이를 항고소송의 대상이 되는 거부처분이라 할 수 없다.

② 개발부담금을 부과할 때는 가능한 한 개발부담금 부과처분 후에 지출한 개발비용도 공제함이 마땅하므로, 이미 부과처분에 따라 납부한 개발부담금 중 부과처분 후 납부한 개발비용인 학교용지부담금에 해당하는 금액에 대하여는 조리상 그 취소나 변경 등 환급에 필요한 처분을 신청할 권리가 인정되므로, 그 환급신청 거절회신은 항고소송의 대상이 된다.

③ 중요무형문화재 보유자의 추가인정 여부는 행정청의 재량에 속하고, 특정 개인에게 자신을 보유자로 인정해 달라는 법규상 또는 조리상 신청권이 있다고 할 수 없어, 중요무형문화인 경기민요 보유자 추가인정 신청에 대한 거부는 항고소송의 대상이 되지 않는다.

④ 기간제로 임용되어 임용기간이 만료된 국·공립대학의 조교수에 대하여 재임용을 거부하는 취지의 임용기간만료 통지는 항고소송의 대상이 된다.

⑤ 업무상 재해를 당한 甲의 요양급여 신청에 대하여 근로복지공단이 요양승인 처분을 하면서 사업주를 乙주식회사로 보아 요양승인 사실을 통지하자, 乙주식회사가 甲이 자신의 근로자가 아니라고 주장하면서 근로복지공단에 사업주 변경을 신청하였으나 이를 거부하는 통지를 받은 경우, 근로복지공단의 결정에 따라 산업재해보상보험의 가입자지위가 발생하는 것이 아니므로 乙주식회사에게 법규상 또는 조리상 사업주 변경 신청권이 인정되지 않아, 위 거부통지는 항고소송의 대상이 되지 않는다.

[❶ ▸ ×] 구 공공기관의 정보공개에 관한 법률은, 정보의 공개를 청구하는 이(이하 '청구인'이라고 한다)가 정보공개방법도 아울러 지정하여 정보공개를 청구할 수 있도록 하고 있고, 전자적 형태의 정보를 전자적으로 공개하여 줄 것을 요청한 경우에는 공공기관은 원칙적으로 요청에 응할 의무가 있고, 나아가 비전자적 형태의 정보에 관해서도 전자적 형태로 공개하여 줄 것을 요청하면 재량판단에 따라 전자적 형태로 변환하여 공개할 수 있도록 하고 있다. 이는 정보의 효율적 활용을 도모하고 청구인의 편의를 제고함으로써 구 정보공개법의 목적인 국민의 알 권리를 충실하게 보장하려는 것이므로, 청구인에게는 특정한 공개방법을 지정하여 정보공개를 청구할 수 있는 법령상 신청권이 있다. 따라서 공공기관이 공개청구의 대상이 된 정보를 공개는 하되, 청구인이 신청한 공개방법 이외의 방법으로 공개하기로 하는 결정을 하였다면, 이는 정보공개청구 중 정보공개방법에 관한 부분에 대하여 일부 거부처분을 한 것이고, 청구인은 그에 대하여 항고소송으로 다툴 수 있다(대판 2016.11.10. 2016두44674).

정답 ①

PART 06 행정쟁송

[❷ ▸ ○] 개발사업시행자에게 부과할 개발부담금 산정의 전제가 되는 개발이익을 산출할 때는 가능한 한 부과대상자가 현실적으로 얻게 되는 개발이익을 실제에 가깝도록 산정하여야 한다. 위 법리에 비추어 보면, 개발부담금을 부과할 때는 가능한 한 모든 개발비용을 공제함이 마땅하다. 분양계약 체결 후 납부절차를 밟도록 정하고 있는 학교용지부담금은 준공인가를 받은 후 분양계약이 장기간 지연되거나 분양이 이루어지지 않을 수도 있어 준공인가일로부터 3개월 이내에 납부되지 않을 가능성이 높다. 그럼에도 관련 법령이 일괄적으로 개발사업의 준공인가일로부터 3개월 이내에 개발부담금을 부과하도록 하면서 분양계약 후 실제 납부한 학교용지부담금에 한하여 개발비용으로 공제받을 수 있도록 정하고 있는 바람에, 개발부담금 부과처분 후에 학교용지부담금을 납부한 개발사업시행자는 마땅히 공제받아야 할 개발비용을 전혀 공제받지 못하는 법률상 불이익을 입게 될 수 있는데도 구 개발이익 환수에 관한 법률, 같은 법 시행령은 불복방법에 관하여 아무런 규정을 두지 않고 있다. 위와 같은 사정을 앞서 본 법리에 비추어 보면, 개발사업시행자가 납부한 개발부담금 중 부과처분 후에 납부한 학교용지부담금에 해당하는 금액에 대하여는 조리상 개발부담금 부과처분의 취소나 변경 등 개발부담금의 환급에 필요한 처분을 신청할 권리를 인정함이 타당하다(대판 2016.1.28. 2013두2938).

[❸ ▸ ○] 중요무형문화재 보유자의 추가인정 여부는 문화재청장의 재량에 속하고, 특정 개인이 자신을 보유자로 인정해 달라고 신청할 수 있다는 근거 규정을 별도로 두고 있지 아니하므로 법규상으로 개인에게 신청권이 있다고 할 수 없다(대판 2015.12.10. 2013두20585).

[❹ ▸ ○] 기간제로 임용되어 임용기간이 만료된 국·공립대학의 조교수는 교원으로서의 능력과 자질에 관하여 합리적인 기준에 의한 공정한 심사를 받아 위 기준에 부합되면 특별한 사정이 없는 한 재임용되리라는 기대를 가지고 재임용 여부에 관하여 합리적인 기준에 의한 공정한 심사를 요구할 법규상 또는 조리상 신청권을 가진다고 할 것이니, 임용권자가 임용기간이 만료된 조교수에 대하여 재임용을 거부하는 취지로 한 임용기간만료의 통지는 위와 같은 대학교원의 법률관계에 영향을 주는 것으로서 행정소송의 대상이 되는 처분에 해당한다(대판 2004.4.22. 2000두7735 [전합]).

[❺ ▸ ○] 업무상 재해를 당한 갑의 요양급여 신청에 대하여 근로복지공단이 요양승인 처분을 하면서 사업주를 을 주식회사로 보아 요양승인 사실을 통지하자, 을 회사가 갑이 자신의 근로자가 아니라고 주장하면서 사업주 변경신청을 하였으나 근로복지공단이 거부 통지를 한 경우, 산업재해보상보험법, 고용보험 및 산업재해보상보험의 보험료징수 등에 관한 법률 등 관련 법령은 사업주가 이미 발생한 업무상 재해와 관련하여 당시 재해근로자의 사용자가 자신이 아니라 제3자임을 근거로 사업주 변경신청을 할 수 있도록 하는 규정을 두고 있지 않으므로 법규상으로 신청권이 인정된다고 볼 수 없고, 산업재해보상보험에서 보험가입자인 사업주와 보험급여를 받을 근로자에 해당하는지는 해당 사실의 실질에 의하여 결정되는 것일 뿐이고 근로복지공단의 결정에 따라 보험가입자(당연가입자) 지위가 발생하는 것은 아닌 점 등을 종합하면, 사업주 변경신청과 같은 내용의 조리상 신청권이 인정된다고 볼 수도 없으므로, 근로복지공단이 신청을 거부하였더라도 을 회사의 권리나 법적 이익에 어떤 영향을 미치는 것은 아니어서, 위 통지는 항고소송의 대상이 되는 행정처분이 되지 않는다(대판 2016.7.14. 2014두47426).

**2020년 변호사시험 문 18.**

☑ 확인 Check! ○ △ ×

**항고소송의 대상에 관한 설명 중 옳은 것을 모두 고른 것은?(다툼이 있는 경우 판례에 의함)**

ㄱ. 「교육공무원법」상 승진후보자 명부에 의한 승진심사 방식으로 행해지는 승진임용에서 승진후보자 명부에 포함되어 있던 후보자를 승진임용인사발령에서 제외하는 행위는 불이익처분으로서 항고소송의 대상인 처분에 해당한다.

ㄴ. 금융감독원장으로부터 문책경고를 받은 금융기관의 임원이 일정기간 금융업종 임원 선임의 자격제한을 받도록 관계법령에 규정되어 있어도, 그 문책경고는 그 상대방의 권리의무에 직접 영향을 미치는 행위라고 보기 어려우므로 행정처분에 해당하지 않는다.

ㄷ. 관할 지방병무청장이 병역의무 기피를 이유로 그 인적사항 등을 공개할 대상자를 1차로 결정하고 그에 이어 병무청장의 최종 공개결정이 있는 경우, 지방병무청장의 1차 공개결정은 병무청장의 최종 공개결정과는 별도로 항고소송의 대상이 된다.

ㄹ. 건축주가 토지소유자로부터 토지사용승낙서를 받아 그 토지 위에 건축물을 건축하는 건축허가를 받았다가 착공하기 전에 건축주의 귀책사유로 그 토지사용권을 상실한 경우 토지소유자는 건축허가의 철회를 신청할 수 있고, 그 신청을 거부한 행위는 항고소송의 대상이 된다.

① ㄹ　② ㄱ, ㄷ　③ ㄱ, ㄹ
④ ㄴ, ㄷ　⑤ ㄱ, ㄷ, ㄹ

[ㄱ ▸ O] 임용권자 등이 자의적인 이유로 승진후보자 명부에 포함된 후보자를 승진임용에서 제외하는 처분을 한 경우에, 이러한 승진임용제외처분을 항고소송의 대상이 되는 처분으로 보지 않는다면, 달리 이에 대하여는 불복하여 침해된 권리 또는 법률상 이익을 구제받을 방법이 없다. 따라서 교육공무원법상 승진후보자 명부에 의한 승진심사 방식으로 행해지는 승진임용에서 승진후보자 명부에 포함되어 있던 후보자를 승진임용인사발령에서 제외하는 행위는 불이익처분으로서 항고소송의 대상인 처분에 해당한다고 보아야 한다(대판 2018.3.27. 2015두47492).

[ㄴ ▸ X] 금융기관의 임원에 대한 금융감독원장의 문책경고는 그 상대방에 대한 직업선택의 자유를 직접 제한하는 효과를 발생하게 하는 등 상대방의 권리의무에 직접 영향을 미치는 행위로서 항고소송의 대상이 되는 행정처분에 해당한다(대판 2005.2.17. 2003두14765).

[ㄷ ▸ X] 관할 지방병무청장이 위원회의 심의를 거쳐 공개 대상자를 1차로 결정하기는 하지만, 병무청장에게 최종적으로 공개 여부를 결정할 권한이 있으므로, 관할 지방병무청장의 공개 대상자 결정은 병무청장의 최종적인 결정에 앞서 이루어지는 행정기관 내부의 중간적 결정에 불과하다. 가까운 시일 내에 최종적인 결정과 외부적인 표시가 예정된 상황에서, 외부에 표시되지 않은 행정기관 내부의 결정을 항고소송의 대상인 처분으로 보아야 할 필요성은 크지 않다. 관할 지방병무청장이 1차로 공개 대상자 결정을 하고, 그에 따라 병무청장이 같은 내용으로 최종적 공개결정을 하였다면, 공개 대상자는 병무청장의 최종적 공개결정만을 다투는 것으로 충분하고, 관할 지방병무청장의 공개 대상자 결정을 별도로 다툴 소의 이익은 없어진다(대판 2019.6.27. 2018두49130).

[ㄹ ▸ O] 건축허가는 대물적 성질을 갖는 것이어서 행정청으로서는 허가를 할 때에 건축주 또는 토지 소유자가 누구인지 등 인적 요소에 관하여는 형식적 심사만 한다. 건축주가 토지 소유자로부터 토지사용승낙서를 받아 그 토지 위에 건축물을 건축하는 대물적 성질의 건축허가를 받았다가 착공에 앞서 건축주의 귀책사유로 해당 토지를 사용할 권리를 상실한 경우, 건축허가의 존재로 말미암아 토지에 대한 소유권 행사에 지장을 받을 수 있는 토지 소유자로서는 건축허가의 철회를 신청할 수 있다고 보아야 한다. 따라서 토지 소유자의 위와 같은 신청을 거부한 행위는 항고소송의 대상이 된다(대판 2017.3.15. 2014두41190).



정답 ③

**2019년 변호사시험 문 38.** 

**항고소송과 헌법소원의 대상에 관한 설명 중 옳은 것(○)과 옳지 않은 것(×)을 올바르게 조합한 것은?(다툼이 있는 경우 판례에 의함)**

ㄱ. 대법원은, 국회의원에 대한 징계처분에 대하여 법원에 제소할 수 없다고 규정하고 있는 헌법 제64조 제4항과 같은 특별규정이 없다 하더라도, 지방자치제도를 둔 헌법의 취지에 비추어 볼 때 지방의회의원에 대한 징계의결도 항고소송의 대상이 되지 않는다고 한다.

ㄴ. 대법원은, 항정신병 치료제의 요양급여에 관한 보건복지부 고시가 구체적 집행행위의 개입 없이 그 자체로서 직접 국민에 대하여 구체적 효과를 발생하여 특정한 권리의무를 형성하게 하는 경우라 하더라도 항고소송의 대상이 될 수 없다고 한다.

ㄷ. 헌법재판소는, 국가인권위원회가 법률상의 독립된 국가기관이고, 피해자인 진정인에게는 「국가인권위원회법」이 정하고 있는 구제조치를 신청할 법률상 신청권이 있어 그 진정이 각하 및 기각결정된 경우 피해자인 진정인으로서는 자신의 인격권 등을 침해하는 인권침해 또는 차별행위 등이 시정되고 그에 따른 구제조치를 받을 권리를 박탈당하게 되므로, 국가인권위원회에의 진정에 대한 각하 및 기각결정은 항고소송의 대상이 되는 행정처분에 해당하므로 그에 대한 다툼은 우선 행정심판이나 행정소송에 의하여야 한다고 하였다.

ㄹ. 헌법재판소는, 불공정거래혐의에 대한 공정거래위원회의 무혐의 조치는 혐의가 인정될 경우에 행하여지는 중지명령 등 시정조치에 대응되는 조치로서 공정거래위원회의 공권력행사의 한 태양에 속하여 헌법소원의 대상이 되는 '공권력의 행사'에 해당한다고 하였다.

① ㄱ(○) ㄴ(×) ㄷ(×) ㄹ(○)
② ㄱ(○) ㄴ(○) ㄷ(×) ㄹ(×)
③ ㄱ(×) ㄴ(×) ㄷ(○) ㄹ(○)
④ ㄱ(○) ㄴ(×) ㄷ(○) ㄹ(×)
⑤ ㄱ(×) ㄴ(○) ㄷ(○) ㄹ(×)

[ㄱ ▸ ×] 지방의회의 의원징계의결은 그로 인해 의원의 권리에 직접 법률효과를 미치는 행정처분의 일종으로서 행정소송의 대상이 된다(대판 1993.11.26. 93누7341).

[ㄴ ▸ ×] 어떠한 고시가 일반적·추상적 성격을 가질 때에는 법규명령 또는 행정규칙에 해당할 것이지만, 다른 집행행위의 매개 없이 그 자체로서 직접 국민의 구체적인 권리의무나 법률관계를 규율하는 성격을 가질 때에는 항고소송의 대상이 되는 행정처분에 해당한다. 항정신병 치료제의 요양급여에 관한 보건복지부 고시는 다른 집행행위의 매개 없이 그 자체로서 제약회사, 요양기관, 환자 및 국민건강보험공단 사이의 법률관계를 직접 규율하는 성격을 가진다는 이유로 항고소송의 대상이 되는 행정처분에 해당한다(대결 2003.10.9. 2003무23).

[ㄷ ▸ ○] 국가인권위원회는 법률상의 독립된 국가기관이고, 피해자인 진정인에게는 국가인권위원회법이 정하고 있는 구제조치를 신청할 법률상 신청권이 있는데 국가인권위원회가 진정을 각하 및 기각결정을 할 경우 피해자인 진정인으로서는 자신의 인격권 등을 침해하는 인권침해 또는 차별행위 등이 시정되고 그에 따른 구제조치를 받을 권리를 박탈당하게 되므로, 진정에 대한 국가인권위원회의 각하 및 기각결정은 피해자인 진정인의 권리행사에 중대한 지장을 초래하는 것으로서 항고소송의 대상이 되는 행정처분에 해당하므로, 그에 대한 다툼은 우선 행정심판이나 행정소송에 의하여야 할 것이다(헌재 2015.3.26. 2013헌마214).

[ㄹ ▸ ○] 불공정거래혐의에 대한 공정거래위원회의 무혐의 조치는 혐의가 인정될 경우에 행하여지는 중지명령 등 시정조치에 대응되는 조치로서 공정거래위원회의 공권력 행사의 한 태양에 속하여 헌법재판소법 제68조 제1항 소정의 '공권력의 행사'에 해당하고, 따라서 공정거래위원회의 자의적인 조사 또는 판단에 의하여 결과된 무혐의 조치는 헌법 제11조의 법 앞에서의 평등권을 침해하게 되므로 헌법소원의 대상이 된다(헌재 2002.6.27. 2001헌마381).



③ 정답

**2019년 변호사시험 문 33.** ☑ 확인Check! ○ △ ×

**행정처분을 다투는 사안에서 허용되지 않는 것을 모두 고른 것은?(다툼이 있는 경우 판례에 의함)**

ㄱ. 사인이 대형마트에 대한 영업제한처분의 취소소송을 제기하면서 국제협정으로 체결되어 있는 「서비스 무역에 관한 일반협정(General Agreement on Trade in Services, GATS)」상 시장접근 제한금지 조항의 위반을 독립된 취소사유로 주장하는 경우

ㄴ. 자동차운수사업면허조건을 위반한 甲에 대하여 A행정청이 부과한 과징금부과처분이 법이 정한 한도액을 초과하여 위법한 때, 법원이 그 한도액을 초과한 부분만을 취소하는 경우

ㄷ. 일정한 법규위반사실이 행정처분의 전제사실이 되는 한편 이와 동시에 형사법규의 위반사실이 되는 때, 형사판결이 확정되지 않았음에도 이에 앞서 그 위반사실을 들어 행정처분을 하는 경우

ㄹ. 「식품위생법」에 따른 식품접객업(일반음식점영업)의 영업신고 요건을 갖춘 甲이 영업신고를 하였으나, 그 영업신고를 한 해당 건축물이 「건축법」 소정의 허가를 받지 아니한 무허가 건물이라는 이유로 관할 행정청이 甲의 신고를 거부하는 경우

① ㄱ ② ㄱ, ㄴ ③ ㄷ, ㄹ
④ ㄱ, ㄴ, ㄹ ⑤ ㄴ, ㄷ, ㄹ

[ㄱ ▸ ×] 이 사건 각 협정은 국가와 국가 사이의 권리·의무관계를 설정하는 국제협정으로서, 그 내용 및 성질에 비추어 이와 관련한 법적 분쟁은 협정에서 정한 바에 따라 국가 간 분쟁해결기구에서 해결하는 것이 원칙이고, 특별한 사정이 없는 한 사인에 대하여는 협정의 직접 효력이 미치지 아니한다. 따라서 이 사건 각 협정의 개별 조항 위반을 주장하여 사인이 직접 국내 법원에 해당 국가의 정부를 상대로 그 처분의 취소를 구하는 소를 제기하거나 협정위반을 처분의 독립된 취소사유로 주장하는 것은 허용되지 아니한다(대판 2015.11.19. 2015두295 [전합]).

[ㄴ ▸ ×] 자동차운수사업면허조건 등을 위반한 사업자에 대하여 행정청이 행정제재수단으로 사업정지를 명할 것인지, 과징금을 부과할 것인지, 과징금을 부과키로 한다면 그 금액은 얼마로 할 것인지에 관하여 재량권이 부여되었다 할 것이므로, 과징금부과처분이 법이 정한 한도액을 초과하여 위법할 경우 법원으로서는 그 전부를 취소할 수밖에 없고, 그 한도액을 초과한 부분이나 법원이 적정하다고 인정되는 부분을 초과한 부분만을 취소할 수 없다(대판 1998.4.10. 98두2270).

[ㄷ ▸ ○] 일정한 법규위반 사실이 행정처분의 전제사실이 되는 한편 이와 동시에 형사법규의 위반사실이 되는 경우에 행정처분과 형벌은 각기 그 권력적 기초, 대상, 목적을 달리하고 있으므로 동일한 행위에 관하여 독립적으로 행정처분이나 형벌을 과하거나 이를 병과할 수 있는 것이고 법규가 예외적으로 형사소추선행의 원칙을 규정하고 있지 아니한 이상 형사판결 확정에 앞서 일정한 위반사실을 들어 행정처분을 하였다고 하여 절차적 위반이 있다고 할 수 없다(대판 1986.7.8. 85누1002).

[ㄹ ▸ ○] 식품위생법과 건축법은 그 입법 목적, 규정사항, 적용범위 등을 서로 달리하고 있어서 식품위생법에 따른 식품접객업(일반음식점영업)의 영업신고 요건을 갖춘 자라고 하더라도, 그 영업신고를 한 당해 건축물이 건축법 소정의 허가를 받지 아니한 무허가 건물이라면 적법한 신고를 할 수 없다(대판 2009.4.23. 2008도6829).

PART 06 행정쟁송

정답 ②

**2019년 변호사시험 문 21.** ☑ 확인Check! ○ △ ×

甲회사는 한국철도시설공단(이하 '공단'이라 함)이 「국가를 당사자로 하는 계약에 관한 법률」에 따라 발주하는 시설공사의 입찰서류로 제출한 공사실적증명서가 허위라는 이유로 공단으로부터 기획재정부령인 「공기업·준정부기관 계약사무규칙」 제12조에 따라 공단이 제정한 「공사낙찰적격심사세부기준」에 근거하여 향후 2년간 공사낙찰적격심사 시 종합취득점수의 10/100을 감점한다는 내용의 공사낙찰적격심사 감점조치를 통보받았다. 甲회사는 감점조치 통보에 대해 취소소송을 제기하면서 동시에 감점조치에 대한 효력정지를 신청하였다. 이에 관한 설명 중 옳은 것을 모두 고른 것은?(다툼이 있는 경우 판례에 의함)

【참고】
「공기업·준정부기관 계약사무규칙」 제12조(적격심사기준의 작성) 기관장은 입찰참가자의 계약이행능력의 심사에 관하여 「국가를 당사자로 하는 계약에 관한 법률 시행령」 제42조 제5항 본문에 따라 기획재정부장관이 정하는 심사기준에 따라 세부심사기준을 정할 수 있다.

ㄱ. 공단이 제정한 「공사낙찰적격심사세부기준」은 대외적 구속력이 없다.
ㄴ. 공단이 甲회사에 대해 행한 감점조치는 취소소송의 대상이 되는 처분이다.
ㄷ. 甲회사의 효력정지신청은 집행정지요건을 갖추지 못하여 부적법하다.
ㄹ. 국가를 당사자로 하는 계약에 관한 법령에 따라 공단과 甲회사가 계약을 체결할 때 계약서를 작성해야 하는 경우, 해당 법령상의 요건과 절차를 충족하지 아니하면 그 계약은 효력이 없다.

① ㄱ, ㄴ ② ㄱ, ㄷ ③ ㄴ, ㄹ
④ ㄱ, ㄷ, ㄹ ⑤ ㄴ, ㄷ, ㄹ

[ㄱ ▸ O] 피고가 원고에 대하여 한 공사낙찰적격심사 감점처분(이하 '이 사건 감점조치'라 한다)의 근거로 내세운 규정은 피고의 공사낙찰적격심사세부기준(이하 '이 사건 세부기준'이라 한다) 제4조 제2항인 사실, 이 사건 세부기준은 공공기관의 운영에 관한 법률 제39조 제1항, 제3항, 구 공기업·준정부기관 계약사무규칙 제12조에 근거하고 있으나, 이러한 규정은 공공기관이 사인과 사이의 계약관계를 공정하고 합리적·효율적으로 처리할 수 있도록 관계 공무원이 지켜야 할 계약사무처리에 관한 필요한 사항을 규정한 것으로서 공공기관의 내부규정에 불과하여 대외적 구속력이 없는 것임을 알 수 있다(대판 2014.12.24. 2010두6700).

[ㄴ ▸ X] 행정소송의 대상이 되는 행정처분은, 행정청 또는 그 소속기관이나 법령에 의하여 행정권한의 위임 또는 위탁을 받은 공공기관이 국민의 권리의무에 관계되는 사항에 관하여 공권력을 발동하여 행하는 공법상의 행위를 말하며, 그것이 상대방의 권리를 제한하는 행위라 하더라도 행정청 또는 그 소속기관이나 권한을 위임받은 공공기관의 행위가 아닌 한 이를 행정처분이라고 할 수 없다. 이 사건 감점조치는 행정청이나 그 소속 기관 또는 그 위임을 받은 공공단체의 공법상의 행위가 아니라 장차 그 대상자인 원고가 피고가 시행하는 입찰에 참가하는 경우에 그 낙찰적격자 심사 등 계약 사무를 처리함에 있어 피고 내부규정인 이 사건 세부기준에 의하여 종합취득점수의 10/100을 감점하게 된다는 뜻의 사법상의 효력을 가지는 통지행위에 불과하다 할 것이고, 또한 피고의 이와 같은 통지행위가 있다고 하여 원고에게 공공기관의 운영에 관한 법률 제39조 제2항, 제3항, 구 공기업·준정부기관 계약사무규칙 제15조에 의한 국가, 지방자치단체 또는 다른 공공기관에서 시행하는 모든 입찰에의 참가자격을 제한하는 효력이 발생한다고 볼 수도 없으므로, 피고의 이 사건 감점조치는 행정소송의 대상이 되는 행정처분이라고 할 수 없다(대판 2014.12.24. 2010두6700).

[ㄷ ▸ O] 집행정지는 적법한 본안소송의 계속을 요건으로 한다. 감점조치는 행정소송의 대상이 되는 행정처분이라고 할 수 없으므로, 본안청구가 부적법하게 되어 집행정지의 요건을 갖추지 못한 것으로 된다.



④ 정답

**판례** 집행정지는 행정처분의 집행부정지원칙의 예외로서 인정되는 것이고, 또 본안에서 원고가 승소할 수 있는 가능성을 전제로 한 권리보호수단이라는 점에 비추어 보면, 집행정지사건 자체에 의하여도 신청인의 본안청구가 적법한 것이어야 한다는 것을 집행정지의 요건에 포함시키는 것이 옳다(대결 2010.11.26. 2010무137).

[ㄹ ▸ O] 구 국가를 당사자로 하는 계약에 관한 법률 제11조 규정 내용과 국가가 일방당사자가 되어 체결하는 계약의 내용을 명확히 하고 국가가 사인과 계약을 체결할 때 적법한 절차에 따를 것을 담보하려는 규정의 취지 등에 비추어 보면, 국가가 사인과 계약을 체결할 때에는 국가계약법령에 따른 계약서를 따로 작성하는 등 그 요건과 절차를 이행하여야 할 것이고, 설령 국가와 사인 사이에 계약이 체결되었더라도 이러한 법령상 요건과 절차를 거치지 아니한 계약은 그 효력이 없다고 할 것이다(대판 2015.1.15. 2013다215133).

**2018년 변호사시험 문 34.** ☑ 확인Check! O △ X

**「행정소송법」상 항고소송의 대상에 관한 설명 중 옳은 것(O)과 옳지 않은 것(×)을 올바르게 조합한 것은?(다툼이 있는 경우 판례에 의함)**

ㄱ. 자동차운전면허대장에 일정한 사항을 등재하는 행위는 운전면허행정사무집행의 편의와 사실증명의 자료로 삼기 위한 것에 불과하고, 그 등재행위로 인하여 당해 운전면허 취득자에게 새로이 어떠한 권리가 부여되거나 변동 또는 상실되는 것은 아니므로, 소관청의 운전면허대장 등재행위는 항고소송의 대상이 되는 행정처분에 해당하지 아니한다.

ㄴ. 지목은 토지행정의 기초로서 공법상의 법률관계에 영향을 미치고, 토지소유자는 지목을 토대로 사용·수익·처분에 일정한 제한을 받게 되는 점 등을 고려하면, 소관청의 지목변경신청 반려행위는 국민의 권리관계에 영향을 미치는 것으로서 항고소송의 대상이 되는 행정처분에 해당한다.

ㄷ. 토지대장은 부동산등기부의 기초자료로서 토지대장에 기재된 일정한 사항을 변경하는 행위는 토지 소유권의 구체적 내용과 범위에 영향을 미치게 되므로, 소관청이 토지대장상의 소유자명의변경신청을 거부한 행위는 항고소송의 대상이 되는 행정처분에 해당한다.

ㄹ. 건축물대장의 용도는 건축물의 소유권을 제대로 행사하기 위한 전제요건으로서 건축물소유자의 실체적 권리관계에 밀접하게 관련되어 있으므로, 소관청이 건축물대장상의 용도변경신청을 거부한 행위는 국민의 권리관계에 영향을 미치는 것으로서 항고소송의 대상이 되는 행정처분에 해당한다.

① ㄱ(×) ㄴ(×) ㄷ(×) ㄹ(×)
② ㄱ(×) ㄴ(O) ㄷ(×) ㄹ(O)
③ ㄱ(O) ㄴ(×) ㄷ(×) ㄹ(×)
④ ㄱ(O) ㄴ(O) ㄷ(×) ㄹ(O)
⑤ ㄱ(O) ㄴ(O) ㄷ(O) ㄹ(O)

[ㄱ ▸ O] 자동차운전면허대장상 일정한 사항의 등재행위는 운전면허행정사무집행의 편의와 사실증명의 자료로 삼기 위한 것일 뿐, 그 등재행위로 인하여 당해 운전면허 취득자에게 새로이 어떠한 권리가 부여되거나 변동 또는 상실되는 효력이 발생하는 것은 아니므로 이는 행정소송의 대상이 되는 독립한 행정처분으로 볼 수 없고, 운전경력증명서상의 기재행위 역시 당해 운전면허 취득자에 대한 자동차운전면허대장상의 기재사항을 옮겨 적는 것에 불과할 뿐이므로 운전경력증명서에 한 등재의 말소를 구하는 소는 부적법하다 할 것이다(대판 1991.9.24. 91누1400).

PART 06 행정쟁송

정답 ④

[ㄴ ▸ O] 지목은 토지에 대한 공법상의 규제, 개발부담금의 부과대상, 지방세의 과세대상, 공시지가의 산정, 손실보상가액의 산정 등 토지행정의 기초로서 공법상의 법률관계에 영향을 미치고, 토지소유자는 지목을 토대로 토지의 사용·수익·처분에 일정한 제한을 받게 되는 점 등을 고려하면, 지목은 토지소유권을 제대로 행사하기 위한 전제요건으로서 토지소유자의 실체적 권리관계에 밀접하게 관련되어 있으므로 지적공부 소관청의 지목변경신청 반려행위는 국민의 권리관계에 영향을 미치는 것으로서 항고소송의 대상이 되는 행정처분에 해당한다(대판 2004.4.22. 2003두9015 [전합]).

[ㄷ ▸ X] 토지대장에 기재된 일정한 사항을 변경하는 행위는, 그것이 지목의 변경이나 정정 등과 같이 토지소유권 행사의 전제요건으로서 토지소유자의 실체적 권리관계에 영향을 미치는 사항에 관한 것이 아닌 한 행정사무집행의 편의와 사실증명의 자료로 삼기 위한 것일 뿐이어서, 그 소유자 명의가 변경된다고 하여도 이로 인하여 당해 토지에 대한 실체상의 권리관계에 변동을 가져올 수 없고 토지 소유권이 지적공부의 기재 만에 의하여 증명되는 것도 아니다. 따라서 소관청이 토지대장상의 소유자명의변경신청을 거부한 행위는 이를 항고소송의 대상이 되는 행정처분이라고 할 수 없다(대판 2012.1.12. 2010두12354).

[ㄹ ▸ O] 건축물의 용도는 토지의 지목에 대응하는 것으로서 건물의 이용에 대한 공법상의 규제, 건축법상의 시정명령, 지방세 등의 과세대상 등 공법상 법률관계에 영향을 미치고, 건물소유자는 용도를 토대로 건물의 사용·수익·처분에 일정한 영향을 받게 된다. 이러한 점 등을 고려해보면, 건축물대장의 용도는 건축물의 소유권을 제대로 행사하기 위한 전제요건으로서 건축물소유자의 실체적 권리관계에 밀접하게 관련되어 있으므로, 건축물대장 소관청의 용도변경신청거부행위는 국민의 권리관계에 영향을 미치는 것으로서 항고소송의 대상이 되는 행정처분에 해당한다(대판 2009.1.30. 2007두7277).

**2014년 변호사시험 문 38.** ☑ 확인Check! O △ X

**판례에 의할 때, 항고소송 또는 헌법소원의 대상으로 인정된 경우를 각각 바르게 고른 것은?**

ㄱ. 여신전문금융회사의 임원에 대한 금융감독원장의 문책경고
ㄴ. 서울특별시 선거관리위원회위원장이 발송한 '선거법위반행위에 대한 중지촉구' 공문이 그 형식에 있어서 '안내' 또는 '협조요청'이라는 표현을 사용하고, 甲이 계획하는 행위가 「공직선거 및 선거부정방지법」에 위반된다는 현재의 법적 상황에 대한 행정청의 의견을 표명하면서, 甲이 위 법에 위반되는 행위를 하는 경우 취할 수 있는 조치를 취할 것을 통고하는 내용을 담고 있는 경우, 위 선거법위반행위에 대한 중지촉구 공문
ㄷ. 구치소장이 미결수용자로 하여금 수용 시는 물론 수사 및 재판을 받을 때에도 재소자용 의류를 입게 한 행위
ㄹ. 「민주화운동관련자 명예회복 및 보상 등에 관한 법률」의 관련자 등으로서 보상금 등을 지급받고자 하는 신청에 대하여 '민주화운동관련자 명예회복 및 보상심의위원회'가 관련자 해당요건의 전부 또는 일부를 인정하지 아니하여 보상금 등의 지급을 기각하는 결정
ㅁ. 원처분인 의약품제조품목허가처분에 대하여 제3자가 행정심판을 청구하여 재결청이 원처분을 취소하는 형성재결을 하여 확정된 후, 처분청이 다시 원처분을 취소하는 행위

| | 항고소송 | 헌법소원 | | 항고소송 | 헌법소원 |
|---|---|---|---|---|---|
| ① | ㄱ, ㄹ | ㄴ, ㄷ | ② | ㄱ, ㄹ | ㄷ |
| ③ | ㅁ | ㄴ | ④ | ㄱ | ㄴ, ㄷ |
| ⑤ | ㄹ, ㅁ | ㄷ | | | |

[ㄱ ▸ 항고소송 O] 금융기관의 임원에 대한 금융감독원장의 문책경고는 그 상대방에 대한 직업선택의 자유를 직접 제한하는 효과를 발생하게 하는 등 상대방의 권리의무에 직접 영향을 미치는 행위로서 항고소송의 대상이 되는 행정처분에 해당한다(대판 2005.2.17. 2003두14765).



② 정답

[ㄴ ▸ 헌법소원 ×] 피청구인이 발송한 '선거법위반행위에 대한 중지촉구' 공문은 그 형식에 있어서 '안내' 또는 '협조요청'이라는 표현을 사용하고 있으며, 또한 그 내용에 있어서도 청구인이 계획하는 행위가 공선법에 위반된다는, 현재의 법적 상황에 대한 행정청의 의견을 단지 표명하면서, 청구인이 공선법에 위반되는 행위를 하는 경우 피청구인이 취할 수 있는 조치를 통고하고 있을 뿐이다. 따라서 피청구인의 '중지촉구' 공문은 국민에 대하여 직접적인 법률효과를 발생시키지 않는 단순한 권고적, 비권력적 행위로서, 헌법소원의 심판대상이 될 수 있는 '공권력의 행사'에 해당하지 않으므로, '선거법위반행위에 대한 중지촉구'에 대한 이 사건 심판청구는 부적법하다(헌재 2003.2.27. 2002헌마106).

[ㄷ ▸ 헌법소원 ○] 행형법 제6조는 "수형자 또는 미결수용자(이하 "수용자"라 함)는 그 처우에 대하여 불복이 있을 때에는 법무부장관 또는 순회점검공무원에게 청원할 수 있다"고 규정하고 있다. 그러나 행형법상의 위와 같은 청원제도는 그 처리기관이나 절차 및 효력면에서 권리구제절차로서는 불충분하고 우회적인 제도이므로 헌법소원에 앞서 반드시 거쳐야 하는 사전구제절차라고 보기는 어렵다. 그리고 미결수용자에게 재소자용 의류를 입게 한 행위는 이미 종료된 권력적 사실행위로서 행정심판이나 행정소송의 대상으로 인정되기 어려울 뿐만 아니라 소의 이익이 부정될 가능성이 많아 헌법소원심판을 청구하는 외에 달리 효과적인 구제방법이 없으므로 보충성의 원칙에 대한 예외에 해당되는 것이다(헌재 1999.5.27. 97헌마137 등).

[ㄹ ▸ 항고소송 ○] '민주화운동 관련자 명예회복 및 보상 등에 관한 법률' 제2조 제1호·제2호 본문, 제4조, 제10조, 제11조, 제13조 규정들의 취지와 내용에 비추어 보면, 같은 법 제2조 제2호 각 목은 민주화운동과 관련한 피해유형을 추상적으로 규정한 것에 불과하여 제2조 제1호에서 정의하고 있는 민주화운동의 내용을 함께 고려하더라도 그 규정들만으로는 곧바로 법상의 보상금 등의 지급대상자가 확정된다고 볼 수 없고, '민주화운동 관련자 명예회복 및 보상심의위원회'에서 심의·결정을 받아야만 비로소 보상금 등의 지급대상자로 확정될 수 있다. 따라서 그와 같은 심의위원회의 결정은 국민의 권리·의무에 직접 영향을 미치는 행정처분에 해당하며, '민주화운동 관련자 명예회복 및 보상 등에 관한 법률' 제17조 전단에서 말하는 보상금 등의 지급에 관한 소송은 '민주화운동 관련자 명예회복 및 보상 심의위원회'의 보상금 등의 지급신청에 관하여 전부 또는 일부를 기각하는 결정에 대한 불복을 구하는 소송이므로 취소소송을 의미한다고 보아야 한다(대판 2008.4.17. 2005두16185 [전합]).

[ㅁ ▸ 항고소송 ×] 의약품제조품목허가처분취소재결은 보건복지부장관이 재결청의 지위에서 취소한 이른바 형성재결임이 명백하므로, 의약품제조품목허가처분은 당해 취소재결에 의하여 당연히 취소·소멸되었고, 그 이후에 다시 위 허가처분을 취소한 당해 처분은 위 허가처분이 취소·소멸되었음을 확인하여 알려주는 사실 또는 관념의 통지에 불과하므로 항고소송의 대상이 되는 처분이라고 할 수 없다(대판 1998.4.24. 97누17131).

**2013년 변호사시험 문 37.** ☑ 확인Check! ○ △ ×

**항고소송의 대상이 되는 행정처분에 관한 다음 설명 중 옳지 않은 것은?(다툼이 있는 경우 판례에 의함)**

① 군의관은 행정청이라고 볼 수 없고, 신체등위판정 자체만으로는 권리의무가 정하여지는 것이 아니고 병역처분에 의하여 비로소 병역의무의 종류가 정하여지므로 군의관이 하는 신체등위판정은 행정처분이 아니다.
② 「도시 및 주거환경정비법」에 의한 주택재개발정비사업조합은 조합원에 대한 법률관계에서 적어도 특수한 존립목적을 부여받은 특수한 행정주체로서 국가의 감독하에 그 존립목적인 특정한 공공사무를 행하고 있다고 볼 수 있는 범위 내에서는 공법상의 권리의무관계에 서 있는 것이므로 분양신청 후에 정하여진 관리처분계획은 행정처분이다.
③ 지방의회 의장에 대한 불신임 의결은 지방의회의 내부적 결정에 불과하므로 행정처분이 아니다.
④ 한국자산관리공사의 공매통지는 공매의 요건이 아니라 공매사실 자체를 체납자에게 알려주는 데 불과한 것으로서, 통지받은 상대방의 법적 지위나 권리의무에 직접 영향을 주는 것이 아니라고 할 것이므로 행정처분이 아니다.
⑤ 금융감독원장으로부터 문책경고를 받은 금융기관의 임원이 일정기간 금융업종 임원선임의 자격제한을 받도록 관계법령에 규정되어 있는 경우, 그 문책경고는 그 상대방의 권리의무에 직접 영향을 미치는 행위이므로 행정처분에 해당한다.

정답 ③

[❶ ▸ O] 병역법상 신체등위판정은 행정청이라고 볼 수 없는 군의관이 하도록 되어 있으며, 그 자체만으로 바로 병역법상의 권리의무가 정하여지는 것이 아니라 그에 따라 지방병무청장이 병역처분을 함으로써 비로소 병역의무의 종류가 정하여지는 것이므로 항고소송의 대상이 되는 행정처분이라 보기 어렵다(대판 1993.8.27, 93누3356).

[❷ ▸ O] 도시재개발법에 의한 재개발조합은 조합원에 대한 법률관계에서 적어도 특수한 존립목적을 부여받은 특수한 행정주체로서 국가의 감독 하에 그 존립 목적인 특정한 공공사무를 행하고 있다고 볼 수 있는 범위 내에서는 공법상의 권리의무 관계에 서 있는 것이므로 분양신청 후에 정하여진 관리처분계획의 내용에 관하여 다툼이 있는 경우에는 그 관리처분계획은 토지 등의 소유자에게 구체적이고 결정적인 영향을 미치는 것으로서 조합이 행한 처분에 해당하므로 항고소송의 방법으로 그 무효확인이나 취소를 구할 수 있다(대판 2002.12.10, 2001두6333).

[❸ ▸ X] 지방의회를 대표하고 의사를 정리하며 회의장 내의 질서를 유지하고 의회의 사무를 감독하며 위원회에 출석하여 발언할 수 있는 등의 직무권한을 가지는 지방의회 의장에 대한 불신임의결은 의장으로서의 권한을 박탈하는 행정처분의 일종으로서 항고소송의 대상이 된다(대판 1994.10.11, 94두23).

[❹ ▸ O] 한국자산공사가 당해 부동산을 인터넷을 통하여 재공매(입찰)하기로 한 결정 자체는 내부적인 의사결정에 불과하여 항고소송의 대상이 되는 행정처분이라고 볼 수 없고, 또한 한국자산공사가 공매통지는 공매의 요건이 아니라 공매사실 자체를 체납자에게 알려주는 데 불과한 것으로서, 통지의 상대방의 법적 지위나 권리·의무에 직접 영향을 주는 것이 아니라고 할 것이므로 이것 역시 행정처분에 해당한다고 할 수 없다(대판 2007.7.27, 2006두8464).

[❺ ▸ O] 금융기관의 임원에 대한 금융감독원장의 문책경고는 그 상대방에 대한 직업선택의 자유를 직접 제한하는 효과를 발생하게 하는 등 상대방의 권리의무에 직접 영향을 미치는 행위로서 항고소송의 대상이 되는 행정처분에 해당한다(대판 2005.2.17, 2003두14765).

**2015년 변호사시험 문 23.** ☑ 확인 Check! O △ X

**다음 사례에 관한 설명 중 옳은 것은?(단, 담배소매인 지정처분의 법적 성격은 강학상 '특허'임을 전제로 하며, 다툼이 있는 경우 판례에 의함)**

○ 甲은 건물 1층에서 담배소매인 지정을 받아 담배소매업을 하고 있었는데, 관할 구청장 A는 법령상의 거리제한 규정을 위반하여 그 영업소에서 30미터 떨어진 인접 아파트 상가에서 乙이 담배소매업을 할 수 있도록 담배소매인 신규지정처분을 하였다.
○ 丙과 丁은 같은 상가의 1층과 2층에서 각각 담배소매업을 하고자 관할 구청장 B에게 담배소매인 지정신청을 하였으나, B는 丁에게만 담배소매인 지정처분을 하였다.

① 甲은 乙에게 발령된 담배소매인 신규지정처분에 대한 취소소송을 제기하면서 그 신규지정처분의 위법을 이유로 하는 손해배상청구소송을 그 취소소송에 병합하여 제기할 수 있다.
② 甲이 자신에 대한 담배소매인 지정처분을 통하여 기존에 누렸던 이익은 乙 등 제3자에 대한 신규지정처분이 발령되지 않음으로 인한 사실상의 이익에 해당한다.
③ 丙이 자신에 대한 담배소매인 지정거부를 취소소송으로 다투면서 집행정지를 신청한다면 법원은 이를 인용하게 될 것이다.
④ 丁에 대한 담배소매인 지정처분을 대상으로 丙이 제기한 취소소송에서 丁이 「행정소송법」상 소송참가를 하였으나 본안에서 丙이 승소판결을 받아 확정되었다면, 丁은 「행정소송법」 제31조에 의한 재심을 통해 이를 다툴 수 있다.
⑤ 丙이 丁에 대한 담배소매인 지정처분 취소심판을 제기하여 취소재결을 받은 후 B가 丁에게 담배소매인 지정처분의 취소를 통지하였다면, 丁은 취소소송을 제기할 경우 취소재결이 아니라 B가 행한 담배소매인 지정취소처분을 소의 대상으로 하여야 한다.



① 정답

[❶ ▸ O] 甲의 손해배상청구소송은 담배소매인신규지정처분이 원인이 되어 발생한 청구로서 관련청구소송이므로, 취소소송에 병합하여 제기할 수 있다.

**법령** **관련청구소송의 이송 및 병합(행정소송법 제10조)** ① 취소소송과 다음 각 호의 1에 해당하는 소송(이하 "관련청구소송"이라 한다)이 각각 다른 법원에 계속되고 있는 경우에 관련청구소송이 계속된 법원이 상당하다고 인정하는 때에는 당사자의 신청 또는 직권에 의하여 이를 취소소송이 계속된 법원으로 이송할 수 있다.

1. 당해 처분 등과 관련되는 손해배상・부당이득반환・원상회복 등 청구소송
2. 당해 처분 등과 관련되는 취소소송

② 취소소송에는 사실심의 변론 종결 시까지 관련청구소송을 병합하거나 피고 외의 자를 상대로 한 관련청구소송을 취소소송이 계속된 법원에 병합하여 제기할 수 있다.

[❷ ▸ X] 담배사업법령에서 담배 일반소매인의 영업소 간에 일정한 거리제한을 두고 있는 것은 담배산업 전반의 건전한 발전 도모 및 국민경제에의 이바지라는 공익목적을 달성하고자 함과 동시에 일반소매인 간의 과당경쟁으로 인한 불합리한 경영을 방지함으로써 일반소매인의 경영상 이익을 보호하는 데에도 그 목적이 있다고 보이므로, 일반소매인으로 지정되어 영업을 하고 있는 기존업자의 신규 일반소매인에 대한 이익은 단순한 사실상의 반사적 이익이 아니라 법률상 보호되는 이익이다(대판 2008.3.27. 2007두23811).

[❸ ▸ X] 신청에 대한 거부처분의 효력을 정지하더라도 거부처분이 없었던 것과 같은 상태, 즉 거부처분이 있기 전의 신청 시의 상태로 되돌아가는 데 불과하고 행정청에게 신청에 따른 처분을 하여야 할 의무가 생기는 것은 아니므로, 거부처분의 효력정지는 그 거부처분으로 인하여 생길 손해를 방지하는 데 아무런 보탬이 되지 아니하여 그 효력정지를 구할 이익이 없다(대판 1995.6.21. 95두26).

[❹ ▸ X] 처분 등을 취소하는 판결에 의하여 권리 또는 이익의 침해를 받은 제3자는 자기에게 책임 없는 사유로 소송에 참가하지 못함으로써 판결의 결과에 영향을 미칠 공격 또는 방어방법을 제출하지 못한 때에는 이를 이유로 확정된 종국판결에 대하여 재심의 청구를 할 수 있다(행정소송법 제31조 제1항). 따라서 소송참가를 한 제3자인 丁은 재심을 청구할 수 없다.

[❺ ▸ X] 당해 의약품제조품목 허가처분취소재결은 보건복지부장관이 재결청의 지위에서 스스로 제약회사에 대한 위 의약품제조품목 허가처분을 취소한 이른바 형성재결임이 명백하므로, 위 회사에 대한 의약품제조품목 허가처분은 당해 취소재결에 의하여 당연히 취소・소멸되었고, 그 이후에 다시 위 허가처분을 취소한 당해 처분은 당해 취소재결의 당사자가 아니어서 그 재결이 있었음을 모르고 있는 위 회사에게 위 허가처분이 취소・소멸되었음을 확인하여 알려주는 의미의 사실 또는 관념의 통지에 불과할 뿐 위 허가처분을 취소・소멸시키는 새로운 형성적 행위가 아니므로 항고소송의 대상이 되는 처분이라고 할 수 없다. 따라서 원처분의 상대방이 아닌 제3자가 행정심판을 청구하여 재결청이 원처분을 취소하는 형성재결을 한 경우에 그 원처분의 상대방은 그 재결에 대하여 항고소송을 제기할 수밖에 없고, 이 경우 재결은 원처분과 내용을 달리하는 것이어서 재결의 취소를 구하는 것은 원처분에 없는 재결 고유의 위법을 주장하는 것이 된다(대판 1998.4.24. 97누17131).

**2012년 변호사시험 문 25.** ☑ 확인 Check! ○ △ ✕

항고소송의 대상이 되는 것을 모두 고른 것은?(다툼이 있는 경우 판례에 의함)

ㄱ. 관리청이 국유재산법에 따라 행정재산의 무단점유자에 대하여 변상금을 부과하는 행위
ㄴ. 건축물대장 소관 행정청이 건축물대장의 용도변경신청을 거부하는 행위
ㄷ. 건축물대장 소관 행정청이 건축물에 관한 건축물대장을 직권말소한 행위
ㄹ. 과세관청이 행한 국세환급금결정 또는 이 결정을 구하는 신청에 대한 환급거부결정
ㅁ. 국가인권위원회가 성희롱 행위자로 결정된 자에 대하여 한 성희롱결정과 이에 따른 시정조치의 권고

① ㄱ, ㄷ ② ㄱ, ㄴ, ㅁ ③ ㄴ, ㄷ, ㄹ
④ ㄱ, ㄴ, ㄷ, ㅁ ⑤ ㄱ, ㄴ, ㄷ, ㄹ, ㅁ

[ㄱ ▸ O] 국유재산의 관리청이 그 무단점유자에 대하여 하는 변상금부과처분은 순전히 사경제 주체로서 행하는 사법상의 법률행위라 할 수 없고 이는 관리청이 공권력을 가진 우월적 지위에서 행한 것으로서 행정소송의 대상이 되는 행정처분이라고 보아야 한다(대판 1988.2.23. 87누1046).

[ㄴ ▸ O] 건축물의 용도는 토지의 지목에 대응하는 것으로서 건물의 이용에 대한 공법상의 규제, 건축법상의 시정명령, 지방세 등의 과세대상 등 공법상 법률관계에 영향을 미치고, 건물소유자는 용도를 토대로 건물의 사용·수익·처분에 일정한 영향을 받게 된다. 이러한 점 등을 고려해보면, 건축물대장의 용도는 건축물의 소유권을 제대로 행사하기 위한 전제요건으로서 건축물소유자의 실체적 권리관계에 밀접하게 관련되어 있으므로, 건축물대장 소관청의 용도변경신청거부행위는 국민의 권리관계에 영향을 미치는 것으로서 항고소송의 대상이 되는 행정처분에 해당한다(대판 2009.1.30. 2007두7277).

[ㄷ ▸ O] 건축물대장은 건축물에 대한 공법상의 규제, 지방세의 과세대상, 손실보상가액의 산정 등 건축행정의 기초자료로서 공법상의 법률관계에 영향을 미칠 뿐만 아니라, 건축물에 관한 소유권보존등기 또는 소유권이전등기를 신청하려면 이를 등기소에 제출하여야 하는 점 등을 종합해 보면, 건축물대장은 건축물의 소유권을 제대로 행사하기 위한 전제요건으로서 건축물 소유자의 실체적 권리관계에 밀접하게 관련되어 있으므로, 이러한 건축물대장을 직권말소한 행위는 국민의 권리관계에 영향을 미치는 것으로서 항고소송의 대상이 되는 행정처분에 해당한다(대판 2010.5.27. 2008두22655).

[ㄹ ▸ X] 구 국세기본법 제51조의 오납액과 초과납부액은 조세채무가 처음부터 존재하지 않거나 그 후 소멸되었음에도 불구하고 국가가 법률상 원인 없이 수령하거나 보유하고 있는 부당이득에 해당하고, 그 국세환급금결정에 관한 규정은 이미 납세의무자의 환급청구권이 확정된 국세환급금에 대하여 내부적 사무처리절차로서 과세관청의 환급절차를 규정한 것에 지나지 않고 위 규정에 의한 국세환급금결정에 의하여 비로소 환급청구권이 확정되는 것은 아니므로, 위 국세환급금결정이나 이 결정을 구하는 신청에 대한 환급거부결정은 납세의무자가 갖는 환급청구권의 존부나 범위에 구체적이고 직접적인 영향을 미치는 처분이 아니어서 항고소송의 대상이 되는 처분이라고 볼 수 없다(대판 2009.11.26. 2007두4018).

[ㅁ ▸ O] 국가인권위원회의 성희롱결정 및 시정조치권고는 성희롱 행위자로 결정된 자의 인격권에 영향을 미침과 동시에 공공기관의 장 또는 사용자에게 일정한 법률상의 의무를 부담시키는 것이므로 국가인권위원회의 성희롱결정 및 시정조치권고는 행정소송의 대상이 되는 행정처분에 해당한다고 보지 않을 수 없다(대판 2005.7.8. 2005두487).



④ 정답

**2013년 변호사시험 문 31.** ☑ 확인 Check! ○ △ ×

**행정소송법상 재결에 대한 취소소송은 재결 자체에 고유한 위법이 있음을 이유로 하는 경우에 한한다(제19조 단서). '재결 자체에 고유한 위법'에 관한 다음 판례의 내용 중 옳지 않은 것은?**

① 행정심판청구가 부적법하지 않음에도 각하한 재결은 심판청구인의 실체심리를 받을 권리를 박탈한 것으로서 재결에 고유한 하자가 있는 경우에 해당하여 재결 자체가 취소소송의 대상이 된다.

② 의약품제조품목허가처분에 대하여 원처분의 상대방이 아닌 제3자가 행정심판을 청구하여 재결청이 원처분을 취소하는 형성재결을 한 경우에 그 원처분의 상대방은 그 재결에 대하여 항고소송을 제기할 수밖에 없는데, 이 경우 위 재결은 원처분과 내용을 달리하는 것이어서 재결의 취소를 구하는 것은 원처분에 없는 재결 고유의 위법을 주장하는 것이 된다.

③ 행정청이 골프장 사업계획승인을 얻은 자의 사업시설 착공계획서를 수리한 것에 불복하여 인근 주민들이 그 수리처분의 취소를 구하는 행정심판을 청구한 것에 대하여, 재결청이 처분성의 결여를 이유로 위 취소심판청구를 부적법 각하하여야 함에도 불구하고 이를 각하하지 않고 심판청구를 인용하여 취소재결을 하였다면 재결 자체에 고유한 하자가 있는 것이다.

④ 재결 자체에 고유한 위법에는 재결 자체의 주체, 절차, 형식상의 위법뿐만 아니라 재결 자체의 내용상의 위법도 포함된다.

⑤ 공무원인 원고에 대한 감봉 1월의 징계처분을 관할 소청심사위원회가 견책으로 변경하는 소청결정을 내린 경우, 원고가 위 소청결정 중 견책에 처한 조치는 재량권의 일탈·남용이 있어 위법하다는 사유를 들어 다툰다면 이는 위 소청결정 자체에 고유한 위법이 있는 경우에 해당한다.

[❶ ▸ ○] [❹ ▸ ○] 행정소송법 제19조에 의하면 행정심판에 대한 재결에 대하여도 그 재결 자체에 고유한 위법이 있음을 이유로 하는 경우에는 항고소송을 제기하여 그 취소를 구할 수 있고, 여기에서 말하는 '재결 자체에 고유한 위법'이란 그 재결자체에 주체, 절차, 형식 또는 내용상의 위법이 있는 경우를 의미하는데, 행정심판청구가 부적법하지 않음에도 각하한 재결은 심판청구인의 실체심리를 받을 권리를 박탈한 것으로서 원처분에 없는 고유한 하자가 있는 경우에 해당하고, 따라서 위 재결은 취소소송의 대상이 된다(대판 2001.7.27. 99두2970).

[❷ ▸ ○] 원처분의 상대방이 아닌 제3자가 행정심판을 청구하여 재결청이 원처분을 취소하는 형성재결을 한 경우에 그 원처분의 상대방은 그 재결에 대하여 항고소송을 제기할 수밖에 없고, 이 경우 재결은 원처분과 내용을 달리하는 것이어서 재결의 취소를 구하는 것은 원처분에 없는 재결 고유의 위법을 주장하는 것이 된다(대판 1998.4.24. 97누17131).

[❸ ▸ ○] 이른바 복효적 행정행위, 특히 제3자효를 수반하는 행정행위에 대한 행정심판청구에 있어서 그 청구를 인용하는 내용의 재결로 인하여 비로소 권리이익을 침해받게 되는 자는 그 인용재결에 대하여 다툴 필요가 있고, 그 인용재결은 원처분과 내용을 달리하는 것이므로 그 인용재결의 취소를 구하는 것은 원처분에는 없는 재결에 고유한 하자를 주장하는 셈이어서 당연히 항고소송의 대상이 된다. 행정청이 골프장 사업계획승인을 얻은 자의 사업시설 착공계획서를 수리한 것에 대하여 인근 주민들이 그 수리처분의 취소를 구하는 행정심판을 청구하자 재결청이 그 청구를 인용하여 수리처분을 취소하는 형성적 재결을 한 경우, 그 수리처분 취소 심판청구는 행정심판의 대상이 되지 아니하여 부적법 각하하여야 함에도 위 재결은 그 청구를 인용하여 수리처분을 취소하였으므로 재결 자체에 고유한 하자가 있다(대판 2001.5.29. 99두10292).

[❺ ▸ ×] 항고소송은 원칙적으로 당해 처분을 대상으로 하나, 당해 처분에 대한 재결 자체에 고유한 주체, 절차, 형식 또는 내용상의 위법이 있는 경우에 한하여 그 재결을 대상으로 할 수 있다고 해석되므로, 징계혐의자에 대한 감봉 1월의 징계처분을 견책으로 변경한 소청결정 중 그를 견책에 처한 조치는 재량권의 남용 또는 일탈로서 위법하다는 사유는 소청결정 자체에 고유한 위법을 주장하는 것으로 볼 수 없어 소청결정의 취소사유가 될 수 없다(대판 1993.8.24. 93누5673).



정답 ⑤

**2016년 변호사시험 문 39.**

☑ 확인 Check! ○ △ ×

A국립대학교 교원인 甲은 소속 대학교의 총장으로부터 해임처분을 받았다. 甲은 이에 불복하여 「교원지위향상을 위한 특별법」에 따라 교원소청심사위원회에 소청심사를 청구하였으나 동 청구는 기각되었다. 이에 甲은 교원소청심사위원회의 결정에 불복하여 취소소송을 제기하려고 한다. 이에 관한 설명 중 옳은 것(○)과 옳지 않은 것(×)을 올바르게 조합한 것은? (다툼이 있는 경우 판례에 의함)

ㄱ. 교원소청심사위원회의 결정은 행정심판의 재결의 성격을 가진다.
ㄴ. 甲이 소청심사결정의 취소를 구하는 소송을 제기하는 경우에는 교원소청심사위원회를 피고로 하여야 한다.
ㄷ. 소청심사결정의 취소를 구하는 소송에서는 원처분인 A국립대학교 총장의 해임처분의 하자를 주장할 수 없다.
ㄹ. 甲이 소청심사결정의 취소를 구하는 소송을 통해 교원소청심사위원회의 기각결정에 사실오인이나 재량권 일탈·남용의 위법이 있다고 주장하는 경우, 이는 소청심사결정 자체의 고유한 위법을 주장하는 것으로 볼 수 있다.

① ㄱ(○) ㄴ(○) ㄷ(×) ㄹ(×)
② ㄱ(○) ㄴ(×) ㄷ(○) ㄹ(×)
③ ㄱ(×) ㄴ(×) ㄷ(×) ㄹ(○)
④ ㄱ(○) ㄴ(○) ㄷ(○) ㄹ(×)
⑤ ㄱ(○) ㄴ(○) ㄷ(○) ㄹ(○)

**[ㄱ▸O]** 교원의 지위 향상 및 교육활동 보호를 위한 특별법은 교원이 징계처분 기타 그 의사에 반하는 불리한 처분에 대하여 불복이 있을 때에는, 그 처분이 있은 것을 안 날로부터 30일 이내에 심사위원회에 소청심사를 청구할 수 있으며(제9조 제1항 참조), 심사위원회의 결정에 대하여 교원, 사립학교법 제2조에 따른 학교법인 또는 사립학교 경영자 등 당사자는, 그 결정서의 송달을 받은 날부터 90일 이내에 행정소송법이 정하는 바에 의하여 소송을 제기할 수 있다(제10조 제3항 참조)고 규정하고 있다. 따라서 국공립학교 교원의 경우에는 징계처분이 원처분이고, 교원소청심사위원회의 결정은 행정심판의 재결의 성격을 가진다.

**[ㄴ▸O]** 행정심판의 재결의 성격을 가진 교원소청심사위원회의 결정을 취소소송대상으로 하는 경우, 피고는 재결을 행한 교원소청심사위원회가 되어야 한다(행정소송법 제13조 제1항 참조).

**[ㄷ▸O] [ㄹ▸X]** 국공립학교교원에 대한 징계 등 불리한 처분은 행정처분이므로 국공립학교교원이 징계 등 불리한 처분에 대하여 불복이 있으면 교원징계재심위원회에 재심청구를 하고 위 재심위원회의 재심결정에 불복이 있으면 항고소송으로 이를 다투어야 할 것인데, 이 경우 그 소송의 대상이 되는 처분은 원칙적으로 원처분청의 처분이고, 원처분이 정당한 것으로 인정되어 재심청구를 기각한 재결에 대한 항고소송은 원처분의 하자를 이유로 주장할 수는 없고 그 재결 자체에 고유한 주체·절차· 형식 또는 내용상의 위법이 있는 경우에 한한다고 할 것이므로, 도교육감의 해임처분의 취소를 구하는 재심청구를 기각한 재심결정에 사실오인의 위법이 있다거나 재량권의 남용 또는 그 범위를 일탈한 것으로서 위법하다는 사유는 재심결정 자체에 고유한 위법을 주장하는 것으로 볼 수 없어 재심결정의 취소사유가 될 수 없다(대판 1994.2.8. 93누17874).



④ 정답

**2014년 변호사시험 문 32.** ☑ 확인Check! ○ △ ✕

**취소소송의 원고적격에 관한 판례의 태도와 부합하는 것을 모두 고른 것은?**

ㄱ. 법인의 주주는 당해 법인에 대한 행정처분에 관하여 사실상이나 간접적인 이해관계를 가질 뿐이어서 스스로 그 처분의 취소를 구할 원고적격이 없는 것이 원칙이라고 할 것이지만, 그 처분으로 인하여 궁극적으로 주식이 소각되거나 주주의 법인에 대한 권리가 소멸하는 등 주주의 지위에 중대한 영향을 초래하게 되는 데도 그 처분의 성질상 당해 법인이 이를 다툴 것을 기대할 수 없고 달리 주주의 지위를 보전할 구제방법이 없는 경우에는 주주도 그 처분의 취소를 구할 원고적격이 있다.

ㄴ. 면허나 인·허가 등의 수익적 행정처분의 근거가 되는 법률이 해당 업자들 사이의 과당경쟁으로 인한 경영의 불합리를 방지하는 것을 그 목적으로 하고 있는 경우라도 다른 업자에 대한 면허나 인·허가 등의 수익적 행정처분에 대하여 미리 같은 종류의 면허나 인·허가 등의 수익적 행정처분을 받아 영업을 하고 있는 기존의 업자는 경업자에 대하여 이루어진 면허나 인·허가 등 행정처분의 상대방이 아니므로 당해 행정처분의 취소를 구할 원고적격이 없다.

ㄷ. 인·허가 등의 수익적 행정처분을 신청한 수인이 서로 경쟁관계에 있어서 일방에 대한 허가 등의 처분이 타방에 대한 불허가 등으로 귀결될 수밖에 없는 때 허가 등의 처분을 받지 못한 자는 자신에 대한 불허가처분 등의 취소를 구하면 되는 것이지, 경원자에 대하여 이루어진 허가 등 처분의 상대방이 아니므로 당해 처분의 취소를 구할 원고적격이 없다.

ㄹ. 행정처분의 근거 법규 또는 관련 법규에 그 처분으로써 이루어지는 행위 등 사업으로 인하여 환경상 침해를 받으리라고 예상되는 영향권의 범위가 구체적으로 규정되어 있는 경우에는, 그 영향권 내의 주민들에 대하여는 당해 처분으로 인하여 직접적이고 중대한 환경피해를 입으리라고 예상할 수 있고, 이와 같은 환경상의 이익은 주민 개개인에 대하여 개별적으로 보호되는 직접적·구체적 이익으로서 그들에 대하여는 특단의 사정이 없는 한 환경상 이익에 대한 침해 또는 침해 우려가 있는 것으로 사실상 추정되어 법률상 보호되는 이익으로 인정됨으로써 원고적격이 인정된다.

ㅁ. 광업권설정허가처분과 그에 따른 광산 개발로 인하여 재산상·환경상 이익의 침해를 받거나 받을 우려가 있는 토지나 건축물의 소유자와 점유자 또는 이해관계인 및 주민들은 그 처분 전과 비교하여 수인한도를 넘는 재산상·환경상 이익의 침해를 받거나 받을 우려가 있다는 것을 증명함으로써 그 처분의 취소를 구할 원고적격을 인정받을 수 있다.

① ㄱ, ㄴ, ㄹ ② ㄱ, ㄷ, ㅁ ③ ㄱ, ㄹ, ㅁ
④ ㄴ, ㄷ, ㄹ ⑤ ㄴ, ㄷ, ㅁ

[ㄱ ▸ O] 일반적으로 법인의 주주는 당해 법인에 대한 행정처분에 관하여 사실상이나 간접적인 이해관계를 가질 뿐이어서 스스로 그 처분의 취소를 구할 원고적격이 없는 것이 원칙이라고 할 것이지만, 그 처분으로 인하여 궁극적으로 주식이 소각되거나 주주의 법인에 대한 권리가 소멸하는 등 주주의 지위에 중대한 영향을 초래하게 되는데도 그 처분의 성질상 당해 법인이 이를 다툴 것을 기대할 수 없고 달리 주주의 지위를 보전할 구제방법이 없는 경우에는 주주도 그 처분에 관하여 직접적이고 구체적인 법률상 이해관계를 가진다고 보이므로 그 취소를 구할 원고적격이 있다(대판 2004.12.23. 2000두2648).

[ㄴ ▸ X] 일반적으로 면허나 인·허가 등의 수익적 행정처분의 근거가 되는 법률이 해당 업자들 사이의 과당경쟁으로 인한 경영의 불합리를 방지하는 것도 그 목적으로 하고 있는 경우, 다른 업자에 대한 면허나 인·허가 등의 수익적 행정처분에 대하여 이미 같은 종류의 면허나 인·허가 등의 수익적 행정처분을 받아 영업을 하고 있는 기존의 업자는 경업자에 대하여 이루어진 면허나 인·허가 등 행정처분의 상대방이 아니라 하더라도 당해 행정처분의 취소를 구할 원고적격이 있다(대판 2006.7.28. 2004두6716).

정답 ③

[ㄷ ▸ X] 인·허가 등의 수익적 행정처분을 신청한 수인이 서로 경쟁관계에 있어서 일방에 대한 허가 등의 처분이 타방에 대한 불허가 등으로 귀결될 수밖에 없는 때 허가 등의 처분을 받지 못한 자는 비록 경원자에 대하여 이루어진 허가 등 처분의 상대방이 아니라 하더라도 당해 처분의 취소를 구할 원고 적격이 있다. 다만, 명백한 법적 장애로 인하여 원고 자신의 신청이 인용될 가능성이 처음부터 배제되어 있는 경우에는 당해 처분의 취소를 구할 정당한 이익이 없다(대판 2009.12.10. 2009두8359).

[ㄹ ▸ O] 행정처분의 근거 법규 또는 관련 법규에 그 처분으로써 이루어지는 행위나 사업으로 인하여 환경상 이익의 침해를 받으리라고 예상되는 영향권의 범위가 규정되어 있는 경우에는, 그 영향권 내의 주민들에 대하여는 당해 처분으로 인하여 직접적이고 중대한 환경피해가 발생할 수 있음을 예상할 수 있고, 이와 같은 환경상 이익은 주민 개개인에 대하여 개별적으로 보호되는 직접적·구체적 이익으로서 그들에 대하여는 특단의 사정이 없는 한 환경상 이익에 대한 침해 또는 침해 우려가 있는 것으로 사실상 추정되어 원고적격이 인정되는 것이고, 그 영향권 밖의 주민들은 당해 처분으로 그 처분 전과 비교하여 수인한도를 넘는 환경피해를 받거나 받을 우려가 있다는 자신의 환경상 이익에 대한 침해 또는 침해 우려가 있음을 입증하여야만 비로소 원고적격이 인정되는 것이다(대판 2007.6.1. 2005두11500).

[ㅁ ▸ O] 광업권설정허가처분의 근거 법규 또는 관련 법규의 취지는 광업권설정허가처분과 그에 따른 광산 개발과 관련된 후속 절차로 인하여 직접적이고 중대한 재산상·환경상 피해가 예상되는 토지나 건축물의 소유자나 점유자 또는 이해관계인 및 주민들이 전과 비교하여 수인한도를 넘는 재산상·환경상 침해를 받지 아니한 채 토지나 건축물 등을 보유하며 쾌적하게 생활할 수 있는 개별적 이익까지도 보호하려는 데 있으므로, 광업권설정허가처분과 그에 따른 광산 개발로 인하여 재산상·환경상 이익의 침해를 받거나 받을 우려가 있는 토지나 건축물의 소유자와 점유자 또는 이해관계인 및 주민들은 그 처분 전과 비교하여 수인한도를 넘는 재산상·환경상 이익의 침해를 받거나 받을 우려가 있다는 것을 증명함으로써 그 처분의 취소를 구할 원고적격을 인정받을 수 있다(대판 2008.9.11. 2006두7577).

**2013년 변호사시험 문 35.** ☑ 확인Check! O △ X

**甲이 식품위생법에 근거하여 유흥주점의 영업허가를 신청한 경우 이에 관한 다음 설명 중 옳은 것을 모두 고른 것은?(다툼이 있는 경우 판례에 의함)**

ㄱ. 신청이 거부된 경우 甲은 권리의무에 아무런 침해를 입은 것이 아니기 때문에 취소소송으로 이를 다툴 수 없다.
ㄴ. 유흥주점의 영업허가는 이른바 일반적 금지의 해제이기 때문에 행정청에 폭넓은 재량이 인정된다.
ㄷ. 기존에 허가받은 유흥주점업자는 통상적으로 甲이 받은 영업허가에 대하여 취소소송을 제기할 법률상 이익이 없다.
ㄹ. 영업허가 후 甲의 유흥주점의 위생상태가 악화되어 영업정지처분을 했음에도 甲이 영업을 계속하고 있는 경우에는 관할 행정청이 대집행을 할 수 있다.

① ㄱ, ㄹ ② ㄴ, ㄷ ③ ㄷ, ㄹ
④ ㄷ ⑤ ㄹ

[ㄱ ▸ X] 식품위생법에 근거한 유흥주점의 영업허가는 강학상 허가에 해당하므로, 허가권자는 법에서 정한 요건을 갖춘 허가신청이 있을 경우에는 이를 허가해야 하는 기속행위라고 보아야 한다. 따라서 甲의 허가신청이 거부된 경우에는 甲의 자유권이 제한되므로, 甲은 거부처분취소소송으로 이를 다툴 수 있다.



④ 정답

판례 국민의 적극적 행위신청에 대하여 행정청이 그 신청에 따른 행위를 하지 않겠다고 거부한 행위가 항고소송의 대상이 되는 행정처분에 해당하는 것이라고 하려면 그 신청한 행위가 공권력의 행사 또는 이에 준하는 행정작용이어야 하고, 그 거부행위가 신청인의 법률관계에 어떤 변동을 일으키는 것이어야 하며, 그 국민에게 그 행위발동을 요구할 법규상 또는 조리상의 신청권이 있어야 한다(대판 1998.7.10. 96누14036).

[ㄴ ▸ X] 식품위생법상의 유흥접객업허가는 성질상 일반적 금지에 대한 해제에 불과하므로 허가권자는 허가신청이 법에서 정한 요건을 구비한 때에는 이를 반드시 허가하여야 하고, 다만 자신의 재량으로 공익상의 필요가 있는지를 판단하여 허가 여부를 결정할 수 있는 것이며, 그러한 경우에도 위 재량권은 허가를 제한하여 달성하려는 공익과 이로 인하여 받게 되는 상대방의 불이익을 교량하여 신중히 행사되어야 할 것이다(대판 1992.10.23. 91누10183).

[ㄷ ▸ O] 판례는 경업자소송에서 그 대상이 강학상 허가일 경우, 원칙적으로 기존업자가 그 허가로 받은 경제적 이익은 반사적 이익 내지 사실상 이익이므로, 원고적격이 인정되지 않는다고 본다. 다만 당해 규정이 경영불합리 방지목적 등 기존업자의 이익도 보호하고 있는 것으로 해석되는 경우에는, 기존업자의 이익은 법률상 보호되는 이익으로 보아 원고적격을 인정한다.

판례 기존 목욕탕영업장 부근에 신설영업장을 허가함으로 인하여 기존 영업장의 수입이 사실상 감소되었을지라도 그 수입의 감소는 단순한 반사적 이익의 침해에 불과하므로 신설허가처분의 취소를 청구할 만한 소의 이익은 없다(대판 1963.8.22. 63누97).

[ㄹ ▸ X] 대집행의 대상이 되는 의무는 대체적 작위의무에 한정되고, 비대체적 작위의무나 수인 또는 부작위의무는 대집행의 대상이 되지 못한다. 사안에서 영업정지의무는 부작위의무이므로, 행정청이 대집행을 할 수 없다.

판례 행정대집행법 제2조는 '행정청의 명령에 의한 행위로서 타인이 대신하여 행할 수 있는 행위를 의무자가 이행하지 아니하는 경우'에 대집행할 수 있도록 규정하고 있는데, 이 사건 용도위반 부분을 장례식장으로 사용하는 것이 관계 법령에 위반한 것이라는 이유로 장례식장의 사용을 중지할 것과 이를 불이행할 경우 행정대집행법에 의하여 대집행하겠다는 내용의 이 사건 처분은, 이 사건 처분에 따른 '장례식장 사용중지 의무'가 원고 이외의 '타인이 대신'할 수도 없고, 타인이 대신하여 '행할 수 있는 행위'라고도 할 수 없는 비대체적 부작위 의무에 대한 것이므로, 그 자체로 위법함이 명백하다(대판 2005.9.28. 2005두7464).

**2019년 변호사시험 문 27.** ☑ 확인Check! ○ △ ×

甲은 식품위생법령상 적합한 시설을 갖추어 유흥주점 영업허가를 받아 업소를 경영하던 중 청소년을 출입시켜 주류를 제공하였음을 이유로 A시장으로부터 영업정지 2개월의 처분을 받았다. 이에 대해 甲은 해당 처분이 사실을 오인한 것임을 들어 다투고자 하였으나, 미처 취소소송을 제기하기 전에 영업정지기간이 도과되어 버렸다(「식품위생법 시행규칙」은 같은 이유로 2차 위반 시 영업정지 3개월의 제재처분을 하도록 규정하고 있다). 이에 관한 설명 중 옳은 것을 모두 고른 것은?(다툼이 있는 경우 판례에 의함)

ㄱ. A시장은 유흥주점 영업허가를 하는 때에는 필요한 조건을 붙일 수 있다.
ㄴ. A시장이 甲에 대하여 내린 영업정지처분의 적법 여부는 「식품위생법 시행규칙」의 행정처분기준에 적합한지의 여부만에 따라 판단할 것이 아니라 법의 규정 및 그 취지에 적합한 것인가의 여부에 따라 판단하여야 한다.
ㄷ. 甲에 대한 2개월의 영업정지처분은 그 기간의 경과로 이미 효력이 상실되었으므로, 甲에게는 그 처분의 취소를 구할 법률상 이익이 인정되지 아니한다.
ㄹ. 甲이 위 영업정지처분으로 인하여 재산적 손해를 입었다고 주장하며 국가배상소송을 제기하는 경우 수소법원은 위 처분에 대하여 「국가배상법」상 법령의 위반사유가 있는지 독자적으로 판단할 수 있다.

① ㄱ ② ㄷ ③ ㄴ, ㄹ
④ ㄱ, ㄴ, ㄹ ⑤ ㄴ, ㄷ, ㄹ

[ㄱ ▸ O] 식품위생법 제37조 제1항·제2항 참조

법령

**영업허가 등(식품위생법 제37조)** ① 제36조 제1항 각 호에 따른 영업 중 대통령령으로 정하는 영업을 하려는 자는 대통령령으로 정하는 바에 따라 영업 종류별 또는 영업소별로 식품의약품안전처장 또는 특별자치시장·특별자치도지사·시장·군수·구청장의 허가를 받아야 한다. 허가받은 사항 중 대통령령으로 정하는 중요한 사항을 변경할 때에도 또한 같다.
② 식품의약품안전처장 또는 특별자치시장·특별자치도지사·시장·군수·구청장은 제1항에 따른 영업허가를 하는 때에는 필요한 조건을 붙일 수 있다.

[ㄴ ▸ O] 구 식품위생법시행규칙 제53조에서 [별표 15]로 식품위생법 제58조에 따른 행정처분의 기준을 정하였다고 하더라도 이는 형식만 부령으로 되어 있을 뿐, 그 성질은 행정기관 내부의 사무처리준칙을 정한 것으로서 행정명령의 성질을 가지는 것이고, 대외적으로 국민이나 법원을 기속하는 힘이 있는 것은 아니므로 같은 법 제58조 제1항에 의한 처분의 적법 여부는 같은법 시행규칙에 적합한 것인가의 여부에 따라 판단할 것이 아니라 같은 법의 규정 및 그 취지에 적합한 것인가의 여부에 따라 판단하여야 한다(대판 1995.3.28, 94누6925).

[ㄷ ▸ X] 제재적 행정처분이 그 처분에서 정한 제재기간의 경과로 인하여 그 효과가 소멸되었으나, 부령인 시행규칙 또는 지방자치단체의 규칙(이하 이들을 '규칙'이라고 한다)의 형식으로 정한 처분기준에서 제재적 행정처분(이하 '선행처분'이라고 한다)을 받은 것을 가중사유나 전제요건으로 삼아 장래의 제재적 행정처분(이하 '후행처분'이라고 한다)을 하도록 정하고 있는 경우, 제재적 행정처분의 가중사유나 전제요건에 관한 규정이 법령이 아니라 규칙의 형식으로 되어 있다고 하더라도, 그러한 규칙이 법령에 근거를 두고 있는 이상 그 법적 성질이 대외적·일반적 구속력을 갖는 법규명령인지 여부와는 상관없이, 관할 행정청이나 담당공무원은 이를 준수할 의무가 있으므로 이들이 그 규칙에 정해진 바에 따라 행정작용을 할 것이 당연히 예견되고, 그 결과 행정작용의 상대방인 국민으로서는 그 규칙의 영향을 받을 수밖에 없다.

 ④ 정답

따라서 … 규칙이 정한 바에 따라 선행처분을 가중사유 또는 전제요건으로 하는 후행처분을 받을 우려가 현실적으로 존재하는 경우에는, 선행처분을 받은 상대방은 비록 그 처분에서 정한 제재기간이 경과하였다 하더라도 그 처분의 취소소송을 통하여 그러한 불이익을 제거할 권리보호의 필요성이 충분히 인정된다고 할 것이므로, 선행처분의 취소를 구할 법률상 이익이 있다고 보아야 한다(대판 2006.6.22. 2003두1684 [전합]).

[ㄹ ▸ O] 선결문제로서의 행정행위의 위법판단과 국가배상청구가 문제되는 경우, 판례는 수소법원에서 선결문제로서 그 행위의 위법을 인정할 수 있다고 본다.

판례 위법한 행정대집행이 완료되면 그 처분의 무효확인 또는 취소를 구할 소의 이익은 없다 하더라도, 미리 그 행정처분의 취소판결이 있어야만, 그 행정처분의 위법임을 이유로 한 손해배상 청구를 할 수 있는 것은 아니다(대판 1972.4.28. 72다337).

**2014년 변호사시험 문 33.** ☑ 확인 Check! O △ X

**항고소송의 소송요건에 관한 설명 중 옳은 것을 모두 고른 것은?(다툼이 있는 경우 판례에 의함)**

ㄱ. 제재적 행정처분이 그 처분에서 정한 제재기간의 경과로 인하여 그 효과가 소멸되었으나, 부령인 시행규칙의 형식으로 정한 처분기준에서 제재적 행정처분(이하 '선행처분'이라고 함)을 받은 것을 가중사유나 전제요건으로 삼아 장래의 제재적 행정처분(이하 '후행처분'이라고 함)을 하도록 정하고 있는 경우, 위 시행규칙이 정한 바에 따라 선행처분을 가중사유 또는 전제요건으로 하는 후행처분을 받을 우려가 현실적으로 존재하는 경우에도 선행처분을 받은 상대방은 그 처분에서 정한 제재기간이 경과한 선행처분의 취소를 구할 법률상 이익이 없다.

ㄴ. 사업양도·양수에 따른 허가관청의 지위승계신고의 수리대상인 사업양도·양수가 존재하지 아니하거나 무효인 때에는 사업의 양도행위가 무효라고 주장하는 양도자는 민사쟁송으로 양도·양수행위의 무효를 구함이 없이 막바로 허가관청을 상대로 하여 행정소송으로 사업양도·양수에 따른 허가관청의 지위승계신고수리처분의 무효확인을 구할 법률상 이익이 있다.

ㄷ. 통상 고시에 의하여 행정처분을 하는 경우에는 그 처분의 상대방이 불특정 다수인이고, 그 처분의 효력이 불특정 다수인에게 일률적으로 적용되는 것이므로, 그 행정처분에 이해관계를 갖는 자는 고시가 있었다는 사실을 현실적으로 알았는지 여부에 관계없이 고시가 효력을 발생하는 날에 행정처분이 있음을 알았다고 보아야 하고, 따라서 그에 대한 취소소송은 그 날로부터 90일 이내에 제기하여야 한다.

ㄹ. 부작위위법확인의 소는 부작위 상태가 계속되는 한 그 위법의 확인을 구할 이익이 있다고 보아야 하므로 원칙적으로 제소기간의 제한을 받지 않지만, 행정심판을 거친 경우에는 재결서의 정본을 송달받은 날부터 90일 이내에 부작위위법확인의 소를 제기하여야 한다.

ㅁ. 국가공무원 甲에 대한 파면처분취소소송이 사실심에 계속되고 있는 동안에 징계권자가 파면처분을 3월의 정직처분으로 감경하여서 甲이 변경된 처분에 맞추어 소를 변경하는 경우, 변경된 처분에 대하여 새로이 소청심사위원회의 심사·결정을 거쳐야 한다.

① ㄱ, ㄴ, ㄷ　② ㄱ, ㄹ, ㅁ　③ ㄴ, ㄷ, ㄹ
④ ㄴ, ㄹ, ㅁ　⑤ ㄷ, ㄹ, ㅁ

[ㄱ ▸ X] 제재적 행정처분이 그 처분에서 정한 제재기간의 경과로 인하여 그 효과가 소멸되었으나, 부령인 시행규칙 또는 지방자치단체의 규칙(이하 이들을 '규칙'이라고 한다)의 형식으로 정한 처분기준에서 제재적 행정처분(이하 '선행처분'

PART 06 행정쟁송

정답 ③

이라고 한다)을 받은 것을 가중사유나 전제요건으로 삼아 장래의 제재적 행정처분(이하 '후행처분'이라고 한다)을 하도록 정하고 있는 경우, 제재적 행정처분의 가중사유나 전제요건에 관한 규정이 법령이 아니라 규칙의 형식으로 되어 있다고 하더라도, 그러한 규칙이 법령에 근거를 두고 있는 이상 그 법적 성질이 대외적·일반적 구속력을 갖는 법규명령인지 여부와는 상관없이, 관할 행정청이나 담당공무원은 이를 준수할 의무가 있으므로 이들이 그 규칙에 정해진 바에 따라 행정작용을 할 것이 당연히 예견되고, 그 결과 행정작용의 상대방인 국민으로서는 그 규칙의 영향을 받을 수밖에 없다. 따라서 … 규칙이 정한 바에 따라 선행처분을 가중사유 또는 전제요건으로 하는 후행처분을 받을 우려가 현실적으로 존재하는 경우에는, 선행처분을 받은 상대방은 비록 그 처분에서 정한 제재기간이 경과하였다 하더라도 그 처분의 취소소송을 통하여 그러한 불이익을 제거할 권리보호의 필요성이 충분히 인정된다고 할 것이므로, 선행처분의 취소를 구할 법률상 이익이 있다고 보아야 한다(대판 2006.6.22. 2003두1684 [전합]).

[ㄴ ▸ O] 사업양도·양수에 따른 허가관청의 지위승계신고의 수리는 적법한 사업의 양도·양수가 있었음을 전제로 하는 것이므로 그 수리대상인 사업양도·양수가 존재하지 아니하거나 무효인 때에는 수리를 하였다 하더라도 그 수리는 유효한 대상이 없는 것으로서 당연히 무효라 할 것이고, 사업의 양도행위가 무효라고 주장하는 양도자는 민사쟁송으로 양도·양수행위의 무효를 구함이 없이 막바로 허가관청을 상대로 하여 행정소송으로 위 신고수리처분의 무효확인을 구할 법률상 이익이 있다(대판 2005.12.23. 2005두3554).

[ㄷ ▸ O] 통상 고시 또는 공고에 의하여 행정처분을 하는 경우에는 그 처분의 상대방이 불특정 다수인이고 그 처분의 효력이 불특정 다수인에게 일률적으로 적용되는 것이므로, 그 행정처분에 이해관계를 갖는 자가 고시 또는 공고가 있었다는 사실을 현실적으로 알았는지 여부에 관계없이 고시가 효력을 발생하는 날 행정처분이 있음을 알았다고 보아야 한다(대판 2007.6.14. 2004두619).

[ㄹ ▸ O] 부작위위법확인의 소는 부작위상태가 계속되는 한 그 위법의 확인을 구할 이익이 있다고 보아야 하므로 원칙적으로 제소기간의 제한을 받지 않는다. 그러나 행정소송법 제38조 제2항이 제소기간을 규정한 같은 법 제20조를 부작위위법확인소송에 준용하고 있는 점에 비추어 보면, 행정심판 등 전심절차를 거친 경우에는 행정소송법 제20조가 정한 제소기간 내에 부작위위법확인의 소를 제기하여야 한다(대판 2009.7.23. 2008두10560).

[ㅁ ▸ X] 행정청이 소송의 대상인 처분을 소가 제기된 후 변경한 때에는, 필요적 전치주의가 적용되는 경우에도 변경된 처분에 대해 행정심판을 거칠 필요가 없다.

법령

**행정심판과의 관계(행정소송법 제18조)** ① 취소소송은 법령의 규정에 의하여 당해 처분에 대한 행정심판을 제기할 수 있는 경우에도 이를 거치지 아니하고 제기할 수 있다. 다만, 다른 법률에 당해 처분에 대한 행정심판의 재결을 거치지 아니하면 취소소송을 제기할 수 없다는 규정이 있는 때에는 그러하지 아니하다.

**처분변경으로 인한 소의 변경(행정소송법 제22조)** ① 법원은 행정청이 소송의 대상인 처분을 소가 제기된 후 변경한 때에는 원고의 신청에 의하여 결정으로써 청구의 취지 또는 원인의 변경을 허가할 수 있다.
③ 제1항의 규정에 의하여 변경되는 청구는 제18조 제1항 단서의 규정에 의한 요건을 갖춘 것으로 본다.

**2017년 변호사시험 문 29.** ☑ 확인 Check! ○ △ ×

**항고소송에서의 소의 이익(권리보호의 필요)에 관한 설명 중 옳은 것은?(다툼이 있는 경우 판례에 의함)**

① 해임처분 무효확인 또는 취소소송 계속 중 해당 공무원의 임기가 만료되어 해임처분의 무효확인 또는 취소로 지위를 회복할 수 없는 경우 그 무효확인 또는 취소로 해임처분일부터 임기만료일까지 기간에 대한 보수지급을 구할 수 있더라도 해임처분의 무효확인 또는 취소를 구할 법률상 이익이 없다.

② 위법한 건축허가에 대해 취소소송으로 다투는 도중에 건축공사가 완료된 경우 그 취소를 구할 소의 이익이 인정된다.

③ 현역입영대상자가 현역병입영통지처분을 받고 현실적으로 입영을 하였다고 하더라도, 입영 이후의 법률관계에 영향을 미치고 있는 현역병입영통지처분의 취소를 구할 소의 이익이 있다.

④ 고등학교 졸업은 단지 대학입학자격이나 학력인정으로서의 의미만 있으므로, 고등학교 퇴학처분을 받은 후 고등학교 졸업학력 검정고시에 합격하였다면 고등학교 퇴학처분을 받은 자로서는 퇴학처분의 취소를 구할 소의 이익이 없다.

⑤ 항고소송인 행정처분에 관한 무효확인소송에 있어서 무효확인소송의 보충성이 요구된다.

[❶ ▸ ×] 해임처분 무효확인 또는 취소소송 계속 중 임기가 만료되어 해임처분의 무효확인 또는 취소로 지위를 회복할 수는 없다고 할지라도, 그 무효확인 또는 취소로 해임처분일부터 임기만료일까지 기간에 대한 보수 지급을 구할 수 있는 경우에는 해임처분의 무효확인 또는 취소를 구할 법률상 이익이 있다. 해임권자와 보수지급의무자가 다른 경우에도 마찬가지이다(대판 2012.2.23. 2011두5001).

[❷ ▸ ×] 위법한 행정처분의 취소를 구하는 소는 위법한 처분에 의하여 발생한 위법상태를 배제하여 원상으로 회복시키고 그 처분으로 침해되거나 방해받은 권리와 이익을 보호・구제하고자 하는 소송이므로 비록 그 위법한 처분을 취소한다 하더라도 원상회복이 불가능한 경우에는 그 취소를 구할 이익이 없다. 건축허가가 건축법 소정의 이격거리를 두지 아니하고 건축물을 건축하도록 되어 있어 위법하다 하더라도 그 건축허가에 의하여 건축공사가 완료되었다면 그 건축허가를 받은 대지와 접한 대지의 소유자인 원고가 위 건축허가처분의 취소를 받아 이격거리를 확보할 단계는 지났으며 민사소송으로 위 건축물 등의 철거를 구하는 데 있어서도 위 처분의 취소가 필요한 것이 아니므로 원고로서는 위 처분의 취소를 구할 소의 이익이 없다(대판 1992.4.24. 91누11131).

[❸ ▸ ○] 현역입영대상자로서는 현실적으로 입영을 하였다고 하더라도, 입영 이후의 법률관계에 영향을 미치고 있는 현역병입영통지처분 등을 한 관할지방병무청장을 상대로 위법을 주장하여 그 취소를 구할 소송상의 이익이 있다(대판 2003.12.26. 2003두1875).

[❹ ▸ ×] 고등학교 퇴학처분을 받은 후 검정고시에 합격하였더라도 고등학교 학생으로서의 신분과 명예가 회복될 수 없는 것이니 퇴학처분을 받은 자로서는 퇴학처분의 위법을 주장하여 그 취소를 구할 소송상의 이익이 있다(대판 1992.7.14. 91누4737).

[❺ ▸ ×] 무효확인소송의 보충성을 규정하고 있는 외국의 일부 입법례와는 달리 우리나라 행정소송법에는 명문의 규정이 없어 이로 인한 명시적 제한이 존재하지 않는다. 이와 같은 사정을 비롯하여 행정에 대한 사법통제, 권익구제의 확대와 같은 행정소송의 기능 등을 종합하여 보면, 행정처분의 근거 법률에 의하여 보호되는 직접적이고 구체적인 이익이 있는 경우에는 행정소송법 제35조에 규정된 '무효확인을 구할 법률상 이익'이 있다고 보아야 하고, 이와 별도로 무효확인소송의 보충성이 요구되는 것은 아니므로 행정처분의 무효를 전제로 한 이행소송 등과 같은 직접적인 구제수단이 있는지 여부를 따질 필요가 없다고 해석함이 상당하다(대판 2008.3.20. 2007두6342 [전합]).

정답 ③

**2015년 변호사시험 문 21.** ☑ 확인 Check! ○ △ ×

**행정소송의 피고에 관한 설명 중 옳은 것은?**

① 합의제행정기관이 한 처분에 대하여는 그 기관 자체가 피고가 되는 것이 원칙이므로 중앙노동위원회의 처분에 대한 소는 중앙노동위원회를 피고로 하여야 한다.
② 당사자소송의 원고가 피고를 잘못 지정하여 피고경정신청을 한 경우 법원은 결정으로써 피고의 경정을 허가할 수 있다.
③ 「행정소송법」은 취소소송에서 원고가 피고를 잘못 지정한 경우 피고가 본안에서 변론을 한 이후에는 피고의 동의를 얻어야 피고경정이 가능하다고 규정하고 있다.
④ 피고경정으로 인한 피고의 변경은 당사자의 동일성을 바꾸는 것이므로 피고를 경정하는 경우 제소기간의 준수 여부는 피고를 경정한 때를 기준으로 한다.
⑤ 지방의회의원에 대한 징계의결 취소소송과 지방의회 의장선임의결의 무효확인을 구하는 소송의 피고는 모두 지방의회 의장이다.

[❶ ▸ ×] 합의제 행정청이 처분청인 경우, 다른 법률에 특별한 규정이 없는 한 그 처분 등을 행한 합의제 행정청 그 자체가 피고가 된다(예를 들어, 공정거래위원회·방송통신위원회·토지수용위원회·감사원 등). 단, 중앙노동위원회의 처분에 관한 소는, 법률의 규정에 따라 중앙노동위원회가 아닌 중앙노동위원회 위원장이 피고가 된다(노동위원회법 제27조 참조).

[❷ ▸ ○] 원고가 피고를 잘못 지정한 때에는 법원은 원고의 신청에 의하여 결정으로써 피고의 경정을 허가할 수 있다(행정소송법 제14조 제1항)는 피고경정규정은 당사자소송에 준용된다(동법 제44조 제1항 참조).

[❸ ▸ ×] 민사소송과 달리 행정소송법의 취소소송에서 피고경정을 함에 있어서는, 피고가 본안에서 변론을 한 뒤에도 피고의 동의가 필요 없다.

[❹ ▸ ×] 피고경정결정이 있은 때에는 새로운 피고에 대한 소송은 처음에 소를 제기한 때에 제기된 것으로 본다(행정소송법 제14조 제3항). 따라서 제소기간의 준수 여부도 처음에 소를 제기한 때를 기준으로 한다.

[❺ ▸ ×] 취소소송과 무효확인을 구하는 소송의 피고는 처분 등을 행한 행정청이 된다(행정소송법 제13조, 제38조 참조). 이때 행정청의 개념은 조직법상 개념이 아닌 기능적인 의미로 사용되고 있으므로, 법원의 기관이나 국회의 기관, 지방의회도 처분을 발하는 경우에는 행정청의 지위를 갖는다. 지방의회의원에 대한 징계의결과 지방의회의장선임의결은 처분에 해당하므로, 이를 행한 지방의회가 피고가 된다.

판례

- 지방의회의 의원징계의결은 그로 인해 의원의 권리에 직접 법률효과를 미치는 행정처분의 일종으로서 행정소송의 대상이 된다(대판 1993.11.26. 93누7341).
- 지방의회의 의사를 결정공표하여 그 당선자에게 이와 같은 의장으로서의 직무권한을 부여하는 지방의회의 의장선거는 행정처분의 일종으로서 항고소송의 대상이 된다(대판 1995.1.12. 94누2602).



② 정답

**2014년 변호사시험 문 34.** ☑ 확인 Check! ○ △ ✕

**행정소송에서의 피고적격에 관한 설명 중 옳지 않은 것은?(다툼이 있는 경우 판례에 의함)**

① 개별법령에 합의제 행정청의 장을 피고로 한다는 명문규정이 없는 한 합의제 행정청 명의로 한 행정처분의 취소소송의 피고적격자는 합의제 행정청의 장이 아닌 당해 합의제 행정청이다.
② 행정처분을 행할 적법한 권한 있는 상급행정청으로부터 내부위임을 받은 데 불과한 하급행정청이 권한 없이 자기의 명의로 행정처분을 한 경우 그 취소소송에서는 실제로 그 처분을 행한 하급행정청이 아니라 그 처분을 행할 적법한 권한 있는 상급행정청을 피고로 하여야 한다.
③ 수용재결에 불복하여 취소소송을 제기하는 때에는 이의신청을 거친 경우에도 수용재결을 한 중앙토지수용위원회 또는 지방토지수용위원회를 피고로 하여 수용재결의 취소를 구하여야 하고, 다만 이의신청에 대한 재결 자체에 고유한 위법이 있음을 이유로 하는 경우에만 그 이의재결을 한 중앙토지수용위원회를 피고로 하여 이의재결의 취소를 구할 수 있다.
④ 납세의무부존재확인의 소는 공법상의 법률관계 그 자체를 다투는 소송으로서 당사자소송이라 할 것이므로 과세관청이 아니라 그 법률관계의 한쪽 당사자인 국가・공공단체 그 밖의 권리주체가 피고적격을 가진다.
⑤ 원고가 피고를 잘못 지정한 경우 피고경정은 취소소송과 당사자소송 모두에서 사실심변론 종결에 이르기까지 허용된다.

[❶ ▸ O] 취소소송은 다른 법률에 특별한 규정이 없는 한 그 처분 등을 행한 행정청을 피고로 한다(행정소송법 제13조). 여기서 행정청의 개념은 조직법상 개념이 아닌 기능적인 의미로 사용되고 있으므로, 합의제 행정청이 처분청인 경우에는 합의제 행정청 그 자체가 피고가 된다(예를 들어, 공정거래위원회・방송통신위원회・토지수용위원회・감사원 등). 단, 중앙노동위원회의 처분에 관한 소는, 법률의 규정에 따라 중앙노동위원회가 아닌 중앙노동위원회 위원장이 피고가 된다(노동위원회법 제27조 참조).

[❷ ▸ ✕] 행정처분의 취소 또는 무효확인을 구하는 행정소송은 다른 법률에 특별한 규정이 없는 한 그 처분을 행한 행정청을 피고로 하여야 하며, 행정처분을 행할 적법한 권한 있는 상급행정청으로부터 내부위임을 받은 데 불과한 하급행정청이 권한 없이 행정처분을 한 경우에도 실제로 그 처분을 행한 하급행정청을 피고로 하여야 할 것이다(대판 1994.8.12. 94누2763).

[❸ ▸ O] 공익사업을 위한 토지 등의 취득 및 보상에 관한 법률 제85조 제1항 전문의 문언내용과 같은 법 제83조, 제85조가 중앙토지수용위원회에 대한 이의신청을 임의적 절차로 규정하고 있는 점, 행정소송법 제19조 단서가 행정심판에 대한 재결은 재결 자체에 고유한 위법이 있음을 이유로 하는 경우에 한하여 취소소송의 대상으로 삼을 수 있도록 규정하고 있는 점 등을 종합하여 보면, 수용재결에 불복하여 취소소송을 제기하는 때에는 이의신청을 거친 경우에도 수용재결을 한 중앙토지수용위원회 또는 지방토지수용위원회를 피고로 하여 수용재결의 취소를 구하여야 하고, 다만 이의신청에 대한 재결 자체에 고유한 위법이 있음을 이유로 하는 경우에는 그 이의재결을 한 중앙토지수용위원회를 피고로 하여 이의재결의 취소를 구할 수 있다고 보아야 한다(대판 2010.1.28. 2008두1504).

[❹ ▸ O] 납세의무부존재확인의 소는 공법상의 법률관계 그 자체를 다투는 소송으로서 당사자소송이라 할 것이므로 그 법률관계의 한쪽 당사자인 국가・공공단체 그 밖의 권리주체가 피고적격을 가진다(대판 2000.9.8. 99두2765).

[❺ ▸ O] 원고가 피고를 잘못 지정한 때에는 법원은 원고의 신청에 의하여 결정으로써 피고의 경정을 허가할 수 있다(행정소송법 제14조 제1항)는 피고경정규정은 당사자소송에 준용된다(동법 제44조 제1항 참조). 판례는 피고경정이 가능한 시기는 사실심 변론종결시까지라고 하고 있다.

PART 06 행정쟁송

**정답** ②

판례

- 행정소송법 제14조에 의한 피고경정은 사실심변론 종결에 이르기까지 허용되는 것으로 해석하여야 할 것이고, 굳이 제1심 단계에서만 허용되는 것으로 해석할 근거는 없다(대결 2006.2.23. 2005부4).
- 원고가 확인을 구하는 손실보상금청구권은 공법상의 권리로서 그 소송절차는 행정소송법상 당사자소송절차에 의하여야 할 것인데, 당사자소송에서는 민사소송과 달리 사실심변론종결시까지 피고의 동의 없이 피고의 경정이 가능하므로, 원고가 피고를 잘못 지정하였다면 원심으로서는 당연히 석명권을 행사하여 원고로 하여금 피고를 대전광역시로 경정하게 하여 소송을 진행하였어야 할 것이다(대판 2006.11.9. 2006다23503).

**2015년 변호사시험 문 25.** ☑ 확인 Check! ○ △ ×

「음악산업진흥에 관한 법률」 제30조는 동법 소정의 의무위반을 이유로 노래연습장의 등록을 취소하고자 하는 경우에는 청문을 실시하여야 한다는 취지로 규정하고 있다. 이에 관할 시장은 甲에 대해 동법 소정의 의무위반을 이유로 청문을 실시하고 2014.8.4. 등록취소처분을 하였으나, 청문을 실시함에 있어서 「행정절차법」에서 보장하는 10일의 기간을 준수하지 않고 청문 개시일 7일 전에야 비로소 청문에 관한 통지를 하였다. 甲은 청문기일에 출석하여 의견진술을 하였으나 받아들여지지 않았다. 甲은 노래연습장 등록취소처분을 다투는 취소심판을 제기하였으나 2014.10.2. 기각재결서 정본을 송달받았다. 이에 甲은 2015.1.5. 노래연습장 등록취소처분의 취소를 구하는 행정소송을 제기하였다. 이에 관한 설명 중 옳지 않은 것을 모두 고른 것은?(다툼이 있는 경우 판례에 의함)

ㄱ. 甲이 이의를 제기하지 아니하고 청문일에 출석하여 그 의견을 진술하고 변명하는 등 방어의 기회를 충분히 가졌다면 절차상 하자는 치유되었다.
ㄴ. 甲은 노래연습장 등록취소처분취소소송의 제소기간을 준수하였다.
ㄷ. 만일 甲이 제기한 취소심판에서 인용재결이 내려졌다면 처분청은 인용재결을 대상으로 취소소송을 제기할 수 있다.

① ㄱ ② ㄷ ③ ㄱ, ㄴ
④ ㄱ, ㄷ ⑤ ㄴ, ㄷ

[ㄱ ▸ O] 행정청이 식품위생법상의 청문절차를 이행함에 있어 소정의 청문서 도달기간을 지키지 아니하였다면 이는 청문의 절차적 요건을 준수하지 아니한 것이므로 이를 바탕으로 한 행정처분은 일단 위법하다고 보아야 할 것이지만 이러한 청문제도의 취지는 처분으로 말미암아 받게 될 영업자에게 미리 변명과 유리한 자료를 제출할 기회를 부여함으로써 부당한 권리침해를 예방하려는 데에 있는 것임을 고려하여 볼 때, 가령 행정청이 청문서 도달기간을 다소 어겼다 하더라도 영업자가 이에 대하여 이의하지 아니한 채 스스로 청문일에 출석하여 그 의견을 진술하고 변명하는 등 방어의 기회를 충분히 가졌다면 청문서 도달기간을 준수하지 아니한 하자는 치유되었다고 봄이 상당하다(대판 1992.10.23. 92누2844).

[ㄴ ▸ X] 행정심판을 거친 경우 취소소송은 행정심판재결서 정본을 송달받은 날로부터 90일 이내에 제기하여야 한다(행정소송법 제20조 제1항). 사안의 경우 기각재결서 정본을 송달받은 2014.10.2.부터 90일이 지난 2015.1.5.에 등록취소처분의 취소를 구하는 행정소송을 제기하였으므로, 제소기간을 준수하지 못하였다.

[ㄷ ▸ X] 인용재결이 있는 경우 처분행정청은 인용재결에 기속되어 재결의 취지에 따른 처분의무를 부담하게 되므로 이에 불복하여 항고소송을 제기할 수 없다(대판 1998.5.8. 97누15432).



⑤ 정답

**2017년 변호사시험 문 32.** ☑ 확인Check! ○ △ ✕

**시내버스 운수사업자 甲이 유류사용량을 실제보다 부풀려 유가보조금을 과다지급 받은 데 대하여 관할 시장 乙이 「여객자동차운수사업법」 제51조 제3항에 따라 부정수급기간 동안 지급된 유가보조금 전액을 회수하는 처분을 하자, 甲은 회수처분의 취소를 구하는 소송을 제기하였다. 이에 관한 설명 중 옳은 것을 모두 고른 것은?(다툼이 있는 경우 판례에 의함)**

ㄱ. 乙이 회수처분의 근거법률을 적용함에 있어 그 법률관계나 사실관계에 대하여 그 법률의 규정을 적용할 수 없다는 법리가 명백히 밝혀지지 아니하여 그 해석에 다툼의 여지가 있었다면, 乙이 이를 잘못 해석하여 행정처분을 하였더라도 이는 그 처분 요건사실을 오인한 것에 불과하여 그 하자가 명백하다고 할 수 없다.

ㄴ. 甲이 위 회수처분에 대해 행정심판을 거쳐 취소소송을 제기한 경우, 행정심판절차에서 주장하지 아니한 공격방어방법을 취소소송 절차에서 주장할 수 있으며, 법원은 이를 심리하여 처분의 적법 여부를 판단할 수 있다.

ㄷ. 甲의 취소청구를 기각하는 판결이 확정된 후 甲이 다시 위 회수처분에 대해 무효확인소송을 제기한 경우, 그 기각판결의 기판력은 무효확인소송에도 미친다.

ㄹ. 만약 乙이 甲의 취소소송 제기 전에 보조금 회수액을 감액하는 감액처분을 하였고, 甲이 감액처분으로도 아직 취소되지 않고 남은 부분에 대해 불복하여 취소소송을 제기하는 경우, 제소기간의 준수여부는 당초 처분이 아닌 감액처분을 기준으로 판단하여야 한다.

① ㄱ, ㄴ ② ㄴ, ㄹ ③ ㄷ, ㄹ
④ ㄱ, ㄴ, ㄷ ⑤ ㄱ, ㄷ, ㄹ

[ㄱ ▸ O] 행정청이 어느 법률관계나 사실관계에 대하여 어느 법률의 규정을 적용하여 행정처분을 한 경우에 그 법률관계나 사실관계에 대하여는 그 법률의 규정을 적용할 수 없다는 법리가 명백히 밝혀져 그 해석에 다툼의 여지가 없음에도 불구하고 행정청이 위 규정을 적용하여 처분을 한 때에는 그 하자가 중대하고도 명백하다고 할 것이나, 그 법률관계나 사실관계에 대하여 그 법률의 규정을 적용할 수 없다는 법리가 명백히 밝혀지지 아니하여 그 해석에 다툼의 여지가 있는 때에는 행정관청이 이를 잘못 해석하여 행정처분을 하였더라도 이는 그 처분 요건사실을 오인한 것에 불과하여 그 하자가 명백하다고 할 수 없는 것이다(대판 2004.10.15. 2002다68485).

[ㄴ ▸ O] 항고소송에 있어서 원고는 전심절차에서 주장하지 아니한 공격·방어방법을 소송절차에서 주장할 수 있고 법원은 이를 심리하여 행정처분의 적법여부를 판단할 수 있는 것이므로, 원고가 전심절차에서 주장하지 아니한 처분의 위법사유를 소송절차에서 새롭게 주장하였다고 하여 다시 그 처분에 대하여 별도의 전심절차를 거쳐야 하는 것은 아니다(대판 1996.6.14. 96누754).

[ㄷ ▸ O] 과세처분 취소청구를 기각하는 판결이 확정되면 그 처분이 적법하다는 점에 관하여 기판력이 생기고 그 후 원고가 이를 무효라 하여 무효확인을 소구할 수 없는 것이어서 과세처분의 취소소송에서 청구가 기각된 확정판결의 기판력은 그 과세처분의 무효확인을 구하는 소송에도 미친다(대판 2003.5.16. 2002두3669).

[ㄹ ▸ X] 행정청이 산업재해보상보험법에 의한 보험급여 수급자에 대하여 부당이득 징수결정을 한 후 징수결정의 하자를 이유로 징수금 액수를 감액하는 경우에 감액처분은 감액된 징수금 부분에 관해서만 법적 효과가 미치는 것으로서 당초 징수결정과 별개 독립의 징수금 결정처분이 아니라 그 실질은 처음 징수결정의 변경이고, 그에 의하여 징수금의 일부취소라는 징수의무자에게 유리한 결과를 가져오는 처분이므로 징수의무자에게는 그 취소를 구할 소의 이익이 없다. 이에 따라 감액처분으로도 아직 취소되지 않고 남아 있는 부분이 위법하다 하여 다투고자 하는 경우, 감액처분을 항고소송의 대상으로 할 수는 없고, 당초 징수결정 중 감액처분에 의하여 취소되지 않고 남은 부분을 항고소송의 대상으로 할 수 있을 뿐이며, 그 결과 제소기간의 준수 여부도 감액처분이 아닌 당초 처분을 기준으로 판단해야 한다(대판 2012.9.27. 2011두27247).

정답 ④

**2015년 변호사시험 문 26.** ☑확인 Check! ○ △ ×

**다음 고시에 관한 설명 중 옳은 것(○)과 옳지 않은 것(×)을 올바르게 조합한 것은?(다툼이 있는 경우 판례에 의함)**

여성가족부 고시 제2014-21호

「청소년보호법」 제7조 제1항의 규정에 의거 방송통신심의위원회가 결정한 청소년유해매체물을 같은 법 제21조 제2항에 의거 다음과 같이 고시합니다.

2014년 9월 22일

여성가족부장관

1. 청소년유해매체물 목록 : 아래 목록표와 같음
2. 의무사항
   - 다음 목록의 청소년 유해 정보물을 제공하는 사업자는 「청소년보호법」상 청소년유해표시 의무(법 제13조)를 이행하여야 하며, 누구든지 영리를 목적으로 동 매체물을 청소년을 대상으로 판매·대여·배포하거나 시청·관람·이용에 제공하여서는 아니 됨(법 제16조)
3. 벌칙내용
   - 청소년유해표시 의무(법 제13조)위반 : 2년 이하의 징역 또는 1천만원 이하의 벌금(법 제59조 제1호)
   - 판매 금지 등의 의무(법 제16조)위반 : 3년 이하의 징역 또는 2천만원 이하의 벌금(법 제58조 제1호)

청소년유해매체물(전기통신정보) 목록표

[인터넷]

| 일련번호 | 제목 | 정보위치 | 정보제공자 | 심의결정기관 | 심의번호 | 결정연월일 | 결정사유 | 고시의 효력발생일 |
|---|---|---|---|---|---|---|---|---|
| 2014-366 | www.gay.com ('게이닷컴') | 인터넷 | (주) GD커뮤니케이션 | 방송통신심의위원회 | 894127 | 2014.9.15. | 청소년유해매체물 | 2014.9.29. |
| ⋮ | ⋮ | ⋮ | ⋮ | ⋮ | ⋮ | ⋮ | ⋮ | ⋮ |

* 위 고시는 가상(假想)으로 구성한 것임

**위 고시가 있은 후 (주)GD커뮤니케이션은 자신이 운영하는 동성애자 커뮤니티 '게이닷컴'에는 청소년유해매체물로 지정될 만한 내용이 전혀 포함되어 있지 않음에도, 여성가족부장관이 자신에게 통지하지 않은 채 고시하였다며 2014.12.31. 무효확인을 구하는 항고소송을 제기하였다.**

ㄱ. 위 고시일부터 90일이 지난 시점에서 소송을 제기하였으므로 (주)GD커뮤니케이션이 제기한 소송은 제소기간을 도과한 부적법한 소로서 각하되어야 한다.
ㄴ. 여성가족부장관은 (주)GD커뮤니케이션에게 반드시 통지를 하여야 하고, 그 통지를 결한 처분은 무효사유에 해당한다.
ㄷ. 만일 (주)GD커뮤니케이션이 위 고시에 대한 취소소송을 제기한다면, 제소기간의 기산일은 2014년 9월 29일이다.
ㄹ. 청소년유해매체물 결정·고시는 일반 불특정 다수인을 상대방으로 하여 일률적으로 표시의무, 포장의무, 청소년에 대한 판매·대여 등의 금지의무 등 각종 의무를 발생시키는 행정처분의 성격을 갖는다.

① ㄱ(○) ㄴ(○) ㄷ(×) ㄹ(×)
② ㄱ(○) ㄴ(×) ㄷ(×) ㄹ(○)
③ ㄱ(×) ㄴ(×) ㄷ(○) ㄹ(○)
④ ㄱ(×) ㄴ(○) ㄷ(○) ㄹ(×)
⑤ ㄱ(×) ㄴ(×) ㄷ(×) ㄹ(○)



③ 정답

[ㄱ ▸ X] 무효등확인소송에는 취소소송의 제소기간규정이 준용되지 않으므로(행정소송법 제38조 제1항 참조), 무효등확인소송은 제소기간의 제한이 없다.

[ㄴ ▸ X] [ㄹ ▸ O] 구 청소년보호법에 따른 청소년유해매체물 결정 및 고시처분은 당해 유해매체물의 소유자 등 특정인만을 대상으로 한 행정처분이 아니라 일반 불특정 다수인을 상대방으로 하여 일률적으로 표시의무, 포장의무, 청소년에 대한 판매・대여 등의 금지의무 등 각종 의무를 발생시키는 행정처분으로서, 정보통신윤리위원회가 특정 인터넷 웹사이트를 청소년유해매체물로 결정하고 청소년보호위원회가 효력발생시기를 명시하여 고시함으로써 그 명시된 시점에 효력이 발생하였다고 봄이 상당하고, 정보통신윤리위원회와 청소년보호위원회가 위 처분이 있었음을 위 웹사이트 운영자에게 제대로 통지하지 아니하였다고 하여 그 효력 자체가 발생하지 아니한 것으로 볼 수는 없다(대판 2007.6.14. 2004두619).

[ㄷ ▸ O] 취소소송은 처분이 있음을 안 날로부터 90일 이내에 제기하여야 하고(행정소송법 제20조 제1항 참조), 통상 고시 또는 공고에 의해 행정처분을 하는 경우에는 고시가 효력을 발생하는 날에 행정처분이 있음을 알았다고 본다. 사안의 경우 고시의 효력발생일이 2014년 9월 29일이라고 제시되어 있으므로, 제소기간의 기산일은 2014년 9월 29일이 된다.

**판례** 통상 고시 또는 공고에 의하여 행정처분을 하는 경우에는 그 처분의 상대방이 불특정 다수인이고 그 처분의 효력이 불특정 다수인에게 일률적으로 적용되는 것이므로, 그 행정처분에 이해관계를 갖는 자가 고시 또는 공고가 있었다는 사실을 현실적으로 알았는지 여부에 관계없이 고시가 효력을 발생하는 날 행정처분이 있음을 알았다고 보아야 한다. 인터넷 웹사이트에 대하여 구 청소년보호법에 따른 청소년유해매체물 결정 및 고시처분을 한 경우, 위 결정은 이해관계인이 고시가 있었음을 알았는지 여부에 관계없이 관보에 고시됨으로써 효력이 발생하고, 그가 위 결정을 통지받지 못하였다는 것이 제소기간을 준수하지 못한 것에 대한 정당한 사유가 될 수 없다(대판 2007.6.14. 2004두619).

**2013년 변호사시험 문 21.** ☑ 확인Check! ○ △ ×

**행정심판 청구기간 및 행정소송 제기기간에 관한 다음 설명 중 옳지 않은 것은?(다툼이 있는 경우 판례에 의함)**

① 고시 또는 공고에 의하여 행정처분을 하는 경우에는 고시 또는 공고가 효력이 발생하여도 그날 이해관계인이 그 처분이 있음을 바로 알 수 없으므로 이해관계인이 실제로 그 고시 또는 공고된 처분이 있음을 알게 된 날을 제소기간의 기산점으로 삼아야 한다.

② 행정심판의 경우 행정처분의 직접상대방이 아닌 제3자는 처분이 있음을 곧 알 수 없는 처지이므로 위 제3자가 행정심판청구기간 내에 처분이 있음을 알았거나 쉽게 알 수 있었다는 특별한 사정이 없는 한 '처분이 있었던 날부터 180일'의 심판청구기간의 적용을 배제할 정당한 사유가 있는 때에 해당한다.

③ 법원은 당사자소송을 취소소송으로 변경하는 것이 상당하다고 인정할 때에는 청구의 기초에 변경이 없는 한 사실심의 변론 종결 시까지 원고의 신청에 의하여 결정으로써 소의 변경을 허가할 수 있는데, 이때 제소기간은 애초에 당사자소송을 제기한 시점을 기준으로 계산한다.

④ 보충역편입처분에 따라 공익근무요원으로 소집되어 근무 중 보충역편입처분을 취소당한 후 공익근무요원 복무중단처분 및 현역병입영대상편입처분이 순차로 내려지자, 원고가 보충역편입처분취소처분의 취소를 구하는 소를 제기하였다가 공익근무요원 복무중단처분의 취소 및 현역병입영대상편입처분의 취소를 청구취지로 추가한 경우, 추가된 부분의 제소기간은 청구취지의 추가신청이 있은 때를 기준으로 계산한다.

⑤ 국세부과처분에 대한 이의신청에 있어서 재조사결정이 내려지고 그에 따라 후속 처분이 내려진 경우 재조사결정에 따른 심사청구기간이나 심판청구기간은 이의신청인이 후속 처분의 통지를 받은 날부터 기산된다.

PART 06 행정쟁송

정답 ①

[❶ ▸ ×] 통상 고시 또는 공고에 의하여 행정처분을 하는 경우에는 그 처분의 상대방이 불특정 다수인이고 그 처분의 효력이 불특정 다수인에게 일률적으로 적용되는 것이므로, 그 행정처분에 이해관계를 갖는 자가 고시 또는 공고가 있었다는 사실을 현실적으로 알았는지 여부에 관계없이 고시가 효력을 발생하는 날 행정처분이 있음을 알았다고 보아야 한다. 인터넷 웹사이트에 대하여 구 청소년보호법에 따른 청소년유해매체물 결정 및 고시처분을 한 경우, 위 결정은 이해관계인이 고시가 있었음을 알았는지 여부에 관계없이 관보에 고시됨으로써 효력이 발생하고, 그가 위 결정을 통지받지 못하였다는 것이 제소기간을 준수하지 못한 것에 대한 정당한 사유가 될 수 없다(대판 2007.6.14, 2004두619).

[❷ ▸ ○] 행정심판법 제18조 제3항에 의하면 행정처분의 상대방이 아닌 제3자라도 처분이 있은 날로부터 180일을 경과하면 행정심판청구를 제기하지 못하는 것이 원칙이지만, 다만 정당한 사유가 있는 경우에는 그러하지 아니하도록 규정되어 있는바, 행정처분의 직접상대방이 아닌 제3자는 일반적으로 처분이 있은 것을 바로 알 수 없는 처지에 있으므로, 위와 같은 심판청구기간 내에 심판청구를 제기하지 아니하였다고 하더라도, 그 기간 내에 처분이 있은 것을 알았거나 쉽게 알 수 있었기 때문에 심판청구를 제기할 수 있었다고 볼 만한 특별한 사정이 없는 한, 위 법조항 본문의 적용을 배제할 정당한 사유가 있는 경우에 해당한다고 보아 위와 같은 심판청구기간이 경과한 뒤에도 심판청구를 제기할 수 있다(대판 1992.7.28, 91누12844).

[❸ ▸ ○] 청구기초의 동일성이 있을 것, 사실심변론 종결 전일 것 등을 요건으로 하여 취소소송의 소종류변경규정은 당사자소송에도 준용되고 있다. 이때 새로운 소는 변경된 소를 처음에 제기한 때에 제기된 것으로 보므로, 제소기간은 당사자소송을 제기한 시점을 기준으로 계산한다.

법령

**소의 변경(행정소송법 제42조)** 제21조의 규정은 당사자소송을 항고소송으로 변경하는 경우에 준용한다.

**소의 변경(행정소송법 제21조)** ① 법원은 취소소송을 당해 처분 등에 관계되는 사무가 귀속하는 국가 또는 공공단체에 대한 당사자소송 또는 취소소송 외의 항고소송으로 변경하는 것이 상당하다고 인정할 때에는 청구의 기초에 변경이 없는 한 사실심의 변론 종결 시까지 원고의 신청에 의하여 결정으로써 소의 변경을 허가할 수 있다.

④ 제1항의 규정에 의한 허가결정에 대하여는 제14조 제2항・제4항 및 제5항의 규정을 준용한다.

**피고경정(행정소송법 제14조)** ④ 제1항의 규정에 의한 결정이 있은 때에는 새로운 피고에 대한 소송은 처음에 소를 제기한 때에 제기된 것으로 본다.

[❹ ▸ ○] 공익근무요원복무중단처분, 현역병입영대상편입처분 및 현역병입영통지처분은 보충역편입처분취소처분을 전제로 한 것이기는 하나 각각 단계적으로 별개의 법률효과를 발생시키는 독립된 행정처분으로서 하나의 소송물로 평가할 수 없고, 보충역편입처분취소처분의 효력을 다투는 소에 공익근무요원복무중단처분, 현역병입영대상편입처분 및 현역병입영통지처분을 다투는 소도 포함되어 있다고 볼 수는 없다고 할 것이므로, 공익근무요원복무중단처분, 현역병입영대상편입처분 및 현역병입영통지처분의 취소를 구하는 소의 제소기간의 준수 여부는 각 그 청구취지의 추가・변경신청이 있은 때를 기준으로 개별적으로 살펴야 할 것이지, 최초에 보충역편입처분취소처분의 취소를 구하는 소가 제기된 때를 기준으로 할 것은 아니라고 할 것이다(대판 2004.12.10, 2003두12257).

[❺ ▸ ○] 이의신청 등에 대한 결정의 한 유형으로 실무상 행해지고 있는 재조사결정은 처분청으로 하여금 하나의 과세단위의 전부 또는 일부에 관하여 당해 결정에서 지적된 사항을 재조사하여 그 결과에 따라 과세표준과 세액을 경정하거나 당초처분을 유지하는 등의 후속처분을 하도록 하는 형식을 취하고 있다. 이에 따라 재조사결정을 통지받은 이의신청인 등은 그에 따른 후속처분의 통지를 받은 후에야 비로소 다음 단계의 쟁송절차에서 불복할 대상과 범위를 구체적으로 특정할 수 있게 된다. 이와 같이 재조사결정의 형식과 취지, 그리고 행정심판제도의 자율적 행정통제기능 및 복잡하고 전문적・기술적 성격을 갖는 조세법률관계의 특수성 등을 감안하면, 재조사결정은 당해 결정에서 지적된 사항에 관해서는 처분청의 재조사결과를 기다려 그에 따른 후속처분의 내용을 이의신청 등에 대한 결정의 일부분으로 삼겠다는 의사가 내포된 변형결정에 해당한다고 볼 수밖에 없다. 재조사결정은 처분청의 후속 처분에 의하여 그 내용이 보완됨으로써 이의신청 등에

대한 결정으로서의 효력이 발생한다고 할 것이므로, 재조사결정에 따른 심사청구기간이나 심판청구기간 또는 행정소송의 제소기간은 이의신청인 등이 후속 처분의 통지를 받은 날부터 기산된다고 봄이 타당하다(대판 2010.6.25. 2007두12514 [전합]).

**2018년 변호사시험 문 22.** ☑ 확인Check! ○ △ ×

**다른 법률에 당해 처분에 대한 행정심판의 재결을 거치지 아니하면 취소소송을 제기할 수 없다는 규정이 있음에도 불구하고 「행정소송법」상 행정심판을 제기함이 없이 취소소송을 제기할 수 있는 사유에 해당하는 것을 모두 고른 것은?**

ㄱ. 동종사건에 관하여 이미 행정심판의 기각재결이 있은 때
ㄴ. 처분의 집행 또는 절차의 속행으로 생길 중대한 손해를 예방하여야 할 긴급한 필요가 있는 때
ㄷ. 법령의 규정에 의한 행정심판기관이 의결 또는 재결을 하지 못할 사유가 있는 때
ㄹ. 서로 내용상 관련되는 처분 또는 같은 목적을 위하여 단계적으로 진행되는 처분 중 어느 하나가 이미 행정심판의 재결을 거친 때
ㅁ. 행정청이 사실심의 변론 종결 후 소송의 대상인 처분을 변경하여 당해 변경된 처분에 관하여 소를 제기하는 때
ㅂ. 처분을 행한 행정청이 행정심판을 거칠 필요가 없다고 잘못 알린 때

① ㄴ, ㄷ ② ㄱ, ㄴ, ㄹ ③ ㄱ, ㄹ, ㅂ
④ ㄴ, ㅁ, ㅂ ⑤ ㄱ, ㄹ, ㅁ, ㅂ

[ㄱ ▸ O] [ㄴ ▸ X] [ㄷ ▸ X] [ㄹ ▸ O] [ㅁ ▸ O] [ㅂ ▸ O] 필요적 전치주의가 적용되는 경우, ㄴ.·ㄷ.은 행정심판을 제기해야 하나 그에 대한 재결은 거칠 필요가 없는 경우이고, ㄱ.·ㄹ.·ㅁ.·ㅂ.은 행정심판을 제기함 없이 행정소송을 제기할 수 있는 경우이다.

법령

**행정심판과의 관계(행정소송법 제18조)** ① 취소소송은 법령의 규정에 의하여 당해 처분에 대한 행정심판을 제기할 수 있는 경우에도 이를 거치지 아니하고 제기할 수 있다. 다만, 다른 법률에 당해 처분에 대한 행정심판의 재결을 거치지 아니하면 취소소송을 제기할 수 없다는 규정이 있는 때에는 그러하지 아니하다.

② 제1항 단서의 경우에도 다음 각 호의 1에 해당하는 사유가 있는 때에는 행정심판의 재결을 거치지 아니하고 취소소송을 제기할 수 있다.

1. 행정심판청구가 있은 날로부터 60일이 지나도 재결이 없는 때
2. 처분의 집행 또는 절차의 속행으로 생길 중대한 손해를 예방하여야 할 긴급한 필요가 있는 때(ㄴ)
3. 법령의 규정에 의한 행정심판기관이 의결 또는 재결을 하지 못할 사유가 있는 때(ㄷ)
4. 그 밖의 정당한 사유가 있는 때

③ 제1항 단서의 경우에 다음 각 호의 1에 해당하는 사유가 있는 때에는 행정심판을 제기함이 없이 취소소송을 제기할 수 있다.

1. 동종사건에 관하여 이미 행정심판의 기각재결이 있은 때(ㄱ)
2. 서로 내용상 관련되는 처분 또는 같은 목적을 위하여 단계적으로 진행되는 처분 중 어느 하나가 이미 행정심판의 재결을 거친 때(ㄹ)
3. 행정청이 사실심의 변론 종결 후 소송의 대상인 처분을 변경하여 당해 변경된 처분에 관하여 소를 제기하는 때(ㅁ)
4. 처분을 행한 행정청이 행정심판을 거칠 필요가 없다고 잘못 알린 때(ㅂ)

정답 ⑤

**2018년 변호사시험 문 16.** ☑ 확인Check! ○ △ ✕

甲은 국립대학교 교수로 재직하던 중 같은 대학 총장 乙로부터 감봉 3개월의 징계처분을 받았다. 甲은 A지방법원에 징계처분취소의 소를 제기하였으나, 위 법원은 교원소청심사위원회의 전심절차를 거치지 아니하였다는 이유로 이를 각하하였다. 이에 관한 설명 중 옳은 것을 모두 고른 것은?(다툼이 있는 경우 판례에 의함)

ㄱ. 「국가공무원법」 및 「교육공무원법」에 따르면, 甲은 징계처분에 관하여 취소소송을 제기하기에 앞서 교원소청심사를 필요적으로 거쳐야 하므로, 그 심사절차에 사법절차가 준용되지 않는다면 이는 헌법에 위반된다.
ㄴ. 교원에 대한 징계처분의 적법성을 판단함에 있어서는 교육의 자주성 · 전문성이 요구되므로 법원의 재판에 앞서 교육전문가들의 심사를 먼저 받아볼 필요가 있다.
ㄷ. 만약 甲이 징계처분의 취소를 구하는 소를 제기하기 전에 소청심사를 먼저 청구하여 교원소청심사위원회에서 감봉 2개월로 변경하는 결정을 하였다면, 甲은 감경되고 남은 원처분을 대상으로 취소소송을 제기하여야 한다.
ㄹ. 甲이 취소소송 제기 당시 교원소청심사위원회의 필요적 전심절차를 거치지 못하였다 하여도 사실심변론종결시까지 그 전심절차를 거쳤다면 그 흠결의 하자는 치유된다.
ㅁ. 「행정소송법」상 인정되는 행정심판전치주의의 다양한 예외는 필요적 전심절차인 교원소청심사에는 적용되지 아니한다.

① ㄱ, ㄹ ② ㄴ, ㄷ, ㅁ ③ ㄱ, ㄴ, ㄷ, ㄹ
④ ㄱ, ㄴ, ㄷ, ㅁ ⑤ ㄱ, ㄴ, ㄹ, ㅁ

[ㄱ ▸ O] 헌법 제107조 제3항은 "재판의 전심절차로서 행정심판을 할 수 있다. 행정심판의 절차는 법률로 정하되, 사법절차가 준용되어야 한다"고 규정하고 있으므로, 입법자가 행정심판을 전심절차가 아니라 종심절차로 규정함으로써 정식재판의 기회를 배제하거나, 어떤 행정심판을 필요적 전심절차로 규정하면서도 그 절차에 사법절차가 준용되지 않는다면 이는 위 헌법조항, 나아가 재판청구권을 보장하고 있는 헌법 제27조에도 위반된다(헌재 2001.6.28. 2000헌바30).

[ㄴ ▸ O] 헌법 제31조 제1항은 국민의 교육을 받을 권리를 규정하면서 이를 위하여 같은 조 제4항에서 교육의 자주성 · 전문성 · 정치적 중립성 등을 보장하고 있다. 이처럼 교원의 신분과 관련되는 징계처분에 대한 적법성을 판단함에 있어서는 교육의 자주성 · 전문성이 요구되므로 법원의 재판에 앞서 교육전문가들의 심사를 먼저 받아볼 필요가 있다(헌재 2007.1.17. 2005헌바86).

[ㄷ ▸ O] 일부인용재결의 경우, 재결 자체의 고유한 위법이 인정되지 않으므로 원처분주의원칙상 변경된 원처분을 소의 대상으로 해야 한다는 것이 판례의 입장으로 해석되고 있다. 교원소청심사위원회에서 감봉 3개월에서 감봉 2개월로 변경하는 결정은 일부인용재결에 해당하므로, 甲은 감경되고 남은 원처분을 대상으로 취소소송을 제기해야 한다.

판례

항고소송은 원칙적으로 당해 처분을 대상으로 하나, 당해 처분에 대한 재결자체에 고유한 주체, 절차, 형식 또는 내용상의 위법이 있는 경우에 한하여 그 재결을 대상으로 할 수 있다고 해석되므로, 징계혐의자에 대한 감봉 1월의 징계처분을 견책으로 변경한 소청결정 중 그를 견책에 처한 조치는 재량권의 남용 또는 일탈로서 위법하다는 사유는 소청결정 자체에 고유한 위법을 주장하는 것으로 볼 수 없어 소청결정의 취소사유가 될 수 없다(대판 1993.8.24. 93누5673).



③ 정답

[ㄹ ▸ O] 전심절차를 밟지 아니한 채 증여세부과처분취소소송을 제기하였다면 제소 당시로 보면 전치요건을 구비하지 못한 위법이 있다 할 것이지만, 소송계속 중 심사청구 및 심판청구를 하여 각 기각결정을 받았다면 원심변론종결일 당시에는 위와 같은 전치요건흠결의 하자는 치유되었다고 볼 것이다(대판 1987.4.28. 86누29).

[ㅁ ▸ X] 행정소송법 제18조 제2항과 제3항은 행정심판전치주의에 대한 다양한 예외를 인정하고 있는바, 이는 이 사건 필요적 전심절차조항에도 적용된다. 따라서 일정한 경우에는(예컨대 동종사건에 관하여 이미 행정심판의 기각재결이 있은 때 또는 처분을 행한 행정청이 행정심판을 거칠 필요가 없다고 잘못 알린 때 등) 행정심판을 제기함이 없이 행정소송을 바로 제기할 수 있고(제18조 제3항), 어떤 경우에는(예컨대 행정심판청구가 있은 날로부터 60일이 지나도 재결이 없는 때 또는 중대한 손해를 예방해야 할 긴급한 필요가 있는 때 등) 행정심판의 재결 없이 행정소송을 제기할 수도 있다(제18조 제2항). 그러므로 위 필요적 전심절차조항에 의하여 무의미하거나 불필요한 행정심판을 거쳐야 하는 것은 아니다(헌재 2007.01.17. 2005헌바86).

**2020년 변호사시험 문 36.** ☑ 확인Check! O △ X

**「행정소송법」상 관련청구소송의 이송 및 병합에 관한 설명 중 옳은 것(O)과 옳지 않은 것(×)을 올바르게 조합한 것은?(다툼이 있는 경우 판례에 의함)**

ㄱ. 취소소송과 그와 관련되는 손해배상・부당이득반환・원상회복 등 청구소송(이하 '관련청구소송'이라고 함)이 각각 다른 법원에 계속되고 있는 경우에 관련청구소송이 계속된 법원이 상당하다고 인정하는 때에는 당사자의 신청 또는 직권에 의하여 이를 취소소송이 계속된 법원으로 이송할 수 있다.
ㄴ. 관련청구소송이 취소소송과 병합되기 위해서는 그 청구의 내용 또는 발생원인이 취소소송의 대상인 처분 등과 법률상 또는 사실상 공통되거나, 그 처분의 효력이나 존부가 선결문제로 되는 등의 관계에 있어야 하는 것이 원칙이다.
ㄷ. 관련청구소송의 병합은 본래의 취소소송이 적법할 것을 요건으로 하는 것이어서 본래의 취소소송이 부적법하여 각하되면 그에 병합된 관련청구도 소송요건을 흠결한 부적법한 것으로 각하되어야 한다.
ㄹ. 관련청구소송의 이송 및 병합은 항고소송과 민사소송의 관할법원이 다르다는 전제에서 공통되거나 관련되는 쟁점에 관한 심리의 효율을 위하여 인정되는 것으로 관련청구소송의 이송 및 병합에 관한 「행정소송법」 제10조의 규정은 항고소송 이외에 당사자소송에는 준용되지 않는다.

① ㄱ(O) ㄴ(O) ㄷ(O) ㄹ(×)
② ㄱ(O) ㄴ(O) ㄷ(×) ㄹ(×)
③ ㄱ(O) ㄴ(×) ㄷ(×) ㄹ(O)
④ ㄱ(×) ㄴ(×) ㄷ(O) ㄹ(O)
⑤ ㄱ(O) ㄴ(O) ㄷ(O) ㄹ(O)

[ㄱ ▸ O] [ㄹ ▸ X] 행정소송법 제10조 제1항, 제44조 제2항 참조

법령

**관련청구소송의 이송 및 병합(행정소송법 제10조)** ① 취소소송과 다음 각 호의 1에 해당하는 소송(이하 "관련청구소송"이라 한다)이 각각 다른 법원에 계속되고 있는 경우에 관련청구소송이 계속된 법원이 상당하다고 인정하는 때에는 당사자의 신청 또는 직권에 의하여 이를 취소소송이 계속된 법원으로 이송할 수 있다.
1. 당해 처분 등과 관련되는 손해배상・부당이득반환・원상회복 등 청구소송
2. 당해 처분 등과 관련되는 취소소송

**준용규정(행정소송법 제44조)** ② 제10조의 규정은 당사자소송과 관련청구소송이 각각 다른 법원에 계속되고 있는 경우의 이송과 이들 소송의 병합의 경우에 준용한다.

정답 ①

[ㄴ ▸ O] 손해배상청구 등의 민사소송이 행정소송에 관련청구로 병합되기 위해서는 그 청구의 내용 또는 발생원인이 행정소송의 대상인 처분 등과 법률상 또는 사실상 공통되거나, 그 처분의 효력이나 존부 유무가 선결문제로 되는 등의 관계에 있어야 함이 원칙이다(대판 2000.10.27. 99두561).

[ㄷ ▸ O] 행정소송법 제38조, 제10조에 의한 관련청구소송의 병합은 본래의 항고소송이 적법할 것을 요건으로 하는 것이어서 본래의 항고소송이 부적법하여 각하되면 그에 병합된 관련청구도 소송요건을 흠결한 부적합한 것으로 각하되어야 한다(대판 2001.11.27. 2000두697).

## 제3절 취소소송의 가구제 · 심리 ★★★★☆

**2019년 변호사시험 문 31.**

외국인 甲은 방문취업 체류자격(H-2)으로 대한민국에 입국한 후, 재외동포 체류자격(F-4)으로 체류자격을 변경하여 체류하던 중 직업안정법위반죄로 징역 1년에 집행유예 2년을 선고받아 그 판결이 확정되었다. 이에 관할 지방출입국 · 외국인관서의 장은 甲에 대하여 강제퇴거명령 및 「출입국관리법」 제63조 제1항에 정한 보호명령을 하였다. 이에 관한 설명 중 옳은 것을 모두 고른 것은?(다툼이 있는 경우 판례에 의함)

【참고】
**「출입국관리법」 제63조(강제퇴거명령을 받은 사람의 보호 및 보호해제)** ① 지방출입국 · 외국인관서의 장은 강제퇴거명령을 받은 사람을 여권 미소지 또는 교통편 미확보 등의 사유로 즉시 대한민국 밖으로 송환할 수 없으면 송환할 수 있을 때까지 그를 보호시설에 보호할 수 있다.

ㄱ. 甲이 즉시 국외로 강제퇴거되지 않기 위해서 강제퇴거명령에 대하여 항고소송과 함께 집행정지신청을 한 경우, 그 본안소송인 항고소송이 부적법 각하되어 그 판결이 확정되면 집행정지신청도 부적법하게 된다.
ㄴ. 甲에 대한 위 보호명령은 강제퇴거명령을 받은 자를 즉시 대한민국 밖으로 송환할 수 없는 경우에 송환할 수 있을 때까지 일시적으로 보호하는 것을 목적으로 하는 처분으로서 강제퇴거명령을 전제로 하는 것이므로, 법원으로부터 강제퇴거명령에 대하여 집행정지결정을 받으면 그 성질상 당연히 보호명령의 집행도 정지된다.
ㄷ. 헌법 제12조 제1항은 처벌 · 보안처분 또는 강제노역에 관하여 적법절차원칙을 규정하고 있는데, 이 적법절차원칙은 형사소송절차에 국한하지 않고 위와 같은 강제퇴거명령 및 보호명령에 대하여도 적용된다. 그러나 「출입국관리법」상 보호명령에 의한 보호의 개시나 연장 단계에서 제3의 독립된 중립적 기관이나 사법부의 판단을 받도록 하는 절차가 규정되어 있지 않다고 하여 곧바로 적법절차원칙에 위반된다고 볼 수는 없다.
ㄹ. 「출입국관리법」상 보호명령제도는 외국인의 출입국과 체류를 적절하게 통제하고 조정하기 위한 목적에서 강제퇴거명령의 신속하고 효율적인 집행을 위한 효과적인 방법으로 인정되는 것으로 목적의 정당성과 수단의 적정성이 인정되고, 강제퇴거명령을 집행할 수 있을 때까지 일시적 · 잠정적으로 신체의 자유를 제한하고, 또한 보호의 일시해제, 이의신청, 행정소송 및 집행정지 등 강제퇴거대상자가 보호에서 해제될 수 있는 다양한 제도가 마련되어 있어 침해의 최소성 및 법익의 균형성 요건도 충족하므로, 과잉금지의 원칙을 위반하여 신체의 자유를 침해한다고는 볼 수 없다.

① ㄱ, ㄴ, ㄷ ② ㄱ, ㄴ, ㄹ ③ ㄱ, ㄷ, ㄹ
④ ㄴ, ㄷ, ㄹ ⑤ ㄱ, ㄴ, ㄷ, ㄹ



③ 정답

[ㄱ ▸ O] 행정처분의 효력정지나 집행정지를 구하는 신청사건에 있어서는 행정처분 자체의 적법 여부는 궁극적으로 본안재판에서 심리를 거쳐 판단할 성질의 것이므로 원칙적으로 판단할 것이 아니고, 그 행정처분의 효력이나 집행을 정지할 것인가에 관한 행정소송법 제23조 제2항 소정의 요건의 존부만이 판단의 대상이 된다고 할 것이지만, 나아가 집행정지는 행정처분의 집행부정지원칙의 예외로서 인정되는 것이고 또 본안에서 원고가 승소할 수 있는 가능성을 전제로 한 권리보호수단이라는 점에 비추어 보면 집행정지사건 자체에 의하여도 신청인의 본안청구가 적법한 것이어야 한다는 것을 집행정지의 요건에 포함시켜야 한다(대결 1999.11.26. 99부3).

[ㄴ ▸ X] 출입국관리법 제63조 제1항, 같은 법 시행령 제78조 제1항에 기한 보호명령은 강제퇴거명령을 받은 자를 즉시 대한민국 밖으로 송환할 수 없는 경우에 송환할 수 있을 때까지 일시적으로 보호하는 것을 목적으로 하는 처분이므로, 강제퇴거명령을 전제로 하는 것이나, 그렇다고 하여 강제퇴거명령의 집행이 정지되면 그 성질상 당연히 보호명령의 집행도 정지되어야 한다고 볼 수는 없다(대판 1997.1.20. 96두31).

[ㄷ ▸ O] 강제퇴거명령 및 보호에 관한 단속, 조사, 심사, 집행 업무를 동일한 행정기관에서 하게 할 것인지, 또는 서로 다른 행정기관에서 하게 하거나 사법기관을 개입시킬 것인지는 입법정책의 문제이므로, 보호의 개시나 연장 단계에서 사법부의 판단을 받도록 하는 절차가 규정되어 있지 않다고 하여 곧바로 적법절차원칙에 위반된다고 볼 수는 없다. 강제퇴거대상자는 행정소송 등을 통해 사법부로부터 보호의 적법 여부를 판단 받을 수 있고, 강제퇴거 심사 전 조사, 이의신청이나 행정소송 과정에서 자신의 의견을 진술하거나 자료를 제출할 수 있다. 따라서 심판대상조항은 헌법상 적법절차원칙에 위반된다고 볼 수 없다(헌재 2018.2.22. 2017헌가29).

[ㄹ ▸ O] 심판대상조항은 외국인의 출입국과 체류를 적절하게 통제하고 조정하여 국가의 안전보장 · 질서유지 및 공공복리를 도모하기 위한 것으로 입법목적이 정당하다. 강제퇴거대상자를 출국 요건이 구비될 때까지 보호시설에 보호하는 것은 강제퇴거명령의 신속하고 효율적인 집행과 외국인의 출입국 · 체류관리를 위한 효과적인 방법이므로 수단의 적정성도 인정된다. 강제퇴거대상자의 송환이 언제 가능해질 것인지 미리 알 수가 없으므로, 심판대상조항이 보호기간의 상한을 두지 않은 것은 입법목적 달성을 위해 불가피한 측면이 있다. 보호기간의 상한이 규정될 경우, 그 상한을 초과하면 보호는 해제되어야 하는데, 강제퇴거대상자들이 보호해제 된 후 잠적할 경우 강제퇴거명령의 집행이 현저히 어려워질 수 있고, 그들이 범죄에 연루되거나 범죄의 대상이 될 수도 있다. 강제퇴거대상자는 강제퇴거명령을 집행할 수 있을 때까지 일시적 · 잠정적으로 신체의 자유를 제한받는 것이며, 보호의 일시해제, 이의신청, 행정소송 및 집행정지 등 강제퇴거대상자가 보호에서 해제될 수 있는 다양한 제도가 마련되어 있다. 따라서 심판대상조항은 침해의 최소성 및 법익의 균형성 요건도 충족한다. 그러므로 심판대상조항은 과잉금지원칙에 위배되어 신체의 자유를 침해하지 아니한다(헌재 2018.2.22. 2017헌가29).

**2012년 변호사시험 문 26.** ☑ 확인Check! ○ △ ×

다음 사례에 관한 설명 중 옳은 것은?(다툼이 있는 경우 판례에 의함)

甲은 관할 행정청 乙로부터 2009.8.3.을 납부기한으로 하는 과징금부과처분을 같은 해 6.1. 고지받았으나, 이에 불복하여 과징금부과처분 취소소송을 제기하고 동시에 과징금부과처분에 대한 집행정지도 신청하였다. 법원은 2009.7.2. 위 본안소송에 대한 판결선고 시까지 과징금부과처분의 집행을 정지한다는 결정을 내렸으나 甲이 2011.6.21. 결국 본안소송에서 패소하였다. 이에 甲이 2011.6.27. 당초 고지된 과징금을 납부하자 乙은 2009.8.3.의 납부기한을 도과하였으므로 그때부터 2011.6.27.까지의 체납에 따른 가산금도 납부하라는 징수처분을 하였다.

① 집행정지결정은 단지 징수권자가 징수집행을 하지 못하게 할 뿐 납부기간의 진행을 막을 수는 없으므로 甲은 마땅히 가산금을 납부하여야 한다.
② 본안소송에서 乙이 한 당초의 과징금부과처분이 적법하다고 판결이 내려진 이상 과징금부과처분에 기초하여 기간도과를 이유로 부과된 가산금징수처분에 중대하고 명백한 하자가 있다고 볼 수는 없다. 따라서 甲은 乙의 가산금징수처분에 대하여 취소소송으로 다툴 수 있음은 별론으로 하고 가산금을 일단 납부하여야 한다.
③ 집행정지결정이 있으면 납부기간의 진행도 중단되기는 하지만 甲이 본안소송에서 패소하면 집행정지결정이 실효되므로 납부기간 중단의 효력도 소급하여 상실되어 甲이 가산금납부의무를 면할 수는 없다.
④ 甲의 집행정지신청이 받아들여지지 않았다 하더라도 과징금부과처분에 대한 취소소송이 진행되고 있는 동안에는 甲은 과징금을 납부할 의무가 없고, 따라서 과징금체납에 따른 가산금의 납부의무도 없다.
⑤ 집행정지결정으로 납부기간의 진행도 함께 중단되므로 본안소송에서 패소한 때부터 이미 진행된 기간을 제외한 나머지 기간이 다시 진행되어 甲의 납부는 납부기한 내에 납부한 것이 되고 가산금납부의무는 없다.

[❶ ▸ ×] 일정한 납부기한을 정한 과징금부과처분에 대하여 법원이 소명자료를 검토한 끝에 '회복하기 어려운 손해'를 예방하기 위하여 긴급한 필요가 있고 달리 공공복리에 중대한 영향을 미치지 아니한다는 이유로 그에 대한 집행정지결정을 하였다면 행정청에 의하여 과징금부과처분이 집행되거나 행정청·관계 행정청 또는 제3자에 의하여 과징금부과처분의 실현을 위한 조치가 행하여져서는 아니 되며, 따라서 부수적인 결과인 가산금 등은 발생되지 아니한다고 보아야 할 것이다(대판 2003.7.11. 2002다48023).

[❷ ▸ ×] 원고는 1999.5.27. 같은 해 8.3.까지를 납부기한으로 한 이 사건 과징금부과처분을 받고, 같은 해 5.31. 이를 고지 받았으나 서울고등법원으로부터 1999.7.2. 이 사건 과징금부과처분에 대하여 본안소송의 판결선고 시까지 집행을 정지한다는 내용의 집행정지결정을 받았으므로 과징금의 납부기간은 더 이상 진행하지 아니하고, 본안소송에서 패소한 2001.6.21. 이 사건 집행정지결정의 효력이 상실되어 그 때부터 이 사건 과징금부과처분에서 정한 기간 중 이미 진행된 기간을 제외한 그 나머지 기간이 다시 진행하므로 같은 해 6.26.에 한 이 사건 과징금의 납부는 납부기한 내에 납부한 것이 되어 가산금이 발생하지 아니하였으므로 가산금이 발생하였음을 전제로 한 이 사건 징수처분은 그 하자가 중대하고도 명백한 것이어서 무효라 할 것이다(대판 2003.7.11. 2002다48023).

[❸ ▸ ×] 행정소송법 제23조에 의한 집행정지결정의 효력은 결정주문에서 정한 시기까지 존속하였다가 그 시기의 도래와 동시에 당연히 실효하는 것이므로, 일정기간 동안 업무를 정지할 것을 명한 행정청의 업무정지처분에 대하여 법원이 집행정지결정을 하면서 주문에서 당해 법원에 계속 중인 본안소송의 판결선고 시까지 처분의 효력을 정지한다고 선언하였을 경우에는 당초 처분에서 정한 업무정지기간의 진행은 그때까지 저지되다가 본안소송의 판결선고에 의하여 위 정지결정의 효력이 소멸함과 동시에 당초 처분의 효력이 당연히 부활되어 그 처분에서 정하였던 정지기간(정지결정 당시 이미 일부 진행되었다면 나머지 기간)은 이때부터 다시 진행한다(대판 2005.6.10. 2005두1190).



⑤ 정답

[❹ ▸ ×] 집행정지신청이 받아들여지지 않으면 취소소송제기는 처분 등의 효력이나 그 집행 또는 절차의 속행에 영향을 주지 않는 집행부정지원칙에 의해(행정소송법 제23조 참조), 과징금부과처분에 대한 취소소송이 진행되고 있는 동안에도 甲은 과징금을 납부할 의무가 있다.

[❺ ▸ ○] 일정한 납부기한을 정한 과징금부과처분에 대하여 '회복하기 어려운 손해'를 예방하기 위하여 긴급한 필요가 있고 달리 공공복리에 중대한 영향을 미치지 아니한다는 이유로 집행정지결정이 내려졌다면 그 집행정지기간 동안은 과징금부과처분에서 정한 과징금의 납부기간은 더 이상 진행되지 아니하고 집행정지결정이 당해 결정의 주문에 표시된 시기의 도래로 인하여 실효되면 그 때부터 당초의 과징금부과처분에서 정한 기간(집행정지결정 당시 이미 일부 진행되었다면 그 나머지 기간)이 다시 진행하는 것으로 보아야 한다(대판 2003.7.11. 2002다48023).

**2015년 변호사시험 문 28.** ☑확인 Check! ○ △ ×

**행정소송상 집행정지에 관한 설명 중 옳지 않은 것은?(다툼이 있는 경우 판례에 의함)**

① 행정처분의 무효란 행정처분이 처음부터 아무런 효력도 발생하지 아니한다는 의미이므로 무효등확인소송에서는 집행정지가 인정되지 아니한다.
② 집행정지결정을 한 후에라도 본안소송이 취하되어 소송이 계속되지 않게 되면 이에 따라 집행정지결정의 효력은 당연히 소멸되는 것이고 별도의 취소조치가 필요한 것은 아니다.
③ 집행정지결정 또는 기각결정에 대하여는 즉시항고를 할 수 있고, 집행정지결정에 대한 즉시항고에는 결정의 집행을 정지하는 효력이 없다.
④ 집행정지의 소극적 요건으로서 '공공복리에 중대한 영향을 미칠 우려'에 대한 주장·소명책임은 행정청에게 있다.
⑤ 법원이 집행정지결정을 하면서 그 주문에서 당해 법원에 계속 중인 본안소송의 판결선고 시까지 효력을 정지한 경우, 원고패소판결이 선고되면 그 본안판결의 선고 시에 집행정지결정의 효력은 별도의 취소조치 없이 소멸하고 처분의 효력이 부활한다.

[❶ ▸ ×] 처분이 무효인 경우에도 처분으로서의 외형이 존재하고 사실상으로 외견상의 효력을 가지고 있는 것으로 오인될 염려가 있기 때문에, 무효등확인소송의 경우에도 집행정지제도가 허용된다. 행정소송법은 집행정지규정을 무효등확인소송에 준용하고 있다(행정소송법 제38조 제1항 참조).

[❷ ▸ ○] 집행정지결정을 한 후에라도 본안소송이 취하되어 소송이 계속되지 아니한 것으로 되면 집행정지결정은 당연히 그 효력이 소멸되는 것이고 별도의 취소조치를 필요로 하는 것이 아니다(대판 1975.11.11. 75누97).

[❸ ▸ ○] 집행정지의 결정 또는 기각의 결정에 대하여는 즉시항고할 수 있다. 이 경우 집행정지의 결정에 대한 즉시항고에는 결정의 집행을 정지하는 효력이 없다(행정소송법 제23조 제5항).

[❹ ▸ ○] 행정소송법 제23조 제3항에서 집행정지의 요건으로 규정하고 있는 '공공복리에 중대한 영향을 미칠 우려'가 없을 것이라고 할 때의 '공공복리'는 그 처분의 집행과 관련된 구체적이고도 개별적인 공익을 말하는 것으로서 이러한 집행정지의 소극적 요건에 대한 주장·소명책임은 행정청에게 있다(대판 1999.12.20. 99무42).

[❺ ▸ ○] 행정소송법 제23조에 의한 집행정지결정의 효력은 결정주문에서 정한 시기까지 존속하였다가 그 시기의 도래와 동시에 당연히 실효하는 것이므로, 일정기간 동안 업무를 정지할 것을 명한 행정청의 업무정지처분에 대하여 법원이 집행정지결정을 하면서 주문에서 당해 법원에 계속 중인 본안소송의 판결선고 시까지 처분의 효력을 정지한다고 선언하였을 경우에는 당초 처분에서 정한 업무정지기간의 진행은 그때까지 저지되다가 본안소송의 판결선고에 의하여 위 정지결정의 효력이 소멸함과 동시에 당초 처분의 효력이 당연히 부활되어 그 처분에서 정하였던 정지기간(정지결정 당시 이미 일부 진행되었다면 나머지 기간)은 이때부터 다시 진행한다(대판 2005.6.10. 2005두1190).

정답 ①

**2018년 변호사시험 문 39.** ☑ 확인Check! ○ △ ×

「행정소송법」상 집행정지에 관한 설명 중 옳지 않은 것은?(다툼이 있는 경우 판례에 의함)

① 집행정지결정을 한 후 본안소송이 취하되어 소송이 계속하지 아니한 것으로 되면 집행정지결정은 당연히 그 효력이 소멸되는 것이고 이에 대한 별도의 취소조치가 필요한 것은 아니다.

② 행정처분의 집행정지를 구하는 신청사건에서는 「행정소송법」 제23조에서 정한 요건의 존부만이 판단의 대상이 되므로 집행정지사건 자체에 의하여도 신청인의 본안청구가 적법한 것이어야 한다는 것을 집행정지의 요건에 포함시켜서는 아니 된다.

③ '처분 등이나 그 집행 또는 절차의 속행으로 인하여 생길 회복하기 어려운 손해를 예방하기 위하여 긴급한 필요'가 있는지는 처분의 성질과 태양 및 내용, 처분 상대방이 입게 될 손해의 성질・내용 및 정도, 원상회복・금전배상의 방법 및 난이 등은 물론 본안청구의 승소가능성 정도 등을 종합적으로 고려하여 구체적・개별적으로 판단하여야 한다.

④ 집행정지의 소극적 요건으로서 '공공복리에 중대한 영향을 미칠 우려가 없을 것'이라고 할 때의 공공복리는 그 처분의 집행과 관련된 구체적・개별적인 공익을 말하고, 피신청인인 행정청이 공공복리에 중대한 영향을 미칠 우려가 있다는 점을 주장・소명하여야 한다.

⑤ 행정처분의 집행정지를 구하는 사건 자체에 의하여도 신청인의 본안청구가 이유 없음이 명백할 때에는 행정처분의 집행정지를 명할 수 없다.

[❶ ▸ ○] 행정처분의 집행정지는 행정처분 집행부정지의 원칙에 대한 예외로서 인정되는 일시적인 응급처분이라 할 것이므로 집행정지결정을 하려면 이에 대한 본안소송이 법원에 제기되어 계속 중임을 요건으로 하는 것이므로, 집행정지결정을 한 후에라도 본안소송이 취하되어 소송이 계속되지 아니한 것으로 되면 집행정지결정은 당연히 그 효력이 소멸되는 것이고 별도의 취소조치를 필요로 하는 것이 아니다(대판 1975.11.11. 75누97).

[❷ ▸ ×] 행정처분의 효력정지나 집행정지를 구하는 신청사건에 있어서는 행정처분 자체의 적법 여부는 궁극적으로 본안재판에서 심리를 거쳐 판단할 성질의 것이므로 원칙적으로 판단할 것이 아니고, 그 행정처분의 효력이나 집행을 정지할 것인가에 관한 행정소송법 제23조 제2항 소정의 요건의 존부만이 판단의 대상이 된다고 할 것이지만, 나아가 집행정지는 행정처분의 집행부정지원칙의 예외로서 인정되는 것이고 또 본안에서 원고가 승소할 수 있는 가능성을 전제로 한 권리보호수단이라는 점에 비추어 보면 집행정지사건 자체에 의하여도 신청인의 본안청구가 적법한 것이어야 한다는 것을 집행정지의 요건에 포함시켜야 한다(대결 1999.11.26. 99부3).

[❸ ▸ ○] 행정소송법 제23조 제2항에서 정하고 있는 집행정지 요건인 '회복하기 어려운 손해'란 특별한 사정이 없는 한 금전으로 보상할 수 없는 손해로서 이는 금전보상이 불능인 경우 내지는 금전보상으로는 사회관념상 행정처분을 받은 당사자가 참고 견딜 수 없거나 또는 참고 견디기가 현저히 곤란한 경우의 유형, 무형의 손해를 일컫는다 할 것이고, '처분 등이나 그 집행 또는 절차의 속행으로 인하여 생길 회복하기 어려운 손해를 예방하기 위하여 긴급한 필요'가 있는지 여부는 처분의 성질과 태양 및 내용, 처분상대방이 입는 손해의 성질・내용 및 정도, 원상회복・금전배상의 방법 및 난이 등은 물론 본안청구의 승소가능성의 정도 등을 종합적으로 고려하여 구체적・개별적으로 판단하여야 한다(대결 2010.5.14. 2010무48).

[❹ ▸ ○] 행정소송법 제23조 제3항에서 집행정지의 요건으로 규정하고 있는 '공공복리에 중대한 영향을 미칠 우려'가 없을 것이라고 할 때의 '공공복리'는 그 처분의 집행과 관련된 구체적이고도 개별적인 공익을 말하는 것으로서 이러한 집행정지의 소극적 요건에 대한 주장・소명책임은 행정청에게 있다(대판 1999.12.20. 99무42).

[❺ ▸ ○] 행정처분의 효력정지나 집행정지를 구하는 신청사건에서 행정처분 자체의 적법 여부는 궁극적으로 본안재판에서 심리를 거쳐 판단할 성질의 것이므로 원칙적으로는 판단할 것이 아니고 그 행정처분의 효력이나 집행을 정지할 것인가에 대한 행정소송법 제23조 제2항, 제3항에 정해진 요건의 존부만이 판단의 대상이 된다고 할 것이지만, 효력정지나 집행정지는



② 정답

신청인이 본안소송에서 승소판결을 받을 때까지 그 지위를 보호함과 동시에 후에 받을 승소판결을 무의미하게 하는 것을 방지하려는 것이어서 본안소송에서 처분의 취소가능성이 없음에도 처분의 효력이나 집행의 정지를 인정한다는 것은 제도의 취지에 반하므로 효력정지나 집행정지사건 자체에 의하여서도 신청인의 본안청구가 이유 없음이 명백하지 않아야 한다는 것도 집행정지의 요건에 포함시켜야 한다(대판 1997.4.28. 96두75).

**2014년 변호사시험 문 36.** ☑ 확인 Check! ○ △ ×

**甲은 2013.3.6. 산림 내에서의 토석채취허가신청을 하였는데 허가권자인 A는 2013.4.1. 인근 주민들의 동의서를 제출하지 않았다는 사유로 이를 반려하였다. 이에 甲은 2013.5.1. 인근주민들의 동의서를 받지 못한 것은 사실이나 위 사유는 적법한 반려사유가 아니라는 이유로 서울행정법원에 위 반려처분의 취소를 구하는 소를 제기하였고, 서울행정법원은 2013.9.6. 변론을 종결하고 2013.9.20. 위 반려처분을 취소하는 판결을 선고하였으며, 그 후 위 판결은 확정되었다. 위 사례와 관련된 설명 중 옳은 것을 모두 고른 것은?(다툼이 있는 경우 판례에 의함)**

ㄱ. 행정소송에서 쟁송의 대상이 되는 행정처분의 존부는 소송요건으로서 직권조사사항이고, 자백의 대상이 될 수 없는 것이므로, 당사자들이 위 반려처분의 존재를 다투지 아니한다 하더라도 그 존부에 관하여 의심이 있는 경우에는 수소법원은 이를 직권으로 밝혀보아야 한다.
ㄴ. 행정소송은 민사소송과 달리 공법상 권리관계를 다루는 소송이어서 원칙적으로 변론주의가 적용되지 않으므로, 수소법원은 인근 주민들의 동의서를 제출하지 않았다는 사실에 대하여 당사자 사이에 다툼이 없더라도 증거를 조사하여 그 사실을 확정해야 한다.
ㄷ. 수소법원은 위 반려처분 당시 A가 알고 있었던 자료뿐만 아니라 변론종결 당시까지 제출된 모든 자료를 종합하여 처분 당시 존재하였던 객관적 사실을 확정하고 그 사실에 기초하여 위 반려처분의 위법 여부를 판단할 수 있다.
ㄹ. A가 소송 계속 중에 '토석채취를 하게 되면 자연경관이 심히 훼손되고 토석운반차량의 통행 시 일어나는 소음, 먼지의 발생, 토석채취장에서 흘러내리는 토사가 부근의 농경지를 매몰할 우려가 있는 등 공익에 미치는 영향이 지대하기 때문에 위 반려처분이 적법하다'는 사유를 새로이 처분사유로 추가하는 것은 당초의 처분사유와 기본적 사실관계의 동일성이 없는 별개의 처분사유를 주장하는 것이므로 허용되지 아니한다.
ㅁ. A는 위 확정 판결의 취지에 따라 이전의 신청에 대하여 재처분할 의무가 있으므로, 위 소송의 변론종결 이후에 발생한 새로운 사유를 내세워 다시 이전의 신청에 대하여 거부처분을 할 수 없고 토석채취허가를 해야 한다.

① ㄱ, ㄴ, ㄹ　② ㄱ, ㄴ, ㅁ　③ ㄱ, ㄷ, ㄹ
④ ㄴ, ㄷ, ㅁ　⑤ ㄷ, ㄹ, ㅁ

[ㄱ ▸ O] 행정소송에서 쟁송의 대상이 되는 행정처분의 존부는 소송요건으로서 직권조사사항이고, 자백의 대상이 될 수 없는 것이므로, 설사 그 존재를 당사자들이 다투지 아니한다 하더라도 그 존부에 관하여 의심이 있는 경우에는 이를 직권으로 밝혀 보아야 할 것이다. 사실심에서 변론 종결 시까지 당사자가 주장하지 않던 직권조사사항에 해당하는 사항을 상고심에서 비로소 주장하는 경우 그 직권조사사항에 해당하는 사항은 상고심의 심판범위에 해당한다(대판 2004.12.24. 2003두15195).

[ㄴ ▸ X] 행정소송에 있어서 특별한 사정이 있는 경우를 제외하면 당해 행정처분의 적법성에 관하여는 행정청이 이를 주장·입증하여야 할 것이나 행정소송에 있어서 직권주의가 가미되어 있다고 하더라도 여전히 변론주의를 기본구조로 하는 이상 행정처분의 위법을 들어 그 취소를 청구함에 있어서는 직권조사사항을 제외하고는 그 취소를 구하는 자가 위법사유에 해당하는 구체적 사실을 먼저 주장하여야 한다(대판 2001.10.23. 99두3423).



정답 ③

[ㄷ ▸ O] 행정소송에 있어서 행정처분의 위법여부를 판단하는 기준시점에 대하여는 판결 시가 아니라 처분 시라고 하는 의미는 행정처분이 있을 때의 법령과 사실상태를 기준으로 하여 위법여부를 판단할 것이며 처분 후 법령의 개폐나 사실상태의 변동에 영향을 받지 않는다는 뜻이고, 처분 당시 존재하였던 자료나 행정청에 제출되었던 자료만으로 위법여부를 판단한다는 의미는 아니므로, 처분 당시의 사실상태 등에 대한 입증은 사실심변론 종결 당시까지 할 수 있고, 법원은 행정처분 당시 행정청이 알고 있었던 자료뿐만 아니라 사실심변론 종결 당시까지 제출된 모든 자료를 종합하여 처분 당시 존재하였던 객관적 사실을 확정하고 그 사실에 기초하여 처분의 위법여부를 판단할 수 있다(대판 1993.5.27. 92누19033).

[ㄹ ▸ O] 원고의 이 사건 토석채취허가신청에 대하여 피고는 인근주민들의 동의서를 제출하지 아니하였음을 이유로 이를 반려하였음이 분명하고 피고가 이 사건 소송에서 위 반려사유로 새로이 추가하는 처분사유는 이 사건 허가신청지역은 전남 나주군 문평면에 소재한 백용산의 일부로서 토석채취를 하게 되면 자연경관이 심히 훼손되고 암반의 발파 시 생기는 소음, 토석운반차량의 통행 시 일어나는 소음, 먼지의 발생, 토석채취장에서 흘러내리는 토사가 부근의 농경지를 매몰할 우려가 있는 등 공익에 미치는 영향이 지대하고 이는 산림 내 토석채취사무 취급요령 제11조 소정의 제한사유에도 해당되기 때문에 위 반려처분이 적법하다는 것인바, 이는 피고가 당초 위 반려처분의 근거로 삼은 사유와는 그 기본적 사실관계에 있어서 동일성이 인정되지 아니하는 별개의 사유라고 할 것이므로 피고는 이와 같은 사유를 이 사건 반려처분의 근거로 추가할 수 없다(대판 1992.8.18. 91누3659).

[ㅁ ▸ X] 행정소송법 제30조 제2항의 규정에 의하면 행정청의 거부처분을 취소하는 판결이 확정된 경우에는 그 처분을 행한 행정청이 판결의 취지에 따라 이전의 신청에 대하여 재처분할 의무가 있으나, 이 때 확정판결의 당사자인 처분행정청은 그 행정소송의 사실심변론 종결 이후 발생한 새로운 사유를 내세워 다시 이전의 신청에 대한 거부처분을 할 수 있고, 그러한 처분도 위 조항에 규정된 재처분에 해당한다(대결 1997.2.4. 96두70).

**2019년 변호사시험 문 28.** ☑ 확인 Check! ○ △ ×

**행정소송상 주장책임과 증명책임(입증책임)에 관한 설명 중 옳은 것을 모두 고른 것은?(다툼이 있는 경우 판례에 의함)**

ㄱ. 취소소송에서 당사자의 명백한 주장이 없는 경우에도 법원은 기록에 나타난 여러 사정을 기초로 직권으로 사정판결을 할 수 있다.
ㄴ. 정보공개거부처분 취소소송에서 비공개사유의 주장·입증책임은 피고인 공공기관에 있다.
ㄷ. 행정처분의 당연무효를 주장하여 그 무효확인을 구하는 행정소송에서 그 행정처분이 무효인 사유를 주장·입증할 책임은 원고에게 있다.
ㄹ. 국가유공자 인정과 관련하여, 공무수행으로 상이(傷痍)를 입었다는 점이나 그로 인한 신체장애의 정도가 법령에 정한 등급 이상에 해당한다는 점에 관한 증명책임은 국가유공자 등록신청인에게 있지만, 그 상이가 '불가피한 사유 없이 본인의 과실이나 본인의 과실이 경합된 사유로 입은 것'이라는 사정에 관한 증명책임은 피고인 처분청에게 있다.

① ㄱ, ㄴ, ㄷ ② ㄱ, ㄴ, ㄹ ③ ㄱ, ㄷ, ㄹ
④ ㄴ, ㄷ, ㄹ ⑤ ㄱ, ㄴ, ㄷ, ㄹ

[ㄱ ▸ O] 행정소송법 제26조, 제28조 제1항 전단의 각 규정에 비추어 법원이 사정판결을 할 필요가 있다고 인정하는 때에는 당사자의 명백한 주장이 없는 경우에도 일건 기록에 나타난 사실을 기초로 하여 직권으로 사정판결을 할 수 있다(대판 1992.2.14. 90누9032).



⑤ 정답

[ㄴ ▸ O] 공공기관의 정보공개에 관한 법률 제1조, 제3조, 제6조는 국민의 알권리를 보장하고 국정에 대한 국민의 참여와 국정운영의 투명성을 확보하기 위하여 공공기관이 보유·관리하는 정보를 모든 국민에게 원칙적으로 공개하도록 하고 있으므로, 국민으로부터 보유·관리하는 정보에 대한 공개를 요구받은 공공기관으로서는 같은 법 제7조 제1항 각 호에서 정하고 있는 비공개사유에 해당하지 않는 한 이를 공개하여야 할 것이고, 만일 이를 거부하는 경우라 할지라도 대상이 된 정보의 내용을 구체적으로 확인·검토하여 어느 부분이 어떠한 법익 또는 기본권과 충돌되어 같은 법 제7조 제1항 몇 호에서 정하고 있는 비공개사유에 해당하는지를 주장·입증하여야만 할 것이며, 그에 이르지 아니한 채 개괄적인 사유만을 들어 공개를 거부하는 것은 허용되지 아니한다(대판 2003.12.11. 2001두8827).

[ㄷ ▸ O] 행정처분의 당연무효를 주장하여 그 무효확인을 구하는 행정소송에 있어서는 원고에게 그 행정처분이 무효인 사유를 주장·입증할 책임이 있다(대판 1992.3.10. 91누6030).

[ㄹ ▸ O] 국가유공자 인정 요건, 즉 공무수행으로 상이를 입었다는 점이나 그로 인한 신체장애의 정도가 법령에 정한 등급 이상에 해당한다는 점은 국가유공자 등록신청인이 증명할 책임이 있지만, 그 상이가 '불가피한 사유 없이 본인의 과실이나 본인의 과실이 경합된 사유로 입은 것'이라는 사정, 즉 지원대상자 요건에 해당한다는 사정은 국가유공자 등록신청에 대하여 지원대상자로 등록하는 처분을 하는 처분청이 증명책임을 진다고 보아야 한다(대판 2013.8.22. 2011두26589).

**2018년 변호사시험 문 38.** ☑ 확인 Check! O △ X

**「행정소송법」상 취소소송의 심리에 관한 설명 중 옳은 것을 모두 고른 것은?(다툼이 있는 경우 판례에 의함)**

ㄱ. 당사자가 제출한 소송자료에 의하여 법원이 처분의 적법 여부에 관한 합리적인 의심을 품을 수 있음에도 단지 구체적 사실에 관한 주장을 하지 아니하였다는 이유만으로 당사자에게 석명 또는 직권에 의한 심리·판단을 하지 아니하는 것은 허용될 수 없다.
ㄴ. 행정소송의 경우 직권심리주의에 따라 변론주의가 완화되므로 행정의 적법성 보장과 국민의 권리보호를 위하여 당사자가 주장하지 않은 법률효과에 관한 요건사실이나 공격방어방법이라도 이를 시사하고 그 제출을 권유하는 것이 민사소송과 달리 허용된다.
ㄷ. 항고소송의 경우 피고가 당해 처분의 적법성에 관하여 합리적으로 수긍할 수 있는 일응의 입증을 하였다면 이와 상반되는 주장과 입증의 책임은 원고에게 돌아간다.
ㄹ. 항고소송에서 원고는 전심절차에서 주장하지 아니한 공격방어방법이라도 이전의 주장과 전혀 별개의 것이 아닌 한 이를 소송절차에서 주장할 수 있고 법원은 이를 심리하여 행정처분의 적법여부를 판단할 수 있다.

① ㄱ, ㄹ ② ㄴ, ㄷ ③ ㄱ, ㄴ, ㄹ
④ ㄱ, ㄷ, ㄹ ⑤ ㄴ, ㄷ, ㄹ

[ㄱ ▸ O] 행정소송에서 기록상 자료가 나타나 있다면 당사자가 주장하지 않았더라도 판단할 수 있고, 당사자가 제출한 소송자료에 의하여 법원이 처분의 적법 여부에 관한 합리적인 의심을 품을 수 있음에도 단지 구체적 사실에 관한 주장을 하지 아니하였다는 이유만으로 당사자에게 석명을 하거나 직권으로 심리·판단하지 아니함으로써 구체적 타당성이 없는 판결을 하는 것은 행정소송법 제26조의 규정과 행정소송의 특수성에 반하므로 허용될 수 없다(대판 2010.2.11. 2009두18035).

[ㄴ ▸ X] 행정소송에 있어서 특별한 사정이 있는 경우를 제외하면 당해 행정처분의 적법성에 관하여는 행정청이 이를 주장·입증하여야 할 것이나 행정소송에 있어서 직권주의가 가미되어 있다고 하더라도 여전히 변론주의를 기본구조로 하는 이상 행정처분의 위법을 들어 그 취소를 청구함에 있어서는 직권조사사항을 제외하고는 그 취소를 구하는 자가 위법



정답 ④

사유에 해당하는 구체적 사실을 먼저 주장하여야 하고, 법원의 석명권 행사는 당사자의 주장에 모순된 점이 있거나 불완전·불명료한 점이 있을 때에 이를 지적하여 정정·보충할 수 있는 기회를 주고, 계쟁사실에 대한 증거의 제출을 촉구하는 것을 그 내용으로 하는 것이며, 당사자가 주장하지도 아니한 법률효과에 관한 요건사실이나 독립된 공격방어방법을 시사하여 그 제출을 권유함과 같은 행위를 하는 것은 변론주의의 원칙에 위배되는 것으로 석명권 행사의 한계를 일탈하는 것이 된다(대판 2001.10.23. 99두3423).

[ㄷ ▸ O] 민사소송법의 규정이 준용되는 행정소송에 있어서 입증책임은 원칙적으로 민사소송의 일반원칙에 따라 당사자 간에 분배되고 항고소송의 경우에는 그 특성에 따라 당해 처분의 적법을 주장하는 피고에게 그 적법사유에 대한 입증책임이 있다 할 것인바, 피고가 주장하는 당해 처분의 적법성이 합리적으로 수긍할 수 있는 일응의 입증이 있는 경우에는 그 처분은 정당하다 할 것이며 이와 상반되는 주장과 입증은 그 상대방인 원고에게 그 책임이 돌아간다고 할 것이다(대판 1984.7.24. 84누124).

[ㄹ ▸ O] 항고소송에 있어서 원고는 전심절차에서 주장하지 아니한 공격·방어방법을 소송절차에서 주장할 수 있고 법원은 이를 심리하여 행정처분의 적법여부를 판단할 수 있는 것이므로, 원고가 전심절차에서 주장하지 아니한 처분의 위법사유를 소송절차에서 새롭게 주장하였다고 하여 다시 그 처분에 대하여 별도의 전심절차를 거쳐야 하는 것은 아니다(대판 1996.6.14. 96누754).

**2015년 변호사시험 문 31.** ☑ 확인 Check! O △ X

**판례에 의할 때 취소소송에서 기본적 사실관계의 동일성이 인정되어 처분사유의 추가·변경이 허용되는 것을 모두 고른 것은?**

ㄱ. A시민단체가 금융위원회위원장에 대하여 외국 금융기관인 B의 국내은행 주식취득 관련 심사정보의 공개를 구한 것에 대하여, 금융위원회위원장이 거부처분을 하면서 위 정보가 대법원에 계속 중인 사건의 관련정보라는 사유를 들었다가, 취소소송에서 다시 위 정보가 서울중앙지방법원에 계속 중인 별개의 사건의 관련정보라는 처분사유를 추가한 경우

ㄴ. 주택신축을 위한 산림형질변경허가신청에 대하여 행정청이 거부처분을 하면서 당초 준농림지역에서의 행위제한이라는 사유를 들었다가, 취소소송에서 자연경관 및 생태계의 교란, 국토 및 자연의 유지와 환경보전 등 중대한 공익상의 필요라는 처분사유를 추가한 경우

ㄷ. 과세관청이 종합소득세부과처분을 하면서 종합소득세 과세대상 소득 중 특정소득을 이자소득으로 보았다가 취소소송에서 이를 이자소득이 아니라 대금업에 의한 사업소득에 해당한다고 처분사유를 변경한 경우

ㄹ. 원고를 비롯한 동종업체들이 「국가를 당사자로 한 계약에 관한 법률」에 기한 입찰 실시 과정에서 입찰에 참가하지 않거나 소외 1개 업체만이 단독 응찰하도록 하는 등 담합행위를 한 사안에서, 원고에게 부정당업자제재처분을 하면서 위 행위가 위 법률 시행령 제76조 제1항 제12호('담합을 주도하거나 담합하여 입찰을 방해하였다')에 해당한다는 것을 처분사유로 하였다가, 취소소송 중 그 법률적 평가를 달리하여 같은 항 제7호('특정인의 낙찰을 위하여 담합한 자')에 해당한다는 것으로 처분사유를 변경한 경우

① ㄱ, ㄷ ② ㄴ, ㄷ ③ ㄴ, ㄹ
④ ㄱ, ㄴ, ㄹ ⑤ ㄴ, ㄷ, ㄹ

[ㄱ ▸ X] 경제개혁연대와 소속 연구원 甲이 금융위원회위원장 등에게 금융위원회의 론스타에 대한 외환은행 발행주식의 동일인 주식보유한도 초과보유 승인과 론스타의 외환은행 발행주식 초과보유에 대한 반기별 적격성 심사와 관련된 정보 등의 공개를 청구하였으나, 금융위원회위원장 등이 현재 대법원에 재판 진행 중인 사안이 포함되어 있다는 이유로 공공기관의



⑤ 정답

정보공개에 관한 법률 제9조 제1항 제4호에 따라 공개를 거부한 경우, 금융위원회위원장 등이 위 정보가 대법원 재판과 별개 사건인 서울중앙지방법원에 진행 중인 재판에 관련된 정보에도 해당한다며 처분사유를 추가로 주장하는 것은 당초의 처분사유와 기본적 사실관계가 동일하다고 할 수 없는 사유를 추가하는 것이어서 허용될 수 없다고 보았다(대판 2011.11.24. 2009두19021).

[ㄴ▸O] 주택신축을 위한 산림형질변경허가신청에 대하여 행정청이 거부처분을 하면서 당초 거부처분의 근거로 삼은 준농림지역에서의 행위제한이라는 사유와 나중에 거부처분의 근거로 추가한 자연경관 및 생태계의 교란, 국토 및 자연의 유지와 환경보전 등 중대한 공익상의 필요라는 사유는 기본적 사실관계에 있어서 동일성이 인정된다(대판 2004.11.26. 2004두4482).

[ㄷ▸O] 과세처분취소소송에서의 소송물은 과세관청의 처분에 의하여 인정된 과세표준 및 세액의 객관적 존부이고, 과세관청으로서는 소송 도중이라도 사실심변론종결시까지 그 처분에서 인정한 과세표준 또는 세액의 정당성을 뒷받침하기 위하여 처분의 동일성이 유지되는 범위 내에서 처분사유를 교환·변경할 수 있으며, 과세관청이 종합소득세부과처분의 정당성을 뒷받침하기 위하여 합산과세되는 종합소득의 범위 안에서 그 소득의 원천만을 달리 주장하는 것은 처분의 동일성이 유지되는 범위 내의 처분사유 변경에 해당하여 허용된다. 과세관청이 과세대상 소득에 대하여 이자소득이 아니라 대금업에 의한 사업소득에 해당한다고 처분사유를 변경한 것은 처분의 동일성이 유지되는 범위 내에서의 처분사유 변경에 해당하여 허용되며, 또 그 처분사유의 변경이 국세부과의 제척기간이 경과한 후에 이루어졌는지 여부에 관계없이 국세부과의 제척기간이 경과되었는지 여부는 당초의 처분 시를 기준으로 판단하여야 한다(대판 2002.3.12. 2000두2181).

[ㄹ▸O] 피고가 원심 심리 중에 당초의 처분사유인국가를 당사자로 하는 계약에 관한 법률 시행령 제76조 제1항 제12호 소정의 "담합을 주도하거나 담합하여 입찰을 방해하였다"는 것으로부터 같은 항 제7호 소정의 '특정인의 낙찰을 위하여 담합한 자'로 이 사건 처분의 사유를 변경한 것은, 그 변경 전후에 있어서 같은 행위에 대한 법률적 평가만 달리하는 것일 뿐 기본적 사실관계를 같이 하는 것이므로 허용된다(대판 2008.2.28. 2007두13791).

**2014년 변호사시험 문 25.** ☑ 확인Check! ○ △ ×

**행정처분의 근거법령의 적용시점과 위법판단의 기준시점에 관한 설명 중 옳지 않은 것은?(다툼이 있는 경우 판례에 의함)**

① 허가신청 후 처분 전에 관계 법령이 개정 시행된 경우 신법령 부칙에 경과규정을 두지 아니한 이상 당연히 허가신청 당시의 법령에 의하여 허가 여부를 판단하여야 하는 것은 아니며, 소관 행정청이 허가신청을 수리하고도 정당한 이유 없이 처리를 늦추어 그 사이에 법령 및 허가기준이 변경된 것이 아닌 한 변경된 법령 및 허가기준에 따라서 한 불허가처분은 적법하다.

② 행정소송에서 행정처분의 위법 여부는 원칙적으로 행정처분이 행하여졌을 때의 법령과 사실상태를 기준으로 하여 판단하여야 하고, 처분 후 법령의 개폐나 사실상태의 변동에 의하여 영향을 받지는 않는다.

③ 개정 전 법령의 존속에 대한 국민의 신뢰가 개정 법령의 적용에 관한 공익상의 요구보다 더 보호가치가 있다고 인정되는 경우, 국민의 신뢰를 보호하기 위하여 개정 법령의 적용이 제한될 수 있는 여지가 있다.

④ 건설업자가 시공자격 없는 자에게 전문공사를 하도급한 행위에 대하여 과징금 부과처분을 하는 경우, 구체적인 부과기준에 대하여 처분 시의 법령이 행위 시의 법령보다 불리하게 개정되었고 어느 법령을 적용할 것인지에 대하여 특별한 규정이 없다면 처분 시의 법령을 적용하여야 한다.

⑤ 조세법령이 일단 효력을 발생하였다가 폐지 또는 개정된 경우 조세법령이 정한 과세요건 사실이 폐지 또는 개정된 당시까지 완료된 때에는 다른 경과규정이 없는 한 그 과세요건 사실에 대하여는 종전의 조세법령이 계속 효력을 가지므로, 조세법령의 폐지 또는 개정 전에 종결된 과세요건 사실에 대하여 폐지 또는 개정 전의 조세법령을 적용하는 것이 조세법률주의의 원칙에 위배된다고 할 수 없다.



정답 ④

[❶ ▸ O] 행정행위는 처분 당시에 시행 중인 법령 및 허가기준에 의하여 하는 것이 원칙이고, 인, 허가신청 후 처분 전에 관계 법령이 개정 시행된 경우 신법령 부칙에서 신법령 시행 전에 이미 허가신청이 있는 때에는 종전의 규정에 의한다는 취지의 경과규정을 두지 아니한 이상 당연히 허가신청 당시의 법령에 의하여 허가 여부를 판단하여야 하는 것은 아니며, 소관 행정청이 허가신청을 수리하고도 정당한 이유 없이 처리를 늦추어 그 사이에 법령 및 허가기준이 변경된 것이 아닌 한 새로운 법령 및 허가기준에 따라서 한 불허가처분이 위법하다고 할 수 없다(대판 1992.12.8. 92누13813).

[❷ ▸ O] 행정소송에 있어서 행정처분의 위법여부를 판단하는 기준시점에 대하여는 판결 시가 아니라 처분 시라고 하는 의미는 행정처분이 있을 때의 법령과 사실상태를 기준으로 하여 위법여부를 판단할 것이며 처분 후 법령의 개폐나 사실상태의 변동에 영향을 받지 않는다는 뜻이고, 처분 당시 존재하였던 자료나 행정청에 제출되었던 자료만으로 위법여부를 판단한다는 의미는 아니므로, 처분 당시의 사실상태 등에 대한 입증은 사실심변론 종결 당시까지 할 수 있고, 법원은 행정처분 당시 행정청이 알고 있었던 자료뿐만 아니라 사실심변론 종결 당사까지 제출된 모든 자료를 종합하여 처분 당시 존재하였던 객관적 사실을 확정하고 그 사실에 기초하여 처분의 위법여부를 판단할 수 있다(대판 1993.5.27. 92누19033).

[❸ ▸ O] 행정처분은 그 근거 법령이 개정된 경우에도 경과규정에서 달리 정함이 없는 한 처분 당시 시행되는 개정 법령과 그에서 정한 기준에 의하는 것이 원칙이고, 그 개정 법령이 기존의 사실 또는 법률관계를 적용대상으로 하면서 국민의 재산권과 관련하여 종전보다 불리한 법률효과를 규정하고 있는 경우에도 그러한 사실 또는 법률관계가 개정 법률이 시행되기 이전에 이미 완성 또는 종결된 것이 아니라면 이를 헌법상 금지되는 소급입법에 의한 재산권 침해라고 할 수는 없으며, 그러한 개정 법률의 적용과 관련하여서는 개정 전 법령의 존속에 대한 국민의 신뢰가 개정 법령의 적용에 관한 공익상의 요구보다 더 보호가치가 있다고 인정되는 경우에 그러한 국민의 신뢰를 보호하기 위하여 그 적용이 제한될 수 있는 여지가 있을 따름이다(대판 2003.3.10. 97누13818).

[❹ ▸ ×] 건설업자가 시공자격 없는 자에게 전문공사를 하도급한 행위에 대하여 과징금 부과처분을 하는 경우, 구체적인 부과기준에 대하여 처분 시의 법령이 행위 시의 법령보다 불리하게 개정되었고 어느 법령을 적용할 것인지에 대하여 특별한 규정이 없다면 행위 시의 법령을 적용하여야 한다(대판 2002.12.10. 2001두3228).

[❺ ▸ O] 조세법률주의의 원칙상 조세의무는 각 세법에 정한 과세요건이 완성된 때에 성립된다고 할 것이나, 조세법령이 일단 효력을 발생하였다가 폐지 또는 개정된 경우 조세법령이 정한 과세요건 사실이 폐지 또는 개정된 당시까지 완료된 때에는 다른 경과규정이 없는 한 그 과세요건 사실에 대하여는 종전의 조세법령이 계속 효력을 가지며, 조세법령의 폐지 또는 개정 후에 발생된 행위사실에 대하여만 효력을 잃는 것이라고 보아야 할 것이므로, 조세법령의 폐지 또는 개정 전에 종결된 과세요건 사실에 대하여 폐지 또는 개정 전의 조세법령을 적용하는 것이 조세법률주의의 원칙에 위배된다고 할 수 없다(대판 1993.5.11. 92누18399).

## 제4절 취소소송의 판결 ★★☆

**2016년 변호사시험 문 35.** ☑ 확인Check! ○ △ ×

**취소소송에 대한 다음과 같은 판결주문이 있다. 이러한 판결에 관한 설명 중 옳은 것을 모두 고른 것은?(다툼이 있는 경우 판례에 의함)**

1. 원고의 청구를 기각한다.
2. 다만, 피고가 2015.3.3. 원고에 대하여 한 ○○처분은 위법하다.
3. 소송비용은 (　　)의 부담으로 한다.

ㄱ. 위 판결은 취소소송에서만 허용되고 무효등확인소송에는 허용되지 않는다.
ㄴ. 원고는 피고 행정청이 속하는 국가 또는 공공단체를 상대로 손해배상의 청구를 당해 취소소송이 계속된 법원에 병합하여 제기할 수 있다.
ㄷ. 소송비용은 패소자 부담이 원칙이므로 판결주문 3.의 (　　)에 들어가는 것은 원고이다.
ㄹ. 위 판결주문에서 ○○처분의 위법 여부의 판단은 처분 시를 기준으로 하지만, 청구기각판결을 하여야 할 공공복리 적합성의 판단시점은 변론종결 시이다.
ㅁ. 위 판결은 기각판결의 일종이므로 원고는 상소할 수 있지만, 피고는 상소할 수 없다.

① ㄱ, ㄴ　② ㄷ, ㅁ　③ ㄱ, ㄴ, ㄹ
④ ㄱ, ㄹ, ㅁ　⑤ ㄷ, ㄹ, ㅁ

[ㄱ ▸ O] 사안의 판결은 처분이 위법함에도 기각판결을 한 것이므로 사정판결이다. 사정판결은 취소소송의 경우 인정되고, 무효등확인소송이나 부작위위법확인소송, 당사자소송, 기관소송의 경우에는 인정되지 않는다.

판례 당연무효의 행정처분을 소송목적물로 하는 행정소송에서는 존치시킬 효력이 있는 행정행위가 없기 때문에 행정소송법 제28조 소정의 사정판결을 할 수 없다(대판 1996.3.22. 95누5509).

[ㄴ ▸ O] 사정판결의 경우, 원고는 피고인 행정청이 속하는 국가 또는 공공단체를 상대로 손해배상, 제해시설의 설치 그 밖에 적당한 구제방법의 청구를 당해 취소소송 등이 계속된 법원에 병합하여 제기할 수 있다(행정소송법 제28조 제3항 참조).

[ㄷ ▸ X] 일반적인 소송비용의 부담과는 달리, 사정판결의 경우 소송비용은 승소한 피고가 부담한다.

법령 **소송비용의 부담(행정소송법 제32조)** 취소청구가 제28조의 규정에 의하여 기각되거나 행정청이 처분등을 취소 또는 변경함으로 인하여 청구가 각하 또는 기각된 경우에는 소송비용은 피고의 부담으로 한다.

[ㄹ ▸ O] 사정판결처분의 위법성 판단의 기준시점은 처분시이나, 사정판결의 필요성(공익성) 판단의 기준시점은 판결시(사실심변론종결시)이다.

정답 ③

판례

피고가 위 건축불허가 처분당시에 위 처분이 위법하다고 하더라도 본건 구두변론 종결당시에는 이미 진주시 도시계획 재정비 결정으로 도시계획법 제21조에 의한 녹지지역으로 지정고시 되었는만큼 동조의 규정에 의하면 녹지지역 내에서는 보건위생 또는 보안에 필요한 시설 및 녹지지역으로서의 효용을 해할 우려가 없는 용도에 공하는 건축물이 아니면 건축을 할 수 없다고 규정한 위 법조의 취지로 보아 본건 건축불허가 처분을 취소하는 것은 현저히 공공의 복리에 적합하지 아니하다고 인정되는 것인데도 불구하고 원심이 원고의 청구를 인용하였음은 행정소송법 제12조의 법리를 오해한 위법이 있다(대판 1970.3.24. 69누29).

[ ㅁ ▸ X] 사정판결도 기각판결에 해당하므로, 패소자인 원고는 상소할 수 있다. 또한 판결주문에 처분의 위법성이 명시되므로, 이에 불복하는 피고도 상소할 수 있다.

**2020년 변호사시험 문 37.** ☑ 확인 Check! O △ X

**행정소송상 간접강제에 관한 설명 중 옳은 것은?(다툼이 있는 경우 판례에 의함)**

① 간접강제결정은 처분청이 '판결의 취지'에 따라 재처분을 하지 않는 경우에 할 수 있는 것으로, 원심판결의 이유가 위법하지만 결론이 정당하다는 이유로 상고기각판결이 선고되어 원심판결이 확정된 경우라면, 이때 '판결의 취지'는 원심판결의 이유와 원심판결의 결론을 의미한다.
② 거부처분에 대하여 무효확인판결이 내려진 경우 행정청에 판결의 취지에 따른 재처분의무가 인정될 뿐만 아니라 그에 대하여 간접강제도 허용된다.
③ 건축허가신청 반려처분의 취소판결이 확정되었음에도 처분청이 확정판결의 취지에 따른 재처분을 하지 아니하여 간접강제절차가 진행 중에 상급행정청이 새로이 그 지역에 「건축법」에 따른 건축허가제한 공고를 하였고, 처분청이 그에 따라 다시 거부처분을 하였다면 이는 유효한 재처분에 해당하므로 간접강제가 허용되지 않는다.
④ 간접강제결정에서 정한 의무이행기한이 경과하였다면 그 이후 확정판결의 취지에 따른 재처분의 이행이 있더라도 처분상대방은 간접강제결정에 기한 배상금을 추심할 수 있다.
⑤ 간접강제결정은 피고 또는 참가인이었던 행정청에 효력을 미치며 그 행정청이 소속하는 국가 또는 공공단체에 효력을 미치는 것은 아니다.

[ ❶ ▸ X] 원심판결의 이유는 위법하지만 결론이 정당하다는 이유로 상고기각판결이 선고되어 원심판결이 확정된 경우 행정소송법 제30조 제2항에서 규정하고 있는 '판결의 취지'는 상고심판결의 이유와 원심판결의 결론을 의미한다(대판 2004.1.15. 2002두2444).

[ ❷ ▸ X] 행정소송법 제38조 제1항이 무효확인 판결에 관하여 취소판결에 관한 규정을 준용함에 있어서 같은 법 제30조 제2항을 준용한다고 규정하면서도 같은 법 제34조는 이를 준용한다는 규정을 두지 않고 있으므로, 행정처분에 대하여 무효확인 판결이 내려진 경우에는 그 행정처분이 거부처분인 경우에도 행정청에 판결의 취지에 따른 재처분의무가 인정될 뿐 그에 대하여 간접강제까지 허용되는 것은 아니라고 할 것이다(대결 1998.12.24. 98무37).

[ ❸ ▸ O] 토지형질변경 및 건축허가신청 반려처분의 취소판결이 확정되었음에도 확정판결의 취지에 따른 재처분을 하지 아니하여 간접강제절차가 진행 중 새로이 그 지역에 건축법 제12조 제2항에 따라 건축허가제한공고를 하고 그에 따라 다시 한 거부처분이 행정소송법 제30조 제2항 소정의 재처분에 해당한다(대결 2004.1.15. 2002무30).



③ 정답

[❹ ▸ ×] 행정소송법 제34조 소정의 간접강제결정에 기한 배상금은 확정판결의 취지에 따른 재처분의 지연에 대한 제재나 손해배상이 아닌 재처분의 이행에 관한 심리적 강제수단에 불과한 것으로 보아야 하므로, 특별한 사정이 없는 한 간접강제결정에서 정한 의무이행기간이 경과한 후에라도 확정판결의 취지에 따른 재처분의 이행이 있으면 배상금을 추심함으로써 심리적 강제를 꾀할 목적이 상실되어 처분상대방이 더 이상 배상금을 추심하는 것은 허용되지 않는다(대판 2004.1.15. 2002두2444).

[❺ ▸ ×] 간접강제결정은 피고 또는 참가인이었던 행정청이 소속하는 국가 또는 공공단체에 그 효력을 미친다.

**거부처분취소판결의 간접강제(행정소송법 제34조)** ① 행정청이 제30조 제2항의 규정에 의한 처분을 하지 아니하는 때에는 제1심 수소법원은 당사자의 신청에 의하여 결정으로써 상당한 기간을 정하고 행정청이 그 기간 내에 이행하지 아니하는 때에는 그 지연기간에 따라 일정한 배상을 할 것을 명하거나 즉시 손해배상을 할 것을 명할 수 있다.
② 제33조와 민사집행법 제262조의 규정은 제1항의 경우에 준용한다.

**소송비용에 관한 재판의 효력(행정소송법 제33조)** 소송비용에 관한 재판이 확정된 때에는 피고 또는 참가인이었던 행정청이 소속하는 국가 또는 공공단체에 그 효력을 미친다.

**2015년 변호사시험 문 27.** ☑ 확인Check! ○ △ ×

**행정쟁송에서 일부취소가 허용되는 것을 모두 고른 것은?(다툼이 있는 경우 판례에 의함)**

ㄱ. 정당한 세액을 초과하여 부과된 과세처분에 대한 취소소송에서 당사자가 제출한 자료에 의하여 적법하게 부과될 정당한 세액이 산출되는 경우
ㄴ. 「공중위생관리법」을 위반한 공중위생영업자에 대한 과징금부과처분 취소심판에서 부과처분에 재량하자의 위법이 있고 적정한 과징금의 산정이 가능한 경우
ㄷ. 개발부담금부과처분 취소소송에서 당사자가 제출한 자료에 의하여 적법하게 부과될 정당한 부과금액을 산출할 수 있는 경우
ㄹ. 공무원에 대한 3개월의 정직처분의 취소를 구하는 소청에서 정직처분이 재량권 남용에 해당하고 그 3분의 1에 해당하는 1개월의 정직처분이 정당하다고 판단되는 경우

① ㄱ, ㄷ ② ㄴ, ㄹ ③ ㄱ, ㄴ, ㄹ
④ ㄴ, ㄷ, ㄹ ⑤ ㄱ, ㄴ, ㄷ, ㄹ

[ㄱ ▸ O] 과세처분취소소송의 처분의 적법여부는 과세액이 정당한 세액을 초과하느냐의 여부에 따라 판단되는 것으로서 당사자는 사실심변론종결시까지 객관적인 조세채무액을 뒷받침하는 주장과 자료를 제출할 수 있고, 이러한 자료에 의하여 적법하게 부과될 정당한 세액이 산출되는 때에는 그 정당한 세액을 초과하는 부분만 취소하여야 할 것이고 전부를 취소할 것이 아니다(대판 2000.6.13. 98두5811).

[ㄴ ▸ O] 행정소송과 달리, 행정심판위원회의 취소재결에는 전부취소 및 일부취소재결이 포함된다. 또한 위원회는 재량범위 내에서 어느 정도가 적정한 것인지에 관해서도 판단할 수 있으므로, 과징금부과처분에 재량하자의 위법이 있고 적정한 과징금의 산정이 가능하다면, 일부취소가 가능하다.

[ㄷ ▸ O] 개발부담금부과처분 취소소송에 있어 당사자가 제출한 자료에 의하여 적법하게 부과될 정당한 부담금액이 산출되는 때에는 그 정당한 금액을 초과하는 부분만 취소하여야 하고 그렇지 않은 경우에는 부과처분 전부를 취소할 수밖에 없다(대판 2000.6.9. 99두5542).

[ㄹ ▸ O] 소청심사위원회는 처분의 취소 또는 변경을 구하는 심사청구가 이유 있다고 인정되면 처분을 취소 또는 변경하거나 처분 행정청에 취소 또는 변경할 것을 명한다(국가공무원법 제14조 제5항, 지방공무원법 제19조 제5항). 이때 변경은 적극적 변경뿐만 아니라 소극적 변경도 포함하므로, 3개월의 정직처분을 1개월의 정직처분으로 변경하는 일부취소가 가능하다.

**2019년 변호사시험 문 39.** ☑ 확인Check! O △ X

**취소판결의 기속력에 관한 설명 중 옳은 것(O)과 옳지 않은 것(×)을 올바르게 조합한 것은?(다툼이 있는 경우 판례에 의함)**

ㄱ. 취소판결이 확정되면 당사자인 행정청과 그 밖의 관계행정청은 확정판결에 저촉되는 처분을 할 수 없다. 그러나 기본적 사실관계의 동일성이 없는 다른 처분사유를 들어 동일한 내용의 처분을 하는 것은 기속력에 반하지 않는다.
ㄴ. 거부처분에 대하여 취소판결이 확정된 경우, 행정청의 재처분은 신청 내용을 그대로 인정하는 처분이 되어야 한다. 따라서 행정청은 판결의 취지를 존중하여 반드시 신청한 내용대로 처분을 하여야 한다.
ㄷ. 행정처분의 적법여부는 그 행정처분이 행하여진 때의 법령과 사실을 기준으로 하여 판단하는 것이므로 거부처분 후에 법령이 개정·시행된 경우에는 개정된 법령 및 허가기준을 새로운 사유로 들어 다시 이전의 신청에 대한 거부처분을 할 수 있다.
ㄹ. 취소판결의 기속력에 위반하여 행한 행정청의 행위는 위법하나, 이는 무효사유가 아니라 취소사유에 해당한다.

① ㄱ(O) ㄴ(×) ㄷ(×) ㄹ(×)
② ㄱ(O) ㄴ(O) ㄷ(×) ㄹ(O)
③ ㄱ(×) ㄴ(×) ㄷ(O) ㄹ(O)
④ ㄱ(O) ㄴ(×) ㄷ(O) ㄹ(×)
⑤ ㄱ(×) ㄴ(O) ㄷ(O) ㄹ(×)

[ㄱ ▸ O] 행정소송법 제30조 제1항은 "처분 등을 취소하는 확정판결은 그 사건에 관하여 당사자인 행정청과 그 밖의 관계행정청을 기속한다"라고 규정하고 있다. 이러한 취소 확정판결의 '기속력'은 취소 청구가 인용된 판결에서 인정되는 것으로서 당사자인 행정청과 그 밖의 관계행정청에게 확정판결의 취지에 따라 행동하여야 할 의무를 지우는 작용을 한다. 취소 확정판결의 기속력은 판결의 주문 및 전제가 되는 처분 등의 구체적 위법사유에 관한 판단에도 미치나, 종전 처분이 판결에 의하여 취소되었더라도 종전 처분과 다른 사유를 들어서 새로이 처분을 하는 것은 기속력에 저촉되지 않는다. 여기에서 동일 사유인지 다른 사유인지는 확정판결에서 위법한 것으로 판단된 종전 처분사유와 기본적 사실관계에서 동일성이 인정되는지 여부에 따라 판단되어야 한다(대판 2016.3.24. 2015두48235).

[ㄴ ▸ ×] 거부처분에 대해 취소판결이 확정된 경우, 그 처분을 행한 행정청은 판결의 취지에 따라 다시 이전의 신청에 대한 처분을 하여야 한다(행정소송법 제30조 제2항 참조). 이때 행정청의 재처분내용은 판결의 취지를 따르면 되고, 반드시 원고가 신청한 내용으로 처분을 해야 하는 것은 아니다. 따라서 판결의 취지에 따르면 다시 거부처분을 할 수도 있다.

 ④ 정답

판례 행정소송법 제30조 제2항의 규정에 의하면 행정청의 거부처분을 취소하는 판결이 확정된 경우에는 그 처분을 행한 행정청이 판결의 취지에 따라 이전의 신청에 대하여 재처분할 의무가 있으나, 이 때 확정판결의 당사자인 처분행정청은 그 행정소송의 사실심변론 종결 이후 발생한 새로운 사유를 내세워 다시 이전의 신청에 대한 거부처분을 할 수 있고, 그러한 처분도 위 조항에 규정된 재처분에 해당한다(대결 1997.2.4. 96두70).

[ㄷ ▸ O] 행정처분의 적법여부는 그 행정처분이 행하여진 때의 법령과 사실을 기준으로 하여 판단하는 것이므로 거부처분 후에 법령이 개정·시행된 경우에는 개정된 법령 및 허가기준을 새로운 사유로 들어 다시 이전의 신청에 대한 거부처분을 할 수 있으며 그러한 처분도 행정소송법 제30조 제2항에 규정된 재처분에 해당된다(대판 1998.1.7. 97두22).

[ㄹ ▸ X] 확정판결의 당사자인 처분행정청이 그 행정소송의 사실심변론 종결 이전의 사유를 내세워 다시 확정판결과 저촉되는 행정처분을 하는 것은 허용되지 않는 것으로서 이러한 행정처분은 그 하자가 중대하고도 명백한 것이어서 당연무효라 할 것이다(대판 1990.12.11. 90누3560).

**2016년 변호사시험 문 38.** ☑ 확인 Check! ○ △ ×

**甲은 공동주택 및 근린생활시설을 건축하는 내용의 주택건설사업계획승인신청을 하였으나 행정청 乙은 거부처분을 하였다. 이에 甲이 거부처분취소소송을 제기하여 승소판결을 받았고, 그 판결은 확정되었다. 이에 관한 설명 중 옳지 않은 것은?(다툼이 있는 경우 판례에 의함)**

① 乙이 판결의 취지에 따른 재처분의무를 이행하지 않는 경우 甲은 제1심 수소법원에 간접강제를 신청할 수 있다.
② 乙이 재처분을 하더라도 그것이 거부처분에 대한 취소의 확정판결의 기속력에 위반되는 경우 甲은 간접강제를 신청할 수 있다.
③ 乙이 재처분의무를 이행하지 않아 간접강제결정이 행하여진 경우 간접강제결정에서 정한 의무이행기한이 경과한 후라도 乙이 판결의 취지에 따른 재처분의무를 이행하면 더 이상 배상금의 추심은 허용되지 않는다.
④ 위 취소소송 계속 중에 관련 법령이 개정되었고, 개정 법령에 이미 주택건설사업계획 승인을 신청 중인 사안에 대해서는 종전 규정에 따른다는 경과규정이 있음에도 거부처분취소판결이 확정된 후 乙이 개정 법령을 적용하여 다시 거부처분을 한 경우, 甲은 간접강제를 신청할 수 있다.
⑤ 만약 甲이 乙의 거부처분에 대해 무효확인소송을 제기하여 무효확인판결이 확정된 경우, 취소판결의 재처분의무에 관한 규정과 간접강제에 관한 규정이 준용된다.

PART 06 행정쟁송

[❶ ▸ O] 행정청이 거부처분에 대한 취소판결이 확정되었음에도 판결의 취지에 따른 처분을 하지 않는 때에는, 제1심 수소법원은 당사자의 신청에 의해 간접강제결정을 할 수 있다.

법령 **거부처분취소판결의 간접강제(행정소송법 제34조)** ① 행정청이 제30조 제2항의 규정에 의한 처분을 하지 아니하는 때에는 제1심 수소법원은 당사자의 신청에 의하여 결정으로써 상당한 기간을 정하고 행정청이 그 기간 내에 이행하지 아니하는 때에는 그 지연기간에 따라 일정한 배상을 할 것을 명하거나 즉시 손해배상을 할 것을 명할 수 있다.

**취소판결 등의 기속력(행정소송법 제30조)** ② 판결에 의하여 취소되는 처분이 당사자의 신청을 거부하는 것을 내용으로 하는 경우에는 그 처분을 행한 행정청은 판결의 취지에 따라 다시 이전의 신청에 대한 처분을 하여야 한다.

정답 ⑤

[❷ ▸ O] 거부처분에 대한 취소의 확정판결이 있음에도 행정청이 아무런 재처분을 하지 아니하거나 재처분을 하였다 하더라도, 그것이 종전 거부처분에 대한 취소의 확정판결의 기속력에 반하는 등으로 당연무효라면 이는 아무런 재처분을 하지 아니한 때와 마찬가지라 할 것이므로, 이러한 경우에는 위 규정에 의한 간접강제신청에 필요한 요건을 갖춘 것으로 보아야 할 것이다(대결 2002.12.11. 2002무22).

[❸ ▸ O] 행정소송법 제34조 소정의 간접강제결정에 기한 배상금은 확정판결의 취지에 따른 재처분의 지연에 대한 제재나 손해배상이 아닌 재처분의 이행에 관한 심리적 강제수단에 불과한 것으로 보아야 하므로, 특별한 사정이 없는 한 간접강제결정에서 정한 의무이행기간이 경과한 후에라도 확정판결의 취지에 따른 재처분의 이행이 있으면 배상금을 추심함으로써 심리적 강제를 꾀할 목적이 상실되어 처분상대방이 더 이상 배상금을 추심하는 것은 허용되지 않는다(대판 2004.1.15. 2002두2444).

[❹ ▸ O] 주택건설사업 승인신청 거부처분의 취소를 명하는 판결이 확정되었음에도 행정청이 그에 따른 재처분을 하지 않은 채 도시계획법령이 개정되었다는 이유를 들어 다시 거부처분을 한 경우, 개정된 도시계획법령에 그 시행 당시 이미 개발행위허가를 신청 중인 경우에는 종전 규정에 따른다는 경과규정을 두고 있으므로 위 사업승인신청에 대하여는 종전 규정에 따른 재처분을 하여야 함에도 불구하고 개정 법령을 적용하여 새로운 거부처분을 한 것은 확정된 종전 거부처분 취소판결의 기속력에 저촉되어 당연무효이다(대판 2002.12.11. 2002무22).

[❺ ▸ X] 행정소송법 제38조 제1항이 무효확인 판결에 관하여 취소판결에 관한 규정을 준용함에 있어서 같은 법 제30조 제2항을 준용한다고 규정하면서도 같은 법 제34조는 이를 준용한다는 규정을 두지 않고 있으므로, 행정처분에 대하여 무효확인 판결이 내려진 경우에는 그 행정처분이 거부처분인 경우에도 행정청에 판결의 취지에 따른 재처분의무가 인정될 뿐 그에 대하여 간접강제까지 허용되는 것은 아니라고 할 것이다(대결 1998.12.24. 98무37).

2014년 변호사시험 문 29. ☑ 확인 Check! ○ △ ×

**행정소송에 관한 설명 중 옳은 것(○)과 옳지 않은 것(×)을 올바르게 조합한 것은?(다툼이 있는 경우 판례에 의함)**

ㄱ. 행정처분의 효력정지를 구하는 신청사건에 있어서는 행정처분 자체의 적법 여부는 궁극적으로 본안판결에서 심리를 거쳐 판단할 성질의 것이므로 원칙적으로는 판단할 것이 아니고, 그 행정처분의 효력을 정지할 것인가에 대한 행정소송법상 집행정지에 관한 규정에서 정한 요건의 존부만이 판단의 대상이 되나, 본안소송에서의 처분의 취소가능성이 없음에도 불구하고 처분의 효력정지를 인정한다는 것은 제도의 취지에 반하므로, 효력정지사건 자체에 의하여도 신청인의 본안청구가 이유 없음이 명백할 때에는 행정처분의 효력정지를 명할 수 없다.

ㄴ. 항고소송인 행정처분에 관한 무효확인소송을 제기하려면 행정소송법에 규정된 '무효확인을 구할 법률상 이익'이 있어야 하는바, 행정처분의 근거 법률에 의하여 보호되는 직접적이고 구체적인 이익이 있는 경우에는 행정소송법상 '무효확인을 구할 법률상 이익'이 있다고 보아야 하고, 이와 별도로 무효확인소송의 보충성이 요구되는 것은 아니므로 행정처분의 무효를 전제로 한 이행소송 등과 같은 직접적인 구제수단이 있는지 여부를 따질 필요가 없다.

ㄷ. 행정처분 무효확인소송에서 원고의 청구가 이유있다고 인정하는 경우에도 처분의 무효를 확인하는 것이 현저히 공공복리에 적합하지 아니하다고 인정하는 때에는 법원은 원고의 청구를 기각할 수 있다.

ㄹ. 납세의무자에 대한 국가의 부가가치세 환급세액 지급의무는 그 납세의무자로부터 어느 과세기간에 과다하게 거래징수된 세액 상당을 국가가 실제로 납부받았는지와 관계없이 부가가치세법령의 규정에 의하여 직접 발생하는 것으로서, 그 법적 성질은 부당이득반환의무가 아니라 부가가치세법령에 의하여 그 존부나 범위가 구체적으로 확정되고 조세 정책적 관점에서 특별히 인정되는 공법상 의무이다. 그렇다면 납세의무자에 대한 국가의 부가가치세 환급세액 지급의무에 대응하는 국가에 대한 납세의무자의 부가가치세 환급세액 지급청구는 민사소송이 아니라 행정소송법상 당사자소송의 절차에 따라야 한다.

① ㄱ(○) ㄴ(○) ㄷ(×) ㄹ(○)
② ㄱ(○) ㄴ(○) ㄷ(○) ㄹ(×)
③ ㄱ(×) ㄴ(○) ㄷ(×) ㄹ(×)
④ ㄱ(×) ㄴ(×) ㄷ(○) ㄹ(×)
⑤ ㄱ(○) ㄴ(×) ㄷ(×) ㄹ(○)



[ㄱ ▸ ○] 행정처분의 효력정지나 집행정지를 구하는 신청사건에서 행정처분 자체의 적법 여부는 궁극적으로 본안재판에서 심리를 거쳐 판단할 성질의 것이므로 원칙적으로는 판단할 것이 아니고 그 행정처분의 효력이나 집행을 정지할 것인가에 대한 행정소송법 제23조 제2항, 제3항에 정해진 요건의 존부만이 판단의 대상이 된다고 할 것이지만, 효력정지나 집행정지는 신청인이 본안소송에서 승소판결을 받을 때까지 그 지위를 보호함과 동시에 후에 받을 승소판결을 무의미하게 하는 것을 방지하려는 것이어서 본안소송에서 처분의 취소가능성이 없음에도 처분의 효력이나 집행의 정지를 인정한다는 것은 제도의 취지에 반하므로 효력정지나 집행정지사건 자체에 의하여서도 신청인의 본안청구가 이유 없음이 명백하지 않아야 한다는 것도 집행정지의 요건에 포함시켜야 한다(대판 1997.4.28. 96두75).

[ㄴ ▸ ○] 무효확인소송의 보충성을 규정하고 있는 외국의 일부 입법례와는 달리 우리나라 행정소송법에는 명문의 규정이 없어 이로 인한 명시적 제한이 존재하지 않는다. 이와 같은 사정을 비롯하여 행정에 대한 사법통제, 권익구제의 확대와 같은 행정소송의 기능 등을 종합하여 보면, 행정처분의 근거 법률에 의하여 보호되는 직접적이고 구체적인 이익이 있는 경우에는 행정소송법 제35조에 규정된 '무효확인을 구할 법률상 이익'이 있다고 보아야 하고, 이와 별도로 무효확인소송의 보충성이 요구되는 것은 아니므로 행정처분의 무효를 전제로 한 이행소송 등과 같은 직접적인 구제수단이 있는지 여부를 따질 필요가 없다고 해석함이 상당하다(대판 2008.3.20. 2007두6342 [전합]).

정답 ①

[ㄷ ▸ X] 사정판결은 취소소송의 경우 인정되고, 무효등확인소송이나 부작위위법확인소송, 당사자소송, 기관소송의 경우에는 인정되지 않는다.

판례 당연무효의 행정처분을 소송목적물로 하는 행정소송에서는 존치시킬 효력이 있는 행정행위가 없기 때문에 행정소송법 제28조 소정의 사정판결을 할 수 없다(대판 1996.3.22. 95누5509).

[ㄹ ▸ O] 납세의무자에 대한 국가의 부가가치세 환급세액 지급의무는 정의와 공평의 관념에서 수익자와 손실자 사이의 재산상태 조정을 위해 인정되는 부당이득 반환의무가 아니라 부가가치세법령에 의하여 그 존부나 범위가 구체적으로 확정되고 조세 정책적 관점에서 특별히 인정되는 공법상 의무라고 봄이 타당하다. 그렇다면 납세의무자에 대한 국가의 부가가치세 환급세액 지급의무에 대응하는 국가에 대한 납세의무자의 부가가치세 환급세액 지급청구는 민사소송이 아니라 행정소송법 제3조 제2호에 규정된 당사자소송의 절차에 따라야 한다(대판 2013.3.21. 2011다95564 [전합]).

**2012년 변호사시험 문 24.** ☑ 확인Check! ○ △ X

**행정소송에 관한 설명 중 옳은 것을 모두 고른 것은?(다툼이 있는 경우 판례에 의함)**

ㄱ. 행정처분의 근거 법률에 의하여 보호되는 직접적이고 구체적인 이익이 있는 경우에는 행정소송법 제35조에 규정된 '무효확인을 구할 법률상 이익'이 있다고 보아야 하고, 이와 별도로 무효확인소송의 보충성이 요구되는 것은 아니므로 행정처분의 무효를 전제로 한 이행소송 등과 같은 직접적인 구제수단이 있는지 여부를 따질 필요가 없다.
ㄴ. 거부처분 후 법령이 개정·시행된 경우에 거부처분 취소의 확정판결을 받은 행정청이 개정법령상의 새로운 사유를 내세워 다시 거부처분을 하는 것은 행정소송법상의 재처분의무에 반한다.
ㄷ. 헌법 제35조 제1항에서 정하고 있는 환경권에 관한 규정만으로는 그 권리의 주체·대상·내용·행사방법 등이 구체적으로 정립되어 있다고 볼 수 없으므로, 환경영향평가 대상지역 밖에 거주하는 주민에게 헌법상의 환경권에 근거하여 공유수면매립면허처분과 농지개량사업시행인가처분의 무효확인을 구할 원고적격은 인정될 수 없다.
ㄹ. 조세부과처분이 당연무효임을 전제로 하여 이미 납부한 세금의 반환을 청구하는 과오납금반환청구소송은 공법상 당사자소송으로 취급되고 있다.
ㅁ. 행정소송의 입증책임은 피고 행정청에 있으므로 피고는 당해 행정처분에 중대·명백한 하자가 없어 무효가 아니라는 입증을 하여야 한다.

① ㄱ, ㄷ ② ㄴ, ㅁ ③ ㄱ, ㄷ, ㄹ
④ ㄴ, ㄹ, ㅁ ⑤ ㄱ, ㄷ, ㄹ, ㅁ

[ㄱ ▸ O] 무효확인소송의 보충성을 규정하고 있는 외국의 일부 입법례와는 달리 우리나라 행정소송법에는 명문의 규정이 없어 이로 인한 명시적 제한이 존재하지 않는다. 이와 같은 사정을 비롯하여 행정에 대한 사법통제, 권익구제의 확대와 같은 행정소송의 기능 등을 종합하여 보면, 행정처분의 근거 법률에 의하여 보호되는 직접적이고 구체적인 이익이 있는 경우에는 행정소송법 제35조에 규정된 '무효확인을 구할 법률상 이익'이 있다고 보아야 하고, 이와 별도로 무효확인소송의 보충성이 요구되는 것은 아니므로 행정처분의 무효를 전제로 한 이행소송 등과 같은 직접적인 구제수단이 있는지 여부를 따질 필요가 없다고 해석함이 상당하다(대판 2008.3.20. 2007두6342 [전합]).

[ㄴ ▸ X] 행정처분의 적법여부는 그 행정처분이 행하여진 때의 법령과 사실을 기준으로 하여 판단하는 것이므로 거부처분 후에 법령이 개정·시행된 경우에는 개정된 법령 및 허가기준을 새로운 사유로 들어 다시 이전의 신청에 대한 거부처분을 할 수 있으며 그러한 처분도 행정소송법 제30조 제2항에 규정된 재처분에 해당된다(대판 1998.1.7. 97두22).



① 정답

[ㄷ ▸ O] 헌법 제35조 제1항에서 정하고 있는 환경권에 관한 규정만으로는 그 권리의 주체·대상·내용·행사방법 등이 구체적으로 정립되어 있다고 볼 수 없고, 환경정책기본법 제6조도 그 규정 내용 등에 비추어 국민에게 구체적인 권리를 부여한 것으로 볼 수 없다는 이유로, 환경영향평가 대상지역 밖에 거주하는 주민에게 헌법상의 환경권 또는 환경정책기본법에 근거하여 공유수면매립면허처분과 농지개량사업 시행인가처분의 무효확인을 구할 원고적격이 없다(대판 2006.3.16. 2006두330 [전합]).

[ㄹ ▸ X] 조세부과처분이 당연무효임을 전제로 하여 이미 납부한 세금의 반환을 청구하는 것은 민사상의 부당이득반환청구로서 민사소송절차에 따라야 한다(대판 1995.4.28. 94다55019).

[ㅁ ▸ X] 행정처분의 당연무효를 주장하여 그 무효확인을 구하는 행정소송에 있어서는 원고에게 그 행정처분이 무효인 사유를 주장·입증할 책임이 있다(대판 1992.3.10. 91누6030).

## 제6절 부작위위법확인소송 ★

**2012년 변호사시험 문 19.**

확인 Check! ○ △ ×

**甲은 관계 법령의 규정에 따라 공장을 적법하게 설치·운영하고 있는데, 당해 공장은 대기환경보전법상의 대기오염물질배출허용기준을 초과하여 동법에 의한 개선명령을 받고도 이를 이행하지 않고 있다. 인근주민 乙은 이 공장으로부터 날아드는 대기오염물질로 인해 급박하고 막대한 건강상·환경상 피해를 받고 있어 관할 광역시장 S에게 甲에 대한 행정권 발동을 요구하였으나 S는 어떠한 조치도 취하지 않고 있다. 아래 보기 중 옳은 것(○)과 옳지 않은 것(×)을 올바르게 조합한 것은?**

【참고】
**대기환경보전법 제34조** ② "환경부장관은 대기오염으로 주민의 건강상·환경상의 피해가 급박하다고 인정하면 … 즉시 그 배출시설에 대하여 조업시간의 제한이나 조업정지, 그 밖에 필요한 조치를 명할 수 있다"

※ 위 조항에 의한 환경부장관의 조업시간제한조치 등의 권한이 시·도지사에게 위임되었음을 전제로 함.

ㄱ. 대기환경보전법 제34조 제2항은 乙의 사익도 보호하려는 취지로 해석할 수 있다.
ㄴ. 공권이 인정 범위를 넓게 보는 견해에 의하면 급박하고 막대한 건강상·환경상 피해를 입고 있는 乙에게는 조업정지 등 행정권 발동을 요청할 행정개입청구권이 인정될 수 있다.
ㄷ. 위 ㄴ.에 의하면 乙은 S의 부작위에 대해서 부작위위법확인소송을 제기할 수 있다.
ㄹ. 乙은 S의 부작위에 대해서 행정심판법상의 부작위위법확인심판을 제기할 수 있다.
ㅁ. 판례에 의하면 乙은 S의 부작위에 대해서 의무이행소송을 제기할 수 있다.
ㅂ. 乙은 국가배상법에 의한 손해배상을 청구할 수 없지만, 甲에 대한 민사소송은 제기할 수 있다.

① ㄱ(○) ㄴ(○) ㄷ(○) ㄹ(×) ㅁ(×) ㅂ(×)
② ㄱ(○) ㄴ(×) ㄷ(○) ㄹ(○) ㅁ(×) ㅂ(×)
③ ㄱ(×) ㄴ(○) ㄷ(×) ㄹ(○) ㅁ(×) ㅂ(○)
④ ㄱ(○) ㄴ(○) ㄷ(○) ㄹ(○) ㅁ(×) ㅂ(×)
⑤ ㄱ(×) ㄴ(○) ㄷ(○) ㄹ(×) ㅁ(○) ㅂ(○)

[ㄱ ▸ O] 대기환경보전법 제34조 제2항은 주민의 건강상·환경상 피해를 막기 위한 규정으로 볼 수 있으므로, 공익의 보호뿐만 아니라 인근주민 乙의 사익도 보호하려는 취지로 해석할 수 있다.

정답 ①

[ㄴ ▸ O] 행정개입청구권은 공권의 확대화와 관련 있는 것이다. 대기환경보전법 제34조 제2항은 "환경부장관은 필요한 조치를 명할 수 있다"고 되어 있으므로 재량행위로 볼 수 있는데, 재량행위에 행정개입청구권이 인정되기 위해서는 개인의 생명・신체・재산 등 중요한 법익에 대한 현저한 피해가 예상되는 등 재량권이 0으로 수축되는 경우이어야 한다. 사안에서 乙은 대기오염물질로 인해 급박하고 막대한 건강상・환경상 피해를 받고 있으므로, S의 재량권이 0으로 수축된다고 볼 수 있다. 따라서 乙에게는 조업정지 등 행정권 발동을 요청할 행정개입청구권이 인정될 수 있다.

[ㄷ ▸ O] 乙에게 행정개입청구권이 인정되는 경우, 乙의 신청에 대해 행정청 S는 처분을 해야 할 법률상 의무가 있다. 따라서 乙이 행정권 발동을 요구했으나 상당한 기간이 경과한 후에도 S가 어떠한 조치도 취하지 않은 경우, 乙은 S의 부작위에 대해 부작위위법확인소송을 제기할 수 있다(행정소송법 제2조 제1항 제2호 참조).

[ㄹ ▸ X] 부작위위법확인심판은 인정되지 않으므로, 부작위에 대한 행정심판은 의무이행심판을 제기하여야 한다.

[ㅁ ▸ X] 판례는 의무이행소송을 부정하는 입장이다.

판례 현행 행정소송법상 행정청으로 하여금 일정한 행정처분을 하도록 명하는 이행판결을 구하는 소송이나 법원으로 하여금 행정청이 일정한 행정처분을 행한 것과 같은 효과가 있는 행정처분을 직접 행하도록 하는 형성판결을 구하는 소송은 허용되지 아니한다(대판 1997.9.30. 97누3200).

[ㅂ ▸ X] 국민의 생명, 신체, 재산 등에 대해 절박하고 중대한 위험상태가 발생하였거나 발생할 우려가 있는 경우, 작위의무 있는 공무원이 부작위하였다면 국가배상법상의 손해배상청구가 가능하다.

판례 '법령에 위반하여'라고 하는 것이 엄격하게 형식적 의미의 법령에 명시적으로 공무원의 작위의무가 규정되어 있는데도 이를 위반하는 경우만을 의미하는 것은 아니고, 국민의 생명, 신체, 재산 등에 대하여 절박하고 중대한 위험상태가 발생하였거나 발생할 우려가 있어서 국민의 생명, 신체, 재산 등을 보호하는 것을 본래적 사명으로 하는 국가가 초법규적, 일차적으로 그 위험 배제에 나서지 아니하면 국민의 생명, 신체, 재산 등을 보호할 수 없는 경우에는 형식적 의미의 법령에 근거가 없더라도 국가나 관련 공무원에 대하여 그러한 위험을 배제할 작위의무를 인정할 수 있다(대판 1998.10.13. 98다18520).

**2019년 변호사시험 문 35.** ☑ 확인Check! O △ X

**甲은 자신의 영업소 인근 도로에 광고물을 설치하기 위해 관할 도로관리청인 A시장에게 도로점용허가를 신청하였으나 A시장은 신청 후 상당한 기간이 경과하였음에도 아무런 조치를 취하고 있지 않다. 이에 관한 설명 중 옳은 것은?(다툼이 있는 경우 판례에 의함)**

① 甲은 의무이행심판뿐만 아니라 부작위위법확인심판을 청구할 수 있으며, 이때 의무이행심판 인용재결의 기속력에 관한 「행정심판법」 규정은 부작위위법확인심판에 준용된다.
② 甲이 청구한 의무이행심판에 대하여 처분의 이행을 명하는 재결이 있음에도 불구하고 A시장이 재결의 취지에 따른 처분을 하지 않는 경우, 甲은 관할 행정심판위원회에 간접강제를 신청할 수 있다.
③ 행정심판을 거치지 않고 부작위위법확인소송을 제기하는 경우 甲은 도로점용허가 신청 후 상당한 기간이 경과한 때부터 1년 내에 제소해야 한다.
④ 甲은 A시장의 부작위에 대해 행정심판을 거친 후 부작위위법확인의 소를 제기하려면 행정심판 재결서의 정본을 송달받은 날부터 60일 이내에 제기하여야 한다.
⑤ 甲이 제기한 부작위위법확인소송에서 A시장의 부작위가 위법한지 여부는 甲의 허가신청시를 기준으로 판단되어야 한다.



② 정답

[ ❶ ▸ × ] 행정심판의 종류로는 취소심판, 무효등확인심판, 의무이행심판이 규정되어 있다(행정심판법 제5조 참조). 따라서 부작위위법확인심판은 인정되지 않으므로, 부작위에 대한 행정심판은 의무이행심판을 제기해야 한다.

[ ❷ ▸ O ] 처분명령재결에 대한 기속력확보수단으로 과거에는 직접처분만 인정하였으나, 2017년 행정심판법 개정으로 인해 간접강제도 인정하고 있다.

법령 **위원회의 간접강제(행정심판법 제50조의2)** ① 위원회는 피청구인이 제49조 제2항(제49조 제4항에서 준용하는 경우를 포함한다) 또는 제3항에 따른 처분을 하지 아니하면 청구인의 신청에 의하여 결정으로 상당한 기간을 정하고 피청구인이 그 기간 내에 이행하지 아니하는 경우에는 그 지연기간에 따라 일정한 배상을 하도록 명하거나 즉시 배상을 할 것을 명할 수 있다.

**재결의 기속력 등(행정심판법 제49조)** ③ 당사자의 신청을 거부하거나 부작위로 방치한 처분의 이행을 명하는 재결이 있으면 행정청은 지체 없이 이전의 신청에 대하여 재결의 취지에 따라 처분을 하여야 한다.

[ ❸ ▸ × ] [ ❹ ▸ × ] 부작위위법확인의 소는 원칙적으로 제소기간의 제한을 받지 않는다. 다만, 행정심판을 거친 경우에는 재결서 정본을 송달받은 날부터 90일 이내에 제기해야 한다.

판례 부작위위법확인의 소는 부작위상태가 계속되는 한 그 위법의 확인을 구할 이익이 있다고 보아야 하므로 원칙적으로 제소기간의 제한을 받지 않는다. 그러나 행정소송법 제38조 제2항이 제소기간을 규정한 같은 법 제20조를 부작위위법확인소송에 준용하고 있는 점에 비추어 보면, 행정심판 등 전심절차를 거친 경우에는 행정소송법 제20조가 정한 제소기간 내에 부작위위법확인의 소를 제기하여야 한다(대판 2009.7.23, 2008두10560).

[ ❺ ▸ × ] 판례는 부작위위법확인소송의 위법 판단의 기준시점을 판결 시(사실심의 구두변론 종결 시)로 보고 있다.

판례 부작위위법확인의 소는 행정청이 국민의 법규상 또는 조리상의 권리에 기한 신청에 대하여 상당한 기간 내에 그 신청을 인용하는 적극적 처분 또는 각하하거나 기각하는 등의 소극적 처분을 하여야 할 법률상의 응답의무가 있음에도 불구하고 이를 하지 아니하는 경우, 판결(사실심의 구두변론 종결) 시를 기준으로 그 부작위의 위법을 확인함으로써 행정청의 응답을 신속하게 하여 부작위 내지 무응답이라고 하는 소극적인 위법상태를 제거하는 것을 목적으로 하는 것이고, 나아가 당해 판결의 구속력에 의하여 행정청에게 처분 등을 하게 하고 다시 당해 처분 등에 대하여 불복이 있는 때에는 그 처분 등을 다투게 함으로써 최종적으로는 국민의 권리이익을 보호하려는 제도이므로, 소제기의 전후를 통하여 판결 시까지 행정청이 그 신청에 대하여 적극 또는 소극의 처분을 함으로써 부작위상태가 해소된 때에는 소의 이익을 상실하게 되어 당해 소는 각하를 면할 수가 없는 것이다(대판 1990.9.25, 89누4758).

## 제7절 당사자소송 ★☆

**2017년 변호사시험 문 23.** ☑ 확인Check! ○ △ ×

**「행정소송법」상 당사자소송에 관한 설명 중 옳지 않은 것은?(다툼이 있는 경우 판례에 의함)**

① 당사자소송에 관련청구소송인 민사소송을 병합할 수 있지만, 민사소송에는 당사자소송을 병합할 수 없다.

② 원고가 고의 또는 중대한 과실 없이 당사자소송으로 제기하여야 할 것을 항고소송으로 잘못 제기한 경우에, 당사자소송으로서의 소송요건을 결하고 있음이 명백하여 당사자소송으로 제기되었더라도 어차피 부적법하게 되는 경우가 아닌 이상, 법원으로서는 원고로 하여금 당사자소송으로 소 변경을 하도록 하여 심리·판단하여야 한다.

③ 국가에 대한 납세의무자의 부가가치세 환급세액 지급청구는 민사소송이 아니라 당사자소송의 절차에 따라야 한다.

④ 「민주화운동 관련자 명예회복 및 보상 등에 관한 법률」에 따라 보상금 등의 지급신청을 한 자가 '민주화운동 관련자 명예회복 및 보상 심의위원회'의 보상금 등 지급에 관한 결정을 다투고자 하는 경우에는 곧바로 보상금 등의 지급을 구하는 소송을 당사자소송의 형식으로 제기할 수 있다.

⑤ 「행정소송법」상 취소소송에 관한 행정심판기록의 제출명령 규정은 당사자소송에 준용된다.

[❶ ▸ O] 관련청구소송의 이송 및 병합규정은 당사자소송에도 준용되므로, 당사자소송에 관련청구소송인 민사소송을 병합할 수 있다. 반면, 민사소송에서의 소의 객관적 병합은 동종의 소송절차에 의할 것을 요건으로 하므로, 민사소송에는 당사자소송을 병합할 수 없다고 보아야 한다.

법령

**준용규정(행정소송법 제44조)** ② 제10조의 규정은 당사자소송과 관련청구소송이 각각 다른 법원에 계속되고 있는 경우의 이송과 이들 소송의 병합의 경우에 준용한다.

**관련청구소송의 이송 및 병합(행정소송법 제10조)** ② 취소소송에는 사실심의 변론 종결 시까지 관련청구소송을 병합하거나 피고외의 자를 상대로 한 관련청구소송을 취소소송이 계속된 법원에 병합하여 제기할 수 있다.

**소의 객관적 병합(민사소송법 제253조)** 여러 개의 청구는 같은 종류의 소송절차에 따르는 경우에만 하나의 소로 제기할 수 있다.

[❷ ▸ O] 원고가 고의 또는 중대한 과실 없이 당사자소송으로 제기하여야 할 것을 항고소송으로 잘못 제기한 경우에, 당사자소송으로서의 소송요건을 결하고 있음이 명백하여 당사자소송으로 제기되었더라도 어차피 부적법하게 되는 경우가 아닌 이상, 법원으로서는 원고가 당사자소송으로 소 변경을 하도록 하여 심리·판단하여야 한다(대판 2016.5.24. 2013두14863).

[❸ ▸ O] 납세의무자에 대한 국가의 부가가치세 환급세액 지급의무는 정의와 공평의 관념에서 수익자와 손실자 사이의 재산상태 조정을 위해 인정되는 부당이득 반환의무가 아니라 부가가치세법령에 의하여 그 존부나 범위가 구체적으로 확정되고 조세 정책적 관점에서 특별히 인정되는 공법상 의무라고 봄이 타당하다. 그렇다면 납세의무자에 대한 국가의 부가가치세 환급세액 지급의무에 대응하는 국가에 대한 납세의무자의 부가가치세 환급세액 지급청구는 민사소송이 아니라 행정소송법 제3조 제2호에 규정된 당사자소송의 절차에 따라야 한다(대판 2013.3.21. 2011다95564 [전합]).



④ 정답

[❹ ▸ ×] '민주화운동 관련자 명예회복 및 보상 등에 관한 법률' 제2조 제1호·제2호 본문, 제4조, 제10조, 제11조, 제13조 규정들의 취지와 내용에 비추어 보면, 같은 법 제2조 제2호 각 목은 민주화운동과 관련한 피해유형을 추상적으로 규정한 것에 불과하여 제2조 제1호에서 정의하고 있는 민주화운동의 내용을 함께 고려하더라도 그 규정들만으로는 곧바로 법상의 보상금 등의 지급대상자가 확정된다고 볼 수 없고, '민주화운동 관련자 명예회복 및 보상심의위원회'에서 심의·결정을 받아야만 비로소 보상금 등의 지급대상자로 확정될 수 있다. 따라서 그와 같은 심의위원회의 결정은 국민의 권리·의무에 직접 영향을 미치는 행정처분에 해당하며, '민주화운동 관련자 명예회복 및 보상 등에 관한 법률' 제17조 전단에서 말하는 보상금 등의 지급에 관한 소송은 '민주화운동 관련자 명예회복 및 보상 심의위원회'의 보상금 등의 지급신청에 관하여 전부 또는 일부를 기각하는 결정에 대한 불복을 구하는 소송이므로 취소소송을 의미한다고 보아야 한다(대판 2008.4.17. 2005두16185 [전합]).

[❺ ▸ ○] 행정소송법 제44조 제1항, 제25조 제1항 참조

법령

**준용규정(행정소송법 제44조)** ① 제14조 내지 제17조, 제22조, 제25조, 제26조, 제30조 제1항, 제32조 및 제33조의 규정은 당사자소송의 경우에 준용한다.

**행정심판기록의 제출명령(행정소송법 제25조)** ① 법원은 당사자의 신청이 있는 때에는 결정으로써 재결을 행한 행정청에 대하여 행정심판에 관한 기록의 제출을 명할 수 있다.

**2013년 변호사시험 문 33.** ☑ 확인Check! ○ △ ×

**행정소송법상의 당사자소송에 관한 다음 설명 중 옳지 않은 것은?(다툼이 있는 경우 판례에 의함)**

① 「도시 및 주거환경정비법」상 주택재건축정비사업조합을 상대로 관리처분계획안에 대한 조합 총회결의의 효력 등을 다투는 소송은 행정소송법상의 당사자소송에 해당한다.

② 지방자치단체가 보조금 지급결정을 하면서 일정 기한 내에 보조금을 반환하도록 하는 교부조건을 부가한 경우, 보조사업자의 지방자치단체에 대한 보조금 반환의무는 보조사업자가 지방자치단체에 부담하는 공법상 의무이므로, 보조사업자에 대한 지방자치단체의 보조금반환청구소송은 당사자소송에 해당한다.

③ 관계법령상 구 하천법 시행으로 하천구역으로 편입되어 국유로 되었으나 그에 대한 보상규정이 없었거나 보상청구권이 시효로 소멸되어 보상을 받지 못한 토지들에 대하여 시·도지사가 그 손실을 보상하도록 규정하고 있고 위 관계법령에 의한 손실보상청구권이 그 법령상 요건이 충족되면 당연히 발생되는 경우, 위 관계법령에 의한 손실보상금의 지급을 구하는 소송은 당사자소송에 해당한다.

④ 당사자소송에서 원고가 피고를 잘못 지정한 것으로 보이는 경우, 피고경정은 원고의 신청에 의하여야 하므로 법원으로서는 원고의 피고경정신청이 없는 경우 소를 각하하면 족하고 석명권을 행사하여 원고로 하여금 정당한 피고로 경정하게 할 필요는 없다.

⑤ 당사자소송의 경우에도 취소소송에서의 직권심리 원칙을 규정한 행정소송법 제26조가 준용된다.

[❶ ▸ ○] 관리처분계획은 재건축조합이 조합원의 분양신청현황을 기초로 관리처분계획안을 마련하여 그에 대한 조합총회결의와 토지 등 소유자의 공람절차를 거친 후 관할 행정청의 인가·고시를 통해 비로소 그 효력이 발생하게 되므로, 관리처분계획안에 대한 조합총회결의는 관리처분계획이라는 행정처분에 이르는 절차적 요건 중 하나로, 그것이 위법하여 효력이 없다면 관리처분계획은 하자가 있는 것으로 된다. 따라서 행정주체인 재건축조합을 상대로 관리처분계획안에 대한 조합총회결의의 효력 등을 다투는 소송은 행정처분에 이르는 절차적 요건의 존부나 효력 유무에 관한 소송으로서 그 소송결과에 따라 행정처분의 위법여부에 직접 영향을 미치는 공법상 법률관계에 관한 것이므로, 이는 행정소송법상의 당사자소송에 해당한다(대판 2009.9.17. 2007다2428 [전합]).

정답 ④

[❷ ▸ O] 지방자치단체가 보조금 지급결정을 하면서 일정 기한 내에 보조금을 반환하도록 하는 교부조건을 부가한 경우, 보조사업자의 지방자치단체에 대한 보조금 반환의무는 행정처분인 위 보조금 지급결정에 부가된 부관상 의무이고, 이러한 부관상 의무는 보조사업자가 지방자치단체에 부담하는 공법상 의무이므로, 보조사업자에 대한 지방자치단체의 보조금반환청구는 공법상 권리관계의 일방 당사자를 상대로 하여 공법상 의무이행을 구하는 청구로서 행정소송법 제3조 제2호에 규정한 당사자소송의 대상이다(대판 2011.6.9. 2011다2951).

[❸ ▸ O] 보상청구권의 소멸시효가 만료된 하천구역 편입토지 보상에 관한 특별조치법 제2조, 제6조의 각 규정들을 종합하면, 위 규정들에 의한 손실보상청구권은 1984.12.31. 전에 토지가 하천구역으로 된 경우에는 당연히 발생되는 것이지, 관리청의 보상금지급결정에 의하여 비로소 발생하는 것은 아니므로, 위 규정들에 의한 손실보상금의 지급을 구하거나 손실보상청구권의 확인을 구하는 소송은 행정소송법 제3조 제2호 소정의 당사자소송에 의하여야 한다(대판 2006.5.18. 2004다6207 [전합]).

[❹ ▸ X] 원고가 피고를 잘못 지정하였다면 법원으로서는 당연히 석명권을 행사하여 원고로 하여금 피고를 경정하게 하여 소송을 진행케 하였어야 할 것임에도 불구하고 이러한 조치를 취하지 아니한 채 피고의 지정이 잘못되었다는 이유로 소를 각하한 것은 위법하다(대판 2004.7.8. 2002두7852).

[❺ ▸ O] 행정소송법 제44조 제1항, 제26조 참조

법령

**준용규정(행정소송법 제44조)** ① 제14조 내지 제17조, 제22조, 제25조, 제26조, 제30조 제1항, 제32조 및 제33조의 규정은 당사자소송의 경우에 준용한다.

**직권심리(행정소송법 제26조)** 법원은 필요하다고 인정할 때에는 직권으로 증거조사를 할 수 있고, 당사자가 주장하지 아니한 사실에 대하여도 판단할 수 있다.

**2016년 변호사시험 문 21.** ☑ 확인Check! O △ X

「행정소송법」상 당사자소송에 관한 판례의 입장과 부합하는 것을 모두 고른 것은?

ㄱ. 「공익사업을 위한 토지 등의 취득 및 보상에 관한 법률」상 환매권의 존부에 관한 확인을 구하는 소송은 당사자소송이다.
ㄴ. 공무원연금법령상 퇴직수당 등의 급여를 받으려고 하는 자는 우선 공무원연금관리공단에 급여지급을 신청하여 공단의 급여지급결정을 받아야 하고, 공단의 급여지급결정 없이 바로 당사자소송으로 급여의 지급을 구하는 것은 허용되지 아니한다.
ㄷ. 지방전문직공무원 채용계약 해지의 의사표시는 지방자치단체장의 처분에 해당하므로 지방자치단체를 상대로 당사자소송으로 해지 의사표시의 무효확인을 청구할 수 없다.
ㄹ. 국가의 부가가치세 환급세액 지급의무는 정의와 공평의 관념에서 수익자와 손실자 사이의 재산상태 조정을 위해 인정되는 부당이득 반환의무가 아니라 조세 정책적 관점에서 인정되는 공법상 의무이므로 국가에 대한 납세의무자의 부가가치세 환급세액 지급청구는 당사자소송에 의한다.

① ㄱ, ㄴ ② ㄱ, ㄷ ③ ㄴ, ㄷ
④ ㄴ, ㄹ ⑤ ㄷ, ㄹ



④ 정답

[ㄱ ▸ X] 구 공익사업을 위한 토지 등의 취득 및 보상에 관한 법률 제91조에 규정된 환매권은 상대방에 대한 의사표시를 요하는 형성권의 일종으로서 재판상이든 재판 외이든 위 규정에 따른 기간 내에 행사하면 매매의 효력이 생기는바, 이러한 환매권의 존부에 관한 확인을 구하는 소송 및 같은 법 제91조 제4항에 따라 환매금액의 증감을 구하는 소송 역시 민사소송에 해당한다(대판 2013.2.28. 2010두22368).

[ㄴ ▸ O] 구 공무원연금법령상 급여를 받으려고 하는 자는 우선 관계 법령에 따라 공단에 급여지급을 신청하여 공무원연금관리공단이 이를 거부하거나 일부 금액만 인정하는 급여지급결정을 하는 경우 그 결정을 대상으로 항고소송을 제기하는 등으로 구체적 권리를 인정받은 다음 비로소 당사자소송으로 그 급여의 지급을 구하여야 하고, 구체적인 권리가 발생하지 않은 상태에서 곧바로 공무원연금관리공단 등을 상대로 한 당사자소송으로 급여의 지급을 소구하는 것은 허용되지 않는다(대판 2010. 5. 27. 2008두5636).

[ㄷ ▸ X] 현행 실정법이 지방전문직공무원 채용계약 해지의 의사표시를 일반공무원에 대한 징계처분과는 달리 항고소송의 대상이 되는 처분 등의 성격을 가진 것으로 인정하지 아니하고, 지방전문직공무원규정 제7조 각 호의 1에 해당하는 사유가 있을 때 지방자치단체가 채용계약관계의 한쪽 당사자로서 대등한 지위에서 행하는 의사표시로 취급하고 있는 것으로 이해되므로, 지방전문직공무원 채용계약 해지의 의사표시에 대하여는 대등한 당사자 간의 소송형식인 공법상 당사자소송으로 그 의사표시의 무효확인을 청구할 수 있다(대판 1993.9.14. 92누4611).

[ㄹ ▸ O] 납세의무자에 대한 국가의 부가가치세 환급세액 지급의무는 정의와 공평의 관념에서 수익자와 손실자 사이의 재산상태 조정을 위해 인정되는 부당이득 반환의무가 아니라 부가가치세법령에 의하여 그 존부나 범위가 구체적으로 확정되고 조세 정책적 관점에서 특별히 인정되는 공법상 의무라고 봄이 타당하다. 그렇다면 납세의무자에 대한 국가의 부가가치세 환급세액 지급의무에 대응하는 국가에 대한 납세의무자의 부가가치세 환급세액 지급청구는 민사소송이 아니라 행정소송법 제3조 제2호에 규정된 당사자소송의 절차에 따라야 한다(대판 2013.3.21. 2011다95564 [전합]).

## 제8절 객관적 소송

PART 07

# 행정조직법 및 특별행정작용법

CHAPTER 01

# 행정조직법

행정법

✓ 각 문항별로 이해도를 체크해 보세요.

최근 5년간 회별 평균 2문

## 제1절 개 설 ★☆

2015년 변호사시험 문 22.

☑ 확인 Check! ○ △ ×

권한의 대리와 위임에 관한 설명 중 옳은 것을 모두 고른 것은?(다툼이 있는 경우 판례에 의함)

ㄱ. 도지사로부터 대리권을 수여받은 시장이 대리관계를 밝히지 않고 자신의 명의로 행정처분을 한 경우에도 항고소송의 피고는 도지사가 되어야 하는 것이 원칙이다.
ㄴ. 광역시장의 권한을 사실상 행사하도록 내부위임받은 구청장은 광역시장의 이름으로 권한을 행사하여야 한다.
ㄷ. 내부위임에 따라 수임관청이 위임관청의 이름으로 처분을 한 경우 그 처분의 취소나 무효확인을 구하는 소송의 피고는 위임관청으로 삼아야 한다.
ㄹ. 행정관청 내부의 사무처리규정인 전결규정을 위반하여 원래의 전결권자가 아닌 보조기관 등이 처분권자인 행정관청의 이름으로 행정처분을 하였다면, 그 처분은 권한 없는 자에 의하여 행하여진 것으로서 무효이다.

① ㄱ, ㄴ ② ㄴ, ㄷ ③ ㄷ, ㄹ
④ ㄱ, ㄴ, ㄹ ⑤ ㄴ, ㄷ, ㄹ

[ㄱ ▸ ×] 항고소송은 다른 법률에 특별한 규정이 없는 한 원칙적으로 소송의 대상인 행정처분을 외부적으로 행한 행정청을 피고로 하여야 하는 것이고, 다만 대리기관이 대리관계를 표시하고 피대리행정청을 대리하여 행정처분을 한 때에는 피대리행정청이 피고로 되어야 할 것이다. 따라서 대리권을 수여받은 데 불과하여 그 자신의 명의로는 행정처분을 할 권한이 없는 행정청의 경우 대리관계를 밝힘이 없이 그 자신의 명의로 행정처분을 하였다면 그에 대하여는 처분명의자인 당해 행정청이 항고소송의 피고가 되어야 하는 것이 원칙이지만, 비록 대리관계를 명시적으로 밝히지는 아니하였다 하더라도 처분명의자가 피대리행정청 산하의 행정기관으로서 실제로 피대리행정청으로부터 대리권한을 수여받아 피대리행정청을 대리한다는 의사로 행정처분을 하였고 처분명의자는 물론 그 상대방도 그 행정처분이 피대리행정청을 대리하여 한 것임을 알고서 이를 받아들인 예외적인 경우에는 피대리행정청이 피고가 되어야 한다(대결 2006.2.23. 2005부4).

[ㄴ ▸ O] 행정권한의 내부위임은 법률이 위임을 허용하고 있지 아니한 경우에도 행정관청의 내부적인 사무처리의 편의를 도모하기 위하여 그의 보조기관 또는 하급 행정관청으로 하여금 그의 권한을 사실상 행사하게 하는 것이므로, 권한위임의 경우에는 수임관청이 자기의 이름으로 그 권한 행사를 할 수 있지만 내부위임의 경우에는 수임관청은 위임관청의 이름으로만 그 권한을 행사할 수 있을 뿐 자기의 이름으로는 그 권한을 행사할 수 없는 것이다(대판 1995.11.28. 94누6475).

[ㄷ ▸ O] 내부위임의 경우에는 수임관청이 그 위임된 바에 따라 위임관청의 이름으로 권한을 행사하였다면 그 처분청은 위임관청이므로 그 처분의 취소나 무효확인을 구하는 소송의 피고는 위임관청으로 삼아야 한다(대판 1991.10.8. 91누520).



② 정답

[ㄹ ▸ ×] 전결과 같은 행정권한의 내부위임은 법령상 처분권자인 행정관청이 내부적인 사무처리의 편의를 도모하기 위하여 그의 보조기관 또는 하급 행정관청으로 하여금 그의 권한을 사실상 행사하게 하는 것으로서 법률이 위임을 허용하지 않는 경우에도 인정되는 것이므로, 설사 행정관청 내부의 사무처리규정에 불과한 전결규정에 위반하여 원래의 전결권자 아닌 보조기관 등이 처분권자인 행정관청의 이름으로 행정처분을 하였다고 하더라도 그 처분이 권한 없는 자에 의하여 행하여진 무효의 처분이라고는 할 수 없다(대판 1998.2.27. 97누1105).

**2018년 변호사시험 문 27.** ☑ 확인 Check! ○ △ ×

**행정권한의 행사에 관한 설명 중 옳은 것은?(다툼이 있는 경우 판례에 의함)**

① 민간위탁을 한 행정기관의 장은 사무처리 결과에 대하여 감사를 하여야 하며, 위법·부당한 사항이 있는 경우에는 적절한 조치를 취할 수 있고, 관계 임직원의 문책을 요구할 수 있다.
② 행정권한의 재위임과 관련하여 「정부조직법」과 이에 기한 「행정권한의 위임 및 위탁에 관한 규정」의 관련 조항이 재위임에 관한 일반적인 근거규정이 될 수 없다.
③ 국가사무가 시·도지사에게 기관 위임된 경우에 시·도지사가 이를 구청장 등에게 재위임하기 위해서는 시·도 조례에 의하여야 한다.
④ 주민대표의 참여 없이 의결이 이루어지는 등 폐기물처리시설의 입지를 선정하는 입지선정위원회의 구성방법이나 절차가 위법한 경우라 하더라도, 의결기관인 입지선정위원회의 의결에 터 잡아 이루어진 폐기물처리시설 입지결정처분까지 위법하게 되는 것은 아니다.
⑤ 행정관청 내부의 사무처리규정인 전결규정에 위반하여 원래의 전결권자가 아닌 보조기관 등이 처분권자인 행정관청의 이름으로 행정처분을 하였다면 그러한 처분은 권한 없는 자에 의하여 행하여진 무효의 처분이다.

[❶ ▸ ○] 행정권한의 위임 및 위탁에 관한 규정 제16조 제1항·제2항 참조

**처리 상황의 감사(행정권한의 위임 및 위탁에 관한 규정 제16조)** ① 위탁기관의 장은 민간위탁사무의 처리 결과에 대하여 매년 1회 이상 감사를 하여야 한다.
② 위탁기관의 장은 제1항에 따른 감사 결과 민간위탁사무의 처리가 위법하거나 부당하다고 인정될 때에는 민간수탁기관에 대하여 적절한 시정조치를 할 수 있고, 관계 임원과 직원에 대해서는 문책을 요구할 수 있다.

[❷ ▸ ×] 정부조직법 제6조 제1항의 규정은 법문상 행정권한의 위임 및 재위임의 근거규정이 명백하고, 정부조직법이 국가행정기관의 설치, 조직과 직무범위의 대강을 정하는 데 목적이 있다고 하여 그 이유만으로 위 권한의 위임 및 재위임에 관한 규정마저 권한의 위임 및 재위임 등에 관한 대강을 정한 것에 불과할 뿐 권한의 위임 및 재위임의 근거규정이 아니라고 할 수 없다고 할 것이므로, 도지사 등은 정부조직법 제6조 제1항에 기하여 제정된 행정권한의 위임 및 위탁에 관한 규정에 정한 바에 의하여 위임기관의 장의 승인이 있으면 그 규칙이 정하는 바에 의하여 그 수임된 권한을 시장, 군수 등 소속기관의 장에게 다시 위임할 수 있다(대판 1990.6.26. 88누12158).

[❸ ▸ ×] 관리처분계획의 인가 등에 관한 사무는 국가사무로서 지방자치단체의 장에게 위임된 이른바 기관위임사무에 해당하므로, 시·도지사가 지방자치단체의 조례에 의하여 이를 구청장 등에게 재위임할 수는 없고, 행정권한의 위임 및 위탁에 관한 규정 제4조에 의하여 위임기관의 장의 승인을 얻은 후 지방자치단체의 장이 제정한 규칙이 정하는 바에 따라 재위임하는 것만이 가능하다(대판 1995.8.22. 94누5694 [전합]).

정답 ①

[❹ ▸ ×] 구 폐기물처리시설 설치촉진 및 주변지역지원 등에 관한 법률 제9조 제3항, 같은 법 시행령 제7조 [별표 1], 제11조 제2항 각 규정들에 의하면, 입지선정위원회는 폐기물처리시설의 입지를 선정하는 의결기관이고, 입지선정위원회의 구성방법에 관하여 일정 수 이상의 주민대표 등을 참여시키도록 한 것은 폐기물처리시설 입지선정절차에 있어 주민의 참여를 보장함으로써 주민들의 이익과 의사를 대변하도록 하여 주민의 권리에 대한 부당한 침해를 방지하고 행정의 민주화와 신뢰를 확보하는 데 그 취지가 있는 것이므로, 주민대표나 주민대표 추천에 의한 전문가의 참여 없이 의결이 이루어지는 등 입지선정위원회의 구성방법이나 절차가 위법한 경우에는 그 하자 있는 입지선정위원회의 의결에 터 잡아 이루어진 폐기물처리시설 입지결정처분도 위법하게 된다(대판 2007.4.12. 2006두20150).

[❺ ▸ ×] 전결과 같은 행정권한의 내부위임은 법령상 처분권자인 행정관청이 내부적인 사무처리의 편의를 도모하기 위하여 그의 보조기관 또는 하급 행정관청으로 하여금 그의 권한을 사실상 행사하게 하는 것으로서 법률이 위임을 허용하지 않는 경우에도 인정되는 것이므로, 설사 행정관청 내부의 사무처리규정에 불과한 전결규정에 위반하여 원래의 전결권자 아닌 보조기관 등이 처분권자인 행정관청의 이름으로 행정처분을 하였다고 하더라도 그 처분이 권한 없는 자에 의하여 행하여진 무효의 처분이라고는 할 수 없다(대판 1998.2.27. 97누1105).

**2017년 변호사시험 문 31.** ☑ 확인 Check! ○ △ ×

**甲은 건축물을 건축하기 위하여 관할 시장인 乙에게 건축허가신청을 하였다. 乙은 상당한 기간 내에 건축불허가처분을 하면서 그 처분사유로 「건축법」상의 건축불허가사유뿐만 아니라 「화재예방, 소방시설 설치·유지 및 안전관리에 관한 법률」 제7조 제1항에 따른 소방서장의 건축부동의 사유를 들고 있다. 이에 관한 설명 중 옳은 것을 모두 고른 것은?(다툼이 있는 경우 판례에 의함)**

※ **「화재예방, 소방시설 설치·유지 및 안전관리에 관한 법률」**
제7조(건축허가등의 동의) ① 건축물 등의 신축·증축·개축·재축(再築)·이전·용도변경 또는 대수선(大修繕)의 허가·협의 및 사용승인(이하 "건축허가등"이라 한다)의 권한이 있는 행정기관은 건축허가등을 할 때 미리 그 건축물 등의 시공지(施工地) 또는 소재지를 관할하는 소방본부장이나 소방서장의 동의를 받아야 한다.
〈이하 생략〉

ㄱ. 만약 甲의 건축허가신청 후 乙의 처분 이전에 「화재예방, 소방시설 설치·유지 및 안전관리에 관한 법률」이 개정되어 제7조 제1항이 신설·적용된 경우라면, 소방서장의 건축부동의는 건축불허가사유가 될 수 없다.
ㄴ. 소방서장의 건축부동의는 취소소송의 대상이 되는 처분이 아니다.
ㄷ. 甲은 건축불허가처분에 관한 쟁송에서 「건축법」상의 건축불허가사유뿐만 아니라 소방서장의 건축부동의사유에 관하여도 다툴 수 있다.
ㄹ. 소방서장의 건축부동의사유가 일시적인 사정에 기한 것이고 보완이 가능한 것임에도 乙이 보완을 요구하지 않고 바로 건축불허가처분을 하였다면, 이는 위법하다.

① ㄱ, ㄴ ② ㄴ, ㄹ ③ ㄷ, ㄹ
④ ㄱ, ㄴ, ㄷ ⑤ ㄴ, ㄷ, ㄹ

[ㄱ ▸ ×] 허가 등의 행정처분은 원칙적으로 처분 시의 법령과 허가기준에 의하여 처리되어야 하고 허가신청 당시의 기준에 따라야 하는 것은 아니며, 비록 허가신청 후 허가기준이 변경되었다 하더라도 그 허가관청이 허가신청을 수리하고도 정당한 이유 없이 그 처리를 늦추어 그 사이에 허가기준이 변경된 것이 아닌 이상 변경된 허가기준에 따라서 처분을 하여야 한다(대판 2006.8.25. 2004두2974).



⑤ 정답

[ㄴ ▸ O] [ㄷ ▸ O] 건축허가권자가 건축불허가처분을 하면서 그 처분사유로 건축불허가사유뿐만 아니라 구 소방법 제8조 제1항에 따른 소방서장의 건축부동의사유를 들고 있다고 하여 그 건축불허가처분 외에 별개로 건축부동의처분이 존재하는 것이 아니므로, 그 건축불허가처분을 받은 사람은 그 건축불허가처분에 관한 쟁송에서 건축법상의 건축불허가사유뿐만 아니라 소방서장의 부동의사유에 관하여도 다툴 수 있다(대판 2004.10.15. 2003두6573).

[ㄹ ▸ O] 건축불허가처분을 하면서 그 사유의 하나로 소방시설과 관련된 소방서장의 건축부동의의견을 들고 있으나 그 보완이 가능한 경우, 보완을 요구하지 아니한 채 곧바로 건축허가신청을 거부한 것은 재량권의 범위를 벗어난 것이다(대판 2004.10.15. 2003두6573).

## 제2절 지방자치법 ★★★★★

**2015년 변호사시험 문 32.** 

**A시의 시장 甲이 교통난 해소를 위하여 도로확장공사계획을 수립한 후 건설회사와 공사도급계약을 체결하여 공사를 마쳤으나, 해당 도로가 「군사기지 및 군사시설 보호법」상 공작물의 설치가 금지되는 비행안전구역에 개설되어 개통을 못하게 되었다. 그러자 A시 주민 乙 등은 시장 甲이 도로개설사업을 강행함으로써 예산을 낭비하였다는 이유로 시장 甲을 피고로 하여 「지방자치법」 제17조 제2항 제4호에 따라 손해배상청구를 할 것을 요구하는 소송을 제기하려 한다. 이에 관한 설명 중 옳지 않은 것은?(다툼이 있는 경우 판례에 의함)**

① 乙 등은 위 소송을 제기하기 전에 A시 조례로 정하는 주민 수 이상의 연서(連署)로 감사청구를 하여야 한다.
② 감사청구는 甲의 권한에 속하는 사무의 처리가 법령에 위반된다고 인정되면 가능하지만, 손해배상청구를 할 것을 요구하는 소송은 법률이 정하는 사항에 한한다.
③ 감사청구한 乙 등은 감사기관이 법률이 정한 기간 내에 감사를 끝내지 아니한 경우 바로 소송을 제기할 수 있다.
④ 손해배상청구를 할 것을 요구하는 소송이 진행 중이더라도 乙 등을 제외한 다른 주민은 같은 사항에 대하여 별도의 소송을 제기할 수 있다.
⑤ 손해배상청구를 명하는 판결이 확정되면 지방의회 의장은 이 사업의 강행으로 예산을 낭비한 시장 甲에게 그 판결에 따라 결정된 손해배상금의 지불을 청구하여야 한다.

[❶ ▸ O] 주민소송은 감사청구를 한 주민만이 제기할 수 있는 감사청구전치주의가 적용된다(지방자치법 제17조 제1항 참조). 따라서 주민 乙 등은 주민소송을 제기하기 전에 A시 조례로 정하는 주민 수 이상의 연서(連署)로 감사청구를 해야 한다(지방자치법 제16조 제1항 참조).

[❷ ▸ O] 주민감사청구는 지방자치단체와 그 장의 권한에 속하는 사무처리가 법령에 위반되거나 공익을 현저히 해친다고 인정되면 할 수 있지만(지방자치법 제16조 제1항 참조), 주민소송은 법률이 정하는 사항(공금의 지출에 관한 사항, 재산의 취득·관리·처분에 관한 사항, 해당 지방자치단체를 당사자로 하는 매매·임차·도급계약이나 그 밖의 계약의 체결·이행에 관한 사항 또는 지방세·사용료·수수료·과태료 등 공금의 부과·징수를 게을리한 사항)에 한한다(지방자치법 제17조 제1항 참조).

[❸ ▸ O] 감사청구를 한 乙 등은 감사기관이 감사청구를 수리한 날부터 60일(제16조 제3항 단서에 따라 감사기간이 연장된 경우에는 연장기간이 끝난 날)이 지나도 감사를 끝내지 않은 경우, 바로 소송을 제기할 수 있다(지방자치법 제17조 제1항 제1호 참조).

정답 ④

[❹ ▸ ×] 주민소송이 진행 중이면, 다른 주민은 같은 사항에 대해 별도의 소송을 제기할 수 없다(지방자치법 제17조 제5항 참조).

[❺ ▸ O] 손해배상금이나 부당이득반환금을 지불해야 할 당사자가 지방자치단체의 장이면, 지방의회의장이 지불을 청구해야 한다(지방자치법 제18조 제1항 참조).

법령

**주민의 감사청구(지방자치법 제16조)** ① 지방자치단체의 19세 이상의 주민은 시·도는 500명, 제175조에 따른 인구 50만 이상 대도시는 300명, 그 밖의 시·군 및 자치구는 200명을 넘지 아니하는 범위에서 그 지방자치단체의 조례로 정하는 19세 이상의 주민 수 이상의 연서(連署)로, 시·도에서는 주무부장관에게, 시·군 및 자치구에서는 시·도지사에게 그 지방자치단체와 그 장의 권한에 속하는 사무의 처리가 법령에 위반되거나 공익을 현저히 해친다고 인정되면 감사를 청구할 수 있다.

**주민소송(지방자치법 제17조)** ① 제16조 제1항에 따라 공금의 지출에 관한 사항, 재산의 취득·관리·처분에 관한 사항, 해당 지방자치단체를 당사자로 하는 매매·임차·도급 계약이나 그 밖의 계약의 체결·이행에 관한 사항 또는 지방세·사용료·수수료·과태료 등 공금의 부과·징수를 게을리한 사항을 감사청구한 주민은 다음 각 호의 어느 하나에 해당하는 경우에 그 감사청구한 사항과 관련이 있는 위법한 행위나 업무를 게을리한 사실에 대하여 해당 지방자치단체의 장(해당 사항의 사무처리에 관한 권한을 소속 기관의 장에게 위임한 경우에는 그 소속 기관의 장을 말한다)을 상대방으로 하여 소송을 제기할 수 있다.

1. 주무부장관이나 시·도지사가 감사청구를 수리한 날부터 60일(제16조 제3항 단서에 따라 감사기간이 연장된 경우에는 연장기간이 끝난 날을 말한다)이 지나도 감사를 끝내지 아니한 경우
2. 제16조 제3항 및 제4항에 따른 감사결과 또는 제16조 제6항에 따른 조치요구에 불복하는 경우
3. 제16조 제6항에 따른 주무부장관이나 시·도지사의 조치요구를 지방자치단체의 장이 이행하지 아니한 경우
4. 제16조 제6항에 따른 지방자치단체의 장의 이행조치에 불복하는 경우

② 제1항에 따라 주민이 제기할 수 있는 소송은 다음 각 호와 같다.

1. 해당 행위를 계속하면 회복하기 곤란한 손해를 발생시킬 우려가 있는 경우에는 그 행위의 전부나 일부를 중지할 것을 요구하는 소송
2. 행정처분인 해당 행위의 취소 또는 변경을 요구하거나 그 행위의 효력 유무 또는 존재 여부의 확인을 요구하는 소송
3. 게을리한 사실의 위법 확인을 요구하는 소송
4. 해당 지방자치단체의 장 및 직원, 지방의회의원, 해당 행위와 관련이 있는 상대방에게 손해배상청구 또는 부당이득반환청구를 할 것을 요구하는 소송. 다만, 그 지방자치단체의 직원이 회계 관계 직원 등의 책임에 관한 법률 제4조에 따른 변상책임을 져야 하는 경우에는 변상명령을 할 것을 요구하는 소송을 말한다.

⑤ 제2항 각 호의 소송이 진행 중이면 다른 주민은 같은 사항에 대하여 별도의 소송을 제기할 수 없다.

**손해배상금 등의 지불청구 등(지방자치법 제18조)** ① 지방자치단체의 장(해당 사항의 사무처리에 관한 권한을 소속 기관의 장에게 위임한 경우에는 그 소속 기관의 장을 말한다)은 제17조 제2항 제4호 본문에 따른 소송에 대하여 손해배상청구나 부당이득반환청구를 명하는 판결이 확정되면 그 판결이 확정된 날부터 60일 이내를 기한으로 하여 당사자에게 그 판결에 따라 결정된 손해배상금이나 부당이득반환금의 지불을 청구하여야 한다. 다만, 손해배상금이나 부당이득반환금을 지불하여야 할 당사자가 지방자치단체의 장이면 지방의회 의장이 지불을 청구하여야 한다.

**2013년 변호사시험 문 36.** ☑확인 Check! ○ △ ×

**A시(市)의 시장은 빈약한 시의 재정을 확충하고 시의 경기를 활성화하고자 공업단지를 신규로 조성하기로 하고 이를 위한 재원을 마련한다는 취지로 시 관내에 광역화장장(火葬場)을 유치하기로 결정하였다. 또한 시의회의원 10명(비례대표의원 2명 포함)이 의회운영공동경비를 전용하여 친목등산회에서 신을 등산화를 구입한 사실이 언론을 통해 보도되었다. 그러자 시민들은 시장의 광역화장장 유치결정과 시의회의 예산낭비를 비판하며 연일 맹렬한 시위를 하는 한편, 주민대책위원회는 위 사태에 대응하기 위한 법적 조치를 준비하고 있다. 이 상황에서 A시의 시민들이 지금 곧바로 취할 수 있는 법적 대응에 해당하지 않는 것은?(A시의 시장과 위 시의회의원들은 각 취임한 지 1년이 경과하였고 잔여임기가 1년 이상임)**

① 시장에 대하여 직접 주민소환을 하는 것
② 시의회의 의회운영공동경비 사용 등에 관하여 주민감사청구를 하는 것
③ 시의회의원 10명에 대하여 직접 부당이득의 반환을 청구하는 주민소송을 제기하는 것
④ 등산화를 구입한 8명의 시의원(비례대표의원 2명 제외)에 대하여 직접 주민소환을 하는 것
⑤ 광역화장장의 유치 여부에 관하여 주민투표를 청구하는 것

[❶ ▸ ○] [❹ ▸ ○] 해당 지방자치단체의 장 및 지방의회의원(비례대표선거구시・도의회의원 및 비례대표선거구자치구・시・군의회의원은 제외하며, 이하 "선출직 지방공직자"라 한다)에 대해 다음 각 호에 해당하는 주민의 서명으로 그 소환사유를 서면에 구체적으로 명시하여 관할 선거관리위원회에 주민소환투표의 실시를 청구할 수 있다(주민소환에 관한 법률 제7조 제1항 참조).

[❷ ▸ ○] 지방자치단체의 19세 이상의 주민은 지방자치단체의 조례로 정하는 19세 이상의 주민 수 이상의 연서(連署)로, 그 지방자치단체와 그 장의 권한에 속하는 사무처리가 법령에 위반되거나 공익을 현저히 해친다고 인정되면 감사를 청구할 수 있다(지방자치법 제16조 제1항 참조).

[❸ ▸ ×] 주민소송의 피고는 해당 지방자치단체의 장이다. 따라서 주민소송의 유형 중 하나인 손해배상청구 등 이행소송은 주민이 지방자치단체의 장에게 해당 행위와 관련이 있는 상대방에게 손해배상청구 또는 부당이득반환청구를 할 것 등을 요구하는 소송이지, 주민이 직접 부당이득의 반환을 청구하는 소송이 아니다. 즉, 주민소송으로 A시의 시민들이 시의회의원에게 직접 부당이득의 반환을 청구할 수는 없다.

법령

**주민소송(지방자치법 제17조)** ① 제16조 제1항에 따라 공금의 지출에 관한 사항, 재산의 취득・관리・처분에 관한 사항, 해당 지방자치단체를 당사자로 하는 매매・임차・도급 계약이나 그 밖의 계약의 체결・이행에 관한 사항 또는 지방세・사용료・수수료・과태료 등 공금의 부과・징수를 게을리한 사항을 감사청구한 주민은 다음 각 호의 어느 하나에 해당하는 경우에 그 감사청구한 사항과 관련이 있는 위법한 행위나 업무를 게을리 한 사실에 대하여 해당 지방자치단체의 장(해당 사항의 사무처리에 관한 권한을 소속 기관의 장에게 위임한 경우에는 그 소속 기관의 장을 말한다. 이하 이 조에서 같다)을 상대방으로 하여 소송을 제기할 수 있다.

② 제1항에 따라 주민이 제기할 수 있는 소송은 다음 각 호와 같다.

4. 해당 지방자치단체의 장 및 직원, 지방의회의원, 해당 행위와 관련이 있는 상대방에게 손해배상청구 또는 부당이득반환청구를 할 것을 요구하는 소송. 다만, 그 지방자치단체의 직원이 회계 관계 직원 등의 책임에 관한 법률 제4조에 따른 변상책임을 져야 하는 경우에는 변상명령을 할 것을 요구하는 소송을 말한다.



정답 ③

[❺ ▸ O] 주민에게 과도한 부담을 주거나 중대한 영향을 미치는 지방자치단체의 주요 결정사항으로서 그 지방자치단체의 조례로 정하는 사항(주민투표법 제7조 제1항 참조)에 대해 지방자치단체의 장은 주민 또는 지방의회의 청구에 의하거나 직권에 의하여 주민투표를 실시할 수 있다(주민투표법 제9조 제1항 참조). 즉, 광역화장장의 유치는 주민에게 과도한 부담을 주거나 중대한 영향을 미치는 지방자치단체의 주요 결정사항으로 볼 수 있으므로, 주민투표의 청구가 가능하다.

**2019년 변호사시험 문 30.** ☑ 확인Check! ○ △ ✕

**지방자치단체의 조례에 관한 설명 중 옳지 않은 것은?(다툼이 있는 경우 판례에 의함)**

① 지방자치단체의 장에게 위임된 국가사무인 기관위임사무에 대하여 개별법령에서 그에 관한 일정한 사항을 조례로 정하도록 하는 것은 기관위임사무의 성질상 허용될 수 없다.
② 「지방자치법」은 지방의회와 지방자치단체의 장에게 독자적 권한을 부여하고 상호 견제와 균형을 이루도록 하고 있으므로 법률에 특별한 규정이 없는 한 지방의회는 견제의 범위를 넘어서 조례로써 지방자치단체의 장의 고유권한을 침해하는 규정을 둘 수 없다.
③ 지방자치단체의 주민은 공공시설의 설치를 반대하는 내용의 조례의 제정이나 개폐를 청구할 수 없다.
④ 지방자치단체의 조례가 규율하는 특정 사항에 관하여 그것을 규율하는 국가의 법령이 이미 존재하는 경우에도 조례가 법령과 별도의 목적에 기하여 규율함을 의도하는 것으로서 그 적용에 의하여 법령의 규정이 의도하는 목적과 효과를 전혀 저해하는 바가 없는 때에는 그 조례가 국가의 법령에 위반되는 것은 아니다.
⑤ 법령의 위임 없이, 교원인사에 관한 사항을 심의하기 위하여 공립학교에 교원인사자문위원회를 두도록 하고 그 심의사항에 관하여 규정한 조례는 조례제정권의 한계를 벗어나 위법하다.

[❶ ▸ ×] 기관위임사무에 있어서도 위임조례는 가능하다.

판례

기관위임사무에 있어서도 그에 관한 개별법령에서 일정한 사항을 조례로 정하도록 위임하고 있는 경우에는 지방자치단체의 자치조례제정권과 무관하게 이른바 위임조례를 정할 수 있다고 하겠으나 이때에도 그 내용은 개별법령이 위임하고 있는 사항에 관한 것으로서 개별법령의 취지에 부합하는 것이라야만 하고, 그 범위를 벗어난 경우에는 위임조례로서의 효력도 인정할 수 없다(대판 1999.9.17. 99추30).

[❷ ▸ O] 지방자치법은 지방의회와 지방자치단체의 장에게 독자적 권한을 부여하고 상호견제와 균형을 이루도록 하고 있으므로, 법률에 특별한 규정이 없는 한 조례로써 견제의 범위를 넘어서 고유권한을 침해하는 규정을 할 수 없고, 일방의 고유권한을 타방이 행사하게 하는 내용의 조례는 지방자치법에 위배된다(대판 1996.5.14. 96추15).

[❸ ▸ O] 지방자치법 제15조 제2항 참조

법령

**조례의 제정과 개폐청구(지방자치법 제15조)** ② 다음 각 호의 사항은 제1항에 따른 청구 대상에서 제외한다.
1. 법령을 위반하는 사항
2. 지방세・사용료・수수료・부담금의 부과・징수 또는 감면에 관한 사항
3. 행정기구를 설치하거나 변경하는 것에 관한 사항이나 공공시설의 설치를 반대하는 사항



① 정답

[ ❹ ▸ O ] 지방자치단체는 법령에 위반되지 아니하는 범위 내에서 그 사무에 관하여 조례를 제정할 수 있는 것이고, 조례가 규율하는 특정 사항에 관하여 그것을 규율하는 국가의 법령이 이미 존재하는 경우에도 조례가 법령과 별도의 목적에 기하여 규율함을 의도하는 것으로서 그 적용에 의하여 법령의 규정이 의도하는 목적과 효과를 전혀 저해하는 바가 없는 때 또는 양자가 동일한 목적에서 출발한 것이라고 할지라도 국가의 법령이 반드시 그 규정에 의하여 전국에 걸쳐 일률적으로 동일한 내용을 규율하려는 취지가 아니고 각 지방자치단체가 그 지방의 실정에 맞게 별도로 규율하는 것을 용인하는 취지라고 해석되는 때에는 그 조례가 국가의 법령에 위반되는 것은 아니다(대판 1997.4.25. 96추244).

[ ❺ ▸ O ] 교원인사에 관한 사항을 심의하기 위하여 공립학교에 교원인사자문위원회를 두도록 하고 그 심의사항에 관하여 규정한 '광주광역시 학교자치에 관한 조례안'에 대하여 교육부장관의 재의요구지시에 따라 교육감이 재의를 요구하였으나 시의회가 원안대로 재의결한 경우, 위 조례안은 국가사무에 관하여 법령의 위임 없이 조례로 정한 것으로 조례제정권의 한계를 벗어나 위법하다(대판 2016.12.29. 2013추36).

**2015년 변호사시험 문 38.** ☑ 확인 Check! O △ X

**조례에 관한 설명 중 옳은 것(O)과 옳지 않은 것(×)을 올바르게 조합한 것은?(다툼이 있는 경우 판례에 의함)**

ㄱ. 조례에 대한 항고소송에서는 조례의 의결기관인 지방의회가 피고적격을 가진다.
ㄴ. 「생활보호법」 소정의 자활보호대상자 중에서 사실상 생계유지가 어려운 자에게 「생활보호법」과는 별도로 생계비를 지원하는 것을 내용으로 하는 조례안은 「생활보호법」에 저촉된다.
ㄷ. 도지사 소속 행정불만처리조정위원회 위원의 위촉·해촉에 도의회의 동의를 받도록 한 조례안은 사후에 소극적으로 개입하는 것으로서 적법하나, 위원의 일부를 도의회 의장이 위촉하도록 한 조례안은 위법하다.

① ㄱ(O) ㄴ(×) ㄷ(×)
② ㄱ(O) ㄴ(×) ㄷ(O)
③ ㄱ(×) ㄴ(O) ㄷ(×)
④ ㄱ(×) ㄴ(×) ㄷ(O)
⑤ ㄱ(O) ㄴ(O) ㄷ(O)

[ ㄱ ▸ × ] 조례에 대한 무효확인소송을 제기함에 있어서 피고적격이 있는 처분 등을 행한 행정청은, 행정주체인 지방자치단체 또는 지방자치단체의 내부적 의결기관으로서 지방자치단체의 의사를 외부에 표시한 권한이 없는 지방의회가 아니라, 지방자치단체의 집행기관으로서 조례로서의 효력을 발생시키는 공포권이 있는 지방자치단체의 장이다(대판 1996.9.20. 95누8003)

[ ㄴ ▸ × ] 위 조례안의 내용은 생활 유지의 능력이 없거나 생활이 어려운 자에게 보호를 행하여 이들의 최저생활을 보장하고 자활을 조성함으로써 구민의 사회복지의 향상에 기여함을 목적으로 하는 것으로서 생활보호법과 그 목적 및 취지를 같이 하는 것이나 보호대상자 선정의 기준 및 방법, 보호의 내용을 생활보호법의 그것과는 다르게 규정함과 동시에 생활보호법 소정의 자활보호대상자 중에서 사실상 생계유지가 어려운 자에게 생활보호법과는 별도로 생계비를 지원하는 것을 그 내용으로 하는 것이라는 점에서 생활보호법과는 다른 점이 있고, 당해 조례안에 의하여 생활보호법 소정의 자활보호대상자 중 일부에 대하여 생계비를 지원한다고 하여 생활보호법이 의도하는 목적과 효과를 저해할 우려는 없다고 보여지며, 비록 생활보호법이 자활보호대상자에게는 생계비를 지원하지 아니하도록 규정하고 있다고 할지라도 그 규정에 의한 자활보호대상자에게 전국에 걸쳐 일률적으로 동일한 내용의 보호만을 실시하여야 한다는 취지로는 보이지 아니하고, 각 지방자치단체가 그 지방의 실정에 맞게 별도의 생활 보호를 실시하는 것을 용인하는 취지라고 보아야 할 것이라는 이유로, 당해 조례안의 내용이 생활보호법의 규정과 모순·저촉되는 것이라고 할 수 없다(대판 1997.4.25. 96추244).



정답 ④

[ㄷ ▸ O] 지방의회가 집행기관의 인사권에 관하여 소극적 사후적으로 개입하는 것은 그것이 견제의 범위 안에 드는 경우에는 허용되나, 집행기관의 인사권을 독자적으로 행사하거나 동등한 지위에서 합의하여 행사할 수는 없으며, 사전에 적극적으로 개입하는 것도 원칙적으로 허용되지 아니하므로 조례안에 규정된 행정불만처리조정위원회 위원의 위촉, 해촉에 지방의회의 동의를 받도록 한 것은 사후에 소극적으로 개입하는 것으로서 지방의회의 집행기관에 대한 견제권의 범위에 드는 적법한 규정이라고 보아야 될 것이나, 그 일부를 지방의회 의장이 위촉하도록 한 것은 지방의회가 집행기관의 인사권에 사전에 적극적으로 개입하는 것으로서 지방자치법이 정한 의결기관과 집행기관 사이의 권한 분리 및 배분의 취지에 배치되는 위법한 규정이며, 또 집행기관의 인사권에 의장 개인의 자격으로는 관여할 수 있는 권한이 없고 조례로써 이를 허용할 수도 없으며, 따라서 의장 개인이 위원의 일부를 위촉하도록 한 조례안의 규정은 그 점에서도 위법하다(대판 1994.4.26. 93추175).

**2012년 변호사시험 문 21.** ☑ 확인Check! O △ X

A지방자치단체에서는 조례제정권의 범위에 대해 법무법인 B에 자문을 구하였다. B는 이에 관한 법률의견서를 작성해 주었는데, 아래 ㄱ.~ ㅁ.은 그 내용 중 일부이다. 옳은 것을 모두 고른 것은?(다툼이 있는 경우 판례에 의함)

ㄱ. 지방자치법상 지방자치단체는 법령의 범위 안에서 그 사무에 관하여 조례를 제정할 수 있으며, 다만 주민의 권리 제한 또는 의무 부과에 관한 사항이나 벌칙을 정할 때에는 법률의 위임이 있어야 한다.

ㄴ. 그리고 조례가 지방의회의 의결로 제정되는 지방자치단체의 자주법이라고 하더라도 그것이 법률의 위임에 따라 제정되는 것인 이상, 조례도 위임명령과 마찬가지로 포괄적 위임은 허용될 여지가 없다.

ㄷ. 그런데 지방자치단체가 자치조례를 제정할 수 있는 사항은 지방자치단체의 고유사무인 자치사무와 개별법령에 의하여 지방자치단체에 위임된 단체위임사무에 한하는 것이고, 국가사무가 지방자치단체의 장에게 위임된 기관위임사무는 원칙적으로 자치조례의 제정범위에 속하지 않는다 할 것이지만, 기관위임사무에 있어서도 그에 관한 개별법령에서 일정한 사항을 조례로 정하도록 위임하고 있는 경우에는 위임받은 사항에 관하여 개별법령의 취지에 부합하는 범위 내에서 이른바 위임조례를 정할 수 있다.

ㄹ. 한편, 조례가 규율하는 특정 사항에 관하여 그것을 규율하는 국가의 법령이 이미 존재하는 경우에도, 조례가 법령과 별도의 목적에 기하여 규율함을 의도하는 것으로서 그 적용에 의하여 법령의 규정이 의도하는 목적과 효과를 전혀 저해하는 바가 없는 때, 또는 양자가 동일한 목적에서 출발한 것이라고 할지라도 국가의 법령이 반드시 그 규정에 의하여 전국에 걸쳐 일률적으로 동일한 내용을 규율하려는 취지가 아니고 각 지방자치단체가 그 지방의 실정에 맞게 별도로 규율하는 것을 용인하는 취지라고 해석되는 때에는 그 조례가 국가의 법령에 위배되는 것은 아니라고 보아야 한다.

ㅁ. 지방자치단체는 조례의 실효성을 확보하기 위한 수단으로 조례위반행위에 대한 벌칙을 정할 수 있는데, 여기서 말하는 벌칙의 개념에는 별도의 제한이 없으므로, 지방자치단체는 법률의 위임이 없이도 조례위반행위에 대한 벌칙으로서 벌금, 구류, 과료와 같은 형벌을 정하여 부과할 수 있다.

① ㄱ, ㄴ, ㅁ ② ㄱ, ㄷ, ㄹ ③ ㄱ, ㄷ, ㅁ
④ ㄴ, ㄷ, ㄹ ⑤ ㄱ, ㄴ, ㄷ, ㄹ

[ㄱ ▸ O] [ㅁ ▸ X] 지방자치단체는 법령의 범위 안에서 그 사무에 관하여 조례를 제정할 수 있다. 다만, 주민의 권리 제한 또는 의무 부과에 관한 사항이나 벌칙을 정할 때에는 법률의 위임이 있어야 한다(지방자치법 제22조).

[ㄴ ▸ X] 법률이 주민의 권리의무에 관한 사항에 관하여 구체적으로 아무런 범위도 정하지 아니한 채 조례로 정하도록 포괄적으로 위임하였다고 하더라도, 조례도 주민의 대표기관인 지방의회의 의결로 제정되는 지방자치단체의 자주법인 만큼, 지방자치단체가 법령에 위반되지 않는 범위 내에서 주민의 권리의무에 관한 사항을 조례로 제정할 수 있는 것이다(대판 1991.8.27. 90누6613).



② 정답

[ㄷ ▸ O] 지방자치법 제15조(현행법 제22조), 제9조에 의하면, 지방자치단체가 자치조례를 제정할 수 있는 사항은 지방자치단체의 고유사무인 자치사무와 개별법령에 의하여 지방자치단체에 위임된 단체위임사무에 한하는 것이고, 국가사무가 지방자치단체의 장에게 위임된 기관위임사무는 원칙적으로 자치조례의 제정범위에 속하지 않는다 할 것이고, 다만 기관위임사무에 있어서도 그에 관한 개별법령에서 일정한 사항을 조례로 정하도록 위임하고 있는 경우에는 위임받은 사항에 관하여 개별법령의 취지에 부합하는 범위 내에서 이른바 위임조례를 정할 수 있다(대판 2000.5.30. 99추85).

[ㄹ ▸ O] 지방자치단체의 조례는 그것이 자치조례에 해당하는 것이라도 법령에 위반되지 않는 범위 안에서만 제정할 수 있어서 법령에 위반되는 조례는 그 효력이 없지만(지방자치법 제22조 및 위 구 지방자치법 제15조), 조례가 규율하는 특정 사항에 관하여 그것을 규율하는 국가의 법령이 이미 존재하는 경우에도 조례가 법령과 별도의 목적에 기하여 규율함을 의도하는 것으로서 그 적용에 의하여 법령의 규정이 의도하는 목적과 효과를 전혀 저해하는 바가 없는 때, 또는 양자가 동일한 목적에서 출발한 것이라고 할지라도 국가의 법령이 반드시 그 규정에 의하여 전국에 걸쳐 일률적으로 동일한 내용을 규율하려는 취지가 아니고 각 지방자치단체가 그 지방의 실정에 맞게 별도로 규율하는 것을 용인하는 취지라고 해석되는 때에는 그 조례가 국가의 법령에 위반되는 것은 아니라고 보아야 할 것이다(대판 2007.12.13. 2006추52).

**2014년 변호사시험 문 27.** ☑ 확인Check! ○ △ ×

**지방자치에 관한 설명 중 옳은 것을 모두 고른 것은?(다툼이 있는 경우 판례에 의함)**

ㄱ. 지방자치법에 의하면 지방자치단체의 주민은 그 지방자치단체의 장 및 비례대표 지방의회 의원을 포함한 지방의회 의원에 대해 소환할 권리를 가진다.
ㄴ. 지방자치법에 의하면 지방자치단체의 사무에 관한 그 장의 명령이나 처분이 법령에 위반되거나 현저히 부당하여 공익을 해친다고 인정되면 시·도(특별시, 광역시, 특별자치시, 도, 특별자치도를 말함)에 대하여는 주무부장관이 기간을 정하여 서면으로 시정할 것을 명하고, 그 기간에 이행하지 아니하면 이를 취소하거나 정지할 수 있다. 이 경우 자치사무에 관한 명령이나 처분에 대하여는 법령을 위반하는 것에 한한다.
ㄷ. 법령상 지방자치단체의 장이 처리하도록 하고 있는 사무가 자치사무인지 아니면 기관위임사무인지를 판단하기 위해서는 그에 관한 법령의 규정형식과 취지를 우선 고려하여야 하지만, 그 밖에 그 사무의 성질이 전국적으로 통일적인 처리가 요구되는 사무인지, 그에 관한 경비부담과 최종적인 책임귀속의 주체가 누구인지 등도 함께 고려하여야 한다.
ㄹ. 지방자치단체의 집행기관의 사무집행에 관한 감시·통제기능은 지방의회의 고유권한이므로 이러한 지방의회의 권한을 제한·박탈하거나 제3의 기관 또는 집행기관 소속의 어느 특정 행정기관에 일임하는 내용의 조례를 제정한다면 이는 지방의회의 권한을 본질적으로 침해하거나 그 권한을 스스로 저버리는 내용의 것으로서 지방자치법령에 위반되어 무효이다.
ㅁ. 지방자치법상 지방의회 의원에게 지급하는 월정수당은 지방의회 의원의 직무활동에 대하여 매월 지급되는 것이기는 하나, 이는 지방의회 의원이 명예직으로서 주민을 대표하여 의정활동을 하는 데 사용되는 비용을 보전하는 성격을 가지고 있으므로 지방의회 의원의 직무활동에 대한 대가로 지급되는 보수의 일종으로 볼 수 없다.

① ㄱ, ㄴ, ㄷ ② ㄱ, ㄹ, ㅁ ③ ㄴ, ㄷ, ㄹ
④ ㄴ, ㄹ, ㅁ ⑤ ㄷ, ㄹ, ㅁ

[ㄱ ▸ X] 주민은 그 지방자치단체의 장 및 지방의회의원(비례대표지방의회의원은 제외한다)을 소환할 권리를 가진다(지방자치법 제20조 제1항).



정답 ③

[ㄴ ▸ O] 지방자치법 제169조 제1항 참조

법령 **위법 · 부당한 명령 · 처분의 시정(지방자치법 제169조)** ① 지방자치단체의 사무에 관한 그 장의 명령이나 처분이 법령에 위반되거나 현저히 부당하여 공익을 해친다고 인정되면 시 · 도에 대하여는 주무부장관이, 시 · 군 및 자치구에 대하여는 시 · 도지사가 기간을 정하여 서면으로 시정할 것을 명하고, 그 기간에 이행하지 아니하면 이를 취소하거나 정지할 수 있다. 이 경우 자치사무에 관한 명령이나 처분에 대하여는 법령을 위반하는 것에 한한다.

[ㄷ ▸ O] 법령상 지방자치단체의 장이 처리하도록 규정하고 있는 사무가 기관위임사무에 해당하는지 여부를 판단함에 있어서는 그에 관한 법령의 규정형식과 취지를 우선 고려하여야 할 것이지만 그 외에도 그 사무의 성질이 전국적으로 통일적인 처리가 요구되는 사무인지 여부나 그에 관한 경비부담과 최종적인 책임귀속의 주체 등도 아울러 고려하여 판단하여야 할 것이다(대판 1999.9.17. 99추30).

[ㄹ ▸ O] 지방자치단체의 집행기관의 사무집행에 관한 감시 · 통제기능은 지방의회의 고유권한이므로 이러한 지방의회의 권한을 제한 · 박탈하거나 제3의 기관 또는 집행기관 소속의 어느 특정 행정기관에 일임하는 내용의 조례를 제정한다면 이는 지방의회의 권한을 본질적으로 침해하거나 그 권한을 스스로 저버리는 내용의 것으로서 지방자치법령에 위반되어 무효이다(대판 1997.4.11. 96추138).

[ㅁ ▸ X] 지방자치법 제32조 제1항(현행 지방자치법 제33조 제1항 참조)은 지방의회 의원에게 지급하는 비용으로 의정활동비(제1호)와 여비(제2호) 외에 월정수당(제3호)을 규정하고 있는바, 이 규정의 입법연혁과 함께 특히 월정수당(제3호)은 지방의회 의원의 직무활동에 대하여 매월 지급되는 것으로서, 지방의회 의원이 전문성을 가지고 의정활동에 전념할 수 있도록 하는 기틀을 마련하고자 하는 데에 그 입법취지가 있다는 점을 고려해 보면, 지방의회 의원에게 지급되는 비용 중 적어도 월정수당(제3호)은 지방의회 의원의 직무활동에 대한 대가로 지급되는 보수의 일종으로 봄이 상당하다(대판 2009.1.30. 2007두13487).

**2020년 변호사시험 문 31.** ☑ 확인Check! O △ X

**A도 B군의회는 X사무에 관하여 조례안을 의결하여 B군수에게 이송하였다. A도지사는 위 조례안이 법령의 위임이 없는 위법한 것임을 이유로 B군수에게 재의요구를 지시하였고, B군수의 재의요구에 대해 B군의회는 원안대로 재의결을 하였다. 이에 관한 설명 중 옳은 것은?(다툼이 있는 경우 판례에 의함)**

① X사무가 국가사무인 경우에는 법령의 위임이 있어야 B군의회가 조례를 제정할 수 있으며, 이때의 위임은 포괄적 위임으로도 족하다.
② A도지사가 조례안재의결무효확인소송을 제기한 경우, 심리 대상은 재의요구요청에서 이의사항으로 지적한 것에 한하지 않으며, 법원은 재의결이 법령에 위반될 수 있는 모든 사정에 관하여 심리할 수 있다.
③ B군의회의 재의결이 법령에 위반된다고 판단됨에도 A도지사가 이에 대해 제소하지 않는 경우에는 행정안전부장관이 직접 대법원에 제소할 수 있다.
④ X사무가 자치사무인 경우 X사무에 관한 B군수의 처분이 법령에 위반됨을 이유로 A도지사는 그 처분을 직권취소할 수 있으며, 이때 직권취소의 대상은 「행정소송법」상 처분으로 한정된다.
⑤ A도지사가 X사무에 관한 B군수의 처분에 대해 시정명령을 발한 경우, B군수는 시정명령에 대하여 대법원에 제소할 수 없다.



⑤ 정답

[❶ ▸ ×] 기관위임사무는 법령의 위임이 있는 경우에는 위임조례의 대상이 될 수 있으나, 위임조례에는 위임입법의 한계가 적용된다. 따라서 기관위임사무는 포괄적 위임이 허용되지 않는다.

판례 그 고유사무인 자치사무와 법령에 의하여 위임된 단체위임사무에 관하여 이른바 자치조례를 제정할 수 있는 외에, 개별법령에서 특별히 위임하고 있을 경우에는 그러한 사무에 속하지 아니하는 기관위임사무에 관하여도 그 위임의 범위 내에서 이른바 위임조례를 제정할 수 있지만, 조례가 규정하고 있는 사항이 그 근거법령 등에 비추어 볼 때 자치사무나 단체위임사무에 관한 것이라면 이는 자치조례로서 지방자치법 제15조가 규정하고 있는 '법령의 범위 안'이라는 사항적 한계가 적용될 뿐, 위임조례와 같이 국가법에 적용되는 일반적인 위임입법의 한계가 적용될 여지가 없다(대판 2000.11.24. 2000추29).

[❷ ▸ ×] 조례안재의결무효확인소송에서 심리 대상은 지방자치단체의 장이 지방의회에 재의를 요구할 당시 이의사항으로 지적하여 재의결에서 심의의 대상이 된 것에 국한된다. 이러한 법리는 주무장관이 지방자치법 제172조 제7항에 따라 지방의회의 의결에 대하여 직접 제소함에 따른 조례안의결무효확인소송에도 마찬가지로 적용되므로, 조례안의결무효확인소소송의 심리 대상은 주무부장관이 재의요구요청에서 이의사항으로 지적한 것에 한정된다(대판 2015.5.14. 2013추98).

[❸ ▸ ×] B군의회의 재의결에 대해서는 A도지사만 직접 제소할 수 있다.

판례 지방의회 의결의 재의와 제소에 관한 지방자치법 제172조 제4항, 제6항의 문언과 입법취지, 제·개정연혁 및 지방자치법령의 체계 등을 종합적으로 고려하여 보면, 지방자치법 제172조 제4항, 제6항에서 지방의회 재의결에 대하여 제소를 지시하거나 직접 제소할 수 있는 주체로 규정된 '주무부장관이나 시·도지사'는 시·도에 대하여는 주무부장관을, 시·군 및 자치구에 대하여는 시·도지사를 각 의미한다(대판 2016.9.22. 2014추521 [전합]).

[❹ ▸ ×] 행정소송법상 항고소송은 행정청이 행하는 구체적 사실에 관한 법집행으로서의 공권력의 행사 또는 거부와 그 밖에 이에 준하는 행정작용을 대상으로 하여 위법상태를 배제함으로써 국민의 권익을 구제함을 목적으로 하는 것과 달리, 지방자치법 제169조 제1항은 지방자치단체의 자치행정사무처리가 법령 및 공익의 범위 내에서 행해지도록 감독하기 위한 규정이므로 적용 대상을 항고소송의 대상이 되는 행정처분으로 제한할 이유가 없다(대판 2017.3.30. 2016추5087).

[❺ ▸ ○] 지방자치법 제169조 제2항은 '시·군 및 자치구의 자치사무에 관한 지방자치단체의 장의 명령이나 처분에 대하여 시·도지사가 행한 취소 또는 정지'에 대하여 해당 지방자치단체의 장이 대법원에 소를 제기할 수 있다고 규정하고 있을 뿐 '시·도지사가 지방자치법 제169조 제1항에 따라 시·군 및 자치구에 대하여 행한 시정명령'에 대하여도 대법원에 소를 제기할 수 있다고 규정하고 있지 않으므로, 이러한 시정명령의 취소를 구하는 소송은 허용되지 않는다(대판 2017.10.12. 2016추5148).

**2016년 변호사시험 문 32.** ☑ 확인Check! ○ △ ✕

**지방자치단체의 조례제정권에 관한 설명 중 옳은 것을 모두 고른 것은?(다툼이 있는 경우 판례에 의함)**

ㄱ. 헌법 제117조 제1항과 「지방자치법」 제22조에 의하면 지방자치단체는 법령의 범위 안에서 그 사무에 관하여 자치조례를 제정할 수 있다. 여기서 그 사무란 「지방자치법」에서 규정하는 지방자치단체의 자치사무와 법령에 의하여 지방자치단체에 속하게 된 단체위임사무, 그리고 국가사무가 지방자치단체의 장에게 위임된 기관위임사무를 말한다.

ㄴ. 「지방자치법」 제22조 단서에 따라 주민의 권리 제한 또는 의무 부과에 관한 사항을 법률에서 조례에 위임하는 경우, 위임입법의 한계에 관한 헌법 제75조의 포괄위임금지원칙에 따라 법률에 의한 개별적이고 구체적인 수권이 필요하다.

ㄷ. 지방자치단체의 자치사무에 해당하더라도 특별한 규정이 없는 한 「지방자치법」이 규정하고 있는 지방자치단체의 집행기관과 지방의회의 고유권한에 관하여는 조례로 이를 제한할 수 없고, 나아가 지방자치단체장의 고유권한이 아닌 사항에 대하여도 그 사무집행에 관한 권한을 본질적으로 제한하는 조례제정은 허용되지 아니한다.

ㄹ. 지방자치단체장이 지방의회가 재의결한 조례안이 법령에 위반된다는 이유로 대법원에 제소하는 경우, 재의결된 조례안의 일부 조항만이 위법하더라도 그 재의결 전부의 효력이 부인된다.

① ㄱ, ㄴ ② ㄱ, ㄷ ③ ㄴ, ㄷ
④ ㄴ, ㄹ ⑤ ㄷ, ㄹ

[ㄱ ▸ X] 지방자치법 제15조(현행법 제22조), 제9조에 의하면, 지방자치단체가 자치조례를 제정할 수 있는 사항은 지방자치단체의 고유사무인 자치사무와 개별법령에 의하여 지방자치단체에 위임된 단체위임사무에 한하는 것이고, 국가사무가 지방자치단체의 장에게 위임된 기관위임사무는 원칙적으로 자치조례의 제정범위에 속하지 않는다 할 것이고, 다만 기관위임사무에 있어서도 그에 관한 개별법령에서 일정한 사항을 조례로 정하도록 위임하고 있는 경우에는 위임받은 사항에 관하여 개별법령의 취지에 부합하는 범위 내에서 이른바 위임조례를 정할 수 있다(대판 2000.5.30. 99추85).

[ㄴ ▸ X] 법률이 주민의 권리의무에 관한 사항에 관하여 구체적으로 아무런 범위도 정하지 아니한 채 조례로 정하도록 포괄적으로 위임하였다고 하더라도, 조례도 주민의 대표기관인 지방의회의 의결로 제정되는 지방자치단체의 자주법인 만큼, 지방자치단체가 법령에 위반되지 않는 범위 내에서 주민의 권리의무에 관한 사항을 조례로 제정할 수 있는 것이다(대판 1991.8.27. 90누6613).

[ㄷ ▸ O] 지방자치단체가 그 자치사무에 관하여 조례로 제정할 수 있다고 하더라도 상위법령에 위배할 수는 없고(지방자치법 제15조), 특별한 규정이 없는 한 지방자치법이 규정하고 있는 지방자치단체의 집행기관과 지방의회의 고유권한에 관하여는 조례로 이를 침해할 수 없고, 나아가 지방의회가 지방자치단체장의 고유권한이 아닌 사항에 대하여도 그 사무집행에 관한 집행권을 본질적으로 침해하는 것은 지방자치법의 관련 규정에 위반되어 허용될 수 없다(대판 2001.11.27. 2001추57).

[ㄹ ▸ O] 의결의 일부에 대한 효력배제는 결과적으로 전체적인 의결의 내용을 변경하는 것에 다름 아니어서 의결기관인 지방의회의 고유권한을 침해하는 것이 될 뿐 아니라, 그 일부만의 효력 배제는 자칫 전체적인 의결내용을 지방의회의 당초의 의도와는 다른 내용으로 변질시킬 우려가 있으며, 또 재의요구가 있는 때에는 재의요구에서 지적한 이의사항이 의결의 일부에 관한 것이라고 하여도 의결 전체가 실효되고 재의결만이 의결로서 효력을 발생하는 것이어서 의결의 일부에 대한 재의요구나 수정재의요구가 허용되지 않는 점에 비추어 보아도 재의결의 내용 전부가 아니라 그 일부만이 위법한 경우에도 대법원은 의결 전부의 효력을 부인할 수밖에 없다(대판 1992.7.28. 92추31).



⑤ 정답

**2017년 변호사시험 문 33.** ☑ 확인Check! ○ △ ×

**지방자치에 관한 설명 중 옳은 것을 모두 고른 것은?(다툼이 있는 경우 판례에 의함)**

ㄱ. 헌법 제117조 제1항이 조례제정권의 한계로 정하고 있는 '법령'에는 상위법령과 결합하여 대외적인 구속력을 갖는 법규명령으로서 기능하는 행정규칙이 포함된다.
ㄴ. 국가는 지방자치단체의 장의 기관위임사무의 처리에 관하여 해당 지방자치단체의 장을 상대로 취소소송을 제기하여 다툴 수 있다.
ㄷ. 지방자치단체의 장이 기관위임된 국가행정사무를 처리하는 경우 그에 소요되는 경비의 실질적·궁극적 부담자는 국가라고 하더라도 당해 지방자치단체는 국가로부터 내부적으로 교부된 금원으로 그 사무에 필요한 경비를 대외적으로 지출하는 자이므로, 이러한 경우 지방자치단체는 「국가배상법」 제6조 제1항 소정의 비용부담자로서 공무원의 불법행위로 인한 같은 법에 의한 손해를 배상할 책임이 있다.
ㄹ. 주무부장관이 「지방자치법」에 따라 시·도에 대하여 행한 시정명령에 대하여 해당 시·도지사는 대법원에 시정명령의 취소를 구하는 소송을 제기할 수 있다.

① ㄱ, ㄷ ② ㄴ, ㄷ ③ ㄴ, ㄹ
④ ㄱ, ㄴ, ㄹ ⑤ ㄱ, ㄷ, ㄹ

[ㄱ ▸ O] 헌법 제117조 제1항에서 규정하고 있는 '법령'에 법률 이외에 헌법 제75조 및 제95조 등에 의거한 '대통령령', '총리령' 및 '부령'과 같은 법규명령이 포함되는 것은 물론이지만, 헌법재판소의 "법령의 직접적인 위임에 따라 수임행정기관이 그 법령을 시행하는 데 필요한 구체적 사항을 정한 것이면, 그 제정형식은 비록 법규명령이 아닌 고시, 훈령, 예규 등과 같은 행정규칙이더라도, 그것이 상위법령의 위임한계를 벗어나지 아니하는 한, 상위법령과 결합하여 대외적인 구속력을 갖는 법규명령으로서 기능하게 된다고 보아야 한다"고 판시 한 바에 따라, 헌법 제117조 제1항에서 규정하는 '법령'에는 법규명령으로서 기능하는 행정규칙이 포함된다(헌재 2002.10.31. 2001헌라1).

[ㄴ ▸ X] 건설교통부장관은 지방자치단체의 장이 기관위임사무인 국토이용계획사무를 처리함에 있어 자신과 의견이 다를 경우 법원에 의한 판결을 받지 않고서도 행정권한의 위임 및 위탁에 관한 규정이나 구 지방자치법에서 정하고 있는 지도·감독을 통하여 직접 지방자치단체의 장의 사무처리에 대하여 시정명령을 발하고 그 사무처리를 취소 또는 정지할 수 있으며, 지방자치단체의 장에게 직무이행명령을 하고 지방자치단체의 장이 이를 이행하지 아니할 때에는 직접 필요한 조치를 할 수도 있으므로, 국가가 국토이용계획과 관련한 지방자치단체의 장의 기관위임사무의 처리에 관하여 지방자치단체의 장을 상대로 취소소송을 제기하는 것은 허용되지 않는다(대판 2007.9.20. 2005두6935).

[ㄷ ▸ O] 지방자치단체장의 기관위임된 국가행정사무를 처리하는 경우 그에 소요되는 경비의 실질적·궁극적 부담자는 국가라고 하더라도 당해 지방자치단체는 국가로부터 내부적으로 교부된 금원으로 그 사무에 필요한 경비를 대외적으로 지출하는 자이므로, 이러한 경우 지방자치단체는 국가배상법 제6조 제1항 소정의 비용부담자로서 공무원의 불법행위로 인한 위 법에 의한 손해를 배상할 책임이 있다(대판 1994.12.9. 94다38137).

[ㄹ ▸ X] 지방자치법 제169조 제2항은 '시·군 및 자치구의 자치사무에 관한 지방자치단체의 장의 명령이나 처분에 대하여 시·도지사가 행한 취소 또는 정지'에 대하여 해당 지방자치단체의 장이 대법원에 소를 제기할 수 있다고 규정하고 있을 뿐 '시·도지사가 지방자치법 제169조 제1항에 따라 시·군 및 자치구에 대하여 행한 시정명령'에 대하여도 대법원에 소를 제기할 수 있다고 규정하고 있지 않으므로, 이러한 시정명령의 취소를 구하는 소송은 허용되지 않는다(대판 2017.10.2. 2016추5148).

정답 ①

**2018년 변호사시험 문 40.** ☑ 확인 Check! ○ △ ×

**지방자치에 관한 설명 중 옳지 않은 것은?(다툼이 있는 경우 판례에 의함)**

① 시장·군수·구청장이 당해 지방자치단체 소속 공무원에 대하여 한 승진처분이 재량권을 일탈·남용하여 위법한 경우 시·도지사는 그에 대하여 시정할 것을 명하고, 시정명령이 이행되지 않으면 승진처분을 취소할 수 있다.

② 지방의회 의원에 대하여 유급보좌인력을 두는 것은 지방의회의원의 신분·지위 및 처우에 관한 현행 법령상의 제도에 중대한 변경을 초래하는 것으로서 국회의 법률로 규정하여야 할 입법사항이다.

③ 시·군 및 자치구의회의 조례안 재의결이 법령에 위반된다고 판단됨에도 시장·군수·구청장이 소를 제기하지 아니한 경우 시·도지사뿐만 아니라 주무부장관도 대법원에 제소할 수 있다.

④ 지방자치단체의 자치사무라도 당해 지방자치단체에 내부적인 효과만을 발생시키는 것이 아니라 그 사무로 인하여 다른 지방자치단체나 그 주민의 보호할 만한 가치가 있는 이익을 침해하는 경우에는 「지방자치법」에서 정한 분쟁조정위원회의 분쟁조정 대상사무가 될 수 있다.

⑤ 행정안전부장관이 지방자치단체 상호 간의 사무비용 분담에 관한 다툼에 대하여 분쟁조정결정을 한 경우 그 후속의 이행명령과 별도로 분쟁조정결정 자체의 취소를 구하는 소송을 대법원에 제기하는 것은 「지방자치법」상 허용되지 아니한다.

[❶ ▸ O] 지방자치법 제157조 제1항[현행 제169조 제1항(註)] 전문은 "지방자치단체의 사무에 관한 그 장의 명령이나 처분이 법령에 위반되거나 현저히 부당하여 공익을 해친다고 인정될 때에는 시·도에 대하여는 주무부장관이, 시·군 및 자치구에 대하여는 시·도지사가 기간을 정하여 서면으로 시정할 것을 명하고, 그 기간에 이행하지 아니하면 이를 취소하거나 정지할 수 있다"라고 규정하고 있고, 같은 항 후문은 "이 경우 자치사무에 관한 명령이나 처분에 대하여는 법령을 위반한 것에 한한다"라고 규정하고 있는바, 지방자치법 제157조 제1항[현행 제169조 제1항(註)] 전문 및 후문에서 규정하고 있는 지방자치단체의 사무에 관한 그 장의 명령이나 처분이 법령에 위반되는 경우라 함은 명령이나 처분이 현저히 부당하여 공익을 해하는 경우, 즉 합목적성을 현저히 결하는 경우와 대비되는 개념으로서, 시·군·구의 장의 사무의 집행이 명시적인 법령의 규정을 구체적으로 위반한 경우뿐만 아니라 그러한 사무의 집행이 재량권을 일탈·남용하여 위법하게 되는 경우를 포함한다고 할 것이므로, 시·군·구의 장의 자치사무의 일종인 당해 지방자치단체 소속 공무원에 대한 승진처분이 재량권을 일탈·남용하여 위법하게 된 경우 시·도지사는 지방자치법 제157조 제1항 후문에 따라 그에 대한 시정명령이나 취소 또는 정지를 할 수 있다(대판 2007.3.22. 2005추62 [전합]).

[❷ ▸ O] 지방의회의원에 대하여 유급보좌인력을 두는 것은 지방의회의원의 신분·지위 및 처우에 관한 현행 법령상의 제도에 중대한 변경을 초래하는 것으로서 국회의 법률로 규정하여야 할 입법사항이다(대판 2017.3.30. 2016추5087).

[❸ ▸ X] 지방의회 의결의 재의와 제소에 관한 지방자치법 제172조 제4항, 제6항의 문언과 입법취지, 제·개정연혁 및 지방자치법령의 체계 등을 종합적으로 고려하여 보면, 지방자치법 제172조 제4항, 제6항에서 지방의회 재의결에 대하여 제소를 지시하거나 직접 제소할 수 있는 주체로 규정된 '주무부장관이나 시·도지사'는 시·도에 대하여는 주무부장관을, 시·군 및 자치구에 대하여는 시·도지사를 각 의미한다(대판 2016.9.22. 2014추521 [전합]).

[❹ ▸ O] 지방자치법 제148조 제1항, 제3항, 제4항의 내용 및 체계에다가 지방자치법이 분쟁조정절차를 둔 입법취지가 지방자치단체 상호 간이나 지방자치단체의 장 상호 간 사무처리과정에서 분쟁이 발생하는 경우 당사자의 신청 또는 직권으로 구속력 있는 조정절차를 진행하여 이를 해결하고자 하는 데 있는 점, 분쟁조정 대상에서 자치사무를 배제하고 있지 않은 점 등을 종합하면, 지방자치단체의 자치사무라도 당해 지방자치단체에 내부적인 효과만을 발생시키는 것이 아니라 그 사무로 인하여 다른 지방자치단체나 그 주민의 보호할 만한 가치가 있는 이익을 침해하는 경우에는 지방자치법 제148조에서 정한 분쟁조정 대상사무가 될 수 있다(대판 2016.7.22. 2012추121).



③ 정답

[❺ ▸ O] 행정자치부장관이나 시·도지사의 분쟁조정결정에 대하여는 후속의 이행명령을 기다려 대법원에 이행명령을 다투는 소를 제기한 후 그 사건에서 이행의무의 존부와 관련하여 분쟁조정결정의 위법까지 함께 다투는 것이 가능할 뿐, 별도로 분쟁조정결정 자체의 취소를 구하는 소송을 대법원에 제기하는 것은 지방자치법상 허용되지 아니한다. 나아가 분쟁조정결정은 상대방이나 내용 등에 비추어 행정소송법상 항고소송의 대상이 되는 처분에 해당한다고 보기 어려우므로, 통상의 항고소송을 통한 불복의 여지도 없다(대판 2015.9.24. 2014추613).

## 제3절 공무원법 ★★

**2012년 변호사시험 문 30.**  확인Check! O △ X

**공무원의 임용과 승진에 관한 설명 중 옳은 것은?(다툼이 있는 경우 판례에 의함)**

① 공무원법에 규정되어 있는 공무원임용결격사유는 공무원으로 임용되기 위한 절대적인 소극적 요건이지만, 임용 당시 이러한 결격사유가 있었음에도 임용권자가 과실로 임용결격자임을 밝혀내지 못하였고 임용 후 70일 만에 사면으로 결격사유가 소멸되었다면 그 임용의 하자는 치유된 것이다.

② 공무원관계는 관련 규정에 의한 채용후보자 명부에 등록한 때 설정되는 것이므로 공무원임용결격사유가 있는지의 여부는 채용후보자 명부에 등록한 당시에 시행되던 법률을 기준으로 하여 판단하여야 한다.

③ 기간제로 임용되어 임용기간이 만료된 국·공립대학의 조교수에 대하여 재임용하지 않기로 결정하고 임용기간이 만료되었다는 취지의 통지를 했더라도, 위 결정 및 통지가 행정소송의 대상이 되는 행정처분이라 할 수 없다.

④ 임용결격사유의 발생 사실을 알지 못하고 직위해제되어 있던 중 임용결격사유가 발생하여 당연퇴직된 자에게 임용권자가 복직처분을 하였다고 하더라도 이로 인해 그 자가 공무원의 신분을 회복하는 것은 아니다.

⑤ 공무원법령에 의하여 시험승진후보자 명부에 등재되어 있던 자가 그 명부에서 삭제됨으로써 승진임용의 대상에서 제외된 경우에 이러한 삭제행위는 그 자체가 공무원 승진임용에 관한 권리나 의무를 설정하거나 법률상 이익에 직접적인 변동을 초래하는 별도의 행정처분이 된다.

[❶ ▸ X] 경찰공무원으로 임용된 후 70일 만에 선고받은 형이 사면 등으로 실효되어 결격사유가 소멸된 후 30년 3개월 동안 사실상 공무원으로 계속 근무를 하였다고 하더라도 그것만으로는 임용권자가 묵시적으로 새로운 임용처분을 한 것으로 볼 수 없고, 임용 당시 결격자였다는 사실이 밝혀졌는데도 서울특별시 경찰국장이 일반사면령 등의 공포로 현재 결격사유에 해당하지 아니한다는 이유로 당연퇴직은 불가하다는 조치를 내려서 그 후 정년퇴직 시까지 계속 사실상 근무하도록 한 것이 임용권자가 일반사면령의 시행으로 공무원자격을 구비한 후의 근무행위를 유효한 것으로 추인하였다거나 장래에 향하여 그를 공무원으로 새로 임용하는 효력이 있다고 볼 수 없을 뿐만 아니라, 1982. 당시 경장이었던 그의 임용권자는 당시 시행된 경찰공무원법 및 경찰공무원임용령의 규정상 서울특별시장이지 경찰국장이 아니었음이 분명하여, 무효인 임용행위를 임용권자가 추인하였다거나 장래에 향하여 공무원으로 임용하는 새로운 처분이 있었던 것으로 볼 수 없다(대판 1996.2.27. 95누9617).

[❷ ▸ X] 국가공무원법에 규정되어 있는 공무원임용결격사유는 공무원으로 임용되기 위한 절대적인 소극적 요건으로서 공무원관계는 국가공무원법 제38조, 공무원임용령 제11조의 규정에 의한 채용후보자 명부에 등록한 때가 아니라 국가의 임용이 있는 때에 설정되는 것이므로 공무원임용결격사유가 있는지의 여부는 채용후보자 명부에 등록한 때가 아닌 임용 당시에 시행되던 법률을 기준으로 하여 판단하여야 한다(대판 1987.4.14. 86누459).

[❸ ▸ X] 기간제로 임용되어 임용기간이 만료된 국·공립대학의 조교수는 교원으로서의 능력과 자질에 관하여 합리적인 기준에 의한 공정한 심사를 받아 위 기준에 부합되면 특별한 사정이 없는 한 재임용되리라는 기대를 가지고 재임용 여부에

정답 ④

관하여 합리적인 기준에 의한 공정한 심사를 요구할 법규상 또는 조리상 신청권을 가진다고 할 것이니, 임용권자가 임용기간이 만료된 조교수에 대하여 재임용을 거부하는 취지로 한 임용기간 만료의 통지는 위와 같은 대학교원의 법률관계에 영향을 주는 것으로서 행정소송의 대상이 되는 처분에 해당한다(대판 2004. 4.22. 2000두7735 [전합]).

[❹ ▸ O] 경찰공무원이 재직 중 자격정지 이상의 형의 선고유예를 받음으로써 경찰공무원법 제7조 제2항 제5호에 정하는 임용결격사유에 해당하게 되면, 같은 법 제21조의 규정에 의하여 임용권자의 별도의 행위(공무원의 신분을 상실시키는 행위)를 기다리지 아니하고 그 선고유예판결의 확정일에 당연히 경찰공무원의 신분을 상실(당연퇴직)하게 되는 것이고, 나중에 선고유예기간(2년)이 경과하였다고 하더라도 이미 발생한 당연퇴직의 효력이 소멸되어 경찰공무원의 신분이 회복되는 것은 아니며, 한편 직위해제처분은 형사사건으로 기소되는 등 국가공무원법 제73조의2 제1항 각 호에 정하는 귀책사유가 있을 때 당해 공무원에게 직위를 부여하지 아니하는 처분이고, 복직처분은 직위해제사유가 소멸되었을 때 직위해제된 공무원에게 국가공무원법 제73조의2 제2항의 규정에 의하여 다시 직위를 부여하는 처분일 뿐, 이들 처분들이 공무원의 신분을 박탈하거나 설정하는 처분은 아닌 것이므로, 임용권자가 임용결격사유의 발생 사실을 알지 못하고 직위해제되어 있던 중 임용결격사유가 발생하여 당연퇴직된 자에게 복직처분을 하였다고 하더라도 이 때문에 그 자가 공무원의 신분을 회복하는 것은 아니다(대판 1997.7.8. 96누4275).

[❺ ▸ X] 구 경찰공무원법 제11조 제2항, 제13조 제1항, 제2항, 경찰공무원승진임용규정 제36조 제1항, 제2항에 의하면, 경정 이하 계급에의 승진에 있어서는 승진심사와 함께 승진시험을 병행할 수 있고, 승진시험에 합격한 자는 시험승진후보자 명부에 등재하여 그 등재순위에 따라 승진하도록 되어 있으며, 같은 규정 제36조 제3항에 의하면 시험승진후보자 명부에 등재된 자가 승진임용되기 전에 감봉 이상의 징계처분을 받은 경우에는 임용권자 또는 임용제청권자가 위 징계처분을 받은 자를 시험승진후보자 명부에서 삭제하도록 되어 있는바, 이처럼 시험승진후보자 명부에 등재되어 있던 자가 그 명부에서 삭제됨으로써 승진임용의 대상에서 제외되었다 하더라도, 그와 같은 시험승진후보자 명부에서의 삭제행위는 결국 그 명부에 등재된 자에 대한 승진 여부를 결정하기 위한 행정청 내부의 준비과정에 불과하고, 그 자체가 어떠한 권리나 의무를 설정하거나 법률상 이익에 직접적인 변동을 초래하는 별도의 행정처분이 된다고 할 수 없다(대판 1997.11.14. 97누7325).

**2019년 변호사시험 문 37.** ☑ 확인 Check! ○ △ ×

**공무원의 신분과 권리에 관한 설명 중 옳지 않은 것은?(다툼이 있는 경우 판례에 의함)**

① 국가공무원이 당연퇴직사유에 해당하는 금고 이상의 형의 집행유예를 선고받은 후 그 선고가 실효되거나 취소됨이 없이 유예기간을 경과하여 형의 선고의 효력을 잃게 되었다 하더라도 이미 발생한 당연퇴직의 효력에는 영향이 없다.
② 당연무효인 임용결격자에 대한 임용행위에 의하여는 공무원의 신분을 취득하거나 근로고용관계가 성립될 수 없는 것이므로 임용결격자가 공무원으로 임명되어 사실상 근무하여 왔다 하더라도 퇴직금청구를 할 수 없다.
③ 학력요건을 갖추지 못한 甲이 허위의 고등학교 졸업증명서를 제출하여 하사관에 지원했다는 이유로 하사관임용일로부터 30년이 지나서 한 임용취소처분은 적법하며, 甲이 위 처분에 불복하여 신뢰이익을 원용할 수 없음은 물론 행정청이 이를 고려하지 아니하였다고 하여도 재량권의 남용이 되지 않는다.
④ 진급예정자 명단에 포함된 자에 대하여 진급선발을 취소하는 처분은 진급예정자로서 가지는 이익을 침해하는 처분이어서 「행정절차법」상의 의견제출기회 등을 주어야 하며, 수사과정 및 징계과정에서 자신의 비위행위에 대한 해명기회를 가졌다는 사정만으로 사전통지를 하지 않거나 의견 제출의 기회를 주지 아니하여도 되는 예외적인 경우에 해당한다고 할 수 없다.
⑤ 퇴직연금수급권의 기초가 되는 급여의 사유가 이미 발생한 후에 장래 이행기가 도래하는 퇴직연금수급권의 내용을 변경하는 것은 이미 완성 또는 종료된 과거 사실 또는 법률관계에 새로운 법률을 소급적으로 적용하여 과거를 법적으로 새로이 평가하는 것이어서 소급입법에 의한 재산권 침해가 된다.



⑤ 정답

[❶ ▸ O] 구 국가공무원법 제69조에서 규정하고 있는 당연퇴직제도는 같은 법 제33조 제1항 각 호에 규정되어 있는 결격사유가 발생하는 것 자체에 의하여 임용권자의 의사표시 없이 결격사유에 해당하게 된 시점에 당연히 그 공무원으로서의 신분을 상실하게 하는 것이고, 당연퇴직의 효력이 생긴 후에 당연퇴직사유가 소멸한다는 것은 있을 수 없으므로, 국가공무원이 금고 이상의 형의 집행유예를 받은 경우에는 그 이후 형법 제65조에 따라 형의 선고의 효력을 잃게 되었다 하더라도 이미 발생한 당연퇴직의 효력에는 영향이 없다(대판 2011.3.24. 2008다49714).

[❷ ▸ O] 공무원연금법이나 근로기준법에 의한 퇴직금은 적법한 공무원으로서의 신분 취득 또는 근로고용관계가 성립되어 근무하다가 퇴직하는 경우에 지급되는 것이고, 당연무효인 임용결격자에 대한 임용행위에 의하여서는 공무원의 신분을 취득하거나 근로고용관계가 성립될 수 없는 것이므로 임용결격자가 공무원으로 임용되어 사실상 근무하여 왔다고 하더라도 그러한 피임용자는 위 법률소정의 퇴직금청구를 할 수 없다(대판 1987.4.14. 86누459).

[❸ ▸ O] 행정처분에 하자가 있음을 이유로 처분청이 이를 취소하는 경우에도 그 처분이 국민에게 권리나 이익을 부여하는 처분인 때에는 그 처분을 취소하여야 할 공익상의 필요와 그 취소로 인하여 당사자가 입게 될 불이익을 비교교량한 후 공익상의 필요가 당사자가 입을 불이익을 정당화할 만큼 강한 경우에 한하여 취소할 수 있는 것이지만, 그 처분의 하자가 당사자의 사실 은폐나 기타 사위의 방법에 의한 신청행위에 기인한 것이라면 당사자는 그 처분에 의한 이익이 위법하게 취득되었음을 알아 그 취소가능성도 예상하고 있었다고 할 것이므로 그 자신이 위 처분에 관한 신뢰이익을 원용할 수 없음은 물론 행정청이 이를 고려하지 아니하였다고 하여도 재량권의 남용이 되지 않는다. 허위의 고등학교 졸업증명서를 제출하는 사위의 방법에 의한 하사관 지원의 하자를 이유로 하사관임용일로부터 33년이 경과한 후에 행정청이 행한 하사관 및 준사관 임용취소처분은 적법하다(대판 2002.2.5. 2001두5286).

[❹ ▸ O] 군인사법 및 그 시행령에 이 사건 처분과 같이 진급예정자 명단에 포함된 자의 진급선발을 취소하는 처분을 함에 있어 행정절차에 준하는 절차를 거치도록 하는 규정이 없을 뿐만 아니라 위 처분이 성질상 행정절차를 거치기 곤란하거나 불필요하다고 인정되는 처분이라고 보기도 어렵다고 할 것이어서 이 사건 처분이 행정절차법의 적용이 제외되는 경우에 해당한다고 할 수 없으며, 나아가 원고가 수사과정 및 징계과정에서 자신의 비위행위에 대한 해명기회를 가졌다는 사정만으로 이 사건 처분이 행정절차법 제21조 제4항 제3호, 제22조 제4항에 따라 원고에게 사전통지를 하지 않거나 의견 제출의 기회를 주지 아니하여도 되는 예외적인 경우에 해당한다고 할 수 없으므로, 피고가 이 사건 처분을 함에 있어 원고에게 의견 제출의 기회를 부여하지 아니한 이상, 이 사건 처분은 절차상 하자가 있어 위법하다고 할 것이다(대판 2007.9.21. 2006두20631).

[❺ ▸ X] 퇴직연금수급권의 기초가 되는 급여의 사유가 이미 발생한 후에 그 퇴직연금수급권을 대상으로 하지만, 이미 발생하여 이행기에 도달한 퇴직연금수급권의 내용을 변경함이 없이 장래 이행기가 도래하는 퇴직연금수급권의 내용만을 변경하는 것에 불과하여, 이미 완성 또는 종료된 과거 사실 또는 법률관계에 새로운 법률을 소급적으로 적용하여 과거를 법적으로 새로이 평가하는 것이 아니므로 소급입법에 의한 재산권 침해가 될 수 없다(대판 2014.4.24. 2013두26552).

**2017년 변호사시험 문 26.**

☑ 확인 Check! ○ △ ×

**甲은 「지방공무원법」 제31조에 정한 공무원임용결격사유가 있는 자임에도 불구하고 지방공무원으로 임용되어 25년간 큰 잘못 없이 근무하다가 위 사실이 발각되어 임용권자로부터 당연퇴직통보를 받았다. 「지방공무원법」 제61조는 같은 법 제31조의 임용결격사유를 당연퇴직사유로 규정하고 있다. 이에 관한 설명 중 옳은 것은?(다툼이 있는 경우 판례에 의함)**

① 甲의 부정행위가 없는 한 甲에 대한 임용행위는 취소할 수 있는 행위일 뿐 당연무효인 행위는 아니다.
② 임용 당시 임용권자의 과실로 임용결격자임을 밝혀내지 못한 경우에는 甲에 대한 임용행위는 유효하다.
③ 甲이 공무원으로 사실상 근무 중 甲의 임용결격사유가 해소된 경우에는 甲의 공무원으로서의 신분이 그때부터 당연히 인정된다.
④ 甲이 새로이 공무원으로 특별임용된 경우, 甲이 특별임용되기 이전에 사실상 공무원으로 계속 근무하여 온 과거의 재직기간은 「공무원연금법」상의 재직기간에 합산될 수 없다.
⑤ 甲에 대한 당연퇴직의 통보는 취소소송의 대상이 되는 행정처분이다.

[❶ ▸ ×] [❷ ▸ ×] 임용 당시 공무원임용결격사유가 있었다면 비록 국가의 과실에 의하여 임용결격자임을 밝혀내지 못하였다 하더라도 그 임용행위는 당연무효로 보아야 한다(대판 1987.4.14. 86누459).

[❸ ▸ ×] 경찰공무원으로 임용된 후 70일 만에 선고받은 형이 사면 등으로 실효되어 결격사유가 소멸된 후 30년 3개월 동안 사실상 공무원으로 계속 근무를 하였다고 하더라도 그것만으로는 임용권자가 묵시적으로 새로운 임용처분을 한 것으로 볼 수 없고, 임용 당시 결격자였다는 사실이 밝혀졌는데도 서울특별시 경찰국장이 일반사면령 등의 공포로 현재 결격사유에 해당하지 아니한다는 이유로 당연퇴직은 불가하다는 조치를 내려서 그 후 정년퇴직 시까지 계속 사실상 근무하도록 한 것이 임용권자가 일반사면령의 시행으로 공무원자격을 구비한 후의 근무행위를 유효한 것으로 추인하였다거나 장래에 향하여 그를 공무원으로 새로 임용하는 효력이 있다고 볼 수 없을 뿐만 아니라, 1982. 당시 경장이었던 그의 임용권자는 당시 시행된 경찰공무원법 및 경찰공무원임용령의 규정상 서울특별시장이지 경찰국장이 아니었음이 분명하여, 무효인 임용행위를 임용권자가 추인하였다거나 장래에 향하여 공무원으로 임용하는 새로운 처분이 있었던 것으로 볼 수 없다(대판 1996.2.27. 95누9617).

[❹ ▸ ○] 공무원연금법에 의한 퇴직금은 적법한 공무원으로서의 신분을 취득하여 근무하다가 퇴직하는 경우에 지급되는 것이므로, 당연퇴직사유에 해당되어 공무원으로서의 신분을 상실한 자가 그 이후 사실상 공무원으로 계속 근무하여 왔다고 하더라도 당연퇴직 후의 사실상의 근무기간은 공무원연금법상의 재직기간에 합산될 수 없다(대판 2002.7.26. 2001두205).

[❺ ▸ ×] 당연퇴직의 통보는 법률상 당연히 발생하는 퇴직사유를 공적으로 확인하여 알려 주는 사실의 통보에 불과한 것이지 그 통보 자체가 징계파면이나 직권면직과 같이 공무원의 신분을 상실시키는 새로운 형성적 행위는 아니므로 항고소송의 대상이 되는 독립한 행정처분이 될 수는 없다(대판 1985.7.23. 84누374).



④ 정답

## 2016년 변호사시험 문 33.

☑ 확인 Check! ○ △ ×

**공무원의 신분에 관한 설명 중 옳지 않은 것은?(다툼이 있는 경우 판례에 의함)**

① 임용 당시 공무원임용결격사유가 있었다면 비록 임용권자의 과실에 의하여 임용결격자임을 밝혀내지 못하였다 하더라도 그 임용행위는 당연무효이다.

② 지방공무원의 동의 없는 전출명령은 위법하여 취소되어야 하므로, 전출명령이 적법함을 전제로 내린 당해 지방공무원에 대한 징계처분은 징계양정에 있어 재량권을 일탈하여 위법하다.

③ 직위해제처분은 공무원에 대한 불이익한 처분이기 때문에 동일한 사유에 대하여 직위해제처분이 있은 후 다시 해임처분이 있었다면 일사부재리의 법리에 위반된다.

④ 국가공무원이 그 법정연가일수의 범위 내에서 연가를 신청하였다고 할지라도 그에 대한 소속 행정기관장의 허가가 있기 이전에 근무지를 이탈한 행위는 특단의 사정이 없는 한 「국가공무원법」에 위반되는 행위로서 징계사유가 된다.

⑤ 행정규칙에 의한 '불문경고조치'는 법률상의 징계처분은 아니지만, 이로 인하여 차후 다른 징계처분이나 경고를 받게 될 경우 징계감경사유로 사용될 수 있었던 표창공적의 사용가능성이 소멸되는 등의 효과가 있으면 항고소송의 대상이 되는 행정처분에 해당한다.

[❶ ▸ ○] 임용 당시 공무원임용결격사유가 있었다면 비록 국가의 과실에 의하여 임용결격자임을 밝혀내지 못하였다 하더라도 그 임용행위는 당연무효로 보아야 한다(대판 1987.4.14. 86누459).

[❷ ▸ ○] 당해 공무원의 동의 없는 지방공무원법 제29조의3의 규정에 의한 전출명령은 위법하여 취소되어야 하므로, 그 전출명령이 적법함을 전제로 내린 징계처분은 그 전출명령이 공정력에 의하여 취소되기 전까지는 유효하다고 하더라도 징계양정에 있어 재량권을 일탈하여 위법하다(대판 2001.12.11. 99두1823).

[❸ ▸ ×] 직위해제처분은 공무원에 대하여 불이익한 처분이긴 하나 징계처분과 같은 성질의 처분이라고는 볼 수 없으므로 동일한 사유에 대한 직위해제처분이 있은 후 다시 해임처분이 있었다 하여 일사부재리의 법리에 어긋난다고 할 수 없다(대판 1984.2.28. 83누489).

[❹ ▸ ○] 공무원이 그 법정연가일수의 범위 내에서 연가를 신청하였다고 할지라도 그에 대한 소속 행정기관의 장의 허가가 있기 이전에 근무지를 이탈한 행위는 특단의 사정이 없는 한 국가공무원법 제58조에 위반되는 행위로서 징계사유가 된다(대판 1996.6.14. 96누2521).

[❺ ▸ ○] 행정규칙에 의한 '불문경고조치'가 비록 법률상의 징계처분은 아니지만 위 처분을 받지 아니하였다면 차후 다른 징계처분이나 경고를 받게 될 경우 징계감경사유로 사용될 수 있었던 표창공적의 사용가능성을 소멸시키는 효과와 1년 동안 인사기록카드에 등재됨으로써 그동안은 장관표창이나 도지사표창대상자에서 제외시키는 효과 등이 있다는 이유로 항고소송의 대상이 되는 행정처분에 해당한다(대판 2002.7.26. 2001두3532).



정답 ③

CHAPTER 02

# 특별행정작용법

행정법

각 문항별로 이해도를 체크해 보세요.

최근 5년간 회별 평균 0.4문

## 제1절 경찰행정법

## 제2절 급부행정법 ★★

**2014년 변호사시험 문 35.**

확인Check! ○ △ ×

**공물과 관련된 설명 중 옳지 않은 것은?(다툼이 있는 경우 판례에 의함)**

① 공물의 인접주민은 다른 일반인보다 인접공물의 일반사용에 있어 특별한 이해관계를 가지는 경우가 있고, 그러한 의미에서 다른 사람에게 인정되지 아니하는 이른바 고양된 일반사용권이 보장될 수 있다.

② 행정목적을 위하여 공용되는 행정재산은 공용폐지가 되지 않는 한 사법상 거래의 대상이 될 수 없으므로 취득시효의 대상도 되지 않는 것이고, 공물의 용도폐지의사표시는 명시적이든 묵시적이든 불문하나 적법한 의사표시여야 한다.

③ 국유재산법상 행정재산에 대해서도 사권 설정이 인정될 수 있으므로 이에 대한 강제집행이 가능하다.

④ 하천의 점용허가권은 특허에 의한 공물사용권의 일종으로서 하천의 관리주체에 대하여 일정한 특별사용을 청구할 수 있는 채권에 지나지 아니하고 대세적 효력이 있는 물권이라 할 수 없다.

⑤ 지방자치단체가 개인 소유의 부동산을 매수한 후 유지를 조성하여 공용개시를 하였다고 하더라도 법률의 규정에 의하여 등기를 거칠 필요 없이 부동산의 소유권을 취득하는 특별한 경우가 아닌 한 부동산에 대한 소유권이전등기를 거치기 전에는 소유권을 취득할 수 없는 것이므로 이를 지방자치단체 소유의 공공용물이라고 볼 수 없다.

[❶ ▸ O] 공물의 인접주민은 다른 일반인보다 인접공물의 일반사용에 있어 특별한 이해관계를 가지는 경우가 있고, 그러한 의미에서 다른 사람에게 인정되지 아니하는 이른바 고양된 일반사용권이 보장될 수 있다(대판 2006.12.22. 2004다68311).

[❷ ▸ O] 행정재산은 공용이 폐지되지 않는 한 사법상 거래의 대상이 될 수 없으므로 취득시효의 대상이 되지 않는다. 공용폐지의 의사표시는 명시적이든 묵시적이든 상관이 없으나 적법한 의사표시가 있어야 하고, 행정재산이 사실상 본래의 용도에 사용되지 않고 있다는 사실만으로 용도폐지의 의사표시가 있었다고 볼 수는 없으며, 원래의 행정재산이 공용폐지되어 취득시효의 대상이 된다는 사실에 대한 입증책임은 시효취득을 주장하는 자에게 있다(대판 1994.3.22. 93다56220).

[❸ ▸ X] 국유재산에는 사권을 설정하지 못한다. 다만, 일반재산에 대하여 대통령령으로 정하는 경우에는 그러하지 아니하다(국유재산법 제11조 제2항). 따라서 행정재산에는 사권 설정이 인정되지 않으므로, 강제집행의 대상이 될 수 없다.

[❹ ▸ O] 하천의 점용허가권은 특허에 의한 공물사용권의 일종으로서 하천의 관리주체에 대하여 일정한 특별사용을 청구할 수 있는 채권에 지나지 아니하고 대세적 효력이 있는 물권이라고 할 수 없다(대판 1990.2.13. 89다카23022).

[❺ ▸ O] 지방자치단체가 개인 소유의 부동산을 매수한 후 유지를 조성하여 공용개시를 하였다고 하더라도 법률의 규정에 의하여 등기를 거칠 필요 없이 부동산의 소유권을 취득하는 특별한 경우가 아닌 한 부동산에 대한 소유권이전등기를 거치기 전에는 소유권을 취득할 수 없는 것이므로 이를 지방자치단체 소유의 공공용물이라고 볼 수 없다(대판 1992.11.24. 92다26574).



③ 정답

**2016년 변호사시험 문 40.** ☑ 확인Check! ○ △ ×

**공물의 성립과 소멸에 관한 설명 중 옳지 않은 것은?(다툼이 있는 경우 판례에 의함)**

① 도로구역의 결정・고시는 있었지만 아직 도로의 형태를 갖추지는 못한 국유토지도 그 토지를 포함한 일단의 토지에 대하여 도로확장공사실시계획이 수립되어 일부 공사가 진행 중인 경우에는 시효취득의 대상이 될 수 없다.
② 토지의 지목이 도로이고 국유재산대장에 등재되어 있다는 사정만으로 바로 그 토지가 도로로서 행정재산에 해당한다고 할 수는 없다.
③ 공유수면의 일부가 매립되어 사실상 대지화되었다고 하면, 관리청이 공용폐지를 하지 아니하더라도 법적으로 더 이상 공유수면으로서의 성질을 보유하지 못한다.
④ 관리청이 착오로 행정재산을 다른 재산과 교환하였더라도 그러한 사정만으로 적법한 공용폐지의 의사표시가 있다고 볼 수 없다.
⑤ 행정재산이 공용폐지되어 시효취득의 대상이 된다는 입증책임은 시효취득을 주장하는 자에게 있다.

[❶ ▸ O] 이 사건 토지에 관하여 공물지정행위는 있었지만 아직 도로의 형태를 갖추지 못하여 완전한 공공용물이 성립되었다고는 할 수 없으므로 일종의 예정공물이라고 볼 수 있는데, 국유재산법 및 같은 법 시행령에 의하여 국가가 1년 이내에 사용하기로 결정한 재산도 행정재산으로 간주하고 있는 점, 도시계획법에서 도시계획구역 안의 국유지로서 도로의 시설에 필요한 토지에 대하여는 도시계획으로 정하여진 목적 이외의 목적으로 매각 또는 양도할 수 없도록 규제하고 있는 점, 위 토지를 포함한 일단의 토지에 관하여 도로확장공사를 실시할 계획이 수립되어 아직 위 토지에까지 공사가 진행되지는 아니하였지만 도로확장공사가 진행 중인 점 등에 비추어 보면 이와 같은 경우에는 예정공물인 토지도 일종의 행정재산인 공공용물에 준하여 취급하는 것이 타당하다고 할 것이므로 구 국유재산법이 준용되어 시효취득의 대상이 될 수 없다(대판 1994.5.10. 93다23442).

[❷ ▸ O] 도로와 같은 인공적 공공용 재산은 법령에 의하여 지정되거나 행정처분으로써 공공용으로 사용하기로 결정한 경우, 또는 행정재산으로 실제로 사용하는 경우의 어느 하나에 해당하여 비로소 행정재산이 되는 것인데, 특히 도로는 도로로서의 형태를 갖추고, 도로법에 따른 노선의 지정 또는 인정의 공고 및 도로구역결정・고시를 한 때 또는 도시계획법 또는 도시재개발법 소정의 절차를 거쳐 도로를 설치하였을 때에 공공용물로서 공용개시행위가 있다고 할 것이므로, 토지의 지목이 도로이고 국유재산대장에 등재되어 있다는 사정만으로 바로 그 토지가 도로로서 행정재산에 해당한다고 할 수 없다(대판 2000.2.25. 99다54332).

[❸ ▸ X] 공유수면은 소위 자연공물로서 그 자체가 직접 공공의 사용에 제공되는 것이므로 공유수면의 일부가 사실상 매립되어 대지화되었다 하더라도 국가가 공유수면으로서의 공용폐지를 하지 아니하는 이상 법률상으로는 여전히 공유수면으로서의 성질을 보유하고 있다(대판 1995.12.5. 95누10327).

[❹ ▸ O] 공용폐지의 의사표시는 묵시적인 방법으로도 가능하나 행정재산이 본래의 용도에 제공되지 않는 상태에 있다는 사정만으로는 묵시적인 공용폐지의 의사표시가 있다고 볼 수 없으며, 또한 공용폐지의 의사표시는 적법한 것이어야 하는바, 행정재산은 공용폐지가 되지 아니한 상태에서는 사법상 거래의 대상이 될 수 없으므로 관재당국이 착오로 행정재산을 다른 재산과 교환하였다 하여 그러한 사정만으로 적법한 공용폐지의 의사표시가 있다고 볼 수도 없다(대판 1998.11.10. 98다42974).

[❺ ▸ O] 공용폐지의 의사표시는 명시적 의사표시뿐만 아니라 묵시적 의사표시이어도 무방하나 적법한 의사표시이어야 하고, 행정재산이 본래의 용도에 제공되지 않는 상태에 놓여 있다는 사실만으로 관리청의 이에 대한 공용폐지의 의사표시가 있었다고 볼 수 없고, 원래의 행정재산이 공용폐지되어 취득시효의 대상이 된다는 입증책임은 시효취득을 주장하는 자에게 있다(대판 1999.1.15. 98다49548).

PART 07 행정조직법 및 특별행정작용법

정답 ③

**2020년 변호사시험 문 39.** ☑ 확인 Check! ○ △ ×

**甲은 자신의 사옥을 A시에 신축하는 과정에서 A시 지구단위변경계획에 의하여 건물부지에 접한 대로의 도로변이 차량출입금지구간으로 설정됨에 따라 그 반대편에 위치한 A시 소유의 도로에 지하주차장진입통로를 건설하기 위하여 A시의 시장 乙에게 위 도로의 지상 및 지하 부분에 대한 도로점용허가를 신청하였고, 乙은 甲에게 도로점용허가를 하였다. 이에 관한 설명 중 옳지 않은 것은?(다툼이 있는 경우 판례에 의함)**

① 위 도로점용허가는 甲에게 공물사용권을 설정하는 설권행위로서 재량행위이다.
② 乙의 도로점용허가가 도로의 지상 및 지하 부분의 본래 기능 및 목적과 무관하게 그 사용가치를 활용하기 위한 것으로 평가되는 경우, 그 도로점용허가는 「지방자치법」상 주민소송의 대상이 되는 '재산의 관리·처분'에 해당한다.
③ 甲이 도로점용허가를 받은 부분을 넘어 무단으로 도로를 점용하고 있는 경우, 무단으로 사용하는 부분에 대해서는 변상금부과처분을 하여야 함에도 乙이 변상금이 아닌 사용료부과처분을 하였다고 하여 이를 중대한 하자라고 할 수 없다.
④ 乙의 도로점용허가가 甲의 점용목적에 필요한 범위를 넘어 과도하게 이루어진 경우, 이는 위법한 점용허가로서 乙은 甲에 대한 도로점용허가 전부를 취소하여야 하며 도로점용허가 중 특별사용의 필요가 없는 부분에 대해서만 직권취소할 수 없다.
⑤ 乙은 위 도로점용허가를 하면서 甲과 인근주민들 간의 협의를 조건으로 하는 부관을 부가할 수 있다.

[❶ ▸ ○] 구 도로법 제61조 제1항에 의한 도로점용허가는 일반사용과 별도로 도로의 특정 부분에 대하여 특별사용권을 설정하는 설권행위이다. 도로관리청은 신청인의 적격성, 점용목적, 특별사용의 필요성 및 공익상의 영향 등을 참작하여 점용허가 여부 및 점용허가의 내용인 점용장소, 점용면적, 점용기간을 정할 수 있는 재량권을 갖는다(대판 2019.1.17. 2016두56721 등).

[❷ ▸ ○] 주민소송은 원칙적으로 지방자치단체의 재무회계에 관한 사항의 처리를 직접 목적으로 하는 행위에 대하여 제기할 수 있고, 지방자치법에서 주민소송의 대상으로 규정한 '재산의 취득·관리·처분에 관한 사항'에 해당하는지도 그 기준에 의하여 판단하여야 한다. 특히 도로 등 공물이나 공공용물을 특정 사인이 배타적으로 사용하도록 하는 점용허가가 도로 등의 본래 기능 및 목적과 무관하게 그 사용가치를 실현·활용하기 위한 것으로 평가되는 경우에는 주민소송의 대상이 되는 재산의 관리·처분에 해당한다(대판 2016.5.27. 2014두8490).

[❸ ▸ ○] 공유수면 점·사용허가 등을 받아 적법하게 사용하는 경우에는 사용료부과처분을, 허가를 받지 않고 무단으로 사용하는 경우에는 변상금부과처분을 하는 것이 적법하다. 그러나 적법한 사용이든 무단사용이든 그 공유수면 점·사용으로 인한 대가를 부과할 수 있다는 점은 공통된 것이고, 적법한 사용인지 무단사용인지의 여부에 관한 판단은 사용관계에 관한 사실 인정과 법적 판단을 수반하는 것으로 반드시 명료하다고 할 수 없으므로, 그러한 판단을 그르쳐 변상금부과처분을 할 것을 사용료부과처분을 하거나 반대로 사용료부과처분을 할 것을 변상금부과처분을 하였다고 하여 그와 같은 부과처분의 하자를 중대한 하자라고 할 수는 없다(대판 2013.4.26. 2012두20663).

[❹ ▸ ×] 도로점용허가는 도로의 일부에 대한 특정사용을 허가하는 것으로서 도로의 일반사용을 저해할 가능성이 있으므로 그 범위는 점용목적 달성에 필요한 한도로 제한되어야 한다. 도로관리청이 도로점용허가를 하면서 특별사용의 필요가 없는 부분을 점용장소 및 점용면적에 포함하는 것은 그 재량권 행사의 기초가 되는 사실 인정에 잘못이 있는 경우에 해당하므로 그 도로점용허가 중 특별사용의 필요가 없는 부분은 위법하다. 이러한 경우 도로점용허가를 한 도로관리청은 위와 같은 흠이 있다는 이유로 유효하게 성립한 도로점용허가 중 특별사용의 필요가 없는 부분을 직권취소할 수 있음이 원칙이다(대판 2019.1.17. 2016두56721 등).

[❺ ▸ ○] 재량행위인 도로점용허가는 법령상의 근거가 없다고 하더라도 부관을 붙일 수 있다.



④ 정답

**판례** 재량행위에 있어서는 법령상의 근거가 없다고 하더라도 부관을 붙일 수 있는데, 그 부관의 내용은 적법하고 이행 가능하여야 하며 비례의 원칙 및 평등의 원칙에 적합하고 행정처분의 본질적 효력을 해하지 아니하는 한도의 것이어야 한다(대판 1997.3.14. 96누16698).

**2013년 변호사시험 문 29.** ☑ 확인 Check! ○ △ ×

**공물에 관한 다음 설명 중 판례의 입장에 부합하는 것을 모두 고른 것은?**

ㄱ. 도로를 일반적으로 이용하는 사람은 원칙적으로 도로의 용도폐지를 다툴 법률상의 이익이 없다.
ㄴ. 공용폐지의 의사표시는 묵시적인 방법으로도 가능한바, 행정재산이 본래의 용도에 제공되지 않는 상태에 있다면 그 자체로 묵시적인 공용폐지의 의사표시가 있다고 보아야 한다.
ㄷ. 행정재산이 공용폐지되어 시효취득의 대상이 된다는 점에 대한 증명책임은 시효취득을 주장하는 자에게 있다.
ㄹ. 도로의 지표뿐만 아니라 지하도 도로법상의 도로점용의 대상이 된다.
ㅁ. 공유재산의 관리청이 행정재산의 사용·수익에 대한 허가를 하는 것은 사경제주체로서 행하는 사법(私法)상의 행위이다.

① ㄱ, ㄷ ② ㄱ, ㄹ ③ ㄷ, ㄹ
④ ㄱ, ㄴ, ㅁ ⑤ ㄱ, ㄷ, ㄹ

[ㄱ ▸ O] 일반적으로 도로는 국가나 지방자치단체가 직접 공중의 통행에 제공하는 것으로서 일반국민은 이를 자유로이 이용할 수 있는 것이기는 하나, 그렇다고 하여 그 이용관계로부터 당연히 그 도로에 관하여 특정한 권리나 법령에 의하여 보호되는 이익이 개인에게 부여되는 것이라고까지는 말할 수 없으므로, 일반적인 시민생활에 있어 도로를 이용만 하는 사람은 그 용도폐지를 다툴 법률상의 이익이 있다고 말할 수 없지만, 공공용 재산이라고 하여도 당해 공공용 재산의 성질상 특정 개인의 생활에 개별성이 강한 직접적이고 구체적인 이익을 부여하고 있어서 그에게 그로 인한 이익을 가지게 하는 것이 법률적인 관점으로도 이유가 있다고 인정되는 특별한 사정이 있는 경우에는 그와 같은 이익은 법률상 보호되어야 할 것이고, 따라서 도로의 용도폐지처분에 관하여 이러한 직접적인 이해관계를 가지는 사람이 그와 같은 이익을 현실적으로 침해당한 경우에는 그 취소를 구할 법률상의 이익이 있다(대판 1992.9.22. 91누13212).

[ㄴ ▸ X] 공물의 공용폐지에 관하여 국가의 묵시적인 의사표시가 있다고 인정되려면 공물이 사실상 본래의 용도에 사용되고 있지 않다거나 행정주체가 점유를 상실하였다는 정도의 사정만으로는 부족하고, 주위의 사정을 종합하여 객관적으로 공용폐지의사의 존재가 추단될 수 있어야 한다. 토지가 해면에 포락됨으로써 사권이 소멸하여 해면 아래의 지반이 되었다가 매립면허를 초과한 매립으로 새로 생성되었는데 국가가 그 토지에 대하여 자연공물임을 전제로 한 아무런 조치를 취하지 않았다거나 새로 형성된 지형이 기재된 지적도에 그 토지를 포함시켜 지목을 답 또는 잡종지로 기재하고 토지대장상 지목을 답으로 변경하였다 하더라도, 그러한 사정만으로는 공용폐지에 관한 국가의 의사가 객관적으로 추단된다고 보기에 부족하다(대판 2009.12.10. 2006다87538).

[ㄷ ▸ O] 공용폐지의 의사표시는 명시적 의사표시뿐만 아니라 묵시적 의사표시이어도 무방하나 적법한 의사표시이어야 하고, 행정재산이 본래의 용도에 제공되지 않는 상태에 놓여 있다는 사실만으로 관리청의 이에 대한 공용폐지의 의사표시가 있었다고 볼 수 없고, 원래의 행정재산이 공용폐지되어 취득시효의 대상이 된다는 입증책임은 시효취득을 주장하는 자에게 있다(대판 1999.1.15. 98다49548).

정답 ⑤

[ㄹ ▸ O] 도로법 제40조에 규정된 도로의 점용이라 함은 일반공중의 교통에 공용되는 도로에 대하여 이러한 일반사용과는 별도로 도로의 지표뿐만 아니라 그 지하나 지상공간의 특정 부분을 유형적, 고정적으로 특정한 목적을 위하여 사용하는 이른바 특별사용을 뜻하는 것이므로, 허가 없이 도로를 점용하는 행위의 내용이 위와 같은 특별사용에 해당할 경우에 한하여 도로법 제80조의2의 규정에 따라 도로점용료 상당의 부당이득금을 징수할 수 있다(대판 1998.9.22, 96누7342).

[ㅁ ▸ X] 국유재산 등의 관리청이 하는 행정재산의 사용・수익에 대한 허가는 순전히 사경제주체로서 행하는 사법상의 행위가 아니라 관리청이 공권력을 가진 우월적 지위에서 행하는 행정처분으로서 특정인에게 행정재산을 사용할 수 있는 권리를 설정하여 주는 강학상 특허에 해당한다(대판 2006.3.9, 2004다31074).

## 제3절 공용부담법 ☆

**2014년 변호사시험 문 37.**

확인Check! O △ X

**「공익사업을 위한 토지 등의 취득 및 보상에 관한 법률」에 관련된 설명 중 옳지 않은 것은?(다툼이 있는 경우 판례에 의함)**

① 사업인정이란 공익사업을 토지 등을 수용 또는 사용할 사업으로 결정하는 것으로서 공익사업의 시행자에게 그 후 일정한 절차를 거칠 것을 조건으로 일정한 내용의 수용권을 설정하여 주는 형성행위이므로, 해당 사업이 외형상 토지 등을 수용 또는 사용할 수 있는 사업에 해당한다고 하더라도 사업인정기관으로서는 그 사업이 공용수용을 할 만한 공익성이 있는지의 여부와 공익성이 있는 경우에도 그 사업의 내용과 방법에 관하여 사업인정에 관련된 자들의 이익을 공익과 사익 사이에서는 물론, 공익 상호 간 및 사익 상호 간에도 정당하게 비교・교량하여야 하고, 그 비교・교량은 비례의 원칙에 적합하도록 하여야 한다.

② 공공사업의 시행자가 그 사업에 필요한 토지를 취득하는 경우 그것이 협의에 의한 취득이고 「공익사업을 위한 토지 등의 취득 및 보상에 관한 법률」상의 협의 성립의 확인이 없는 이상, 그 취득행위는 어디까지나 사경제주체로서 행하는 사법상의 취득으로서 승계취득한 것으로 보아야 할 것이고, 재결에 의한 취득과 같이 원시취득한 것으로 볼 수는 없다.

③ 공익사업을 위해 협의취득하거나 수용한 토지가 제3자에게 처분된 경우에는 특별한 사정이 없는 한 그 토지는 당해 공익사업에는 필요 없게 된 것이라고 보아야 한다.

④ 국토교통부장관이 사업인정의 고시를 누락한 경우 이는 절차상의 위법으로 그 사업인정 자체를 무효로 할 중대하고 명백한 하자라고 볼 수 있으므로, 이와 같은 위법을 들어 수용재결처분의 취소를 구하거나 무효확인을 구할 수 있다.

⑤ 공익사업에 필요한 토지등의 취득 또는 사용으로 인하여 토지소유자나 관계인이 입은 손실은 사업시행자가 보상하여야 한다.

[❶ ▸ O] 사업인정이란 공익사업을 토지 등을 수용 또는 사용할 사업으로 결정하는 것으로서 공익사업의 시행자에게 그 후 일정한 절차를 거칠 것을 조건으로 일정한 내용의 수용권을 설정하여 주는 형성행위이므로, 해당 사업이 외형상 토지 등을 수용 또는 사용할 수 있는 사업에 해당한다고 하더라도 사업인정기관으로서는 그 사업이 공용수용을 할 만한 공익성이 있는지의 여부와 공익성이 있는 경우에도 그 사업의 내용과 방법에 관하여 사업인정에 관련된 자들의 이익을 공익과 사익 사이에서는 물론, 공익 상호 간 및 사익 상호 간에도 정당하게 비교・교량하여야 하고, 그 비교・교량은 비례의 원칙에 적합하도록 하여야 한다. 그뿐만 아니라 해당 공익사업을 수행하여 공익을 실현할 의사나 능력이 없는 자에게 타인의 재산권을 공권력적・강제적으로 박탈할 수 있는 수용권을 설정하여 줄 수는 없으므로, 사업시행자에게 해당 공익사업을 수행할 의사와 능력이 있어야 한다는 것도 사업인정의 한 요건이라고 보아야 한다(대판 2011.1.27, 2009두1051).



④ 정답

[❷ ▸ O] 공공사업의 시행자가 토지수용법에 의하여 그 사업에 필요한 토지를 취득하는 경우 그것이 협의에 의한 취득이고 토지수용법 제25조의2의 규정에 의한 협의 성립의 확인이 없는 이상, 그 취득행위는 어디까지나 사경제주체로서 행하는 사법상의 취득으로서 승계취득한 것으로 보아야 할 것이고, 재결에 의한 취득과 같이 원시취득한 것으로 볼 수는 없다(대판 1996.2.13, 95다3510).

[❸ ▸ O] 공익사업의 원활한 시행을 위한 무익한 절차의 반복 방지라는 공익사업의 변환을 인정한 입법취지에 비추어 볼 때, 만약 사업시행자가 협의취득하거나 수용한 당해 토지를 제3자에게 처분해 버린 경우에는 어차피 변경된 사업시행자는 그 사업의 시행을 위하여 제3자로부터 토지를 재취득해야 하는 절차를 새로 거쳐야 하는 관계로 위와 같은 공익사업의 변환을 인정할 필요성도 없게 되므로, 공익사업의 변환을 인정하기 위해서는 적어도 변경된 사업의 사업시행자가 당해 토지를 소유하고 있어야 한다. 나아가 공익사업을 위해 협의취득하거나 수용한 토지가 제3자에게 처분된 경우에는 특별한 사정이 없는 한 그 토지는 당해 공익사업에는 필요 없게 된 것이라고 보아야 하고, 변경된 공익사업에 관해서도 마찬가지이므로, 그 토지가 변경된 사업시행자가 아닌 제3자에게 처분된 경우에는 공익사업의 변환을 인정할 여지도 없다(대판 2010.9.30, 2010다30782).

[❹ ▸ ×] 구 토지수용법 제16조 제1항에서는 건설부장관이 사업인정을 하는 때에는 지체 없이 그 뜻을 기업자 · 토지소유사 · 관계인 및 관계 도지사에게 통보하고 기업자의 성명 또는 명칭, 사업의 종류, 기업지 및 수용 또는 사용할 토지의 세목을 관보에 공시하여야 한다고 규정하고 있는바, 가령 건설부장관이 위와 같은 절차를 누락한 경우 이는 절차상의 위법으로서 수용재결단계 전의 사업인정단계에서 다툴 수 있는 취소사유에 해당하기는 하나, 더 나아가 그 사업인정 자체를 무효로 할 중대하고 명백한 하자라고 보기는 어렵고, 따라서 이러한 위법을 들어 수용재결처분의 취소를 구하거나 무효확인을 구할 수는 없다(대판 2000.10.13, 2000두5142).

[❺ ▸ O] 공익사업에 필요한 토지등의 취득 또는 사용으로 인하여 토지소유자나 관계인이 입은 손실은 사업시행자가 보상하여야 한다(공익사업을 위한 토지 등의 취득 및 보상에 관한 법률 제61조).

## 제4절 지역개발행정법

## 제5절 환경행정법

## 제6절 재무행정법

# 참고문헌

[헌 법]

- 김철수, 헌법학신론, 박영사, 2013
- 권영성, 헌법학원론, 법문사, 2009
- 허영, 한국헌법론, 박영사, 2014
- 성낙인, 헌법학, 법문사, 2014
- 정재황, 신헌법입문, 박영사, 2013
- 김유향, 기본강의 헌법, 윌비스, 2020
- 금동흠, 단권화 헌법 강의, 아름다운 새벽, 2019
- MGI 메가고시 연구소, 2021 UNION 변호사시험 헌법 선택형 기출문제집, 인해, 2020
- 차강진, 2021 Rainbow 변시 기출·모의해설 헌법 선택형, 학연, 2020

[행정법]

- 홍정선, 행정법특강, 박영사, 2017
- 박균성, 행정법강의, 박영사, 2019
- 정하중, 행정법개론, 법문사, 2020
- 류준세, 행정법 Workbook, 학연, 2018
- 정선균, 행정법 엑기스, 필통북스, 2018
- 서창교, 행정법 컬렉션, 베리타스, 2017
- MGI 메가고시 연구소, 2021 UNION 변호사시험 행정법 선택형 기출문제집, 인해, 2020
- 류준세, 2021 Rainbow 변시 기출·모의해설 행정법 선택형, 학연, 2020

# 좋은 책을 만드는 길
# 독자님과 함께하겠습니다.

도서나 동영상에 궁금한 점, 아쉬운 점, 만족스러운 점이
있으시다면 어떤 의견이라도 말씀해 주세요.
시대고시기획은 독자님의 의견을 모아 더 좋은 책으로 보답하겠습니다.

**www.sidaegosi.com**

## 2021 변호사시험 9개년 선택형 기출문제해설 공법 (헌법 + 행정법)


| | |
|---|---|
| 초 판 발 행 | 2020년 11월 05일(인쇄 2020년 10월 23일) |
| 발 행 인 | 박영일 |
| 책 임 편 집 | 이해욱 |
| 저 자 | 시대법학연구소 |
| 편 집 진 행 | 김성열 · 김경수 |
| 표지디자인 | 이미애 |
| 편집디자인 | 표미영 · 장성복 |
| 발 행 처 | (주)시대고시기획 |
| 출 판 등 록 | 제10-1521호 |
| 주 소 | 서울시 마포구 큰우물로 75 [도화동 538 성지 B/D] 9F |
| 전 화 | 1600-3600 |
| 팩 스 | 02-701-8823 |
| 홈 페 이 지 | www.sidaegosi.com |
| I S B N | 979-11-254-8284-0 (13360) |
| 정 가 | 26,000원 |